Rezensionsexemplar

Documents diplomatiques français sur l' Allemagne 1920
Französische Diplomatenberichte aus Deutschland 1920

PARISER HISTORISCHE STUDIEN

herausgegeben vom
Deutschen Historischen Institut Paris

Band 33/2

BOUVIER VERLAG BONN

DOCUMENTS DIPLOMATIQUES FRANÇAIS SUR L'ALLEMAGNE 1920

FRANZÖSISCHE DIPLOMATENBERICHTE AUS DEUTSCHLAND 1920

Band 2: 1. Juli — 31. Dezember

herausgegeben von

STEFAN MARTENS

unter Mitarbeit von MARTINA KESSEL

1993

BOUVIER VERLAG BONN

PARISER HISTORISCHE STUDIEN
Herausgeber:
Deutsches Historisches Institut Paris
F-75116 Paris, 9, Rue Maspéro

Die Deutsche Bibliothek — CIP-Einheitsaufnahme

Documents diplomatiques français sur l' Allemagne 1920 =
Französische Diplomatenberichte aus Deutschland 1920 / hrsg.
von Stefan Martens unter Mitarb. von Martina Kessel. — Bonn;
Berlin: Bouvier.
  (Pariser historische Studien; Bd. 33)
NE: Martens, Stefan [Hrsg.] ; PT ; GT
Bd. 2: 1. Juli — 31. Dezember 1920

ISBN 3-416-02389-7
ISSN 0479-5997

Alle Rechte vorbehalten. Ohne ausdrückliche Genehmigung des Verlags ist es nicht gestattet, das Buch oder Teile daraus zu vervielfältigen oder auf Datenträger aufzuzeichnen. © Bouvier Verlag Bonn 1993. Printed in Germany. Druck und Einband: Druckerei Plump KG, Rheinbreitbach.

281
*M. de Marcilly, Chargé d'Affaires de France à Berlin, à
M. Millerand, Président du Conseil, Ministre des Affaires Etrangères.*

T. n° 1188. En Clair. Berlin, le 1 juillet 1920, 0 h 45.
(Reçu: 8 h 10.)[1]

En remettant ses lettres de créance, le Nonce[2] a prononcé en allemand l'allocution suivante: "Ce m'est un grand honneur, M. le Président[3] de vous remettre la lettre du Pape[4] qui m'accrédite en qualité de Premier Nonce Apostolique auprès de la République allemande. La création d'une Ambassade allemande auprès du Saint-Siège à Rome et la création correspondante d'une Nonciature apostolique à Berlin constituent un événement d'une portée historique en l'Allemagne[sic!] en même temps qu'une reconnaissance solennelle de l'action bienfaisante et impartiale du Saint-Père qui, planant au-dessus des passions humaines, comme il a été pendant la guerre le défenseur du droit, le messager de l'amour et le champion de la juste paix, ne cesse pas aujourd'hui d'atténuer de sa main paternelle et infatigable les ravages causés par cette lutte malheureuse et de contribuer puissamment à la réconciliation des peuples en s'appuyant sur les principes chrétiens de la vérité et de la justice. Afin cependant de rendre au peuple allemand qui vient de subir de si profondes transformations le repos assuré nécessaire à tout progrès durable, sa Sainteté considère comme de la plus haute importance l'entente entre le pouvoir spirituel et le pouvoir temporel. C'est pourquoi le Pasteur suprême m'a donné la haute mission de régler à nouveau avec les autorités compétentes les relations entre l'Eglise et l'Etat, dans la mesure qui correspond à la nouvelle situation et aux besoins actuels. En abordant cette mission de reconstitution et de paix que mon auguste souverain a confiée à mes faibles forces, j'ai la ferme confiance que la collaboration efficace du Gouvernement de la République ne me fera pas défaut. Pour moi je consacrerai toutes mes forces au maintien et à la consolidation des relations entre le Saint-Siège et l'Allemagne convaincu de travailler aussi bien à la protection des intérêts religieux de la population catholique qu'au progrès du bien de l'Etat".

Le Président a répondu: "Je remercie de tout cœur Votre Excellence pour ses aimables paroles. Ce m'est une satisfaction toute particulière de pouvoir saluer comme Premier Ambassadeur accrédité auprès du Gouvernement de la République[5] (mot passé), Nonce apostolique, dont l'envoi rétablit entre le siège apostolique et le Gouvernement allemand les relations diplomatiques directes depuis longtemps désirées. Comme Votre Excellence, j'aperçois dans l'établissement d'une Ambassade allemande près le Siège apostolique et d'une Nonciature apostolique à Berlin un progrès d'une grande importance. Je suis particulièrement heureux que le choix de Votre Auguste Souverain soit tombé sur Votre Excellence dont l'activité jusqu'ici si féconde témoigne d'une connaissance si approfondie et d'un jugement si éclairé des conditions de l'Allemagne. Je pense comme vous, M. le Nonce, que ce sera notre tâche de régler à nouveau les relations entre l'Eglise et l'Etat en Allemagne. Elle devra s'accomplir sur les bases de la Constitution républicaine qui garantit la pleine liberté de conscience. Le Gouvernement de la République se rend compte qu'on doit rechercher ici une entente qui satisfasse de façon durable les intérêts justifié des deux parties. Vous pouvez dès l'abord être assuré d'une parfaite compréhension et bonne volonté du côté allemand. D'autres tâches très sérieuses nous attendent encore. Les relations entre les peuples européens doivent être rétablies dans un esprit de paix et de confiance. L'Allemagne est résolue à collaborer de toutes ses forces à cette œuvre. Pour que cette tâche d'une importance mondiale puisse s'accomplir, il faut que tous les peuples confessent les idées de fraternité et de réconciliation que Sa Sainteté le Pape a sans cesse et infatigablement prêchées. Je songe en ce moment à ses appels de pasteur en faveur de la paix des peuples, à ses bienfaits incessants envers les prisonniers et les enfants affamés, à ses déclarations animées d'une sainte conviction pour le rétablissement de la paix mondiale. Par cette attitude que dictait une active charité Sa Sainteté le Pape s'est acquis la reconnaissance du monde entier. J'ai l'honneur de recevoir de vos mains vos lettres de créance et je souhaite cordialement au nom du Gouvernement de la République allemande la bienvenue à Votre Excellence comme Premier Nonce apostolique à Berlin".

Au cours de la conversation qui a suivi, le Président a fait allusion au fait que des prisonniers allemands se trouvent encore en France.[6] Le Nonce a indiqué que le Pape userait de son influence pour le rapatriement de ces prisonniers.

---

1   Allemagne 370, fol. 123-125.
2   Eugenio Pacelli.
3   Friedrich Ebert.
4   Benedikt XV.
5   Mit der Übergabe seines Beglaubigungsschreibens wurde der apostolische Nuntius zugleich zum Doyen des Diplomatischen Korps in Berlin, eine Rolle, die ursprünglich dem neuen französischen Botschafter zugedacht war. Zu den Hintergründen, insbesondere der Rolle des Auswärtigen Amtes s. den Bericht des Botschafters der Schweiz in Berlin, von Planta, vom 30.6./1.7.1920, DDS 7/II, Dok. 362 S. 729f bzw. unten Dok. 283.
6   Vgl. dazu unten Dok. 443.

282

*M. de Marcilly, Chargé d'Affaires de France à Berlin, à
M. Millerand, Président du Conseil, Ministre des Affaires Etrangères.*

T. n° 1189-1190. Déchiffrement.   Berlin, le 1 juillet 1920, 0 h 45.
(Reçu: 8 h 00, 7 h 45.)[1]

La délégation allemande à Spa se composera du Chancelier[2], des Ministres des Affaires Etrangères[3], des Finances[4], de l'Economie d'Empire[5] et du Ravitaillement[6] avec leurs fonctionnaires respectifs.

J'ai déjà signalé au département les dispositions au Chancelier et du (Ministre des Affaires Etrangères).[7]

M. Simons, que j'ai reçu aujourd'hui m'a fait des déclarations assez favorables. Tout en étant commandées par la situation actuelle, par l'intérêt même de l'Allemagne et par le programme officiel du Gouvernement, elles manifestent le désir de chercher une entente avec nous sur le domaine économique. L'esprit juridique du Ministre lui (donne)ra sans doute des moyens de discussion et de résistance assez tenaces dans les questions qui permettront un débat, mais lorsque les textes auront un sens clair et décisif, on peut espérer qu'il évitera l'esprit de chicane et la mauvaise foi qui constituent la méthode habituelle de ses bureaux.

Le Ministre des Finances n'a pas grande réputation. Il sera accompagné de l'un des principaux directeurs de son ministère, le baron de Stockhammern, catégoriquement Bavarois, familier du Prince de Bülow, homme d'ancien régime, qui a dit à un de nos informateurs: "On ne comprend pas à la Wilhelmstrasse, que nous sommes des vaincus, et que nous devons en accepter le rôle, nous mettre en face des réalités, chercher à donner l'impression de notre (bonne) volonté (et de) notre bonne foi. Le Chancelier voulait lire tout d'abord à la conférence une protestation en allemand: nous avons obtenu qu'il y renonçât, et il fera une déclaration en français, d'interprétation raisonnable. Mais ce sont là des manifestations publiques nécessairement (tendencieuses) et fausses. Nous sommes prêts à parler avec franchise, si l'on veut nous écouter en dehors des séances officielles et nous permettre de nous expliquer entièrement".

---

1 Télégrammes, Arrivée de Berlin, 1920, 5.
2 Konstatin Fehrenbach.
3 Walter Simons.
4 Josef K. Wirth.
5 Ernst Scholz.
6 Andreas Hermes.
7 Vgl. oben Dok. 278.

283
M. Laurent, Ambassadeur de France à Berlin, à
M. Millerand, Président du Conseil, Ministre des Affaires Etrangères.

T. n° 1192-1194. Déchiffrement.   Berlin, le 1 juillet 1920,
19 h 15, 9 h 15, 23 h 50.
(Reçu: 22 h 35, 23 h 55, le 2, 6 h 00.)[1]

J'ai été reçu à midi et demi par le Ministre des Affaires étrangères[2]. Le Dr. Simons, après m'avoir souhaité la bienvenue, m'a demandé s'il était exact que je doive assister à la Conférence de Spa, à quoi j'ai répondu, qu' à ma connaissance, il n'en était pas question.[3]

Il m'a ensuite exposé que les représentants de l'Allemagne ne pourraient pas apporter à la Conférence des solutions ou même des propositions intéressantes, étant arrivées depuis trop peu de temps aux affaires. Du moins, ai-je fait observer, se trouveront-ils en présence de communications précises des Alliées et ainsi la situation s'en trouvera éclaircie.

Le Ministre m'a rendu ma visite deux heures après, et m'a (remis), en double exemplaire, le texte de trois notes que son Gouvernement va déposer à Spa: sur les charges publiques de l'Allemagne, sa capacité de paiement et sa puissance économique.

Ces documents auraient été, m'assure-t-on, remis également au Quai d'Orsay, au Foreign Office et à la Consulta.

A cinq heures j'ai présenté mes lettres de créance au Président du Reich[4] qui m'a répondu dans les termes suivants (voir mon télégramme d'autre part[5]). Au cours de l'entretien qui a suivi, M. Ebert m'a exprimé sa satisfaction de la décision prise par le Gouvernement français de se faire représenter par un Ambassadeur particulièrement au courant des questions économiques et financières qui sont prédominantes. J'ai expliqué, en faisant remarquer que ce choix marquait précisément l'importance que vous attachiez vous-même à ces questions, ajoutant que la présence à la Wilhelmstrasse d'un (1 gr. faux) ayant été mêlé également aux grandes affaires industrielles, comme le Dr. Simons, faciliterait beaucoup les conversations.

J'ai prié le Ministre des Affaires étrangères de me recevoir demain et lui ferai la communication relative à notre Légation en Bavière.[6]

Le Président de la République allemande a répondu à mon allocution par les paroles suivantes:

"M. l'Ambassadeur, j'ai l'honneur de recevoir des mains de Votre Excellence la lettre de M. le Président de la République française[7] qui vous accrédite auprès de moi en qualité d'Ambassadeur.

Ainsi sont reprises, dans leur plénitude, les relations officielles entre nos deux pays. Je relève avec satisfaction dans vos paroles l'expression de votre ferme volonté de travailler à panser les blessures que la guerre a faites à nos deux pays et à restaurer dans l'exécution du traité de paix et par une collaboration féconde la vie économique de l'Europe. Moi et le Gouvernement allemand sommes animés du même désir.

Je vous remercie des vœux que vous avez exprimés pour la prospérité de l'Allemagne et des paroles aimables que vous m'avez adressées. Soyez assuré que moi et le Gouvernement allemand nous ferons tout pour vous faciliter dans toute la mesure du possible l'accomplissement de la tâche qui vous incombe.

Je salue en Votre Excellence le Premier Ambassadeur de la République française auprès de la République allemande et je vous souhaite un prompt succès dans l'œuvre que vous avez à accomplir ici".

---

1 Allemagne 397, fol. 1-3. Laurent hatte am gleichen Tag offiziell die Geschäfte als Botschafter übernommen, s. sein T. n° 1191, Télégrammes, Arrivée de Berlin, 1920, 5.
2 Walter Simons.
3 Laurent wurde wenige Tage später, ebenso wie sein britischer Kollege, Lord D'Abernon, als Beobachter nach Spa beordert, s. unten Dok. 294 Anm. 1.
4 Friedrich Ebert.
5 Nicht abgedruckt.
6 Gemeint ist die Entsendung Émile Dards als Ministre plénipotentiaire nach München, vgl. unten Dok. 285.
7 Paul Deschanel.

284
M. de Chérisey, Représentant de la France à la Commission Interalliée d'Administration et de Plébiscite de Marienwerder, à M. Millerand, Président du Conseil, Ministre des Affaires Etrangères.

D. n° 31. Marienwerder, le 1 juillet 1920.[1]

Le Plébiscite du 11 Juillet.

Le plébiscite de Marienwerder aura lieu le 11 de ce mois. L'échec qu'il marquera pour les Polonais paraît devoir dépasser les prévisions les plus pessimistes. Non seulement l'ensemble du territoire se prononcera nettement en faveur de la Prusse, mais dans beaucoup de petites communes que l'on croyait tout d'abord acquises à la Pologne, la majorité se trouvera déplacée au profit des Allemands par suite de l'affluence considérable des votants venus du dehors. Tel sera le cas dans le district de Stuhm qui, au moment de l'arrivée de la Commission Interalliée, passait pour le seul sur lequel les Polonais puissent réellement compter.

J'ai exposé à plusieurs reprises, dans quelles conditions d'infériorité, et matérielles, et morales, la cause polonaise se trouve placée en cette région. L'emprise allemande s'est exercée ici depuis 150 ans de façon si rigoureuse que les populations autochtones ont perdu jusqu'au sentiment bien précis de leur ancienne nationalité. La crainte de l'Autorité, le souci de l'avenir les dominent et l'on peut dire sans exagération qu'elles ne possèdent pas aujourd'hui la pleine liberté de disposer de leur sort. Beaucoup de Polonais s'abstiendront de voter ou même voteront pour l'Allemagne par crainte de représailles.

Par contre la population de race germanique, immigrée depuis plus ou moins longtemps, est établie et organisée de la façon la plus solide. Non seulement tous les fonctionnaires sont envoyés par le Reich, mais il n'est pour ainsi dire pas un maître d'école de village, pas un employé communal de l'ordre le plus infime qui ne soit allemand. Les Polonais vivaient ici en parias, systématiquement écartés de tout emploi, presque de tout métier. Je l'ai moi-même bien souvent constaté de mes yeux.

Notre Commission, - en eût-elle éprouvé le désir, - n'avait pas les moyens de remédier à cet état de choses. Le Traité ne prévoit même pas, comme ce fut le cas pour le Schleswig, l'évacuation du pays par les Autorités locales.

Votre Excellence sait que dès mon arrivée ici, en présence d'une situation aussi défavorable, j'ai émis l'opinion qu'il serait opportun d'ajourner le Plébiscite et d'envisager une solution transactionnelle qui permît tout au moins de ne pas sacrifier entièrement l'intérêt primordial de la Pologne du double point de vue stratégique et économique. < Le Département m'a fait comprendre par son silence que mes propositions, - formulées, je le reconnais, avec insistance -, dépassaient quelque peu mon mandat. >[2]

Depuis quelque temps les Polonais, mesurant toute l'étendue du désastre qui se prépare, ne cachent plus leur découragement. Le dernier coup leur a été porté par l'annonce de la venue d'Allemagne d'une grande quantité de votants nés dans le territoire. On parle de 25.000 à 30.000, c'est-à-dire près du quart des inscrits, tandis qu'il ne se présenterait presque pas de Polonais du dehors.

La clause du Traité qui autorise ce retour au lieu de naissance est, - il faut en convenir, - tout au profit de l'Allemagne. Les nombreux enfants qui sont nés ici des milliers de fonctionnaires ou de militaires ayant résidé temporairement dans le pays, il y a 10, 20 ou 60 ans, s'apprêtent à venir voter le 11 Juillet. L'Allemagne les a facilement retrouvés grâce à son recensement du mois de Décembre dernier.[3] N'a-t-elle pas d'ailleurs entre les mains tous les registres de l'état civil? Leur voyage a été organisé de la façon la plus confortable: ils seront transportés gratuitement, hébergés et nourris pendant leur séjour et sans doute aussi indemnisés. Après quoi ils quitteront, pour n'y plus revenir, une région où ils n'ont conservé aucun intérêt.

Les Polonais, par contre, n'ayant ni recensement, ni registres de l'état civil, n'étaient pas en mesure de recruter leurs troupes. Beaucoup d'ayants droit au vote se trouvent en Amérique et n'ont pu être atteints par aucune convocation. D'autres sont au front de Russie. Il est inutile d'insister sur toutes les causes d'inégalité entre les deux races en présence qui font du plébiscite une arme fort injuste dirigée contre la Pologne. Ceux qui l'ont fait insérer au Traité ne l'ignoraient pas assurément.

Quoiqu'il en soit, les Comités de propagande polonaise avaient décidé en manière de protestation, de prescrire à leurs votants l'abstention en masse. C'était la grève du Plébiscite dans tout le territoire et, par la suite, la contestation de ses résultats.

Lors d'un récent séjour à Varsovie, j'ai trouvé le Gouvernement Polonais hésitant en face d'une mesure aussi radicale. Je lui ai indiqué qu'à mes yeux l'attitude de résistance à un article du Traité, surtout si elle était officiellement conseillée par Varsovie, présenterait de graves inconvénients. Elle placerait la Pologne en opposition avec les Puissances de l'Entente dont la bienveillance et l'appui lui sont si nécessaires. Et surtout elle créerait un fâcheux précédent que l'Allemagne ne manquerait pas d'exploiter quand il pourrait lui être favorable, comme sans doute en Haute-Silésie.

Cet avis a prévalu aujourd'hui et les Comités de propagande ont renoncé à recommander l'abstention. Mais on ne pourra vraiment pas exiger d'eux qu'ils acceptent de gaîté de cœur et sans protestations les résultats d'une consultation populaire entreprise sur des bases aussi désavantageuses et qui malheureusement est destinée à consacrer pour la Pologne le tracé d'une frontière gravement préjudiciable à ses intérêts essentiels.

---

1 Pologne 123, fol. 9-11.
2 Der in spitze Klammern gesetzte Teil wurde nachträglich gestrichen, am Rande zugleich aber durch Anstreichung hervorgehoben.
3 Gemeint ist hier offenbar die Volkszählung, die am 8.10.1919 im Reich veranstaltet worden war, s. AdR, Kabinett Bauer, Dok. 7 S. 22. Zu den Ergebnissen s. Statistisches Jahrbuch des Deutschen Reiches 41 (1920/21) S. 1.

285
*M. Laurent, Ambassadeur de France à Berlin, à
M. Millerand, Président du Conseil, Ministre des Affaires Etrangères.*

D. n° 421. [Berlin], le 2 juillet 1920.[1]

Communication relative à la Bavière

Conformément à vos instructions j'ai été aujourd'hui, à une heure, notifier au Ministre des Affaires Etrangères[2] la décision prise par le Gouvernement français d'accréditer auprès du Gouvernement bavarois un ministre plénipotentiaire.

Cette communication a paru surprendre - et surprendre désagréablement - le Dr. Simons. C'est une très grave question, m'a-t-il dit, et il m'apparaît, à première vue, qu'elle touche à la Charte de Weimar (sic). Aucun des anciens Etats ne peut, en effet, constitutionnellement avoir une représentation à l'étranger. J'ai expliqué qu'il s'agissait, pour le moment, du représentant de la France à Munich et que, d'ailleurs, votre décision était prise en conformité du préambule du Traité de paix spécifiant qu'à partir de la mise en vigueur du Traité "les relations officielles des puissances alliées et associées avec l'Allemagne et l'un ou l'autre des Etats allemands seraient reprises" et qu'en admettant même qu'il y eût quelque antinomie apparente entre ce texte et les dispositions de la Constitution du Reich, c'est la stipulation du Traité qui domine, ainsi qu'il en a été décidé à propos de la réunion éventuelle avec l'Autriche.

En tous cas, ai-je ajouté, cette notification de la décision de mon Gouvernement étant faite, je ne vois pas d'inconvénient à ce que, comme vous m'en exprimez le désir, vous examiniez plus à loisir la question d'interprétation du texte et que vous me fassiez connaître, s'il y a lieu, les conclusions que vous auriez tirées de cet examen.

C'est évidemment sur l'article 78 de la Constitution[3] qu'essaiera de s'appuyer le Ministre des Affaires Etrangères; je serais donc très obligé à Votre Excellence de vouloir bien, si Elle le juge utile, me faire connaître l'opinion des jurisconsultes du Département sur l'interprétation de cet article, le Dr. Simons, qui est lui-même, comme vous le savez, un juriste, se préparant sans doute à ergoter sur les textes.[4]

---

1   MAE Nantes, Ambassade de Berlin, 174 (ohne Folio). Maschinenschriftlicher Durchschlag, ohne Unterschrift und ohne Ortsangabe.
2   Walter Simons. Zum Verlauf des Gespräches s. seine Aufzeichnung vom 3.7.1920, AdR, Kabinett Fehrenbach, Dok. 12 S. 31ff. Zur Vorgeschichte s. oben Dok. 187 Anm. 5.
3   Art. 78 Satz 1 der Weimarer Verfassung bestimmte: "Die Pflege der Beziehungen zu den auswärtigen Staaten ist ausschließlich Sache des Reiches."

4 Millerand antwortete am 5.7.1920 mit T. n° 1443: "Nous n'avons pas à entrer en discussion avec le Gouvernement allemand sur l'interprétation à donner à l'article 78 de la nouvelle constitution allemande.

Comme vous le rappelez vous-même, c'est la stipulation du traité qui domine au cas où il y aurait antinomie entre le texte de cette constitution et les dispositions du traité. Or, notre décision d'envoyer un représentant à Munich est prise en conformité avec le traité, spécifiant "qu'à partir de la mise en vigueur de cet acte, les relations officielles des Puissances alliées et associées avec l'Allemagne et l'un ou l'autre des Etats Allemands seraient reprises"." Papiers d'Agents, Dard, 13 (ohne Folio).

286
M. Laurent, Ambassadeur de France à Berlin, à M. Millerand, Président du Conseil, Ministre des Affaires Etrangères.

D. n° 422. [Berlin], le 2 juillet 1920.[1]

Entretien avec le Chancelier Fehrenbach.

Le Chancelier Fehrenbach, qui m'a reçu ce matin en présence du Secrétaire d'Etat[2], m'a fait un accueil très courtois et presque cordial. Comme les entretiens précédents[3], celui-ci a débuté par l'assurance que le Gouvernement allemand se félicitait particulièrement de se trouver en présence d'un Ambassadeur au courant, par son passé, des questions économiques.

J'ai donc répété également, que ma désignation d'Ambassadeur était le premier acte par lequel le Président du Conseil appliquait le programme qu'il avait, il y a peu de temps, exposé à la Chambre[4], que par conséquent le Chancelier pouvait être assuré de tous mes efforts en vue d'une entente sur le terrain économique, et compter, de ma part, sur une loyauté absolue au cours de nos conversations. Il m'a paru nécessaire d'insister sur ce mot de loyauté, car dans sa réponse à mon allocution, le Président Ebert l'a - est-ce volontairement - passé sous silence.

Le Chancelier m'a, de son côté, exprimé avec force le désir d'aboutir à un accord qui améliorerait, non seulement les rapports économiques mais aussi, par voie de conséquence, les relations politiques des deux pays. "Je le souhaite non moins vivement, ai-je répondu. Toutefois il ne faut pas se dissimuler que nous rencontrerons des difficultés: les Gouvernements dans les deux pays ont à tenir compte de l'opinion publique et nous nous trouverons, sans doute, souvent, de côté et d'autre de la barricade, mais la déclaration faite au Reichstag par le Chancelier ayant affirmé la volonté d'exécuter le Traité de Paix, je ne doute pas que les points de vue ne se trouvent ainsi moins éloignés". Au moment où je prenais congé de lui, M. Fehrenbach m'a assuré à nouveau de ses dispositions les plus favorables, en vue de rétablir - après une trop longue interruption - des relations normales entre l'Allemagne et la France.

---

1 MAE Nantes, Ambassade de Berlin, 174 (ohne Folio). Maschinenschriftlicher Durchschlag, ohne Unterschrift und ohne Ortsangabe.
2 Heinrich Albert.
3 Vgl. oben Dok. 283.
4 Vgl. oben Dok. 217 Anm. 5. *falsch*

287
M. Laurent, Ambassadeur de France à Berlin, à
M. Millerand, Président du Conseil, Ministre des Affaires Etrangères.

T. n° 1203-1205. Déchiffrement. Berlin, le 3 juillet 1920, 20 h 00, 24 h 00.
(Reçu: le 4, 0 h 40, 6 h 15.)[1]

D'après une confidence faite par Breitscheid à un de nos informateurs, le Ministre des Affaires Etrangères[2] a déclaré à la Commission des Affaires Etrangères du Reichstag que le Gouvernement allemand ne soumettrait pas de programme économique ni financier à la Conférence de Spa. Les socialistes indépendants ont protesté contre cette attitude purement négative qui, d'après eux, mériterait à l'Allemagne le reproche de mauvaise (foi) et d'obstruction systématique à l'exécution du traité.

Il semble que le Gouvernement, après s'être fait et surtout avoir répondu dans le public de grandes illusions sur les résultats de la conférence, cherche à réduire au minimum sa responsabilité en paraissant subir la loi de l'Entente. Il (mot passé) d'autant moins disposé à faire acte (d') initiative que sa situation parlementaire est plus précaire.

Un ordre du jour de confiance, conçu en termes vagues, n'a réuni, malgré l'appui des socialistes majoritaires, que 252 voix. 62 socialistes indépendants et communistes ont voté contre; 54 conservateurs se sont abstenus. La séance qui a précédé le vote a été marquée par des scènes violentes. M. Helfferich qui a tenté sa propre apologie et celle de l'ancien régime, a perdu contenance sous les interruptions et les injures de la gauche. A son tour, le Ministre des Finances, Wirth, ayant déclaré que la tâche du Reichstag consistait à "reconstruire le jeune Etat démocratique allemand sur les ruines de la politique des 40 dernières années", a soulevé les protestations de la droite. Le mécontentement (a été) très vif, même parmi le parti prussien-allemand, dont l'orateur Becker a répondu en faisant une profession de foi (monarch)iste, en attaquant les socialistes majoritaires, et en invitant le Gouvernement à pratiquer une politique extérieure énergique. D'après le "Lokal Anzeiger", les chefs du parti auraient fait savoir au Centre qu'ils se retireraient du Gouvernement si les "provocations" de Wirth devaient se renouveler.

Tandis que les politiciens prolongent sans résultat pratique les luttes de la campagne électorale, les hommes d'affaires, plus réalistes, (cherchent) simplement à tirer le meilleur parti de la situation.

Un de nos informateurs ayant vu ces jour-(ci) plusieurs grands financiers, notamment Melchi(or) et Warburg, ceux-ci lui ont déclaré que l'Allemagne irait au devant de grandes desillusions si elle comptait sur l'appui de l'Amérique et de l'Angleterre pour se soustraire (aux) (conséquences) du traité, et qu'elle devait avant tout rechercher une entente avec la France.

---

1   Télégrammes, Arrivée de Berlin, 1920, 6.
2   Walter Simons.

288
M. Laurent, Ambassadeur de France à Berlin, à
M. Millerand, Président du Conseil, Ministre des Affaires Etrangères.

T. n° 1206. En Clair. Berlin, le 3 juillet 1920, 24 h 00.
(Reçu: le 4, 6 h 15.)[1]

Remettant ses lettres de créance, l'Ambassadeur d'Angleterre[2] a prononcé l'allocution suivante:

"M. le Reichspräsident[3], le Gouvernement de Sa Majesté[4], m'a confié la tâche honorable de rétablir, dans leur plénitude, les relations diplomatiques avec la République allemande.

J'accepte cette tâche, dans l'espoir de pouvoir ainsi faciliter sur bien des domaines les rapports entre deux grandes nations. La situation en présence de laquelle se trouvent aujourd'hui les gouvernements du monde entier est d'une difficulté sans exemple. La crise mondiale ne peut être surmontée que par une collaboration générale et par la franche reconnaissance de cette vérité que le bien de chacun est aussi le bien de tous. La base essentielle de cette collaboration est pour nous le maintien ferme et affectueux des alliances actuelles et la stricte exécution des obligations du traité de paix. La reconstitution économique est le besoin le plus impérieux du monde et elle ne peut s'opérer que dans une atmosphère de confiance. Pourvu que la confiance soit rétablie par des actes de loyauté et de bonne foi, les nations sont en droit d'attendre les unes des autres, non seulement la latitude de se développer, mais encore une aide effective. Un égoïsme étroit et à courte vue en cette matière est entièrement contraire aux traditions de mon pays et n'est (pas) moins opposé au traditions du Gouvernement de Sa Majesté. On sait qu'autrefois les portes du Temple de Janus étaient ouvertes ou fermées. Il n'y avait pas d'état intermédiare. Dans l'exécution de ma mission, je me rappellerai constamment que la paix a été signée. J'ai confiance que, dans la tâche difficile et honorable que j'ai entreprise, je puis compter sur la bonne volonté de V. E. et sur sa puissante collaboration".

Le Président a répondu:

"En prenant la lettre de S.M. le Roi d'Angleterre, que j'ai l'honneur de recevoir de vos mains et qui vous accrédite en qualité d'Ambassadeur, je suis très heureux de voir ainsi rétablies dans leur plénitude, les relations diplomatiques entre l'Allemagne et la Grande-Bretagne. Les paroles que vous m'avez adressées trouvent chez moi, et j'en suis convaincu, chez tout le peuple allemand, compréhension et écho. La situation que les gouvernements de tous les pays trouvent aujourd'hui devant eux est, en vérité, d'une difficulté sans exemple. Vous avez pleinement raison de voir dans une commune collaboration le seul moyen de sortir de la crise mondiale, convaincu que la prospérité de tous ne saurait être séparée de la prospérité de chacun. Je salue les paroles éloquentes par lesquelles vous avez exprimé cette pensée comme un début plein de promesses à votre activité parmi nous. Le Gouvernement allemand et le peuple allemand partagent unanimement la ferme résolution de faire face jusqu'à la limite du possible aux obligations, obligations qu'ils ont assumées. Nous désirons sincèrement que la bonne volonté qui existe des deux parts réussisse à dissiper l'atmosphère de méfiance qui subsiste en partie et à la remplacer par des sentiments de confiance et de paix véritable. Ce m'est une joie, M. l'Ambassadeur, de vous souhaiter la bienvenue au nom du Gouvernement de la République allemande".

---

1 Allemagne 397, fol.4-6.
2 Lord D'Abernon. Zur dessen Akkreditierung und seinen ersten Eindrücken in Berlin s. dessen Bericht vom 2.7.1920, DBFP 1/X, No. 169 und No. 170 S. 263ff.
3 Friedrich Ebert.
4 Georg V.

289

M. Laurent, Ambassadeur de France à Berlin, à
M. Millerand, Président du Conseil, Ministre des Affaires Etrangères.

T. n° 1207. Déchiffrement.   Berlin, le 3 juillet 1920, 24 h 00.
(Reçu: le 4, 6 h 15.)[1]

Je vous ai adressé, par un télégramme en clair, le texte des discours échangés entre le nouvel Ambassadeur d'Angleterre[2] et le Président du

Reich[3]. La mention du "maintien ferme et affectueux des alliances" a une signification que mon collègue britannique s'est plu à affirmer dans la visite qu'il m'a faite aujourd'hui.

Au cours de cet entretien très cordial, il a insisté sur les sentiments de sympathie et d'admiration de son pays pour le nôtre, sur la nécessité de pratiquer une complète collaboration, sur sa résolution d'agir toujours en communauté de vues avec nous. Son langage m'a laissé la meilleure impression.

Je serais cependant heureux de connaître sur son compte l'opinion de ceux de nos Agents qui ont été jadis en contact avec Sir Edgard Vincent à Constantinople et notamment de M. Paul Cambon.[4]

---

1   Allemagne 397, fol. 7.
2   Lord D'Abernon.
3   Friedrich Ebert, zum Text vgl. oben Dok. 288.
4   Nicht ermittelt.

290
*M. Laurent, Ambassadeur de France à Berlin, à
M. Millerand, Président du Conseil, Ministre des Affaires Etrangères.*

T. n° 1209-1210. Déchiffrement.   Berlin, le 4 juillet 1920,
                                    13 h 55, 13 h 35.
                                  (Reçu: 17 h 00, 15 h 35.)[1]

Secret

Mon collègue d'Angleterre[2] me fait communiquer par Lord Kilmar(no)ck le texte d'un télégramme qu'il se propose d'adresser à Lord Curzon à Spa.[3] Après avoir exposé qu'il n'est pas encore fixé sur les propositions que le Chancelier[4] va faire à la Conférence en ce qui concerne le payement de l'indemnité de guerre, il exprime l'avis qu'une rupture (des) négociations sur ce point pourrait être fatale au Cabinet actuel qui se trouve en présence de grandes difficultés et il conseille, avant le débat officiel, une conversation préalable qui pourrait permettre de s'assurer de la sincérité du Gouvernement allemand.

Lord D'Abernon me demandant si ces indications correspondaient à mon propre sentiment, j'ai répondu que M. Fehrenbach m'avait donné également une certaine impression de sincérité, mais que derrière lui étaient certainement des inspirateurs dont la bonne foi et les intentions sont peut-être plus douteuses, que cependant je ne croyais pas devoir faire d'objections à l'envoi du télégramme.

J'ai prié Lord Kilmarnock de remercier vivement l'Ambassadeur de ce témoignage de confiance où je vois une première manifestation des sentiments qu'il m'avait si cordialement exprimés hier.[5]

---

1   Télégrammes, Arrivée de Berlin, 1920, 6.
2   Lord D'Abernon.
3   Zum Text dieses Telegramms vom 5.7.1920 s. DBFP 1/IX, No. 537 S. 593f.
4   Konstantin Fehrenbach.
5   Millerand dankte Laurent drei Tage später für diesen Bericht, warnte den Botschafter allerdings zugleich, auf eine unabhängige und eigenständige Haltung gegenüber Lord D'Abernon zu achten, s. dessen T. n° 1442 vom 7.7.1920, Allemagne 374, fol. 133.

291
M. Laurent, Ambassadeur de France à Berlin, à
M. Millerand, Président du Conseil, Ministre des Affaires Etrangères.

D. n° 423. Berlin, le 5 juillet 1920.[1]

Fin des débats sur la déclaration ministérielle.

<Ainsi que je l'ai fait à votre Excellence par mon télégramme N° 1203-1205>[2] le débat sur la déclaration ministérielle s'est terminé par le vote d'un ordre du jour ainsi conçu:

"Le Reichstag prend acte des déclarations faites par le Gouvernement dans la séance du 28 juin.[3] Il attend du Gouvernement qu'il mènera une politique conforme à ces déclarations, notamment en ce qui concerne les négociations de Spa."

Ce texte a été voté par 253 voix contre 62 et 54 abstentions. Les socialistes majoritaires s'y sont ralliés en faisant remarquer qu'il n'exprimait pas la confiance. Les nationaux allemands se sont abstenus comme ils en avaient dès le début marqué l'intention. Les Socialistes Indépendants, dont l'attitude avait paru un instant hésitante, ont voté contre le Gouvernement. Ils avaient même déposé une motion de méfiance qui a été rejetée par 313 voix contre 64.

Le débat qui a précédé ce vote a été fort long (la séance ne s'est terminée qu'à 9 h. du soir), mais assez intéressant. Il s'est ouvert par un discours de M. Hermes, Ministre du Ravitaillement, qui a esquissé la situation alimentaire de l'Allemagne. Les frais de production ayant augmenté de 70% depuis le commencement de l'année, par suite de la hausse des salaires et du renchérissement des engrais artificiels, les prix des denrées ont dû être augmentés. Ils sont fixés à 1.500 marks pour la tonne d'avoine, pour le seigle à 1.550 marks, à 1.750 marks la tonne pour le blé, à 500 marks la tonne pour les pommes de terre. M. Hermes a reconnu que, cependant, la situation générale de l'Allemagne au point de vue alimentaire s'améliorait légèrement grâce aux importations de l'étranger. Le système de l'économie contrôlée pourra ainsi être sinon supprimé, tout au moins fortement atténué. Les "Sociétés de guerre" sont en voie de disparition. Le bureau central des fruits et légumes, la Société centrale d'achats, le Bureau central des huiles et graisses, le Commissariat d'Empire pour la vente du poisson ont été supprimés ou vont l'être. Le Ministre a conclu en faisant appel à l'aide de l'étranger et en exprimant l'espoir que l'on comprendra à Spa la nécessité d'améliorer les conditions d'alimentation de l'Allemagne si on veut la mettre à même de s'acquitter par le travail.

Les débats sur la politique générale du Gouvernement ont alors subi une interruption pour permettre au Ministre des Affaires Etrangères[4] de répondre à une question sur les actes arbitraires commis par les autorités polonaises: difficultés apportées au passage du "couloir" polonais, arrestation de M. von Holtum[5]; appel sous les drapeaux de ressortissants polonais de langue allemande. M. Simons a employé à l'égard des Polonais un ton assez tranchant, qui lui a valu les éloges de la presse nationaliste. Les récents échecs militaires des Polonais ne sont sans doute pas étrangers à ce renouveau d'arrogance.

Après cet intermède, Helfferich a prononcé un long discours apologétique, que l'extrême-gauche a haché d'interruptions et de sarcasmes. Il a paru un peu décontenancé par cet accueil auquel ses prétentions perpétuelles à jouer le justicier, alors qu'il porte une si grande part de responsabilité dans la politique qui a mené un pays à la ruine, devaient cependant l'exposer fatalement. Il n'a repris quelque assurance que pour déclarer en termes énergiques que l'Allemagne ne devait pas se laisser intimider par les menaces des Alliés et laisser faire de Spa un second Versailles.

Le Ministre des Finances[6] a réfuté avec vigueur, mais non sans quelque nervosité, les assertions d'Helfferich. Il a déploré que 24 heures avant la Conférence de Spa il se fut trouvé au Reichstag un orateur pour prononcer des paroles qui ne pouvaient être qu'un brandon de discorde et un encouragement aux éléments chauvins de l'Entente. Il a fait ensuite le procès de la politique financière d'Helfferich, qui consistait, a-t-il dit "à inscrire toutes les dépenses au livre des futures indemnités de guerre" et a conclu que sans s'aplatir devant l'Entente, les délégués allemands apporteraient à Spa un sincère désir de collaboration. Cette improvisation assez bien venue a été saluée d'applaudissements nourris sur les bancs de la gauche et du centre, mais les populaires allemands ont gardé un silence désapprobateur.

Après une intervention de Clara Zetkin, qui a parlé au nom des Communistes avec une chaleur de conviction à laquelle, chose rare en Allemagne, les journaux de tous les partis se sont plu à rendre hommage, le Chancelier[7] est monté à la tribune. Sa parole mesurée et prudente a réussi à ramener le calme. Il s'est contenté d'affirmer la bonne volonté du Gouvernement, a parlé avec quelque optimisme des Conférences de Spa, et a demandé à l'Assemblée de ne juger le Gouvernement qu'à ses actes.

Malgré que M. Fehrenbach ait obtenu le vote de l'ordre du jour de répit plutôt que de confiance, dont j'ai donné plus haut le texte, on ne saurait dire que la journée du 2 juillet ait été bonne pour le Gouvernement.

L'extrême gauche a affirmé nettement l'attitude d'opposition au Cabinet qu'elle hésitait d'abord à prendre. Les nationaux allemands, mécontents de la politique générale du Ministère qu'ils trouvent orienté trop à gauche, ainsi que de l'accueil réservé à l'un de leurs chefs, ont observé une neutralité qui ne tardera sans doute pas à devenir franchement hostile. Symptôme plus grave, <que signalait déjà mon télégramme N° 1203-1205,>8 le parti populaire a pris ombrage de la vive offensive prononcée contre la politique d'ancien régime par le Ministre des Finances. Il aurait fait savoir au Chancelier qu'il n'approuvait pas les déclarations de M. Wirth et qu'il ne saurait tolérer le renouvellement de pareilles attaques contre une forme de Gouvernement à laquelle il ne fait pas mystère d'être resté attaché.

Les Lézardes, que montrait dès l'origine le "bloc du milieu", menacent de s'étendre. Elles deviendraient tout à fait dangereuses si les délégués allemands ne rapportaient pas de Spa quelque avantage positif ou tout au moins quelque promesse réconfortante. Le Gouvernement se rend compte de cette situation. <Comme l'indique mon télégramme N° 1209-1210, il cherche même à l'exploiter.>9

---

1 Allemagne 285, fol. 200-202.
2 Der in spitze Klammern gesetzte Text wurde nachträglich gestrichen. Zu dem erwähnten Telegramm s. oben Dok. 287.
3 Vgl. oben Dok. 278.
4 Walter Simons.
5 In der Nacht vom 16. zum 17.6.1920 war der Hauptgeschäftsführer der politischen Arbeitsgemeinschaften für das ost- und westpreußische Abstimmungsgebiet auf der Fahrt durch den Korridor von Polen verhaftet und an einem zunächst unbekannten Ort gebracht, später jedoch wieder freigelassen worden, s. AdR, Kabinett Fehrenbach, Dok. 93 Anm. 2, S. 242.
6 Josef K. Wirth.
7 Konstantin Fehrenbach.
8 Der in spitze Klammern gesetzte Text wurde nachträglich gestrichen.
9 Der in spitze Klammern gesetzte Text wurde nachträglich gestrichen. Zu dem erwähnten Telegramm vgl. oben Dok. 290.

292
*M. Laurent, Ambassadeur de France à Berlin, à
M. Millerand, Président du Conseil, Ministre des Affaires Etrangères.*

T. n° 1222-1223. Déchiffrement.   Berlin, le 6 juillet 1920, 20 h 15.
                                     (Reçu: 23 h 45, le 7, 0 h 15.)[1]

Les journaux allemands accueillent avec satisfaction l'extension prise par les délibérations de Spa.[2] Ils se félicitent tout particulièrement que le Ministre de la Défense nationale Geßler et le Général von Seeckt aient été admis à s'expliquer sur la réduction des effectifs. Ils croient y voir la preuve que le refus opposé par l'entente aux demandes allemandes sur cette question n'est pas irrévocable. Les organes gallophobes ne manquent pas d'insinuer que l'intransigeance française a dû s'incliner une fois de plus devant l'esprit de conciliation et de raison représenté par l'Angleterre et l'Italie.

Le "Berliner Tageblatt" qu'on ne peut être surpris de trouver associé à cette campagne, indique nettement qu'elle trouve des encouragements dans certains milieux alliés de Berlin, et notamment auprès de la mission du Général Malcolm.

"Nous avons lieu de croire, écrit-il, qu'après la remise des trois notes de l'entente, les Gouvernements anglais et italien ont reçu d'Allemagne des rapports établis après enquête spéciale. Ces rapports, émanant de techniciens militaires affranchis de préjuger, ont dû, tout au moins, éveiller le désir d'entendre les arguments des personnalités dirigeants du Ministère de la défense nationale, dans la question du désarmement."

Le "Berliner Tageblatt" craint d'ailleurs que les concessions offertes à l'Allemagne se bornent à une prolongation du délai fixé pour la réduction des effectifs. Il condamne cette demi-mesure que prolongerait l'agitation entretenue dans l'armée par l'incertitude du lendemain.

---

1   Télégrammes, Arrivée de Berlin, 1920, 6.
2   Die genauen Verhandlungsgegenstände der Konferenz waren der deutschen Seite erst in der Eröffnungssitzung bekanntgegeben worden. Im einzelnen sollte über die Entwaffnung, die Reparationen, die Kohlelieferungen, die Kriegsschuldigenfrage sowie über die Verhältnisse in Danzig verhandelt werden, s. Protokolle der Sitzung vom 5.7.1920, DBFP 1/VIII No. 43 S. 422ff bzw. die entsprechende deutsche Aufzeichnung vom gleichen Tag, ADAP A III Dok. 181 S. 334ff.

293

M. Tirard, Haut-Commissaire de la République Française dans les Provinces du Rhin, à M. Millerand, Président du Conseil, Ministre des Affaires Etrangères.

N° 9942 A.T.R.C./2.   Coblence, le 7 juillet 1920.[1]

La première réunion à l'effet de constituer la Commission Mixte d'arbitrage des Territoires Rhénans prévue par la note 190 du 16 juin de Votre Excellence[2] a eue lieu le 5 juillet. La Délégation allemande comprenait deux Délégués du Ministère des Finances, deux Délégués des Affaires Economiques (Service des Importations, Exportations et Saisis) et un Délégué du Ministère du Ravitaillement,

Les Délégués du Ministère des Finances n'avaient aucun pouvoir de décision.

Après échange de vues, la Délégation Française a remis aux Délégués du Ministère des Finances la note ci-dessous:

"La Délégation Française prend acte de la déclaration du Délégué du Ministère des Finances allemand, d'après laquelle ces Délégués d'une part, n'ont aucun pouvoir de décision en ce qui concerne les demandes particulières de dédouanement en marks papier pour des marchandises introduites dans les Territoires Rhénans occupés, pendant la période transitoire, et d'autre part, ont pour seule mission d'engager des conversations au sujet des règles de principe à appliquer pour la solution des dites demandes, en prennant comme base de la discussion la note du Gouvernement Français du 5 juin mais sans pouvoir de décision.

L'échange de vues qui s'est poursuivi entre les deux Délégations, a fait ressortir les difficultés qu'il y a à établir des règles de principe et l'avantage qu'il y aurait à donner à une Commission Mixte, les pouvoirs d'arbitrer les cas particuliers, ainsi que cela avait été admis en principe, au cours des conversations qui ont fini le 27 mai, entre le Ministre des Affaires Etrangères Français[3] et la Délégation Allemande à Paris.

En conséquence, la Délégation Française demande que des pouvoirs correspondant aux siens, soient donnés aux Délégués allemands du Ministère des Finances."

Les Délégués du Ministère des Finances sont rentrés à Cologne le 5 juillet au soir.

Les Délégués du Ministère des Affaires Economiques et du Ravitaillement ont pouvoir de décision chacun dans leur spécialité.

Une nouvelle réunion eut lieu avec les Délégués le 6 juillet, au cours de laquellle la Délégation Française tenta de faire approuver le règlement intérieur qui a fait l'objet de ma note N° 2586 du 25 juin[4]. La Délégation allemande tout en admettant une partie des dispositions de ce projet de règlement, fait opposition à la Constitution d'une Commission Mixte et Permanente. Elle semble craindre qu'une atteinte soit portée aux prérogatives de l'autorité allemande par les pouvoirs d'une telle Commission. Elle considère que les deux Délégations devraient rester en face l'une de l'autre sans former commission, et échanger leurs points de vue en laissant à l'autorité allemande toute la décision.

La Délégation Française considérant que ces dispositions étaient contraires aux instructions qu'elle a reçu, a demandé à la Délégation allemande de provoquer télégraphiquement à Berlin, des instructions nouvelles qui permettent la constitution de la Commission Mixte dans les conditions prévues.

D'ici là, les dossiers des affaires litigieuses continueront à être réunis.

Je pense qu'une intervention de Votre Excellence auprès du Gouvernement de Berlin serait nécessaire à fin de hâter l'envoi des instructions aux Délégués allemands, j'ai l'honneur de solliciter votre intervention.[5]

---

1 AN, AJ 9 3894. Maschinenschriftlicher Durchschlag. Eine Kopie dieses Telegramms sandte Tirard an Botschafter Laurent.
2 Nicht abgedruckt, weitere Unterlagen zu dem Projekt s. Tirards Bericht N° 5635 vom 26.6.1920, AN, AJ 9 3407. Zur Vorgeschichte s. auch Mayers Telegramm vom 6.5.1920, ADAP A III, Dok. 130 S. 226ff, hier speziell S. 227f.
3 Alexandre Millerand.
4 Nicht abgedruckt.
5 Zum Hintergrund vgl. oben Dok. 217. Zum Fortgang s. unten Dok. 300.

294
M. de Marcilly, Chargé d'Affaires de France à Berlin, à
M. Millerand, Président du Conseil, Ministre des Affaires Etrangères.

T. n° 1242-1247. Déchiffrement.   Berlin, s.d., 17 h 45, 18 h 00.
(Reçu: le 9, 20 h 30, 21 h 10,
20 h 20, 21 h 45, 21 h 05.)[1]

L'ultimatum des Alliés sur le désarmement a provoqué ici un grand désarroi.[2]

Un Conseil (de) (Cabinet) convoqué hâtivement hier soir à neuf heures sous la présidence d'Ebert, n'a pu aboutir à un résultat positif.[3] Il a été décidé de se décharger sur la délégation de Spa de la responsabilité de la décision à prendre. Ce matin, à huit heures, les grandes commissions du Reichstag et du Reichsrat ont tenu une séance commune où (ont) pris la parole Crispien et Henke pour les Indépendants, Hermann Müller pour les Socialistes majoritaires, Schiffer (pour) les démocrates, Rießer pour les populaires allemands, Helfferich pour les Nationaux allemands.

Seuls les nationalistes Allemands se sont prononcés catégoriquement pour le refus de signer. D'après le "Journal de Midi" tous les orateurs, y compris ceux des indépendants, ont insisté sur l'impossibilité pour l'Allemagne d'accepter la thèse de l'Entente, selon laquelle de nouveaux territoires pourront être occupés par les troupes alliées en cas de manquement à l'exécution du traité de la part de l'Allemagne.

La presse de gauche conseille l'acceptation pure des demandes alliées. La "Freiheit" applaudit à la réduction de la Reichswehr "qui est, non seulement possible, mais nécessaire" et qui ne sera, espère-t-elle, qu'une étape vers la suppression complète de l'armée régulière. Le correspondant du "Vorwärts" à Spa estime que les délégués allemands ont commis une faute de tactique en ne plaidant pas à temps la cause de la Police de Sûreté.⁴

Il observe que les demandes des Alliés "sont théoriquement exécutables et même en partie justifiées". Il croit, toutefois, que le Gouvernement éprouvera les plus grandes difficultés à rentrer en possession des armes détenues soit par les Etats particuliers, notamment la Bavière, soit par les particuliers, (ouvriers) Spartakistes ou hobereaux de Poméranie. Dans son article de tête le "Vorwärts" se plaint que les Alliés "aient abandonné la voie de la conciliation pour celle des conditions imposées" et compare la situation actuelle à celle qui s'est présentée l'année dernière à Versailles. Il reconnaît, toutefois, que les exigences de l'Entente, bien que présentées sous forme d'ultimatum, constituent, quant au fond, un compromis. Il préconise l'acceptation des conditions militaires des alliés dans l'espoir d'obtenir un traitement plus favorable des questions économiques et financières. Les organes de la coalition gouvernementale évitent, en général, de se prononcer nettement, soit pour le rejet, soit pour l'acceptation de l'ultimatum et se bornent à reproduire de longs télégrammes de leurs correspondants à Spa. Celui de "la Gazette de Voss", Redlich, prêche ouvertement la conciliation. Certains journaux font remarquer que l'Entente se bornant à réclamer le désarmement et non la dissolution de la police de sûreté, il sera peut-être possible d'obtenir le maintien de cette force indispensable au maintien de l'ordre en lui retirant ses canons et ses mitrailleuses de manière à ne lui laisser aucune possibilité de (sortir) de son rôle de simple troupe de police. Seule la presse de droite réclame la rupture des pourparlers.

La "Deutsche Zeitung" compte que les représentants de l'Allemagne sauront répondre par un non catégorique aux exigences de l'Entente "qui s'inspire d'une volonté de destruction pure." Le comte Reventlow, dans la "Deutsche Tageszeitung" adjure la délégation allemande "de ne pas se laisser bluffer une fois de plus." La "Post", le "Lokal Anzeiger", le "Börsen Kurier" expriment également l'opinion que l'Allemagne ne saurait accepter tel quel l'ultimatum qui lui est posé.

Malgré ces rodomontades des feuilles nationalistes, dont quelques unes semblent d'ailleurs manquer un peu de conviction, la majorité de l'opinion, sans renoncer encore à l'espoir d'obtenir quelques adoucissements aux exigences des alliés, ne paraît pas disposée à laisser les pourparlers se rompre sur la question du désarmement.

---

1   Allemagne 59, fol. 367-372. Laurent war am 8. Juli nach Spa abgereist. Er kehrte am 19.7.1920 wieder nach Berlin zurück.
2   In der Konferenzsitzung vom 8.7.1920 hatten die Alliierten die deutschen Wünsche in der Entwaffnungsfrage beantwortet. Lloyd George übergab der deutschen Delegation ein Papier mit den alliierten Entwaffnungsforderungen. Gefordert wurden: die sofortige Entwaffnung der Einwohnerwehren und der Sicherheitspolizei, gesetzgeberische Maßnahmen zur Entwaffnung der Zivilbevölkerung, Abschaffung der allgemeinen Wehrpflicht, Aufbau des Heeres auf der Grundlage langfristiger Dienstzeit, Auslieferung des überzähligen Kriegsmaterials und Durchführung der noch nicht erfüllten Marine- und Luftfahrtklauseln des Friedensvertrages.
    Im Gegenzug erklärten die Alliierten sich zu folgenden Zugeständnissen bereit: Die Frist für die Truppenreduzierung auf 150.000 Mann sollte bis zum 1.10.1920, die auf 100.000 Mann bis zum 1.1.1921 verlängert werden; ferner durften in der neutralen Zone bis zum 1.10.1920 Truppen stationiert bleiben, um die Waffen einzusammeln; schließlich sollten alle notwendigen Maßnahmen ergriffen werden, um den Waffenschmuggel aus dem besetzten Gebiet nach den anderen Teilen Deutschlands zu verhindern.
    Für bestimmte Verstöße gegen diese Bestimmungen waren Sanktionen vorgesehen, die Alliierten drohten, in diesem Fall zu einer weiteren Besetzung deutscher Gebiete zu schreiten.
    Zum Schluß erklärten die Alliierten, daß diese Forderungen in ein Entwaffnungsprotokoll aufgenommen werden sollten, das auch von der deutschen Delegation unterzeichnet werden sollte. Auf Drängen der deutschen Delegation, die mit Berlin Rücksprache nehmen wollte, wurde die Unterzeichnung auf den 9.7.1920 anberaumt. Zum britischen Text der Entwaffnungsforderungen s. DBFP 1/VIII, No. 50 S. 470ff. Zum Verlauf der Sitzung vgl. auch ADAP A III, Dok. 187 S. 353ff.
3   Vgl. Protokoll der Besprechung der Reichsminister mit den preußischen Ministern und den Parteiführern vom 8.7.1920, AdR, Kabinett Fehrenbach, Dok. 19 S. 48ff.
4   In seiner Note vom 22.6.1920 hatte Millerand im Rahmen der Entwaffnung Deutschlands die Auflösung der Sicherheitspolizei gefordert. Während der Konferenz von Spa hatten die Alliierten dann jedoch zunächst lediglich deren Entwaffnung verlangt. Zum Text der Note Millerands s. Ursachen und Folgen, Bd. 4, Dok. 929 S. 240ff.

295
*M. de Marcilly, Chargé d'Affaires de France à Berlin, à
M. Millerand, Président du Conseil, Ministre des Affaires Etrangères.*

D. n° 432.   Berlin, le 9 juillet 1920.[1]

**Poursuites contre les officiers allemands coupables d'insultes
envers la Commission Interalliée des Etats Baltiques.**

J'ai l'honneur de faire parvenir, ci-joint, à Votre Excellence copie d'une note[2] que le Ministère Allemand des Affaires Etrangères a adressée à l'Ambassade concernant les sanctions réclamées par le Général Niessel contre un certain nombre d'officiers allemands.

Il ressort de ce document que la Commission Interalliée des Etats Baltiques avait laissé à Berlin un bureau de liquidation sous la direction du Capitaine Digue. Cet officier a échangé avec la Wilhelmstrasse un certain nombre de notes. Par une lettre du 29 mai, dont copie est également annexée à la présente dépêche[3], il s'est plaint vivement des procédés dilatoires employés par le Gouvernement allemand. En effet, les autorités militaires ont différé de sévir contre les coupables tant qu'ils étaient en activité de service, puis se sont déclarées incompétentes, une fois qu'ils ont été démobilisés. Les tribunaux civils ont été alors saisis, mais ont exigé, contrairement aux assurances données par le Chancelier[4] au général Niessel en janvier dernier, que la procédure fût conduite suivant les règles ordinaires et notamment que les officiers alliés insultés fussent entendus sous la foi du serment. Le Capitaine Digue a protesté contre cette prétention et déclaré que la justice allemande devait intervenir pour punir les coupables désignés par la Commission Interalliée et non pour contester les accusations formulées par cette Commission.

Sur ces entrefaites, le capitaine Digue aurait quitté Berlin en informant le Ministère allemand des Affaires Etrangères que l'Ambassade de France serait désormais compétente pour suivre la question.

La Wilhelmstrasse nous a donc adressé sa réponse à la note que le capitaine Digue lui avait envoyé le 29 mai. Tout en protestant avec énergie contre le reproche de ne pas avoir fait le nécessaire pour châtier les insulteurs de la Commission Interalliée, elle se justifie par des arguments très faibles. Elle affirme qu'un certain nombre d'officiers coupables ont déjà été sévèrement punis par leur exclusion de la Reichswehr. Elle déclare que l'impossibilité d'obtenir aucun aveu des accusés, ni de recueillir aucun témoignage local ne permet pas de poursuivre l'affaire sans entendre sous serment les témoins à charge, ainsi qu'on l'avait d'abord cru possible. Elle demande donc que les témoignages des officiers alliés insultés soient communiqués au Gouvernement allemand pour lui permettre de punir les coupables sans ménagement.

La partialité dont les juges allemands ont fait preuve en faveur de leurs nationaux, inculpés de violences graves, soit envers des officiers alliés comme dans l'affaire de l'hôtel Adlon[5], soit envers des hommes politiques allemands comme lors de l'attentat dont Erzberger fut victime[6], permet de mesurer la valeur des promesses par lesquelles le Gouvernement allemand prétend maintenant renouveler les engagements qu'il n'a pas honorés.

Quoi qu'il en soit, je serai reconnaissant à Votre Excellence de vouloir bien me donner Ses Instructions au sujet d'une affaire sur laquelle je ne possède que des éléments d'appréciation insuffisants. Le capitaine Digue ne s'est, en effet, jamais présenté à l'Ambassade, ne nous a communiqué aucune des lettres échangées par lui avec les autorités allemandes, et ne nous a pas avertis qu'il nous substituait à son bureau dans le règlement des affaires laissées en suspens par la Commission interalliée des Etats Baltiques.[7]

---

1 Russie 278, fol. 55-56.
2 Nicht abgedruckt.
3 Nicht abgedruckt.
4 Konstantin Fehrenbach.
5 Vgl. oben Dok. 92 Anm. 3.
6 Vgl. oben Dok. 32.
7 Laurent schrieb dazu am 5.9.1920, er bezweifle, daß Proteste erfolgreich sein würden, und verwies in diesem Zusammenhang auf die ungebrochen starke Stellung des Militärs in Deutschland. Im übrigen merkte er an, daß es sich nicht um eine Angelegenheit handle, die nur Frankreich betreffe, da es sich um eine internationale Kommission gehandelt habe, s. Laurents D. n° 560, Russie 278, fol. 81 r, v. Zur deutschen Antwort, die auf ihre frühere Erklärung verwies, die sie für ausreichend erachtete, s. dessen D. n° 583 vom 22.9.1920, ebenda, fol. 82-84.

296

M. de Marcilly, Chargé d'Affaires de France à Berlin, à
M. Millerand, Président du Conseil, Ministre des Affaires Etrangères.

D. n° 11. [Berlin], le 9 juillet 1920.[1]

"Ricevimento" diplomatique donné par l'Ambassadeur.

Les Ambassadeurs accrédités à Berlin avant la guerre donnaient, à leur arrivée, deux "ricevimenti". Le corps diplomatique était convié au premier, tandis que l'autre réunissait les personnes admises à la Cour Impériale, y compris les diplomates. Quelques ministres et hauts fonctionnaires allemands assistaient au second en leur qualité de "hoffähig". Mais ils n'en formaient pas l'élément essentiel, car, bien qu'ils habitaient Berlin toute l'année, la réception n'avait lieu qu'en hiver, alors que la Cour résidait officiellement dans la capitale.

Il semblait que se protocole eût perdu sa raison d'être avec la disparition de la Cour et qu'on dût, suivant l'usage consacré dans la plupart des pays, inviter à la même réception le corps diplomatique et le monde officiel. Mais la Wilhelmstrasse, pressentie par l'Ambassade, souleva de nombreuses difficultés. Elle représenta que l'absence de presque tous les Ministres, partis pour Spa, ne permettrait pas au Gouvernement de répondre, comme il le désirait, à l'invitation de l'Ambassadeur[2]. Elle fit surtout valoir que, faute de précédents, un délai de deux ou trois jours était insuffisant pour dresser les listes d'invitations sans risquer de regrettables omissions. A côté de cette dernière raison, rendue très vraisemblable par la désorganisation actuelle des services du cérémonial, intervenait probablement une considération de vanité: le désir que l'élément allemand eût les honneurs d'une réception spéciale. Le vieil esprit de l'Allemagne impériale continue d'inspirer l'administration qui cherche à maintenir le principe de traditions qu'elle est d'ailleurs généralement hors d'état d'appliquer. Quoiqu'il en fût, M. Charles Laurent ne crut pas devoir insister. Les membres du Corps Diplomatique et les délégués des Commissions interalliées de contrôle furent seuls invités au "ricevimento" qui eut lieu le 7 juillet, à 5 heures de l'après-midi.

Le Nonce apostolique, Mgr Pacelli, accompagné de son auditeur bavarois Mgr Preysing, rendit à l'Ambassadeur la visite qu'il en avait reçue la veille. Dans l'une et l'autre circonstance, il fit preuve d'une courtoisie empressée, exprimant en bons termes ses sympathies pour la France et son espoir que la reprise des relations diplomatiques entre le Saint-Siège et la France fût bientôt un fait accompli.[3] Les invités de l'Ambassadeur furent assez surpris de voir se former autour du Nonce un cercle d'officiers italiens poursuivant une conversation animée. Le Ministre de Suisse, M. de Planta, qui vient de Rome s'était, à la demande du Général Calcagno, entremis auprès de Mgr Pacelli, qui s'était déclaré très heureux d'entrer en "relations personnelles" avec tous ses compatriotes. L'exemple des membres des Commissions de Contrôle ne tarda d'ailleurs pas à être suivi par le Chargé d'Affaires d'Italie, M. Guarneri et par ses collaborateurs. Mgr Preysing fut également, de la part des officiers et diplomates royaux, l'objet d'attentions qui croyaient s'adresser à un Italien. Il répondait en français "Mais je suis Bavarois ..." et poursuivait la conversation en italien, langue qu'il possède, comme d'ailleurs la nôtre, à la perfection.

Une invitation avait été envoyée au Ministre de Bavière M. von Preger qui s'excusa par le billet suivant rédigé en français:

"Le Ministre de Bavière a l'honneur de remercier Son Excellence Monsieur l'Ambassadeur de la République Française de l'aimable communication du cinq juillet et regrette beaucoup de ne pas pouvoir assister à la réception du sept juillet, étant obligé de se rendre à Munich ce soir même. Berlin, le six juillet 1920."

L'excuse était valable, M. von Preger étant sans doute allé porter à Son Gouvernement la lettre par laquelle M. Charles Laurent notifiait le rétablissement de la Légation de France à Munich.[4] Au surplus, la formule employée par M. von Preger n'indiquait pas, bien au contraire, qu'il déclinât la qualité diplomatique. Il a cependant cessé de figurer sur la liste du Corps diplomatique et le Secrétaire d'Etat von Haniel a cru devoir prendre l'accent de la surprise pour dire à un diplomate neutre, que le "représentant de la Bavière au Reichsrat" avait été invité au "ricevimento" diplomatique de l'Ambassadeur de France.

---

1 MAE Nantes, Ambassade de Berlin, 174 (ohne Folio). Maschinenschriftlicher Durchschlag, ohne Unterschrift und ohne Ortsangabe. Der Text dieser, an die Protokollabteilung gerichteten Depesche ist vermutlich identisch mit der Depesche n° 438, die im Archiv des Quai d'Orsay nicht nachgewiesen werden konnte.
2 Charles Laurent.
3 Frankreich hatte im Jahre 1905 die diplomatischen Beziehungen zum Heiligen Stuhl als Reaktion auf die Proteste des Papstes gegen die französische Politik der Trennung von Kirche und Staat abgebrochen. Nach einer leidenschaftlichen Debatte in der Kammer am 11.11.1920 beschloß die Regierung, die Beziehungen offiziell wiederaufzunehmen.
4 Vgl. oben Dok. 285.

297
M. de Marcilly, Chargé d'Affaires de France à Berlin, à
M. Millerand, Président du Conseil, Ministre des Affaires Etrangères.

T. n° 1253-1254. Déchiffrement.　　　　　　Berlin, le 10 juillet 1920,
　　　　　　　　　　　　　　　　　　　　　　　　　　　　18 h 30, 18 h 40.
　　　　　　　　　　　　　　　(Reçu: le 11, 1 h 40, le 10, 23 h 10.)[1]

La rapidité avec laquelle les événements se déroulent à Spa ne permet pas encore de prendre position sur les demandes des Alliés relatives au charbon. Seul le "Berliner Tageblatt", dont le correspondant à Spa déclare que le traité de Versailles n'aurait jamais dû être signé, publie un éditorial dont le ton marque à la fois une extrême violence et un grand découragement. J'adresse à Votre Excellence sous le N° suivant[2] une analyse en clair de cet article dû vraisemblablement à la plume de Theodor Wolff.

Le "Berliner Tageblatt" écrit:

"Après avoir dans la matinée forcé l'Allemagne au désarmement sous la menace du revolver, les Alliés ont employé la même méthode dans l'après-midi, tel un de ces avocats qu'Henry Becque a décrit dans "Les

Corbeaux", Millerand a tenté d'arracher à l'Allemagne des concessions impossibles et ruineuses; de nouveau les délégués allemands ont 24 heures pour prendre une décision. Il est curieux de voir que Millerand, qui enlève à l'Allemagne toute possibilité de vivre, puisse prêcher en même temps une collaboration économique devenue insignifiante. Lloyd George a oublié une fois de plus ses discours sonores et il s'est soumis à la dictée de M. Millerand. Les délégués allemands sont traités à Spa comme s'ils étaient envoyés par une peuplade nègre que l'on châtie, parce qu'elle n'envoie pas promptement le tribut qu'attendaient les négriers. Les délégués allemands ont été invités à des négociations, à une discussion objective, à un accord pacifique. Si l'on veut transformer Spa en une caverne où, sous la menace, on enlève le portefeuille des voyageurs qui s'y sont aventurés, il est vraiment inutile de rester plus longtemps en un pareil endroit. Parmi toutes les sottises faites, la plus grande est de voir Millerand et ses amis trouver en Allemagne des hommes pour les croire.

Aujourd'hui il faut poser la question de savoir si la prolongation du séjour des délégués allemands à Spa est encore de quelque utilité. M.M. Lloyd George et Nitti ont parlé d'inviter les Allemands à une conférence. Ils avaient employé de très belles paroles et fait des promesses qui semblaient annoncer à l'humanité une ère nouvelle. Mais Nitti a disparu de la scène[3], Giolitti reste inactif à l'arrière plan; le rôle de l'Italie est (mots passés) les vainqueurs continuent à flétrir leur dignité par l'emploi de pareilles méthodes: Le vaincu doit sauvegarder son honneur."

---

1   Allemagne 374, fol.137-139.
2   Gemeint ist die zweite Hälfte des Telegramms (n° 1254).
3   Der italienische Ministerpräsident war im Juni nach einer Kontroverse über die Festsetzung des Brotpreises zurückgetreten. Sein Nachfolger wurde Giovanni Giolitti.

298
M. de Marcilly, Chargé d'Affaires de France à Berlin, à M. Millerand, Président du Conseil, Ministre des Affaires Etrangères.

T. n° 1256. [En Clair].   Berlin, le 10 juillet 1920, 14 h 40.
                                          (Reçu: < ? >).[1]

L'Agence Wolff publie l'annonce suivante: "Ce matin a eu lieu chez le Président[2] une réunion dans laquelle les membres de la Délégation allemande revenus de Spa: le Ministre Geßler, le Secrétaire d'Etat Albert et le Général von Seeckt ont rendu compte de leur mission. Il a été spécialement mis en lumière que Lloyd George a eu particulièrement en vue le désarmement de la population, c'est-à-dire le rassemblement des armes se trouvant entre les mains des habitants. La menace d'occupation de la Ruhr n'a pas été acceptée par les Allemands, ils en ont seulement pris acte après que le Ministre des Affaires Etrangères[3] eut déclaré que cette clause était contraire au Traité de Paix et au Droit des gens. La formule finale de la signature dit donc seulement que le Gouvernement allemand prend acte et s'efforcera, en ce qui touche le Gouvernement allemand, d'exécuter les conditions. Lloyd George a expressément reconnu que les Allemands par leur signature ne couvraient pas la clause.[4] Il a également été établi qu'en raison de l'énergie avec laquelle l'Entente réclame, conformément au Traité de Paix, le rassemblement des armes, l'Allemagne devra prendre incessamment sur ce point des mesures décisives ".

---

1 Télégrammes, Arrivée de Berlin, 1920, 6. Zeitpunkt des Eingangs in Paris nicht ermittelt.
2 Friedrich Ebert.
3 Walter Simons.
4 Der "Lokal Anzeiger" hatte diesen Punkt als Erfolg für Simons gewertet und auf die Möglichkeit einer Isolierung Frankreichs hingewiesen, s. de Marcillys T. n° 1239 vom 9.7.1920, Télégrammes, Arrivée de Berlin, 1920, 6.

299
M. de Marcilly, Chargé d'Affaires de France à Berlin, à M. Millerand, Président du Conseil, Ministre des Affaires Etrangères.

D. n° 435.   Berlin, le 11 juillet 1920.[1]

Conjuration de Crefeld.

Un de nos informateurs a eu connaissance au Reichswehrministerium d'un rapport secret rendant compte de pourparlers qui auraient eu lieu, du 24 au 26 juin, à Crefeld entre officiers alliés et séparatistes allemands. Le Commandant français (Pétion) de Chaponneau[2] et le Commandant belge de Vries se seraient rencontrés avec le séparatiste Kastert, Bäck, de Wiesbaden[3], représentant de Dorten, Fromann, de Bonn, le socialiste indépendant Nackländer d'Ürdinger-Moos et le communiste Mulzcinek. Les officiers alliés auraient écouté avec sympathie l'exposé d'un plan consistant à organiser dans la région rhénane un soulèvement ouvrier à tendances bolchevistes et séparatistes qui devrait éclater, en liaison avec un mouvement révolutionnaire dans la région de Halle, le 6 juillet, le 26 juillet ou le 3 août.

 Le compte-rendu porte la marque des fausses nouvelles que le service des Renseignements du Reichswehrministerium fabrique à l'usage de la presse avec une inépuisable fécondité. La fixation de délais à plusieurs termes est classique dans les rumeurs alarmistes. Car ce procédé donne l'illusion de la précision et aggrave, loin de la calmer, l'anxiété du public à mesure que les dates critiques se passent sans incidents. Les partis extrêmes, de gauche et de droite, qui s'accusaient réciproquement pendant la période électorale, de préparer une révolution, ont répété inlassablement cette manœuvre. Quant au programme de la conjuration, on ne peut être surpris qu'il confirme, en les systématisant, les révélations apportées et ressassées depuis plusieurs semaines par les organes pangermanistes. La connivence des "militaristes" français avec les séparatistes et les socialistes indépendants de la région rhénane, est, pour ces feuilles et les milieux qu'elles représentent, un dogme aussi indiscutable que l'existence d'une armée rouge dans l'Allemagne centrale. Toutefois, on n'avait pas établi nettement qu'une corrélation exista entre ces deux dangers ni qu'elle se fit par l'organe d'officiers alliés. Cette lacune vient d'être comblée fort à propos.

Les romanciers, même ceux du service des Renseignements allemand, font rarement œuvre de pure imagination. Il est possible que les deux officiers alliés mis en cause aient, soit de compagnie, soit isolément, reçu la visite de certains des personnages indiqués, parmi lesquels se sera vraisemblablement trouvé quelque agent provocateur qui aura immédiatement adressé un rapport de haut goût à l'Etat-Major. Le Colonel Gelin, représentant de la H.C.I.T.R. à Bonn a été en Avril dernier, victime d'une machination analogue (Voir télégrammes de l'Ambassade N° 840-841 du 4 Mai dernier[4]).

Bien que les protestations énergiques adressées à la Wilhelmstrasse par l'Ambassade à propos des révélations concernant une prétendue réunion de généraux français à Mayence en Avril dernier aient découragé pour un temps l'Agence Wolff d'accueillir trop facilement les informations du Reichswehrministerium, nous devons prévoir le cas où la presse pangermaniste dénoncerait la conjuration de Crefeld.

En informant M. Tirard par le même courrier, je le prie d'ouvrir une enquête et de réunir les éléments d'un démenti.

---

1 A-Paix (1914-1920) 247, fol.128-130.
2 Tirard stellte wenig später offiziell fest, daß ihm ein französischer Offizier dieses Namens unbekannt sei, s. Laurents Depesche n° 462 vom 20.7.1920, ebenda, fol. 131-133. Vgl. dazu aber auch von Bernstorffs Bericht vom 23.7.1920 über ein ähnliches Treffen, das am 25., 26. und 27.6.1920 in Köln stattgefunden haben soll, s. ADAP A III, Dok. 214 S. 445ff, hier vor allem S. 446f.
3 Gemeint ist vermutlich Willy Boecker.
4 Vgl. oben Dok. 195.

300
M. Tirard, Haut-Commissaire de la République Française dans les Provinces du Rhin, à M. Millerand, Président du Conseil, Ministre des Affaires Etrangères.

N° 5811 A.T.R.P. [Coblence ?], le 11 juillet 1920.[1]

Commission mixte d'arbitrage dans les Territoires Rhénans Occupés.

J'ai l'honneur de confirmer à Votre Excellence mon télégramme du 11 Juillet[2], dans lequel j'exposais qu'une Conférence avait eu lieu entre Monsieur von Starck et Mr. Roussellier le 10 Juillet à 15 heures 30 pour débattre le texte du règlement intérieur de la Commission mixte d'arbitrage.

Monsieur von Starck demande que quelques rectifications soient apportées au projet établi par nous, de façon à placer les deux délégations sur le pied d'égalité. Le mot "Décision" de la Commission a été partout remplacé par "Résolution" étant entendu que ces résolutions seront exécutoires et sans appel.

La seule divergence qui existe entre Monsieur von Starck et nous, réside dans le choix du siège de la Commission. M. von Starck a reçu l'instruction formelle de faire établir la Commission mixte à Cologne. Je pense qu'au point de vue de la commodité et de la rapidité de l'expédition des affaires, la ville de Coblence eut été de beaucoup préférable, à cause de sa situation géographique, de la centralisation qui y est déjà faite des réclamations et du voisinage du Reichskommissariat qui eut permis un échange de vues continu.

Cette question a donc été réservé et M. Roussellier a déclaré à Monsieur von Starck devoir la soumettre à Votre Excellence.

J'adresse ci-joint à Votre Excellence le texte du règlement intérieur[3] que le Gouvernement allemand accepterait, en lui demandant de bien vouloir me faire connaître si elle en approuve les termes.

Afin que l'examen des cas d'espèce, puisse utilement commencer, Monsieur von Starck et M. Roussellier ont signé en fin de séance l'accord suivant:

"En attendant la constitution définitive d'une Commission temporaire d'arbitrage franco-allemande sur laquelle les deux Gouvernements sont dès maintenant d'accord en principe, les experts réunis à Coblence avec les pouvoirs de leurs deux Gouvernements pourront dès maintenant prendre des arrangements exécutoires sur les litiges suscités entre les ressortissants Français et les Autorités allemandes par l'application dans les Territoires Occupés de la Réglementation allemande sur les importations et les exportations, les saisis et le paiement des droits de douanes en or."

Les Délégués tiendront une première réunion à cet effet, lundi 12 Juillet à Coblence.[4]

---

1 AN, AJ 9 3407. Maschinenschriftlicher Durchschlag ohne Ortsangabe.
2 Nicht abgedruckt, vgl. aber oben Dok. 293.
3 Nicht nachgewiesen.
4 Zum Fortgang s. unten Dok. 345.

301
M. Tirard, Haut-Commissaire de la République Française dans les Provinces du Rhin, à M. Millerand, Président du Conseil, Ministre des Affaires Etrangères.

N° 5826 A.T.R.P.   Paris, le 12 juillet 1920.[1]

J'ai l'honneur d'adresser ci-joint à Votre Excellence, à titre d'information, la copie d'une lettre que je viens d'adresser à Monsieur le Général Degoutte, relative aux rapports entre les troupes d'occupation et les populations rhénanes.

Annexe:
M. Tirard, Haut-Commissaire de la République Française dans les Provinces du Rhin, àu Général Degoutte, Commandant l'Armée Française du Rhin.

N° A.T.R.C./2.   [Coblence ?,] le 11 juillet 1920.[2]

Comme suite à ma lettre en date du 24 avril N° 5736 ATRC/2[3] je signale à votre attention l'opportunité d'adresser aux chefs de corps des instructions relatives aux rapports entre les troupes d'occupation et la population rhénane.

Il m'a été rendu compte par MM. les Délégués de la H.C.I.T.R. que l'envoi de telles instructions dans les circonstances actuelles répond à une nécessité.

Il semble en effet, que par suite du renouvellement des classes et du jeu des relèves les instructions établies au début de l'Armistice par le Maréchal Foch et développées par le Maréchal Pétain et les Commandants d'Armes[sic!] prescrivant "d'éviter les tracasseries et les contraintes inutiles" ne soient pas connues d'un grand nombre de vos officiers et soldats ou aient été perdues de vue.

Certains soldats des jeunes classes qui n'ont pas fait la guerre n'apportent pas vis-à-vis de la population l'esprit de modération et la correction dont leurs anciens se sont honorés au lendemain de leur victoire et auxquelles la Haute-Commission a tenu à rendre compte.

Des incidents encore peu nombreux mais répétés m'ont été signalés (injures adressées à une procession religieuse, brutalité des sentinelles à l'égard des passants, enseignes de corporations d'étudiants décrochées par un gendarme comme décorées aux couleurs nationales...) dont le retour pourrait être prévenu par le rappel des instructions précitées. Je sais comme vous, qu'il suffit de faire appel à l'Intelligence [et la] sincérité du soldat français pour en être immédiatement compris.

D'autre part, les exigences de certaines familles d'officiers en ce qui concerne le logement et l'ameublement ont été certainement excessives. Beaucoup s'imaginent de bonne foi exercer ainsi de justes représailles sur l'ennemi.

L'indication que les dépenses d'occupation préjudicient à l'exécution des réparations des régions dévastées en France et que les frais excessifs seront opposés à nos négociateurs auraient certainement pour effet de mettre fin à ces abus.

Je me suis assuré que le Président du Conseil désire que notre occupation continue à observer en ce qui concerne les relations avec la population les règles appliquées et suivies jusqu'ici et que l'attention des officiers soit appelée sur l'intérêt qui s'attache pour notre Pays à ce que ces relations soient empreintes des traditions de courtoisie qui nous sont habituelles.

Je vous serais obligé de me faire connaître votre sentiment sur les mesures suivantes:

1° - Instructions aux Chefs de Corps rappelant les considérations ci-dessus.

2° - Théories à l'échelon compagnie sur les relations de la troupe et de la population civile.

Les sujets ci-après pourraient notamment être traités.

a) Les diverses occupations françaises sur la Rive Gauche du Rhin.

Les souvenirs glorieux laissés par nos ancêtres dans les Provinces Rhénanes - la justice et l'équité de leurs administrations - leur tradition de générosité:

Hoche, Marceau, J.R. Saint-André etc..

b) Respect des traditions du passé par les vainqueurs de 1918.

Les instructions du Maréchal Foch.

Le mérite des combattants et spécialement des hommes des régions libérées d'avoir trouvé en eux-mêmes la force d'âme et d'esprit de discipline nécessaire pour répondre aux instructions généreuses du Gouvernement de la République.

c) L'objet de l'occupation:

Garanties de sécurité militaire - Exécution du Traité de Paix et non représailles sur les populations rhénanes.

d) Différence entre les populations rhénanes et le Gouvernement Prussien.

Utilité pour la France et le maintien de la Paix d'entretenir de bonnes relations avec les populations frontières dont l'occupation prolongée créée des devoirs moraux pour le peuple vainqueur.

3° - Sanctions:

Je sais que les infractions à la discipline ont toujours reçu de votre part des sanctions sévères et équitables.

Peut-être estimerez-vous que certaines pourraient être utilement portées à la connaissance des officiers et soldats. D'autres pourraient n'être communiquées qu'aux officiers notamment dans le cas où vous estimeriez que des abus en matière de logement nécessiteraient le renvoi en France des intéressés.

Je ne doute pas que vous ne partagiez mon sentiment sur les suggestions développées ci-dessus qui répondent à mes préoccupations et aux instructions qui m'ont été données par le Gouvernement et qui rencontrent, je le sais, vos principes personnels de commandement.

Dès votre réponse, j'adresserai des instructions conformes aux Délégués de la H.C.I.T.R.

---

1   A-Paix (1914-1920) 231, fol. 138-141.
2   Maschinenschriftliche Abschrift, ohne Numerierung und ohne Ortsangabe.
3   Vgl. oben Dok. 181.

302

M. Tirard, Haut-Commissaire de la République Française dans les Provinces du Rhin, à M. Millerand, Président du Conseil, Ministre des Affaires Etrangères.

N° 5899 A.T.R.P.   Paris, le 12 juillet 1920.[1]

J'ai l'honneur d'adresser, ci-joint, à Votre Excellence, à titre d'information, la traduction d'une note relative à "La Section Américaine de la H.C.I.T.R." publiée par la "Amaroc News" le 9 Juillet.

Annexe:

La Section Américaine de la H.C.I.T.R.
(Amaroc News du 9 Juillet)

Les changements récents qui ont été opérés dans la section Américaine de la H.C.I.T.R. ont créé à ce qu'il semble, une impression erronée dans la population civile de la région occupée; et jusqu'à un certain point dans le personnel militaire.

On semble ajouter foi à l'impression que les Etats-Unis se sont complètement retirés de la H.C.I.T.R. sur des ordres du Ministère d'Etat à Washington D.C. Il n'y a aucun fait sur lequel elle peut se fonder à bon droit. Le chef civil de la section américaine de la Haute-Commission[2] a été récemment relevé par le Ministère d'Etat et le Major Général Allen fut nommé à sa place. Le Général Allen, en acceptant, occupe maintenant la même position que l'ancien représentant du Ministère d'Etat. Dans les conditions actuelles, puisque les Etats-Unis n'ont pas ratifié le Traité de Paix, le Général ne devient pas le Commissaire prévu tout d'abord par le Traité, mais il se charge de toutes les fonctions remplies par M. Noyes. Pour ce qui regarde la Haute-Commission, les fonctions du Général Allen sont directement rattachées au Ministère d'Etat, et il tient séance avec les Commissaires, pour que la Commission puisse, quand elle le désire, être informée de l'opinion du Ministère d'Etat. Dans cette fonction, le Général Allen n'est pas le Commandant en chef des forces Américaines en Allemagne mais il agit purement à titre civil. Il y a une différence distincte entre les deux hautes positions occupées par le Général Allen. Dans l'une, il représente le Ministère d'Etat, dans l'autre, il commande les forces américaines en Allemagne.

Dans la première, il est sous les ordres du Ministère d'Etat et dans l'autre, sous les ordres du Ministère de la Guerre. Il n'y a aucun rapport direct entre les deux positions, sinon ce qui est esquissé dans les termes de l'armistice d'après lesquels les Etats-Unis restent théoriquement en guerre avec l'Allemagne.

Le Colonel Stone est le représentant du Général Allen à la commission et comme tel, il a sous ses ordres, la section américaine, les secrétaires civils, les représentants de cercles et les autres employés civils.

---

1 AN, AJ 9 3407. Maschinenschriftlicher Durchschlag.
2 Pierrepont B. Noyes. Zu den Hintergründen der Abberufung von Noyes s. FRUS 1920/II, S. 327ff.

303

**M. de Marcilly, Chargé d'Affaires de France à Berlin, à
M. Millerand, Président du Conseil, Ministre des Affaires Etrangères.**

T. n° 1266-1268. Déchiffrement.   Berlin, le 13 juillet 1920, 20 h 20
                                  (Reçu: 24 h 00, le 14, 1 h 45, 0 h 00.)[1]

Mon collègue de Pologne[2] a toujours été contraire à l'offensive contre l'armée russe et à la politique de conquête vers l'est. Il s'était nettement déclaré en ce sens dans les délibérations qui ont eu lieu à Varsovie au mois d'avril. Il a causé hier soir quelques heures avec M. Grabski, dont il considère que les sentiments ont toujours été, sur ce point, plus ou moins ouvertement conformes aux (siens). L'impression de M. Szebeko et, me dit-il, celle du président du conseil[3], est que la solution imposée à la Pologne, si pénible soit-elle, surtout par le sacrifice de Vilna, reste au fond le parti de la raison et répond aux véritables intérêts du pays.

C'est pour la Pologne le moyen d'éliminer toute cause de conflit futur avec la Russie reconstituée et de réserver ses forces pour la défense contre l'ennemi allemand, qui doit rester la préoccupation dominante et constante de la politique polonaise. L'accord avec la Tchéco-Slovaquie[4], lui paraît, à ce point de vue, du plus grand intérêt. Les concessions mêmes faites à la Lithuanie[5] doivent rendre à ce pays sa (liberté) (1 gr. troqué) d'action vis-à-vis de l'Allemagne, si les alliés savent conserver le bénéfice de leur situation d'arbitres. M. Grabski était inquiet de l'accueil qu'il trouverait auprès du comité de la défense nationale: mais il espérait le convaincre, au besoin en rappelant quelles responsabilités avaient assumées les auteurs d'une offensive entreprise contre les conseils des alliés et avec des moyens qu'on savait insuffisant. Quant au chef de l'Etat[6], dont M. Szbeko a toujours jugé très sévèrement le caractère, on ne voudrait pas l'écarter en raison de l'effet que son départ produirait sur l'esprit populaire, mais on considère (que le) sort du pays doit être mis à l'abri de son ambition et son aveugle (insuffisance).

---

1 Télégrammes, Arrivée de Berlin, 1920, 6.
2 Ignacy Szebeko. Zu dessen Haltung s. oben Dok. 229.
3 Stanislaw Grabski.
4 In Spa hatte die polnische Regierung, nicht zuletzt auch unter dem Eindruck der Wende im Krieg mit Rußland, zugestanden, sich der Entscheidung durch die Alliierten in der Teschen-Frage beugen zu wollen, s. DBFP 1/VIII, No. 62 Appendix 3, S. 556f. Zur Lage im polnisch-russischen Krieg s. unten Dok. 307.
5 Zwischen Polen und Litauen, das am 12.7.1920 mit dem Friedensvertrag von Moskau offiziell seine Selbständigkeit erlangt hatte, war der Besitz der Stadt Wilna umstritten. Nach einem politischen Handstreich mußte Litauen im Vertrag von Suwalki am 7.10.1920 die Besetzung Wilnas durch Polen hinnehmen, vgl. unten Dok. 454 Anm. 4.
6 Józef Pilsudski.

304

*M. de Marcilly, Chargé d'Affaires de France à Berlin, à
M. Millerand, Président du Conseil, Ministre des Affaires Etrangères.*

D. n° 447. Berlin, le 13 juillet 1920.[1]

A.s. de la Sicherheitspolizei. Déclarations de M. Severing.

Dans une interview qu'il a accordée à un journaliste de la "Deutsche Allgemeine Zeitung", M. Severing, Ministre de l'Intérieur de Prusse, a développé ses vues sur la transformation de la Sicherheitspolizei.

L'Entente, a-t-il dit, n'exige pas le renvoi des hommes de la Sicherheitspolizei, dont le nombre pourra même être augmenté de 70.000. Ce qu'elle veut, c'est que nous enlevions à cette troupe son caractère et son organisation militaires, et que nous la désarmions. D'ici trois mois, il faudra livrer les armes "lourdes" (lance-mines, lance-flammes, canons, etc.). Nous pensons que l'Entente nous laissera armer de carabines un homme sur trois, et que le port du pistolet et du sabre sera autorisé. Les appellations qui évoquent la hiérarchie militaire seront supprimées et remplacées par celles en usage dans la police. Les centuries "techniques" seront dissoutes et incorporées dans les autres formations.[2] Nous apporterons tous nos soins à ce que la nouvelle troupe de police constitue un instrument absolument approprié à sa tâche, qui est uniquement le maintien de la tranquilité et de l'ordre dans le pays. Nous ne recruterons que des hommes éprouvés, physiquement et moralement. Je ne puis vous donner plus de détails, car la Commission Interalliée de Contrôle aura son mot à dire dans cette transformation. Mais il faut supprimer le moindre germe de méfiance chez les Représentants de l'Entente; ceux-ci ne pourront, sans manquer de bonne volonté, méconnaître le caractère de notre réforme. Si, d'ailleurs, dans les mois qui vont suivre, on réussit à faire rendre ses armes à la population qui n'a pas le droit d'en conserver, je suis persuadé qu'avec une police bien organisée et disciplinée, nous pourrons garantir l'ordre et la paix dans le pays. Je ne sais encore si la tâche de désarmer la population incombera à la Sicherheitspolizei, mais je puis assurer que, si tel est le cas, cette tâche sera accomplie avec une entière impartialité. J'estime, en effet, qu'il est également dangereux pour notre patrie de laisser des armes aux partis extrêmes soit de droite, soit de gauche.

---

1 Allemagne 59, fol. 378-379.
2 Gemeint ist hier die "Technische Nothilfe".

305
M. Guéritte, Vice-Consul de France à Danzig, à
M. Millerand, Président du Conseil, Ministre des Affaires Etrangères.

D. n° 30.   Danzig, le 13 juillet 1920.[1]

Impression produite à Dantzig par les resultats des plébiscites de Marienwerder et Allenstein.

Les nouvelles du résultat des plébiscites de Marienwerder et Allenstein ont été accueillies par la population allemande de Dantzig avec une joie profonde: on escomptait une grande victoire allemande mais les plus optimistes ne pensaient cependant pas que le pourcentage des voix en faveur de l'Allemagne pût être si considérable.[2] On y voit un heureux présage pour le plébiscite en Haute-Silésie, où l'on espère bien que les organisations de propagande allemande se montreront aussi habiles qu'elles l'ont été à Marienwerder et Allenstein.

Les polonais par contre ne se faisaient plus aucune illusion, depuis longtemps déjà, sur le résultat de ces plébiscites; ils se plaignaient de la véritable terreur qu'auraient exercée les organisations allemandes sur les personnes susceptibles de voter pour la Pologne: la situation particulièrement difficile dans laquelle se débat actuellement ce pays n'était d'ailleurs pas faite pour augmenter le nombre des voix en sa faveur, et beaucoup se sont prononcés contre la Pologne par crainte d'avoir à servir dans l'armée polonaise.

Le retour à Dantzig des personnes qui s'étaient rendues à Allenstein et Marienwerder pour prendre part au plébiscite a donné lieu à de grandes manifestations de loyalisme allemand. Les nombreux vapeurs qui se succédèrent pendant quelques jours de Marienburg à Dantzig, arrivaient décorés de fleurs et de drapeaux allemands, surchargés de milliers de passagers chantant le "Deutschland über alles" et acclamés par la foule qui les attendait sur les quais de Dantzig.[3]

---

1   Pologne 118, fol. 217r, v.
2   In Marienwerder lauteten von 105.121 abgegebenen Stimmen 96.889 für Deutschland und 7.977 für Polen; in Allenstein von 361.063 353.655 für Deutschland und 7.400 für Polen, s. Schultheß' Europäischer Geschichtskalender 36 (1920) S. 193f. Vgl. zu den Zahlenangaben aber auch unten Dok. 314.
3   Zur Reaktion der deutschen Öffentlichkeit auf den Ausgang der Abstimmungen s. de Marcillys D. n° 449 vom 14.7.1920, Pologne 118, fol. 223-224. Einen Tag später merkte er zu einer Note des Wolff'schen Telegraphenbüros an: " Cette note prouve à quel point le vote triomphal du 11 juillet et la situation critique de la Pologne ont renforcé jusque dans les milieux (officiels) (l')espoir d'obtenir une revision de la frontière germano-polonaise fixée par le traité de Versailles. Le bruit court que les soviets auraient fait savoir (à) Berlin, par leurs émissaires, qu'ils étaient disposés à reconnaître la frontière de 1914. En tout cas, d'après des informations de bonne source, le gouvernement alle-

mand aurait (mis) - à l'étude un projet d'autonomie applicable à la - Posnanie et autres territoires transférés définitivement à la Pologne par le traité." T. n° 1287, Télégrammes, Arrivée de Berlin, 1920, 6.

306
*M. de Marcilly, Chargé d'Affaires de France à Berlin, à
M. Millerand, Président du Conseil, Ministre des Affaires Etrangères.*

T. n° 1284. Déchiffrement.   Berlin, le 14 juillet 1920, 23 h 50.
                                                 (Reçu: le 15, 5 h 00.)[1]

Le "Lokal Anzeiger" publie un interview du docteur Simons. Le Ministre des Affaires Etrangères a déclaré que, en souscrivant aux conditions d'ordre militaire, la délégation allemande avait songé surtout à se ménager la possibilité de négocier librement sur les questions économiques. Or elle a été, une fois de plus, condamnée sans pouvoir s'expliquer. On devrait pourtant comprendre que les clauses économiques du traité de Versailles sont à peu près inexécutables et que, si l'Allemagne prenait (les) engagements qu'on veut lui imposer, elle serait obligée de les violer aussitôt.[2]

Le Ministre a ajouté que, dans les questions économiques, l'Allemagne rencontrait de meilleures dispositions auprès de la France que de l'Angleterre. Les Anglais veul(ent) qu'on leur fournisse une base sur laquelle ils puissent se faire payer par la France. Mais leur plan est irréalisable. Plutôt que de faire des promesses impossibles à tenir, l'Allemagne a fait à la France, à la Belgique et à l'Italie une offre honnête (et) loyale.

Le docteur Simons se rencontre ainsi avec Redlich qui, fidèle théoricien de la "politique continentale", oppose, dans la "Gazette de Voss", l'intérêt commun de l'Allemagne et de (la France), dans la question du charbon, à celui de l'Angleterre.

---

1   Télégrammes, Arrivée de Berlin, 1920, 6.
2   Die Verhandlungen in Spa hatten am 14.7.1920 einen toten Punkt erreicht. Am 9. Juli hatten die Verhandlungen in der Kohlefrage begonnen. Am 12. hatten die Alliierten eine auf sechs Monate begrenzte Rücknahme der von der Reparationskommission auf 2,4 Millionen t Kohle auf 2 Millionen t pro Monat angeboten. Simons hatte die Frist angenommen, eine Lieferung von 2 Millionen t pro Monat nach Rücksprache mit den deutschen Kohlesachverständigen jedoch abgelehnt. Am 13. Juli hatte Stinnes dann in einer gemeinsamen Sitzung der deutschen und alliierten Sachverständigen einen neuen Vorschlag unterbreitet; danach sollten zunächst von Deutschland 1,1 Millionen t geliefert werden, bei einer Besserung der Wohn- und Ernährungslage der deutschen Bergarbeiter sollten die Lieferungen weiter erhöht werden, s. DBFP 1/VIII, No. 65 S. 573ff bzw. No. 70 S. 594f. Zum Text der Rede von Stinnes, dessen bestimmtes Auftreten für einen Mißklang sorgte, s. de Marcillys D. n° 446 vom 14.7.1920, AN, AJ 9 3924 bzw. ADAP A III, Dok. 195 S. 386ff.

307
**M. de Marcilly, Chargé d'Affaires de France à Berlin, à
M. Millerand, Président du Conseil, Ministre des Affaires Etrangères.**

D. n° 451.   Berlin, le 14 juillet 1920, 23 h 50.[1]

L'opinion allemande et les affaires de Pologne.

L'opinion publique allemande suit avec une attention passionnée les péripéties de la lutte engagée sur le front polonais.[2] Que ses sympathies aillent aux armées rouges, la façon tendancieuse dont la presse rend compte des événements en témoignent suffisamment. Mais si toute l'Allemagne applaudit aux défaites subies par la Pologne, on n'est pas unanime sur l'attitude que le Gouvernement de Berlin doit observer à l'égard des complications orientales. Les uns, avec Stresemann, le chef du parti populaire allemand, veulent que l'on joue de la menace bolcheviste pour obtenir de l'Entente des adoucissements aux conditions militaires imposées par elle à l'Allemagne.

D'autres, au contraire, préconisent une politique de rapprochement avec les Soviets et la conclusion d'un accord qui aurait le double avantage de mettre l'Allemagne à l'abri d'une invasion au cas où la fortune continuerait à être favorable aux armées de Lénine, et de fournir aux Allemands un appui éventuel qui leur permettrait de résister plus facilement aux exigences des Alliés, si celles-ci se faisaient trop pressantes.[3]

Les victoires des armées bolchevistes, et aussi la ferme attitude des Alliés dans la question du désarmement, qui décourage certaines espérances ont eu naturellement pour effet de fortifier cette dernière tendance. Elle vient de faire une recrue notable en la personnne du Comte Reventlow.

Dans un article qui a été l'objet de nombreux commentaires dans la presse, ce pangermaniste convaincu, après avoir établi que la lutte contre la Pologne est une guerre nationale pour les Russes, que ce ne sont pas les seuls Bolchevistes qui combattent les Polonais, mais bien la Russie toute entière, on tire la conclusion que l'Allemagne peut, sans danger, entrer en liaison avec le Gouvernement de Moscou. "Les deux pays ont, dit-il, le même ennemi mortel, que les armées rouges sont en train d'écraser. L'Entente veut sauver la Pologne pour en faire une menace permanente contre l'Allemagne. L'Allemagne ne saurait se faire l'instrument d'une politique qui vise à nous détruire comme Puissance indépendante et productrice." Reventlow demande ensuite l'entrée en négociations avec les Soviets et la conclusion d'accords, dont il ne spécifie pas d'ailleurs la nature. Sans méconnaître les dangers que peut présenter cette politique, il est d'avis que ce serait celle "du moindre mal". Le comte Reventlow n'est donc pas loin de se rencontrer avec les communistes dont le journal, le Drapeau Rouge, mène depuis des mois une campagne pour un rapprochement politique et même militaire avec Moscou. Sans doute ces idées ont-elles été l'objet de vives critiques dans les journaux du centre et de la gauche. Le Vorwärts, notamment, a bien montré tout ce qu'il y aurait d'utopique pour l'Allemagne à s'engager dans la voie dont certains extrémistes de gauche et de droite attendent pour elle le salut. L'option allemande est, d'ailleurs, dans sa majorité trop lasse et trop avide de repos pour se laisser entraîner sans résistance à une politique d'aventures. Mais chaque nouveau progrès des troupes soviétistes[sic!], chaque nouvelle déception éprouvée à Spa, rendent plus forte la tentation pour les Allemands de revenir, sous d'autres auspices, à cette politique du "cours oriental", comme on dit ici, que certains milieux n'ont jamais cessé de préconiser, et qui tend à recruter de nouveaux adeptes à mesure que se répand l'idée, que les armées russes, exaltées par la victoire et encadrées par des officiers d'ancien régime, sont à la veille d'accomplir leur 18 Brumaire. Il y a là, dans la situation présente, un danger qu'il ne faut pas s'exagérer, mais qu'il serait imprudent de méconnaître.[4]

---

1 Pologne 102, fol. 144-145.
2 Nach der Eroberung Kiews durch polnische Truppen im Mai (vgl. oben Dok. 198) war die Rote Armee im Juni zum Gegenangriff angetreten und hatte im Juli 1920 die polnische Nordwestfront zum Rückzug gezwungen. Nach wenigen Wochen drohte die Gefahr einer Einnahme Warschaus durch russische Truppen. Zur deutschen Haltung vgl. den Runderlaß von Haniels vom 23.6.1920, ADAP A III, Dok. 165 S. 294ff bzw. die entsprechende Stellungnahme, mit Blick auf die jüngste Entwicklung in Polen, der deutschen Botschaft in Warschau vom 1.7.1920, ebenda, Dok. 174 S. 318ff.
3 Vgl. unten Dok. 349 und Dok. 351.
4 Zur weiteren Entwicklung s. unten Dok. 325.

308
Lettre de M. Haguenin, Membre du Bureau d'Informations de la Commission des Réparations à Berlin.

Berlin, le 16 juillet 1920.[1]

Cher Monsieur,

Me voici au lit. Pour combien de temps ? des médecins prétendent obtenir de moi un repos absolu, dans un sanatorium. Il me semble impossbile de m'y résigner. J'y soignerais beaucoup moins la diabète, le surmènage, l'épuisement nerveux dont je souffre, que je n'y pâtirais de l'indisentable inactivité où je serais réduit. Car depuis six mois le sentiment de mon impuissance m'a fait bien plus de mal que la fatigue.

J'ai prévu beaucoup de choses, sans que ma prévoyance servît en rien les intérêts de notre pays. Depuis deux mois, j'aurais pu, j'aurais dû organiser pour la Commission des Réparations un Bureau d'études et de renseignements méthodiques, sérieux, adapté aux énormes difficultés de l' entreprise: le manque absolu de collaborateurs m'a empêché de faire un seul pas en avant; en même temps, mon application personnelle m'isolait des groupes allemands sur lesquels il me semblait si nécessaire cependant que je conservasse une influence péniblement acquise.

Malgré le succès final, Spa m'apparaît comme un effort pour renouveler nos illusions.[2] Nous avons obtenu une signature de plus; mais quelle garanties réelles? Nous avons négocié l'exécution du Traité, contracté, nous-mêmes, des obligations. Nous avons fait des concessions, pour arracher de nouvelles promesses. Je crains aussi que nous n'ayons contribué à resserrer, contre nous, l'entente des grands industriels et des ouvriers mineurs. En tout cas, des échanges de formules ne suffisent pas pour alléger notre avenir. Saurons-nous nous mettre à l'œuvre et sans l'abri (très provisoire) de ces formules, travailler le monde allemand pour l'entraîner ou le contraindre à les réaliser? Il faut que notre propagande se ranime, se varie, s'éclaire; - que nos banques, nos entreprises de transports, notre marine marchande se mobilisent; - que notre action, hélas bien timide, bien handicapée dans les pays baltiques, en Pologne, en Tchéco-Slovaquie, en Hongrie, en Autriche, en Yougo Slavie[sic!], ait - au moins en partie - pour but notre action en Allemagne; - que notre métallurgie [vise] énergiquement de la prise qu'elle a sur la métallurgie allemande, que notre industrie de la potasse ait une politique; notre production de phosphates aussi; et aussi, et surtout, notre C.R., et particulièrement ses organes pratiques de vente et d'achat ... nous avons encore tant d'atouts dans notre jeu!

Il me paraît difficile et imprudent d'évincer de nos préoccupations politiques les dangers sur lesquels un certain parti pris, ou, si l'on veut, le sens de l'opportunité nous a fermé les yeux depuis la fin de la guerre. Vous savez que je ne suis pas lassé de les signaler. A présent que je suis réduit à me taire, il serait temps de m'entendre. Danger de la socialisation allemande; - danger, conjoint, de la grande organisation économique allemande (Arbeitsgemeinschaft, Reichswiztschaftsrat[sic!], Reichskohlenrat etc, etc); - danger bolcheviste, accru de l'impérialisme, panslaviste (conquête militaire, propagande, influence sur tous les socialismes, ceux de droite comme ceux de gauche, ceux de France comme ceux d'Amérique et d'Allemagne); - danger Polonais (tumultueuse faiblesse du pays; l'une des bases du Traité est une colonne pourrie); - danger anglais (égoïsme actif des anglais, conflits anglo-français en orient; conflits coloniaux en perspective; propagande anglaise contre la France; à peu près sur tous les terrains, en Allemagne, particulièrement en Bavière, dans les pays Baltiques etc).

L'exécution du Traité, nos chances de l'obtenir, les moyens dont nous userons pour l'assurer, seront fonction des informations que nous aurons rassemblées et des réflexions que nous aurons faites, principalement, sur ces trois problèmes: franco-allemand, franco-russe, franco-anglais.

Je crains que nous ne soyons dupes en Bavière, en Russie, un peu partout. Je crains que nous ne nous adoptions pas aux réalités, parce qu'elles exigent des efforts neufs. Nous aimons nos illusions par paresse: le faux idéalisme se satisfait de ses rêves. Des Officiers importants, de libre esprit, de bon esprit, me rapportent leurs impressions de Spa et les résument crûment: légèreté, imprévoyance, improvisations contradictoires.

La France a qui la guerre a donné tant de forces nouvelles, ne veut-elle pas apprendre à s'en servir, et à rassembler le monde autour d'elle, au lieu de se cramponner aux basques de ses alliés? La série San-Remo-Hythe-Spa était-elle nécessaire? Nos droits étant établis pourquoi recourir à de nouveaux débats interalliés et tout remettre en question, quand il pouvait être si avantageux d'affronter l'Allemagne face à face? Il y a des mois et des mois que je me pose ces points d'interrogation. Il ne me semble pas que nous fassions la politique qu'il faudrait faire. Ou n'en faisons qu'une partie: la partie d'apparat et d'apparence, la partie protocolaire; non pas la partie réaliste, démocratique, vraiment diplomatique. Nous ne savons plus faire jouer nos forces, ni (à plus forte raison) celles des autres.

Excusez-moi de répéter mes plaintes, en pensant que l'une de mes rares consolations est le plaisir que je trouve à vous écrire, - même des banalités, et dans une position inconfortable, secoué de douleurs qui réunissent en un dixième de seconde l'impression du coup de couteau à celle de la brûlure.

On m'apprend que l'affaire du drapeau de l'Ambassade[3] a, naturellement, entraîné une demande d'excuses et que la manifestation militaire prescrite s'est transformée en explosion de nationalisme allemand. Il faut, évidemment, que notre Drapeau soit respecté! mais ne l'exposons pas, et en ce moment, surtout, évitons tout ce qui peut compromettre l'œuvre aléatoire de Spa, et renforcer chez les Allemands l'espoir et le culte du bolchevisme sauveur. Nous avons mieux à faire que des éclats et des parades. L'effort silencieux satisfait mieux mon patriotisme que le bruit, le défi, l'étalage provoquant de l'orgueil. Nous avons à servir un pays subitement grandi et fatigué, triomphant et blessé, envié et miné par ses alliés d'hier. Notre patrie exige des soins secrets, en même temps qu'un dévouement sans faste. Vous rappelez-vous dans Jerôme Paturot, un discours à la gloire du "mouton français de sa laine et de ses côtelettes"? C'était sous Louis-Philippe. Les Demi-soldes et autres guerriers civils se consolaient par de belles phrases et de grands mots. Nous, nous avons "gagné la guerre" et elle n'est pas finie; et nos quinze cent mille morts se taisent.

N'ayons confiance ni dans les Allemands ni dans le traité. Tâchons d'avoir confiance en nous-mêmes.

Je vous envoie quelques renseignements.

Les succès militaires des bolchevistes leur valent une sorte de popularité et de respect. L'extrême gauche et l'extrême droite comptent sur leur secours; les uns voient l'armée révolutionnaire, les autres l'armée russe. Depuis l'annonce de l'offensive russe, le Ministère des Affaires Etrangères protège visiblement Wigdor[4] Kopp, et lui permet de ressembler plus ouvertement qu'autrefois les collaborateurs qu'il entretenait, dispersés dans Berlin. Grâce à cet appui, le Gouvernement de Moscou élargit sa propagande et sa représentation diplomatique. Le Docteur Warschawski (une de mes vieilles connaissances), plus connu sous son nom de Bronski, parcourt Vienne. D'autres représentants vont passer en Amérique.

En hâte votre bien reconnaissant et dévoué

Haguenin

---

1   AN, AJ 5 251. Aus den Akten geht der Adressat nicht zweifelsfrei hervor. Vermutlich richtete Haguenin dieses Schreiben an Philippe Berthelot oder aber an Jules Laroche.
2   Nachdem die Konferenz am 14.7.1920 zu scheitern drohte (vgl. oben Dok. 306 Anm. 2), kam es noch am gleichen Tag auf Vermittlung Rathenaus zu einem Treffen zwischen Lloyd George und Außenminister Simons. In dessen Verlauf bestätigte der britische Premier, daß man seitens der Alliierten bei einer Nicht-Annahme der Kohleforderungen eine Besetzung des Ruhrgebietes ins Auge fasse und auch schon erste Vorbereitungen in dieser Hinsicht getroffen habe. Gleichzeitig ließ Lloyd George aber auch erkennen, daß er bei der Festsetzung des Kohlepreises, und vor allem durch Gewährung von Krediten für den Kauf von Lebensmitteln für die deutschen Bergarbeiter zu Zugeständnissen bereit sei, s. DBFP 1/VIII, No. 74 S. 617ff. Nach intensiven Beratungen entschloß sich die Reichsregierung, am 16.7.1920 das Kohleabkommen von Spa zu unterzeichnen, s. AdR, Kabinett Fehrenbach, Dok. 24 und Dok. 25 S. 63ff, vgl. auch unten Dok. 309. Zu den Bestimmungen des Abkommens s. unten Dok. 312.
3   Am 14. Juli 1920, dem französischen Nationalfeiertag, hatte ein Mann die Tricolore vom Dach der Botschaft in Berlin heruntergeholt. Als de Marcilly daraufhin beim Auswärtigen Amt scharf protestierte, sagte die Reichsregierung eine offizielle Entschuldigung zu. Zwei Tage später marschierte eine Reichswehrkompagnie zur Ehrenbezeigung vor der Botschaft auf. Beim Abzug stimmten die Soldaten dann aber das Deutschlandlied an. De Marcilly sah darin, ebenso wie in der in französischen Augen unvorschriftsmäßigen Ausrüstung der Ehrenkompagnie mit Mütze anstelle des Stahlhelms Anlaß zu einem erneuten Protest. Zum Ablauf der Ereignisse s. die Berichterstattung de Marcillys vom 14. - 16.7.1920, Télégrammes, Arrivée de Berlin, 1920, 6 sowie AdR, Kabinett Fehrenbach, Dok. 27 S. 70f.
4   Richtig: Victor.

309
*M. de Marcilly, Chargé d'Affaires de France à Berlin, à
M. Millerand, Président du Conseil, Ministre des Affaires Etrangères.*

T. n° 1308-1310. Déchiffrement.   Berlin, le 17 juillet 1920, 2 h 25, 17 h 07.
(Reçu: 11 h 00, 13 h 00, 11 h 40.)[1]

Une note officieuse de l'Agence Wolff datée de Spa et parue ce matin, expose la nécessité où l'Allemagne se trouvait de céder aux demandes des Alliés dans la question du charbon pour éviter l'occupation de la Ruhr qui eut été pour elle la ruine politique et économique.[2]

Le ”Berliner Tageblatt” critiquant cette note soutient que l'occupation de la Ruhr n'est que différée. Les Alliés, et particulièrement la France saisiront la première occasion qui se présentera pour (2 gr. fx.), aujourd'hui l'heure était favorable à la résistance, les travailleurs de la Ruhr étant d'accord avec les industriels pour résister aux envahisseurs. Il n'en sera plus de même si l'intervention alliée se produit sur une question plus indifférente à la classe ouvrière, comme le désarmement de la Reichswehr par exemple. La presse de droite continue à critiquer vivement l'(attitude) de la délégation allemande dont la faiblesse est en train de faire perdre à l'Allemagne l'honneur et l'indépendance.

Un entrefilet de ”la Post” annonce que les nationaux allemands qui s'étaient abstenus lors du Scrutin sur la déclaration ministerielle auraient, en raison des événements de Spa décidé de voter contre les Cabinets.

Le Vorwärts qui, ce matin, considérait l'accord comme presque conclu se montre plus réservé ce soir. Les contre-propositions de l'Entente lui paraissent léser gravement les intérêts allemands. Il s'élève surtout contre l'institution d'une commission internationale à Berlin et la menace d'une nouvelle occupation territoriale en cas où l'Allemagne ne tiendrait pas ses engagements. La ”Freiheit” envisage la situation avec optimisme. Elle regrette que les accords de Spa ne s'inspirent que des intérêts capitalistes et paraissent ainsi dirigés contre la classe ouvrière. Mais elle s'<...>[3] que le devoir des travailleurs est de collaborer au rapprochement des peuples même s'il doit s'opérer provisoirement sous des formes capitalistes.

Le Correspondant du ”Journal de huit heures” à Spa s'efforce d'établir que l'accord qui va être conclu sur les charbons sans être une victoire allemande complète constitue néanmoins un compromis fort acceptable qui (assure) suffisamment l'existence économique de l'Allemagne pour peu que les mineurs consentent à faire l'effort que le pays attend d'eux.

---

1   Télégrammes, Arrivée de Berlin, 1920, 6.

2   Vgl. oben Dok. 308 Anm. 2.
3   Die Vorlage ist an dieser Stelle unvollständig.

310
M. de Marcilly, Chargé d'Affaires de France à Berlin, à M. Millerand, Président du Conseil, Ministre des Affaires Etrangères.

T. n° 1315-1317. Déchiffrement. Berlin, le 17 juillet 1920,
20 h 00, 20 h 45.
(Reçu: le 18, 2 h 00, 3 h 30, 6 h 50.)[1]

Les commentaires de la presse sur les résultats de Spa sont empreints de pessimisme. Les journaux de droite continuent à critiquer la Délégation qui n'a pas eu le courage de préférer une rupture des pourparlers à l'acceptation de conditions humiliantes et inexécutables.[2] Le "Lokal-Anzeiger" dit que les délégués allemands ont eu parfaitement conscience des énormes sacrifices qu'ils consentaient, mais qu'il fallait absolument sauver le bassin de la Ruhr. Il insinue ensuite que l'occupation de la Ruhr donnerait à la France une prépondérance industrielle de nature à inquiéter l'Angleterre elle-même.

Dans le "Berliner-Tageblatt" Theodor Wolff critique avec véhémence "les méthodes de chantage" employées par les Alliés. Il croit que l'Allemagne n'arrivera pas à empêcher à la longue l'occupation de la Ruhr et juge qu'il aurait été préférable de saisir l'important présent où l'accord est complet entre toutes les classes de la population pour esquisser une résistance qui aurait peut-être fait reculer l'adversaire. Il conclut: "le seul bon côté qu'on puisse trouver à la Conférence de Spa c'est qu'elle soit interrompue".

Le "Vorwärts" pense que les engagements pris par l'Allemagne imposeront de lourdes charges à la classe ouvrière, mais se console en songeant que les conditions nouvelles constituent néanmoins une amélioration par rapport à celles souscrites à Versailles.

Le Correspondant à Spa du "Journal de huit heures" persiste à représenter le résultat des pourparlers comme très favorable à l'Allemagne. Il cite les paroles que lui aurait adressées un diplomate italien: "Que veulent les allemands? Spa est un succès pour eux. La révision du traité de Versailles a commencé et elle se poursuivra à la prochaine conférence."

Certains journaux, comme la "Gazette de Voss", se font l'écho de bruits touchant une crise partielle du Cabinet. Le Ministre de l'Economie Publique, M. Scholz, qui appartient au parti populaire, se retirerait parce que ses conseils de résistance n'ont pas été suivis. M. Simons, dont l'influence est battue en brèche par Stinnes et les milieux industriels, songerait également, malgré les éloges à peu près unanimes que lui décerne la presse, à donner sa démission.

---

1 Télégrammes, Arrivée de Berlin, 1920, 6.
2 Ähnlich war der Kommentar der "Deutschen Tageszeitung", deren Frankreich-feindlicher Tenor nach Meinung de Marcillys kennzeichnend für die Haltung der Reichswehr und des Ministers Geßler sei, s. ebenda, T. n° 1321 vom 17.7.1920. Weitere kritische Stimmen der Rechts-Presse in Berlin, s. de Marcillys T. n° 1327 vom 18.7.1920, ebenda.

311
*M. Guéritte, Vice-Consul de France à Danzig, à
M. Millerand, Président du Conseil, Ministre des Affaires Etrangères.*

D. n° 33. Danzig, le 17 juillet 1920.[1]

Au sujet d'un projet de plébiscite en Poméranie.

Les plébiscites à Allenstein et Marienwerder[2] ont si bien réussi aux allemands que l'idée de réclamer une semblable consultation de la volonté du peuple dans la partie de la Poméranie devenue polonaise prend de plus en plus de consistance. J'ai signalé dans ma dépêche d'hier[3] la proposition qui a été faite à ce sujet dans une séance de l'Assemblée Constituante de Dantzig et l'enthousiasme avec lequel cette idée a été accueillie et soutenue par des orateurs de divers partis. On ne doute évidemment pas, qu'en raison des difficultés actuelles de la Pologne et de la peur du recrutement dans l'armée polonaise la majorité se prononcerait en faveur de l'Allemagne.

La "Danziger Zeitung" publie d'autre part une information de Berlin suivant laquelle de nombreux polonais, anciens sujets prussiens, envisageraient volontiers, pour se soustraire à la domination de Varsovie sans toutefois être de nouveau incorporés dans l'Etat allemand, la création d'une Poméranie indépendante qui pourrait éventuellement se réunir à la ville libre de Dantzig.

---

1 Dantzig 4, fol. 209r, v.
2 Vgl. oben Dok. 305.
3 Nicht abgedruckt.

312
**M. de Marcilly, Chargé d'Affaires de France à Berlin, à
M. Millerand, Président du Conseil, Ministre des Affaires Etrangères.**

T. n° 1328. [En Clair.]　　　　　　Berlin, le 18 juillet 1920, 20 h 20.
　　　　　　　　　　　　　　　　　　　　　　(Reçu: < ? >)[1]

L'Agence Wolff publie ce matin le communiqué officiel suivant date de Spa 17 juillet.

"Parmi les quatre sujets mis à l'ordre du jour, la conférence a successivement réglé la question militaire, la question des infractions aux lois de la guerre et la question du charbon; la question des réparations n'a pu être traitée en temps utile. Le problème qui a été le plus rapidement résolu est celui qui, il y a peu de temps encore, passionnait le plus vivement les esprits, à savoir celui de la punition des allemands accusés d'infraction aux lois de la guerre. Une commission mixte de techniciens a réussi dans le plus bref délai à aboutir à un accord sur les méthodes à employer. En adoptant un procédé semblable dans les questions du désarmement de l'Allemagne et de la livraison de charbon aux alliés, on aurait évité de gaspiller son temps et ses forces. Malheureusement dans les deux questions les débats furent ouverts par un interrogatoire des gouvernements allemands mis en accusation et clos par une décision unilatérale. Il ne fût pas possible de faire valoir avec les développements nécessaires les arguments contraires de la thèse allemande. La négociation poursuivie en assemblée plénière rendait impossible tout règlement technique; on doit reconnaître, il est vrai, la position difficile des Alliés qui devaient toujours s'entendre entre eux avant de répondre à l'Allemagne et qui ensuite ne pouvaient plus guère s'écarter de leur tâche. Les protocoles signés par la Délégation allemande n'en grèvent pas moins d'un poids extraordinairement lourd notre vie politique économique intérieure. Ils revêtent un caractère particulièrement haineux du fait que, dans les deux cas, les Alliés ont trouvé nécessaire de nous imposer leur décision. Toujours est-il que les décisions signées ne comportent pas uniquement des désavantages pour l'Allemagne: la décision militaire nous laisse la possibilité, si cela est nécessaire, de rétablir l'ordre dans le territoire industriel, dans ce qu'on appelle la zone neutre, par des moyens militaires, et elle prolonge de nouveau de trois à six mois les délais fixés pour le désarmement et la réduction de l'armée; elle donne aussi sous plusieurs rapports une meilleure organisation au reste de l'armée allemande.

D'après la résolution de la Commission des Réparations relatives aux chiffres des livraisons mensuelles de charbon, les quantités à fournir ont été abaissées provisoirement de 2.400.000 à 2.000.000 de tonnes et la décision prise laisse prévoir que nous recevrons de plus grandes quantités de charbon de Haute-Silésie pour compenser dans une faible mesure le déficit provoqué par les livraisons convenues de charbon de la Ruhr. De plus il s'organise pour la Haute-Silésie une commission spéciale des charbons dans laquelle l'Allemagne sera représentée en qualité de membre. Pour le charbon livré par voie de terre, il est accordé une prime de 5 marks or par tonne et une avance représentant le reste de la différence entre le prix du marché national allemand et le prix du marché mondial qui devra être fixé avec précision; l'avance sera payable chaque mois et variera avec les quantités de charbon fournies. La prime et l'avance peuvent et doivent servir immédiatement à améliorer les conditions d'existence du peuple allemand et, en particulier, des mineurs dont le travail supplémentaire rendra tout d'abord possible la fourniture de charbon aux Alliés. Les mesures nécessaires pour envoyer de la farine dans le territoire minier et pour faire venir des vivres de l'étranger sont déjà en voie d'exécution. La Délégation allemande s'est refusée, malgré les grandes insistances des Alliés, à signer la clause d'après laquelle la Ruhr serait immédiatement occupée au cas où les fournitures de charbon seraient insuffisantes; l'exclusion de cette clause a été la condition de la signature de l'accord. On peut indiquer comme un résultat positif de la conférence qu'au cours des négociations la situation faite aux Délégués allemands s'est de plus en plus rapprochée de la situation normale qui cependant n'[a] été aucunement atteinte. Il faut espérer que la question des réparations (mots passés) Spa de prime abord (mot passé) traitée à Genève dans un esprit moins défiant que ne le furent les problèmes précédents à Spa".

---

1 Télégrammes, Arrivée de Berlin, 1920, 6. Zeitpunkt des Eingangs in Paris nicht ermittelt.

313
M. Laurent, Ambassadeur de France à Berlin, à
M. Millerand, Président du Conseil, Ministre des Affaires Etrangères.

D. n° 454bis. Berlin, le 18 juillet 1920.[1]

Missions allemandes en Russie.

La Commission envoyée en Russie par les socialistes indépendants partira ces jours-ci. Elle est composée de quatre membres, Däumig, Stoecker, Dittmann et Crispien: les deux premiers représentent la violence déraisonnable, les deux autres ont plus de sagesse. Cette Ambassade ou ce pèlerinage est surtout un hommage rendu à la doctrine socialiste et au prestige de l'idée bolcheviste. Les indépendants ne pouvaient plus s'y refuser, alors que les Soviets ont reçu les délégués officiels des socialistes des principales nations d'Europe.2

Vers le même temps, doit se mettre en route la Commission économique dont la composition était fixée depuis plusieurs mois, mais dont le départ avait été remis sous divers prétextes.3 Le Gouvernement des Soviets, après avoir refusé de la laisser entrer en Russie, vient d'autoriser son voyage. Elle serait dirigée par l'ancien Sous-Secrétaire d'Etat August Müller, un des syndicalistes les plus notoires d'Allemagne, et par M. Hollmann, professeur d'agriculture, Ancien Attaché à l'Ambassade allemande à Pétrograd; ces deux hommes représentent une tendance nettement économique et si, en outre, il est exact que M. Deutsch, un des deux directeurs de l'Allgemeine Elektricitäts Gesellschaft, prenne part à la mission, dont il a été le véritable promoteur, on peut considérer qu'elle fera une enquête pratique très sérieuse.

Enfin, on annonce que, le 13 de ce mois, est parti de Stettin pour la Russie un premier groupe d'ouvriers allemands, spécialistes de la métallurgie et du bâtiment. Le Gouvernement des Soviets, qui les a engagés, les destine à travailler dans les ateliers de chemins de fer de Kolona, à 120 kilomètres de Moscou. D'autres convois d'émigrants du même ordre doivent être dirigés sur la Russie; chacun comprendra un millier d'hommes. Enfin une commission ouvrière ira vérifier les conditions de vie et de travail réservées à ces ouvriers allemands.

Il aurait fallu d'assez longs pourparlers pour obtenir que le Gouvernement allemand se prêtât à l'exécution de ce programme. Il n'est pas besoin de rappeler que les dispositions les plus contradictoires inspirent les divers partis à l'égard de la Russie. Mais celle qui domine, sans doute, est le sentiment que l'Allemagne doit rester toujours à portée du monde russe et en mesure d'y intervenir la première: on comprend donc que cette préoccupation conduise à développer les contacts, à envoyer des reconnaissances et à poser des jalons.

---

1   Russie 218, fol. 152r, v.
2   Am 19.7.1920 begann in Sankt Petersburg der zweite Weltkongreß der Komintern, der später nach Moskau verlegt wurde, s. Der zweite Kongreß der Kommunistischen Internationale. Protokoll der Verhandlungen vom 19. Juli in Petrograd und vom 23. Juli bis 7. August in Moskau, Hamburg 1921. Zum Ergebnis der Reise s. unten Dok. 376.
3   Vgl. dazu unter anderem de Marcillys T. n° 1249 vom 10.7.1920, Russie 318, fol. 105.

314

M. Chevalley, Ministre Plénipotentiaire,
Représentant de la France à la Commission Interalliée
d'Administration et de Plébiscite d'Allenstein, à M. Millerand,
Président du Conseil, Ministre des Affaires Etrangères.

N° 50/E. Allenstein, le 18 juillet 1920.[1]

Les résultats provisoires du plébiscite en Prusse Orientale[2] sont comme suit:

Nombre de Communes
Pour la Prusse Orientale 1694
Pour la Pologne 9
Nombre égal 1

Nombre de votants
Pour la Prusse Orientale 362.491
Pour la Pologne 7.852

Ces résultats ne sauraient être considérablement modifiés par les rectifications à intervenir. Quoi qu'il advienne le plébiscite d'Allenstein aura été pour la Prusse un triomphe, et pour la Pologne une défaite.

Il reste toutefois, pour que la sincérité numérique des opérations ne puisse ultérieurement être mise en doute, à opérer une vérification générale, notamment sur les listes d'inscrits.

Plus la majorité est énorme et donc, anormale, plus cette précaution est nécessaire. Les Allemands eux-mêmes, ont, avant le plébiscite, fait des recensements officiels, établi, publié des cartes et des travaux ethniques où la proportion des Polonais de pure race et pure langue, à l'exclusion des Masuriens s'élève à 15 et 20%. Les Masuriens étaient comptés pour 33%, l'élément prussien ou allemand pour 50 à 55%.

Or les chiffres du plébiscite indiquent qu'en 1920 97% des habitants se sont prononcés pour la Prusse et 3% seulement pour la Pologne. Un tel revirement est sans exemple dans les annales ethniques. Il restera comme un phénomène électoral. Il alimentera dans un avenir proche et lointain des controverses qui ne resteront pas exclusivement scientifique, mais seront portées aux Parlements devant l'opinion, et aigries par le sentiment national.

Il semble nécessaire, pour prémunir contre un procès posthume non seulement la Commission d'Allenstein, mais aussi la Conférence des Ambassadeurs dont elle relève, que le résultat exceptionnel du plébiscite ne puisse être attribué soit à des circonstances matérielles frauduleuses, ou simplement irrégulières, qui auraient attenté à la liberté comme à la sincérité du vote; soit à un ensemble de circonstances morales antérieures au vote, mais résultant de l'organisation du Plébiscite, contraires à la lettre comme à l'esprit du traité, qui auraient rendu pour ainsi dire inévitable l'écroulement d'un des partis au bénéfice de l'autre. Dans l'un et l'autre cas, la Commission d'Administration et de Plébiscite d'Allenstein a, semble-t-il le devoir, non seulement envers elle-même, mais envers la Conférence des Ambassadeurs, d'accueillir les réclamations qui lui seront présentées et de faire la clarté la plus complète sur son œuvre ainsi que sur les antécédents et résultats du Plébiscite.

C'est dans cet esprit qu'elle a accordé aux réclamants un délai s'étendant jusqu'au 30 Juillet pour formuler leurs observations.

A l'heure où j'écris, Dimanche 18 Juillet, c'est à peine si le dépouillement des votes est terminé. Les listes d'inscrits, dont la sincérité a été fortement contestée, notamment en ce qui concerne les listes N° 2 sont en général restées pendant trois jours francs dans les communes où elles avaient servi au vote. Elles ne seront pas à la disposition de la Commission avant un ou deux jours. Nous avons bien dans les communes le nombre des votants pour la Pologne et pour la Prusse. Mais nous ne savons pas encore si dans certaines, et notamment sur la frontière le nombre des votants a été égal, inférieur, ou peut-être supérieur, au nombre d'inscrits. Cette circonstance serait de nature à modifier le résultat desdites agglomérations. Je ne parle pas ici des irrégularités qui ont été et seront invoquées pour frapper de discrédit l'établissement des listes électorales elles-mêmes.

Ces raisons techniques suffiraient à elles-seules pour rendre impossibles avant deux à trois semaines le rapport détaillé de la Commission que prévoit le traité.

Mais il s'est élevé déjà des objections d'ordre plus général contre l'œuvre de la Commission et l'organisation du Plébiscite. Même si elles sont absolument inadmissibles, elles doivent être accueillies et examinées sous peine de laisser derrière les décisions définitives un foyer de récriminations également préjudiciable à tous les intéressés.

Entre l'apparence de passer un coup d'éponge sur des événements embarrassants, et l'apparence de s'y attarder trop complaisamment, la dernière semble encore la moins défavorable.

Il est probable que le Gouvernement Polonais fera à la Commission les reproches suivants, déjà formulés par ses agents à Allenstein:

A) S'être mise entièrement aux mains de l'administration allemande (maintien de l'administration, question des langues)[.]

B) Avoir maintenu jusqu'au dernier moment une force de police exclusivement allemande qui ne protégeait pas les Polonais.

C) Avoir laissé les Prussiens organiser le Plébiscite comme au Schleswig[sic!] seconde zone, par les mêmes fonctionnaires, par le même règlement, qui enlevait à la Commission tout pouvoir immédiat, et remettait le mécanisme électoral à l'administration prussienne.3

D) Avoir laissé partiellement appliquer ce règlement partial pendant et après l'abstention polonaise. (Formation des Comités de Plébiscite - Listes N° 2 - questions d'identité - impossibilité de révision - sections spéciales de vote pour non-résidents -)[.]

Cet ensemble de circonstances aurait, disent les Polonais de Pologne, démontré aux Polonais de Prusse, race opprimée et déprimée, qu'ils ne pouvaient compter sur les Alliés pour les protéger, et qu'au fond, l'Entente était d'accord avec la Prusse pour maintenir le statu quo dans le territoire d'Allenstein. Ils auraient en conséquence voté pour la Prusse ou se seraient abstenus.

Il ne suffit pas, pour répondre à ces reproches, d'affirmations générales et unilatérales. Ce sont questions de fait auxquelles seuls des faits peuvent être opposés. La où les objections sont plausibles, il est utile de pouvoir démontrer, si on le peut, que même si le fait est exact, la Commission était désarmée ou impuissante.

En conséquence, la procédure la meilleure aurait semblé, pour la Commission, de n'établir son rapport qu'après expiration du délai accordé à la Pologne, et de le déposer par exemple vers le 15 Août.

Le rapport préliminaire qu'emportera demain M. Rennie à Paris4 a été lu à la Commission qui, dans l'ensemble approuve ce qu'il dit, mais est d'avis qu'il ne dit pas tout, ne dit pas l'essentiel au sujet des réclamations et ne peut en conséquence servir de base aux décisions de la Conférence.

Il ne pouvait contenir aucune proposition de frontières, puisque les résultats de certaines communes-frontière ne sont pas encore connus, et qu'avant le plébiscite il n'était pas possible de prévoir où le vote pourrait modifier le tracé. La Commission n'a encore jamais examiné cette question et est dépourvue des éléments d'ordre économique qui pourraient l'éclairer. Nous avons hier, le Président et moi, visité pour la première fois la partie de frontière à modifier.

Rapport et propositions auraient été prêts pour le 10 Août si le Président n'avait insisté pour s'absenter immédiatement. Si la Conférence des Ambassadeurs décide de se prononcer en tenant compte des seuls éléments qu'apporte M. Rennie, je serais heureux d'en être informé dès que possible par télégramme, afin de suspendre le travail de révision, et de propositions, qui commencera cette semaine en son absence.

---

1 Pologne 119, fol. 5r-7v.
2 Zu den offiziellen Zahlenangaben vgl. oben Dok. 305 Anm. 2.
3 Vgl. oben Dok. 49, Dok. 83 und Dok. 242.
4 Vgl. dessen Bericht vom 15.7.1920, DBFP 1/X, No. 615 S. 803ff.

315

M. Tirard, Haut-Commissaire de la République Française dans les Provinces du Rhin, à M. Millerand, Président du Conseil, Ministre des Affaires Etrangères.

N° 5921 A.T.R.P.   Paris, le 19 juillet 1920.[1]

J'ai l'honneur d'adresser ci-joint, à Votre Excellence, à titre d'information, la traduction d'un article publié par la Badische Presse le 5 Juillet, sous le titre "Interview du Président Ulrich au Sujet des Plans d'Union des Etats de l'Allemagne du Sud".

Annexe:

Interview du Président Ulrich
au sujet des plans d'union des Etats de l'Allemagne du Sud
(Badische Presse le 5 Juillet)

Le Président d'Etat de la Hesse, Ulrich, a accordé récemment un interview au représentant de la "Darmstädter Zeitung". Il a donné en quelques mots son opinion sur les bruits persistants de l'union du pays de Bade et du Wurtemberg, et sur l'entrée de la Hesse dans cette combinaison.

"Le plan d'union du pays de Bade et du Wurtemberg, a-t-il dit, n'est pas nouveau. Depuis longtemps déjà, des négociations étaient entamées à ce sujet entre les hommes politiques des deux Etats, mais elles n'engageaient à rien et ne sont jamais entrées dans la phase des délibérations pratiques. D'après les renseignements que je possède, le Wurtemberg désire l'union et provoque des pourparlers, alors que l'Etat de Bade semble être peu disposé à favoriser ces projets. Le bruit court maintenant que la Hesse et d'autres territoires doivent être compris dans la combinaison; tout ce que je puis dire, c'est qu'officiellement, nous n'avons encore aucun motif de nous occuper de cette affaire.

Tout dépendra de l'attitude que prendra la Prusse lorsque le "délai d'interdiction" ("Sperrfrist") sera écoulé.[2] Si une plus grande indépendance, et en quelque sorte la qualité d'Etat déféré, sont accordées à certains territoires prussiens, on pourra alors former dans le Sud un Etat plus important. S'il est possible, on reprendra alors le plan d'une grande Hesse.[3] Il paraît douteux que, pour des raisons financières, la Hesse favorise la combinaison indiquée plus haut. En tous cas, je combattrai résolument des tendances analogues à celles qui existent actuellement au sein du Wirtschaftsministerium, qui cherche à démembrer la Hesse au point de vue économique. On songe en effet à joindre la Hesse Supérieure au territoire économique de Cassel. Le Centre économique de la région de

Starkenbourg doit être transféré à Mannheim: on a d'abord choisi Mannheim comme siège du représentant du Commissaire d'Empire de sorte que, finalement, la Hesse Rhénane est reliée à Cologne. On doit tout particulièrement s'opposer à l'incroyable maladresse de ce dernier projet. En cherchant à grouper économiquement le territoire de la rive gauche du Rhin on favorise les plans politiques des Français. C'est pour cette raison qu'on ne peut jamais assez combattre les plans de séparation économique entre les deux rives du Rhin.["]

---

1 AN, AJ 9 3775. Maschinenschriftlicher Durchschlag.
2 Gemeint ist Art. 167 der Reichsverfassung, der die Möglichkeit einer Neugliederung des Reiches (Art. 18) für die Dauer von zwei Jahren aussetzte.
3 Zu den Plänen der Gründung eines Großhessischen Staates, die unter anderem zurückgingen auf Kontakte zwischen dem französischen General Mangin und Ministerpräsident Ulrich am 28.6.1919, s. Besprechung zwischen Reichs- und Ländervertretern über die großhessische Frage vom 14.7.1919, AdR, Kabinett Bauer, Dok. 26 S. 120ff.

316
*M. Laurent, Ambassadeur de France à Berlin, à
M. Millerand, Président du Conseil, Ministre des Affaires Etrangères.*

D. n° 466. [Berlin], le 21 juillet 1920.[1]

Incident du drapeau.

Je crois devoir communiquer ci-joint au Département une note où M. de Marcilly donne les détails essentiels de l'incident qui a eu lieu, le 16 de ce mois, à la suite des honneurs militaires rendus à notre drapeau, et qui a nécessité une nouvelle demande de réparation adressée au Gouvernement allemand.

Annexe:

[*Note de M. de Marcilly, Chargé d'Affaires de France à Berlin.*]

I

Le Gouvernement allemand ayant accordé une réparation par des honneurs militaires[2], tout a été fait pour que cette réparation eût un caractère inconvenant.

En effet, nous avions admis que la Compagnie de Reichswehr ne fût accompagnée ni d'un drapeau, ni d'une musique militaire, parce que le Ministre de la Guerre[3] avait déclaré officiellement et par écrit que l'armée n'avait plus les anciens drapeaux et n'en avait pas de nouveaux, et que les musiques militaires ne servaient qu'à la distraction de la troupe (cette seconde affirmation était d'ailleurs extrêmement contestable).

Mais la compagnie qui s'était mise en route, casque en tête, reçut l'ordre, croit-on savoir, de remplacer les casques par les casquettes. Elle était en tenue de caserne plutôt que de service et certainement pas dans la tenue d'une compagnie d'honneur. Tous les assistants saisirent aussitôt l'intention, les Allemands pour y applaudir, les officiers alliés, notamment les Anglais, présents sur le parcours, pour s'en choquer: nos officiers, dès l'arrivée de la troupe sur la place, relevèrent le fait, qui pour des militaires était frappant et grave.

La Compagnie défila sur la place, et vint se ranger devant l'Ambassade, où elle rendi les honneurs militaires.

Dès que ce rite fut accompli, l'officier[4] commanda de se remettre en route et ajouta l'ordre "que chacun chante". L'ordre fut aussitôt exécuté avec un ensemble qui ne permettait pas de douter qu'il n'y eût manœuvre préméditée. Or la compagnie n'avait pas achevé de défiler devant l'Ambassade, puisque, s'étant arrêtée devant la façade, une moitié se trouvait encore en arrière du perron.

L'intention offensante fut aussitôt comprise: la foule applaudit et chanta; la police de sûreté elle-même prit part aux applaudissements.

On essaiera peut-être de dire que la foule avait d'abord entonné le "Deutschland über Alles" et que les soldats ont été entrainés à chanter avec elle. L'ordre de l'officier, exprimé assez haut pour que nous l'ayons entendu, ne permet pas ce moyen de défense.

II

L'affaire devenait donc très grave. Si nous avions voulu relever l'offense, telle qu'elle s'était manifestée et sans avoir besoin d'en exagérer aucun détail, nous pouvions considérer qu'au lieu d'une réparation officielle nous avions reçu un outrage public et prémédité. Nous étions conduits à dire que la cérémonie accomplie était nulle, qu'elle avait aggravée l'affaire, qu'il fallait la renouveler en lui donnant une importance et une solennité plus grandes encore.

Il n'est pas besoin d'insister sur les conséquences et les risques auxquels pouvait conduire ce développement de l'incident. Après mûr examen, nous en vînmes à la conclusion qu'il valait mieux négliger les détails, considérer que les honneurs militaires avaient été rendus au pavillon, mais signaler au Gouvernement allemand l'incorrection grave de l'officier qui, la cérémonie essentielle accomplie, avait exécuté une manifestation outrageante à l'égard de la France. Nous permettions ainsi au Gouvernement de dégager sa responsabilité et nous ne mettions en cause que l'agent d'exécution.

C'était le parti le plus sage, entre ceux que nous aurions eu le droit de prendre. J'avais reçu, au cours de la journée, les visites de mes collègues d'Angleterre[5] et d'Amérique[6], venus, avec une inquiétude visible, s'enquérir de la manière dont nous interprétions l'incident du matin et de nos résolutions. Nous savions que les officiers alliés en étaient très émus. Le Dr. Stein, de la Gazette de Voss, allait dire au général Nollet et nous téléphonait que la Wilhelmstrasse et le Ministère de la Guerre étaient extrêmement troublés, que le général von Seeckt parlait déjà de dissoudre immédiatement le régiment ayant fourni la "Compagnie d'honneur". Enfin le Secrétaire d'Etat des Affaires Etrangères[7] téléphonait à l'Ambassade que "le Gouvernement regrettait fort l'incident, qu'il déclarait se *désolidariser* de ses auteurs" et comme en lui disait que nous serions obligés de demander des sanctions, telles que la punition de l'officier, il acquisçait à cette idée.

Nous sommes donc en droit de considérer que dès ce moment le Gouvernement allemand a compris et admis qu'il y avait eu un nouvel outrage, qu'il nous en devait réparation et que nous faisions preuve de modération en nous en prenant seulement à un officier.

La lettre adressée, le 16 au soir[8], à la Wilhelmstrasse a placé la question sur ce terrain. Il y est donné acte au Gouvernement allemand de la réparation accomplie, mais on y demande que l'officier soit sévèrement puni et que l'Ambassade reçoive des excuses présentées par le Colonel et une délégation des officiers du régiment.

Dans nos communications aux journalistes nous n'avons pas parlé des excuses, afin de ne pas en faire un sujet de polémiques publiques. Cette demande est d'ailleurs strictement conforme à la conception allemande de l'armée: une faute d'un officier engage le régiment et les officiers d'un régiment sont étroitement solidaires de leurs actes.

Les réparations actuellement demandées ne comportent aucune manifestation publique dont la foule puisse être émue. Mais, en ce qui concerne la visite d'excuse des officiers, il y aura lieu de préciser tous les détails du protocole, car on doit s'attendre à ce que les militaires essaient encore de prendre leur revanche d'une démarche considérée par eux comme humiliante, en l'accomplissant dans des formes contraires aux règlements et volontairement incorrects.[9]

---

1 MAE Nantes, Ambassade de Berlin, 174 (ohne Folio). Maschinenschriftlicher Durchschlag, ohne Unterschrift und ohne Ortsangabe.
2 Vgl. oben Dok. 308 Anm. 3.
3 Otto Geßler.
4 Hauptmann Hans Abraham von Arnim.
5 Lord Kilmarnock.
6 Ellis Loring Dresel.
7 Edgar Karl Alfons Haniel von Haimhausen.

8   Es handelte sich um die Antwort auf die offizielle Zusage der Reichsregierung, sich für den Zwischenfall vom 14. Juli zu entschuldigen. Die Antwort erfolgte in Abstimmung mit General Nollet, s. de Marcillys T. n° 1301-1304 vom 17.7.1920, Télégrammes, Arrivée de Berlin, 1920, 6.
9   Die "Deutsche Tageszeitung" zog in ihrer Berichterstattung Parallelen zu den Steinwürfen gegen die deutschen Vertreter in Versailles vom Vorjahr. Nachdem die Reichsregierung eine Bestrafung des verantwortlichen Offiziers zugesagt hatte, riet de Marcilly, eine formale Entschuldigung als ausreichend zu betrachten, s. T. n° 1323-1324 vom 18.7.1920, ebenda.

317
M. Laurent, Ambassadeur de France à Berlin, à
M. Millerand, Président du Conseil, Ministre des Affaires Etrangères.

D. n° 468.   Berlin, le 21 juillet 1920.[1]

Copie.
L'opinion allemande et les résultats de la Conférence de Spa.

Tant que les pourparlers de Spa ont été en cours, la presse allemande[2] s'est donnée beaucoup de peine pour établir que les conditions posées par les Alliés signifiaient l'assertissement et la ruine de l'Allemagne. Aujourd'hui qu'ils se voient en présence de faits accomplis, ces mêmes journaux, sauf ceux de droite qui persistent dans leur opposition intransigeante - déploient un grand zèle à démontrer que la Délégation allemande a obtenu à Spa des concessions importantes, qu'elle est sortie à son honneur d'une passe difficile, et qu'elle reste somme toute sur un demi-succès.

Des citations habilement choisies de journaux français critiquant certains points des accords de Spa, d'ingénieux développements inspirés de la note officielle publiée le 18 juillet par l'Agence Wolff[3] et s'efforcent de présenter au public sous un jour pas trop défavorable le bilan de Spa.

En réalité, ce n'est là qu'un optimisme de commande, dicté par des considérations de politique intérieure. Il s'agit surtout, pour les organes de la coalition et pour ceux de la gauche de fortifier la situation du Gouvernement contre les attaques auxquelles on doit s'attendre de la part de Stinnes et du parti de la grande industrie, qui ne cache pas l'intention de reprendre devant le Reichstag et devant le pays la lutte dont il n'a pu sortir victorieux à Spa. La puissance financière de Stinnes, l'influence qu'il exerce sur la presse, le rôle important qu'il joue dans le parti populaire, dont beaucoup de membres lui doivent leur élection, font de lui un adversaire redoutable.

Il ne semble pas toutefois que la situation du Ministère soit réellement compromise. Les bruits de retraite de M. Scholz, Ministre de l'Economie Public, et du Ministre des Affaires Etrangères, M. Simons, ont été démentis.[4] Le Gouvernement n'a pas de partisans bien convaincus, mais il a surtout pour lui l'absence de toute combinaison ministérielle de rechange. Aucun homme politique, aucun parti, ne se soucie de prendre le pouvoir dans les circonstances actuelles. D'autre part l'opinion se rend compte que seule une coalition des "partis du milieu" peut inspirer à l'ensemble du pays une confiance suffisante pour être en mesure d'entreprendre avec quelques chances de succès la tâche délicate et rendue urgente par les engagements souscrits à Spa, de désarmer à la fois les bandes de spartakistes et les extrémistes de droite.

Les efforts de la presse pour donner le change à l'opinion ne semblent pas produire grand effet. Le public se rend compte que la Conférence de Spa, autour de laquelle se cristallisaient depuis des mois les espérances allemandes, se termine, au point de vue allemand, sur un grave échec.

Deux constatations surtout s'imposent à l'opinion. La première c'est que la menace d'une occupation de la Ruhr s'est aggravée et précisée. La presse ne dissimule pas le redoutable danger qu'entraînerait pareille mesure pour la prospérité économique et l'unité politique de l'Allemagne. Mais elle affecte de ne pas croire à la possibilité de sa réalisation. Elle montre la classe ouvrière de Westphalie dressée toute entière derrière le Gouvernement, les mineurs allemands prêts à répondre par la grève générale à toute menace d'intervention alliée, ceux des pays de l'Entente, suivant leur exemple pour empêcher que leurs camarades d'outre-Rhin ne soient réduite à la servitude.

Mais il est facile de lire entre les lignes de tous ces articles qui prêchent la confiance et d'y démêler un fond d'inquiétude. On est assez au courant ici de l'état d'esprit qui règne dans les milieux ouvriers de l'Allemagne de l'ouest pour se rendre compte que les travailleurs de la Ruhr verraient peut-être sans trop de déplaisir une occupation alliée qui améliorerait leurs conditions matérielles d'existence, respecterait leurs libertés syndicales et n'augmenterait pas le nombre des heures de travail. En admettant même que, dans la question du charbon, les intérêts des ouvriers soient solidaires de ceux de l'ensemble du pays, on ne dissimule pas que la rupture pourrait se produire sur un autre terrain, sur celui du désarmement par exemple. Et le prolétariat de Westphalie, qui n'a pas oublié les lendemains sanglants du coup d'Etat de Kapp, la cruauté inutile et maladroite avec laquelle a été réprimé le mouvement ouvrier de la fin de Mars, croira-t-il acheter trop cher d'une occupation temporaire des Alliés, l'affaiblissement du militarisme allemand, dont il a fâcheusement ressenti les excès? C'est certainement parce qu'ils redoutent un état d'esprit de ce genre que des publicistes aussi modérés d'ordinaires que Theodor Wolff ont conseillé au Gouvernement de rompre les pourparlers sur la question du charbon, afin d'éviter que les Alliés ne puissent poser plus tard celle de l'occupation de la Ruhr sur un terrain où l'opinion allemande serait plus divisée qu'elle ne l'est en ce moment.[5]

La seconde remarque qui s'impose à l'attention des Allemands c'est que les accords de Spa ont fait entrer le Traité de Versailles dans la période d'application effective. Les quelques adoucissements obtenus à Spa ne sauraient, aux yeux de l'opinion allemande, suffire à compenser ce fait. L'Allemagne a pu jusqu'ici apporter la plus grande mollesse à l'exécution du traité sans risquer autre chose que de recevoir des notes plus ou moins vives. Elle sait que désormais elle ne saurait tenter d'éluder ses engagements sans s'exposer à de pénibles et coûteuses astreintes. Pour des gens qui ne perdent jamais l'espoir de reprendre en détail ce qu'ils ont concédé en gros, cette constatation ne laisse pas d'être grave.

---

1   AN. AJ 9 3824. Maschinenschriftliche Kopie, ohne Unterschrift.
2   Vgl. oben Dok. 294, Dok. 297, Dok. 309 und Dok. 310.
3   Vgl. oben Dok. 312.
4   Vgl. oben Dok. 310.
5   Tirard hatte offenbar einen gegenteiligen Eindruck. Unter Hinweis auf Befürchtungen vor allem in der Arbeiterschaft, daß bei einer Besetzung des Ruhrgebietes mit einer Verschlechterung der Arbeitsbedingungen und dem Verlust der Errungenschaften des November 1918 gerechnet werden müsse, forderte Tirard eine intensive Aufklärungskampagne, s. dessen T. n° 148 vom 19.7.1920, Vincennes, N 2631 (ohne Folio).

318
M. Dard, Ministre Plénipotentiaire de France à Munich, à
M. Millerand, Président du Conseil, Ministre des Affaires Etrangères.

D. n° 1.   Munich, le 21 juillet 1920.[1]

Présentation des Lettres de Créance.
Situation générale.- Einwohnerwehren.

Secret.
Il ne m'est possible d'envoyer, par cette première valise, à Votre Excellence qu'un exposé succint de la situation, mon installation étant encore trop précaire.

Arrivé le 14 Juillet au soir, j'ai envoyé, le 15 au matin, à M. de Kahr une lettre dont la copie est ci-jointe[2] et dans laquelle je lui demandais une audience, en prétextant d'une importante Commission du Gouvernement de la République pour le Gouvernement Bavarois.

M. de Kahr m'a répondu par la lettre, ci-jointe, m'annonçant qu'il me recevrait le lendemain 15[3] à 12 h.1/2. Aussitôt introduit, je me présentai. M. de Kahr me fit asseoir. Mais je me levai presque aussitôt et déclarais que la comission dont j'étais chargé par le Gouvernement de la République consistait dans la remise des Lettres m'accréditant comme Ministre Plénipotentiaire et Envoyé Extraordinaire de la République française en Bavière. J'accentuai ces mots, dont l'effet était d'effacer la servitude qui nous fut imposée, il y a quarante-neuf ans, par une lettre additionnelle au Traité de Francfort.

M. de Kahr, qui s'était levé avec moi, prit les lettres puis me déclara que la constitution allemande l'obligeait à en référer à Berlin des affaires que nous traiterions.

Je n'insistai pas, et m'étant rassis, je prononçai le petit discours dont mon télégramme N° 2[4] a donné la substance. Mon télégramme N° 3 donne celle de la réponse de M. de Kahr.[5] Le Président bavarois a les manières et l'aspect d'un fort honnête homme, le regard attentif et sage d'un fonctionnaire de la Province allemande.[6]

La séparation fut cordiale. De part et d'autre, les précisions furent évitées. Le Président m'a parlé, en somme, en Bavarois soucieux d'échapper, en secret, à la férule prussienne.- Cependant, la manière dont je me suis introduit près de lui l'humiliait un peu comme patriote allemand. Ce double sentiment l'amena à couvrir mon arrivée du plus grand silence. La note, ci-jointe[7], qu'il fit publier, sur ma demande expresse, fut la plus courte possible et insérée dans les petites nouvelles des journaux bavarois qui ne firent aucuns commentaires.- Seul un article agressif des "Münchner Neueste Nachrichten", intitulé,: "Espérances françaises" annonçait l'orage. Il a éclaté hier, avec la publication d'un communiqué officiel de Berlin. (Voir mes télégrammes: 8-13-17 et 19[8]). Mon arrivée est maintenant l'événement dont on s'entretient le plus à Munich. Je reçois des lettres et même des coups de téléphone dépourvus d'aménité. L'attaque prussienne est violente et la défense bavaroise très faible jusqu'ici.

Je joins ici quelques extraits de presse[9], les moyens dont je dispose ne me permettant pas de faire mieux. Mes télégrammes ont mis Votre Excellence au courant de cette polémique où j'ai été accusé d'avoir remis mes lettres de créance par surprise. Il faut bien reconnaître que ce n'est pas entièrement inexact, aussi me suis-je bien gardé, comme j'en étais, de tous côtés, sollicité d'opposer aucun démenti. J'ai consenti seulement à dire à l'Agence Suisse, et celà d'accord avec le Dr. Kahr, que celui-ci m'ayant rendu ma visite, la réponse était suffisante.

Quelques instants avant de me recevoir, le Président Kahr, démissionnaire pour la forme, se présentait devant le nouveau Landtag. Il s'y affirmait, en développant son programme, patriote allemand mais fédéraliste. Réélu par 100 voix de la coalition contre 43 abstentions socialistes M. de Kahr paraît solidement assis au pouvoir. Dans la discussion qui va suivre l'exposé de son programme, il s'attend cependant à être attaqué par les socialistes au sujet de l'acceptation de mes lettres de créance. Au sein des Commissions et des réunions de chef de partis où se traite la politique en Bavière, il n'est pas douteux qu'il se justifiera par la nécessité d'obtenir de la France des faveurs spéciales pour la Bavière dans la question des Einwohnerwehren.

Cette question constitue, avec celle du ravitaillement la préoccupation essentielle et pressante du Gouvernement et de la majorité du peuple bavarois, encore épouvanté par les journées d'Avril 1919 et par le règne de Kurt Eisner. Tous les gens tranquilles nourissent ici les mêmes sentiments de farouche épouvante que la bourgeoisie française éprouvait après les journées de Juin 1848 ou celles de la commune. La peur du Bolchevisme a rendu les Bavarois intraitables. Patriotes allemands, dans l'immense majorité et pleins de rancune haineuse contre nous, ils sacrifieraient tout plutôt que leurs gardes civiques, dont notre Mission militaire évalue l'effectif à 500.000 hommes possédant leurs fusils chez eux.

Mon télégramme 20[10] donne probablement l'état actuel de la question. Quoi qu'il en soit, dès la fin de juin, le Gouvernement a fait connaître officiellement et publiquement à Berlin son refus formel de désarmer ses milices. Il s'est entendu avec le Gouvernement Wurtembergeois au contraire le Ministère badois a fait connaître, le 14 Juillet que l'attitude de la Bavière était d'après lui contraire aux intérêts de l'Empire. L'accord entre le Reich et la Bavière paraît s'être établi à Spa entre M. Simons et le délégué bavarois von Meinel, mais je ne sais encore sur quelles bases. Le Président Kahr m'a dit qu'il me ferait connaître la position du Gouvernement bavarois dans cette question après le prochain voyage qu'il doit faire à Berlin.

De ces faits, il faut conclure, pour l'instant, que des concessions, sinon de principe, du moins dans l'application au sujet de la dissolution des Einwohnerwehre[n], paraissaient être le moyen le plus efficace, en ce moment, de nous concilier le peuple bavarois, de l'amener, peu à peu, à séparer ses intérêts de ceux de l'Empire et à reconnaître l'importance pour lui à Munich d'un représentant de la France.

---

1   Papiers d'Agents, Dard 13 (ohne Folio). Maschinenschriftliche Kopie, ohne Unterschrift.
2   Nicht abgedruckt.
3   Dard wurde von von Kahr am 16. Juli empfangen. Der Text des Briefes ist hier nicht abgedruckt.
4   Nicht abgedruckt.
5   Nicht abgedruckt.
6   Der Preußische Gesandte Zech meinte dazu am 17.7.1920, es habe "den Anschein, als ob der Ministerpräsident sich von Herrn Dard habe übertölpeln lassen", s. ADAP A III Dok. 206 S. 429, Zitat hier Anm. 3.
7   Nicht abgedruckt. Die Reichsregierung ließ verlautbaren, daß sie seinerzeit die französische Regierung auf die Rechtslage hingewiesen habe. Die "Bayerische Staatszeitung" schrieb "... dazu, daß sich der Standpunkt der bayer. Regierung in nichts von dem der Reichsregierung unterscheide. Wenn trotzdem der franz. Gesandte empfangen und sein Beglaubigungsschreiben entgegengenommen worden sei, so sei das lediglich aus Höflichkeit und um in die gegenwärtige Situation keine neuen Schwierigkeiten hineinzutragen, geschehen. Jedenfalls sei sich der franz. Gesandte im klaren darüber, daß er mit der bayer. Regierung Angelegenheiten der auswärtigen Politik nicht

erledigen könne, sondern dazu den Weg über die Reichsregierung in Berlin gehen müsse." Zitat n. Schultheß' Europäischer Geschichtskalender 36 (1920) S. 197.
8   Nicht abgedruckt. Reichsaußenminister Simons erklärte dazu lediglich, es sei stets der Sieger, der den Friedensvertrag in Zweifelsfällen auslege, s. Laurents Telegramm n° 1353 vom 23.7.1920, Télégrammes, Arrivée de Berlin, 1920, 6.
9   Nicht abgedruckt.
10 Nicht abgedruckt.

319
M. Tirard, Haut-Commissaire de la République Française dans les Provinces du Rhin, à M. Millerand, Président du Conseil, Ministre des Affaires Etrangères.

N° 434 S/A.T.R.P.   Coblence, le 23 juillet 1920.[1]

Secret.

Le Général Degoutte vient de me faire connaître que le Comte Bothmer lui avait demandé le 19 juillet une entrevue à Mayence.

Au cours de cette audience, le Comte Bothmer a exprimé au Général Degoutte ses regrets que le Dr Heim n'ait pas tenu les engagements qu'il avait pris avant les élections envers les fédéralistes et que, bien que les élections lui eussent apporté le succès désiré, il n'ait pas cru devoir passer à la réalisation de son programme.

Bothmer estime que le Dr Heim a manqué de caractère et a cédé aux solicitations et aux concessions du Gouvernement de Berlin. Il croit d'ailleurs que l'opinion publique bavaroise n'a pas varié et que la campagne fédéraliste reprendra ultérieurement. Il a signalé l'action des agents britanniques, notamment du Consul général anglais à Munich[2] qui s'efforce de paralyser le développement du fédéralisme et qui peut être une des causes du changement d'attitude de Heim.

Le Général Degoutte considère que Bothmer s'est montré sincère dans l'expression de ses regrets de l'échec du programme qu'il avait envisagé.

Il me paraît possible qu'il s'agisse là d'un dissentiment ou d'une divergence de vues personnelles entre Bothmer et Heim ou que ce dernier ne se soit fait des illusions relativement à son influence sur Heim et son parti.

Je communnique au Département par courrier de ce jour un compte rendu du Général Degoutte[3].

Je crois devoir rapprocher de cette information la campagne qui se poursuit depuis quelques jours dans la presse rhénane et notamment dans la "Kölnische Zeitung", le "Kölner Tagblatt" et le "Frankfurter Zeitung" et qui relate une scission entre une fraction du parti populaire chrétien d'une part, le Dr Dorten et le Comte Bothmer d'autre part, ces derniers étant accusés de s'être compromis avec certaines autorités françaises.

Cette campagne paraît vouloir associer Bothmer et Dorten dans l'accusation du séparatisme et de compromission avec l'étranger dirigée l'an passé contre le Dr Dorten.

Il semble, d'ailleurs, d'après la note ci-contre, que cette scission entre Dorten et les dirigeants du parti populaire chrétien, soit plus apparente que réelle.

D'autre part, mon service de renseignements a pu constater que certaines des négociations menées à Mayence par le Comte Bothmer n'étaient pas demeurées secrètes et il est possible que le Dr Heim, devant les accusations continues dans la presse allemande au sujet de ses démarches auprès des autorités françaises, n'ait jugé opportun de s'écarter de Bothmer au moins en apparence.

Je joins à la présente communication un compte rendu des intentions prêtées à Bothmer par une personnalité paraissant bien informée.[4] Elle se réfère à une période antérieure à l'entrevue avec le Général Degoutte relatée ci-dessus.

J'adresse à Votre Excellence un duplicata de ces documents dans le cas ou le Département croirait devoir les transmettre à Monsieur le Ministre de France à Munich[5].

Le mouvement bavarois dont le développement est suivi avec attention par le Haut-Commissariat, étant intimement lié au mouvement rhénan, ainsi que je l'ai signalé de longue date au Département, je serais reconnaissant à Votre Excellence de bien vouloir m'aviser des informations qui pourraient lui parvenir à ce sujet de Berlin ou de Munich.

Je ne manquerait pas de faire parvenir à Monsieur Dard toutes informations qui me paraîtraient de nature à l'intéresser.

---

1   AN, AJ 9 3803. Maschinenschriftlicher Durchschlag.
2   Robert T. Smallbones. Zu dessen Haltung zur Entsendung Dards s. seinen Bericht vom 2.7.1920, DBFP 1/IX, No. 555 S. 590ff. Vgl. aber auch seinen Bericht zur politischen Lage in Bayern vom 1.7.1920, ebenda, No. 531 S. 583ff.
3   Nicht abgedruckt.
4   Nicht abgedruckt.
5   Émile Dard.

320
M. de Chérisey, Représentant de la France à la Commission Interalliée d'Administration et de Plébiscite de Marienwerder, à M. Millerand, Président du Conseil, Ministre des Affaires Etrangères.

D. n° 35. Marienwerder, le 23 juillet 1920.[1]

Ainsi que je le faisais prévoir dans mon rapport[2] en date du 1er de ce mois, la consultation populaire qui a eu lieu le 11 Juillet a tourné entièrement à l'avantage de l'Allemagne: 96.923 voix, pour la Prusse, contre 8.018, pour la Pologne, un groupe compacte de 368 communes allemandes contre 28 communes polonaises, tels sont les résultats du plébiscite. Ils dépassent les plus grandes espérances qu'avaient pu concevoir les Allemands.[3]

Au dernier moment la propagande allemande a trouvé, dans les circonstances critiques que traversent nos alliés de Varsovie, un adjuvant singulièrement puissant. Il faut y ajouter la pression morale qui n'a cessé de s'exercer par tous le moyens dont dispose l'Autorité sur la population polonaise demeurée sans chefs, sans influence sociale, sans plan de combat.

Le nombre des votants venus d'Allemagne s'élève à environ 25.000; c'est donc près du quart du scrutin de vote. Ces 25.000 voix qui se sont prononcées sans grande exception pour la Prusse, ont renforcé partout le succès germanique. Dans un certain nombre de petites communes presqu'entièrement polonaises du cercle de Stuhm, elles ont suffi à retourner la majorité.

Le voyage des ayants droit s'est effectué sans difficultés, et il est inexact que la Pologne ait tenté de s'opposer à leur passage à travers son territoire.[4] Je ne parle que de ce qui concerne Marienwerder. La délégation que nous avions envoyée à Konitz pour surveiller l'entrée du corridor n'a pas eu à se plaindre des autorités polonaises qui se sont bornées, d'accord avec nos agents, à s'assurer de l'identité des voyageurs des trains spéciaux. Il est vrai que pour faciliter les formalités de visa, la Commission de Marienwerder avait fait établir, pour chaque ayant droit, une carte munie d'une photographie permettant l'identification rapide et tenant lieu de passeport.

On m'a dit que les choses s'étaient passées différemment pour les votants d'Allenstein. En tous cas sur une réclamation formulée par l'Allemagne, le Gouvernement polonais a reçu du Conseil des Ambassadeurs une semonce des plus rigoureuses. Je me suis déjà permis de dire que, pour cette fois du moins, une telle sévérité paraissait injustifiée.[5]

Les organisations de propagande allemandes, remarquablement conduites, dépensant largement et secondées par les services publics, avaient tout mis en œuvre pour accueillir les votants, les défrayer de toute dépense et s'assurer de leur voix en faveur de la Prusse. Ainsi réglé, le voyage devenait une manifestation d'enthousiasme national. Les villes entièrement pavoisées donnaient l'impression de l'inexistence même de tout élément opposé à la Prusse.

Durant la dernière semaine, la Commission s'était bien attachée à interdire l'exposition d'emblèmes nationaux sur les monuments publics et dans les rues. Mais cette mesure ne s'appliquait pas aux maisons des particuliers, qui rivalisaient à l'envi pour affirmer la nationalité prussienne. Le thème de la guerre et de la ruine en Pologne était largement exploité par l'affiche, le journal et le tract. Des placards représentaient les habitants contraints de partir pour la guerre s'ils devenaient sujets de la Pologne; d'autres figuraient la dépréciation que subirait le billet de banque allemand en cas d'attribution du territoire aux Polonais. Aucune contre partie d'ailleurs du côté polonais, sinon quelques rares affiches aussitôt lacérées que posées.

La journée du vote s'est achevée sans que le calme ait été troublé. Une ordonnance de la Commission avait interdit sagement la vente des boissons alcooliques, les cortèges et les réunions.

Il faut signaler les mesures de précautions minutieuses prises par la Commission interalliée pour assurer l'ordre dans ces circonstances. L'avant-veille, sur des renseignements d'origine allemande, la Commission avait accusé les Polonais des plus noirs desseins. Leur armée, - disait-on,- se tenait sur la rive gauche de la Vistule, toute prête à envahir notre territoire. Un officier de ma mission, envoyé dans la région indiquée, n'avait cependant rien constaté de suspect. Mieux que cela, il revint en disant que la Pologne paraissait vide de troupes, que tout le contingent disponible était parti pour le front et qu'en cas de défaite dans la région lithuanienne, le faible corridor serait fort exposé à un coup de main de la part de la Prusse Orientale.

Le jour du plébiscite, dans la soirée, les rumeurs malveillantes reprirent de plus belle. Je fus appelé à la Présidence où régnait une vive émotion; la Commission siégea toute la nuit en permanence. Les Polonais, - me fût-il assuré, - étaient massés tout contre la frontière, vers Deutsch-Eylau; ils allaient pénétrer dans le territoire. Un peu plus tard, ils étaient entrés; on les avait vus en plus d'un endroit, se dirigeant vers le Nord. Ils avançaient... la capitale risquait d'être encerclée... tout ce qu'on pourrait faire serait de la défendre.

Le bataillon de bersaglieri italiens avait été réparti sur les points principaux; des mitrailleuses étaient braquées sur toutes les routes face à la Pologne. Chacun fit son devoir, je dois le reconnaître; mais, en fin de compte, personne ne vit rien.

A trois heures du matin, l'on fût enfin certain qu'il n'y avait jamais eu le moindre envahisseur polonais. Le drame finit en comédie.

Si je relate cet incident risible, c'est non pas pour donner une preuve de l'émotivité italienne, mais bien pour faire voir combien la mauvaise foi germanique est toujours habile à faire des dupes. Ce dernier exemple s'ajoute à celui que j'ai fourni plus haut quand j'ai parlé du transit des votants par le corridor. Les Allemands n'hésitent pas à employer l'arme de la calomnie; mais ce qui a lieu de surprendre, c'est qu'après les avoir, depuis cinq ans, si souvent qualifiés d'imposteurs, l'on soit bien prompt aujourd'hui à leur accorder à nouveau confiance.

Des irrégularités et même des fraudes ont pu se produire à l'intérieur des salles de vote où ne s'exerçait d'autre surveillance que celle des bureaux. Les Polonais n'en ont signalé qu'un très petit nombre, qui n'auraient pu, de toute façon, modifier les résultats acquis au dépouillement.

A l'annonce des résultats les Allemands ont témoigné d'une joie bruyante. Les journaux n'ont pas manqué de grossir encore les indications données par le vote. Ils affirment chaque jour que si une expérience semblable était tentée dans les territoires précédemment prussiens, elle donnerait la même majorité à l'Allemagne.

On doit par ailleurs rendre hommage aux Polonais fidèles, qui malgré les conditions si défavorables dans lesquelles la lutte s'engageait pour eux et sans crainte de représailles certaines, ont tenu à affirmer leur nationalité. Quelques précautions qu'on prenne pour tenter d'assurer la protection de ces minorités, l'agitation des esprits qu'a provoqué le vote aura pour résultat d'aggraver encore les vexations auxquelles ils sont en butte de la part des Prussiens.

La situation de la plupart des communes qui se sont déclarées pour la Pologne ne permet guère de les rattacher au pays qu'elles ont choisi. Mais si elle est obligée de sacrifier aux nécessités géographiques et économiques le vœu de quelques milliers de votants, la Commission conserve du moins le devoir d'attribuer à la Pologne la rive Est de la Vistule de façon assez large pour lui garantir le plein et entier exercice des droits que lui confère sur ce point l'article 97[6] du Traité de Paix.

---

1 Pologne 123, fol. 207-210.
2 Vgl. oben Dok. 284.
3 Zu den offiziellen Zahlenangaben vgl. oben Dok. 305 Anm. 2.
4 Im Falle der Abstimmung in Allenstein war es hingegen wiederholt zu Zwischenfällen gekommen, s. dazu den Bericht von Rennie vom 6.7.1920, DBFP 1/X, No. 607 S. 800.
5 Vgl. das Telegamm des Earl of Derby vom 7.7.1920, ebenda, No. 610 S. 801.
6 Art. 97 des Versailler Vertrages bestimmte, daß nach Abschluß der Abstimmung die Kommission einen Vorschlag zum endgültigen Grenzverlauf vorlegen sollte, der "Polen wenigstens für den Weichselabschnitt die volle und uneingeschränkte Aufsicht über den Strom einschließlich des östlichen Ufers überlassen [werde], soweit dieser für die Regulierung und Verbesserung des Flußlaufes notwendig ist."

321
M. de Marcilly, Chargé d'Affaires de France à Berlin, à M. Millerand, Président du Conseil, Ministre des Affaires Etrangères.

D. n° 473. Berlin, le 24 juillet 1920.[1]

A.s. Débat à la Commission des Affaires Extérieures du Reichstag sur les négociations de Spa.

Avant de rendre compte des pourparlers de Spa au Reichstag, qui ne se réunit que le lundi 26[2], le Gouvernement a exposé la marche des négociations à la Commission des Affaires Extérieures, qui a tenu deux longues séances les 20 et 21 juillet, sous la présidence de Stresemann, le chef du parti populaire.[3]

Le Ministre des Affaires Etrangères[4] a fait un exposé détaillé de l'activité de la délégation allemande et des résultats obtenus par elle.

Il a dépeint l'atmosphère de méfiance dans laquelle se trouvaient les délégués allemands, l'hostilité de la population belge allant jusqu'à refuser des médicaments à des Allemands malades. Il a exposé ensuite que, dans la question de l'occupation de la Ruhr, l'Allemagne n'avait pas abandonné son point de vue et qu'elle s'était bornée à prendre acte de l'intention des Alliés d'intervenir en cas de non exécution par les Allemands des clauses de l'Accord.

M. Simons a indiqué, ensuite, les raisons qui ont engagé la délégation à ne pas rompre les négociations sur la question du désarmement, malgré le rejet de ses propositions. Les conditions obtenues constituent un adoucissement sensible aux premières exigences des Alliés.

En ce qui concerne la livraison du charbon, le ministre a déclaré que ce n'est pas la brusque arrivée des maréchaux Foch et Wilson qui avait amené la délégation allemande à modifier son attitude. Les Alliés avaient décidé, depuis longtemps, de procéder à l'occupation de la Ruhr si leurs demandes se heurtaient à un refus. C'est cette conviction qui a amené la délégation allemande à consentir tous les sacrifices possibles pour s'éviter une menace aussi dangereuse.

L'exposé du Ministre des Affaires Etrangères a été suivi d'une discussion à laquelle ont pris part des représentants de tous les partis.

Parlant pour les socialistes majoritaires, Eduard Bernstein a approuvé dans l'ensemble les déclarations de M. Simons. Il a réclamé la transformation de la Reichswehr dans un sens démocratique et a insisté sur la nécessité de socialiser les mines. Il a vivement critiqué la participation de Stinnes aux pourparlers de Spa.

Ledebour, au nom des socialistes indépendants, a repris, en l'accentuant le langage de Bernstein. Il a demandé la suppression par echelons de l'armée régulière et la réorganisation complète de la police de sûreté, de manière à lui enlever tout caractère militaire.

Helfferich a critiqué en détail, au nom des nationaux allemands, les accords de Spa et les a déclarés inexécutables, particulièrement en ce qui concerne les clauses militaires.

A la séance du lendemain, l'orateur du centre, Spahn a approuvé l'attitude de la délégation allemande et a même suggéré le vote d'une motion de confiance. Mais il a retiré ensuite sa proposition sur la remarque qui lui a été faite qu'il n'appartenait pas à la commission de paraître préjuger les décisions du Reichstag.

Le président de la commission, Stresemann, a pris ensuite la parole au nom du parti populaire et s'est livré à une vive critique des accords de Spa. Les engagements souscrits envers l'Entente, en ce qui concerne la livraison du charbon, réduiront, selon ses calculs l'approvisionnement de l'industrie allemande de 18 à 20%. Les conséquences de cet état de choses seront désastreuses pour certaines régions comme la Saxe. Il a pris ensuite avec vigueur la défense de Stinnes et a conclu que la révision des clauses inexécutables du Traité de Versailles devait, après comme avant Spa, rester l'alpha et l'oméga de la politique allemande.

Le chef des démocrates, Schiffer a adressé un pressant appel à la population ouvrière, l'exhortant à livrer les armes et munitions, encore en sa possession, afin de permettre au Gouvernement de mener à bien l'œuvre de pacification du pays et de faire face aux engagements contractés à Spa.

Le Socialiste indépendant Breitscheid a répondu à Schiffer que les armes se trouvaient moins entre les mains des ouvriers qu'entre celles des propriétaires fonciers et des extrémistes de droite qui rêvent d'un nouveau coup de force nationaliste et réactionnaire. Parlant de la question du charbon, il a mis le Gouvernement en garde contre toute tentative d'augmenter la durée du travail dans les mines, ajoutant qu'une politique de ce genre diminuerait fort l'aversion des ouvriers de la Ruhr contre une occupation étrangère. Car, a-t-il dit, il importe peu aux travailleurs d'être exploités par des capitalistes étrangers ou par des capitalistes allemands.

Ces dernières paroles ont soulevé de vives protestations du Député Socialiste Majoritaire Stampfer, Directeur du Vorwärts, qui s'est porté garant du patriotisme des ouvriers de la Ruhr.

Le Député Hoetzsch, des nationaux allemands, tout en faisant l'éloge personnel du Ministre des Affaires Etrangères, a déclaré que son parti ne pouvait se tenir pour satisfait des résultats obtenus à Spa.

Le Chancelier[5] a prononcé ensuite quelques mots pour réfuter les attaques dirigées contre lui par une partie de la presse au sujet de son attitude à la conférence.

Le Baron de Lersner a fait un exposé juridique de la question de l'intervention armée dans la Ruhr et a conclu qu'une mesure de ce genre devrait être considérée comme une violation du Traité.

En fin de séance, le Ministre des Affaires Etrangères a pris encore une fois la parole pour dire que la Conférence de Spa ne pouvait être considérée comme un succès allemand, mais qu'elle avait néanmoins plutôt amélioré la situation de l'Allemagne par rapport à l'état de choses antérieur.

M. Simons a fait ensuite au sujet de la situation en Pologne et de l'attitude de l'Allemagne dans le conflit entre Polonais et Bolcheviks[6] les déclarations visées dans mon télégramme N° 1347 à 1352[7].

Il a conclu que les Conférences de Spa avaient tout au moins permis de constater que les Alliés "ou tout au moins les plus intelligents d'entre eux, dont M. Lloyd George, M. Millerand et certainement le Comte Sforza" ne voulaient pas la ruine de l'Allemagne, parce qu'ils avaient enfin compris qu'ils périraient avec elle.

La discussion a pris fin sur cette intervention du Ministre des Affaires Etrangères. Elle n'a rien offert de bien saillant, mais a permis de constater que le Gouvernement est assuré de voir ses déclarations relatives aux pourparlers de Spa approuvées par le Reichstag à une forte majorité. Le centre et les gauches voteront à cette occasion pour le Ministère. Le parti populaire, bien que peu satisfait de la tournure prise par les événements et notamment des critiques adressées au rôle de Stinnes, ne se séparera sans doute pas de la majorité. Les nationaux allemands seraient donc seuls à se prononcer contre le Cabinet.

---

1   Allemagne 374, fol. 155-157. Laurent war am gleichen Tag nach Paris abgereist. Er kehrte erst am 25. August 1920 nach Berlin zurück.
2   Zum Verlauf der Reichstagssitzung vgl. unten Dok. 324.
3   Zum Verlauf der Sitzung vgl. auch Schultheß' Europäischer Geschichtskalender 36 (1920) S. 201ff.
4   Walter Simons.
5   Konstantin Fehrenbach.
6   Am 20. Juli 1920 veröffentlichte der "Reichsanzeiger" folgende Erklärung des Reichspräsidenten: "In den zwischen der polnischen Republik und der russischen Sowjetrepublik entstandenen kriegerischen Verwicklungen hat Deutschland, das sich mit beiden Staaten im Friedenszustand befindet, bisher volle Neutralität beachtet und wird diese Neutralität auch weiterhin beobachten. Ich weise demzufolge darauf hin, daß für jedermann im Reich und für die Deutschen im Ausland die Verpflichtung besteht, sich aller Handlungen zu enthalten, die der Neutralität Deutschlands zuwiderlaufen." Vgl. Schultheß' Europäischer Geschichtskalender 36 (1920) S. 201.
7   Laurent hatte am 23.7.1920 berichtet, daß man in Berlin die Lage Polens für aussichtslos erachte. In Kreisen, die der extremen Rechten zuzuordnen seien, werde bereits über ein mögliches Bündnis Deutschlands mit einem siegreichen Rußland gegen den Westen spekuliert, bzw. daß Rußland im Falle einer Niederlage Polens die Korridor-Frage erneut aufwerfen werde, s. Télégrammes, Arrivée de Berlin, 1920, 6 bzw. sein T. n° 1263-1264 vom 21.7.1920, Russie 318, fol. 161.

322
M. de Marcilly, Chargé d'Affaires de France à Berlin, à
M. Millerand, Président du Conseil, Ministre des Affaires Etrangères.

D. n° 475.   Berlin, le 26 juillet 1920.[1]

Discussion de l'accord sur les charbons
devant le Conseil Economique d'Empire.

Le Conseil Economique d'Empire, devant lequel les Ministres compétents avaient exposé au début de la semaine la marche et les résultats des pourparlers de Spa, a tenu avant-hier une séance plénière dans laquelle il a formulé son opinion sur l'accord relatif aux charbons.

Le député Imbusch, du Syndicat chrétien des mineurs, tout en exposant longuement les entraves que l'accord de Spa apportait à l'industrie allemande, a déclaré que le rôle du Conseil Economique devait se borner à rechercher les moyens pour l'Allemagne de faire face à ses engagements. Il s'est ensuite étendu sur la situation alimentaire défavorable des mineurs de la Ruhr et a conclu que la première mesure à prendre pour relever la production était d'améliorer le ravitaillement.

Stinnes a pris ensuite la parole pour justifier sa politique d'opposition à l'accord sur le charbon. Cet accord, a-t-il déclaré, nous place dans une situation intolérable. Nous ne sommes pas techniquement en mesure de livrer les quantités de minerai qui sont exigées de nous, et au mois de Novembre la question de l'occupation de la Ruhr se posera de nouveau, plus aiguë que jamais, et avec toutes ses conséquences.

Stinnes s'est ensuite livré à toute une série de calculs pour établir que l'approvisionnement de l'industrie allemande en charbon, qui atteint actuellement une proportion de 51% par rapport à celui de 1913, tomberait à 20% par suite de l'accord de Spa. Cette situation doit amener la ruine de l'industrie allemande[2]. L'Allemagne, désormais incapable d'exporter des produits, n'aura plus d'autre ressource que d'exporter des hommes.

Dans la seconde partie de son discours le représentant de l'industrie rhénane a déclaré que, puisque contrairement à son avis, la Délégation allemande avait cru devoir céder à la pression des Alliés et signer l'accord, il était du devoir de tous les Allemands de faire tous leurs efforts pour que les conditions acceptées fussent effectivement remplies. Examinant les mesures à prendre pour obtenir ce résultat et augmenter la production, il a préconisé un traitement de faveur des mineurs au point de vue de l'approvisionnement en pain et en matières grasses. Il a examiné en outre la possibilité d'augmenter le nombre des travailleurs dans la Ruhr en construisant annuellement 30.000 maisons ouvrières, pouvant loger 50.000 mineurs avec leurs familles, et qui, au bout de trois ans, permettrait de doubler les équipes dans la plupart des mines. Il a préconisé ensuite toute une série de mesures, parmi lesquelles l'envoi de commissions d'enquête à l'étranger et particulièrement dans l'Amérique du Nord pour étudier les derniers perfectionnements réalisés dans les mines, une exploitation plus intense des lignites, une amélioration des canaux de l'Elbe et du Rhin, la répression de la spéculation illicite sur les charbons, une décentralisation des industries de l'électricité et du gaz qui permettrait, en échappant à la tutelle de Berlin, de réaliser, en même temps que d'importants perfectionnements techniques, des économies considérables.

Après une brève intervention de Rudolph, du Syndicat des travailleurs de la batellerie, qui a regretté l'absence à Spa de tout représentant des entreprises de transport, le "Conseiller Intime des Mines" Hilger a pris la parole. Il a appuyé les critiques formulées par Stinnes, déclarant qu'il avait, lui aussi, voté contre l'acceptation des conditions des Alliés. "Je ne sais, a-t-il ajouté, si les Alliés auraient réellement occupé la Ruhr, mais ce n'eut pas été en tout cas une promenade militaire comme celle de Francfort, il y aurait eu de grands troubles et l'exploitation aurait été fortement réduite."

Walter Rathenau, qui, à la suite d'une vive campagne de presse, a été nommé membre du Conseil Economique, auquel il n'appartenait pas à l'origine, a pris avec éloquence la défense de la Délégation allemande. L'alternative qui se posait n'était pas, a-t-il dit, "livraison ou occupation", car les Alliés en occupant la Ruhr se seraient emparés des quantités de charbon qui leur étaient nécessaires. Il s'agissait donc uniquement pour l'Allemagne de savoir si elle voulait livrer avec ou sans occupation, et la question ainsi posée la réponse ne pouvait être douteuse, car l'entrée des Alliés dans la Ruhr eût mis en danger l'unité de l'Empire, en permettant à l'Entente de donner aux Etats du Sud un traitement de faveur. Les Alliés, une fois en possession du bassin minier pouvaient aisément vendre à l'Allemagne l'excédent de charbon dont ils n'auraient pas eu l'emploi, ce qui eut imposé à l'Empire une charge financière insupportable. Tirant le bilan de la Conférence, Rathenau a conclu: "Premièrement, nous avons écarté un danger. Secondement, pour la première fois, ont eu lieu entre les Puissances autrefois ennemies des négociations objectives, ou qui du moins ont cherché à l'être. Troisièmement, pour la première fois on a fait de nouveau confiance à l'Allemagne... Nous devons ces résultats au sang-froid et à l'attitude claire, digne et correcte de notre Ministre des Affaires Etrangères."

Les débats se sont clos sur une intervention du Ministre des Affaires Etrangères[3], qui a déclaré ne pouvoir discuter devant le Conseil que le côté économique de l'accord de Spa, les considérations politiques restant du ressort exclusif du Parlement. Il a ensuite énuméré les raisons qui l'ont amené à considérer comme empreintes de pessimisme les conclusions de ceux des experts qui, avec Stinnes et Hilger, se sont prononcés pour le rejet des conditions posées par les Alliés. Il a particulièrement insisté, dans cet ordre d'idées, sur les économies que permettraient l'exploitation intensive des lignites, la répression des spéculations illicites sur les charbons, un contrôle plus sévère de la répartition et de la consommation, l'utilisation des excédents provenant de Haute-Silésie.

M. Simons a conclu en constatant qu'adversaires et partisans de l'accord étaient unanimes à demander que tout fût fait pour que l'Allemagne remplit les engagements souscrits par elle. "Les Alliés, a-t-il dit, ont commencé à se rendre compte à Spa que les Allemands ne cherchaient pas à saboter la paix. Ce seul fait constitue un progrès capital dont il dépend de nous de ne pas laisser perdre le bénéfice."

Avant de se séparer, le Conseil Economique a adopté une longue résolution dont Votre Excellence trouvera ci-joint la traduction.[4] Elle se termine sur l'invitation pressante adressée à toutes les classes de la population de travailler activement à la réalisation de l'accord signé par l'Allemagne.

La presse, qui publie de larges extraits du discours prononcé, loue en général la largeur de vues et le ton mesuré des orateurs. Le discours de Stinnes est favorablement accueilli, même par les journaux démocrates comme la Gazette de Voss et le Berliner Tageblatt, qui estiment intéressantes plusieurs des suggestions présentées par lui. Stinnes n'en est pas moins accusé de contradiction pour avoir développé dans la seconde partie de son discours toute une série de mesures destinées à permettre l'exécution d'un accord qu'il avait, au début de son exposé, déclaré totalement inapplicable. Seule la presse d'extrême gauche se prononce vivement contre les représentants du capital et de la grande industrie qui croient pouvoir exploiter les travailleurs de la Ruhr en les menaçant d'une occupation étrangère. Le Drapeau Rouge ne doute pas que les mineurs ne se refusent à faire le jeu du capitalisme en augmentant la durée de la journée de travail. Loin d'avoir intérêt à relever l'industrie allemande, la classe ouvrière ne doit, selon l'organe communiste, avoir qu'un but: précipiter une catastrophe qui deviendra rapidement la ruine du régime capitaliste lui-même. La Freiheit, accuse Stinnes d'envisager avec faveur l'éventualité d'une occupation alliée de la Ruhr, qui, assure-t-elle, serait loin d'être préjudiciable aux intérêts de la grande industrie allemande. Le capital, conclut l'organe des socialistes indépendants, serait mal fondé à exiger des ouvriers un sentiment national qu'il ne ressent pas lui-même.

Les journaux de droite continuent à exprimer le regret que la thèse de la résistance n'ait pas prévalu à Spa. La Gazette de la Croix déplore que les "influences juives" de Rathenau, de Dernburg et du professeur

Bonn aient prévalu auprès du Ministre des Affaires Etrangères et des autres délégués allemands sur le bon sens éclairé d'un Stinnes. Nos négociateurs se font gloire, dit-elle, d'avoir sauvé l'unité allemande. Mais ils ne se sont pas demandés si cette unité ne serait pas plus gravement en péril dans le cas où l'intervention alliée viendrait à se produire par exemple en Novembre prochain, alors que la population sera découragée par l'approche de l'hiver et épuisée par une crise industrielle dont on peut dès maintenant prévoir la violence.

Malgré les critiques des journaux des partis extrêmes, on considère généralement que les débats qui ont eu lieu devant le Conseil Economique ont fortifié la position du Gouvernement. Stinnes et ses partisans, sans abandonner leur opposition, de principe à l'accord de Spa, ont reconnu la nécessité de travailler à son exécution loyale. On suppose que le Reichstag, qui se réunit ce soir, aboutira aux mêmes conclusions. Les événements de Pologne[5] qui passionnent de plus en plus l'opinion, contribuent d'ailleurs à détourner l'attention du public de Spa et de ses conséquences.

Annexe:

Résolution votée par le Conseil Economique d'Empire
dans sa séance du 23 juillet 1920.

Le Conseil Economique d'Empire voit dans l'accord de Spa sur le charbon, qui a dû être accepté devant la menace formulée par les Représentants de l'Entente d'une occupation du Bassin de la Ruhr, une aggravation de la situation économique de l'Allemagne, dont les conséquences ne peuvent être prévues.

Si l'augmentation de la disette de charbon que provoquera cet accord ne doit pas conduire le peuple et le pays à une catastrophe, il est nécessaire qu'un accroissement extraordinaire de la production du charbon se fasse immédiatement sentir.

Cet accroissement suppose un redoublement d'efforts de la part des mineurs qui ne peut être fourni dans les conditions actuelles de ravitaillement.

Il est nécessaire de développer dans une large mesure la puissance, la volonté et l'intensité de travail, ce qui suppose une connaissance exacte des conditions économiques des mines de charbon, afin que les travailleurs et employés de la mine comprennent mieux que par le passé la situation minière et deviennent les soutiens co-responsables de l'industrie du charbon qui devra être organisée d'après des points de vue répondant à l'intérêt économique général.

Le Conseil Economique d'Empire prendra immédiatement position quant au moyen et à la forme de la socialisation de l'industrie minière, dès qu'il sera en possession du rapport de la Commission de socialisation, qui est attendu avant le 1er septembre 1920, au plus tard.[6]

Pour exécuter les obligations de livrer qui ont été contractées, les mesures suivantes s'imposent:

L'augmentation des livraisons d'une quantité de 900.000 tonnes de charbon par mois ne peut être obtenue que par un accroissement de la production. Pour une période limitée une augmentation du travail des mineurs sera inévitable. Elle devra être réglée d'accord avec les organisations ouvrières des mines.[7]

Les conditions de vie des mineurs doivent être améliorées par tous les moyens. La capacité de production de l'agriculture nationale doit être augmentée, notamment par un meilleur approvisionnement en engrais.

L'œuvre de colonisation dans les régions minières doit être accéléré, et la construction de tous les bâtiments non absolument indispensables doit être retardée, afin de permettre le plus tôt possible l'organisation (totale ou partielle) dans les mines, d'équipes doubles.

Dans tout district minier devra être organisée une Commission comprenant trois employeurs et trois employés. Cette commission sera chargée d'étudier les conditions techniques de l'exploitation des mines. Elle aura spécialement pour but de travailler à ce que la qualité du charbon soit aussi bonne que possible. La Commission pourra augmenter le nombre de ses membres en vue de tâches particulières ou pour étudier les dernières améliorations dans les exploitations minières de l'étranger.

Une réorganisation immédiate et complète de la répartition du charbon en s'inspirant de considérations économiques et de la nécessité des transports, s'impose, ainsi que des mesures de rigueur pour assurer son exécution. En particulier l'utilisation des charbons dans les industries du gaz, de l'eau, et de l'électricité devra être réglée par des mesures d'ensemble. Une condition préalable de cette organisation est la division du territoire d'Empire en régions économiques. Cette division ne devra être opérée qu'en se plaçant au point de vue économique et à celui des transports.

Il devra être fait le plus large emploi possible de la lignite. Les usines devront, partout où cela sera possible, subir les modifications nécessaires pour permettre l'emploi de ce combustible.

Des mesures immédiates devront être prises en vue de l'utilisation des forces hydrauliques sur une plus large échelle.

Les organisations de transports par eau et sur terre devront être mises en harmonie avec l'augmentation de la circulation du charbon.

La production des sources de chaleur (Wärmewirtschaft) doit être encouragé et augmenté (par tous les moyens) dans tous les établissements commerciaux et industriels. Il est suggéré aux industries de créer les organisations nécessaires par la voie de l'autonomie administrative.

Pour l'exécution de l'engagement souscrit à Spa il y a lieu d'assurer des livraisons suffisantes aux territoires économiques allemands de charbon provenant de Haute-Silésie, ainsi qu'il en a été question pendant les négociations de Spa.

Il appartiendra aux prochaines négociations de Genève, dont la préparation et l'exécution devront avoir lieu en étroit accord avec le Conseil Economique d'Empire, de mettre les prestations de l'Allemagne, en ce qui concerne les réparations, en équilibre avec la production du charbon.

Le Conseil Econonomique d'Empire fait appel à tous les milieux du peuple allemand pour collaborer activement à l'exécution de l'accord conclu par l'Allemagne à Spa.

---

1   A-Paix (1914-1920) 351, fol. 213r-216v und fol. 217-219.
2   Vgl. unten Dok. 343.
3   Walter Simons.
4   Vgl. unten Annexe.
5   Vgl. oben Dok. 307 Anm. 2.
6   Vgl. oben Dok. 410.
7   Vgl. den Beschluß der Bergarbeiter Deutschlands zum Kohleabkommen von Spa vom 25.7.1920, AdR, Kabinett Fehrenbach, Dok. 32 S. 82f. Die Bergarbeiter nutzten die Gelegenheit, um darin erneut die Einführung der 6-Stundenschicht anstelle der bestehenden 7-Stundenschicht zu fordern. Sie führten das Argument an, daß in letzterem Fall täglich 3 Stunden ungenutzt blieben.

323

M. Dard, Ministre Plénipotentiaire de France à Munich, à M. Millerand, Président du Conseil, Ministre des Affaires Etrangères.

D. n° 5.   Munich, le 26 juillet 1920.[1]

Discussion au Landtag et dans la Presse
sur l'envoi d'un Ministre Français à Munich.

Me référant à mes télégrammes 18, 19, et 25[2], j'ai l'honneur d'envoyer, ci-joint, à Votre Excellence la traduction du discours que le Président Bavarois[3] a prononcé au Landtag, le 24 Juillet, en réponse aux attaques dont mon arrivée à Munich a été l'objet.[4]

Le Président s'est efforcé de dissimuler, par des habiletés de langage, la procédure anormale qui avait accompagné la présentation de mes lettres de Créance. Il a rendu hommage à ma correction personnelle. Mais son véritable argument, celui qui répondait aux sentiments de sa majorité, fut politique: Nous n'avons pas le temps de nous occuper de formalités quand la Maison brûle. Cet argument signifie que le Gouvernement bavarois, finalement d'accord, sans doute, avec le Gouvernement du Reich, compte bien utiliser à son profit l'envoi d'un Représentant français à Munich, en obtenant de nous le maintien de ses Einwohnerwehren et peut-être l'envoi de subsistances.

Enfin les affaires de Pologne, qui agitent ici toutes les têtes, comportent tant d'inconnu[s], que le Gouvernement bavarois est, en somme, fort aisé de posséder près de lui un moyen de s'adresser quand il le faudra, directement à nous. Tout cela vaut beaucoup plus qu'une lettre de plus ou de moins.

Je joins également ici, en traduction, la protestation du groupe socialiste contre ma réception[5]. Elle restera platonique. D'autre part, la Presse Bavaroise a démenti officieusement qu'il fût question de l'envoi d'un Ministre Bavarois à Paris.

J'ai profité des circonstances pour réclamer du Ministère bavarois un papier de légitimation, établissant que je jouissais, dans toute leur étendue, des privilèges diplomatiques. Ce document que les circonstances peuvent rendre particulièrement utile n'était pas donné, avant la Guerre, aux Ministres Etrangers. J'en joins ici copie[6].

La tempête soulevée par ma récpetion est donc provisoirement calmée.

Sans doute les feuilles inspirées à Berlin, telles que les "Münchner Neuste Nachrichten" ou la "Münchner Augsburger Abend Zeitung", ont été les plus agressives. Cette dernière (voir l'article ci-joint[7]), a même déclaré, reprenant un mot de Bismarck, que je n'étais pas un *"Gesandte"* mais un "Geschickter" et m'a invité à faire mes malles et à partir sans bruit. Mais, il faut aussi noter, que les trois chefs des partis de la coalition, le Dr. Knilling, au nom du parti populaire, M. de Hilpert, au nom du Mittelpartei Monarchiste et le Dr. Dirr, au nom des démocrates, ont également protesté contre l'atteinte portée à la Constitution du Reich et à la dignité de la Bavière et ont dénoncé, comme les socialistes eux-mêmes, nos visées séparatistes.

Les quelques paroles que j'ai adressées au Représentant de l'Agence suisse[8], d'accord avec M. de Kahr et dans lesquelles j'ai dit simplement que la visite rendue par ce dernier au Ministre de France était une réponse suffisante aux attaques dont il était l'objet ont singulièrement gêné nos adversaires. Les "Münchner Neueste Nachrichten" affectent, sans doute pour m'entraîner à une polémique, de nier que, la visite ait été rendue, mais, comme elle fût publique et que des centaines de personnes ont pu en témoigner, le silence s'imposait et l'incident peut être clos, pour l'instant.

Les protestations véhémentes qu'a soulevées mon envoi et qui sont maintenant apaisées, reprendront, selon les circonstances, à Munich ou à Berlin. Le meilleur moyen de les prévenir ou de les rendre inefficaces serait l'arrivée à Munich des autres Plénipotentiaires alliés, Belges, Italiens, Anglais⁹. En restant isolée, notre Représentation restera forcément précaire.

---

1 Papiers d'Agents, Dard 13 (ohne Folio). Maschinenschriftlicher Durchschlag, ohne Unterschrift.
2 Nicht abgedruckt.
3 Gustav von Kahr.
4 Nicht abgedruckt.
5 Nicht abgedruckt.
6 Nicht abgedruckt.
7 Nicht abgedruckt.
8 Name nicht ermittelt.
9 Dard war am gleichen Tag erstmals mit Generalkonsul Smallbones zusammengetroffen. Bei ihrem Gespräch machte dieser aus der britischen Verstimmung keinen Hehl, s. Dards D. n° 3 vom 26.7.1920, Papiers d'Agents, Dard 13 (ohne Folio). Vgl. dazu aber auch Smallbones' Bericht an Curzon vom gleichen Tag, DBFP 1/X, No. 185 S. 279ff, der sich über diesen Teil des Gespräches ausschwieg.

324
M. de Marcilly, Chargé d'Affaires de France à Berlin, à
M. Millerand, Président du Conseil, Ministre des Affaires Etrangères.

T. n° 1371-1373. Déchiffrement.   Berlin, le 27 juillet 1920, 0 h 10, 0 h 20.
(Reçu: 11 h 25, 11 h 30.)¹

Le Ministre des Affaires étrangères² a fait ce soir devant le Reichstag des déclarations extrêmement conciliantes sur les accords de Spa.³
M. Simons a dit (notamment) que les Allemands avaient eu le tort de considérer trop longtemps le traité de Versailles comme un instrument sans valeur pratique, tandis que les Alliés le prenaient fort au sérieux et voyaient en lui, non sans raison, la Charte de l'Europe. (Il a) justifié l'attitude de la délégation allemande dans la question du charbon en disant que l'Entente, contrairement à ce que cro(y)aient Stinnes et certains experts, n'aurait pas hésité à mettre à exécution sa menace d'occuper la Ruhr. Le Ministre des Affaires étrangères s'est exprimé en termes aimables sur V.E., (en) qui il voit le véritable vainqueur (de la) (Conférence) et sur M. Lloyd George disant qu'on lui reproche à tort de l'inconstance là où il ne faut voir qu'une admirable mobilité d'esprit. Il a ensuite fait des déclarations satisfaisantes sur l'incident du drapeau, disant que si l'honneur du pavillon allemand eût été en jeu dans une affaire analogue, il eût demandé les mêmes réparations que celles qu'a exigées le Gouvernement français. Il a blâmé nettement la conduite de la troupe chargée de rendre les honneurs militaires⁴. Parlant de l'envoi à Munich d'un représentant français⁵, il a dit qu'en présence du fait accompli, il ne restait aux allemands qu'à faire bonne mine à mauvais jeu. M. Simons a ajouté qu'il n'

avait (aucune) raison de douter de la fidélité du Gouvernement bavarois à la constitution d'Empire et que M. von Kahr lui avait donné l'assurance que la Bavière ne serait pas représentée à Paris. Il a parlé ensuite de l'incident Dorten[6] et déclaré que le Gouvernement avait résolu de ne pas maintenir une arrestation dont le principe pouvait être contesté au point de vue juridique. M. Dorten avait donc été renvoyé à Wiesbaden.

1   Allemagne 374, fol.158-160.
2   Walter Simons.
3   Vgl. dazu Schultheß' Europäischer Geschichtskalender 36 (1920) S. 207ff.
4   Vgl. oben Dok. 308 Anm. 3 und Dok. 316. Simons stellte zunächst die Rechtmäßigkeit der französischen Forderung, für den Diebstahl der Flagge vom Dach der Botschaft Genugtuung zu verlangen, fest. Er kritisierte entschieden die Haltung der Reichswehr bei der Ehrbezeugung am 16.7.1920: "Es ist nicht gleichgültig, ob die Truppe, die das Honneur macht, in schlechter Montierung [d. h. ohne Stahlhelm] mit dem Gewehr auf der Schulter abmarschiert und beim Abziehen die [deutsche] Nationalhymne singt. Ich [Simons] bin der Meinung, daß hier das Reglement versagt hat." (Zitat s. Schultheß' ebenda, S. 210.) In diesem Sinne hatte sich Simons bereits unmittelbar nach seiner Rückkehr aus Spa in einem Gespräch mit de Marcilly geäußert, vgl. dazu dessen T. n° 1303 vom 17.7. 1920, Télégrammes, Arrivée de Berlin, 1920, 6. Geßler stellte wenig später in einer Ministerbesprechung fest, daß der Reichsaußenminister offenbar die neuen Vorschriften der Reichswehr noch nicht kenne. Simons mußte sich daraufhin in diesem Punkt vor dem Reichstag korrigieren, s. AdR, Kabinett Fehrenbach, Dok. 33 S. 84f. Vgl. auch unten Dok. 328.
5   Émile Dard. Zum Wortlaut der Erklärung von Simons zur Frage der Entsendung Dards vgl. de Marcillys Depesche n° 480 vom 27.7.1920, MAE Nantes, Ambassade de Berlin, 174 (ohne Folio).
6   Dorten war am 24.7.1920 auf Grund eines früheren Haftbefehls des Reichsgerichtes von Frankfurter Polizeibeamten in Wiesbaden - das zur besetzten Zone gehörte - verhaftet worden. Auf Veranlassung des Auswärtigen Amtes wurde er jedoch wieder freigelassen. Simons stellte dazu fest: "La question ... n'est pas absolument claire au point de vue du droit international. Les Puissances alliées exercent en vertu du Traité une occupation pacifique. A ce genre d'occupation s'applique, contrairement à ce qui se passe quand il s'agit d'une occupation résultant de faits de guerre, le principe que l'occupation ne comporte que les droits qui lui sont expressément reconnus par le Traité qui l'a établie. On doit donc partir de l'idée que la souveraineté est restée à l'Allemagne dans toute la mesure où elle n'est pas passée aux Alliés en vertu des dispositions de l'accord sur les pays rhénans. Mais cet accord dispose que la Haute-Commission - à laquelle les Alliés ont donné ce nom précisément pour marquer qu'elle possède certains droits de souveraineté - pourra dans certains cas s'emparer de la souveraineté toute entière par la proclamation de l'état de siège, et qu'elle jouit d'autre part de droits spéciaux pour le contrôle de l'administration.

    Dans ces conditions le Gouvernement d'Empire estime qu'il n'est certainement pas possible, dans l'état actuel des traités, de faire procéder en territoire occupé à des actes de violence, sans même en aviser la Haute-Commission. C'est ce qui s'est produit dans le cas Dorten." Vgl. de Marcillys D. n° 493 vom 30.7.1920, ebenda, fol. 158r, v sowie ergänzend die D. n° 481 vom 27.7.1920, Rive gauche du Rhin 2, fol. 147-149. Zum Fortgang s. unten Dok. 360.

325

*M. de Marcilly, Chargé d'Affaires de France à Berlin, à
M. Millerand, Président du Conseil, Ministre des Affaires Etrangères.*

T. n° 1374. [En Clair.]   Berlin, le 27 juillet 1920, 0 h 20.
(Reçu: 2 h 29.)[1]

Le Ministre des Affaires Etrangères[2] a fait à un représentant de l'agence Dammert les déclarations suivantes: "Il serait dangereux de sousestimer les dangers qui peuvent résulter pour neutralité allemande de la lutte entre les Soviets et Pologne. Bien que nous ayons par notre déclaration de neutralité du 20 juillet exprimé clairement et nettement notre volonté de nous abstenir de prendre parti dans cette guerre[3] on ne doit pas se dissimuler d'autre part que certains facteurs sont de nature à faire obstacle à notre désir clairement exprimé de neutralité. Il faut reconnaître que la situation est tendue à certains égards et comme le Traité de Versailles a enlevé à l'Allemagne les moyens de défendre ses résolutions contre des intentions contraires on doit compter avec la possiblité de se trouver devant ses efforts tentés d'un côté ou de l'autre en vue d'amener l'Allemagne par des moyens dont elle-même ne dispose pas à modifier son attitude. On ne doit pas oublier que la France qui a des officiers et des hommes sur le front polonais prend ainsi une part effective à la guerre contre la Russie des Soviets. On ne peut dire non plus de l'Angleterre qu'elle soit neutre puisqu'elle est intervenue en faveur des Polonais.

L'opinion allemande s'est déjà préoccupée du cas où l'Entente emploierait vis-à-vis de l'Allemagne des moyens coercités pour l'amener à autoriser le passage des troupes destinées à secourir l'armée polonaise ou le transit de matériel de guerre. On ne peut nier le danger qui existe de voir l'Entente essayer de se servir de l'Allemagne comme zone d'étapes de concentration pour une action militaire de secours. Mais on doit maintenir que l'Allemagne ne saurait être amenée juridiquement à consentir à une action de l'Entente dans ce sens. Si l'on fait abstraction de certaines clauses du Traité on ne saurait nous interdire de faire ce que nous voulons en fait de livraisons d'armes et et de munitions. En tout cas il ne serait pas compatible avec notre neutralité de laisser passer des troupes à travers notre territoire et toute tentative de nous arracher cette autorisation par des mesures de rigueur constituerait une violation de notre neutralité. Le maintien pur et simple de notre neutralité est une affaire qui touche le peuple allemand tout entier et sa volonté de calme de paix et d'ordre. Le peuple allemand devra s'efforcer par tous les moyens de ne pas se laisser écarter de la voie droite qu'il a choisie".4

---

1 Télégrammes, Arrivée de Berlin, 1920, 6.
2 Walter Simons.
3 Vgl. oben Dok. 321 Anm. 6. Am 24.7.1920 hatte Simons Szebeko offiziell die deutsche Neutralitätserklärung überreicht, s. de Marcillys T. n° 1363-1364 vom 24.7.1920, Pologne 102, fol. 170-171.
4 Zu den Folgen dieses Aufrufes von Simons an die deutsche Arbeiterschaft s. unten Dok. 340 Anm. 5.

326
M. de Marcilly, Chargé d'Affaires de France à Berlin, à M. Millerand, Président du Conseil, Ministre des Affaires Etrangères.

T. n° 1376-1382. Déchiffrement.   Berlin, le 27 juillet 1920,
                                   19 h 15, 19 h 30, 19 h 20.
         (Reçu: le 28, 0 h 05, le 27, 24 h00, 23 h 30,
              24 h 00, 23 h 50, 23 h 25, 24 h 00.)1

Suite à mon télégramme 1373[2].
Dans la seconde partie de son discours M. Simons a parlé du problème oriental des relations avec la Russie soviétiste [sic!]. Il a dit que le Gouvernement des Soviets était reconnu par l'Allemagne depuis la paix de Brest-Litovsk. Seul le meurtre du comte Mirbach ambassadeur d'Allemagne à Moscou[3] a amené l'interruption des relations diplomatiques. Le traité de Versailles, (1 gr. faux) annule la paix de Brest-Litovsk, (1 mot passé) (n'a) rien changé à la reconnaissance des Soviets par l'Allemagne et n'interdit pas la reprise des relations.
Le Ministre des Affaires Etrangères a ajouté aux applaudissements de la gauche et de l'extrême gauche, et parmi les murmures de la droite: "Nous ne devons pas, parce que ses méthodes nous déplaisent, traiter le Gouvernement des Soviets en paria. On nous a trop (traité) nous-mêmes en parias pour que nous soyons tentés d'employer la même méthode avec d'autres. On peut être d'avis qu'en Russie le principe des conseils a été poussé trop loin, mais on ne doit pas méconnaître qu'un énorme travail de réorganisation économique y a été accompli. Les efforts tentés là-bas pour triompher du chaos méritent toute notre attention. Ce qui a été fait notamment pour résoudre le problème de l'unification des sources d'énergie est digne de servir de modèle."

M. Simons s'est ensuite défendu de vouloir jeter l'Allemagne dans les bras de la Russie. "Nous ne voulons pas, a-t-il dit, faire de l'Allemagne le champ de bataille entre le (bolchevisme) de l'est et l'impérialisme de l'ouest." Parlant des rapports avec la Pologne, le Ministre a dit que le Gouvernement allemand n'en souhaitait pas la disparition.

Il a ajouté assez énigmatiquement que même si la Russie réussissait à replacer la Pologne sous sa souveraineté l'Allemagne aurait toujours un intérêt à entretenir de bonnes relations avec ses voisins polonais. "La Pologne, a conclu M. Simons, se réserverait un avenir bien sombre si elle se considérait comme une barrière entre l'Allemagne et la Russie. Elle ferait mieux d'être le pont entre les deux puissances."

Le Ministre a donné en terminant quelques explications sur l'(incident) Béla Kun[4], dont il a rejeté la responsabilité sur les autorités locales de Stettin qui avaient arrêté le convoi sans en référer à la Wilhelmstrasse. Il a ajouté que le Gouvernement allemand examinerait la demande d'extradition formulée par le Cabinet de Buda-Pesth et que si les crimes dont est accusé Béla Kun étaient reconnus avoir de près ou de loin un caractère politique, cette demande serait rejetée et l'agitateur hongrois dirigé sur la frontière qu'il choisirait.

Les déclarations du Ministre des Affaires Etrangères que résument mes télégrammes n° 1371 à 1373 et 1376 à 1379[5], ont causé dans la droite et même chez beaucoup de gens des partis moyens de la surprise, de l'émotion et un peu de scandale. Par contre la franchise avec laquelle il a affirmé que l'Allemagne ne pouvait plus continuer à ignorer le traité de Versailles les amabilités qu'il a adressées aux hommes d'Etat de l'Entente l'éloge inattendu qu'il a fait du Gouvernement soviétiste, lui valent l'approbation sans réserve de la presse de gauche et même d'extrême (gauche). Les journaux démocrates modérés approuvent la ligne générale du discours, mais s'étonnent du ton chaleureux des passages qui visent la Russie et demandent au Ministre de dire d'où il a tiré des renseignements si contraires à l'opinion qu'on se fait généralement de la Russie. La presse de droite, y compris les organes du parti populaire, se montre nettement hostile. Elle reproche au ministre de manquer de sens national, de se prosterner continuellement devant les alliés et de se faire le fourrier du bolchevisme. Selon la "Deutsche Zeitung", le discours de M. Simons a fait si mauvais effet sur les bancs des droites et du centre que la situation du (Cabinet) a paru un moment en péril.

Cette impression du journal conservateur ne semble pas absolument justifiée. Le parti populaire, bien que mécontent de l'attitude du Ministre des Affaires étrangères est décidé à ne pas provoquer pour le moment une crise ministérielle. Mais les paroles de M. Simons ne seront pas oubliées de si tôt par les partis nationalistes qui saisiront sans doute la première occasion qui s'offrira à eux de prendre l'offensive contre lui. Comme le dit ce matin la "Freiheit", M. Simons est depuis hier sur la liste noire de la réaction.

---

1   Allemagne, 374, fol. 161-163.
2   Vgl. oben Dok. 324.
3   Der deutsche Gesandte Wilhelm Graf von Mirbach war am 6.7.1918 in Moskau bei einem Putschversuch linker Sozialrevolutionäre ermordet worden, s. HILGER, Wir und der Kreml, S. 12ff.
4   Béla Kun war am 19.7.1920 auf der Durchreise von Österreich nach Rußland in Stettin verhaftet worden. Er befand sich in einem Zug mit ehemaligen russischen Kriegsgefangenen, die auf der Heimreise waren. Da Österreich die Rücknahme verweigerte, andererseits aus deutscher Sicht das Auslieferungsbegehren Ungarns zu lange auf sich warten ließ, gestattete die Reichsregierung am 29.7.1920 Kuns Weiterreise nach Moskau, s. ADAP A III, Dok. 230 S. 475f bzw. Laurents T. n° 1346 und T. n° 1354 vom 27.7. 1920, Allemagne 321, fol. 105-106 bzw. Télégrammes, Arrivée de Berlin, 1920, 6 sowie de Marcillys D. n° 486 vom 30.7.1920, Hongrie 47, fol. 103r, v.
5   Im Quai d'Orsay wurde dieses Telegramm mit den Nummern 1380-1382 nachträglich zu einem Text zusammengefaßt.

327
M. Neton, Consul de France à Hambourg, à
M. Millerand, Président du Conseil, Ministre des Affaires Etrangères.

D. n° 25.   Hambourg, le 27 juillet 1920.[1]

Au sujet de l'état d'esprit d'âme actuel de l'Allemagne.

A la faveur des derniers événements l'âme de l'Allemagne s'est renouvelée complètement.

Il y a cinq mois, lorsque je suis arrivé à Hambourg, moralement et physiquement, l'Allemand était déprimé et abattu. Vraie ou feinte, l'humilité se lisait sur son visage. Il avait le sentiment très net de sa chute et le sentiment non moins net qu'il ne s'en remettrait pas. Le ressort paraissait brisé. Il n'était pas très éloigné de confesser ses fautes et le jugement que l'on portait sur lui au dehors - même en France - ne le surprenait pas.

Aujourd'hui, l'Allemand s'est resaisi et redressé. Il a repris toute sa confiance en soi. Il est redevenu arrogant et brutal. Et cet état d'esprit trouve surtout son expression dans une haine violente, implacable pour la France. Stinnes a bien été son porte-parole à Spa.[2] Aussi bien, les manifestations de ce genre ne sont pas isolées. On peut dire qu'elles se renouvellent tous les jours et en quelque sorte à tout propos.

Avec cette vanité qui est le propre de sa nature, l'Allemand croit que nous ne pourrons nous passer de lui dans notre œuvre de relèvement et qu'incapables du long effort discipliné que cette œuvre réclame, nous subirons le moment venu toutes ses conditions.

Par un phénomène bien connu d'autosuggestion, il en est arrivé peu à peu à intervertir entièrement les rôles. Que lui parlez-vous d'atrocités et de dévastations? C'est lui qui est la grande victime de la guerre. La misère, les ruines, les désastres, mais c'est en Allemagne qu'il les faut chercher. Les régions dévastées? Ah! oui, dévastées! mais par qui donc? sinon par les Français du Sud, jaloux de la prospérité des Français du Nord. Les crimes allemandes? Commencez donc par vous expliquer sur ceux commis par vos nègres.

Les Alliés et principalement la France se sont acharnés sur cette pauvre Allemagne qui a été violemment arrachée aux travaux de la paix et à son labeur économique. Son voisin de l'Ouest, mû par une basse idée de revanche, s'est jeté sans motif sur elle et, devant cette traîtrise, l'Allemagne s'est défendue. Oh! elle s'est défendue comme un lion. Le monde entier que ses richesses inquiétait avait, dès le début, juré sa perte. Elle a finalement succombé à la faim, mais son prestige militaire est resté intact[.] Ludendorff est une autre figure que "M. Ferdinand Foch". Et Hindenburg! Quelle pure gloire!

Que pouvait faire l'Allemagne contre l'univers conjuré? Elle a subi la loi du vainqueur. Mais ce vainqueur, revenu bien vite de sa superbe, l'appelle maintenant à son aide. Or, cette aide, l'Allemagne entend la discuter à son tour. Et comme elle considère que son génie est nécessaire au salut de l'Europe, que son industrie et son commerce peuvent seuls prévenir une catastrophe économique, elle veut bien tendre une main secourable, mais pas avant que cet infâme traité de Versailles, œuvre de traîtres ou de fripons, soit revisé et sérieusement corrigé.

Sinon... eh bien! elle essayera du bolchevisme, mais du bolchevisme allemand, de ce bolchevisme où un Laufenberg joue les bonisseurs, en attendant que Ludendorff y tienne les premiers rôles.

---

1 AN, AJ 9 3935. Maschinenschriftliche Kopie, ohne Unterschrift.
2 Vgl. oben Dok. 306 Anm. 2.

328

*M. de Marcilly, Chargé d'Affaires de France à Berlin, à
M. Millerand, Président du Conseil, Ministre des Affaires Etrangères.*

T. n° 1384-1388. Déchiffrement.   Berlin, le 28 juillet 1920,
0 h 45, 6 h 45, 0 h 45.
(Reçu: 11 h 35, 11 h 25, 11 h 00, 13 h 30, 11 h 00.)[1]

Les débats sur Spa ont repris cet après-midi au Reichstag[2]; au début de la séance, le Ministre des Affaires étrangères[3] a lu une déclaration atténuant fortement le blâme qu'il avait adressé la veille, à propos de l'incident du 14 Juillet[3], à la compagnie de Reichswehr chargée de rendre les honneurs au pavillon français. Cette reculade, peu dissimulée, a été fort mal accueillie sur les bancs de la gauche.[4]

L'orateur des socialistes majoritaires, Stampfer, Directeur du "Vorwärts", a déclaré que son parti était d'accord avec les explications du Ministre des Affaires étrangères et reconnaissait que la délégation allemande à Spa ne pouvait agir autrement qu'elle ne l'avait fait. Il a déploré que les paroles prononcées au début de la séance par M. Simons marquassent une reculade devant les exigences du parti militaire.[5]

Breitscheid, le rédacteur en chef de la "Freiheit", a pris ensuite la parole au nom des socialistes indépendants. Notre peuple, a-t-il dit, ne semble pas encore avoir compris qu'il a subi une défaite écrasante dont la responsabilité incombe aux agitateurs sans conscience qui l'ont poussé à la guerre. Il a fait le procès des socialistes majoritaires qui ont laissé s'accomplir sans protester les injustices de Brest-Litovsk et de Bucarest. Il a raillé les courbettes du Ministre des Affaires étrangères devant les hommes d'Etat de l'Entente, que nous combattons, a-t-il ajouté, comme les représentants d'un capitalisme victorieux, qui ne nous est pas moins odieux que le capitalisme allemand. Breitscheid a pris la défense de son parti contre l'accusation d'entente avec les Alliés et a cité à l'appui de sa thèse le refus du Gouvernement français d'autoriser Ledebour à venir à Paris.[6] Il a demandé que le désarmement de la population soit énergiquement pratiqué, en commençant par les réactionnaires des provinces de l'Est. Faisant ensuite allusion à l'envoi d'un représentant français à Munich[7], il a dit ironiquement que, si M. Simons affectait d'ignorer ce qu'un Ministre de France pourrait bien faire en Bavière, le docteur Heim devait être mieux renseigné à cet égard.

Passant ensuite à la question russe, Breitscheid a proclamé que les événements justifiaient d'une manière éclatante les politiques de rapprochement suivies par les indépendants à l'égard des Soviets. Il a approuvé les déclarations du (Ministre des Affaires étrangères) sans dissimuler que la demi-adhésion de M. Simons au bolchevisme lui paraissait devoir compromettre gravement la situation parlementaire du Ministre.

Après quelques mots consacrés à l'incident Béla Kun[8], l'orateur des indépendants a fait, non sans verve, la critique du rôle joué à Spa par Stinnes. Sans se laisser démonter par les interruptions répétées de la droite, il a reproché au représentant de la grande industrie rhénane d'avoir eu l'arrière-pensée de provoquer une occupation alliée de la Ruhr pour échapper à la tutelle gênante de Berlin. Il est parti de là pour opposer à "l'internationale capitaliste" le sens patriotique de la classe ouvrière. Breitscheid a conclu que son parti ne se prononcerait ni pour ni contre le Gouvernement. Le Ministre des Affaires Etrangères a répondu à

Breitscheid. Après avoir (relevé) certaines assertions de détail du député socialiste, il a pris contre lui la défense de Stinnes. Revenant ensuite sur la question russe, il a sensiblement atténué ses déclarations de la veille. Tant que la Russie se soumettra au régime soviétiste, nous devrons, a dit M. Simons, nous incliner devant le bolchevisme comme devant un fait. Mais je ne crois pas que le bolchevisme soit destiné à conquérir le monde. Je crois même que déjà maintenant il est en train de se survivre à lui-même. Le Ministre a conclu en comparant le bolchevisme à une flamme dévorante dont les progrès sont rapides mais qui ne laisse derrière elle que de la cendre. Cette nouvelle volte-face a été saluée à gauche par des exclamations ironiques.

---

1   Allemagne 374, fol. 171-175.
2   Vgl. oben Dok. 324 und Dok. 326.
3   Walter Simons.
4   Vgl. Dok. 324 Anm. 4.
5   Der Kompagnie, die am 16.7.1920 vor der französischen Botschaft aufmarschiert war, hatte General von Seeckt noch am gleichen Tag Dank und Anerkennung ausgesprochen. "Als gehorsame Soldaten und als deutsche Männer haben alle Kameraden der Kompagnie ihre harte Pflicht getan und gezeigt, daß das Reich sich zu jeder Stunde auf seine Reichswehr verlassen kann. So ist der heutige Tag kein Tag der Demütigung geworden, sondern ein Tag, an dem ein jeder in berechtigtem Selbstgefühl zu sich sagt: 'Ich habe meine Pflicht als Soldat getan. Deutschland über alles'.", Zitat des Schreibens hier nach AdR, Kabinett Fehrenbach, Dok. 27 Anm. 4, S. 71.
6   Ledebour, der von den französischen Sozialisten zu einer Gedenkveranstaltung für Jean Jaurès eingeladen worden war, war die Einreise verweigert worden, s. Laurents T. n° 1328 vom 20. bzw. T. n° 1355 vom 23.7.1920, Allemagne 420, fol. 36 und fol. 37.
7   Émile Dard, vgl. oben Dok. 318.
8   Vgl. oben Dok. 326 Anm. 4.

329
*M. de Marcilly, Chargé d'Affaires de France à Berlin, à
M. Millerand, Président du Conseil, Ministre des Affaires Etrangères.*

T. n° 1389-1393. Déchiffrement.   Berlin, le 28 juillet 1920,
                                       0 h 45, 5 h 45, 0 h 45.
               (Reçu: 9 h 45, 13 h 30, 11 h 00, 12 h 00.)[1]

Suite à mes télégrammes 1384 et 1388[2].
   Le Centre, par l'organe du docteur Spahn, a approuvé dans l'ensemble les déclarations du Gouvernement.
   Par contre l'orateur des nationaux de la (mot passé) allemande Hoetzsch a vivement et longuement exprimé "l'indignation" que le discours prononcé hier par le Ministre des Affaires Etrangères[3] avait causé à son parti.

S'attaquant d'abord aux délégués allemands à la Conférence de Spa, il les a accusés d'avoir manqué à la fois de dignité nationale et de fermeté, puisqu'après avoir déclaré impossibles les exigences de l'Entente ils s'y étaient pliés sous la menace. Il a affirmé que l'occupation de la Ruhr ne pouvait, d'après le droit des gens, s'effectuer sans être précédée d'une déclaration de guerre et a soutenu que la délégation allemande, malgré ses dénégations, avait consacré par son silence la thèse contraire de l'Entente.

M. Millerand, a-t-il continué, a raison de se dire satisfait du résultat. Les accords de Spa assurent à la France, si on tient compte du bassin de la Sarre, 100% de sa consommation d'avant-guerre en charbon, tandis que l'Allemagne sera réduite à 48%. En outre, la souveraineté de l'Allemagne subit une nouvelle diminution par suite de la création d'une commission interalliée qui exercera la dictature du charbon.

Au reste, le parti national allemand n'acceptera jamais de se soumettre au traité comme l'a recommandé le Gouvernement; il en poursuivra la révision par tous les moyens.

Hoetzsch a ensuite critiqué le langage tenu par le ministre sur les relations de l'Allemagne avec les Puissances de l'Entente. Il a blâmé l'exagération des égards témoignée à M. Lloyd George, regretté par contre l'insuffisance des remerciements adressés aux organisations américaines de ravitaillement, accusé le Gouvernement de s'être trois fois humilié devant la France à propos de l'incident du drapeau, de la Légation de Munich, et de l'affaire Dorten. Il a regretté que le traître Dorten n'ait pas été fusillé sans égard pour les considérations juridiques. Il a voulu trouver dans le dernier discours de V.E. la preuve de la haine irréconciliable que la France ressent pour la Prusse et a rappelé que la Prusse avait fait l'Empire en conduisant les Etats allemands à Sédan. Ce couplet a d'ailleurs été mal accueilli par un grand nombre de députés non-Prussiens.

Enfin Hoetzsch s'est montré surpris de l'indulgence que le Ministre bourgeois d'un Gouvernement bourgeois avait témoigné au régime bolcheviste.

L'impression produite sur l'assemblée par ce discours a été assez grande pour mener le Chancelier[4] à la tribune. Fehrenbach a constaté que la droite semblait avoir oublié que l'Allemagne avait perdu la guerre. Il a félicité M. Simons d'avoir parlé en toute franchise et loyalement. Il a refait ensuite l'histoire des négociations de Spa.

Le Gouvernement paraît devoir obtenir une forte majorité: Les socialistes indépendants s'abstiendront; les nationaux allemands voteront contre; les populaires allemands se contenteront sans doute des rectifications faites par le Ministre des Affaires étrangères au début de la séance d'aujourd'hui et ne refuseront pas au Cabinet la confiance que le centre, (les) démocrates, et les socialistes majoritaires sont décidés à lui accorder. Mais l'autorité personnelle du Docteur Simons ne sortira pas renforcée du débat. Les (conclusions) parfois imprudentes et maladroites, auxquelles il s'est laissé entraîner hier, ont fourni à ses adversaires l'occasion de critiques faciles et l'ont obligé aujourd'hui à des rétractations qui lui feront perdre en grande partie, devant l'opinion étrangère, le bénéfice de ses premières déclarations.

---

1   Allemagne 374, fol. 176-180.
2   Vgl. oben Dok. 328.
3   Walter Simons.
4   Konstantin Fehrenbach.

330

*M. de Marcilly, Chargé d'Affaires de France à Berlin, à
M. Millerand, Président du Conseil, Ministre des Affaires Etrangères.*

T. n° 1399. En Clair.   Berlin, le 28 juillet 1920, 23 h 50.
(Reçu: le 29, 5 h 30.)[1]

La séance de cet après-midi s'est ouverte par un discours de Stresemann qui a déclaré que son parti voterait l'ordre du jour de confiance. Il n'a pas laissé toutefois de critiquer vivement certaines des déclarations du Ministre des Affaires Etrangères[2], notamment celles ayant trait à la situation de la Russie. Le chef des populaires allemands reprochant à M. Simons son optimisme a dépeint au contraire le Gouvernement des Soviets comme une autocratie conquérante et incapable qui menait la Russie à la ruine.

Le démocrate Haußmann a pris la défense du Gouvernement contre les critiques opposées des socialistes indépendants et de la droite et a annoncé que lui et ses amis voteraient également en faveur du Ministère. Après de fougueuses déclarations communistes de Clara Zetkin et une brève intervention de l'ancien chancelier Hermann Müller, le Docteur Nugt[3], du parti national allemand, a renouvelé la violente attaque dirigée hier contre le Gouvernement par M. Noetzeon[4]. Il a de nouveau contesté la possibilité d'exécuter les accords de Spa et déclaré que tout valait mieux que la signature honteuse donné par les délégués allemands. D'ailleurs la menace des Alliés d'occuper la Ruhr n'était que provisoirement écartée. Il a ajouté que l'attitude de son parti à la veille de la Conférence de Genève servait les intérêts allemands en montrant à l'Entente que l'Allemagne n'était tout de même pas disposée à accepter toutes ses prétentions.

Le vice-chancelier[5] et le Ministre des Affaires Etrangères ont répondu brièvement à ces atttaques. Ils ont répété qu'il fallait être à Spa pour se convaincre de la gravité de la situation, que la France avait cette fois ses Alliés à ses côtés et que la menace d'occuper la Ruhr était des plus sérieuses. Pour le moment les accords devaient être scrupuleusement exécutés. Un jour viendrait où la situation serait moins défavorable pour l'Allemagne et où ses adversaires seraient obligés de compter avec elle.

A part l'extrême droite qui a voté un ordre du jour de défiance au Gouvernement et l'extrême gauche qui s'est abstenue, l'Assemblée a finalement adopté l'ordre du jour suivant:

Le Reichstag apprécie les raisons pour lesquelles le Gouvernement a signé les accords de Spa et attend de tous les intéressés qu'ils emploient toutes leurs forces à soutenir le Gouvernement dans l'exécution des engagements qu'il a pris.

---

1 Allemagne 374, fol. 185-186.
2 Walter Simons.
3 Richtig: Oskar Hergt, vgl. Schultheß' Europäischer Geschichtskalender 36 (1920) S. 217ff.
4 Richtig: Otto Hoetzsch, s. ebenda. S. 216.
5 Rudolf Heinze.

331
M. de Marcilly, Chargé d'Affaires de France à Berlin, à
M. Millerand, Président du Conseil, Ministre des Affaires Etrangères.

D. n° 490.   Berlin, le 30 juillet 1920.[1]

A. s. du discours de M. Simons.

La discussion parlementaire qui s'est poursuivie sur les déclarations du Ministre des Affaires Etrangères a été intéressante de tout point de vue. Elle a manifesté les décisions de l'Assemblée à l'égard du Ministère. Elle a permis de juger le Dr. Simons.

L'opinion des différents partis sur les négociations de Spa était suffisamment connue. Elle s'était exprimé tout d'abord au Conseil Economique d'Empire.[2] Un fait décisif était acquis, à savoir que dans le monde des grandes affaires on donnait raison à M. Simons, au Gouvernement et à la politique de transactions, contre M. Stinnes et son programme de résistance intransigeant. Qu'un homme tel que M. Rathenau se fût prononcé en ce sens, c'était la caractéristique de la situation. Les débats de l'Assemblée ont montré que la majorité des députés acceptait les sacrifices nécessaires, appréciait l'avantage d'avoir obtenu des Alliés des concéssions sérieuses et s'habituait peu à peu, malgré les protestations de rigueur, à l'idée que la force fît du Traité une réalité. La droite nationaliste s'est violemment élevée contre cette tendance, mais c'était le langage qu'on attendait d'elle. Le parti populaire dont l'entrée au Gouvernement, le mois dernier, n'aurait pas eu de signification s'il n'avait pas annoncé une réaction du vieil espoir allemand, a dû écouter avec amertume un exposé de faits et d'idées où il ne retrouvait rien de son programme. Son chef Stresemann[3] a donné cours à une mauvaise humeur qui n'est pas allée jusqu'à proposer un vote de défiance, tout au contraire. Les partis de gauche ont manifesté une approbation presque enthousiaste d'une politique dont la première impression était aussi libérale et aussi indépendante à l'égard du militarisme: leur adhésion s'exprimait avec si peu de ménagement qu'elle a paru compromettante et qu'elle a amené le Ministre, dans son second discours[4], à des réserves qui prenaient la forme d'une rétractation; on les lui a vivement reprochées, mais la conclusion parlementaire n'a pas été modifiée. Quant aux partis du Centre, tout en étant surpris de la décision avec laquelle M. Simons jetait du lest, ils sont restés sans hésitations groupés derrière lui.

L'autorité du Ministère est donc fortifiée par cette épreuve. On ne lui reproche plus de n'avoir pas remporté à Spa un succès diplomatique; on sait qu'il ne pouvait en être question, que l'Allemagne se présentait comme un pays battu et dans une position humiliée, qu'il s'agissait pour ses représentants de tirer le moins mauvais parti possible d'une situation mauvaise qu'ils y sont parvenus, et que l'on ne peut souhaiter mieux pour la négociation qui suivra. Nous nous retrouverons donc en face des mêmes hommes jusqu'à la fin des tractations prévues pour réaliser et préciser l'exécution du traité.

Si l'accord de Spa a été l'occasion et le principal objet de ces débats, un autre sujet a été traité avec des développements qui répondaient aux préoccupations unanimes de l'Assemblée; c'est la question polonaise ou russe.[5]

Le Ministre a exprimé de la façon la plus significative l'espoir que l'Allemagne entière met dans le succès de l'offensive bolchevique. Il a fait l'éloge assez imprévu des capacités politiques et administratives des chefs du Gouvernement des soviets; on a été surpris d'entendre dire que le régime avait amené, dans une mesure intéressante, la réconstitution économique du pays. Cette opinion hasardée reposait, paraît-il sur les rapports d'un ingénieur relatifs à l'utilisation électrique de certains fleuves. M. Simons a insisté sur ce lieu commun que les relations entre Etat[s] sont indépendantes de leurs régimes politiques. Eclairées par ces commentaires, ses déclarations sur la neutralité allemande à l'égard des deux pays aux prises ont eu un caractère qui ne pouvait tromper personne. Elle ont pris tout leur sens lorsqu'il a jugé utile de faire dans ses observations la part des Polonais, et de prévoir comme une hypothèse fort

admissible, l'éventualité d'une Pologne ayant perdu son indépendance et
plus ou moins soumise à la Russie. Sans doute, l'éloge des Soviets a paru
excessif à la droite qui en fait reproche au Ministre. M. Simons est revenu sur son premier jugement, a fait des réserves sur la révolution Russe,
a donné ainsi satisfaction à ses contradicteurs de droite, mais sans se départir de son attitude de neutralité sympathique à l'égard de la politique
de Tchitcherine et Lénine. Sur ce point, il est visible que ses déclarations
et ses dispositions ont l'assentiment de toute l'ancienne Allemagne hostile au Traité de Versailles et à la Pologne, aussi bien que des socialistes
indépendants fidèles au bolchevisme; les socialistes majoritaires, qui restent en dehors de ces deux courants, sont les seuls à qui les événements
de Pologne ne présentent aucune perspective avantageuse mais ne peuvent guère manifester leur dissidence.

Le programme politique du Gouvernement a donc rencontré dans ces
parties essentielles, un accueil très rassurant. Il va de soi que le Ministre
des Affaires Etrangères en recueille le bénéfice et que la discussion où il
est intervenu trois fois avait abouti à un vote de confiance exprimé par
une grande majorité, il peut se considérer comme ayant remporté un succès personnel. Cette opinion ne serait pourtant pas complètement justifiée. M. Simons a parlé longuement. Il a traité toutes les questions du
jour. Il a donné sur chacune son opinion consciencieusement et dogmatiquement motivée. Ces opinions ont étonné, le premier jour, par leur netteté
et l'on peut dire par une certaine hardiesse. C'est ainsi que sur les sujets
les plus délicats, l'incident du 14 et du 16 juillet devant l'Ambassade[6],
l'arrestation du Docteur Dorten[7], l'envoi du Ministre de France à Munich[8], il s'est exprimé sans détour et a conclu dans un sens certainement
désagréable à l'Assemblée. En même temps qu'elle heurtait les susceptibilités, cette allure catégorique donnait une impression de volonté et de
sûreté qui semblait révéler un caractère. Le premier sentiment a donc
été très favorable. Au centre de l'Assemblée, on croyait que l'Allemagne
venait de découvrir un homme, tout au moins un Ministre de valeur, et
que cette trouvaille méritait bien le sacrifice de quelques opinions de parti. Ce concert flatteur ne s'est pas maintenu. Il est apparu que M. Simons
n'avait pas mesuré très exactement les conséquences de son courage, qu'
il s'était aventuré assez imprudemment, qu'en tranchant sur chaque sujet avec la candeur d'un juriste sensible aux seules raisons de droit, il
avait eu trop peu de ménagement pour les partis, et trop peu [d']égard
aux conséquences politiques des questions. La vivacité des attaques de
droite l'a conduit aussitôt à des explications qui ont été des rétractations
mal dissimulées.[9] Il en a été ainsi presque sur tous les points, notamment
sur l'appréciation de la Russie bolchevique, où il s'est évertué à contenter
tour à tour les nationalistes et les indépendants. Son deuxième puis son
troisième discours n'ont fait que de diminuer le résultat du premier.

Finalement s'il a eu cause gagnée quant au fond, il est sorti de la lutte avec un prestige personnel amoindri. On se rend compte de ses insuffisances. Comme, en outre, il n'est pas orateur et qu'il lit d'une voix faible, ce ne sera jamais une force parlementaire. On lui fera crédit par bienveillance et aussi par nécessité politique. Il ne s'est pas imposé. La bonne opinion que lui avait accordé à Spa des interlocuteurs étrangers, les témoignages des Ministres et des "expert[s]" allemands qui l'y ont vu à l'œuvre, restent les seuls éléments de son crédit.

Il est sans doute fâcheux pour les agents qui ont à poursuivre chaque jour auprès de la Wilhelmstrasse le travail ingrat des affaires courantes, de n'y pas trouver un Ministre ayant une autorité personnelle sur ces collègues et sur l'Assemblée. Mais notre politique peut s'accomoder d'une Allemagne médiocrement gouvernés.

---

1 AN, AJ 9 3824. Maschinenschriftliche Kopie, ohne Unterschrift.
2 Vgl. oben Dok. 322.
3 Vgl. oben Dok. 330.
4 Vgl. oben Dok. 328.
5 Vgl. oben Dok. 326.
6 Vgl. oben Dok. 308 Anm. 3 und Dok. 316.
7 Vgl. oben Dok. 324 Anm. 6
8 Vgl. oben Dok. 318.
9 Vgl. oben Dok. 328 Anm. 5.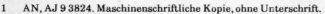

332
M. de Marcilly, Chargé d'Affaires de France à Berlin, à
M. Millerand, Président du Conseil, Ministre des Affaires Etrangères.

T. n° 1413. En Clair.   Berlin, le 31 juillet 1920, 18 h 40.
                                                            (Reçu: 23 h 45.)[1]

Le Reichstag vient d'être saisi d'un projet de loi sur le désarmement de la population. Il envisage la nomination d'un Commissaire d'Empire au désarmement qui sera armé de pouvoirs dictatoriaux. Il lui appartiendra de fixer les délais dans lesquels des armes devront être livrées. Il aura le droit de perquisition et de saisie. Il ne sera pas tenu de respecter le secret des correspondances postales télégraphiques et téléphoniques. Il pourra prendre des mesures de contrôle touchant la circulation des chemins de fer, la navigation, de la poste, des automobiles et autres véhicules et de la navigation aérienne. Il aura le droit de réquisitionner la force publique. Toutes les administrations de l'Empire et des Etats particuliers devront exécuter ses instructions dans les limites de leur compétence. Les tribunaux devront collaborer avec lui. Le Commissaire d'Empire est en outre autorisé à créer s'il le juge utile des organisations spéciales, à distribuer des primes en argent aux personnes qui lui donneraient des indications utiles à l'accomplissement de sa tâche et des indemnités en échange des armes livrées. Les peines prévues contre les personnes qui conserveraient par devers elles des armes ayant un caractère militaire varient de 3 mois à 10 ans de prison. Les amendes prononcées peuvent atteindre 300.000 marks. Est également frappée de peines sévères l'excitation au refus d'obéissance à la loi sur le désarmement ou aux mesures spéciales prises par le Commissaire d'Empire en vertu de cette loi. Le projet prévoit enfin la mise à la disposition du Commissaire d'Empire d'un premier crédit de 300 millions de marks.[2]

---

1 Allemagne 59, fol. 444-445.
2 Vgl. Gesetzentwurf über die Entwaffnung der Bevölkerung, AdR, Kabinett Fehrenbach, Dok. 31 Anm. 2, S. 80. Zum weiteren Gang der Debatte des Gesetzes s. Protokoll der Kabinettssitzung vom 2.8.1920, ebenda, Dok. 41 S. 98ff. Am gleichen Tag beschloß der Reichstag nach heftiger Debatte die Aufhebung der Allgemeinen Wehrpflicht in Deutschland, vgl. dazu unten Dok. 336.

333
*M. de Marcilly, Chargé d'Affaires de France à Berlin, à
M. Millerand, Président du Conseil, Ministre des Affaires Etrangères.*

T. n° 1414-1417. Déchiffrement.   Berlin, le 31 juillet 1920, 20 h 35.
(Reçu: le 1 août, 0 h 55, 1 h 20, 1 h 00, 1 h 15.)[1]

(L')opinion allemande, puissamment intéressée par les événements de Pologne, envisage 2 combinaisons que l'on affecte de présenter comme également avantageuses: la guerre contre les bolcheviks avec l'Entente, ou l'union avec eux contre l'Entente; mais c'est la première qui a les préférences des milieux politiques et de tous les partis autres que les socialistes indépendants. Les déclarations de M. Simons, dans ses discours de cette semaine,[2] si favorables qu'elles aient été, en définitive, au Gouvernement soviétique et malgré les avances qu'elles formulent à son égard, ont pour véritable objet de placer l'Allemagne dans une situation de neutralité indépendante, de créer l'illusion qu'elle peut être l'arbitre du conflit et de lui attirer les (sollicitations) des deux camps. On ne désespère pas d'être invité à participer à la conférence de Londres.[3] Le Ministre des Affaires étrangères a dit au Reichstag qu'il ne concevrait pas que la paix dans l'Est puisse être décidée sans l'Allemagne.

Il l'a répété ces jours-ci devant des diplomates étrangers. D'autre part, on se flatte qu'en empêchant les Alliés d'envoyer à travers le territoire allemand, des secours et du ravitaillement à la Pologne, on les amènera à demander le concours de l'Allemagne et l'on fonde les espoirs les plus vastes sur la négociation qui s'en suivrait. C'est ainsi qu'un des Sous-Secrétaires d'Etat aux Affaires étrangères disait, avant-hier, à mon collègue polonais[4]: "Vous avez besoin d'armes; elles sont à votre portée; il vous suffirait de recevoir celles que nous devrons livrer aux Alliés et qu' ils préfèrent détruire au lieu de les employer à vous sauver." Et comme le Ministre de Pologne demandait: "Seriez-vous donc disposés à nous donner ces armes?" Le Ministre des Affaires Etrangères, présent à l'entretien, répondait sans ambages: "Il faudrait que l'Entente voulût bien nous en faire la demande: mais elle préfère nous traiter en parias."

Cette préoccupation, plus pressante à mesure que les événements se développent, dirigera la Wilhelmstrasse aussi longtemps que l'on jugera possible d'obtenir le résultat espéré. On déclare d'ailleurs que les armées russes ne seraient pas redoutables pour des troupes solides, qu'il suffirait de 60.000 hommes bien commandés pour renverser la situation, qu'on est prêt à les fournir. Au même moment la "Freiheit", signalant un article des Evening News[5] où M. Winston Churchill propose que l'Angleterre soutienne militairement la Pologne en utilisant le concours de l'Allemagne, parle de négociations secrètes, que la mission militaire anglaise à Berlin conduirait avec les généraux Ludendorff et Hoffmann.[6] (Mais) le général Malcolm était à Varsovie ces temps derniers et vient seulement de rentrer ici. Mais il est hors de doute qu'il a toujours encouragé le parti militaire allemand à poursuivre des projets de cette nature.

Lorsque l'on parle donc de s'allier aux Bolcheviks contre l'Entente, si l'Entente repousse les avances de l'Allemagne, on essaye un chantage dont l'artifice est visible. Ce sont là des propos de table. Aucun des partis qui ont une participation quelconque au gouvernement, n'envisage sincèrement pareille hypothèse, autrement que pour y chercher un moyen d'intimidation. Le dessein politique est d'amener les Alliées, bon gré, mal gré, à la révision du traité de Versailles en (exploitant) le danger bolcheviste et en le favorisant d'abord par toutes les manœuvres capables d'aggraver la crise.

---

1 Allemagne 374, fol. 193-196.
2 Vgl. oben Dok. 331.
3 Vom 4. bis 6. August fanden in London Verhandlungen zwischen sowjetischen und britischen Vertretern statt mit dem Ziel einer Beendigung des Kriegszustandes zwischen Rußland und den Alliierten, s. DBFP 1/VIII, Kap. X. Frankreich hatte auf eine Teilnahme verzichtet, da man in Paris nicht Gefahr laufen wollte, die bolschewistische Regierung - die die Regelung der Anleihen des Zarenreiches verweigert hatte - damit indirekt anzuerkennen.
4 Ignacy Szebeko.
5 Zum Text des Artikels vom 28.7.1920, in dem Churchill unter anderem die besorgte Frage gestellt hatte, ob Deutschland in der Lage sei, "to build a dyke of peaceful, lawful, patient strength and virtue against the flood of red barbarism flowing from the East and thus safeguard her own interests and the interests of her principal antagonists in the West", s. DBFP 1/VIII, No. 85 Anm. 7, S. 742.

6 Zu diesen Kontakten zwischen der britischen Botschaft, Ludendorff und Hoffmann s. Kilmarnocks Telegramm vom 24.7.1920, ebenda, 1/X, No. 183 S. 277f. Zum Fortgang s. unten Dok. 349.

334
M. de Marcilly, Chargé d'Affaires de France à Berlin, à
M. Millerand, Président du Conseil, Ministre des Affaires Etrangères.

D. n° 500. Berlin, le 1 août 1920.[1]

Projets d'amnistie.

Avant de se séparer, le Reichstag aura à s'occuper de la question de l'amnistie[2]. Les socialistes indépendants demandent une amnistie générale s'étendant à tous les crimes et délits politiques commis depuis la révolution de Novembre 1918. Les socialistes majoritaires veulent restreindre l'amnistie aux faits qui ont suivi l'accord de Bielefeld[3], c'est-à-dire en réserver le bénéfice aux ouvriers condamnés pour les troubles de la Ruhr et en exclure les auteurs et les complices du coup d'état de Kapp. Mais ils annoncent l'intention de se rallier, le cas échéant, au projet déposé par l'extrême gauche.

Les partis de la majorité, qui avaient paru un instant se rallier à la proposition d'amnistie générale, ont modifié leur attitude sur la remarque faite par le parti populaire bavarois qu'une mesure de clémence qui s'étendrait aux infractions commises au moment où régnait en Bavière le système des conseils serait contraire au droit de souveraineté du gouvernement de Munich et ne pourrait par conséquent être accepté par lui.

Les différentes fractions de la coalition gouvernementale se sont, après d'assez longues négociations, mises d'accord pour un texte qui prévoit l'amnistie pour les actes de haute trahison *à l'égard de l'Empire*. Toutefois ne bénéficieront pas de l'amnistie les auteurs de crimes de droit commun, même si ceux-ci étaient inspirés de motifs politiques. En seront également exceptés, dans le projet du bloc gouvernemental, les meneurs de la tentative contre-révolutionnaire de Kapp. Enfin, les nationaux allemands présentent, eux aussi, un contre-projet, qui ne diffère de la proposition de la coalition qu'en ce qu'il étend l'amnistie aux chefs du mouvement du 13 mars.

La situation se présente donc sous un aspect assez compliqué. Afin d'éviter que le Reichstag ne vienne à se séparer avant d'avoir pris une décision, les deux fractions du parti socialiste ont décidé de s'opposer au vote du budget, au besoin en recourant à l'obstruction avant que la loi d'amnistie ne serait pas adoptée. Comme les socialistes indépendants et les socialistes majoritaires réunis comptent près de 200 députés, cette mesure est de nature à faire impression.⁴

1 Allemagne 286, fol. 49-50.
2 Zum Entwurf des Amnestiegesetzes s. Protokoll der Kabinettssitzung vom 24.7.1920, AdR, Kabinett Fehrenbach, Dok. 31 P. 3, S. 80f.
3 Vgl. oben Dok. 110 Anm. 4.
4 Zur Fortsetzung der Debatte vgl. unten Dok. 341.

335
*M. de Marcilly, Chargé d'Affaires de France à Berlin, à
M. Millerand, Président du Conseil, Ministre des Affaires Etrangères.*

T. n° 1425. Déchiffrement.　　　　　　　Berlin, le 2 août 1920, 8 h 00.
　　　　　　　　　　　　　　　　　　　　　　(Reçu: 19 h 50.)¹

Le Ministre des Affaires étrangères² s'est fait interviewer par le correspondant à Berlin de la "Nouvelle Presse Libre" et lui a marqué son étonnement de ne pas voir le Gouvernement des Soviets exiger que l'Allemagne soit invitée à la conférence de Londres.³ "Que sert, a-t-il dit, au Cabinet de Moscou, de tenir à l'égard des Alliés un langage plein de (1 gr. faux), s'il n'est même pas capable d'obtenir que ses relations avec l'Allemagne soient réglées avec la collaboration de cette puissance?"

Après cette invitation au Gouvernement bolchevique à prendre en mains la cause allemande, M. Simons a parlé de la question du rattachement de l'Autriche à l'Allemagne. Il a montré l'Autriche menacée du côté de la Hongrie et risquant de perdre, dans une confédération danubienne, toute indépendance et toute originalité. Le seul moyen pour l'Autriche, d'échapper à ce danger est, a conclu le Ministre, de rester fidèle à "la seule solution naturelle et légitime de la question allemande, l'union fédérative de toutes les races allemandes en Allemagne et en Autriche."

1 Allemagne 374, fol. 197.
2 Walter Simons.
3 Vgl. oben Dok. 333 Anm. 3.

336
M. de Marcilly, Chargé d'Affaires de France à Berlin, à M. Millerand, Président du Conseil, Ministre des Affaires Etrangères.

D. n° 497. Berlin, le 2 août 1920.[1]

Discussion de la loi abolissant le service militaire obligatoire.

Ainsi que je l'ai fait savoir à Votre Excellence <par mon télégramme N° 1411>[2], le Reichstag a adopté, dans sa séance du 30 Juillet, la loi qui consacre, conformément à l'accord de Spa, l'abolition du service militaire obligatoire et ne laisse subsister en Allemagne qu'une armée de volontaires.

Les débats qui ont précédé ce vote ont été très passionnés. Le général de Gallwitz, qui a fait l'éloge de l'ancienne armée allemande et rappelé les pages glorieuses de son histoire, a été interrompu presque à chaque phrase par les exclamations furieuses de l'extrême gauche, qui a reproché à l'orateur et à ses amis politiques d'être responsables de tous les malheurs de l'Allemagne et d'avoir mené des millions d'hommes à une inutile boucherie. Les députés Ledebour et Hoffmann se sont particulièrement signalés, par la violence de leurs interruptions.

Le député Rosenfeld, du parti Socialiste Indépendant, a succédé à la tribune à l'orateur de la droite. Ses violentes diatribes antimilitaristes ont provoqué l'exode des Nationaux allemands et des députés du parti populaire.

M. de Kardorff, parlant au nom des populaires allemands, a déclaré que son parti voterait le projet, mais la mort dans l'âme. Il s'est plaint que le désarmement de l'Allemagne, imposé par des vainqueurs impitoyables, ne marquât pas le début d'une ère de paix, que le militarisme français eût remplacé le militarisme allemand et, qu'après comme avant Versailles, le monde fût toujours à feu et à sang. Il a fait l'éloge des grandes traditions de l'armée allemande, qu'il espère voir se perpétuer dans la Reichswehr. Il a conclu en exprimant le vœu que les nouvelles générations verraient quelque jour une nation allemande forte et libre.

Le Professeur Schücking, député démocrate à tendances pacifistes, s'est efforcé de ramener le calme en disant que même les partisans les plus convaincus du désarmement devaient reconnaître que les exigences des Alliés étaient contraires à la justice et éviter de parler avec haine et mépris d'une institution qui eut sa grandeur.

Le Socialiste Indépendant Breitscheid a exprimé avec force la conviction que le désarmement de l'Allemagne entraînerait celui de la France et de l'Europe.

Le député démocrate Haas a exprimé ses regrets de voir l'extrême-gauche troubler par des manifestations intempestives et déplacées un débat qui n'aurait dû reflêter que le deuil de la patrie et la tristesse résignée que devrait causer à tous les partis la nécessité de se plier aux exigences des vainqueurs.

Cet appel à la concorde n'a pas apaisé l'extrême-gauche qui a fort mal accueilli le discours par lequel le Ministre de la Guerre[3] a clos la discussion. Elle a notamment interrompu très vivement les phrases dans lesquelles M. Geßler a proclamé que l'ancienne armée allemande n'avait jamais été un moyen d'aggression, mais seulement une arme de défense, et celle où il a exprimé l'espoir que le désarmement imposé par l'Entente ne serait que temporaire.

La presse de tous les partis, sauf celle d'extrême-gauche, s'élève contre l'attitude des Indépendants. Elle trouve scandaleux qu'ils se soient laissés aveugler par leur passion antimilitariste au point de ne pas respecter au moins par leur silence, le deuil de tous les patriotes allemands. La Germania, tout en s'associant à ces critiques, reproche aux députés de la droite d'avoir trop bruyamment manifesté une douleur qui aurait gagné en dignité à s'exprimer avec plus de calme, et qui risque, par ses excès, d'exciter à nouveau la défiance des Puissances de l'Entente, toujours prêtes, au moindre prétexte, à prêter à l'Allemagne des idées de revanche.

---

1 Allemagne 60, fol. 4r-5v.
2 Die in spitze Klammern gesetzte Passage wurde nachträglich gestrichen, zum fraglichen Telegramm s. Allemagne 443, fol. 59.
3 Otto Geßler.

337

M. Tirard, Haut-Commissaire de la République Française dans les Provinces du Rhin, à M. Millerand, Président du Conseil, Ministre des Affaires Etrangères.

N° 6196 A.T.R.P. Paris, le 2 août 1920.[1]

J'ai l'honneur de transmettre ci-joint à Votre Excellence un extrait du compte rendu hebdomadaire américain paru le 28 Juillet, sur la situation politique dans la Zone américaine.

Annexe:

5°- Situation politique dans la Zone Américaine.-
(Extrait du compte rendu hebdomadaire américain
en date du 28/7/20)

Le mouvement séparatiste a réssuscité à l'improviste au moment où toute l'Allemagne était plongée dans des délibérations publiques et privées sur les événements et les résultats des négociations de Spa, et où un certain sentiment de solidarité sinon d'esprit patriotique se faisait clairement sentir. Fidèle à ses habitudes, le Dr. Dorten a choisi le moment le moins opportun pour faire parler de lui[2]. Malheureusement, pour lui, ses déclarations sensationnelles ont reçu une réponse et la scène de cinéma qui s'est passé à Wiesbaden n'accroîtra guère son prestige. Les autorités d'occupation se sont émues de l'acte des fonctionnaires de Francfort et le ministre des Affaires Etrangères, Simons qui essaie de donner au monde l'impression que les bons diplomates allemands ne sortent pas tous nécessairement des rangs des partis ultra réactionnaires, a désavoué, au nom du gouvernement allemand[3] l'action des autorités judiciaires de Francfort.

Afin de réagir contre la surprise causée par l'enlèvement du Dr. Dorten, le parti populaire chrétien a publié à Coblence une longue déclaration dans laquelle il expose le caractère fédéraliste de son programme et approuve pleinement la conduite et la personne du Dr. Dorten en désavouant la déclaration faite la semaine précédente à Cologne, déclaration qui avait créé l'impression que le parti avait changé d'orientation. Il est vrai que le Comité de Coblence qui a voté la résolution, a nécessairement une importance restreinte et il reste à savoir combien des peu nombreux membres du parti voteront en faveur de la motion; il a été amplement prouvé, *pendant les 18 mois d'occupation, que ni les séparatistes d'avant-garde, ni les fédéralistes modérés ne disposaient d'une puissance suffisante pour influencer d'une façon quelconque la destinée future de la Rhénanie.*

Un nouvel agent du séparatisme est apparu récemment dans notre zone. Il y a quelque temps, l'association des viticulteurs et agriculteurs rhénans a attiré l'attention en raison du grand nombre de réunions tenues sous ses auspices dans les petites villes et villages des bords de la Moselle. Après avoir débuté par la discussion de questions purement agricoles, cette association en est venu graduellement à traiter les questions politiques et son chef le Dr. Oehmen commence à dévoiler le but réel de sa campagne, c'est-à-dire, la propagande contre le centre. On ne peut guère prédire beaucoup de succès à cette entreprise; le viticulteur de la vallée de la Moselle est routinier, et préfère rester fidèle à ses anciennes méthodes agricoles et à sa foi envers le clergé.

La vie politique locale est extrêmement calme et les socialistes indépendants eux-mêmes ont beaucoup de mal à rester en vue. Un "camarade" assez raisonnable a été envoyé dans la Ruhr où il fait actuellement des conférences sur la théorie et les Principes[sic!] du socialisme radical, devant des auditoires assez peu nombreux.

Le mécontentement causé par la vie chère qui règne dans la population et qui, il y a quelques semaines, menaçait de se traduire en actes violents, s'est apaisé de nouveau; bien que l'on entende encore des murmures, la population de notre zone a renoncé à se livrer à des manifestations semblables à celles qui se sont produites dans les villes du voisinage immédiat de notre territoire. Cette docilité et cette indifférence sont d'autant plus surprenantes qu'une comparaison des prix de notre zone avec ceux des autres régions *montrent que Coblence est une des villes les plus chères de l'Allemagne toute entière.*

---

1   AN, AJ 9 3408. Maschinenschriftlicher Durchschlag.
2   Vgl. oben Dok. 324 Anm. 6. Zu den politischen Auswirkungen der Affäre s. auch den Bericht von Dugout vom 1.8.1920, ebenda, AJ 9 3848.
3   Vgl. dazu Simons Weisung an Reichskommissar von Starck vom 6.8.1920, gegenüber Tirard offiziell das Bedauern der Reichsregierung über den Zwischenfall zum Ausdruck zu bringen, ADAP A III, Dok. 236 S. 484f.

338
M. Tirard, Haut-Commissaire de la République Française dans les Provinces du Rhin, à M. Millerand, Président du Conseil, Ministre des Affaires Etrangères.

N° 6199 A.T.R.P.   Paris, le 2 août 1920.[1]

J'ai l'honneur de transmettre à Votre Excellence, un compte-rendu relatif à l'état des esprits dans la Ruhr, qui vient de m'être adressé par l'Etat-Major de Mayence.

Annexe:

2°- Etat des esprits dans la Ruhr.-
(E.M.G. - Bureau de Mayence - 24 Juillet)

L'état des esprits dans la Ruhr n'est pas du tout conforme au tableau qu'en font les hommes politiques et les journaux allemands.

La population ouvrière n'est pas hostile à une occupation. Les ouvriers n'oublient pas et n'oublieront pas facilement la brutalité de l'intervention de la R.W. pendant les troubles qui ont suivi le coup de main de Kapp.

En outre ils sont assurés que l'occupation de l'Entente doit coïncider avec une augmentation et une amélioration de leur nourriture, si elle leur maintient en même temps leurs droits politiques, on peut être sûr que tout se passerait dans le plus grand ordre et on pourrait même compter sur une élévation de la production du charbon. Il serait bon toutefois si une occupation de la Ruhr est envisagée, de se mettre au préalable en rapport avec les principaux leaders ouvriers.

Du côté des bourgeois, fabricants, commerçants, etc., il n'y a pas non plus d'opposition sérieuse à envisager. Ceux-ci verraient dans l'occupation la fin de leurs craintes d'un nouveau mouvement des organisations rouges.

Seuls se révèlent comme Adversaires[sic!] irréductibles, les Fonctionnaires[sic!] dont beaucoup sont d'anciens militaires. Ils font contre l'Entente et contre une occupation éventuelle une propagande acharnée, qui leur est probablement inspirée par le gouvernement. Ils préconisent, en cas d'avance des Alliés, la destruction des machines et des puits. Ils expliquent dans leur propagande que, maintenant que la Pologne est vaincue[2], le Gouvernement des Soviets fera rendre à l'Allemagne les mines de Haute-Silésie. Alors l'Allemagne aura assez de charbon pour ses propres besoins et l'Entente aurait seule à souffrir des sabotages qui seraient pratiqués dans la Ruhr, le cas échéant.

---

1 A-Paix (1914-1920) 250, fol. 188-189.
2 Vgl. oben Dok. 307 Anm. 2.

339
M. Dard, Ministre Plénipotentiaire de France à Munich, à M. Millerand, Président du Conseil, Ministre des Affaires Etrangères.

D. n° 10. Munich, le 2 août 1920.[1]

Entretien avec le Chargé d'Affaires de Prusse.

En dehors du Nonce Apostolique[2], le Corps diplomatique à Munich comprend encore les représentants de la Prusse[3], du Wurtemberg[4] et de la Saxe[5]. Le Wurtemberg est représenté par le même ministre qu'avant la guerre: M. Moser von Filseck.

La Saxe n'accrédite en ce moment qu'un Chargé d'Affaires M. Dziembowski, mais le Gouvernement saxon vient de décider l'envoi d'un ministre.

Le gouvernement prussien, au contraire, a retiré son ministre[6] et n'entretient plus qu'un Chargé d'Affaires, le Comte von Zech-Burkersroda, gendre de l'ancien Chancelier Bethmann Hollweg.

J'ai été voir ce matin le Comte von Zech, qui m'a reçu fort courtoisement, mais non sans un embarras, qui allait parfois jusqu'à l'émotion.

Le Comte von Zech est un ancien diplomate de carrière, et nous avons tout d'abord parlé de nos connaissances communes. J'ai été ensuite amené à lui répéter les déclarations que j'avais faites au Président bavarois[7] et à lui déclarer que mes instructions m'invitaient à m'abstenir de toute intrigue séparatiste, que Votre Excellence, en m'envoyant ici, avait voulu simplement renouer une longue tradition historique et qu'il n'était pas non plus indifférent pour le rétablissement de rapports normaux d'instituer entre la France et l'Allemagne un point de contact moins sensible qu'à Berlin.

Le Chargé d'Affaires de Prusse, qui d'ailleurs est saxon, en a convenu. Il a de lui-même ajouté que le Fédéralisme n'avait rien qui l'effrayât, qu'il était à l'origine de la grandeur de l'Allemagne, que Bismarck était fédéraliste et non unitaire, que le fédéralisme n'empêchait pas la concentration de l'empire et qu'il supprimait ce qu'une concentration excessive présentait de gêne et de raideur. Le langage qu'il m'a tenu spontanément et avec la plus grande aisance suffirait à prouver, s'il en était besoin, qu'un fonctionnaire prussien peut maintenant, sans crainte professer ces opinions et qu'elles ont la faveur en haut lieu.

L'interview récente que M. Simons a donné à la "Neue freie Presse" et que j'ai signalée par mon télégramme n° 41[8] indique d'ailleurs qu'invitée par la France elle-même à devenir fédéraliste, l'Allemagne va en profiter pour travailler au rattachement de l'Autriche, qui se serait malaisément agrégée à un état unitaire, mais qui trouverait tout naturellement sa place dans le cadre fédéraliste.

J'ai aussi fait allusion aux déclarations du Ministre de Bavière[9] - à Berlin devant le Reichstag, déclarations d'après lesquelles le Gouvernement bavarois entièrement d'accord avec le Gouvernement du Reich, consentirait à désarmer ses Einwohnerwehren.

Le Chargé d'Affaires prussien m'a confirmé le sens de ces déclarations et m'a dit qu'en effet un accord complet existait entre les deux gouvernements.

En me reconduisant le Comte Zech a fait allusion à la suppression prochaine de la Légation de Prusse à Munich (qui me paraît maintenant tout à fait invraisemblable).[10] Il a ajouté qu'il allait très prochainement me rendre ma visite.

---

1 Papiers d'Agents, Dard 13 (ohne Folio). Maschinenschriftlicher Durchschlag, ohne Unterschrift.

2   Eugenio Pacelli.
3   Julius Graf von Zech-Burkersroda.
4   Carl Moser von Filseck.
5   Maximilian von Dziembowski.
6   Carl Georg von Treutler.
7   Gustav von Kahr.
8   Nicht abgedruckt, vgl. dazu aber auch oben Dok. 335.
9   Karl Ritter von Preger.
10 Zur Diskussion um die Auflösung der Preußischen Gesandtschaft in München bzw. deren Umwandlung in eine Reichsvertretung s. das Schreiben Fehrenbachs an Simons vom 29.9.1920, AdR, Kabinett Fehrenbach, Dok. 78 S. 199ff.

340
*M. de Marcilly, Chargé d'Affaires de France à Berlin, à
M. Millerand, Président du Conseil, Ministre des Affaires Etrangères.*

T. n° 1434. En Clair.   Berlin, le 3 août 1920, 20 h 40.
                                      (Reçu: le 4, 4 h 00.)[1]

Le Ministre des Affaires Etrangères[2] a fait à un rédacteur du "Berliner Tageblatt" des déclarations dont voici le résumé:
  Notre politique étrangère est fondée désormais sur l'acceptation sans réserve du traité de Versailles. C'est ce que je me suis efforcé de faire comprendre à Spa malgré toutes les idées préconçues des Alliés sur la mauvaise volonté de l'Allemagne. Tant qu'il s'agira de l'exécution du traité, les Alliés feront bloc contre l'Allemagne. L'Italie qui a besoin de charbon et qui avait consenti à l'occupation de la Ruhr ne songe pas à se séparer des Alliés. Mais on peut espérer que la reprise des relations économiques avec elle sera plus facile qu'avec l'Angleterre et la France. La reconstitution des territoires dévastés du Frioul se fera plus aisément que celle des régions du Nord de la France. La France a rejeté nos propositions parce qu'elle s'est imaginée qu'il s'agissait d'une tentative de colonisation allemande. Préférerait-on à Paris conserver "un parc naturel pour cultiver la haine de l'allemand" plutôt que de relever les ruines accumulées par la Guerre?
  En ce qui concerne la Russie, Vigdor Kopp a été accrédité par Tchitcherine pour traiter avec moi des questions économiques. La reprise des relations officielles est soumise à l'aboutissement des négociations engagées pour la punition des auteurs de l'assassinat du Comte Mirbach[3]. La volonté ferme de l'Allemagne de maintenir sa neutralité dans le conflit russo-polonais[4] risque de conduire à un conflit avec l'Entente dans le cas, du reste peu vraisemblable, où les troupes alliées voudraient franchir le territoire allemand pour atteindre la Pologne. L'attitude des ouvriers allemands et notamment (mots passés) des trains soupçonnés de transporter du matériel à destination de la Pologne[5] prouve suffisamment qu'une

violation de la neutralité allemande déchaînerait chez nous la guerre civile. Mes récentes déclarations sur le relèvement économique de la Russie ont été mal comprises. Ce que j'ai voulu dire, c'est qu'on s'est habitué trop facilement à stigmatiser les dirigeants de la Russie bolcheviste comme de vulgaires criminels.[6] C'est là une position intenable à la longue. On ne saurait plus douter qu'on ne soit disposé en Russie à faire œuvre positive et qu'on ne soit parvenu sur certains points à des résultats pratiques. Il existe actuellement à Moscou une tendance à rétablir des relations normales avec les puissances occidentales et notamment avec l'Angleterre. Mais en dépit de l'article 117 du traité de Versailles[7], il faudra bien se résoudre un jour ou l'autre à associer l'Allemagne aux pourparlers qui s'ouvriront sur les questions orientales. En ce qui concerne nos relations avec l'Amérique, nous ne pourrons engager de relations économiques qu'après le rétablissement de l'état de paix. Nous ne voulons faire ni une politique de vengeance ni une politique de sentiment mais une politique du droit qui seul peut aboutir à liquider la guerre et à relever l'Allemagne et l'Europe.

---

1 Allemagne 374, fol. 199-200.
2 Walter Simons.
3 Vgl. oben Dok. 326 Anm. 3. Zum Stand der deutsch-russischen Beziehungen und den Bemühungen um eine Normalisierung s. die Aufzeichnung von von Maltzan vom 6.8.1920, ADAP A III, Dok. 237 S. 485f.
4 Vgl. oben Dok. 325 Anm. 3.
5 Am 25.7.1920 war ein französischer Zug auf der Fahrt von Koblenz in Richtung Polen in Marburg von deutschen Beamten kontrolliert worden. Nachdem sie festgestellt hatten, daß der Zug Kriegsmaterial transportierte, wurde er unter Berufung auf die deutsche Neutralitätserklärung (vgl. oben Dok. 325 Anm. 3) und den Aufruf von Simons nach Koblenz zurückgeschickt, s. de Marcillys T. n° 1375 vom 27.7.1920, Télégrammes, Arrivée de Berlin, 1920, 6. Gleichzeitig veröffentlichte die Eisenbahnergewerkschaft eine Deklaration zur deutschen Neutralitätserklärung, s. T. n° 1367 vom 26.7.1920, ebenda. Zur offiziellen deutschen Sprachregelung vgl. Protokoll der Kabinettssitzung vom 2.8.1920, AdR, Kabinett Fehrenbach, Dok. 41 P. 2, S. 100f.
6 Simons hatte am Vortag gegen einen Artikel Stellung bezogen, der zum Kampf gegen den Bolschewismus aufgerufen hatte, s. de Marcillys T. n° 1429-1430 vom 2.8.1920, Allemagne 374, fol. 198 sowie seine D. n° 499 vom gleichen Tag, Russie 291, fol 82-84.
7 Art. 117 des Versailler Vertrages verpflichtete Deutschland, die Rechtskraft aller Verträge und Abmachungen anzuerkennen, die die alliierten und assoziierten Mächte mit jenen Staaten abschlossen, die sich auf dem Gesamtgebiet des ehemaligen russischen Reiches, wie es am 1.8.1914 bestanden hatte, befanden.

341
**M. de Marcilly, Chargé d'Affaires de France à Berlin, à
M. Millerand, Président du Conseil, Ministre des Affaires Etrangères.**

D. n° 505. Berlin, le 3 août 1920.[1]

Vote de la loi d'Amnistie.

Les divers projets d'amnistie, dont j'ai entretenu le Département par ma dépêche N° 500[2], ont été discutés hier au Reichstag. Le débat a été assez étendu, mais moins passionné qu'on ne s'y attendait généralement. Il s'est terminé par l'adoption du texte sur lequel s'étaient mis d'accord les partis de la coalition. L'amnistie s'étendra donc à tous les crimes de haute trahison commis contre l'Empire, mais ne couvrira pas les condamnés pour haute trahison envers les Etats fédéraux. En seront également exceptés les meneurs de la tentative de Kapp et les auteurs de crimes de droit commun commis à l'occasion des troubles révolutionnaires.

C'est sur le sort de Kapp et de ses complices que la discussion a été la plus vive. Les orateurs de la droite, notamment Düringer, l'ancien Ministre de la Justice de Baden, et le leader des nationaux allemands, Hergt, se sont efforcés d'établir que le pseudo-Gouvernement Kapp-Lüttwitz n'avait consenti à se retirer que sur l'engagement formel pris par les chefs de parti et notamment par le démocrate Schiffer, alors vice-Chancelier, qu'une amnistie serait accordée à ses membres. Les dénégations de M. Schiffer, qui a reconnu avoir négocié avec les représentants du Général de Lüttwitz[3], mais a déclaré n'avoir pris aucun engagement définitif, ont paru assez embarrassées. On se souvient, en effet, que l'ancien Ministre de la Justice avait fait aux auteurs du Coup d'Etat des promesses si fermes que son parti avait dû se résoudre à le sacrifier et qu'il avait été en conséquence obligé d'abandonner son portefeuille, lors du remplacement du Ministère Bauer par le Cabinet Hermann Müller. La thèse du Gouvernement n'en a pas moins triomphé contre les voix des nationaux allemands. Au reste il ne s'agissait guère que d'une question de principe, car, ainsi que l'a fait remarquer ironiquement un membre de la gauche, aucun des auteurs ou des complices du coup d'Etat du mois de Mars n'a été l'objet de poursuites sérieuses.

La proposition des deux fractions du parti socialiste qui demandaient une amnistie générale a également été rejetée par la majorité. Le Ministre de la Justice[4] a fait valoir qu'il était impossible d'imposer à la Bavière, peu disposée à la clémence envers les éléments communistes qui se sont, l'année dernière, un moment emparé du pouvoir à Munich[5], une amnistie générale dont elle ne voulait pas, sans violer gravement la souveraineté des Etats particuliers en matière juridique.

Somme toute la loi d'amnistie, votée hier constitue une mesure de compromis qui est favorablement accueillie par tous les partis. Le ton modéré sur lequel ont été discutées des questions touchant de si près à la tentative contre-révolutionnaire qui, il y a quelques mois, a passionné l'Allemagne, peut être considéré comme l'indice d'un certain apaisement des esprits.

---

1   Allemagne 286, fol. 51-52.
2   Vgl. oben Dok. 334.
3   Vgl. oben Dok. 110. Zu den Vorwürfen gegen Schiffer s. Aufzeichnung über die Verhandlungen des Reichsrates und der Unterstaatssekretäre im Reich und in Preußen in den Tagen vom 15. bis 20. März 1920, AdR, Kabinett Bauer, Dok. 218 S. 783ff.
4   Rudolf Heinze.
5   Am 7.4.1919 hatte der Zentralrat gemeinsam mit dem revolutionären Arbeiterrat in München die Räterepublik ausgerufen. Die Regierung Hoffmann war daraufhin nach Bamberg geflüchtet. Die Reichsregierung sowie Württemberg, Baden und Hessen erklärten sich gegen die Räteregierung und zogen Truppen zusammen. Am 2.5.1919 wurde München nach schweren Kämpfen erobert. Mehrere Regierungsmitglieder wurden entweder ermordet oder erschossen, die übrigen verhaftet und zu Zuchthausstrafen verurteilt.

342
*M. de Marcilly, Chargé d'Affaires de France à Berlin, à
M. Millerand, Président du Conseil, Ministre des Affaires Etrangères.*

T. n° 1445-1446. Déchiffrement.   Berlin, le 4 août 1920, 12 h 20.
                                                    (Reçu: 19 h 50, 19 h 00)[1]

Urgent.
Très Confidentiel.
Le Département a certainement envisagé les conséquences de la décision relative à (1 gr. faux)[2] par le territoire allemand des trains de ravitaillement et de renfort destinés à la Pologne.

La 1re sera de faire l'union de tous les partis derrière le Gouvernement allemand et de lui donner ainsi une force qu'il n'avait jamais eue.

La 2e est plus grave encore. Il est fort douteux que les cheminots laissent passer les trains. Ils seront encouragés par l'unanimité de l'opinion en même temps que le gouvernement dont je ne pense pas que l'on soit disposé à négocier le concours. Il faut donc prévoir toutes mesures pour assurer par nous mêmes le passage de nos trains (contre) des difficultés de toute nature.

Le général Noll(et), avec qui j'ai examiné la question, partage l'avis que je crois de mon devoir d'exposer.

---

1   Télégrammes, Arrivée de Berlin, 1920, 7.

2   Muß vermutlich lauten: la traversée, vgl. dazu oben Dok. 340 Anm. 5. Am Vortag hatte Breitscheid im Reichstag eine Anfrage eingebracht, ob es zutreffend sei, daß die Alliierten Waffen für Polen über Reichsgebiet transportierten, s. de Marcillys T. n° 1432 vom 3.8.1920, Télégrammes, Arrivée de Berlin, 1920, 7.

343
M. de Marcilly, Chargé d'Affaires de France à Berlin, à
M. Millerand, Président du Conseil, Ministre des Affaires Etrangères.

D. n° 506.   Berlin, le 4 août 1920.[1]

Discussion des accords de Spa par le Conseil d'Empire des charbons.

Le Conseil d'Empire des charbons a tenu le 29 Juillet une séance consacrée à la discussion des moyens d'exécuter l'accord de Spa. Le Commissaire d'Empire pour la répartition du charbon, M. Stutz, a fait à cette occasion des déclarations dont voici l'analyse.

   Le Commissaire au charbon après avoir exprimé l'espoir que les représentants alliés de la Commission des Réparations accepteraient les propositions allemandes concernant la répartition des charbons à livrer, a énuméré les mesures qui vont être prises en vue de restreindre la consommation. Les chemins de fer ne recevront au mois d'Août, que la quantité de charbon strictement nécessaire à leur consommation, alors que dans les mois précédents ils avaient pu compter sur des avances leur permettant de se constituer une réserve pour les mois d'hiver. La consommation domestique, dont les besoins ne sont couverts que dans une proportion de 53% du coefficient normal, les usines à gaz, rationnées à 70% de leur consommation de 1917, les usines d'électricité et les usines élévatoires toucheront les mêmes quantités de charbon qu'en Mai. Mais la houille sera remplacée par la lignite jusqu'à concurrence de 100.000 tonnes. La quantité de charbon destinée à l'exportation sera limitée en Août à 106.000 tonnes contre 202.000 tonnes en Mai.

   La charge principale imposée par l'arrangement de Spa retombera sur la grande industrie, qui ne pourra disposer pour le mois d'Août que de 3.406.000 tonnes de houille et de 487.000 tonnes de lignite, ce qui entraîne une réduction de 16%.

   Pour remédier à cette situation qui ne saurait se prolonger sans provoquer une grave crise industrielle, M. Stutz a passé en revue diverses mesures: regroupement et concentration des usines, répression du commerce clandestin des charbons, emploi sur une plus large échelle de la tourbe et du bois, remplacement de la houille par la lignite partout où cela sera possible. Le Gouvernement n'hésitera pas à supprimer le combustible aux usines dont les installations seraient trop démodées pour permettre une utilisation rationnelle.

M. Stutz a parlé également de la nécessité de réduire la consommation exagérée de lumière qui se fait à Berlin et dans les grandes villes allemandes. Il a fait prévoir que l'heure de fermeture des restaurants et établissements publics ne tarderait pas à être avancée. L'économie ainsi réalisée ne sera pas considérable, mais elle est indispensable. L'exagération manifeste de l'éclairage à Berlin produit à l'étranger l'effet le plus déplorable et ne serait même pas resté sans influence, au dire de M. Stutz, sur les négociations de Spa.

M. Hirsch, Secrétaire d'Etat au Ministère de l'Economie publique, a pris également la parole pour traiter des mesures prises en vue d'améliorer la situation matérielle des mineurs. Il a dit, notamment, que la Commission du Budget du Reichstag avait prévu l'ouverture d'un crédit de 300 millions pour la construction de maisons, destinées aux mineurs. Il a ajouté que le Gouvernement s'occupait activement des moyens d'augmenter l'extraction des lignites et a fait prévoir la possibilité de réaliser une économie sérieuse sur la consommation du combustible par une division rationnelle de l'Allemagne en grands secteurs économiques, entièrement distincts des provinces politiques.

---

1   A-Paix (1914-1920) 352, fol. 16-17.

344
*M. de Marcilly, Chargé d'Affaires de France à Berlin, à
M. Millerand, Président du Conseil, Ministre des Affaires Etrangères.*

D. n° 507.   Berlin, le 4 août 1920.[1]

Réorganisation de l'armée allemande.

Les journaux ont publié un ordre d'armée concernant la réorganisation des forces militaires allemandes, conformément à l'accord de Spa.

J'ai l'honneur d'adresser, ci-joint, à Votre Excellence la traduction de ce document qui est daté du 31 Juillet et signé du Ministre de la Guerre[2] et du Général von Seeckt.

Annexe:

Le Désarmement Allemand
Ordre du 31 juillet, signé Geßler et von Seeckt.

1.- Dans chaque district se forme la division portant le numéro de district. Normalement l'Infanterieführer a sous ses ordres trois régiments d'infanterie. Chaque régiment se compose de trois bataillons et d'un bataillon de complément. Chaque bataillon de front a les mitrailleuses et les canons qui lui reviennent, chaque régiment les compagnies de minenwerfer. L'Infanterieführer a ensuite sous ses ordres trois compagnies de pionniers formant un bataillon de pionniers armés de mitrailleuses, la troisième compagnie ayant le train de la division. La cavalerie se compose d'un escadron avec mitrailleuses. L'Artillerieführer a sous ses ordres un régiment d'artillerie composé de trois sections, chacune de trois batteries de quatre canons l'une avec les mitrailleuses y afférentes, sans compter une batterie de complément. Le service de l'information se compose de deux compagnies d'information, la première avec le service des pigeons, la seconde a le service d'écoute. La division a en outre à sa disposition une section de camions-automobiles et de cyclistes, ainsi qu'une section sanitaire.

2.- Il sera procédé en outre aux formations suivantes: dans le district III deux sections montées en qualité de 4e et 5e sections du régiment d'artillerie N° 3. Dans le district V, une compagnie montée comme 11e batterie du régiment d'artillerie N° 5. Dans le district VI, l'état-major d'une section à cheval et deux batteries montées comme 4e section, et la 11e et 12e batterie du régiment d'artillerie N° 6.

3.- La 4e compagnie de la section de cyclistes N° 4 (compagnie technique montagne) est tirée du district 7 et s'adjoint à la section de cyclistes N° 7.

4.- Les pièces lourdes qui sont encore détenues à la section d'artillerie devront faire retour avant le 10 août à l'Office compétent de la Reichstreuhandgesellschaft.

5. - Sur le contingent de 50.000 hommes qui peuvent subsister jusqu'au 31 décembre 1920 on formera, respectivement restera en exercice dans le district III la 5e et la 8e brigade de la Reichswehr. Dans le district IV, la 4e brigade de la Reichswehr.

Cela ne réclamera que 28.308 hommes. Sur les 19.692 qui restent, on formera d'autres bataillons d'infanterie et de pionniers ainsi que des sections d'artillerie. Pour ce qui est des corps de troupes définitifs et les régiments de cavalerie, ils devront autant que possible gagner dès maintenant leur résidence définitive. Comme les districts dans l'armée de transition disposent de certains effectifs, on établira une balance lorsqu'on dissoudra les effectifs qui ne doivent pas durer au-delà du 31 décembre.

La transformation de l'armée devra être préparée dans les semaines qui vont venir afin qu'elle puisse se faire dans le courant de Septembre avec la date du 30 Septembre comme terme. Autant que possible la qualité de l'armée ne devra pas souffrir de la transition. Quant à la brigade d'instruction Döberitz on a déjà annoncé qu'elle devrait être dissoute pour le 15 août.

Des décisions ultérieures indiqueront les mesures prises en faveur des officiers et des hommes qui seront libérés au 30 septembre et au 31 décembre 1920. Des règlements spéciaux pourvoiront aux emplois d'officiers et de fonctionnaires. En attendant les officiers, etc. restent affectés aux sections nouvelles qui vont être formées.

1   Allemagne 60, fol. 13-15.
2   Otto Geßler.

345
M. Tirard, Haut-Commissaire de la République Française dans les Provinces du Rhin, à M. Millerand, Président du Conseil, Ministre des Affaires Etrangères.

N° 6279 A.T.R.P.   Paris, le 5 août 1920.[1]

Objet: Commission Franco-Allemande d'arbitrage pour les T.O.

I.- Comme suite à ma lettre N° 3192 EC/27 du 31 Juillet 1920[2], j'ai l'honneur de faire parvenir ci-joint à Votre Excellence le reliquat des compte-rendus des réunions qui ont précédé la formation de la Commission Mixte d'Arbitrage pour les Territoires Occupés (réunions Nos 8, 9, 10, 11)[3].

Cette Commission a tenu ses trois premières séances les 2 et 3 Août et un certain nombre d'affaires déjà examinées au cours des réunions préliminaires ont reçu une solution satisfaisante.

Les dossiers des affaires nouvelles ont été déposés au Secrétariat de la Commission pour étude et préparation d'une décision ultérieure.

Les prochaines séances de la Commission auront lieu aux environs du 16 Août.

II.- Les questions les plus délicates à trancher sont celles relatives au remboursement des droits de douane en or.

Les Délégués Allemands ont cherché à faire une nouvelle tentative de discrimination entre les cas où les droits de douane sont à la charge des "exportateurs" et des "importateurs" Français. La Délégation Française a fait observer que la traduction de la note du 26 Février du Gouvernement Allemand[4] vise les "*importateurs*" français, c'est-à-dire aussi bien les Maisons de France qui ont expédié des marchandises en Rhénanie que les maisons françaises de Rhénanie, qui ont reçu des marchandises de France.

Il serait utile que nous ayons confirmation que le texte allemand de la note du 26 Février qui a été remise au Département, vise bien les *"importateurs"* français. En substituant les mots "exportateurs français" on éliminerait en effet du bénéfice de la ristourne les maisons françaises de Rhénanie.

III.- L'opposition de la Délégation Allemande porte principalement sur le dédouanement en mark papier des marchandises encore entreposées. Elle craint que ces dernières après avoir été dédouanées au tarif mark papier ne viennent troubler le marché allemand dont les prix ont subi une hausse, depuis Janvier, correspondante à l'excès des droits de douane en or sur les droits en mark papier.

Cet argument n'est pas sans valeur.

IV.- A l'issue de la Séance du 2 Août, la Délégation Allemande a déclaré que le Gouvernement Allemand accepterait l'un ou l'autre des accords ci-dessous:

Accord a.- Le bénéfice de la ristourne serait accordé pour les marchandises expédiées avant le 1er Janvier, ou faisant l'objet d'un contrat antérieur au 1er Janvier, quelque soit les moyens de transport employés, et à condition que ces marchandises aient été dédouanées avant le 31 Juillet 1920, et que les droits soient à la charge d'un exportateur français.

Accord b.- Le bénéfice de la ristourne serait accordé pour les marchandises expédiées avant le 1er Janvier ou faisant l'objet d'un contrat antérieur au 1er Janvier, quelque soit les moyens de transport employés, à condition, d'une part, qu'elles aient été ou seraient dédouanées avant le 2 September 1920, d'autre part, que les droits de douane soient à la charge d'un exportateur français et que la preuve soit faite que ces droits n'ont pas pu être rejetés sur un tiers. Cette preuve serait à fournir dans tous les cas, quelque soit la date du dédouanement des marchandises.

Le Gouvernement allemand étendrait sans difficulté l'accord b ci-dessus aux *" importateurs"* français.

La Délégation Française en prenant acte de ces propositions n'a pris aucun engagement, elle a déclaré devoir en référer au Gouvernement Français.

Toutefois, sauf instructions contraires de Votre Excellen[ce] que je lui demande de bien vouloir faire parvenir avant le 15 Août au plus tard, la Délégation Française compte proposer à la prochaine séance l'accord ci-dessous.

Accord c.- Bénéficieront de la ristourne sur les droits de douane en or:

1°- toutes les marchandises expédiées de France en Allemagne avant le 1er Janvier ou faisant l'objet d'un contrat antérieur au 1er Janvier, quel que soit les moyens de transport employés pour leur expédition, à condition que le dédouanement ait été effectué avant le 31 Juillet et que les droits de douane aient été payés par un ressortissant Français, ou pour le compte d'un ressortissant Français.

2°- Toutes les marchandises dédouanées entre le 31 Juillet 1920 et le délai d'un mois après la date du présent accord et qui répondraient par ailleurs aux autres conditions ci-dessus énoncées (1er).

Toutefois dans ce dernier cas, il faudrait faire la preuve que les droits de douane en or n'ont pas été rejetés sur un tiers.

Ces conditions me paraissent de nature à résoudre équitablement la difficulté en ménageant à la fois les intérêts de nos nationaux et les appréhensions justifiées de la Délégation Allemande.[5]

---

1 AN, AJ 9 3408. Maschinenschriftlicher Durchschlag.
2 Nicht abgedruckt.
3 Vgl. oben Dok. 293.
4 Nicht abgedruckt.
5 Zur Fortsetzung s. unten Dok. 368.

346
M. de Marcilly, Chargé d'Affaires de France à Berlin, à
M. Millerand, Président du Conseil, Ministre des Affaires Etrangères.

T. n° 1455. En Clair. Berlin, le 6 août 1920, 1 h 15.
(Reçu: 10 h 20.)[1]

Au cours de la discussion en troisième lecture de la loi sur le désarmement de la population, le Ministre des Affaires Etrangères[2] a fait sur la neutralité de l'Allemagne dans la lutte entre les Soviets et la Pologne des déclarations dont voici la traduction intégrale d'après le texte donné par l'agence Wolff:

"Nous devons maintenir notre neutralité. L'Entente a intérêt à envoyer des troupes vers l'est, et à travers l'Allemagne. S'il se vérifiait que des mesures ont été prises à cette fin en territoire occupé, ce serait une violation de la neutralité allemande car occupé ou non le territoire allemand reste territoire allemand et aucune partie du territoire d'une puissance neutre ne peut être utilisée pour des mouvements de troupes. Nous nous efforcerons de défendre notre neutralité par tous les moyens. J'ai eu hier une entrevue très sérieuse avec le Chargé d'Affaires de la République Française sur l'affaire du drapeau[3]. Cette question n'est pas encore réglée. Je demande en conséquence qu'on évite tout ce qui pourrait aggraver encore une situation tendue. De mon côté, je ferai tout pour que la tension n'amène pas une cassure."

Certains journaux donnent des paroles du Ministre une version plus développée. La Gazette de Voss reproduit comme suit le passage relatif à la neutralité:

"Pour le cas d'une violation de notre neutralité nous devons tenir prêts des moyens de force (Machtmittel) pour donner plus de poids à notre point de vue sur le maintien de notre neutralité. Nous espérons toutefois que ces moyens ne seront pas nécessaires et que ceux de la conviction et de l'accord suffiront."

Le Reichstag a adopté en troisième et dernière lecture la loi sur le désarmement avec certains amendements dont le principal institue auprès du commissaire d'Empire un Conseil parlementaire de quinze membres. La minorité qui s'est prononcée contre le projet comprend les socialistes indépendants, le parti populaire bavarois et une partie des nationaux allemands.[4]

Le Reichstag s'est ajourné au mois d'octobre.

---

1 Allemagne 60, fol. 29-30.
2 Walter Simons.
3 Vgl. unten Dok. 347.
4 Widerspruch gegen das Gesetz hatte sich bei der zweiten Lesung vor allem bei der extremen Linken geregt. "L'extrême-gauche a pris nettement position contre le texte du Gouvernement. Le[sic!] communiste Clara Zetkin l'a (qualifié) de loi d'exception destinée à écraser le prolétariat. Les événements de Zittau, en Saxe, où la république des Conseils a été momentanément proclamée, ont joué un certain rôle dans la discussion. Le parti socialiste-indépendant de Berlin organise pour demain (après-midi) une démonstration populaire contre la loi, qui semble néanmoins devoir être adoptée par la majorité sans modifications essentielles." Vgl. de Marcillys T. n° 1439 vom 4.8.1920, Allemagne 60, fol. 12. Zum Text des Gesetzes s. Ursachen und Folgen, Bd. 4, Dok. 931 S. 248ff.

347

M. de Marcilly, Chargé d'Affaires de France à Berlin, à
M. Millerand, Président du Conseil, Ministre des Affaires Etrangères.

T. n° 1461-1464. Déchiffrement.   Berlin, le 6 août 1920, 20 h 15
(Reçu: 23 h 40, 23 h 30.)[1]

Le ministre des Affaires Etrangères[2] n'a cessé depuis 15 jours de faire à l'Assemblée ou à la presse des déclarations nombreuses, contradictoires, imprudentes et tout au moins intempérantes; ses conversations mêmes donnent l'impression d'une étrange nervosité[3]. On peut supposer qu'il a été mis au courant de l'éventualité du passage par l'Allemagne des troupes envoyées au secours de la Pologne, et c'est ce qui expliquerait la vivacité et la fréquence de ses allusions à une violation de la neutralité allemande. Il devient de plus en plus visible qu'il travaille à émouvoir l'opinion. Il a parlé hier à l'Assemblée de notre conversation de la veille, au sujet de l'incident du 16 Juillet en des termes calculés pour faire (1 gr. faux) que ma démarche avait un caractère très grave: ce qui ne répondait ni au fond ni à la forme (de notre) entretien[4]. Mais les députés ont pensé que ma réclamation se rattachait à la question de la neutralité et l'effet parlementaire a été obtenu. Le ministre a parlé dans le même sens à mon collègue anglais[5], déclarant qu'il avait pu se convaincre à Spa qu'un parti considérable en France et qui n'était pas seulement le parti militaire, visait (à la) destruction de l'Allemagne, que pouvant difficilement commencer une guerre entre la Russie on jugeait plus facile d'amener le pays à la (guerre) contre l'Allemagne, qu'un prétexte (d')offense au drapeau, convenait à l'exécution de ce dessein. Il a ajouté qu'il venait de recevoir de Londres les nouvelles les plus inquiétantes, que les partisans de la lutte ouverte contre la Russie avaient eu gain de cause dans le cabinet anglais et que cette décision ne pouv(ait) s'exécuter qu'en empruntant le territoire allemand provoquerait, si le Gouvernement Allemand s'y prêtait, une guerre civile; que mieux valait courir le risque d'une guerre étrangère et qu'il y était résolu.

M. Simons a tenu hier le même langage à un correspondant du "Daily Express" qui a télégraphié l'interview à Londres. Les journaux de Berlin suivent cette impulsion.

(J'ai) aussitôt expliqué à mes collègues qui m'interrogeaient, que sur l'incident du drapeau nous avions eu lieu d'attendre une solution conforme aux regrets exprimés le jour même par M. de Haniel[6], au discours de M. Simons à l'Assemblée[7], aux assurances qu'il avait données à M. Charles Laurent[8]; j'avais donc été surpris en (interrogeant) le Ministre, il y a 3 jours, de constater qu'il avait des dispositions toutes différentes et j'avais dû lui demander de me les confirmer par écrit[9]. J'apercevrais aujourd'hui la raison de sa nouvelle attitude en lisant dans les journaux l'annonce d'un recours à l'article 17 du pacte de la Société des Nations[10] (.) (On) cherchait évidemment un prétexte pour sortir de la situation de "paria" suivant l'expression de M. Simons, et essayer de se présenter à la Société des Nations, fût ce en plaideur. L'occasion semblait, d'ailleurs, choisie.

Nos correspondants de journaux et celui du (1 gr. troqué) ont reçu les mêmes indications.

---

1   Télégrammes, Arrivée de Berlin, 1920, 7.
2   Walter Simons.
3   In seinem T. n° 1460 vom gleichen Tag meinte de Marcilly: "Pour apprécier les déclarations du Ministre des Affaires Etrangères (il y a) lieu sans doute de tenir compte et de sa nervosité habituelle et du désir compréhensible qu'il a pu éprouver d'obtenir plus facilement le vote de la loi sur le (désarmement) (en) poussant les choses au noir. Il n'en est pas moins certain que le ton du Gouvernement et de la presse à l'égard de l'Entente

devient plus acerbe à mesure que s'aggravent les revers polonais; on ne dissimule plus
guère l'espoir de trouver, dans l'appui des Soviets victorieux, les moyens de jouer la
revanche de Versailles et de Spa." Allemagne 374, fol. 207.
4   Vgl. oben Dok. 346.
5   Lord Kilmarnock, vgl. auch dessen Bericht vom 6.8.1920 an Curzon, DBFP 1/X, No.
    191 S. 286f. Kilmarnock vertrat Lord D'Abernon, der sich seit dem Ende der Konferenz
    von Spa, an der er, wie Laurent, als Sachverständiger teilgenommen hatte, als briti-
    scher Beobachter in Polen aufhielt, vgl. ebenda, 1/XI, No. 283 Anm. 2, S. 435.
6   Vgl. de Marcillys T. n° 1281 vom 14.7.1920, Télégrammes, Arrivée de Berlin, 1920, 7.
7   Vgl. oben Dok. 324.
8   Vgl. dessen T. n° 1332-1333 vom 14.7.1920, Télégrammes, Arrivée de Berlin, 1920, 6.
9   Simons erklärte dem britischen Chargé d'Affaires am folgenden Tag, er habe "a very
    stiff conversation with French Chargé d'Affaires on the matter" geführt. Simons, so
    Kilmarnock, "believed France was inclined to use this [den Fahnenzwischenfall] as a
    pretext for war. People would not be keen on war for the sake of Poland but flag might
    be used as a pretext for raising enthusiasm." Angaben wie Anm. 5, Zitat hier S. 287.
10 Art. 17 der Völkerbundsakte sah vor, daß bei Streitfällen zwischen Mitgliedstaaten
    und Staaten, die dem Völkerbund nicht angehörten, beide den Bedingungen des Bun-
    des zu unterwerfen seien.

348
M. de Marcilly, Chargé d'Affaires de France à Berlin, à M. Millerand, Président du Conseil, Ministre des Affaires Etrangères.

D. n° 509.   Berlin, le 6 août 1920.[1]

La situation financière de l'Allemagne
d'après un mémoire du Ministère allemand des Finances.

Le Ministre des Finances[2] a fait distribuer il y a quelques jours un mémoire d'ensemble sur la situation financière de l'Allemagne.

Les besoins courants de l'Empire y sont évalués à 25 milliards par an. L'étendue du déficit apparaît dans le tableau suivant, qui compare les recettes et les dépenses de l'Allemagne au cours de ces dernières années:

	Recettes		Dépenses	
1913	2.217	millions	2.537	millions
1914	2.350	"	8.653	"
1915	1.735	"	25.708	"
1916	2.029	"	27.740	"
1917	7.830	"	52.015	"
1918	6.795	"	44.030	"
1919	8.833	"	74.405	"

L'ensemble des crédits accordés depuis le 4 Août 1914 jusqu'au 31 Mars 1920 atteint la somme de 222 milliards.

Les recettes prévues pour l'exercice 1920 se décomposent comme suit:

Impôt exceptionnel de guerre
(Reichsnotopfer) 2.250 millions
Impôt sur le revenu 2.100 ”
Impôt sur le capital 1.300 ”
Impôt sur les Sociétés 300 ”
Impôt sur les successions 495 ”
Impôt sur la propriété 100 ”

Soit un total de 6.500 millions pour les impôts directs auxquels s'ajoutent 3 milliards provenant de l'impôt de guerre sur l'accroissement des fortunes.

Les droits de timbre et les impôts sur la circulation rapporteront 1.030 millions, dont 530 pour le trafic des voyageurs et des marchandises. L'impôt sur les transactions est évalué à 3.102 millions, les impôts de consommation et les douanes donnent au total 9.087 millions, dont la moitié produite par l'impôt sur le charbon. L'impôt sur le tabac rapportera 1 milliard, l'impôt sur les vins 250 millions, le monopole de l'eau-de-vie 290 millions, l'impôt sur la bière 100 millions.

Les recettes prévues s'élèvent à 22,98 milliards, dont 10.188 d'impôts directs et de circulation, 3 milliards d'impôts directs extraordinaires, 9,1 milliards de droits de douane et d'impôts de consommation.

Il faut ajouter à ce total une somme de 950 millions représentant les avances des banques, 1,1 milliard de licences d'exportation, et enfin 2.922 millions d'impôts nouveaux non encore définitivement votés. Le total général s'élève ainsi à 27,77 milliards de marks.

Si l'on tient compte des déficits des administrations d'Etat qui atteignent 15 milliards pour les chemins de fer et 1 milliard pour les postes et télégraphes, on aboutit à un total de dépenses de 55 milliards.

Le mémoire se termine sur cette phrase pessimiste: ”Si nous ne triomphons pas de notre détresse financière présente, une catastrophe économique d'une portée incalculable ne saurait être évitée, et les conséquences défient l'imagination.”

Dans la Gazette de Voss du 1er Août, l'économiste Münch commente le mémoire du Ministre des Finances et s'attache spécialement à mettre en relief l'accroissement rapide de la dette.

La dettte flottante de l'Empire (en bons du Trésor escomptés) a atteint successivement les chiffres suivants:

Décembre 1914 2,9 milliards
Décembre 1918 55,3 ”
Décembre 1919 86,2 ”
Mars 1920 91,5 ”
Juin 1920 113,1 ”

En Décembre 1918, à la fin de la guerre, la dette flottante n'atteignait encore, avec ses 55 milliards, que 58% de la dette consolidée. Mais, depuis, la dette consolidée est restée à peu près stationnaire, le seul emprunt à long terme contracté (la Sparprämienanleihe) n'ayant donné que 3.334 millions. Fin juin 1920, la dette flottante est à la dette consolidée comme 124 est à 100. Si l'on tient compte des bons du Trésor non escomptés, cette proportion s'élève encore: la dette flottante atteint en fin juin 123,8 milliards, et l'ensemble de la dette 215 milliards.

Le Professeur Münch appelle particulièrement l'attention sur l'accroissement rapide de la dette flottante dans les deux derniers mois considérés. L'augmentation atteint 4,5 milliards en Mai, 11,6 milliards en Juin. L'article de la Gazette de Voss recherche les raisons de cette inflation extraordinaire et aboutit aux constatations suivantes: les importations de vivres ont exigé 3,3 milliards en Mai et 1 milliard en Juin; les chemins de fer ont coûté 1,4 en Mai et, 8 milliards en Juin; le déficit des postes a absorbé en deux mois une somme de 1,5 milliards, les augmentations de traitement des fonctionnaires ont coûté 1,6 milliards.

Au cours de la discussion du budget provisoire, le Ministre des Finances, se montrant plus pessimiste encore que M. Münch, a évalué l'ensemble de la dette à 238 milliards, auxquels il faudra ajouter 39 milliards pour la nationalisation des chemins de fer.[3] Il s'est demandé comment, en présence de cette charge écrasante, l'Empire pourrait continuer à payer les traitements et salaires actuels. "Je ne comprends pas, a-t-il dit, comment en France on peut encore parler de nouvelles réparations et comment le mirage des millions allemands ne se dissipe pas encore".

Cette phrase contient peut-être l'explication d'une situation aussi paradoxale.

---

1   Allemagne 423, fol. 164r-166v.
2   Josef K. Wirth.
3   Art. 89 der Reichsverfassung sah die Übernahme der Eisenbahnen in das Eigentum des Reiches vor. Als spätesten Termin bestimmte Art. 171 den 1.4.1921, sofern bis zum 1.10.1920 keine Einigung zwischen dem Reich und den Ländern erzielt worden war.

349

M. de Marcilly, Chargé d'Affaires de France à Berlin, à
M. Millerand, Président du Conseil, Ministre des Affaires Etrangères.

D. n° 511.   Berlin, le 7 août 1920.[1]

Projets allemands de coalition contre le bolchevisme.

Pour faire suite à mes télégrammes N° 1471 à 1473[2] de ce jour, j'ai l'honneur de faire parvenir ci-joint à Votre Excellence traduction des deux notes[3] que le capitaine Rechberg a remises au Général Nollet, en même temps d'ailleurs qu'au général Malcolm.[4]

J'ai déjà eu l'occasion d'indiquer au Département les réserves que comporte la personnalité remuante et intrigante de l'ancien officier d'ordonnance du Kronprinz. Il n'en est pas moins l'un des confidents et des porte-paroles réguliers de chefs militaires qui l'emploient de préférence auprès des représentants alliés. L'outrance parfois bouffonne de ses propos lui permet de faire écouter des communications qui, présentées par un homme réputé sérieux, se heurteraient dès les premiers mots à une fin de non recevoir.

Le premier mémoire soumis par Rechberg expose les idées des généraux Ludendorff et Hoffmann sur la situation créée par le conflit russo-polonais. Ces deux chefs, y est-il dit, ne mettent pas en doute la victoire complète des soviets dont ils ont d'ailleurs décliné les offres répétées de commandement. Ils prévoient que, sitôt les Russes arrivés à la frontière, la révolution bolcheviste éclatera dans l'Allemagne du nord et du sud. Le gouvernement de Moscou réussira sans peine, en promettant au peuple allemand sa frontière de 1914, à trouver en Allemagne "4 à 5 millions d'hommes" qui se joindront aux armées rouges pour attaquer les puissances occidentales.

Le maréchal Foch pourrait en ce cas choisir entre deux plans de campagne. Ou bien défendre la ligne du Rhin, y compris le bassin de la Ruhr tandis que l'armée bavaroise tiendrait le Main; mais ce serait assurer la victoire des forces révolutionnaires qui auraient tout le temps de se concentrer; ou bien prendre l'offensive et occuper la ligne de l'Elbe en poussant peut-être jusqu'à Berlin; les Bolcheviks pourraient toujours disposer des réservoirs d'hommes de Prusse orientale et la longueur des lignes d'étapes en pays hostile rendrait la situation de l'armée française très précaire.

Le mémoire s'arrête là, mais la conclusion est formulée dans une note que Rechberg donne comme l'œuvre du premier bourgmestre de Cologne[5]. Ce document prévoit une alliance offensive et défensive entre l'Angleterre, la France et l'Allemagne contre le bolchevisme. L'Allemagne mettrait sur pied une armée de 1.500.000 hommes sous le commandement de Ludendorff. L'Entente fournirait les vivres et le matériel. A la conclusion de la guerre, l'Allemagne recouvrerait tous les territoires perdus, sauf l'Alsace-Lorraine et le Slesvig, mais resterait tenue de reconstruire les régions dévastées de France et de Belgique. Elle coopérerait sur pied d'égalité avec la France et l'Angleterre à la reconstruction de la Russie. Il n'est pas inutile d'ajouter que le bourgmestre Adenauer est un administrateur de grande réputation, et que, lors de la formation du cabinet actuel, son nom figurait sur plusieurs des listes ministérielles mises en circulation.

On retrouve des idées analogues dans une lettre que Victor Naumann a écrite à un des membres de notre Mission d'Informations politiques et dont Votre Excellence voudra bien trouver la copie annexée à la présente dépêche[6]. Ministre plénipotentiaire, ancien chef des services de presse à la Wilhelmstrasse, Naumann compte dans l'opinion politique sans occuper aucune fonction publique ni remplir aucun mandat électif. Son aversion pour les théories étatistes, l'a conduit, quoique non Bavarois, à chercher dans la Bavière conservatrice et fédéraliste le contrepoids nécessaire au socialisme unitaire de la Prusse. Il est un des conseillers les plus écoutés du ministre président von Kahr. Il a d'ailleurs des intelligences dans le parti monarchiste et militaire prussien, car son particularisme est surtout un moyen de défense contre l'idée républicaine et démocratique. Il est donc allé consulter l'oracle de l'ancien grand état-major, et, de sa conversation avec le général Ludendorff a rapporté, lui aussi, un plan d'alliance anglo-franco-allemande contre les soviets, moins simpliste toutefois que celui [de] Rechberg: la France attaquerait par la Hongrie et la Roumanie, l'Angleterre en Crimée et dans les provinces baltiques, l'Allemagne enverrait contre la Vistule une "petite armée de 15 à 20 divisions". La récompense escomptée par l'Allemagne, la révision du Traité de Versailles, n'est pas expressément formulée, mais elle est bien évidemment sous-entendue.

Mais si la France prétendait lutter contre les soviets sans l'appui de l'Allemagne et envoyer ses trains militaires en Pologne à travers le territoire allemand, malheur à elle! La population, dont la haine contre la France a démesurément grandi depuis la Conférence de Spa, se livrerait au bolchevisme et se précipiterait d'un élan unanime dans une guerre de revanche qui consommerait la ruine de l'Europe.

Ces propos trahissent un étrange désarroi d'esprit. Ils révèlent une opinion qui n'est pas nouvelle en Allemagne mais que la victoire des soviets y a singulièrement développée. La mise aux enchères du concours allemand contre le bolchevisme a été, depuis l'armistice, l'idée favorite des chefs militaires. Mais elle se rencontre maintenant chez un haut fonctionnaire, ministre de demain, et chez le confident du premier ministre bavarois. C'est que les événements des dernières semaines ont donné à certains gens l'illusion qu'un ordre nouveau venait de naître, que Varsovie serait le troisième acte du drame dont les deux premiers se sont achevés à Brest-Litovsk et à Versailles. Aussi, bien qu'à l'exception d'un petit groupe d'énergumènes, ils aient la terreur du bolchevisme, les partis de droite posent-ils leurs conditions à l'Entente avec une arrogance qui va jusqu'à la menace.

Le docteur Simons lui-même n'a pas caché dans ses conversations, son désir de négocier sa coopération diplomatique avec l'Entente dans les affaires russes. Mais il paraît s'être rapidement convaincu de l'inutilité de ses efforts et vouloir chercher dans un rapprochement politique avec le Gouvernement de Moscou, cet autre "paria" de la diplomatie européenne, la revanche des dédains qu'il a essuyés.

Annexe:

[Lettre de M. Arnold Rechberg] à son Excellence, le Général Nollet, [Président de la Commission Interalliée de Contrôle].

[*Copie.*] Berlin, le 4 août 1920.

Les événements de Pologne se sont, depuis les conversations que j'ai eu l'honneur d'avoir à plusieurs reprises avec V. Exc. à la fin du mois, développés d'une façon vraiment inquiétante. Les prévisions anciennes des généraux autrefois chargés spécialement de la guerre en Russie, Ludendorff et Hoffmann, se sont vérifiées. Les deux généraux étaient d'avis, comme je vous l'ai dit au commencement même des combats russo-polonais, qu'il fallait s'attendre plus vraisemblablement à une défaite des Polonais qu'à un insuccès des Russes. Les deux généraux, mes amis, s'étaient même exprimés devant moi avec un pessimisme plus marqué encore mais m'avaient demandé de ne pas reproduire aussi vivement leurs craintes devant un tiers afin d'éviter toute apparence de prévention. Les deux généraux étaient bien informés sur la force exacte de l'armée des Soviets du fait seul déjà que le Gouvernement de Moscou a plus d'une fois essayé d'obtenir de ces deux chefs remarquables l'acceptation de hauts commandements dans l'armée rouge russe, ce que l'un et l'autre ont cependant refusé jusqu'ici. Il est absolument improbable que le Gouvernement des Soviets, au bout d'un certain temps après une sorte de bolchevisation de la Pologne s'arrêtera à la frontière orientale allemande. Ceci découle de ce fait même que le Gouvernement de Moscou a installé dans le Nord et le Centre de l'Allemagne un grand nombre d'organisations secrètes armées dont le but ne peut être que de tendre la main aux armées des Soviets lorsque ces armées apparaîtraient à la frontière orientale allemande.

Le Général Ludendorff est persuadé que le Maréchal Foch, dont le souci est assurément le bien de la France, ne reconnaît pas encore les dangers de la situation. Ludendorff m'a dit à peu près ceci[:] "Lorsque le Gouvernement des Soviets aura la main sur le Nord et le Centre de l'Allemagne, il pourra, appuyé sur ses troupes russes du nord et du centre lever par la force probablement une armée de 4 à 5 millions de soldats allemands entraînés à la guerre. Un grand nombre d'Allemands en plus de cela, entreront volontairement et avec enthousiasme dans cette armée parce qu'ils sont profondément irrités contre les Puissances occidentales, et parce que les socialistes indépendants ont de nouveau commencé une propagande très active contre la France. De plus le Gouvernement des Soviets promet au peuple allemand les anciennes frontières de 1914, la libération du traité de Versailles et la suppression des impôts de guerre. Le Gouvernement des Soviets propose déjà à l'Allemagne le rétablissement de sa frontière orientale de 1914. Là contre[sic!] se présentent pour le Maréchal Foch deux alternatives:

1°- Ou bien le Maréchal Foch peut essayer par une occupation simultanée du bassin de la Ruhr de défendre la ligne du Rhin. Seulement alors il laissera au Gouvernement de Moscou le temps de former sans être dérangé l'armée rouge allemande. Un gouvernement des Soviets à Berlin ne serait d'ailleurs pas gêné par la perte du bassin de la Ruhr. Il se servirait, comme en Russie, des chemins de fer et de l'industrie uniquement pour les besoins de l'armée et en ne tenant aucun compte des besoins du reste du peuple il trouverait encore assez de charbon en Haute-Silésie. La Bavière non plus ne serait alors pas en mesure d'empêcher la formation d'une forte armée rouge dans le Nord et le Centre de l'Allemagne. Le Commandant en chef des troupes bavaroises, le Général Möhl, est d'avis que la Bavière pourrait peut-être abattre une révolte bolcheviste dans le nord et le centre de l'Allemagne s'il ne s'agissait que d'un soulèvement bolcheviste allemand, mais que la Bavière, dans le cas où en même temps viendrait de l'Est une forte armée russe, pourrait tout au plus défendre la ligne du Main et cela seulement jusqu'au moment où les bolchevistes auraient organisé dans le nord et le centre de l'Allemagne une forte armée rouge. Si donc le Maréchal Foch par une attitude défensive sur le Rhin donne le temps au Gouvernement des Soviets de lever dans le nord et le centre de l'Allemagne une armée rouge allemande d'un million d'hommes, il sera difficile plus tard de tenir la ligne du Rhin contre cette armée rouge allemande et contre les masses de troupes russes. La difficulté sera augmentée par ce fait que l'armée française après quatre pénibles années de guerre entreprendra sans entrain un aussi dur combat, et en outre le peuple français sera alors très irrité par la disparition de tout espoir de reconstitution.

2°- Le Maréchal Foch pourrait essayer, par une marche offensive dans l'intérieur de l'Allemagne, d'empêcher la formation d'une armée rouge dans le Nord et le centre de l'Allemagne. Il pourrait ainsi atteindre l'Elbe, et même Berlin. Mais il ne serait pas possible à l'armée française seule d'aller bien loin au delà de Berlin. Alors les Bolchevistes auraient encore en leur pouvoir une grosse partie de l'Allemagne orientale. Ils peuvent toujours dans ces parties de l'Allemagne lever une armée de 2 à 3 millions de soldats et en même temps par leur propagande miner le moral des troupes françaises. Les Bolchevistes passeront alors probablement, un an ou plusieurs mois plus tard, à une offensive puissante qui sera d'autant plus sérieuse pour l'armée française que ses services d'étapes à ce moment se trouveraient passer par un pays qui, non sans la faute de la politique française, est devenu très anti-français".

Comme je suis d'avis que ces vues de Ludendorff peuvent intéresser non seulement V. Exc. mais aussi le Gouvernement français et l'Entente je crois devoir vous le faire connaître confidentiellement. Je crois cependant qu'il serait utile que je puisse encore une fois parler avec V. Exc. de toute la question russe et je la prie donc de bien vouloir me faire savoir quel jour et à quelle heure je pourrai lui rendre visite.

Le bourgmestre de Cologne m'envoie le mémoire ci-joint[7] en me priant de le faire parvenir à V. Exc.

---

1   Russie 319, fol. 60-61v bzw. fol. 28-30.
2   Nicht abgedruckt. De Marcilly hatte darin über Hoffnungen seitens der extremen Rechten berichtet, die ehemaligen Ostgebiete eventuell zurückgewinnen zu können, s. Russie 319, fol. 51-52.
3   In den Akten fand sich lediglich die Übersetzung des Briefes von Rechberg an Nollet, vgl. unten Annexe.
4   Vgl. dazu DBFP 1/X, No. 183 S. 277ff bzw. No. 192 S. 287ff. Die Kommentare der Mitarbeiter des Foreign Office zu Rechbergs Initiative reichten von "ludicrous" bis zu "it was not worth telegraphing", vgl. ebenda.
5   Konrad Adenauer.
6   Nicht nachgewiesen.
7   Nicht nachgewiesen. Zur Haltung Adenauers s. den Bericht Ryans vom 26.8.1920 über ein Gespräch mit dem Kölner Oberbürgermeister, DBFP 1/X, No. 199 S. 293ff.

350
M. Guéritte, Vice-Consul de France à Danzig, à
M. Millerand, Président du Conseil, Ministre des Affaires Etrangères.

D. n° 40. Danzig, le 7 août 1920.[1]

L'avance des bolcheviks et la situation à Dantzig.

Les victoires des bolcheviks en Pologne produisent à Dantzig une profonde impression. Le sentiment dominant est la joie devant l'écrasement de la Pologne: on peut dire que tous sont unis dans ce sentiment de haine satisfaite, même la partie bourgeoise de la population qui pourrait à juste titre craindre que la répercussion de l'avance bolcheviste n'entraînât des troubles sérieux à Dantzig.

Cette joie se double d'ailleurs d'un espoir dont on escompte déjà la prompte réalisation: on est persuadé que la défaite polonaise est une brèche ouverte dans l'édifice du traité de Versailles, et l'on voit déjà remises en question toutes les dispositions du traité, tout au moins en ce qui concerne l'Europe orientale et notamment Dantzig.[2] C'est, suivant l'expression des "Danziger Neueste Nachrichten", l'effondrement de la politique de l'Entente dans l'Est de l'Europe. A l'heure où les Bolcheviks sont à une cinquantaine de kilomètres de Varsovie, on se rit ici des articles du Traité de paix qui devaient assurer à la Pologne une situation privilégiée dans le port de Dantzig. Et l'on se flatte qu'avant la fin de l'année Dantzig fera de nouveau partie de la Prusse. Et si une révolution est nécessaire pour fournir à celle-ci l'occasion de ré-occuper Dantzig sous le prétexte d'y rétablir l'ordre, on ne manquera pas des moyens de la faire éclater. On sait qu'on peut compter sur la faiblesse de Sir Reginald Tower; le bataillon anglais n'inspire aucune crainte, et quant au bataillon français, qui se trouve d'ailleurs sous le commandement du général britannique[3], il serait à lui seul manifestement insuffisant pour s'opposer au coup de force combiné des bolchevistes et des Allemands. En attendant mieux, on bafoue les Polonais dans les rues et dans les tramways, et tous les rubans de la Croix de Fer sont réapparus aux boutonnières.

Je ne sais quelles sont les mesures envisagées par les Gouvernements Alliés à l'occasion de la crise actuelle en Pologne, mais, en ce qui concerne Dantzig, je me permets d'appeler la sérieuse attention du Département sur la situation présente, qui ne laisse pas d'être inquiétante. Si l'on veut déjouer les manœuvres des Allemands et des bolchevistes et ne pas être débordé par les événements, il est de toute nécessité de prendre sans tarder à Dantzig des mesures énergiques. Au moment où Sir Reginald Tower et les officiers de son état-major déclarent dans leurs conversations privées que la seule manière d'assurer l'ordre et de lutter contre les bolchevistes serait sans doute de faire appel aux Allemands (M. le

Capitaine Charley, de l'Administration interalliée, a tenu ce raisonnement devant moi-même, et il est à ma connaissance que le Haut-Commissaire et son adjoint le Colonel Strutt se sont exprimés dans des termes à peu près semblables[4]), il me semble au contraire que nous devrions manifester clairement et sans délai, par des actes, que nous n'entendons pas nous désintéresser du sort de Dantzig et que nous voulons y faire respecter les clauses du Traité de paix. En tout cas, la première des mesures à prendre et la plus urgente, tant pour imposer à la population de la Ville que pour assurer en cas de besoin le soutien du bataillon français et la sécurité de notre colonie - qui me fait part chaque jour de ses craintes et qui, en cas de troubles, serait certes aussi exposée que les Polonais aux excès de la foule, - me paraît être l'envoi et la présence permanente dans le port de Dantzig d'un des navires de guerre français de notre division navale de la Baltique.[5]

---

1   Dantzig 4, fol. 231-232.
2   Am gleichen Tag, dem 7.8.1920, erschien der Danziger Oberbürgermeister, Sahm, bei Sir Reginald Tower und unterbreitete ihm den Vorschlag, den künftigen Grenzverlauf Danzigs so festzulegen, daß die Stadt bzw. der Freistaat überlebensfähig werde, s. Towers Bericht vom 10.8.1920ß, DBFP 1/XI, No. 413 S. 457ff.
3   Sir Richard Haking.
4   General Haking erklärte gegenüber Tower, "we can only keep order at present by employment of considerable firmness and tact." Vgl. Towers Telegramm vom 6.8.1920, DBFP 1/XI, No. 393 S. 442f, hier S. 442.
5   Am 22.8.1920 traf in Danzig der französische Kreuzer "Gueydon" ein, s. Towers Telegramm vom 23.8.1920, ebenda, No. 471 S. 516.

351

M. de Marcilly, Chargé d'Affaires de France à Berlin, à
M. Millerand, Président du Conseil, Ministre des Affaires Etrangères.

D. n° 518.   Berlin, le 10 août 1920.[1]

A.s. du Bolchevisme national.

L'observation d'un cas exceptionnel, en matière d'opinion politique, peut être utile pour comprendre à quel degré de désordre intellectuel arrive l'âme allemande. La note ci-jointe résume la conversation qu'un de mes collaborateurs vient d'avoir avec une personne qui n'avait d'autre raison de se présenter à l'Ambassade que le besoin, d'ailleurs assez allemand, d'exposer une théorie. On y voit par quelle étrange conciliation des contraires les idées les plus exagérées des partis d'extrême droite et d'extrême gauche peuvent se combiner dans un cerveau exalté. On saisit sur le fait la formation de la doctrine récente qui s'appelle le "bolchevisme national".

Il faut connaître cet état mental et savoir qu'il a gagné un certain nombre d'esprits. Il ne faut pas cependant en exagérer l'importance. La droite réactionnaire et militariste qui exprime ainsi ses griefs, ses fureurs et ses espoirs, reste le parti de la discipline prussienne et de la grande propriété féodale. Elle peut chercher dans le bolchevisme, fût-il "national", une menace à l'égard de la France; mais elle n'a aucun désir réel d'en admettre l'expérience en Allemagne. Les conversations et les journaux mêmes ne laissent pas de doute sur ce point. Si l'on considère, dans tous les milieux, que la politique allemande doit tirer le plus utile parti possible de l'offensive russe et agir en liaison secrète avec la politique soviétique, l'idée d'une alliance ouverte entre les deux pays, sur la base du régime bolcheviste, et contre l'Entente, reste fort loin du domaine des réalités.

Annexe:

Note sur une conversation avec Mme Lore Rössling.

Berlin, le 7 août 1920

Madame Rössling est une personne de quarante à quarante cinq ans, qui s'exprime avec facilité, mais avec une volutilité un peu nerveuse. Elle est intelligente et cultivée, fait volontiers parade de son érudition qui est réelle, et abonde en rapprochements historiques, parfois ingénieux, parfois surprenants.

Elle refuse le qualificatif de pangermaniste, qui lui irait pourtant très bien, et se proclame "National-Bolcheviste". Elle collabore actuellement au "Drapeau rouge" organe des communistes, à la "Freiheit" organe des indépendants et à la "Deutsche Zeitung" journal d'extrême droite.

Avant et pendant la guerre elle a dirigé la "Correspondance du pays d'Empire", succursale du bureau Wolff pour l'Alsace-Lorraine. Elle a fait de la propagande pangermaniste, mais ayant vivement critiqué les mesures impolitiques du Gouvernement allemand, s'est brouillée avec le Statthalter[2] et a été emprisonnée à trois reprises. Délivrée par la Révolution du novembre 1918, elle a fondé parmi les Allemands expulsés d'Alsace-Lorraine un groupement qui s'oppose au "Hilfsbund", en ce qu'il réclame le rattachement de l'Alsace-Lorraine à l'Allemagne, tandis que le Hilfsbund plus modeste en ses prétentions, se borne à faire campagne en faveur de l'autonomie. Mme Rössling s'indigne que le Gouvernement allemand soutienne financièrement le Hilfsbund, malgré la tiédeur de son attitude.

Mme Rössling a été ensuite secrétaire de la Ligue antibolcheviste, fondée sur les auspices de Stinnes, Krupp, Borsig et autres grands industriels. Elle s'en est séparée le jour où il lui est apparu que l'Allemagne ne pouvait se relever que par une alliance avec les Bolcheviks victorieux des Polonais. L'approche des armées rouges amènera en Allemagne un mouvement patriotique et social analogue à celui de 1815, une levée en masse qui refoulera les armées de l'Entente et rétablira l'Allemagne dans sa grandeur passée.

"Selon Mme Rössling les milieux de droite, la noblesse de l'Est, les étudiants, les officiers sont entièrement gagnés à l'idée d'une guerre de revanche. Les quelques attardés qui, comme Ludendorff et Hoffmann, songent encore à s'appuyer sur les Alliés pour combattre le bolchevisme, sont sans influence et seront vite emportés par le flot révolutionnaire. A gauche, les ouvriers, mal nourris, accablés d'impôts, en ont assez d'être exploités tour à tour par le capitalisme allemand et le capitalisme français. Ils ne veulent plus peiner pour enrichir un Hugo Stinnes ou un Crédit Lyonnais. Maintenant que les accords de Spa ont brutalement révélé à la masse du peuple que le Traité de Versailles était une réalité, la population courra aux armes comme à une délivrance. D'ailleurs les prolétaires ne combattront pas seulement pour un idéal national, ils auront conscience, en aidant à l'expansion du mouvement bolcheviste, de travailler au triomphe de la masse ouvrière.

Le gouvernement actuel, qui croit encore à une conciliation possible avec l'Entente, sera balayé par l'irrésistible fusion qui se fera entre la droite nationaliste et la gauche révolutionnaire. D'ailleurs il se sent isolé et n'offrira pas grande résistance. Déjà le ministre des Affaires étrangères[3] fait des avances aux Bolcheviks. Une plus grande difficulté viendra de la Bavière où la peur du bolchevisme étouffe pour le moment encore le sentiment national. Mais l'heure venue du grand bouleversement, le mouvement unitaire sera le plus fort et entraînera Munich dans l'orbite de Berlin".

A l'objection que le bolchevisme risque de mener l'Allemagne au chaos, comme il a fait de la Russie, Mme Rössling répond que les Allemands ne sont pas des russes: "Nous envisageons, ajoute-t-elle, un système qui permettra d'organiser le bolchevisme en intéressant l'ouvrier à l'accroissement de la production. Il s'agit de perfectionner le système de la communauté de travail; l'Etat une fois maître des moyens de production ferait participer les ouvriers aux bénéfices, mais laisserait les entrepreneurs à la tête des usines, en les payant généreusement. Nous ne désespérons pas de gagner les grands industriels à ces idées, ce qui permettrait de nous procurer leur collaboration. Je dois avoir prochainement à ce sujet une conférence avec Hugo Stinnes. Si les industriels comprennent leurs véritables intérêts, ils marcheront avec nous. S'ils veulent résister, nous n'hésiterons pas à les mettre au mur.

L'issue d'une guerre contre les Alliés entreprise par l'Allemagne alliée à la Russie des Soviets ne serait pas douteuse. L'Allemagne qu'on croit désarmée a conservé ses chefs, ses cadres, ses millions d'anciens soldats qui ont fait la guerre. Elle a des réserves considérables d'armes et de munitions. Appuyée sur la Russie, réservoir immense d'hommes et de matières premières, enflammée du désir de venger la défaite et l'humiliation de 1918, et d'assurer l'avènement d'une nouvelle ère sociale, l'Allemagne sera invincible. Les ouvriers de France et d'Angleterre ne combattront d'ailleurs qu'à contrecœur un adversaire[4] sur les tranchées duquel[sic!] flottera le drapeau rouge.

La France, poursuit Mme Rössling, a pourtant un moyen d'éviter une nouvelle guerre et la défaite par laquelle elle se terminera nécessairement. L'Allemand n'en veut pas aux Français, dont il estime l'idéalisme souvent mal placé mais sympathique. Sa haine va surtout à l'Angleterre, perfide et intéressée. Aussi l'Allemagne consentira-t-elle à vivre en paix avec la France, si celle-ci abandonne les territoires allemands qu'elle occupe, restitue l'Alsace-Lorraine, abandonne la Pologne, renonce à s'opposer au rattachement de l'Autriche à l'Allemagne. A ce moment l'Allemagne sera reconnaissante à la France d'avoir, par sa victoire qui a démembré l'Autriche, créé, comme autrefois Napoléon 1er, les conditions nécessaires à l'achèvement de l'unité germanique, acceptera même de donner à sa politique une orientation continentale et de s'unir à la France contre les Anglo-Saxons.

Sans doute la France voudra-t-elle une compensation. Quoi de plus simple que d'annexer la Belgique, ou tout au moins la partie française de ce pays, création artificielle des traités de 1815 et de la révolution à demi-avortée de 1830? C'est moins par fidélité au souvenir des provinces perdues que la France a fait la guerre que pour récupérer le fer et le charbon indispensables à sa prospérité économique. La Belgique lui offre à cet égard tout ce dont elle a besoin. En Allemagne, on applaudirait au démembrement de la Belgique. Je suis de la région d'Aix-la-Chapelle et je ne saurais vous donner une idée de l'exaspération qui règne là-bas contre ce petit peuple, qui, sous prétexte que ses grands alliés l'ont sauvé du désastre, s'arroge chez nous des airs insupportables de conquérant. D'ailleurs la Suisse aussi est un paradoxe historique et le jour viendra où il faudra la partager entre la France et l'Allemagne."

Telles sont quelques unes des idées exprimées par Mme Rössling, au cours d'une conversation qui a duré près de deux heures. On peut se demander à quel mobile elle a obéi en venant épancher à l'Ambassade le contenu bouillonnant de son âme pangermaniste. En tout cas, elle offre le type achevé du nationaliste allemand, avec son absence complète de scrupules dans le choix des moyens, son manque absolu du sens des réalités, son dédain souverain des facteurs moraux. Sans vouloir généraliser un cas psychologique curieux, le seul fait qu'une personne d'une intelligence et d'une culture plutôt supérieures à la moyenne fasse sans sourciller des déclarations de cette force mérite d'être signalé. Il jette un jour étrange[5] sur l'état de confusion intellectuelle dans lequel l'humiliation de la défaite et le désir passionné d'une revanche ont jeté certains allemands. Pour peu que les sphères influentes comptent quelques personnalités dont les idées s'apparentent, même de loin, à celles de Mme Rössling, le ciel politique de l'Allemagne apparaît plein d'orages.

---

1 Allemagne 286, fol. 58-63.
2 Johann Frhr. von Dallwitz.
3 Walter Simons. Vgl. oben Dok. 326.
4 Ursprünglich "étranger", in "adversaire" verbessert.
5 Ursprünglich "curieux", in "étrange" verbessert.

352
*M. Dard, Ministre Plénipotentiaire de France à Munich, à
M. Millerand, Président du Conseil, Ministre des Affaires Etrangères.*

D. n° 16. Munich, le 11 août 1920.[1]

Secret et Réservé.
Entretien avec le Président Bavarois.

M. de Kahr m'a reçu, ce matin, à onze heures; l'entretien a duré deux heures.

Je lui ai, tout d'abord, rappelé sa promesse de me faire connaître, à son retour de Berlin[2], le point de vue du Gouvernement Bavarois dans la question du désarmement des Einwohnerwehren. Il m'a répondu que les Einwohnerwehren bavarois n'avaient pas la même organisation que les Einwohnerwehren Prussiens, qui dépendaient étroitement de l'Etat. En Bavière, c'étaient de simples associations (Vereine[3]), reconnues par l'Etat, où tout citoyen pouvait entrer, à la condition de respecter l'ordre et la Constitution; leur esprit était nettement anti-bolcheviste. Si cependant l'Entente les assimile, aux Einwohnerwehren prussiens et exige leur désarmement, il importe que l'Armée Rouge soit, auparavant, désarmée. D'après les Officiers allemands qui ont réprimé les troubles de l'année dernière, celle-ci possède, à Munich seulement, 50.000 fusils, des mitrailleuses et même des canons cachés qu'on n'a pu dénombrer.

J'ai dit, alors, au Président bavarois, que je ne me refusais pas à faire connaître son point de vue à Votre Excellence, mais qu'il me fallait une demande formelle de sa part et des propositions pratiques.

M. de Kahr m'a, en conséquence autorisé à saisir officiellement Votre Excellence de sa proposition de faire désarmer la population révolutionnaire en Bavière avant les Einwohnerwehren. *Il m'enverra, dans quelques jours, un aide-mémoire.*4 Le Gouvernement bavarois évite, ainsi, de rompre soit avec le Reich, soit avec l'Entente, en s'opposant au désarmement décidé à Spa, - tout en essayant de s'assurer un traitement privilégié. Sans doute, il n'est pas possible de lui donner ouvertement satisfaction sans s'immiscer dans la politique intérieure allemande et sans entente avec nos alliés, mais nous nous assurons, en tout cas, qu'il a désormais lié partie avec nous.

Le Président s'est ensuite longuement étendu sur l'impossibilité de faire rendre aux paysans leurs armes sans que les révolutionnaires soient auparavent désarmés. C'est sa conviction et c'est celle de son ami Escherich. La Bavière est, d'ailleurs, lasse de la guerre; elle ne songe à aucune revanche. A la vérité, les rapports de police indiquent que, non seulement chez les ouvriers, mais dans les milieux conservateurs eux-mêmes, se développe un "bolchevisme national", conséquence du désespoir, provoqué par les décisions de Spa. De même, le Professeur Hedermann constate, chez les étudiants de Thuringe le même état d'esprit qui doit, dans son propre intérêt, conseiller à la France la modération. Mais les Einwohnerwehren bavarois et l'immense majorité du Pays est pacifique et anti-bolcheviste décidée, depuis les événements de l'an dernier.

J'ai dit alors que la Bavière étant partie intégrante de la République allemande et le Gouvernement du Reich paraissant irrésolu entre le respect du Traité de Paix et les tentations bolchevistes, il n'était guère possible à la France de se départir de la rigueur de ses droits, dans la question du désarmement. Le Président bavarois a été ainsi amené à me faire d'importantes déclarations sur lesquelles il m'a demandé le secret le plus absolu.

Le Gouvernement actuel de l'Allemagne est, m'a-t-il dit, résolu à garder la neutralité. Il est absolument faux qu'il ait contracté aucun accord avec le Gouvernement des Soviets, notamment en ce qui concerne la Posnanie. Il est décidé à assurer l'ordre comme la neutralité. Mais, si une révolution bolcheviste éclatait à Berlin et que le Gouvernement actuel fut chassé, M. de Kahr a déclaré à M. Simons et m'autorise à faire savoir à Votre Excellence que le Gouvernement considérait le nouveau Gouvernement allemand comme inconstitutionnel et, en conséquence dirigerait sur le Nord les éléments de la Reichswehr stationnée en Bavière et qui sont entièrement Bavarois; les Einwohnerwehren et la Sicherheitspolizei suffiraient à maintenir l'ordre à l'intérieur de la Bavière. M. de Kahr espère que le Würtemberg[sic!], Bade et les régions de l'Ouest se rallieraient alors à la Bavière. Il m'a indiqué que le territoire de la Ruhr, Berlin et le Centre de l'Allemagne étaient les parties du pays les plus gagnées par le bolchevisme. Escherich qui, d'accord avec M. de Kahr, lutte dans toute l'Allemagne contre le bolchevisme, a placé le centre de son organisation à Munich et non à Berlin.

J'ai remercié M. de Kahr de ses déclarations et j'en ai pris acte. J'ai dit, ensuite, comme j'en avais prévenu Votre Excellence par mon télégramme N° 51[5], que l'extension au Tyrol et au Vorarlberg[6] de l'organisation Escherich était contraire aux stipulations des Traités de Versailles et de St. Germain, que Votre Excellence ne poursuivait en Allemagne aucune intrigue séparatiste, mais qu'elle ne pouvait admettre davantage une incorporation déguisée de tout ou partie de l'Autriche à la Bavière, que ceux qui lui prêtaient ces intentions travestissaient sa politique qui était claire et nette, et que le Gouvernement bavarois devait nous payer de retour.

M. de Kahr a répondu avec un certain embarras qu'Escherich n'avait rendu aux Heimatwehren tyroliens qu'un service amical, en les guidant sur le modèle de son organisation bavaroise, que Salzburg, Linz et Innsbruck étaient le siège d'organisations bolchevistes redoutables et qu'il fallait combattre, la Bavière étant trop petite pour ne pas chercher une aide autour d'elle. Il m'a promis, toutefois, de donner à Escherich des conseils de prudence et de lui recommander d'éviter tout ce qui pourrait prêter à une solidarité sociale naturelle l'apparence d'une complicité politique.

En terminant, le Président bavarois qui m'a fait l'effet d'un fort honnête homme, mais un peu timide et effrayé par la gravité des circonstances auxquelles il doit faire face, m'a recommandé de nouveau le plus grand secret sur les déclarations qu'il m'a faites et qu'il redouterait particulièrement de voir transpirer dans la presse. Il s'était fait assister du Baron de Lutz qui a pris note de ses paroles et des miennes.

Le Docteur Heim, craignant d'être compromis, s'est brusquement dérobé, ce qui paraît chez lui une habitude, à notre entrevue, prudemment ménagée par le Nonce, (voir mon télégramme N° 55[7]), qui en est désolé.

Il m'a fait savoir qu'il chercherait à me revoir dans le courant du mois.

---

1   Papiers d'Agents, Dard 13 (ohne Folio). Maschinenschriftlicher Durchschlag, ohne Unterschrift.
2   Der Generalstaatskommissar hielt sich Anfang August in Berlin auf, s. den entsprechenden Hinweis bei AdR, Kabinett Fehrenbach, Dok. 42 S. 103.
3   Am 11.8.1920, am gleichen Tag, an dem dieses Treffen zwischen Dard und von Kahr stattfand, ließ Forstrat Escherich seine Organisation offiziell in München in das Vereinsregister eintragen. Drei Tage später wurde seine Organisation in Preußen dennoch

verboten. Zu diesen Vorgängen, nicht zuletzt auch im Hinblick auf die rechtlich problematische Lage s. das Protokoll der Ministerratssitzung vom 23.8.1920, ebenda, Dok. 54 S. 130ff.
4   Vgl. unten Dok. 358.
5   Nicht abgedruckt.
6   Vgl. unten Dok. 354.
7   Nicht abgedruckt.

353
Le Général Le Rond, Président de la Commission Interalliée de Gouvernement et de Plébiscite de Haute-Silésie, à M. Millerand, Président du Conseil, Ministre des Affaires Etrangères.

N° 85.   Oppeln, le 11 août 1920.[1]

Répercussion en Haute-Silésie des événements de Pologne.

Les événements qui se déroulent actuellement en Pologne et l'avance rapide sur Varsovie des forces bolcheviques ont eu, en Haute-Silésie, la répercussion que je prévoyais et que j'ai signalée au Département lors de mon passage à Paris.

L'effondrement militaire de l'Etat polonais et l'extension rapide vers l'Ouest du pouvoir soviétique ne pouvaient manquer de réagir ni sur les espoirs des deux partis mis en présence par la préparation du Plébiscite, ni sur la situation intérieure d'une région où la question ouvrière tient une place si importante.

Dès maintenant, la confiance des Polonais dans le succès a grandement diminué et il y a peu de doute qu'un plébiscite exécuté avant le rétablissement de la situation en Pologne serait voué à un échec presque certain.

Chez leurs adversaires au contraire de nouveaux espoirs se font jour - au fur et à mesure que se développent les progrès des Russes. Le document secret ci-joint, émanant d'un comité allemand et écrit à la veille de la prise de Vilna par les rouges, reflète déjà ces espoirs.[2]

En outre, tandis que s'intensifie la propagande ouverte à laquelle les allemands se livrent en vue du plébiscite, il apparaît que certains d'entre eux sont prêts à encourager en Haute-Silésie les doctrines bolchevistes qu'ils n'hésiteront pas à mettre au service de leurs menées pangermanistes.

Il n'est pas possible d'affirmer qu'une organisation soviétique, susceptible, le moment venu, de s'emparer du pouvoir, existe à l'heure actuelle en Haute-Silésie. Par contre la propagande bolcheviste y a fait son apparition. A diverses réunions socialistes ont pris part des agitateurs inconnus, qui, d'après des renseignements de bonne source, semblent être des juifs de Pologne et de Russie parlant parfaitement le Polonais et qui se font les porte-paroles et les annonciateurs du régime des soviets[.] - La réunion terminée, ils disparaissent et leurs traces n'ont pu jusqu'ici être relevées, même par les organisations socialistes rivales. Il n'a pas été possible non plus de découvrir par quelle voie ils ont pénétré dans la zone de plébiscite, mais certains indices permettent de supposer qu'ils venaient de Berlin et que c'est dans cette dernière ville qu'avait été préparée leur action.

D'autres indices encore me portent à croire qu'une action allemande dirige les efforts faits en ces derniers temps pour développer dans ce pays l'organisation bolcheviste. La loi du 10 Février 1920, antérieure à la prise de pouvoir de la Commission, et œuvre du parti socialiste indépendant a institué les conseils d'exploitation (Betriebsräte) en Haute-Silésie comme dans le reste de l'Empire.³ Or des tentatives ont été faites dernièrement pour grouper ces conseils d'exploitation en vue d'une action générale dont le mot d'ordre viendrait de l'organisation centrale qui a été créée à Groß-Berlin. Ainsi serait préparé l'instrument qui, le jour venu, permettrait aux classes ouvrières gagnées aux idées bolchevistes de grouper leurs forces et d'imposer leur pouvoir.

En attendant ce jour, les protagonistes du régime des Soviets ne restent pas inactifs. Leur action apparaît dans la reprise, survenue ces jours derniers sans qu'elle soit justifiée par aucun motif professionnel, d'une grève des Kokswerke de Zabrze, grève qui avait été arrêtée une première fois sur intervention des représentants de la Commission. Leurs efforts tendent maintenant à étendre la grève aux entreprises métallurgiques où ils trouveraient un terrain d'autant mieux préparé que la majorité des ouvriers y sont allemands et que la minorité polonaise s'y compose presqu'exclusivement d'éléments gagnés aux idées extrêmistes.

Les événements de Pologne imposent ainsi à la Commission de Gouvernement une nouvelle et difficile tâche où elle doit s'attendre à avoir à lutter contre la mise à profit des doctrines soviétistes[sic!] pour l'unique fin que poursuit l'Allemagne en ce pays: l'abolition du Traité de Versailles.

Annexe:

Copie. Kattowitz, < ? >⁴

Nous vous accusons réception du courrier 236/43 P.K.I.a.⁵

Malheureusement il ne nous est pas possible encore aujourd'hui de vous donner des renseignements concernant les négociations à faire avec la K.P. car nous avons dû tout d'abord chercher à prendre contact avec des personnalités dissimulées. Mais aussitôt qu'un résultat tangible aura été atteint, nous vous en informerons.

En ce qui concerne la propagande nous ne pouvons vous donner que de brèves indications. La victoire plébiscitaire des Provinces Orientales, l'avance des bolcheviques sur toute la ligne, surtout contre Vilna qui sera bientôt atteinte, les mesures forcées et les réquisitions sans réserve de chevaux et de bétail dans les territoires autrefois allemands, l'abandon de 75% de la fortune de la Pologne, la baisse du mark etc. sont des faits qu'il faut faire entrer en considération.

D'après les nouvelles actuelles, la Russie n'a pas l'intention de faire la paix et cherche un rapprochement direct avec nous. L'arbitrage de l'Angleterre sera différé ou probablement directement refusé. Chaque jour qui prolonge la guerre, signifie pour nous un apport pour le plébiscite. En général les Cercles militaires informés comptent que l'écrasement de l'armée polonaise sera réalisé au plus tard le ...[6] . En ce qui concerne l'aide apportée par l'Entente, la France seule doit entrer directement en considération. Des transports de troupes pour la Pologne impérialiste par l'Allemagne ou la Tchèco-Slovaquie ne sont pas exécutables.

En ce qui concerne la Haute-Silésie nous avons adressé une demande à la délégation de Spa pour essayer d'obtenir les points suivants:

1.- Rappel du Général Le Rond et son remplacement à la tête de la Commission Interalliée par un Président neutre d'esprit.

2.- Renvoi de Korfanty et défense de faire de la propagande sans vergogne d'excitation pan-polonaise, car sans cela l'ordre et tout ce qui en dépend ne peuvent être garantis.

3.- Interdiction de l'immixtion de la Commission dans les affaires des autorités civiles jusqu'au plébiscite.

Nous vous communiquons ces trois points naturellement dans le plus grand secret et espérons...

---

1   Pologne 146, fol. 81-84.
2   Vgl. unten Annexe.
3   Vgl. oben Dok. 54.
4   Maschinenschriftliche Kopie, ohne Datum, Titel und Unterschrift.
5   Nicht ermittelt.
6   Auslassung entsprechend der Vorlage.

354
M. Dard, Ministre Plénipotentiaire de France à Munich, à
M. Millerand, Président du Conseil, Ministre des Affaires Etrangères.

T. n° 57. [Déchiffrement.] Munich, le 12 août 1920.
(Reçu: < ? >.)[1]

D'après des renseignements qui viennent de M. Escherich, lui-même, j'apprends que l'accord qu'il a fait au nom de son organisation avec les Heimatwehren du Tyrol et du Voralberg comporte:
    1°- la réunion des deux organisations autrichiennes et bavaroises sous son commandement *en cas de troubles*:
    2°- la création de chaque côté de la frontière d'une zone d'action commune dans laquelle l'une ou l'autre organisation pourra pénétrer et opérer. - Cette zone aurait trente kilomètres de profondeur de chaque côté, mais il est bien évident qu'une pareille stipulation ne peut être limitée.
    Escherich a dit à son interlocuteur de qui je tiens le propos, "qu'il livrerait quelques fusils au Commissaire du Reich, chargé du désarmement[2], mais garderait tous ceux qui lui sont nécessaires."
    Le Volkspartei vient d'ailleurs de faire connaître dans son organe: "le Bayerische Courier", sa ferme volonté de ne pas laisser désarmer les Einwohnerwehren. Le Gouvernement de M. de Kahr ne pense pas autrement.[3]

---

[1] Papiers d'Agents, Dard 19 (ohne Folio). Zeitpunkt des Eingangs in Paris nicht ermittelt.
[2] Wilhelm Peters.
[3] Vgl. auch den Bericht von Smallbones vom 13.8.1920, DBFP 1/X, No. 278 S. 375ff.

355
M. de Marcilly, Chargé d'Affaires de France à Berlin, à
M. Millerand, Président du Conseil, Ministre des Affaires Etrangères.

T. n° 1495. En Clair. Berlin, le 13 août 1920.
(Reçu: par courrier le 18, 20 h 00.)[1]

La presse allemande consacre de longues colonnes d'informations à la divergence de vues entre la France et l'Angleterre sur les affaires de Russie, mais se montre encore relativement sobre de commentaires.
    Le "Berliner Tageblatt" croit que le point de vue anglais finira par l'emporter et que devant l'attitude résolue de l'opinion britannique le Ca-

binet de Paris sera amené à revenir sur la reconnaissance du Gouvernement Wrangel.² La "Volkszeitung" pense que la désunion qui règne entre les alliés incitera les Soviets à précipiter leur action militaire et à se dérober aux pourparlers de paix.

La plupart des journaux, tout en affectant de considérer comme graves les divergences survenues au sein de l'Entente, mettent pourtant l'opinion en garde contre des espoirs exagérés. La "Freiheit" s'élève contre les vues exprimées par le Drapeau Rouge organe des communistes qui juge le moment venu pour le prolétariat allemand de faire alliance avec les Soviets et d'abattre du même coup le capitalisme allemand et l'ennemi héréditaire. Elle recommande aux ouvriers de ne pas se laisser entraîner envers la France à une politique de provocation qui n'aboutirait qu'à faire le jeu du militarisme et de la réaction en Allemagne. La "Gazette de la Croix" juge que l'Allemagne ne retirera aucun avantage du différend franco-anglais. Quelle que puisse être l'opposition qui règne sur la question russe entre les deux grandes puissances de l'ouest, elles se retrouveront toujours unies contre l'Allemagne. Commentant la situation à Varsovie, le journal conservateur estime que les conditions de paix proposées par les Soviets feraient de la Pologne la proie du bolchevisme et que l'Allemagne n'aurait rien à gagner à voir le communisme installé à ses portes.

Les organes d'extrême droite s'abstiennent encore de commentaires, sauf le "Lokal Anzeiger" qui publie, sous la plume du fameux professeur Schiemann, un article très violent contre la Pologne. "Ce serait un crime, écrit Schiemann, de vouloir épargner à la Pologne le châtiment qu'elle n'a que trop mérité et de lui laisser les territoires allemands qui lui ont été livrés". Schiemann dénonce ensuite "l'incapacité notoire des Polonais d'exister comme Etat, leur perfidie et leur manque de foi" et proclame l'effondrement prochain du Traité de Versailles.

En dépit de cette diatribe isolée, on peut dire que dans l'ensemble le ton de la presse allemande est plus mesuré à l'égard de la France qu'il ne l'était il y a huit jours. L'approche des forces soviétiques, les tentatives de propagande auxquelles elles semblent s'être livrées en Prusse orientale ont ramené l'opinion au calme en lui montrant que l'entente avec le bolchevisme n'offrait pas que des avantages. Peut-être aussi l'attitude résolue de la France dans la question russe donne-t-elle à réfléchir à un peuple qu'une manifestation de force impressionne toujours.

L'article de l'Eclair exposant avec une grande naïveté tout un plan de démembrement de l'Allemagne a fait naturellement le tour de la presse allemande avec une rapidité qui montre combien la direction officielle de la propagande politique a dû apprécier le secours qu'il lui apportait.

---

1   Allemagne 38, fol. 2-4.

2   Paris hatte am 10.8.1920 die Regierung Wrangel offiziell anerkannt.

356
M. de Marcilly, Chargé d'Affaires de France à Berlin, à
M. Millerand, Président du Conseil, Ministre des Affaires Etrangères.

D. n° 526.   Berlin, le 13 août 1920.[1]

A.s. l'organisation d'une armée rouge en Allemagne.

Votre excellence a bien voulu, par bordereau d'envoi N° 1295 du 30 Juillet[2], me communiquer divers documents provenant du Reichswehrministerium et relatifs à l'organisation de l'armée rouge en Allemagne.

J'ai communiqué ce dossier au général Nollet. Le Président de la Commission Militaire Interalliée de Contrôle et moi sommes entièrement d'accord pour souscrire aux conclusions formulées par le Ministère de la Guerre dans sa lettre du 24 Juillet N° 14.800 S.A.E. 2/11[3]. L'existence de l'armée rouge est le grand argument dont l'Etat-Major allemand a fait usage, soit auprès de l'opinion intérieure pour répondre aux attaques des partis de gauche contre sa politique réactionnaire, soit auprès des gouvernements alliés pour essayer d'éluder les clauses du Traité.

Avant d'être groupés en recueil, d'ailleurs assez confus et mal ordonné, pour l'édification des plénipotentiaires alliés à la Conférence de Spa, ces rapports, mémoires, ordres secrets et proclamations avaient été pour la plupart communiqués par l'Etat-Major aux journaux de droite. Leur caractère tendancieux ne peut faire aucun doute. Je me bornerai à rappeler deux circonstances où il a été, à ma connaissance, nettement établi.

Il est certain que, pendant les troubles de Mars dernier, les Communistes n'ont eu à Berlin aucune organisation militaire sérieuse. D'après les renseignements sûrs, le Comité qui prétendait lever une garde rouge ne disposait, au début, que d'une demi-douzaine de mitrailleuses et de quelques centaines de fusils. Les armes enlevées aux patrouilles de police ou dans les magasins de l'Einwohnerwehr ont permis à quelques formations plus ou moins régulières de se constituer dans les faubourgs et la banlieue, à Weissensee, Adlershof, Hennigsdorf. Cette dernière localité a été le théâtre d'une échauffourée dont le récit figure au dossier. Encore les ouvriers avaient-ils été mis en alarme par le voisinage du camp de Döberitz, berceau du coup d'Etat; et ce sont justement les troupes factieuses qui, au retour de Berlin se sont offert[es] la satisfaction d'une bataille rangée où elles ont eu quelques blessés, mais tué et surtout fusillé sans jugement un grand nombre de leurs adversaires.[4]

Le Reichswehrministerium et les journaux à sa dévotion, avaient, à l'époque, mené grand bruit autour de cette affaire. C'est que, voyant l'armée toute entière discréditée par l'aventure du général de Lüttwitz, ils essayaient de la réhabiliter en répandant, parmi la bourgeoisie, la terreur du bolchevisme.

Tandis que les messagers de panique annonçaient chaque jour, à la tombée de la nuit, l'approche de vingt ou trente mille garde-rouges, venant de Spandau, de Moabit ou de Neu-Cölln, le commandement élevait des barrages de fils de fer garnis de mitrailleuses, multipliait les patrouilles d'automobiles blindées, emplissait la nuit de fusées multicolores, bref donnait à la capitale un aspect et une atmosphère de guerre.

Quant aux événements de la Ruhr, tous les témoignages impartiaux ont établi que l'armée rouge ne possédait ni le service d'état-major, ni l'armement perfectionné, ni le ravitaillement régulier dont le Reichswehrministerium lui fait honneur. Il suffit de lire le remarquable rapport du commandant Graff, envoyé en mission spéciale par la C.M.I.C., pour être édifié à cet égard.[5]

Ce n'est pas à dire qu'il existe en Allemagne, surtout en Thuringe, en Saxe et dans quelques grands centres ouvriers comme Kiel, un grand nombre d'armes à la disposition des émeutiers. Les mesures prises par les autorités ou avec leur complicité pour tromper l'activité des Commissions alliées de contrôle chargées de procéder au désarmement - distribution de fusil aux Einwohnerwehren et organisation de multiples dépôts clandestins d'armes - ont créé une situation qui n'est pas sans danger. Mais le mouvement insurrectionnel ne pourrait se généraliser et prétendre aux triomphes du bolchevisme russe que si le parti militaire lui fournissait des cadres. J'incline à croire qu'une telle association est peu probable; mais, si elle venait à se conclure, elle ne manquerait pas d'attirer à elle, sinon la totalité, du moins la grande majorité de la Reichswehr, qui est déjà et sera de plus en plus inféodée au parti militaire. Loin de vouloir détruire l'armée rouge, la Reichswehr en formerait l'armature. Nous n'avons donc aucun intérêt à consentir, par crainte du péril bolcheviste, des tempéraments aux stipulations du Traité qui ont limité les effectifs de l'armée allemande.

J'ai l'honneur de renvoyer ci-joint à Votre Excellence les documents transmis en communication par la dépêche N° 1295.

---

1   Allemagne 60, fol.102r-103v.
2   Nicht abgedruckt.
3   Nicht abgedruckt.
4   Vgl. oben Dok. 146.
5   Vgl. oben Dok. 157 Anm. 5.

357
M. Guéritte, Vice-Consul de France à Danzig, à M. Millerand, Président du Conseil, Ministre des Affaires Etrangères.

D. n° 41. Danzig, le 13 août 1920.[1]

A.s. de la Constitution de Dantzig.

L'Assemblée constituante a terminé hier le vote de la constitution prévue par l'article 103 du Traité de Versailles.

Les députés polonais d'une part, et les "indépendants" de l'autre, avaient déclaré qu'ils s'abstiendraient de prendre part aux délibérations pendant la troisième lecture du projet, aucun des amendements qu'ils avaient présentés pendant les deux premières lectures n'ayant été pris en considération par le bloc majoritaire de l'Assemblée.

La Constitution de la "Ville libre et hanséatique" telle qu'elle a été adoptée par l'Assemblée, ne diffère pas sensiblement du projet qui lui avait été soumis.

Sir Reginald Tower a annoncé qu'il partirait ces jours prochains à Paris pour soumettre la constitution à l'approbation du Conseil des Ambassadeurs, en même temps que le projet de convention entre Dantzig et la Pologne qui a été élaboré par la commission compétente de l'Assemblée constituante.[2]

On peut dire que les travaux de cette assemblée se poursuivaient depuis quelque temps au milieu de l'indifférence à peu près générale du public, chacun se rendant compte que la crise actuelle en Pologne et ses développements probables auront sans doute plus d'influence sur l'avenir réel de Dantzig que les délibérations de l'Assemblée constituante.

---

1   Dantzig 4, fol. 237r, v.
2   Tower reiste mit Rücksicht auf die gespannte Lage erst am 6.9.1920 nach Paris. Er kehrte anschließend nicht mehr in die Stadt zurück. Mit Datum vom 12.8.1920 schickte er einen ausführlichen Bericht über die Entwicklung in den vergangenen Monaten seit seiner Ankunft in Danzig, s. DBFP 1/XI, No. 427 S. 470ff.

358

**M. Dard, Ministre Plénipotentiaire de France à Munich, à
M. Millerand, Président du Conseil, Ministre des Affaires Etrangères.**

D. n° 28.   Munich, le 16 août 1920.¹

Secret.
Envoi d'un mémorandum du Président Bavarois,
relatif au désarmement des Einwohnerwehren.

J'ai l'honneur d'envoyer, ci-joint, à Votre Excellence, en original et en traduction, le mémorandum que le Président bavarois², ainsi que je lui en avais fait la demande, vient de m'adresser à la suite de notre entretien du 11 de ce mois³. C'est un plaidoyer chaleureux que M. de Kahr, d'accord avec Heim et Escherich, adresse à Votre Excellence en vue d'obtenir le maintien des Gardes Civiques bavaroises et la conservation de leur armement. Il y est fait mention de l'intention du Gouvernement Bavarois de faire marcher sur Berlin les Unités de Reichswehr, stationnées en Bavière, au cas où un Gouvernement bolcheviste anticonstitutionnel s'installerait à Berlin; il y est également fait allusion, in fine, aux dispositions conciliantes d'Etats de l'Entente, en ce qui concerne le désarmement des Gardes Civiques; je pense que ce passage vise les espérances, déjà données, dans ce sens, par les Consuls d'Angleterre⁴ et d'Italie⁵.

Le désarmememnt de la population civile allemande, et notamment des Einwohnerwehren, a été décidé à Spa par les Puissances Alliées, en vue d'éviter le retour d'une offensive allemande à l'extérieur. Pour les Allemands, cette question est, au contraire, d'ordre intérieur. Une guerre civile pouvant éclater, à tout instant, aucun des deux partis ne veut se laisser désarmer. Mais les partisans de la revanche, paraissent s'unir à ceux de la révolution dans ce qu'on appelle: *le Bolchevisme National*. Nous avons donc tout intérêt à soutenir le parti de l'ordre et de la Paix et à encourager les tendances qui le poussent vers nous, surtout après l'engagement pris de se déclarer contre un Gouvernement bolcheviste en Allemagne, et, somme toute, de devenir notre alliée dans la lutte contre le bolchevisme.

Quelle que soit la décision qui sera prise à ce sujet par Votre Excellence, d'accord avec nos alliés, je ne puis me préoccuper ici que de l'effet qu'elle produira en Bavière. Alors que la Constitution Allemande interdit à la Bavière d'avoir des rapports particuliers avec les puissances étrangères, alors que le Gouvernement bavarois, lui-même, s'est cru tenu d'avertir le Représentant de la France qu'il ne pourrait traiter, avec lui, aucune affaire politique⁶, alors que ce représentant vient, pendant tout un mois, d'être attaqué et même injurié, par la Presse Allemande, le Président de Kahr se voit dans la nécessité de recourir à la France pour une question d'ordre extérieur, au premier chef, puisqu'elle a trait à l'exécution des décisions, prises à Spa, par les Alliés. Il nous adresse un mémorandum et nous fait des déclarations qui prévoient une rupture armée entre la Prusse révolutionnaire et la Bavière conservatrice. De telles circonstances ne s'étaient pas présentées, depuis plus de cinquante ans, entre la France et la Bavière.

Dans ces conditions, il me paraît, avant tout nécessaire de maintenir et de resserrer notre contact, désormais établi avec la Bavière en vue d'acquérir sur elle plus d'autorité dans la suite.

Je me permets, en conséquence, de suggérer à Votre Excellence qu' Elle veuille bien me charger de faire savoir *officieusement* au Gouvernement Bavarois que le Gouvernement de la République, sans se départir de la rigueur de ses droits, donnera, à ses représentants, dans les Commissions interalliées, les instructions nécessaires pour répondre aux vœux justifiés du Gouvernement Bavarois.

Annexe:

[Memorandum des bayerischen Ministerpräsidenten, Gustav von Kahr.][7]

Schon in den Monaten unmittelbar vor der deutschen Revolution, als die staatlichen Machtmittel zur Aufrechterhaltung der öffentichen Ordnung mehr und mehr versagten, machte sich das Bedürfnis zum Selbstschutz da und dort in den ordnungsliebenden Kreisen bemerkbar. Durch den Umsturz im Nov. 1918 brachen die schon morsch gewordenen staatlichen Machtmittel und alle moralischen Voraussetzungen für ein geordnetes Staatswesen jäh zusammen. Der Terror der Straße gewann die Herrschaft. Die bolschewistische Parole: "*Bewaffnung und Diktatur des Proletariats*" wurde von den Umstürzlern übernommen und sollte im ganzen deutschen Reiche durchgesetzt werden. Bei der überhasteten Demobilmachung waren große Mengen von Waffen aller Art bis zu den schwersten Geschützen in die Hände bolschewistisch gesinnter Kreise geraten.

Wir Bayern haben während der Räteherrschaft im Frühjahr 1919 am furchtbarsten erfahren, was diese Diktatur des Proletariats bedeutet, für uns, für unsere Familien, für unsere ganze Kultur! Und was es heißt, *ohne* Waffen dem bewaffneten Terror und dem Bolschewismus ausgeliefert zu sein.

Damals schlossen sich die ordnungsliebenden Elemente unter Führung beherzter Männer mit dem Treugelöbnis zusammen: "Niemals dürfen so traurige Zeiten in Bayern wiederkehren!" Sie schufen, gestützt auf die breitesten Volksmassen, ein Bollwerk gegen den inneren Bolschewismus. Dem bewaffneten antinationalen Proletariat mit seinen terroristischen Klassenzielen stellten sie das bewaffnete ordnungsliebende Volk als Wahrer der von ihm geschaffenen Verfassung und als Wahrer der Kultur gegenüber.

So entstand aus schwerster Bedrängnis heraus die *Organisation der bayer. Einwohnerwehr*. Ihre damaligen Ziele sind bis auf den heutigen Tag die gleichen geblieben: Sie ist eine *Notwehrorganisation gegen den Bolschewismus*.

Durch freiwilligen Zusammenschluß entstanden, auf breitester demokratischer Basis aufgebaut, völlig unpolitisch und unmilitärisch, ist sie ein eingetragener privater Verein nur mit dem einen Ziele, die zu schwachen Machtmittel der Regierung in der Gewährleistung der öffentlichen Sicherheit und Ordnung zu unterstützen und jeden Verfassungsbruch zu verhindern, von welcher Seite er auch kommen mag. Die Einwohnerwehr Bayerns erstrebt dieses Ziel nicht bloß mit der Waffe in der Hand, sondern auch unter Ausnützung aller geistigen Mittel. Sie will auf jedem möglichen Wege die bolschewistische Infektion des bayerischen und deutschen Volkes ausrotten und dadurch die wichtigsten Grundlagen für die innere Wiedergenesung schaffen.

Dieses Leitmotiv kennzeichnet auch die Stellung der bayer. Einwohnerwehr gegenüber ihrem neusten Feinde: gegenüber dem sogenannten *Nationalbolschewismus*. Das bayer. Volk und seine Regierung, ebenso wie die Reichsregierung müssen sich darüber klar sein, daß diese nationalbolschewistischen Ideen nicht bloß für uns, sondern auch für die ganze westeuropäische Welt die schwersten Gefahren in sich schließen. Der Sieg des Nationalbolschewismus im deutschen Reiche bedeutet letzten Endes die Auslieferung der jahrtausende alten[sic!] europäischen christlichen Kultur an den wesensfremden slawischen Asiatismus.

Es ist klar, daß diese *europäische* Gefahr gegenüber Bayern mit seiner Einwohnerwehr allein sich *nicht* durchzusetzen vermag. Dies wurde auch außerhalb Bayern[s] erkannt und führte zur Gründung der sogenannten *Orgesch*. Auch sie ist ein eingetragener privater Verein und verfolgt die gleichen Ziele wie die bayerische Einwohnerwehr: Kampf gegen Europas größten Feind, gegen den Bolschewismus. Da Bayern derjenige Staat in Deutschland ist, der sich seit geraumer Zeit gefestigte Verhältnisse geschaffen hat und diese zu erhalten vermag, hat es sich ganz von selbst ergeben, daß der Verein "Orgesch" seinen Sitz in Bayern gesucht hat. Dabei mag auch die Absicht mitentscheidend[sic!] gewesen sein, den Berliner Einflüssen zu entgehen.[8]

Die bolschewistischen Ideen sind aber auch bereits tief in die *östlich an das deutsche Reich grenzenden Völker* eingedrungen. Polens Zusammenbruch in diesen Tagen bedeutet einen gewaltigen Fortschritt des

Asiatismus. Die aus dem ehemaligen Kaiserreich Österreich-Ungarn hervorgegangenen Staaten sehen sich ihm als die nächsten Opfer preisgegeben. Es ist daher begreiflich, daß auch aus den ordnungsliebenden Kreisen dieser Staaten heraus der Wunsch nach einer gleichartigen antibolschewistischen Organisation verwirklicht worden ist. Denn überall in ganz Mitteleuropa bricht sich immer wuchtiger die Überzeugung Bahn, daß die Wogen des Bolschewismus nur durch eine *antibolschewistische Liga auf breitester Grundlage* gebrochen werden können. Die Erhaltung der Einheit des deutschen Reichs als des trotz seiner Schwäche immer noch kräftigsten Wellenbrechers innerhalb von Mitteleuropa ist eine unbedingte Voraussetzung für die Abwehr des Bolschewismus. Nicht bloß aus allgemeinen nationalen Erwägungen heraus, die tief im bayerischen Volke verankert sind, sondern vor allem auch im Hinblick auf die bolschewistischen Gefahren muß Bayerns Regierung und Volk treu am Reichsgedanken festhalten, - unbeschadet der föderalistischen Tendenzen, die Bayern im Rahmen des Reichs verfolgt, und zu denen ich im bayerischen Landtage wiederholt Stellung genommen habe.

Bayern darf sich zur Zeit *innerhalb* des deutschen Reichs dank seiner Einwohnerwehr als das festeste Bollwerk gegen den Bolschewismus betrachten. Sollte sich dieser im Norden des Reichs gegen den Willen der Reichsregierung durchsetzen, so erachtet dies Bayern als Bruch der Verfassung und wird im Verein mit anderen sich gesund erhaltenen deutschen Verbänden alles aufbieten, um die Ordnung im Norden wieder herzustellen. Bayerns Volk würde damit im Zusammengehen mit anderen deutschen Staaten nicht bloß eine deutsche Aufgabe zu erfüllen haben, sondern viel weitergehenden Interessen dienen. Denn bricht das deutsche Volk unter dem furchtbaren Drucke des Bolschewismus zusammen, dann ist nicht bloß das Schicksal von Mitteleuropa, sondern nach meiner innersten Überzeugung das Schicksal des europäischen Festlandes, vor allem Frankreichs besiegelt! Keine Rheingrenze, kein Rheinbund, aber auch keine militärischen Machtmittel der Verbandstaaten, vermögen dann den Siegeszug des Asiatismus mehr aufzuhalten, wenn das deutsche Reich nicht auch diesmal wieder seine geschichtliche Mission als Vorkämpfer Europas gegen Asien zu erfüllen vermag.

Ich muß es tief bedauern, daß offenbar noch nicht alle Verbandstaaten die schweren Gewitterwolken erkennen wollen, die sich im Osten über dem europäischen Horizont zusammengeballt haben und sich jederzeit entladen können. Im gegenseitigen Hasse verstrickt, drohen die europäischen Kulturstaaten einzeln und nacheinander das Opfer ihrer Verblendung zu werden. *Das Diktat von Spa* muß mich in dieser Befürchtung bestärken. In die Tat umgesetzt bedeutet es das Todesurteil für die europäische christliche Kultur!

Die Stellungnahme der bayerischen Regierung zu den *Entwaffnungsforderungen von Spa* ergibt sich unmittelbar aus dieser meiner Auffassung über die Gesamtlage Europas: Die Entwaffnung darf sich *nicht* erstrecken auf jene Organisationen, die den Kampf gegen den Bolschewismus auf ihre Fahne geschrieben haben, also insbesondere nicht auf die bayerische Einwohnerwehr und verwandte Einrichtungen. Dagegen ist die restlose und dauernde Entwaffnung aller auf den Umsturz gesinnten Elemente die dringendste Forderung der Zeit! Daß sich in ihren Händen noch große Mengen von Waffen aller Art befinden, kann keinem Zweifel unterliegen. Ihre Erfassung bedeutet die materielle Niederwerfung der bolschewistischen Vorposten in Mitteleuropa; ich rechne dazu auch die Nationalbolschewisten.

Die bei den bisherigen *Entwaffnungsaktionen gemachten Erfahrungen*, insbesondere beim Niederwerfen der Räterepublik München, bei den Unruhen im Ruhrgebiet und in Mitteldeutschland haben übereinstimmend gezeigt, wie ungeheuer schwierig solche Entwaffnungsaktionen sind. So darf z. B. trotz gründlicher Sanierung[9] Münchens im Mai 1919 noch mit größter Wahrscheinlichkeit angenommen werden, daß sich in den Händen der Münchener radikalen Kreise noch jetzt ca. 30 - 50.000 Gewehre, MG., und sicherlich auch noch eine Anzahl von Geschützen befindet. Die notwendigen Entwaffnungsaktionen, zunächst *nur* gegen die bolschewistischen Elemente, haben nur dann Aussicht auf durchschlagenden Erfolg, wenn alle verfügbaren Machtmittel zusammengefaßt und rücksichtslos angewendet werden. Sie sind daher von vornherein zum Scheitern verurteilt, wenn *gleichzeitig* diese Machtmittel selbst ganz oder teilweise aufgelöst werden sollen. Das sind die Forderungen von Spa, das sind die Widersprüche der dort gestellten Bedingungen. Die bayerische Regierung steht nach wie vor auf dem Standpunkte, daß sie nicht erfüllt werden können.

Die wahllose Entwaffnung des gesamten deutschen Volkes treibt es mit Sicherheit in die Arme des Bolschewismus! In seiner Verzweiflung wird es im *Nationalbolschewismus* seine einzige Rettung erblicken. Schon jetzt, namentlich auch in geistig führenden Schichten, will man unter dem Eindrucke von Spa nach diesem Strohhalm greifen.

Ich muß aber auch in aller Offenheit darauf hinweisen, daß meiner Überzeugung nach weder die bayerische noch die Reichsregierung über taugliche Mittel verfügt, die festgefügte bayer. Einwohnerwehr zu entwaffnen. Schon der Versuch einer solchen Entwaffnung würde gerade in jenen Bevölkerungskreisen größte Erbitterung hervorrufen, denen die Ordnung im Lande und eine auf föderalistischer Grundlage aufgebaute Sanierung des Reichs am Herzen liegt. Namentlich auf dem Lande würde ein solcher Versuch schärfsten Widerspruch und verzweifelten Widerstand finden. Er würde die anzustrebende Aussöhnung der Völker vereiteln und auch im bayerischen Volke erbitterten Haß gegen diejenigen Völker entzünden, die solche Maßnahmen fordern. Das Erlebnis einer Diktatur des Proletariats hat der bayerischen Einwohnerwehr in schwerster Zeit die Waffen in die Hand gedrückt. Erst dann, wenn diese immer noch drohende Gefahr endgültig beseitigt ist, wenn die bolschewistischen Kreise nachweisbar ihre Waffen abgeliefet haben und die staatlichen Machtmittel zum Schutze von Sicherheit und Ordnung ausreichend erscheinen, - erst dann wird die bayerische Einwohnerwehr ihre Waffen wieder aus der Hand geben, *gerne und freudig und keinen Tag später!* Dann ist die Zeit der Selbstschutzorganisationen vorbei. *Wann dieser Zeitpunkt gekommen sein wird, hängt von der Entwicklung der Gesamtlage ab.* Er kann nicht "befohlen" oder - durch Einmarschdrohungen usw. - "erpreßt" werden.

Das deutsche Volk ist *kriegsmüde*. Es ist auch nach jeder Richtung hin unfähig und aller Mittel bar, um den geradezu unsinnigen Gedanken an eine *Revanche* zu nähren oder gar in die Tat umzusetzen. Das können nur einzelne wilde Phantasten sich einbilden. Die Zeit, wie vor etwa hundert Jahren, wo man im geheimen das Volk bewaffnen und ausrüsten, gewissermaßen Armeen aus dem Boden stampfen konnte - diese Zeit ist endgültig vorbei. Der moderne Krieg, noch dazu gegen einen übermächtigen Feind, ist auf ganz andere Faktoren aufgebaut. Ich brauche sie nicht im einzelnen aufzuführen und zu betonen, daß das deutsche Volk sie nicht mehr besitzt und sie auch in absehbarer Zeit nicht mehr erwerben kann. Und gar die bayerische Einwohnerwehr mit Revanchezielen in Verbindung zu bringen, in ihr die Grundlagen für eine künftige Mobilmachung für den Neuaufbau eines gewaltigen Heeres mit all den erforderlichen Großkampfmitteln erblicken zu wollen - diesen Gedanken weist jedermann ohne weiteres und lächelnd von sich, der die Art der Organisation und ihre Zusammensetzung kennt.

Das deutsche Volk wehrt sich aber mit dem letzten spärlichen Rest seiner Kraft dagegen, *daß es sich selbst dem Bolschewismus ausliefern soll*. Gegen diesen Selbstmord bäumt es sich auf und ganz besonders das bayerische Volk, weil es den Fluch des Bolschewismus schon einmal am eigenen Leibe gekostet hat. *Das ist Notwehr und sie ist mächtiger als jedes Gesetz*.

Ich habe immer noch die Hoffnung, daß die Verbandstaaten ihren Irrtum noch in letzter Stunde erkennen und dem gequälten deutschen Volke nicht in den Arm fallen in einem Augenblick, wo es unter Aufbietung seiner letzten Kräfte als schwacher Vorposten der europäischen Kultur dem Eindringen des Asiatismus gegenübersteht. Seine siegreiche Abwehr freilich wird Deutschland oder Mitteleuropa aus eigener Kraft *nicht* zu leisten vermögen. Die Niederwerfung des Bolschewismus ist längst schon eine *gemeinsame Aufgabe aller europäischen Kulturstaaten geworden.* Sie müssen ihren Bruderzwist so rasch als möglich begraben, wollen sie nicht offenen Auges in ihr Verderben rennen. Der Feind der Verbandstaaten ist nicht mehr das ohnmächtige deutsche Reich. Es ist der asiatische Bolschewismus und Panslawismus der soeben eine Schöpfung der Verbandstaaten spielend hinweggefegt hat und sich mit der ihm eigenen beispiellosen Zähigkeit und Rücksichtslosigkeit seine weiteren Opfer in Mittel- *und* Westeuropa suchen wird.

Entsprechend den an mich gestellten Fragen habe ich in den obigen Darlegungen vor allem die äußere und innere politische Seite der Entwaffnungsfrage in den Vordergrund gestellt. Ich möchte aber nicht unterlassen, wenn auch nur ganz kurz, darauf hinzuweisen, daß die Entwaffnungsfrage auch von ganz hervorragend *wirtschaftlicher Bedeutung* ist. Nicht bloß für das deutsche Volk, sondern auch für seine Gläubiger. Ich bin der Meinung, daß die Deckung von Schulden im Völkerleben wie im Privatleben eine gemeinsame Aufgabe von Schuldner und Gläubiger sein muß. Ersterer legt in die Gesellschaft seine Arbeitskraft ein, letzterer seine Forderung. Aber auch dem Schuldner muß bei dem Geschäfte die Möglichkeit des Verdienstes belassen bleiben. Und dazu ist die Aufrechterhaltung der Ordnung die erste Voraussetzung!

Ich habe ohne jede Umschweife aus reinsten Beweggründen heraus zum Ausdrucke gebracht, was ich fühle. Es sind dies Gedanken, die nicht nur im bayerischen Volke, sondern in weiten Kreisen des deutschen Reichs und, wie ich höre, sogar auch bei einzelnen Verbandstaaten geteilt werden. Nur auf dem Wege rückhaltloser Offenheit sehe ich noch die letzte Möglichkeit, das Gebot der Stunde zu erfüllen und die Kulturstaaten Europas einander noch rechtzeitig näherzubringen - *zum gemeinsamen Kampfe gegen den gemeinsamen Feind!*

---

1 Papiers d'Agents, Dard 13 (ohne Folio). Maschinenschriftlicher Durchschlag, ohne Unterschrift.
2 Gustav von Kahr. Zum deutschen Originaltext, der weder Überschrift noch Paraphe oder Unterschrift trägt vgl. unten Annexe.
3 Vgl. oben Dok. 352.
4 Robert T. Smallbones.
5 Giovanni Cesare Majone.
6 Vgl. oben Dok. 318.
7 Maschinenschriftliche Kopie, ohne Datum, Titel und Unterschrift.
8 Vgl. oben Dok. 352 Anm. 3.
9 Vgl. oben Dok. 341 Anm. 5.

359

**M. de Marcilly, Chargé d'Affaires de France à Berlin, à
M. Millerand, Président du Conseil, Ministre des Affaires Etrangères.**

D. n° 79.   Berlin, le 17 août 1920.[1]

Projet de collaboration entre agriculteurs français et allemands.

Votre Excellence a bien voulu, par sa dépêche N° 400 du 29 juillet, m'entretenir des ouvertures que certaines personnalités allemandes avaient faites à M. Haguenin en vue d'organiser des conférences entre agriculteurs allemands et français.[2]

Ces projets me sont connus depuis trois mois pour avoir été longuement exposés par un de leurs promoteurs, M. Carsten-Nielsen, au commandant Favre, chef de la section d'informations à la Commission Militaire Interalliée de Contrôle. M. Carsten-Nielsen sleswigois[sic!] d'origine, prend une part active au mouvement des syndicats agricoles et dirige une revue spéciale. Il regrettait que les négociations économiques de Paris fussent réservées aux seuls industriels.[3] En demandant l'extension du programme aux questions agricoles, il faisait principalement valoir l'intérêt politique que la France aurait à se concilier les agriculteurs, inféodés aux partis de droite, mais cependant tout disposés, d'après lui, à renier le pangermanisme, s'ils trouvaient leur avantage dans un rapprochement économique. Il insistait beaucoup pour avoir une réponse de principe avant les élections au Reichstag, fixées au 6 juin.

J'estimai que nous n'avions aucun motif de nous prêter à des tractations politiques avec les conservateurs prussiens qui, tout en voulant se donner auprès des électeurs paysans le mérite de relations pacifiques avec la France, faisaient campagne pour le rétablissement de la monarchie militariste et la dénonciation du Traité de Versailles.

D'autre part, le rapprochement économique franco-allemand ne paraissait pas, d'après nos informations, présenter en matière d'agriculture un intérêt aussi immédiat qu'en matière d'industrie. Je conseillai donc au Commandant Favre de répondre que les propositions des agriculteurs allemands pourraient être utilement examinées lorsque l'Ambassade recevrait le technicien dont la venue lui était annoncée.

M. Carsten-Nielsen s'est alors adressé à M. Haguenin. Cependant, M. Saillard qui avait longtemps différé son voyage, décidé en principe depuis plusieurs mois, est arrivé récemment à Berlin pour y remplir la mission que le Département a bien voulu lui confier sur la proposition de l'Ambassade. Je l'ai mis au courant de la question. Il m'a déclaré, qu'à son avis, <les conversations suggérées par>[4] M. Carsten-Nielsen et ses amis ne pouvaient donner aucun résultat utile. Une association agricole internationale, où les Allemands n'ont pas été invités à se faire représenter, s'est réunie dernièrement à Paris sous la présidence de M. Méline. Elle a estimé que les Allemands ne pourraient avoir leur place dans une telle organisation, tant qu'ils ne se seraient pas acquittés de leurs obligations dans les régions libérées.

Il ne me semble pas qu'il y ait lieu, dans l'état actuel des choses, de revenir sur cette attitude.

---

1 Relations Commerciales 1919-1949, Série C, dossiers géographiques, Allemagne 10, fol. 280-281.
2 Nicht abgedruckt. Es handelt sich um einen Bericht Haguenins ohne Nummer vom 21.7.1920, s. Allemagne 522.
3 Vgl. oben Dok. 217 Anm. 5.
4 Diese Passage wurde nachträglich handschriftlich eingefügt.

360
M. Tirard, Haut-Commissaire de la République Française dans les Provinces du Rhin, à M. Millerand, Président du Conseil, Ministre des Affaires Etrangères.

N° 466 S/A.T.R.P. [Coblence ?], le 18 août 1920.[1]

J'ai communiqué à Votre Excellence, en même temps que les décisions de la Haute-Commission relatives à l'arrestation du Docteur Dorten le 24 juillet, divers rapports relatifs aux répercussions possibles de ce geste maladroit des autorités allemandes[2].

Dès le 26 Juillet, j'étais avisé, par les comptes rendus de divers agents, que les partisans du mouvement rhénan suivaient avec une attention extrême le développement de cette affaire, prêts à se sentir affermis ou découragés par l'attitude que prendrait, dans la circonstance, la Haute-Commission Interalliée.

Les mêmes personnalités ont compris qu'il ne s'agissait pas, pour la France, de prendre la défense du Docteur Dorten ou de se lier à son programme politique. Mais la fermeté qu'à montrée la Haute-Commission après avoir laissé passer le temps nécessaire pour approfondir son enquête, est apparue comme une preuve de l'impartialité où les rhénans voient pour eux-mêmes la plus sérieuse des garanties.

Depuis une quinzaine de jours, j'ai connaissance de diverses activités qui se réveillent, notamment à Trèves, en dehors de toute intervention des autorités françaises. Un groupe, notamment, a constitué en quelques jours un fonds destiné à la propagande dans les milieux ouvriers.

J'apprends aujourd'hui, de source certaine, qu'un entretien a eu lieu récemment au Ministère des Affaires Etrangères, à Berlin, à l'occasion de la dernière affaire Dorten, entretien auquel prenait part Monsieur von Simons[3], Ministre des Affaires Etrangères. L'impression exprimée par ce dernier, serait que l'arrestation du Docteur Dorten a été une grande maladresse, et que le Gouvernement Allemand ne pouvait faire autrement que de désavouer les auteurs et les exécuteurs de cette aventure.[4] Il considérait d'ailleurs comme regrettable de paraître en cela céder aux représentations de l'entente. Il constatait que la Haute-Commission a gagné là une nouvelle autorité et une popularité incontestable. Il ajoutait qu'un texte destiné à régler d'une manière satisfaisante la question rhénane est à l'étude à Berlin, dans le sein du Gouvernement, et qu'il faut éviter de réveiller l'activité et l'ardeur des Rhénans contre la Prusse. En effet, le gouvernement de Berlin doit songer au plébiscite, auquel il pense devoir se résoudre à l'expiration du délai de 2 ans prévu par la constitution, et qu'il a le devoir de diriger dans le sens qu'il souhaite. Il était reconnu enfin que l'aventure de la fin de Juillet, et l'attitude de la Haute-Commission, ont détruit d'un seul coup le travail fructueux et couteux des nombreux agents installés par Berlin dans les Territoires Occupés, depuis plusieurs mois.[5]

Je ne manquerai pas de tenir Votre Excellence très exactement informée du développement progressif des mouvements qui semblent pouvoir se greffer sur cet événement.

---

1 AN, AJ 9 3825. Maschinenschriftlicher Durchschlag, ohne Ortsangabe und ohne Unterschrift.
2 Vgl. oben Dok. 324 Anm. 6.
3 Richtig: Simons, offenbar liegt hier eine Verwechslung vor mit von Simson, dem damaligen Leiter der Abt. II des Auswärtigen Amtes.
4 Vgl. dazu oben Dok. 324 Anm. 6.
5 Zu den Beschlüssen der HCITR (unter anderem der Ausweisung des Wiesbadener Regierungspräsidenten sowie des Polizeipräsidenten) s. Tirards Telegramm N° 10933 vom 25.7.1920, AN, AJ 9 3660. Zu den Bemühungen des britischen Hochkommissars Stuart, die Wogen zu glätten s. dessen Bericht an Curzon vom 31.7.1920, DBFP 1/X, No. 187 S. 283f.

361
M. Tirard, Haut-Commissaire de la République Française dans les Provinces du Rhin, à M. Millerand, Président du Conseil, Ministre des Affaires Etrangères.

N° 6425 A.T.R.P. [Coblence ?], le 18 août 1920.[1]

J'ai l'honneur d'adresser à Votre Excellence la copie de renseignements provenant d'un agent sûr et intéressant l'état d'esprit des ouvriers dans la Ruhr, ainsi que le développement du "National Bolchevismus".

Annexe:

Note d'un Agent sûr.

J'ai l'honneur de vous rendre compte que j'ai eu hier un entretien avec un des chefs du parti social-démocrate de la région.

Ce personnage vient de faire une absence de 3 semaines au cours de laquelle il a visité une partie de l'Allemagne centrale de la Westphalie, et en particulier, le Bassin de la Ruhr.

Il a eu de fréquentes occasions de causer en confiance avec des ouvriers qu'il connait bien et qui lui ont, dit-il franchement parlé; les opinions qu'il a exposées sont les suivantes:

Les ouvriers de la Ruhr estiment que les deux millions de tonnes exigées mensuellement par l'Entente sont évidemment une lourde charge pour l'Allemagne et exigeront, de leur part, un travail soutenu et puissant, mais ils pensent aussi qu'ils peuvent les fournir si:

1) le sous-sol et l'outillage sont remis en état,

2) on leur fournit des vivres en quantités correspondant à leur travail.

Les propriétaires des mines, les gros industriels et le Gouvernement allemand lui-même seraient ceux qui mettraient, avec intention, les plus grandes entraves à la production du charbon en négligeant les réparations indispensables aux mines et à l'outillage.

D'après mon interlocuteur, Hugo Stinnes, Thyssen, et autres gros industriels sont capables de tout pour faire obstacle aux stipulations de la Conférence de Spa, même, au besoin, de détruire leurs mines, opération pour laquelle ils pourraient toujours soudoyer quelques ouvriers.

Au cas où les événements amèneraient l'occupation du Bassin de la Ruhr par les forces de l'Entente, les ouvriers seraient tout disposés à continuer à travailler comme précédemment à condition qu'on leur fournisse des vivres; l'assertion que le travail diminuerait ou s'arrêterait dans les mines vient uniquement des patrons et du Gouvernement allemand. Il s'ensuivrait que la fourniture du charbon, dans le temps présent, en quantités fixées par la Conférence de Spa dépendrait uniquement du capital allemand, quel que soit son possesseur, industriels ou Gouvernement; le Bassin de la Ruhr produirait certainement une quantité de charbon au moins aussi grande qu'avant la guerre, même en ne travaillant que sept heures par jour, si les fonds et l'outillage étaient remis en état.

La question des vivres est très importante. Quoique les ouvriers de la Ruhr reçoivent une ration sensiblement plus élevée que celle des autres pays de l'Allemagne et, en particulier des territoires occupés, leur alimentation est toutefois insuffisante.

*

Mon interlocuteur m'a ensuite parlé de l'opinion nouvelle qui se développe et qui prend le nom de "National Bolchevismus"[sic!]. Il est convaincu que cette doctrine est propagée et fermement encouragée par les gros industriels allemands qui y voient un moyen désespéré mais assuré d'échapper aux obligations du Traité de Paix. C'est le dernier atout des capitalistes et des profiteurs de la guerre pour sauver leur gain et, peut-être, garantir leur fortune.

A première vue, il semble étonnant que l'institution d'un bolchevisme, même atténué, puisse apparaître comme un moyen de conserver les fortunes des gros capitalistes dans le présent et dans l'avenir. Toutefois, m'a dit mon interlocuteur à ce propos; il faut bien s'entendre sur le mot bolchevisme. Tel qu'il est compris en Russie, il n'existerait pour ainsi dire pas en Allemagne. Quelques individus, à Berlin et dans certaines grandes villes industrielles comme Hambourg, Magdebourg, Düsseldorf, etc... professent seules le véritable bolchevisme russe. Dans la réalité, la masse de ceux qu'on appelle "bolchevistes" comprend les communistes, dont les tendances se rapprochent en effet de celles des bolchevistes, mais qui sont en nombre relativement faible, et les U.S.P. dont la gauche extrême touche au communisme, mais dont le centre et surtout la droite se rattachent plutôt au parti social-démocrate; or, le parti social-démocrate est, de beaucoup, le plus puissant de tous les partis socialistes et s'opposait de la manière la plus énergique à l'emprise des partis extrêmes de gauche.

Etant donné cette situation des partis politiques avancés, le bolchevisme national est fort loin de ressembler dans son ensemble au bolchevisme russe. Il doit servir, dans l'esprit de ses promoteurs, d'abord à libérer l'Allemagne de ses obligations envers l'Entente, au moyen d'un bouleversement de l'ordre social actuel, puis, ce résultat obtenu, à favoriser les tendances réactionnaires et pangermanistes en profitant du prestige et de l'ascendant que lui auraient donnés les avantages obtenus contre l'Entente.

En résumé, le bolchevisme national n'aurait de bolchevisme que le nom; il ne constituerait même pas, à proprement parler, une opinion, mais plutôt un moyen qui se serait approprié les chefs de la politique pangermaniste pour s'assurer l'appui de la majorité du peuple, échapper aux obligations du Traité de Paix et, ensuite, saisir le pouvoir, replacer les ouvriers dans leur situation première et rétablir la suprématie des réactionnaires et des pangermanistes.

---

1   AN, AJ 9 3408. Maschinenschriftlicher Durchschlag, ohne Ortsangabe und ohne Unterschrift.

362
Le Général Le Rond, Président de la Commission Interalliée de Gouvernement et de Plébiscite de Haute-Silésie, à M. Millerand, Président du Conseil, Ministre des Affaires Etrangères.

N° 90. Oppeln, le 18 août 1920.[1]

Neutralité de la Haute-Silésie dans le conflit Russo-Polonais.

J'ai l'honneur de vous remettre ci-joint, dans le texte original, accompagné d'une traduction française, une note qui m'a été remise hier soir par Monsieur de Moltke, qui, en l'absence du Prince de Hatzfeldt, remplit le rôle de haut-fonctionnaire allemand mis à la disposition de la Commission.[2]

"En présence des événements polono-russes, dit cette note, le Gouvernement allemand croit devoir, d'accord avec la Commission Interalliée, dont les buts sont sans doute conformes aux siens, examiner toutes les mesures nécessaires pour maintenir la neutralité en Haute-Silésie."- "Pas plus que les autres territoires de l'Empire allemand, le territoire de plébiscite de Haute-Silésie ne doit être entraîné d'une façon quelconque dans le conflit russo-polonais et voir ainsi sa neutralité mise en danger". La note conclut en déclarant que le Gouvernement allemand "reste à tout instant prêt, dans l'intérêt de la conservation de sa neutralité même à mettre à portée tous les moyens nécessaires." - "Le Gouvernement allemand admet cependant comme condition préalable que, du côté de la Commission Interalliée, toutes les mesures nécessaires ont été prises pour assurer le désarmement et l'internement conformes à la neutralité allemande de tous les belligérants qui, le cas échéant, pénétreraient sur le territoire de plébiscite haut-silésien et qu'elle empêche tout agissement incompatible avec la neutralité établie".

Telle est la teneur essentielle de cette note.

Tout en recevant des mains de Monsieur de Moltke ce document, j'ai tenu aussitôt à faire les plus express réserves tant sur le fond que sur la forme même de cette démarche.

D'une part en effet, le fonctionnaire mis à la disposition de la Commission en vertu du C, alinéa 3, des Dispositions signées à Paris le 9 Janvier dernier[3], n'a aucune qualité pour agir comme plénipotentiaire de son Gouvernement en matière d'affaires extérieures. Son rôle est limité aux seules affaires intérieures de la Province, pour lesquelles un contact avec l'Allemagne est nécessaire au point de vue administratif.

J'ai dû d'autre part faire toutes réserves sur le fond même de la question, le régime établi par l'article 88 du Traité de Versailles[4] étant suffisamment précis pour décharger l'Allemagne de toute responsabilité internationale au sujet de la Haute-Silésie.

J'ai enfin déclaré à Monsieur de Moltke qu'aucune réponse ne serait faite à cette note avant que les Puissances Alliées n'en aient elles-mêmes pris connaissance.

En vue de cet examen, un certain nombre d'observations s'imposent sur la note allemande:

La thèse allemande est que le Gouvernement allemand est seul responsable de ce qui pourrait se passer en Haute-Silésie au point de vue international; c'est pourquoi il affirme à deux reprises que "sa neutralité" pourrait être mise en danger par le fait de la Commission Interalliée si celle-ci n'entrait pas dans ses vues. C'est la même thèse qu'implique la communication du Gouvernement Russe au Gouvernement allemand touchant la crainte de voir transformer les territoires de Haute-Silésie en une base d'opérations contre la Russie.

La thèse allemande ne saurait évidemment être acceptée sans annuler pratiquement le régime résultant de l'article 88 du Traité de Versailles.

La Haute-Silésie est en effet soumise à une Commission Interalliée de Gouvernement qui, en vertu d'une délégation des Puissances Alliées et Associées, jouit de tous les pouvoirs exercés antérieurement par le Gouvernement allemand. Les inquiétudes réelles ou feintes du Gouvernement allemand au regard de l'attitude possible de la Commission ne peuvent en aucun cas viser la Commission elle-même; elles ne peuvent porter que sur les intentions des Gouvernements Alliés au sujet de la Haute-Silésie. Ces inquiétudes ne pourraient d'autre part porter sur les intentions particulières qui pourraient être prêtées à une seule des Puissances intéressées, puisque la Commission, dépositaire des pouvoirs de Gouvernement, n'agit qu'en vertu d'un mandat Interallié. Sur ce point donc, et si une déclaration concertée était nécessaire pour définir la position de la Haute-Silésie au regard du conflit russo-polonais, il n'est point douteux qu'il appartiendrait aux Puissances Alliées seules de la faire. Dans sa sphère, la Commission de Gouvernement ne peut que se référer au Traité, qui lui constitue une sorte de statut de neutralité entre la Pologne et l'Allemagne. Une idée de neutralité est déjà à la base même du Gouvernement de la Haute-Silésie; il est facile de préciser cette notion et de l'étendre au conflit actuel, sans pour autant rattacher la neutralité nécessaire de la Haute-Silésie à la neutralité volontaire de l'Allemagne. Il est certain en effet que la Haute-Silésie ne saurait, en aucun cas, pendant la durée du régime interallié, suivre le sort de l'Allemagne en cas de conflit international. Si au lieu de déclarer sa neutralité dans le conflit russo-polonais, l'Allemagne avait jugé préférable, ou possible, d'associer sa cause à celle de la Russie des Soviets, la Haute-Silésie eût-elle été considérée ipso facto comme en état de guerre avec la Pologne? Il suffit de poser cette question et d'envisager cette hypothèse, pour répondre sainement à la question soulevée par le Gouvernement allemand.

La neutralité de la Haute-Silésie, qui résulte du caractère allié de son Gouvernement, n'est donc nullement liée à la neutralité déclarée de l'Allemagne. La neutralité de la Haute-Silésie est un des traits essentiels du régime provisoire sous lequel elle vit en vertu du Traité de Versailles. Son sort ne saurait être associé aux vicissitudes de la poltique allemande intérieures ou extérieures, pas plus qu'aux vicissitudes de la Politique Polonaise intérieure et extérieure.

La note allemande vise trois objets principaux qui méritaient de retenir l'attention de la Commission Interalliée, et que celle-ci n'a pas en effet manqué d'envisager elle-même.

Il s'agit en premier lieu du désarmement et de l'internement des troupes des puissances combattantes qui seraient repoussées sur le territoire de Haute-Silésie. Il s'agit en second lieu de ne point permettre que la Haute-Silésie serve de base d'opérations dans le conflit actuel. Il s'agit enfin de tranquilliser la population et de neutraliser toutes les influences qui s'exercent aujourd'hui dans un sens contraire, avec ou sans l'appui du Gouvernement de Berlin, très intéressé, est-il besoin de le dire, à exploiter la situation actuelle en vue du Plébiscite.

Il ne fait point de doute pour la Commission que la Haute-Silésie ne saurait servir de base d'opérations dans le conflit actuel, et que par [la] suite aucune des parties intéressées, sans en exclure l'Allemagne elle-même, ne doit trouver d'appui en faveur de son action ou de sa propagande dans les événements actuels. La frontière de Haute-Silésie est depuis longtemps fermée à l'entrée de toute personne indésirable. Aucun étranger ne peut pénétrer ici sans un passeport dûment visé. Il en résulte aussi que les détachements de troupes combattantes seraient s'ils franchissaient la frontière, désarmés et internés.

Il n'est pas besoin d'ajouter que la Haute-Silésie n'a jamais servi jusqu'ici de base d'opérations en faveur de l'armée polonaise et qu'aucune formation polonaise n'a pu se constituer sur son territoire durant la période d'administration de la Commission Interalliée.

Les événements récents, dont vous entretient ma dépêche N° 88 en date de ce jour[5], montrent surabondamment que l'agitation qui existe actuellement dans les esprits en Haute-Silésie n'est pas d'inspiration polonaise et ne risque à aucun degré de mettre en conflit l'opinion allemande et l'opinion russe.

Si l'opinion est alarmée et inquiète en Haute-Silésie, le Gouvernement allemand ne saurait vraiment en marquer la moindre surprise. Il est en cette circonstance, comme trop souvent, l'artisan du désordre. Ayant allumé le feu, il dénonce l'incendie.

874 20. August 1920

Pour grossière que soit la manœuvre, elle n'en présent pas moins de graves dangers pour la tranquillité de ce territoire, comme pour l'issue du plébiscite.

Aussi, serais-je reconnaissant à Votre Excellence de bien vouloir saisir d'urgence de cette question les Gouvernements Britannique et Italien. J'en instruis directement la Conférence des Ambassadeurs, au nom de la Commission de Gouvernement, par ma lettre N° 89 de ce jour[6], mais j'ai tenu à réserver à Votre Excellence l'exposé détaillé qui précède.

---

1   Pologne 146, fol. 128-132.
2   Originaltext nicht abgedruckt. Zum Verlauf der Begegnung, die im übrigen im Beisein von Percival und De Marinis stattfand vgl. von Moltkes Bericht an das Auswärtige Amt vom 17.8.1920, ADAP A III, Dok. 252 S. 508f.
3   Zum Text des Le Rond-von Simson-Abkommens vom 9.1.1920 s. WAMBAUGH, Plebiscites since the World War, Vol. II, S. 50ff.
4   Art. 88 des Versailler Vertrages definierte die Ausdehnung und den Grenzverlauf der von der Abstimmung betroffenen Gebiete.
5   Nicht abgedruckt. Zu den Zwischenfällen zwischen Deutschen und Polen im Abstimmungsgebiet s. die ausführlichen Berichte Percivals vom 25. und 28.8.1920, DBFP 1/XI, No. 31 und No. 32 S. 39ff sowie unten Dok. 369.
6   Nicht abgedruckt. Vgl. auch den entsprechenden Hinweis bei DBFP 1/XI, No. 26 Anm. 3, S. 36.

363

Le Général Odry, Représentant des Forces d'Alliées d'Occupation, Administrateur du Territoire de Memel, à M. Millerand, Président du Conseil, Ministre des Affaires Etrangères.

N° 63/ A. Memel, le 20 août 1920.[1]

Compte-Rendu N° 14

Intérieur.

La Situation critique de ces derniers temps en Pologne avait provoqué dans certains milieux un état fébrile qui ne faisait qu'augmenter avec l'annonce journalière de nouveaux succès des Bolchevistes, extrémistes de droite et de gauche encomptaient que la chute de Varsovie, l'écrasement de la Pologne, l'apparente impuissance des Alliés et le triomphe complet des Soviets aboutiraient à un "chambardement" général en Europe, qui aurait comme conséquence, pour les uns, la renaissance d'une forte Allemagne déchirant le Traité de Versailles et reprenant tous ses territoires perdus - et en premier lieu Memel, occupé par une poignée de

Français, pour les autres, l'avènement du règlement du prolétariat et l'instauration du régime soviétique.

Les journaux publient à plaisir les télégrammes et les correspondances émanant de la Prusse Orientale et qui relatent tendancieusement, sous les plus favorables couleurs, l'attitude et la discipline des troupes rouges, les relations amicales des autorités russes avec les autorités allemandes, le respect scrupuleux des frontières, les promesses de retour à l'Allemagne de Dantzig et du couloir polonais, etc.[2]

Tous les espoirs caressés en Prusse Orientale se communiquent par endosmose au Territoire.

A Memel, on sent, dans la classe bourgeoise, l'arrogance prête à se manifester; on sent les milieux ouvriers très travaillés: à l'excitation habituelle des communistes du pays, s'ajoutent, sans aucun doute, les menées d'habiles agents provocateurs stipendiés par les nationaux-allemands.

Impuissante ou complice, la police n'est pas à la hauteur de sa tâche et le budget de la Mission ne permettant pas au Préfet[3], Commisssaire Civil, chargé de la gestion des fonds, l'organisation d'un service de renseignements sérieux, le Général responsable de l'ordre et de la sécurité du Territoire[4], se trouve presque complètement désarmé devant ces agissements.

Il y a eu, les 10 et 11 Août, des manifestations sérieuses qui ont failli tourner au désordre.

Le 10 Août après le travail, une foule de plus d'un millier de travailleurs se rassembla sur une place publique, au sud de la Dange, suivant un mot d'ordre passé dans l'après-midi dans les usines et sur les chantiers. Excitée par les meneurs communistes, la foule voulut se porter vers le logement du Général, sous prétexte de lui présenter ses revendications. La police, qui n'avait pas su empêcher le rassemblement, leva un des deux ponts de la Dange et établit un barrage d'agents à l'autre pont pour interdire à la foule l'accès de la rue principale.

Des injures contre la Police et contre les autorités les manifestants en vinrent aux coups: prises de corps, coups de canne et de bâton; puis aux projectiles: briques, tuiles et pavés trouvés à la portée s'abattirent sur les agents, dont plusieurs furent blessés; deux coups de revolver partis de la foule provoquèrent chez les agents, qui n'avaient encore fait usage que du plat de l'arme blanche, une décharge en l'air qui suscita une panique et amena la dispersion du gros du rassemblement.

Au cours de la bagarre, le Directeur de la Police[5] et une dizaine d'agents avaient été blessés par des coups de bâton - ou des pierres; du côté des manifestants, il y avait autant de blessés, dont deux par balles, à leur chute. Toutes blessures légères.

La menace de l'intervention de la troupe, dont un détachement avait été amené dans la rue principale et une grosse pluie d'orage amenèrent la fin de la manifestation.

Le lendemain, à la suite des menées de la nuit, le chômage était général; des rassemblements de plusieurs milliers d'ouvriers, hommes et femmes se formaient; la grève générale était discutée. La police témoignait de peu de bonne volonté à marcher. Une délégation politique du parti avancé reçue par le Général ainsi que le membre du Directoire, représentant les ouvriers[6], reçurent la mission de faire connaître aux manifestants que si le travail ne reprenait pas le jour même aux usines d'eau, de gaz et d'électricité, et le lendemain matin dans les autres branches, le Général aurait recours aux mesures les plus énergiques, y compris l'emploi de la troupe et de la marine, pour assurer le maintien de l'ordre dans la rue et la protection du travail.

Toute la journée se passa en discussions; il n'y eut que très peu de désordres et seulement quelques incidents avec des agents de police isolés; la police n'eut pas à intervenir[,] la troupe ne sortit pas de la caserne. Finalement, la raison reprit le dessus; dès le soir ou pendant la nuit, électricité, eau et gaz étaient rendus à la ville et le lendemain, dans la matinée, la reprise de travail était générale.

Presque simultanément, avaient lieu des manifestations à Heydekrug et à Puss. Sous la menace d'intervention de la troupe à défaut de police, ces manifestations s'éteignirent sans incidents.

Actuellement, les bons éléments de la classe ouvrière paraissent avoir repris le dessus. Mais le feu couve toujours sous la cendre, et il faut s'attendre à ce que tous les événements du front bolchevik aient une répercussion dans le territoire de Memel.

Refugies Polonais

Le 13 Août, treize prisonniers polonais; six officiers, quatre sous-officiers, trois soldats évadés de Russie pénétraient dans le Territoire après avoir traversé la Lithuanie. Ils étaient sans armes. Amenés à Memel, ils furent logés et hébergés par les soins du bataillon de Chasseurs.

Le 15, le bateau polonais "Pormazamin", en route de Libau sur Dantzig, avec à bord un détachement de soldats polonais, ayant dû relâcher en rade de Memel à cause de la tempête, les treize prisonniers furent remis au consul polonais de Libau[7] qui se trouvait à bord.

Depuis, quinze autres prisonniers sont encore arrivés à Memel.

Le Général a signalé l'incident par télégrammes du 10 Août, N° 96, 97 et 98[8].

Grave incident sur la ligne de ravitaillement.

Un train de ravitaillement à destination de Dantzig et de Memel, escorté par un détachement anglais, et qui contenait comme Français plusieurs permissionnaires non armés et trois convoyeurs de courriers armés, après quelques incidents à Taucha, Küstrin et Kreuz, a été assailli, le 14 Août soir, à Schneidemühl par une foule de plusieurs milliers de personnes, qui a désarmé et maltraité les soldats français et anglais, blessé sérieusement à coups de poing, coups de pieds et de canne le Lieutenant [...]9, fouillé et pillé en partie les wagons de ravitaillement et les bagages personnels. La Commission régulatrice a été saisie de l'incident à l'arrivée du train de Marienbourg.

Compte-rendu télégraphique a été adressé à M. le Maréchal Foch, le 19 Août et compte-rendu écrit détaillé le 20 Août.[10]

---

1 Memel 1, fol. 217-221.
2 Zur Lage in den ehemaligen deutschen Ostgebieten im Korridor nach dem Einmarsch russischer Truppen s. den Brief von Haniels an Simons vom 15.8.1920, ADAP A III, Dok. 251 S. 506f. bzw. de Marcillys T. n° 1509 vom 15.8.1920, Télégrammes, Arrivée de Berlin, 1920, 7.
3 Gabriel Petsiné.
4 General Odry.
5 Name nicht ermittelt.
6 Fritz Matzies.
7 Name nicht ermittelt.
8 Nicht abgedruckt.
9 Name und Einheit des französischen Leutnants.
10 Nicht abgedruckt.

364
M. Tirard, Haut-Commissaire de la République Française dans les Provinces du Rhin, à M. Millerand, Président du Conseil, Ministre des Affaires Etrangères.

N° 12411 A.T.R.C./2   Coblence, le 21 août 1920.[1]

[I°-] Le Ministre de l'Intérieur de l'Empire, Monsieur von Koch[2], après une tournée en Palatinat et en Hesse occupée, m'a fait demander audience à Coblence. Après en avoir conféré avec mes collègues, je l'ai reçu hier. J'ai profité de cette circonstance pour lui faire connaître, en termes catégoriques, les griefs des autorités alliés et spécialement des Armées Françaises d'Occupation contre les menées des fonctionnaires allemands et des organisations de propagande de Berlin.[3]

J'ai opposé à ces agissements, les instructions libérales touchant les relations des troupes avec la population et les charges du logement, que j'ai données à l'Armée du Rhin et qui ont reçu l'approbation de Votre Excellence par ses lettres du 26 Juillet N° 260 et 261[4]. Je n'ai pas dissimulé au Ministre qu'au cas où l'attitude des autorités allemandes vis-à-vis des autorités alliées ne se modifierait pas, je n'hésiterais pas à proposer des mesures rigoureuses pour mettre fin à cet état de choses.

Le Ministre de l'Intérieur m'a paru sincèrement disposé à tenir compte de mes déclarations; il m'a affirmé son désir de voir les autorités allemandes donner un concours loyal à la H.C.I.T.R. Il s'est rendu ensuite chez le Général Allen, Commandant en Chef l'Armée Américaine d'Occupation, qui avait préalablement conféré avec moi de cette visiste et qui a dû faire à Monsieur von Koch les mêmes déclarations.

Rapport détaillé suit par courrier[5].

II°- J'ai reçu ce matin la visite de Monsieur le Docteur Raumer[6], Ministre du Trésor du Reich et de l'Administration des Biens d'Empire. Monsieur Raumer désirait m'entretenir des difficultés soulevées par cette dernière administration qui est chargée de satisfaire aux besoins et à l'entretien des Armées d'Occupation et qui, en fait, à provoqué des réclamations réitérées de la part du Commandement Allié.

Je me réfère à mes télégrammes N° 166 et 171[7] relatifs au rapport communiqué au Reichstag et qui contient des allégations inexactes et injurieuses pour les troupes d'occupation. J'ai demandé à Monsieur Raumer s'il prenait la responsabilité de ce rapport. Il m'a déclaré exprimer ses regrets pour la publication d'un document établi par son prédécesseur[8] et qu'il désapprouve. Le Ministre m'a paru animé du désir d'exécuter dans un esprit de sincérité l'arrangement sur l'Occupation. Il s'est étendu longuement sur les charges du logement qui pèsent effectivement sur la population rhénane et également sur l'impossibilité où se trouve le trésor allemand de faire face à la fois aux charges financières imposées par les Armées d'Occupation et aux réparations prévues par le Traité de Paix.

J'ai le sentiment que le Gouvernement allemand compte alimenter une propagande fondée sur des chiffres excessifs présentés par lui comme représentant le coût des Troupes d'Occupation. J'ai fait connaître à Monsieur Raumer les instructions données par moi et par le Général Degoutte et approuvées par Votre Excellence à la date du 26 Juillet qui tendent précisément à limiter strictement les dépenses d'Occupation. Monsieur Raumer n'a pas manqué de m'en témoigner ses remerciements et aussi, m'a-t-il paru, très surpris de l'esprit dans lequel les autorités françaises ont traité ces questions.

Rapport détaillé suit par courrier[9].

Je communique ces renseignements à notre Ambassadeur à Berlin[10].

---

1 AN, AJ 9 3894. Maschinenschriftlicher Durchschlag.
2 Richtig: Koch. Zur Abreise der deutschen Delegation ins Rheinland s. de Marcillys T. n° 1506 vom 15.8.1920, Télégrammes, Arrivée de Berlin, 1920, 7.
3 Auf dem Weg über den Reichskommissar für die besetzten Rheinischen Gebiete hatte Tirard Koch bereits vor Antritt seiner Reise am 11.8.1920 darauf hingewiesen, daß er ihn bei einem Besuch in Koblenz um Klärung verschiedener Punkte werde ersuchen müssen, s. ADAP A III, Dok. 245 S. 493ff.
4 Nicht abgedruckt.
5 Nicht abgedruckt. Zum Ergebnis der Reise Kochs s. unten Dok. 373.
6 Richtig: von Raumer.
7 Nicht abgedruckt.
8 Gustav Bauer.
9 Nicht abgedruckt.
10 Charles Laurent.

365
M. Dard, Ministre Plénipotentiaire de France à Munich, à
M. Millerand, Président du Conseil, Ministre des Affaires Etrangères.

T. n° 71-72. [Déchiffrement.] Munich, le 21 et 22 août 1920.
(Reçu: < ? >.)[1]

Je me réfère à mes dépêches N° 16 et 28 des 11 et 16 Août courant[2].
Peut-être serait-il possible de faire entendre, par un intermédiaire, soit à M. de Kahr, soit de préférence au Dr. Heim, que nous ne pouvons accorder à la Bavière un traitement privilégié en ce qui concerne le désarmement des Einwohnerwehren et des autres organisations comme celle d'Escherich, puisque la constitution unitaire de l'Allemagne ne permet pas de distinguer une région d'une autre. Si, au contraire, la Bavière, profitait de cette occasion pour demander ouvertement la révision de la Constitution de Weimar et affirmer sa volonté de reprendre sa personnalité historique, nous nous trouverions devant un fait nouveau qui nous permettrait d'examiner, avec bienveillance sa situation particulière et même de lui assurer notre appui en cas de troubles.
Si Votre Excellence approuvait cette suggestion, j'espère pouvoir trouver ici l'intermédiaire convenable. L'effet de cette démarche ne serait peut-être pas immédiat mais assurément considérable. Notre nouvelle attitude vis-à-vis de la Bavière continuerait heureusement la politique de Votre Excellence, en vue d'organiser, dans l'Europe Centrale la défense de l'ordre contre les soviets.
En tout cas, les circonstances n'ont jamais paru plus favorables pour lancer en Allemagne l'idée fédéraliste. Par suite de ses tendances conservatrices, la Bavière se trouve séparée de la Prusse et des autres Etats en

persistant seule à vouloir reconnaître légalement l'organisation Escherich. Elle en appelle au Reich qui est fort embarrassé. Le désarmement de la population civile va répandre partout la discorde. Si nous occupons la Ruhr, comme le bruit s'en répand, l'industrie Bavaroise ne pourra plus vivre sans nous.

Ce serait donc, semble-t-il, le moment de provoquer en Allemagne et surtout en Bavière une campagne de Presse qui, répudiant nettement toute intention séparatiste, tendrait à la révision de la Constitution et notamment à l'élection de chefs d'Etat particuliers et à l'institution d'une capitale fédérale au Centre de l'Allemagne. Il serait essentiel que cette campagne ne parut pas partir des provinces occupées dont il faut, au contraire, détourner l'attention du patriotisme allemand. Au cas où Votre Excellence approuverait ces vues, j'étudierais aussitôt les moyens de réalisation pratique.

Si nous ne profitons en aucune manière de la situation où se trouve le Gouvernement Bavarois, il est à craindre que M. de Kahr ne s'entende avec le Gouvernement du Reich, qui exigera une soumission de forme à la loi de désarmement et fermera simplement les yeux sur l'exécution.

---

1 Papiers d'Agents, Dard 19 (ohne Folio). Zeitpunkt des Eingangs in Paris nicht ermittelt.
2 Vgl. oben Dok. 352 bzw. Dok. 358.

366
M. de Marcilly, Chargé d'Affaires de France à Berlin, à
M. Millerand, Président du Conseil, Ministre des Affaires Etrangères.

T. n° 1542. Déchiffrement.　　　　　　　　　Berlin, le 23 août 1920, 20 h 00.
　　　　　　　　　　　　　　　　　　　　　　　　(Reçu: 23 h 35.)[1]

Je vous communique en clair sous les n[os] suivants[2] l'analyse d'une correspondance datée du 21 août que l'Agence Wolff se fait envoyer de Breslau. Bien que présenté comme un simple résumé de presse, ce document, très malveillant à l'égard des commissions inter-alliées et plus particulièrement des autorités militaires françaises, est manifestement inspiré par l'organisation chargée de préparer le plébiscite.[3]

Cette origine officielle apparaît notamment dans la conclusion qui préconise, comme seul remède possible à la situation, la fixation du plébiscite à une date aussi rapprochée que possible.

Au moment où la défaite polonaise paraissait certaine, la propagande allemande, craignant que l'Entente n'ajournât indéfiniment le plébiscite et ne retînt la Haute-Silésie comme gage, a voulu brusquer les choses et rendre la position de la Commission intenable.

La manœuvre ayant échoué, elle cherche à dégager sa responsabilité et à empêcher que la commission ne trouve dans les désordres un motif de retarder la consultation jusqu'au moment où la situation de la Pologne apparaîtra définitivement consolidée.

D'ailleurs, les télégrammes adressés le 22 août de Beuthen et de Kattowitz à l'Agence Wolff adoptent un ton beaucoup plus modéré et rendent justice aux efforts de la Commission interalliée.

---

1   Télégrammes, Arrivée de Berlin, 1920, 7.
2   Vgl. unten Dok. 367.
3   Vgl. unten Dok. 369.

367
*M. de Marcilly, Chargé d'Affaires de France à Berlin, à
M. Millerand, Président du Conseil, Ministre des Affaires Etrangères.*

T. n° 1543. [En Clair.]   Berlin, le 23 août 1920, 23 h 20.
                                              (Reçu: < ? >.)[1]

L'Agence Wolff publie un récit des événements de Haute-Silésie paru dans les journaux de Breslau, d'après des renseignements provenant de Kattowitz "de source particulière". Voici l'analyse de ce document.

La situation politique en Haute-Silésie est extrêmement sérieuse. Son développement dans les jours qui vont suivre peut avoir une influence décisive sur toute la politique européenne. L'incident qui a provoqué les derniers événements a été l'arrêt à Gleiwitz de convois destinés aux troupes de l'Entente et que l'on soupçonnait devoir être envoyés en Pologne. La population et surtout les milieux ouvriers se méfiaient de la Commission Interalliée qui n'avait pu se décider encore à étendre à la Haute-Silésie la déclaration de neutralité de l'Allemagne. Pour calmer l'excitation populaire l'union des syndicats prit la tête du mouvement et organisa des démonstrations qui devaient servir de soupape de sûreté à l'agitation générale. La Commission Interalliée a reconnu qu'aucun désordre ne s'était produit et qu'il n'y avait eu aucun excès du côté allemand. Les incidents de Rybnik ont été provoqués par l'intervention de corps franco-polonais. La Commission aurait pu facilement prévenir tout les événements qui se sont produits en faisant connaître à la population la destination des convois. Comme elle n'en a rien fait, la responsabilité de la situation lui incombe pour la plus grande part. Ce n'est qu'après les manifestations de Kattowitz[2] que se sont produites les regrettables rencontres avec les troupes françaises qui sont dues à l'emploi maladroit qui a été fait de la force armée. Celle-ci a entouré la foule si bien qu'il a suffi d'un incident insignifiant avec un chasseur à pied pour provoquer les événements qui ont suivi. Il est certain que ce ne sont pas les manifestants qui ont fait les premiers usages de leurs armes. L'explosion d'une grenade que l'on a soupçonné avoir été lancée par le docteur Mielecki a amené un incident dont la foule surexcitée ne saurait être tenue pour responsable. Les manifestations furent ensuite dirigées contre la maison de la Commission Interalliée. Les négociations menées avec le Colonel Blanchard d'abord, par une députation réunie au hasard, ensuite par les représentants des syndicats n'aboutirent pas.

La seconde journée, celle de mercredi fut d'abord calme. L'après-midi eu lieu une démonstration devant le siège de la Commission polonaise. Les premiers coups furent tirés du côté polonais. La foule surexcitée par ces pertes et celle de la police de sûreté se porta à l'assaut. Alors se produisit l'intervention des troupes françaises. Alors l'état de siège fut proclamé, des autos blindées parcoururent la ville, tirant à l'aveuglette de côté et d'autres, et blessant du monde. Le jeudi soir, le Général Gratier réunit de nombreuses personnalités allemandes et leur déclara sur un ton que les événements ne justifiaient nullement qu'il réprimerait vigoureusement les continuelles violations de l'ordre provoquées par les Allemands. Ces paroles constituaient une nouvelle provocation à l'égard des autorités allemandes qui ne cherchaient au contraire qu'à calmer les esprits.

Le lendemain matin eut lieu l'insurrection des éléments polonais qui refoulant la police de sûreté s'emparèrent de toute la région frontière du cercle Kattowitz. Ni les forces françaises qu'on avait appelées à l'aide ni les troupes italiennes n'intervinrent contre les Polonais.[3]

Dans le courant de la journée de vendredi le commandement français parut vouloir prendre quelques dispositions pour chasser les Polonais puis il se ravisa laissant aux formations irrégulières polonaises le soin de maintenir l'ordre. Cette attitude fut considérée par la population allemande et particulièrement par les ouvriers, comme une manière (mots passés). La Haute-Silésie allemande a lieu de craindre dans ces conditions que pour avoir affirmé sa volonté de neutralité, elle soit, de par l'attitude partiale des Français, livrée à la terreur organisée des Polonais et occupée par les troupes polonaises. La population n'a plus aucune confiance en la protection de l'Entente. Les ouvriers notamment ont d'autant plus le sentiment d'être trahis que la population allemande s'est toujours inspirée du désir loyal de respecter le Traité de Versailles et celles de ses clauses qui s'appliquent à la Haute-Silésie. Si l'attitude de la Commission Interalliée ne se modifie pas immédiatement une catastrophe est inévitable. Le reste de la Haute-Silésie se déclare solidaire de la région industrielle. La Haute-Silésie allemande ne supportera en aucun cas l'occupation polonaise qui est en train de s'organiser sous la responsabilité de la commission. Il n'y a qu'un moyen de calmer l'agitation de la population qui va jusqu'au désespoir, c'est de fixer immédiatement le plébiscite à la date la plus rapprochée possible.

---

1 Télégrammes, Arrivée de Berlin, 1920, 7. Zeitpunkt des Eingangs im Quai d'Orsay nicht ermittelt.
2 Vgl. oben Dok. 362 Anm. 5.
3 Die offenkundige Begünstigung der polnischen Seite nahmen mehrere Offiziere der britischen Delegation zum Anlaß, den Wunsch zu äußern, "to terminate their engagement with Commission because they consider that Poles are being premitted to derive unfair advantage from rising and are inclined to receive different treatment from French troops to that which latter apply to Germans." So Percival an Curzon am 28.8. 1920, DBFP 1/XI, No. 32 S. 45.

368
M. Tirard, Haut-Commissaire de la République Française dans les Provinces du Rhin, à M. Millerand, Président du Conseil, Ministre des Affaires Etrangères.

N° 6540 A.T.R.P. [Coblence ?], le 24 août 1920.[1]

Objet: Création d'un tribunal d'arbitrage franco-allemand.

Par bordereau N° 273 du 19 Août, Votre Excellence a bien voulu me faire parvenir copie d'une lettre en date du 12 Août[2] adressée par le Département à notre Chargé d'Affaires à Berlin[3], au sujet de l'arbitrage des litiges d'ordre commercial penchants entre l'Allemagne et la France, et une demande de lui faire connaître une manière de voir sur cette position.

La création d'une telle commission d'arbitrage me paraît d'un intérêt urgent, et j'avais signalé à Monsieur le Président de la Chambre de Commerce française des Pays Rhénans[4], par lettre ci-joint copie[5], la nécessité d'aboutir par entente avec les Chambres de Commerce rhénanes, à l'établissement d'un tribunal d'arbitrage dont les membres seraient choisis parmi les membres des chambres de commerce françaises et allemandes et qui s'efforcerait de régler à l'amiable, en évitant la procédure des tribunaux toujours lente et onéreuse une grande partie des difficultés rencontrées en ce moment dans l'exécution des contacts entre particuliers.

Je partage donc entièrement l'avis de Votre Excellence quant à la création, en Territoires Occupés, d'une sorte de tribunal de commerce franco-allemand qui pourrait être formé, à l'instar de la Commission Mixte[6] qui siège actuellement, d'un nombre égal de nationaux français et allemands, mais recrutés cette fois parmi les commerçants, et non parmi les fonctionnaires.

Il est à craindre seulement une certaine opposition à ce projet de la part du gouvernement allemand. Les industriels allemands n'accepteront pas volontiers de se soumettre à la juridiction et aux décisions sans appel d'un tribunal franco-allemand, dans des affaires où leurs tribunaux nationaux sont compétents. Il me paraît que, dans ce cas, l'argument que pourrait faire valoir le Gouvernement français, est l'abandon certain et proche du marché allemand par les acheteurs français, découragés de voir que des mesures ne sont pas prises pour sauvegarder leurs intérêts lésés.

Si, dans ces conditions, le principe d'un tel tribunal est accepté par le Gouvernement allemand, il y aurait intérêt, je crois, au moment de son organisation définitive et de la désignation de ses membres français, de consulter la Chambre de Commerce française des Pays rhénans. Toutes les unions des commerçants français, installés dans les Territoires Occupés, et les grosses firmes françaises y ayant des intérêts ont adhéré à cette Chambre; l'expérience qu'elles ont du commerce allemand et de la législature allemande, en même temps d'ailleurs que les nombreuses affaires qu'elles ont traités avec l'Allemagne, les désignent pour jouer un rôle de premier plan dans le fonctionnement de ce tribunal.

Mes services resteront d'ailleurs toujours à la disposition des membres français désignés comme juges pour les éclairer sur les difficultés qu'ils pourraient rencontrer dans l'accomplissement de leur mission.

---

1 AN, AJ 9, 3409. Maschinenschriftlicher Durchschlag, ohne Ortsangabe.
2 Nicht abgedruckt.
3 Chassain de Marcilly.
4 Name nicht ermittelt.
5 Nicht abgedruckt. Tirard hatte in diesem Schreiben vom 21.7.1920 auf entsprechende Vorschläge verwiesen, die ihm im Januar 1920 vom Präsidenten der deutschen Handelskammer in Mainz, Bamberger, im Zusammenhang mit der Einrichtung einer deutsch-französischen Schiedskommission unterbreitet worden waren.
6 Vgl. oben Dok. 293 bzw. Dok. 343.

369
Le Général Le Rond, Président de la Commission Interalliée de Gouvernement et de Plébiscite de Haute-Silésie, à M. Millerand, Président du Conseil, Ministre des Affaires Etrangères.

N° 93. Oppeln, le 24 août 1920.[1]

Les événements de Haute-Silésie.

La Haute-Silésie, où le calme n'avait pas été troublé de façon sérieuse pendant les mois de Juin et de Juillet, ne pouvait manquer de subir le contre-coup des événements qui se déroulaient dans l'Est. L'avance rapide des armées rouges en Pologne, la situation du Gouvernement polonais, menacé pendant quelques jours de la perte de sa capitale, étaient bien de nature à influer sur l'attitude des nationalités mises en présence par la lutte pour la possession de la Haute-Silésie, et à encourager singulièrement ceux des partis ouvriers qui se croyaient fondés déjà à escompter l'établissement prochain d'un pouvoir bolcheviste aux portes mêmes du territoire. Ainsi, la Haute-Silésie, tout en participant aux mêmes craintes et aux mêmes espoirs qui agitaient le reste de l'Allemagne, trouvait dans sa situation géographique et dans la nature de sa population des raisons propres de réagir avec violence aux événements de l'Europe orientale.[2]

Les premiers symptômes de cette réaction se manifestèrent par des incidents analogues à ceux que vous signalaient mes communications des 29 et 31 juillet et 3 août[3]. Mais, tandis qu'en Allemagne le prétexte invoqué pour arrêter les trains français de ravitaillement était le désir de s'assurer qu'aucun envoi de munitions de guerre à destination de la Pologne ne s'effectuait à travers le territoire allemand[4], les cheminots de Haute-Silésie s'en prirent aux trains qui transportaient les troupes venant de Teschen[5] et mises à la disposition de la Commission interalliée. Ces troupes, malgré les assurances données, étaient naturellement représentées par les promoteurs du mouvement comme étant destinées à renforcer le front polonais. Le mouvement a été mené par des comités d'employés et d'ouvriers et le personnel des gares n'a rien fait pour faciliter les négociations engagées entre le personnel militaire français des trains et les cheminots.

Le premier arrêt de train eut lieu à Ratibor le samedi 14 août. Après quelques heures de discussion entre le représentant de la Commission et les cheminots, il était autorisé à reprendre sa marche. Le même jour, à Gleiwitz, un autre convoi était arrêté et le comité des employés décidait de ne le laisser partir que le lendemain matin. Le plus grand désordre régnait dans la gare soumise à la seule autorité des employés et ouvriers: ce désordre fut causé qu'au cours des manœuvres effectuées pour remiser sur une voie de garage les wagons contenant les troupes, une collision se produisit qui coûta la vie à 3 soldats français.

La presse allemande, en relatant ces incidents, en prenait occasion pour prêcher la cause de la neutralité de la Haute-Silésie, menacée, disaient ses organes, par l'aide que les Alliés pourraient apprêter à la Pologne et qui risquait de transformer le pays en un champ de bataille.[6] De tous les articles publiés à ce sujet, un des plus violents le fut par l'"Oberschlesischer Wanderer" du 16 août, qui exposait les mesures, grèves, réunions et manifestations au moyen desquelles les partis allemands comptaient protester du désir de la population haut-silésienne de faire respecter la neutralité du pays.

Dès le 17, en effet, le mouvement annoncé se produisait. A partir de midi, dans les principales villes du territoire, les services publics, postes, télégraphe, téléphone, l'eau, le gaz, l'électricité, les magasins, les restaurants, tout était en grève, tandis que le service des trains était considérablement réduit. Partout aussi des manifestations se déroulaient, bruyantes parfois, sanglantes à Kattowitz[7].

Dans cette ville, à la suite d'une réunion en plein air tenue sur la principale place de la ville, la foule, rompant les barrages d'agents de la Sicherheitspolizei, se livra à des voies de fait graves contre des soldats français et se porta à l'assaut des bureaux du Contrôleur de Cercle[8] où des coups de révolver furent tirés contre le poste de garde qui eut des hommes blessés. Dans la soirée, les manifestants, qui n'avaient cessé d'entourer le contrôle, organisaient une attaque, armés cette fois de fusils et de grenades à main; le poste français dut, pour se défendre, faire usage de ses armes. Une autre attaque fut également dirigée contre le poste de la gare. En même temps, des scènes d'une violence inouïe se déroulaient dans la rue. Un médecin polonais, appartenant à la municipalité, le Docteur Mielecki, Stadtrat, fut assailli par la foule tandis qu'il soignait des blessés allemands, et assommé à coups de planches et son corps fut traîné par les rues et précipité dans la rivière. La journée coûtait aux troupes françaises 2 morts et 8 blessés, dont 8 grièvement; aux assaillants, 10 morts et une trentaine de blessés.

Rien que l'état de siège ait été proclamé, dans la nuit du 17 au 18, et que les pouvoirs en résultant aient été conférés au Commandant des troupes alliées de la ville, dont la garnison a été immédiatement renforcée, la journée du 18 août à Kattowitz est marquée par une suite ininterrompue de désordres: les principaux magasins polonais sont pillés, ainsi que les bureaux des deux journaux polonais, dont les presses sont brisées; l'Hôtel "Deutsches Haus" où se trouve le siège du Comité de plébiscite polonais envahi par la foule après un siège en règle, les habitants en sont fort malmenés, puis le feu est mis à l'immeuble.

Le même jour, les drapeaux alliés qui flottaient sur le bâtiment du Contrôle de Cercle étaient arrachés par les manifestants et brûlés.

Le lendemain, le Général Gratier, assisté d'un haut-commissiaire civil, M. Kuhn[9], Secrétaire Général de Préfecture, était chargé de rétablir l'ordre dans la ville et prenait à cet effet, après avoir conféré avec les représentants de la Municipalité et des syndicats, des mesures immédiates. Les troupes interalliées occupaient les différents quartiers de Kattowitz, des patrouilles dispersaient les attroupements et opéraient en tout une soixantaine d'arrestations. Le soir même, sans qu'il y ait eu de nouvelle effusion de sang, la situation était rétablie. Mais, les éléments polonais de la banlieue de Kattowitz, tant pour se défendre contre une attaque possible des éléments allemands que pour venger les leurs, s'armaient à leur tour. Le mouvement se produisit d'abord dans les villes de Myslowitz, Schoppinitz et Laurahütte, et était dirigé spécialement contre la Sicherheitspolizei, que certains témoignages accusaient d'avoir, à Kattowitz, notamment, des agents de cette force de police, au nombre de 110 environ, étaient faits prisonniers par les habitants armés étaient emmenés en Pologne, dépouillés de leurs vêtements et n'étaient rendus, eux et leurs armes, que le 21, sur les réclamations réitérées de la commission. A Myslowitz également, 250 juifs déserteurs de l'armée polonaise, pour la plupart, étaient groupés et reconduits en territoire polonais le 21 août. La Commission ne manquait pas d'adresser dès le 20 août une protestation très nette à Varsovie contre l'inertie dont faisaient preuve, à cette occasion, les autorités polonaises de la frontière, ainsi que contre l'appui que les insurgés paraissent avoir trouvé en territoire polonais.

Le mouvement polonais s'étendit bientôt aux Cercles voisins, Rybnik, Pless, Beuthen, et Tarnowitz, accompagnés malheureusement de quelques excès, à Anhalt, notamment, où 14 maisons furent incendiées par des individus inconnus dans la région, et à Loslau, où il y eut 1 mort et 1 blessé parmi la population allemande.

En face de cette agitation, la Commission a pris immédiatement les dispositions militaires que comportait la situation, dans la mesure que lui ont permise les effectifs mis à sa disposition, car ces effectifs, inférieurs de près de moitié aux effectifs primitivement prévus, restent tout à fait insuffisants devant un mouvement généralisé.

Dès que furent connus les premiers événements de Myslowitz, Schoppinitz et Laurahütte, l'état de siège fut proclamé dans le Cercle de Kattowitz-campagne et un bataillon allié y fut envoyé. Les mêmes dispositions ont été prises dans le Cercle de Tybnik quand le mouvement s'y est propagé, et le Colonel Salvoni commandant les forces italiennes, assisté du Contrôleur de Cercle[10] comme haut-commissaire civil, y a reçu tous les pouvoirs.

A l'heure actuelle, les mesures nécessaires ont été prises, les exhortations les plus fermes ont été adressées aux dirigeants du mouvement polonais, et un appel au calme aux dirigeants allemands; il faut espérer qu'ils seront entendus non seulement des chefs mais encore de la population toute entière. L'insuffisance numérique des forces alliées ne permettant pas d'assurer partout le service de la police, des gardes civiques ont été provisoirement constituées en plusieurs points par les habitants eux-mêmes. Enfin, le mouvement de grève que les événements avaient déterminé dans les mines de charbon, paraît toucher à sa fin.

D'autre part, la Commission fait procéder en ce moment à un nouveau désarmement de la population. Pareille opération avait déjà été effectuée dès le mois de mars dernier; mais, les événements ont démontré la nécessité d'y recourir à nouveau: un grand nombre d'armes ayant été introduites en fraude dans le territoire provenant en particulier du trafic d'armes de Pologne. Les recherches effectuées actuellement dans ce but dans les Cercles où cette opération a été entamée, se poursuivent activement. Les résultats s'en annoncent satisfaisants.

En même temps ont commencé les opérations de transformation de la Sicherheitspolizei en vue de son remplacement par une police hautesilésienne. Cette transformation, déjà prête depuis quelques semaines, n'avait été différée que par la menace de l'approche du péril bolchevique.

---

1 Pologne 146, fol. 255-260.
2 Vgl. oben Dok. 362.
3 Nicht abgedruckt.
4 Vgl. oben Dok. 340 Anm. 5. Nach einem erneuten Zwischenfall bei der Abfertigung eines alliierten Transportzuges nach Polen hatte der Reichsinnenminister am 18.8.1920 Verhandlungen mit Arbeitervertretern und der Eisenbahnorganisation aufgenommen. Am 22.8.1920 beschlossen die Arbeiterorganisationen gemeinsame Richtlinien, wie bei künftigen Transporten zu verfahren sei. Zum Gang der Verhandlungen s. die Protokolle der Kabinettssitzungen vom 23. und 27.8.1920, AdR, Kabinett Fehrenbach, Dok. 54 P. 3, S. 13ff bzw. Dok. 58 S. 142ff.
5 Mit britischer Zustimmung hatte Frankreich beschlossen, zwei seiner im Abstimmungsgebiet von Teschen stationierten Bataillone nach Oberschlesien zu verlegen. Zu den Vorgängen s. Percivals Bericht vom 18.8.1920, DBFP 1/XI, No. 26 S. 36f.
6 Vgl. oben Dok. 366 und Dok. 367.
7 Vgl. Le Ronds ausführlichen Bericht N° 88 vom 11.8.1920, Pologne 146, fol. 125-127.
8 Colonel Blanchard.
9 Muß vermutlich heißen: Kuhnt.
10 Name nicht ermittelt.

370
**M. Dard, Ministre Plénipotentiaire de France à Munich, à
M. Millerand, Président du Conseil, Ministre des Affaires Etrangères.**

D. n° 34. Munich, le 25 août 1920.[1]

Conversation avec le Consul d'Angleterre M. Smallbones.

Le Consul britannique M. Smallbones, dont j'ai déjà signalé à Votre Excellence l'activité politique[2], vient d'aller passer plusieurs jours à Vienne. Il est venu me voir à son retour. L'impression qu'il rapportait était celle de la nécessité d'un rattachement prochain de l'Autriche à l'Allemagne, qui seule saurait organiser l'Autriche et la faire vivre. Cette idée était d'ailleurs déjà la sienne avant son voyage. J'ajoute que ce fonctionnaire britannique conçoit le rattachement de l'Autriche comme devant s'opérer avec une Allemagne unitaire et nullement avec une Allemagne fédéraliste. C'est pour lui un simple *renforcement* de l'Allemagne. J'ai interrogé M. Smallbones sur la question si brûlante en Bavière du désarmement des Einwohnerwehren et de l'Organisation Escherich.

Je ne sais s'il a reçu à cet égard des instructions de son Gouvernement, mais ses idées paraissent fort arrêtées. Il déclare qu'il est nécessaire d'opérer le désarmement dans toute l'Allemagne tel qu'il a été prévu à Spa, car il faut ôter à l'Allemagne toute possibilité de recommencer une guerre. Il ajoute que ce désarmement ne risque pas de compromettre l'ordre public, car l'estimation de deux millions de fusils donnée par M. Simons à Spa, est assurément très inférieure à la réalité et il restera encore assez d'armes à la Bourgeoisie allemande pour se défendre. Enfin M. Smallbones traite très sévèrement l'organisation Escherich, dont le chef est peut-être un simple conservateur bavarois, mais dont les adhérents sont des chauvins qui rêvent de revanche. Il a même été jusqu'à me dire *très confidentiellement* qu'il faisait attaquer Escherich par la presse socialiste.

Il m'a été aisé de comprendre que le Consul britannique se rendait parfaitement compte du mouvement toujours plus fort qui pousse la Bavière vers le fédéralisme sous la conduite de Heim et d'Escherich et qu'il s'efforçait de le combattre, le désir du Gouvernement britannique et, particulièrement des radicaux pacifistes du genre de M. Smallbones, étant de voir l'Allemagne unie, prospère, moins belliqueuse sans doute qu'autrefois, mais toujours redoutable pour son voisin.

---

1 Papiers d'Agents, Dard 13 (ohne Folio). Maschinenschriftlicher Durchschlag, ohne Unterschrift.
2 Vgl. oben Dok. 323.

371

*M. Laurent, Ambassadeur de France à Berlin, à
M. Millerand, Président du Conseil, Ministre des Affaires Etrangères.*

T. n° 1567-1569. Déchiffrement.　　　　　Berlin, le 26 août 1920, 18 h 00.
　　　　　　　　　　　　　　　　　　　　(Reçu: 21 h 25, 21 h 20.)[1]

Le "Berliner Tageblatt" reproduit la suite de l'interview accordée par M. Simons au correspondant de la "Gazette Nationale de Bâle" (voir mon télégramme N° (sic)[2]. Le Ministre s'y serait déclaré fédéraliste convaincu et partisan de l'autonomie de la région du Rhin et de la Haute-Silésie. Pour cette province il envisage "une forme nouvelle et hardie" qui ferait participer en commun les Polonais et les Allemands à l'administration. Il tient pour inévitable tôt ou tard, l'établissement entre l'Autriche et l'Allemagne d'un lien (politique) lâche et n'excluant pas une large (autonomie) des régions autrichiennes. M. Simons a reconnu que le système fédéraliste était impopulaire mais s'est déclaré décidé à défendre son point de vue même si cette attitude devait lui coûter son portefeuille. Parlant de la situation intérieure le Ministre s'est prononcé contre une évolution vers la droite qui mécontenterait le centre, diviserait le parti populaire et aboutirait sans doute à la guerre civile. Un coup de barre à gauche permettrait aux socialistes de reprendre leur place dans la majorité, ce qui n'offrirait que des avantages. Le rôle d'Erzberger est, selon lui, loin d'être joué. M. Simons a également parlé de Stinnes qu'il juge plus préoccupé de pouvoir politique que de projets économiques. Il a enfin fait l'éloge des commissions parlementaires mais trouve, que, dans les séances plénières, l'esprit démagogique triompha trop souvent, par suite du manque de responsabilité des différents partis.

1　Allemagne 338, fol. 124-125.
2　Laurent meinte vermutlich sein T. n° 1557-1560 vom 28.8.1920, in dem er über drei Presseinterviews mit Simons berichtet hatte, s. Allemagne 374, fol. 222-225.

372

*M. Laurent, Ambassadeur de France à Berlin, à
M. Millerand, Président du Conseil, Ministre des Affaires Etrangères.*

T. n° 1572-1573. Déchiffrement.　　　　　Berlin, le 26 août 1920, 23 h 35.
　　　　　　　　　　　　　　　　　　　　(Reçu: le 27, 7 h 05, 5 h 00.)[1]

La loi allemande sur le désarmement de la population civile a été promulgée le 7 Août dernier.[2]

Le commissaire du Reich pour le désarmement, Peters, a pris le 22 Août un premier arrêté d'application qui, après avoir défini les armes et munitions de guerre prévoit que la livraison devra s'effectuer du 15 Septembre au (13) Novembre. Exception est faite pour les sociétés dont les obligations seront déterminées par un règlement ultérieur.

J'enverrai ces deux documents à V.E. par la valise de demain[3]. D'autre part, les journaux ont publié hier un appel adressé par le Président Ebert au peuple allemand pour le conjurer d'épargner à la patrie les conséquences incalculables qu'entraînerait la résistance à la volonté de l'Entente.[4]

Le Gouvernement allemand paraît donc résolu, en dépit de la violente opposition des partis extrêmes, à tenir sur ce point les engagements qu'il a pris à Spa.

---

1   Allemagne 60, fol. 169-170.
2   Vgl. oben Dok. 346.
3   Nicht abgedruckt.
4   Zum Text des Aufrufs des Reichspräsidenten vom 21.8.1920 s. Schulthess' Europäischer Geschichtskalender 36 (1920) S. 242.

373

M.Tirard, Haut-Commissaire de la République Française dans les Provinces du Rhin, à M. Millerand, Président du Conseil, Ministre des Affaires Etrangères.

N° 475 S/A.T.R.P. [Coblence ?], le 26 août 1920.[1]

I°) Monsieur Koch, Ministre de l'Intérieur de l'Empire, vient de rentrer à Berlin[2]. Je note dans les informations de presse les deux renseignements suivants qui sont précieux car ils dénotent l'efficacité de notre propagande en Rhénanie.

Monsieur Koch insiste sur la nécessité d'une propagande intellectuelle allemande en Rhénanie destinée à combattre les effets de la propagande intellectuelle Française. Il ajoute qu'il y a lieu d'encourager les sociétés allemandes à faire un effort en Rhénanie et les touristes allemands à s'y rendre en aussi grand nombre que possible.[3]

II°) Cette impression du Ministre Koch doit être rapprochée de divers autres indices.

Je viens en effet de tenter un nouvel effort pour répandre les livres français dans les villes rhénanes, m'attachant à la littérature moderne, j'ai obtenu de divers éditeurs de Paris (Nouvelle Revue Française, Grès, etc....) des prix de vente très notablement réduits qui rendent les ouvrages accessibles au public allemand malgré la dépréciation du mark.

Les livres offerts ont été aussitôt exposés par les libraires allemands à leurs vitrines dans les diverses villes et il semble que leur vente s'annonce d'une manière favorable.

Je fais actuellement organiser dans diverses salles de dépêches et à l'Ecole de Droit de Mayence, des expositions permanentes de livres français inspirées de celles des nouvelles revues françaises à Paris.

Le public rhénan paraît devoir s'intéresser d'une manière très vive aux publications les plus récentes de la littérature française.

III°) Les cours de français ouverts à la population rhénane continuent de se développer malgré l'opposition très vive et d'ailleurs reconnue de l'administration allemande.

J'ai parlé à Monsieur Koch des mesures prises par l'autorité allemande à l'encontre des professeurs locaux qui nous prêtent leur concours. Je lui ai fait observer que ces cours de français sont un moyen de contribuer à l'apaisement et d'éviter des frictions entre les troupes et la population. Je lui ai indiqué aussi que parallèlement, je développe d'une manière toute particulière l'enseignement de la langue allemande au Lycée de Mayence à l'usage des jeunes français. Monsieur Koch ne m'a pas dissimulé que les autorités allemandes ne peuvent prêter leur concours à cette œuvre qu'il considère comme destinée à servir à la propagande française dans les pays rhénans. Malgré cette opposition, le tableau ci-joint[4] indique les résultats obtenus par les cours de français et, persévérant dans cette voie, je compte leur assurer un nouveau développement.

---

1   AN, AJ 9 3825. Maschinenschriftlicher Durchschlag, ohne Ortsangabe.
2   Zur Reise Kochs ins Rheinland vgl. oben Dok. 364 sowie Kochs eigenen Bericht, AdR, Kabinett Fehrenbach, Dok. 57 S. 138ff.
3   Mit T. n° 1562 hatte Laurent am Vortag aus Berlin gemeldet: "Les journaux publient le communiqué suivant: "Dans le conseil de cabinet d'hier, le Ministre de l'Intérieur a rendu compte de son voyage dans les pays occupés. Il a indiqué que dans de nombreux entretiens avec des personnes appartenant à tous les partis et à toutes les classes de la population, il avait pu constater la résolution avec laquelle les habitants restent attachés à l'Empire. Rappeler à la population ses devoirs patriotiques à l'aide d'une propagande tendancieuse est inopportun et cette manière de faire est nettement rejetée par tous les milieux et partis des pays occupés."
    Le Ministre a ajouté que ses efforts tendraient à resserrer les liens intellectuels existant entre les pays rhénans et le reste de l'Allemagne. Le conseil a également discuté les plaintes provoquées par la forte occupation de la région rhénane et les négociations menées à ce sujet entre la Commission Interalliée et le Ministre de l'Intérieur." Télégrammes, Arrivée de Berlin, 1920, 7.
4   Nicht abgedruckt.

374
M. Laurent, Ambassadeur de France à Berlin, à M. Millerand, Président du Conseil, Ministre des Affaires Etrangères.

T. n° 1576-1577. Déchiffrement.   Berlin, le 27 août 1920, 20 h 40.
(Reçu: le 28, 0 h 30, 0 h 40.)[1]

Le Consul de France à Bre(s)lau[2] me rend compte que son consulat a été envahi et saccagé hier soir par la populace. Les archives ont été dispersées, mais le coffre-fort a été mis en lieu sûr par la police.

J'ai invité M. Terver à revenir d'urgence à Berlin. Le consulat restera fermé jusqu'à ce que nous ayons obtenu du Gouvernement allemand les réparations et les garanties nécessaires.[3]

Mon télégramme en clair n° 1574[4] donne à V. E. la traduction de la version officielle que publie ce matin l'agence Wolff.

Il y a bien d'ajouter que l'attentat commis par des éléments de désordre a eu lieu à la suite d'une manifestation organisée par "tous les partis bourgeois" pour protester contre la terreur polonaise en Haute-Silésie, démonstration à laquelle les autorités de Breslau, et peut-être le ministre prussien de l'Intérieur[5] qui se trouvait tout dernièrement dans cette ville, ne sont vraisemblablement pas demeurés étrangers. L'exaspération de la foule a été portée à son comble par la rumeur que des soldats de l'armée Haller en civils avaient envahi la Haute-Silésie dans la matinée, et se trouvaient aux prises avec la population allemande. Ce sont ces fausses nouvelles, répandues par le service de la propagande allemande et complaisamment accueillies par les organes officieux, qui ont développé l'excitation dont les graves événements d'hier sont l'aboutissement inévitable.

Les attentats contre les représentants de l'Entente et plus particulièrement contre les agents civils et militaires du Gouvernement français, se sont d'ailleurs multipliés ces temps derniers.[6] Sans remonter jusqu'aux manifestations dirigées contre l'ambassade[7]...

---

1   Télégrammes, Arrivée de Berlin, 1920, 7.
2   Georges Terver, zu dessen Bericht vom 27.8.1920 s. Vincennes, 7 N 2631 (ohne Folio).
3   Am nächsten Tag erschien in Vertretung des Reichsaußenministers Frédéric von Rosenberg in der Botschaft, um das Bedauern der deutschen Regierung über den Vorfall zum Ausdruck zu bringen und die französischen Proteste entgegenzunehmen, vgl. T. n° 1580-1582, ebenda. Zum Fortgang vgl. unten Dok. 377.
4   Nicht abgedruckt. Zum deutschen Wortlaut der Erklärung s. Schultheß' Europäischer Geschichtskalender 36 (1920) S. 243f.
5   Carl Severing.
6   Vgl. oben Dok. 366, Dok. 367 und Dok. 369.
7   Vgl. oben Dok. 316.

375

*M. Laurent, Ambassadeur de France à Berlin, à
M. Millerand, Président du Conseil, Ministre des Affaires Etrangères.*

D. n° 551. Berlin, le 30 août 1920.[1]

Manifestation à Berlin en faveur de la Haute-Silésie.

Hier a eu lieu à Berlin une grande manifestation de sympathie envers les populations allemandes de Haute-Silésie. M. Schmitt, Attaché à cette Ambassade, qui a assisté à la démonstration, en rend compte par la note que Votre Excellence trouvera sous ce pli.[2]

L'agence Wolff donne d'autre part une description grandiloquente de la manifestation, qu'elle fait suivre du texte des résolutions adoptées. Je joins à cette dépêche la traduction de cette dernière partie du communiqué Wolff.[3]

Annexe I:

Manifestation du dimanche 29 août au Lustgarten
en faveur de la Haute-Silésie

La manifestation est annoncée pour 3 heures. Dès 2 heures, la foule commence à affluer au Lustgarten, se dirigeant d'abord vers le Dom. Déjà les degrés sont garnis de gens, hommes, femmes, enfants. On distribue de petits drapeaux aux couleurs silésiennes blanc-jaune. Vers 3 heures la place est pleine de monde. Les curieux paraissent très nombreux. Cependant la majorité de ces gens est évidemment composée d'habitants de la Silésie. On n'entend pas une seule provocation à l'adresse de qui que ce soit. Il n'y a pas la moindre discussion préliminaire. Nulle part les commissaires qui portent le brassard blanc jaune n'ont à intervenir. La foule est pacifique. Presque tous ces gens appartiennent aux classes pauvres: ils ont l'air déprimé physiquement et moralement, incapables de tout mouvement audacieux non inscrit au programme. Ce programme est rappelé aux commissaires réunis sur les degrés du Dom, à savoir: à 3 heures commencent les discours. Immédiatement après on organise le cortège, qui se déroulera par le pont sur la Spree, empruntera les Tilleuls jusqu'à la Charlottenstrasse, où, obliquant à gauche, il descendra vers la Belle Alliance Platz où aura lieu la dislocation.

Ici et là émergent dans la foule de nombreux écritaux: "Les offres de Korfanty ne nous disent rien qui vaille - A bas la terreur polonaise - L'Entente avait promis liberté et justice - La Haute-Silésie est allemande - Sans la Haute-Silésie, pas de houille - Pensez aux froides journées d'hiver - Les Polonais sont des gens de rien - etc. etc."

Nulle part l'élément nationaliste outrancier ne se montre. De très rares jeunes gens portent le "svatiska"[sic!]. Rien n'égale leur réserve.

Le mot d'ordre des organisateurs a été: Pas de politique. Il paraît observé à la lettre par tous excepté, comme on le verra, par le député deutsch-national Laverrenz.

A 3 heures sonnant, les discours commencent. Des orateurs groupent des gros d'auditeurs devant le Dom, le musée et le schloss. Le sujet développé est uniformément le même: La Pologne veut mettre la main sur la Haute-Silésie. L'Entente assiste au jeu Polonais, l'encouragement par sa passivité et par des excitations en sous-main. Le monde entier doit savoir quelle violence on essaie de faire à un peuple qui est passionnément allemand. Le ton en général est terne, cependant un orateur plus lyrique parlera des diamants noirs de la Haute-Silésie. Invariablement à la fin de chaque discours on crie "Vive l'Allemagne" trois fois, en otant trois fois son chapeau, mais on ne dit rien à ceux qui, comme moi le conservent sur la tête. Dans un seul groupe, devant le schloss, la dernière phrase du discours est saluée par le chant du Deutschland über alles. C'est là d'ailleurs que pérorait le député deutsch-national Laverrenz, qui, rééditant le cliché du gendarme polonais installé par la France, souleva quelque émotion patriotique qui se termina par le chant nationaliste. Ce fut le seul qu'on entendit. Il n'y a d'ailleurs que les auditeurs les plus rapprochés qui chantent. Leurs voisins les plus immédiats ne joignent pas leurs voix. Ils entendent, regardent et s'écoulent.

Les discours sont terminés un peu après trois heures et demie. Le cortège se met en marche dans le plus grand ordre moutonnier. Aucun enthousiasme. Ces gens paraissent épuisés sous tous les rapports. C'est une manifestation d'automates.

A l'intersection des Tilleuls et de la Charlottenstrasse sont alignés une vingtaine de sicherheitspolizei, le fusil en bandoulière, sous les ordres d'un officier à la casquette plate. Evidemment, ils auraient constitué une pauvre barrière, si le cortège s'était mis dans la tête de continuer sa route en droite ligne vers les ambassades et les hôtels habités par l'Entente. Mais apparemment le gouvernement connaissait le baromètre de la manifestation. Les policiers n'ont même pas eu à faire un geste pour canaliser les Silésiens vers la Charlottenstrasse. A noter dans la foule de curieux du dimanche aucun mot, aucun encouragement à l'adresse des milliers et des milliers (40.000?) de manifestants silencieux, dont l'apathie était si peu communicative. Non, à aucun moment au cours de cette manifestation, on n'a senti l'étincelle électrique...

Annexe II:

Résolutions adoptées à l'issue de la réunion populaire
tenue à Berlin le 29 août 1920 en faveur de la Haute-Silésie
(traduction du texte donné par l'agence Wolff).

Nous, habitants de Haute-Silésie, rassemblés à Berlin, exprimons notre indignation des derniers événements de Haute-Silésie. Le droit des gens et le traité de paix sont honteusement violés. Les négociations engagées entre les différents partis de Haute-Silésie ont abouti hier à Kattowitz à la signature d'une proclamation qui doit aboutir à la solution de la crise et à des sanctions. Tenant compte et de cette proclamation et de la nécessité de la compléter, nous considérons comme indispensables les mesures suivantes:

1) Nous demandons le désarmement intégral des bandes polonaises, la punition exemplaire des crimes commis, l'expulsion des personnes non punissables juridiquement mais intellectuellement complices, notamment des chefs polonais connus; leurs plans en vue d'une occupation militaire en Haute-Silésie, obtenue par des moyens violents, sont depuis des mois dans les journaux. Néanmoins, nul ne songe à toucher à eux et ils peuvent poursuivre leurs menées criminelles sous les yeux de la commission de l'Entente.

2) Nous demandons encore le rétablissement de l'ordre, l'assurance que la population ouvrière de Haute-Silésie aura la possibilité de travailler, le rétablissement des autorités légales. Les personnes chassées, pillées, maltraitées par les bandes polonaises, en particulier les familles des personnes tuées de la main des insurgés, doivent être indemnisées aux frais des Polonais. La garde à former pour le plébiscite ne doit pas devenir une force polonaise destinée à rendre impossible un vote libre par l'intimidation et la pression exercées sur la population de Haute-Silésie.

Toute la Haute-Silésie a l'impression que les troupes d'occupation française sont du côté de la Pologne et favorisent, soit ouvertement, soit en cachette, l'insurrection polonaise. Les nouvelles de Haute-Silésie font apparaître cette impression comme justifiée. C'est pourquoi nous considérons que le rétablissement de l'ordre et du calme et un plébiscite fondé sur le droit de libre-disposition de la population n'est possible que si la garnison française de Haute-Silésie en qui la population n'a pas confiance, est remplacée par des troupes appartenant aux autres puissances représentées à la Commission interalliée.

Nous, habitants de Haute-Silésie rassemblés à Berlin, envoyons à nos frères et sœurs de Haute-Silésie notre cordial salut dans l'épreuve qu' ils traversent. Nous jurons de leur rester fidèles et de ne pas manquer au jour du vote.

---

1   Pologne 146, fol. 249-252.
2   Vgl. unten Annexe I.
3   Vgl. unten Annexe II.

376
*M. Laurent, Ambassadeur de France à Berlin, à
M. Millerand, Président du Conseil, Ministre des Affaires Etrangères.*

D. n° 552.   .   Berlin, le 30 août 1920.[1]

Le parti socialiste indépendant et la troisième internationale.

Bien que ne faisant pas partie de la troisième internationale, le parti socialiste indépendant était représenté officieusement au congrès de Moscou par une délégation de quatre de ses membres: Däumig, Stoecker, Crispien et Dittmann, chargée d'examiner dans quelles conditions le parti pourrait être admis dans l'internationale communiste.[2]

Depuis le retour de ses délégués, une vive polémique s'est engagée dans la presse du parti indépendant sur la question de la fusion avec Moscou.

La Freiheit a publié les statuts de la nouvelle internationale et les conditions à remplir pour y être admis.[3] Celles-ci sont très rigoureuses. Parmi les personnalités, suspectes de modérantisme dont l'expulsion est réclamée, on compte M. Longuet, pour la France, Ramsay MacDonald pour l'Angleterre, pour l'Italie Turati et Modigliani, pour l'Allemagne Kautsky et Hilferding, directeur de la Freiheit.

Ce journal ouvre ses colonnes aux chefs du parti soucieux de se prononcer dès maintenant sur la question du rattachement à l'internationale communiste, que le prochain congrès du parti tranchera en dernier ressort. Jusqu'ici l'accueil fait à l'oukase des Soviets paraît assez réservé. Seul Däumig fait campagne pour l'acceptation des conditions posées. Crispien se prononce vigoureusement en sens contraire. Il estime que céder aux exigences des Bolcheviks obligerait à expulser du parti plus de la moitié de ses membres. Hilferding, directement menacé, joint naturellement sa voix à celle de Crispien. Il remarque que l'article 8 des statuts de l'Internationale de Moscou, en accordant cinq représentants aux Russes dans le Conseil Exécutif, alors que tous les autres partis communistes n'y auront qu'un délégué, chacun établirait au profit des Soviets une prépondérance intolérable. Il accuse Lénine de briser, par sa politique, de dictature, l'unité de la classe ouvrière et de frayer ainsi les voies à un retour offensif de la réaction capitaliste.

La Gazette populaire de Leipzig, l'organe le plus important du parti indépendant après la Freiheit, mène une vive campagne pour le refus de consentir à des exigences qui aboutiraient à une véritable capitulation devant les Communistes qui ne sont en Allemagne qu'une infime minorité.

Les partisans de la résistance semblent donc pour le moment en majorité. Mais la discussion n'est qu'à ses débuts et le prestige des Soviets demeure, en dépit de leurs récents échecs en Pologne, assez considérable pour que certaines surprises restent possibles.

On peut se demander d'ailleurs si l'obligation de se prononcer sans ambages pour ou contre le rattachement à la troisième internationale ne conduira pas à une scission. Les Socialistes Indépendants ont su jusqu'ici manœuvrer avec assez de souplesse pour concilier en apparence les deux principes contradictoires de la démocratie et de la dictature du prolétariat. Mais l'unité d'un parti qui repose à la fois sur deux bases aussi divergentes ne saurait être que précaire. Si elle ne résistait pas à la crise qui va s'ouvrir il est à présumer que les extrémistes de gauche iraient grossir les rangs des communistes, tandis que les modérés du parti se verraient peu à peu attirés dans l'orbite des Socialistes majoritaires. Une telle éventualité, qui modifierait profondément la politique intérieure allemande, ne serait pas à souhaiter. Elle entraînerait en effet la disparition du seul parti de gauche qui ne cultive pas systématiquement la haine de la France, que le Vorwärts, organe des Socialistes Majoritaires, et le "Drapeau Rouge", organe des Communistes, prêchent, chacun pour des raisons différentes, mais avec une égale ardeur.[4]

---

1 Allemgne 321, fol. 144-145v.
2 Vgl. oben Dok. 313.
3 Der zweite Kongreß der Kommunistischen Internationale hatte am 6. August 1920 21 Bedingungen für die Aufnahme in die Komintern beschlossen, zum Text s. WEBER (Hg.), Die Kommunistische Internationale, S. 48ff.
4 Zum Fortgang s. unten Dok. 440 und Dok. 441.

377

*M. Laurent, Ambassadeur de France à Berlin, à
M. Millerand, Président du Conseil, Ministre des Affaires Etrangères.*

T. n° 1609-1613. Déchiffrement.   Berlin, le 31 août 1920, 19 h 29, 19h 40.
(Reçu: 22h 30.)[1]

Suite à mon télég. 1606[2]

Après que le Ministre des Affaires Etrangères[3] eut prit connaissance de ma note, j'ai insisté auprès de lui sur la fâcheuse impression qui se dégageait de la multiplicité et de l'importance croissante des incidents dont nous avons à nous plaindre. "Il semble, ai-je déclaré, que ces incidents ne soient pas seulement d'effet d'initiatives isolées. Ils postent une (marque) commune qu'il s'agisse de la grève des fonctionnaires de la Sarre[4], de l'arrêt des trains[5], ou des derniers événements de Breslau[6], il apparaît qu'une organisation plus ou moins secrète encourage, si elle ne les provoque pas, ces regrettables manifestations.

Vous savez mieux que personne dans quel esprit de (conciliation) le Gouvernement français a défini sa politique vis-à-vis de l'Allemagne et combien je m'efforce personnellement de répondre à ces intentions. Il ne saurait vous échapper que le rapprochement économique, si souhaitable entre les deux pays, sera rendu singulièrement difficile si de pareils actes d'hostilité devraient se renouveler. Je ne doute pas que le Gouvernement du Reich ne se rende compte lui-même de cette situation, qu'il ne s'efforce d'y remédier et qu'il ne donne entièrement satisfaction à nos légitimes demandes de réparation. Mais je ne dissimule pas à V.E. que s'il en était autrement, les conséquences pourraient en être graves".

Le Ministre m'a répondu qu'il comprenait toute la gravité de l'incident, que l'enquête avait déjà commencé, que, d'après son impression personnelle, les autorités de Breslau avaient certainement manqué de prévoyance et de fermeté; mais (qu'on) devait tenir compte de l'excitation soulevée dans l'opinion allemande par la question vitale de Haute-Silésie: "après des engagements que nous avons pris à Spa, la perte des charbonnages de Haute-Silésie condamnerait notre population à ne pouvoir se chauffer pendant l'hiver". J'ai réparti qu'en tout cas l'Allemagne avait grand intérêt à témoigner son émotion par des manifestations paisibles, comme celle qui s'est déroulé dimanche à Berlin[7] sans violence ni provocation envers l'Entente.

Le Dr Simons s'est déclaré tout à fait d'accord avec moi et m'a répété qu'à son avis, un faible déplacement de police aurait suffi à prévenir la bagarre de Breslau.

Comme, en quittant le ministre, j'exprimais l'espoir que le règlement de cette affaire nous permettrait de reprendre les relations cordiales que j'avais entretenues jusqu'à présent avec lui, il m'a répondu en souriant, qu'il devait, en ce qui concerne sa personne, mettre un point (d') (interrogation). Il m'a paru confirmer ainsi le bruit, qui court avec persistance, de sa prochaine retraite.

Pour le cas où mes demandes seraient discutées, je vous serais reconnaissant de me faire savoir d'urgence quelle attitude je devrais prendre.

---

1 Télégrammes, Arrivée de Berlin, 1920, 7.

2   Nicht abgedruckt. Nach dem Sturm auf das französische und polnische Konsulat in Breslau (vgl. oben Dok. 374) überreichte Laurent am 31. August 1920 Simons eine offizielle Protestnote, zum Text s. Schultheß' Europäischer Geschichtskalender 36 (1920) S. 244. Zum Verlauf des Gespräches zwischen Laurent und Simons vgl. auch das Protokoll der Kabinettssitzung vom 1.9.1920, AdR, Kabinett Fehrenbach, Dok. 62 S. 150f.
3   Walter Simons.
4   Vgl. oben Dok. 239 Anm. 8. Zu den Hintergründen (Frage des künftigen Status der Beamten im Saargebiet) s. ADAP A III, Dok. 224, hier vor allem Anm. 8 S. 464.
5   Vgl. dazu unter anderem Dok. 340 Anm. 5.
6   Vgl. oben Dok. 374.
7   Vgl. oben Dok. 375.

378
M. Dard, Ministre Plénipotentiaire de France à Munich, à
M. Millerand, Président du Conseil, Ministre des Affaires Etrangères.

D. n° 36.   Munich, le 31 août 1920.[1]

Retour de l'Allemagne au fédéralisme.

Par mes télégrammes 71[2] et suivants, auxquels Votre Excellence a répondu par son télégramme N° 35 du 25 Août[3], ont été constatés le désir du Gouvernement bavarois de conserver ses Milices Civiles - (Einwohnerwehren et Orgesch), en même temps que la difficulté de lui donner satisfaction en raison des stipulations du Traité de Paix. Votre Excellence voulait bien également reconnaître qu'une initiative du Gouvernement Bavarois en vue de réviser la Constitution de Weimar et de reprendre son ancienne importance historique pourrait cependant constituer un fait nouveau qui nous permettrait peut-être de répondre à Son désir. Il semble bien que la situation que m'avait exposée M. de Kahr se soit rapidement modifiée et qu'un accord vienne de s'établir entre le Reich et la Bavière. D'une part, l'Armée rouge serait désarmée avant les milices (voir mon télégramme N° 78[4]); d'autre part, M. Simons, dans deux interviews qui n'ont pas été démenties s'est déclaré résolument fédéraliste[5] et l'on m'assure qu'il a déjà engagé des pourparlers avec les représentants des Etats. Nous nous trouvons donc à un tournant de la politique intérieure allemande.

Voici sans doute les causes de cette évolution qui peut surprendre. L'Allemagne veut avant tout échapper à l'application du Traité de Versailles dans laquelle elle voit la fin de son existence indépendante. Pour atteindre ce but, elle a d'abord espéré isoler la France de ses alliés. Déçue sur ce point, elle avait mis son espoir dans la Russie bolcheviste et attendait, en frémissant d'impatience, que l'arrivée des armées de Trotzky l'obligeât à sortir de son apparente neutralité. La victoire, devant Varsovie, du génie français l'a remise pour le moment à notre discrétion. Il lui faut donc trouver le moyen de surmonter notre invincible défiance et de nous donner des gages certains quant à ses intentions; ce moyen, elle ne peut plus le trouver que dans une réforme intérieure profonde de sa constitution. L'envoi d'un Représentant de la République à Munich l'avertissait que nous entendions l'engager dans la voie du fédéralisme; elle en a conçu à la fois du ressentiment et de l'espoir. D'ailleurs les dernières élections allemandes ont singulièrement accru au Reichstag le nombre des fédéralistes, opposés aux tendances unitaires des révolutionnaires internationalistes ou des patriotes les plus obstinés. Enfin le fédéralisme n'est-il pas le seul moyen de sauver l'Empire d'une plus profonde dislocation, de conserver un jour les territoires occupés (qui réclameraient sans doute leur autonomie le jour où ils redeviendraient allemands), de retenir la Bavière dont les tendances historiques reprennent leur ancienne vigueur, la Haute-Silésie où il faudra faire vivre ensemble, si elle n'est point perdue, allemand et polonais. En ce qui concerne cette dernière province, une réforme fédéraliste immédiate pourrait être un gage du succès allemand au prochain plébiscite. Enfin une réforme fédéraliste favorise le rattachement de l'Autriche, qui reste le vœu secret mais ardent des cœurs allemands.

La nouvelle orientation intérieure a donc des causes profondes: il est de la plus grande importance de la surveiller et de nous assurer qu'en entrant dans la voie que nous désirons nous-mêmes, l'Allemagne y fera bien le chemin voulu par nous. Il est en effet certain que les vues de M. Simons, (car M. Simons paraît dans le Gouvernement du Reich le seul à avoir des vues) - sont très différentes de celles du Dr. Heim ou même du moyen terme auquel le Président de Kahr serait disposé à s'arrêter.

On m'assure que le système de M. Simons serait fondé sur la création d'Etats allemands à peu près égaux, par la diminution de l'étendue des grands Etats existants et par l'augmentation ou la disparition des petits. Ainsi une Rhénanie s'étendrait sur les deux rives du Rhin et comprendrait le Palatinat; la Hesse serait rattachée soit à la Bavière, soit à la Rhénanie, soit à un nouvel Etat qui réunirait Bade et le Wurtemberg; la Silésie serait séparée de la Prusse et de la Saxe reconstituée telle qu'elle était avant les traités de 1815. Une telle réforme, qui rappellerait la division de la France en Départements par l'Assemblée Constituante, semblerait donner satisfaction aux Etats non prussiens, mais elle empêcherait en même temps la prédominance du Sud sur le Nord. Ces Etats auraient-ils des Chefs et une représentation diplomatique à l'extérieur: assurément non dans la pensée de M. Simons. Mais il est une autre réforme essentielle et particulièrement chère aux fédéralistes bavarois, c'est l'institution d'une capitale au centre de l'Allemagne fédérale, qui ne soit pas la capitale de la Prusse: M. Simons est à cet égard formellement opposé à l'avis du Dr. Heim et de ses amis.

Or, si l'Allemagne se décentrait et transportait sa capitale dans une vieille ville historique comme Francfort ou dans une petite ville comme Regensburg ou Würzburg, il est difficile de méconnaître l'importance et les conséquences d'un pareil fait. C'en serait fait de l'hégémonie de la Prusse et peut-être de l'Union nationale que la puissance militaire de la Prusse a seule réalisée par la force dans le pays qui fut jusqu'à Bismarck le plus divisé de l'Europe. Cette heureuse division, qui assurait jadis la Puissance de nos rois: nous la verrions renaître dans la nouvelle diète. Nos armées pourraient se consoler de n'être pas entrées à Berlin si nos diplomates s'installaient à Francfort. Dans une telle éventualité, il ne faudrait pas en effet comme nos gouvernements antérieurs à 1870 n'envoyer dans la capitale fédérale qu'un personnage de second plan, notre Agent le plus important étant à Berlin. C'est le contraire qui conviendrait. D'ailleurs l'Allemagne ne serait plus une confédération d'Etats, mais un Etat fédéral; sa Capitale nouvelle serait le siège du Reichstag et non simplement une diète ou seulement du Reichsrat; elle serait aussi celui du Gouvernement d'Empire.

Les avantages essentiels que nous verrions à l'abandon de Berlin comme capitale nous assurent que cette réforme sera combattue non seulement par la Prusse, mais par les patriotes allemands, qui savent bien que le militarisme prussien, tel que nous l'appelons, n'a été que le ferment de la grandeur allemande, la condition même de son union et que ce n'est pas de Francfort ou de Würzburg qu'on pourra jamais appeler le peuple allemand à la revanche par les armes. Nous devons donc aider par tous les moyens les fédéralistes bavarois à faire prévaloir leur opinion. Ils désirent ce changement de capitale pour se soustraire au joug de la Prusse. Ils le désirent encore pour faire prévaloir une politique pacifique. Enfin ils craignent les tendances révolutionnaires qui dominent à Berlin et veulent en éloigner le Gouvernement de l'Empire dans le même esprit qui fit jadis opposer chez nous Versailles à Paris.

Pour favoriser les vues bavaroises dans la réforme constitutionnelle qui paraît devoir s'opérer prochainement en Allemagne, il ne conviendrait pas de se départir de la sévérité avec laquelle Votre Excellence s'efforce, approuvé par la Nation, de maintenir la stricte exécution du Traité de Versailles. Il ne conviendrait pas davantage, si cela était possible de favoriser en ce moment, d'une manière particulière, le Gouvernement Bavarois. Bien au contraire. Plus l'Allemagne sentira durement les conséquences de notre Victoire, plus vite elle devra s'efforcer d'y échapper par un bouleversement de sa constitution intérieure tel qu'il nous rassure dans l'avenir. Plus la Bavière éprouvera pour sa part le contre-coup de nos justes exigences, plus elle sera tentée de se détacher complètement de la Prusse principale suspecte à nos yeux. N'est-ce pas précisément pour échapper aux vengeances des alliés que l'Autriche-Hongrie s'est démembrée et ses diverses populations n'y ont-elle pas réussi fort bien, puisque nous les soignons autant en détail que nous les aurions maltraitées en bloc. Cet exemple ne sera pas perdu pour les pays allemands.

La force et la tenacité avec lesquelles nous frappons l'Allemagne seront donc les meilleurs moyens de l'amener à se dissocier pour se soustraire à nos coups. Mais il importe que la presse française n'ait pas l'air de s'en apercevoir et qu'elle s'occupe le moins possible d'une question qui doit conserver l'apparence d'une question intérieure allemande; son rôle essentiel est de soutenir une application intégrale du Traité de Versailles contre toute l'Allemagne. Les excitations publiques venues de France pour pousser l'Allemagne soit vers le fédéralisme, soit vers le séparatisme ne peuvent qu'alimenter en Allemagne la propagande contraire et renforcer le parti opposé à ces réformes.

On peut en dire tout autant des efforts qui pourraient être faits en ce sens par les autorités françaises dans les territoires occupés. Ces efforts, en sortant de leur cadre naturel, nous nuiraient doublement. D'une part en effet ils donneraient une couleur étrangère au mouvement qui se produit de lui même en Allemagne en y mêlant des hommes suspects à tout patriote allemand, si même ils ne sont pas considérés par eux comme de simples traitres. D'autre part, ils gêneraient nos projets éventuels sur la Rive gauche du Rhin où nous devons espérer réaliser une œuvre toute autre qu'une réforme fédéraliste allemande. Ces deux tâches doivent être exécutées séparément. Ce n'est pas à nous d'établir des ponts sur le Rhin; contentons nous de nos têtes de pont. Je remercie Votre Excellence d'avoir bien voulu me faire savoir par son télégramme N° 355 qu'Elle partageait cet avis.

En résumé, nous assistons à une évolution de l'Allemagne vers le fédéralisme dont la raison véritable est le désir d'échapper en se dissociant, à l'application du Traité de Versailles. Si l'union des Alliés se maintient, si la Russie bolcheviste est battue, cette évolution s'accentuera. Elle s'accentuera surtout à mesure que le sort de l'Allemagne, par la force des coups que nous lui porterons, deviendra plus difficile à supporter. Si nous pouvons faire entrevoir dans l'avenir à la Bavière un sort meilleur, nous devons ajourner nos faveurs jusqu'au jour où elle relâchera elle-même par des actes ses liens avec l'Empire. L'existence à Berlin d'un gouvernement socialiste et même révolutionnaire serait d'autre part l'événement le plus propre à accélérer dans le reste de l'Allemagne et notamment dans le Sud une évolution fédéraliste et à provoquer un changement de la Capitale fédérale.

---

1   Papiers d'Agents, Dard 13 (ohne Folio). Maschinenschriftlicher Durchschlag, ohne Unterschrift.
2   Vgl. oben Dok. 365.

3   Nicht abgedruckt.
4   Nicht abgedruckt.
5   Vgl. oben Dok. 371.
6   Nicht abgedruckt.

379
*M. Dard, Ministre Plénipotentiaire de France à Munich, à
M. Millerand, Président du Conseil, Ministre des Affaires Etrangères.*

D. n° 40.   Munich, le 31 août 1920.[1]

Le Désarmement de la Bavière.

Je n'ai pas encore fait auprès du Président de Kahr, la démarche officieuse visée par le télégramme N° 33 de Votre Excellence du 22 Août[2]. J'ai pensé, malgré l'autorisation qui m'était donnée qu'il n'était pas encore opportun, dans les circonstances actuelles, de faire savoir au Gouvernement Bavarois que nous recherchions les moyens de lui assurer un traitement privilégié dans le désarmement de la population civile allemande. Que pourrions nous faire en effet de plus qu'il ne fait lui-même? En ce moment toute la Bavière est armée et elle ne désarmera vraisemblablement que dans des proportions très faibles. Nous ne pouvons rien faire de plus pour la satisfaire que de fermer les yeux sur cette situation. Si nous le jugeons bon. Si au contraire nous estimons utile de relever aussi bien pour la Bavière que pour le reste de l'Allemagne ce manquement flagrant aux décisions de Spa, il vaut mieux nous réserver la possibilité de le faire sans avoir auparavant pris une attitude différente et éveillé la susceptibilité de nos alliés.

Je ne suis guère renseigné sur l'armement et l'organisation des troupes communistes, dont l'existence est hors de doute. Ce sont elles que le Gouvernement bavarois s'efforcera de désarmer, comptant à la fois sur les pouvoirs dictatoriaux du Commissaire affecté au désarmement[3] et sur la prime de cent Marks par fusil promise par la loi. Il est probable que les résultats obtenus parmi les ouvriers ne seront pas très appréciables.

Quant aux organisations conservatrices, ainsi que mes télégrammes successifs et notamment mon télégramme 79 du 30 Août[4] l'on fait savoir à Votre Excellence on peut affirmer qu'un accord complet existe entre le Gouvernement, Escherich, Heim et tous les partis, sauf les socialistes indépendants, pour leur laisser leurs armes. Les instructions qu'Escherich vient d'adresser aux membres de son organisation et que Votre Excellence trouvera ci-jointes[5], seraient un véritable défi à l'Entente, si le Gouvernement bavarois n'escomptait sa complaisance. Il menace les membres qui livreraient leurs armes de poursuites légales comme si son organisation, reconnue il est vrai en Bavière, faisait aussi la loi.

Les Einwohnerwehren et l'organisation Escherich s'ajoutant aux forces connues de la Reichswehr, on peut affirmer que tous les Bavarois en état de porter les armes font partie d'une organisation armée, les ouvriers l'étant aussi de leur côté. J'ajoute que j'ai eu dernièrement des renseignements précis qui me permettent de croire que les Zeitfreiwillige sont également fort bien organisés en Bavière. Cette dernière organisation comprend les étudiants et les élèves des gymnases, âgés de 15 à 18 ans. Les étudiants sont pour la plupart d'anciens soldats et ont contribué à la répression des troubles de la Ruhr.[6] Les Zeitfreiwillige sont placés sous la même direction que la Reichswehr. Celle-ci est commandée en Bavière par le Général Möhl qui dépend de Berlin puisqu'il n'y a plus de Ministère de la Guerre en Bavière, mais qu'en réalité ne commande que des troupes bavaroises et obéit au Ministère de l'Intérieur Bavarois, c'est-à-dire au Président de Kahr. Les Zeitfreiwillige seraient au nombre de 100.000 et ont un camp avec des baraquements à Grafenwöhr près de Bayreuth. J'ai été avisé par mon informateur qu'ils avaient récemment reçu l'ordre à Munich de se tenir prêts à se grouper dans un lieu désigné en dehors de la ville et de s'y rendre en civil et sans armes, ce qui prouveraient qu'ils ont leurs armes et qu'on peut en outre leur en fournir d'autres.

Quelle que soit la situation spéciale de la Bavière et la politique particulière qu'il convient d'y suivre, je tiens à attirer l'attention de Votre Excellence sur ce fait que toute sa population est armée et organisée pour la lutte. Dans les circonstances où nous sommes, il m'a semblé qu'il valait mieux constater ce fait en silence que de paraître l'approuver et ainsi le légitimer. J'ajoute que le Consul Anglais[7] et les officiers Anglais de la mission interalliée de Munich déclarent maintenant que cette situation inadmissible et que les Einwohnerwehren doivent être désarmés en Bavière comme ailleurs. Cette attitude leur est inspirée par des vues pacifistes autant que par le désir de ne pas favoriser le fédéralisme bavarois.

---

1 Papiers d'Agents, Dard 13 (ohne Folio). Maschinenschriftlicher Durchschlag, ohne Unterschrift.
2 Nicht abgedruckt.
3 Wilhelm Peters.
4 Nicht abgedruckt.
5 Nicht abgedruckt.
6 Vgl. oben Dok. 179.
7 Robert T. Smallbones.

380
Le Général Le Rond, Président de la Commission Interalliée de Gouvernement et et de Plébiscite de Haute-Silésie, à M. Millerand, Président du Conseil, Ministre des Affaires Etrangères.

N° 95.   Oppeln, le 31 août 1920.[1]

Fin de l'agitation polonaise. Position des partis.

Mes télégrammes ont tenu votre Excellence exactement informée des événements qui se sont développés en Haute-Silésie depuis 15 jours[2]. Il me paraît utile, aujourd'hui que le travail est partout repris et que l'apaisement est presque complet, d'en tirer la moralité et d'essayer d'en dégager, d'une part, les causes profondes, d'autre part les conséquences en ce qui concerne la situation de chacun des deux partis nationaux qui se disputent le territoire.

L'origine première de ces événements est dans la menace d'effondrement de la Pologne et la perspective de l'arrivée des forces des soviets jusqu'aux frontières de Haute-Silésie. Les Allemands, qui n'ont jamais cessé de spéculer sur le succès des bolcheviks pour aider au redressement de leur propre situation ont, dès que la fortune s'est montrée défavorable aux armées polonaises, préparé une énergique action dans la zone de plébiscite. Dès mon retour de Paris, j'avais signalé à votre Excellence la naissance, sur ce territoire, d'une agitation bolchevique, et la collusion certaine qui existait entre les protagonistes de cette agitation et Berlin.

L'avance rapide des armées soviétiques, la dissolution, qui paraissait complète, de l'armée polonaise du Nord, rendaient vraisemblable la chute de Varsovie vers le 15 Août. Il est à remarquer que c'est à ce moment que commença, tant en Allemagne qu'en Haute-Silésie, une violente campagne en faveur de la neutralité de cette région et contre les troupes françaises qu'on ne peut considérer comme neutres après la reconnaissance du Gouvernement de Wrangel par la France[3]. L'arrivée en Haute-Silésie des deux bataillons français de Teschen fournit aux cheminots[4], - qui représentent en ce pays l'organisation la plus disciplinée et la plus obéissante aux ordres de Berlin, - l'occasion d'agir. A l'arrêt des trains militaires dans la journée du 14 Août succèdent, coup sur coup, les protestations furieuses de la presse contre le renforcement des troupes d'occupation et leur intervention probable dans le conflit russo-polonais, puis la note du Gouvernement allemand à la Commission Interalliée sur la neutralité de la Haute-Silésie, à laquelle est immédiatement donnée une large publicité. Un appel à la révolte paraît dans un journal de Gleiwitz, et des manifestations sont organisées sur tout le territoire pour le 17, anniversaire de l'insurrection de 1919[5]. Elles ont pour aboutissement les émeutes de Kattowitz du 17 et du 18 Août.

Mais, cependant, la chance avait tourné. Varsovie, qui paraissait pouvoir être prise le 15 Août, organisait la résistance, et, quelques jours plus tard, la fortune des armes, sous l'impulsion du Général Weygand, assurait à la Pologne un succès éclatant. L'occasion était manquée, et la psychologie politique de l'Allemagne se trouvait une fois de plus en défaut.

Les Allemands, tablant sur le succès du bolchevisme, avaient non seulement accepté l'éventualité de son développement en Haute-Silésie, mais y avaient poussé, convaincus que, la Pologne écrasée et la zone de plébiscite évacuée de gré ou de force par les troupes de l'Entente, il leur serait facile, après une brève crise soviétique, de reprendre par les armes la haute main sur le pays. Au lieu de cela, il ne leur restait de l'aventure que la honte de l'assassinat du Docteur Mielecki et des pillages de Kattowitz, et une nouvelle démonstration de leur haine contre les Français.

Si la politique n'était conduite que par la raison, les Polonais auraient pu se contenter de ce succès; mais, l'attitude même qu'ils ont accoutumé d'observer en ce pays, leur impressionabilité, comme aussi l'état de tension dans lequel leurs chefs les avaient tenus en vue des événements qui s'annonçaient et des projets qu'ils soupçonnaient chez les Allemands, rendaient peu vraisemblable une pareille modération. Convaincus d'une entente des partis allemands avec les agitateurs bolchevistes, ils s'étaient, dans les dernières semaines particulièrement, préparés à la résistance. L'afflux aux frontières de la Haute-Silésie de déserteurs polonais, qui avaient quitté le front avec leurs armes, leur rendait facile de s'armer rapidement. Des dépôts d'armes existaient en Pologne, le long de la frontière, et en particulier à Sosnowice, en face de Kattowitz. A l'annonce des événements survenus dans cette dernière ville, les centres industriels suburbains, et d'ailleurs situés à proximité de la frontière, Myslowitz, Schoppinitz, Bogutschütz, Laurahütte, s'armaient sur le champ avec le concours de la population des localités contiguës de Pologne. Le mouvement polonais commençait le 19 par un acte d'initiative et de vengeance locale, qui était naturellement dirigé d'abord contre la police.

C'est alors qu'interviennent les chefs du parti qui, par un appel en date du 21 Août, invitent la population à s'armer dans un but uniquement défensif et à constituer dans chaque localité des détachements de protection.

Cette décision, dont les conséquences ne pouvaient être calculées, paraît avoir été dictée avant tout par deux considérations: La première, c'est que les chefs polonais, après avoir surexcité depuis de longues semaines leurs troupes en vue du plébiscite, ne se sentaient plus capables de prêcher l'immobilité. Il leur fallait suivre le mouvement pour être en mesure d'en conserver, ne fût-ce qu'en partie, le contrôle. Le second motif, c'est que la propagande bolchevique n'avait pas été sans faire des ravages dans les rangs polonais. Un des chefs du parti ouvrier, Biniszkiewicz, m'avouait quelques jours auparavant que, dès ce moment, 15 à 20% des ouvriers polonais avaient déjà abandonné le parti national pour les doctrines soviétiques: l'occasion était donc bonne de détourner du bolchevisme une fraction déjà sensible des masses ouvrières, et de la ramener vers des buts nationaux.

Le mouvement lancé, il fallait lui assigner un objectif et, en ce pays, surtout du côté polonais, il ne s'agit pas d'inviter les foules à édifier en vue de l'avenir. Elles sont plus portées à détruire les assises de l'édifice allemand. La Sicherheitspolizei, qui a cultivé la haine en ce pays, était tout indiquée, si fallacieux que ce fût de proposer comme objectif au mouvement la disparition de cette organisation, puisque sa dissolution et son remplacement par une police haut-silésienne avaient été complètement préparés par la Commission Interalliée, suivant les vues même du Comité de plébiscite polonais, dès le commencement de Juillet dernier. Toutes les mesures d'exécution avaient été arrêtées avec le Gouvernement allemand à la même époque, et la transformation n'avait été différée qu'en conséquence d'un accord avec les chefs polonais, la remise de cette transformation étant une condition nécessaire pour permettre de reporter le plébiscite jusqu'au jour où la situation de la Pologne serait rétablie.

Mais, ces faits, connus des chefs, ne pouvaient l'être des troupes, et, en mettant au premier plan de leurs revendications cette transformation, les Polonais étaient assurés auprès de la Commission de Gouvernement d'un succès facile.

En second lieu, ils réclamaient l'expulsion des éléments immigrés depuis Août 1919 dans un but de propagande allemande ou d'agitation, et qui se sont trouvés à l'origine de tous les désordres survenus en ce pays. Cette mesure aussi, difficile d'ailleurs, mais que j'avais toujours soutenue auprès de mes collègues, devait dans les circonstances présentes réunir les suffrages de la Commission.

Mais, cependant que la cause originelle du mouvement avait disparu du fait du rétablissement, dès le 19 Août, de l'ordre à Kattowitz, et que les revendications données comme buts à l'agitation polonaise étaient satisfaites par la Commission dès le 24, le mouvement continuait à s'étendre dans deux directions divergentes: D'une part, conformément aux conseils du Comité de plébiscite polonais, des milices villageoises se formaient dans les localités polonaises et, en de nombreux endroits, contribuaient, en accord avec les représentants de la Commission, au maintien de l'ordre. D'autre part, des bandes, où des gens sans aveu et des déserteurs de l'armée polonaise trouvaient immédiatement l'emploi de leurs facultés, se répandaient dans les cercles agricoles et y jetaient le désordre, s'attaquant particulièrement aux bourgades et aux propriétaires allemands.

Les chefs des deux partis prenaient, en ces circonstances, des attitudes différentes: Les chefs allemands, renonçant à toute arrogance, se tournaient vers la Commission, dont ils demandaient le secours en m'offrant leur appui. Une délégation des cercles de l'Ouest venait même m'offrir, pour contribuer, sous le commandement français, au rétablissement de l'ordre, de lever sans délai et de mettre à ma disposition 30.000 anciens soldats, en demandant que des armes leur soient distribuées, proposition qui témoigne suffisamment de l'inconscience allemande; tous protestaient d'ailleurs de leur respect de l'ordre et de la légalité.

Les chefs polonais, au contraire, marquaient d'abord une certaine hésitation, due surtout à la méfiance maintenant incoercible que leur inspirent l'Angleterre et la plupart des fonctionnaires britanniques de la Commission, ainsi que certains fonctionnaires italiens. Sur mes instances pressantes, ils finissaient par se rendre compte plus clairement des dangers de leur position, et invitaient le 26 par un appel d'ailleurs encore violent et maladroit, tous les Polonais à rentrer dans la légalité, reprendre le travail et à déposer leurs armes pour le 28 Août.

Peu après commençaient sur mon initiative les pourparlers dont j'ai entretenu votre Excellence dans mes télégrammes du 26 Août[6], entre les représentants des partis allemands et les représentants des partis polonais, en vue d'établir entre les deux nationalités un modus vivendi qui permît de procéder à la consultation plébiscitaire.

Cet accord a été conclu sous la forme d'une proclamation qui a été soumise cet après-midi à mon approbation. Les deux partis se sont entendus sur les points même que j'indique ci-dessus et qui avaient motivé le mouvement polonais: d'une part remplacement de la Sicherheitspolizei par la police locale de plébiscite que la Commission de Gouvernement est en train de constituer; d'autre part, expulsion de toutes les personnes venues en Haute-Silésie depuis le 1er Août 1919, sauf recours devant une commission composée par parties égales de Polonais et d'Allemands et présidée par un membre de la Commission Interalliée.

En outre, les représentants sont tombés d'accord pour inviter la population à déposer ses armes sous peine de sanctions sévères et pour condamner toute terreur ou contrainte exercée contre des personnes professant des opinions différentes ainsi que tout emploi abusif, dans un but de propagande, de pouvoirs résultants d'une fonction officielle. Et la proclamation se termine par cet appel: "Renoncez donc désormais à tous les actes de violence, déposez vos armes et retournez à votre travail."

Ce n'est point que j'aie une confiance aveugle dans la solidité des accords dont j'ai amorcé la négociation. L'avenir reste chargé de haine et aucun des deux partis n'est disposé à reconnaître une solution contraire à ses aspirations nationales. Chacun d'eux est prêt, tout au contraire, pour la combattre, à recourir aux moyens violents, recours également facile à l'un et à l'autre en raison de la quantité d'armes qui se trouvent sur la frontière de la Haute-Silésie, tant en Pologne qu'en Allemagne et dont la topographie du pays, comme aussi les forces à la disposition de la Commission, ne peuvent permettre aucunement d'empêcher le transit clandestin. Cependant, le parti allemand a mesuré la force de son adversaire. Il a compris la nécessité de compter avec lui et ce peut être une raison pratique d'apaisement.

Quant aux conséquences qui résultent des événements de ces 15 derniers jours pour le parti allemand et pour le parti polonais, elles sont nettement opposées au point de vue intérieur et au point de vue international.

Les Allemands restent fort effrayés de la "Machtprobe" - démonstration de leur force - que leur ont administrée les Polonais. Après avoir plaidé que ce pays était de cœur allemand et qu'il n'avait qu'un désir, celui de rester sous la douce égide de l'Allemagne, ils ne peuvent plus nier devant le monde, la haine qu'ils inspirent. Le ralliement par l'hypocrisie qu'ils avaient poursuivi est compromis et, à tout prendre, leur cause dans ce pays où le respect de la force l'emporte sur toute autre considération, a certainement fléchi. Mais, d'autre part, ayant joué, depuis le début de l'agitation polonaise, qui a duré 10 jours, au respect de la loi et de l'autorité de la Commission, ils ont, chez la plupart des fonctionnaires alliés autres que les Français, particulièrement chez les britanniques, et, je dois le dire, aussi chez mes deux collègues, effacé le souvenir des événements de Kattowitz et gagné en considération.

Quant aux Polonais, ils ont d'un coup rallié la presque totalité des égarés séduits par les doctrines soviétiques; ils ont rétabli le bloc national, fait la preuve de leur unité et de leur force. Pour les mêmes raisons, qui ont fait perdre du terrain à la cause allemande, la cause polonaise a incontestablement regagné en vue de la consultation populaire. Mais, en revanche, ils ont violé ouvertement la loi, et ils ont compromis leur parti et leurs hommes auprès de ceux même qui ont été satisfaits de l'attitude des chefs des partis allemands. Ils les ont compromis à un point tel que, au sein de la Commission, la question de l'expulsion du Président du Comité de plébiscite Korfanty, le seul homme qui soit capable de conduire les Polonais à la bataille, a été suggérée.

Tous mes efforts vont, bien entendu, à réagir contre ces tendances, et je n'épargnerai ni l'influence que j'exerce sur mes collègues, ni mon autorité auprès des chefs des partis polonais pour rétablir la position de la cause polonaise. Je compte d'ailleurs sur le succès que viennent de remporter ses représentants en obtenant la signature par les représentants allemands d'un document qui satisfait à toutes leurs exigences, pour aider à modifier heureusement les tendances de mes collègues à leur endroit.

---

1   Pologne 146, fol. 269-274.
2   Vgl. oben Dok. 362.
3   Vgl. oben Dok. 355 Anm. 2.
4   Vgl. oben Dok. 369 Anm. 5.
5   Am 18.8.1919 war es im Anschluß an anhaltende Streiks zu einem Aufstand der polnischen Bevölkerung Oberschlesiens gekommen, der mit Hilfe des Einsatzes von deutschen Truppen binnen weniger Tage niedergeschlagen worden war, s. HORKENBACH, Das Deutsche Reich, S. 85.
6   Nicht abgedruckt.

381
M. Laurent, Ambassadeur de France à Berlin, à
M. Millerand, Président du Conseil, Ministre des Affaires Etrangères.

T. n° 1615-1619. Déchiffrement.   Berlin, le 1 septembre 1920, 0 h 20.
(Reçu: 11 h 00, 10 h 45, 10 h 30, 10 h 50.)[1]

Le docteur Simons est venu à 19 heures me communiquer les résultats du premier examen auquel le Cabinet a soumis nos demandes.[2]

Les conditions relatives à la remise en état du consulat français, à l'indemnité, à la punition des coupables et aux sanctions contre les fonctionnaires responsables n'ont soulevé aucune objection. La réouverture solennelle du consulat, avec participation d'une compagnie de Reichswehr, a été acceptée en principe, l'avis du Ministre Geßler et du général von Seeckt, absents l'un et l'autre, étant toutefois réservé pour l'ordonnance de la cérémonie. J'ai fait remarquer au ministre qu'en ce qui concerne les détails du protocole, il appartenait au Gouvernement allemand de soumettre des propositions à l'approbation de l'ambassade.

Le docteur Simons est passé, non sans embarras visible, à l'incident du drapeau[3]. Il a essayé de justifier l'impunité du capitaine von Arnim par la non-concordance des témoignages recueillis quant à l'ordre de chanter et par l'impossibilité où cet officier se trouvait de rétablir l'ordre dans sa troupe en présence de l'attitude de la foule. J'ai obligé le Ministre à se souvenir de la promesse formelle qu'il m'avait faite d'accepter sans les discuter les témoignages français accusant le capitaine von Arnim. J'ai affirmé qu'en tout cas, l'officier était responsable d'une manifestation qu'il n'avait pas su réprimer et j'ai mis fin à la discussion en déclarant que le Gouvernement français resterait inébranlable dans sa décision.

Le Ministre m'a dit ensuite que le Gouvernement était prêt à renouveler, sous une forme générale, l'expression de ses regrets, mais que l'accomplissement par le Chancelier[4] d'une démarche qui incombrait régulièrement au Ministre des Affaires Etrangères, avait été jugé par certains Ministres comme une humiliation qui, retombant sur le Gouvernement tout entier, le mettrait en mauvaise posture devant la Commission des Affaires extérieures du Reichstag.

J'ai répondu que la gravité exceptionnelle de l'affaire justifiait une procédure exceptionnelle et que la situation actuelle, dont je n'avait pas besoin de signaler le caractère alarmant, ne pouvait être résolue que si le Gouvernement allemand affirmait, par l'organe de son chef, sa volonté formelle d'imprimer aux relations franco-allemandes, un caractère nouveau.

Le docteur Simons n'a pas contesté cet argument qu'il aurait lui-même fait valoir devant le Cabinet en soutenant la nécessité d'inaugurer par une manifestation solennelle une politique de rapprochement entre les deux pays.[5] Mais sa thèse aurait rencontré une sérieuse opposition.

J'ai conclu en déclarant que, malgré la répétition d'incidents graves dont aucun n'avait reçu de solution satisfaisante, le Gouvernement français avait fait preuve de la plus grande patience, mais qu'il avait atteint la limite et que, soutenu par le sentiment public, il jugerait impossible à consentir aucun adoucissement des conditions déjà très modérées que j'avais été chargé[es] de formuler.

Le docteur Simons m'a dit qu'il rendrait compte de notre entretien au cabinet, convoqué pour demain.[6]

J'ai l'impression que le Ministre des Affaires Etrangères conseillera à ses collègues de se soumettre à nos exigences.[7]

---

1 Télégrammes, Arrivée de Berlin, 1920, 7.
2 Vgl. oben Dok. 377 Anm. 2 sowie Dok. 374. Die Reichsregierung hatte am 27.8.1920 eine Untersuchung zum Hergang der Ereignisse in Breslau angeordnet. Zum Text der Protestnote s. Laurents D. n° 554 vom 1.9.1920, MAE Nantes, Ambassade de Berlin, 174 (ohne Folio).
3 Vgl. oben Dok. 308 Anm. 3 bzw. Dok. 316.
4 Konstantin Fehrenbach.
5 Vgl. Protokoll der Kabinettssitzung vom 1.9.1920, AdR, Kabinett Fehrenbach, Dok. 60 S. 148f.
6 Vgl. Protokoll der Kabinettssitzung vom 2. und 3.9.1920, ebenda, Dok. 61 und Dok. 62 S. 149ff.
7 Vgl. unten Dok. 383.

382
*M. Guéritte, Vice-Consul Chargé du Consulat de France à Danzig, à
M. Millerand, Président du Conseil, Ministre des Affaires Etrangères.*

D. n° 50.   Danzig, le 1 septembre 1920.[1]

A.s. de la conduite des affaires extérieures de Dantzig.

Dans la séance d'hier de l'Assemblée constituante la question de la conduite des affaires extérieures de la Ville libre a été de nouveau discutée. Le député polonais Kubacz ayant fait remarquer que l'alinéa 6 de l'article 104 du Traité de Versailles[2] réserve au Gouvernement polonais la conduite des affaires extérieures de Dantzig, et que ce traité assure à Dantzig l'autonomie mais non pas les droits de pleine souveraineté, le premier bourgmestre Sahm s'est élevé avec force contre cette idée. Développant la thèse que m'a exposée Sir Reginald Tower et que j'ai déjà signalée au Département, M. Sahm a essayé de démontrer que l'alinéa dont il s'agit "ne confère pas un droit à la Pologne, mais lui impose le devoir, si Dantzig en exprime le désir, d'assurer la représentation extérieure de la Ville libre. Dans son opinion, Dantzig ne peut pas être une ville libre, placée sous la protection de la Société des Nations, si la politique étrangère peut être dictée par un autre Etat. Dans la note verbale du 16 Juin 1919 au président de la Délégation allemande[3], il est dit expressément que Dantzig ne formera pas partie de l'Etat polonais. Dantzig n'appartenant ni à la Pologne ni à l'Allemagne, est donc un état souverain. Comme ville hanséatique Dantzig a déjà largement joui du droit de représentation extérieure.... L'argument qu'on veut tirer de l'union douanière entre Dantzig et la Pologne n'a aucune valeur, car une union douanière n'a jamais entraîné la perte de la souveraineté.... De même, les droits spéciaux reconnus à la Pologne sur les voies d'eau et les chemins de fer de Dantzig ne sauraient faire douter de la souveraineté de Dantzig, car dans ce cas on pourrait tout aussi bien contester la souveraineté de l'Allemagne et de l'Autriche, dont les chemins de fer ont été placés par le traité de paix sous le contrôle des alliés.... "Nous voulons maintenir Dantzig libre et indépendant."

J'ai tenu à exposer au Département les arguments de M. Sahm: c'est dans leur esprit qu'a été rédigé le texte du projet de convention préparé par la Commission des affaires étrangères, que j'ai adressé à Votre Excellence par ma dépêche n° 47 du 24 Août dernier[4]. Sir Reginald Tower, qui a annoncé son départ pour Paris dans quelques jours, essaiera peut-être de les reprendre à son tour auprès de la Conférence des Ambassadeurs et de défendre cette interprétation de l'alinéa 6 de l'article 104, pourtant si contraire à la lettre et à l'esprit du traité, et qui, si elle était admise, aurait pour conséquence de réduire presque à néant les droits spéciaux qu'on a voulu réserver à la Pologne, et serait la source de conflits perpétuels entre ce pays et la Ville libre.

---

1 Dantzig 5, fol. 75-76.
2 Absatz 6 des Art. 104 des Versailler Vertrages übertrug die Wahrnehmung der auswärtigen Angelegenheiten der freien Stadt Danzig ebenso wie den Schutz ihrer Staatsangehörigen im Ausland der polnische Regierung, .
3 Ulrich Graf von Brockdorff-Rantzau. Gemeint ist hier die Antwortnote der alliierten und assoziierten Mächte auf die deutschen Gegenvorschläge zum Versailler Vertragsentwurf, s. Materialien betr. die Friedensverhandlungen, hrsg. vom Auswärtigen Amt, Teil IV, Charlottenburg 1919.
4 Nicht abgedruckt.

383
M. Laurent, Ambassadeur de France à Berlin, à
M. Millerand, Président du Conseil, Ministre des Affaires Etrangères.

T. n° 1632-1636. Déchiffrement.   Berlin, le 2 septembre 1920, 24 h 00.
(Reçu: le 3, 10 h 45, 10 h 30.)[1]

Urgent.
Le Ministre des Affaires Etrangères[2] vient de me dire que le Gouvernement allemand accepte toutes les demandes de réparation maintenues par le Gouvernement français (pour les) incidents de Breslau.[3]

Le capitaine von Arnim sera déplacé par mesure disciplinaire et transféré de Berlin "dans une petite garnison de province".

Le Dr. Simons s'est fait auprès de moi grand mérite d'avoir imposé cette dernière décision, malgré l'avis contraire exprimé par la majorité du Cabinet et de la Commission des Affaires extérieures.[4] J'estime, d'accord avec le Général Nollet, que la sanction prise est suffisante.

Ainsi que V.E. s'était déclarée prête à l'admettre, les regrets du Gouvernement allemand me seront apportés par le Ministre des Affaires Etrangères du Reich et par le Ministre de l'Intérieur prussien[5].

J'ai demandé au docteur Simons quel article de la constitution avait invoqué le Dr Mayer[6]. Il m'a indiqué en souriant l'article 56[7]. Je lui ai fait observer sans être contredit, qu'en se rendant à un argument juridique aussi discutable, le Gouvernement français avait donné une preuve insigne de son esprit de conciliation.

Le Dr. Simons m'a dit qu'en exprimant les regrets de son Gouvernement, (il ne) pourrait se dispenser de faire allusion aux événements de Haute-Silésie. J'ai admis qu'il pourrait chercher dans l'excitation des esprits une excuse des troubles. Mais (j'ai) formellement écarté toute allusion qui tendrait à mettre en cause d'une façon quelconque les autorités (et les) troupes alliées de Haute-Silésie. Le Ministre est tombé d'accord.

Le texte de son allocution sera d'ailleurs soumis à mon approbation préalable.

Le Dr. Simons ne m'a pas reparlé de la remise des lettres de créance du Dr. Mayer[8]. Votre télégramme N° 1790, dont j'avais notifié la teneur à la Wilhelmstrasse dès hier matin, aura, sans nul doute, persuadé le Gouvernement allemand de maintenir la date primitivement forcée.

(Il me) revient de tous côtés que la modération dont nous avons fait preuve dans cette affaire a produit l'impression la plus favorable auprès des représentants étrangers et dans les milieux allemands qui ne sont pas gagnés à la politique du pire.

---

1 Télégrammes, Arrivée de Berlin, 1920, 8.
2 Walter Simons.
3 Vgl. oben Dok. 377 und Dok. 381 sowie unten Dok. 387.
4 Vgl. unten Dok. 386.
5 Carl Severing.
6 Offenbar hatte Laurent zuvor während seines vierwöchigen Aufenthaltes in Paris eine erneute Unterredung mit dem deutschen Geschäftsträger, vgl. dazu Mayers früheren Bericht vom 26.6.1920, ADAP A III, Dok. 167 S. 298ff.
7 Art. 56 der Verfassung des Reiches lautete: Der Reichskanzler bestimmt die Richtlinien der Politik und trägt die Verantwortung gegenüber dem Reichstag. Innerhalb dieser Richtlinien leitet jeder Reichsminister den ihm anvertrauten Geschäftszweig selbständig und unter eigener Verantwortung gegenüber dem Reichstag.
8 Der bisherige Geschäftsträger, Wilhelm Mayer, war am 27.8.1920 zum neuen Botschafter in Paris ernannt worden. Er überreichte sein Beglaubigungsschreiben jedoch erst am 29.9.1920.

384
M. Tirard, Haut-Commissaire de la République Française dans les Provinces du Rhin, à M. Millerand, Président du Conseil, Ministre des Affaires Etrangères.

N° 6940 A.T.R.P.   [Coblence ?], le 2 septembre 1920.[1]

Objet: Attitude du parti socialiste-indépendant.

L'attitude qu'adoptera le parti socialiste-indépendant en ce qui concerne l'adhésion à la troisième internationale de Moscou[2], figure parmi les questions de brulante actualité et est actuellement l'objet de vives controverses dans la presse et les milieux politiques rhénans, principalement dans les régions industrielles de Solingen, Höchst, Ludwigshafen.

Il n'est pas encore possible de préciser si la majorité du parti acceptera les fameux vingt et un points ou si elle refusera de capituler devant les conditions imposées par Moscou. Il paraît probable, toutefois, en ce qui concerne les régions rhénanes, qu'une faible majorité décidera de se rallier à Moscou.[3]

Le Groupement de Mannheim, qui donne le mot d'ordre à tout le Palatinat, a décidé, après une longue discussion, par 83 voix contre 43, d'adhérer à la Troisième Internationale. La même décision a été prise à Höchst, par 40 voix contre 28 ainsi que dans les zones anglaise et belge à une faible majorté.

Ces diverses résolutions ont déjà provoqué un commencement de scission dans le parti socialiste indépendant rhénan. Se rangeant aux côtés des chefs de l'aile droite indépendante, comme Crispien et Dittmann, le député de Solingen, Merkel, s'est catégoriquement prononcé contre Moscou, déclarant que l'acceptation des 21 points consacrerait l'esclavage de la classe ouvrière allemande complètement à la merci de la dictature de Moscou.

En résumé, la question qui se pose actuellement est de savoir quelle influence les éléments modérés auront sur la masse. En attendant la décision qui doit intervenir au congrès que le parti indépendant doit tenir prochainement à Halle, socialistes-majoritaires et communistes ne demeurent pas inactifs, chacun de ces partis espérant se rallier en fraction plus ou moins importante du parti indépendant.

---

1 AN, AJ 9 2899. Maschinenschriftlicher Durchschlag, ohne Ortsangabe.
2 Vgl. oben Dok. 376.
3 Vgl. unten Dok. 440 und Dok. 441.

385
M. Laurent, Ambassadeur de France à Berlin, à M. Millerand, Président du Conseil, Ministre des Affaires Etrangères.

D. n° 556.   Berlin, le 3 septembre 1920.[1]

Anniversaire de la bataille de Sedan.

La célébration de l'anniversaire de la bataille de Sedan a eu lieu hier sans incidents[2].

Les journaux de droite déplorent que, reniant le passé glorieux, le Gouvernement ait résisté à certaines sollicitations et n'ait pas consenti à donner comme autrefois un éclat officiel à la journée du 2 Septembre. L'initiative privée n'a d'ailleurs suppléé que dans une faible mesure à l'abstention des pouvoirs publics. On ne remarquait que de très rares drapeaux aux fenêtres. Quelques Sociétés patriotiques ont tenu des réunions. Le "Deutscher Offizier[s]bund" a fait déposer des couronnes devant les monuments de Guillaume I[er] et de Moltke.

C'est à l'église de la garnison de Potsdam qu'eut lieu la cérémonie la plus imposante. L'autel était entouré des drapeaux des sociétés militaires, dont les membres garnissaient la nef; on remarquait dans la nombreuse assistance des vétérans de 1870 et les délégations des enfants des écoles. Le Dr Vogel, ex-pasteur de la Cour, évoqua en termes emphatiques le glorieux passé, fit ensuite un sombre tableau du présent, et termina par des paroles d'espoir en un avenir meilleur. La foule sortit de l'Eglise en chantant le "Deutschland über alles".

---

1   Allemagne 286, fol. 82r,v.
2   Aus Anlaß des Jahrestages der Schlacht von Sedan hatte von Seeckt folgende Proklamation veröffentlicht: "Wir gedenken heute des Tages von Sedan, der Taten unserer Väter und Vorgänger vor fünfzig Jahren. Nicht lauter Festesjubel ziemt in dieser Zeit der schweren Not. Wir begehen den heutigen Tag in dem stolzen Bewußtsein, der Väter wert gewesen zu sein, in der stillen Hoffnung auf Deutschlands Zukunft, in dem besten Willen, den Geist, der einst nach Sedan uns über hundert Schlachtfelder des Westens und Ostens führte, in der Reichswehr und im Volke lebendig zu erhalten." Zitat hier n. Schultheß' Europäischer Geschichtskalender 36 (1920) S. 246. Vgl. auch Laurents T. n° 1608 vom 31.8.1920, Télégrammes, Arrivée de Berlin, 1920, 7.

386
M. Laurent, Ambassadeur de France à Berlin, à M. Millerand, Président du Conseil, Ministre des Affaires Etrangères.

D. n° 557.   Berlin, le 3 septembre 1920.[1]

Discours du Ministre Simons
au Comité des Affaires Etrangères (1er Septembre 1920).

Le ministre s'élève d'abord brièvement contre les interviews publiées en Suisse et en Italie et qui souvent ont défiguré sa pensée. Ensuite il a jeté un coup d'œil d'ensemble sur la politique de neutralité pratiquée par l'Allemagne. Des semaines se sont écoulées depuis l'annonce de cette politique. Il est désormais prouvé que cette politique de neutralité est la seule bonne et la seule pratique pour l'Allemagne. Des gens ont voulu le convertir à l'idée de marcher d'accord avec le bolchevisme contre les Puissances occidentales afin d'anéantir le Traité de Versailles. Ces gens-là il a refusé de les écouter. En effet si nous avions suivi ces inspirations, l'Allemagne serait devenue, du coup, un théâtre de guerre. Il n'était possible pour personne d'accepter la responsabilité de l'effusion du sang de toute notre jeunesse. Ensuite le bolchevisme comporte un inévitable regroupement dont les conséquences seraient retombées de tout leurs poids sur l'Allemagne. Donc il a refusé péremptoirement de faire cause commune avec les bolchevistes. D'un autre côté, on lui a suggéré de marcher d'accord avec les Puissances occidentales pour tenir tête au bolchevisme. C'était là encore une impossibilité, car il n'y a pas de doute qu'un accord avec la France et la Pologne nous aurait précipité dans la guerre civile, et alors on ne saurait dire que nous aurions obtenu les résultats souhaités par une alliance avec les Puissances de l'ouest. De quelque façon que les choses tournent, quiconque aura fait cause commune avec les agresseurs de la Russie sera indéfiniment regardé par elle comme son ennemi. Donc de ce côté-là aussi il était bon pour nous de rester les mains libres. Une conséquence de notre attitude a été de nous empêcher de reconnaître le général Wrangel et de nous départir de notre réserve vis-à-vis de l'Ukraine. La France nous a fait savoir qu'elle avait reconnu le général Wrangel[2]. Nous n'avons pas suivi cet exemple. Aucune puissance se trouvant en guerre avec la Russie des Soviets ne devra compter sur notre coopération.

On nous a reproché récemment d'avoir été un peu trop loin dans nos relations avec les bolchevistes. On nous rappelait la note américaine[3] et la déclaration de Lloyd George de Lucerne[4]. D'autre part on annonçait certaines démarches italiennes pour reprendre contact. Pour nous, notre politique est basée sur l'établissement, qui est un fait, du Gouvernement des Soviets comme Gouvernement de la Russie. Les relations entre l'Allemagne et la Russie ne sont pas encore normales. Ainsi les négociations touchant l'affaire Mirbach[5] ne sont pas encore terminées. Pour ce qui est de l'affirmation que nous aurions conclu avec les Soviets un traité secret, cela est tout à fait faux.[6] Nous nous sommes bornés à faire des propositions aux Russes et aux Polonais au sujet des épidémies qu'il s'agirait de combattre et des difficultés de frontières qu'il faudrait éviter lorsque la guerre se déplacerait vers nos frontières. Les négociations relatives à ce dernier point ont été refusées, pour le premier, elles sont en cours. Pendant que d'un côté la presse anglo-saxonne et l'ancien président de la République Poincaré nous reprochent d'avoir conclu des traités secrets avec la Russes[sic!], à Moscou on nous fait le même reproche au sujet de la Pologne. Ni l'un ni l'autre n'est fondé. Nous avons traité avec la Pologne à ciel ouvert, mais jusqu'ici sans succès. Ici le ministre s'arrête pour rectifier une interview d'un journal suisse, d'après lequel il aurait dit que nous marcherions contre la Pologne. Jamais il n'a dit une chose pareille, il s'est contenté de répondre que dans le cas où la Pologne violerait la frontière, il fallait savoir, que quiconque violerait notre neutralité ferait de nous un ennemi. Le ministre expliqua encore que beaucoup de matières explosives couvaient sous les rapports germano-polonais et l'on peut craindre que si les négociations qu'il a proposées ne mènent pas à un résultat rapide, l'opinion publique allemande ne fasse explosion, comme c'est déjà arrivé à Breslau. Ici le ministre entre dans des développements confidentiels sur les événements de Breslau et sur la note française.[7]

Après avoir terminé ses déclarations confidentielles le ministre rectifia d'abord les propos qu'on lui avait prêtés dans des interviews sur la Haute-Silésie, établissant que ce n'était pas ses propres projets mais ceux d'autres personnes qu'il avait discutés. Pour lui, il importe d'excuser les désirs du peuple de la Haute-Silésie concernant l'administration et a dit qu'il fallait lui accorder une représentation autonome, mais naturellement tout cela dans le cadre du Reich et de la Prusse.

Maintenant le ministre parle de la Conférence de Genève[8] et de ses travaux préliminaires. On ne saurait encore répondre si la Conférence de Genève aura réellement lieu. On est d'ailleurs pas plus fixé dans le camp de l'Entente. Ce que nous savons bien c'est que d'un certain côté proviennent des attaques violentes contre la Conférence de Genève, cependant que l'Angleterre et l'Italie attachent beaucoup d'importance à cette Conférence. On peut affirmer une chose, c'est que devant l'insistance de la France, la Conférence de Bruxelles aura lieu parallèlement à celle de Genève[9], et que le grand programme financier international qui a circulé récemment dans le public sera soumis à la Conférence de Genève sans que la situation financière de l'Allemagne ait été prise suffisamment en considération. Du côté allemand on s'est attelé immediatement à la préparation de la Conférence de Genève tout de suite au retour de Spa. Dans tous les ressorts ministériels on a travaillé au cours de nombreuses séances et le résultat de ces travaux se trouve entre les mains du directeur ministériel von Simson, qui a déjà pris part aux délibérations de Spa. Le ministre a beaucoup de matériaux entre les mains qu'il discutera volontiers dans le détail, sans cependant qu'il soit indiqué ou possible de prendre position. Le ministre a profité de ses vacances en Suisse pour discuter avec l'envoyé de Berne[10] les mesures à prendre pour la Conférence de Genève. Il faut espérer que la délégation allemande jouira d'un autre confort et d'autres égards qu'à Spa, et il ne s'agit pas ici du confort proprement dit mais d'être topographiquement rapproché du centre de la Conférence. Quelle que soit l'issue de la conférence il est permis d'admettre d'avance que les mémoires que nous avons présentés à Spa ne laisseront pas d'exercer une grande influence. Le ministre s'est déjà abouché avec les puissances intéressées afin que les experts puissent prendre contact avant la Conférence. En effet, il ne faut pas qu'à Genève on reprenne le système de dicter des ordres et que les difficultés de Spa renaissent. Le ministre dit qu'il est nécessaire que l'opinion publique des autres pays et surtout de la France soit éclairée sur les limites de notre capacité financière et la gêne de nos affaires. Il faut combattre l'idée que nous sommes en mesure de tout payer et que nous paierons tout. On peut espérer que l'on réussira à préparer le terrain pour les délibérations et qu'on arrivera à un accord à Genève.

---

1   Allemagne 374, fol. 229-233.
2   Vgl. oben Dok. 355 Anm. 2.

3   Am 10.8.1920 erklärte der amerikanische Außenminister Colby auf eine italienische Anfrage, die USA seien für eine Respektierung der russischen Grenzen von 1914, mit Ausnahme der Gebiete von Finnland, Polen und Armenien, da diese Völker eigene Souveränität bewiesen hätten. Eine Anerkennung der bolschewistischen Regierung komme daher nicht in Frage (s. FRUS 1920/III, S. 463ff.). Am 21.8.1920 appellierte Colby an die polnische Regierung, nach dem Sieg vor Warschau einen Frieden mit der russischen Regierung anzustreben in den Grenzen von 1919, s. ebenda, S. 391ff.
4   Bei einem Treffen in Luzern hatten sich Lloyd George und der italienische Ministerpräsident Giolitti im August unter anderem darauf verständigt, Rußland im Interesse einer Erhaltung des Friedens davor zu warnen, die Unabhängigkeit Polens in Frage zu stellen, s. DBFP 1/VIII, No. 88 S. 775ff, hier vor allem Punkt 3 der gemeinsamen Erklärung vom 22.8.1920, ebenda, S. 776. Ein weiterer Punkt betraf die Festlegung des Reiches auf Einhaltung der Vereinbarungen von Spa. Am 1. September wurde Lord Kilmarnock in Berlin angewiesen, die deutsche Regierung offiziell über das Ergebnis des britisch-italienischen Treffens zu informieren. Auf dessen Rückfrage, ob er Laurent von diesem Schritt vorab informieren solle, hielt Curzon dies für nicht nötig, s. DBFP 1/X, No. 206, No. 210, No. 212 und No. 213, S. 301 bzw. S. 303ff.
5   Vgl. oben Dok. 326 Anm. 4.
6   Vgl. dazu auch Kilmarnocks Bericht über ein Gespräch mit Simons, in dem der Reichsaußenminister entschieden alle Gerüchte dementierte, Deutschland plane mit Rußland und Ungarn eine Allianz bzw. den Abschluß einer "kleinen Entente", bestehend aus Österreich, Rumänien, der Tschechoslowakei und Serbo-Kroatien, s. Kilmarnock an Curzon vom 31.8.1920, DBFP 1/X, No. 205 S. 300f. Vgl. auch die diesbezügliche Anfrage Millerands an Laurent vom 7.9.1920, Russie 320, fol. 129.
7   Vgl. oben Dok. 374 und Dok. 377.
8   In Spa hatten sich das Reich und die Alliierten darauf verständigt, die Reparationsfrage einer Sachverständigenkonferenz zu überantworten. Als Tagungsort war Genf ausersehen worden.
9   Im November entschieden sich die Alliierten, anstelle der in Spa geplanten Konferenz in Genf zunächst eine Sachverständigenkonferenz nach Brüssel einzuberufen. Die Experten sollten das Gesamtproblem der Reparationen vorberaten und anschließend ihre jeweiligen Regierungen beraten, vgl. unten Dok. 445.
10 Name nicht ermittelt.

387

M. Laurent, Ambassadeur de France à Berlin, à
M. Millerand, Président du Conseil, Ministre des Affaires Etrangères.

T. n° 1651-1654. Déchiffrement.   Berlin, le 5 septembre 1920, 20 h 35.
(Reçu: le 6, 6 h 10, 2 h 45, 6 h 10.)[1]

Le Ministre des Affaires Etrangères[2] et le ministre prussien de l'Intérieur[3] ont accompté aujourd'hui à midi 30 la démarche convenue.[4] Je les ai reçus, entouré de mes collaborateurs, dans le grand salon de l'Ambassade.

Les discours, dont je vous communique d'autre part le texte, ont été tout d'abord échangés[5].

Le docteur Simons m'a fait ensuite connaître le détail des satisfactions qui nous sont accordés par le Gouvernement du Reich. Le Ministre du Trésor, von Raumer, dirigera, d'accord avec notre consul[6], la remise en état du consulat de Breslau. Le capitaine von Arnim a été transféré, par décision du Cabinet, dans une petite garnison de province. (Un communiqué officiel a d'ailleurs rectifié ce matin sur ce point les faits dénaturés hier par certains journaux[7].) Le Gouvernement a recommandé à la presse de s'abstenir désormais de tenir de langage agressif à l'égard du traité ou envers la France.

M. Severing a indiqué les sanctions prises par le Gouvernement Prussien contre les responsables et les coupables des (incidents) de Breslau. Le (préfet) de police de la ville, Ernst, a été mis en disponibilité temporaire; le chef responsable de la police de sûreté a été congédié[8], une enquête a été ouverte contre un autre officier. La ville de Breslau a promis 20.000 marks de prime pour amener la découverte des coupables. 18 arrestations ont été déjà opérées, parmi lesquelles celles des individus qui ont cherché à éventrer le coffre-fort, détruire les emblèmes officiels et dérober les sceaux. Une partie des (sacs) a déjà été retrouvée. Au cours de la conversation cordiale qui a suivi, le docteur Simons a exprimé l'espoir que ces fâcheux incidents ne se renouvelleraient pas et que l'apaisement des esprits nous permettrait d'aborder la discussion de questions plus fécondes pour les deux pays.

Je lui ai déclaré que ces vœux répondaient à ceux du Gouvernement Français et je lui ai indiqué l'importance que nous attachions notamment au rétablissement de relations commerciales normales, ainsi qu'à la participation de l'Allemagne dans l'œuvre de reconstitution des régions enhavies.[9]

---

1   Télégrammes, Arrivée de Berlin, 1920, 8.
2   Walter Simons.
3   Carl Severing.
4   Vgl. oben Dok. 383 bzw. Dok. 377.
5   Zum Wortlaut der Erklärungen s. Laurents T. n° 1650 vom gleichen Tag, Télégrammes, Arrivée de Berlin, 1920, 8.
6   Georges Terver.
7   Zur WTB-Meldung s. Schultheß' Europäischer Geschichtskalender 36(1920) S. 245.
8   Vgl. Protokoll der Kabinettssitzung vom 3.9.1920, AdR, Kabinett Fehrenbach, Dok. 62 P. 1, S. 150f.
9   Muß wohl richtig lauten: "envahies".

388
*M. Laurent, Ambassadeur de France à Berlin, à
M. Millerand, Président du Conseil, Ministre des Affaires Etrangères.*

D. n° 566.   Berlin, le 8 septembre 1920.[1]

Mission du Bureau international du travail en Haute-Silésie.

Votre Excellence a bien voulu, par ses télégrammes N° 1803 et 1804[2], me faire connaître que le Bureau International du travail se proposait d'envoyer un de ses collaborateurs Français, M. Chappey, en Haute-Silésie, pour faire une enquête sur les griefs que les mineurs allemands pourraient avoir contre les Polonais.

Sans vouloir préjuger le sentiment du Général Le Rond, je crois devoir signaler les inconvénients d'ordre local et général qu'une telle mission me paraît présenter.

Quelque difficultés que la Commission interalliée de Haute-Silésie rencontre auprès des éléments ouvriers, elle ne saurait leur imposer son autorité qu'en les obligeant à traiter directement avec elle. Les intermédiaires ne peuvent qu'énerver son action et les arbitres que la contrecarrer. Ce n'est d'ailleurs pas circonstance fortuite si les mineurs allemands évitent de porter devant la Commission leurs différends avec les Polonais. Leur ressentiment s'adresse moins aux Polonais qu'à la Commission elle-même, dont ils incriminent la partialité, et surtout aux représentants français. Une minorité seulement des mineurs allemands de Haute-Silésie appartient au parti socialiste indépendant, et ceux-là entretiennent de bons rapports avec les contrôleurs français. Mais le grand nombre est inféodé au parti socialiste majoritaire de Silésie qui adopte une attitude nettement hostile à notre égard et qui a sa part de responsabilité dans les événements de Kattowitz[3] et de Breslau[4]. On peut affirmer que la requête adressée au Bureau International du Travail est une manœuvre du parti socialiste majoritaire dirigée contre la France ou du moins contre ses représentants en Haute-Silésie.

Le patriotisme de M. Albert Thomas a su déjouer dans une certaine mesure cette intrigue en désignant un Français pour procéder à l'enquête. Mais le principe de missions étrangères à la Commission Interalliée une fois admis, nous risquerions de lui voir donner une dangereuse extension. La Société des Nations serait tentée de suivre l'exemple du Bureau international du Travail et son choix pourrait se porter sur des personnalités disposées à prêter une oreille attentive aux réquisitoires allemands contre la France.

Tel est d'ailleurs, à n'en pas douter, le calcul du Gouvernement allemand dont on reconnaît l'inspiration dans cette affaire. Le Traité de Versailles confère à la Commission Interalliée tous les pouvoirs exercés par le Gouvernement allemand ou le Gouvernement prussien, sauf en matière de législation ou d'impôts. Elle ne doit compte de sa gestion qu'aux principales puissances Alliées et Associées dont elle tient son mandat. C'est donc à la Conférence des Ambassadeurs et à elle seule qu'il appartient d'écouter les réclamations des Gouvernements Polonais ou Allemand. Or, le Gouvernement allemand, tantôt s'efforce d'entrer en relations directes avec la Commission de Haute-Silésie, comme il l'a fait encore le 17 Août, tantôt saisit les Principales Puissances, ou certaines seulement d'entre elles, par l'intermédiaire de leurs représentants à Berlin, tantôt en appelle au jugement des neutres - la tentative est d'hier -, tantôt invoque l'arbitrage de la Société des Nations...

Ce sont-là procédés divers d'une même tactique qui, pour s'appliquer avec beaucoup de méthode à la Haute-Silésie, ne lui est cependant pas spéciale. Les Allemands excellent à faire sortir une question du cadre dans lequel le Traité l'a placée. Ils espèrent ainsi, après avoir ruiné le principe, obtenir plus facilement révision des dispositions auxquelles il servait de base. Gardiens du Traité, nous devons semble-t-il, apporter une vigilance particulière à ne pas nous laisser entraîner dans cette voie.

---

1   Pologne 147, fol. 63-64.
2   Nicht abgedruckt.
3   Vgl. oben Dok. 362, Dok. 369 und Dok. 380.
4   Vgl. oben Dok. 374, Dok. 376 und Dok. 381.

389
M. Dard, Ministre Plénipotentiaire de France à Munich, à
M. Millerand, Président du Conseil, Ministre des Affaires Etrangères.

T. n° 93. [Déchiffrement.]   Munich, le 8 septembre 1920.
(Reçu: < ? >.)[1]

A l'issue d'un Conseil des Ministres qui vient de se tenir à propos du désarmement des Einwohnerwehren, le Président Kahr m'adresse une lettre dans laquelle il me remercie d'avoir transmis à Votre Excellence son mémorandum[2], m'annonce que le gouvernement bavarois publiera prochainement comme le Reich un appel au désarmement de la population, et me rappelle que le point de vue du gouvernement bavarois n'a pas changé dans cette question c'est-à-dire que les gardes civiles bavaroises ne pourront être désarmées qu'après que le désarmement des organisations révolutionnaires sera un fait accompli.

Comme le sait Votre Excellence (voir ma dépêche n° 40 du 31 Août[3]) j'ai évité de voir M. de Kahr depuis la remise de son mémorandum. Emu par mon silence et résolu cependant à ne pas désarmer les gardes civiles, il nous prévient une seconde fois de son intention afin que le gouvernement bavarois se trouve en quelque sorte autorisé à prendre cette fois notre silence pour un acquiesement qui serait dans notre pensée, sans que, par prudence, nous voulions le formuler.

M. de Kahr nous met donc ainsi en demeure de lui répondre et je prie Votre Excellence de bien vouloir m'adresser ses instructions à ce sujet.[4]

Je pense que je pourrais lui faire savoir verbalement "que Votre Excellence se rend compte de la situation particulière de la Bavière à ce point de vue et fera rechercher s'il n'y aurait pas quelque moyen compatible avec les stipulations du Traité et les intentions de nos alliés, de lui donner satisfaction".

Malgré les efforts de Mgr. Pacelli, le Dr. Heim vient pour la seconde fois de se dérober à une entrevue avec moi. J'ai cependant réussi à indiquer par des intermédiaires officieux au Gouvernement Bavarois que nous attendions de lui un acte dans le sens fédéraliste. Mais M. de Kahr, ni le Dr. Heim n'osent faire ce geste devant la recrudescence d'opinion nationaliste qui se produit actuellement en Allemagne. Le Gouvernement du Reich a d'ailleurs en fait cédé à la Bavière en décidant que les particuliers, c'est-à-dire les révolutionnaires seraient désarmés avant les gardes civiles. M. de Kahr aurait également obtenu si je suis bien informé, à son dernier voyage à Berlin, le droit d'entretenir avec moi les relations directes qui existaient déjà en fait.[5]

Le Gouvernement Bavarois, comme le Dr. Heim, me paraissent en somme flotter dans l'indécision et la confusion des idées. Ils sont tour à tour fédéralistes ou nationalistes. Leurs seule idée arrêtée est de ne pas dissoudre les Einwohnerwehren pour sauver l'ordre en tout cas.

C'est sur ce point seulement qu'ils résisteront au Reich. Il semble donc que le meilleur moyen de provoquer cette résistance serait en nous couvrant de nos alliés, d'exiger du Reich une application rigoureuse de la loi dans tout l'Empire.[6]

---

1 Papiers d'Agents, Dard 19 (ohne Folio). Zeitpunkt des Eingangs in Paris nicht ermittelt.
2 Vgl. oben Dok. 358.
3 Vgl. oben Dok. 379.
4 Zum Fortgang s. unten Dok. 406.
5 Außenminister Simons bestritt gegenüber dem Reichskommissar für die Entwaffnung, Peters, entschieden, von Kahr diese Zusage gemacht zu haben. Zu den Warnungen des Reichskommissars gegenüber von Kahr, s. dessen Aufzeichnung einer Unterredung mit von Kahr vom 27.9.1920, AdR, Kabinett Fehrenbach, Dok. 76 S. 195f.
6 Der britische Konsul, Smallbones, meldete am 2.10.1920 nach London, Dard habe Gerüchte dementiert, daß Frankreich in der Entwaffnung der Einwohnerwehren Bayern Zugeständnisse gemacht habe. Im Auftrag seiner Regierung habe Dard von Kahr vielmehr informiert, "that ... the strict execution of the terms of the Peace Treaty and of those laid down at Spa would be insisted on." DBFP 1/X, No. 296 S. 393f, hier S. 394.

390
Le Général Le Rond, Président de la Commission Interalliée de Gouvernement et de Plébiscite de Haute-Silésie, à M. Millerand, Président du Conseil, Ministre des Affaires Etrangères.

N° 100.   Oppeln, le 8 septembre 1920.[1]

Le retour au calme que vous signalait mes derniers rapports[2] s'est affirmé encore pendant la semaine qui vient de s'écouler. L'organisation de la nouvelle police haut-silésienne se poursuit normalement. Elle est déjà installée dans plusieurs cercles de l'Est, c'est-à-dire dans la région où se sont le plus vivement fait sentir les mouvements polonais et où le sentiment populaire était le plus violent à l'égard de la Sicherheitspolizei. C'est dans le but de faciliter cette opération, en même temps qu'à titre de sanction, qu'ont été maintenus, dans les cercles de Kattovitz-ville et de Kattovitz-campagne, ainsi que dans celui de Rybnik, les mesures d'exception qui avaient été prises à la suite des derniers événements.

La Commission a pris d'autre part toutes les mesures nécessaires pour que les actes de violence qui ont été commis et qui constituent, dans certains cas, des actes de vendetta contre les personnes ayant participé à la cruelle répression du soulèvement polonais de l'année dernière[3], soient recherchés et sévèrement punis.

Ces mesures permettent donc d'espérer le retour prochain à des conditions normales de l'ensemble du territoire. L'état de siège sera levée demain à Kattovitz-ville et à Kattovitz-campagne. La même mesure sera vraisemblablement prise au début de la semaine prochaine pour le cercle de Rybnik.

Maintenant que le travail est repris dans toutes les mines et que l'extraction y est devenue absolument normale, les statistiques établis pour les journées de grèves permettent de mesurer l'importance de la diminution qu'a subie, du fait des troubles, la production charbonnière en Haute-Silésie. Cette diminution est relativement peu importante: l'extraction totale s'est élevée en effet pour le mois d'Août à 2.322.500 tonnes, contre 2.636.228 tonnes produites au mois de Juillet, soit une différence de 333.728 tonnes équivalant à la production de trois journées de travail. Si l'on ajoute ce déficit à celui résultant des très brefs chômages antérieurs qui étaient d'ailleurs provoqués par des raisons politiques l'on constate que le déficit total s'élève, pour les 7 mois ou 210 jours, qu'a duré l'administration de la Commission interalliée, à la production de 5 journées de travail, soit un peu moins de 2,5%.

Cette constatation permet de juger de la valeur de certaines allégations du gouvernement allemand, qui accuse la Commission interalliée d'entraver le développement économique normal de la Haute-Silésie.

---

1 Pologne 147, fol. 136-137. Maschinenschriftliche Kopie.
2 Vgl. oben Dok. 380.
3 Am 17.8.1919 war es im Anschluß an einen Streik der Bergarbeiter und begünstigt durch den beginnenden Abzug der deutschen Truppen in Oberschlesien zu einem bewaffneten Aufstand nationalpolnischer Kräfte gekommen. Durch Einsatz von Truppen war es der Reichsregierung jedoch gelungen, binnen weniger Tage den Aufstand niederzuschlagen, s. Protokoll der Kabinettssitzung vom 28.8.1919, AdR, Kabinett Bauer, Dok. 55 S. 219ff.

391
Le Général Dupont, Haut-Commissaire de la République Française à la Commission de la Délimitation des Frontières entre l'Allemagne et la Pologne, à M. Millerand, Président du Conseil, Ministre des Affaires Etrangères.

N° 894.　　　　　　　　　　　　　　　　Poznan, le 8 septembre 1920.[1]

Compte-Rendu N° 28.

Je vous envoie, par le présent courrier les procès-verbaux des quatre séances plénières, N° 32 à 35, qui viennent d'être tenues à Danzig: deux par la Commission Germano-Polonaise, de l'article 87[2], et deux par la Commission de Danzig, de l'article 101[3].

La frontière germano-polonaise de la Haute-Silésie à la Baltique est maintenant fixée sur ses 700 kilomètres de développement. Nous avons abouti dans les limites de temps que j'avais prévues. La prise de possession de la nouvelle frontière par les intéressés aura lieu le 13 septembre.

Les dernières séances ont été marquées par un désir d'entente très caractérisé chez les deux Puissances intéressées et le tracé qui a été fixé fut adopté à l'unanimité des voix.

Faisant un large usage des pouvoirs que vous nous aviez accordés, sur ma demande, par les nouvelles instructions du 22 Juillet 1920[4], nous avons pu remédier à des imperfections sérieuses de la ligne fixée par le Traité avec une précision qui eût été excessive si elle n'eût pu être atténuée.

Les modifications principales, ainsi apportées sont les suivantes:

Aux bénéfices de l'Allemagne, la boucle d'Occalitz, forcée par la limite administrative Sud-Ouest du cercle de Neustadt, à 9 kilomètres au Sud-Est de la Ville de Lauenbourg, est laissée à cette puissance, avec la forêt et le village de ce nom. La présence dans cette région des sources qui alimentent la ville de Lauenbourg justifiait cette modification. Nous y trouvons en outre l'avantage de rectifier largement la frontière dont le développement sera de 1.700 mètres au lieu de 8.500 mètres.

De même l'Allemagne conserve les villages de Wühleben et de Zukowken, dans le cercle de Karthaus, à 9 kilomètres au Nord-Est de la ville allemande de Sutow; tout le système économique de cette région la rattachait à l'Allemagne. Là encore, nous obtenons l'avantage d'une frontière raccourcie de moitié.

De son côté la Pologne bénéficie:

de la propriété complète du lac de Zarnowitz, qu'elle croit pouvoir réunir utilement à la mer par un canal de 4 kilomètres pour en faire un port intérieur;

puis, et surtout, de la route de Konitz à Sutow dans la partie longue de 9 kilomètres entre Konitz et la Brahe où elle traverse le cercle allemand de Schlochau. Je ne reviendrai pas sur l'importance capitale de cette fraction de route pour toute une immense région polonaise, qui ne peut vivre que par elle. C'est cette anomalie qui m'a servi en effet à motiver ma demande de modifications aux instructions initiales trop rigides.

Toutes ces corrections, basées sur des raisons purement économiques, répondent en même temps aux préférences nationales des intéressés locaux.

Ces changements apportés au tracé du Traité sont dus à la volonté d'accord qui a fini par inspirer les chefs des deux délégations intéressées, le Polonais Comte Szembek, et l'Excellence allemande von Treutler. Tous deux étant fort intelligents, courtois, diplomates d'instinct ou de carrière, l'attitude passionnée et foncièrement hostile du début a fait place à une conception plus saine des intérêts nationaux. Cette transformation s'est accomplie peu à peu, grâce aux efforts persévérants et à la ténacité insinuante de tous les Officiers alliés dans un travail de tous les jours poursuivi avec une entente et une unité de vues dont je ne saurai leur être trop reconnaissant.

Cet heureux résultat montre qu'il est possible de mettre quelquefois d'accord Allemands et Polonais sans trop d'étincelles.

Par contre, je ne me féliciterai pas autant des résultats obtenus à Danzig[5]. Nous y avons terminé la frontière à l'Ouest jusqu'à la Baltique. Mais dans cette commission nous opérons beaucoup plus lentement et avec moins de satisfaction que dans l'autre commission.

Il faut en chercher premièrement la raison dans le caractère des représentants intéressés.

Le chef de la Délégation polonaise, le médecin-major Célestin Rydlewski, est un esprit étroit, violent, sectaire qui apporte en commission toutes ses rancunes et toutes ses haines. Le Commissaire allemand, qui d'après le Traité figure on ne sait pourquoi, dans la commission pour ce qui concerne la frontière Danzig-Pologne, est l'ancien Regierungspräsident [sic!] de Danzig[6]. Cela met les Polonais en fureur, non sans raison; ils ne peuvent réaliser que Danzig soit réellement détaché de la Prusse quand ils voient ce Prussien s'interposer constamment entre eux et Danzig, et parler seul au nom de la Ville libre. Cet ancien préfet est le type peu sympathique du fonctionnaire prussien, froid, cassant, sec, autoritaire, désagréable au suprême degré. Comme expert danzigois, j'ai dit que nous avions demandé un représentant de la ville au Haut-Commissaire[7], qui désigna, naturellement, le bourgmestre de la ville, comme le plus qualifié pour défendre ses intérêts. Or, celui-ci, M. Sahm, a malheureusement été haut fonctionnaire prussien à Varsovie pendant l'occupation. C'est évidemment une mauvaise note, d'autant plus qu'il ne cherche en rien à dissimuler le profond mépris dans lequel il tient tout ce qui est polonais. Son attitude dans les derniers événements n'a pas été pour s'attirer l'amitié de la Pologne.

Une raison de la lenteur de nos travaux à Danzig réside aussi dans la sorte d'obstruction que nous rencontrons des deux côtés intéressés.

Depuis le début, il est très net que Danzig espère toujours des modifications à son avantage au Traité. Elle a longtemps cru que toutes ses demandes, malgré leur énormité, seraient admises. Elle commence seulement à s'apercevoir que la Commission de frontière ne partage pas ce point de vue et croit au sérieux des décisions qu'elle prend.

Du côté polonais, l'obstruction consiste dans une lenteur excessive des travaux. Le moindre renseignement demandé n'est obtenu qu'avec des délais excessifs. A l'incapacité réelle des délégués polonais, à la lenteur, à l'imprécision inhérentes encore à tout travail polonais, il faut ajouter les difficultés réelles qu'ils éprouvent à se documenter, ne possédant aucune archive.

Le procès-verbal N° 35[8] fait ressortir nos difficultés. Malgré que la section étudiée soit sur le chantier depuis près de trois mois, les deux partis ont voulu retarder notre décision en arguant d'échanges possibles. Je suis convaincu qu'ils ne s'entendront pas. J'ai essayé souvent, en les prenant à part, de les sermonner; ce sont des murailles.

D'ailleurs tant que le procès-verbal définitif final n'est pas arrêté, nous avons déjà toléré des modifications aux sections partiellement arrêtées. Nous avons largement appliqué ce principe à la frontière de l'Allemagne et de la Pologne.

Cette lenteur de la Commission de Danzig ne me tourmentait pas parce que avant d'arriver à la frontière de l'Est, sur la Vistule et la Nogat, la Commission avait toujours désiré qu'on eût procédé à l'élaboration du statut de Danzig prévu par l'article 104[9].

Il est bien évident que la question de la frontière le long de la Vistule et de la Nogat aura une importance très variable avec le texte de cette

Convention. La propriété des barrages, des écluses, des ponts, sera fort utile pour la Pologne si les droits de contrôle et d'administration de la Vistule que paraît lui assurer le § 3 de l'article 104, ne sont que fictifs comme les Danzigois[sic!] le voudraient.

De même l'affectation à la Pologne de la digue qui défend Danzig, prévue par le Traité, ne sera admissible que si la Convention donne à la Ville des pouvoirs de surveillance suffisants. La Commission propose de revenir prochainement sur cette question.

Monsieur Sahm part le 13 courant pour Paris, pour participer à la rédaction de la Convention de l'article 104. Il nous demande d'attendre son retour avant de prendre des décisions définitives. Les intérêts en jeu sont trop considérables pour qu'il puisse les confier à un remplaçant. C'est naturel et légitime, mais cette attente va nous retarder beaucoup.

Pour la frontière entre Danzig et la Prusse Orientale, nous ne pourrons être également en mesure de pousser notre travail qu'après la fixation de la frontière de la Prusse Orientale à la suite du plébiscite de Marienwerder[10]. La ville de Danzig devant avoir une plus longue frontière avec la Prusse du fait des résultats du vote il est possible que la décision de Conférence des Ambassadeurs contienne des dispositions pour la Nogat.

---

1 Pologne 103, fol. 31-35.
2 Art. 87 des Versailler Vertrages verpflichtete Deutschland, die Unabhängigkeit des polnischen Staates anzuerkennen und bildete zugleich die rechtliche Grundlage für die Tätigkeit der von Dupont geleiteten Grenzkommission.
3 Art. 110 des Versailler Vertrages bestimmte, daß 14 Tage nach Inkrafttreten des Vertrages eine Kommission mit dem Auftrag der Festlegung der künftigen Grenzen Danzigs einzusetzen sei.
4 Nicht abgedruckt.
5 Vgl. oben Dok. 212
6 Lothar Foerster.
7 Sir Reginald Tower.
8 Nicht abgedruckt.
9 Art. 104 des Versailler Vertrages bestimmte, daß nach Festlegung der Grenzen zwischen Polen und der Freien Stadt Danzig ein umfassender Vertrag zur Regelung des Waren- und Personenverkehrs (Eisenbahn, Straße, Freihafen, Schiffahrt) geschlossen werden sollte.
10 Vgl. oben Dok. 305 und Dok. 320.

392
Le Capitaine Dugout, Délégué du Haut-Commissariat de la République Française dans les Provinces du Rhin à Trèves, à M. Tirard, Haut-Commissaire de la République Française dans les Provinces du Rhin.

N° 158. Trèves, le 9 septembre 1920.[1]

Note Secrète

Les Conseils Economiques Régionaux.- Un projet de Monsieur Stinnes.

Toutes les Provinces et Régions allemandes doivent constituer dans un temps assez proche des "Conseils économiques régionaux" (Bezirkswirtschaftlichesräte[sic!]). Ces organisations auraient pour but de centraliser les transactions commerciales entre Régions différentes à l'intérieur du Reich, en servant de lien entre elles, sur la base de leurs capacités de production d'une part, et d'autre part de leurs besoins particuliers.

Il est intéressant de noter la manœuvre que semblent vouloir tenter à cette occasion certaines personnalités importantes du monde industriel allemand, derrière lesquelles on sent très clairement l'influence dominante de Monsieur Stinnes.

1.- En effet, d'après certains renseignements recueillis auprès d'un de nos amis de Trèves qui a été *"sondé"*, pour savoir s'il serait favorable aux projets en question, il résulte qu'une active propagande doit être commencée dans quelques jours dans la presse allemande, pour obtenir de la "Rheinprovinz", qu'elle ne constitue pas pour elle seule un "Conseil économique régional", ainsi qu'elle peut légalement le faire. On voudrait ensuite aboutir à ce que la Province rhénane demande son rattachement au "Conseil économique régional", qui doit être constitué dans le district industriel de la Ruhr.

C'est ici que la manœuvre se précise. Les grosses firmes industrielles de la Ruhr, Stinnes, Thyssen et autres naturellement en tête, estiment que leurs affaires n'ont rien à gagner à l'établissement d'un "Conseil économique" qui enchaînerait leurs exploitations à la partie Est de la Westphalie, ce qui précisément se produirait si cette région constituait un "Conseil" pour elle-même. Or, comme cette partie Est ne peut être d'aucune utilité pour la prospérité des industries de la Ruhr, les dites firmes ne veulent rien moins que la laisser complètement à l'écart; par contre, ils se tournent vers la Rhénanie qui, renfermant moins d'établissements industriels que leur contrée, est d'un autre côté, capable de fournir les produits du sol nécessaires à l'alimentaiton de leur importante population. De plus, en raison même de cette grosse population, ils seraient toujours assurés d'avoir la majorité dans toutes les décisions à prendre; ainsi, ils pourraient *imposer leurs vues à la population rhénane*.

Les promoteurs du mouvement ne visent rien moins qu'à former de ce bloc "Ruhr-Rhénanie", un organisme tellement puissant qu'ils puissent dicter leurs volontés au gouvernement allemand et par répercussions à l'Entente, notamment en ce qui concerne les livraisons de charbon et l'alimentation des ouvriers industriels.

Au cas où la réussite couronnerait leurs efforts (ce qui apparaît du moins probable si l'on considère les puissants moyens d'action du groupe Stinnes), l'Entente trouverait en face d'elles, dans les négociations consécutives à la paix, une puissance plus forte que le gouvernement allemand lui-même, puisqu'elle serait de taille à lui imposer ses propres volontés.

Le gouvernement allemand n'hésiterait pas à se retrancher d'autre part derrière les décisions du groupe Stinnes pour éluder ses obligations envers l'Entente. La manœuvre serait rééditée de Spa.

En effet, derrière l'étiquette "économique", le but *"politique"* de cette organisation ne fait pas l'ombre d'un doute.

Le mouvement serait appuyé par la grande majorité des industries de la Ruhr; on m'assure que le "Verein Industriewohl" dont j'ai parlé dans mes notes Nos 138 du 22 Juin 1920, et 150 du 16 Août 1920, en ferait également partie, de même que certaines firmes dépendant de la "Rheinische Zentralstelle". (Voir mes notes Nos 116 du 28 Avril - 128 du 1 Juin - 129 du 4 Juin 1920[2].)

La propagande, d'une durée prévue de deux mois environ, doit être menée pour une certaine partie par les journaux acquis récemment par Stinnes. En outre, on cherche pour l'appuyer des personnalités influentes dans le pays rhénan. Parmi celles qui ont été sondées, il en est qui ne se dissimulent pas le péril qu'il y aurait pour la Rhénanie à se trouver absorbée par une population comme celle de la Ruhr dont la mentalité et les intérêts sont bien différents des siens.

En raison des résultats possibles de ces tentatives et de la puissance des moyens mis en œuvre, il sera intéressant de suivre l'affaire de plus près, et au besoin de se garder des conséquences qui pourraient porter atteint à la politique suivie en Rhénanie.

---

1 AN, AJ 9 3849. Der Bericht trägt den zusätzlichen Stempel "Secret".
2 Jeweils nicht abgedruckt.

393

**M. Tirard, Haut-Commissaire de la République Française
dans les Provinces du Rhin, à M. Dard,
Ministre Plénipotentiaire de France à Munich.**

N° 3337 A.T.R.C./2. [Coblence ?,] le 9 septembre 1920.[1]

Secret.

J'ai l'honneur de vous transmettre ci-joint copie d'une note qui m'a été remise par Monsieur le Général Degoutte Commandant en chef l'Armée Française du Rhin, relative à des déclarations émanant d'une personnalité de Darmstadt et concernant le Docteur Heim.

J'ai eu l'occasion d'en donner connaissance à Monsieur le Président du Conseil[2], qui, partageant mon opinion, m'a chargé de vous la transmettre comme relevant de votre compétence et pour la suite que vous croirez devoir donner à cette affaire.

Je transmets au Département copie de la présente lettre et la note annexée.

Annexe:

Le 6 septembre 1920.

D'après les indications du Prince Isenburg, qui revient de Bavière, la situation est la suivante:

Le 15 Septembre aura lieu le Congrès général du Parti populaire bavarois, auquel le Docteur Heim proposera la formation du Parti fédéraliste allemand, par l'alliance avec les partis locaux des diverses régions allemandes, qui représentent le programme fédéraliste.[3]

Heim semble certain du résultat positif de ce congrès, mais fait remarquer qu'il n'a pu réaliser cette formation plus tôt, parce que le dernier congrès du parti (Janvier 1920)[4] avait décidé, non seulement la scission du centre bavarois et du centre d'Empire, mais l'abstention de toute alliance et "communauté de travail", entre le centre bavarois et d'autres partis. Il faut donc un congrès du parti, pour revenir sur cette décision et poser le principe du "Parti fédéraliste allemand".

Heim se chargera lui-même des négociations nécessaires avec les autres partis fédéralistes, c'est-à-dire le Bauernbund bavarois, le Christliche Volkspartei des Pays Rhénans, Rechtspartei hessois, les Guelfes et le parti du Holstein. Cette combinaison réalisera alors la fraction fédéraliste au Reichstag, telle qu'elle avait été prévue lorsque les résultats des élections ont été connus.

Heim serait désireux de profiter de son voyage dans l'ouest pour reprendre contact avec des personnalités françaises. Les attaques dont il a été l'objet après les élections sont oubliées, et d'autre part, la situation intérieure de l'Allemagne est telle que le cas prévu dans sa conversation avec le Général D.[5] peut se réaliser assez rapidement. Heim désire éviter la liaison avec la France, par l'intermédiaire du Professeur Foerster, et se trouve dans l'impossibilité de prendre contact avec Mr Dard, par suite de la surveillance que le gouvernement allemand a établi autour de l'envoyé français. Pour ces raisons, Heim préférerait entrer en relations avec des personnalités françaises durant son voyage dans les Pays Rhénans (probablement fin septembre) et la base de conversation est pour lui la suivante:

La Bavière, pour résister au bolchevisme intérieur[6], a besoin de ses Einwohnerwehren. Heim se rend compte que la France n'est pas à même de donner des ordres spéciaux pour la Bavière; au contraire, il préfère que la pression exercée sur Berlin ne diminue pas. Mais pour résister à Berlin et amener au sujet du désarmement un conflit entre les deux gouvernements, Heim désire savoir à quelles conditions la France lui permettra (par une assurance donnée secrètement) de maintenir les milices bavaroises.

D'après Isenburg, Heim comprend que pour obtenir la confiance de la France au sujet de ces Einwohnerwehren il est nécessaire de donner des garanties et de s'engager d'une façon ferme vis-à-vis de nous. Heim estime que Spa est un coup mortel pour l'Allemagne sous sa forme actuelle et attend que Genève accentue encore ce résultat. Car ce n'est que sur la ruine du Reich actuel, qu'il sera possible aux Etats de reprendre leur liberté.

Pour éviter des malentendus, Isenburg propose de fixer grosso modo les garanties préalables, que le gouvernement français demanderait pour le maintien des Einwohnerwehren. Lui, Isenburg, servirait alors d'intermédiaire afin que, dans le cas d'une conversation entre Heim et une personnalité française, une base approximative serve de point de départ à la conversation.

Outre ce maintien des Einwohnerwehren, Heim prévoit le cas d'une guerre civile entre le Nord et le Sud et une séparation franche qui réaliserait alors la situation commentée dans sa conversation avec le Général D. Dans ce cas, la Bavière s'adresserait de nouveau à la France, pour obtenir la permission de mobiliser sous le controle français, afin de défendre la frontière bavaroise contre une attaque venant de Thuringe. Heim sait naturellement que de tels pourparlers ne pourrait avoir lieu qu'après une séparation complète, mais il désire discuter dès maintenant cette situation.

Isenburg sera demain midi chez le Docteur Dorten, pour lui rendre compte de son voyage à Munich. Tous deux sont désireux d'amener Heim à s'engager par écrit vis-à-vis de nous, afin d'éviter un recul, comme celui qu'il a effectué en Juin[7], sous la pression de Berlin et par crainte des attaques.

Ils suggéreront probablement les conditions maximums que l'on pourrait exiger de Heim.

---

1 AN, AJ 9 3803. Maschinenschriftlicher Durchschlag, ohne Unterschrift und ohne Ortsangabe. Eine Kopie ging als T. n° 47 an General Le Rond.
2 Alexandre Millerand.
3 Gemeint ist der Parteitag von Bamberg, vgl. dazu unten Dok. 407 Anm. 3.
4 Vgl. oben Dok. 14 und Dok. 22.
5 Gemeint ist hier vermutlich General Desticker, mit dem Heim am 19.5.1919 in Luxemburg eine längere Unterredung geführt hatte. Zur Aufzeichnung des Treffens s. Köhler, Novemberrevolution, S. 333-337.
6 Dard berichtete am 9. 9.1920 nach Paris, von Kahr habe ihm noch einmal die Schwierigkeiten dargelegt, die kommunistischen Arbeiterorganisationen zu entwaffnen. Dies sei jedoch Voraussetzung für eine Auflösung der Einwohnerwehren, s. Dards D. n° 55 vom 9.9.1920, Papiers d'Agents, Dard 13 (ohne Folio).
7 Vgl. oben Dok. 261 und Dok. 319.

394
M. Laurent, Ambassadeur de France à Berlin, à
M. Millerand, Président du Conseil, Ministre des Affaires Etrangères.

T. n° 1679bis. [En Clair.]   Berlin, le 10 septembre 1920, < ? >.
(Reçu: < ? >.)[1]

Une partie de la presse reproduit ce soir, d'après un télégramme de l'agence Wolff de Breslau, un document publié par "La Breslauer Morgenzeitung". Il s'agit d'une circulaire secrète que le Général Le Rond aurait adressée le 29 Août dernier aux controleurs de district français pour leur dicter l'attitude à observer en vue du rétablissement de l'ordre en Haute-Silésie, et les inviter, "en égard aux difficultés qui se sont produites avec les membres de la délégation italienne, à ne pas négliger dans un trop grand nombre de cas l'observation des instructions reçues pour l'organisation de la police, et à maintenir dans chaque cas un certain degré d'équité, afin de ne pas nuire au prestige de la commission interalliée."

La Commission Interalliée a aussitôt établi le caractère apocryphe de ce document et a infligé à l'unanimité une suspension d'un mois en Haute-Silésie à "La Breslauer Morgenzeitung".

En reproduisant cette circulaire, "Le Journal de 8 Heures du soir" juge lui-même prudent de faire des réserves sur son authenticité. Mais il profite de l'occasion pour incriminer une fois de plus la politique française, dont le but serait de reserver les richesses minières de Haute-Silésie à l'industrie française par l'entremise du Gouvernement polonais.

---

1 Télégrammes, Arrivée de Berlin, 1920, 8. Angaben zum Zeitpunkt des Abgangs bzw. Eingangs in Paris nicht ermittelt.

395
M. Laurent, Ambassadeur de France à Berlin, à
M. Millerand, Président du Conseil, Ministre des Affaires Etrangères.

T. n° 1687-1689. Déchiffrement.   Berlin, le 10 septembre 1920, 20 h 15.
(Reçu: 2 h 00, 1 h 50.)[1]

Tous les journaux du soir commentent un article de l'"Echo de Paris" d'après lequel V. Exc. et M. Delacroix seraient tombés d'accord pour convoquer à Paris la Commission des réparations, en vue d'entendre les propositions des Délégués Allemands. Les chefs des Gouvernements alliés examineraient ensuite ces propositions dans une conférence qui se tiendrait à (Genève) le 15 Octobre. Il ne manquerait plus à ce projet que l'approbation de MM. Lloyd George et Giolitti.

La Presse accueille fort mal cette combinaison. Le "Berliner Tageblatt" dit qu'elle a pour but de jeter dans la corbeille à papier de la Commission des réparations, les preuves écrasantes que les négociateurs allemands seraient en mesure de fournir. Le "Berliner Volkszeitung" parle du "sa(bo)tage" de la Conférence de Genève. La "Gazette de la Croix" explique que la paternité du projet (est) laissé à M. Delacroix, afin d'obtenir plus facilement l'approbation de M. Lloyd George. La "Gazette de Voss" toujours bien intentionnée, essaye de rejeter sur "Echo de Paris organe des cercles qui gravitent autour de Barrès" la responsabilité de ce projet. Pour l'organe démocratique c'est dans un article du "Temps", également reproduit par tous les journaux du soir, que se reflètent véritablement les intentions des dirigeants. Or le "Temps" propose que deux ou trois représentants Allemands s'entretiennent "entre quatre yeux" avec quelques représentants français. Les chefs de la situation, conclut la "Gazette de Voss", sont encore dans les mains du Gouvernement allemand. Il dépend de lui que le "Temps" ait raison. Si nous ne prenons pas contact avec la France, nous nous exposons évidemment à ce qu'une Entente préalable (de) la France avec ses alliés ne nous place devant le fait accompli.

---

1 Télégrammes, Arrivée de Berlin, 1920, 8.

396

*M. Tirard, Haut-Commissaire de la République Française
dans les Provinces du Rhin, à M. Millerand, Président du Conseil,
Ministre des Affaires Etrangères.*

N° 6715 A.T.R.P. Paris, le 11 septembre 1920.[1]

J'ai l'honneur de faire connaître à Votre Excellence, que le Service de Renseignements de l'Armée du Rhin m'a fait tenir, en date du 5 septembre, les renseignements suivants relatifs à "La nouvelle Constitution Prussienne".

Annexe:

La Nouvelle Constitution Prussienne
(C.R. Armée du Rhin du 5 Septembre 1920).

Il y a deux alternatives possibles - ou bien l'état militaire prussien se développera peu à peu en un état militaire allemand, centralisé, ou bien la Prusse organisera sa constitution de façon à satisfaire le plus possible aux exigences de la Constitution du Reich. La solution continuellement proposée ces derniers temps justement par les hommes d'état prussien consiste pour la Prusse à se fondre dans le Reich, si les autres Etats font de même mais elle ne peut pas résister à une critique sérieuse. Les autres Etats en effet, à la seule exception de la Bavière, ne sont rien moins que des corps administratifs autonomes du Reich. Non pas la Prusse, mais ses différentes provinces sont sur le même pied. Du point de vue constitutionnel il n'y a aucune raison que le Hanovre, les pays rhénans, la Silésie ou le Schleswig-Holstein, ne dépendent pas directement du Reich, comme le Wurtemberg, l'Etat de Bade et la Hesse. Les différentes régions se fondraient entièrement dans le Reich. - La Prusse en tant qu'Etat ne le peut pas. Il faut tenir compte dans toute l'Allemagne et non pas seulement dans une région unique, d'un particularisme prononcé si obstiné, si naturel et si durable qu'il faut compter avec lui. Ces diverses tendances ont toutes les mêmes racines. Elles se nourissent et se fortifient dans l'idée de la Prussianisation soi-disant menaçante du Reich. C'est pourquoi à côté des vieux conservateurs, qui, du reste, ont toujours des tendances prussiennes, les socialistes aussi devraient renoncer à leur plan de prussianiser d'abord l'Allemagne du Nord - on a déjà essayé - puis de refaire le chemin parcouru de 1866 à 1871 vers le Sud en passant par la ligne du Main! Ce chemin ne conduira jamais au but.

Mais il faut aussi que ce grand mot de "morcellement" de la Prusse disparaisse. La sensibilité prussienne est aussi à ménager, à considérer avec autant d'attention, que celle des autres Etats. Les oppositions se sont heureusement aplanies. Le Ministre du Reich, le Dr. Preuß, fut le porte-parole des démocrates à la première lecture du projet de la constitution; il nous représente aujourd'hui au Comité constitutionnel, dont 4 membres se sont toujours accordés dans toutes les questions importantes. Les principes démocratiques de l'Administration autonome, de l'organisation politique, montrent dans les deux sens le chemin à suivre pour arriver à la solution du problème. Il faut commencer par des réunions communales qui sont non pas trop petites, mais en réalité importantes, pour en arriver aux cercles puis aux provinces et aux petits Etats.

On ne peut pas fixer ici des détails, on ne peut qu'indiquer la voie à suivre. Nous devons pouvoir permettre que les provinces prussiennes vis-à-vis de l'Etat soient dans une situation identique aux pays allemands vis-à-vis du Reich. Nous devons nous efforcer dans une nouvelle évolution graduelle d'atténuer la différence entre "Province" et "Petits Etats" et enfin la faire disparaître entièrement. En même temps que la question prussienne nous voulons chercher à résoudre la dernière question de la constitution allemande, nous voulons servir la consolidation de la République allemande. Nous nous efforçons d'obtenir l'unité du Reich, mais sous condition de conserver le particularisme des races allemandes. Tel est l'esprit du programme démocratique.

---

1 AN, AJ 9 3409. Maschinenschriftlicher Durchschlag.

397

M. Laurent, Ambassadeur de France à Berlin, à
M. Millerand, Président du Conseil, Ministre des Affaires Etrangères.

T. n° 1693-1695. Déchiffrement.   Berlin, s.d., 20 h 20.
(Reçu: le 12, 0 h 30, le 11, 23 h 45.)[1]

Le Ministre des Affaires étrangères[2] m'a demandé de venir le voir cet après-midi. Je l'ai trouvé inquiet des informations parues dans la presse française, d'où l'on pouvait inférer que la Conférence de Genève était ajournée sine die et que le problème des réparations, tant en argent qu'en nature, serait traité exclusivement par la Commission des réparations[3]. (Il se) demandait si les Gouvernements français et allemand n'auraient pas intérêt à causer seul à seul pour essayer de se mettre d'accord avant d'aller devant la conférence ou la Commission des réparations. Il voyait, dans une telle procédure, le moyen le plus efficace de réaliser le dessin qui l'avait déterminé à prendre le pouvoir dans des circonstances particulièrement difficiles: le rétablissement des relations normales entre nos deux pays.

J'ai répondu au docteur Simons que je n'avais aucune indication officielle me permettant de confirmer ni de démentir les nouvelles de la presse. Peut-être les Gouvernements de l'Entente avaient-ils fait droit aux protestations que la commission des réparations avait, à Spa même, élevées contre son dessaisissement, à moins qu'il n'eût simplement voulu attendre les indications que la Conférence de Bruxelles fournirait sur la question des réparations en argent.4 Par ailleurs, V.E. ayant marqué dans son discours de Mayence que le Gouvernement français était prêt à se rencontrer avec le Gouvernement allemand sur le terrain du traité, je ne croyais pas que l'idée de conversations à deux sur les modalités du traité serait écartée à Paris sans examen.

Le docteur Simons m'a demandé alors de soumettre officiellement à V.E. sa proposition, en marquant qu'il s'agirait non pas d'une conférence, mais de conversations préparatoires.5

Comme il m'entretenait ensuite des conditions dans lesquelles ces échanges de vues pourraient avoir lieu je l'ai arrêté en lui disant que ces détails ne pouvaient être discutés utilement avant que le principe ne fût admis.

---

1 Télégrammes, Arrivée de Berlin, 1920, 8.
2 Walter Simons. Das Treffen fand am 11. September 1920 statt.
3 Vgl. oben Dok. 395.
4 Für den 24.9.1920 war in Brüssel auf Einladung des Völkerbundrates eine Expertenkonferenz einberufen worden, die sich mit der allgemeinen Finanzkrise und Möglichkeiten zu deren Lösung beschäftigen sollte. Deutschland hatte im August ebenfalls eine Einladung zur Teilnahme erhalten, war zugleich aber darauf hingewiesen worden, daß die Konferenz nicht befugt war, über die Reparationsfrage zu verhandeln, s. AdR, Kabinett Fehrenbach, Dok. 59 Anm. 1, S. 145.
5 Zur Fortsetzung s. unten Dok. 415.

398

M. Laurent, Ambassadeur de France à Berlin, à
M. Millerand, Président du Conseil, Ministre des Affaires Etrangères.

D. n° 568.   Berlin, le 12 septembre 1920.1

Séparation de la Province de Birkenfeld et de l'Etat d'Oldenbourg.

Le Haut-Commissaire de la République dans les Provinces du Rhin2 avait exprimé au Département, par lettre N° 6207, du 30 juillet3, ses craintes que la Prusse ne poursuivit l'annexion de la province de Birkenfeld par un vote de l'Assemblée locale sans courir la chance plus incertaine d'un plébiscite. M. Tirard jugeait que le Traité de Versailles, la

Constitution du Reich et le précédent créé pour la Province de Cobourg[4] assuraient à la population de Birkenfeld le droit de faire connaître librement par plébiscite l'état auquel elle désire être rattachée.

Votre Excellence a bien voulu, par dépêche N° 1454, du 23 Août[5], demander mon sentiment sur cette question.

Je suis tout à fait d'accord avec M. Tirard pour estimer que nous avons grand intérêt à contrarier les menées de l'annexionisme prussien dans les territoires rhénans. Mais notre action me paraît surtout devoir s'exercer officieusement par des encouragements donnés aux résistances locales. Je ne trouve, en effet, ni dans le Traité de Versailles, ni dans l'arrangement signé le même jour[6], aucune disposition qui nous permette d'intervenir auprès du Gouvernement allemand pour l'inviter à respecter les droits des populations.

Ces droits semblent, par contre, efficacement garantis par la Constitution allemande du 11 Août 1919. L'article 18 prévoit, en effet, que la modification du territoire d'un Etat fédéré exige une loi du Reich dans la forme de celles portant révision constitutionnelle, c'est-à-dire que, conformément à l'article 76, la présence des deux tiers du nombre légal des membres et la majorité des 2/3 des membres sont requises. Une simple loi d'Empire suffit, il est vrai, si les Etats directement intéressés - en l'espèce la Prusse et l'Oldenbourg - donnent leur assentiment. Mais le Gouvernement du Reich paraît obligé, même en ce cas, de procéder à un plébiscite si la demande en est faite par un tiers au moins des électeurs au Reichstag dans le territoire à transférer. Lors du plébiscite, la majorité comporte les trois cinquièmes des suffrages exprimés représentant, au moins, la majorité des inscrits.

Il ne serait sans doute pas difficile aux adversaires du rattachement à la Prusse, discrètement soutenus par nous, de réunir dans le territoire de Birkenfeld un nombre suffisant de signatures pour obliger le Gouvernement du Reich, à organiser le plébiscite. Le précédent de Cobourg, où la population a été consultée sur son rattachement à la Bavière, fournirait, d'ailleurs, un excellent argument à cette campagne.

La dépêche de M. Tirard N° 6635 du 31 Août que Votre Excellence a bien voulu me communiquer par bordereau d'envoi N° 1528 du 9 Septembre et que j'ai l'honneur de lui retourner ci-joint[7], indique d'ailleurs que la situaiton s'est modifiée dernièrement dans un sens favorable. Les représentants des différents partis à Birkenfeld semblent tenir pour certain que le droit au plébiscite ne leur sera pas contesté. Mais ils ne témoignent, en général, aucun désir de hâter l'époque de la consultation.

Même si la Prusse devait renoncer à annexer Birkenfeld, elle trouverait une compensation dans l'incorporation prochaine de l'Etat libre de Lippe Detmold. La réunion à la Prusse de cette ancienne principauté, qui compte environ 200.000 habitants, est en effet décidée et s'effectuera vraisemblablement avant la fin de l'année. Elle n'est pas sans constituer un succès marqué pour la politique de Berlin dans une région où les tendances particularistes s'étaient affirmées, notamment au Brunswick et en Hanovre, avec quelque vigueur.

---

1   Allemagne, 348, fol.192-193.
2   Paul Tirard.
3   Nicht abgedruckt. Zur Vorgeschichte s. oben Dok. 5 Anm. 3.
4   Am 28.7.1919 wurde zwischen der Bayerischen Regierung und Vertretern Coburgs eine Volksabstimmung über die künftige Zugehörigkeit des Kreises - zu Thüringen oder zu Bayern - vereinbart. Am 30.11.1919 hatte sich daraufhin die Bevölkerung mit überwältigender Mehrheit für eine Angliederung an Bayern entschieden, s. HORKENBACH, Das Deutsche Reich, S. 82 bzw. S. 92.
5   Nicht abgedruckt.
5   Gemeint ist das Rheinland-Abkommen vom 28.6.1919.
7   Nicht abgedruckt.

399

M. Tirard, Haut-Commissaire de la République Française dans les Provinces du Rhin, à M. Millerand, Président du Conseil, Ministre des Affaires Etrangères.

N° 6799 A.T.R.P.   [Coblence ?], le 13 septembre 1920.[1]

Copie.
Secret.
Objet: Progrès des Communistes en Territoires Occupés.

J'ai l'honneur de prier Votre Excellence de bien vouloir trouver ci-dessous des renseignements sur les progrès du parti communiste en Territoire Occupé.

Ceux-ci se sont accentués au cours du mois d'Août, signalé pour la première fois aux mois de Mai et Juin derniers[2], le parti communiste n'a pas tardé à prendre une certaine ampleur dans les gros centres industriels. Son développement a surtout été sensible dans les régions ouvrières de Crefeld - Meuse (zone Belge), Knapsack - Solingen - Opladen (zone Anglaise), Höchst - Worms - Ludwigshafen (zone Française).

En ce qui concerne les autorités et troupes d'occupation, le parti communiste a nettement précisé son attitude: "Pas d'agitation ni d'attaque directes contre les autorités alliées ou la politique de l'Entente. Se borner à travailler les troupes d'occupation qui doivent être pourries comme ont été pourries les troupes allemandes et russes - Recruter dans ce but des hommes bien payés susceptibles d'exécuter ce travail."

Une active propagande s'exerçait en même temps au moyen de brochures bolchevistes dont le thème toujours le même, n'est qu'un appel constant à la lutte de classe et à l'instauration du régime des Soviets.

Le parti communiste est plus dangereux par l'intensité de sa propagande que par le nombre de ses membres qui demeure toujours peu important dans les Territoires Rhénans. Il y a lieu surtout de retenir les efforts incessants qui sont faits, pour développer l'organisation de groupements locaux et, en particulier, pour que la liaison soit parfaitement assurée entre les membres d'un même groupement et entre les groupements entre eux.

Si le communisme grandit, le bolchevisme national[3] paraît être par contre en défaveur. Les réactionnaires et nationalistes allemands qui avaient réussi à exploiter un moment le mécontentement régnant dans les milieux ouvriers et la surexcitation qu'y causaient les succès bolchevistes en Pologne, ont vu leur popularité décroître rapidement. D'une part, les communistes et radicaux Indépendants paraissent estimer que le *bolchevisme national* est incapable de satisfaire aux desiderata exprimés par les classes populaires que peut seul réaliser le *bolchevisme international* c'est-à-dire l'alliance avec Moscou. D'autre part, mis au pied du mur lors de l'avance sur Varsovie, les milieux modérés se sont effrayés des aléas que comportait l'alliance bolcheviste. Dans des déclarations qui ont eu un certain retentissement dans l'Allemagne du Sud, l'ancien Chancelier: Le Prince Max de Bade, a repoussé énergiquement toute idée de collaboration avec le bolchevisme contre l'Entente ... "Le parti bolcheviste national a propagé le plan d'une alliance germano-russe contre l'Entente. La réalisation de cette idée serait le seul moyen de rendre populaire en France et en Angleterre, la guerre contre la Russie et de faire de l'Allemagne un champ de bataille. Il y a pour nous un espoir minime auquel nous devons nous accrocher: c'est le maintien d'une stricte neutralité à l'Est et à l'Ouest."

Le "Vorwärts", a, lui aussi, pris à parti les national-bolchevistes redoutant que la guerre aux côtés de la Russie entraîne la porte du bassin minier sans entraîner par contre la libération pour l'Allemagne des obligations du Traité de Versailles.

---

1 AN, AJ 9 3409. Maschinenschriftlicher Durchschlag, ohne Ortsangabe.
2 Nicht abgedruckt.
3 Vgl. unter anderem auch oben Dok. 351 und Dok. 361.

400
M. Tirard, Haut-Commissaire de la République Française dans les Provinces du Rhin, à M. Millerand, Président du Conseil, Ministre des Affaires Etrangères.

N° 6800 A.T.R.P.   [Coblence ?], le 13 septembre 1920.[1]

Secret.
Objet: Mouvement paysan dans les Territoires Occupés.

J'ai l'honneur de prier Votre Excellence de bien vouloir transmettre ci-dessous des renseignements relatifs au mouvement paysan dans le Territoire Occupé.

Il n'est pas sans intérêt de voir se constituer en face des syndicats ouvriers des groupements agricoles, qui prétendent comme les premiers acquérir une influence politique prépondérante, entrent dans la voie des moyens révolutionnaires pour faire échec aux mesures gouvernementales, échappent enfin de plus en plus au contrôle des administrations allemandes et jusqu'à un certain point à la direction des politiciens de droite dont l'influence est prépondérante sur les organisations agricoles de la Prusse de l'Est.

Enrichis par la guerre, les paysans supportent plus impatiemment que jamais les entraves que la Zwangwirtschaft[sic!] apporte encore à leur exploitation.

Bien qu'ayant obtenu la liberté du commere pour un grand nombre de denrées, ils insistent pour obtenir le plus tôt possible leur complète indépendance - Les attaques contre le gouvernement sont plus nombreuses et plus énergiques que jamais.

1° - *Région de Cologne*

Les syndicats agricoles de la Prusse Rhénane, ont tenu, dans la première quinzaine du mois d'Août, un important congrès à Cologne[.] - Le Ministre Prussien de l'agriculture[2] y a été très aigrement attaqué[.] - Les principaux orateurs insistèrent sur l'importance de plus en plus grande que prenait "la question agricole qui devient le pivot de tous les problèmes économiques de même que la question des salaires est le pivot de la situation ouvrière".

En fin de congrès, deux résolutions furent adoptées à l'unanimité: l'une protestant contre l'attitude du ministre Prussien de l'agriculture, l'autre demandant une augmentation du prix de vente du blé.

Les organisations professionnelles des agriculteurs rhénans, l'union des paysans Rhénans des districts de Trèves et de la Province Rhénane, comptant 130.000 membres expriment le regret le plus profond de ce que le Ministre Prussien de l'Agriculture se place, volontairement sur un terrain opposé à celui sur lequel ceux dont il a le devoir de sauvegarder les intérêts lui avaient demandé de se placer[.] - Ils formulent une protestation solennelle contre ce manque flagrant de considération à l'égard des représentants des milieux agricoles et s'élèvent contre le fait, que pour des raisons personnelles et pour les intérêts de parti, le ministère soit entré ouvertement en conflit avec les organisations et syndicats agricoles".

"Au cours de son récent voyage dans les Pays Rhénans le ministre a négligé, par exemple, d'entrer en contact avec les organisations professionnelles et avec la Chambre d'Agriculture de la Province Rhénane pour se documenter sur la situation de l'agriculture dans la Prusse Rhénane. C'est avec une méfiance croissante que les agriculteurs Rhénanes suivent l'œuvre du ministre Prussien de l'agriculture.... Or, la première condition à remplir dans l'intérêt à la fois du consommateur non moins que dans celui du producteur et du gouvernement, est d'établir une coopération confiante entre les agriculteurs et l'administration centrale".

"Les agriculteurs espèrent que le ministre prussien actuel de l'agriculture ne tardera pas à céder sa place à un homme dont les actes correspondront mieux à ceux que l'on est en droit d'attendre du principal représentant de l'agriculture dans l'état".

Par la deuxième résolution, les agriculteurs rhénans regrettant que l'on ait trop peu tenu compte de leurs intérêts et de la situation économique de la Province Rhénane, lorsqu'on a fixé le prix actuel du blé[.] - Ils se déclarent prêts à seconder le gouvernement d'empire avec toute leur bonne volonté et en faisant agir toute l'influence dont disposent leurs organisations, pour porter au maximum la production du blé, "à condition qu'on tienne compte de leurs besoins vitaux et que l'on adopte les mesures suivantes":

-a) paiement d'une prime majorant le prix du blé, conformément aux errements suivis par le gouvernement de la récolte du 1919, et de façon à permettre aux agriculteurs rhénans de couvrir l'accroissement des frais de production.- Réduction de toutes les organisations chargées de concentrer et de répartir le blé, de façon à restreindre les frais qu'entraînent ces organes administratifs.

-b) allocation d'une prime de battage mais seulement jusqu'au 1er Janvier.

-c) suppression du contrôle en ce qui concerne l'orge et l'avoine.

2° - *Palatinat*

Mettant à profit le mécontentement qui règne dans la classe paysanne, la Freie Bauernschaft, qui développe chaque jour ses doctrines résolues de lutte et d'action directe, attire de plus en plus à elle les masses paysannes.

Cet accroissement s'opère surtout aux dépens du Bund der Landwirte. Ainsi l'alliance réalisée lors des dernières élections et qui a réuni sous les couleurs du Deutsche Volkspartei la Freie Bauernschaft et le Bund der Landwirte n'a pas tardé à se dissoudre. Les deux anciennes alliées se combattent maintenant avec violence. Il semble qu'actuellement, la Freie Bauernschaft cherche à se dégager de plus en plus de ses anciennes attaches politiques et, se rapprochant des associations catholiques, évolue maintenant vers le Pfälzer Verein c'est-à-dire vers le Bayerische Volkspartei. -

De même que dans la région de Cologne, les paysans se plaignent amèrement de ce que les prix auxquels le gouvernement leur achète le blé, ne correspondent pas aux frais actuel de production. - Les représentations de la Freie Bauernschaft ont organisé des conférences pour inviter les paysans à engager la lutte et à ne livrer ses céréales aux Kommunal Verbände que lorsque les organes officiels de ravitaillement auront augmenté les prix d'achat.

Les autorités locales ayant arrêté l'un des représentants de la Freie Bauernschaft qui, au cours d'une réunion, avait demandé aux paysans de passer des paroles aux actes, tous les groupements protestèrent aussitôt et la direction de cette association fit savoir au Président de la Province[3] qu'une grève générale des paysans serait déclarée, si l'arrestation opérée n'était pas annulée dans un délai de trois jours.

Devant l'attitude décidée de la Freie Bauernschaft ordre fut donné aux autorités locales de remettre en liberté le représentant de la Freie Bauernschaft. Ce nouveau succès contribua à augmenter le prestige dont jouissait déjà la nouvelle association paysanne[.] - Huit nouveaux groupements locaux ont été créés dans le Palatinat pendant le seul mois d'Août. La Freie Bauernschaft qui, au début de l'année comptait seulement quelques partisans, réunit actuellement environ 50.000 membres, soit le tiers des cultivateurs Palatins. D'autre part, elle cherche à étendre son action sur les régions avoisinant le Palatinat. Des conférences réunissant des représentants des associations paysannes de la Sarre du Palatinat et de la Hesse Rhénane ont eu lieu récemment à Alzey pour étudier un plan d'action commun.

En résumé, les associations paysannes profitent de la manœuvre politique qui leur a déjà servi, puisque les réglementations forcées sont presque partout en voie de suppression pour augmenter leur puissance et leur autorité.

Dans toute la région rhénane, se manifeste un violent mécontentement des classes paysannes contre les actes gouvernementaux[.] - La Freie Bauernschaft en profite pour s'organiser et s'étendre dans le Palatinat et les régions voisines particulièrement au détriment du Bund der

Landwirte[.] - La nouvelle association semble destinée à devenir, en territoire occupé, une puissante organisation.

---

1   AN, AJ 9 3409. Maschinenschriftlicher Durchschlag, ohne Ortsangabe.
2   Otto Braun.
3   Friedrich von Chlingensperg auf Berg. Nach der Ausweisung von Theodor von Winterstein durch die französischen Behörden war er am 5.6.1919 mit der Wahrnehmung der Geschäfte beauftragt worden.

401
M. Tirard, Haut-Commissaire de la République Française dans les Provinces du Rhin, à M. Millerand, Président du Conseil, Ministre des Affaires Etrangères.

N° 6779 A.T.R.P.   Coblence, le 14 septembre 1920.[1]

Objet: au sujet de la Commission Mixte d'Arbitrage dans les Territoires Occupés.

I.- Les 6, 7, 8 et 9es Séances de la Commission Franco-Allemande d'Arbitrage pour les Territoires Occupés ont eu lieu à Coblence les 7, 8 et 9 Septembre.[2]

J'ai l'honneur de faire parvenir ci-dessous à Votre Excellence un compte rendu sommaire des résultats de ces Séances.

II.- Questions de Droits de Douane en Or.
La Délégation allemande a déclaré ne pas pouvoir donner encore de réponse au sujet de l'accord de principe proposé à la Séance précédente.[3]

Des cas particuliers ont été examinés.

Il se précise que la délégation allemande accorde le bénéfice de la ristourne pour les marchandises expédiées avant le 1er Janvier, et faisant l'objet d'un contrat antérieur au 1er Janvier, quand elles ont été dédouanées avant le 31 Juillet et quand les droits sont à la charge d'un ressortissant français.

Deux des affaires examinées au cours de la 6e Séance et qui se trouvaient dans ces conditions ont reçu satisfaction.

Malheureusement dans la plupart des affaires présentées il existe de fortes présomptions pour que les droits aient été à la <charge des acheteurs allemands ?>[4]. La demande de preuves entraîne forcément des retards dans la solution des affaires.

Les affaires relatives aux droits de douane en or sur les marchandises non entreposées (et répondant aux autres conditions) ont été réservées en attendant conclusion de l'accord entre les Gouvernements Français et Allemand sur la question.

III.- Affaires de "Freigabes"[sic!] et de Licences d'Importation Rétroactives:

Cette Question est assez complexe:

Les demandes de Freigabe et de licences d'importation rétroactives ont été imposées par la Loi allemande du 22 Mars et règlements subséquents, pour les marchandises introduites en Territoire Occupé grâce au régime d'importation instauré par les Autorités d'Occupation contrairement aux Lois allemands en vigueur dans le reste de l'Allemagne.[5]

Une Freigabe était nécessaire pour les marchandises introduites avant le 6 Février; une licence d'importation pour celles introduites après le 6 Février.

Les demandes devaient être déposées le 15 Mai au plus tard.

La H.C.I.T.R. ne s'est pas opposée à l'application de la Loi du 22 Mars 1920, mais à la suite de divers retards et de discussions avec le Reichskommissar[6], elle a édicté une ordonnance N° 28 par laquelle le délai pour le dépôt des demandes de Freigabe était reporté jusqu'au 31 Juillet.

Par ailleurs, la H.C.I.T.R. a couvert par son ordonnance N° 27 les opérations commerciales effectuées pendant l'Armistice avec l'autorisation tacite ou explicite des Autorités Alliées et par sa décision 1140 les opérations commerciales effectuées jusqu'à la date d'approbation par elle des Lois allemandes (en l'espèce pour les importations jusqu'au 27 Mars).

Mais les autorités Allemandes, fortes de l'approbation de la loi du 22 Mars, prétendaient non seulement pouvoir refuser les "Freigabe" et licences d'importation rétroactives, mais encore saisir les marchandises qui circuleraient sans être munies de ces documents.

Elles faisaient remarquer que la décision 1140 de la H.C.I.T.R. ne saurait infirmer la loi du 22 Mars approuvée par elle, et qu'au surplus il n'était pas conforme à l'arrangement rhénan que la H.C.I.T.R. édictât des ordonnances en une matière qui ne touchait ni à la sécurité des Armées d'Occupation ni à ses besoins.

Mes services faisaient observer au contraire qu'ils ne sauraient admettre que des marchandises introduites librement avant le 27 Mars (c'est-à-dire à une époque où ni la loi du 16 Janvier 1917 sur les importations, ni celle du 22 Mars 1920 n'avaient encore été approuvées par la H.C.I.T.R.), ne puissent circuler librement dans les Territoires Occupés ou y être passibles de saisie. Ils inviteraient les intéressés menacés à faire appel devant la H.C.I.T.R.

La divergence eut pu s'éterniser et conduire à de longues procédures si l'ordonnance N° 28 de la H.C.I.T.R. n'avait causé une certaine émotion auprès des Autorités Allemandes compétentes.

Le délai de dépôt des demandes de Freigabe et de licences d'importation rétroactives était échu pour toute l'Allemagne au 15 Mai. En le prolongeant jusqu'au 31 Juillet pour les Territoires Occupés, l'ordonnance N° 27 donnait à ces Territoires un traitement de faveur que les Autorités Allemandes seraient obligées d'étendre au reste de l'Allemagne. D'où une perte importante pour le Trésor allemand.

A la fin de Juillet M. von Flugge, Reichsbeauftragter für die Überwachung der Ein- und Ausfuhr à Berlin venait à Coblence pour s'entretenir avec nous de cette question.

Le résultat de cet entretien fût le suivant:

Aucune saisie ne serait pratiqué en Territoire Occupé sur les marchandises introduites avant le 27 Mars.

Les demandes de Freigabe déposées entre le 15 Mai et le 31 Juillet seraient refusées en principe, mais il serait spécifié que les marchandises faisant l'objet de la demande pourraient néanmoins circuler librement dans les Territoires Occupés et n'y seraient pas saisies.

Pour pénétrer dans les Territoires non Occupés les dites marchandises devraient obtenir au préalable une licence d'importation spéciale.

Cet accord verbal n'ayant pas été tenu depuis dans certains cas, la Délégation Française reprit la question devant la Commission Mixte et remit à la Délégation Allemande la note ci-jointe (Pièce I[7]).

La Délégation Allemande déclara vouloir appuyer auprès des Autorités de Berlin les termes de cette note.

Il est très probable que l'accord se fera sur ces bases au cours d'une prochaine séance.

IV.- Affaires de Saisie:

[...][8]

La tendance de la Délégation Allemande est de faire payer, après que la main levée est prononcée, aux demandeurs les frais de transports et d'entrepôt de la marchandise saisie, quand il y a eu "faute" commise par eux aux termes de la loi allemande.

Le montant de ces frais étant en général peu élevés, la Délégation Française accepte ces conditions quand à la faute est prouvée.

V.- Affaires d'Exportation:

a)- Les affaires d'exportation de marchandises pour lesquelles il n'y a pas prohibition absolue obtiennent en général satisfaction, lorsqu'elles font l'objet d'un contrat ancien.

b)- Les exportations de marchandises invendues obtiennent des licences d'exportation quand toutes preuves sont données de l'origine française des marchandises. Elles sont exonérées de taxes à l'exportation si la réexpédition est faite dans le délai d'un an.

c)- La question de degrèvement des taxes à l'exportation a donné à un échange de vues. Il a été décidé de prendre comme base, pour application de ces degrèvements, l'ordonnance allemande du 27 Juillet.

d)- Les affaires d'exportation de marchandises pour lesquelles il existe une prohibition absolue ont donné lieu à opposition de la part de la Délégation allemande.

VI.- Affaires d'Importation:

a)- La Délégation allemande a été également intransigeante sur les affaires d'importation de marchandises pour lesquelles il existe une prohibition absolue.

[...]9.

A cette époque, malgré la visible répugnance de la Délégation Allemande à admettre une quantité quelconque de ces marchandises à l'importation, la Délégation Française avait demandé que l'on envisageât le principe d'une introduction, éventuelle de ces marchandises, réglés d'après un contingentement à déterminer.

La Délégation Allemande avait accepté de porter la question devant son gouvernement et de demander des instructions dans ce sens.

Au cours des dernières séances la Délégation Allemande a fait connaître que le Gouvernement allemand s'opposait d'une façon absolue à toute importation de pneumatiques de provenance étrangère, l'industrie allemande étant en mesure de satisfaire à tous les bésoins nationaux.

J'attire l'attention de Votre Excellence sur la pénible situation ainsi créée aux Maisons Françaises[...]10, établie en Pays Rhénans. Ces maisons devront fermer leurs portes si cette décision est maintenue. Peut-être pourrait-on obtenir par une action diplomatique que les marchandises de l'espèce faisant l'objet de contrats antérieurs au 27 Mars puissent encore être importées afin de permettre aux Maisons intéressées de couvrir, une partie de leur frais de premier établissement.

b)- Diverses affaires d'importation de marchandises faisant l'objet de contrats antérieurs au 27 Mars ont reçu une solution satisfaisante,

- en totalité pour des marchandises non contingentées,
- en partie pour des produits contingentés (en général la 1/2 du stock démandé).

c)- Les affaires d'importation de vin, alcools, et savons ont été réservées pour une séance spéciale du 28 Septembre.

C'est à partir de cette date que se tiendront les prochaines séances de la Commission. Elles auront lieu à Cologne.

---

1   AN, AJ 9 3409. Maschinenschriftlicher Durchschlag.
2   Vgl. oben Dok. 293, Dok. 300 sowie Dok. 345.
3   Zur Zustimmung, Zölle in Gold zu zahlen, s. Tirards Bericht N° 7749 vom 6.11.1920, AN, AJ 9 3660.
4   Lesart unsicher.
5   Zur Problematik der "Verordnung zur Änderung der Verordnung über die Regelung der Einfuhr vom 16.1.1917", die am 22.3.1920 endgültig in Kraft trat und das soge-

nannte "Loch im Westen" schließen sollte, s. Protokoll der Kabinettssitzung vom 1.12. 1919, AdR, Kabinett Bauer, Dok. 119 S. 449f sowie oben Dok. 50, Dok. 124, Dok. 158 und Dok. 166.
6   Karl von Starck.
7   Nicht abgedruckt.
8   Es folgt die Beschreibung von Fällen, die vor der Kommission verhandelt wurden.
9   Es folgen die Namen der betroffenen Firmen.
10 Es folgen die Namen der betroffenen Firmen.

402
M. Laurent, Ambassadeur de France à Berlin, à
M. Millerand, Président du Conseil, Ministre des Affaires Etrangères.

D. n° 576. Berlin, le 15 septembre 1920.[1]

Allemagne et Russie des Soviets.

Votre Excellence a bien voulu, par Sa dépêche N° 1513 du 7 Septembre[2], me faire savoir que, d'après le Comte Sforza, les agents italiens à l'étranger seraient unanimes à signaler comme certaine l'existence d'un traité entre l'Allemagne et la Russie Soviétique.[3]

J'ai posé la question à mon collègue italien[4] qui a manifesté une complète ignorance. Les affirmations de M. de Martino ne valent d'ailleurs pas preuve irréfragable.

Par ailleurs, depuis qu'elle a adressé au Département, le 15 Août, son télégramme N° 1508[5], l'Ambassade n'a reçu aucune information permettant de croire qu'une convention ait été conclue entre Berlin et Moscou. Des conversations ont eu lieu entre Victor Kopp et le Baron de Maltzan[6], chef du service des affaires russes à la Wilhelmstrasse. Une entente est intervenue pour la remise en état des chemins de fer russes par les industriels et les ingénieurs allemands, ainsi que pour l'envoi de missions sanitaires allemandes dans certaines grandes villes russes. Mais rien n'a été signé. Le Ministre allemand des Affaires Etrangères[7] a fait justement observer à un journaliste qui l'interrogeait à ce sujet que le Gouvernement allemand n'ayant pas encore reconnu de jure le Gouvernement des Soviets, ne pouvait traiter officiellement avec lui. Bien que le Docteur Simons témoigne d'une certaine fantaisie dans l'interview, j'ai tout lieu de croire qu'il a, cette fois, respecté les faits.

Le Gouvernement allemand a donc conservé les mains libres. Mais il s'est bien gardé de les lier à ses industriels et financiers qu'il a encouragés, ou tout au moins autorisés à négocier avec les représentants des Soviets sur les bases qu'il avait approuvées. Mon télégramme N° 1690 du 10 de ce mois[8] contenait à ce sujet des indications que plusieurs journaux allemands, notamment le "Berliner Tageblatt" et la "Post" ont confirmées depuis, en les rectifiant légèrement. Un consortium allemand, comprenant notamment les maisons Krupp, Borsig et Henschell de Kassel est sur le point de prendre la commande de deux à trois mille locomotives moyennant 5 à 6 millions de marks payables en or, moitié à la commande et moitié après livraison. Ainsi qu'un de nos informateurs l'a appris dans l'entourage même de Kopp, les bolchevistes se seraient procuré aux Etats-Unis les dollars nécessaires en vendant les lingots et les bijoux "réquisitionnés" en Russie.

Après avoir mené rapidement les pourparlers avec le consortium, les représentants bolchevistes, ont, au moment de signer le marché, élevé des difficultés dans l'intention manifeste de faire pression sur le Gouvernement allemand pour le décider à reconnaître les Soviets. Ils ont fait valoir qu'ils se trouveraient dans l'impossibilité de poursuivre devant les Tribunaux allemands le règlement d'aucun litige si leur qualité officielle devait être contestée.

Le Docteur Simons, ancien secrétaire général de l'Union des Industriels allemands, paraît sensible à cet argument. Dans un entretien récent avec le député socialiste indépendant Rudolph Breitscheid, il a exprimé la conviction que le régime bolcheviste durerait au moins deux ou trois ans et la crainte qu'en différant aussi longtemps de reprendre les relations économiques avec la Russie, l'Allemagne ne se vît enlever par l'Amérique et l'Angleterre de fructueuses commandes de matériel de chemin de fer et de machines agricoles. A cette raison de reconnaître sans tarder le Gouvernement des Soviets il en ajoutait une autre, plus impérieuse encore: la nécessité d'enrayer la propagande révolutionnaire en ramenant dans les limites strictes de la représentation diplomatique l'activité de la Mission bolcheviste à Berlin.

Le Ministre marquait cependant beaucoup d'hésitation avant de faire le pas décisif. Il craignait que la reconnaissance du Gouvernement des Soviets par l'Allemagne ne fût considérée par la France comme une provocation et ne nous donnât prétexte d'occuper la Ruhr, ce qui déchaînerait, la guerre générale.

Les confidences que le Docteur Simons prodigue à Breitscheid sont en général suspectes, car on y retrouve toujours l'arrière-pensée d'inspirer aux socialistes indépendants la terreur de l'annexionisme français. Toutefois on peut croire, en la circonstance, que la crainte du gendarme français ne contribue pas dans une faible mesure à retenir le Gouvernement allemand, sur la voie d'un rapprochement intime avec les Soviets. Les révolutionnaires d'extrême-gauche ou d'extrême-droite, spartakistes ou bolchevistes nationaux, sont les seuls à manifester de l'enthousiasme pour la dictature rouge.

Les socialistes indépendants, pour des raisons de tactique, et les grands industriels pour des raisons d'intérêts, réclament la reprise des relations diplomatiques avec Moscou. Le Docteur Simons a des alliés chez les premiers et des associés chez les seconds. Mais les autres partis, socialistes majoritaires, démocrates, centre, et les éléments raisonnables ou désintéressés des partis de droite n'ont aucune impatience de s'engager dans une aventure dont ils n'aperçoivent pas les avantages. Dans ces conditions ils s'inclineraient presque certainement devant l'opposition de l'Entente ou même de la France seule. Au Docteur Simons, s'il veut les convaincre, de leur montrer, par des essais de résistance tentés sur d'autres questions, qu'il peut impunément défier notre volonté.

---

1 Pologne 320, fol. 187r-188v.
2 Nicht abgedruckt.
3 Vgl. oben Dok. 386 Anm. 6.
4 Giacomo nobile De Martino.
5 Nicht abgedruckt.
6 Vgl. oben Dok. 340 sowie die Aufzeichnungen von Maltzans vom 12. bzw. 13. und 20.8. 1920, ADAP A III, Dok. 246 und Dok. 247 S. 495ff bzw. Dok. 256 S. 517ff.
7 Walter Simons. Vgl. auch unten Dok. 386.
8 Nicht abgedruckt.

403
M. Tirard, Haut-Commissaire de la République Française dans les Provinces du Rhin, à M. Millerand, Président du Conseil, Ministre des Affaires Etrangères.

N° 6857 A.T.R.P. [Coblence ?], le 15 septembre 1920.[1]

Un agent sûr, que j'avais chargé d'une enquête discrète sur les impressions des populations allemandes à l'occasion du récent voyage de Monsieur le President du Conseil[2], me communique les renseignements suivants, recueillis à Bonn, Wiesbaden, Mayence, Worms, et Landau:

"Le passage du Président du Conseil a produit une impression profonde dans les populations allemandes, au profit du prestige de notre gouvernement et de l'Armée.

Les Allemands s'imaginaient que le cortège officiel serait très nombreux et éclatant; ils redoutaient des mesures de police qui auraient tenu le public très à l'écart, car ils voulaient voir "discrètement" l'homme d'Etat que certains appellent "le Bismarck Français", et surpris de l'exécution rapide de dispositions simples et bien ordonnées, ils disaient: "Dans notre démocratie nous n'aurons jamais un Chef de Gouvernement, ni un Chef suprême militaire qui, avec autant de simplicité, sauraient obtenir de l'Armée la même discipline".

Ce qui forçait naturellement l'admiration du public allemand, c'était la tenue parfaite des troupes et la correction de leurs mouvements. L'Armée française ne leur a jamais paru aussi brillante et aussi forte.

En ce qui concerne le service d'ordre, la police allemande a répondu avec un empressement absolu aux prescriptions de collaboration exigée et avait conscience de sa responsabilité."

---

1   AN, AJ 9 3409. Maschinenschriftlicher Durchschlag, ohne Ortsangabe.
2   Alexandre Millerand. Zur verhaltenen Reaktion der deutschen Presse auf die Inspektionsreise s. auch Laurents T. n° 1671-1672 vom 7.9.1920, Télégrammes, Arrivée de Berlin, 1920, 8.

404
M. Laurent, Ambassadeur de France à Berlin, à
M. Millerand, Président du Conseil, Ministre des Affaires Etrangères.

D. n° 577.   Berlin, le 16 septembre 1920.[1]

Le parti socialiste indépendant
et l'adhésion à la Troisième Internationale.

Ma dépêche N° 552 du 30 Août[2] a rendu compte à Votre Excellence des discussions qui se poursuivaient au sein du parti socialiste indépendant sur l'éventualité d'un rattachement à la troisième Internationale. L'enquête ouverte par la "Freiheit" auprès des chefs est mainenant close. Quelques-unes des grandes organisations, politiques ou syndicalistes, affiliées au parti, se sont prononcées. Les Comités de Halle et de Mannheim ont accepté les conditions de Moscou; celui de Leipzig, par contre, les a repoussées et la Commission Centrale des Syndicats de Berlin, comme l'Union des ouvriers métallurgistes, semblent devoir adopter la même attitude. La question sera débattue, le mois prochain, par le Congrès général de Halle[3]. Les élections qui auront lieu dans quelques jours pour désigner les délégués au Congrès fourniront déjà des indications précises.

Quel que soit le résultat du vote, on peut affirmer que la minorité ne se soumettra pas à la décision de la majorité. Les chefs du parti sont unanimes à considérer une scission comme inévitable. Suivant les prévisions de Breitscheid, les trois quarts des membres du groupe au Reichstag, soixante députés environ sur quatre-vingt un, et parmi eux Crispien, Ledebour, Luise Zietz et Breitscheid lui-même repousseront catégoriquement le programme communiste et l'esclavage des Soviets. Une vingtaine seulement, avec Däumig, Stoecker, Maltzahn, Wegmann, Adolph Hoffmann, les frères Geyer[4], Otto Braß accepteront l'évangile de Moscou et iront, sans doute, rejoindre sous la bannière communiste les deux élus "spartakistes" Clara Zetkin et Paul Levi.[5]

A supposer que cette proportion de trois à un en faveur des modérés se vérifie, elle risque de ne pas être maintenue longtemps. La radicalisation est en effet plus rapide dans les masses qu'au Parlement et un certain nombre de députés anti-bolchevistes pourraient bien se trouver obligés de résigner leurs mandats par ce que leurs circonscriptions auront envoyé au Congrès des délégués extrémistes. Tel est notamment le cas des élus de Berlin, dont 18 sur 22 appartiennent actuellement à l'aile droite du parti, alors que la majorité de leurs électeurs s'enthousiasme encore, sans d'ailleurs le comprendre, pour le régime soviétique.

Les socialistes indépendants qui entendent rester fidèles à leur ancien programme, paraissent résolus, même s'ils étaient réduits de moitié ou des deux tiers, à conserver leur indépendance et à refuser toute alliance, aussi bien à droite qu'à gauche. Les socialistes majoritaires renouvelleront probablement les tentatives qu'ils ont faites, lors de la formation du dernier Cabinet, pour reconstituer l'unité socialiste. Mais Breitscheid et ses amis, tout en conservant l'espoir de réaliser un jour la fusion à leur profit ne veulent pas s'y prêter au lendemain de défections qui, les ayant affaiblies, ne leur permettraient pas de parler en maîtres. Ils considèrent tout rapprochement avec les majoritaires comme impossible tant que les ministrables qui dirigent actuellement ce parti, les Hermann Müller et les Bauer n'auront pas fait place à des hommes décidés à poursuivre une politique vigoureuse de réformes, notamment dans le domaine de la socialisation.

Breitscheid espère que son parti trouvera dans un rayonnement plus intense à l'étranger une compensation à son amoindrissement et à son isolement sur le terrain allemand. Il fait valoir que les socialistes indépendants resteront les seuls partisans d'une réconciliation avec l'Entente et plus particulièrement avec la France. Il se dit très inquiet du succès que la campagne systématique d'excitation et de haine contre notre pays a rencontré dans les milieux ouvriers. La menace de l'occupation de la Ruhr, les excès des Polonais en Haute-Silésie, les victoires des armées rouges, la crise économique, attribuée à la tyrannie des capitalistes français, sont exploités méthodiquement par des agitateurs que subventionnent à la fois les Comités pangermanistes et les agences des Soviets. Le bolchevisme national, réduit, il y a quelques mois, à un petit groupe d'énergumènes, a contaminé tout le parti communiste, dont l'organe officiel, la "Rote Fahne" appelle tous les jours le prolétariat aux armes contre la France.

Le parti socialiste indépendant, affirme Breitscheid, ne démentira pas son idéal de paix et s'efforcera, pour le réaliser, de fonder une quatrième Internationale où il conviera les socialistes suisses et autrichiens, l'"Independant Labour Party" Anglais et ceux des socialistes unifiés français contre lesquels Moscou maintiendrait l'exclusive. M. Breitscheid doute que la disgrâce de M. Jean Longuet soit durable, et espère que M. Renaudel, à son retour de Georgie où il rencontrera Kautsky, fondera un nouveau parti socialiste français qui délaissera l'utopie russe pour les réalités allemandes. Il s'exprime en termes sévères sur M.M. Cachin et Frossard qu'il juge atteints d'"'aliénation mentale complète". Ces visionnaires ignorent-ils donc que tout l'effort de Kopp et de ses agents tend à réduire la France, qui seule tient tête au bolchevisme, en déchaînant contre elle l'Allemagne, dût celle-ci retomber, pour la durée de ce grand œuvre, en servage militaire?

Ces déclarations si fermes ne doivent pas faire illusion sur la résistance que les Indépendants, une fois allégés des extrémistes, opposeront à la propagande bolcheviste. Chez ces théoriciens le caractère ne répond pas toujours aux convictions. Les mêmes qui refusent l'adhésion à la troisième Internatioanle somment le Gouvernement allemand de reconnaître immédiatement les Soviets et préconisent une action "vigoureuse" du prolétariat pour garantir la neutralité allemande dans le conflit russo-polonais, c'est-à-dire, en réalité, pour établir le blocus de la Pologne. Démagogues dociles, ils persévéront dans la politique de surenchère qui leur a valu, aux dernières élections, la victoire sur les majoritaires et qui entraînera presque inévitablement leur défaite par les communistes.[6]

---

1 Allemagne, 321, fol. 148-150.
2 Vgl. oben Dok. 376.
3 Vgl. unten Dok. 440 und Dok. 441.
4 Gemeint sind Curt und dessen Vater Fritz Geyer.
5 Vgl. unten Dok. 535.
6 Zum Fortgang s. unten Dok. 418.

405
M. Tirard, Haut-Commissaire de la République Française dans les Provinces du Rhin, à M. Millerand, Président du Conseil, Ministre des Affaires Etrangères.

N° 6786 A.T.R.P.   Paris, le 16 septembre 1920.[1]

J'ai l'honneur de porter à la connaissance de Votre Excellence, que la Coblenzer Zeitung a publié, en date du 13 Septembre 1920, l'information suivante, relative à la question de l'autonomie en Territoire Occupé:

"Le parti du centre rhénan a tenu une réunion à Cologne. La résolution suivante a été votée à l'unanimité après une discussion sur la nouvelle structure du Reich et l'autonomie des provinces:

Le Comité provincial du parti du centre rhénan apprend avec satisfaction la création imminente de la Commission d'Etudes de la nouvelle structure du Reich en états, conformément à l'article 18 de la constitution d'Empire[2], qui fait l'objet de la résolution de l'Assemblée Nationale du mois d'Août 1919.

1°- Le Comité provincial est d'avis que la nouvelle structure de l'Empire ne peut être menée à bonne fin que si la voie est ouverte par l'initiative nette et résolue du Gouvernement. Le Gouvernement d'Empire ne doit en aucune circonstance laisser échapper cette initiative et doit la réaliser avant l'expiration du délai de 2 ans prévu.

2°- Le Comité provincial demande pendant la période de transition l'instauration aussi complète que possible de l'autonomie des provinces prussiens, dans ses grandes lignes à l'occasion de l'expiration de la constitution prussienne et en détail à l'occasion de la réforme administrative en Prusse.

3°- Le Comité provincial se déclare opposé à un nouvel accroissement au bénéfice du Reich, des pouvoirs dévolus au Reich et aux provinces."

---

1 AN, AJ 9 3049. Maschinenschriftlicher Durchschlag.
2 Zu den Bestimmungen des Art. 18 der Weimarer Verfassung s. oben Dok. 398. Gemeint ist die Zentralstelle für die Neugliederung des Reiches s. unten Dok. 495.

406

M. Dard, Ministre Plénipotentiaire de France à Munich, à M. Millerand, Président du Conseil, Ministre des Affaires Etrangères.

D. n° 64.   Munich, le 16 septembre 1920.[1]

Entretien avec M. de Kahr.

Ainsi que l'a fait savoir à Votre Excellence mon télégramme n° 111[2], le Président Bavarois m'a accordé ce matin un entretien, quelques instants avant de partir pour Bamberg où il va se rendre à la réunion de son parti.[3]

Dès mon entrée il a spontanément tenu à me présenter ses regrets personnels à l'occasion des attaques dont j'ai récemment été l'objet. Il m'a fait savoir que des ordres étaient donnés à la police en vue d'éviter que la personne du Représentant de la France ne fût attaquée, soit par voie d'affiches, soit dans des discours de réunions publiques, et a ajouté qu'en ce qui concernait la Presse, il s'était entremis afin d'éviter également que les attaques qui ont recommencé contre moi ne soient poursuivies. "Je ne puis agir malheureusement que sur la presse bavaroise."- Je pense que M. de Kahr a voulu exclure ainsi les journaux, qui même en Bavière, sont inspirés par Berlin, car aujourd'hui même la Münchner Augsburger Abendzeitung m'attaque d'une manière très violente en essayant d'opposer ce qu'elle appelle mon action séparatiste aux assurances de bon vouloir sur le terrain économique de Notre Ambassadeur à Berlin[4].

J'ai remercié M. de Kahr; je l'ai prié en même temps de bien vouloir étendre son action protectrice aux officiers qui résident à Nuremberg et dont plusieurs se sont plaints ces temps derniers de l'attitude de la population à leur égard.

Suivant les instructions de Votre Excellence, j'ai alors rappelé au Président bavarois la dernière lettre qu'il m'avait écrite relative au désarmement des Einwohnerwehren et dans laquelle il me confirmait le point de vue qu'il m'avait déjà précédemment exposé.[5] Je lui ai dit à titre tout personnel, que la politique de Votre Excellence consistait essentiellement à faire exécuter les stipulations de Versailles; que, dans ces conditions, si le gouvernement bavarois voyait quelques moyens dont l'emploi ne serait pas contraire à l'application du Traité de Paix, de faciliter le maintien de l'ordre en Bavière, Votre Excellence serait disposée à examiner ces propositions avec le désir sincère de les satisfaire.

M. de Kahr m'a répondu que les gouvernements de l'Entente pourraient, sans s'écarter des décisions qu'ils ont prises, considérer le désarmement des Einwohnerwehren comme susceptible d'ajournements successifs, suivant les nécessités de l'ordre public et l'importance de la livraison des armes par les révolutionnaires. J'ai répondu que c'était cependant là une question d'ordre européen mais que si M. de Kahr croyait devoir présenter des propositions concrètes, je m'empresserais, en ce qui me concerne, de les communiquer à mon gouvernement.

Le Président s'est alors longuement étendu sur le péril bolcheviste qui, d'après les informations arrivées jusqu'à lui d'autres pays que l'Allemagne, serait toujours des plus redoutables. Les Bolchevistes, d'après lui, sont décidés à reprendre leurs attaques contre la Pologne. L'ordre en Bavière est dans l'intérêt de l'Entente et il serait fou de la désarmer. Sans répondre directement, j'ai assuré M. de Kahr que la cause de l'ordre en Europe était particulièrement chère à la France et que l'on pouvait compter sur elle pour la défendre dans les hypothèses qu'il envisageait.

J'ai alors demandé au Président bavarois, à titre confidentiel, s'il estimait vraiment qu'il serait possible en Bavière de désarmer les révolutionnaires afin que les gardes civiles puissent ensuite elles-mêmes être désarmées suivant la méthode qui avait été décidée en commun par le gouvernement du Reich et par le gouvernement bavarois.[6]

Il m'a répondu négativement et a ajouté que c'était d'ailleurs le gouvernement du Reich qui assumait la charge et la responsabilité de cette opération, qu'il n'avait quant à lui qu'à exercer un contrôle de pure forme et à prêter son aide aux pouvoirs dictatoriaux dont le Commissaire était investi. M. Nortz, commissaire pour la Bavière nommé sur la présentation du gouvernement bavarois dépendait directement de M. Peters, commissaire pour tout l'empire et désigné par le Reich. Il pensait d'ailleurs que le gouvernement du Reich était très sincère dans son désir d'affectuer le désarmement et ne manquerait d'user de tous ses pouvoirs pour y réussir. Mais dans le Nord de l'Allemagne comme dans le Sud, seuls les ouvriers sages et modérés livreraient leurs armes et il est bien douteux que les communistes puissent y être contraints.[7]

Insistant de nouveau sur la nécessité pour la Bavière de conserver ses Einwohnerwehren, le Président de Kahr a tenu à rectifier le sens que le "Temps" avait donné à son dernier discours lors du concours de tir des Einwohnerwehren à Chiemsee (voirs mon télégramme n° 91)[8].

"Il n'y avait là, m'a-t-il dit, que des barbes grises et de tranquilles citoyens. Je vous assure qu'aucun d'eux ne pensait à la revanche, ni à l'anniversaire de Sedan. A la fin du mois je dois encore présider à Munich un concours du même genre. C'est une vieille tradition Munichoise; j'y prendrai de nouveau la parole et j'espère bien qu'on ne se méprendra pas cette fois sur la portée de mon éloquence officielle."[9]

---

1 Papiers d'Agents, Dard 13 (ohne Folio). Maschinenschriftlicher Durchschlag, ohne Unterschrift.
2 Nicht abgedruckt.
3 Vgl. unten Dok. 407 Anm. 3.
4 Charles Laurent.
5 Vgl. oben Dok. 389 sowie Dok. 358.
6 Vgl. oben Dok. 393 Anm. 6.
7 Zum Verlauf des Gespräches aus der Sicht von Kahrs s. auch dessen Schilderung gegenüber Peters am 20.9.1920, ADAP A III, Dok. 291 S. 585f bzw. AdR, Kabinett Fehrenbach, Dok. 76 S. 195f sowie unten Dok. 414.
8 Nicht abgedruckt.
9 Zur Rede von Kahrs in München s. den Bericht von Smallbones vom 2.10.1920, DBFP 1/X, No. 296 S. 398f.

407

M. Dard, Ministre Plénipotentiaire de France à Munich, à M. Millerand, Président du Conseil, Ministre des Affaires Etrangères.

T. n° 118. [Déchiffrement.] Munich, le 18 septembre 1920.
 (Reçu: < ? >.)[1]

Suite à mon télégramme 116.[2]

Le discours du Président Bavarois[3] est, après deux mois écoulés, l'effet direct de la décision prise par Votre Excellence d'envoyer un Représentant à Munich.

En faisant publiquement, devant l'Assemblée de son Parti, qui détient la Majorité au Landtag, une profession de foi fédéraliste, le Président de Kahr annonce la demande officielle de révision de la Constitution que formulèrent au Conseil et à l'Assemblée d'Empire les Représentants de la Bavière et du Parti fédéraliste qui se constitue en ce moment dans toute l'Allemagne.- Le but du Président, averti par ma récente démarche auprès du Dr. Heim - (Voir ma dépêche N° 62 du 15 Septembre⁴) a été également d'affirmer, selon notre désir, la personnalité de la Bavière au moment où elle demande notre appui dans la question des Einwohnerwehren.

Son but est le même en se posant en adversaire résolu au bolchevisme russe et de ce qu'on appelle en Allemagne le bolchevisme national.

Enfin en affirmant "que la Bavière a une politique extérieure et qu'il entretient avec le Représentant de la France des rapports tout-à-fait corrects", le Président Bavarois répond aux attaques et aux accusations dont j'ai été l'objet à Berlin et à Munich; il invite en quelque sorte les autres Gouvernements alliés à nommer, comme Votre Excellence, des représentants à Munich.⁵

Il est à remarquer que M. de Kahr, dans la crainte de nous déplaire, n'a fait aucune allusion au rattachement de l'Autriche.

Son discours a été acclamé; je l'enverrai *in extenso* par le courrier; il y a tout intérêt à lui donner une grande publicité.

---

1   Papiers d'Agents, Dard 19 (ohne Folio). Zeitpunkt des Eingangs in Paris nicht ermittelt.
2   Nicht abgedruckt.
3   Gustav von Kahr hatte vor der ersten Landesversammlung der BVP in Bamberg gesprochen. Zum Verlauf des Parteitages s. Dards ausführlichen Bericht D. n° 69 vom 22.9.1920, Papiers d'Agents, Dard 13 (ohne Folio) bzw. Smallbones an Curzon vom 28.9.1920, DBFP 1/X, No. 219 S. 309ff. Zu den Beschlüssen des Parteitages s. unten Dok. 422.
4   Nicht abgedruckt.
5   Die "Tägliche Rundschau" hatte unter Bezug auf Wiener Quellen am 12.9.1920 gemeldet, daß Großbritannien und Italien die Einrichtung von Gesandtschaften nach französischem Vorbild in München planten. Simons nahm dies zum Anlaß, in London und Rom rückzufragen, s. dessen Telegramm vom 15.9.1920, ADAP A III, Dok. 283 S. 569f. Zur britischen Antwort, man habe in der Tat diesen Schritt erwogen, obwohl man die Entsendung Dards für überflüssig erachtet habe, s. ebenda, Dok. 298 S. 595f.

408
M. Laurent, Ambassadeur de France à Berlin, à
M. Millerand, Président du Conseil, Ministre des Affaires Etrangères.

T. n° 1716. [En Clair.]　　　　　　Berlin, le 19 septembre 1920, 23 h 40.
　　　　　　　　　　　　　　　　　　　　　(Reçu: < ? >.)¹

L'Assemblée prussienne a tenu hier une séance consacrée à la Haute-Silésie et au territoire de la Sarre. Des discours très violents contre la France ont été prononcés par les orateurs de tous les partis. Seul, le socialiste indépendant Ziegler a critiqué l'attitude du gouvernement et a osé parler du "complot allemand" en Haute-Silésie; ses paroles ont provoqué d'ailleurs un tollé général et la plupart des députés, parmi lesquels plusieurs socialistes majoritaires, ont quitté la salle par mesure de protestation. Le docteur Grund, président de la chambre de commerce de Breslau, a parlé au nom des démocrates; "un cri de désespoir et de supplication, a-t-il dit, s'élève vers nous, tel qu'il n'a encore été adressé par ses fils à aucun pays." Le docteur Conradt, porte-parole des nationaux allemands, a reproché au gouvernement de ne pas être intervenu assez rapidement et assez énergiquement pour protéger les habitants d'une province "qui est encore allemande".

Enfin, M. Braun, président du conseil du gouvernement prussien, a déclaré qu'en Haute-Silésie, la paix n'était "qu'une farce sanglante", et il a sommé l'Entente de remplir ses obligations.

L'assemblée a alors adopté à l'unanimité, moins les voix des socialistes indépendants, un ordre du jour invitant les gouvernements du Reich et de Prusse à veiller: premièrement à ce que les citoyens allemands de Haute-Silésie puissent exercer leur activité en paix et qu'ils soient protégés contre les violences et attaques polonaises, ce qui est particulièrement important pour l'exécution des accords de Spa; secondo, à ce que le plébiscite de Haute-Silésie ait lieu à l'abri de toute influence, conformément au Traité de Paix, et qu'avant tout, l'Allemagne et la Prusse ne se voient pas arracher par la Pologne violemment et sans plébiscite une province indispensable pour leur existence politique et économique.

La situation dans le territoire de la Sarre a fait ensuite l'objet des débats de l'assemblée; au nom du centre, Monsieur Bell, ancien ministre et signataire du Traité de Versailles, a exposé "les infractions au Traité de Paix qui sont commises journellement dans la Sarre et qui ne sont que des tentatives brutales de francisation".

Le discours le plus applaudi a été celui du démocrate Ommert, député ouvrier, originaire de Sarrebruck, récemment expulsé par la Commission de Gouvernement.[2] L'orateur a déclaré que les fonctionnaires et ouvriers étaient placés sous un véritable régime de dictature militaire. Il a fait le procès des socialistes indépendants auxquels il a reproché de manquer de patriotisme et de marcher la main dans la main avec les hommes "qui poussent les femmes baionnette dans les reins vers le carreau des mines". "Dans la Sarre, a-t-il dit, aucune personne convenable ne consentirait maintenant à s'asseoir à la même table qu'un socialiste indépendant". Il a ensuite attaqué très vivement la politique de la "Gazette de Voss" qu'il a rendu responsable, au même degré que les indépendants, de l'aggravation des souffrances de la population de la Sarre.

L'ordre du jour suivant, auquel les indépendants se sont ralliés, en faisant observer qu'ils combattaient, toujours le militarisme, de quelque côté qu'il se trouve, a été adopté à l'unanimité: "Le Gouvernement Prussien est invité à veiller par l'intermédiaire du Gouvernement du Reich à ce que la liberté individuelle des habitants de la Sarre ne soit pas arbitrairement limitée, à ce que les règlements contraires au Traité de Paix soient rapportés et enfin à ce que les droits et libertés garantis par le Traité de Paix et le Gouvernement de la Sarre, respectés d'une façon absolue".

---

1 Télégrammes, Arrivée de Berlin, 1920, 8. Zeitpunkt des Eingangs nicht ermittelt.
2 Gemeint ist offenbar der Zentrumsabgeordnete Max Ollmert, s. dazu Robertsons Bericht an Curzon vom 13.10.1920, DBFP 1/X, No. 224 S. 317ff, hier S. 319.

409
M. Laurent, Ambassadeur de France à Berlin, à
M. Millerand, Président du Conseil, Ministre des Affaires Etrangères.

T. n° 1725-1727. Déchiffrement.   Berlin, le 19 septembre 1920, 20 h 40.
(Reçu: le 20, 3 h 55, 0 h 20, 0 h 00.)[1]

Le Ministre des Finances Wirth a donné hier sa démission[2], après avoir refusé de consentir aux relèvements de traitements demandés par ses collègues des postes[3] et des chemins de fer[4] en faveur de leur personnel. Le déficit des postes pour l'exercice courant de (mot passé)...rait 1 milliard et celui des chemins de fer 15 milliards. De l'avis de tous les experts étrangers, le nombre des employés dans ces administrations dépasse de beaucoup les besoins du service.

On cite, parmi les candidats au portefeuille devenu vacant, le député démocrate Dernburg, ancien Ministre des Colonies sous l'empire, et le Secrétaire d'Etat actuel aux Finances, M. Moesle, qui fut déjà le collaborateur d'Erzberger.

Bien que M. Wirth ne soit pas une personnalité marquante, la crise ministérielle, ouverte par son départ, pourrait (bien) ne pas se limiter à un simple changement de personnes.

Il n'a pas voulu dégager sa responsabilité d'une mauvaise gestion financière. Sa démission constitue une protestation de son parti, le centre, contre la politique ruineuse (du) socialisme d'Etat, que les socialistes majoritaires, grâce à leur influence prédominante dans les syndicats d'employés et de fonctionnaires, imposent au Cabinet qu'ils laissent vivre sans en faire partie.

Aussi le Vorwärts attaque-t-il violemment, non seulement Wirth, mais encore le Ministre du Ravitaillement Hermes, qui appartient également au Centre. Il n'épargne pas non plus les démocrates Koch et Geßler.

Le bruit courait depuis quelque temps que les majoritaires cherchaient à rentrer au Gouvernement. On croyait généralement qu'ils préféreraient laisser à la coalition actuelle, l'impopularité de régler le problème des réparations et d'affronter les difficultés économiques prévues pour l' (extérieur). Mais il est possible que la manifestation de M. Wirth les décide à modifier leurs plans et à brusquer la crise du Gouvernement dont ils seraient les bénéficiaires.

En tout cas, la situation du Cabinet Fehrenbach, qui n'a pas de majorité, devient de plus en plus précaire.

Les populistes bavarois annoncent de leur côté qu'ils ne lui prêteront plus longtemps leur appui.

---

1   Allemagne 19, fol. 52-54, dort allerdings in falscher Reihenfolge.
2   Zum Text des Rücktrittsgesuches s. Wirths Schreiben an Fehrenbach vom 17.9.1920, AdR, Kabinett Fehrenbach, Dok. 71 S. 186f.
3   Johann Giesberts.
4   Wilhelm Groener.

410
M. Laurent, Ambassadeur de France à Berlin, à
M. Millerand, Président du Conseil, Ministre des Affaires Etrangères.

D. n° [579].   Berlin, le 19 septembre 1920.[1]

Copie.
A.s. de la socialisation des mines en Allemagne.

La commission spéciale instituée par le Conseil Economique Provisoire du Reich pour étudier la question de la socialisation des mines en Allemagne vient de faire paraître son rapport.[2]

La commission s'est séparée en deux parties presque égales: la majorité, qui comprend onze voix et dans les rangs de laquelle se trouvent notamment, Walter Rathenau, Wissell, von Siemens, Vogelstein, Cohen et Melchior, s'est prononcée pour une socialisation progressive et pour le maintien provisoire du capital privé; la minorité qui réunit dix voix, entre autres celles de Hilferding, Hué et Kautsky, demande la socialisation complète et immédiate. Tous les membres de la Commission sont d'accord pour reconnaître qu'une réduction considérable des bénéfices capitalistes s'impose dans l'industrie des mines.

La Majorité estime que la situation économique actuelle est trop instable pour procéder dès maintenant à la socialisation intégrale. Celle-ci

19. September 1920

devra, d'ailleurs avoir lieu dans un délai à fixer par la loi et qui ne pourra pas <...>³ excéder 30 ans. En attendant la majorité de la Commission propose les mesures suivantes: Le Reichskohlenrat, composé de chefs d'entreprise, d'employés, d'ouvriers, de consommateurs et de techniciens, et assisté d'un comité directeur, élu par lui, administrera désormais toute l'économie charbonnière. Alors que jusqu'ici la vente du charbon s'effectuait pour le compte des mines, chaque mine abandonnera au prix coûtant son entière production au Reichskohlenrat, qui recevra le monopole exclusif de la vente en gros et qui fixera les prix. En dehors du remboursement du prix de revient, le Reichskohlenrat payera aux propriétaires de mines les intérêts et l'amortissement des dettes pesant sur les entreprises, les intérêts normaux pour le capital responsable et des primes pour tout surcroit de production, ainsi que pour toutes les améliorations d'ordre social réalisées dans l'exploitation. Cette réglementation ôtera à l'entrepreneur tout intérêt à une élévation de prix, car le commerce et les bénéfices commerciaux lui seront enlevés.

La minorité préconise la socialisation immédiate et propose d'exproprier les propriétaires de mines en les indemnisant par des obligations à intérêts fixes. La communauté, représentée par le Reichskohlenrat et son Comité directeur, devra seule avoir les droits de propriété. Un tarif de primes de production subsistera, mais au bénéfice des chefs d'exploitations, des employés et des ouvriers. Les prix de vente du charbon seront fixés par la Reichskohlenrat sous réserve de l'approbation du Gouvernement.

Ainsi que je l'ai fait savoir à Votre Excellence le rapport de la commission de socialisation va être soumis au Gouvernement et au Reichstag. A l'exception des journaux socialistes, la presse ne lui ménage pas ses critiques; elle insiste sur le danger, dans l'état actuel de l'Allemagne, de bouleverser toute l'économie charbonnière; et elle escompte l'échec devant le Parlement, de propositions sur lesquelles les membres d'une commission restreinte n'ont pu se mettre d'accord.

Il est encore difficile de prévoir quelle sera l'attitude du Gouvernement dans cette question. Les partis qu'il représente sont en majorité hostiles à la socialisation des mines. Le récent congrès du parti populaire allemand l'a repoussée à l'unanimité. Le centre et le parti démocrate, à l'exception de leurs syndicalistes respectifs, ne lui sont pas favorables. Comme la réforme est d'ailleurs violement combattue par les nationaux allemands, elle sera certainement rejetée par le Reichstag si le Gouvernement ne la soutient pas énergiquement.

Par contre, les socialistes majoritaires, dont la neutralité bienveillante permet au Gouvernement de vivre, estiment que le principe même de la socialisation serait compromis si la réforme minière tant de fois annoncée n'aboutit pas maintenant et sont décidés à ne pas ménager leurs efforts pour faire adopter au moins les propositions de la majorité de la Commission. Ils pourraient, s'ils rencontraient une opposition irréductible, mettre facilement le Cabinet en échec sur une autre question où il n'aurait pas l'appui des conservateurs.

Le Gouvernement se trouve donc placé devant une alternative critique: ou bien poursuivre une politique de résistance au socialisme d'état avec le concours de la droite mais en s'aliénant les représentants ouvriers qui lui ménageraient bientôt des difficultés insurmontables; ou bien céder aux exigences des socialistes, mais en risquant d'être abandonné par le parti populaire sinon par l'aile droite du Centre et des démocrates, ce qui laisserait les majoritaires maîtres du pouvoir tombé en déhérence mais incapables eux-mêmes de l'exercer. La réforme minière risque donc fort de détruire l'équilibre instable où le Cabinet Fehrenbach se maintient depuis sa formation et de ramener l'anarchie gouvernementale à laquelle la coalition actuelle avait si péniblement mis fin.

---

1 Allemagne 543, fol. 138-142. Maschinenschriftliche Kopie, ohne Unterschrift.
2 Zur Veröffentlichung des Berichtes der Sozialisierungskommission s. Schultheß' Europäischer Geschichtskalender 36 (1920) S. 248. Zu den Hintergründen, der Auseinandersetzung zwischen Regierung und vorläufigem Reichswirtschaftsrat in dieser Frage, s. Protokolle der Kabinettssitzungen vom 3.8. und 22.9.1920, AdR, Kabinett Fehrenbach, Dok. 42 S. 101ff, hier vor allem S. 104 bzw. Dok. 73 S. 189ff, hier speziell S. 192f. Vgl. auch unten Dok. 490.
3 Textstelle gelöscht.

411

M. Laurent, Ambassadeur de France à Berlin, à
M. Millerand, Président du Conseil, Ministre des Affaires Etrangères.

T. n° 1730. [En Clair.]   Berlin, le 21 septembre 1920, 19 h 00.
(Reçu: < ? >.)[1]

Les journaux attaquent très vivement la décision de la Société des Nations qui a attribué à la Belgique les territoires d'Eupen et de Malmédy.[2] "Il y a d'autant plus lieu de s'étonner de cette décision soi-disant pris après un "examen approfondi", écrit le Berliner Tageblatt, que le Gouvernement allemand a prouvé par de nombreux documents l'irrégularité du plébiscite, et qu'en Angleterre "la ligue pour la Société des Nations" et la revue politique "Foreign Affairs" ont réclamé la révision des opérations de vote. Naturellement l'Allemagne ne peut considérer la solution intervenue que comme provisoire.[3] La Belgique sait fort bien qu'elle est redevable du résultat obtenu au Baron Bolcian⁴: Ce Général qui vient de recevoir le titre de baron a refusé d'entendre les plaintes plus justifiées."

---

1   Télégrammes, Arrivée de Berlin, 1920, 8. Zeitpunkt des Eingangs nicht ermittelt.
2   Zur Entscheidung des Völkerbundsrates vom 20.9.1920, das Gebiet von Eupen und Malmédy Belgien zuzusprechen s. WAMBAUGH, Plebiszites since the World War, vol. I S. 518ff. Zu den Protesten der deutschen Regierung, die noch unmittelbar vor Beginn der entscheidenden Sitzung in Paris ein Weißbuch überreichen ließ, s. Schultheß' Europäischer Geschichtskalender 36 (1920) S. 251f.
3   Zum Fortgang s. unten Dok. 466.
4   Richtig. Hermann Baltia.

412
*M. Laurent, Ambassadeur de France à Berlin, à
M. Millerand, Président du Conseil, Ministre des Affaires Etrangères.*

T. n° 1736-1737. Déchiffrement.   Berlin, le 21 septembre 1920, 0 h 45.
(Reçu: le 22, 11 h 25, 12 h 05.)[1]

Suite à mes dépêches Nos 1725-1727[2].

Le Ministre des Finances Wirth a retiré sa démission. Le Ministre de la Justice Heinze du parti populaire allemand fait démentir qu'il doit, comme le bruit en avait couru ces jours-ci, quitter le Cabinet pour la Légation d'Allemagne à Bucarest.

La crise ministérielle paraît donc conjurée.

Mais on s'accorde généralement à penser qu'(elle) ne pourra plus longtemps être différée après la rentrée du Reichstag, fixée au 19 octobre. D'ici là, les deux partis socialistes auront tenu leur congrès: les indépendants à Halle[3], les majoritaires à Cassel[4] (et) si comme il est probable, les majoritaires réussissent à se mettre d'accord sur un programme de (socialisation) avec ceux des indépendants qui auront refusé d'entrer dans la troisième internationale[5], ils n'hésiteront certainement pas à présenter au Cabinet Fehrenbach un ultimatum qui entraînera sa chute.

---

1   Allemagne 286, fol. 124-125.
2   Vgl. oben Dok. 409.
3   Vgl. unten Dok. 440 und Dok. 441.
4   Vgl. unten Dok. 435.
5   Vgl. oben Dok. 404.

413
*M. Laurent, Ambassadeur de France à Berlin, à
M. Millerand, Président du Conseil, Ministre des Affaires Etrangères.*

T. n° 1748-1749. En Clair.   Berlin, le 23 septembre 1920, 20 h 20
(Reçu: 23 h 15, 23 h 50.)[1]

La situation financière du Reich a été discutée hier en conseil des ministres.

Le communiqué officiel suivant a été publié:

["]Le Conseil s'est occupé de la situation financière du Reich. La question des salaires, qui a mis dernièrement en relief, avec une particulière netteté les difficultés financières de l'Etat, n'a été qu'une partie - importante il est vrai, au point de vue politique et matériel - de ses délibérations. Les principes qui doivent servir de base à la politique financière ont été adoptés par l'unanimité du Cabinet. Il n'y avait plus de raison de maintenir l'offre de démission présentée par le Ministre des Finances.[2] Le Conseil a résolu à l'unanimité de fortifier la situation du Ministre des Finances au sein du Cabinet et d'élargir son influence dans la gestion des finances".

Les décisions suivantes ont également été prises à l'unanimité: Aucune nouvelle dépense ne pourra être inscrite au budget ordinaire de 1921; toutes les dépenses actuelles devront être comprimées jusqu'à l'extrême limite; aucun nouvel emploi de fonctionnaire ne devra être créé; des inspecteurs du Ministère des Finances feront des enquêtes dans les administrations en vue de supprimer tous les emplois inutiles; toutes les organisations du temps de guerre, non encore dissoutes devront l'être à bref délai."

Le docteur Wirth, Ministre des Finances, a fait la déclaration suivante au Conseil des Ministres: "La nécessité s'impose à nous de nous rendre compte de la situation financière du Reich. Mais il ne suffit pas de regarder les faits, de conserver dans notre mémoire des chiffres écrasants, et d'étudier des problèmes; il faut aboutir à des décisions importantes et adopter immédiatement un programme économique et financier. De mauvaises finances sont l'indice d'une situation économique malsaine. Nous ne citerons aujourd'hui que peu de chiffres; leur augmentation constante dispense de tout commentaire; tous, et particulièrement les fonctionnaires, doivent comprendre leur muette et impressionnante signification.

D'après les prévisions pour 1920 actuellement soumises au Reichstag, les dépenses ordinaires du Reich qui s'équilibrent théoriquement avec les recettes atteignent 30 milliards 400 millions.

Le budget extraordinaire prévoit 39 milliards 700 millions de dépenses et 2 milliards de recettes, ce qui représente donc un déficit de 37 milliards. Les budgets des chemins de fer et des Postes font l'objet d'un chapitre spécial; le budget des Chemins de fer se solde par un déficit de 16 milliards et celui des postes par un déficit de 2 milliards. Si l'on est arrivé à balancer sur le papier les recettes et dépenses du budget ordinaire en utilisant dans toute la mesure du possible les sources de recettes on ne s'en trouve pas moins pour le budget extraordinaire et pour les budgets des Postes et des Chemins de fer en face d'un déficit global de 55 milliards 700 millions.

Dans les dépenses du budget extraordinaire de 1920, une somme de 25 milliards est prévu uniquement pour les frais résultant de l'exécution du traité de paix. A cette somme s'ajoutent environ 131 milliards qui représentent les indemnités dues par le Reich à ses propres ressortissants à propos notamment de la livraison de notre flotte de commerce, de la liquidation des biens privés allemands à l'étranger, de la livraison du matériel de guerre, etc. Un autre chiffre mérite encore d'être cité: 14 milliards 900 millions seront nécessaires pour les frais occasionnés par les troupes d'occupation, la Commission des Réparations et d'autres commissions alliées.[3] Dans ces conditions il ne faut pas s'étonner de l'inflation effrayante de notre dette flottante, qui, du 1er janvier au 18 septembre 1920 a augmenté de 47 milliards 500 millions.

Le total de notre dette y compris les 91 milliards de dette consolidée s'élève à 242 milliards 700 millions. Il est donc indispensable et urgent de poursuivre sans y apporter aucune atténuation l'application des lois relatives aux impôts; ceci vise particulièrement le Reichsnotopfer.

Un projet de loi va être déposé qui permettra au Reich de recevoir sans retard une part importante du Reichsnotopfer".[3]

---

1   Allemagne 441, fol. 66-70.
2   Josef K. Wirth, s. oben Dok. 409 bzw. Dok. 412.
3   Vgl. unten Dok. 462.
4   Zum Verlauf der Ministerratssitzung vom 22.9.1920 s. AdR, Kabinett Fehrenbach, Dok. 73 S. 189ff. Zu den Reaktionen der Berliner Presse s. Laurents T. n° 1753-1755 vom 24.9.1920, Allemagne 491, fol. 72-74.

414
M. Dard, Ministre Plénipotentiaire de France à Munich, à
M. Millerand, Président du Conseil, Ministre des Affaires Etrangères.

T. n° 128.   Munich, le 23 septembre 1920, par courrier.[1]

M. Peters, Commissaire du Reich pour le désarmement dans toute l'Allemagne, vient de se rendre à Munich. Il n'y est resté que 24 heures et l'impression générale est qu'il n'a pu arriver à aucun accord avec les autorités bavaroises. Celles-ci font afficher ce matin dans les rues de Munich un placard annonçant que les opérations de désarmement commenceront demain 24 Septembre[2]. Deux locaux sont désignés aux particuliers pour y apporter les armes qui seront détruites devant leurs propriétaires.- *Les particuliers* seront uniquement les ouvriers socialistes ou communistes, puisque la population bourgeoise ou paysanne est toute entière incorporée dans les Einwohnerwehren ou dans l'*Orgesch*. Les journaux annoncent en même temps que la Municipalité est dessaisie et que la Police sera chargée du désarmement. Celle-ci est naturellement entre les mains du Gouvernement conservateur tandis que la municipalité est socialiste.

En fait, les ouvriers n'apporteront pas leurs armes, même pour toucher la prime. Les opérations du désarmement ont déjà commencé sur d'autres points de la Bavière, notamment à Wurzbourg et les livraisons sont en nombre infime. La police gouvernementale fera sans doute quelques efforts pour désarmer les communistes. M. de Kahr lui-même ne croit pas qu'elle y réussisse. Le désarmement de la population civile ne sera en Bavière qu'un simulacre et j'ai lieu de croire qu'il en sera de même dans la plus grande partie de l'Allemagne.

C'est dans ces conditions que vont s'ouvrir à Munich du 24 Septembre au Ier Octobre la fête et le Concours de Tir de tous les Einwohnerwehren de Bavière. On juge si une telle solennité est propre à favoriser le désarmement et à calmer les communistes. M. de Kahr présidera la fête et il a pris la précaution de me prévenir que ses paroles n'auraient aucun sens belliqueux et qu'il ne fallait pas se méprendre en France sur leur signification.[3] En réalité ce sera une nouvelle manifestation conservatrice et militariste à l'intérieur, la Bavière étant de plus en plus considérée comme le rempart de la conservation en Allemagne et l'espoir de trônes renversés. Aussi le bruit d'un coup d'Etat monarchiste court-il partout, sans qu'on puisse en trouver quelque preuve sérieuse.

Le Conseil Municipal de Munich qui est socialiste a longuement discuté la question de savoir s'il subventionnerait la fête des Einwohnerwehren. Finalement les socialistes majoritaires ont quitté la Salle et le vote favorable a eu lieu, les communistes étant restés seuls opposés aux conservateurs.4

---

1 Papiers d'Agents, Dard 19 (ohne Folio). Maschinenschriftlicher Durchschlag, ohne Unterschrift.
2 Zum Verlauf der Unterredung s. die Aufzeichnung von Peters vom 20.9.1920, ADAP A III, Dok. 291 S. 585f. Peters hatte von Kahr im Verlauf des Gespräches eindringlich davor gewarnt, mit Dard Absprachen betreffend eine dilatorische Behandlung der Entwaffnung der Einwohnerwehren in Bayern zu treffen. "Es bestehe die Gefahr, daß Frankreich sich zum Schein auf die bayerischen Anregungen einlassen und daß alsdann die Botschafterkonferenz der Reichsregierung mit Recht den Vorwurf machen werde, sie versuche die Durchführung ihres eigenen Entwaffnungsgesetzes illusorisch zu machen." Zitat hier ebenda, S. 586.
3 Vgl. oben Dok. 406.
4 Zum Verlauf des Treffens in München s. Dards Depesche n° 72 vom 28.9.1920, Papiers d'Agents, Dard 13 (ohne Folio).

415
M. Laurent, Ambassadeur de France à Berlin, à
M. Leygues, Président du Conseil, Ministre des Affaires Etrangéres.

T. n° 1756-1758. Déchiffrement.   Berlin, le 25 septembre 1920, 0 h 10.
(Reçu: 9 h 15, 10 h 45.)1

(Réponse à vos télégr[ammes]) N° 1876 et 18772.

J'ai fait connaître aujourd'hui au docteur Simons que le Gouvernement français était prêt quelle que peut être la procédure ultérieurement adoptée pour régler la question des réparations, à engager avec le Gouvernement allemand une conversation directe ayant un caractère (préliminaire). J'ai ajouté que le nouveau Ministre des Affaires Etrangères3 (partagerait) certainement sur ce point le (sentiment) de son prédécesseur.

Le Ministre s'est déclaré très heureux de la décision dont je (lui) faisais part et il est aisément convenu que ces entretiens préparatoires à deux présenteraient un égal intérêt, soit que le débat (général) fût porté à Genève, soit qu'il ne dépassat pas la commission des réparations. Il a saisit l'occasion pour exprimer la satisfaction que lui causait l'élection présidentielle d'hier.

La haute droiture de M. Millerand inspirait confiance à tous et on devait souhaiter que la politique inaugurée par lui resterait celle du gouvernement français.

J'ai dit alors au Dr. Simons que, la question de principe étant résolue, je lui demandais d'examiner sous quelle forme, dans quelle mesure et sur quels points, ces conversations pourraient avoir lieu. Je lui ai offert de soumettre ses propositions au gouvernement de la République hors de mon prochaine séjour à Paris dans la première semaine d'octobre. Il a accepté et nous avons pris rendez-vous pour jeudi prochain[4]. Il consultera d'ici là ses collègues de l'économie publique[5] et du Ravitaillement[6].

Comme le Dr. Simons insistait sur son désir de voir s'établir des relations économiques étroites entre la France et l'Allemagne, je lui ai dit que la décision prise par le Cabinet de poursuivre énergiquement l'assainissement des finances allemandes me paraissait répondre à une condition essentielle de cette collaboration. Il n'y a pas contredit et m'a déclaré qu'il avait soutenu de tout son pouvoir les idées de réforme préconisées par le Ministre des Finances Wirth.

---

1 Télégrammes, Arrivée de Berlin, 1920, 8.
2 Nicht abgedruckt.
3 Georges Leygues. Er hatte am Vortag die Nachfolge Millerands als Président du Conseil und Ministre des Affaires Etrangères angetreten.
4 Am 30.9.1920, s. unten Dok. 420.
5 Ernst Scholz.
6 Andreas Hermes.

416
M. Tirard, Haut-Commissaire de la République Française dans les Provinces du Rhin, à M. Leygues, Président du Conseil, Ministre des Affaires Etrangères.

N° 6983 A.T.R.P.   Coblence, le 28 septembre 1920.[1]

Au cours d'une réunion tenue à Kaiserslautern (Palatinat) le 18 Septembre par le parti Socialiste majoritaire, M. Hoffmann ancien Président du Conseil Bavarois, Député du Palatinat au Reichstag, a fait d'intéressantes déclarations sur la situation politiques intérieure de l'Allemagne.

"Il explique l'embarras dans lequel s'est trouvée l'Allemagne pour former un Gouvernement après les élections pour le Reichstag à cause du trop grand nombre de partis dont aucun ne possédait la majorité absolue. Bien que les Sociaux démocrates aient été sollicités plusieurs fois de prendre part au nouveau gouvernement, ils ont refusé catégoriquement, ne voulant entrer dans une combinaison où la plupart des porte-feuilles étaient réservés aux bourgeois avec lesquels il eut été impossible de gouverner. D'autre part, ils se sont trouvés devant Spa et il était de toute nécessité de former un Gouvernement. C'est dans ces conditions défavorables qu'est sorti le Gouvernement d'aujourd'hui qui n'est en somme qu' une "fausse couche".

L'ancien gouvernement a signé le Traité de Paix dans l'espoir de ne pas l'exécuter, comptant sur les divisions qui pourraient se produire entre les Alliés. C'est une erreur grossière car l'Entente sera toujours unie devant l'Allemagne. "Nous avons signé le Traité, nous sommes obligés de l'exécuter, car c'est nous qui sommes les responsables de la guerre". Les délégués allemands ne sont rendus à Spa avec de grands espoirs, comptant obtenir des conditions d'exécution meilleures, surtout en ce qui concerne les 100.000 hommes de la Reichswehr et le charbon. Ils ont essuyé une défaite et ils sont revenus complètement battus et désillusionnés. Dans ces conditions, nous (les socialistes Majoritaires) sommes très contents de ne pas avoir été avec eux à Spa.

Parlant ensuite du désarmement, M. Hoffmann déclare que les armes ne se trouvent pas chez les ouvriers, mais bien entre les mains de la bourgeoisie réactionnaire. "Le gouvernement n'est pas en état de faire rentrer les armes, car je suis convaincu que les gens ne les rendront pas. Quant aux organisations existantes, on va bien les dissoudre, mais pour en former de nouvelles. La Guerre Russo-Polonaise est la conséquence d'un acte frivole de la Pologne qui ne l'aurait pas entreprise si elle ne s'était pas sentie secondée par la France et l'Angleterre. Toutefois seule la première a intérêt à voir tomber le gouvernement des Soviets qui ne veut pas reconnaître les dettes contractées par le gouvernement Tzariste et pour lesquelles le gouvernement français paye les intérêts[2]". L'avance Russe a causé beaucoup d'appréhension, mais aussi reveillé beaucoup d'espoir.

"C'est surtout chez les communistes et les Chauvinistes (dans ces derniers il faut compter Ludendorff[3]) que cet espoir s'est réveillé. Ils comptaient voir arriver les Russes en Allemagne pour, ensuite, descendre ensemble jusqu'au Rhin et chasser les Français. Leurs espérances ont été déçues, car les Russes ont reculé aussi vite qu'ils avaient avancé. La Russie d'aujourd'hui est hors d'état de faire une grande guerre; elle a bien les hommes nécessaires, mais il lui manque la base économique sans laquelle, il est impossible de mener une guerre. Economiquement la Russie est complètement ruinée; nous ne le savons pas seulement par les délégués de l'U.S.P. qui sont allés à Moscou[4], mais encore par les écrits de Trotzky et de Lénine. Il y a bien quelques usines qui travaillent, mais seulement pour les besoins de l'armée. Nous avons grand intérêt à voir terminer la guerre Russo-Polonaise.

Nous venons d'être sollicités par les Partis bourgeois d'entrer au gouvernement, mais il est préférable de ne rien faire et d'attendre encore jusqu'à ce qu'il soit démontré que le gouvernement actuel est incapable de gouverner.

A ce moment la nationalisation des mines de charbon[5] sera une bonne occasion de le faire tomber, et de demander des élections nouvelles qui ne manqueront pas d'être en notre faveur. C'est alors seulement que nous prendrons le Gouvernement".

L'assemblée approuva ces déclarations et décida à l'unanimité que le parti social-démocrate ne devait pas accepter de faire partie du gouvernement actuel.

---

1 Allemagne 286, fol. 136-138.
2 Die russische Regierung hatte sich geweigert, für die vor dem Krieg in Frankreich getätigten Anleihen den Zahlungsdienst zu übernehmen.
3 Vgl. oben Dok. 349.
4 Vgl. oben Dok. 313 und Dok. 376.
5 Vgl. oben Dok. 410.

417
*M. Dard, Ministre Plénipotentiaire de France à Munich, à
M. Leygues, Président du Conseil, Ministre des Affaires Etrangères.*

D. n° 71. Munich, le 28 septembre 1920.[1]

Entretien avec Mgr. Pacelli.

Dès mon arrivée à Munich, Mgr. Pacelli m'avait déclaré qu'il négociait avec le Gouvernement Bavarois un Concordat particulier pour la Bavière. Une information provenant du Haut-Commissaire de la République dans les Provinces du Rhin et que Votre Excellence m'a communiquée en date du 21 Août dernier[2], paraissant mettre en doute l'affirmation de Mgr. Pacelli, j'ai saisi l'occasion d'un récent entretien pour l'interroger à ce sujet et je lui ai demandé si quelque changement ne serait pas intervenu dans les intentions du St. Siège.

Le Nonce m'a confirmé entièrement ses premières déclarations. Il a reconnu que des efforts avaient été faits à Berlin pour obtenir du St. Siège qu'un seul concordat fut conclu pour toute l'Allemagne, mais ces efforts avaient échoué devant la ferme volonté qu'on y avait opposée à Rome et à Munich.

Mgr. Pacelli continue donc ses négociations avec le Gouvernement Bavarois et ses instructions sont toujours de ne retourner à Berlin qu' après avoir achevé son œuvre et installé son successeur Mgr. Marchetti, pour lequel le St. Siège vient d'acheter l'Hôtel de la Princesse de Hohenzollern-Sigmaringen. A vrai dire, Mgr. Pacelli s'inquiète un peu de la longueur de la négociation. Il se demande s'il ne sera pas forcé d'aller à Berlin à la fin d'Octobre pour y passer quelques semaines afin de ne pas en être éloigné trop longtemps. Mais dans ce cas, il reviendrait ensuite à Munich pour achever la négociation du Concordat Bavarois. Mgr. Pacelli ne cache pas d'ailleurs son regret de quitter Munich où le Nonce a tant d'importance et est l'objet de tant de respects pour Berlin qu'il qualifie de "Ville protestante et Athée".

J'ai également entretenu Mgr. Pacelli de l'incident Moos[3], dont j'ai fait part à Votre Excellence dans ma dépêche N° 45 du 4 de ce mois[4]. J'ai dit au Nonce de la part de notre Ambassadeur à Berlin[5] qu'aucun membre de notre Ambassade n'avait jamais émis aucun doute sur ses sentiments pour notre Pays et que M. Laurent serait heureux de continuer avec lui les relations les plus cordiales. Il m'a remercié et il a ajouté avec force qu'il prouverait à Berlin ses sentiments à notre Ambassadeur non par des paroles, *mais par des actes*. Je lui ai dit que ces expressions nous étaient précieuses et que je ne manquerai pas de les faire connaître. Sans doute s'appliquent-elles aux dispositions du futur concordat d'Empire en ce qui concerne les catholiques des pays Rhénans. Je n'ignore pas que les sentiments de Mgr. Pacelli à notre égard ont été diversement interprêtés pendant la guerre. Mais le temps et les circonstances changent bien des choses et les prélats Romains eux-mêmes sont soumis à leurs lois. Pour mon compte, je n'ai eu qu'à me féliciter de mes rapports avec le Nonce.

---

1 Papiers d'Agents, Dard 13 (ohne Folio). Maschinenschriftlicher Durchschlag, ohne Unterschrift.
2 Dieses Schreiben Tirards ist hier nicht abgedruckt.
3 Zur Affäre um Ferdinand Moos und Gerüchten um eine angeblich frankreichfeindliche Haltung Pacellis s. Laurents D. n° 589 vom 24.9.1920, MAE Nantes, Ambassade de Berlin, 174 (ohne Folio). Zu den Hintergründen vgl. auch oben Dok. 281 Anm. 5.
4 Nicht abgedruckt.
5 Charles Laurent.

418

M. Laurent, Ambassadeur de France à Berlin, à
M. Leygues, Président du Conseil, Ministre des Affaires Etrangères.

D. n° 595.   Berlin, le 30 septembre 1920.[1]

Situation politique intérieure.

La scission que faisait prévoir ma dépêche N° 577 du 16 Septembre[2] n'a pas tardé à se produire au sein du parti socialiste indépendant. Le 22 Septembre, la "Rote Fahne", organe officiel des communistes, publiait un manifeste des chefs des indépendants de gauche, Däumig, Koenen, Hoffmann et Stoecker. Ce document était un réquisitoire sévère contre la droite "réformiste et opportuniste", accusée d'avoir hâté le Congrès du parti[3] pour enlever par surprise un vote défavorable à la troisième Internationale et d'avoir refusé d'admettre à ces assises un délégué des Soviets. Il posait la question dans les termes suivants: "Voulons-nous atteindre comme but du combat la dictature du prolétariat réalisée par tous les moyens? Voulons-nous une Internationale forte et inflexible des prolétariats de tous les pays?"

Le 26 Septembre, la "Freiheit", organe officiel des indépendants, publiait une protestation signée par les chefs du centre et de la droite du parti: Crispien, Dittmann, Künstler, Moses, Nemitz, Rosenfeld et Luise Zietz, Breitscheid et Hilferding, suspects de modérantisme, s'étaient abstenus dans la crainte d'affaiblir la portée de ce contre-manifeste. Après avoir dénoncé l'indiscipline, pour ne pas dire la trahison, des compagnons passés au communisme et s'être défendus assez difficilement contre les reproches relatifs à l'organisation du Congrès, Crispien et ses collègues déclaraient accepter sans réserves les buts de guerre sociale posés par les extrémistes. Ils affirmaient vouloir "le rattachement à Moscou", mais refuser de sacrifier l'indépendance du parti à une dictature étrangère. "Dans l'intérêt de la révolution allemande, concluaient-ils, dans l'intérêt de la révolution russe, dans l'intérêt de l'Internationale, nous repoussons les conditions de Moscou".[4]

Piètre habilité, à vrai dire, que de refuser la lutte avec le bolchevisme sur le terrain des principes et de ramener ainsi le conflit à une simple querelle de personne. Cette tactique timide et maladroite, appliquée dans les réunions locales préparatoires au Congrès général de Halle, a déjà donné les résultats les plus fâcheux. Le mouvement favorable à la troisième internationale s'accélère rapidement. Les organisations de Bade, de Würtemberg[sic!], de Westphalie Occidentale, de Harburg sur Elbe, du Schleswig-Holstein, de Dresde et de plusieurs districts de Berlin ont accepté les conditions de Moscou que Leipzig et la Thuringe persistent seuls à écarter.

Aussi les chefs modérés ont-ils, depuis quinze jours, perdu beaucoup de leur confiance. Tant qu'ils se croyaient assurés de la majorité au Congrès, ils envisageaient sans appréhension une scission qui aurait laissé entre leurs mains toute la machine du parti, avec ses bureaux, ses archives, ses journaux. La perspective d'être évincés et obligés de se refaire une organisation à grands frais de temps et d'argent les met au désarroi. Fidèles cependant à leur politique négative, ils s'indignent qu'on leur suggère un rapprochement avec les majoritaires et ne voient d'autre solution, en cas de défaite, qu'une démission collective de leurs représentants au Reichstag, geste qui serait un aveu définitif d'impuissance.

La désagrégation du parti indépendant n'est pas sans réagir puissamment sur la politique des majoritaires. Ceux-ci, depuis leur défaite aux élections du 6 juin, jouaient double jeu. D'une part, manœuvrant pour faire échec aux surenchères de gauche, ils refusaient de participer au Gouvernement sans le concours des Indépendants auxquels ils ne voulaient pas laisser le bénéfice exclusif de l'opposition. D'autre part, marchandant leur neutralité bienveillante aux partis bourgeois, ils les menaçaient de former avec les Indépendants un Ministère ouvrier. Désormais couverts à leur gauche, où ils ne craignent plus que les attaques de révolutionnaires avérés, ils peuvent redevenir parti de gouvernement. Mais comme, d'autre part, toute collaboration avec les communistes dans le cadre des institutions parlementaires leur est interdite, ils doivent réduire leurs prétentions vis-à-vis des partis bourgeois.

Ces donnés jettent quelque lumière sur une situation singulièrement obscure au premier abord.

Dès que la crise du parti indépendant devint aiguë, les partis bourgeois, qui forment le Gouvernement actuel et auxquels la responsabilité du pouvoir pèse lourdement, firent aux socialistes majoritaires des avances non déguisées. Le parti populaire, avec lequel les majoritaires avaient énergiquement refusé de collaborer, se montra le plus empressé. Son chef, Stresemann, préconisa, dans un article paru le 14 Septembre, un compromis raisonnable entre la bourgeoisie et la socialdémocratie, accord dont la conséquence serait la rentrée des majoritaires dans la coalition et le Ministère.

Les majoritaires, qui croyaient encore avoir à compter sur un parti indépendant capable de leur disputer la clientèle ouvrière non communiste et se berçaient de l'espoir que ce parti affaibli se montrerait docile à leur influence, repoussèrent avec dédain les offres qui leur étaient faites. Stresemann fut particulièrement malmené par le Vorwärts du 15 Septembre. On put croire un instant que les majoritaires allaient refaire à leur profit l'unité socialiste et passer à l'opposition active. La démission du Ministre des Finances Wirth, unanimement interprétée comme une protestation contre les expériences ruineuses du socialisme d'état, parut devoir déchaîner les hostilités entre la coalition et le bloc socialiste. Or, contrairement aux prévisions, la crise aboutit à un grand succès pour les majoritaires qui obtinrent, en échagne d'une nouvelle concession de neutralité bienveillante, le retour à la politique fiscale d'Erzberger et le dépôt d'un projet de loi sur la socialisation des mines. Mes télégrammes N° 1725-27 du 19 Septembre[5], 1736-37 du 21[6] et 1753-55 du 23[7], ont rendu compte à Votre Excellence de cet épisode.

C'est que les majoritaires, rendus à la fois plus confiante et moins exigeants par la faillite des indépendants, cédaient à la tentation du pouvoir. Dans un discours prononcé à Cologne le 24 Septembre, Hermann Müller n'élevait plus d'objections de principe contre un Ministère où les "compagnons" siégeraient aux côtés des représentants de la grande industrie. Il se bornait à faire des réserves sur l'opportunité d'une pareille collaboration avant que la "Volkspartei" ait eu tout le temps nécessaire pour tenir ses promesses électorales. L'ironie cachait mal le désir assez naturel de laisser les partis bourgeois supporter aussi longtemps que possible la responsabilité de la crise économique inévitable pendant l'hiver.

Quoiqu'il en soit, la rentrée prochaine des majoritaires au Gouvernement n'est mise en doute par personne et la presse y prépare tous les jours l'opinion. Les conservateurs témoignent le plus vif mécontentement. La "Deutsche Tageszeitung" reproche à la "Volkspartei" de dénoncer l'alliance conclue à l'occasion des dernières élections avec le parti national allemand et de trahir la cause de l'ordre. Les organes du Centre, "Correspondance parlementaire du Centre" et "Germania", accueillent favorablement l'idée d'une coalition Stresemann-Scheidemann. Ils marquent toutefois nettement qu'ils ne sont pas disposés à sacrifier aucun des anciens associés au nouveau venu. La même idée de large accueil aux majoritaires, mais en même temps de résistance à leurs exigences, si elles devenaient tyranniques s'est affirmée au Congrès tenu le 28 Septembre à Ulm par les démocrates. Le Ministre de l'Intérieur Koch a déclaré qu'il avait toujours été partisan du retour des socialistes au pouvoir, cependant que le président du parti Petersen insistait sur la nécessité de maintenir l'alliance avec la "Volkspartei". Les majoritaires se sont aussitôt empressés de se retirer sur des positions d'attente. Le 29 Septembre, l'ancien Chancelier Bauer a proclamé que son parti ne reviendrait pas au Gouvernement, qu'il n'eût obtenu de la "Volkspartei" garanties de loyalisme républicain et adhésion à une politique de réformes économiques. Le 30 Septembre, à Iéna, le député Maretzky, de la Volkspartei, a riposté par une déclaration de guerre au socialisme.

On doit faire dans ces controverses la part du marchandage habituel aux lendemains ou aux veilles de crise ministérielle. La discipline trop exacte des partis et une conception trop étroite de leur représentation proportionnelle dans le Cabinet rendent presque impossible en ce pays la formation d'une majorité de Gouvernement. Les différents partis se posent les uns aux autres des conditions maxima, dont ils ne veulent rien céder. Ils s'empressent, par tactique, de reculer dès que leur antagoniste vient au devant d'eux. La vie parlementaire en Allemagne offre l'image d'un quadrille où les figures se défont, à peine formées. On peut donc s'attendre à voir se répéter la confusion d'où le Cabinet Fehrenbach est si péniblement sorti. Il semble toutefois que deux hypothèses seulement restent possible: le maintien du Cabinet actuel avec la tolérance des majoritaires ou bien l'élargissement de la coalition par l'inclusion des majoritaires qui toutefois ne retrouveraient pas la prédominance dont ils jouissaient avant les dernières élections.

---

1   Allemagne, 286, fol. 179-182.
2   Vgl. oben, Dok. 404.
3   Zum Parteitag der USPD in Halle s. unten Dok. 440 und Dok. 441.
4   Zu den 21 Punkten s. oben Dok. 376.
5   Vgl. oben, Dok. 409.

6 Vgl. oben Dok. 412.
7 Nicht abgedruckt.

419

*M. Laurent, Ambassadeur de France à Berlin, à
M. Leygues, Président du Conseil, Ministre des Affaires Etrangères.*

D. n° 598.   Berlin, le 30 septembre 1920.[1]

Documents secrets de source polonaise.

J'ai l'honneur de faire parvenir ci-joint à Votre Excellence copie d'une information reçue par la Légation de Pologne à Berne au sujet d'un prétendu Traité germano-bolcheviste qui aurait été signé le 17 Juillet dernier à Berlin par le Baron de Maltzan avec Kopp et Radek.[2] Le traité aurait été précédé d'une convention militaire. Hugo Stinnes aurait pris une part très active à ces négociations.

En me communiquant ce document, le Ministre de Pologne à Berlin[3] m'a spontanément déclaré que, loin d'en garantir l'authenticité, il le considérait comme apocryphe.

Ma dépêche N° 576 du 15 Septembre[4] exprimait l'opinion que le Gouvernement allemand, tout en permettant et même approuvant les pourparlers des agents bolchevistes avec les groupes industriels et financiers allemands, n'avait pris aucun engagement écrit envers les Soviets. Aucune indication plus récente n'est venue modifier mon sentiment. Depuis le début de la guerre, l'Allemagne a connu la gêne des traités avant d'en subir la rigueur. Instruits par l'expérience, ses dirigeants actuels ne donnent pas leur signature sans absolue nécessité, s'agissant surtout de tractations susceptibles de provoquer, non seulement à l'étranger mais encore à l'intérieur du pays, les plus vives protestations.

M. Szebeko, qui n'est jamais à court de documents secrets, m'a donné une autre information, dont le texte est également ci-joint[5] et qui semble, sinon plus véridique, du moins plus vraisemblable. Elle rapporte une conversation qui aurait eu lieu le 4 Juillet à Berlin, chez Walter Rathenau, entre personnalités allemandes intéressées aux affaires russes, entre autres le Général Hoffmann, le Baron von Stumm et M. Krupp von Bohlen [und] Halbach. La discussion aurait porté sur les moyens de développer dans les milieux polonais, ceux de gauche en particulier, les tendances germanophiles nées de la défaite. M. de Panafieu et M. Jusserand ont signalé ces défaillances pendant les mauvais jours de l'avance bolcheviste. Mais, ainsi que j'en ai rendu compte par mes télégrammes N° 1767-68 du 26 Septembre[6], M. Szebeko prétend que la victoire n'a pas réussi à guérir cette maladie du sentiment national dont serait atteint notamment le Maréchal Pilsudski. Il propose un remède énergique: la conclusion immédiate d'une convention militaire franco-polonaise, analogue au récent accord franco-belge et qui mettrait les germanophiles en présence du fait accompli.

Annexe I:
Traité secret Germano-Bolcheviste

Aux termes du traité, signé à Berlin le 17 juillet par Kopp et Radek, au nom du Gouvernement des Soviets, et par le Baron de Maltzan, directeur du Ministère des Affaires Etrangères du Reich:

1° - La Russie s'engage à chasser les Polonais du corridor de Dantzig, sans occuper toutefois cette région, jadis allemande. ...[7] à évacuer complètement la Pologne, quand les armées russes auront effectué la conquête de ce pays. Les Armées allemandes remplaceront alors les armées russes, et occuperont la Pologne comme garantie des crédits futurs, qui seront consentis par l'Allemagne à la Russie, et en échange des marchandises et de la main d'œuvre allemande.

2° - D'autre part, en vertu desdites conventions:

L'Allemagne se charge de la réfection complète des réseaux de chemin de fer russo-polonais. A cet effet, elle enverra en Russie, dès la prise de Varsovie, des ingénieurs, techniciens, contremaîtres en nombre voulu, pour effectuer au plus vite ce grand travail de réfection, en fournissant d'importants contingents d'ouvriers spécialistes des chemins de fer.

L'industrie allemande fournira aussi à l'Etat Russe (en conformité du rapport de H. Stinnes) tout le matériel destiné aux industries minières, pétrolifères, etc. de Russie, ainsi que des élévateurs pour le chargement des céréales. La plus grande partie de ce matériel est déjà rassemblée dans divers centres de l'Allemagne et prête à être envoyée en Russie, dans les conditions prévues par le rapport Hugo Stinnes, annexe[8] à la présente convention.

Avant l'évacuation de la Pologne par les troupes russes, il sera permis au Gouvernement des Soviets de s'approprier toutes les armes, toutes les munitions, tous les approvisionnements et tout le matériel roulant de chemin de fer que possèdent actuellement les Polonais.

3° - Toutes les clauses spécifiées dans le rapport Hugo Stinnes sur le rétablissement de la frontière commune russo-allemande sont adoptées de part et d'autre.

Voici d'après X. et son cousin, les principales clauses du Traité secret, signé à Berlin et faisant suite à une convention d'ordre militaire, à laquelle Stinnes a aussi collaboré.

On appelle couramment à Berlin ces deux conventions: *"Les Traités Stinnes-Kopp"*

Annexe II:

Secret.

Le 4 Juillet 1920 a eu lieu dans le logement privé de Rathenau une séance des "Amis de la Cause allemande", Société secrète composée de hautes personnages et s'occupant de l'emprise allemande à l'étranger. On y parla surtout des affaires de Pologne. On certifia, que les revers polonais sur le front oriental produisent tout naturellement un mouvement patriotique et que tous les partis politiques en Pologne doivent pour le moment compter avec ce mouvement, mais que cela n'empêche nullement l'extension de l'influence allemande. On spécifia que les difficultés actuelles du nouvel Etat prédisposent beaucoup d'esprits en Pologne à un manque de confiance envers les Puissances de l'Entente.

On donna lecture du rapport suivant du Ministère allemand à Varsovie:

"J'ai constaté, que beaucoup de Polonais influents, surtout de la gauche, se demandent avec angoisse, s'ils ne font pas fausse route en s'appuyant sur les puissances occidentales, notamment sur la France. Et ils se demandent s'il ne serait pas plus pratique de s'aboucher avec l'Allemagne, qui est proche voisine et dispose de tant d'influences en Russie. L'idée se fait jour, que l'orientation de la politique polonaise du côté de l'Allemagne mettrait fin à beaucoup de difficultés et qu'alors les charges budgétaires deviendraient moins onéreuses. On n'ose pas encore le dire en public, mais on en discute dans l'intimité, que l'amitié avec l'Allemagne signifie pour la Pologne paix et repos, tandis que le rôle d'avantgarde française est équivalent à des armements continuels, à des impôts de plus en plus grands et en fin de compte à une guerre perpétuelle. Il faut entretenir cette disposition d'esprit en Pologne, car elle a tendance à se répandre même en dehors de la gauche.

Bien des gens en Pologne avouent que, si leur pays continue à être mal avec nous, l'agitation bolcheviste ne fera que grandir parmi les Polonais, tandi qu'un rapprochement polono-germanique produira des effets contraires.

On commence à comprendre, que l'union polono-germano-russe constituera une puissance mondiale de tout premier ordre, à laquelle aucune puissance ne pourra résister."

Dernburg ajouta, que les catholiques allemands informent le Vatican de leur côté et Bergen dirige tout cela très pratiquement. On agit aussi par les Italiens dévoués à notre cause. Bohlen [und] Halbach déclara qu'il fallait soigner l'emprise sur la presse polonaise par l'entremise de personnes dévouées, surtout dans la presse socialiste.

Les assistants militaires, en particulier Müller et Hoffmann, soulignèrent la nécessité de profiter des revers polonais pour créer en Pologne des difficultés intérieures, provenant du découragement et peut-être provoquer la nécessité d'une intervention allemande.

Stumm conseilla la prudence quant à cela pour ne pas exciter les soupçons de l'Entente, mais il approuva en principe l'opinion des militaires.

---

1   Russie, 320, fol. 296-301.
2   Vgl. unten Annexe I. In einer handschriftlichen Randbemerkung heißt es dazu: "Il y est bien de se souvenir que en 1918 en Russie, les Polonais sympathisant avec les nationaux-démocrates avaient fait beaucoup de bruit autour d'un traité germano-bolchevik [sic!] qui dans la suite avait été fabriqué de toutes pièces, ce que avait amené l'exécution des frères Kutaslawski à Moscou." Vgl. auch die Hinweise oben Dok. 402 Anm. 6.
3   Ignacy Szebeko, dazu die handschriftliche Randbemerkung: "C'est un national-démocrate."
4   Vgl. oben Dok. 402.
5   Vgl. unten Annexe II. In einer handschriftlichen Randbemerkung heißt es: "Déjà signalé par notre "ami" qui tout en disant le plus grand maldes nationaux-démocrates a faire eux ses meilleurs amis."
6   Handschriftliche Randbemerkung: "C'est une idée des nationaux-démocrates qui n'est pas soutenus par le Gouvernement."
7   Auslassung entsprechend der Vorlage.
8   Nicht abgedruckt.

420

*M. Laurent, Ambassadeur de France à Berlin, à
M. Leygues, Président du Conseil, Ministre des Affaires Etrangères.*

T. n° 1801-1803. Déchiffrement.   Berlin, le 1 octobre 1920, 0 h 45, 0 h 05.
(Reçu: 5 h 50, 5 h 00.)[1]

J'ai fait aujourd'hui au Ministre des Affaires Etrangères[2] la communication prescrite par le télégramme de V.E. n° 1908[3]. Le docteur Simons s'est félicité particulièrement d'y trouver implicitement l'assurance que le Gouvernement de la République restait attaché aux idées de rapprochement économique de la France et l'Allemagne. J'ai insisté une fois de plus (sur le) fait que ces rapprochements ne pourraient avoir lieu que sur le terrain du traité de paix.

Le Ministre m'a remis ensuite une note résumant les propositions relatives aux conversations directes franco-allemandes sur le problème des réparations[4]. Ces pourparlers qui seraient tenus rigoureusement secrets et n'engageraient pas les Gouvernements seraient conduits de chaque côté par trois "(hommes) de confiance" experts en matière économique et de finances. Ils devraient avoir lieu le plus tôt possible dans une ville à fixer en excluant Paris et Berlin, à Baden-Baden par exemple.

Ils tendraient à éclaircir les questions qui doivent faire l'objet de la conférence internationale[5] et à étudier l'exécution pratique des prestations stipulées par le traité de paix.

En ce qui concerne ces prestations et plus particulièrement celles qui sont destinées à la reconstitution, le Gouvernement Allemand attache une importance spéciale à discuter, sur la base des propositions faites à Spa, la question d'organisation et la question de prix. Sur le premier point il préconise la création d'un organisme allemand unique qui assumerait également les relations avec les organisations françaises existant à Wiesbaden[6]. Quant au second point, une entente de principe sur l'évaluation des prix devrait intervenir préalablement à toute livraison.

Cette évaluation se ferait sur la base des prix mondiaux. Le Gouvernement Allemand juge enfin désirable qu'une certaine quantité de "moyen liquidatoire" soient mis à sa disposition pour stimuler l'intérêt des fournisseurs et que des arrangements spéciaux soient prévus pour le cas où l'exécution des livraisons mettrait l'Allemagne dans la nécessité de réclamer du charbon ou des matières premières de provenance étrangère. Je me suis borné à donner acte au Dr. Simons des propositions qu'il me demandait de soumettre à mon Gouvernement. J'ai cru devoir cependant relever le passage de sa note qui vise la situation charbonnière défavorable de l'Allemagne. Je lui ai rappelé en lui fournissant des exemples circonstanciés, que les mines allemandes manquaient non pas de charbon, mais de (commandes) et cela par la faute d'une politique économique qui avait écarté du marché allemand les acheteurs étrangers. Le Ministre m'a donné raison et a rendu les influences socialistes responsables de cette ruineuse erreur.

---

1   Télégrammes, Arrivée de Berlin, 1920, 9.
2   Walter Simons. Zum Verlauf des Gespräches vgl. dessen Aufzeichnung vom 30.9.1920, ADAP A III, Dok. 305 S. 605f.
3   Nicht abgedruckt.
4   Zum Text der deutschen Note vom 28.9.1920 s. ADAP A III, Dok. 305, Anlage S. 606f. Die französische Übersetzung der Note lautete: "Les négociations seraient conduites de part et d'autre non par des représentants officiels, mais par des hommes de confiance, trois par exemple, experts en matière Economique et de Finance, et, au courant des intentions de leurs Gouvernements. Le lieu des négociations ne serait pas Paris ou Berlin; on se mettrait d'accord sur un autre endroit (allemand), Baden-Baden par exemple. Les négociations devraient commencer aussitôt que possible et avoir pour but d'éclaircir les questions qui doivent faire l'objet des discussions de la Conférence Internationale. Il y aurait donc lieu d'étudier les propositions financières faites à Spa par le Gouvernement allemand, ainsi que l'exécution pratique des prestations en nature stipulées par le Traité de Paix. Les négociations devraient être tenues rigoureusement secrètes; elles auraient le caractère de pourparlers n'engageant pas les Gouvernements.
    En ce qui concerne les prestations en nature, et notamment celles qui sont destinées à la reconstitution, le Gouvernement allemand estime qu'il faudrait discuter sur la base des propositions faites à Spa:
    1° - Les questions d'organisation:

Un organisme allemand unique devrait être créé; il assumerait également les relations avec l'organisation française existant à Wiesbaden. Il ne s'embarrasserait pas des méthodes de travail bureaucratiques et devrait offrir toutes garanties pour l'organisation d'un système de livraisons conforme aux désirs des intéressés français.
2° - Les questions de prix:
Une entente de principe sur l'évaluation des prix devrait intervenir préalablement à toute livraison. Cette évaluation se ferait sur la base des prix mondiaux. Le mode des paiements devrait être réglé de la manière la plus simple et la plus générale possible.
Il serait nécessaire qu'une certaine quantité de "moyens liquides" fût mise à la disposition du Gouvernement allemand pour stimuler l'intérêt des fournisseurs. De plus des arrangements spéciaux devraient prévoir le cas où l'exécution des livraisons mettrait l'Allemagne dans la nécessité de réclamer du charbon ou des matières premières de provenance étrangère." Vgl. Laurents D. n° 597 vom 1.10.1920, MAE Nantes, Ambassade de Berlin, 174 (ohne Folio).

5 Vgl. oben Dok. 386 Anm. 8.
6 Gemeint ist der Service de Reconstruction industrielle, der in Wiesbaden ein Büro unterhielt und dem Ministerium für Wiederaufbau unterstand.

421
M. de Saint-Quentin, Chargé d'Affaires de France à Berlin, à
M. Leygues, Président du Conseil, Ministre des Affaires Etrangères.

D. n° 607. Berlin, le 4 octobre 1920.[1]

Copie.
Les rapports franco-allemands
d'après un article de la Deutsche Allgemeine Zeitung.

La Deutsche Allgemeine Zeitung consacre aujourd'hui un article intitulé '"Tension ou Détente" à l'étude des rapports franco-allemands.

D'après le journal officieux, il ressort des discours académiques prononcés à Bruxelles[2] que le mirage de l'assistance américaine s'évanouit; l'Europe doit sortir seule de la situation embarrassée dans laquelle elle se débat, et pour cela elle doit envisager très objectivement les rapports politiques qui existent actuellement entre les différents Etats.

Or il est incontestable que la France est devenue la plus grande puissance continentale; par son alliance avec la Belgique, par la politique à grande envergure qu'elle poursuit en Orient, dans les Balkans et vis-à-vis de l'Angleterre, elle essaye de maintenir son hégémonie, tâche à laquelle ont failli Richelieu, Louis XIV et Napoléon.

Dans une Europe vide d'adversaires, elle donne tous ses soins à l'éducation militaire de sa jeunesse et à sa préparation à la guerre.

L'Allemagne désarmée et partout sans amis, doit tenir compte de cette situation. Le discours adressé par M. Mayer à M. Millerand[3] montre clairement qu'elle est disposée à pratiquer une politique réaliste; la réponse de M. Millerand a le grave tort de laisser entr'ouvert le temple de Janus. Quant à la presse française elle est remplie d'articles venimeux contre l'Allemagne; elle l'accuse de vouloir faire banqueroute pour se dérober à ses engagements, et elle préconise comme sanction l'occupation de la Ruhr.

Cependant M. Millerand a proclamé que la France est le pays de la parole donnée; elle doit donc tenir deux promesses faites à l'Allemagne, la première relative à la livraison de charbon de Haute-Silésie la seconde relative à la Conférence de Genève[4]. L'Allemagne est prête à toute explication loyale, notamment sur la question de la reconstitution, elle se réjouit qu'on veuille reprendre la conversation avec elle. Il n'y a pas un Allemand qui n'approuve des conversations destinées à éclaircir la situation avant la Conférence de Genève, et à indiquer à la France les limites des exigences possibles. Mais la Conférence de Genève devra avoir lieu. Une Nation doit pouvoir vivre, et pour l'Allemagne le problème est dès maintenant posé d'être ou de ne pas être.

Les pourparlers franco-allemands vont révéler, si la France comprend cette vérité, si elle est disposée à pratiquer une politique d'Etatfort, sachant garder la mesure, sans pour cela renoncer a aucune des prétentions justifiées d'un peuple désireux de réaliser les profits de sa victoire.

---

1   AN, AJ 9 3925. Maschinenschriftliche Kopie, ohne Unterschrift. Der bisherige Chargé d'Affaires, Chassain de Marcilly, hatte Berlin Anfang September verlassen. Botschafter Laurent war Anfang Oktober zu Konsultationen nach Paris gereist.
2   Vgl. oben Dok. 397 Anm. 4.
3   Der bisherige Chargé d'Affaires hatte am 29. September 1920 offiziell sein Beglaubigungsschreiben als Botschafter überreicht.
4   Vgl. oben Dok. 386 Anm. 8.

422
M. Dard, Ministre Plénipotentiaire de France à Munich, à
M. Leygues, Président du Conseil, Ministre des Affaires Etrangères.

T. n° 159-162. [Déchiffrement.]   Munich, le 4 octobre 1920, 11 h 30.
(Reçu: <?>).[1]

J'ai été reçu par le Président bavarois[2] pour lui notifier officiellement la nomination de Votre Excellence comme chef du gouvernement.

De nouveau, il a insisté vivement pour que Votre Excellence consentisse à retarder le désarmement des Einwohnerwehren afin qu'il ne s'opère qu'après le désarmement complet des ouvriers. Les armes superflues pour la sécurité publique seraient aussitôt rendues.

Tout en rappelant les stipulations de Versailles et de Spa, j'ai fait observer que les alliés ne pouvaient traiter la Bavière autrement que le reste du Reich. M. de Kahr a répondu qu'il n'y avait pas d'Einwohnerwehren en Allemagne, sinon en Bavière et en Wurtemberg.

Je me suis étonné que le Gouvernement Bavarois ne puisse retirer dès maintenant leurs armes aux ouvriers. M. de Kahr a répondu que la Reichswehr, en Mai 1919 y avait été impuissante et que les ouvriers des grandes villes, préparant des troubles pour cet hiver, cachaient leurs armes.

Enfin, j'ai demandé si le Gouvernement allemand lui-même ne s'opposerait pas éventuellement au maintien des Einwohnerwehren armés en Bavière. Le Président Bavarois a répondu négativement en ce qui concerne le Gouvernement actuel qui, d'après lui, conservera le pouvoir jusqu'à de nouvelles élections. Si un nouveau Ministère des Socialistes majoritaires s'opposait au maintien des Einwohnerwehren en Bavière, le Gouvernement Bavarois "l'enverrait promener".

Cette expression a été appuyée d'un éclat de rire significatif.

M. de Kahr m'a déclaré que la majorité de coalition au Landtag accepterait dans quelques jours le programme de Bamberg[3] à l'exception peut-être des articles 2 et 6 (Droit pour les Etats de choisir leur forme et leur constitution et droit d'être représentés à l'extérieur et de signer des Traités).

Le programme de Bamberg ne sera réalisé que par les voies constitutionnelles. Il représente le but à atteindre. Au contraire, le programme ministériel de coalition admettait dès l'origine le fédéralisme et M. de Kahr ne s'est pas écarté de ses engagements en prononçant son dernier discours devant l'Assemblée du Parti Populaire.

Il a ajouté que, dès maintenant, la constitution permettait au Gouvernement Bavarois de signer certains accords commerciaux, notamment pour l'importation des blés, charbons etc.

En ce qui concerne son attitude au Landtag, M. de Kahr a obtenu l'acquiescement de M. Fehrenbach. En revanche, il a accepté l'envoi à Munich d'un délégué du Reich[4].

Ce délégué sera un diplomate du rang de Ministre Plénipotentiaire. Il n'aura cependant pas un caractère diplomatique, d'après le Droit des Gens. Mais il ne sera pas non plus un Commissaire du Reich. M. de Kahr continuera à traiter, sans intermédiaire, avec moi; cependant il engagera le délégué du Reich à me faire une visite de courtoisie.

Mon entretien avec M. de Kahr, comme celui que j'ai eu avec Heim[5], a été très cordial, mais ne m'a pas laissé l'impression d'une action prochaine et décisive dans le sens fédéraliste. Toutefois, les tendances réactionnaires s'accentuent.

J'ai appris d'autre part et de source sûre que le Gouvernement Bavarois, très irrité d'avoir dû accepter le délégué du Reich, se préparait à lui faire une guerre sourde, notamment en le mettant en conflit avec le Représentant de la France.

---

1   Papiers d'Agents, Dard 19 (ohne Folio). Zeitpunkt des Eingangs nicht ermittelt.
2   Gustav von Kahr.
3   Gemeint ist das am 18.9.1920 in Bamberg von der 1. ordentlichen Landesversammlung der BVP verabschiedete föderalistische Programm, das für die Wahrung der Rechte der Einzelstaaten und gegen die weitere Beeinflussung der Selbständigkeit der Länder durch neue Reichsgesetze eintrat, s. Schultheß' Europäischer Geschichtskalender 36 (1920) S. 253 bzw. MOMMSEN, Deutsche Parteiprogramme, S. 506f sowie den Bericht von Smallbones vom 28.9.1920, DBFP 1/X, No. 219 S. 309ff, hier speziell S. 310f.
4   Julius Graf von Zech-Burkersroda. Zu den Umständen der Ernennung s. Fehrenbachs Schreiben an Simons vom 29.9.1920, AdR, Kabinett Fehrenbach, Dok. 78 S. 199ff.
5   Vgl. dazu Dards Depesche n° 78 vom 5.10.1920, Papiers d'Agents, Dard 13 (ohne Folio). Heim hatte bis zum 1.10.1920 gezögert, sich mit ihm zu treffen. Der Grund lag vermutlich in der Kampagne der bayerischen Presse gegen die Entsendung Dards nach München. Das Treffen blieb ohne Ergebnis, da Heim keinen Zweifel daran ließ, daß er zunächst keinen Vorstoß im Reichstag in der Frage des Föderalismus machen werde.

423

M. de Saint-Quentin, Chargé d'Affaires de France à Berlin, à
M. Leygues, Président du Conseil, Ministre des Affaires Etrangères.

D. n° 606.   Berlin, le 6 octobre 1920.[1]

Ebert et Hindenburg.

Lorsque les socialistes majoritaires avaient accepté, en Juin dernier, de soutenir le Cabinet Fehrenbach sans y être représentés, ils avaient exigé que les "compagnons" placés par eux dans les grands emplois publics - directions de services ministériels, présidences de provinces et de districts - ne seraient pas dépossédés. Cette condition leur était dictée par le désir de ménager leur retour au pouvoir en s'assurant le bon vouloir de l'administration. Ils n'avaient eu garde d'oublier dans leurs revendications la plus haute charge de l'Etat, celle dont la possession avait été pour eux la consécration des temps nouveaux: la Présidence du Reich. Ils avaient obtenu qu'aucune pression ne serait faite sur l'ancien maître-sellier Ebert, Président provisoire, pour brusquer sa démission. L'élection qui, comme on le sait, doit se faire au suffrage universel et direct, était d'ailleurs prévue pour l'automne.[2]

Il semble certain que les socialistes majoritaires, en consentant dernièrement au Cabinet Fehrenbach un nouveau crédit, ont réclamé le renouvellement des garanties précédemment données quant au maintien des hauts fonctionnaires et dignitaires. L'accord s'est fait notamment pour laisser le Président Ebert continuer à remplir son mandat provisoire jusqu'à nouvel ordre. L'élection paraît d'autre part avoir été ajournée au printemps prochain. Aucun parti ne se souciait de hâter la date d'une consultation dont nul, dans l'état d'énervement où se trouve l'opinion, ne saurait prévoir l'issue. Les monarchistes eux-mêmes, qui sont les seuls à pouvoir se compter sur un nom populaire, n'estiment pas que leur heure soit encore venue. Cependant ils préparent le terrain et ne perdent aucune occasion, soit de discréditer leurs adversaires, soit d'exalter leurs grands hommes.[3]

En raison de son effacement et de sa médiocrité mêmes, le Président Ebert n'a pas d'ennemis. Sa réserve et sa simplicité lui ont gagné des sympathies, même en dehors de son parti. Comme il est d'ailleurs le candidat qui diviserait le moins les républicains, ses chances de réélection resteraient grandes, s'il ne gaspillait pas son prestige en discussions ridicules avec ses détracteurs. Le procès qui doit s'ouvrir aujourd'hui devant le Tribunal de Munich fournit un nouvel exemple de cette susceptibilité maladroite qu'a déjà signalé l'Ambassade. Le Président poursuit le journal satirique le "Phosphore" qui l'avait accusé, en Mai dernier, de fréquenter des établissements de nuit douteux. Il a cru devoir citer comme témoins, non seulement ses principaux collaborateurs, mais encore les gérants et maîtres d'hôtel de quelques cabarets berlinois ...

Or, en même temps que paraissait cette divertissante nouvelle, les journaux publiaient le compte-rendu des honneurs rendus à Hindenburg qui a fêté à Hanovre son 73e anniversaire. La Kronprinzessin Cäcilie et le Grand Duc de Bade[4] se sont rencontrés chez le Maréchal avec le Ministre des Communications, Général Groener, et le Général von Seeckt, parmi les députations envoyées par toutes les villes dont Hindenburg est citoyen d'honneur. Une délégation représentant les Ecoles supérieures d' Allemagne est venue apporter au Maréchal, dans un coffret artistique, un diplôme de docteur d'honneur, conféré par tous ces Etablissements. Le ton, à la fois lyrique et religieux, des commentaires consacrés par la presse de droite à cette manifestation est donné par un article paru dans la Gazette de la Croix sous la signature du Comte Westarp, chef du parti national allemand au Reichstag: "Reconnaissants de compter encore parmi nous ce héros, résolus à suivre son exemple pour accomplir notre patriotique labeur dans un sentiment d'obéissance à l'inflexible devoir prussien, de fidélité à la pensée de l'Empire allemand et de confiance inébranlable en Dieu; décidés à nous guider toujours d'après la pensée et la conduite de cet homme vraiment allemand; nous tournons vers Hanovre toutes nos pensées, avec le vœu que Dieu veuille accorder au Feld-Maréchal la grâce de voir justifiée sa robuste confiance en la force allemande".

Ce langage ne laisse aucun doute sur les véritables desseins de ceux qui patronnent la candidature "nationale" du Grand Vaincu. Ils ont, et en toute raison, la conviction que le vieux Maréchal n'accepterait la dignité suprême que pour servir de fourrier au Monarque légitime.

---

1 Allemagne, 286, fol. 196-197 r, v.
2 Vgl. oben Dok. 232.
3 Vgl. unten Dok. 444.
4 Friedrich II.

424
M. de Saint-Quentin, Chargé d'Affaires de France à Berlin, à M. Leygues, Président du Conseil, Ministre des Affaires Etrangères.

D. n° 608.   Berlin, le 6 octobre 1920.[1]

Copie.
Influence de la défaite bolcheviste
sur la politique allemande envers la France.

On pourrait dire que la politique de l'Allemagne, depuis la ratification du Traité de Paix, a été la politique des occasions imprudemment saisies. Dans son empressement à profiter des circonstances qu'il croyait favorables, le Gouvernement allemand a plus d'une fois encouru le reproche de versatilité, voire même de mauvaise foi. Les politiques réputés les plus habiles, ceux qui, comme le Docteur Simons, ne sont jamais à court de principes pour en draper leur opportunisme, ont mérité à cet égard les critiques les plus justifiées. Après s'être montré à Spa, partisan de l'exécution loyale du Traité, le Ministre des Affaires Etrangères s'est, quelques jours plus tard, abandonné à l'espoir que l'écrasement de la Pologne par la Russie des Soviets ruinerait l'œuvre de Versailles. Tandis qu'il prenait une attitude arrogante envers la France, il se faisait à la tribune du Reichstag et dans la presse, l'apologiste du bolchevisme en termes qui surprenaient et mécontentaient une grande partie de l'opinion allemande.[2]

On doit rendre cette justice à la souplesse du Docteur Simons, qu'il ne s'est pas attardé à un système que les événements avaient condamné. Dès la fin d'Août, il redevenaient bon Européen et réglait loyalement avec cette Ambassade les incidents que les provocations de la presse officieuse avaient contribué dans une large mesure à susciter. En Septembre, il affirmait à tout venant que, renonçant aux bons offices des tierces Puissances, il cherchait a s'entendre directement avec la France. Tout récemment il prenait l'initiative de proposer au Gouvernement français des conversations préliminaires entre techniciens des deux pays sur la question des réparations[3].

Le Ministre a été suivi dans cette évolution par l'opinion, un instant éblouie du mirage russe, mais très vite revenue à une conception plus réaliste de l'intérêt allemand. Les journaux où les habitudes de polémique violente et les susceptibilités personnelles haussent le ton, ne donnent pas une image fidèle du sentiment public, encore que leur langage à notre égard se soit fait beaucoup moins agressif en ces derniers temps. D'après une information sûre, les dernières réunions de la Commission des affaires extérieures du Reichstag ont montré que les représentants de tous les partis avaient ressenti très fortement l'impression de la victoire remportée par la France en Pologne et désiraient une politique de conciliation envers la Puissance qui s'était affirmé l'arbitre du Continent.

---

1   AN, AJ 9 3925. Maschinenschriftliche Kopie, ohne Unterschrift.
2   Vgl. oben Dok. 331.
3   Vgl. oben Dok. 420.

425
M. de Saint-Quentin, Chargé d'Affaires de France à Berlin, à
M. Leygues, Président du Conseil, Ministre des Affaires Etrangères.

D. n° 609.   [Berlin], le 6 octobre 1920.[1]

A.s. du rattachement de l'Autriche à l'Allemagne.

Le Berliner Tageblatt a publié hier soir, à propos de la question du rattachement de l'Autriche à l'Allemagne, les déclarations faites à son correspondant de Vienne par M. Seitz, Président de la République autrichienne, et par M. Hartmann, Ministre d'Autriche à Berlin.

M. Seitz a dit que, conformément au mandat reçu de l'Assemblée Constituante, le Gouvernement convierait le peuple dans un délai de six mois à se prononcer sur la question du rattachement de l'Autriche à l'Allemagne. Le sentiment de la nation à ce sujet est d'ailleurs connu; il s'est manifesté aux élections de 1919, est confirmé depuis, chaque fois que l'occasion s'en est présentée. Mais il importe que la volonté populaire s'exprime de la manière la plus solennelle qui soit, afin qu'elle ne puisse rester méconnue par aucune Puissance.

Certes le résultat du Plébiscite n'est pas douteux. Même les anciens partisans les plus convaincus d'une fédération danubienne estiment aujourd'hui que la réalisation de ce projet se heurterait à la résistance des Tchéco-Slovaques, des Slaves du Sud et des Polonais. Quant à l'idée d'un rapprochement avec la Hongrie, elle a perdu toute valeur pratique depuis le traité de Trianon: la Hongrie a cessé d'être le pays riche et agricole, qui échangeait ses céréales contre les produits industriels de l'Autriche. Le rattachement à l'Allemagne au contraire ne répond pas seulement aux sentiments du peuple autrichien; il constitue une nécessité vitale, dont la Société des Nations devra tenir compte dans l'intérêt de la paix européenne.

M. Hartmann, dont l'Ambassade a déjà eu l'occasion de signaler au Département les sentiments germanophiles[2], et qui persiste à ignorer les missions de l'Entente, attend les plus heureux résultats du plébiscite. Pour lui le plus grand obstacle à l'idée du rattachement à l'Allemagne vient de ce que l'opinion publique des pays de l'Entente est abusée par les ennemis ou par les faux amis de l'Autriche. Il se trouve encore des gens pour prétendre qu'une grande partie du peuple autrichien ne veut pas du rattachement. Le plébiscite détruira cette légende. Déjà le vote de l'Assemblée Constituante a réuni l'unanimité des Socialistes, des Chrétiens sociaux, et des membres du parti de la grande Allemagne.

Tous les journaux allemands se félicitent naturellement de la conclusion que l'Assemblée Constituante autrichienne a donnée à ses travaux, en invitant le Gouvernement à organiser un plébiscite sur la question du rattachement à l'Allemagne. Tous se flattent de l'espoir que l'Entente ne pourra violer le droit des peuples à disposer d'eux-mêmes. Le Vorwärts de ce matin consacre un long article à ce sujet. Après avoir affirmé que l'Angleterre et l'Italie seront facilement converties à l'idée du rattachement et que la seule résistance sérieuse à vaincre viendra de la France, le journal majoritaire s'abandonne à son indignation contre la défiance persistante de notre pays à l'égard de l'Allemagne. Il nous reproche de pratiquer une politique de violence et de piétiner la conscience des peuples. Enfin, suprême injure, il flétrit les Français du nom de "Prussiens de l'après-guerre".

---

1   MAE Nantes, Ambassade de Berlin, 174 (ohne Folio). Maschinenschriftlicher Durchschlag, ohne Unterschrift und ohne Ortsangabe.
2   Nicht abgedruckt.

426
M. de Saint-Quentin, Chargé d'Affaires de France à Berlin, à
M. Leygues, Président du Conseil, Ministre des Affaires Etrangères.

D. n° 611.   Berlin, le 6 octobre 1920.[1]

Influence de la défaite bolcheviste sur la politique russe de l'Allemagne.

L'Allemagne ne s'est pas adaptée moins rapidement aux conséquences de la défaite bolcheviste dans sa politique russe que dans sa politique française. Elle s'est empressée de revenir aux traditions d'éclectisme qu'elle avait abandonnées un instant pour lier partie avec les Soviets. Sans rompre avec Moscou, elle a intensifié son activité dans les Etats baltiques et a renoué dans les milieux monarchistes russes des intrigues qui cherchent à pénétrer jusqu'au général Wrangel.

Ainsi qu'en ont rendu compte les dépêches de cette Ambassade, <n° 576 du 15 et 598 du 30 Septembre>[2], la Wilhelmstrasse ne presse pas la reprise des relations diplomatiques avec Moscou et ne se compromet pas par des engagements écrits, mais elle approuve et encourage les gens d'affaires qui cherchent à vendre en Russie locomotives et machines agricoles.

L'influence allemande trouve un terrain exceptionnellement favorable en Lithuanie où toutes les sympathies sont naturellement acquises à l'ennemie de la Pologne. L'un des hommes qui, dans le parti socialiste-majoritaire, prennent le plus d'intérêts aux affaires russes, Hollmann, ami de l'Economiste August Müller, s'est rendu dernièrement à Kovno pour préparer l'établissement d'un certain nombre de familles juives d'origine lithuanienne, revenues depuis peu d'Amérique en Allemagne. Il semble, sous ce prétexte, avoir pressenti le gouvernement lithuanien sur la conclusion d'un accord économique et peut-être politique avec l'Allemagne. Cette supposition est confirmée par une question d'Eduard Bernstein, membre de la Commission des Affaires extérieures du Reichstag, insistant auprès d'un de nos informateurs pour connaître quel serait l'effet produit en France par un rapprochement intime entre Berlin et Kowno.

En Latvie, certaines résistances paraissent s'affirmer. D'après une information de Riga reproduite par le "Berliner Tageblatt", le président Tchakasé[3] aurait refusé de ratifier la nomination, comme premier titulaire de la Légation de Latvie à Berlin, de l'Allemand Schreiner, "partisan de la réconciliation entre les éléments allemands et lettons." En tout cas, M. Grosvalds, qui représentait jusqu'à présent la République de Latvie à Stockholm, vient d'être accrédité auprès du gouvernement allemand. Il n'aura d'ailleurs qu'à reprendre les services de l'agence officieuse très bien organisés par la "Conseillière de Légation" von Osselin[4]. Cette femme, qu'on dit intelligente et remarquablement bien informée, n'a jamais cherché à entrer en relations avec les missions de l'Entente. Bien qu'elle ait fait dernièrement au colonel Dosse, qui l'avait connue à Riga, des protestations de sympathies pour la France, elle ne paraît pas avoir observé vis-à-vis des autorités allemandes la réserve que nous pourrions souhaiter. Elle a fait passer par le courrier militaire français, en même temps que sa correspondance officielle, des lettres destinées à des officiers allemands. A la suite de cette découverte, un officier de la section d'information de la Commission militaire interalliée de contrôle se rendit à l'agence où il fût reçu par un officier allemand en uniforme.

Mais c'est surtout à Berlin, dans les milieux de l'émigration russe, que l'action allemande a repris dernièrement de l'intensité.

La Wilhelmstrasse cherche à retrouver le contact avec les Russes d'extrême-droite qui, déçus dans leur germanophilie par le rapprochement prématurément dessiné entre Berlin et Moscou, commençaient à se tourner vers l'Entente et en particulier vers la France. Le séjour du colonel Dosse à Berlin semble avoir ému le baron de Maltzan et le Dr. Simons lui-même. Ils ont convoqué le baron Taube, lui ont affirmé que le gouvernement allemand, convaincu de la ruine prochaine du bolchevisme, désirait appuyer les partis de l'ordre, que ceux-ci auraient grand tort de croire aux promesses mensongères de la France. En même temps, le parti militaire allemand, sans avoir complètement abandonné la chimère du bolchevisme national, recommence à rêver d'aventures dans les pays baltes et à subventionner Bermont[5].

Une information sûre, <transmise par ma dépêche n° 601 du 3 Octobre>[6], fait ressortir le rôle équivoque joué par le colonel Freiberg, agent du général Semenoff.

Les représentants officiels du général Wrangel, M. Botkine, chef de la Mission diplomatique, et le général Holmsen, chef de la délégation militaire, sont connus pour favorables à l'Entente. Aussi les autorités allemandes leur suscitent-elles des difficultés dans l'accomplissement de leur tâche. Le Dr. Schlesinger, qui a conduit avec Kopp les négociations relatives à l'échange des prisonniers de guerre[7], a requis le baron Wrangel, président du Comité de la Croix-Rouge russe, et le général Holmsen de se soumettre au contrôle de fonctionnaires allemands chargés de faire respecter la neutralité de l'Allemagne. Le baron Wrangel, peu intelligent et timoré, a eu la faiblesse d'accepter, mais sera désavoué par la mission diplomatique. Le général Holmsen a refusé catégoriquement de déférer aux exigences qu'on prétendait lui imposer.

En même temps la propagande allemande s'efforce d'agir sur les néophytes que la victoire a ralliées à la cause du gouvernement de la Russie du Sud. Plusieurs articles sympathiques au général Wrangel et hostiles à l'Entente ont paru dernièrement dans les journaux de droite. On compte, dans le nombre, de grossiers pamphlets qui ne peuvent tromper personne sur leur inspiration. C'est ainsi que la pangermaniste "Deutsche Tageszeitung", le 3 Octobre, prête à un "officier de l'armée Wrangel partisan de l'alliance avec l'Allemagne" une diatribe à peine digne d'un reître du "Baltikum". M. Lloyd George y est violemment pris à partie pour ses complaisances envers le bolchevisme. La France y est accusé non seulement d'avoir perdu, avec 50.000 hommes, la ville d'Odessa que 400 volontaires ont reprise quelques mois plus tard, mais encore de s'être montrée hostile au général Wrangel jusqu'au jour où elle a compris le danger d'une alliance entre la Russie régénérée et l'Allemagne. La vieille Allemagne chevaleresque, celle du général von der Goltz, il est vrai, plutôt que celle du Dr. Simons, recueille un tribut d'admiration émue.

Beaucoup plus modérée et plus perfide est une étude consacrée à Wrangel par la "Tägliche Rundschau" du 1er Octobre. L'organe du parti populaire affirme d'abord que le général n'est pas un Balte, mais un véritable Russe. Elle le représente servant avec distinction sous les ordres de Denikine, bien que confiné dans des postes ingrats et secondaires par l'hostilité du chef d'état-major Romanowski; puis revenant en Crimée reprendre la partie abandonnée par Denikine. Elle vente son œuvre militaire, administrative et politique, accomplie en collaboration avec Kriwocheine, le premier des hommes d'Etat russes. Après avoir épuré l'armée des intrigants et des non-valeurs, Wrangel établit une administration compétente et une justice équitable. Fédéraliste et tolérant envers les nationalistes, il se concilie les Ukrainiens, ainsi que les cosaques du Don et du Kouban. Il confirme les paysans dans la possession de la terre. Bref, il forme le noyau d'un Etat policé et il ouvre à travers le chaos un chemin, encore bien étroit, qui peut conduire la Russie hors du sang et de la terreur. L'arrière-pensée allemande se trahit dans la conclusion qui loue Wrangel d'avoir maintenu son indépendance, même contre l'Entente. "Il a su écarter le traité apporté par le représentant de la France[8] - un Juif d'ailleurs - et qui aurait conféré à la France un monopole commercial. L'entente n'a jamais manqué, chaque fois qu'une Russie nouvelle paraissait se former, chez Koltchak, dans les Etats baltiques, en Transcausasie, chez Denikine, etc... de tendre ses filets."

---

1   Russie, 321, fol. 16-18 r,v.
2   Der Text in spitzen Klammern wurde nachträglich gestrichen, zu den genannten Depeschen s. oben Dok. 402 bzw. Dok. 419.
3   Richtig: Cakste.
4   Richtig: Austra Osolin-Krause.
5   Richtig: Bermondt-Awalow.
6   Der Text in spitzen Klammern wurde nachträglich gestrichen. Das betreffende Dokument wurde nicht abgedruckt.
7   Zur Rolle Schlesingers im Auswärtigen Amt s. Lord D'Abernon an Curzon vom 6.12.1920, DBFP 1/X, No. 248 S. 343f.
8   Comte de Martel.

427
*M. de Saint-Quentin, Chargé d'Affaires de France à Berlin, à
M. Leygues, Président du Conseil, Ministre des Affaires Etrangères.*

T. n° 1845. En Clair.   Berlin, le 7 octobre 1920, 18 h 20.
(Reçu: 23 h 45.)[1]

Le Reichsrat avait été convoqué hier pour entendre le rapporteur du budget du Ministère du Trésor. Le rapporteur a déclaré qu'il lui était impossible de s'acquitter de son mandat à cause de l'élévation énorme des frais d'occupation et il a prié le Ministre du Trésor[2] de fournir des indications exactes à l'assemblée sur ce sujet. Voici le résumé de la réponse de M. von Raumer, telle qu'elle est publiée par l'agence Wolff:

"Aucune base certaine n'existait au mois de février 1920 pour l'établissement du budget. Les questions posées à la commission des pays rhénans sur le contingent de l'armée d'occupation et sur ses besoins sont restées sans réponse. Au mois d'octobre 1919, le maréchal Foch avait déclaré à la commission d'armistice allemande que le Gouvernement du Reich n'avait aucun contrôle à exercer sur l'emploi des avances en marks réclamées pour les frais d'occupation. A une demande du Docteur Lewald, secrétaire d'Etat, M. Loucheur avait répliqué que le chiffre des troupes d'occupation serait sans doute légèrement supérieur à 70.000 hommes. Le Ministre du Trésor, comptant alors sur un contingent de 80.000 hommes, et estimant les frais d'après ceux nécessités par l'entretien de soldats allemands, a prévu pour ce chapitre une dépense de un milliard 920 millions de marks qui devait atteindre 3 milliards de marks, en tenant compte du remboursement des réquisitions. On s'aperçut bien vite que ces évaluations étaient insuffisantes. Le contingent de l'armée d'occupation pouvait très approximativement représenter 130.000 hommes. De la fin de décembre 1918 jusqu'à la fin d'août 1920, les avances en argent atteignaient 2.313.097.603 marks, et les livraisons de vivres et de fourrages environ 110.000 marks. De plus les bons de logement et de réquisition dépassaient 5 milliards de marks. Toutes ces sommes ne représentent encore qu'une partie des dépenses effectives qui nous incombent. Il faut y ajouter le remboursement des frais supportés par les puissances d'occupation pour la solde et l'entretien de leurs troupes et pour les réquisitions payées directement. Le Ministère du Trésor n'a pu jusqu'ici obtenir aucune précision officielle pour l'estimation de ces dépenses; il en est réduit aux indications fournies par les journaux. Le rapport présenté par M. Loucheur le 14 juin dernier au nom de la commission du budget de la Chambre évalué à 4 milliards de marks or, c'est-à-dire à 40 milliards de marks en billets, les frais occasionnés pour l'armée d'occupation jusqu'au 1er mai 1920. Il n'apparaît pas clairement, si M. Loucheur ne vise que les troupes françaises, ou s'il s'agit de toutes les troupes alliées. Dans ce dernier cas les dépenses en question seraient de 2 milliards 300 millions de marks papier par mois, c'est-à-dire de 27 milliards 600 millions par an. Nous n'avons fait figurer que 15 milliards au budget, parce que nous comptons que toute la question de l'occupation militaire soit révisée et radicalement modifiée."

Le Reichsrat s'est séparé après avoir renvoyé le budget du Ministère du Trésor à la commission du budget et après avoir réclamé des précisions et une enquête sur l'élévation des frais d'occupation.

---

1 Allemagne, 449, fol. 22-24.
2 Hans von Raumer.

428
*M. de Saint-Quentin, Chargé d'Affaires de France à Berlin, à
M. Leygues, Président du Conseil, Ministre des Affaires Etrangères.*

T. n° 1847. En Clair.   Berlin, le 8 octobre 1920, 20 h 15.
(Reçu: 23 h 30.)[1]

Suite à mon télégramme n° 1845[2].

Le Reichsrat a adressé au Gouvernement une résolution pour attirer son attention sur la nécessité de réduire "sans ménagements" toutes les dépenses. "Le projet de budget du Reich, est-il dit dans ce document, prévoit 79 milliards 500 millions de marks de dépenses en 1920, contre 3 milliards 400 millions en 1914. Il a pu être établi aujourd'hui seulement que le total doit être porté à 91 milliards 500 millions de marks, à cause de l'élévation des dépenses courantes d'entretien de l'armée du Rhin; la somme fantastique prévue au budget pour ces dépenses passe de 3 à 15 milliards de marks. De plus il faut compter dans le budget des chemins de fer et des postes avec un nouveau déficit de 18 milliards, ce qui porte le déficit total de ce budget à 67 milliards."

Le Reichsrat adjure le Gouvernement en termes pressants de réaliser toutes les économies possibles, et de veiller à ce que les pouvoirs du Ministre des Finances[3] soit étendus conformément aux décisions arrêtées par le Cabinet.

---

1 Allemagne, 449, fol. 25.
2 Vgl. oben Dok. 427.
3 Josef K. Wirth.

429
M. de Saint-Quentin, Chargé d'Affaires de France à Berlin, à
M. Leygues, Président du Conseil, Ministre des Affaires Etrangères.

D. n° 612. Berlin, le 8 octobre 1920.[1]

Au sujet du Centre catholique et d'Erzberger.

Votre Excellence a bien voulu communiquer à cette Ambassade, <par bordereau d'envoi n° 1569 du 17 Septembre>[2], une dépêche de M. Tirard donnant traduction d'un article de la "Rheinische Volksstimme" relatif à une scission prochaine du Centre catholique.

On trouve à la base de cette information une donnée juste: la division du Centre en deux groupes principaux: une gauche comprenant avec les syndicalistes chrétiens conduits par Giesberts et Stegerwald, quelques députés paysans du sud groupés autour d'Erzberger; une droite dont Trimborn est le chef et qui possède sa clientèle principale en Silésie et en Rhénanie. Mais ces deux tendances sont peintes sous des couleurs singulièrement outrées. Les syndicats chrétiens constituent un élément de travail et d'ordre qui répugne à la révolution violente, surtout sous la forme militaire. Il ne paraît pas moins déraisonnable de supposer que si, par impossible, les syndicats chrétiens se laissaient entraîner au bolchevisme national, l'aile droite du Centre reprendrait à son compte leur programme d'union avec les socialistes majoritaires. Trimborn et ses partisans chercheraient bien plutôt un appui auprès des monarchistes, ainsi que le font actuellement les dissidents bavarois.

L'éventualité d'une scission du Centre a été souvent discutée: les deux groupes ont employé tour à tour cette menace pour faire prévaloir leur tendance particulière. Au lendemain de l'aventure Kapp et jusqu' aux élections de juin, la droite a, plusieurs fois, marqué sa volonté de résister aux exigences des syndicats ouvriers qui s'érigeaient en état dans l'état. La gauche de son côté, a toujours fait échec à la formation d'un ministère qui gouvernerait contre la classe ouvrière. Ces divergences à l'intérieur du parti ont été parfois très vives, mais le sentiment de solidarité, si puissant chez les minorités religieuses, a toujours refait l'union au prix de concessions réciproques. Le Centre possède d'ailleurs des conciliateurs de profession qui ont vu leur habileté mise à contribution par les autres partis et consacrée par la plus brillante fortune. Fehrenbach, qui, dans son propre parti, représente le juste milieu, est devenu successivement Président de l'Assemblée Nationale, puis Chancelier.

Le Centre trouve actuellement à l'exercice du pouvoir trop d'avantages et de satisfactions pour ne pas vouloir maintenir à tout prix son unité qui en est la condition, car après la séparation, aucune des deux fractions ne pourrait plus, en raison de sa faible importance numérique, prétendre à conserver la direction du Cabinet. La question ne se poserait que si une crise de Gouvernement était provoquée, soit par la retraite du parti populaire allemand, soit par le passage des socialistes majoritaires à l'opposition. Cette dernière conjoncture a semblé près de se produire il y a quelques semaines. Mais cette fois encore le Centre a joué son rôle d'arbitre. C'est un de ses représentants, le ministre des Finances Wirth qui, en décidant le Ministère à poursuivre une politique de réformes fiscales et à déposer un projet de socialisation des mines, a obtenu des socialistes majoritaires une prolongation de leur neutralité bienveillante.[3] En même temps, l'organe officiel du parti, la "Germania", a signifié aux majoritaires que le Centre était disposé à les admettre dans la coalition gouvernementale, mais non pas à leur sacrifier le parti populaire.

Le Centre ne paraît d'ailleurs compter dans ses rangs qu'un seul homme doué de l'autorité suffisante pour provoquer une scission et surtout du tempérament nécessaire pour risquer une telle partie. C'est Erzberger. Ambitieux et joueur, l'ancien instituteur würtembergeois[sic!] a montré, en concluant l'alliance avec les socialistes pour faire voter le Traité de Versailles, qu'il ne craignait pas les initiatives hardies. S'il avait été exclu du parti, au printemps dernier, comme Trimborn y inclinait, il aurait été fort capable de relever le défi et de se constituer le chef d'un parti populaire chrétien. Mais ses ennemis, connaissant sa force, ont eu la prudence de le ménager. Et lui-même est assez avisé pour ne pas compromettre, sans nécessité absolue, avec l'avenir du parti, sa propre fortune. Dans la réserve où il se tient depuis six mois, il reprend peu à peu de l'influence. Il a certainement inspiré Wirth au cours de la dernière crise. Certains journaux ont même annoncé qu'il travaillait en permanence au Ministère des Finances. Il s'est empressé de faire démentir la nouvelle par la "Germania". Mais, plein de ressort et de confiance, il reste une force d'avenir.

---

1   Allemagne 316, fol. 122r-123v.
2   Der Text in spitzen Klammern wurde nachträglich gestrichen. Das fragliche Dokument wurde nicht abgedruckt.
3   Vgl. oben Dok. 409, Dok. 410 und Dok. 412.

430
*M. de Saint-Quentin, Chargé d'Affaires de France à Berlin, à
M. Leygues, Président du Conseil, Ministre des Affaires Etrangères.*

D. n° 613. [Berlin], le 8 octobre 1920.[1]

A.s. de M. Diamand et de la Légation de Pologne à Berlin.

Votre Excellence a bien voulu, par dépêche N° 1658 du 30 Septembre dernier[2] prescrire à cette Ambassade de surveiller l'activité du député polonais Diamand, auquel une Mission de propagande en Allemagne aurait été confiée par son Gouvernement.

Au cours d'une conversation récente, comme le Ministre de Pologne à Berlin[3], causeur agréable quoiqu'un peu diffus, silhouettait divers hommes politiques de son pays et caricaturait à plaisir "Monsieur Pilsudski", j'ai prononcé le nom de M. Diamand. M. Szebeko m'a dit ne pas connaître personnellement ce Juif de Lemberg, millionnaire et socialiste - coïncidence moins fréquente, paraît-il, en Pologne qu'en Occident - d'ailleurs fort honnête homme et bon esprit. Ayant lu dans un journal polonais que M. Diamand était désigné pour diriger la propagande à Berlin, il s'est enquis à Varsovie et vient d'apprendre que le projet était abandonné. Consulté d'ailleurs, il y a quelque temps, par le Ministère des Affaires Etrangères sur l'opportunité d'une telle mission, il avait donné un avis nettement défavorable. A son avis, la haine faite de rancune et d'humiliation, que les Allemands ressentent pour leurs serfs affranchis, et qui se révèle, chez les autorités, par la malveillance la plus évidente, rendrait inutile et dangereuse une activité qui ne manquerait pas d'être imputée aux Polonais comme désir de rapprochement et preuve de faiblesse. Sans doute ces arguments ont-ils fait impression à Varsovie.

M. Szebeko ne m'a d'ailleurs pas caché l'inquiétude que lui causait le nouveau service de la Propagande, création de M. Daszynski et destiné, prétend-il, à faire prévaloir les tendances germanophiles du Chef de l'Etat[4], de son Président du Conseil[5] et de M. Dabski sur la politique francophile du Prince Sapieha, de M. Dombrowski[6] et du parti national démocrate.

Le Ministre de Pologne m'a longuement parlé de sa situation personnelle, qui est difficile à Berlin. Ses relations avec le Dr. Simons sont correctes, mais peu cordiales. Pendant les mauvais jours de la fin de Juillet dernier, ayant accepté une invitation à dîner chez le Ministre des Affaires Etrangères il avait dû, avec la résignation d'un demi-vaincu, subir une verte mercuriale où la compassion pour la Pologne trahi par l'Entente se mêlait aux diatribes contre les conditions inexécutables du Traité de Versailles. Mais lorsqu'il avait revu le Docteur Simons un mois plus tard, au lendemain de la victoire, il lui avait demandé avec quelque hauteur raison des menaces proférées contre la Pologne dans une interview publiée par le journal italien "Il Tempo". Après avoir obtenu rétractation, il avait observé, d'un ton mi-sérieux, mi-plaisant, que le "flirt" de l'Allemagne avec le bolchevisme ne paraissait pas avoir été heureux. "Vous nous avez rendu grand service, avait-il ajouté. Je vois ici beaucoup de Russes, parmi lesquels un certain nombre passaient autrefois pour germanophiles. Votre apologie des Soviets, la reconnaissance du Général Wrangel par la France, la déclaration américaine en faveur de l'intégrité de la Russie vous ont enlevé dans ces milieux jusqu'au dernier partisan". "Je ne puis qu'être heureux, répondit le Docteur Simons piqué au vif, de recevoir les conseils d'un homme d'état aussi bien renseigné que vous".

Quant aux litiges entre les deux Gouvernements, M. Szebeko m'a donné un exemple typique des procédés de discussion qu'emploie la Wilhelmstrasse. L'article 91 du Traité prévoit que les Polonais ressortissants allemands qui opteront pour la Pologne pourront emporter leurs biens meubles de toute nature en franchise de douane et seront exemptés à cet égard de tous droits de sortie ou taxes. D'autre part, l'Allemagne s'engage, par l'article 278, à reconnaître la nouvelle nationalité qui aurait été ou serait acquise par ses ressortissants d'après les lois des Puissances alliées et associées et conformément aux décisions des autorités compétentes de ces Puissances, soit par voie de naturalisation, soit par l'effet d'une clause du Traité.

Or, les autorités allemandes saisissent, sous des prétextes divers, les biens des Polonais anciens ressortissants allemands qui, ayant usé du droit d'option, veulent émigrer en Pologne. En réponse aux protestations de la Légation de Pologne, la Wilhelmstrasse n'a pas craint de lui écrire que les stipulations établies en principe par le Traité ne pouvaient être appliquées qu'en vertu de conventions spéciales. M. Szebeko a répliqué que son Gouvernement indemniserait ses nationaux spoliés en Allemagne sur les biens des Allemands émigrés de Pologne. Comme ces derniers sont beaucoup plus nombreux et plus riches que leur contrepartie, il y a lieu de croire que la menace produira son effet.

"Mais, concluait justement M. Szebeko, nous sommes encore loin de vivre en état de paix véritable avec l'Allemagne."

---

1   MAE Nantes, Ambassade de Berlin, 174 (ohne Folio). Maschinenschriftlicher Durchschlag, ohne Unterschrift und ohne Ortsangabe.
2   Nicht abgedruckt.
3   Ignacy Szebeko.
4   Józef Pilsudski.
5   Vinzenz Witos.
6   Eventuell gemeint: Dabrowski.

431
*Note du Bureau d'Informations
de la Commission des Réparations à Berlin.*

Berlin, le 8 octobre <1920>.[1]

Très confidentiel.
Monsieur Haguenin a eu ce matin un long entretien avec M. von Simson.

M. von Simson a paru préoccupé de faire entendre et même d'affirmer que l'Allemagne est hors d'état de payer ce que l'Entente, particulièrement la France, attendent d'elle. Il serait selon lui, aussi impolitique qu' immoral de contraindre le Gouvernement allemand à une série de promesses mensongères. M. von Simson confie d'autre part que le Gouvernement allemand se demande avec inquiétude avec qui il négociera désormais sur la question des réparations.

A en croire M. von Simson, l'Ambassadeur de France, M. Laurent, aurait donné au ministre Simons, lors de leur dernier entretien[2] l'impression qu'il serait chargé, lui Laurent, de mener les négociations. La France veut-elle donc engager seule et directement la discussion avec l'Allemagne? Une discussion confidentielle et préparatoire? Ou une décision fixée déjà dans ses principes, ses fins, ses phrases principales, par un accord préalable avec le reste de l'Entente?

M. von Simson ne dissimule pas que son ministre et lui s'inquiètent de voir abandonner la voie, qui, à Spa, "avait mené à des conclusions si acceptables et à des résultats si positifs".

Il semble à M. Haguenin que le Ministère des Affaires étrangères allemand redoute l'intervention directe et continue de la C.R. est à craindre, croit-il, que, s'ils sont admis à négocier avec le Gouvernement Français, les Allemands ne se réservent le moyen d'introduire dans les négociations le moment venu, des influences ou des réclamations étrangères. Il est à craindre même qu'après avoir fait de leur mieux pour écarter des négociations la C.R. ils ne fassent appel à son arbitrage en cas de difficultés, de même qu'ils ont fait appel plusieurs fois déjà à la Société des Nations.

---

1 AN, AJ 5 251. Maschinenschriftlicher Durchschlag, ohne Unterschrift.
2 Vgl. oben Dok. 420.

432
*M. de Saint-Quentin, Chargé d'Affaires de France à Berlin, à
M. Leygues, Président du Conseil, Ministre des Affaires Etrangères.*

D. n° 620.   Berlin, le 9 octobre 1920.[1]

A.s. de la socialisation des mines en Allemagne.

La Commission économique et politique du Conseil Economique d'Empire s'est réunie hier pour étudier les projets de socialisation des mines.

M. von Raumer, Ministre du Trésor, membre du parti populaire, a prononcé un discours pour préciser l'attitude du Gouvernement dans cette question:

"Le Gouvernement, a-t-il dit, s'en tient aux déclarations que le Ministre du Travail[2] a faites le 5 Août au Reichstag, et à la communication officielle qui a été publiée le 22 Septembre[3]. Le 5 Août, le Ministre du Travail a déclaré au Reichstag que les ouvriers et employés des industries minières devaient être appelés à collaborer au développement de ces industries. Le Ministre s'est déclaré prêt à cette date, à examiner les projets de socialisation qui seraient soumis au Gouvernement par la Commission spéciale nommée à cet effet.

Le 22 Septembre le Cabinet a publié une note dans laquelle il chargeait à l'unanimité le Ministre de l'Economie publique[4] de préparer sur la base du projet de la Commission de socialisation le texte d'une loi sur la socialisation des mines.

Le Gouvernement s'en tient à ses déclarations. Son attitude est nette. La Tägliche Rundschau a essayé de mettre en doute que les Ministres du Parti populaire fussent d'accord sur cette question avec leurs collègues du Cabinet. Cet accord ne fait point de doute. Le Gouvernement est décidé à préparer un projet de loi d'après les propositions que lui a fournies la Commission de socialisation. Ce projet ne sera pas identique bien entendu au projet de la Commission de socialisation[5]. Le Gouvernement se réserve le droit de publier un projet spécial."

M. von Raumer a terminé son discours en essayant de démontrer que la manière de voir du Gouvernement se conciliait avec celle du parti populaire. "Le parti populaire, a-t-il dit, a identifié, au Congrès de Weimar[6], la socialisation avec l'augmentation de la production, et la diminution des frais de la production. Le projet du Gouvernement tiendra compte de ces nécessités. Il faut donc espérer que le parti populaire ne refusera pas son vote au projet du Gouvernement."

Pour que ce dernier vœu se réalise, le "projet spécial", que le Ministre réserve au Gouvernement le droit d'établir, devra apporter des modifications radicales aux projets de la Commission de socialisation; il devra même être exempt de tout esprit de socialisation. S'il est vrai en effet qu' à Weimar le parti populaire ait identifié la socialisation avec l'augmentation de la production et la diminution des frais de la production, il est non moins exact qu'il a condamné à l'unanimité les projets de la majorité et de la minorité de la Commission de socialisation et qu'il a proclamé la nécessité de sauvegarder l'esprit d'entreprises privé[s].

Le discours de M. von Raumer montre que le Gouvernement a pleine conscience des difficultés que l'Ambassade signalait au Département dans sa dépêche N° 579 du 19 Septembre. Pour conserver la neutralité bienveillante des socialistes majoritaires il avait fait annoncer solennellement que le Cabinet avait chargé à *l'unanimité* le Ministre de l'Economie Publique de préparer le texte d'une loi sur la socialisation de Mines. On devait en conclure que la Volkspartei, représentée dans le Cabinet par trois Ministres[7], avait abandonné le point de vue négatif qu'elle avait adopté à Weimar. Aujourd'hui le Gouvernement, soucieux de rassurer les partis conservateurs refuse de condamner les résolutions de Weimar. Si M. von Raumer n'a pas voulu simplement couvrir la retraite de la Volkspartei, dont il fait partie on peut concevoir les doutes les plus sérieux sur la sincérité de la déclaration du 22 Septembre.

En tout cas, le sort de la réforme projeté étroitement associé aux vicissitudes de la politique intérieure de l'Allemagne, paraît très incertain.

---

1 Allemagne 542, fol. 24r-25v.
2 Heinrich Brauns.
3 Zum Wortlaut der Erklärung, die von WTB am 22.9.1920 veröffentlicht wurde, s. AdR, Kabinett Fehrenbach, Dok. 74 Anm. 14, S. 192.
4 Ernst Scholz.
5 Vgl. oben Dok. 410. Am 6.10.1920 legte von Raumer Widerspruch ein gegen den Wortlaut des Protokolls der betreffenden Ministersitzung, in dem es fälschlicherweise hieß, daß der Minister auf der Grundlage der Beschlüsse der Sozialisierungskommission einen Gesetzentwurf vorlegen solle, s. AdR, Kabinett Fehrenbach, Dok. 82 S. 211f.
6 Ein Bericht der Botschaft hierzu konnte in den Akten nicht ermittelt werden.
7 Rudolf Heinze, Ernst Scholz und Hans von Raumer.

433
M. Dard, Ministre Plénipotentiaire de France à Munich, à
M. Leygues, Président du Conseil, Ministre des Affaires Etrangères.

T. n° 171-172. [Déchiffrement.]   Munich, le 9 octobre 1920, 12 h 00.
(Reçu: < ? >)[1]

Mgr. Pacelli m'a dit qu'au cours de la conversation qu'il avait eue avec le Chancelier Fehrenbach lors de son passage à Munich[2], celui-ci avait décidément admis la conclusion d'un concordat bavarois indépendant de celui qui sera négocié pour le reste de l'Empire. Le Chancelier a exprimé le désir que Mgr. Pacelli lui-même achevât la négociation du condordat bavarois avant de quitter Munich. Les difficultés portent encore notamment sur le rachat du Budget des Cultes et sur les Ecoles.

D'autre part, M. Fehrenbach a dit au Nonce que les socialistes majoritaires seraient forcés d'entrer dans le Ministère Allemand le jour prochain où celui-ci déciderait de faire voter au Reichstag la socialisation des mines, que les socialistes ne pourraient laisser réaliser en dehors d'eux.

M. Fehrenbach estime que l'état social s'est amélioré en Allemagne depuis quelque temps, mais que dans le Nord de l'Allemagne les bourgeois rendent seuls leurs armes en ce moment, que les socialistes les gardent et les cachent et qu'il craint pour cet hiver les conséquences de ce fait, étant donné surtout la situation financière "désastreuse" de l'Empire.

---

1 Papiers d'Agents, Dard 19 (ohne Folio). Zeitpunkt des Eingangs in Paris nicht ermittelt.
2 Vgl. oben Dok. 422.

434
M. de Saint-Quentin, Chargé d'Affaires de France à Berlin, à
M. Leygues, Président du Conseil, Ministre des Affaires Etrangères.

D. n° 624. Berlin, le 12 octobre 1920.[1]

Renseignements confidentiels de source allemande
sur la situation dans l'Europe Orientale.

J'ai pu avoir pour quelques heures entre les mains un bulletin de renseignements provenant du service d'information de la Reichswehr. Ce document, qui est daté du 14 Septembre et signé du Baron von Uexküll, est précédé de la mention "Strictement confidentiel" et traite de la situation dans l'Europe Orientale. Il comporte 21 pages dactylographiées.

Les premières sont consacrées à la Russie et les renseignements qu'elles contiennent paraissent pour la plupart tirés des journaux bolchevistes. L'auteur signale que la propagande soviétiste, tout en redoublant d'intensité, a maintenant changé de caractère. Il y a quelques semaines elle dépeignait la situation de la Russie sous les couleurs les plus riantes. Aujourd'hui elle proclame que le pays est acculé à une catastrophe, si, dans un sursaut d'énergie, le prolétariat russe ne se débarrasse pas des Polonais et de Wrangel, soutenus par les pouvoirs bourgeois d'Occident.

Tout en tenant compte des exagérations des services russes de propagande, le Baron von Uexküll juge effectivement très précaire la situation des Soviets. Il montre l'échec de la tentative faite pour approvisionner les chemins de fer en naphte, l'épuisement des dépôts de bois dans les villes et sur les voies ferrées, l'insuffisance de la moisson aggravée par le manque de main d'œuvre, l'impuissance du Gouvernement à triompher de la résistance passive des paysans refusant de livrer les approvisionnements qu'ils détiennent, la paralysie des transports par suite du mauvais état des chemins de fer et de la nécessité de faire face aux besoins des armées.

A l'aide d'extraits de la Pravda et d'autres journaux bolchevistes il indique à quel point l'opinion publique est préoccupée du refus des paysans d'alimenter les villes et avec quelles appréhensions elle voit venir le prochain hiver. Il voit dans l'attitude conciliante adoptée par les Soviets dans leurs négociations avec la Finlande, la Roumanie et la Pologne, la conséquence directe des craintes que le Gouvernement de Moscou ressent pour sa stabilité intérieure. Tout en se défendant de se risquer sur le terrain dangereux des prévisions, il laisse entendre que d'ici six mois la dictature rouge pourrait bien avoir fait place à un pouvoir contre-révolutionnaire.

Le bulletin donne ensuite un aperçu du Congrès Général des peuples de l'Orient qui s'est tenu à Bakou le 2 Septembre et comprenait 1.800 délégués représentant la Turquie, la Perse, l'Afghanistan, et l'Inde. Il analyse le discours de Zinoviev, qui a appelé à l'indépendance les populations de ces riches contrées réduites par le capitalisme européen à l'état de simples colonies, et celui moins grandiloquent de Radek, qui a insisté sur l'importance économique de Bakou, la nécessité pour le Bolchevisme d'assurer son emprise sur cette riche région pétrolifère, afin de pouvoir combattre le capitalisme avec ses propres armes.

En fait de renseignements économiques, le bulletin signale les efforts tentés, avec un certain succès paraît-il, pour intensifier l'extraction du charbon dans le bassin minier de Moscou, ainsi que la fondation d'une nouvelle usine d'électricité à proximité de Tula. Cet établissement, qui ne sera pas achevé avant six mois, serait assez important pour alimenter de courant électrique toute la ville de Tula avec les nombreuses industries qu'elle renferme.

Plus intéressante que ces renseignements pour la plupart déjà connus est la partie du rapport consacrée à la politique française en Russie. Votre Excellence en trouvera ci-joint la traduction intégrale.[2] A côté d'indications d'ailleurs fantaisistes sur le rôle francophile attribué à Bermondt[3], il y a lieu de noter les projets attribués à Bourtseff. Les termes dans lesquels il est fait allusion aux pourparlers entre l'Allemagne et la Russie peuvent, semble-t-il, être considérés comme une confirmation de l'existence d'un accord positif.[4]

La seconde partie du rapport, consacrée à la Finlande, est très courte. Elle ne contient que des indications déjà connues sur la tension suédo-finlandaise à propos des îles d'Aland et sur les pourparlers de Dorpat.

En ce qui concerne l'Esthonie le rédacteur du rapport note des pourparlers entre les Soviets et le Gouvernement de Reval pour le règlement du transport par voie ferrée des voyageurs et des marchandises. Il signale les efforts tentés par les négociants américains et anglais pour s'implanter sur le marché esthonien et mentionne en particulier les fournitures de machines faites par certaines maisons anglaises en vue de la distillation de l'huile, ainsi que la création de la Société "Transatlantic Echange" destinée à faciliter l'échange de matières premières entre l'Amérique et les Etats baltes. Ce groupement s'occuperait également de favoriser les échanges commerciaux entre ces pays et la Russie soviétiste. La société, à laquelle appartiennent plusieurs gros négociants esthoniens, serait au capital de 10 millions de marks, divisé en 10 actions seulement.

Passant à la Lettonie, le rapport s'étend sur l'impression fâcheuse qu'y a produite la note du Président Wilson sur l'intégrité du territoire russe.[5] Cette déclaration, ainsi que l'attitude expectante de la France, ont fortement diminué l'espoir qu'entretenait le Gouvernement letton d'être prochainement reconnu de jure par les Puissances alliées.

Le Bulletin donne ensuite certains renseignements sur l'état économique du pays. Il note l'échec du projet de monopole des opérations de change sur l'étranger, signale la cherté croissante de la vie, malgré les mesures énergiques prises par le Gouvernement contre les spéculateurs. Selon une information que le rédacteur tient des armateurs hombourgeois[sic!] "Jordan et Berger Successeurs", les importations allemandes en Lettonie atteignaient au début de l'année, et bien que l'état de guerre existât alors entre les deux pays, 50 millions de roubles sur un total de 277 millions de roubles.

La situation économique du pays est mauvaise. Le symptôme le plus grave est l'augmentation du prix du pain, qui a atteint six roubles la livre, et encore est-il de très mauvaise qualité. La farine fait entièrement défaut. Selon des déclarations faites par M. Sommer, Ministre de l'Industrie et du Commerce, la décadence industrielle du pays est telle que le nombre des ouvriers est tombé de 130.000 avant la guerre à 10.000, la plupart employés dans l'industrie forestière. Tandis que le chiffre de la population est aujourd'hui trois fois moins élevé qu'avant la guerre, les entreprises commerciales ont quadruplé. Cet état de choses anormal entraîne une fièvre de spéculation que le Gouvernement paraît fermement décidé à combattre.

Examinant la situation de la Lithuanie le rapport constate, avec une nuance de regret, l'échec de l'offensive lithuanienne contre les Polonais. Cet insuccès serait dû à l'absolue incapacité du Haut-Commandement. Le Commandant en Chef Nastopka, parti de Vilna pour se mettre à la tête de ses troupes, se serait enivré en chemin et aurait été trouvé sur la route ivre-mort, ainsi du reste que son Etat-Major. Général et officiers auraient été arrêtés à la suite de cette aventure, et Nastopka destitué de son commandement.

On peut retenir l'aveu fait par le rédacteur du bulletin que de nombreux prisonniers russes internés en Prusse Orientale réussissent à s'échapper et à gagner la Lithuanie. Le Gouvernement de Kovno, encore incertain de la tournure que prendront les événements, se demande s'il doit les interner ou les laisser regagner la frontière russe.

Selon le rapport analysé le Gouvernement lithuanien se rend compte de la situation critique dans laquelle il se trouve et de la nécessité de faire certaines concessions aux Polonais. Il n'a pas néanmoins perdu tout espoir en un retour de fortune en faveur des Russes et s'efforce d'améliorer ses relations avec le Gouvernement de Moscou, sans cependant aller jusqu'à négocier avec lui une véritable alliance. Il semble que dans les parties du territoire lithuanien encore occupées par eux les Bolcheviks tiennent leur engagement de s'abstenir de toute propagande.

Le Baron d'Uexküll relève avec satisfaction que l'opinion lithuanienne se tourne de plus en plus contre la France en raison tant de la protection accordé par elle à la Pologne que de son attitude dans la question de Memel. Les déclarations du Commissaire de la République, M. de Sartiges, qui démentent la participation d'officiers français aux combats entre Polonais et Lithuaniens, et assurent que la France est opposée à toute invasion du territoire lithuanien par les Polonais, n'ont pas réussi à modifier cet état d'esprit.

Passant à la politique intérieure le rédacteur fait l'éloge de la réforme agraire qui sera sans doute votée par la Constituante dès son retour de vacances. Il oppose les principes de modération et le sens pratique dont elle s'inspire aux solutions outrancières qu'adopte le projet esthonien.

La dernière partie du document est consacrée au territoire de Memel. Il y est fait allusion au projet de réduire de 9 à 7 ou à 5 les membres du Directoire exécutif (Landesdirektorium). Les Lithuaniens, qui ne sont actuellement représentés que par deux membres sur neuf, estiment l'occasion propice pour modifier en leur faveur une proportion qu'ils jugent insuffisante. Aussi le Gouvernement lithuanien menace-t-il d'interdire l'exportation des vivres et du bois destinés au territoire de Memel, s'il n'intervient pas une solution conforme à ses vues. Ce moyen de pression pourrait bien se révéler efficace, l'industrie du bois jouant un rôle prépondérant dans la vie économique du pays.

Bien que les informations données par le bulletin de renseignements allemand soient pour la plupart déjà connues du Département par les rapports de nos propres agents, il m'a paru intéressant d'analyser avec quel-

que détail le document tombé entre mes mains, ne serait-ce que pour
montrer avec quel soin les Allemands ne cessent d'étudier l'état politique
et économique de la Russie et des Etats de la Baltique.

---

1   Russie 321, fol. 27r-34v.
2   Nicht abgedruckt.
3   Richtig: Bermondt-Awalow.
4   Vgl. unter anderem oben Dok. 419.
5   Gemeint sind hier vermutlich die Erklärungen Außenministers Colbys vom August 1920, vgl. oben Dok. 386 Anm. 3.

435
M. de Saint-Quentin, Chargé d'Affaires de France à Berlin, à
M. Leygues, Président du Conseil, Ministre des Affaires Etrangères.

D. n° 622.   Berlin, le 13 octobre 1920.[1]

Congrès du parti socialiste majoritaire à Cassel.

Le Congrès du parti socialiste majoritaire s'est ouvert le 10 à Cassel. La première séance a surtout été remplie par des discours d'apparat. Scheidemann, après avoir souhaité la bienvenue aux délégués a proclamé, en faisant allusion à la scission qui est en train de s'effectuer au sein du parti socialiste indépendant[2], la nécessité pour la classe ouvrière de rester unie. Sur la proposition du doyen d'âge Pfannkuch, Scheidemann et Hermann Müller, l'ancien chancelier, ont à l'unanimité été élus présidents. En prenant possession du fauteuil, Hermann Müller, se souvenant d'avoir détenu le portefeuille des Affaires Etrangères, s'est surtout occupé de la politique extérieure du parti. Il a déclaré que les socialistes étaient décidés à se conformer, dans la mesure du possible, aux clauses du traité de Versailles, mais que certaines d'entre elles étaient inexécutables, et que si l'on voulait rendre à l'Allemagne le goût du travail il fallait lui laisser l'espoir d'un avenir meilleur.

Les débats ont pris une allure plus pratique et plus animée avec l'exposé de Wels, Président du Comité directeur du parti, chargé du rapport général. Dans un discours très étudié, qui n'a pas duré moins d'une heure et demie, Wels a d'abord montré que la situation matérielle du parti était allée se renforçant au cours de l'année en dépit des vives attaques dirigées contre les majoritaires par les Indépendants et les communistes. La presse du parti a passé de 55 journaux à 130, le nombre des adhérents s'est accru de 168.000, soit une augmentation de 15,6%, le bilan financier se solde, pour la première fois depuis 1914, par un excédent de 222.850 marks.

Ces renseignements donnés, l'orateur a fait le procès du régime capitaliste, qui, responsable de la guerre et des maux qu'elle a entraînés "à trois fois mérité la mort". Mais il a expressément répudié la tactique des extrémistes dont les tendances belliqueuses et militaristes s'apparentent à celle "des traîneurs de sabre Foch et Poincaré".

Wels s'est ensuite attaché à définir la politique extérieure du parti. Elle se résume dans les quatre points suivants: révision du Traité de Versailles, participation de la classe ouvrière allemande à la remise en état des territoires dévastés du Nord de la France et de la Belgique, création d'un "état-major politique international" chargé de fixer les modalités de la participation allemande aux réparations et à la reconstitution des territoires envahis, reconnaissance des soviets et reprise immédiate des relations politiques et économiques avec la Russie.

Passant à la politique intérieure Wels a fait le procès de la politique du Gouvernement et spécialement des tendances rétrogrades du parti populaire. Le parti socialiste ne saurait participer au gouvernement aux côtés d'hommes qui ne font pas mystère de leurs aspirations monarchistes. Il a d'ailleurs tout intérêt à laisser les partis bourgeois seuls aux prises avec les difficultés croissantes de la situation. Mais il ne s'enferme pas, comme les Indépendants, dans une politique d'abstention, et sera prêt à participer au pouvoir le jour où les conservateurs déguisés que sont les populaires allemands auront été rejoindre dans l'opposition leurs alliés naturels de l'extrême droite.

Le problème économique, a continué le rapporteur, est dominé par la question de la socialisation des mines.[3] Le Comité directeur se prononce pour une socialisation immédiate. Il rejette le palliatif insuffisant que constitue le projet Rathenau. Mais le socialisme d'Etat ne doit pas dégénérer en tyrannie comme cela s'est produit en Russie. La démocratie, l'action libre des organisations ouvrières, doit rester la base de tous les progrès, aussi bien sur le terrain économique que dans l'ordre politique. Ce n'est pas en proclamant la grève générale, en poursuivant la révolution mondiale, en fondant des Conseils de travailleurs qu'on améliorera le sort du prolétariat, mais en renforçant l'organisaiton, en poussant l'éducation de la classe ouvrière.

L'orateur a terminé par une vive attaque contre les partisans de la Troisième Internationale qui, par leur politique d'exclusions, brisent l'unité des masses ouvrières et affaiblissent ainsi leur force de résistance. Il a déclaré que le parti socialiste majoritaire restait aujourd'hui le seul espoir des travailleurs, exprimé la conviction que le socialisme n'aurait qu'à gagner aux progrès de la démocratie, et conclu aux applaudissements de l'auditoire, par les mots: "A nous le peuple, à nous la victoire".

La discussion du rapport de Wels n'a rien apporté de nouveau.

Un incident caractéristique des sentiments du parti socialiste à l'égard de la France a cependant été provoqué par l'intervention du Délégué Cohen[4]. Celui-ci a reproché à la politique extérieure de l'Allemagne d'être trop systématiquement orientée contre la France. Il s'est attaché à réfuter la plupart des griefs invoqués contre notre pays par la propagande allemande. Il a déclaré que les garnisons françaises des territoires rhénans n'avaient pas une attitude plus répréhensible que celle des troupes d'occupation allemandes après la guerre de 1870. Il a montré que la France n'était responsable ni des sanctions prises après l'incident de Scapa-Flow[5], ni du maintien en captivité des prisonniers allemands au delà de l'armistice[6]. Il a rappelé que c'est Lloyd George qui, contrairement à l'opinion soutenue par M. Clemenceau et le Maréchal Foch, a imposé à l'Allemagne l'armée de prétoriens responsable du coup d'état de Kapp, et dont la seule présence constitue une menace perpétuelle de réaction. Il a conclu que seule une politique de réconciliation loyale envers la France pouvait assurer la paix de l'Europe.

Ces déclarations francophiles ont rencontré un accueil fort peu encourageant. Les délégués Heilmann et Braun se sont efforcés, non sans de vives diatribes contre notre pays, de les réfuter point par point, et Scheidemann, qui présidait, s'est écrié qu'il espérait qu'il ne se trouverait pas un second membre du parti pour tenir le langage qu'avait employé Cohen.

Au cours de la troisième séance, le Congrès a adopté un ordre du jour approuvant la résolution prise, après les élections, par le Comité directeur du parti, de sortir de la coalition, et laissant entendre que le parti ne se refuserait pas à participer à nouveau au Gouvernement lorsque les intérêts du prolétariat le demanderaient, pourvu toutefois qu'on ne lui demande pas de collaborer avec des groupes qui ne seraient pas, en principe et en fait, favorables à la constitution républicaine. Votre Excellence trouvera ci-joint la traduction de ce document[7].

Parmi les autres motions adoptées, on relève une protestation contre la destruction demandée par les Alliés des moteurs Diesel[8]. Elle a été votée à l'unanimité.

Un projet de résolution affirmant en termes particulièrement énergiques l'attachement du parti à l'unité de l'Empire à l'intérieur et à l'extérieur a également été déposé. Son adoption ne fait pas de doute.

La séance de l'après-midi a été prise par la discussion du rapport sur l'activité du groupe parlementaire. Elle n'a rien apporté de saillant en dehors de l'intervention du Délégué Auer, de Munich, qui a déclaré que la classe ouvrière bavaroise restait fermement attachée à la forme républicaine et à l'unité de l'Empire et qu'elle ne se laisserait pas imposer par les intrigues françaises une monarchie particulariste. Ces paroles ont soulevé de vifs applaudissements. La discussion doit reprendre aujourd'hui.

Bien que les travaux du Congrès n'aient pas encore pris fin, il paraît dès à présent certain que la réunion de Cassel n'amènera pas de surprise. Sur la question essentielle, celle de la participation au Gouvernement, la résolution adoptée ne fait que reproduire les grandes lignes de l'exposé de Wels. Satisfait des résultats obtenus par la politique prudente suivie par lui depuis les élections, soucieux de ne pas compromettre par une alliance hâtive avec les éléments bourgeois les chances qu'il a de voir ses effectifs se renforcer aux dépens des Indépendants en désarroi, le parti socialiste majoritaire conserve une attitude expectante. Sans susciter de difficultés au cabinet Fehrenbach, il ne lui déplait pas de le laisser quelque temps encore seul aux prises avec une situation qu'à l'approche d'un hiver qui s'annonce rigoureux certains n'envisagent pas sans inquiétude.[9]

---

1 Allemagne 318, fol. 191-194.
2 Vgl. oben Dok. 404 und 418 bzw. unten Dok. 440 und Dok. 441.
3 Vgl. oben Dok. 410 und Dok. 432.
4 Richtig: Cohen-Reuß.
5 Gemeint ist die Selbstversenkung der deutschen Hochseeflotte im Hafen von Scapa Flow aus Protest gegen die Bestimmungen des Friedensvertrages am 21.6.1919.
6 Zu den Verhandlungen um die Rückkehr der deutschen Kriegsgefangenen aus Frankreich s. Der Waffenstillstand 1918-1919, Bd. 3, S. 60ff bzw. unten Dok. 443.
7 Nicht abgedruckt.
8 Gemeint ist die von der IMKK am 28.9.1920 geforderte Vernichtung von Dieselmotoren, die - während des Krieges ursprünglich für den U-Bootbau bestimmt - inzwischen für den stationären Einsatz in der Industrie vorgesehen waren, s. Protokoll der Kabinettssitzung vom 16.10.1920, AdR, Kabinett Fehrenbach, Dok. 88 S. 230f bzw. Lord D'Abernon an Curzon vom 27.10.1920, DBFP 1/X, No. 309 S. 409ff. Zum Fortgang s. unten Dok. 513 Anm. 3.
9 Zum Fortgang s. unten Dok. 437.

436

M. Laurent, Ambassadeur de France à Berlin, à
M. Leygues, Président du Conseil, Ministre des Affaires Etrangères.

D. n° 628. Berlin, le 15 octobre 1920.[1]

Le Chômage en Allemagne.

Notre délégué à la Commission de Contrôle du charbon, M. Coste, m'a donné communication d'un document allemand sur le chômage en Allemagne. Bien que ce rapport ait visiblement un caractère tendancieux et s'efforce de démontrer que la pénurie de charbon est en grande partie la cause de la désorganisation qui règne actuellement sur le marché allemand du travail, il n'en renferme pas moins certaines indications qu'il me paraît utile de signaler.

Des chiffres cités sur l'étendue du chômage, il résulte que le nombre des sans-travail secourus est tombé de 447.660 au mois de janvier 1920 à 270.451 au mois de juin. Mais la crise industrielle qui a commencé à se faire sentir à cette époque a progressivement relevé le nombre des chômeurs, qui, pour le mois de Septembre, atteint 419.785, chiffre cependant encore inférieur à celui de Janvier. Le rapport allemand se voit donc obligé de reconnaître que, dans l'ensemble, la situation s'est améliorée depuis le commencement de l'année. Pour atténuer les conséquences de cet aveu, il fait remarquer d'ailleurs que les choses iront s'aggravant avec la venue de la saison froide, qui empêchera les travaux en plein air, et que, d'autre part, les répercussions de l'accord de Spa sur le marché du travail n'ont pas encore eu le temps de se faire pleinement sentir. Il observe en outre que les chiffres cités ne s'appliquent qu'aux chômeurs secourus, et que le nombre des sans-travail est en réalité bien plus considérable.

Une statistique de la proportion des chômeurs selon les Etats indique que les régions les plus atteintes sont la Saxe, pays de grande industrie, et la ville de Hambourg, qui a eu beaucoup à souffrir de l'arrêt du commerce maritime. La ville de Berlin, avec la banlieue compte à elle seule 46,6% du nombre total des chômeurs secourus en Prusse.

En ce qui concerne la durée du chômage, on constate qu'à Berlin 15% des chômeurs secourus l'étaient depuis plus de six mois et 5,5% se trouvaient dans le même cas depuis 9 mois et plus.

Un nombre important d'ouvriers que le rapport analysé évalue à 100.000 au début de juin, sans être réduits à un chômage complet, n'ont que des journées de travail incomplètes ne leur permettant pas de subvenir à leurs besoins.

La cause principale de cet état de choses serait dans les décrets des 4 et 24 janvier 1919 qui ont obligé les patrons à reprendre des ouvriers et employés qu'ils occupaient avant la mobilisation et qui ont soumis leur renvoi ultérieur à des conditions difficiles à remplir. Cette réforme qu'imposait la nécessité sociale de donner immédiatement du travail aux combattants a provoqué une surabondance de personnel dans les établissements industriels et commerciaux. Les patrons se sont par suite vus dans l'obligation de réduire la durée du travail.

Les sacrifices financiers consentis par l'Etat pour secourir les chômeurs sont considérables et ont tendance à augmenter. De 53 millions de marks en janvier, ils ont passé en juillet à 75 millions.

Dans une seconde partie, l'auteur du rapport cherche à établir que le nombre effectif des sans-travail dépasse de beaucoup celui des chômeurs secourus. A l'aide de documents empruntés aux archives des bureaux de placement il évalue le nombre total des sans-travail en juillet 1920 à

1.118.912. Encore ce chiffre ne comprend-il que les chômeurs s'adressant aux bureaux de placement officiels. Une statistique du nombre des demandes d'emploi pour cent places libres montre que la situation du marché du travail est très différente selon les industries considérées. Alors que dans la métallurgie on compte 333 demandes seulement pour cent places (contre 234 en 1913), le chiffre correspondant s'élève à 1.033 dans le textile (contre 129 en 1913).

Une troisième partie du rapport est consacrée à la recherche des causes qui ont provoqué l'accroissement du chômage. La principale paraît être l'afflux de nouveaux travailleurs. La réduction de l'armée et de la marine, les licenciements dans la flotte de commerce, l'arrivée de réfugiés provenant des territoires cédés, le retour de nombreux allemands qui habitaient l'étranger, la présence des prisonniers de guerre russes et de nombreux travailleurs étrangers, particulièrement de Juifs venant de l'Est, et surtout l'obligation pour beaucoup de ceux qui avant la guerre vivaient du revenu de leurs capitaux de demander au travail un supplément de ressources, ont provoqué une surabondance de main-d'œuvre considérable.

En même temps la qualité des ouvriers a décru, par suite des ravages causés par la guerre parmi les éléments jeunes de la population laborieuse, et du nombre élevé d'invalides.

D'autre part, les offres d'emploi ont sensiblement diminué, sauf dans l'industrie minière et dans l'agriculture, ou pour certains emplois spéciaux (dactylographes, gens de maison). En tenant compte des territoires cédés on constate sur l'année 1913 une diminution des emplois à pourvoir de 128.617 dans l'industrie alimentaire, de 445.753 dans le textile, de 223.760 dans l'industrie du bâtiment. Le nombre des emplois supprimés s'élèverait à 800.000 dans la grande industrie seule compte tenu des modifications territoriales intervenues. La situation de la petite industrie, sur laquelle on ne dispose pas de chiffres généraux permettant d'établir la comparaison, ne serait pas plus favorable, non plus que celle du commerce et des transports. Par contre on employait en Juin 1920 dans les mines de houille et de lignite 250.000 travailleurs de plus qu'en 1913. L'augmentation est particulièrement sensible dans la Ruhr et en Haute-Silésie.

Examinant enfin les moyens de remédier à la situation actuelle, le rapport conclut que les palliatifs essayés jusqu'ici, ouverture de travaux de fortune, secours directe aux chômeurs sont insuffisants et trop onéreux pour l'Etat. L'amélioration du marché du travail ne peut venir que d'un assainissement général de la vie économique.

Sans l'exprimer nettement, le rapport cherche à suggérer cette conclusion que l'insuffisance du charbon est la cause profonde de la désorganisation du marché du travail. Une annexe étudie d'ailleurs plus spécialement l'influence de la disette de combustible sur les principales industries. Elle montre successivement sa répercussion sur l'industrie du fer, l'industrie électrique, celle du bâtiment. Dans le textile la production serait tombée à 40% de celle d'avant-guerre, les filatures n'auraient fonctionné que deux cents jours au cours de l'année 1919. La crise du papier serait également une conséquence directe du manque de charbon. Les industries chimiques et celles de l'alimentation, bien que moins directement atteintes, subiraient elles aussi les conséquences de la disette de combustible.

Il n'y a pas lieu d'accorder grande créance à ces plaintes qui reviennent avec insistance dans tous les exposés allemands. Le marasme de l'industrie allemande et la recrudescence de chômage qui en est la conséquence sont certainement dus beaucoup moins à l'absence de charbon qu'à la diminution des commandes provoquées par les prétentions excessives des industriels en matière de prix.

Ainsi que l'établit une intéressante note de M. Coste, que Votre Excellence trouvera ci-joint[2], les besoins de l'Allemagne en combustible, restent, après l'application de l'accord de Spa, couverts jusqu'à concurrence de 82,75%. Sa situation reste donc relativement très favorable; elle ne justifie nullement les lamentations que la presse et les ouvrages spéciaux multiplient avec une unanimité dont il n'est que trop facile de reconnaître le but et l'inspiration.

---

1   Allemagne, 423, fol. 172-176.
2   Nicht abgedruckt.

437
M. Laurent, Ambassadeur de France à Berlin, à
M. Leygues, Président du Conseil, Ministre des Affaires Etrangères.

D. n° 629.   Berlin, le 15 octobre 1920.[1]

Le Congrès du Parti Socialiste Majoritaire à Cassel - Suite des débats.

La dépêche de l'Ambassade N° 622[2] a rendu compte au Département des premières séances du congrès de Cassel. Celles qui ont suivi ont été consacrées à la discussion de la politique économique.

   Deux rapporteurs avaient été désignés, tous deux anciens Ministres de l'Economie Publique, Wissell et Robert Schmidt. Wissell est l'inventeur et le champion du système de l'économie contrôlée. Dans un discours vigoureux il a proclamé la nécessité de restreindre énergiquement les exportations, de rationner la population et de pratiquer sur le terrain économique comme en matière financière une politique d'économie rigoureuse, seule susceptible de sortir l'Allemagne du déficit croissant où elle s'enlise.

Robert Schmidt, qui a succédé à Wissell comme Ministre de l'Economie Publique, sous le Cabinet Bauer, a pris le contrepied des assertions de celui-ci. Soutenu par l'approbation de la majorité de l'assemblée il a montré que la politique de stricte épargne préconisée par Wissell n'était pas une panacée. Répondant aux critiques de son contradicteur il s'est fait gloire d'avoir autorisé l'entrée en Allemagne de 70.000 tonnes de céréales, ce qui a permis de relever, dans une mesure trop faible encore, les conditions d'existence de la classe ouvrière. Schmidt attribue la chute de l'étalon monétaire allemand beaucoup plus aux dispositions du Traité de Versailles et en particulier à l'impossibilité dans laquelle s'est trouvé longtemps le Gouvernement allemand d'aveugler la fameuse "brèche de l'Ouest"[3] qu'à l'accroissement des importations.

Prenant à son tour l'offensive il a reproché à son adversaire d'avoir voulu rapprocher les prix du marché intérieur de ceux du marché mondial. Cette politique aurait, si elle eût été continuée, rendu inaccessibles les produits les plus nécessaires comme le pain et le charbon.

Robert Schmidt a fait également le procès de l'attitude de Wissell dans la question de la socialisation[4]; Wissell s'est en effet prononcé contre la socialisation immédiate et a voté le projet plus modéré auquel s'est également rallié Rathenau (voir la dépêche de l'Ambassade N° 622). Cette accusation d'opportunisme a porté et a visiblement déconcerté les partisans, d'ailleurs en minorité, de Wissell.

Dans la discussion qui a suivi les exposés contradictoires des deux rapporteurs, la plupart des orateurs, tout en acceptant la nécessité d'un certain contrôle des importations, se sont prononcés contre la thèse de Wissell. En particulier l'ancien Chancelier Bauer a pris vivement la défense de la politique suivie sous sa direction par Robert Schmidt.

Le débat est resté sans conclusion pratique, aucune motion n'ayant été votée. Par contre, sur la question de la socialisation le Congrès a adopté à l'unanimité une résolution préconisant la socialisation des industries se trouvant dans des conditions favorables à cette réforme et spécialement celle de l'extraction et de la distribution du charbon. Des motions réclament la socialisation des pharmacies et de la pêche maritime ont été renvoyées à l'examen du Comité parlementaire.

Une attaque très violente du délégué Heilmann contre le Ministre actuel du Ravitaillement Hermes, tenu pour responsable de la hausse des prix a, malgré des interventions en sens contraire, amené l'adoption à une voix de majorité - 138 contre 137 - d'une motion invitant la fraction parlementaire du parti a voter un ordre du jour de méfiance contre le Docteur Hermes. Ce vote de surprise ne paraît pas devoir avoir de conséquences sérieuses.[5] La résolution adoptée prévoit en effet que l'attitude du parti envers la politique générale du Cabinet restera sans changement, et que le Comité parlementaire restera libre du choix du moment et de la forme de son intervention contre le Ministre incriminé.

La séance d'hier après-midi a été consacrée à la discussion de l'attitude du parti au dernier Congrès de la deuxième internationale à Genève.[6] Le Congrès, tout en regrettant les termes de la résolution votée à Genève sur les responsabilités de la guerre, a approuvé les délégués allemands d'avoir fait les concessions qui leur étaient demandées, afin d'éviter un dissentiment qui eut pu aboutir à une rupture de l'Internationale.

En fin de séance deux résolutions ont été adoptées à l'unanimité. L'une appelle l'attention du prolétariat international sur "la situation économique accablante dans laquelle le peuple allemand se trouve placé par suite des demandes exagérées de ses ennemis, les souffrances des populations des territoires occupés, l'exclusion de la Société des Nations, la méconnaissance du droit de libre disposition des peuples, les dangers incalculables résultant de toute prolongation de la politique d'interventions militaires".

La seconde résolution est ainsi conçue: "Le Congrès socialiste, représentant du plus grand parti d'Allemagne, a appris avec l'indignation la plus profonde les demandes inouies de l'Entente en matière de réparations, notamment la demande de livraison de 110.000 vaches[7]. Ainsi se trouve détruite en grande partie pour les enfants et les mères la réserve indispensable à l'approvisionnement du peuple allemand. La réalisation de cette demande aurait des conséquences plus cruelles encore que le blocus. La classe ouvrière allemande a confiance qu'elle sera aidée par les travailleurs de tous les pays à prévenir cet attentat contre l'existence du peuple allemand, qui empoisonnerait à nouveau les relations internationales".

La cinquième séance du Congrès a lieu aujourd'hui. Elle sera consacrée à la discussion du point 6 de l'ordre du jour: le programme du parti.

---

1 Allemagne 318, fol. 195-197.
2 Vgl. oben, Dok. 435.
3 Zur Problematik der Zollbestimmungen im Rheinland, die die Ursache bildeten für das sogenannte "Loch im Westen", s. unter anderem oben Dok. 51 bzw. Dok. 207.
4 Vgl. oben Dok. 410 und Dok. 432.
5 Zum Fortgang s. unten Dok. 442.
6 Vgl. Kongreß-Protokolle der Zweiten Internationale. Ergänzungsheft: Bericht vom zehnten internationalen Sozialistenkongreß in Genf, 31. Juli bis 5. August 1920, Brüssel 1921.
7 Zur Forderung der Alliierten, im Rahmen der Reparationen Milchkühe zu liefern, s. die Kabinettssitzung vom 22.11.1920, AdR, Kabinett Fehrenbach, Dok. 118 S. 301ff bzw. unten Dok. 456.

438

*M. Laurent, Ambassadeur de France à Berlin, à
M. Leygues, Président du Conseil, Ministre des Affaires Etrangères.*

D. n° 635. Berlin, le 15 octobre 1920.[1]

A.s. d'une Conférence à Karlsruhe
de représentants du Centre des Etats du Sud de l'Allemagne.

Une réunion de parlementaires du Wurtemberg, de Hesse et de Bade a eu lieu le 8 octobre à Carlsruhe, pour étudier des questions relatives à la navigation.

A cette occasion les membres du Parti du Centre de ces Etats ont tenu une conférence, à l'issue de laquelle les deux résolutions suivantes ont été adoptées:

"En se référant aux décisions du parti populaire bavarois à Bamberg[2], les députés du Centre wurtembourgeois[sic!], hessois et badois, réunis à Carlsruhe, déclarent:

1° - qu'ils restent fermement attachés à la Constitution du Reich; qu'ils demeurent partisans notamment d'une armée, des Postes, de Chemins de fer et de Finances relevant du Reich; et qu'il est plus urgent, dans les conditions actuelles, de collaborer au relèvement économique et financier du pays, que d'engager, sur des questions constitutionnelles, des polémiques susceptibles de troubler la paix intérieure;

2° - qu'ils opposeront la plus vive résistance à toute extension des pouvoirs du Reich, ainsi qu'aux tendances toujours plus marquées des administrations du Reich de régir la vie économique du pays suivant une méthode et des règles uniformes."

La Germania se félicite du parfait accord intervenu entre les membres du Centre des Etats du Sud de l'Allemagne; elle croit savoir que d'autres conférences analogues, dont elle attend les plus heureux résultats, doivent être prochainement réunies.

D'après le journal catholique, les deux résolutions adoptées fournissent une réponse opportune aux décisions du parti populaire bavarois; elles indiquent clairement ce qui est à retenir et ce qui doit être rejeté dans les conclusions adoptées à Bamberg, et elles soulignent très justement le danger d'une révision de la Constitution dans l'état actuel de l'Allemagne.

Mais elles ne s'adressent pas seulement à Munich; elles contiennent aussi un salutaire avertissement au gouvernement de Berlin, dont les erreurs ont dû provoquer dans une certaine mesure les décisions du parti populaire bavarois.

---

1   Allemagne, 339, fol. 11-12.
2   Vgl. oben Dok. 422 Anm. 3.

439
M. Tirard, Haut-Commissaire de la République Française dans les Provinces du Rhin, à M. Leygues, Président du Conseil, Ministre des Affaires Etrangères.

N° 7318 A.T.R.P./2 [Coblence ?], le 15 octobre 1920.[1]

Copie.
A.s. Mouvement fédéraliste dans les Territoires occupés.

La question du fédéralisme est de nouveau passée en premier plan des préoccupations dans les Territoires Occupés. Les événements de Bavière[2], la formation au Reichstag d'une commission destinée à préparer l'application de l'article 18 de la Constitution (nouvelles divisions administratives de l'Allemagne)[3] et enfin la discussion au Landtag de Prusse de la loi sur l'autonomie des provinces[4] ont donné aux adversaires de Berlin une occasion exceptionnelle de reprendre leur agitation.

Mais ce mouvement est fort loin d'être unifié et se divise en plusieurs tendances différentes à la fois dans leur but et dans le mode d'action envisagé.

1°) - *Les séparatistes*

Tout d'abord les séparatistes purs ont pour programme la constitution d'un Etat Rhénan indépendant, état tampon destiné à se trouver sous le protectorat politique et économique de la France. Ils ont un organe hebdomadaire paraissant à Cologne la "Rheinische Republik" qui est actuellement en progrès. Le chef du parti M. Smeets est un socialiste indépendant: il est entré récemment en relations avec les promoteurs du mouvement "Freie Pfalz" qui avait pendant l'armistice cherché à détacher le Palatinat de l'Allemagne. Le parti est actuellement en voie d'organisation et de développement, mais est encore à l'état embryonnaire: il escompte notre appui. Les courageuses campagnes de la Rheinische Republik contre la Prusse et le pangermanisme sont certainement d'un excellent effet dans les milieux ouvriers.

2°) - *Les fédéralistes*

Le mouvement fédéraliste a pour chef le Dr Dorten qui ne cesse, avec une inlassable persévérance, en payant largement de sa personne et de ses biens, de chercher à galvaniser ses compatriotes contre le gouvernement prussien. Il travaille, à peu près d'accord semble-t-il, avec les chefs des mouvements bavarois (Heim), Hanovriens (Danneberg[5]) et hessois (Isenborg[6])[.] Il dispose maintenant d'un organe quotidien le "Rheinische Herold" et prévoit la création ou l'achat d'autres journaux: il a trouvé au cours de l'été des bailleurs de fonds dans l'industrie régionale à Trèves, Aix-la-Chapelle et Cologne.

La création du parti populaire chrétien au moment des élections a été presque exclusivement son œuvre. Toutefois, son autorité n'est pas absolument reconnue et au cours d'une réunion récente de ce parti, il a été abandonné par les fractions de Cologne et de Düsseldorf; des rivalités personnelles se sont jointes aux dissentiments de doctrine pour provoquer cette scission. D'autre part, l'"union populaire rhénane" association fédéraliste créée par Dorten au printemps dernier en dehors des partis, s'est réunie à Boppard le 3 Octobre et a fixé en doctrine par la résolution suivante:

1°) - l'union populaire rhénane réclame la réorganisation de l'Allemagne sur la base fédéraliste, dans laquelle il y aura place pour un Etat rhénan confédéré.

2°) - Elle est fermement persuadée que la grosse majorité des Rhénans repousse l'autonomie provinciale dans le cadre de la Prusse et réclame l'Etat confédéré Rhénan et elle réclame le vote prévu à ce sujet dans la constitution d'Empire.

3°) - Elle considère que la question rhénane est une question allemande et non particulariste. Elle réclame leur droit pour toutes les zones allemandes et escompte leur appui pour l'Etat confédéré Rhénan.

De leur côté, les fédéralistes hessois, dont le centre est à Cassel et dont l'influence s'étend aux confins des territoires occupés, ont adressé à l'assemblée prussienne une protestation pressante contre l'autonomie provinciale. Ils demandent la réorganisation de l'Allemagne par des moyens constitutionnels sur des bases techniques et réclament pour tous les pays hessois des droits égaux à ceux des autres pays allemands.

En ce qui concerne la Hesse électorale et le Palatinat où des tendances fédéralistes existent certainement, dans les milieux centristes particulièrement, il ne s'est produit aucune manifestation extérieure. La question telle qu'elle est posée actuellement est surtout une affaire prussienne et le problème se pose pour ces provinces avec moins d'acuité que pour les provinces prussiennes. Le Centre palatin qui paraisssait au cours de l'été envisager son rattachement à une république rhénane, en a été détourné à cause de l'importance prise par le mouvement bavarois. D'autre part, les tendances réactionnaires et monarchistes de ce mouvement ont soulevé contre lui bien des susceptibilités dans la population dont les tendances sont nettement démocratiques.

Le Parti du Centre rhénan

A côté des séparatistes et fédéralistes intransigeants, le parti du Centre rhénan représente l'opportunisme. Il estime que contrairement à l'opinion de Dorten, pour qui la voie légale ne pouvait conduire à rien, malgré l'activité unitaire des sociaux-démocrates et enfin par la confusion des représentants de la vieille Prusse, un pas très important a été fait pour la libération des provinces rhénanes.

Dès le début de septembre, au cours de sa réunion annuelle, sous la présidence de Trimborn, il a fixé son attitude.[7]

Il accepte comme une situation provisoire, l'autonomie dans le cadre de la Prusse et compte sur l'initiative du gouvernement d'Empire pour réaliser le plus tôt possible la "nouvelle structure de l'Empire".

Le caractère de l'action du centre Rhénan est double: tout d'abord il tient à rester dans la légalité la plus stricte et à marcher d'accord avec le gouvernement d'Empire: il n'a jamais dévié de cette ligne de conduite depuis l'armistice et a habilement utilisé les divers mouvements séparatistes pour arracher une suite de concessions à ses adversaires.

Ensuite il tient par-dessus tout à agir sans pouvoir être suspecté d'aucun accord ou d'aucune tractation avec l'étranger - ou tout au moins avec nous.

Il semble bien qu'en effet le Ministère d'Empire compte appuyer le mouvement fédéraliste. Les déclarations de M. Simons en Suisse[8], celles de Koch après un voyage sur le Rhin[9] et celles plus récentes de M. Scholz en Bavière, ne laissent point de doute à cet égard. Une campagne de la presse officieuse s'est déclenchée il y a six semaines dans ce sens. La "Frankfurter Zeitung" par exemple, constatait en deux articles de tête que le patriotisme des rhénans n'est pas prussien et que malgré la longue domination de la Prusse dans ce pays, la souveraineté de Berlin n'y est pas admise sans discussion.

La politique du gouvernement prussien

Depuis l'armistice, le gouvernement prussien a résisté avec la dernière énergie à toute tentative de dislocation de la Prusse. Il constitue toujours à côté du gouvernement d'Empire une puissance qui n'a rien abdiqué et qui, tout en représentant 40 millions d'Allemands, les représente au profit de la vieille Prusse.

Aujourd'hui, l'évolution des idées et surtout la pression du gouvernement d'Empire ont amené à capituler. Après avoir mis la plus mauvaise volonté à entamer la discussion sur l'autonomie à accorder à ses provinces, chose qui aurait dû être réalisé au mois d'août, il vient de s'y décider. Dans son discours au Comité Constituant Drews a avoué que les effets séparatistes avaient énormément augmenté surtout en Haute-Silésie et sur la rive gauche du Rhin où le mouvement "Los Von Preussen" devient de plus en plus vigoureux. [»]Si on accorde pas aux provinces une autonomie considérable dans l'Etat de Prusse, il est presque certain qu'ils voteront pour la séparation en août 1921."

Il s'agit donc de donner aux provinces l'autonomie dans le cadre de la Prusse pour éviter le plus grand mal de "L'autonomie dans le Reich". C'est l'argument unique que développent les feuilles prussiennes.

Le gouvernement prussien compte d'ailleurs sur le concours dévoué de ses fonctionnaires et des socialistes. Il cherche à inonder le pays d'employés venant de l'Est ou de réfugiés de territoires perdus. Il s'est en somme replié sur une ligne de résistance où il entend tenir.

Il lui manque dans les pays rhénans le concours du parti national dont l'influence est très faible.

Orientation des différents milieux

Dans quelle mesure les masses sont-elles disposées à suivre ces différents courants? Nous entrons ici dans le domaine des impressions et, étant donné la passivité du caractère rhénan, il ne faut accepter qu'avec les plus extrêmes réserves, les manifestations d'opinion, parfois très hardies qui, en réalité, ne répondent à aucune possibilité d'action précise.

Toutefois, il est absolument indéniable que le courant favorable à l'autonomie dans le cadre de l'Empire ait fait des adeptes nombreux. Le monde industriel est inquiet de la situation économique qu'il attribue à la politique berlinoise, aux conséquence de laquelle certains estiment que l'autonomie leur permettraient d'échapper. De nombreux industriels et banquiers rhénans redoutent également la main-mise de la grosse industrie prussienne et ne sont pas très désireux de se courber sous le joug de Stinnes et de Thyssen? Enfin, nombre d'entre eux en tendent reprendre les relations avec les Etats occidentaux et s'indignent des difficultés et même des vexations dont ils sont l'objet.

Les milieux paysans voient dans l'orientation socialiste de l'Etat prussien le principal obstacle à leurs revendications. Les partisans d'une autonomie pouvant aller fort loin se rencontrent dans le cadre des associations paysannes.

La bourgeoisie indigène et le bas clergé pour toutes sortes de raisons matérielles et morales bien connues, sont très hostiles à la Prusse. Il a fallu l'intervention formelle de l'archevêque de Mayence[10] au moment des élections pour empêcher les curés de campagne d'adhérer au "parti populaire chrétien".

Enfin, certaines administrations régionales commencent à secouer le joug de l'autorité prussienne. La ville de Cologne, par exemple, entend reprendre sa liberté pour des achats de vivres et ses relations commerciales. En outre, l'invasion constante des fonctionnaires prussiens de l'Est de l'Elbe, inquiète les fonctionnaires d'origine rhénane et ceux qui aspirent à le devenir. Le mécontentement est habilement exploité dans la région de Cologne par les industriels séparatistes, qui poussent également les ouvriers ou les sans-travail contre les mesures des fonctionnaires prussiens. Les autorités britanniques ne semblent pas décourager ce mouvement.

Le mouvement rhénan a donc acquis une nouvelle importance et on ne saurait nier ses très sérieux progrès alors que le gouvernement prussien lui-même les constate. Sa tendance dominante à l'heure actuelle est anti-prussienne. Il trouve un certain appui chez le Gouvernement d'Empire. Son caractère réactionnaire est beaucoup moins accusé que celui du parti populaire bavarois.

Mais il est très loin d'être coordonné et n'a pas de chef, qui s'impose. Les tendances territoriales divergentes de la Prusse rhénane, du Palatinat et de la Hesse constituent un sérieux obstacle. C'est pourquoi la politique prudente et opportuniste du Centre[11] est actuellement la plus capable de rallier des suffrages de la majorité. Nous n'aurions qu'à nous en féliciter si ce parti était mené d'une façon plus énergique et plus droite. Le rôle des fédéralistes est précisément de l'empêcher de dévier de son programme en le maintenant constamment sous la menace d'une scission qui pourrait lui coûter le pouvoir.

---

1 AN, AJ 9 3775. Maschinenschriftliche Kopie, ohne Ortsangabe.
2 Gemeint ist die Ernennung eines Vertreters des Reiches in München, s. oben Dok. 422 Anm. 3.
3 Gemeint ist die Zentralstelle für die Gliederung des Reiches beim Reichsministerium des Innern, zu deren Tätigkeit s. unten Dok. 435.
4 Hintergrund dieser Diskussion war die Frage nach der Gewährung einer Autonomie für Oberschlesien, Einzelheiten s. unten Dok. 446.
5 Richtig: von Dannenberg.
6 Richtig: Isenburg. Zu den Verbindungen zwischen den einzelnen Bewegungen s. unter anderem oben Dok. 393.
7 Vgl. oben Dok. 405.
8 Vgl. oben Dok. 371.
9 Vgl. oben Dok. 364 bzw. Dok. 373.
10 Bischof Georg Heinrich.
11 Zur Haltung der Zentrumspartei s. oben Dok. 438.

440
M. Laurent, Ambassadeur de France à Berlin, à
M. Leygues, Président du Conseil, Ministre des Affaires Etrangères.

T. n° 1902-1905. Déchiffrement. Berlin, le 16 octobre 1920, 23 h 30.
(Reçu: le 17, 3 h 35, 5 h 00.)[1]

Le Congrès socialiste indépendant ouvert à (mot passé)[2] a été remarquable par le rôle effacé qu'y ont joué les chefs allemands du parti. Bien que résolus dès le premier jour à la scission, partisans et adversaires de la troisième internationale se sont observés pendant les premières séances, aucune des deux fractions ne voulant prendre l'initiative de la rupture.

Le véritable débat s'est réduit à un duel entre deux Russes, le délégué des Soviets Zinoviev[3] et le Chef Menchevik Martov.

Dans un discours d'une extrême violence, Zinoviev a mis les socialistes allemands en demeure de se prononcer pour le communisme intégral. Il a condamné l'Internationale syndicale d'Amsterdam comme un boulevard de la bourgeoisie, dénoncé en Legien et Jouhaux les agents du capital et déclaré les syndicalistes jaunes plus dangereux que les gardes blancs. Il a prédit le triomphe de la révolution mondiale sous la poussée des masses asiatiques, proclamé la nécessité de la terreur sans merci même envers l'opposition socialiste.

Martov véritable spectre qui a paru incarner toute la misère du peuple russe, a fait lire un vigoureux réquisitoire contre les Soviets. Il leur a reproché leurs hécatombe d'adversaires politiques, leurs efforts, avoués par Trotsky, pour entraîner l'Allemagne dans une guerre contre la France et leur absence totale de principes qui les amène, en Sibérie Orientale, à constituer un gouvernement de coalition avec les anciens ministres de l'amiral Koltchak.

Un autre Russe, Lozouski[4], représentant des syndicats bolcheviques, a déchaîné, par ses basses attaques contre les syndicats allemands une telle indignation qu'il a dû renoncer à la parole.

La droite du congrès a applaudi le brillant exposé de la doctrine marxiste par l'autrichien Hilferding, rédacteur en chef de la "Freiheit", et fait une ovation à Jean Longuet, qui a clos ce matin la discussion. Notre compatriote a déclaré que les méthodes russes, bonnes peut-être en Russie, ne convenaient pas aux pays d'Occident qui n'accepteraient jamais une internationale purement russe. Il a montré dans les syndicats la meilleure arme de combat contre la bourgeoisie.

Le vote décisif devait avoir lieu ce soir; l'acceptation des conditions de Moscou était certaine.

1 Allemagne, 318, fol. 201-204.
2 Muß vermutlich heißen: Halle.
3 Zum Beschluß der Reichsregierung, Sinowjew die Einreise nach Deutschland zu gestatten, s. Protokoll der Kabinettssitzung vom 5.10.1920, AdR, Kabinett Fehrenbach, Dok. 81 P. 7, S. 210. Zum Fortgang s. unten Dok. 441.
4 Richtig: Losowski.

441
*M. Laurent, Ambassadeur de France à Berlin, à
M. Leygues, Président du Conseil, Ministre des Affaires Etrangères.*

T. n° 1915-1917. Déchiffrement.   Berlin, le 18 octobre 1920, 21 h 40.
(Reçu: 23 h 50, le 19, 3 h 00.)[1]

Suite à mes télégrammes 1902 à 1905.[2]
Le Congrès socialiste indépendant a voté samedi par 237 voix contre 156 un ordre du jour acceptant sans réserve les conditions de Moscou. La droite a aussitôt quitté la salle, tandis que la gauche recevait de Zinoviev avec l'investiture de Moscou, l'autorisation de ne pas fusionner avec le parti communiste. Cette concession de pure forme tendait uniquement à permettre à la majorité de conserver le nom et surtout la caisse du parti. Cet avoir sera, d'ailleurs, âprement disputé par la droite qui s'est réunie, à Halle même, en congrès séparé.

L'oraison funèbre du parti socialiste indépendant est prononcée par toute la presse avec un mélange de satisfaction et d'anxiété. Le premier domaine chez les journaux d'extrême droite, partisans de la politique du pire et dans le Vorwärts qui, au nom du parti socialiste majoritaire, ouvre les bras aux "égarés" reniés par Moscou. Au contraire les feuilles modérées s'alarment de voir les Bolcheviks intervenir directement dans la politique intérieure de l'Allemagne.

Le Gouvernement allemand vient d'ailleurs, de prendre un arrêt d'expulsion contre Zinoviev et Losowski.[3] Le libéralisme apparent dont il avait fait preuve en les admettant n'était pas exempt d'arrière-pensées.[4]

1 Allemagne 321, fol. 166-168.
2 Vgl. oben Dok. 440.
3 Zum Beschluß der Reichsregierung, Sinowjew und Losowski aufzufordern, Deutschland zu verlassen, s. Protokoll der Kabinettssitzung vom 16.1.1920, AdR, Kabinett Fehrenbach, Dok. 88 P. 4, S. 231f. Der Reichstag bestätigte am 20.10.1920 gegen die

Stimmen der USPD und der KPD nach Aussprache den Ausweisungsbeschluß, s. Laurents T. n° 1936-1939 vom 22.10.1920, Russie 321, fol. 72-75.
4   Zum Fortgang s. unten Dok. 535.

442
M. Laurent, Ambassadeur de France à Berlin, à
M. Leygues, Président du Conseil, Ministre des Affaires Etrangères.

D. n° 632.   Berlin, le 18 octobre 1920.[1]

Attaques des partis de gauche contre M. Hermes.

La campagne des partis de gauche contre le Ministre du Ravitaillement Hermes, que signalait mon télégramme N° 1891-92[2], devient de plus en plus vive.

La presse socialiste reproche à M. Hermes de favoriser les agriculteurs aux dépens des consommateurs, d'avoir négligé d'acheter à l'étranger des produits indispensables: huiles, graisses, margarine, céréales, à une époque où le relèvement du change allemand eût rendu ces tractations particulièrement avantageuses. Les marchés qui ont dû être passés plus tard ont imposé à l'Etat des charges très lourdes en raison de la chute nouvelle du mark.

Les partisans du Ministre répondent, non sans quelque apparence de raison, qu'il lui était impossible de prévoir les fluctuations du change et que d'ailleurs sa politique d'encouragement à la production ne s'écartait guère de celle suivie par son prédécesseur, le Socialiste Robert Schmidt.

La campagne menée contre M. Hermes paraît néanmoins avoir plus de chances d'aboutir que celle dont M. Wirth est sorti victorieux il y a quelques semaines.[3] Les Socialistes ne se bornent pas, en effet, à critiquer l'administration du Ministre. Ils lui reprochent des fautes entachant son honorabilité personnelle, et s'efforcent notamment, d'établir que dans deux cas au moins il aurait couvert des fonctionnaires prévaricateurs, bien qu'il ne pût ignorer leur culpabilité.[4]

Ces accusations ont produit grande impression. L'opinion publique paraît se prononcer contre le Ministre, qui n'a jamais été populaire, et, sous sa pression, le Gouvernement a dû se décider à ouvrir une enquête, confiée au Ministre de la Justice[5] et au Ministre des Finances, sur les faits d'ordre personnel reprochés à M. Hermes. Il paraît probable que celui-ci sera renversé dès la réunion du Reichstag, s'il ne préfère prendre les devants et donner sa démission sans affronter un débat qui ne semble guère pouvoir tourner à son avantage.

Bien que M. Hermes ne soit pas jusqu'ici accusé de s'être laissé personnellement corrompre, mais seulement d'avoir fait preuve d'une faiblesse coupable envers des subordonnés indignes, son cas prend ainsi une certaine ressemblance avec celui d'Erzberger. Les attaques dirigées contre lui n'auront sans doute pas le retentissement du fameux duel entre Helfferich et l'ancien Chef du Centre[6]. Il n'en est pas moins fâcheux pour le parti catholique que ce soit à nouveau un de ses membres qui fasse les frais de ce second scandale, suscité cette fois par la gauche.

---

1   Allemagne, 286, fol. 214-215.
2   Nicht abgedruckt. Laurent hatte am 16.10.1920 über Vorwürfe des preußischen Landwirtschaftsministers Braun gegen Hermes berichtet, der unter anderem eine rasche Sozialisierung der Kunstdüngererzeugung forderte, s. Allemagne 318, fol. 188-189. Zu den Hintergründen s. Schultheß' Europäischer Geschichtskalender 36 (1920) S. 261 bzw. oben Dok. 437.
3   Vgl. oben Dok. 413.
4   Vgl. unten Dok. 518.
5   Rudolf Heinze.
6   Vgl. oben Dok. 78.

443

M. Laurent, Ambassadeur de France à Berlin, à M. Leygues, Président du Conseil, Ministre des Affaires Etrangères.

D. n° 638.   Berlin, le 20 octobre 1920.[1]

A.s. des prisonniers de guerre allemands retenus en France.

Le Département a bien voulu me faire savoir, par dépêche N° 1319 du 31 juillet[2], que le Gouvernement de la République, tout en jugeant prématuré d'envisager une libération générale des prisonnads allemands retenus en France, ne se refusait pas à prendre des décisions individuelles de clémence dans des cas particulièrement intéressants.[3]

J'ai fait connaître ces intentions bienveillantes au capitaine Willy Meyer, Président de l'Association des Officiers de la République allemande, et je lui ai demandé de m'indiquer les prisonners auxquels il s'intéresse particulièrement. En m'exprimant sa re<connaissance?>[4] il a manifesté l'intention de donner la plus grande publicité à notre offre généreuse. J'ai eu quelque peine à le convaincre que ce serait le plus sûr moyen de faire échouer l'affaire, car, si désireux que nous fussions de reconnaître les bonnes dispositions des pacifistes, nous ne pourrions pas leur accorder publiquement une faveur que nous serions ensuite fort embarrassés de refuser au Gouvernement allemand lui-même. Il a fini par se rendre à cette raison et par reconnaître que les Comités pacifistes pourraient facilement utiliser pour une propagande orale et discrète le succès que nous leur aurions ménagé.

M. Willy Meyer vient de m'adresser deux listes de prisonniers qu'il recommande à la bienveilance du Gouvernement de la République. La première de ces deux listes que je vous prie de me retourner comprends 46 détenus d'Avignon, parmi lesquels 32 condamnés à moins de 5 ans de prison, 3 à la prison de longue durée et 11 aux travaux forcés. L'un de ces derniers, Ansen, serait un déséquilibré. Sur la seconde figurent quatre détenus de maison centrale qui subissent des peines de travaux forcés prononcées pour espionnage. Deux, qui sont des civils, ont été arrêtés en Avril 1917 sur la Côte des Somalis alors que, venant d'Abyssinie, ils cherchaient à rejoindre l'Allemagne par l'Arabie. Deux autres, dont un civil, s'étant évadés de France en Grèce, auraient quitté Athènes au moment de l'arrivée des troupes et auraient été arrêtés à Salonique pour espionnage.

J'ai l'honneur de transmettre ci-joint à Votre < Excellence > en original, ces documents[5]. Nous aurions grand large mesure possible au Capitaine Willy Meyer et à l'Association des Officiers de la République allemande afin de seconder la courageuse propagande qu'ils mènent contre le parti militaire et les zélateurs de la revanche.[6]

---

1   A-Paix (1914-1920) 81, fol. 160-161 (Vorlage schadhaft).
2   Nicht abgedruckt.
3   Es handelte sich hier um deutsche Kriegsgefangene und Zivilinternierte, die von französischen Gerichten inzwischen zu Gefängnis- oder Zuchthausstrafen verurteilt worden waren und daher nicht unter den üblichen Bedingungen für Kriegsgefangene aus der Haft entlassen werden konnten.
4   Text an dieser Stelle durch Brandschaden unvollständig.
5   Nicht abgedruckt. Die Vorlage ist an dieser Stelle lückenhaft.
6   Zur Fortsetzung der Bemühungen um eine Freilassung dieser Gefangenen s. Laurents D. n° 664 vom 2.11.1920, A-Paix (1914-1920) 81, fol. 165.

444

M. Laurent, Ambassadeur de France à Berlin, à
M. Leygues, Président du Conseil, Ministre des Affaires Etrangères.

D. n° 640.   Berlin, le 20 octobre 1920.[1]

Candidats à la Présidence de la République.
Foerster, Lettow-Vorbeck, von Kahr.

Bien que renvoyée au printemps prochain, l'élection présidentielle continue à préoccuper l'opinion et les partis. Des candidatures nouvelles surgissent, moins intéressantes par les hommes eux-mêmes, dont la plupart n'affronteront pas la lutte, que par les tendances dont ils sont momentanément les représentants.[2]

C'est ainsi qu'au début de ce mois, le Congrès pacifiste, réuni à Brunswick, a décidé de mettre en avant le professeur Fr. W. Foerster. Le Dr. Paul Thieme et le Dr. Max Greve sont venus récemment exposer à l'Ambassade que le vieil adversaire du militarisme prussien était le seul qui pût faire échec à Hindenburg ou à tout autre général avant-coureur de l'Empire. Ils sollicitaient des avances de fonds importantes pour organiser dès maintenant la propagande par des Conférences, des brochures et par la presse. Ils se faisaient forte de gagner, à beaux deniers sonnants, non seulement la Freiheit, le Vorwärts et la Gazette de Voss, mais le Berliner Tageblatt et même le Lokal Anzeiger. L'Ambassade les a accueillis avec la réserve que semblait commander tant de naïveté et s'est enquis discrètement auprès d'Hellmuth von Gerlach, principal protagoniste de la Candidature Foerster. Le Directeur de la "Welt am Montag" a fait preuve, pour une fois, de sens pratique. Mis sur ses gardes par les imprudences d'hommes qui n'appartenaient pas à son entourage, il a répudié l'idée de faire appel au concours pécuniaire de la France. D'après lui, Foerster n'aurait aucune chance s'il faisait dès maintenant acte de candidat, mais devrait se réserver pour le second tour où son nom pourrait grouper les voix des républicains - socialistes, démocrates ou centristes - qui, divisés au premier tour sur les candidats de leurs partis respectifs, feraient bloc pour barrer la route au représentant des monarchistes. Même présentée sous cette forme, la candidature Foerster paraît une illusion de théoriciens qui, ramenant les luttes électorales à des conflits d'idées, croient au triomphe des purs doctrinaires.

Certains pacifistes redoutent Lettow-Vorbeck plus que Hindenburg. Ils semblent aussi chimériques dans leurs craintes que dans leurs espérances. Malgré la popularité que lui ont valu ses prouesses militaires, l'ancien défenseur de l'Est-Africain s'est trop ouvertement compromis avec les Kappistes pour rallier à lui les masses populaires.[3]

Plus sérieux paraît être le courant qui se dessine depuis quelques jours dans les milieux de la "Volkspartei" allemande en faveur du Ministre Président de Bavière von Kahr. Les promoteurs de cette candidature sont naturellement assurés de l'adhésion de la "Bayerische Volkspartei", à laquelle appartient M. von Kahr. Mais ils ne doutent pas non plus que les "nationaux-allemands" ne donnent leurs voix à un fidèle serviteur de la monarchie; ils escomptent que toute l'Allemagne du Sud se prononcera pour un Bavarois, et ne désespèrent pas que les socialistes se laissent convaincre de faire un choix qu'on leur représenterait comme une garantie de paix avec la France. Aucun doute ne peut subsister sur les tendances réactionnaires de cette campagne qui s'ouvre au lendemain du jour où un des chefs de la Volkspartei, le Ministre de la Justice du Reich Heinze, a professé publiquement sa foi impérialiste. La manœuvre est une extension de celle qui se développe actuellement à propos des Einwohnerwehren bavaroises. Les esprits positifs de la grande industrie et du grand Etat-Major, Stinnes et Ludendorff, semblent vouloir faire de Munich un centre de regroupement des forces conservatrices. Cédant à l'espoir de tromper l'hostilité que la domination prussienne rencontre aussi bien en Allemagne qu'à l'étranger, ils acceptent l'hégémonie bavaroise comme transition vers la restauration de l'Empire et la reconstitution de la Grande Alliance.

---

1   Allemagne 286, fol. 216r-217v.
2   Vgl. oben Dok. 423.
3   Vgl. oben Dok. 93 und Dok. 171.

445
*M. Laurent, Ambassadeur de France à Berlin, à
M. Leygues, Président du Conseil, Ministre des Affaires Etrangères.*

T. n° 1926-1929. Déchiffrement.   Berlin, le 21 octobre 1920, 0 h 30.
(Reçu: 7 h 00, 7 h 30, 6 h 30.)[1]

En rendant aujourd'hui visite au Ministre des Affaires Etrangères[2] pour la première fois depuis mon retour, je lui ai fait connaître que ses propositions de conversation directe entre techniciens français et allemandes ne paraissaient pas comporter de suite pour le moment, puisqu'on envisageait une réunion plus ouverte de techniciens à Bruxelles.[3]

Questionné sur l'état des pourparlers entre Paris et Londres, j'ai répondu que, sans avoir de précisions, je croyais que l'accord se ferait pour réunir à Bruxelles les techniciens allemands avec les membres de la commission des réparations ou les experts désignés par cette commission. Le Dr. Simons m'a dit que Paris lui aurait semblé beaucoup plus indiqué que Bruxelles pour une telle réunion.

J'ai ajouté que si la méthode préconisée dernièrement par le Gouvernement allemand ne trouvait pas en ce moment son application, je croyais cependant utile de chercher à préparer un rapprochement économique (entre les) deux pays et comp(tais) en discuter incessamment avec quelques représentants de la grande industrie allemande.

Le docteur Simons m'a déclaré voir dans cette enquête un excellent moyen de faciliter la tâche du Gouvernement en précisant sur quels points et suivant quelles modalités des accords particuliers entre industriels pourraient (s'établir). Il m'a offert son concours pour entrer en relations avec certaines personnalités. (Je) lui ai répondu que j'avais pris mes dispositions à cet égard, mais que je le tiendrai volontiers au courant du résultat (général) de mes conversations.[4]

Il a prononcé à cette occasion le nom de Stinnes, qu'il juge un homme à ménager, organisateur de génie, bien que susceptible de se laisser entraîner par son empressement à de "graves erreurs", comme celle de Spa. J'ai accueilli avec la plus grande réserve cette ouverture.

(Je n'ai pas manqué) pour conclure de faire valoir que tous les efforts de rapprochement économique resteraient inefficaces si le Gouvernement allemand ne faisait pas [d']effort pour ramener l'apaisement dans les relations générales et la confiance dans les relations commerciales entre les deux pays. J'ai signalé, d'après notre Consul général à Hambourg[5], l'hostilité croissante que la presse entretient dans la population des grandes villes envers notre pays. Le docteur Simons attribue une origine bolcheviste à ces manifestations, dont il constate l'aggravation depuis les événements de Pologne. J'ai rappelé d'autre part que les notes adressées (par la) conférence des Ambassadeurs pour demander la modification du régime commercial allemand, contraire au traité, n'avaient pas reçu jusqu'ici de réponse satisfaisante. Le ministre m'a promis de presser l'étude de la question.

---

1 Allemagne, 516, fol. 115-118.
2 Walter Simons.
3 Vgl. unter anderem oben Dok. 386, Dok. 415 und Dok. 420.
4 Vgl. unten Dok. 519 Anm. 7.
5 Albéric Neton. Vgl. oben Dok. 327 bzw. unten Dok. 450.

446
*M. Laurent, Ambassadeur de France à Berlin, à
M. Leygues, Président du Conseil, Ministre des Affaires Etrangères.*

D. n° 641. Berlin, le 22 octobre 1920.[1]

Projets d'autonomie de la Haute-Silésie.

La question de l'autonomie de la Haute-Silésie, qui était depuis plusieurs mois débattue dans la presse[2] mais n'avait pas encore fait l'objet des délibérations gouvernementales, est venue assez inopinément hier devant un Comité spécial comprenant les membres de la Commission des Affaires Extérieures du Reichstag. Le point de vue du Gouvernement d'Empire a été exposé par M. Simons, Ministre des Affaires Etrangères[3] et par le Ministre de l'Intérieur M. Koch. M. Braun, Président du Conseil des Ministres de Prusse a présenté les observations du Gouvernement prussien.

Les débats étaient naturellement confidentielles. Mais s'il est permis d'en croire certaines informations de presse que corrobore, bien plutôt qu' il ne les infirme, un timide essai de démenti publié ce matin par l'Agence Wolff, le Gouvernement d'Empire aurait décidé de présenter immédiatement et sans attendre le plébiscite une loi spéciale faisant de la Haute-

Silésie un nouvel état fédéral, distinct de la Prusse. Le Gouvernement prussien, au contraire n'envisagerait qu'une simple autonomie provinciale.[4] La Gazette de Voss croit toutefois savoir qu'un projet transactionnel aurait des chances sérieuses d'être accepté par les deux Gouvernements intéressés.

Il s'agirait de soumettre la question à un référendum de la population silésienne elle-même. Mais ce référendum n'aurait lieu que deux mois après le plébiscite. La Haute-Silésie serait alors érigée en état particulier, si, conformément à l'article 18 de la Constitution, la population se prononçait en faveur de cette solution par une majorité des trois cinquièmes.

La presse marque encore quelque hésitation à se prononcer sur une question, dont l'importance peut être capitale et dont l'opinion se trouve inopinément saisie. Catholiques et conservateurs paraissent seuls avoir déjà leur siège fait. La presse catholique se prononce nettement pour l'autonomie immédiate et sans réserve. La Germania d'hier soir cherche à établir que des mesures extrêmes peuvent seules conserver la Haute-Silésie à l'Allemagne. Elle fait allusion à la promesse d'autonomie donnée à la Haute-Silésie par le Gouvernement Polonais, montre la nécessité pour Berlin de suivre sans retard l'exemple ainsi donné par Varsovie, en accordant l'autonomie complète que réclament, selon l'organe du centre, les quatre cinquièmes de la population.

Les journaux démocrates gardent encore le silence, sauf la Gazette de Voss, qui, dans un long article signé de Georg Bernhard, adopte pleinement les conclusions de la Germania.

Au contraire les Conservateurs-nationaux allemands et le parti populaire prennent vigoureusement position contre toute idée de démembrement de la Prusse. La "Revue Quotidienne" de ce matin réfute point par point l'article de la Germania. Elle dénonce dans le projet d'autonomie fédérale de la Haute-Silésie, que l'on s'efforce d'imposer par surprise à l'opinion publique, une intrigue cléricale, qui cherche à profiter des conditions favorables créées par l'approche du plébiscite pour attacher aux flancs de la Prusse un nouvel Etat catholique qui serait son pire ennemi. L'organe des populaires allemands conteste que les vœux des Silésiens aillent au delà d'une autonomie locale assurant la protection de leurs églises et de leurs écoles confessionnelles, dénie toute importance à la promesse d'autonomie faite par les Polonais et conclut sur cet argument hasardé qu'une Haute-Silésie devenue Etat fédéral ne tarderait pas à sortir du cadre de l'Empire et à s'ériger en Puissance indépendante. La "Gazette Populaire" ajoute qu'en donnant satisfaction au particularisme silésien on risquerait de provoquer des mouvements séparatistes ailleurs, sur le Rhin, en Westphalie, au Hanovre, ce qui serait la fin de la Prusse. Elle cite à l'appui de sa thèse les paroles du député au Reichstag

Pohlmann, ancien maire de Kattowitz, qui déclare dans une interview:
"La question qui se pose est d'une importance suprême. Un premier pas dans la voie de la dissolution de la Prusse serait immanquablement suivi d'autres. De la décision qui sera prise dépendent l'intégrité territoriale de la Prusse, le maintien de son hégémonie, bref toute la structure interne de l'Empire."

La presse socialiste se réserve encore. Le Vorwärts se borne à déplorer les révélations de la Gazette de Voss qui livrent aux Polonais un admirable instrument de propagande, en dévoilant à quel point le nom même de la Prusse est détesté en Haute-Silésie.

Samedi aura lieu une nouvelle réunion du Comité dans laquelle seront entendus les députés de Haute-Silésie.[5] On pense que ceux-ci, catholiques pour la plupart, se prononceront en majorité pour l'autonomie complète. On s'attend néanmoins à de vifs débats, en raison de la résistance que l'on prévoit de la part du Gouvernement Prussien et des partis de droite.

La situation constitutionnelle est assez compliquée. Si le Gouvernement d'Empire et le Gouvernement Prussien réussissent à se mettre d'accord sur un texte, il suffira, pour qu'il obtienne force légale, de la simple majorité au Reichstag ainsi qu'au Conseil d'Empire (paragraphe 2 de l'article 18 de la Constitution). En cas de non-entente il faut, au Reichstag comme au Conseil d'Empire une majorité des deux tiers (article 18 paragraphe 1 et article 76). Toutefois la majorité simple suffit, même en ce dernier cas, si la formation d'un Etat nouveau est réclamée par la population intéressée à la majorité des trois cinquièmes (article 18 paragraphe 3). Mais l'article 167 prévoit que les dispositions de l'article 18 n'entreront en vigueur que deux ans après la promulgation de la Constitution, soit en Août 1921. Si donc on décidait de procéder à un référendum en Haute-Silésie deux mois après le plébiscite, il deviendrait nécessaire de modifier l'article 167 ce qui exigerait l'adoption d'une loi constitutionnelle, qui devrait à son tour être votée à la majorité des deux tiers.

Il est par suite difficile de dire dès à présent quelle majorité sera requise pour donner force de loi au projet d'autonomie complète que l'on prête au Gouvernement d'Empire. Cette question a une certaine importance, car, si une majorité des deux tiers était nécessaire, il se pourrait que l'opposition des partis de droite fut à elle seule suffisante pour empêcher l'érection de la Haute-Silésie en Etat fédéral autonome.

Il est permis de se demander jusqu'à quel point les Allemands sont sincères dans le beau zèle dont ils témoignent soudain envers la province qu'ils redoutent de perdre. En proposant de soumettre la décision définitive à un référendum qui n'aurait lieu qu'après le plébiscite, le Cabinet prussien garde sans doute l'arrière-pensée d'escamoter ou de truquer la consultation populaire, dont la promesse lui paraît devoir suffire à assurer à l'Allemagne une issue favorable du plébiscite. Ce calcul pourrait toutefois se retourner contre ses auteurs. Une fois posé dans toute son ampleur le problème de l'autonomie silésienne, il se pourrait que toute solution trop timide fît le jeu de la propagande polonaise et qu'à Berlin on se vît obligé d'aller au delà des concessions primitivement envisagées.

Quoiqu'il en soit, les mesures extrêmes proposées par une partie de l'opinion, la répercussion que trouve dans le public la discussion qui vient de s'engager, indiquent nettement que depuis les événements qui se sont déroulés en Haute-Silésie au mois d'Août dernier[6] et depuis le raffermissement de la situation extérieure de la Pologne, l'issue du plébiscite est envisagée ici avec une appréhension grandissante.

---

1 Pologne 149, fol. 149r-150bis v.
2 Vgl. oben Dok. 371.
3 Zum Text der Rede s. die entsprechende Aufzeichnung vom 21.10.1920, AdR, Kabinett Fehrenbach, Dok. 91 S. 237ff.
4 Zu den unterschiedlichen Standpunkten s. Protokoll der Ministerbesprechung mit Mitgliedern des Preußischen Staatsministeriums vom 22.10.1920, ebenda, Dok. 92 P. 1, S. 240f. Zum Wortlaut der WTB-Erklärung s. Laurents T. n° 1957 vom 23.10.1920, Télégrammes, Arrivée de Berlin, 1920, 9.
5 Zu den Ergebnissen s. unten Dok. 447.
6 Vgl. oben Dok. 369, Dok. 375 und Dok. 380.

447
M. Laurent, Ambassadeur de France à Berlin, à
M. Leygues, Président du Conseil, Ministre des Affaires Etrangères.

D. n° 644.　　　　　　　　　　　　　　　Berlin, le 25 octobre 1920.[1]

Projet d'autonomie fédérale de la Haute-Silésie.

Les débats engagés à la Commission des Affaires Extérieures du Reichstag relativement à la question de l'autonomie de la Haute-Silésie ont abouti, plus rapidement qu'on ne l'escomptait généralement, à un accord de principe sur le projet transactionnel que signalait ma dépêche N° 641[2].

On s'attend à ce que le Gouvernement dépose incessamment, probablement dès Mercredi, un projet de loi accordant l'autonomie fédérale à la Haute-Siléise[3], sous réserve que la population silésienne consultée deux mois après le plébiscite réclamera elle-même cette solution à la majorité des trois cinquièmes. Le vote du projet paraît assuré à une très forte majorité. Les Socialistes et les Démocrates, d'abord hésitants, les Populaires allemands, au début franchement hostiles, se rallient, sans enthousiasme, à la proposition gouvernementale. Seule l'extrême-droite n'a pas encore précisé son attitude. Quelques uns de ses organes, comme la Gazette de la Croix et les Dernières Nouvelles de Hambourg maintiennent leur refus de s'associer à une action qui sera, disent-ils, le signal du démembrement de la Prusse, et cherchent à démontrer que, loin de fortifier la cause du germanisme, l'érection de la Haute-Silésie en Etat fédéral fournirait un champ particulièrement propice aux intrigues de la Pologne, soutenue et encouragée par la France.

Diverses considérations semblent avoir rallié la majorité de l'opinion à une solution d'abord envisagée avec défiance.

En premier lieu il a paru impossible, une fois la question de l'autonomie complète sérieusement et ouvertement posée, de la trancher par la négative, sans fournir une arme précieuse à la propagande polonaise. Il a d'autre part semblé indispensable de tenir compte des vœux nettement exprimés du Centre, puisqu'il s'agissait du sort d'une région où ce parti exerce une influence prépondérante. On a en outre reconnu que le mouvement anti-prussien était plus fort en Haute-Silésie qu'on ne l'avait supposé jusqu'ici et qu'à vouloir le contrecarrer on diminuerait sérieusement les chances qui restent à l'Allemagne de conserver la province en litige.

Une autre raison a pu contribuer à faire triompher la solution la plus libérale: c'est le désir d'enrayer les progrès du mouvement tendant à la formation de la Haute-Silésie en Etat complètement indépendant, placé sous le contrôle de la Société des Nations ou d'une Puissance mandataire.

Selon des renseignements provenant notamment des deux principaux représentants du "Bund der Oberschlesier", le Professeur Durynek et le Dr Latacz, tous deux de Beuthen, qui sont entrés il y a quelque temps déjà en relations avec notre service d'information, l'agitation pour une Haute-Silésie totalement indépendante aurait pour elle une partie importante de la population, notamment le clergé, la grosse industrie allemande et polonaise, une partie de la classe paysanne. M.M. Durynek et Latacz pensent que les résultats du plébiscite aboutiront à un partage du pays contraire à tous ses intérêts économiques et ouvriront les yeux des plus prévenus sur l'impossibilité de couper en deux le bloc industriel que constitue la Haute-Silésie.

Notre Délégué à Oppeln[4] est mieux à même que moi d'apprécier l'influence que peut exercer le "Bund der Oberschlesier", qui n'est d'ailleurs pas la seule organisation travaillant en vue de l'indépendance de la Haute-Silésie. Toujours est-il que les Allemands prennent ce mouvement très au sérieux. Ils soupçonnent les Polonais de l'appuyer et redoutent de le voir s'étendre à certains districts agricoles de la Silésie Moyenne non compris dans la zone de plébiscite. Sans doute ont-ils pensé que le meilleur moyen d'enrayer ces tendances était d'entrer franchement, avant qu'il fut trop tard, dans la voie des concessions.

Les Allemands attendent-ils de cette tactique de grands résultats? Il est permis de se le demander. Le ton désabusé sur lequel la plupart des journaux parlent des questions de Haute-Silésie contraste étrangement avec leur assurance d'il y a quelques mois. Le Vorwärts, la Gazette de Francfort, le Berliner Tageblatt, tout en insistant sur les inconvénients de la création d'un nouvel Etat fédéral, ses répercussions possibles sur l'intégrité de la Prusse dans l'Allemagne de l'Ouest, l'encouragement qu'y puiseront les particularistes, mettent leurs lecteurs en garde contre toute tentation de voir dans la solution adoptée un moyen infaillible d'assurer le triomphe de la cause allemande en Haute-Silésie. Ils se contentent de dire que le Gouvernement serait coupable de négliger tout moyen susceptible de concourir, pour si peu que ce soit, à amener un résultat favorable.

Il semble que la vive et soudaine réaction par laquelle les éléments polonais ont répondu aux provocations allemandes du mois d'Août dernier[5] ait quelque peu surpris et désorienté l'opinion. Moins sûrs qu'il y a quelques mois d'un succès qu'ils ont cru tenir, peut-être les Allemands iront-ils avec moins d'entrain à la bataille.[6]

---

1 Pologne 149, fol. 159r-160v.
2 Vgl. oben Dok. 446.
3 Gemeint ist hier der 27.10.1920.
4 Général Le Rond.
5 Vgl. oben Dok. 369, Dok. 375 und Dok. 380.
6 Zum Fortgang s. unten Dok. 481.

448
M. Laurent, Ambassadeur de France à Berlin, à
M. Leygues, Président du Conseil, Ministre des Affaires Etrangères.

D. n° 642.   Berlin, le 26 octobre 1920.[1]

Les représentants officiels allemands
et la révision du Traité de Versailles.

Votre Excellence a bien voulu, par dépêche N° 1803 du 23 Octobre[2], me prescrire d'attirer l'attention du Gouvernement allemand sur l'attitude incorrecte prise par son Chargé d'affaires à Tokio[3], qui, au cours d'un banquet, aurait protesté contre le Traité de Versailles et en aurait réclamé la révision.

Je saisirai l'occasion d'un prochain entretien avec le Ministre des Affaires Etrangères[4] pour lui demander d'inviter son agent à plus de circonspection. Je suppose que le Dr Simons nous donnera satisfaction, mais je suis beaucoup moins convaincu que le Chargé d'Affaires et futur Ambassadeur d'Allemagne à Tokio se conforme strictement à ses instructions. Le Dr Solf, qui a été Ministre des Colonies et des Affaires Etrangères sous l'Empire, conserve une grande indépendance envers les autorités du nouveau régime auxquelles il a reproché l'année dernière, avec une âpreté particulière, d'avoir signé le Traité de Versailles. Elles ne paraissent pas lui en tenir rigueur, puisqu'elles lui ont offert plusieurs postes diplomatiques importants et l'ont laissé, jusqu'au jour de son départ, diriger la campagne de presse contre les clauses navales et coloniales imposées par l'Entente.

Le Dr Solf pourrait d'ailleurs être tenté de répondre à son chef que la révision du Traité de Versailles figure en tête du programme de tous les partis qui composent ou soutiennent le Gouvernement. Leurs journaux la réclament matin et soir; leurs Congrès l'ont exigée: populistes allemands à Erfurt[5], populistes bavarois à Bamberg[6], démocrats à Ratisbonne[7], socialistes majoritaires à Cassel[8], n'ont été d'accord que sur ce point. En dehors de la coalition, on ne trouve guère qu'adversaires du Traité, que ce soient les nationaux allemands, voués à la revanche, ou les socialistes indépendants de gauche et communistes, révoltés contre la dictature des capitalistes alliés.

Le Dr Solf aurait surtout beau jeu pour rappeler que loin de protester contre ces manifestations, les membres du Gouvernement s'y associent. Les ministres d'hier et de demain, comme Hermann Müller, cependant signataire du Traité, ne gardent aucune réserve. Les ministres en fonctions affirment que hors la révision ils ne voient point de salut pour leur patrie. Le ministre de la guerre Geßler a déclaré le 25 octobre à Ratisbonne: "Ou bien nous périrons en restant fidèles au Traité de Versailles ou bien nous devrons briser le Traité. Je désire et j'espère que la révision du Traité s'accomplisse un jour conformément au droit des peuples. Le but de notre politique extérieure doit être de reconquérir d'abord la sympathie morale de l'univers." Le Dr Simons, lui-même, qui a reconnu, devant le Reichstag, la nécessité d'appliquer le Traité, ne se fait pas faute d'expliquer que cet essai loyal doit servir à démontrer l'impossibilité d'exécuter intégralement les 440 articles de Versailles.

Quand on entend les dirigeants de la firme allemande répéter qu'ils ne peuvent faire honneur à leur concordat, peut-on s'étonner que certains de leurs voyageurs proclament la banqueroute?[9]

---

1 Allemagne 374, fol. 245-246.
2 Nicht abgedruckt.
3 Wilhelm Solf.
4 Walter Simons.
5 Ein Bericht hierzu konnte in den Akten der Botschaft nicht ermittelt werden.
6 Vgl. die Hinweise oben Dok. 407 Anm. 3.

7   Zum Verlauf des Parteitages der DDP in Regensburg s. Dards Depesche n° 119 vom 27.10.1920, Papiers d'Agents, Dard 13 (ohne Folio).
8   Vgl. dazu oben Dok. 435.
9   Am 29.10.1920 protestierte Laurent offiziell bei der Reichsregierung gegen die Äußerungen Solfs, s. dessen D. n° 652 vom gleichen Tag, MAE Nantes, Ambassade de Berlin, 174 (ohne Folio).

449
*M. Laurent, Ambassadeur de France à Berlin, à
M. Leygues, Président du Conseil, Ministre des Affaires Etrangères*

D. n° 650.   Berlin, le 26 octobre 1920.[1]

Socialistes français et socialistes allemands.

Le parti socialiste français était représenté au Congrès socialiste indépendant de Halle[2] par trois délégués, M.M. Jean Longuet, David Renoult et Grumbach auxquels s'était joint le correspondant de l'Humanité à Berlin, M. Caussy.

M. David Renoult était, parmi eux, le seul partisan de l'adhésion à la troisième Internationale. Il a partagé au Congrès l'effacement volontaire des extrémistes allemands qui ont écouté, avec une foi muette de néophyte, les apôtres de Moscou, Zinoviev et Losowski.

On avait réservé à Jean Longuet l'honneur de clôturer la discussion. Exclu de la cité bolcheviste, il a naturellement soutenu les modérés allemands ses frères en proscription. Il a obtenu auprès d'eux un vif succès d'orateur, bien que son argumentation, toute d'opportunisme, manquât de vigueur. Les méthodes bolchevistes, excellentes peut-être en Russie, ne conviennent pas à l'Occident; les classes ouvrières de France, d'Angleterre, d'Allemagne refusent d'abdiquer leur personnalité pour se soumettre à une discipline uniforme et rigide; les syndicats, dénoncés par Zinovieff et Lozowski comme les complices du capitalisme, sont encore à l'heure actuelle les meilleures armes de combat contre la bourgeoisie.

Telles furent les principales considérations développées par Longuet, dont l'opposition était manifestement dirigée contre la tactique plutôt que contre le principe du bolchevisme. Les plus intelligents des modérés allemands ne s'y trompèrent d'ailleurs pas. Les Breitscheid et les Hilferding, qui ont compris le danger de la doctrine bolcheviste et se disent résolue à la combattre au nom du véritable socialisme, ne comptent pas que Longuet sera pour eux un allié sûr dans cette lutte.

M. Caussy, étant sur le point de quitter l'Humanité dont il désapprouve l'orientation communiste se trouvait dans une situation difficile qui lui commandait beaucoup de réserve. Les scènes dont il a été le témoin paraissent d'ailleurs l'avoir confirmé dans sa décision de rompre avec les alliés du bolchevisme.

M. Grumbach, qui représentait les socialistes d'Alsace-Lorraine, a mené une campagne vigoureuse contre les communistes, auxquels il a reproché leur collusion avec les agents allemands dans les provinces recouvrées par la France. Il a dit et répété qu'à vouloir opposer la cause socialiste à la cause française à Strasbourg, Metz et même Mulhouse, on tuerait la première et non pas la seconde. Son action paraît avoir eu les plus heureux effets.

Les Socialistes allemands se préoccupent de rendre à nos compatriotes leur visite lors du Congrès que le parti français doit tenir en Décembre.[3] Je sais qu'Hilferding notamment est très désireux de venir en France. Les demandes de passeports qui nous seront adressées à cette occasion, me semblent devoir être appréciées d'après le criterium de Moscou. Autant il serait dangereux d'admettre en France les tenants du bolchevisme, autant nous aurions, ce me semble, intérêt à ne pas repousser des hommes comme Hilferding et Breitscheid qui se posent aujourd'hui en adversaires déclarés de la révolution mondiale et reviennent franchement à la politique de conciliation envers la France après avoir paru s'écarter de nous pendant la guerre russo-polonaise.

Je serais reconnaissant à Votre Excellence de me faire tenir[5] ses instructions à ce sujet.[4]

---

1   Allemagne 318, fol. 209-210.
2   Vgl. oben Dok. 440 und 441.
3   Am 25.12.1920 begann in Tours der Kongreß der SFIO, der zur Spaltung der Partei und der Gründung der SFIC (Section française de l'Internationale communiste) führte.
4   Im Dezember stellten Ernst Däumig (USPD) und Paul Levi (KPD) bei der Botschaft Visa-Anträge für eine Teilnahme am Kongreß der SFIO, der am 25.12.1920 in Tours beginnen sollte. Unmittelbar vor Beginn des Kongresses verzichtete die USPD jedoch darauf, eine Delegation zu entsenden, s. die T. n° 2307 bzw. T. n° 2339 vom 13. und 20.12.1920, Télégrammes, Arrivée de Berlin, 1920, 11.
     Am 16.11.1920 hatte Leygues der Botschaft mit T. n° 1903 in dieser Frage folgende Weisung erteilt: "Vous faites valoir, qu'autant il serait dangereux d'admettre en France les indépendants, ralliés à la troisième internationale de Moscou, autant nous avons intérêt à ne pas repousser les hommes comme Hilferding et Breitscheid qui se posent aujourd'hui en adversaires déclarés du Bolchevisme et reviennent favorablement à la politique de conciliation envers la France après avoir paru s'écarter de nous pendant la guerre russo-polonaise.
     Dans ces conditions, je ne verrais pas d'inconvénient à ce que vous visez les passeports qui vous seraient demandés par les indépendants de la catégorie Hilferding et Breitscheid." Allemagne 318, fol. 219.
5   Muß vermutlich richtig lauten "venir"..

450
M. Neton, Consul Général de France à Hambourg, à
M. Leygues, Président du Conseil, Ministre des Affaires Etrangères.

D. n° 54. Hambourg, le 26 octobre 1920.[1]

Copie.
De l'esprit public en Allemagne.

L'esprit public en Allemagne a quelque peine à se fixer. La raison? Le nombre toujours croissant des forces qui le sollicitent.

Au cours de la tourmente, les vieux partis se sont heurtés et morcelés et sur leurs débris de nouveaux groupements sont nés. On en peut compter cinq. Divers d'origine, prisonniers de formules ou bien rivés à des doctrines, tous ces partis communient dans une même haine, âpre et aveugle, la haine de la France et, sous la variété apparente des conceptions, poursuivent des fins identiques: la révision du traité de Versailles.

Il y a d'abord le parti nationaliste ou parti de droite. On y retrouve, la rage au cœur, tous les tenants de l'ancien régime, auxquels se mêlent les pangermanistes les plus notoires et cette foule d'anciens officiers, inscrits pour la plupart sur la liste des criminels réclamés par les Alliés[2], hier cambrant encore la taille, l'œil plein de morgue, aujourd'hui sans métier, désœuvrés, irrités. Les regrets du passé s'allient chez tous aux craintes du présent qu'atténue cependant une foi robuste dans l'avenir. Bismarck reste leur dieu et les "Hamburger Nachrichten" qui reçurent les confidences et recueillirent les paroles de colère de l'exilé de Friedrichsruh, leur organe de prédilection. On y fait ouvertement profession de préparer la revanche. On y affirme, comme hier au Congrès du parti à Hanovre[3], une confiance indéfectible dans le rétablissement de la monarchie. La jeunesse des écoles est l'objet de ses soins les plus attentifs: politique de patience et de longue haleine dont l'Allemagne à l'âme tenace a déjà fourni plus d'un exemple. Il serait peut-être dangereux de n'en point voir les premier résultats.

Dans leur voisinage immédiat, mettant une sourdine à leurs colères et sachant mieux doser les imprécations, se groupent les conservateurs proprement dits (Volkspartei), dont Stresemann est l'oracle, Hugo Stinnes l'inépuisable bailleur de fonds et dont von Lersner, à l'impertinence recherchée, s'applique à faire les délices. Là se rencontrent tous les gros industriels, tous les enrichis de la guerre, tous ceux que le peuple insulte du nom de "Schieber". On y distingue le parvenu insolent et le mercanti rapace. Tout prêts aux accomodements et aux transactions sur le terrain économique, propres à satisfaire leur appétit, ils se refusent encore aux concessions nécessaires et indispensables sur le terrain politique plus par rigidité d'esprit que par conviction véritable ou par fidélité aux principes.

Les démocrates, eux, s'appuient sur les loges et la synagogue. Leur clientèle se grossit de tous les hommes d'affaires affranchis de préjugés. Un instant, ce parti, riche en talents, disposant d'une presse puissante, sembla devoir jouer un grand rôle. On le voyait volontiers conduisant l'Allemagne à ses destinées futures, l'aidant à s'acheminer graduellement vers le régime nouveau, dirigeant son évolution. Il eût marqué un stade. Il eût été le pilote averti et prudent. On l'entendait souvent invoquer l'exemple de la France, s'approprier quelques-unes des formules les plus heureuses de Gambetta et une certaine similitude s'établissait qui paraissait pleine de promesses. Ce n'était qu'une illusion. Sans audace et sans plan, il a trébuché au premier pas. Honteux et comme effrayé de ses rares accès de vertu, il espère aujourd'hui se les faire pardonner à force d'humiliation. Il est voué à l'impuissance.

Les socialistes majoritaires, après une assez belle envolée, sont, eux aussi, à leur déclin. Héritiers de Bebel, entraînés à l'action, pleins de fougue et de flamme à défaut d'expérience, jouissant de la confiance des masses, ils s'annonçaient comme le grand parti populaire qui allait régénérer le pays, couper résolument le câble et instaurer solidement l'Allemagne démocratique. L'intrigue, les ambitions, les rivalités d'une part, la course desséchante à la surenchère de l'autre, ont usé ses forces. L'exercice trop tôt venu du pouvoir a fait le reste. D'abord les habiles se sont servis; puis les plus hardis l'ont quitté, provoquant la débandade. L'impossible unification avait vécu. Et peu à peu, s'est constitué ce parti autrement redoutable des indépendants que déchirent aussi à cette heure les théories dissolvantes des soviets. Et c'est ainsi que les communistes, avec Laufenberg, rejoignent à l'autre extrémité de la chaîne politique l'aile droite du parti nationaliste qui arbore le drapeau du bolchevisme national.

J'ai laissé en dehors, intentionnellement, le centre. Parti plus confessionnel que politique, son action est surtout parlementaire, car il est le pivot obligé de la majorité. Dans le jeu des ambitions et dans le conflit des intérêts, il sert avant tout d'appoint.

Tel est le bilan politique de l'Allemagne. Au tableau des partis, aucun homme faisant vraiment figure de chef, nulle élévation dans les idées, nulle force dans les caractères. A côté du masque énigmatique d'un Hindenburg et d'un Ludendorff, un Helfferich décrié, un Erzberger suspect. Ricanant, la face glabre d'un Laufenberg sans conscience.

Pas un parti qui osant encourir peut-être quelque heure d'impopularité, se dresse résolu et ait le courage de crier la vérité à ce pays désorienté et anxieux.

Pusillanimité partout; loyauté et contrition, nulle part. Et par-dessus tout - ce qui est grave - absence presque complète d'éducation politique. Qu'en résulte-t-il? C'est que, maintenue et s'enforçant tous les jours un peu plus dans le mensonge, n'ayant rien oublié et n'ayant rien appris, l'Allemagne reste étourdie de sa chute comme elle le fut durant tout un demi-siècle de sa victoire, aussi peu capable de comprendre les raisons profondes de l'une qu'elle le fut jamais de convenir des causes accidentelles de l'autre. Et ne voyant rien, ne discernant rien chez les hommes nouveaux, peut-on s'étonner qu'éblouie encore par un règne où vibra largement son orgueil, elle regarde souvent en arrière et qu'aux lourdes heures d'incertitude et d'angoisse, elle se surprenne à attendre son salut des hommes ou des instruments du passé?

---

1 AN, AJ 9 3935. Maschinenschriftliche Kopie, ohne Unterschrift.
2 Vgl. unter anderem oben Dok. 26 und Dok. 33.
3 Vom 25.-27.10.1920 fand in Hannover der 2. Reichsparteitag der DNVP statt, Einzelheiten s. unten Dok. 452.

451
M. Laurent, Ambassadeur de France à Berlin, à
M. Leygues, Président du Conseil, Ministre des Affaires Etrangères.

T. n° 1987-1991. Déchiffrement.   Berlin, le 27 octobre 1920, 20 h 20.
(Reçu: 23 h 30, le 28, 0 h 10,
le 27, 23 h 35, 23 h 20.)[1]

Aujourd'hui s'est ouvert au Reichstag le débat sur la politique générale.

Le Chancelier[2] a pris le premier la parole. Il a dépeint sous les plus noires couleurs la situation de l'Allemagne qui militairement brisée, politiquement paralysée, économiquement ligotées, doit avant tout répudier toute politique d'aventure. C'est pourquoi le Gouvernement a su résister aux vœux d'une partie de l'opinion qui le poussait à adopter au moment de l'offensive des Soviets une attitude agressive envers la Pologne. L'Allemagne n'a de chance de se relever que dans l'ordre et le calme.

Passant à l'exécution des accords de Spa, M. Fehrenbach s'est efforcé de démontrer que le désarmement de l'Allemagne faisait des progrès satisfaisants. Il a déclaré, parmi les rires ironiques de l'extrême gauche, que le militarisme allemand n'existait plus et que la France, en agitant ce vain fantôme, n'avait d'autre but que de favoriser ses plans d'hégémonie continentale, suffisamment dévoilés par le chiffre considérable de ses effectifs. Il a exprimé l'espoir que le désarmement de l'Allemgne serait bientôt suivi, conformément à l'espirt du traité de Versailles, d'une réduction des effectifs des Puissances alliées.

Après avoir fait allusion aux fournitures de charbon faites à l'Entente, conformément à l'arrangement de Spa et qui démontre à l'évidence la volonté de l'Allemagne d'exécuter ses engagements jusqu'à l'extrême limite de ses forces, le Chancelier s'est plaint de la charge écrasante que constituent les frais d'occupation des territoires rhénans et a repris en quelques mots les vieilles accusations contre nos troupes indigènes. Il a ensuite exprimé le vœu de voir la question des réparations abordée dans une conférence où l'Allemagne serait représenté et traitée dans un esprit de mutuelle entente.

Venant à la question de la Haute-Silésie M. Fehrenbach s'est borné à annoncer le prochain dépôt d'un projet de loi sur l'autonomie de cette province.[3] Il a ensuite dépeint à larges traits la situation économique de l'Allemagne, insistant sur ces dangers et sur la nécessité d'augmenter la production, de réorganiser les transports, de remettre de l'ordre dans les finances. Prenant vivement à parti les communistes il a affirmé nettement que le Gouvernement ne se laisserait pas intimider et saurait réprimer toute tentative des socialistes extrêmes de s'emparer du pouvoir par la force.

Le Chancelier a conclu sur une allusion aux résultats favorables des plébiscites et s'est particulièrement félicité de l'issue de celui de Carinthie.[4] Il a reconnu l'existence d'un état d'esprit fédéraliste et d'un certain mécontentement contre l'hégémonie de Berlin. Mais il s'est déclaré convaincu que ce mouvement ne dépasserait pas les limites permises, si les partis, répudiant toute critique stérile, s'unissaient au Gouvernement pour mener à bien l'œuvre de reconstruction nationale. Prononcé sur un ton larmoyant et d'une voix enrouée le discours du Chancelier qui apporte peu de vues nouvelles, n'a pas paru produire grande impression.

Il a été suivi d'un long exposé de la situation financière par M. Wirth. Le Ministre des Finances a dressé un tableau effrayant des charges de l'Allemagne, dont il évalue la dette à 288 milliards de marks. Il s'est défendu contre le reproche de grossir les chiffres du budget pour tromper les Alliés sur le véritable état de l'Allemagne et a surtout insisté sur l'impossibilité d'avoir une politique financière suivie tant que le montant des charges allemandes envers les Alliés n'aurait pas été irrévocablement fixé. Les débats continueront demain. On prévoit qu'ils prendront plusieurs jours.[5]

---

1 Allemagne 286, fol. 222-226.
2 Konstantin Fehrenbach.
3 Vgl. oben Dok. 446 und Dok. 447.
4 Im Streit um die künftige Zugehörigkeit Südkärntens hatten serbische Truppen in der Nacht vom 13. auf den 14.10.1920 das Klagenfurter Becken besetzt. Da die Regierung in Belgrad auf die Aufforderung, ihre Truppen aus dem Abstimmungsgebiet wieder abzuziehen, nicht reagierte, stellte ihr die Botschafterkonferenz am 21.10.1920 ein auf 48 Stunden befristetes Ultimatum. Zu Einzelheiten s. WAMBAUGH, Plebiscites since the World War, Vol. I, S. 163ff sowie DBFP 1/XII, Kap. II, hier speziell S. 294ff.

5   Zur überwiegend kritischen Reaktion der deutschen Presse auf die Reden Fehrenbachs
    und Wirths s. Laurents T. n° 2000-2001 vom 28.10.1920, Allemagne 286, fol. 235-237.

452
*M. Laurent, Ambassadeur de France à Berlin, à
M. Leygues, Président du Conseil, Ministre des Affaires Etrangères.*

D. n° 654.   Berlin, le 27 octobre 1920.[1]

Copie.
Le Congrès du Parti National Allemand à Hanovre.

Du 25 au 27 Octobre s'est tenu à Hanovre le Congrès des Nationaux-Allemands. Parmi les très nombreux congressistes on remarquait, en dehors des parlementaires connus comme le Comte Westarp et M. Helfferich, les généraux von Gallwitz et Scheffer-Bevadel[2], l'ancien Ministre de la Guerre Wild von Hohenborn, le commandant de l'Emden, von Müller.

Le président du parti, Hergt, qui fut Ministre prussien sous l'ancien régime, après une visite de cérémonie rendue au Maréchal de Hindenburg, ouvrit le Congrès par un exposé sur la politique générale. Il a fait un appel pressant à la constitution d'un bloc des forces bourgeoises contre le socialisme, déclaré que les nationaux allemands iraient à la bataille avec pour mot-d'ordre: "Pas de compromis avec le socialisme", et blâmé l'attitude du parti populaire qui, en pactisant avec les forces de gauche, fait inconsciemment le jeu de la révolution. "Ce qu'il nous faut, s'écrie-t-il, aux applaudissements de l'assistance, c'est un régime d'ordre. Nous l'avons déjà en Bavière; nous l'aurons en Prusse. La catastrophe est inévitable si nous ne reconstituons pas rapidement l'armée. Nous avons besoin d'un Empereur qui nous rendra une administration consciencieuse et les vieilles traditions d'économie de notre peuple."

Parlant de la révision du Traité de Versailles, l'orateur a déclaré qu'elle était désormais inévitable: "Nous ne nous contentons plus de la demande, a-t-il dit, nous l'exigeons."

Sur la question de la Haute-Silésie, Hergt s'est prononcé contre le projet gouvernemental d'autonomie[3], et contre toute tentative d'affaiblir la Prusse.

Le rédacteur de la Deutsche Tageszeitung, Baecker, a lui aussi fait le procès du fédéralisme. Il a protesté contre la séparation des provinces polonaises et de l'Alsace-Lorraine, arrachées à l'Allemagne, a-t-il dit, au mépris des principes proclamés par le Président Wilson. Il a enfin demandé qu'il fût procédé le plus tôt possible à de nouvelles élections au Landtag Prussien.

Le Député von Graefe a parlé ensuite. Il avait pris pour thèse "La révision du Traité de Versailles". Il a fait le procès de l'ancienne majorité qui a souscrit ce pacte honteux et du Gouvernement qui a signé "le mensonge de l'article 231" par lequel l'Allemagne se reconnaît responsable de la guerre. Parlant des traitements élevés touchés par les membres des Commissions de Contrôle, il a qualifié les officiers alliés de "hyène du champ de bataille".

"L'Allemagne, a-t-il dit, n'est plus aujourd'hui qu'une immense colonie d'esclaves dont la Commission des Réparations est le despote. Et notre peuple supporte cette honte sans sourciller. Il faut qu'un Anglais, Keynes, vienne nous démontrer que le Traité de Versailles nous mène à la misère et à la ruine. Et pendant ce temps, notre Ministère des Affaires Etrangères et notre Ambassadeur à Paris[4] proclament à qui mieux que le Traité sera exécuté jusqu'à l'extrême limite possible. Et la Wilhelmstrasse fait ouvrir une instruction contre le capitaine de Stülpnagel, coupable d'avoir dressé une contre-liste des officiers Alliés qui ont violé les lois de la guerre".

Ici l'Assemblée, entraînée par la fougue de ces déclamations, a couvert la voix de l'orateur des cris répétés de "A bas le gouvernement, chassons les Juifs du pouvoir".

Encouragé, M. von Graefe a proposé l'ouverture d'une vaste campagne de propagande destinée à ouvrir les yeux du monde entier et en particulier de l'Amérique sur "le cynisme imprudent avec lequel les Alliés ont foulé aux pieds les quatorze points de Wilson". Il a chanté les louanges de Ludendorff, de Lettow-Vorbeck et du pasteur Traub, tous trois compromis dans l'aventure de Kapp, et de Helfferich, dont il a célébré la victoire sur Erzberger, champion d'un gouvernement corrompu et auteur responsable de la défaite allemande par sa funeste résolution de paix de Juillet 1917.[5]

Nous autres Nationaux-Allemands, a conclu l'orateur, nous avons un allié redoutable, c'est la misère, la misère de notre peuple, qui travaille inlassablement à reconstituer le groupement des forces nationales. Elle finira par conduire vers nous les masses ouvrières elles-mêmes. Ce jour là, le plus puissant des alliés, Dieu lui-même, viendra à notre aide, et tous les méchants seront punis".

Enthousiasmée par cette consolante perspective, l'assistance a entonné le cantique de Luther "Notre Dieu est un sûr château-fort".

Les autres orateurs n'ont pas trouvé d'aussi beaux accents que M. von Graefe. Un pasteur silésien est venu faire des déclarations pessimistes sur l'issue du plébiscite de Haute-Silésie et s'est même senti le courage de dire qu'on avait quelque peu exagéré les méfaits des Polonais. Le Comte Westarp, aux applaudissements de nombreux antisémites a lancé quelques invectives contre la "Jérusalem nouvelle" entendant par là, non la vision de Joad, mais la capitale du Reich, infectée du virus juif. Un ouvrier des chemins de fer lui a succédé. Il a touché l'assistance en exprimant la joie qu'il avait éprouvé de voir de près les chefs du parti et surtout le Maréchal de Hindenburg. "Je n'avais pas, a-t-il dit naïvement, éprouvé une pareille émotion depuis le jour de mes noces".

La séance qui a suivi a été consacrée à la discussion des questions économiques et sociales. On y a entendu, sur des points de détail une quantité de discours, dans l'analyse desquels il serait trop long d'entrer. Plusieurs orateurs ont insisté sur la nécessité d'intensifier la propagande dans les milieux ouvriers, afin de les arracher à l'influence dissolvante du marxisme. Mais nul n'a esquissé les moyens pratiques d'arriver à un but si souhaitable. Une motion demandant qu'il soit procédé sans retard à l'élection du président d'Empire[6] a été renvoyée à l'examen de la fraction parlementaire du parti. Au cours de la discussion, le député Hergt a déclaré que, lors des pourparlers qui ont eu lieu en vue de la liquidation de l'affaire Kapp, le Président Ebert lui avait fait dire par son homme de confiance, le Dr Riezler, qu'il comptait se retirer dès qu'un nouveau Reichstag aurait été élu. Hergt a ajouté que son parti avait jusqu'ici fermé les yeux sur ce manquement aux engagements pris, mais qu'il ne laisserait pas renvoyer l'élection du président aux calendes grecques. (Le président Ebert a depuis fait démentir par l'Agence Wolff qu'il ait jamais autorisé le Dr. Riezler à faire les déclarations visées par Hergt.) La dernière séance du Congrès a surtout été consacrée aux orateurs antisémites qui ont marqué quelque mécontentement de l'attitude générale du parti dans la question juive, attitude qu'ils jugent trop tiède. L'un d'eux a demandé qu'au prochain congrès un rapport spécial fût consacré à la question des races. Un autre a accusé Guillaume II de s'être fait le fourrier de l'influence juive et a opposé à cette coupable faiblesse la politique définie par le mot du prince Henri de Prusse: "Pour que Siefgried vive, il faut que Juda disparaisse."

La presse n'a pas prêté grande attention au Congrès de Hanovre, et, de fait, il appelle peu de commentaires. Des nombreux discours qui y furent prononcés, comme des déclarations faites hier au Reichstag par le Comte Westarp, il appert[sic!] qu'en dépit de la défaite et de la révolution l'extrême droite n'a rien appris ni rien oublié. Elle reste fidèle au principe d'autorité, à la dynastie déchue, et demeure imprégnée du plus pur esprit prussien. Elle ne daigne même par faire à ses adversaires la concession d'accepter le principe du système parlementaire.

A certains égards même, les monarchistes sont peut-être plus dangereux aujourd'hui dans l'opposition qu'ils l'étaient autrefois au pouvoir. Aux préjugés d'un parti systématiquement hostile au progrès, se joignent en effet à présent les audaces démagogiques d'un groupement qui, par certains côtés, est devenu presque révolutionnaire. La clientèle de l'ancien parti conservateur, officiers, fonctionnaires, petits rentiers, retraités et pensionnés, se recrute dans les classes qui ont précisément le plus souffert dans leur fortune et dans leur situation des conséquences de la défaite. De là un mécontentement croissant qui agit sur les chefs et risque de les pousser à des mesures extrêmes. Ainsi s'expliquent la recrudescence marquée du sentiment antisémite qui s'est manifestée à Hanovre, et aussi la facilité avec laquelle une tentative aussi mal préparée que celle de Kapp a pu trouver des adhérents dans les milieux de droite. Mais cet état d'esprit ne constitue pas seulement un élément d'instabilité, il tend à renforcer la situation des extrèmistes de droite. Le mécontentement général accroit incontestablement la puissance de propagande des idées conservatrices. Il y a plus qu'un développement oratoire dans le mot de von Graefe, saluant dans la misère de l'Allemagne le meilleur allié du parti réactionnaire. La droite a compris les avantages qu'elle pouvait retirer du mécontentement populaire et n'a eu garde de les négliger. Elle s'est soigneusement abstenue, depuis la Révolution, de toute participation au pouvoir et a eu la prudence de laisser aux gauches la tâche ingrate de liquider la faillite de l'ancien régime.

    Cette situation n'est pas sans gravité. Un nouveau succès électoral des droites pourrait avoir des répercussions sérieuses. Seuls, en effet, peuvent passer pour sincèrement républicains les socialistes et les démocrates, et encore y durait-il peut-être quelques réserves à faire en ce qui concerne certains de ces derniers. Quant au Centre, il n'a fait, en se ralliant à la République, qu'obéir aux raisons de tactique qui ont de tout temps dominé sa politique et qui l'ont poussé autrefois à se réconcilier avec Bismarck au lendemain du Kulturkampf. Un changement d'attitude de sa part reste donc toujours possible. C'est dire qu'un scrutin qui accroitrait encore les effectifs des deux partis monarchistes risquerait de faire entrer dans une phase nouvelle la question constitutionnelle allemande.

---

1   Allemagne, 286, fol. 227-234. Maschinenschriftliche Kopie, ohne Unterschrift.
2   Muß vermutlich heißen: Scheffer-Boradel.
3   Vgl. oben Dok. 446, Dok. 447 und Dok. 451.
4   Wilhelm Mayer.
5   Vgl. oben Dok. 32 und Dok. 69.
6   Vgl. oben Dok. 194 sowie Dok. 232.

453
*Le Capitaine Dugout, Délégué du Haut-Commissariat
de la République Française dans les Provinces du Rhin à Trèves, à
M. Tirard, Haut-Commissaire de la République Française
dans les Provinces du Rhin.*

N° 171.   Trèves, le 27 octobre 1920.[1]

Note Secrète

Berlin.

I. - Les Difficultés du Rapprochement avec la France.

Je note, au cours de diverses conversations dans les milieux politico-industriels:

En principe, le rapprochement entre la France et l'Allemagne rencontre, dans l'état actuel de la politique allemande, deux obstacles pour ainsi dire insurmontables. La France est considérée comme le pays du "Capitalisme républicain". En effet, si d'une part, son Gouvernement tient à s'affirmer essentiellement démocratique, il suit d'autre part, une politique sociale capitaliste. Il suffit pour lui mettre à dos deux partis allemands influents, tant par leur influence doctrinale que par leur activité combative, d'un côté les conservateurs qui ne considèrent le courant démocratique où la défaite a jeté l'Allemagne que comme une période accidentelle dans l'évolution de la Grande Allemagne foncièrement impérialiste; de l'autre, les socialistes de nuances diverses, dont le lien commun reste la haine du capitalisme. Ceux-ci éprouvent depuis quelque temps surtout, un grand désappointement de voir le fléchissement de crédit subi en France par les socialistes. Les "frères allemands" avaient beaucoup compté sur le socialisme français pour les soutenir dans leurs récriminations contre la Paix infamante de Versailles (sic). Cet espoir est déçu chaque jour davantage: on voit un chef de Gouvernement[2], arrivé jadis par le Socialisme, porté à la Présidence de la République parce qu'il incarne, aux yeux de la masse de la population, l'exécution intégrale du Traité de Versailles!... - Ainsi, sous le régime politique actuel de l'Allemagne, fondé sur le jeu réciproque des partis, voilà deux partis situés aux deux ailes de la politique, déclarés irréconciliables avec la France. Restent, dira-t-on, les partis modérés. Mais dans une période aussi troublée que l'"après guerre", surtout en Allemagne, l'avenir n'apparaît-il pas aux partis extrêmes?

On pourrait sans doute prétendre que la puissance des partis n'a son effet utile que dans l'orientation qu'ils peuvent imposer au Gouvernement. Or, aujourd'hui, le Gouvernement de l'Allemagne n'est-il pas plutôt effacé, n'est-il pas dominé par les maîtres de la finance et de l'industrie, qui en fait, manœuvrent le Gouvernement, et se sentent de force à lui imposer une politique économique conforme à leurs intérêts. Et leurs intérêts ne sont-ils pas dans le sens du rapprochement avec la France?

On eût pu le croire, et ce n'est pas sans une intention de cet ordre que le Gouvernement s'était fait assister, au cours des dernières négociations, à Spa en particulier, de "délégués techniques", dont les pouvoirs semblaient aux gens avertis dépasser ceux-mêmes de leurs mandats.

Mais, ajoute un de mes interlocuteurs, qui me montre, d'un geste tout empreint d'une crainte révérentielle, un homme à l'allure cependant assez médiocre, qui prend son repas à une table voisine, en compagnie de plusieurs personnages d'extérieur plus imposant, voyez Monsieur Stinnes. Si on l'avait écouté, si l'on s'était entendu à Spa, il pouvait devenir un exécuteur des plus puissants de la politique économique de rapprochement avec la France. On s'est heurté, et M. Stinnes s'est porté d'un autre côté. Je pose quelques questions; on me répond d'abord sans précision. Je sens que le terrain est difficile. J'insiste, et j'arrive à enregistrer quelques déclarations utiles:

M. Stinnes serait actuellement soutenu en grand par l'Amérique. Ses convives étaient d'ailleurs (simple coïncidence peut-être?) des Américains. Il n'aurait déclenché sa grande campagne de presse qu'avec leur appui. Ce sont, avant tout, gens d'affaires. Ils n'ont pas dédaigné de financer abondamment de grosses entreprises où leurs intérêts sont désormais liés à ceux de Stinnes. Par ce moyen, d'ailleurs Stinnes, agissant en cela d'accord avec le Gouvernement qui s'attache à sa remorque, entend s'opposer à la politique française d'invasion dans le domaine industriel de l'Allemagne. La manœuvre se développe *surtout du côté de la Ruhr*. On peut la définir ainsi:

Constituer dans le bassin de la Ruhr, une participation suffisante de capitaux américains dans les industries Allemandes, pour qu'au jour redouté de l'occupation franco-anglaise, l'Entente se heurte au veto de l'Amérique.

Tactique sans doute un peu grossière, et qui n'aura pas échappé à la perspicacité des hommes qualifiés pour y mettre obstacle.[3]

La France aurait, m'assure-t-on, un moyen, le seul d'une efficacité réelle dans les circonstances présentes, de se concilier les milieux industriels allemands, et de réaliser en harmonie avec eux une reprise de relations économiques vraiment opérante. Ce serait de s'opposer, par voie d'autorité, à la socialisation des industries allemandes. Le Gouvernement allemand se sent prisonnier de ses promesses de socialisation; comment les laisser tomber sans de graves mécontentements dans les masses ouvrières?... En se déclarant contraint et forcé par l'Entente, qui voit dans les mesures de socialisation un obstacle au rendement industriel nécessaire à l'exécution du Traité de Paix. - Qu'on ne s'effraye pas trop, en France, du redoublement d'attaques qui pourraient se produire contre la France en particulier, à cette occasion; encore une fois, et l'on y insiste, le Gouvernement n'aura qu'à prendre l'initiative des atténuations désirables; il est manœuvré par les Stinnes et consorts, qui lui dicteront les mesures à prendre.

Je note aussi une suggestion entretenue par ces magnats de la finance et de l'industrie, dans les milieux où s'exerce leur influence professionnelle, et où leurs capacités reconnues concourent à leur prestige.

L'Allemagne se trouve dans un désarroi financier très inquiétant. L'Entente le sait, et ne s'en montra pas moins résolue à maintenir ses exigences, notamment au chapitre des réparations. Or, les milliards que représente le coût de l'occupation de la rive gauche du Rhin ne seraient-ils pas mieux employés au titre des réparations qu'à entretenir une armée d'occupation?... Cette occupation militaire, m'ajoute-t-on, présente un caractère désuet. La terreur permanente du sabre n'est pas un moyen de pacification. Si la France veut, pour marquer son triomphe, se payer, malgré les charges qui l'écrasent aussi, le luxe d'une armée aussi coûteuse, elle pourrait la garder chez elle. D'autres moyens ne manquent pas de s'assurer une autorité dans une région où son but est, somme toute, d'exercer un contrôle suffisant pour déterminer, à tout moment, quelles sont les ressources du pays, pour s'assurer des gages en cas de nécessité. Des organismes de contrôle, installés auprès des services allemands en ces régions, suffiraient à faire connaître que par exemple, le rendement des chemins de fer, des douanes, des impôts représente un gage de telle ou telle valeur. Quant au maintien de l'ordre et à la sécurité des nationaux alliés, une organisation de police rattachée à la Haute-Commission, y pourrait suffire, sans employer des militaires à ce rôle de "gardiens de la Paix".

Ce n'est évidemment là qu'une manifestation épisodique de la Campagne allemande pour le retrait des troupes d'occupation. Elle m'a paru cependant présentée d'une manière qui ne manque pas d'originalité.

Parmi les doléances vraiment inépuisables sur les difficultés, de ce rapprochement économique, j'entends exprimer encore le regret suivant. On aurait pu croire que les transactions commerciales qui avaient recommencé entre alliés et allemands dans les territoires occupés auraient contribué à ce rapprochement. Mais, aussi bien d'un côté que de l'autre on l'avoue, pour un faible pourcentage de commerçants et d'industriels agissant loyalement et même avec des buts élevés, reprise de relations amicales, désir de concourir à la Paix, etc..., il s'est trouvé une majorité de profiteurs égoïstes avides de gains absolument désordonnés, et qui ont creusé le fossé au lieu de le combler. Ce furent, en somme, de médiocres ouvriers de rapprochement.

II.- Au fil des conversations, j'ai pu enregistrer deux phénomènes assez significatifs:

1°- Il y aurait en ce moment, par suite de la réduction des cadres de l'Armée allemande, une quantité considérable d'anciens officiers peu disposés à mener jusqu'au terme de leur carrière une vie de hobereaux *désenchantés et désargentés*. Beaucoup d'entre eux cherchent à se faire des situations lucratives, et où ils trouvent à utiliser leur besoin d'activité. Un certain nombre aspirent paraît-il, à débuter dans ces carrières nouvelles, par le haut de l'échelle: quelques jetons de présence récoltés dans des Conseils d'administrations d'entreprises qui ont besoin de noms à panache ou de capitaux, leur suffisent. Mais cette catégorie serait une faible minorité. La plupart, au contraire, las d'une vie de parade et de monotone automatisme, veulent se créer une valeur réelle, en commençant par des fonctions parfois très modestes qu'ils espèrent, au prix de leur travail, franchir avec rapidité, pour s'élever degré par degré jusqu'aux sommets, dans des professions dont ils auront connu et pratiqué tous les rouages: gage certain d'une autorité basée sur la compétence. Un industriel qui m'entretient sur ce sujet me dit son admiration devant cette volonté d'apprendre et de travailler. Il a engagé, pour son compte, vingt-six anciens officiers; l'un a débuté comme scribe à 600 marks par mois; au bout de quelques mois, il est Sous-Chef d'un des bureaux de la Société, avec 1500 marks par mois et une participation dans les bénéfices. D'autres ont suivi une marche ascensionnelle aussi intéressante. Ce qui frappe, en général, chez ces hommes qui ont exercé un commandement, si modeste fût-il, dans l'armée allemande, c'est un esprit d'organisation et une ténacité qui apparaissent comme les deux traits caractéristiques de leur éducation militaire.

On me fait remarquer qu'il y a, dans l'orientation de ces hommes doués d'une intelligence réaliste, un indice positif du déclin du militarisme allemand.

2°- On pourrait s'attendre à trouver dans ce monde d'affaires, de gros industriels, de commerçants, où l'argent circule à profusion, des figures épanouies, reflétant la satisfaction de vivre, naturelle à ceux que favorise la prospérité. On y trouve plutôt des visages froids, des airs soucieux, et si l'on pénètre un peu plus avant, une inquiétude qui glisse vers le découragement. J'entends en effet, développer la thèse suivante: Il faut aujourd'hui travailler beaucoup, infiniment plus qu'avant la guerre, si l'on veut arriver à réaliser des bénéfices suffisants à la vie exorbitante du temps présent. Les impôts effroyables dont nous sommes accablés sont des impôts de mort. Nous versons à l'Etat, tout compte fait, entre 75 et 80 pour cent de nos profits. Pour mener un train [de vie] de 250.000 marks par an à Berlin, ce qui n'est certes pas tenir le haut du pavé, il faut donc réaliser en une année 1,250.000 marks de bénéfice!... Cela devient impossible, avec les frais généraux, loyers, constructions, main-d'œuvre, salaires, etc.... Alors on mange son capital pour tenir le coup; on a l'apparence de la fortune, on court à la ruine; c'est la triste et décourageante réalité. On ne peut se suffire à soi-même; à plus forte raison faut-il renoncer à cette espérance, si puissante pour aider à surmonter les difficultés du travail, de laisser à ses héritiers un patrimoine suffisant pour monter de quelques degrés dans l'échelle sociale. Aujourd'hui, il n'est pas un homme perspicace qui puisse tenir à ses enfants un autre langage: j'arrive, au prix d'un labeur immense, à subsister tant bien que mal; vous ferez de même, vous partirez même de plus bas que moi, et vous tâcherez de vaincre à votre tour les âpres difficultés d'une existence que la guerre a rendue si rude; vous remonterez la pente, si vous pouvez.

On nous demandera pourquoi dans de telles conditions, nous travaillons, au lieu de fermer tout et de nous retrancher dans un isolement de protestation?... - Parce que travailler, c'est encore vivre, fût-ce à perte; ne plus travailler, c'est le découragement total, c'est la mort sans lutte, la plus bête de toutes. Et je sens dans la voix de mon interlocuteur une émotion poignante.

Il se déride un peu en me proposant un parallèle piquant entre sa vie fiévreuse et pleine de soucis et celle de certains profiteurs des temps présents. Ils sont un "clan" très discret, presque insoupçonné du public, dont l'attention est attirée plus haut. Loin des regards méchants, ils tiennent sur la scène de la société, un rôle effacé à certaines heures. On leur pardonne plus aisément la morgue qu'ils réservent pour leurs moments de splendeur. Ils sont les plus comédiens entre les comédiens de la vie mondaine; moitié du temps sur les tréteaux ils sont, l'autre moitié, aux premières loges. Ce sont les portiers des grands hôtels. L'homme à qui vous donnez timidement un pourboire rondelet, qui sera peut-être trouvé maigre; l'homme qui s'incline casquette basse, pour vous annoncer le fiacre qu'il vous a fait chercher, quitte dans la soirée son poste de jour. Il a son chauffeur et son auto. Il se fait conduire dans la banlieue, à sa villa. Ayant revêtu le smoking, le huit reflets, il repart en auto pour quelque *lokal* en vogue. Il régale tout le monde autour de lui. En sortant, il donne dédaigneusement cent marks au garçon, autant ... au portier. - Ce n'est pas une simple amusette.

On me cite le portier d'un hôtel spécialement coté, qui, pour s'assurer une si belle vie, a acheté son emploi pour trois ans, à raison de 50.000 marks par an, chiffre surprenant au premier abord. Mais un décompte facile montre clair comme le jour que cet homme reçoit, l'un dans l'autre, environ 2000 marks de pourboires par jour. Détail savoureux: à Berlin, le pourboire est aboli; les grands hôtels majorent leur note de 10 à 25 pour cent, selon le rang.

---

1 AN, AJ 9 4034. Der Bericht trägt zusätzlich den Stempel "secret".
2 Alexandre Millerand.
3 Vgl. dazu auch Tirards Bericht an Leygues N° 570/S vom 4.11.1920, der offenbar auf diese Meldung von Dugout Bezug nahm, AN, AJ 9 3825.

454
M. Guéritte, Vice-Consul Chargé du Consulat de France à Danzig, à M. Leygues, Président du Conseil, Ministre des Affaires Etrangères.

D. n° 58.　　　　　　　　　　　　　　　Danzig, le 27 octobre 1920.[1]

A.s. des négociations pour la convention entre Dantzig et la Pologne.

On lit ici avec beaucoup d'intérêt les nouvelles publiées par les journaux sur les négociations qui se poursuivent à Paris pour la convention entre Dantzig et la Pologne.

Les premières impressions, dont je m'étais fait d'écho auprès du Département par ma dépêche n° 56 du 22 de ce mois[2], se sont quelque peu modifiées à la suite de la publication qui a été faite par les journaux locaux de la traduction du projet de convention adopté par la Conférence des Ambassadeurs, et qu'on appelle ici le projet Massigli-Carr.[3]

L'opinion des allemands de Dantzig est à peu près unanime à considérer ce projet comme relativement satisfaisant dans l'ensemble, car, depuis le mois de Septembre, on ne pensait plus sérieusement à obtenir que la thèse de la pleine souveraineté de Dantzig, mise jadis en avant par M. Sahm et Sir Reginald Tower, pût jamais recevoir l'assentiment de la Conférence des Ambassadeurs. Mais on est également d'accord pour approuver la délégation dantzicoises de refuser d'accepter toute nouvelle modification essentielle au projet Massigli-Carr. Les correspondants parisiens des journaux ont d'ailleurs fait savoir que la Grande-Bretagne soutenait le point de vue dantzicois et n'admettrait pas que des modifications de principe fussent apportées au texte adopté. On pense donc que les Polonais finiront par se rendre compte qu'ils ne pourront pas obtenir davantage que ce qui leur a déjà été accordé, sauf peut-être certaines concessions sur des points de détail qui seraient compensées par d'autres légers avantages consentis à Dantzig. La presse locale publie chaque jour de copieux extraits des journaux parisiens et fait ressortir que c'est la France seule qui défend le point de vue polonais.

Quant aux Polonais, si presque tous se montrent très déçus de voir que le texte adopté par la Conférence des Ambassadeurs ne répond pas à toutes leurs espérances, quelques-uns parmi les plus raisonnables admettent cependant qu'en l'état actuel des choses et en raison des vues particulières de l'Angleterre sur la question de Dantzig, il eût été bien difficile à la Pologne d'obtenir davantage, et ils se rendent compte que le projet de la Conférence des Ambassadeurs est sinon satisfaisant du moins acceptable. Les inconvénients du conseil mixte d'administration se trouvent en fait très réduits par la précision avec laquelle on a fixé les devoirs de son Président après avoir désigné la nationalité, et avec laquelle on a spécifié dans les articles 24 et 25 le droit absolu de la Pologne au libre usage du port et des voies de communication, en tout temps et en toute circonstance, et pour toute espèce d'importation et d'exportation. Il y a donc là une base raisonnable de compromis, et si la Pologne veut se mettre résolument à l'ouvrage et abandonner des prétensions immédiates qui sont chimériques, les possibilités qui lui sont dès maintenant assurées à Dantzig lui permettront progressivement d'acquérir dans ce port une influence de plus en plus considérable et qui deviendra, par la force des choses, tout à fait prépondérante.

Une forte impression a été produite ici par l'arrivée d'une escadre britannique de six vaisseaux de guerre, sous le commandement de l'Amiral Sir James Fergusson, si par le défilé imposant des marins anglais dans les rues de la ville. On a beaucoup discuté sur les raisons de cette soudaine manifestation, et beaucoup ont voulu y voir le désir de la Grande-Bretagne de montrer, au moment des difficultés qui se produisent à Paris pour la négociation de la convention, qu'elle continue à s'intéresser particulièrement au sort de Dantzig, et qu'elle n'admettrait pas qu'un général polonais tentât de renouveler dans ce port le coup de force opéré à Vilna par le général Zeligowski.[4]

---

1 Dantzig, 6, fol. 143-144.
2 Nicht abgedruckt.
3 Gemeint ist der Konventionstext, den de Massigli und Carr im Auftrag der Pariser Botschafterkonferenz ausgearbeitet und am 19.10.1920 vorgelegt hatten. Zu den Einzelheiten s. HEIDEKING, Areopag der Diplomaten, S. 81ff bzw. DBFP 1/XI, Kap. II, hier vor allem die Verhandlungen vom Oktober 1920 in Paris und Warschau.
4 Polen und Litauen hatten am 7.10.1920 eine Demarkationslinie zwischen beiden Ländern vereinbart, die am 9.10.1920 in Kraft treten sollte. Unter der Führung des Generals Zeligowski, der offenbar ohne Wissen der Regierung in Warschau handelte, besetzten polnische Truppen am 8.10.1920 Wilna. Trotz alliierter Proteste wurde die Stadt nicht geräumt. Zur Besetzung Wilnas und der französischen Reaktion s. Derby an Curzon vom 12.10.1920, DBFP 1/XI, No. 570 S. 598f. Zur polnischen Reaktion vom 14.10.1920 auf die alliierten Proteste s. ebenda, No. 576 S. 602ff.

455

*M. Laurent, Ambassadeur de France à Berlin, à
M. Leygues, Président du Conseil, Ministre des Affaires Etrangères.*

T. n° 2005-2010. Déchiffrement.   Berlin, le 29 octobre 1920,
0 h 15,11 h 30.
(Reçu: 7 h 00, 6 h 40, 4 h 00, 15 h 00.)[1]

Le débat sur la politique générale s'est poursuivi aujourd'hui.[2]
    L'orateur des socialistes majoritaires, M. Scheidemann, a dénoncé avec beaucoup de vigueur les menées réactionnaires dans l'administration et dans le pays. Il a déclaré que la classe ouvrière saurait déjouer toutes ces manœuvres et assurer le maintien d'un Gouvernement démocratique et républician. Il s'en est pris spécialement au général von Seeckt, dont l'attachement à la Constitution lui semble plus que suspect; et qu'il a dépeint travaillant à réformer la vieille armée monarchique dans le plus pur esprit de Potsdam. Ces paroles ont déchaîné de violentes protestations sur les bancs de la droite. Elles n'ont fait que croître lorsque l'orateur socialiste s'est écrié qu'il était temps de rappeler à leur devoir tous ces officiers d'ancien régime qui n'ont dû qu'à la générosité du peuple de n'avoir, lors de la Révolution de novembre 1918, (perdu) que leurs épaulettes. M. Scheidemann a également dénoncé le rôle de l'Orgesch, ajoutant que ce n'était pas à une association particulière de défendre la Constitution, mais au Gouvernement et à l'armée. Il a terminé en exprimant l'espoir qu'un rapprochement pourrait se faire entre son parti et l'aile droite des indépendants. Il semble résulter des déclarations de M. Scheidemann que, sur certaines questions comme l'organisation de l'armée et la socialisation des mines, le parti socialistes se montrera intransigeant et ne craindra pas de rompre (en) visière au Gouvernement, si celui-ci ne tient pas compte de ses desiderata. L'ensemble des discours donne l'imperssion d'un coup de barre à gauche.
    Après que le Ministre de la Guerre[3] eût pris, en quelques mots, la défense du général von Seeckt, le commissaire au désarmement Peters, donna les chiffres des armes recueillies, jusqu'à présent: 809 canons, 11.635 mitrailleuses, lance-flammes ou lance-mines, 1.735.000 fusils, 11.000.000 de cartouches.
    Le député catholique Trimborn a prononcé ensuite un long discours plutôt incolore où l'on ne peut signaler qu'une assez vive attaque contre les agrariens et une adhésion prudemment enveloppée aux idées fédéralistes.
    Le Comte Westarp, qui montait à la tribune pour la première fois depuis la chute de l'Empire, a émis, du ton tranchant qui lui est habituel, quelques aphorismes définitifs sur la politique extérieure. Il a notam-

ment reproché au Gouvernement de n'avoir pas réprimé par la force la "conspiration polonaise" d'Août dernier[4], en faisant entrer des troupes dans la zone de plébiscite. Il a également blâmé le manque de dignité dont avait fait preuve le ministre des Affaires Etrangères[5] en s'humiliant devant la France lors de l'incident de Breslau.[6] Il s'est prononcé contre (tout) projet d'autonomie fédérale de la Haute-Silésie.[7]

Le Comte de Westarp a repris ensuite tous les vieux arguments de son parti contre le traité de paix qu'il a représenté comme une œuvre de haine et une violation des engagements contractés par (les Alliés) en acceptant les quatorze points du Président Wilson. Il a pris à parti l'Ambassadeur d'Allemagne à Paris[8] pour avoir déclaré, en remettant ses lettres de créance, qu'il travaillerait à améliorer les relations des deux pays "sur les bases du traité de Versailles".

Après avoir réhabilité les agrariens, combattu (la) socialisation des mines, parlé du désarmement (imposé) à l'Allemagne comme "d'un sou(f-l)et sur la joue du peuple allemand" et pris vigoureusement (la) défense du corps d'officiers contre les accusations lancées par M. Scheidemann au début de la séance, l'orateur a terminé sur une profession de foi monarchiste vigoureusement applaudie à droite. Faisant allusion au projet que l'on prête aux socialistes de provoquer de nouveles élections au Reichstag, il a conclu que cette éventualité ne faisait pas peur à son parti, conscient des progrès que les idées conservatrices réalisent dans les masses populaires.

Le ton provocant du discours du Comte de Westarp et plus encore peut-être le fait que les nationalistes allemands l'aient choisi pour porte-parole indiquent en effet que la droite monarchiste ne craint plus de déployer son drapeau et envisage l'avenir avec confiance.

---

1 Allemagne, 286, fol. 238-242.
2 Gemeint ist der 28.10.1920, der Text wurde noch am gleichen Abend redigiert.
3 Otto Geßler.
4 Vgl. oben Dok. 369, Dok. 375 und Dok. 380.
5 Walter Simons.
6 Vgl. oben Dok. 387.
7 Vgl. oben Dok. 451 bzw. Dok. 446 und Dok. 447.
8 Wilhelm Mayer. Zu dessen offiziellem Antrittsbesuch bei Millerand s. oben Dok. 421.

456
**M. Laurent, Ambassadeur de France à Berlin, à
M. Leygues, Président du Conseil, Ministre des Affaires Etrangères.**

T. n° 2006. [En Clair.] Berlin, le 30 octobre 1920, 0 h 50.
(Reçu: 9 h 15.)[1]

M. Simons a fait à la séance d'aujourd'hui un exposé de deux heures sur la politique extérieure.

Il a débuté par une réfutation des théories du comte Westarp qui avait soutenu la veille[2] que l'Allemagne devait se refuser à exécuter le traité de Versailles. Nous avons signé le traité, a dit le Ministre, nous devons donc l'exécuter dans toute la mesure du possible. Parlant de la question des 800.000 vaches réclamées par les Alliés, M. Simons a dit qu'il ne s'agissait que d'une liste non encore examinée par le Gouvernement allemand qui pourrait discuter les chiffres.[3] Il s'est par contre élevé avec force contre la destruction projetée des moteurs Diesel[4] à laquelle l'Allemagne doit, selon lui, opposer un non catégorique.

M. Simons s'est félicité de la renonciation du Gouvernement britannique au paragraphe 18[5] et a exprimé l'espoir que le montant des réparations serait bientôt fixé, selon la promesse faite à l'Allemagne à Spa. Il a déclaré que le Gouvernement allemand était décidé à faire un effort sérieux pour acquitter des charges qui lui seraient imposées, pourvu qu'il obtînt au préalable les vivres et les matières premières indispensables.

Le Ministre a fait ensuite allusion à la Société des Nations qui, bien qu'impopulaire en Allemagne, doit être considérée comme une institution d'avenir. Il a proclamé la nécessité d'une politique conciliante avec la France, attesté que le Gouvernement n'avait jamais manqué de dignité dans ses rapports avec les représentants français et exprimé la conviction que ses relations avec l'Ambassadeur de France[6] resteraient bonnes et aboutiraient à des résultats profitables.

Passant en revue les rapports de l'Allemagne avec les principales puissances, M. Simons a fait une brève allusion à la question d'Eupen et Malmédy et exprimé ses regrets du départ de M. de Martino[7]. A propos des relations avec la Pologne, il a fortement insisté sur le caractère allemand de Dantzig "qu'à défaut des hommes les pierres proclameraient".

Sur la question de Haute-Silésie, le Ministre a exprimé la crainte que le plébiscite ne fût fatal aux intérêts de l'industrie silésienne. Il s'est plaint des actes de violence commis par les Polonais, mais a mis l'opinion en garde contre les dangers d'une politique de représailles. Il a conclu sur cette idée qu'une politique prévoyante ne devait pas n'avoir en vue que les intérêts du germanisme, mais aussi frayer la voie à un rapprochement entre les peuples.[8]

---

1   Allemagne 374, fol. 261-263.
2   Vgl. oben Dok. 455.
3   Im Rahmen der Reparationen hatte die Reparationskommission von Deutschland unter anderem die Ablieferung von 810.000 Milchkühen verlangt, s. dazu auch Laurents T. n° 1898 vom 16.10.1920, Télégrammes, Arrivée de Berlin, 1920, 9.
4   Vgl. oben Dok. 435 Anm. 8.
5   Gemeint ist der Paragraph 18 Anlage 2 zu Teil VIII des Versailler Vertrages, der das Deutsche Reich verpflichtete, "Maßnahmen, zu deren Ergreifung die alliierten und assoziierten Mächte gegen eine absichtliche Nichterfüllung Deutschlands berechtigt sind, nicht als feindliche Handlung aufzufassen." England habe, so Simons vor dem Reichstag, großes Interesse daran, daß der Handelsverkehr nicht gefährdet werde, s. Schultheß' Europäischer Geschichtskalender 36 (1920) S. 282.
6   Charles Laurent.
7   Zu Meldungen bezüglich eine eventuelle Ernennung De Martinos zum neuen italienischen Botschafter in London s. Laurents T. n° 1998-1999 vom 28.10.1920, Télégrammes, Arrivée de Berlin, 1920, 9. Vgl. auch unten Dok. 457.
8   Zur Reaktion der Presse auf die Rede von Simons, der vor allem von Organen der politischen Rechten scharf angegriffen wurde, s. Laurents T. n° 2017-2018 vom 30.10.1920, Allemagne 374, fol. 264-265.

457
*M. Laurent, Ambassadeur de France à Berlin, à
M. Leygues, Président du Conseil, Ministre des Affaires Etrangères.*

T. n° 2025-2026. Déchiffrement.   Berlin, le 31 octobre 1920, 18 h 16.
                                       (Reçu: 21 h 15 .)[1]

J'avais trouvé hier matin, mon collègue d'Italie[2] assez mécontent de la partie du discours de M. Simons concernant l'Italie.

Le Ministre avait parlé, selon la version donnée par l'agence Wolff du droit de (libre) disposition qui devait être connu au Tyrol méridional. Il avait, en outre, en exprimant les regrets que lui causait le prochain départ de M. de Martino, émis l'idée que celui-ci pourrait "dans sa nouvelle sphère d'action témoigner de sa germanophilie, au meilleur sens de ce mot."

M. de Martino trouvait, avec raison, le compliment un peu lourd et compromettant.

Il a dit, hier soir, à un de mes collaborateurs, qu'il était allé demander des explications à M. Simons et que celui-ci lui avait montré les épreuves de son discours qui ne correspondaient nullement à la version donnée par l'agence Wolff.

Pour le Tyrol méridional, le Ministre s'était borné à parler de l'"autonomie culturale" des régions de langue allemande.[3] Quant à la phrase consacrée à M. de Martino, loin de prôner sa germanophilie, elle disait, au contraire, que bien que n'étant pas un germanophile, l'Ambassadeur d'Italie avait su s'acquérir, par ses qualités, l'estime des milieux officiels allemands.

M. de Martino s'est montré satisfait de ces deux rectifications. Il a même trouvé que la seconde allait un peu loin, "car, a-t-il ajouté, avec une bonne grâce (désarm)ante, j'ai été désigné pour le poste de Berlin par M. Nitti qui, sans être un germanophile, ne saurait pourtant (passer) pour germanophobe."

---

1   Allemagne 374, fol. 266-267.
2   Giacomo nobile De Martino. Lord D'Abernon urteilte über seinen italienischen Kollegen: "Er hat den Ruf, ausgesprochen deutsch-freundlich zu sein; ich glaube jedoch, daß seine Sympathien ziemlich objektiv sind und daß er sich eher durch Ehrgeiz als durch Voreingenommenheit leiten läßt." DERS., Botschafter der Zeitenwende, Bd. I, S. 101, Eintragung vom 3.11.1920. Zur Ernennung De Martinos zum neuen Botschafter in London s. ebenda, S. 111, Eintragung vom 23.11.1920.
3   Simons hatte zur Frage der Zugehörigkeit Tirols erklärt, daß Südtirol ein "Zankapfel" in den deutsch-italienischen Beziehungen bilde und diese belaste, daß andererseits aber machtpolitische Erwägungen in bezug auf Südtirol für die deutsche Regierung niemals eine Rolle spielen könnten. "Es ist", so Simons weiter, " eine Politik der moralischen Unterstützung und eine Politik der verständigen Erwägungen." Vgl. dazu AdR, Kabinett Fehrenbach, Dok. 133 Anm. 1, S. 343f. Zu den Folgen dieser Äußerung Simons s. unten Dok. 510 Anm. 2.

458
M. Terver, Consul de France à Breslau, à
M. Leygues, Président du Conseil, Ministre des Affaires Etrangères.

Breslau, le 1 novembre 1920.[1]

Note sur la Silésie.

Esprit de la population.

Depuis la réouverture du Consulat de Breslau (3 Mars 1920) transformation complète et rapide de l'opinion publique: les partis de gauche admettaient à cette époque que la guerre avait été perdue pour l'Allemagne et que les conditions du traité de Paix devaient être remplies au moins en partie, les partis de droite se bornaient à affirmer que le traité de Versailles était inexécutable. Aujourd'hui tous les partis sont d'accord pour "exiger" une révision du traité, et en refuser l'exécution.

Motifs de cette transformation.

a) Propagande intensément violente et haigneuse de la presse contre la France. Thème habituel: si l'industrie et la situation économique de l'Allemagne ne se relèvent pas, si le chômage augmente, si la misère devient plus profonde, si le prix de la vie atteint une hauteur inouïe, c'est la France seule qui en est responsable (accord de Spa, restitution de machines, restitution du cheptel[2], moteurs Diesel[3], colonies, flotte, réparations etc. etc.).

b) Excitation du sentiment national. L'Allemagne n'a pas voulu la guerre, elle ne l'a pas perdue, elle s'est laissé tromper par les 14 points de Wilson. Activité considérable du parti deutsch-national: conférences, réunions sur les places publiques, manifestations organisées par les junkers prussiens, les titulaires de majorats, les professeurs et les étudiants de l'Université de Breslau, les officiers rendus à la vie civile, (isolement de la France militariste et impérialiste, troupes noires, résultats favorables pour l'Allemagne des plébiscites de la 2e zone du Schleswig[4], des territoires d'Allenstein et de Marienwerder[5], partialité de la France en Haute-Silésie etc.).

c) Désir de revanche avec l'aide de la Russie soviétique. 60 millions d'Allemands ne se laisseront pas annihiler par 10 millions de Français épuisés par la guerre, ils trouveront, dès qu'ils auront une frontière commune avec les bolchevistes, les ressources nécessaires en hommes et reconstruiront le matériel indispensable, la France sera écrasée, car elle ne peut compter sur l'Angleterre repue et jalouse, sur l'Italie mécontente et sur les Etats-Unis devenus indifférents aux choses d'Europe.

Attitude des autorités.

Les autorités supérieures (Oberpräsident[6], Polizeipräsident[7] etc.) nommées par le Reich sont en majorité socialistes, paraissent pleines de bonne volonté, mais leur influence réelle est très faible: ni expérience, ni connaissances. Désarmées devant leurs collaborateurs, qui appartiennent *tous* à l'ancien régime et qui regardent avec mépris leurs supérieurs actuels et "provisoires", dépourvus de particules, dépourvus de titre de "doktor" et de "rat". La tête seule est socialiste, elle est impuissante, le reste du corps administratif est réactionnaire et revanchard.

Presse.

Une centaine de journaux paraît en Silésie. 80% sont réactionnaires. *Le groupe Stinnes* en subventionne un certain nombre, il est actuellement en pourparlers secrets pour acheter trois des plus grands journaux de Breslau (300.000 lecteurs par jour). J'ai adressé à l'Ambassade de Berlin un travail complet sur la presse de Silésie en octobre 1920[8].

Effectifs militaires et armement.

Les effectifs sont réduits dans les conditions prescrites, mais surveiller [sic!] les cadres de la Sicherheitspolizei.

La question des armements ne paraît beaucoup moins avancée (armes cachées chez les grandes propriétaires).

Situation du Consulat de France à Breslau.
Victime le 26 août 1920 d'une manifestation antifrançaise provoquée par les partis de droite et droite[sic!] à la suite des incidents de Haute-Silésie. Détruit et pillé complètement[9].

Depuis 9 mois, impossibilité de trouver un appartement. Forcé de vivre à l'hôtel avec ma femme (mon fils a dû rester à Paris) dans des conditions ruineuses et désagréables. Service saboté. Injures et menaces. Lettres anonymes. Travail énorme: environ 800 visas de passeport pour la Haute-Silésie délivrés journaliement. Deux collaborateurs français: un attaché[10] et un commis de chancellerie[11]. Douze auxiliaires allemands, et Polonais. Le service est bien assuré. La bienveillance de l'Ambassade de Berlin et l'intérêt qu'elle prend à mes travaux me sont précieux pour avoir la force et le courage de rester à un poste particulièrement difficile, le département peut compter sur tout mon zèle et mon entier dévouement.

---

1 Pologne 150, fol. 1-3. Handschriftlicher Bericht.
2 Vgl. oben Dok. 456 Anm. 3.
3 Vgl. oben Dok. 435 Anm. 8.
4 Vgl. oben Dok. 83.
5 Vgl. oben Dok. 305 und Dok. 320.
6 Wolfgang Jaenicke.
7 Kleibömer
8 Nicht abgedruckt.
9 Vgl. oben Dok. 374
10 Name nicht ermittelt.
11 Nicht ermittelt.

459
*M. Terver, Consul de France à Breslau, à
M. Leygues, Président du Conseil, Ministre des Affaires Etrangères.*

Breslau, le 1 novembre 1920.[1]

Note sur la Haute-Silésie

Question *vitale* pour l'industrie allemande.
La Haute-Silésie peut être divisée en deux parties: l'une comprend les villes, les campagnes, les forêts, c'est de beaucoup la plus étendue mais la moins importante, l'autre comprend les charbons et les minerais (frontière polonaise), c'est la seule intéressante. Si l'Allemagne perd cette par-

tie, elle tombera au rang de puissance de 3e ordre (*pourra-t-elle payer?*).
Elle le sait, et je crois qu'elle ira jusqu'aux mesures les plus désespérées
pour empêcher un tel résultat de plébiscite. Propagande intense auprès
des Hauts-Silésiens résidant en Allemagne (environ 350.000). Journaux
spéciaux, sociétés, réunions, manifestations, autonomie[2] etc.

Dans la première partie de la Haute-Silésie les villes sont allemandes, les campagnes polonaises. Majorité allemande me paraît assurée. Pour la 2e partie la question est beaucoup plus complexe: la population, ouvrière est en majorité polonaise (70%). Mais ces mineurs polonais voteront-ils pour la Pologne lors du plébiscite? Depuis des siècles ils ont reçu l'empreinte allemande; leurs directeurs, ingénieurs, contre-maîtres sont allemands et jouissent d'une réelle influence que les organisations polonaises cherchent à détruire. Point de vue économique: le mark polonais vaut 5 fois moins que le mark allemand. Point de vue politique: ces mineurs font porter des grands syndicats allemands dont la puissance est restée intacte, croient-ils trouver le même appui auprès du socialisme polonais qui est un socialisme agraire ennemi du socialisme ouvrier? Non.

Point de vue militaire: en Allemagne, plus de service militaire à accomplir, en Pologne, le contraire, guerre probable contre la Russie.

Voilà les questions que se pose le mineur polonais. Aura-t-il le patriotisme nécessaire pour les résoudre dans un sens favorable à la Pologne? Je n'ose répondre par l'affirmative.

Plébiscite.

Plébiscite par commune (source de difficultés, mais impossible d'opérer autrement, la population globale étant en majorité allemande).

Point important: les 310.000 Hauts-Silésiens résidant en Allemagne (qui ne seront pas compensés par un nombre équivalent des Hauts-Silésiens résidant en Pologne) doivent-ils voter? Le traité de Paix, pris à la lettre leur donne incontestablement ce droit.[3] Chercher à leur enlever ce droit en interprétant par un raisonnement à contrarier les conditions précises énoncées, c'est risquer de déchaîner en Allemagne un mouvement populaire et national auquel le Gouvernement du Reich ne saura ou ne voudra résister. Conséquences graves. Pourront-ils modifier sensiblement le résultat du plébiscite dans la région des mines, la seule qui importe? Il faudrait consulter les listes d'ayants droit de vote dans cette région.

Si l'Angleterre et l'Italie sont d'avis, ainsi que je le crois d'après mes renseignements, de s'en tenir à la lettre du traité de Versailles, la Conférence des Ambassadeurs se rangera sans doute à cette opinion. Mais dans ce cas, certitude de troubles en Haute-Silésie envahie au moment du plébiscite par 350.000 allemands, disciplinés et particulièrement fanatisés. Les deux divisions françaises présentes actuellement suffiront-elles à maintenir l'ordre? Evidemment non. Augmenter le nombre des troupes françaises? Ce serait le conflit armé. Augmenter les troupes anglaises ou italiennes? J'ignore si l'Angleterre et l'Italie y consentiraient. Difficultés matérielles en plein hiver, saison rude, pour le transport, le logement, et le ravitaillement des 60.000 hommes nécessaires. Et surtout pourra-t-on compter sérieusement sur ces troupes?

Solutions envisagées.

Si les 350.000 Hauts Silésiens résidant en Allemagne sont admis à prendre part au plébiscite, il faut à tout prix éviter leur entrée en masse en Haute-Silésie.

A) Les faire venir jusqu'à la ligne de démarcation, leur faire déposer le bulletin de vote et les réexpédier immédiatement? Peu pratique, résistance certaine au moment du retour.

B) Vote par correspondance? Pression des autorités allemandes, contrôle difficile, suppression probable des voix polonaises.

C) Vote par fractions? Long; période d'agitation.

Solution proposée.

Les Hauts-Silésiens *admis à voter* et résidant actuellement en Haute-Silésie, voteront en Haute-Silésie.

Les Hauts-Silésiens admis à voter et résidant hors de Haute-Silésie, en Pologne ou en Allemagne, remettront leur bulletin de vote à quelques commissions interalliées - internationales, assistées chacune d'un délégué polonais et d'un délégué allemand, qui se rendent dans les principaux centres polonais et allemands pour y recueillir les votes.

Avantages de cette solution: danger d'une invasion en Haute-Silésie écarté avec toutes ses conséquences. Pas de troubles; pas d'augmentation de troupes. Pas de pression à craindre, en prenant certaines précautions matérielles. Contrôle facile. Rapidité.[4]

---

1 Pologne 150, fol. 1-7. Handschriftlicher Bericht.
2 Als Reaktion auf die Forderungen in der Provinz nach größerer Autonomie bzw. Herauslösung aus dem Land Preußen, die vor allem aus den Reihen der Zentrumspartei vorgetragen wurden (vgl. unter anderem oben Dok. 439), bereitete die Reichsregierung ein eigenes Autonomiegesetz für Oberschlesien vor. Einzelheiten s. oben Dok. 446 und Dok. 447.
3 Le Rond sprach sich in seinem Bericht N° 120 vom 4.11.1920 entschieden gegen ein Wahlrecht für diesen Personenkreis aus, s. Pologne 150, fol. 10-13.
4 Zum Fortgang s. unten Dok. 509.

460

*M. Laurent, Ambassadeur de France à Berlin, à
M. Leygues, Président du Conseil, Ministre des Affaires Etrangères.*

T. n° 2036. Déchiffrement.   Berlin, le 2 novembre 1920, 20 h 35.
(Reçu: le 3, 1 h 15.)[1]

J'avais été voir ce matin M. Simons pour procéder avec lui à l'échange des ratifications de la convention sur les ponts du Rhin et de celles concernant les questions juridiques. Mais le Ministre ni ayant présenté un texte exclusivement allemand, je n'ai pas cru devoir accepter cette procédure, qui n'est pas conforme aux précédentes. En effet, pour les conventions de Baden-Baden[2] déjà en vigueur, le texte était exclusivement français tandis que celui que les Allemands nous avaient remis était bilingue.

M. Simons a accepté cette manière de faire, et je compte, sauf instructions contraires de Votre part, procéder avec lui à l'échange des ratifications sous cette forme.

Il y a lieu de signaler que les préambules des deux instruments ne concordent pas, les allemands ayant laissé aux deux conventions l'aspect d'un échange de notes, tandis que nous les présentons sous forme de traités. Mais cette divergence se serait déjà produite pour l'arrangement relatif au pont de Kehl[3] et n'aurait pas soulevé de difficultés.[4]

---

1   Télégrammes, Arrivée de Berlin, 1920, 9.
2   In Baden-Baden fanden die Verhandlungen zwischen Frankreich und Deutschland betreffend Elsaß und Lothringen statt. Am 7. und 19.5.1920 hatten sich beide Seiten auf eine zunächst auf sechs Monate befristete Regelung für den Warenverkehr zwischen Deutschland und Elsaß-Lothringen geeinigt. Einzelheiten s. BOISVERT, Relations Franco-Allemandes en 1920, S. 188ff.
3   Am 1.3.1920 hatten Deutschland und Frankreich in Baden-Baden gemäß Art. 65 des Versailler Vertrages ein Sonderabkommen über den Rheinhafen von Kehl unterzeichnet, das für die Dauer von sieben Jahren die Häfen von Kehl und Straßburg einer gemeinsamen französischen Verwaltung unterstellte, s. Schultheß' Europäischer Geschichtskalender 36 (1920) S. 30.
4   Zum Fortgang s. unten Dok. 520.

461
*M. Laurent, Ambassadeur de France à Berlin, à
M. Leygues, Président du Conseil, Ministre des Affaires Etrangères.*

D. n° 663. [Berlin], le 2 novembre 1920.[1]

Restitution des trophées visées par l'article 245 du Traité.

Pour faire suite à mes télégrammes N° 2021-24[2], j'ai l'honneur de faire parvenir ci-joint à Votre Excellence:

    1° - Copie d'un rapport que le Capitaine Regnault adresse à M. le Ministre de la Guerre[3] pour lui rendre compte de sa mission à la date du 30 Octobre.

    2° - Traduction d'une note que la Wilhelmstrasse m'a fait parvenir le 30 Octobre, en réponse à ma note N° 342 du 29, dont copie a été transmise au Département par ma dépêche N° 653 du 29 Octobre 1920[4].

    3° - Copie d'un rapport que le Capitaine Regnault m'a remis aujourd'hui concernant les drapeaux conservés au pavillon de Drei Linden[5].

Annexe:

Le Capitaine Regnault, Adjoint à M. Le Payeur Général de Celles, en Mission à Berlin, à M. Lefèvre, Ministre de la Guerre.

Berlin, le 30 octobre 1920.

Mon séjour à Berlin se prolongeant, j'ai l'honneur de vous adresser à toutes fins utiles un compte-rendu des événements intéressant la mission dont j'ai été chargée.

J'ai été désigné le 10 Octobre 1920 comme "adjoint à M. le Payeur Général de Celles[6] pour me rendre à Berlin afin de procéder à la recherche et à l'identification des objets militaires, dont la restitution doit être effectuée par l'Allemagne (en particulier drapeaux et trophées des deux dernières guerres)".

Du 10 au 13 Octobre, date de mon départ, j'ai cherché des renseignements sur les drapeaux à réclamer au Gouvernement allemand en exécution de l'article 245 du Traité de Paix. Le Service Historique du Ministère de la Guerre n'a pu me fournir sur ce point qu'une liste incomplète et inexacte: inexacte parce que mentionnant des étendards n'ayant jamais été livrés à l'ennemi (Etendards des 6e, 7e, 11e, 12e Chasseurs d'Afrique - régiments n'existant pas en 1870), incomplète parce que ne mentionnant aucun des drapeaux perdus par les Armées de la Défense Nationale et ne mentionnant avec certitude qu'un drapeau perdu en 1914. J'ai pu néanmoins, grâce aux facilités que m'a données le Colonel Roboul, consulter les Archives de la Direction d'Artillerie et du Service Historique et dresser une liste approximative des drapeaux perdus en 1914. J'avais rendu compte avant mon départ à mon chef direct, M. le Général Malleterre, du peu de renseignements dont j'étais officiellement muni avant mon départ pour Berlin.

Arrivé à Berlin le 14 Octobre, j'ai assisté à tous les entretiens de M. le Payeur Général de Celles avec les délégués allemands.

Ceux-ci déclaraient ne pouvoir livrer que neuf drapeaux de Garde Nationale, une vingtaine de pavillons tricolores sans inscription, existant au Zeughaus de Berlin et huit drapeaux de Garde Nationale existant à Munich. D'après eux tous les autres trophées de 1870 et 1914, ayant été détruits, soit dans un incendie accidentel en 1908 soit dans l'émeute du 23 Juin 1919[7].

J'ai proposé à M. le Payeur Général de Celles de prendre comme base de discussion le chiffre de 107 aigles ou drapeaux, pris aux Français en 1870-71. Ce chiffre est celui donné par l'Historique de la Guerre de 1870-71 du Grand Etat-Major Allemand. Je l'avais retrouvé dans mes notes personnelles et les délégués allemands ne pouvaient en discuter l'exactitude.

Il a été possible ensuite d'établir et de faire reconnaître par les délégués allemands que les aigles et drapeaux français de 1870-71 déposés à l'Eglise de Garnison de Potsdam n'avaient pas été détruits par accident en 1908 (l'incendie de cette époque ayant eu lieu à l'Alte Garnison période 1793-1815), ni dans l'émeute de 1919 où n'avaient été détruits que des drapeaux russes et français de 1914.

Il a été ensuite établi qu'il existait à Potsdam en 1918 36 drapeaux ou aigles perdus à Metz, Sedan et Toul en 1870. M. Hollander désigné comme expert adjoint à M. le Payeur Général de Celles et arrivé le 19 Octobre à Berlin m'a fourni en outre l'indication qu'il existait aussi à Potsdam 19 drapeaux de la Défense Nationale. Il n'avait pu me fournir ce chiffre à Paris, quand je le lui avais demandé avant mon départ.

La question de livraison des drapeaux de 1870-71 pouvait alors se poser ainsi:

sur 107 drapeaux perdus, 9 étaient livrés par le Zeughaus, 9 étaient attendus de Munich, 75 disparus de Potsdam en janvier 1919 étaient à rechercher,

92 drapeaux sur 107 étaient identifiés. Les 15 drapeaux manquants pouvaient être considérés, soit étant certains des pavillons dans inscriptions livrés par le Zeughaus, soit comme ayant brûlé en 1908 à l'Alte Garnison Kirche de Berlin, et justifiant alors la livraison de l'urne en

cristal contenant les cendres de tous les drapeaux, détruits dans ce sinistre.

La question de compensation des drapeaux brûlés en 1919 ne devait donc porter que sur les drapeaux français, perdus en 1914 et était indépendante des recherches entreprises par l'autorité allemande pour retrouver les drapeaux enlevés de Potsdam.

Résolue au point de vue principe par l'entremise de l'Ambassadeur de France[8], je n'ai eu à y intervenir qu'au point de vue nombre.

Ayant établi à Paris la perte des drapeaux du 20e drapeau provisoire du 309e Régiment d'Infanterie. J'ai établi à Berlin par renseignements recueillis sur place la perte du drapeau du 250e Régiment d'Infanterie, celle d'un drapeau pris au combat de Lagarde (40e Régiment sans doute). Le Directeur du Zeughaus[9] m'a de plus spontanément déclaré la perte de cinq fanions de bataillon ou compagnie.

J'ai pu alors réclamer dix drapeaux de 1815 en échange de ces drapeaux ou fanions détruits en 1919.

M. le Payeur Général de Celles est alors reparti pour Paris le 21 Octobre, me donnant comme instructions de choisir parmi les drapeaux de 1815, l'équivalent de ceux brûlés en 1919, et de ramener ces emblêmes à Paris, avec en outre l'indication de ramener les drapeaux de Potsdam, si le Gouvernement allemand les retrouvait avant livraison des drapeaux de 1815.

Les 26 et 27 Octobre, de concert avec un délégué allemand et le directeur adjoint du Zeughaus[10], j'ai choisi dix drapeaux ou petits étandards, parmi les six sont emblêmes, enlevés en 1815 au Musée d'Artillerie. J'estime avoir pris les plus rares et les mieux conservés, ayant du reste déjà fixé mon choix pendant plusieurs visites discrètes au Zeughaus aux heures d'ouverture publique. Ces trophées actuellement emballées n'attendent pour être expédiés sur Paris que la ratification définitive du choix par le Gouvernement allemand.[11]

Conformément aux instructions verbales du Payeur Général de Celles et sauf ordre contraire de votre part je ramènerai à Paris, via Mayence ces dix emblêmes.

Le Gouvernement allemand n'a pas encore retrouvé les drapeaux de Potsdam et n'ayant ni qualité, ni moyen d'action pour me mêler à ces recherches, ma présence à Berlin n'est pas indispensable. J'estime préférable de ramener à Paris les drapeaux de 1815, ayant possibilité, si vous le jugez ultérieurement nécessaire, de revenir rapidement à Berlin pour toute question relative aux drapeaux de Potsdam et nécessitant ma présence.

Je prends ici, conformément aux indications du Payeur Général de Celles les instructions de M. l'Ambassadeur de France, par l'entremise duquel je vous transmets ce rapport.

---

1 MAE Nantes, Ambassade de Berlin, 174 (ohne Folio). Maschinenschriftlicher Durchschlag, ohne Unterschrift und ohne Ortsangabe.
2 Nicht abgedruckt. Zur Problematik allgemein s. oben Dok. 6 Anm. 8.
3 André Lefèvre.
4 Nicht abgedruckt.
5 Nicht abgedruckt.
6 Constantin de Celles war als Mitglied der Waffenstillstandskommission in Spa zuständig für die finanziellen Regelungen und Vereinbarungen mit Deutschland.
7 Zum Hergang s. Ursachen und Folgen, Bd. 3, S. 386.
8 Charles Laurent.
9 Moritz Binder.
10 Name nicht ermittelt.
11 Auf Drängen von Reichsaußenminister Simons hatte die Reichsregierung dem Begehren auf Ablieferung von 10 Fahnen aus den Feldzügen 1813/1815 zugestimmt, s. Protokoll der Kabinettssitzung vom 26.10.1920, AdR, Kabinett Fehrenbach, Dok. 95 S. 247f sowie Laurents T. n° 2074 vom 8.11.1920, Télégrammes, Arrivée de Berlin, 1920, 10.

462
M. Laurent, Ambassadeur de France à Berlin, à
M. Leygues, Président du Conseil, Ministre des Affaires Etrangères.

T. n° 2050-2051. Déchiffrement.   Berlin, le 4 novembre 1920, 20 h 30.
(Reçu: 23 h 45, 23 h 20.)[1]

La commission du budget du Reichstag a discuté hier la demande du gouvernement tentant à porter de 20 à 40 millions de marks le crédit prévu pour l'entretien de la commission interalliée des territoires rhénans[sic!]. Le Ministre du Trésor[2] a évalué à 15 milliards 724 millions de marks les charges grevant le budget allemand de 1920 du fait de l'occupation.[3] Il a fait allusion à des négociations engagées avec l'Entente et qui permettraient d'espérer un adoucissement aux conditions d'occupation. Mr Helfferich s'est efforcé d'établir que les frais d'entretien des troupes étaient manifestement exagérés surtout en ce qui concerne les forces américaines. Le secrétaire d'Etat Lewald a déclaré que les (Alliés) avaient 130.000 hommes sur le Rhin alors qu'avant la guerre, les allemands ne comptaient dans la même région que 70.000 hommes. Il s'est plaint du peu de compte que tenaient les autorités militaires (Alliées) des réclamations allemandes.

La commission a finalement adopté à l'unanimité une motion des nationaux allemands invitant le Reichstag à élaborer d'urgence un mémoire détaillé sur l'importance des frais nécessités par l'occupation alliée.

---

1   Télégrammes, Arrivée de Berlin, 1920, 9. Diese Meldung wurde zugleich als T. n° 88 an Tirard nach Koblenz übermittelt.
2   Hans von Raumer.
3   Vgl. auch oben Dok. 413.

463
*M. Laurent, Ambassadeur de France à Berlin, à
M. Leygues, Président du Conseil, Ministre des Affaires Etrangères.*

T. n° 2053. Déchiffrement.   Berlin, le 5 novembre 1920, 21 h 30.
(Reçu: le 6, 10 h 25.)[1]

Suité à mes télégr. Nos 2050-2051[2].
La commission du budget a continué hier l'examen des frais d'occupation. Les nationaux allemands ont proposé de n'accorder qu'un crédit de (1 gr. faux) (mots passés) spécifier le détail des dépenses auxquelles doivent faire face les sommes demandées. Les protestataires allemands, à ce sujet, auraient eu finalement un certain succès auprès des Belges, mais les autorités françaises auraient opiniâtrement maintenu leur point de vue en vue d'empêcher tout contrôle des dépenses engagées par elles.

La discussion s'est terminée par le rejet de la motion des nationaux allemands et par l'adoption du crédit de 40 millions demandé par le Gouvernement.

---

1   Télégrammes, Arrivée de Berlin, 1920, 9.
2   Vgl. oben Dok. 462.

464
M. Laurent, Ambassadeur de France à Berlin, à
M. Leygues, Président du Conseil, Ministre des Affaires Etrangères.

T. n° 2064-2067. Déchiffrement.   Berlin, le 7 novembre 1920,
11 h 00, 12 h 00.
(Reçu: 16 h 40, 16 h 50, 17 h 00, 16 h 00.)[1]

La discussion générale du budget qui se traînait depuis plusieurs séances[2] au milieu de la lassitude générale, a été marquée hier par une vive attaque du démocrate M. Dernburg contre le traité (de) (Versailles). Plus intransigeant que le Ministre des Affaires Etrangères[3], il estime d'ores et déjà(,) que le traité est inexécutable et en demande formellement, au nom de son parti, la révision immédiate. Selon lui, la voie à suivre est de recourir à la Société des (Nations) pour obtenir, par application de l'article 19 du pacte, une révision du traité conforme aux 14 points.[4]

L'ancien Ministre de Guillaume II s'est élevé, aux applaudissements de la droite, contre l'article 239[5], qui impute à l'Allemagne toutes les responsabilités du conflit. Il a ensuite dépeint avec un grand luxe d'images la misère à laquelle les conditions de paix ont réduit l'Allemagne.

Un an, s'est-il écrié, on ne nous traite même plus en vache que l'on veut traire ou qu'on réserve pour l'abattoir, mais en animal que l'on crève de travail sans le nourrir. Il a comparé le nombre croissant de commissions et d'organes de contrôle (qui) enserrent l'Allemagne à un essaim de frelons martyrisant le pays et empêchent son relèvement. Si les pays rhénans, a poursuivi Dernburg, doivent rester occupés jusqu'au paiement des réparations il n'y a pas de raison que la France les évacus jamais, puisque nous sommes dans l'impossibilité de payer.

L'orateur a pris également à parti l'attitude de la France dans la question de Haute-Silésie. Il s'est plaint que, partout où elle pouvait gagner quelque chose, l'Allemagne trouvât devant elle des barrières économiques. Il a, enfin, fait le procès de l'Angleterre qui, non contente de s'emparer de la flotte de commerce allemande, contrôle les ports [de] la batellerie, et interdit aux Allemands l'accès de ses propres côtes. Il a conclu par cette phrase à laquelle l'Assemblée, l'extrême-gauche exceptée, a fait une ovation: "Nous exigeons la révision au nom d'une humanité blessée et chargée de chaînes, (au nom) de droits qui sont aussi immuables que les étoiles."

C'est la première fois que les démocrates prennent aussi vigoureusement position contre le traité. En faisant montre d'un patriotisme agressif, leur chef a voulu enrayer le mouvement de défection que les progrès de plus en plus marqués de l'esprit national(iste) provoquent dans les rangs du parti.6

---

1 Allemagne 375, fol. 2-5.
2 Vgl. oben Dok. 462 und Dok. 463.
3 Walter Simons.
4 Art. 19 der Völkerbundsakte räumte die Möglichkeit ein, Verträge sowie internationale Verhältnisse, deren Anwendung nicht mehr in Frage komme bzw. die den Weltfrieden gefährden könnten, einer Nachprüfung zu unterziehen.
5 Gemeint ist hier vermutlich Art. 321 des Versailler Vertrages. In Art. 239 verpflichtete sich Deutschland, die geforderten Rückerstattungen und Tilgungsleistungen unverzüglich vorzunehmen.
6 Zur Fortsetzung s. unten Dok. 468.

465
M. Laurent, Ambassadeur de France à Berlin, à
M. Leygues, Président du Conseil, Ministre des Affaires Etrangères.

D. n° 675.   Berlin, le 7 novembre 1920.[1]

Copie.
Entretien avec Lord D'Abernon.
Une conversation que j'ai eue récemment avec l'Ambassadeur d'Angleterre nous a conduite à examiner un certain nombre de questions d'intérêt actuel[2]. Mon Collègue, qui s'exprime avec netteté et se prononce avec une décision parfois un peu hâtive, m'a paru mener à des vues justes de surprenantes naïvetés.[3]

Pour débuter, Lord D'Abernon m'a témoigné sa surprise de ce que l'opinion française eût si mal accueilli la renonciation de l'Angleterre à faire usage des droits conférés aux Alliés par le paragraphe 18 de l'annexe II des Réparations.[4] La question n'aurait pas, selon lui, d'importance pratique. La clause en question prévoyait seulement des "possibilités que chacun des Alliés avait évidemment le droit de ne pas réaliser. En fait, le Gouvernement britannique n'aurait jamais osé saisir les avoirs allemands dans les banques anglaises. Il m'a été facile de répondre à Lord D'Abernon que les sécurités trouvées par la France dans ses relations avec l'Angleterre étaient actuellement d'ordre plutôt moral que pratique, que le Gouvernement britannique en se désolidarisant du Gouvernement français dans une question vitale pour ce dernier, avait grandement diminué ces garanties et qu'à vouloir se concilier à tout prix les sympathies allemandes il éviterait difficilement de froisser, sinon d'alarmer, le sentiment français.

Nous avons ensuite parlé de l'approvisionnement de l'Allemagne en charbon. J'ai fait valoir que, d'après les calculs de M. Coste, l'Allemagne, même privée de la Haute-Silésie, pourrait facilement, avec une exploitation rationnelle, obtenir une production annuelle de 175 millions de tonnes, alors que sa consommation totale en 1913 atteignait 156 millions de tonnes seulement et devait avoir diminuée en même temps que les besoins de l'industrie. Mon Collègue m'a dit que ces chiffres correspondaient à ceux donnés par M. Ditmas, le délégué anglais à la Commission de contrôle des charbons. Il considère, quant à lui, les réclamations allemandes comme dénuées de fondement. Au surplus, il va, par acquit de conscience, recueillir les avis des experts anglais en la matière.

Lord D'Abernon a ajouté qu'il établissait une distinction entre la situation financière, évidemment critique, de l'Allemagne et sa situation économique, qui semblait moins défavorable: l'élévation des dividendes distribués par les entreprises industrielles ne pouvait guère être interprêtée que comme un signe de prospérité. Toutefois cette opinion avait parue trop subtile à M. Lloyd George qui l'avait rejetée en disant: "Situation financière et situation économique c'est tout un". J'ai donné raison à mon Collègue contre le Premier Anglais. Industriels et commerçants peuvent faire de bonnes affaires sans contribuer dans une mesure suffisante aux charges de l'Etat, surtout s'ils sont de connivence avec lui pour frustrer ses créanciers. J'ai cité le défi que Warburg, le grand financier de Hambourg avait jeté dernièrement à un banquier français: "Nous ferons faillite et vous ferez faillite avec nous".

L'Ambassadeur d'Angleterre et moi sommes tombés d'accord à ce propos pour constater l'extrême difficulté d'obtenir des renseignements précis sur les finances ou le commerce de ce pays. L'Allemagne dissimule ses livres comme à la veille d'une banqueroute. J'ai dit notre intention d'adjoindre à cette Ambassade des techniciens chargés d'étudier ces problèmes spéciaux. Mon Collègue, qui reconnaît déjà la bonne organisation de nos services de presse, a demandé à Londres, sans l'obtenir jusqu'ici, que des experts en questions économiques fussent mis à sa disposition.

Nous avons terminé cette revue par la question du désarmement. Lord D'Abernon, très ému des résistances que les injonctions de l'Entente et du Reich rencontrent dans la population, surtout en Bavière, suggerait d'accorder une prolongation du délai fixé pour le désarmement, mais d'exiger, comme contre-partie de cette concession, la prolongation des pouvoirs des Commission[s] de Contrôle. Il est évident que cette soi-disante transaction n'en serait pas une, puisque les Commissions doivent rester en fonctions aussi longtemps que l'Allemagne n'aurait pas satisfait aux obligations du Traité.

---

1   Allemagne 375, fol. 7-10. Maschinenschriftliche Kopie, ohne Unterschrift.
2   Lord D'Abernon, der unmittelbar nach seinem Antrittsbesuch Anfang Juli Berlin verlassen hatte (s. oben Dok. 347 Anm. 5), war am 21.10.1920 nach Berlin zurückgekehrt.

3   Zu Lord D'Abernons pessimistischer Einschätzung der Lage des Reiches s. Ders. an Curzon vom 8.11.1920, DBFP 1/X, No. 233 S. 329f. Er schloß seinen Bericht mit dem Hinweis: "My personal experience of Germany is so short that your Lordship will kindly consider the views expressed above as rather a recapitulation of what appears to be the soundest opinion here than as a result of personal observation, Zitat ebenda, hier S. 330. In seinen Memoiren schildert D'Abernon unter dem Datum des 3.11.1920 ein Gespräch mit einem alliierten Diplomaten. Es muß offenbleiben, ob es sich um die Unterredung mit Laurent handelte, s. DERS., Botschafter der Zeitenwende, Bd. I, S. 101f. Zu seiner Beurteilung Laurents, zu dem er offenkundig ein gutes Verhältnis hatte, vgl. ebenda, S. 95f, Eintragung vom 26.10.1920.
4   Vgl. oben Dok. 456 Anm. 5.

466
M. Laurent, Ambassadeur de France à Berlin, à
M. Leygues, Président du Conseil, Ministre des Affaires Etrangères.

D. n° 676.   Berlin, le 8 novembre 1920.[1]

Discussions au Reichstag des interpellations sur Eupen et Malmédy et sur les territoires occupés.

Avant de se séparer jusqu'au 18 novembre, le Reichstag a discuté dans sa séance d'avant-hier deux interpellations qui avaient été jointes à l'examen général du budget, l'une sur Eupen et Malmédy[2], l'autre sur les territoires occupés.

Dans la pensée des interpellateurs, cette séance devait constituer une imposante manifestation de solidarité nationale, mais l'événement n'a pas répondu à leur attente. A la veille d'une interruption de la session, la grande majorité des députés avaient préféré avancer d'un jour leur retour dans leur circonscription plutôt que d'assister à un débat destiné à rester forcément platonique. C'est donc dans un vide impressionnant que se sont perdues les critiques des orateurs à l'adresse des Puissances Alliées. Les journaux nationalistes relèvent vivement le fait, et, toujours à l'affût de tout ce qui peut discréditer le Parlement, accusent les Membres du Reichstag de "manquer de pudeur" et de rester indifférents aux malheurs de la patrie.

L'interpellation relative à Eupen et Malmédy a été présentée par le Docteur Bell, du centre, ancien Ministre et signataire du Traité de Versailles. Il s'est efforcé d'établir que l'attribution des deux cercles à la Belgique était à la fois une iniquité et une violation de l'article 34[3] du Traité.

En répondant au Dr Bell, le Ministre des Affaires Etrangères[4] s'est plaint que les Alliés avaient laissé la plupart du temps sans réponse les nombreuses notes allemandes de protestation contre les agissements des autorités belges. Le nombre ridiculement faible des protestataires est considéré par M. Simons comme la meilleure preuve que la population a été intimidée et n'a pas eu la liberté d'exprimer ses véritables sentiments. Après avoir cité quelques faits de pression, le Ministre a conclu que le Gouvernement était arrivé à la conclusion que la décision du Conseil de la Société des Nations n'était pas légitime et que le dernier mot appartenait à la Société des Nations elle-même. Le Dr Simons n'a d'ailleurs pas caché à ses auditeurs que cette réserve était toute de principe et qu'il n'y avait aucun espoir de voir modifier la décision qui attribue Eupen et Malmédy à la Belgique.

L'interpellation sur la situation des territoires occupés a été développée par le député rhénan Korell, appartenant au parti démocrate. Il s'est tout d'abord attaqué à la question d'Alsace-Lorraine. "Mon parti, a-t-il dit, n'est pas d'avis que l'on doive négliger cette question, et cela non pas seulement par sentiment allemand, mais surtout par respect pour les principes que proclame le Traité. Il y aura pour l'Allemagne et pour l'Europe une question d'Alsace-Lorraine aussi longtemps que cette population n'aura pas décidé par un plébiscite de sa nationalité véritable. On nous a joué en Alsace-Lorraine la même comédie que nous venons de voir se dérouler à Eupen et à Malmédy. Les bouquets agités à l'entrée des troupes françaises par quelques femmes et quelques jeunes filles d'Alsace-Lorraine ne valent pas pour nous reconnaissance des principes solennellement proclamés par nos adversaires eux-mêmes."

Soutenu par l'approbation des quelques députés présents, l'orateur, poursuivant son développement, a montré le régime français abaissant le niveau des écoles, ruinant les vignerons, mécontentant les ouvriers.

Passant aux territoires occupés, Korell a critiqué le chiffre trop élevé des contingents alliés, l'importance des constructions exigées pour casernes, hangars d'aviation, etc. les dénonciations auxquelles s'exposent les Allemands animés de sentiments patriotiques. Il a conclu que le temps était passé "où l'on pouvait traiter l'Allemand comme esclave et Cologne comme Bagdad", et a fait appel "au peuple entier, aux neutres, aux Anglais, Américains et Italiens, et même au peuple français dont nous espérons qu'il saura s'affranchir de la psychose de la haine."

Le Ministre de l'Intérieur, Koch, a répondu au nom du Gouvernement au député démocrate. Il l'a fait avec une relative modération. Il a évité toute allusion à l'Alsace-Lorraine et s'est tout d'abord félicité que l'interpellation n'ait pas versé dans les exagérations trop souvent propagées par la presse et qui ne font que faciliter la tâche de l'adversaire en lui donnant l'occasion de victorieuses réfutations. Il a ensuite évalué à 135.000 hommes le total des forces alliées cantonnées sur le Rhin, à 27 milliards et demi de marks les frais annuels d'occupation, chiffres qui imposent à l'Allemagne une charge écrasante, et qu'il sera nécessaire, selon lui, de réduire si l'on ne veut pas acculer le pays à la banqueroute.

Le Ministre a ensuite fait allusion à certains cas de violences dont se seraient rendues coupables les troupes françaises, notamment au meurtre d'une jeune francfortoise, à Ober-Ingelheim. De tels faits, a-t-il dit, sont d'ailleurs inévitables en raison de l'importance des effectifs alliés, et, s'ils proviennent plus souvent des troupes françaises, cela tient à ce que la proportion des Français est de beaucoup la plus forte, 90.000 sur 135.000.

Parlant des troupes indigènes, M. Koch s'est borné à dire qu'une violence était d'autant plus ressentie qu'elle venait d'un peuple moins cultivé. Il s'est plaint d'excès de pouvoirs de la Commission Interalliée qui ne devrait pas oublier que les territoires qu'elle administre font encore partie de l'Empire Allemand, et que son rôle doit se borner à veiller à la sécurité des troupes alliées. Il s'est particulièrement élevé contre l'interdiction de certains journaux, l'intervention des autorités alliées dans la nomination des fonctionnaires, et les expulsions nombreuses de sujets allemands.

"La politique française, a poursuivi le Ministre, semble vouloir faire servir la période d'occupation à des buts mystérieux de pénétration pacifique. Certains hommes politiques français, dont quelques uns appartiennent au gouvernement, ont inscrit sur leur programme une action séparatiste sur le Rhin. Je n'ai pas besoin de dire qu'aucune force au monde n'ébranlera la ferme volonté du gouvernement allemand de conserver, quoi qu'il arrive, les pays rhénans à l'Allemagne."

M. Koch a ensuite critiqué la thèse selon laquelle les délais d'occupation ne commenceraient à courir que du jour où l'Allemagne aurait rempli certaines de ses obligations.

Il a conclu en faisant l'éloge des populations rhénanes, qui ont su "à l'exception de certains déserteurs dont il vaut mieux ne parler que le moins possible pour ne pas grossir leur importance," conserver intacte leur fidélité à l'Allemagne.

L'Assemblée a favorablement accueilli les déclarations du ministre dont le ton modéré contraste avec les diatribes de certains orateurs démocrates, notamment de Dernburg[5]. Il semble que le gouvernement, conscient des dangers que peuvent présenter certaines violences de langage envers les Alliés, et particulièrement envers la France, se montre d'autant plus conciliant que le Reichstag se laisse plus complaisamment envahir par les outrances de l'esprit nationaliste.

---

1   Belgique 67, fol. 157-159.
2   Zur Entscheidung des Völkerbundsrates, das Gebiet um Eupen und Malmédy Belgien zuzusprechen s. oben Dok. 411.
3   Art. 34 des Versailler Vertrages regelte den Ablauf der Abstimmung in den Kreisen von Eupen und Malmédy wie folgt: In den ersten 6 Monaten nach Inkrafttreten des Vertrages sollten bei den Behörden Listen ausgelegt werden, in denen sich die Bevöl-

kerung durch Eintrag für oder gegen einen Verbleib beim Reich aussprechen sollten. Das Ergebnis sollte Belgien zur Kenntnis des Völkerbundes bringen, der dann entscheiden sollte. Das Reich seinerseits hatte zunächst auf seine Rechte in diesem Gebiet zu verzichten. Vgl. auch oben Dok. 178.
4 Walter Simons.
5 Vgl. oben Dok. 464.

467
M. Tirard, Haut-Commissaire de la République Française dans les Provinces du Rhin, à M. Leygues, Président du Conseil, Ministre des Affaires Etrangères.

N° 576 S/A.T.R.P.   Paris, le 8 Novembre 1920.[1]

Secret.
Objet: L'occupation envisagée comme gage de l'exécution du Traité de Paix.

I.- Votre Excellence a bien voulu me communiquer le texte de sa dépêche à notre Ambassade, à Londres relative aux réserves formulées par le Gouvernement français, à la suite de la décision prise par le Gouvernement britannique, de renoncer aux mesures de représailles économiques ou financières prévues par l'article 18 de l'annexe à la 8e partie du Traité de Versailles[2]. Dans sa note du 30 Mars dernier, dont ci-joint copie[3], j'avais déjà soumis au Département une étude sommaire sur les moyens de pression que pourrait fournir éventuellement l'occupation, en cas d'inexécution du Traité de Paix par l'Allemagne.

Depuis lors, la Conférence de Spa a prévu l'occupation de la Ruhr comme sanction de l'inexécution des clauses relatives au désarmement et au charbon.

Les négociations en cours touchant le problème des réparations[4] posent à nouveau la question des sanctions et des garanties.

Du point de vue spécial de l'occupation et au regard de notre action tant politique qu'économique, je crois devoir soumettre, à Votre Excellence, les suggestions ci-après:

II.- En cas d'inexécution du Traité de Paix par l'Allemagne l'article 18 de l'annexe 2 (8e partie) prévoit que chaque gouvernement pourra exercer "des actes de représailles économiques et financières et en général telles autres mesures qu'ils pourront estimer nécessitées par les circonstances".

Or, l'occupation a été envisagée jusqu'ici uniquement comme un moyen de sécurité militaire.

L'occupation envisagée comme moyen de pression et comme gage financier découle de l'article 428 du Traité:[a] mais elle n'a pas été mise en œuvre à ce point de vue, l'arrangement annexé au Traité de Paix ayant eu pour effet de dépouiller les Autorités alliées de tout contrôle administratif de telle sorte que nos troupes se bornent à assurer la sécurité des territoires allemands occupés, sans aucun bénéfice économique pour la France.

Indépendamment de l'occupation de la Ruhr, et alors qu'il y serait procédé, il convient de ne pas perdre de vue que la France et la Belgique occupent seules les frontières terrestres des Territoires Rhénans, et sont maîtresses, par suite, de l'organisation douanière dont l'ouverture a constitué ce qu'on a appelé à Berlin "la Trouée de l'Ouest".[5] C'est dire, qu'en fait, la France tient le moyen d'agir directement sur l'ensemble du régime douanier allemand et pourrait envisager de prendre, de sa propre autorité, les mesures suivantes, même au cas où les alliés n'entendraient pas se joindre à elle pour les mettre en œuvre.

A) - Le Contrôle des douanes, exercé par le Haut-Commissaire Français, en tant que représentant du Gouvernement Français aurait vraisemblablement pour conséquence, le rétablissement, par le Gouvernement allemand, d'une ligne douanière sur le Rhin. Il est probable que les Alliés seraient alors amenés à faire jouer l'article 270 en "appliquant à ces territoires un régime douanier spécial tant en ce qui touche les importations que les exportations".

Ce régime douanier spécial serait réservé aux Territoires actuellement occupés, sans être étendu à la région de la Ruhr, même si celle-ci étaient occupée provisoirement.

B) - Le contrôle des ressources fiscales et domaniales et des chemins de fer devrait être envisagé. Les ressources fiscales et domaniales fourniraient certainement un bénéfice net. Les charges afférentes au service des chemins de fer dépasseraient sans doute, les bénéfices de leur exploitation, mais leur nue-propriété constituerait un gage important leur contrôle un complément de la mise à exécution de l'article 270.

C) - Spécialement, dans le cas de l'occupation de la *Ruhr* la distribution du charbon dans les Territoires Occupés sur la rive gauche du Rhin et la répartition des commandes pour les Régions libérées qui en sont la conséquence, devraient être remises aux mains du Haut-Commissaire Français.

La répartition du charbon est à la base de la situation économique de la Rhénanie et constituerait, pour nous, un moyen d'action essentiel.

III.- Dès maintenant, l'opinion publique et la presse rhénane s'inquiètent, surtout dans les milieux d'affaires, de voir la France exercer son droit de gage sur la Rive Gauche du Rhin en présence de la mauvaise volonté ou de l'incapacité de l'Allemagne à payer les réparations.

Le mouvement rhénan, qui se révèle actuellement, trouve sans doute pour partir, sa cause dans ces inquiétudes.

On suggère que la Rhénanie, état indépendant, serait mieux à l'abri des reprises individuelles exercées à titre de gage. En nous montrant disposés à exercer tous nos droits, nous hâterions précisément les tendances rhénanes à se dégager de l'étreinte prussienne.

(a) "à titre de garantie d'exécution par l'Allemagne du présent traité les territoires allemands situés à l'Ouest du Rhin, ensemble les têtes de pont, seront occupées par les puissances alliés et associés.["]

------

1   AN, AJ 9 3825.
2   Nicht abgedruckt. Zu Einzelheiten vgl. oben Dok. 456 Anm. 5.
3   Nicht abgedruckt.
4   Vgl. oben Dok. 445.
5   Vgl. Protokoll der Kabinettssitzung vom 1.12.1919, AdR, Kabinett Bauer, Dok. 119 S. 449f bzw. oben Dok. 50, Dok. 124, Dok. 158 sowie Dok. 166.

468
*M. Laurent, Ambassadeur de France à Berlin, à
M. Leygues, Président du Conseil, Ministre des Affaires Etrangères.*

T. n° 2082-2083. Déchiffrement.　　　　　　Berlin, le 9 novembre 1920,
　　　　　　　　　　　　　　　　　　　　　　　　18 h 45, 23 h 45.
　　　　　　　　　　　　　　　　　　　(Reçu: le 10, 6 h 10,7 h 30.)[1]

La commission du budget a discuté hier les crédits prévus pour l'exécution du traité de paix.[2] Sur une question du socialiste indépendant Breitscheid, le commissaire au désarmement Peters a déclaré que jusqu'ici 12.214 mitrailleuses et 1.824.137 fusils avaient été livrés. Le crédit de 200 millions de marks demandé pour l'application de la loi sur le désarmement a été voté. M. Helfferich a évoqué à nouveau la question des vaches laitières. M. von Simons[3] a répondu, (au nom du) Ministère des Affaires Etrangères, que le chiffre de 810.000 représentait le total des vaches figurant sur les listes provisoires de l'Entente et qu'il n'avait point été notifié officiellement au Gouvernement allemand que ce chiffre serait rigoureusement maintenu.[4]

Le Baron Lersner a fait l'éloge des discours pronocés contre le traité de paix par (le comte) Werstarp et par M. Dernburg[5] et a insisté à nouveau sur la nécessité d'une prompte révision. Le socialiste indépendant Breitscheid a déclaré, au nom de son parti, se rallier à la demande de révision. Cette intervention du leader des socialistes indépendants de droite est à noter. Elle peut être considérée comme l'indice d'un désir mutuel de rapprochement, sur le terrain de la politique extérieure, entre la fraction modérée des indépendants et les socialistes majoritaires.

---

1 Allemagne 375, fol. 11-12.
2 Vgl. oben Dok. 464.
3 Richtig: Simons.
4 Vgl. oben Dok. 456 Anm. 3.
5 Vgl. oben Dok. 455.

469
*M. Dard, Ministre Plénipotentiaire de France à Munich, à
M. Leygues, Président du Conseil, Ministre des Affaires Etrangères.*

D. n° 145. Munich, le 11 novembre 1920.[1]

A.s. Entretien avec le Docteur Heim et M. de Kahr -
Désarmement des Einwohnerwehren.

La courte absence que je viens de faire de Munich ayant coïncidé avec la note adressée par le Général Nollet au Gouvernement allemand[2] au sujet du désarmement des Einwohnerwehren, la presse bavaroise inspirée par Berlin et surtout la presse socialiste en ont profité pour répandre le bruit que le Gouvernement français renonçait à soutenir en Bavière la politique fédéraliste ou séparatiste du parti populaire bavarois et que j'étais moi-même désavoué et rappelé.

Bien qu'une note Havas ait formellement démenti cette dernière nouvelle, elle avait trouvé créance et j'ai pu constater que le Président de Kahr et le Docteur Heim, qui s'est empressé de venir me voir dès mon arrivée, était encliné à y ajouter foi.[3]

Je me suis donc efforcé tout d'abord de leur faire entendre que j'avais conservé la confiance de Votre Excellence et que la politique actuelle du Gouvernement de la République était identiquement la même que celle du Ministère précédent[4]; elle consentait à appliquer le Traité de Versailles d'accord avec nos alliés.

J'ai ensuite déclaré très nettement à mes deux interlocuteurs que la propagande intense qui se fait en Bavière, sous la direction du Gouvernement lui-même, en faveur du rattachement de l'Autriche à l'Allemagne avait produit en France le plus mauvais effet. J'ai ajouté que les rapports qui paraissent établis entre le Général Ludendorff et M. Escherich, l'extension de l'Orgesch à l'Allemagne entière et son caractère nationaliste étaient également propres à éveiller nos défiances.

En ce qui concerne le rattachement de l'Autriche, j'ai pu constater que ni l'un ni l'autre de mes interlocuteurs ne m'ont répondu. Bien que fort déçus par le résultat des élections autrichiennes[5], ils ne renoncent évidemment pas à leurs espoirs et nous devons continuer de les surveiller de la manière la plus attentive.

Quant à Escherich MM. de Kahr et Heim se sont efforcés de me prouver qu'il n'avait aucun rapport avec Ludendorff, que le maintien de l'ordre était son seul but, le respect de la constitution le premier article de son programme et que son action était d'ailleurs entièrement distincte de celle des Einwohnerwehren, bien qu'il en soit en fait un des chefs. Le Docteur Heim a cependant reconnu qu'Escherich eut mieux fait de borner son activité à la Bavière. Ces affirmations ne sauraient nous tromper. L'Orgesch et les Einwohnerwehren sont en Bavière entièrement confondus. Les rapports d'Escherich et de Ludendorff ne peuvent faire de doute. Leur but commun est la défense de l'ordre en Bavière d'abord, puis dans toute l'Allemagne, et, en second lieu le rétablissement de la Monarchie en Allemagne, dès les circonstances paraîtront favorables.

La question du maintien des Einwohnerwehren reste la grande affaire du Gouvernement bavarois. Pour obtenir notre bienveillance on s'efforce de les représenter avant tout comme une défense contre le bolchevisme, dont on affirme que la menace est plus grande que jamais. La France n'est-elle pas en Europe le champion de la lutte contre le bolchevisme? En réalité l'on sait fort bien que le bolchevisme, atteint en Russie, a bien diminué en Allemagne. Quand M. de Kahr parle du *bolchevisme* il faut entendre *socialisme*, et notamment le socialisme prussien. Le désarmement des Einwohnerwehren que nous continuons à considérer du point de vue du Traité de Paix et des Accords de Spa n'est en réalité qu'une question intérieure allemande. Les Einwohnerwehren ne possèdent que quelques canons et mitrailleuses et, dépourvus de tout le gros matériel de la guerre moderne ne constituent pas un danger militaire pour l'extérieur. Pour supprimer un tel danger il faudrait détruire l'Allemagne elle-même. Au contraire les 250 à 300.000 Einwohnerwehren que la Bavière pourrait réunir constituent sans doute la force la plus cohérante à l'intérieur de l'Allemagne. Ils sont pour le parti qui les dirige, c'est-à-dire l'ensemble des partis conservateurs et monarchistes appelé en Bavière, l'Ordnungsblock, un instrument puissant et redoutable contre les socialistes allemands. L'Allemagne profondément divisée comme tous les peuples vaincus, elle est peut-être à la veille de graves luttes intestines et c'est sous cet aspect que nous devons considérer la question du désarmement des milices et l'influence que notre pression peut avoir sur lui.

Il paraît d'ailleurs certain, comme je n'ai cessé de le faire savoir à Votre Excellence, que jamais le Gouvernement bavarois ne désarmera ses milices. Toute la Bavière à l'exception des communistes est unanime à cet égard. Le Docteur Heim a bien affecté de me dire, sur un ton mélodramatique, que la Bavière devrait capituler devant la Prusse et que ce serait la fin de son indépendance, mais il n'en croit rien. Il vient lui-même de faire voter par la Chambre des Paysans un vœu contre le désarmement. Quant à M. de Kahr, il m'a dit de la manière la plus formelle, qu'il avait refusé sur l'injonction du Commissaire d'Empire Peters, de faire restituer par les Einwohnerwehren leurs canons et leurs mitrailleuses et qu'il réglerait le désarmement des milices sur le progrès de l'ordre et sur le désarmement des Communistes, qui n'est pas prêt, lui non plus de s'opérer. En somme il veut conserver le plus longtemps possible l'armée conservatrice.[6] Comme mes télégrammes Nos 222, 223 et 224[7] l'ont appris à Votre Excellence, je me suis borné en ce qui concerne l'attitude du Gouvernement de la République à déclarer qu'il réglerait cette question d'accord avec ses alliés, mais que, le moment venu j'interviendrais personnellement auprès de Votre Excellence pour que la Bavière fut entendue et qu'il fut tenu compte des nécessités du maintien de l'ordre public. Je me suis ainsi efforcé de concilier les exigences de notre politique générale et le souci de ne pas rompre les liens fragiles que nous avons déjà pu nouer avec le Gouvernement bavarois.

Dans la question du désarmement des Einwohnerwehren le conflit est donc ouvert entre Munich et Berlin. Je suis porté à croire que le Gouvernement du Reich, MM. Fehrenbach et Simons en particulier, ne sont nullement opposés aux vues bavaroises. Mais il faut compter avec les socialistes du Reichstag et il est fort possible qu'une lutte très sérieuse s'engage sur ce terrain, dans laquelle le Gouvernement du Reich ou celui de la Bavière devront céder.[8]

Le grand argument de Berlin est que la France se prépare à occuper la Ruhr, qu'il lui faut un prétexte et que la Bavière le lui fournit. Cet argument est contenu dans le communiqué officieux de la Deutsche Allgemeine Zeitung que Votre Excellence trouvera ci-joint[9]. Le Gouvernement bavarois, de son coté, paraît convaincu que cette occupation n'aura pas lieu, que l'Angleterre l'empêchera, que la France pour trouver un prétexte n'a d'ailleurs que l'embarras du choix. Il ne voit dans l'affirmation des journaux de Berlin qu'une pression exercée sur la Bavière, sous couleur de patriotisme allemand, en vue de les désarmer contre les socialistes du Nord.

En ce qui concerne les progrès du parti fédéraliste soit au Landtag bavarois, soit au Reichstag allemand, M. de Kahr s'est montré vis-à-vis de moi très réservé. Il s'est efforcé seulement de parler du Gouvernement français sur le ton le plus déférent et m'a assuré que l'opinion publique en Bavière devenait chaque jour plus conciliante pour la France. Au contraire le Docteur Heim avec sa fougue ordinaire, s'est emporté contre la constitution de Weimar, qu'il a qualifiée de "Chiffon de papier". Il m'a déclaré que la Prusse versait son argent en Bavière, qu'elle avait juré de réduire ce pays et qu'il était lui-même désigné comme l'homme qu'il fallait abattre à tout prix; mais il saurait résister. Dans le parti populaire bavarois, le Docteur Heim incarne l'action, M. de Kahr la prudence. Il faut les attendre aux actes.

---

1 Papiers d'Agents, Dard 13 (ohne Folio). Maschinenschriftlicher Durchschlag, ohne Unterschrift.
2 In der Note vom 15.9.1920 hatte General Nollet zunächst eine Änderung der Ausführungsbestimmungen vom 22.8.1920 zum Entwaffnungsgesetz vom 7.8.1920 verlangt, s. Protokoll der Kabinettssitzung vom 19.11.1920, AdR, Kabinett Fehrenbach, Dok. 115 S. 289ff. Mit seinen beiden Noten vom 12. und 18.10.1920 forderte er das Reich explizit zur Entwaffnung der bayerischen Einwohnerwehren auf, s. das Schreiben von Simons an von Kahr vom 2.11.1920, ADAP A IV, Dok. 29 S. 54ff. Zum Fortgang s. unten Dok. 471.
3 Vgl. dazu Dards Telegramme T. n° 220-221 und T. n° 222-224 vom 6. bzw. 8.11.1920, Papiers d'Agents, Dard 19 (ohne Folio).
4 Alexandre Millerand.
5 Am 16.10.1920 hatten in Österreich Wahlen zum Nationalrat stattgefunden, bei denen die Großdeutsche Volkspartei, die mit der Parole "Anschluß an Deutschland" angetreten war, eine empfindliche Niederlage hatte einstecken müssen (Großdeutsche Volkspartei: 22 Sitze; Christlich Soziale: 82; Sozialisten 60), s. Schreiben des AA an Staatssekretär Albert vom 25.10.1920, AdR, Kabinett Fehrenbach, Dok. 94 S. 246f.
6 Vgl. dazu das Schreiben von Peters an den bayerischen Landeskommissar für die Entwaffnung, Nortz, vom 27.10.1920, ebenda, Dok. 99 S. 253ff. Zur Einschätzung in Berlin der Haltung von Kahrs s. Protokoll der Chefbesprechung vom 10.11.1920, ebenda. Dok. 107 Anm. 4, S. 273.
7 Nicht abgedruckt.
8 Frerichs, Legationssekretär an der Vertretung der Reichsregierung in München, urteilte am 5.11.1920: "Weder die hiesigen maßgebenden Stellen noch die öffentliche Meinung Bayerns vermögen es, sich von der französischen Politik in der Einwohnerwehr-Frage ein klares Bild zu machen. Man kann oder will nicht verstehen, daß Frankreich durch geschickt ausgestreute Andeutungen über eine Vorzugsbehandlung Bayerns politische Persönlichkeiten und Führer, wie z. B. Dr. Heim, aus der Reserve herauslockte, sie zu gewissen Anerbietungen veranlaßt und dabei die Initiative geschickt ganz den Bayern überließ, um dann vorausberechnet und bewußt keine der listig erweckten Hoffnungen zu erfüllen. Damit wurde erreicht, daß Frankreich in unverbindliche Besprechungen sich über Umfang und Bedeutung der separatistischen Bewegung klar werden und das Treiben nach Belieben schüren konnte, s. ADAP A IV, Dok. 29 Anm. 6, Zitat hier S. 55."
9 Nicht abgedruckt.

470

M. Dard, Ministre Plénipotentiaire de France à Munich, à
M. Leygues, Président du Conseil, Ministre des Affaires Etrangères.

D. n° 147. Munich, le 11 novembre 1920.[1]

A.s. Discours de M. de Kahr au Landtag

Comme suite à mon télégramme n° 225 du 10 novembre[2], j'ai l'honneur d'adresser ci-joint[3] à Votre Excellence, le texte du discours-programme prononcé hier par le Président bavarois au Landtag. J'y joins la traduction des passages essentiels.

Le point capital de ce discours est la déclaration officielle et publique que le programme de Bamberg n'engage que l'Assemblée du parti populaire bavarois qui l'a votée et que le Gouvernement s'en tient au programme de la coalition. Cette attitude du Gouvernement était depuis longtemps connue.[4]

Ce point établi, M. de Kahr s'est efforcé d'affirmer l'inébranlable fidélité de la Bavière au Reich. Il a même parlé sur un ton véhément de l'armée noire, des exigences de la France pour la restitution du bétail. La haine a-t-il dit appelle la haine et le sentiment bavarois ne changera que si le vainqueur sait se modérer lui-même.

Mais en même temps, le Gouvernement bavarois a nettement déclaré que le Ministère des Affaires Etrangères bavarois ne pouvait être supprimé, que la Bavière avait une politique extérieure, que celle-ci était dirigée, comme à l'intérieur, vers l'ordre et la réconciliation. Sans doute la politique extérieure de la Bavière doit-elle s'accorder avec celle du Reich et s'inspirer du souci de sa responsabilité envers l'Allemagne toute entière. Cependant la politique extérieure de l'Allemagne va évoluer et "la pendule oscille aujourd'hui bien plus vers le sud que vers le nord".

Une telle phrase eut été impossible à prononcer au Landtag bavarois avant la guerre. Elle prouve qu'il y a eu quelque chose de changé en Allemagne. Si le vote du programme de Bamberg sous l'impulsion du Docteur Heim est en somme une tentative avortée, il a servi néanmoins à faire franchir une étape plus modeste au Gouvernement bavarois. C'est cette étape que M. de Kahr vient de marquer dans son discours.

La dernière partie du discours de M. de Kahr a été consacrée aux Einwohnerwehren. C'était la plus importante et dans la politique extérieure de la Bavière, elle est actuellement la seule qui compte. Quand M. de Kahr déclare que la pendule oscille aujourd'hui bien plus vers le sud que vers le nord, il veut surtout dire que la Bavière prend la tête du mouvement conservateur en Allemagne et il demande à l'Entente de le comprendre et de le favoriser. Je constate que les journaux nationalistes inspirés par Berlin, tels que Münchner Neueste Nachrichten et la Münchner Augsburger Abend Zeitung se montrent beaucoup plus favorables au Ministère et aussi moins offensifs contre la France depuis quelque temps. Elle continue certes d'être l'Erbfeind. Mais l'esprit de revanche et de vengeance s'est installé dans les profondeurs de l'âme allemande. Pour le moment la France paraît pouvoir être une alliée de la réaction dans les luttes intérieures qui se préparent, et il faut la ménager.

Le discours de M. de Kahr va maintenant être discuté par les chefs de parti. Je tiendrai Votre Excellence au courant de cette discussion.

---

1 Papiers d'Agents, Dard 13 (ohne Folio). Maschinenschriftlicher Durchschlag, ohne Unterschrift.

2 Nicht abgedruckt.
3 Dokumente hier jeweils nicht abgedruckt.
4 Vgl. oben Dok. 407 und Dok. 422.

471
Le Général Nollet, Président de la Commission Militaire Interalliée de Contrôle, à M. Leygues, Président du Conseil, Ministre des Affaires Etrangères.

N° 1203.   Berlin, le 12 novembre 1920.[1]

Copie.

J'ai l'honneur de vous rendre compte de ce que je me suis rendu le 9 novembre, au Ministère des Affaires Etrangères, où le Dr. Simons m'avait fait exprimer le désir de me recevoir.[2]

L'entretien a porté en premier lieu sur la question des mouvements de matériel à effectuer d'une garnison sur une autre, pour porter à son complet la dotation définitive des corps de troupe après réduction de l'armée allemande à 100.000 hommes. Mais ce sujet, d'une importance relative, n'était que le prétrexte de l'entrevue et le Dr. Simons n'a pas tardé à aborder son véritable objet: la question du désarmement des Einwohnerwehren bavaroises.[3]

A son retour de Suisse, au mois de septembre dernier, il a eu, m'a-t-il déclaré, à Munich, une entrevue avec M. von Kahr, Président du Conseil des Ministres bavarois.[4]

M. von Kahr, tout en reconnaissant le principe posé par le Gouvernement d'Empire du désarmement de la population et, par suite, des Einwohnerwehren, lui a fait valoir que cette opération ne pouvait, pour des raisons particulières être poussée, en Bavière, à la même cadence que dans le reste de l'Empire.

Il faut, d'après lui, tenir compte de la psychologie actuelle du paysan bavarois. La Bavière est encore sous l'impression du terrorisme de la "Räte Republick"[sic!], à la faveur duquel des bandes rayonnant de Munich en automobile, parcouraient la campagne, rançonnant et pillant les fermes isolées. Le paysan auquel on veut enlever ses armes s'imagine qu'on le livre de ce fait, sans défense, à un retour offensif des bandes rouges. Il voit, dans cette mesure, la main des éléments de gauche et ne parle de rien moins que de marcher sur Berlin pour sauver la Prusse de l'emprise bolchevique.

Pousser actuellement avec vigueur le désarmement de la Bavière, d'après M. von Kahr (et le Dr. Simons fait sienne cette conclusion), c'est aller avec certitude aux effusions de sang.

Or, la politique du Cabinet Fehrenbach, déclare le Dr. Simons, a réussi, au cours de l'été, à conjurer tout péril de gauche dans l'Empire. Le Ministre se loue à cet égard de la décision qu'il a prise de laisser Zinoviev et ses camarades bolchevistes pénétrer en Allemagne et prendre la parole dans les congrès communistes.[5] Il avait, en effet, l'intuition que le tableau qu'ils traceraient de l'existence dans la Russie bolcheviste produirait sur un auditoire allemand une impression diamétralement opposée à celle qu'ils souhaitaient.

Les faits ont répondu à l'attente du Dr. Simons: aujourd'hui, dit-il, les réunions des communistes, ébranlés dans leur foi dans l'organisation soviétique, se traînent mornes et languissantes.

Il faut donc se garder de rompre, par une agitation de droite, l'état d'équilibre instable qui est actuellement celui de l'Allemagne. Il faut, en évitant de leur donner prétexte à agir, laisser les organisations de droite qui se sont mises à pulluler, dépérir dans l'inaction qui entraîne l'indifférence.

Le désarmement de l'Einwohnerwehr bavaroise, dont le Ministre ne conteste ni l'utilité pour le Reich, ni la légitimité aux termes mêmes du Traité de Versailles, s'effectuera alors sans incidents nuisibles à l'ordre public.

En conclusion, le Ministre me priait de ne pas tenir compte des propos inconsidérés qui ne manqueraient pas d'être tenus à la rentrée du Landtag bavarois.[6] D'autre part, sur le ton où l'on demande un service, il me priait de ne pas pousser actuellement le désarmement des "Einwohnerwehren bavaroises" pour ne pas fournir de prétexte à la résistance et à l'agitation.

De cette argumentation habilement présentée, il faut retenir l'affirmation particulièrement intéressante dans la bouche du Ministre des Affaires Etrangères du Reich, de l'échec de la propagande bolcheviste en Allemagne.

Je n'ai pas à reproduire une fois de plus les arguments à la lumière desquels la thèse du Gouvernement bavarois, telle qu'elle résulte des déclarations du Dr. Simons, n'apparaît pas comme suffisamment fondée. La simple comparaison des effectifs des communistes et des Einwohnerwehren en Bavière est pleine d'enseignements à cet égard. Je répète que ces dernières organisations sont entièrement contraires au Traité de Versailles et peuvent constituer une grave menace pour l'avenir.

J'ai donc répondu au Ministre dans l'esprit des instructions que vous avez bien voulu me donner que, ce que je devrais retenir en premier lieu de son intéressant exposé, c'était la volonté du Gouvernement d'Empire d'assurer le désarmement de la population civile dans toute l'étendue du Reich. J'ai pris acte de notre entier accord sur le principe.

En ce qui concerne le rythme à donner aux opérations de désarmement, j'ai dit au Ministre que des opérations comme celles du désarmement de la population et de l'Einwohnerwehr ne pouvaient évidemment s'exécuter un jour donné, à une heure dite, mais que je devais faire remarquer que le décret de dissolution de l'Einwohnerwehr dans l'ensemble du Reich remontait au 8 avril 1920.[7]

J'ai ajouté que l'intérêt bien compris du Gouvernement allemand devait le pousser à assurer le désarmement de la population civile de toutes classes et de toutes opinions, avec rapidité et énergie, et j'ai conclu que l'opération du désarmement de l'Einwohnerwehr bavaroise comme celle des autres Etats du Reich, devait se poursuivre sans arrêt, et venir, à très brève échéance, à exécution intégrale.

Je vous tiendrai au courant des événements qui surviendraient et j'agirai, à la demande des circonstances dans le sens des instructions que vous m'avez déjà données.[8]

---

1 Allemagne 62, fol. 29-33. Maschinenschriftliche Kopie, ohne Unterschrift.
2 Die deutsche Aufzeichnung des Gespräches wurde in dem entsprechenden Band der ADAP nicht abgedruckt, s. ADAP IV, Dok. 29 Anm. 5, S. 54.
3 Vgl. oben Dok. 469.
4 Nicht nachgewiesen, vgl. dazu aber auch den Hinweis auf ein Treffen zwischen Simons und von Kahr in Kaufbeuren am 25.8.1920, ADAP A IV, Dok. 29 Anm. 7, S. 55.
5 Vgl. oben Dok. 440 und Dok. 441.
6 Vgl. oben Dok. 470.
7 Vgl. oben Dok. 145 Anm. 3.
8 Zum Fortgang s. unten Dok. 498, Dok. 501 und Dok. 530.

472
M. Laurent, Ambassadeur de France à Berlin, à
M. Leygues, Président du Conseil, Ministre des Affaires Etrangères.

T. n° 2106-2110. Déchiffrement.   Berlin, le 13 novembre 1920,
                                                           13 h 30, 19 h 30.
                                                  (Reçu: 22 h 15, 21 h 00.)[1]

Le docteur Simons m'a parlé du désarmement des Einwohnerwehren bavarois.[2] Il m'a dit que M. von Kahr allait être obligé de prendre définitivement position devant le Landtag et (pourrait) difficilement s'incliner devant l'ultimatum (de la) Commission interalliée de contrôle. Après avoir insisté sur l'émotion provoquée par nos exigences dans la population bavaroise qui considère les Einwohnerwehren comme garants nécessaires de la paix sociale, il m'a demandé si les Gouvernements alliés ne pourraient pas, tout en maintenant le principe du désarmement, accorder certains tempéraments et délais d'application.

Je lui ai répondu (que nous) pouvions difficilement admettre que le Gouvernement bavarois eût besoin de 400.000 gendarmes pour contenir (ou) rassurer 7 millions d'habitants. Par contre la présence à Munich du Général Ludendorff et de ces acolytes nous autorisait à mettre en doute les intentions pacifiques de l'Orgesch. Le Ministre, après avoir contesté l'influence du général Ludendorff a reconnu que les conservateurs bavarois ne craignaient pas tant la Révolution à Munich qu'à Berlin où ils croyaient avoir mission d'aller quelque jour rétablir l'ordre. Devant la surprise que j'ai marquée de tels propos, il s'est d'ailleurs déclaré convaincu que le bolchevisme ne prendrait jamais racine profondément en Allemagne du Nord et s'est flatté d'avoir contribué à éclairer l'opinion publique en permettant à Zinoviev et Losowski[3] de venir exposer leurs doctrines.

Le docteur Simons m'a donné alors des arguments qui m'ont semblé répondre aux motifs véritables de sa démarche. Le Gouvernement du Reich se trouvait actuellement dans une situation très difficile et aurait besoin de toute son autorité pour surmonter la crise économique de l'hiver.[4] Il avait donc un intérêt capital à éviter un conflit aigu avec le gouvernement bavarois. Il faisait appel aux puissances et particulièrement à la France pour qu'elles ne l'obligeassent pas à une rupture d'où pourrait résulter la guerre civile. Dès que les circonstances seraient plus favorables, il ne manquerait pas de rappeler le Gouvernement bavarois aux obligations du traité et de le mettre en demeure de "se soumettre (ou) se démettre".

Je me suis borné à promettre au Ministre que je rendrai compte de notre conversation à V.E.

Le docteur Simons avait vu le général Nollet[5] et lui avait tenu un langage analogue. Il lui avait demandé, presque comme un service personnel, de consentir à ne désarmer que progressivement (les) (ouvriers). Le Général avait répondu qu'une pareille mesure ne pourrait s'exécuter à jour et à heure fixe mais il avait refusé nettement d'admettre la possibilité (de) différer l'exécution d'obligations stipulées par le traité et confirmées par le protocole de Spa. Bien qu'il soit prêt à user de tous les ménagements que comporteront les circonstances, il estime que nous ne pourrions nous lier à cet égard envers les Gouvernements allemand ni bavarois sans nous engager en fait dans la voie d'une révision du traité.

Je préférerait en ce qui me concerne, ne donner aucune réponse au Dr. Simons tant que M. von Kahr ne se sera pas nettement prononcé, car, si nous n'avons pas intérêt à précipiter la chute du Cabinet Fehrenbach qui pourrait être remplacé par pire, nous ne saurions non plus trouver avantage à le constituer médiateur entre le Gouvernement bavarois et nous.

Le Ministre des Affaires Etrangères quitte d'ailleurs ce soir Berlin pour les pays rhénans⁶ d'où il se rendra, sans doute, à Munich vers le milieu de la semaine prochaine et je ne compte pas le revoir avant son départ.

---

1   Allemagne 62, fol. 46-50.
2   Vgl. oben Dok. 469, Dok. 470 und Dok. 471.
3   Vgl. oben Dok. 440 und Dok. 441.
4   Am 9.11.1920 beschwor der "Vorwärts" in einem Artikel ausführlich die Gefahren, die von der schlechten Wirtschaftslage des Reiches für den Frieden ausgingen, s. Laurents T. n° 2086-2087 vom gleichen Tag, Allemagne 287, fol. 8-9. Hintergrund war nicht zuletzt der anhaltende Streik der Elektrizitätsarbeiter, Straßenbahner und Gemeindearbeiter, der sich auszuweiten drohte, s. T. n° 2093-2094 vom 10.11.1920, Allemagne 321, fol. 182-183 bzw. Protokoll der Kabinettssitzung vom 9.11.1920, AdR, Kabinett Fehrenbach, Dok. 105 S. 268.
5   Vgl. oben Dok. 471.
6   Zum Verlauf der Reise s. unten Dok. 475 und Dok. 476.

473
M. Laurent, Ambassadeur de France à Berlin, à M. Leygues, Président du Conseil, Ministre des Affaires Etrangères.

T. n° 2111-2113. Déchiffrement.   Berlin, le 13 novembre 1920, 20 h 45.
(Reçu: 23 h 15, 23 h 45, 23 h 00.)[1]

Plusieurs de mes collègues m'ont entretenu de la question des Einwohnerwehren.

Le Nonce[2] a soutenu chaleureusement le point de vue bavarois, s'est porté garant des sentiments pacifiques de M. von Kahr et a beaucoup insisté sur le fait que les Wittelsbach (ne) songeaient pas "pour le moment" à une restauration, se réservant sans doute d'attendre des temps moins difficiles.

L'Ambassadeur d'Angleterre[3] n'avait pas été saisi de la demande qui m'avait été faite. Il m'a paru cependant aller plus loin dans la voie des accommodements que le Docteur Simons lui-même. Il m'a déclaré que les puissances devaient craindre, si elles adoptaient une attitude comminatoire, de provoquer entre le Reich (et) la Bavière un conflit qui déchaînerait la guerre civile et précipiterait l'Allemagne dans le bolchevisme. Il a d'ailleurs émis l'opinion que la destruction du matériel d'artillerie étant à peu près achevée, peu importait de laisser à l'Allemagne quelques milliers de fusils de plus. Il a suggéré enfin qu'on ne pourrait fixer à la Bavière un chiffre maximum pour l'effectif des Einwohnerwehren.

J'ai répondu à Lord D'Abernon que l'Orgesch était dangereux non seulement par ses armées, mais encore et surtout par son organisation permettant la mobilisation générale immédiate, que, d'ailleurs, toute concession faite à la Bavière sur cette question devrait nécessairement être étendue au reste de l'Allemagne et que cette brèche au traité risquerait de faire crouler l'édifice tout entier.

Mon collègue a paru frappé de ces arguments et s'est rabattu sur la nécessité d'accorder au Gouvernement bavarois un délai d'application. Il ne compte d'ailleurs (pas) télégraphier à son Gouvernement. Je doute que le général Malcolm garde la même réserve.

Au contraire de l'Ambassadeur d'Angleterre, le Commissaire américain[4] ne voit aucun motif d'accorder à la Bavière, fût-ce à la requête de Berlin, un traitement de faveur pour le désarmement. Cette thèse lui a d'ailleurs été exposée avec beaucoup de force par divers hommes politiques allemands adversaires du Dr Simons, et notamment par Erzberger.

---

1 Allemagne 62, fol. 50bis-52.
2 Eugenio Pacelli.
3 Lord D'Abernon. Zu dessen Einschätzung der Gefahren, die von den Einwohnerwehren ausgingen, s. DERS., Botschafter der Zeitenwende, Bd. I, S. 109f, Eintragung vom 23.11.1920.
4 Ellis Loring Dresel.

474
M. Dard, Ministre Plénipotentiaire de France à Munich, à
M. Leygues, Président du Conseil, Ministre des Affaires Etrangères.

D. n° 151.   Munich, le 15 novembre 1920.[1]

A.s. Entretien avec M. Rechberg.

M. Rechberg sur lequel le Département est amplement renseigné est venu me voir ce matin. Il m'a longuement entretenu du grand projet dont il est l'apôtre et qui consiste à réaliser une union de l'Allemagne avec l'Angleterre et la France en vue de combattre le bolchevisme et ensuite d'exploiter en commun la Russie; cette exploitation permettrait à la France de recouvrer les sommes qui lui sont dues par l'Allemagne.[2] Je joins ici une brochure que M. Rechberg m'a remise et qui traite de la question.[3]

M. Rechberg est en rapports constants avec le Général Ludendorff et m'a confié qu'il avait accompagné à Munich le Major anglais Romney, qu'il assistait au dîner que ce dernier avait offert à MM. de Kahr et Escherich et que c'était lui qui avait conduit le Major Romney chez Ludendorff, de même qu'à Berlin précédemment il avait conduit Ludendorff chez Lord Kilmarnock.[4] Il m'a proposé de se rendre également avec moi chez Ludendorff. J'ai décliné cette offre pour l'instant et je ne l'accepterais que si Votre Excellence me faisait savoir qu'Elle n'y avait pas d'objection; M. Rechberg m'a pris de le recevoir encore à son prochain séjour à Munich.

M. Rechberg m'a dit que le Général Ludendorff avait développé son plan devant le Major Romney qu'il estimait à un million d'hommes au moins l'armée nécessaire pour vaincre les bolchevistes, en raison du service d'étapes considérable. L'Angleterre pourrait fournir 200.000 hommes, la France 3 ou 400.000 hommes et l'Allemagne fournirait le reste. La France occupant les rives du Rhin, au besoin même quelques points dans l'intérieur de l'Allemagne et restent maîtres des services d'arrière et de l'approvisionnement de cette grande armée aurait ainsi toutes les garanties suffisantes.

J'ai répondu à M. Rechberg que ces projets étaient bien difficiles à réaliser, mais qu'en tous cas ils devraient être précédés d'une rupture complète du Gouvernement allemand avec celui des Soviets et de l'expulsion des nombreux agents russes qui exerçaient librement leur propagande dans le Nord de l'Allemagne.

M. Rechberg n'a fait aucune difficulté pour reconnaître que j'avais bien raison, mais en ajoutant que le Gouvernement allemand était malheureusement trop faible, qu'il n'y avait de l'ordre et de la résolution qu'à Munich, que tous les efforts des patriotes devaient tendre à raffermir le Gouvernement de Berlin.

---

1 Papiers d'Agents, Dard 13 (ohne Folio). Maschinenschriftlicher Durchschlag, ohne Unterschrift.
2 Vgl. oben Dok. 251 und Dok. 349.
3 Nicht abgedruckt.
4 Für ein solches Treffen zwischen dem britischen Geschäftsträger und Ludendorff bzw. Hoffmann findet sich in den gedruckten britischen Akten keinen Beleg. Der "Daily Herald" berichtete hingegen in einer Meldung von einem Gespräch, das am 31.7.1920 in Berlin stattgefunden haben soll, s. ROSENFELD, Sowjetrußland und Deutschland 1917-1922, Bd. I, S. 274.

475

M. Laurent, Ambassadeur de France à Berlin, à
M. Leygues, Président du Conseil, Ministre des Affaires Etrangères.

T. n° 2133. [En Clair.] Berlin, le 16 novembre 1920, 24 h 00.
(Reçu: le 17, 16 h 00.)[1]

Dans son discours de Cologne le Ministre des Affaires Etrangères[2] s'est attaché à développer l'un des points qu'il avait indiqués à Düsseldorf, celui relatif à l'occupation des pays rhénans.[3]

Après avoir annoncé qu'il parlerait en toute sincérité, M. Simons s'est élevé contre la thèse selon laquelle les délais d'occupation n'auraient pas encore commencé à courir en raison de la mauvaise volonté mise par l'Allemagne à remplir ses obligations. La question de prolongation ne peut, a-t-il dit, se poser qu'à l'expiration des délais prévus. "D'ailleurs, nous avons rempli notre devoir tant sur le terrain du désarmement que sur les autres points concernant les réparations. Le Premier Ministre anglais[4] a fait savoir nettement que nous n'étions pas en retard en ce qui concerne les obligations que nous avons à remplir. Les choses doivent donc en rester aux délais prévus par le Traité."

L'orateur a ensuite évalué les forces alliées sur le Rhin à 145.000 hommes dont 100.000 Français 20.000 Belges 13.000 Anglais 12.000 Américains, soit presque une fois et demi autant que n'en comptera l'armée allemande toute entière à partir du 1er Janvier prochain. Le chiffre s'augmente de nombreuses personnes civiles, commissaires, familles d'officiers etc. M. Simons a fait allusion à une déclaration de M. Loucheur selon laquelle après le désarmement de l'Allemagne les frais d'occupation seraient réduits à 240 millions de marks or. "On ne nous a rien dit de tel et d'ailleurs ce chiffre serait encore exagéré". Le Ministre s'est ensuite efforcé de démontrer que, contrairement à leurs déclarations, les Alliés poursuivent sur le Rhin des buts offensifs" d'où vient qu'on a donné aux têtes de pont sur le Rhin une organisation offensive[5], que l'on aménage des champs de manœuvre au delà des besoins des troupes d'occupation, que l'on établisse une boulangerie de campagne capable de fournir 400.000 rations par jour. D'où vient qu'en France comme en Belgique on combine en arrière de la zone occupée un dispositif permettant de réoccuper immédiatement les territoires qui viendraient à être évacués. Derrière les régions occupées en allant vers la Lorraine on trouve les 2e[,] 6e[,] 21e[,] et 7e corps français d'un effectif total d'environ 120.000 hommes. Cela donne absolument l'impression que les provinces rhénanes ne sont pas occupées dans un but de sécurité, mais comme de zone de concentration pour une pénétration plus profonde en Allemagne. Cette situation pèse moralement sur les pays occupés et sur le reste de l'Allemagne. Ce qui aggrave encore les choses c'est que l'Allemagne paye de sa poche les préparatifs de la concentration dirigée contre elle"[.]

Après avoir passé en revue les conséquences économiques et morales fâcheuses qu'entraîne l'occupation pour les provinces occupées et pour le pays tout entier M. Simons a déclaré qu'elle n'était pas moins nuisible pour les Alliés. "Ceux-ci nous imposent une grande part de leur budget de la guerre et ils pensent que l'Allemagne pourra payer ces charges. Mais si les choses continuent ainsi le payement intégral ne pourra avoir lieu". En imposant à l'Allemagne des dépenses improductives les Alliés se condamneront à des déceptions sur les réparations. Le Ministre a conclu en exprimant l'espoir qu'on réussirait à Bruxelles "à mettre les frais d'occupation en harmonie avec les besoins économiques de l'Europe qui n'a plus d'autre but que de sortir enfin l'éternelle guerre et des éternelles clameurs guerrières".6

1 Télégrammes, Arrivée de Berlin, 1920, 10.
2 Walter Simons.
3 Zum Inhalt der Reden von Simons in Düsseldorf und Köln sowie den Ausführungen Fehrenbachs s. Schultheß' Europäischer Geschichtskalender 36 (1920) S. 294f. Laurent hatte mit T. n° 2123 vom 15.11.1920 den Wortlaut der Düsseldorfer Rede von Simons übermittelt, s. Allemagne 375, fol. 13-17. Vgl. auch unten Dok. 488.
4 David Lloyd George.
5 Vgl. zu diesen Beschuldigungen die Aufzeichnung von Haniels vom 18.11.1920 über ein Gespräch mit Hesnard, wobei er sich auf vertrauliche Informationen aus dem Foreign Office berief, ADAP A IV, Dok. 50 S. 94f.
6 Vom 16. bis 23.12.1920 war in Brüssel eine weitere Sachverständigenkonferenz zwischen deutschen und alliierten Vertretern geplant, die im Unterschied zur Finanzkonferenz, die auf Einladung des Völkerbundes vom 24.9.-8.10.1920 ebenfalls in Brüssel stattgefunden hatte, diesmal auch das Reparationsproblem behandeln sollte. Vgl. auch unten Dok. 528.

476
M. Laurent, Ambassadeur de France à Berlin, à
M. Leygues, Président du Conseil, Ministre des Affaires Etrangères.

T. n° 2134-2136. Déchiffrement.   Berlin, le 16 novembre 1920, 24 h 00.
(Reçu: le 17, 2 h 30, 3 h 40.)[1]

Secret.
Suite à mon télégramme N° 2133[2].

Le discours de Cologne est le développement logique du discours de Düsseldorf, avec cette circonstance aggravante que le docteur Simons a choisi une ville du territoire occupé pour dénoncer les charges et le régime de l'occupation. Les paroles tout à fait déplacées que le Ministre a prononcées sur les intentions agressives de la France et de la Belgique prouvent (jusqu'à) l'évidence, si l'on avait jamais pu en douter, que le Gouvernement allemand a été l'inspirateur direct de la campagne menée dans les journaux sur ce thème et contre laquelle j'avais protesté auprès du docteur Simons (voir mon télégramme 1804 du 30 septembre[3]). Elles peuvent d'ailleurs avoir un effet salutaire sur l'opinion allemande on rappelant fort opportunément la menace du gendarme allié à ceux qui seraient tentés de se mettre en révolte ouverte contre le traité. Le docteur Simons a, de la sorte, (et) peut-être sans le vouloir, corrigé dans une certaine mesure, ses déclarations de la veille.

La presse allemande continue à garder le silence sur ces manifestations oratoires.[4]

A la Wilhelmstrasse, on s'efforce d'atténuer leur importance en déclarant qu'un ministre, faisant une tournée pour raffermir le moral des populations rhénanes, devait tenir le langage qui convenait à son auditoire.5

D'autre part, plusieurs hommes politiques notoires, démocrates ou socialistes (majori)taires, avec lesquels se sont entretenus nos informateurs, n'ont pas caché que le mouvement général vers (la) (droite), si nettement affirmé par les récentes élections saxonnes,6 obligerait les partis de gauche à faire étalage d'un patriotisme agressif pour ne pas être éliminés par les monarchistes. On devrait donc s'attendre, lors des élections prussiennes qui auront lieu (en) janvier prochain, à un redoublement d'attaques contre la France. Ce calcul, avoué cyniquement, paraît d'ailleurs aussi maladroit que dangereux.

---

1   Allemagne 286, fol. 19-21.
2   Vgl. oben Dok. 475.
3   Nicht abgedruckt. Laurent hatte gegen eine WTB-Meldung protestiert, s. dazu sein T. n° 1789 vom 29.9.1920, Télégrammes, Arrivée de Berlin, 1920, 9.
4   Zu den wenigen Pressereaktionen, vor allem seitens der Rechtspresse, s. Laurents T. n° 2124-2127 vom 16.11.1920, Allemagne 375, fol. 19-22.
5   Zum Fortgang s. unten Dok. 493 und Dok. 511.
6   Vgl. unten Dok. 480 Anm. 5.

477
*M. Laurent, Ambassadeur de France à Berlin, à
M. Leygues, Président du Conseil, Ministre des Affaires Etrangères.*

D. n° 682.   Berlin, le 16 novembre 1920.1

Le Baron von Lersner et la campagne contre le Traité.

Parmi les promoteurs de la campagne menée au Reichstag et devant l'opinion contre le Traité de Paix le baron von Lersner, membre influent du parti populaire, est signalé comme l'un des plus ardents.

On a remarqué il y a quelques jours son intervention à la Commission du Budget, où il a invité tous les partis à s'unir dans une œuvre commune de propagande contre la paix de Versailles2.

L'ancien chef de la délégation allemande à Paris ne compte pas s'en tenir là, et il vient de former le projet de publier, avec l'aide de diverses personnalités politiques, une édition populaire du Traité de Paix, suivie de commentaires détaillés qui analyseront, article par article, les principales dispositions, et feront naturellement ressortir les charges auxquelles il soumet l'Allemagne.

L'un de nos informateurs a eu entre les mains une lettre par laquelle M. von Lersner sollicite la collaboration de plusieurs députés influents. Selon des renseignements de bonne source, mais dont je ne saurais néanmoins garantir l'exactitude, il aurait déjà reçu des promesses de concours de M. von Hinge[3], le vice-chancelier, et du Ministre des Affaires Etrangères[4].

Le député socialiste indépendant Breitscheid a également été pressenti par le baron de Lersner qui lui a demandé de se charger du commentaire des articles concernant les frais d'entretien des troupes d'occupation. Mais Breitscheid a dit à notre informateur qu'il se proposait de décliner l'invitation du député de la Volkspartei.

Cette question des frais d'occupation paraît d'ailleurs émouvoir vivement l'opinion. A la Commission du Budget, les orateurs de tous les partis se sont trouvés d'accord pour protester contre les charges imposées de ce fait à l'Allemagne.[5] Le Gouvernement a saisi la Commission de nombreux documents énumérant les vexations attribuées aux troupes françaises. Même parmi les socialistes on constate une regrettable tendance à ajouter foi à tous ces racontars, parfois ridicules.

C'est ainsi que le député démocrate Haas, esprit généralement pondéré et raisonnable, déclare gravement dans un article du Berliner Tageblatt que l'Allemagne est perdue, parce qu'un général français aurait exigé d'une municipalité rhénane la livraison de "deux chats à belle fourrure" destinés à servir de compagnons de jeux à sa fille. "De pareilles exigences, s'écrie Haas, rappellent les temps de la pire sauvagerie. C'est avec de pareilles exigences insensées et brutales que les hobereaux ont autrefois déchaîné la guerre inexpiable des paysans. Les Français ne se doutent-ils donc pas à quel point des exigences aussi dénuées de tact aigrissent les esprits?"

Un tel manque de sang-froid de la part de l'un des membres les plus modérés du parti démocrate est symptomatique. Sur des esprits ainsi préparés l'œuvre de propagande à laquelle M. de Lersner médite d'attacher son nom peut être assurée d'un succès éclatant et rapide.

Un des moyens les plus efficaces de combattre les exagérations allemandes au sujet de l'importance des frais d'occupation me paraîtrait être de faire connaître officiellement à l'Allemagne, ainsi que l'a proposé le Maréchal Foch dans une note adressée à la Conférence des Ambassadeurs, l'effectif exact des forces alliées réparties dans les provinces rhénanes.

---

1   A-Paix (1914-1918) 232, fol. 101-102.
2   Vgl. oben Dok. 468.
3   Richtig: Rudolf Heinze.
4   Walter Simons.
5   Vgl. oben Dok. 462, Dok. 463 und Dok. 468.

478
M. Tirard, Haut-Commissaire de la République Française dans les Provinces du Rhin, à M. Leygues, Président du Conseil, Ministre des Affaires Etrangères.

N° 593 S/A.T.R.P. [Coblence?], le 16 novembre 1920.[1]

Les faits suivants ont été rapportés à un Délégué de la Haute-Commission par un témoin occulaire qui paraît digne de confiance.

Le jour de la Toussaint, au Conseil Général du centre à Berlin le Chancelier d'Empire Fehrenbach réponda avec la plus grande vivacité à M. von Kahr, l'attitude de la Bavière. Il lui demanda s'il allait se décider à dissoudre les Einwohnerwehren. M. von Kahr lui répondit qu'il était bien décidé à n'en rien faire.

"Alors s'écria le Chancelier, vous voulez donc faire occuper la Ruhr par les Français?"

"Que les Einwohnerwehren Bavaroises soient dissoutes ou non, répliqua von Kahr, vous savez bien que de toute façon la Ruhr sera occupée."

"Vous tenez donc à manquer de charbon, demanda Fehrenbach?"

"Ne vous inquiétez pas de cette question répondit von Kahr, quand la Ruhr sera occupée, la Bavière ne manquera de charbon.["][2]

Fehrenbach ne cacha pas alors son opinion: Von Kahr est parfaitement convaincu que les Français fourniront le charbon nécessaire à l'Allemagne du Sud.

La même personne signale la rupture qui se fait de plus en plus nette entre le parti du centre de Berlin où l'influence de la Prusse est prépondérante et la B.V.P. de Heim. Le centre de Berlin déclare nettement que le programme de Bamberg[3] est absolument inadmissible.

Berlin fait en ce moment de gros efforts en Bavière pour combattre Heim et son parti, mais paraît-il sans réel succès auprès des masses paysannes qui forment la majorité.

---

1. AN, AJ 9 3825. Maschinenschriftlicher Durchschlag, ohne Ortsangabe und ohne Unterschrift.
2. In einem als "confidentiel" klassifizierten Telegramm meinte Laurent am 12.11.1920, Dard "prête à von Kahr la conviction que l'Angleterre ne permettrait jamais à la France d'occuper la Ruhr. Je sais que les hauts fonctionnaires de la Wilhelmstrasse expriment, avec beaucoup d'assurance, la même conviction. D'autre part, M. Coste me signale que la Bavière, dépendant presque exclusivement du port de Mannheim pour son approvisionnement en charbon, l'occupation de ce port pourrait nous permettre, le cas échéant, d'exercer, avec un minimum de moyens militaires, une contrainte économique très efficace et limitée à la seule Bavière, s. dessen T. n° 2102, Télégrammes, Arrivée de Berlin, 1920, 10.
3. Vgl. oben Dok. 407 bzw. Dok. 422 Anm. 3. Zum Text der endgültigen Fassung des Bamberger Programms der BVP s. Mommsen, Deutsche Parteiprogramme, S. 506f.

479
M. Guéritte, Vice-Consul de France à Danzig, à
M. Leygues, Président du Conseil, Ministre des Affaires Etrangères.

D. n° 60. Danzig, le 16 novembre 1920.[1]

Proclamation de la Ville libre de Dantzig.

Hier après-midi, dans une courte séance de l'Assemblée constituante, a eu lieu la cérémonie de la proclamation solennelle de la Ville libre de Dantzig par le Représentant des Puissances Alliées, Colonel Strutt, en présence du général britannique commandant les forces interalliées[2], des Commissaires généraux de Pologne[3] et d'Allemagne[4], des membres du corps consulaire, d'officiers français et anglais et des hauts fonctionnaires de la Ville.

< Votre Excellence trouvera ci-joint le texte des discours qui ont été prononcés à cette occasion. >[5]

Après que le Colonel Strutt eût déclaré la Ville libre définitivement constituée, le représentant du parti socialiste indépendant[6] et celui du parti social-démocrate[7] ont fait une courte déclaration du principe, le premier protestant surtout énergiquement contre les différentes mesures restrictives de la liberté d'association et de réunion prises par l'administration interalliée. Le Président Reinhard a prononcé quelques paroles pour attirer l'attention des membres de l'Assemblée sur la gravité des circonstances présentes et appeler la protection divine sur la nouvelle Ville libre.

La séance n'aurait présenté aucun intérêt particulier si le Colonel Strutt n'avait cru devoir, dans son discours, faire un compliment, au moins inattendu de la part du Représentant des Puissances alliées, à l'armée allemande, qu'il n'hésita pas à qualifier de "l'armée la plus grande et la plus admirable que le monde ait jamais vue" (die grösste und bewundernswerteste Armee[,] die die Welt jemals gesehen hat). Un tel manque de tact ne pouvait que péniblement impressionner non seulement les Polonais, mais aussi les officiers français présents et les représentants des pays qui ont précisément eu à souffrir de l'armée allemande et j'ai pour ma part regretté de voir un fonctionnaire, représentant également la France, se permettre de déclarer dans un discours solennel que l'armée allemande était la plus digne d'admiration que le monde ait jamais vue.

On se demande d'ailleurs ce que cette déclaration intempestive avait à faire avec la proclamation de la Ville libre. Si, comme c'est à croire, le Colonel Strutt désirait flatter les sentiments personnels de la plupart de ses auditeurs, il y a en tout cas pleinement réussi: car les seuls applaudissements que l'on ait entendu dans toute la séance sont ceux qui accueillirent cet éloge de l'armée impériale: le statut de Dantzig a pu changer, mais les sentiments de sa majorité allemande sont restés les mêmes.

La constitution de Dantzig en Ville libre a été accueillie dans le public par une indifférence à peu près totale, aucune maison particulière n'a été pavoisée; et ce serait se faire une étrange illusion que de croire que, bien que la prospérité économique de la Ville soit évidemment liée à un accord intime avec la Pologne, la majorité des habitants et les fonctionnaires qui les dirigent cesseront de tourner leurs regards vers Berlin, attendant patiemment l'occasion de faire à nouveau partie de "l'admirable armée allemande" dont le Représentant des Puissances alliées lui-même est venu leur faire l'éloge.[8]

---

1   Dantzig 7, fol. 42-43.
2   Sir Richard Haking.
3   Leon Plucinski.
4   Lothar Foerster.
5   Der in spitze Klammern gesetzte Absatz wurde später gestrichen. Die Texte wurden hier nicht abgedruckt.
6   Vermutlich Arthur Raube oder Wilhelm Rahn.
7   Julius Gehl.
8   Zur begeisterten Reaktion der deutschen Presse auf diese Passage in der Ansprache, s. Laurents T. n° 2132 vom 16.11.1920, Télégrammes, Arrivée de Berlin, 1920, 10.

480

M. Laurent, Ambassadeur de France à Berlin, à
M. Leygues, Président du Conseil, Ministre des Affaires Etrangères.

D. n° 686.   Berlin, le 17 novembre 1920.[1]

Les élections au Landtag Saxon.

Les chiffres définitifs, aujourd'hui connus, des élections au Landtag Saxon confirment les indications <que j'ai précédemment> données <au Département>[2] par mes télégrammes 2.121/22[3] et 2.130/31[4]. Ils permettent toutefois d'y ajouter une ou deux remarques.[5]

La première concerne le nombre élevé des abstentionnistes. Alors que la participation au scrutin avait été, lors des élections au Reichstag, de près de 80%, elle n'a guère dépassé cette fois 60%. Aussi presque tous les partis ont-ils perdu des voix. D'un tableau dressé par le Vorwärts il résulte que les Socialistes ont obtenu 14.000 voix, soit 2,4% de moins qu'aux élections de juin. La perte atteint 192.000 voix, soit 42,61% pour les Indépendants, 61.000 voix, ou 28,6% pour les Démocrates, 69.000 ou 15,44% pour le parti populaire. Seuls les partis extrêmes marquent un gain: 10.000 voix ou 9,53% pour les communistes et 14.000 voix soit 3,3% pour les Nationaux Allemands.

Ce sont donc les Socialistes Indépendants qui subissent l'échec le plus sensible. Toutefois dans la défaite générale du parti, les Socialistes Indépendants de droite font meilleure figure que les partisans de la Troisième Internationale. Ceux-ci n'obtiennent en effet que 58.000 voix contre 280.000 aux adversaires de la politique de Moscou. Au congrès de Halle[6], les extrémistes avaient soutenu, avec une fougue et une conviction qui avaient ébranlé les opposants eux-mêmes, avoir derrière eux les masses prolétariennes. S'il faut en croire le verdict des électeurs saxons, ils ne pourraient s'appuyer que sur une minorité turbulente. Sans doute, serait-il imprudent de généraliser à ce point de vue les résultats du scrutin de Dimanche, les Socialistes Indépendants de Saxe ayant toujours été parmi les plus réfractaires aux influences bolchevistes. Le peu de succès qu'a eu parmi eux la propagande de Zinoviev permet cependant de penser que la masse des travailleurs conserve quelques doutes sur les bienfaits du régime des Soviets. Peut-être les récits des nombreux internés appartenant à l'armée rouge[7], et qu'on n'a pu complètement isoler de la population, ont-ils contribué à enlever aux doctrines communistes quelques-uns de leurs partisans.

Les transfuges du parti indépendant sont en effet pour la plupart venus grossir les rangs des Socialistes Majoritaires. Seule une très petite minorité, une dizaine de milliers de voix, ont voté pour les Communistes.

Il ressort d'autre part de la comparaison établie par le Vorwärts entre les élections au Reichstag et le scrutin qui vient d'avoir lieu que la progression constatée au profit de la droite profite exclusivement aux Nationaux-Allemands. Le parti populaire, fortement attaqué par l'extrême-droite, discrédité par sa participation au Gouvernement du Reich, voit diminuer assez sensiblement le nombre de ses fidèles. Ce résultat ne peut qu'encourager les Nationaux-Allemands à persister dans leur attitude d'opposition systématique, qui, en les faisant échapper aux responsabilités du pouvoir, leur permet de poursuivre une agitation démagogique, à laquelle l'électeur à la fois désabusé et crédule se laisse prendre facilement.

Les journaux de la Volkspartei ne contestent pas ce déplacement vers l'extrême-droite, mais affectent de n'en pas prendre ombrage et de considérer les nationaux-allemands comme une fraction-sœur, dont ils ne sont séparés que par de passagères divergences de tactique. "L'essentiel, écrit la "Revue Quotidienne", est que le sentiment national soit sorti raffermi de la lutte électorale."

Quant à la presse d'extrême droite elle se montre à bon droit très satisfaite des résultats obtenus, qui, dit-elle, dépassent les prévisions les plus optimistes et permettent de nourrir de légitimes espoirs sur l'issue des élections à l'assemblée prussienne, qu'un décret paru aujourd'hui, fixe au 20 Février. Plus encore que sur les succès remportés par les partis réactionnaires, elle insiste sur le désastre subi par les Démocrates. Sans doute, se dit-elle que, le jour où, les partis moyens éliminés, l'Allemagne n'aurait plus à choisir qu'entre le Socialisme et la Monarchie, sa réponse ne serait pas douteuse.

Quant aux moyens de remédier à la crise gouvernementale ouverte à Dresde, la plupart des journaux, sans distinction d'opinion, s'accordent à reconnaître que le seul moyen de constituer une majorité consiste à former une coalition comprenant les Socialistes Majoritaires, les Démocrates et le Parti Populaire. Ce bloc disposerait de 54 voix sur 96.

Une telle solution se heurte il est vrai, aux décisions du Congrès de Cassel[8], qui s'est prononcé en principe contre toute collaboration des Socialistes Majoritaires avec la Volkspartei. D'autre part, celle-ci mettra sans doute peu d'empressement à assumer en Saxe les responsabilités du pouvoir qu'elle n'a acceptées dans l'Empire que pour éliminer les Socialistes du Gouvernement. On peut penser toutefois que ce groupement finira par s'imposer, en raison de l'impossibilité de trouver un autre dénouement à la crise.

---

1 Allemagne 364, fol. 30r-31v.
2 Die in spitze Klammern gesetzten Passagen wurden nachträglich handschriftlich ergänzt.
3 Nicht abgedruckt.
4 Nicht abgedruckt.
5 Am 14.11.1920 hatten in Sachsen die Wahlen zum Landtag stattgefunden. Die Sitzverteilung lautete danach wie folgt: DNVP 20 Sitze (1919: 13); DVP 18 (4); Zentrum 1 (-); DDP 8 (22); SPD 27 (42); USPD (rechte) 13 (15); USPD (linke) 3 (-); KPD 2 (-), Angaben nach Schultheß' Europäischer Geschichtskalender 36 (1920) S. 296.
6 Vgl. oben Dok. 440 und Dok. 441.
7 Gemeint sind die russischen Truppen, die im Verlauf des polnisch-russischen Krieges nach ihrem Übertritt auf deutsches Gebiet von der Reichsregierung interniert worden waren.
8 Vgl. oben Dok. 435.

481
M. Laurent, Ambassadeur de France à Berlin, à
M. Leygues, Président du Conseil, Ministre des Affaires Etrangères.

D. n° 687.   Berlin, le 17 novembre 1920.[1]

Adoption par le Conseil d'Empire du projet de loi
sur l'autonomie de la Haute-Silésie.

Le projet de loi sur l'autonomie de la Haute-Silésie[2] élaboré par le Gouvernement, et approuvé, avec quelques modifications de détail, par la Commission du Reichstag, a été adopté hier à l'unanimité par le Conseil d'Empire.

La nouvelle loi, dont V.Exc. connaît déjà les principales dispositions, prévoit que la population de Haute-Silésie sera consultée deux mois après le plébiscite sur la question de savoir si la Haute-Silésie devra constituer un Etat fédéral autonome. Toutefois cette consultation n'aura lieu que si la majorité de la population se déclare pour l'Allemagne lors du plébiscite. Si les habitants de Haute-Silésie se prononcent pour la constitution de la province en Etat fédéral, celle-ci sera proclamée de plein droit, sans qu'il y ait lieu de faire intervenir une loi d'Empire. Une assemblée législative sera élue dans les trois mois qui suivront le plébiscite pour voter la Constitution et établir un Gouvernement. La date et les modalités de l'élection seront fixées par le Président d'Empire[3].

La nationalité haut-silésienne sera accordée:

1°- à tous les ressortissants allemands ayant leur domicile ou leur résidence habituelle en Haute-Silésie,

2°- à tous les ressortissants prussiens originaire de Haute-Silésie et qui, dans le délai d'un an après la constitution du nouvel Etat, déclareront revendiquer la nationalité haut-silésienne;

3°- à tous les ressortissants allemands qui, par naissance, légitimation ou mariage, se trouvent jouir des mêmes droits légaux que les personnes désignées aux deux premiers paragraphes.

Le projet de loi, qui sera soumis au Reichstag dès sa rentrée[4], est précédé d'un exposé des motifs dans lequel il est dit que le Gouvernement a cru de son devoir, malgré les graves objections qu'on a fait valoir contre l'octroi de l'autonomie fédérale, de ne négliger aucun moyen de conserver la Haute-Silésie à l'Empire. Il ajoute que la Haute-Silésie participant étroitement depuis sept siècles à la culture allemande, on peut sans inquiétude s'en remettre à ses habitants du soin de décider de leur avenir. D'ailleurs, spécifie prudemment l'exposé des motifs, l'autonomie promise à la Haute-Silésie ne saurait à aucun degré constituer un précédent applicable aux autres territoires allemands ou prussiens, pour lesquels les dispositions des articles 18 et 167[5] de la Constitution restent applicables sans modification.

La presse, sauf les organes de droite qui gardent le silence, engage le Reichstag à voter sans délai le projet de loi. Le Vorwärts écrit que la question de Haute-Silésie est le pendant de celle d'Alsace-Lorraine, mais espère que, pour conserver la conquête de Frédéric II, les Allemands sauront éviter les fautes et les atermoiements, qui leur ont coûté celle de Bismarck.

---

1   Pologne 150, fol. 92-93.
2   Vgl. oben Dok. 446, Dok. 447 und Dok. 451.
3   Friedrich Ebert.

4   Am 25.11.1920 wurde das Gesetz vom Reichstag mit Zweidrittelmehrheit gegen die Stimmen der DNVP und der KPD angenommen, s. dazu Laurents T. n° 2131 vom 25. 11.1920, Télégrammes, Arrivée de Berlin, 1920, 10.
5   Art. 18 der Weimarer Verfassung sah die Möglichkeit einer Neugliederung des Reiches, etwa durch Bildung neuer Länder, vor. Art. 167 setzte diese Regelung jedoch zunächst für die ersten beiden Jahre nach Inkrafttreten der Verfassung außer Kraft.

482
M. Laurent, Ambassadeur de France à Berlin, à
M. Leygues, Président du Conseil, Ministre des Affaires Etrangères.

T. n° 2142. En Clair.　　　　　　Berlin, le 18 novembre 1920, 23 h 35.
　　　　　　　　　　　　　　　　　　(Reçu: le 19, 3 h 30.)[1]

Avant de regagner Berlin, M. Simons a prononcé à Aix-la-Chapelle un dernier discours dans lequel il a fait allusion à la question d'Eupen et Malmédy.[2] "Ce n'est pas, a-t-il dit, le conseil de la Société des Nations mais la Société des Nations elle-même qui peut prendre une décision valable. Et si la Société des Nations s'oppose au droit de libre disposition des peuples l'Allemagne ne pourra considérer sa décision que comme provisoire".[3]

Parlant de la réunion de Genève[4], le Ministre a dit que l'Allemagne ne chercherait pas à se faire admettre dans la Société des Nations tant qu'elle ne trouverait pas du côté adverse le désir de l'accueillir sur un pied d'égalité.[5]

M. Simons a ensuite déclaré que le rôle de la ville d'Aix-la-Chapelle était de servir de liaison entre l'Allemagne et la Belgique. Il croit pour l'avenir à la possibilité d'une entente entre l'Allemagne, la Belgique et la France, les trois peuples ayant en commun, même après la paix de Versailles, d'importants intérêts économiques. Le Ministre a exprimé en terminant l'espoir que les peuples de l'Europe finiraient par s'entendre sur les bases d'une estime et d'une collaboration mutuelle.

---

1   Allemagne 375, fol. 23.
2   Zum Text der Rede s. "Deutsche Allgemeine Zeitung" Nr. 564 vom 18.11.1920.
3   Vgl. oben Dok. 411 bzw. Dok. 466.
4   Am Vortag, dem 15.11.1920, war in Genf die erste Bundestagung des Völkerbundes eröffnet worden, s. dazu den Text der Eröffnungsrede des Präsidenten des Schweizer Bundesrates, Motta, DDS 7/II, Dok. 431 S. 885ff.
5   Zu der skeptischen Beurteilung der Chancen für eine baldige Aufnahme Deutschlands in den Völkerbund s. ein entsprechendes Memorandum des Foreign Office vom 2.11. 1920, DBFP 1/X, No. 230 S. 325ff.

483
*M. Laurent, Ambassadeur de France à Berlin, à
M. Leygues, Président du Conseil, Ministre des Affaires Etrangères.*

T. n° 2144-2145. Déchiffrement.   Berlin, le 19 novembre 1920, 13 h 20.
(Reçu: 17 h 25, 18 h 30.)[1]

Suite à mon télégramme N° 2142[2].

Le Docteur Simons se révèle tout entier dans le discours d'Aix-la-Chapelle, où il juxtapose les thèses contradictoires pour recueillir successivement les applaudissements des (deux) camps adverses. (Il a été) soutenir la cause perdue d'Eupen et Malmédy, chère aux pangermanistes, il a rêvé d'une entente économique germano-franco-belge en termes qui ont dû rassurer la "Gazette de Voss".

Je saisirai la première occasion pour lui rappeler, comme je l'ai déjà fait maintes et maintes fois, qu'aucune entente économique n'est possible sans reconnaissance loyale et définitive du traité.

Le Ministre des Affaires Etrangères a tenu à finir par des paroles de conciliation une (tournée) qu'il avait inaugurée bruyamment dans un esprit tout opposé.[3] Il n'a sans doute aucunement compris l'effet déplorable que ses premières déclarations avaient produit en France. Je n'ai, en ce qui me concerne, négligé aucun intermédiaire pour le lui (faire entendre). L'opinion générale dans les milieux politiques de Berlin est que le Dr. Simons a parlé sous l'impression des événements de Crimée[4]. Le fait est vraisemblable et montre une fois de plus que le bon vouloir du ministre des Affaires étrangères est en fonction du pouvoir que les Alliés ont d'imposer à l'Allemagne leur volonté.

---

1 Allemagne 375, fol. 26-27.
2 Vgl. oben Dok. 482.
3 Vgl. oben Dok. 475 und Dok. 476.
4 Die Truppen des weißrussischen Generals Wrangel, der von Frankreich am 10.8.1920 offiziell diplomatisch anerkannt worden war, befanden sich auf breiter Front auf dem Rückzug. Wrangel verließ die Krim im November mit dem Rest seiner Truppen mit Hilfe britischer Kriegsschiffe, s. dazu die Aufzeichnung von Maltzans über ein Gespräch mit Kopp vom 19.11.1920, ADAP A IV, Dok. 51 S. 96ff.

484
*M. Laurent, Ambassadeur de France à Berlin, à
M. Leygues, Président du Conseil, Ministre des Affaires Etrangères.*

D. n° 693. Berlin, le 19 novembre 1920.[1]

Congrès des représentants des Etats du Sud à Heidelberg.

Du 12 au 15 Novembre s'est tenu à Heidelberg un congrès de représentants des Etats du Sud: membres du Reichstag, députés aux divers Landtags[sic!], industriels, commerçants et agriculteurs.

Diverses questions économiques ont été débattues. On est tombé d'accord sur la nécessité de poursuivre, dans des conditions satisfaisant à toutes les exigences de la navigation moderne, les travaux du canal Rhin-Main-Danube, du canal Rhin-Neckar-Danube, de celui joignant le Danube au lac de Constance, ainsi que la canalisation du Danube supérieur entre Ratisbonne et Ulm.

Le congrès, dans lequel dominaient les éléments démocrates et unitaires, a également voté un certain nombre de résolutions de nature politique. Il s'est prononcé pour l'octroi aux Etats du Sud d'une large autonomie intérieure, mais a pris position contre toute tentative de l'un des Etats fédéraux de poursuivre des visées particularistes qui seraient de nature à compromettre l'unité allemande. Il a également fait appel à la résistance de l'Empire et des Etats particuliers contre toute ingérance des Puissances alliées dans les affaires intérieures allemandes, et exprimé la conviction qu'en prenant, en matière de politique étrangère, une attitude différente de celle du Gouvernement d'Empire, les Etats du Sud ne feraient qu'exposer l'Allemagne à de nouvelles rigueurs.

Dans une réunion publique qui a suivi le congrès, un député démocrate du Landtag a fait gloire à son parti d'avoir, par son intervention décidée, empêché le Président du Conseil bavarois[2] de faire sien le programme de Bamberg[3]. Parlant des Einwohnerwehren bavaroises, il a déclaré que, quelle que fût la solution adoptée, il fallait subordonner la question au principe essentiel de l'indivisibilité de l'Empire.

---

1 Allemagne 339, 44r, v.
2 Gustav von Kahr.
3 Vgl. oben Dok. 407.

485
M. Tirard, Haut-Commissaire de la République Française dans les Provinces du Rhin, à M. Leygues, Président du Conseil, Ministre des Affaires Etrangères.

N° 601 S/A.T.R.P. [Coblence ?], le 20 novembre 1920.[1]

A.s. du discours du Dr. von[sic!] Simons.

J'ai l'honneur de transmettre à Votre Excellence le texte du discours prononcé à Cologne par le Docteur Simons, Ministre des Affaires Etrangères, d'après la version donnée par la "Kölnische Zeitung" du 16-11-20.[2]

Il est d'ailleurs vraisemblable, selon divers renseignements qui me sont parvenus, que cette version officielle présente, sous une forme adoucie, les paroles prononcées par le Ministre. J'ai, en effet, lieu de croire que Mr. Simons, averti par Monsieur de Starck de l'impression défavorable produite sur les Hauts-Commissaires Alliés par le discours de son collègue Koch à la tribune du Reichstag et qui a fait l'objet de mes lettres en date des 6, 12 et 13 Novembre[3], s'est efforcé au moins quant à la forme de ne pas encourir les mêmes reproches.

Je note incidemment l'hommage rendu par le Ministre à l'esprit de modération des membres de la Haute-Commission et du Haut-Commandement allié et qui semble destiné à vouloir atténuer le fâcheux effet produit par le discours du Dr. Koch.

Les déclarations de Monsieur Simons me paraissent devoir retenir l'attention de Votre Excellence. Le Ministre y révèle, en effet, une partie des positions que le Gouvernement allemand compte prendre, lors de la discussion du problème des réparations, et notamment de celui des garanties: "Ainsi, dit-il, j'arrive à la base de tout le problème des Réparations; nous ne pouvons pas songer à faire face à nos obligations avant que la question de l'occupation soit réglée dans un sens économique raisonnable".

Il ressort nettement du discours du Dr. Simons que le Gouvernement allemand entend lier la discussion des garanties à ses demandes tendant à la réduction de la durée de l'occupation, à la diminution des effectifs alliés, à la mise en application de la "déclaration interalliée" du 16 Juin 1919[4] qui ramène éventuellement à 240 millions de marks or les charges de l'occupation, dès lors que l'Allemagne aurait rempli ses engagements relatifs au désarmement.

I.- Le Dr. Simons s'attache à réfuter la doctrine française concernant la durée de l'occupation et "Le point de départ" des délais prévus par le Traité de Paix. Il affirme notamment que la zone de Cologne devra être évacuée le 10 Janvier 1925. Or, cette zone est occupée à la fois par les troupes belges et les troupes britanniques. Si le Dr. Simons, comme il est probable, soulève cette question au cours des négociations envisagées, il serait peut-être opportun de préssentir, sur la réponse à opposer, les Gouvernements belges et britanniques, à moins qu'il ne soit jugé préférable de refuser toutes discussions sur cette question.

II.- J'estime que le Gouvernement aurait le plus grand avantage à exprimer, à l'encontre des réclamations allemandes touchant l'occupation, sa ferme volonté de prolonger l'occupation de la rive gauche du Rhin tant que l'ensemble des conditions du Traité de Paix ne seront pas remplies et que la sécurité militaire ne sera pas intégralement assurée.

Une telle attitude ne peut, au point de vue de la politique rhénane, qu'aider au développement du mouvement autonomiste.

III.- Il en serait de même des mesures qui seraient envisagées au[x] titres de garanties, sur les douanes ou sur les revenus domaniaux et qui auraient pour conséquence de les placer en Rhénanie sous notre contrôle.

Je me réfère à cet égard à ma lettre du 8 Novembre[5].

IV.- Il est à envisager que le Gouvernement allemand opposera non seulement les charges résultant des frais d'occupation (lesquelles pourront être réduites dans l'avenir surtout si les troupes américaines sont rappelées) mais également les prétendues difficultés économiques suscitées par l'occupation dans une région prospère de l'Empire.

"A ces charges, dit le Dr. Simons s'ajoute encore la fermeture des zones économiques sur la rive gauche et la rive droite du Rhin, et le relâchement du contrôle rigoureux des frontières sans lequel le relèvement de notre vie économique est impossible".

A cette allégation, d'ailleurs dénuée de fondement, il me paraît qu'il conviendrait pour le Gouvernement Français de riposter en prenant résolument la défense des intérêts des populations rhénanes et en déclarant *officiellement et publiquement*, qu'il est prêt à mettre en application l'article 270 du Traité de Paix[6] dans l'intérêt de ces populations et à consentir au régime de faveur aux produits originaires de la rive gauche du Rhin, ou destinés aux Territoires Occupés.

Une telle déclaration, fondée sur un article inscrit dans le Traité de Paix et dont la réponse des Alliés en date du 29 Juillet 1919[7] réserve formellement la possibilité d'application, pourrait être présentée comme une équitable contre-partie aux charges de l'occupation prétendues excessives et aurait dans les Territoires Occupés un retentissement considérable.

J'ai toujours signalé au Département que les questions économiques constituaient l'élément prédominant du problème rhénan, il est possible que les prochaines discussions sur les réparations nous mettent à même d'utiliser l'apparente antinomie qui semble exister entre la poursuite des réparations à obtenir de l'ensemble du "Reich" et la politique traditionnelle de la France sur la rive gauche du Rhin.

---

1 AN, AJ 9 3825. Maschinenschriftliche Durchschrift, ohne Unterschrift und ohne Ortsangabe.
2 Nicht abgedruckt.
3 Nicht abgedruckt. Zur Rede Kochs vor dem Reichstag s. oben Dok. 466.
4 Zum Text der Erklärung vom 16.6.1919 s. Materialien betr. die Friedensverhandlungen, Teil IV, S. 91 ff.
5 Vgl. oben Dok. 467.
6 Art. 270 des Versailler Vertrages räumte den Alliierten das Recht ein, in den von ihren Truppen besetzten Gebieten ein besonderes Zollregime für die Ein- und Ausfuhr einzuräumen, sofern sie dies für notwendig erachteten, um die wirtschaftlichen Interessen der Bevölkerung dieser Gebiete zu wahren.
7 Zu den Einzelheiten s. Materialien betreffend die Friedensverhandlungen, wie Anm. 4.
8 Nicht abgedruckt, vgl. in diesem Zusammenhang aber auch oben Dok. 46 und Dok. 51.

486
M. Tirard, Haut-Commissaire de la République Française dans les Provinces du Rhin, à M. Leygues, Président du Conseil, Ministre des Affaires Etrangères.

N° 9758 A.T.R.P. [Coblence ?], le 20 novembre 1920.[1]

A.s. des mouvements d'opinion dans les territoires occupés pendant le mois d'Octobre 1920.

La marche des événements au cours de l'été a profondément déçu les réactionnaires et l'on pouvait lire, il y a un mois, dans un organe national du Palatinat: "De quelque côté que nous regardions la situation, il semble qu'elle empire de jour en jour, comme si la dernière étincelle d'un faible mais consolant espoir devait s'éteindre".

"Inquiétude dans la population"

Cet état d'esprit s'est répandu dans tous les milieux au cours du mois écoulé. Il a été favorisé dans les milieux bourgeois par la persistance de la crise industrielle, la baisse du mark et toutes les informations pessimistes sur la situation financière de l'Allemagne, répandues dans la presse et même à la tribune du Reichstag par le Ministre de Finances d'Empire[2]. Par ailleurs, la cherté croissante de la vie, les difficultés de ravitaillement en charbon et en vivre viennent préciser d'une façon redoutable aux yeux de la population entière, y compris la population ouvrière, les menaces de l'avenir.

Aussi se manifeste-t-il dans toutes les classes, une inquiétude de plus en plus grande. Il en résulte une désaffection croissante à l'égard de l'ordre des choses établi, dont on pressent la faillite, et un besoin confus de changement de régime. Cet état d'esprit ne profite que dans une mesure limitée dans les territoires occupés aux partisans de l'ancien régime, parce que la catastrophe qui a terminé la guerre est encore trop récente; mais il pousse l'opinion à chercher sa voie en dehors des routes suivies depuis l'armistice.

C'est ce qui explique le succès des communistes[3] par réaction contre la social-démocratie qui n'a pas justifié les espoirs mis en elle, et les progrès des fédéralistes par opposition aux mesures de centralisation auxquelles sont attribuées pour la plus grande part, les difficultés économiques actuelles.

"Les socialistes-indépendants"

L'issue du Congrès de Halle[4] a presque réduit à rien le parti indépendant. Les éléments les plus modérés, effrayés par le bolchevisme l'ont abandonné et la masse des extrémistes s'oriente sans réserve vers le communisme. Les chefs indépendants qui, avant le Congrès, ont fait tous leurs efforts pour conserver la place du parti entre le communisme et la social-démocratie, cherchent en vain, depuis la décision de Halle, à conserver son existence. A Hoechst, dans la plupart des centres ouvriers du Palatinat, à Kreuznach et à Cologne, ils ont été contraints à une retraite piteuse, se sont vus abandonnés par la presque totalité de leurs troupes, obligés souvent de renoncer à leurs mandats électifs et privés de la caisse du parti qu'ils avaient la prétention de garder, ils vont donc se trouver réduits, s'ils ne veulent pas végéter misérablement, à suivre le mouvement en rentrant dans le rang.

Mais si la gauche du parti ouvrier passe ainsi au communisme, ce n'est qu'en perdant la plupart de ses adhérents. La masse des ouvriers est de plus en plus lasse de l'agitation. Une grève de la succursale de la "Badische Anilin" à Oppau, qui intéressait 5000 ouvriers et qui avait été déclenchée par les extrémistes, s'est terminée par un triomphe complet du patronat. Dans la réunion où furent acceptées les rigoureuses conditions imposées par la direction, les appels au calme fait par les chefs ouvriers ont rencontré une approbation à peu près unanime.

Il faut donc se garder d'attribuer au mouvement en faveur du communisme une valeur exagérée. Le communisme fait certainement de gros progrès, mais il est très loin de représenter la tendance essentielle des milieux ouvriers.

"Le mouvement rhénan"

J'ai rendu compte à Votre Excellence des différentes manifestations de tendances hostiles à Berlin au fur et à mesure qu'elle se sont produites. La situation actuelle peut se résumer comme il suit:

- le régime actuel n'a plus de défenseurs avoués dans les pays rhénans, depuis la mise en discussion au Landtag de l'autonomie des provinces[5]. Tous les éléments à tendances franchement prussiennes, depuis la "Kölnische Zeitung" jusqu'aux partis Démocrates et Populaire, font une campagne active en faveur de ce projet[6]. Par contre, le Centre a pris position d'une manière extrêmement nette contre la Prusse[7] non seulement au cours de réunions officielles, mais aussi dans la presse et plus encore dans la petite presse que dans les organes des grands centres. Il estime que les concessions faites sont absolument insuffisantes et peuvent, tout au plus, servir de mesure transitoire jusqu'à un moment où, par un plébiscite, la Rhénanie pourra constituer en Etat autonome. Enfin, l'organe socialiste la "Rheinische Zeitung" qui, pendant la première quinzaine d'Octobre, faisait une vigoureuse campagne contre les fédéralistes et encourageait les ouvriers à répondre par la grève générale à toute tentative de formation d'une République Rhénane, a brusquement changé d'attitude. En même temps qu'Hermann Müller approuvait au Reichstag l'octroi de l'autonomie à la Silésie[8], ce journal déclarait qu'il fallait faire passer l'intérêt de l'Allemagne avant celui de la Prusse et ajoutait qu'il appartient à la social-démocratie de prendre la tête du mouvement en faveur d'un regroupement de l'Empire.

Il résulte, d'autre part, des renseignements recueillis dans les divers milieux, au cours du mois, que ce mouvement est en plein accord avec les aspirations intimes de la masse de la population. Que ce soit dans le clergé, dans les milieux paysans, dans la petite bourgeoisie ou même dans certains milieux ouvriers, le mouvement de haine contre la Prusse et ses méthodes d'administration, et le désir d'en finir avec la tutelle berlinoise, n'ont jamais été aussi forts. Cet état d'esprit est accentué au point que l'on a pu surprendre des conversations où l'annexion possible des pays rhénans par la France était envisagé sans aucune espèce d'hostilité.

"La propagnade anti-française"

Ceci est d'autant plus remarquable que la propagande anti-française a continué à se développer, avec la même vigueur que précédemment. On trouve dans la presse rhénane un écho de toutes les campagnes menées contre la France: destruction des moteurs Diesel - livraison du charbon - livraison des vaches laitières - ... etc.[9] La lutte contre notre influence intellectuelle se poursuit par des tournées théâtrales, des concerts. Les partis réactionnaires, le Heimatdienst, les fonctionnaires portent leur effort sur l'éducation militaire et patriotique de la jeunesse.

Tous ces efforts ne paraissent pas avoir actuellement un résultat en proportion avec les dépenses qu'ils occasionnent. Bien au contraire, les rapports des troupes et de la population sont absolument normaux. Le jour des morts a été l'occasion de manifestations tendant, sinon à un rapprochement, tout au moins à l'apaisement. Dans plusieurs localités, des couronnes ont été déposées soit par des sociétés de vétérans, soit par les municipalités sur les tombes des soldats français. D'autre part, les Allemands ont apprécié les honneurs qui ont été rendus par le Haut-Commissaire et par nos troupes à leurs morts: "Les troupes d'occupation se sont ainsi honorées elles-mêmes, écrivait un journal du Palatinat"[.]

En résumé, la campagne pour l'autonomie a tenu, le mois dernier, la première place dans les préoccupations rhénanes.[11]

Le mouvement communiste a pris une certaine ampleur mais la très grande masse des ouvriers fait preuve de calme et désire travailler.

En dépit de la campagne pangermaniste, les rapports des troupes et de la population sont excellents.

La politique qui consiste à étaler la misère de l'Allemagne a eu, pour ceux qui la mènent, les répercussions les plus fâcheuses dans les territoires occupés.

---

1 AN, AJ 9 3660. Maschinenschriftliche Kopie, ohne Ortsangabe und ohne Unterschrift.
2 Josef K. Wirth. Zu dessen Rede vor dem Reichstag am 27.10.1920 s. oben Dok. 451.
3 Vgl. oben Dok. 384.
4 Vgl. oben Dok. 440 und Dok. 441.
5 Vgl. unter anderem oben Dok. 11 bzw. Dok. 405.
6 Vgl. dazu auch Tirards Bericht N° 7959 vom 20.11.1920 über einen Artikel der "Kölnischen Volkszeitung" vom 7.11.1920 mit dem Titel "Preußen und die Rheinlande". Der offen Preußen-feindliche Tenor des Artikels, so Tirard, widerspreche der bislang von Adenauer und Lauscher - als deren Organ die KVZ galt - vertretenen Linie, AN, AJ 9 3776.
7 Vgl. oben Dok. 405.
8 Hermann Müller hatte zum Abschluß der Haushaltsdebatte am 2.11.1920 im Reichstag gesprochen, s. Schultheß' Europäischer Geschichtskalender 36 (1920) S. 289. Zum Autonomiegesetz für Oberschlesien s. oben Dok. 481.
9 Zu diesen Schlagworten vgl. die Erläuterungen oben Dok. 456.
10 Zur Agitation des "Heimatdienstes" im Rheinland s. den Bericht von Robertson vom 13.12.1920, DBFP 1/X, No. 224 S. 317ff.
11 Vgl. oben Dok. 439.

487

M. Laurent, Ambassadeur de France à Berlin, à
M. Leygues, Président du Conseil, Ministre des Affaires Etrangères.

T. n° 2148. [En Clair.]   Berlin, le 21 novembre 1920, 15 h 30.
(Reçu: <?>.)[1]

Tous les journaux ont publié hier soir le communiqué semi-officiel suivant:

"Le Conseil de la Société des Nations a pris, il y a quelque temps, des décisions relatives aux anciennes colonies allemandes, qui ont motivé une intervention du Gouvernement allemand. Dans ses décisions le Conseil a adopté le point de vue que le partage des mandats coloniaux, et la fixation des conditions dans lesquelles s'exerceraient ces mandats, étaient du ressort des puissances alliées et que la Société des Nations gardait seulement en cette matière des attributions de pure forme. Il est évident qu'une pareille conception enlève toute réalité au système des mandats et aboutit en fait à une annexion des colonies par les vainqueurs. Le Gouvernement allemand a signalé cette violation du Traité de Versailles dans une note détaillée qui a été transmise au Secrétaire Général de la Société des Nations[2] avec prière de la soumetttre à l'Assemblée Générale siégeant actuellement à Genève. Il est rappelé dans cette note que le partage des mandats et la fixation des conditions dans lesquelles ceux-ci doivent être exercés, sont du ressort de la Société des Nations, seule responsable de l'observation du Traité en ce qui concerne l'administration des territoires coloniaux. En même temps la note demande très nettement que l'Allemagne soit désignée comme mandataire au moment du partage définitif des mandats.[3]

---

1   Télégrammes, Arrivée de Berlin, 1920, 11. Zeitpunkt des Eingangs in Paris nicht ermittelt.
2   Sir James Eric Drummond.
3   Zur Entstehungsgeschichte der Note und den Motiven der Reichsregierung - die Hoffnung auf Rückgabe einer Kolonie - s. die Aufzeichnung von Haniels vom 13.11.1920, ADAP A IV, Dok. 45 S. 89f.

488
M. Laurent, Ambassadeur de France à Berlin, à
M. Leygues, Président du Conseil, Ministre des Affaires Etrangères.

T. n° 2149. Déchiffrement.   Berlin, le 21 novembre 1920, 20 h 10.
                                      (Reçu: 21 h 30.)[1]

Suite à mon télég. 2148[2].
Le communiqué mérite, à un double titre, de retenir l'attention. D'une part il répond à une campagne très active des coloniaux. Ceux-ci comptent des représentants dans tous les partis de gouvernement, notamment dans le parti démocrate où l'ancien ministre M. Dernburg est leur porte-parole. Ainsi que le supposait mon télég. N° 2123[3], le docteur Simons faisait certainement allusion aux revendications coloniales lorsqu'il demandait à Düsseldorf que l'Allemagne puisse développer librement son activité économique dans le monde. (D'autre part) l'Allemagne en appelle d'une décision prise par le conseil de la Société des Nations à l'assemblée plénière (de la) Société. Nous devons nous attendre à voir

cette manœuvre se répéter à propos de toutes les questions qui ont été (réglées) (par le) conseil contre les prétentions allemandes.

---

1 Télégrammes, Arrivée de Berlin, 1920, 11.
2 Vgl. oben Dok. 487.
3 Vgl. oben Dok. 475 Anm. 3.

489
*M. Laurent, Ambassadeur de France à Berlin, à
M. Leygues, Président du Conseil, Ministre des Affaires Etrangères.*

T. n° 2152-2154. Déchiffrement.   Berlin, le 22 novembre 1920,
                                                                        20 h 45, 23 h 35.
                                       (Reçu: 23 h 50, 23 h 25, le 23, 1 h 50.)[1]

J'ai effectué aujourd'hui auprès du Ministre des Affaires étrangères[2] la démarche prescrite par vos télégr. 99 et 100 RX[3].

Le docteur Simons m'a paru plus embarrassé que surpris de mes questions. Il m'a répondu que le Ministre des Finances[4] avait, de sa propre initiative, affecté les primes et avances versées par les Alliés au paiement des soldes (récemment) dû à l'office de compensation anglais fonctionnant en vertu de l'article 296 du traité[5]. La trésorerie allemande, qui avait laissé en dépôt dans des banques étrangères les sommes reçues des Alliés et s'y était aussi ménagée des devises, avait été amenée à puiser dans cette réserve pour satisfaire aux exigences anglaises.

J'ai répondu qu'en agissant ainsi, le Gouvernement allemand avait manqué à ses engagements envers toutes les puissances co-signataires du protocole du 16 Juillet et représentées à la commission des réparations. Je n'ai laissé au ministre aucun doute sur l'impression que ce véritable détournement de fonds produirait en France, et sur la dépréciation générale qu'il ferait subir par le monde à la parole de l'Allemagne.

Le docteur Simons m'a dit qu'à ces considérations extérieures, dont il reconnaissait toute la gravité, s'ajoutaient des considérations de politique intérieure, car les organisations ouvrières ne manqueraient pas de se plaindre que les sommes destinées au ravitaillement des travailleurs aient reçu une autre affectation. Comme il me demandait un délai pour consulter son collègue des Finances afin de m'indiquer l'emploi détaillé des avances et peines, je lui ai donné rendez-vous pour demain après-midi.

Le Directeur de l'office français de compensation[6] juge très vraisemblable l'explication qui m'a été donnée par le ministre des Affaires Etrangères. L'office anglais, au lieu de (procéder) (comme le) nôtre avec ménagement, a présenté ses créances par gros paquets. Le gouvernement allemand avait à régler en août un solde de cinq millions de livres sterling et en octobre un solde de quatre millions. M. Lebat a reçu la confidence des difficultés que le Ministre des finances éprouvait à s'acquitter de ces payements.

On peut supposer que les ventes de francs opérées par le gouvernement allemand pour acheter des devises anglaises ne sont pas étrangères à la baisse récente de notre change.[7]

---

1 Télégrammes, Arrivée de Berlin, 1920,11.
2 Walter Simons. Leygues hatte Laurent aufgefordert, von Berlin die Einhaltung des am 16.7.1920 in Spa unterzeichneten Zahlungsabkommens zu verlangen. Mit Rücksicht auf die schwierige finanzielle Lage des Reiches hatte die Reichsregierung Ende Oktober die britische und französische Regierung ersucht, zunächst nicht weiter auf der monatlichen Abdeckung der Debitsalden im Ausgleichsverfahren zu bestehen. Beide Regierungen hatten das Ersuchen abgelehnt, wobei London allerdings mündlich zu verstehen gab, daß man Berlin nicht entgegenkommen könne, weil Paris sich dagegen ausgesprochen habe und man bei dem gegenwärtigen Stand der Verhandlungen mit Frankreich ein einseitiges Vorgehen in dieser Frage scheue. Daraufhin hatte das Reich die Debitsalden für den Monat Oktober in bar gezahlt. Zur Gesamtproblematik s. Protokoll der Kabinettssitzung vom 8.12.1920, AdR, Kabinett Fehrenbach, Dok. 131 P. 5, S. 341, hier vor allem Anm. 13 bzw. den Text der deutschen Protestnote an die britische Regierung vom 19.11.1920, DBFP 1/X, No. 236 S. 333ff.
3 Nicht abgedruckt.
4 Josef K. Wirth. Zwei Tage später übergab Simons Laurent eine schriftliche Stellungnahme Wirths zu dieser Frage, die von Laurent mit D. n° 703 am 24.11.1920 nach Paris übermittelt wurde, s. A-Paix (1914-1920) 352, fol. 163-165, vgl. auch unten Dok. 497.
5 Art. 296 des Vertrages von Versailles bestimmte die Einrichtung von alliierten Prüfungs- und Ausgleichsämtern, die die Zahlungsverpflichtungen des Reiches im einzelnen regeln sollten.
6 Name nicht ermittelt.
7 Zu den Spekulationen um die Ursachen der plötzlichen Wechselkursschwankungen und der Schwäche des Franc s. Laurents T. n° 2147 vom 20.11.1920, Allemagne 441, fol. 93.

490
M. Laurent, Ambassadeur de France à Berlin, à
M. Leygues, Président du Conseil, Ministre des Affaires Etrangères.

D. n° 701.   Berlin, le 22 novembre 1920.[1]

La socialisation des mines.

La question de la socialisation des mines[2] devient de plus en plus confuse, et le Gouvernement ne fait rien pour l'éclaircir; la solution qui devra lui être donnée a pourtant un caractère essentiellement politique. Préparée par des techniciens dans le sein de commissions spéciales, la socialisation ne pourra finalement être adoptée que par le Reichstag après un débat politique dans lequel le Gouvernement devra bon gré mal gré prendre position.

En réalité, sauf les socialistes et quelques démocrates, personne ne veut de la réforme. Mis en demeure de remplir une promesse inscrite dans la loi sur la socialisation du 23 Mars 1919 et dans la Constitution du Reich[3], le Gouvernement recule devant l'adoption de mesures radicales susceptibles de bouleverser l'économie publique allemande dans une période particulièrement critique; soutenu par les Conservateurs et notamment par les grands industriels, attaqué par les socialistes et les ouvriers, il voudrait à la fois ne pas s'aliéner le parti populiste représenté dans le Cabinet par trois Ministres, et conserver la neutralité bienveillante des socialistes majoritaires, dont il a besoin pour se maintenir au pouvoir.

Au lieu de faire connaître son point de vue dans un projet de loi, ainsi qu'il l'avait annoncé après le dépôt du rapport de la Commission de socialisation, <dont mes dépêches N° 579 du 19 septembre et 620 du 9 octobre ont exposé les travaux à Votre Excellence,>[4] il cherche encore à gagner du temps et laisse se prolonger les débats de plus en plus confus des diverses commissions et sous-commissions.

Une sous-commission de 7 membres, dite "Commission d'Entente", et composée de patrons et d'ouvriers, a élaboré un vaste projet, inspiré par Stinnes, Vögler et Silverberg, et auquel s'est rallié l'ouvrier mineur Wagner. Ce projet consiste, suivant l'expression de Rathenau, dans le groupement "vertical" des industries de l'extraction du charbon, du fer, des produits ouvrés.

Le problème consiste à fournir aux industries qui commencent et à celles qui terminent l'élaboration de la matière première les combustibles voulus à des prix convenables. Pour donner à ces industries la faculté d'exercer une action immédiate sur l'extraction du charbon, il faut former de grandes "Communautés d'industries" entre les exploitations de mines d'une part, et les industries de transformation d'autre part. Les ouvriers et employés devront être représentés dans les Conseils d'administration des entreprises, et participer aux bénéfices, grâce à l'attribution de petites actions de 100 marks.

Cette construction de grand style conçue par les entrepreneurs a été vivement discutée dans la presse et dans une "Commission d'entente" élargie, comprenant 14 membres, parmi lesquels Rathenau et Georg Bernhard. Ce dernier fait observer que si l'on exécute les plans Stinnes et Vögler toute l'industrie allemande subira bientôt la loi de quelques trusts industriels; ceux-ci monopoliseront pour eux seuls les avantages du nouveau système. D'autre part l'admission dans ces trusts dépendra en fait du bon vouloir de quelques grands chefs d'industries.

Rathenau estime également que le groupement vertical ne tient pas assez compte de la variété de l'industrie allemande. Il aboutirait à la création d'une douzaine ou d'une vingtaine de "Duchés industriels"; il ne faut pas toujours penser au charbon, au fer, à l'acier, mais aussi à l'industrie textile, à l'industrie chimique, aux autres industries moins étendues.

Bien accueilli en général par la presse et les milieux de droite, et aussi par le Gouvernement, si l'on en juge d'après les déclarations faites récemment à Magdebourg par M. von Raumer, Ministre du Trésor, le projet Stinnes-Vögler-Silverberg rencontre la plus vive opposition de la part des socialistes. Le député ouvrier social-démocrate Hué blâme sévèrement l'attitude du représentant mineur Wagner, qui a signé le projet Stinnes; selon lui la participation aux bénéfices proposée par Stinnes n'est qu'une falsification grossière de l'idée socialiste: l'aumône jetée aux travailleurs sous forme de petites actions à 100 marks constitue une véritable duperie.

La Freiheit trouve inouï qu'on veuille faire passer pour de la socialisation la création d'immenses monopoles capitalistes; si l'organisation proposée par Stinnes représente un grand progrès technique, le capital n'a pas le droit de prétendre en accaparer les profits.

Le Vorwärts voit dans le projet Stinnes un prolongement du processus de concentration auquel, suivant la prédiction de Marx, l'industrie capitaliste est fatalement soumise; sans doute les trusts permettent de réaliser des économies, mais ces avantages coïncident avec un accroissement intolérable de la puissance du capitalisme privé.

Le 18 Novembre, ce journal a inséré la lettre ouverte suivante, adressée au Chancelier[5] par le Bureau Central du Syndicat des mineurs allemands:

"Le projet mis en avant par M.M. Stinnes, Silverberg et Vögler, est visiblement dicté par l'intention de faire échec à la véritable socialisation. La proposition relative à l'émission de petites actions ne peut être considérée par les masses ouvrières que comme une dérision. Cette façon de saboter les revendications des mineurs soulève des protestations multiples. Les Syndicats de mineurs se sont tous déclarés pour la socialisation; le Congrès international de Genève[6] a dit qu'elle serait obtenue au besoin par la grève générale. Nous nous adressons à vous, M. le Chancelier, pour vous demander des explications franches sur la position prise par le Ministère du Reich à l'égard de la socialisation des mines. Les mineurs veulent savoir ce qu'ils ont à attendre du Gouvernement du Reich; plus l'incertitude se prolongera, plus les conséquences en seront pénibles."

Enfin, le 20 Novembre, le social-démocrate Löffler, au nom de son parti, a fait au Reichstag une critique véhémente du projet Stinnes-Vögler-Silverberg, et a sommé le Gouvernement de tenir sa promesse relative au prochain dépôt d'un projet de loi sur la socialisation.

Le Ministre de l'Economie Nationale, M. Scholz, a répondu que le Gouvernement tiendrait sa promesse "avec toute la prudence que commande un pareil projet", et seulement quand les discussions des experts membres du Conseil Economique et du Conseil des Charbons seraient terminées. "Il serait imprudent, a conclu le Ministre, de forcer le Gouvernement à exposer les grandes lignes du futur projet de loi tant que les experts continuent leurs efforts en vue d'une solution moyenne satisfaisante."

Les déclarations de M. Scholz ont le mérite de refléter très exactement l'embarras du Gouvernement et son désir de gagner du temps; par contre elles ne sont guère propres à calmer les inquiétudes des socialistes. Ceux-ci redoutent non sans raison que le projet de loi du Gouvernement ne s'inspire des propositions Stinnes-Vögler; dans ce cas ils se montreront sans doute eux-mêmes intransigeants et seront unanimes à réclamer l'adoption du projet N° 1 de la Commisison de Socialisation, qui prévoit la socialisation intégrale et immédiate.

---

1 Allemagne 547, fol. 56r-58v.
2 Vgl. oben Dok. 322, Dok. 410, Dok. 435 und Dok. 437.
3 Zur Geschichte des Gesetzes und dessen Hintergründen s. die Erläuterungen in AdR, Kabinett Scheidemann, Dok. 17 Anm. 9, S. 68f.
4 Der in spitze Klammern gesetzte Text wurde später gestrichen, zu den beiden genannten Depeschen s. oben Dok. 410 und Dok. 437.
5 Zum Text des Briefes an Reichskanzler Fehrenbach vom 12.11.1920 s. AdR, Kabinett Fehrenbach, Dok. 111 S. 281ff.
6 Vom 2. bis 6.8.1920 hatte in Genf der internationale Bergarbeiterkongreß getagt. Am 3.8.1920 hatten die Delegierten eine Resolution verabschiedet, die alle Länder zur Nationalisierung oder Sozialisierung des Bergbaus aufforderte. Zum Text der Resolution s. ebenda, Dok. 111 Anm. 7, S. 283.

491
M. Tirard, Haut-Commissaire de la République Française dans les Provinces du Rhin, à M. Leygues, Président du Conseil, Ministre des Affaires Etrangères.

T. n° 16.852 A.T.R.C/2.   Coblence, le 22 Novembre 1920.[1]

Télégramme chiffré N° 195.

Je me réfère à ma lettre concernant le discours prononcé par le Dr. Simons à Cologne[2]. Déjà, j'ai entretenu Votre Excellence des déclarations faites par le Dr. Simons à Aix-la-Chapelle[3], et dans lesquelles on retrouvait les allégations que le Dr. Koch portait lui-même à la tribune du

Reichstag[4] et en même temps que lui le Chancelier Fehrenbach et le Dr. Simons à Cologne[5]; de même j'ai attiré votre attention sur les réclamations articulées contre la cession d'Eupen et Malmédy et qui figurent dans ce dernier discours. Ce matin j'ai communiqué mon dernier point de vue à la Haute-Commission ainsi que les décisions que je compte prendre au cas où pareille manifestation se produirait dans la zone française.[6]

Il est inadmissible que des Ministres d'Empire viennent dans les territoires Occupés par nos troupes, à l'abri de notre drapeau et de nos forces, tenir des réunions politiques au cours desquelles les autorités alliées sont malmenées et les clauses du Traité de Paix déclarées inacceptables et cela devant des populations qui sont tenues de les observer. A Aix-la-Chapelle où se trouve le quartier général de l'Armée belge des déclarations relatives à Eupen et Malmédy devaient attirer particulièrement l'attention de mon Collègue de Belgique[7], en ce qui me concerne je considère que les Ministres allemands doivent observer dans les territoires occupés les ordonnances promulguées par la Haute-Commission qui ont force de loi et qui interdisent toute atteinte au respect dû aux troupes d'occupation et à la dignité des Gouvernements alliés et qui, d'autre part, interdisent toute réunion politique qui n'aurait pas été préalablement déclarée auprès des autorités alliées. J'ai donné l'ordre aux autorités françaises, étant donné que les Ministres allemands n'étaient couverts par aucune immunité diplomatique de prendre à l'égard des contrevenants, quels qu'ils soient, toute mesure et sanction judiciaire prévues par les Ordonnances. Pour éviter des incidents regrettables, je compte aviser de tout ceci le Commissaire d'Empire[8].

Mon Collègue de Belgique, après avoir fait observer que le Ministre avait surtout recherché les sujets propres à intéresser leur auditoire, a déclaré qu'il avait déjà saisi son Gouvernement aux fins de représentation par voie diplomatique.

De même les Délégués britanniques[9] et américain[10] comptent saisir leur Gouvernement et leur Ambassade à Berlin en vue d'une protestation commune et d'une démarche identique de toutes les Ambassades alliées auprès du Gouvernement allemand.[11]

---

1   AN, AJ 9 3894, eine Kopie dieses Telegramms ging an Botschafter Laurent.
2   Vgl. oben Dok. 485.
3   Nicht abgedruckt. Zur Rede von Simons in Aachen s. oben Dok. 482.
4   Vgl. oben Dok. 466.
5   Vgl. oben Dok. 475 und Dok. 476.
6   Zur Haltung der HCITR s. Ryan an Curzon vom 28.11.1920, DBFP 1/X, No. 241 S. 338f.
7   Edouard Baron Rolin-Jaequemyns.
8   Karl von Starck.
9   Malcolm Arnold Robertson.
10   Henry Tureman Allen.
11   Zum Fortgang s. unten Dok. 502, Dok. 511 und Dok. 525.

492
*M. Laurent, Ambassadeur de France à Berlin, à
M. Leygues, Président du Conseil, Ministre des Affaires Etrangères.*

D. n° 704.   Berlin, le 24 novembre 1920.[1]

Congrès des Syndicats chrétiens à Essen.

Le 10e Congrès des Syndicats chrétiens vient de terminer ses travaux à Essen.

Ouvert il y a quelques jours[2] par une allocution du Ministre d'Empire du Travail, Brauns, en présence de représentants des Ministères d'Empire, du Bureau International du Travail à Genève et de la Ligue internationale des Syndicats, le Congrès a d'abord entendu un rapport du Secrétaire de la Commission centrale sur la situation matérielle des syndicats chrétiens[3]: le nombre des adhérents est passé de 350.900 en 1912 à 1.950.000.

Plusieurs discours ont ensuite été prononcés. Un des plus importants fut celui de M. Stegerwald, Ministre prussien de l'Economie Publique, qui avait été élu président du Congrès. Après avoir affirmé que la modification du Traité de Versailles était une nécessité primordiale pour permettre non seulement le relèvement de la production allemande, mais celui de la production mondiale, M. Stegerwald a abordé les problèmes de politique intérieur. Il s'est déclaré opposé au morcellement de la Prusse, qui, d'après lui, entraînerait de sérieux dangers pour l'unité de l'Empire; dans les questions financières, il a recommandé l'économie la plus sévère; enfin il a fait le procès de la social-démocratie, qui s'est révélée impuissante à réaliser les aspirations des travailleurs. "Il ne faut pas séparer, a-t-il dit, l'idée chrétienne de l'idée patriotique. Allemands, chrétiens, démocrates, tels sont nos mots d'ordre. Un fort parti populaire chrétien national qui réunira aussi bien les catholiques que les protestants est une nécessité de l'heure. La Ligue allemande des Syndicats, qui comprend tous les travailleurs, fonctionnaires et employés chrétiens nationaux est le centre autour duquel doivent se rallier les partisans de ce programme."

Sur la proposition de Stegerwald, le Congrès a voté à l'unanimité les motions suivantes:

1° Révision fondamentale de la paix de Versailles.

2° Protestation contre l'occupation prolongée de grands territoires allemands.

3° Protestation contre les exigences des Alliés relative à la livraison de 810.000 vaches laitières.[4]

4° Vœu en faveur de la création d'un Comité parlementaire, d'un journal représentant les idées chrétiennes-nationales, et d'une banque populaire.

Programme qui révèle une fois de plus l'état d'esprit dominant en Allemagne à l'égard du Traité de Paix et des Puissances alliées.

Enfin, le Président du Landtag bavarois, Königbauer, a lu une déclaration relative aux "prétendues tendances séparatistes de la Bavière". Le chef du Gouvernement bavarois[5], a-t-il dit, a eu l'occasion de se prononcer à plusieurs reprises en faveur de l'Unité du Reich. En ma double qualité de vieux syndicaliste chrétien et de Président du Landtag, je déclare qu'aucun ouvrier bavarois ni aucun membre du Parlement ne consentirait à ce qu'il fût porté atteinte à cette unité; le devoir et l'intérêt bien entendu de la Bavière se confondent en cette matière. Par contre il est indispensable d'assurer aux différents pays une liberté de mouvement suffisante pour qu'ils tirent le meilleur profit possible de leurs institutions et de leurs richesses particulières."

Le Congrès d'Essen a provoqué, comme il était naturel, des commentaires favorables dans les journaux de droite. La Gazette de la Croix notamment se félicite de l'évolution antisocialiste des syndicats chrétiens et elle espère que le parti du centre, qui, sous l'impulsion d'Erzberger, marchait de plus en plus dans la voie de la social-démocratie, suivra l'exemple des syndicats-chrétiens.

---

1 Allemagne 316, fol. 131r-132v.
2 Der Kongreß tagte vom 20. bis 23.11.1920, s. Niederschrift der Verhandlungen des 10. Kongresses der Christlichen Gewerkschaften Deutschlands, abgehalten vom 20.-23. November 1920 in Essen, Köln 1920.
3 Name nicht ermittelt.
4 Vgl. oben Dok. 456 Anm. 3.
5 Gustav von Kahr.

493
M. Laurent, Ambassadeur de France à Berlin, à
M. Leygues, Président du Conseil, Ministre des Affaires Etrangères.

D. n° 706. Berlin, le 24 novembre 1920.[1]

Copie.

Impression produite à la Wilhelmstrasse et au Reichstag
par les discours rhénans du Dr. Simons.

J'ai déjà signalé à Votre Exc., qu'à l'exception des feuilles pangermanistes la presse de Berlin s'était abstenue d'approuver, et même de commenter les discours prononcés par le Chancelier[2] et le Ministre des Affaires Etrangères[3] à Düsseldorf, Cologne et Aix-la-Chapelle[4]. Très docile aux inspirations gouvernementales, elle a certainement obéi, en gardant ce silence prudent, aux recommandations de la Wilhelmstrasse, justement inquiète du retentissement que les harangues ministérielles pourraient avoir à l'étranger.

Ces préoccupations se traduisaient dans le langage que le Secrétaire d'Etat aux Affaires Etrangères[5], sans attendre le retour de son chef, tenait à un de mes informateurs. "Le Docteur Simons, a dit M. von Haniel, est allé dans les provinces rhénanes pour témoigner aux populations l'intérêt passionné que leur porte le Gouvernement du Reich et le souci qu'il éprouve d'alléger leurs misères matérielles et morales. Les déclarations qu'il a faites avaient cet unique objet et ne prétendaient pas être un exposé de la situation extérieure à l'usage de l'étranger. L'étranger en soulignera fatalement le côté négatif. Mais je suis persuadé que le Dr. Simons montrera bientôt que le cabinet est prêt à passer à des suggestions positives."

A parler clairement, cela veut dire que le Gouvernement, après avoir protesté devant l'opinion allemande contre les clauses du Traité concernant l'occupation des territoires rhénans, présentera, soit aux Puissances Alliées, soit à la Société des Nations, une demande en révision de ces stipulations. Au malentendu succédera le conflit déclaré. La situation n'en sera pas nécessairement améliorée. M. von Haniel, qui a plus d'école que de jugement, paraît avoir été lui-même dupe de la formule qui considère l'art de dissiper les malentendus comme le fin mot de la diplomatie.

"Depuis quelque temps, a continué le Secrétaire d'Etat, j'ai tenté à diverses reprises d'atténuer l'impression produite sur lui par certaines informations relatives au prétendu plan d'opérations français contre la Ruhr. J'ai tenté de lui dire qu'il était naturel que l'Etat-Major français se tint prêt à toutes les éventualités, même les plus invraisemblables, qu'il ne fallait pas exagérer l'importance des préparatifs militaires qu'on lui signalait. Mais le nombre de renseignements qui lui est parvenu sur l'activité déployée par les troupes techniques des pays occupés, sur les mesures de ravitaillement, etc. ont visiblement effrayé le Ministre. Il se demande si les milieux français partisans de l'occupation ne sont pas d'ores et déjà assez puissantes pour imposer leurs vues. Il suffirait, dit le Dr. Simons, que le niveau des eaux du Rhin entrave les transports, que les fournitures de charbon subissent un retard pour qu'une partie imposante de l'opinion française exige l'occupation de la Ruhr. Tout ce que j'ai pu dire au Ministre n'a pas suffi pour bannir ses craintes et c'est sous l'empire d'une vive anxiété qu'il a prononcé ses discours."

Quelle que soit la valeur de leurs essais de justifications, M. von Haniel et ses collaborateurs ont eu au moins le mérite de comprendre la maladresse du langage tenu par le Ministère des Affaires Etrangères. Par contre leurs clairvoyance n'est partagée, au Reichstag, que par une infime minorité. Les débats du 6 Novembre[6], les discours du centriste Bell et du démocrate Korell, la réponse du Ministre de l'Intérieur Koch ne peuvent laisser aucun doute sur les sentiments violemment hostiles qui animent l'Assemblée à l'égard du régime actuel de l'occupation. Presque tous les députés ont loué le Dr. Simons d'avoir exprimé avec énergie leurs propres convictions. Un certain nombre ont formulé des réserves sur le langage tenu par le Chancelier. Le député socialiste de Cologne, Sollmann a déclaré que ses collègues rhénans et lui désapprouvaient hautement les maladroites provocations que M. Fehrenbach s'était permis à l'adresse de la Haute-Commission Interalliée. Mais ceux-là mêmes ont pris texte des violences du Chancelier pour louer la modération du Ministre des Affaires Etrangères.

Il faut aller jusque sur les bancs des socialistes indépendants de droite pour entendre critiquer l'imprudence et la légèreté dont le Docteur Simons a fait preuve. Breitscheid reproche justement au Ministre d'avoir, sur la question du charbon, sur celle des réquisitions et sur plusieurs autres, fait usage d'informations insuffisamment contrôlées, d'avoir maladroitement posé des conditions à l'entente sans lui avoir fait aucune proposition ferme de réparations, enfin, d'avoir, par le thème et le ton de ses discours, "jeté de l'huile sur le feu". Tout en faisant la part qui revient à la nervosité du Ministre, Breitscheid ne croit pas qu'il ait obéi simplement aux impulsions de son tempérament instable. Il le soupçonne de préparer une nouvelle évolution politique et de renoncer définitivement aux bonnes grâces des socialistes pour lier partie avec les monarchistes.

Sans être aussi catégorique, on peut affirmer que le Docteur Simons a voulu, par ses derniers discours, donner des gages aux nationalistes. Véritable chef d'un Gouvernement qu'il a dominé de sa personnalité, il cède chaque jour davantage à la tentation dangereuse de chercher dans sa politique extérieure des arguments et des armes pour mener sa politique intérieure. Comme l'expérience des Assemblées et l'habitude de la parole lui font également défaut, il atteint rarement à l'harmonieux équilibre des hommes d'Etat d'Occident, dont il prétend suivre l'exemple. Et il ne surmonte les échecs parlementaires tels que le Reichstag lui en a ménagés au lendemain de Spa[7], que pour remporter des succès de réunions publiques dont son pays et lui même risquent d'expier quelque jour le mauvais aloi.

---

1   AN, AJ 9, 3925. Maschinenschriftliche Kopie, ohne Unterschrift.
2   Konstantin Fehrenbach.
3   Walter Simons.
4   Vgl. oben Dok. 476 Anm. 4 bzw. Dok. 475, Dok. 482, Dok. 483, Dok. 485 sowie Dok. 491.
5   Edgar Karl Alfons Haniel von Haimhausen.
6   Vgl. oben Dok. 466.

7   Vgl. oben Dok. 331.

494
M. Laurent, Ambassadeur de France à Berlin, à
M. Leygues, Président du Conseil, Ministre des Affaires Etrangères.

D. n° 708.   Berlin, le 24 novembre 1920.[1]

Transmission d'un rapport
sur le mouvement syndicaliste révolutionnaire.

Notre service d'études sociales m'a remis un rapport sur la scission qui s'est produite dans les syndicats à la suite du Congrès de Halle.

J'ai l'honneur d'adresser ci-joint cette étude à Votre Excellence.

Annexe:

Ambassade de France de Berlin,
Service d'Etudes Sociales.

Berlin, le 22 novembre 1920

Les Suites du Congrès de Halle
La Scission dans les Syndicats Socialistes-Indépendants

Le nouveau mouvement syndicaliste révolutionnaire:
La réunion prochaine d'un Congrès

La désorganisation des éléments de gauche de la classe ouvrière continue à faire des progrès.

Après avoir brisé au Congrès de Halle l'unité du parti socialiste indépendant[2], les Communistes et Néo-communistes (indépendants de gauche) s'attaquent aux syndicats. Ils s'en prennent non seulement à la ligue Générale des Syndicats, à son Président Legien et aux fonctionnaires socialistes majoritaires qui la dirigent, mais aux syndicats et aux groupements syndicalistes où domine l'influence des socialistes indépendants de droite: la Commission Berlinoise des Syndicats (Président Sabath), la Ligue des Employés (A.F.A. Président Aufhäuser), le Syndicat des Métallurgistes, le plus important d'Allemagne (Président Dißmann).

Le mouvement révolutionnaire hostile aux syndicats majoritaires et aux syndicats indépendants a son origine dans la Commission Centrale des Conseils d'exploitation Berlinois (Betriebsrätezentrale: Münzstrasse). Cette Commission Centrale des Conseils d'exploitation est dirigée par d'anciens syndicalistes indépendants de gauche passés au communisme, Richard Müller, Wegmann; Däumig y exerce une grande influence. Elle est la transformation du Comité exécutif des Conseils ouvriers (Vollzugsrat), qui n'a été fondé au moment de la révolution, en Octobre 1918, et qui, malgré les attaques dont il a été l'objet de la part des gouvernements successifs, a réussi à prolonger son existence en s'appuyant sur les éléments radicaux de la classe ouvrière. Après le vote de la loi sur les Conseils d'exploitation, au mois de Février 1920[3], le Vollzugsrat a compris qu'il devait s'adapter à la situation nouvelle. Il a essayé alors de grouper sous sa direction, en une association indépendante des Syndicats, les Conseils d'exploitation berlinois. C'est à ce moment qu'il est devenu la Commission Centrale des Conseils d'exploitation dont le but nettement avoué était de briser la discipline syndicaliste et de créer à l'intérieur des syndicats des "cellules révolutionnaires".

Les conflits entre la Commission Centrale des Conseils d'exploitation dirigée par les socialistes indépendants de gauche et la Commission berlinoise des Syndicats, dirigée par les socialistes indépendants de droite, ont éclaté bien avant que l'unité du parti Socialiste Indépendant ne fût détruite. Dès le mois de Mai 1920, la discussion s'est engagée sur la question des rapports entre les syndicats et les Conseils d'exploitation nouvellement créés: les socialistes indépendants de droite d'accord en cela avec les socialistes majoritaires et la Ligue Générale des Syndicats, voulaient faire rentrer les Conseils d'exploitation dans le cadre élargi de l'organisation syndicaliste, les Indépendants de gauche, Däumig à leur tête, cherchaient au contraire à défendre l'autonomie des Conseils d'exploitation qui représentaient pour eux la base d'un régime ouvrier, établi sur le modèle des Soviets.

La discussion s'est prolongée tout l'été sans résultat.

Au mois d'Octobre, le 1er Congrès des Conseils d'exploitation qui s'est réuni à Berlin, a donné une forte majorité aux éléments modérés, partisans de soumettre les Conseils à la discipline syndicalistes.[4] Hilferding, Aufhäuser, Dissmann et les représentants de la Commission berlinoise des syndicats, au nom des Socialistes Indépendants de droite, Graßmann au nom des syndicalistes socialistes majoritaires, avaient défendu avec une égale conviction cette doctrine.

Le Congrès de Halle a marqué non seulement la fin de l'unité politique du parti socialiste indépendant, mais aussi la fin de l'unité syndicaliste si péniblement maintenue depuis le mois de Mai 1920.

Le 15 Novembre, la Commission berlinoise des syndicats a voté une motion qui, respectant les décisions prises par le Congrès des Conseils d'exploitation, invitait les organisations syndicalistes à étudier, et à définir leurs rapports avec les Conseils d'exploitation. C'était rompre du même coup avec la Commission Centrale des Conseils d'exploitation qui refusait, plus énergiquement que jamais, d'accepter la discipline des syndicats.

La Commission Centrale des Conseils d'exploitation, rangée désormais sous la bannière du parti communiste, a entrepris alors une propagande énergique en faveur de la création de Syndicats révolutionnaires affiliés à la 3e Internationale. Elle ne veut plus se borner à faire des Conseils d'exploitation les "cellules révolutionnaires" de la Société future; elle cherche à les organiser et à les grouper en associations politiques, autant et plus encore que professionnelles, qui aideront le prolétariat à conquérir le pouvoir. C'est la formule des bolchevistes pour lesquels les syndicats ne sont pas autre chose qu'un instrument mis à la disposition du parti communiste. La Commission Centrale des Conseils d'exploitation a d'abord essayé de se glisser dans les anciens syndicats qu'elle espérait "révolutionnaire"[,] elle s'attachait alors à opposer l'usine au syndicat, l'esprit révolutionnaire à l'esprit bureaucratique. La résistance des anciens syndicats a été plus forte qu'elle ne l'imaginait. On a même vu les Syndicats Socialistes Indépendants de droite se rapprocher nettement des Syndicats majoritaires et de la Ligue Générale des Syndicats, annonçant peut-être de cette façon l'union politique des partis socialistes modérés (Majoritaires et Indépendants de droite), qui paraît encore aujourd'hui si difficile à réaliser. On s'explique ainsi que la Commission Centrale des Conseils d'exploitation, appuyée par le Comité exécutif du parti communiste, ait envisagé les moyens de créer de toute pièce une nouvelle organisation syndicaliste révolutionnaire, opposée à l'Internationale Syndicaliste d'Amsterdam et fidèle aux principes de Moscou.

C'est pour jeter les bases de cette nouvelle organisation qu'un Congrès plus ou moins secret de délégués syndicalistes, acquis aux doctrines bolchevistes, doit se réunir prochainement à Berlin. La Freiheit du 17 Novembre-soir a publié à titre de document la circulaire confidentielle adressée aux groupes révolutionnaires des Syndicats et des Conseils d'exploitation par la Commission Centrale des Conseils d'exploitation, qui devient désormais la "Commission Syndicalistes du parti communiste". Le Congrès, composé uniquement "de représentants absolument sûrs" s'ouvrira sans doute le 30 Novembre, de façon à précéder le Congrès du parti communiste qui commencera le 2 Décembre et sera chargé de réaliser la fusion avec les Socialistes Indépendants de gauche.[5]

Le Congrès syndicaliste révolutionnaire s'occupera de préciser:

1°: le rôle des syndicats,

2°: l'organisation communiste des syndicats,

3°: les moyens de développer la propagande communiste dans les syndicats.

Le parti communiste tient à connaître d'une façon aussi exacte que possible, par des statistiques et des rapports, la force réelle dont il dispose dans les syndicats.

Il n'est pas probable que le nouveau mouvement syndicaliste révolutionnaire prenne forme dès maintenant. Les communistes veulent d'abord se rendre compte de leurs moyens. Mais les premiers préparatifs sont faits. Docile aux ordres de Moscou, le parti communiste et son nouvel allié, la Commission Centrale des Conseils d'Exploitation, vont s'efforcer d'organiser des Syndicats à la russe qu'ils soumettront à la discipline politique de la 3e Internationale.

Ce mouvement ne provoque pas seulement l'opposition des syndicalistes de droite, majoritaires et indépendants; il soulève l'opposition encore plus bruyante des syndicalistes d'extrême-gauche, des anarchisants du parti ouvrier communistes, pour lesquels le mot seul "d'organisation" est un symbole réactionnaire. Pour ces ultra-radicaux, l'usine reste l'unique groupement de la société future, à l'intérieur duquel le jeu naturel des rouages économiques rend toute vie politique inutile.

---

1 Allemagne 321, fol. 185-190.
2 Vgl. oben Dok. 440 und Dok. 441.
3 Zur Entstehungsgeschichte des Betriebsrätegesetzes vom 4.2.1920, das am 9.2.1920 in Kraft trat, s. AdR, Kabinett Bauer, Dok. 112 Anm. 11 und Anm. 12, S. 422f. bzw. oben Dok. 13.
4 Zum Verlauf des ersten Kongresses der Betriebsräte Deutschlands in Berlin vom 5.-7.10.1920 s. Protokoll der Verhandlungen des Ersten Reichskongresses der Betriebsräte Deutschlands, abgehalten vom 5. bis 7. Oktober 1920 in Berlin, Berlin o. J.
5 Der Vereinigungsparteitag zwischen der kommunistischen Partei und dem linken Flügel der USPD begann am 4.12.1920 in Berlin. Am Vortag hatten beide Parteien getrennt beraten, s. Schulthess' Europäischer Geschichtskalender 36 (1920) S. 309f. Vgl. auch unten Dok. 535.

495

M. Tirard, Haut-Commissaire de la République Française dans les Provinces du Rhin, à M. Leygues, Président du Conseil, Ministre des Affaires Etrangères.

N° 608 S/A.T.R.P. [Coblence ?], le 24 novembre 1920.[1]

La séance d'ouverture de la Zentralstelle für die Neugliederung[2] des Reiches vient d'avoir lieu à Berlin. Elle s'est faite avec une grave solennité. L'objet de ses travaux n'est autre que le remaniement politique de l'Allemagne: le Gouvernement ne pouvait manquer d'affirmer sa volonté, non de suivre les délibérations, mais de les diriger. L'émoi était grand, dans le monde gouvernemental, de voir entamer une œuvre si capitale, qui peut conduire l'Allemagne en des voies nouvelles, et imposer au Gouvernement lui-même des orientations imprévues, sous la poussée des événements.

Deux faits ont donné à la réunion un caractère de particulière gravité. D'une part, la présence, assez inattendue, du Président Ebert ainsi que de plusieurs membres du Gouvernement. D'autre part, une déclaration faite au nom du Gouvernement, qu'un strict "barrage de silence" devait être établi autour des délibérations de l'assemblée.

Cette intervention du Gouvernement, sembla exagérée à plusieurs membres, qui protestèrent contre semblable limitation des pouvoirs de l'Assemblée, et de sa liberté d'action. Il fut seulement résolu que, pour le moment, aucun compte-rendu ne serait publié.

La discussion générale s'engagea sur l'éventualité de changements organiques dans l'Empire; les uns insistant sur la nécessité de sauvegarder comme un bien intangible la constitution de Weimar, élaborée avec tant de peine, et qui, somme toute, a permis à l'Allemagne d'échapper dans la mesure possible à l'effondrement de la défaite; les autres montrant l'Allemagne engagée en de nouvelles voies, ne pouvant, sous peine des plus grands périls, rester figés en son organisation actuelle, mais, devant, au contraire, aller au devant de toutes améliorations organiques qui lui donneraient plus de vitalité et de prospérité... etc... Le premier point de vue fut soutenu avec force en particulier par le Dr. Freund.

Les sept députés au Reichstag, membres de l'Assemblée[3] insistèrent sur la nécessité de voir s'ouvrir devant eux toutes voies possibles d'investigation, tous moyens d'enquêtes efficaces, et cela, par toute l'Allemagne. A cet effet, toutes facilités de transports, circulation libre et gratuite sur les chemins de fer leur ont été accordées.

L'impression d'ensemble qui m'a été rapportée est que, si le Gouvernement avait pu concevoir un certain espoir que le simple fait de constituer une "Commission" calmerait les impatiences, et lui laisserait le temps d'exercer sur les membres de la Commission une pression dans les sens des atermoiements, cet espoir est déçu.

Les députés-membres de la Zentralstelle für die Neugliederung des Reiches ont conscience de la grandeur et de l'urgence de la tâche qui leur est confiée, pour le bien de l'Allemagne elle-même. Membres du Reichstag, seul détenteur de la souveraineté nationale, ils entendent travailler sans entraves, à la "Nouvelle Structure de l'Empire". Parmi eux, se trouvent des Rhénans, et des plus actifs; le point de vue rhénan n'y est pas oublié. Les résultats prévisibles en cette voie sont loin d'être négligeables.

Le début des travaux de la Zentralstelle für die Neugliederung des Reiches peut être considéré comme le premier pas vers la solution du problème capital de l'équilibre légalement possible entre les prétentions du Gouvernement du Reich et celles des Etats qui le composent. Il s'agit bien, en réalité, d'un équilibre de forces: d'une part, force centripète exercée par l'Etat unitaire et centralisé, de l'autre, force centrifuge des Etats fédérés se refusant à une absorption totale.

On a peut-être jusqu'ici, trop considéré l'Unitarisme et le Fédéralisme comme des concepts opposés, s'excluant absolument. En réalité, une synthèse n'est-elle pas possible?

C'est la question qui domine toute la politique intérieure allemande. Les possibilités de solution légale, qui n'excluent pas des voies plus directes, méritent une étude attentive, qui nous donne des vues claires sur l'évolution politique de l'Allemagne. Ces vues sont à prendre dans toute la mesure possible, non du dehors, mais du dedans, en se plaçant non à la périphérie mais au centre de l'évolution.

---

1   AN, AJ 9 3825. Maschinenschriftliche Kopie, ohne Ortsangabe.
2   Die offizielle Bezeichnung lautete "Zentralstelle für die Gliederung des Deutschen Reiches". Deren Einrichtung ging zurück auf einen Beschluß der Nationalversammlung vom 22.7.1919, die am 29.7.1920 vom Reichsrat bestätigt worden war, s. Schultheß' Europäischer Geschichtskalender 36 (1920) S. 222. Zum Verlauf der konstituierenden Sitzung am 3.11.1920 s. ebenda, S. 291 bzw. das Schreiben des Staatssekretärs Albert an den Vorsitzenden der Zentralstelle, Graf Roedern, vom 7.1.1921, AdR, Kabinett Fehrenbach, Dok. 149 S. 392ff.
3   Neben Graf Roedern gehörten der Kommission unter anderem noch folgende Mitglieder an: Konrad Adenauer; Gerhard Anschütz; Adolf Tortilowicz von Batocki-Friebe; Friedrich Boden; Moritz Julius Bonn; Eduard David; William Drews; von Drygalski; Friedrich Freund; Heinrich Göppert; Johannes Hoffmann; Friedrich Meinecke; Konrad Ritter von Preger; Hugo Preuß; Max Warburg und Otto Wiedfeldt.

496
M. Dard, Ministre Plénipotentiaire de France à Munich, à
M. Leygues, Président du Conseil, Ministre des Affaires Etrangères.

D. n° 163.   Munich, le 24 novembre 1920.[1]

A.s. Désarmement des Einwohnerwehren bavaroises.

Une note de la Direction des Affaires Politiques et Commerciales qui m'a été remise pendant mon séjour à Paris[2] me faisait connaître la décision en vertu de laquelle M. le Général Nollet a adressé au Gouvernement Allemand, au nom de la Commission interalliée une note réclamant le désarmement des Einwohnerwehren bavaroises[3]; on voulait bien également m'y demander quelles étaient à mon avis, les modalités d'application d'une telle politique.

Comme j'ai eu l'honneur de l'indiquer à diverses reprises à Votre Excellence le désarmement des Einwohnerwehren paraît avoir beaucoup plus d'importance au point de vue intérieur allemand qu'au point de vue militaire. Dépouillé du matériel de la guerre moderne, financièrement ruinée, réduite pour mobiliser au seul patriotisme de la population, l'Allemagne ne possède plus que ce qu'il est impossible de retirer à un grand peuple la résolution de se venger un jour. Elle ne peut songer pour l'instant à se battre, elle doit d'abord régler sa situation intérieure.

Le parti républicain ne compte pas dans ce pays qui n'a pas fait l'apprentissage de la liberté politique. L'idée de l'ordre y est presque inséparable de celle de la Monarchie; le parti démocrate et même plusieurs socialistes majoritaires sont résignés à la Monarchie. En face des Monarchistes sont les socialistes et les communistes, alliés plus ou moins ouvertement aux bolchevistes russes. Ils sont surtout nombreux dans le Nord.

Le Général Ludendorff est venu s'établir à Munich parce que les Monarchistes y dominent et qu'après l'échec du coup d'Etat Kapp, la Bavière est devenue la Vendée allemande. Pour Ludendorff et pour les anciens camardes, le rétablissement de l'ordre monarchique est la base indispensable de la reconstruction de l'Allemagne; ensuite il faudra refaire une armée, une diplomatie; puis, un jour lointain encore, viendra l'heure de la revanche. Les Einwohnerwehren sont l'armée de la Monarchie et de l'ordre; on ne leur assigne aucun autre but dans le temps présent. Le fédéralisme bavarois est accepté comme une condition nécessaire de l'opération; il ne répugne pas d'ailleurs à la tradition allemande.

Tolérer l'armement des Einwohnerwehren bavaroises, c'est donc faire le jeu des monarchistes. Exiger leur désarmement, c'est favoriser les socialistes du Nord et même les communistes. Mais cette alternative, en fait, ne dépend pas de nous. Le Gouvernement bavarois est résolu à ne pas désarmer quoiqu'il arrive. Nous pourrions seulement tirer argument de son refus de se soumettre aux décisions de Spa pour appliquer à l'Allemagne tout[e] entière les sanctions prévues.

Dans une situation aussi complexe et que chaque jour peut modifier, j'estime que le parti le plus opportun est de retarder le plus qu'il sera possible notre décision. Nous entretiendrons ainsi la division en Allemagne et nous pourrons à notre volonté favoriser l'un ou l'autre parti. Le bolchevisme peut demain nous menacer sur l'Elbe ou sur le Rhin et, dans ce cas, l'appui armé de la Bavière nous serait précieux. D'autre part le rétablissement de la Monarchie en Allemagne peut y ramener le militarisme. Il sera toujours temps de nous décider suivant le cas.

Si cependant la question du désarmement des Einwohnerwehren venait à être posée devant le Conseil Suprême des Alliés, j'estime que nous devrions opiner pour une tolérance plus ou moins complète. D'une part, nous n'avons pas intérêt à livrer l'Allemagne au bolchevisme. D'autre part, nous ne pouvons laisser à l'Angleterre le rôle de protecteur de l'ordre en Allemagne contre nous et elle manquerait pas de s'emparer de ce rôle. Enfin nous devons continuer à tenter l'expérience du fédéralisme bavarois. En aucun cas, le fédéralisme ne sera pour nous pire que l'unité;

peut-être, les circonstances aidant, sera-t-il le germe d'une Allemagne nouvelle, plus divisée, plus pacifique.

C'est pour ménager la possibilité d'une telle attitude de la part du Gouvernement de la République sans gêner l'action de Votre Excellence que j'ai fait savoir à M. de Kahr que nous réglerions la question des Einwohnerwehren d'accord avec nos alliés, mais que je m'engageais personnellement à faire valoir, le moment venu, près de Votre Excellence les arguments du Gouvernement bavarois et les nécessités de l'ordre public en Bavière.[4]

J'ajoute que si nous nous décidions à l'occupation de la Ruhr, comme au seul moyen de garantir la sécurité et de rétablir nos finances, le refus du Gouvernement bavarois de désarmer ses Einwohnerwehren ne devrait pas nous servir de prétexte, quand tant d'autres s'offrent à nous. Ce serait mal reconnaître l'attitude de la Bavière quand les bolchevistes campaient devant Varsovie. Ce serait flétrir la Bavière devant l'Allemagne, exaspérer son ressentiment contre nous et l'empêcher de jouer le rôle qui peut lui être dévolu contre le militarisme prussien.

P.S. Mon télégramme de ce jour n° 248[5] fait savoir à Votre Excellence que le Gouvernement bavarois désarmerait ses Einwohnerwehren si nous menacions *sous ce prétexte* d'occuper la Ruhr, mais qu'il résisterait à Berlin dans tout autre cas. Cette nouvelle me confirme dans l'opinion que j'ai exprimée; il est inutile de procurer un succès au Reich sur la Bavière.[6]

---

1 Papiers d'Agents, Dard 13 (ohne Folio). Maschinenschriftlicher Durchschlag, ohne Unterschrift.
2 Dard war im Oktober für einige Tage nach Paris gereist, s. oben Dok. 469 bzw. das Schreiben von Peters an Nortz vom 27.10.1920, AdR, Kabinett Fehrenbach, Dok. 99 S. 253f.
3 Vgl. oben Dok. 469 Anm. 2.
4 Vgl. oben Dok. 469.
5 Nicht abgedruckt.
6 Zum Fortgang s. unten Dok. 505.

497
*M. Laurent, Ambassadeur de France à Berlin, à
M. Leygues, Président du Conseil, Ministre des Affaires Etrangères.*

T. n° 2171-2173. Déchiffrement. Berlin, le 25 novembre 1920, 12 h 15.
(Reçu: 15 h 10, 14 h 40, 15 h 50.)[1]

Très urgent.
Je n'ai pas caché au Ministre[2] la surprise que j'éprouvais d'explications complètement différentes de celles qu'il m'avait données la veille.[3]

Le Docteur Simons, après avoir aligné son incompétence fiancière, a essayé de relier sa nouvelle version à la précédente en déclarant que le Ministre des Finances[4] s'était trouvé dans l'obligation d'affecter au ravitaillement des mineurs non pas les devises mêmes qu'il avait reçues des Alliées en exécution des accords de Spa, mais la contrevaleur en marks papier de ces effets. On avait dû, pour cela, procéder à de (nouvelles) émissions de billets qui avaient empiré la situation financière du Reich, (et) compromis, par suite, les avantages résultant du protocole de Spa.

Ce moyen de trésorerie avait peut-être été incorrect, mais ne pouvait être considéré comme une violation (des) obligations contractées par l'Allemagne envers les alliés. Le Ministre ne m'a d'ailleurs pas (donné) (de) précisions (mot passé) les paiements auxquels les devises alliées avaient été employées.

On est tenté d'admettre cette explication en se disant que le Gouvernement allemand, ayant à sa disposition la presse à billets, aurait été bien imprudent de manquer complètement à ses engagements envers les mineurs qu'il a le plus grand intérêt à ne pas s'aliéner.

Mais alors on comprend difficilement qu'un Ministre, pour le simple plaisir de refuser tout avantage au protocole de Spa, ait porté contre son propre Gouvernement une accusation dénuée de fondement et bien faite pour lui ménager, à l'extérieur comme (à l') intérieur (de) sérieuses difficultés.

En tout cas, si le Docteur Simons n'a pas laissé échapper à Düsseldorf une révélation maladroite, il a dénaturé les faits au préjudice des alliés. J'ai lieu de croire qu'il profitera des questions qui lui seront posées au Reichstag pour rétablir la vérité. S'il y manquait, V. E. m'approuverait certainement de l'y inviter.

J'ai mis l'Ambassadeur d'Angleterre[5] et le Ministre de Belgique[6] au courant de cette controverse.[7]

---

1 Télégrammes, Arrivée de Berlin, 1920, 10.
2 Walter Simons.

3   Simons hatte am Vortag Laurent ein ausführliches Schreiben Wirths zur Finanzlage des Reiches übergeben, s. oben Dok. 489 Anm. 4. Am 24.11.1920 begann im Reichstag die 2. Lesung des Reichshaushaltsplans für 1920, s. Schulthess' Europäischer Geschichtskalender 36 (1920) S. 302.
4   Josef K. Wirth.
5   Lord D'Abernon.
6   Georges Comte della Faille de Leverghem.
7   Am 25.11.1920 gab Simons vor dem Reichstag diesbezüglich eine kurze Erklärung ab, die Laurent jedoch nicht befriedigte und die er zum Anlaß nahm, nunmehr offiziell gegen dessen Äußerungen in Düsseldorf zu protestieren, s. Laurents T. n° 2178-2179 vom 26.11.1920, Allemagne 375, fol. 39-40 bzw. unten Dok. 499 und Dok. 511.

498
Rapport du Commandant Castelnau de l'Etat-Major de l'Armée,
2e Bureau - Section Allemande, envoyé en Mission à Berlin.

N° 16.441 [Berlin,] le 25 novembre 1920.¹

La France qui jouissait dans les premiers mois qui ont suivi la guerre d'un prestige considérable en Allemagne, a perdu énormément de terrain depuis un an: la haine passionnée des classes sociales élevées de l'Empire, les rigueurs du Traité dont on lui attribue systématiquement la paternité, enfin les menées peu scrupuleuses de certains de nos Alliés sont les facteurs principaux de ce revirement.

La Nation allemande est loin d'avoir repris son équilibre; l'augmentation du prix de la vie, qui a presque décuplé depuis 1914 entraîne dans les masses ouvrières une misère réelle et une dépravation profonde; la petite bourgeoisie est menacée de disparaître.

La reprise de la vie économique est entravée par le bas cours du Mark, qui s'il favorise l'écoulement des marchandises à l'étranger, rend presque impossible le ravitaillement en matières premières; aussi l'on entend dire couramment que "celui qui donnerait au peuple du travail et une bonne nourriture serait le maître de l'Allemagne". La situation financière est plus préoccupante que jamais, et dans le monde des affaires en la considère, ou on affecte de la considérer, comme inextricable, tout au moins tant que le chiffre des indemnités à payer à l'Entente n'aura pas été fixé. Du point de vue politique, il faut enregistrer les progrès continus et très importants des partis de droite; le terrain regagné ces derniers mois par les monarchistes est énorme, non seulement en Bavière et en Prusse, mais aussi dans des régions comme la Saxe² qui passaient sous le régime impérial pour les citadelles de l'opposition socialiste et républicaine. Les dernières chances d'implantation du bolchevisme, si tant est qu'il on ait jamais existé, ont disparu.

L'Allemagne est donc encore, à bien des égards, dans un état d'instabilité réelle. Néanmoins on peut dire que dans l'ensemble elle présente le maximum d'ordre dont une nation soit susceptible après les épreuves qu'elle vient de subir.

La situation militaire, telle qu'elle découle des résultats déjà aquis par la C.M.I C. et des intentions que les Allemands ont manifestées au cours de discussions sans nombre, peut être ainsi résumé:

Armée.- Le Gouvernement Allemand est résigné à la réduction de son armée à 100.000 hommes dans les délais fixés à Spa, mais il cherche à tourner les obligations auxquelles il souscrit en éliminant tous les non-combattants et en maintenant sous une forme plus ou moins camouflés l'amorce de tous les services dont le traité stipule la suppression; certains indices donnent même à penser que dès maintenant il préparerait tout pour un dédoublement éventuel. Le but avoué de von Seeckt est de créer une Reichsheer aussi semblable que possible à l'ancienne armée, dont elle devra garder l'esprit, maintenir les traditions et préparer la constitution. Le C.M.I.C. va chercher à faire respecter l'esprit du traité; il est vraisemblable qu'elle n'y arrivera pas complètement, mais en tout état de cause la *réduction à 100.000 hommes restera acquise.*

Police.- L'impression très nette résultant de l'attitude des Allemands est qu'*ils sont bien décidés à ne rien changer* dans l'œuvre de réorganisation de leur police, les concessions de forme qu'ils ont consenties ou qu'ils consentiront encore seront en fait annulées par les mesures d'exécution.

Grâce à leur tenacité et aux complaisances de certains gouvernements alliés, ils sont arrivés à obtenir:
- le droit de porter les forces de leur police armée à 150.000 hommes.
- l'autorisation de fusionner les deux polices (police civile, police militarisée) actuellement existantes; et c'est bien entendu la forme militarisée qui sera maintenue;
- le droit de conserver en temps de paix 250.000 hommes sous les armes (100.000 à l'armée, 150.000 à la police).

En fait, la *Sicherheitspolizei* n'est actuellement employée tout au moins à Berlin, qu'à des besognes de police de rue; circonstance qui n'est pas sans influer sur la mentalité du personnel et serait susceptible à la longue de substituer à l'esprit militaire la tendance au groupement professionnel et l'orientation vers le syndicat. Reste à savoir si cette police ne sera pas rejetée dans le moule militaire, dès que le contrôle des Commissions aura cessé de se faire sentir.

Einwohnerwehr.- C'est la question la plus difficile à résoudre et la plus grave.

En Allemagne le droit d'association est absolu: au point de vue légal, tombent seules sous le code pénal les sociétés armées et celles qui formentent des complots contre l'Etat; au point de vue du Traité, sont seuls interdits les groupements armés et ceux qui relèvent de l'autorité militaire. Dans ces conditions l'*Orgesch* demeure licite[3], et seul son armement serait punissable.

Or l'*Orgesch* est parvenue à réaliser la fédération de tous les grands groupements réactionnaires et pangermanistes; le réseau dense et très varié de ses filiales couvre non seulement l'Allemagne mais aussi l'Autriche et le Tyrol; dirigée par des chefs habiles et entreprenants, orientée vers un but nettement défini tout en demeurant très souple dans ses procédés, elle est devenue, sous l'impulsion occulte de Ludendorff, le grand agent de reconstruction (*Aufbauformation*) de l'Allemagne et reprend, sous une forme appropriée aux exigences des temps présents, l'œuvre du *"Tugendbund"* de 1812.[4] Elle constitue aujourd'hui notre adversaire le plus redoutable.

D'autant que sur cet adversaire les Commissions de Contrôle n'ont guère de prise; tout ce qu'elles pourront obtenir, c'est de désarmer, plus ou moins complètement, celles de ses filiales qui possèdent des armes, mais après comme avant l'*Orgesch* subsistera avec son organisation et son esprit, poursuivant avec beaucoup de ténacité et de méthode la préparation de la *mobilisation de toutes les forces nationales*.

Désarmement.- La destruction des dépôts de matériel militaire se poursuit normalement, celle du matériel en excédent dans les corps de troupe va commencer.

Les armes recensées sont prises en compte par une société Fiduciaire allemande, la "Reichstreuhandgesellschaft", qui est chargée d'opérer leur destruction et d'en liquider ensuite les débris. Les officiers de district surveillent, sous leur responsabilité, les destructions, mais en fait, en raison de leur nombre limité ils ne peuvent en *contrôler* qu'une partie. La C.M.I.C. estime que, sauf exceptions négligeables, tous les canons livrés sont détruits; elle ne peut pas se montrer aussi affirmative en ce qui concerne les mitrailleuses.[a]

Les renseignements du S.R. ont permis de découvrir un nombre important de dépôts clandestins (tout récemment 1.000 culasses neuves de 77 dissimulées dans une cave de Berlin, 600 tubes de 77 que le Gouvernement avait omis de signaler dans une usine de Francfort, etc...).

Le désarmement de la population est terminé, tout au moins au point de vue légal; son résultat ne peut pas encore être apprécié avec précision, les chiffres donnés au Reichstag demeurent sujets à caution. Les armes livrées n'ont d'ailleurs pas été détruites sur place, mais ont été remises aux Corps de troupe, qui doivent eux-mêmes les verser à la Reichstreuhandgesellschaft en même temps que l'excédent de leur propre matériel. Il semble établi que le Gouvernement avait l'intention de ne procéder au désarmement qu'après le départ des commissions, espérant par ce moyen se réserver la propriété des très nombreuses armes détenues par la population civile. L'obligation de procéder à cette opération sous notre contrôle a déjoué ces calculs.

L'aviation militaire est supprimée, l'aviation policière a livré ses appareils. Les seuls avions qui volent en ce moment en Allemagne sont ceux auxquels la commission de contrôle a donné l'estompille d'avions civils. De même que pour les armes, les Allemands ont essayé de constituer des dépôts clandestins de matériel aéronautique dont un certain nombre a déjà été découvert grâce aux renseignements du S.R.: c'est ainsi que sur le total des moteurs d'avions détruits jusqu'ici 60% seulement avait été déclaré aux commissions et 40% dissimulé.[b]

Usines.- Les usines autorisées à fabriquer du matériel de guerre seront vraisemblablement au nombre de 25 à 30 (dont moitié pour la marine). Malheureusement des défectuosités de rédaction du Traité ont obligé la C.M.I.C. à comprendre, bien malgré elle, dans ce nombre les maisons Krupp & Erhardt.[c]

L'inspection des usines qui ont travaillé pour l'armée au cours de la guerre se poursuit normalement: Travail très long et très minutieux, qui présente pour l'avenir une importance capitale, tant au point de vue militaire qu'au point de vue économique.

Le travail est très avancé en ce qui concerne les fabrications de l'aviation. Les usines spécialisées dans les constructions aéronautiques disposent à l'heure actuelle d'un outillage intact, d'un personnel tout à fait remarquable et du résultat de longues années de recherches et d'expériences. Ces conditions exceptionnellement favorables et l'appui assuré de financiers qui ont foi dans l'avenir de l'aéronautique permettent d'augurer à brève échéance un développement très important des constructions aériennes allemandes. Tout est prêt pour la reprise des fabrications aussitôt que l'autorisation en aura été donnée par l'Entente, et l'Allemagne ne cache pas son ambition et son espoir de devenir dans un avenir très prochain *le grand centre de production de l'aéronautique mondiale.*

Conclusions.- Mesures à prendre pour l'avenir.-
La C.M.I.C. fait œuvre utile et d'autant plus méritoire qu'elle a eu à se battre non seulement contre les Allemands[5], mais parfois aussi contre les Alliés et contre le Traité. Il n'en est que plus essentiel de prendre toutes les mesures propres à rendre durables les résultats qu'elle a acquis au prix de beaucoup d'efforts.[6]

Or le jour où la C.M.I.C. disparaîtra, une seule des questions qu'elle avait à traiter pourra être considérée comme définitivement réglée; le désarmement. Pour le reste elle n'aura pu que poser - ou imposer - les bases de l'organisation nouvelle de l'armée allemande et réunir les éléments nécessaires pour contrôler dans l'avenir l'exécution des engagements auxquels le Gouvernement d'Empire n'a souscrit qu'avec tant de réticences et de mauvaise grâce. Il est donc indispensable qu'il subsiste, après le départ de la Mission du Général Nollet, un organisme qualifié pour exercer ce contrôle, imposer sa surveillance, et proposer, le cas échéant, des sanctions.

L'Allemagne, en dépit de la défaite et de la révolution, ne se transformera pas du jour au lendemain. Pour être viable, le système militaire échafaudé par le Traité de Versailles nécessitera une *mise en train* d'autant plus laborieuse qu'il est, il faut le reconnaître, absolument contraire à la mentalité et au génie prussiens; ce n'est que petit à petit que les combinaisons artificielles du service restreint à très long terme pourront dissoudre le vieil esprit guerrier et discipliné de la nation armée. En outre le Traité autorise l'Allemagne à posséder une aviation civile, d'où la nécessité d'une commission permanente chargée de contrôler le caractère civil des avions construits ou utilisés. Il faudra donc, dans les commencements surtout, tenir la main de très près à l'observation rigoureuse des réglementations relatives à l'armée et à la police. La mission du général Nollet s'en acquittera pendant tout ou partie de l'année prochaine; mais la période critique durera plusieurs années, et il est hors de doute que von Seeckt, personnage habile et tenace et maître incontesté du Ministère de la guerre, n'attend que le départ de la C.M.I.C. pour détruire par des mesures progressives et étudiées dès maintenant, l'œuvre qu'elle a eu tant de peine à mener à terme.

Il est donc de toute nécessité qu'après la C.M.I.C. un organisme compétent et bien intentionné prenne sa succession. Une commission nommée par la Société des Nations offrirait-elle des garanties suffisantes? Il est permis d'en douter, en raison de l'état d'esprit dès à présent manifesté par l'Angleterre et la plupart des ex-neutres, et surtout en prévision du jour, prochain ou éloigné mais en tout cas fatal où l'Allemagne fera elle-même partie de cette société.

De la solution adoptée dépend l'avenir de l'armée allemande. Sans un contrôle prolongé, la plus grande partie du travail accompli jusqu'ici est remise en question, sinon frappée de stérilité.

(a) Matériel détruit (contrôle effectif ou sur état) à la fin du mois de novembre: 27.661 canons, 7.282 Minenwerfer, 48.346 Mitrailleuses, 2.079.981 armes portatives, plus un nombre considérable de pièces de rechange de munitions et de matériel de toute sorte.
(b) Matériel aéronautique détruit jusqu'à la fin du mois de Novembre: 14.255 avions (dont un certain nombre incomplets), 23.273 moteurs.
(c) Le Traité autorise l'Allemagne à conserver des pièces de gros calibre pour sa marine et pour ses places et à les construire elle-même; or seule l'usine Krupp possède l'outillage nécessaire à la fabrication de ce matériel.

---

1   AN, AJ 9, 3925. Maschinenschriftliche Kopie, ohne Unterschrift.
2   Vgl. oben Dok. 480.

3   Escherich hatte am 11.8.1920 seine Organisation in das Vereinsregister von München eintragen lassen und konnte sich damit auf das verfassungsmäßig garantierte Recht der Vereinsfreiheit berufen, s. Protokoll der Ministerratssitzungen vom 23.8.1920, AdR, Kabinett Fehrenbach, Dok. 54, hier Anm. 5, S. 131.
4   Gemeint ist hier offenbar der "Tugendbund", der 1808 in Königsberg während der napoleonischen Herrschaft gegründet, aber bereits 1809 wieder aufgelöst worden war.
5   Beispiele für die sich häufenden Zwischenfälle, in die Mitglieder der interalliierten Kontrollkommissionen verwickelt wurden, s. DBFP 1/X, No. 203 S. 298 bzw. No. 326 und No. 327 S. 450f.
6   Vgl. ergänzend dazu DBFP 1/X, Kap. I und Kap. IV.

499
M. Laurent, Ambassadeur de France à Berlin, à
M. Leygues, Président du Conseil, Ministre des Affaires Etrangères.

D. n° 716.   Berlin, le 26 novembre 1920.[1]

Discussion au Reichstag sur les charges du Traité de Paix.

Mon télégramme N° 2181[2] a succinctement rendu compte à Votre Excellence de la discussion par le Reichstag des chapitres de budget concernant l'exécution du Traité de Versailles.

Cette séance est loin d'avoir été un succès pour la droite, qui n'a pas vu se réaliser l'espoir de faire du débat d'avant-hier une grande manifestation en faveur de la révision du Traité de Paix. Les nationalistes ne s'étaient d'ailleurs faits représenter que par des orateurs de second plan, dont les diatribes ont paru manquer de conviction et n'ont pas réussi à passionner une Assemblée distraite et clairsemée.

Au contraire, les déclarations modérées des orateurs socialistes, Breitscheid et Wels, ont été écoutées avec attention jusque sur les bancs de la droite, et les journaux conservateurs eux-mêmes, tout en s'efforçant de passer le plus possible leurs arguments sous silence, reconnaissent, bien que d'assez mauvaise grâce, que les honneurs de la journée ont été pour les représentants de la gauche.

Le Député Wels, Président du parti socialiste, a pris le premier la parole. Il a marqué avec beaucoup de force la nécessité de choisir entre la politique de révision et la politique de revanche. L'Allemagne, désarmée et isolée, commettrait la pire des fautes en prenant à son compte les vaines provocations que répètent inlassablement les champions attardés du nationalisme, que l'on voudrait croire inconscients du mal qu'ils font ainsi à leur pays. La politique extérieure de l'Allemagne doit s'inspirer résolument de tendances pacifistes et s'efforcer avec loyauté de remplir celles des revendications de ses adversaires qui apparaissent justifiées, notamment en ce qui concerne les réparations et le désarmement. Tant que la France pourra craindre un réveil du pangermanisme, elle se refusera à toute concession. Mais, le jour où elle constatera en Allemagne que l'atmosphère de haine a fait place à une vue plus saine de la situation, elle ne restera pas sourde à la voix de la raison.

Déjà un journaliste influent comme M. Jean Herbette s'élève contre les chiffres exagérés mis en avant de certains côtés pour les réparations. Si le Ministère des Affaires Etrangères réussit par la préparation d'un programme concret, à convaincre les Français que l'Allemagne est sincèrement désireuse de travailler à relever les ruines qu'elle a accumulées, une grande partie des malentendus qui existent encore entre les deux pays se dissiperont d'eux-mêmes. Le prolétariat allemand, sans renoncer à travailler à la révision du Traité, prêtera son appui à toute tentative sérieuse de jeter un pont sur le fossé, qui sépare les deux peuples.

A Wels a succédé un député du centre, le théologien Schreiber qui n'a rien apporté de bien nouveau. Il s'est plaint de l'exagération des effectifs alliés sur le Rhin, a suggéré aux Américains de retirer leurs contingents et s'est élevé contre la présence de 45.000 hommes de troupes indigènes. Il a traité de "nouvel esclavage" la propagande en faveur de la Légion étrangère, à laquelle plus de 3.000 Allemands "aveuglés par un faux idéal romantique", se sont laissé prendre.

L'orateur a pris également à partie la Haute-Commission interalliée, interprétant à sa guise un contrat synallagmatique, multiplie les décrets, interdit les journaux, procède à des expulsions injustifiées. Il s'est plaint de la présence dans le pays rhénan d'une population civile nombreuse qui procède, en faveur des alliés et en particulier de la France, à une véritable pénétration pacifique. Toutefois, M. Schreiber reconnaît que certains Français ne sont pas inaccessibles aux principes d'humanité. Il cite parmi eux M. Jouhaux, M. Jean Herbette et la rédaction de "l'Oeuvre". Il espère que le Gouvernement réussira à obtenir une diminution des charges financières de l'occupation et une réduction des effectifs. "Nous voulons, a-t-il conclut, exécuter loyalement le Traité, mais à un peuple effondré on ne doit rien demander de surhumain."

Le nationaliste Reichert, orateur de peu de moyens, s'est vainement efforcé de réveiller par des outrances de langage l'attention distraite de l'Assemblée. Il a parlé du pharisaïsme des Anglais, qui flattent hypocritement l'Allemagne pour mieux l'étrangler, de la France impitoyable, qui, retournant la maxime célèbre de Clausewitz, font de la paix une continuation de la guerre par d'autres moyens. Il a dit encore qu'on accusait à tort son parti de cultiver l'idée de revanche. Celle-ci est une plante naturelle, qui n'a pas besoin d'être cultivée artificiellement, et pousse d'elle-même sur un terrain trop favorable. Il a condamné "l'ententisme" qui, pire que le vandalisme du moyen âge, a ruiné l'Allemagne par le blocus, cherche à la déshonorer par le mensonge, et lui impose des indemnités écrasantes. Il a, en terminant, fait appel à l'union de tous les partis contre le Traité de Versailles, "qui, tant qu'il en restera une parcelle, empêchera l'Europe de revenir à la santé".

Après une courte intervention du Docteur Zapf au nom du parti populaire, M. Breitscheid est monté à la Tribune. Orateur élégant et varié, il a su se faire écouter avec intérêt, même de ses adversaires. Il a commencé par rappeler durement les responsabilités de l'Allemagne, coupable d'avoir provoqué et prolongé le conflit mondial. Il s'est étonné de voir les Helfferich et consorte jouer le rôle d'accusateurs, alors qu'ils ont tant de fautes à se faire pardonner. Les frais d'occupation lui paraissent trop élevés, mais les protestations allemandes sont le plus souvent maladroites. Il en est ainsi notamment des discours prononcés par M. Simons à Düsseldorf et à Cologne.[3] Breitscheid reproche surtout au Ministre d'avoir dit que la France regorgeait de charbon. On ne doit pas oublier que Ludendorff a fait mettre hors d'usage 220 mines françaises, que le déficit sur la production d'avant-guerre est encore aujourd'hui d'au-moins 20 millions de tonnes. A méconnaître la situation économique de la France, on risque de provoquer des réactions dont l'Allemagne aurait à souffrir.

Breitscheid en veut encore à M. Simons d'avoir dit qu'il considérait une occupation française de la Ruhr comme un acte d'hostilité. A quoi riment de pareilles menaces? Le Ministre veut-il faire la guerre? Sur quels Alliés compte-t-il? Est-ce sur les Bolcheviks, auxquels il a fait jadis les yeux doux?

D'ailleurs, la France n'aura recours à une occupation de la Ruhr qu'à la dernière extrémité, et seulement si l'Allemagne se refuse à exécuter les engagements qu'elle a pris. A l'Allemagne de la convaincre de ses intentions pacifiques, en complétant, sans souci des protestations bavaroises, son désarmement, et en collaborant à l'œuvre de reconstitution des territoires dévastés.

Après avoir réclamé la fixation rapide d'une somme forfaitaire pour les réparations, le député Socialiste Indépendant a conclu que la révision ne se ferait pas par une nouvelle conférence. Elle s'opère d'elle-même, par une lente et nécessaire évolution. La politique allemande doit consister à favoriser cette évolution, en donnant au monde un exemple de sincérité et de loyauté.

Après une intervention du démocrate Korell, qui a répété en termes assez modérés les doléances qu'il avait déjà exprimées devant la Commission du Budget (voir ma dépêche N° 676[4]) et quelques mots du Socialiste Indépendant Fries, le débat s'est terminé par l'adoption du crédit de 40 millions de marks proposé par le Gouvernement pour subvenir aux frais de la Haute-Commission Interalliée des pays rhénans. L'extrême gauche et les nationaux allemands ont voté contre le crédit.

Les discours de Wels et de Breitscheid marquent une plus grande objectivité des partis de gauche à l'égard de notre pays. Il n'est que juste d'ajouter qu'ils auraient sans doute été moins nets, si Breitscheid n'avait été chapitré, éclairé et documenté par deux de mes collaborateurs au service d'information, M.M. Hesnard et Berthelot. Leur action s'est également exercée, dans un sens très favorable à une plus juste appréciation de la réalité, auprès de la rédaction du Vorwärts et des membres du Comité Directeur du Parti Socialiste Majoritaire. Wels a, d'autre part, certainement été influencé par les entretiens qu'a eus avec lui, à son récent passage à Berlin, M. Jean Herbette[5]. Cette double action a permis de rectifier de nombreux préjugés. Il est heureux qu'elle se soit exercée sur Wels, qui passe pour un homme à poigne, et facilement accessible aux tendances militaristes. Sa conversion à des idées plus saines est certainement appelée à un certain retentissement.

Sauf une rapide intervention relative à l'emploi des avances et des primes consenties, en faveur des mineurs, par le protocole de Spa, et dont j'ai rendu compte d'autre part à Votre Excellence[6], le Ministre des Affaires Etrangères n'a pas pris part au débat. Il a laissé sans réponse les critiques de Wels et celles de Breitscheid. Sans doute n'était-il pas désireux de renforcer en les répétant ses déclarations de Cologne et de Düsseldorf, et ne voulait-il pas non plus, bien qu'il n'en soit pas à une contradiction près, paraître les retirer en les atténuant.

Il est peu probable en effet que l'argumentation des députés de gauche ait fait grande impression sur M. Simons. Après avoir été au début de son Ministère le favori des Socialistes Indépendants, il paraît <,ainsi que je l'indiquais à votre Excellence dans ma dépêche N° 706,>[7] incliner de plus en plus sa politique vers la droite et même, jusqu'à un certain point, dans un sens nationaliste; soit qu'il estime que les événements d'Orient, la victoire des Bolcheviks sur Wrangel[8], leurs velléités d'une nouvelle agression contre la Pologne, aient modifié dans un sens défavorable aux Alliés la situation générale et permettent à l'Allemagne de relever le ton, soit plus simplement que, se rendant compte que les partis de droite ont actuellemnt le vent en poupe, il juge profitable de régler son pas sur l'opinion moyenne, afin de ne pas s'exposer à être quelque jour dépassé par elle.

Quelle que puisse être d'ailleurs l'attitude du Gouvernement, il ne saurait nous être indifférent qu'au milieu du déchaînement de calomnies dont la France est ici quotidiennement l'objet, des voix autorisées se fassent entendre au Reichstag pour ramener l'opinion allemande au sens du réel, lui rappeler ses responsabilités et lui montrer ses véritables devoirs.[9]

---

1 Allemagne 375, fol. 48r-51v.
2 Nicht abgedruckt.
3 Vgl. oben Dok. 475 und Dok. 476.

4   Vgl. oben Dok. 466.
5   Zur Reise Jean Herbettes nach Berlin s. die Hinweise im Schreiben Mayers an von Simson vom 20.9.1920, ADAP A III, Dok. 290 S. 582.
6   Vgl. oben Dok. 497 Anm. 7.
7   Der in spitze Klammern gesetzte Text wurde nachträglich gestrichen, zu der fraglichen Depesche s. oben Dok. 493.
8   Vgl. oben Dok. 483 Anm. 4.
9   Zum Fortgang s. unten Dok. 511.

500
M. Laurent, Ambassadeur de France à Berlin, à
M. Leygues, Président du Conseil, Ministre des Affaires Etrangères.

T. n° 2194-2195. Déchiffrement.   Berlin, le 26 novembre 1920, 15 h 30.
(Reçu: 17 h 20, 17 h 35.)[1]

Réponse à votre télégramme n° 2295-97[2].

J'ai trouvé mes collègues américain[3], britannique[4] et belge[5] personnellement favorables à la démarche prescrite par V.E. Ils m'ont promis de télégraphier dans ce sens à leurs gouvernements dont ils n'avaient pas encore reçu les instructions.

Le commissaire américain est d'ailleurs loin d'être certain que Washington consente à intervenir officiellement dans une question concernant l'exécution du traité de paix.[6]

Le Ministre de Belgique avait reçu de Paris un télégramme annonçant les intentions de V.E. et ajoutant que le gouvernement français proposait de menacer les ministres allemands d'expulsion en cas de récidive. Le baron de Gaiffier[6] jugeait, et le comte della Faille[7] partage cet avis, qu'un langage aussi comminatoire serait excessif.

Votre Excellence a bien voulu, dans son télégramme N° 2297, insister sur le caractère interallié que devait revêtir notre démarche auprès du Gouvernement allemand. Je me permets de considérer comme indispensable que toute mesure à prendre et toute instruction à donner dans cette affaire par les autorités du territoire occupé présentent le même caractère. Il importe, en effet, d'éviter que le gouvernement allemand, pour esquiver les responsabilités qu'il a encourues envers les alliés et même envers l'opinion allemande, ne cherche à détourner contre la France seule l'irritation que nos représentations ne manqueront pas de provoquer même dans les milieux qui ont blâmé ouvertement les discours ministériels.[8]

---

1   Allemagne 375, fol. 56-57.
2   Nicht abgedruckt.
3   Ellis Loring Dresel.

4	Lord D'Abernon. Zur britischen Haltung s. Curzons Weisungen an Lord D'Abernon vom 28.11.1920 bzw. 1.12.1920, DBFP 1/X, No. 243 und No. 244 S. 341f.
5	Georges Comte della Faille de Leverghem. Zur belgischen Haltung, das seinen Botschafter zu diesem Zeitpunkt bereits in diesem Sinne instruiert hatte, s. Laurents T. n° 2197 vom 27.11.1920, Allemagne 375, fol. 58.
6	Zur abwartenden Haltung der USA s. Lord D'Abernons Meldung vom 27.11.1920, DBFP 1/X, No. 242 S. 339.
7	Richtig: Gaiffier d'Hestroy.
8	Zum Fortgang s. unten Dok. 511.

501
M. Laurent, Ambassadeur de France à Berlin, à
M. Leygues, Président du Conseil, Ministre des Affaires Etrangères.

T. n° 2198-2200. Déchiffrement.   Berlin, le 27 novembre 1920, 23 h 45.
(Reçu: le 28, 2 h 30, 2 h 15.)[1]

Le Ministre des Affaires Etrangères[2] avait fait demander il y a dix jours au Général Nollet (s'il) consentirait éventuellement à recevoir M. von Kahr. Le Président de la Commission de contrôle militaire n'avait pas cru pouvoir refuser mais avait posé comme condition que l'entretien aurait lieu sous les auspices du Gouvernement du Reich et à titre de simple information. M. von Kahr, accompagné de M. Goeppert, est venu hier voir le général. Il lui a donné lecture d'un mémoire, très modéré dans la forme et le fond exposant l'origine des Einwohnerwehren et les représentants comme une institution essentiellement démocratique de caractère, et pacifique d'aspirations, destinée à suppléer provisoirement à l'insuffisance de la police régulière. Le Général s'est borné à remercier sans exprimer aucune opinion.

M. von Kahr a dit ensuite au général que, s'il avait l'intention de se rendre à Munich, comme les journaux l'avaient annoncé, les autorités bavaroises seraient heureuses de lui donner toutes facilités pour accomplir son inspection. Le général a répondu que ce déplacement n'entrait pas pour le moment dans ses projets.

Le Président de la Commission de contrôle militaire a reçu le Ministre Président de la Bavière avec une grande courtoisie mais avec une extrême réserve(.) Cette attitude était d'autant plus nécessaire que, d'après des informations de bonne source, M. von Kahr était venu avec l'illusion que l'Entente n'attachait pas une importance capitale au désarmement des Einwohnerwehren.[3] Si le général Nollet avait confirmé cette impression (le Gouvernement) du Reich se serait bien gardé d'insister (auprès du) Gouvernement bavarois avec lequel (il ne) désire pas entrer en conflit.

M. von Kahr a eu avec Lord D'Abernon un entretien sur lequel je n'ai pas encore de détails.[4]

---

1 Allemagne 62, fol. 138-140.
2 Walter Simons.
3 Zu den Hintergründen der Reise von Kahrs, der vom 24.-26.11.1920 in Berlin weilte, um über die Einwohnerwehr-Frage zu verhandeln, s. Protokoll der Kabinettssitzung vom 19.11.1920, AdR, Kabinett Fehrenbach, Dok. 115 S. 289ff bzw. von Kahrs Schreiben an Simons vom 1.12.1920, ADAP A IV, Dok. 70 S. 132ff.
4 Zum Treffen am 25.11.1920 mit von Kahr s. Viscount D'ABERNON, Botschafter der Zeitenwende, Bd. 1 S. 111ff, Eintragung vom 26.11.1920. Mit T. n° 2201 vom 27.11.1920 meldete Laurent: "Une note de (mot passé) annonce le départ de M. von Kahr pour Munich et ajoute que pendant les deux jours qu'il a passés à Berlin, il a conféré de la question des Einwohnerwehren avec le Chancelier, le Ministre des Affaires Etrangères, l'Ambassadeur d'Allemagne à Paris et le commissaire au désarmement. La note ne donne aucune indication sur les résultats de ces entretiens et se borne à faire savoir que le Président du Conseil bavarois a vu l'ambassadeur d'Angleterre et le Général Nollet et s'est efforcé de les convaincre de la nécessité de conserver *pour le moment encore* les gardes civiques en Bavière." Vgl. Allemagne 62, fol. 141.

502
Note de M. Tirard, Haut-Commissaire de la République Française dans les Provinces du Rhin, aux Délégués Supérieurs de Provinces et de Districts.

N° 630 S/A.T.R.P.   Paris, le 28 novembre 1920.[1]

Personnelle.
Confidentielle.
Le voyage du Chancelier Fehrenbach et du Dr Simons, Ministre des Affaires Etrangères, à Cologne et à Aix-la-Chapelle[2], ont donné lieu aux incidents ci-après:

Les Ministres ont repris, dans des réunions de caractère politique, les allégations déjà annoncées à la tribune du Reichstag par le Dr Koch, Ministre de l'Intérieur contre les Autorités et les Armées d'occupation et contre les charges de l'occupation, présentées comme incompatibles avec celles des Réparations.[3]

En outre, le Dr Simons à Aix-la-Chapelle s'est élevé contre le transfert d'Eupen et de Malmédy à la Belgique.[4]

I.- La Haute-Commission, sur la proposition du Haut-Commissaire français, avait déjà, à l'occasion du discours du Dr Koch, adressé des représentations au Commissaire d'Empire Monsieur von Starck.[5] En outre, sur la proposition unanime des Hauts-Commissaires, chaque gouvernement allié a adressé au Gouvernement allemand une note de protestation et de réfutation contre les allégations inexactes du Dr Koch. Ci-joint le texte de cette note commune et copie du procès-verbal de la H.C.I.T.R.[6]

II. - Dès qu'il a eu connaissance du discours de Cologne et d'Aix-la-Chapelle le Haut-Commissaire français a fait connaître à ses collègues qu'il donnait l'ordre aux autorités françaises d'arrêter les Ministres allemands si, en zone française, ils venaient à se livrer à des manifestations analogues.

Les Ministres allemands ne sont en effet pas couverts par la immunité diplomatique.

Ils doivent observer les prescriptions des ordonnances de la Haute-Commission, relatives aux réunions politiques. De plus, aucun fonctionnaire allemand ne peut agir en Territoires Occupés, sans que sa nomination n'ait été soumise préalablement à la Haute-Commission, et la Haute-Commission a notifié au Commissaire d'Empire qu'aucune action administrative ou autre ne pouvait s'exercer en Territoires Occupés autrement que par l'intermédiaire d'un fonctionnaire responsable devant les autorités d'occupation.[7]

III.- Le Gouvernement français, saisi par le Haut-Commissaire des faits et décisions ci-dessus, a prescrit à son Ambassadeur à Berlin[8] d'effectuer une démarche commune avec ses collègues alliés et associés à l'effet de notifier aux Ministres Allemands que les Gouvernements alliés considèrent comme inadmissible l'attitude des Ministres allemands dans les Territoires occupés, comme inopportun leur retour et leur fait connaître les sanctions auxquelles ils s'exposeraient, le cas échéant.[9]

IV.- Les indications sont portées à Votre connaissance, à titre confidentiel.

Vous devrez me faire connaître immédiatement toute information qui vous parviendrait au cas de visites officielles ou non de Ministres du Reich ou d'état afin de me mettre à même de vous adresser des instructions en temps utile.

Au cas où vous seriez avisé de la présence d'un membre du Gouvernement allemand sans avoir eu le temps matériel de m'en référer vous auriez à vous présenter en personne au dit Ministre à l'effet de lui notifier en termes courtois, mais précis:

a) - que vous êtes informé par le Gouvernement français qu'il s'est élevé contre l'opportunité de sa visite

b) - qu'il ne peut exercer aucune de ses attributions en Territoires occupés sans en avoir référé préalablement à la H.C.I.T.R.

c) - qu'il s'expose à des sanctions judiciaires immédiates s'il est passé outre.

---

1 AN, AJ 9 3825. Maschinenschriftlicher Durchschlag.
2 Vgl. oben Dok. 475 und Dok. 476.
3 Vgl. oben Dok. 466.
4 Vgl. oben Dok. 482.

5   Vgl. oben Dok. 491.
6   Nicht abgedruckt.
7   Vgl. den Bericht von Ryan an Curzon vom 28.11.1920, DBFP 1/X, No. 241 S. 338f.
8   Charles Laurent.
9   Vgl. unten Dok. 511.

503
*M. Laurent, Ambassadeur de France à Berlin, à
M. Leygues, Président du Conseil, Ministre des Affaires Etrangères.*

D. n° 718.   Berlin, le 29 novembre 1920.[1]

Survivance des Commissions de contrôle

Ma dépêche N° 700 du 22 Novembre entretenait Votre Excellence des difficultés que présenterait la surveillance militaire de l'Allemagne après la disparition des Commissions de contrôle.[2]

Au cours d'une récente conversation, l'Ambassadeur d'Angleterre[3] m'a dit les préoccupations qu'il éprouvait à ce sujet. J'en ai profité pour réfuter la thèse qui m'avait été soutenue par un officier général anglais, et qui tendait à faire assurer, par les attachés militaires, le ministère public de la Société des Nations. Après m'avoir donné raison, Lord D'Abernon a préconisé une solution analogue à celle que mentionnait ma dépêche N° 675 du 7 Novembre[4]: obtenir, sinon la prolongation des Commissions de contrôle, du moins la survivance d'organes la représentant, comme contre-partie d'une concession importante faite aux intérêts allemands. Toutefois mon collègue liait cette fois la question, non plus au maintien des Einwohnerwehren, mais à l'admission de l'Allemagne dans la Société des Nations.

Présentée sous cette forme, l'idée mérite au moins d'être examinée. L'acceptation d'un contrôle militaire efficace serait évidemment la meilleure garantie des intentions pacifiques qui pourraient mériter à l'Allemagne l'accès de la Société des Nations.

---

1   Allemagne 223, fol. 1r, v.
2   Nicht abgedruckt. Laurent hatte darin über die Absicht Großbritanniens berichtet, General Malcolm nach Beendigung seiner Tätigkeit im Rahmen der C.M.I.C. gegebenenfalls zum Militärattaché der britischen Botschaft ernennen. "On peut d'ailleurs se demander si, au point de vue anglais, la nomination d'un attaché militaire à Berlin ne préjuge pas non seulement l'existence, mais encore la succession des commissions de contrôle. La thèse française paraît être que les commissions de contrôle devraient, en quittant l'Allemagne, y laisser des délégations chargées de continuer leur œuvre au nom de la Société des Nations. La thèse anglaise, au contraire, d'après les échos qui me sont parvenus, consiste à faire surveiller le désarmement de l'Allemagne par les Attachés militaires. Ceux-ci communiqueraient leurs renseignements à la Société des Nations qui enverrait, le cas échéant, des missions temporaires pour constater les manquements au Traité. Point n'est besoin d'insister sur les difficultés que les Attachés mi-

litaires rencontreraient dans un rôle peu compatible avec leur caractère diplomatique et sur le peu d'efficacité que présenterait l'intervention nécessairement tardive de la Société des Nations." A-Paix (1914-1920) 101, fol. 196-198, hier fol.197f. Vgl. ergänzend auch oben Dok. 498.
3   Lord D'Abernon.
4   Vgl. oben Dok. 465.

504
M. Laurent, Ambassadeur de France à Berlin, à
M. Leygues, Président du Conseil, Ministre des Affaires Etrangères.

D. n° 720. Berlin, le 29 novembre 1920.[1]

A.s. des Rapports économiques entre la Pologne et l'Allemagne

Le Ministre de Pologne à Berlin[2] m'a remis un aide-mémoire relatif aux rapports économiques entre son pays et l'Allemagne.

J'ai l'honneur de faire parvenir ci-joint ce document à Votre Excellence.

Annexe:

Aide-Mémoire

Le Gouvernement Polonais désireux de régler les rapports économiques polono-allemands a envoyé à Berlin le 2.XI.20 une délégation conduite par le Sous-Secrétaire d'Etat Dr. H. Strasburger la chargeant de proposer au Gouvernement Allemand la conclusion d'une convention économique.[3]

Le Gouvernement Polonais était d'avis, que les négociations, relatives à cette convention, devaient être menées à l'exclusion de toutes questions politiques, qui par leur nature même nécessitent pour leur règlement un temps plus long, alors que la convention économique peut et devrait être conclue le plus rapidement possible pour mettre fin au chaos qui règne actuellement dans les rapports économiques polono-allemands.[4]

Le Gouvernement Allemand ne consentit pas à séparer les questions économiques des questions politiques en faisant dépendre la conclusion d'une convention économique de négociations simultanées sur des questions politiques résultant de l'exécution des stipulations du Traité de Versailles.

Les négociations n'ont par conséquent abouti à aucun résultat, et la guerre économique entre la Pologne et l'Allemagne continue par la faute du Gouvernement Allemand et contrairement à la volonté de la majeure partie des commerçants allemands, qui se rendent compte de la nécessité d'entretenir de bons rapports commerciaux avec la Pologne.

Le Ministère Polonais des Affaires Etrangères estime de son devoir d'attirer l'attention des Gouvernements des Puissances Alliées sur la guerre économique qui existe actuellement entre la Pologne et l'Allemagne et qui est en rapport avec la question de la Haute-Silésie. La résurrection économique de la Pologne dépend en première ligne de l'achat de machines et de matières premières. Au cas où la Haute-Silésie qui est en mesure de satisfaire d'une manière très serieuse nos besoins en machines et matières premières, reviendrait à l'Allemagne, la Pologne se verrait livrée à la merci de l'Allemagne qui pourra forcer chacune de ses exigences du domaine politique par la menace de représailles économiques.

Le Gouvernement Polonais tient à souligner, qu'il s'est de son côté adressé à plusieurs reprises au Gouvernement allemand avec la proposition d'aplanir les conflits qui enveniment les rapports économiques polono-allemands; chaque fois, cependant le Gouvernement Polonais se heurta, à une réponse semblable à celle, que reçut M. le Sous-Secrétaire d'Etat Dr. Strasburger.

Le Gouvernement Polonais a à maintes reprises fourni des preuves jusqu'à quel point il désire être un facteur d'équilibre dans la vie économique de l'Europe, comme dernièrement p. ex. en consentant à la sortie de Pologne de barques pourtant si nécessaires à la Pologne et en accordant la permission d'exporter en Allemange de grandes quantités de produits pétrolifères.[5]

Berlin, le 23 Novembre 1920.

---

1 Pologne 246, fol. 61-63.
2 Ignacy Szebeko.
3 Die Reichsregierung hatte im Mai gegen Polen eine Ausfuhrsperre für alle Waren mit Ausnahme von Luxusartikeln und Waren von wirtschaftlich untergeordneter Bedeutung und Menge verhängt, "um Polen seine Abhängigkeit von deutschen Industrieerzeugnissen stärker fühlbar zu machen und es dadurch zu Verhandlungen über ein umfassendes Wirtschaftsabkommen zu veranlassen", so Reichswirtschaftsminister Scholz in einem Schreiben an Fehrenbach vom 22.10.1920, AdR, Kabinett Fehrenbach, Dok. 93 S. 242ff., Zitat hier S. 242. Am 9.11.1920 beschloß das Kabinett, die Ausfuhrsperre aufrecht zu erhalten, s. ebenda, Dok. 106 P. 5, S. 270.
4 Zur Haltung der polnischen Regierung s. Graf von Oberndorffs Bericht über ein Gespräch mit Fürst Sapieha, ADAP A IV, Dok. 43 S. 85ff.
5 Zum Fortgang s. unten Dok. 538.

505
*M. Dard, Ministre Plénipotentiaire de France à Munich, à
M. Leygues, Président du Conseil, Ministre des Affaires Etrangères.*

T. n° 256. Munich, le 29 novembre 1920, par courrier.[1]

Je me réfère aux télégrammes [1]06-09 de Votre Excellence[2] et à mon télégramme 255[3].

L'opposition qui s'est depuis six mois manifestée entre le Gouvernement du Reich et celui de la Bavière à propos du désarmement de l'Einwohnerwehren est le terrain même sur lequel s'est développé, au cours de cette année, le fédéralisme bavarois. C'est elle qui a déterminé l'envoi à Munich d'un Représentant de la République et offert une prise à notre action. Si Votre Excellence estime que cette question "n'est à aucun degré une affaire franco-bavaroise", c'est évidemment qu'une antinomie foncière existe entre l'application intégrale du Traité de Versailles qui implique le respect de l'unité du Reich, et des encouragements donnés au fédéralisme bavarois. Il serait vain de se le dissimuler et il ne paraît plus utile d'examiner en face cette situation pour en prévenir les fâcheuses conséquences.

Envoyé à Munich au moment où l'idée de séparatisme en Allemagne avait la faveur publique, j'ai cru de mon devoir d'affirmer qu'il n'y avait pas en Allemagne de partisans du séparatisme sinon à titre provisoire en cas d'un révolution bolcheviste à Berlin. Quant au fédéralisme, qui est un germe sérieux de division et auquel la défaite de la Prusse donne une force et une signification nouvelles, il offrait le grave danger de viser à un rattachement de l'Autriche. Mais le socialisme unitaire et pangermaniste est plus dangereux encore. Les avertissements que j'ai été autorisé à donner au Gouvernement bavarois et au Docteur Heim[4], surtout le résultat des récentes élections autrichiennes[5] ont d'ailleurs diminué le danger du fédéralisme d'une manière efficace. Le vote par le parti populaire bavarois du programme de Bamberg[6] marque une étape importante du fédéralisme.

Comme Votre Excellence veut bien le constater, j'ai, d'autre part, exprimé l'opinion que nous n'avions pas, en égard à notre politique bavaroise, à <diminuer?>[7] la sévérité de l'application du Traité de Versailles, car, plus le sort de l'Allemagne deviendrait insupportable, plus la Bavière serait prompte à s'en détacher. Mais il va de soi, qu'il faudrait atteindre la Bavière par l'Allemagne et non pas l'Allemagne par la Bavière. Si nous ne donnons pas à la Bavière l'impression que nous sommes avec elle contre le Reich dans la question de l'Einwohnerwehr, qui pour elle est capitale, nous perdrons l'espèce de faveur, très différente de la popularité, que nous commencions à y posséder; il ne nous resterait de ressource pour <sister?> l'Allemagne que dans la contrainte.

Cet inconvénient est fort aggravé par l'attitude que commencent à prendre les agents anglais en Allemagne. Il y a six mois le Gouvernement britannique ne croyait pas à l'existence du fédéralisme bavarois. Le vote du programme de Bamberg l'a détrompé. Il a compris que ce fédéralisme incarné dans l'Einwohnerwehr, était une force d'ordre et de conservation, propre à raffermir l'Allemagne, ce qui est son vœu secret. Il ne s'est pas dissimulé, d'autre part, qu'il pouvait être entre nos mains un instrument de division et qu'il fallait donc à la fois en user et le contenir. C'est ce qui explique l'attitude actuelle des agents anglais[8], qui sera bientôt manifeste chez le Gouvernement britannique lui-même, et qui tend au maintien d'une partie de l'Einwohnerwehr bavaroise, armée de l'ordre et de la Monarchie. Comme pour le jugement de Guillaume II[9] et la punition des coupables[10], le Gouvernement britannique ne s'embarrassera pas de logique et l'Allemagne lui en saura gré.

Ainsi après avoir envoyé ici un Ministre par surprise et contre la Constitution allemande, après avoir été désavoués en fait par nos alliés, dont aucun, même la Belgique, n'a consenti à imiter notre geste, ce serait l'Angleterre qui prendrait à la fois sur nous l'avantage et du respect de la constitution allemande et de la reconnaissance des Bavarois.

Il est une autre considération sur laquelle on ne saurait trop insister. Au moment où l'armée bolcheviste s'approchait de Varsovie, quand une grave menace paraissait remettre en question les résultats de la victoire, le Nord de l'Allemagne semblant entraîné par le bolchevisme national dans l'espoir d'une revanche immédiate, le Gouvernement bavarois nous a fait savoir secrètement qu'au cas où un Gouvernement bolcheviste s'établirait à Berlin, il marcherait sur la Prusse avec les unités de Reichswehr stationnées en Bavière, l'Einwohnerwehr étant chargée de maintenir l'ordre en ce pays (Voir mon rapport secret n° 16 du 11 août[11]). Certes, il était alors précieux pour nous de savoir qu'une Allemagne alliée aux bolchevistes serait embarrassée d'une guerre civile. Sommes-nous assurés que ces circonstances ne se reproduiront pas et devons nous désarmer d'avance l'Allemagne anti-bolcheviste, sans l'assurer tout au moins, qu'elle pourrait compter sur notre aide immédiate dans une lutte où elle deviendrait notre allié?

L'Einwohnerwehr bavarois est à la fois l'armée de l'ordre et de la Monarchie. A ce dernier titre, elle peut nous être suspecte puisqu'elle a l'appui des militaristes comme Escherich et Ludendorff. Mais tel est en vérité le particularisme bavarois, catholique et monarchique. Le régime de Kurt Eisner n'a été que celui d'un soviet local, organisé par le juif russe Levien, et qui luttait contre l'armée de Noske. Restauré en Bavière, il n'est pas certain que le régime monarchique s'étende à la Prusse, où nous pourrons toujours nous opposer d'une manière catégorique au retour des Hohenzollern. A Berlin, nous devons favoriser la République, avec une telle opposition de régime entre le Nord et le Sud, on pourrait alors reparler de séparatisme en Allemagne.

Ces observations ne sont pas certes des critiques contre la politique nationale d'application rigoureuse du Traité de Paix. Elles ne visent qu'à établir que nous ne saurions renoncer sans danger à avoir une politique bavaroise au moment même où l'Angleterre en inaugure une.[12] Cette politique aura de notre part plus d'ampleur et de facilités quand l'application du Traité sera assurée ou bien quand nous aurons dû y renoncer pour recourir à l'action directe. D'ici là nous sommes en effet tenus à une grande prudence, mais cette prudence implique aussi même à présent certains ménagements pour la Bavière en vue de l'avenir.

---

1   Papiers d'Agents, Dard 19 (ohne Folio).
2   Im Namen von Leygues hatte Peretti de la Rocca am 21.11.1920 an Dard geschrieben: "La question du désarmement des Einwohnerwehre[n] à un caractère interallié; elle n'est, à aucun degré, une affaire franco-bavaroise, le Général Nollet agit en tant que président de la Commission de Contrôle interalliée et sa nationalité n'a pas à entrer en ligne de compte.

La résolution de Spa, qui a prévue l'occupation éventuelle de la Ruhr en cas de non exécution des clauses du traité sur le désarmement, est essentiellement un acte interallié. M. Lloyd George, a, d'ailleurs, plus que tout autre, insisté, au cours de la discussion, sur la réalisation rigoureuse des clauses de désarmement. Même si les paroles prêtées par nos informateurs aux agents anglais à Munich étaient reconnues exactes, rien ne nous permet de penser que le Gouvernement britannique ait changé d'opinion depuis Spa et qu'il favorisait une tolérance spéciale pour la Bavière, tolérance dont s'autoriserait certainement le Reich pour éluder ou réduire ses propres engagements.

Dans ces conditions, je vous prie de bien marquer dans tous vos entretiens le caractère *interallié* de la question du désarmement des Einwohnerwehre[n] afin qu'elle ne puisse être considérée comme un problème se posant entre la France et la Bavière.

D'autre part, je verrais de graves inconvénients, à ce que vous donniez, même par une voie indirecte et non officielle, l'assurance envisagée dans votre télégramme n° 230, "que le refus de désarmer les Einwohnerwehre[n] ne serait pas pris par nous comme prétexte pour occuper la Ruhr, si nous étions obligés d'en venir à ces sanctions contre l'Allemagne". Une telle déclaration irait très au-delà de la réponse orale que vous aviez été autorisé à faire, à titre personnel, à M. von Kahr par le télégramme n° 52 de mon prédécesseur auquel je vous prie de vous reporter.

Comme M. Millerand vous le marquait dans ce document, l'axe de notre politique en Allemagne est l'exécution même du Traité. Nous ne saurions donc, dans aucun cas, nous prêter à des conversations qui peuvent tendre à *la violation des stipulations de ces actes*. Du reste, votre correspondance a fait ressortir, d'une part, les dangers de la conception fédéraliste qui est actuellement en faveur à Munich, et, d'autre part, les avantages que nous avons, même au point de vue de notre politique bavaroise, à ne pas nous départir des exigences résultant du Traité; c'est, en effet le meilleur moyen d'amener la Bavière à constater l'impuissance du Reich à lui assurer la réalisation de ses propres desseins.

Je vous serais donc obligé d'éviter tout ce qui pourrait laisser espérer au Gouvernement de Munich que nous sommes disposés à fermer les yeux sur le maintien de milices organisés en violation des clauses de Versailles et du Protocole de Spa." Allemagne 62, fol. 142-144.
3   Nicht abgedruckt.

4   Vgl. oben Dok. 469.
5   Vgl. ebenda, Anm. 5.
6   Vgl. oben Dok. 422 Anm. 3.
7   Lesart hier sowie im folgenden jeweils unsicher.
8   Vgl. unten Dok. 506.
9   Vgl. oben Dok. 26.
10 Vgl. oben Dok. 33.
11 Vgl. oben Dok. 352.
12 Vgl. unten Dok. 513.

506
*M. Dard, Ministre Plénipotentiaire de France à Munich, à
M. Leygues, Président du Conseil, Ministre des Affaires Etrangères.*

D. n° 168.   Munich, le 30 novembre 1920.[1]

A.s. Visite du Général Malcolm.

Le Général Malcolm est venu passer quelques jours à Munich.[2] D'après les journaux bavarois, il s'y serait rendu pour régler avec le Gouvernement bavarois la question du désarmement des Einwohnerwehren.

Le Général est venu me voir et m'a déclaré qu'il était envoyé par Lord D'Abernon pour s'enquérir de la situation générale en Bavière tant au point de vue politique qu'industriel. Il avait vu M. de Kahr à Berlin[3] avant son départ et ne l'avait pas revu à Munich.

En ce qui concerne le désarmement des Einwohnerwehren, le Général Malcolm estime, d'accord avec Lord D'Abernon, que le chiffre des Einwohnerwehren est trop élevé pour les besoins de la Bavière, que le Gouvernement bavarois autorise trop de concours de tir et de remise de drapeaux, qui réveillent le sentiment belliqueux, mais que le Gouvernement bavarois est cependant sincère dans son souci de résister au bolchevisme, qu'il convient d'en tenir compte et de régler la question par un *compromis*, c'est-à-dire de conserver pour une période limitée et peut-être renouvelable l'armement d'une partie de l'Einwohnerwehr. Sur mon observation qu'il serait alors difficile de ne pas accorder la même autorisation à d'autres Etats allemands, plus menacés par le bolchevisme, le Général a répondu que la Bavière seule avait vraiment souffert du régime des Soviets.

Comme le Général Malcolm me demandait mon sentiment personnel, j'ai répondu que j'entretenais de très bons rapports avec le Gouvernement bavarois et que j'avais le sincère désir de lui être agréable en tant que cela m'était possible, mais que je n'avais pu depuis mon arrivée à Munich que répéter constamment à M. de Kahr que l'application des décisions de Spa, comme celle du Traité de Paix lui-même, était une affaire interalliée, qui ne pouvait être traitée à Munich. C'est à tort que certaines personnes avaient pu accuser le Gouvernement français d'avoir une attitude différente à cet égard à Berlin et à Munich. Jamais je n'avais laissé le moindre doute à M. de Kahr sur la politique nette et absolument correcte vis-à-vis de ses alliés du Gouvernement de la République et sur sa ferme volonté d'appliquer le Traité de Paix.

Mon interlocuteur n'a pas insisté et a convenu que l'affaire des Einwohnerwehren ne pouvait être traitée qu'à Londres ou à Paris, mais son sentiment n'est pas douteux, non plus que celui du Consul anglais à Munich[4] et le Gouvernement bavarois en a connaissance. La presse oppose déjà la réserve française à la bienveillance anglaise. Elle déclare que le Gouvernement anglais se rend compte des dangers du bolchevisme, veut aider la Bavière à y échapper et que la note que le Gouvernement du Reich adressera en réponse au Général Nollet d'accord avec le Gouvernement bavarois, est déjà approuvée à Londres.

L'entretien s'est ensuite détourné de la question des Einwohnerwehren pour se porter sur l'Allemagne tout entière. Le général Malcolm a eu un entretien avec l'ancien Ministre de Kurt Eisner, le député socialiste Auer. Celui-ci a déclaré que malgré la force du mouvement monarchiste en Bavière, il ne croyait pas à sa réussite si les socialistes étaient sages et, comme il le leur conseille, ne se livraient à aucune provocation. Le Général Malcolm a ajouté qu'en Prusse, les tendances bolchevistes s'apaisaient aussi, mais que le sentiment républicain y était assez fort.

J'ai su que le Général Malcolm avait eu une longue conversation avec Escherich et qu'il avait communiqué avec Ludendorff par l'entremise de Rechberg, qui ne le quitte pas.

Rechberg déclare partout qu'il a convaincu le Général Malcolm de l'utilité des Einwohnerwehren pour le maintien de l'ordre, que le Gouvernement anglais est décidé à donner satisfaction à la Bavière et qu'il est de même résolu à empêcher la France d'occuper la Ruhr.

---

1 Papiers d'Agents, Dard 13 (ohne Folio). Maschinenschriftlicher Durchschlag, ohne Unterschrift.
2 Vgl. dessen Bericht über seinen Besuch in Bayern vom 26.11.-1.12.1920 vom 2.12. 1920, DBFP 1/X, Enclosure to No. 328 S. 452f.
3 Zum Besuch von Kahrs in Berlin s. oben Dok. 501. In seinem Bericht für das Foreign Office gab General Malcolm allerdings an, in München unter anderem auch mit von Kahr gesprochen zu haben, s. oben Anm. 2.
4 Robert T. Smallbones.

507
M. Laurent, Ambassadeur de France à Berlin, à
M. Leygues, Président du Conseil, Ministre des Affaires Etrangères.

D. n° 730. Berlin, le 3 Décembre 1920.[1]

A.s. de la situation parlementaire du Cabinet Fehrenbach.

La situation parlementaire du Cabinet Fehrenbach, qui n'a jamais été bien solide, apparaît de plus en plus précaire. C'est ainsi qu'à la séance d'avant-hier, les Socialistes, profitant de l'absence fortuite de nombreux députés bourgeois, ont réussi à faire voter à main levée la mise en liberté du Député néo-communiste, Remmele, arrêté récemment à Munich en flagrant délit d'excitation à la révolution.

Ce vote de surprise, de peu d'importance en lui-même, est à rapprocher d'un incident qui s'est produit, il y a quelques jours, lors de la discussion d'une interpellation de la droite sur la récente grève des électriciens.[2] Une motion, présentée par les partis de la coalition gouvernementale, et combattue par les Socialistes a failli être rejetée. Le Cabinet n'a finalement obtenu la majorité que parce que les Nationaux allemands, qui s'étaient abstenus lors de la première épreuve, déclarée douteuse, se sont décidés, à la contre-épreuve, à voter pour le Gouvernement.

Sans vouloir exagérer la portée de pareils faits, il est difficile de n'en pas déduire que le Ministère est à la merci d'un incident de séance ou d'un accès de mauvaise humeur des Nationaux allemands, de la neutralité desquels il ne semble guère pouvoir se passer.

Le Cabinet a vécu jusqu'ici de sa faiblesse. Les partis d'opposition l'ont laissé vivre par indulgence, se sachant en mesure de le renverser dès qu'il leur en prendrait fantaisie. Cette situation peut se prolonger encore quelque temps. Mais le jour où le Gouvernement se trouvera dans la nécessité de se prononcer nettement sur une question importante, il est à craindre qu'il ne trouve contre lui un faisceau d'opposants, qu'il sera trop faible pour rompre. La question de la socialisation des mines de charbon[3], qui traîne depuis des mois devant diverses commissions, mais qu'il faudra bien tôt ou tard se résoudre à aborder franchement, celle de l'emprunt forcé[4], qui, longtemps enterrée par une sorte d'entente tacite de tous les partis, vient de revivre brusquement à la suite d'une intervention vigoureuse du Directeur de la Banque d'Empire[5], paraissent recéler des embûches dont le Cabinet Fehrenbach, hésitant et divisé, aura peut-être quelque peine à se tirer.

---

1 Allemagne 287, fol. 59-60.
2 Zum Streik der Berliner Elektrizitätswerke vgl. oben Dok. 472 Anm. 4.
3 Vgl. oben Dok. 490.
4 Gemeint ist die Erhebung des ”Reichsnotopfers”, vgl. unten Dok. 540 Anm. 4.

5   Rudolf Havenstein.

508
Note du Service d'Informations Politiques
de l'Ambassade de France à Berlin.

Berlin, le 4 décembre 1920.[1]

Copie.
La Constitution Prussienne.

L'Assemblée prussienne, élue le 26 Janvier 1919, vient de voter enfin en *3e lecture (25 Novembre)*[2] la nouvelle constitution de la Prusse. Dès Février 1920 l'ancien Ministre de l'Intérieur W. Heine avait rédigé ce projet. On n'estima pas qu'il fut de nature à donner satisfaction aux provinces prussiennes, travaillées d'un profond désir d'émancipation. L'Assemblée a donc transformé de fond en comble le projet Heine, elle y a mis le temps, il est vrai que la tâche n'était pas aisée.

Le Gouvernement prussien se trouvait en présence de tendances antagonistes qu'il lui a fallu concilier. D'une part les partisans irréductibles de la vieille Prusse (au premier rang le Comte Westarp), tenaient le raisonnement suivant: C'est la Prusse qui a fait l'Allemagne, sa force, sa cohésion ont été les agents de l'unité nationale. L'amoindrir, la priver d'un pouvoir central énergique, de l'autorité d'un chef d'Etat, c'est la livrer aux entreprises séparatistes, et c'est du même coup préparer la dislocation du Reich. D'autre part, les députés de certaines provinces (en particulier le centre rhénan) ou les rancunes contre la Prusse se sont singulièrement renforcées depuis le débâcle, disaient: "Nous sommes allemands avant d'être prussiens. Pour appartenir au Reich, nous n'avons pas besoin de l'intermédiaire de la Prusse. Patiemment, légalement, nous voulons nous émanciper d'une tutelle qui, pour toute sorte de raisons (économiques sociales religieuses) nous est odieuse. A l'Assemblée Prussienne, c'est surtout le député Lauscher qui a exposé ce point de vue.

Entre ces deux camps adverses, les partis de gauche démocrates, social-démocrates (ainsi d'ailleurs que certains membres du centre résolument unitaires, tels que Stegerwald, des syndicats chrétiens) soutenaient la thèse suivante, qui a fini, en somme, par triompher: Républicains unitaires, nous aspirons à la République allemande une et indivisible. Cependant, tant que les autres Etats allemands, par exemple la Bavière, prétendront conserver certains de leurs droits, et revendiqueront avec l'énergie que l'on sait leur autonomie, nous ne voyons pas pourquoi nous décréterions la disparition de la Prusse et sa dissolution au sein du Reich. D'autre part cette Prusse, qui au point de vue territorial occupe les 2/3 du Reich est trop centralisée. Il est des provinces dont il serait dangereux de comprimer plus longtemps les aspirations. Voyons donc comment nous pourrions leur donner un peu d'air.

Ces bons républicains ont donc commencé par poser les principes suivants: La Prusse est une République. Les représentants du peuple prussien sont élus selon les mêmes méthodes démocratiques que leurs collègues du Reichstag, le Gouvernement prussien devra avoir la confiance des représentants du peuple. Aux termes de la nouvelle constitution prussienne comme celle de Weimar, le peuple a le droit de proposer une loi voulue par la majorité des citoyens, de modifier et d'abolir toute loi qu'il désapprouve, en se servant des deux armes qui lui sont accordées: "le vœu populaire" et la "décision populaire"; restant en dehors de ces initiatives, les lois financières, fiscales et celle qui réglementent les traitements. C'est le Landtag qui élit le Président du Conseil, lequel constitue son Gouvernement, responsable devant le Landtag. La Prusse n'aura pas de Chef d'Etat. Nous voilà loin du Gouvernement prussien de jadis, de ces Ministères quasi-tout puissants dans le Reich. L'absence de tout pouvoir central personnel, la toute puissance du Landtag ont provoqué de la part des Conservateurs des protestations passionnées, mais impuissantes.

Ayant ainsi dûment enterré jusqu'aux derniers vestiges de la monarchie prussienne, les partis de la majorité prussienne, les partis de la majorité ont tenu à conserver une république prussienne imposante; ils ont voulu en faire une demeure plus habitable pour les populations provinciales, qui vont continuer, jusqu'à nouvel ordre, à en faire partie. Dans ce dessein ils ont adjoint au Landtag une deuxième chambre, le Conseil d'Etat "*Staatsrat*". Ce Conseil n'aura guère qu'un droit d'ajournement à l'égard des résolutions prises par le Landtag. Quand celles-ci seront votées par le Landtag à la majorité des 2/3, elles auront force de loi, malgré l'opposition éventuelle du Conseil d'Etat. Si elles ne sont votées qu'à la majorité simple, elles devront, en cas de constatation, faire l'objet d'un référendum. Par ailleurs, le Staatsrat surveillera l'Administration, émettra son avis sur les projets de loi[,] sera admis à en proposer luimême. Il sera l'émanation des provinces, c'est à dire des Landtags[sic!] provinciaux qui, eux aussi, seront élus au suffrage direct et enverront au Conseil d'Etat un représentant par 100.000 habitants. Grace au Conseil d'Etat, les provinces prussiennes jouiront à l'intérieur de la Prusse d'une situation analogue à celle des Etats dans le Reich.

La constitution sera complété par une loi sur l'Autonomie provinciale, qui sera publiée prochainement. En attendant, la constitution promet que, pour la nomination des hauts fonctionnaires provinciaux, le Gouvernement prussien devra se mettre d'accord avec les représentations provinciales.

La nouvelle constitution prussienne est, on le voit[,] un compromis, un "provisorium". Les conservateurs prussiens espèrent qu'après cet "épisode révolutionnaire", M. Preuß[2] "et sa bande" ayant été balayée par la contre-révolution la Prusse retrouvera, sous quelque main puissante, le rôle qu'elle avait mis des siècles à conquérir en Allemagne.

Les provinciaux autonomistes comptent sur le mouvement de désaffection générale envers le régime berlinois pour franchir rapidement l'étape que représente pour eux la constitution nouvelle. Ce qu'on a promis, se qu'on a dû promettre à la Haute-Silésie, peut-être faudra-t-il bien qu'on l'accorde un jour à la Rhénanie. Enfin les républicains unitaires estiment que la création de l'Etat National allemand est le but d'une évolution historique que rien ne peut arrêter. Les tendances centrifuges, disent-ils sont dues à des agitations et à des intrigues dont les causes profondes doivent être cherchées dans certains marchandages avec l'Entente, ou bien sont le résultat des crises économiques effroyables que l'Allemagne traverse. Dès qu'un fonctionnement à peu près normal des forces nationales sera rétabli, ces tendances, amorties d'autre part par le libéralisme de la nouvelle constitution s'annuleront rapidement.

Voici ce que nous dit à ce propos M. Preuß: "Le père de la Constitution de Weimar" qui a pris également à la rédaction de la constitution prussienne une part prépondérante:

"Il faut, dit-il, oublier l'histoire pour prétendre que nous continuons l'œuvre de Bismarck. Cette œuvre avait avant tout un caractère prussien. Bismarck emprunta certainement à l'Etat moderne tel que l'avait voulu le Parlement de Francfort, deux de ses revendications: le suffrage universel pour les élections au Reichstag et l'Armée Nationale. Mais il s'en servit pour édifier un faux Etat National contrôlé par une Prusse réactionnaire, autoritaire, et assuré de l'hégémonie. L'ère Bismarckienne est définitivement close. Nous reprenons l'évolution au point où Bismarck a réussi à la faire dévier. L'ancienne Prusse a fait totalement faillite. La nouvelle restait, à cause de ses dimensions, d'autre part à cause des aspirations autonomistes, un gros obstacle. La constitution nouvelle est une première tentative pour en triompher. Nous préparons prudemment la décompression des provinces prussiennes. Quand, sous l'action des faits économiques et politiques, les Etats allemands auront compris l'inutilité de leur résistance (artificiellement entretenue) contre l'Etat National unitaire, la Prusse elle aussi se fondra dans la République allemande. Il n'y aura plus alors de différence entre les "Länder" allemands: anciennes provinces prussiennes ou anciens états confédérés.

Le Nationalstaat auquel ont aspiré inlassablement les démocrates allemands depuis un siècle est au terme de ce développement difficile, malaisé, mais inéluctable.

---

1 AN, AJ 9 3925, es handelt sich hier um eine Kopie, die am 22.12.1920 per Bordereau d'Envoi vom Quai d'Orsay an Tirard übermittelt wurde.

2 Vgl. oben Dok. 73. Die Preußische Landesversammlung hatte die Verfassung in 3. Lesung am 30.11.1920 mit 280 gegen 60 Stimmen bei 7 Enthaltungen angenommen, s. Schulthess' Europäischer Geschichtskalender 36 (1920) S. 306f.

509
M. Laurent, Ambassadeur de France à Berlin, à
M. Leygues, Président du Conseil, Ministre des Affaires Etrangères.

T. n° 2234-2236. Déchiffrement. Berlin, le 5 décembre 1920,
0 h 10, 0 h 16.
(Reçu: 3 h 15, 3 h 30, 4 h 00.)[1]

Le Ministre des Affaires étrangères[2] m'a parlé du plébiscite de Haute-Silésie. Il m'a dit que, contrairement à l'impression que (pouvaient) causer les protestations très vives élevées par la (Prusse rhénane), le Gouvernement allemand n'avait pas encore pris partie au sujet des propositions alliées.[3] Il reconnaissait l'esprit de conciliation dont les puissances avaient fait preuve. Mais de sérieuses difficultés matérielles étaient à prévoir(,) aussi bien de transport que de logement. Les chemins de fer de la région étaient encombrés actuellement par suite de la baisse des eaux du fleuve. Les 250 à 300.000 personnes, qui avaient aisément trouvé l'hospitalité dans leur pays d'origine ne pourraient jamais être hébergées dans les villes de la rive gauche du Rhin. En fait, la récente proposition alliée ne profiterait qu'aux mineurs polonais de la Ruhr.

J'ai fait observer incidemment que le Gouvernement allemand était le premier intéressé à ce que les ouvriers, dont le travail lui permet de remplir les engagements pris à Spa, restassent le moins longtemps possible éloignés des fosses.

Le Dr. Simons a conclu en disant que le Cabinet ne prendrait pas sa décision avant d'avoir consulté la commission des affaires extérieures du Reichstag convoqué pour Mercredi[4]. Il a suggéré que la solution de la question serait peut-être facilitée si le Gouvernement allemand pouvait l'étudier de concert avec les représentants alliés. Je l'ai aussitôt arrêté en disant que seule la Haute-Commission d'Oppeln était compétente pour régler les modalités du plébiscite. Il s'est alors plaint que M. Korfanty ait eu la primeur des projets préparés par la Haute-Commission et ignorés jusqu'à présent par le Gouvernement allemand.

Je lui ai déclaré tenir pour invraisemblable que la Haute-Commission ait communiqué des documents de cette nature à l'une quelquonque des deux parties intéressées.

Quoiqu'en dise le docteur Simons, la campagne de presse dirigée contre les propositions alliées est inspirée par le Gouvernement allemand[5]. Mais j'incline à croire que, suivant sa tactique habituelle de marchandage, celui-ci ne sera pas intransigeant. Il est remarquable que les objections du Ministre sont restées d'ordre pratique et n'ont pas porté sur le principe.

---

1   Télégrammes, Arrivée de Berlin, 1920, 11.
2   Walter Simons.
3   Mit seiner Note vom 30.11.1920 hatte Lloyd George die deutsche und die polnische Regierung über die Absicht der alliierten Regierungen informiert, im Interesse eines ungestörten Ablaufs des Plebiszites in Oberschlesien die Klauseln des Versailler Vertrages in verschiedenen Punkten abzuändern. So sollten z. B. deutsche Abstimmungsberechtigte ohne derzeitigen Wohnsitz in Oberschlesien in Köln ihre Stimme abgeben. Zum Text der Note und deren Entstehungsgeschichte s. DBFP 1/XI, No. 93 S. 114ff sowie ebenda 1/VIII, No. 96 S. 819ff.
4   Am 8.12.1920. Zum Kabinettsbeschluß, die Note zurückzuweisen, zugleich aber die Bereitschaft zur Aufnahme von Verhandlungen zu erklären, s. Protokoll der Kabinettssitzung vom 7.12.1920, AdR, Kabinett Fehrenbach, Dok. 130 P. 6, S. 334.
5   Zur Reaktion der deutschen Presse auf die alliierten Vorschläge vgl. Laurents Telegramm n° 2229-2231 vom 3.12.1920, ebenda, sowie den Bericht von Lord D'Abernon an Curzon vom 6.12.1920, DBFP 1/XI, No. 99 S. 122f.

510
M. Laurent, Ambassadeur de France à Berlin, à
M. Leygues, Président du Conseil, Ministre des Affaires Etrangères.

T. n° 2237-2238. En Clair.   Berlin, le 5 décembre 1920, 0 h 16.
                                 (Reçu: 4 h 00.)[1]

Le Congrès du parti populaire allemand qui s'est ouvert hier à Nuremberg et auquel assistaient des représentants du Tyrol et de la Bohême a été marqué par un grand discours de Stresemann. Il a fait l'éloge des résultats obtenus par la participation du parti populaire au gouvernement, a critiqué la Révolution de 1918 comme antinationale, mais déclaré toutefois que, sans renoncer à l'espoir de voir un jour la monarchie rétablie, il acceptait comme un fait la constitution de Weimar. Stresemann a ensuite proclamé le devoir sacré de maintenir l'unite allemande et les droits historiques de la Prusse. Il s'est félicité que les efforts de son parti aient réussi à dépolitiser quelques uns de ministères les plus importants, dont celui des affaires étrangères. Il a exprimé la confiance du parti populaire en la politique du Docteur Simons, auquel il a reproché toutefois de ne pas tenir assez compte des sentiments profonds du peuple, notamment dans la question du Tyrol[2]. Sa conclusion qui a soulevé d'enthousiastes applaudissements a été que la paix de Versailles ne pouvait être le dernier mot de la politique européene et que l'histoire devait une réparation au peuple allemand.

Le Baron de Lersner a demandé une fois de plus la révision du traité. Le Docteur Zapf a ensuite exposé à grand renfort de données numériques les pertes et les charges imposées à l'Allemagne par la paix.

Le Congrès a finalement voté une résoluton en sept points qui "exige au nom du droit et de la liberté du peuple allemand:

1°- la réparation du préjudice qu'on a causé au peuple allemand en le contraignant à proclamer une culpabilité qu'il ne reconnaît pas intérieurement.

2°- La suppression de toute immixtion étrangère dans les droits de souveraineté de l'Allemagne et un traitement d'égal à égal dans les relations internationales.

3°- Des preuves précises à l'appui de toute demande de réparation formulée envers l'Allemagne.

4°- La réparation du préjudice causé par la confiscation des biens privés allemands.

5°- La restitution des mines de la Sarre, de la flotte de commerce allemande et des cables sousmarins.

6°- Un plébiscite dans tous les pays arrachés à l'Allemagne et dans ceux qui lui sont intérieurement unis, la diminution de l'occupation alliée à proportion de la réduction des armements allemands, le rétablissement de l'administration allemande dans les colonies allemandes.

7°- L'accomplissement de la promesse solennelle faite à l'Allemagne de détruire tout pouvoir arbitraire et de placer tous les peuples intéressés sur un pied d'égalité."

La résolution se termine par l'engagement pris au nom de tous les membres du parti de poursuivre inlassablement ces buts jusqu'à ce que le peuple allemand soit de nouveau uni et libre.

Une motion présentée par Mme Mende, au nom des femmes du parti populaire, répète les mêmes idées sous une forme encore plus nette.[3]

---

1 Allemagne 287, fol. 61-63.
2 Die diesbezüglichen Ausführungen von Simons vor dem Reichstag am 29.10.1920 (s. oben Dok. 457 Anm. 3), deren Wirkung in Italien wenig später durch einen Leserbrief des deutschen Botschafters in Rom an eine italienische Tageszeitung noch verstärkt wurde, hatten unter den Tirolern große Empörung ausgelöst. Anfang Dezember reiste daraufhin eine Delegation nach Berlin, die von Simons am 8.12.1920 offiziell empfangen wurde. Die Reichsregierung sagte daraufhin Tirol wirtschaftliche und finanzielle Unterstützung zu. Darüber hinaus wurde beschlossen, vorsichtige Maßnahmen zur Förderung des Anschlußgedankens zu ergreifen, s. Protokoll der Kabinettssitzung vom 10.12.1920, AdR, Kabinett Fehrenbach, Dok. 133 S. 343ff, hier vor allem Anm. 4 S. 345. Vgl. auch Laurents D. n° 760 vom 20.12.1920, A-Paix (1914-1920) 115, fol. 179-181.
3 Die Resolution beinhaltete unter anderem einen erneuten Protest gegen den Einsatz farbiger Soldaten als Besatzungstruppen. In seiner D. n° 181 vom 8.12.1920 berichtete Dard ergänzend, Reichswirtschaftsminister Scholz habe in Nürnberg erklärt, "que l'accord de Spa ne pourrait être exécuté d'une façon durable." Abschließend habe sich

der Parteitag für den Anschluß Österreichs, "l'expulsion des juifs et une organisation plus équitable du contrôle en Haute-Silésie" ausgesprochen, Papiers d'Agents, Dard 13 (ohne Folio).

511
M. Laurent, Ambassadeur de France à Berlin, à
M. Leygues, Président du Conseil, Ministre des Affaires Etrangères.

T. n° 2244-2245. Déchiffrement. Berlin, le 6 décembre 1920, 23 h 45.
(Reçu: le 7, 3 h 00.)[1]

Suite à mon télégramme 2241[2].

L'Ambassadeur d'Angleterre[3], le Ministre de Belgique[4] et moi avons été reçus conjointement à midi par le Ministre des Affaires Etrangères[5].

Je lui ai donné lecture de la note identique, dont nous lui avons ensuite remis chacun le texte en français.

Le docteur Simons, qui avait pâ(li) en m'écoutant, nous a répondu avec une émotion visible, qu'il ne pouvait nous faire aucune réponse avant d'avoir consulté le Cabinet. Je lui ai donné raison en insistant sur ce que notre communication était adressée par les trois Gouvernements alliés au Gouvernement allemand.[6]

Le Commissaire américain[7] a reçu ce matin un télégramme de Washington l'autorisant, s'il le jugeait opportun, à représenter verbalement au Ministre des Affaires Etrangères qu'il "apparaissait extrêmement indésirable que les membres du Cabinet se comportassent en territoires occupés de manière à exciter le sentiment public et à prendre ainsi nécessaire une protestation des puissances occupantes."

En rapportant à M. Dresel les circonstances de notre démarche, je l'ai pressé de nous appuyer sans retard. Il m'a promis de voir le docteur Simons ce soir ou, au plus tard, demain matin.[8]

---

1 Télégrammes, Arrivée de Berlin, 1920, 11.
2 Mit T. n° 2241 hatte Laurent den nachfolgenden Text der Demarche übermittelt: "La Haute-Commission Interalliée des Territoires Rhénans a signalé aux Gouvernements qu'elle représente l'émotion provoquée dans la population de cette région par les discours que y ont prononcés dernièrement les ministres du Reich.
   Les Gouvernements belge, britannique et français considèrent comme hautement regrettable que les membres du Gouvernement allemand aient cru devoir faire en territoire occupé des déclarations publiques de nature à y créer le trouble et à remettre en discussion l'exécution du Traité de Versailles. Ils protestent notamment contre les paroles qui ont contesté les décisions prises, en vertu du Traité, par le Conseil de la Société des Nations au sujet d'Eupen et de Malmédy.
   Les Gouvernements belge, britannique et français ont prescrit à leurs représentants à Berlin d'appeler la plus sérieuse attention du Gouvernement allemand sur les graves conséquences que de telles manifestations peuvent avoir pour le maintien de l'ordre public dont les autorités alliées en territoire occupé ont la responsabilité. Ils les ont char-

gés de lui faire connaître que les déplacements des ministres du Reich ou des Etats, en territoire occupé, ne pourront dorénavant être admis qu'autant que ces hauts fonctionnaires s'abstiendront, au cours de ces déplacements, de toute attaque contre les Gouvernements ou les autorités alliées et contre le Traité de Paix.
J'ai l'honneur de m'acquitter de cette communication auprès de Votre Excellence."
Text s. ebenda.

3 Lord D'Abernon, s. Ders. an Curzon vom 6.12.1920, DBFP 1/X, No. 246 S. 342f.
4 Comte Georges della Faille de Leverghem.
5 Walter Simons.
6 Zur Reaktion der deutschen Presse auf die Demarche s. de Saint-Quentins T. n° 2246-2248 vom 7.12.1920, Télégrammes, Arrivée de Berlin, 1920, 11. Zum Fortgang s. unten Dok. 522.
7 Ellis Loring Dresel.
8 Zur Reaktion der USA s. FRUS 1920/II, S. 335ff sowie unten Dok. 515.

512
*M. Laurent, Ambassadeur de France à Berlin, à
M. Leygues, Président du Conseil, Ministre des Affaires Etrangères.*

D. n° 138.   Berlin, le 6 décembre 1920.[1]

Copie.
A.s. de l'emploi des avances de primes de Spa.

J'ai l'honneur de faire parvenir ci-joint à Votre Excellence copie d'une note que j'ai adressée le 3 décembre au Ministre allemand des Affaires Etrangères[2], pour protester contre les déclarations inexactes faites par les membres du Gouvernement allemand, au sujet de l'emploi des primes et avances versées à l'Allemagne en exécution du protocole de Spa (Annexe 4)[3].

Ainsi que le remarquait déjà le télégramme du Département N° 103 RX du 27 Novembre[4], le Gouvernement allemand a donné successivement des versions contradictoires, marquant ainsi qu'il a plein conscience de s'être mis en fâcheuse posture, aussi bien vis-à-vis de l'étranger qu'au regard de sa propre opinion publique.

Parlant à Düsseldorf, le 14 Novembre[5], avec le dessin de démontrer que l'Allemagne n'avait retiré aucun avantage de l'accord de Spa, le Ministre des Affaires Etrangères avait affirmé que les avances et les primes versées par les Alliés, au lieu d'être affectées au ravitaillement de la population et des mineurs, avaient dû faire face à d'autres obligations financières nées du Traité.

Le 22 Novembre, il me confirmait cette déclaration; reconnaissant les responsabilités que le Gouvernement allemand avaient encourues envers les Puissances cosignataires du protocole du 16 juillet, il redoutait encore davantage le mécontentement des ouvriers mineurs frustrés des avantages que leur avait assurés cet arrangement. Il m'indiquait que les sommes détournées de leur destination avaient servi à rembourser les soldes mensuels de l'Office anglais de compensation fonctionnant en vertu de l'article 296 du Traité.[6]

Le 23 Novembre, il me remettait une note préparée par le Ministère des Finances. Ce document tendait à prouver que l'Allemagne avait tenu ses engagements de Spa, d'une part en consacrant directement à des achats de céréales les devises étrangères versées par les Alliés au titre des avances d'autre part en affectant au ravitaillement des mineurs la contre-valeur, en marks papier, des devises fournies au titre de primes.

Mais le 24 Novembre, à la Tribune du Reichstag, le Docteur Simons, tant en se défendant de vouloir faire un reproche aux alliés, reprenait la thèse de Düsseldorf et démentait celle du Ministère des Finances. Il répétait, en effet, que ni les avances, ni les primes, n'avaient pu être employées à l'identique en achats de vivres.[7]

Un article paru le 29 Novembre dans l'officieuse "Deutsche Allgemeine Zeitung" et dont traduction est ci-jonte (Annexe I[8]) paraissait confirmer cette thèse. Il indiquait, en effet, que l'Allemagne avait dû, depuis le mois de Septembre, dépenser 230 millions de marks or, comme supérieure au total des avances et des primes, pour régler les créances privées réclamées par la France et l'Angleterre. Il ajoutait d'ailleurs, que l'importation des céréales coûtait actuellement au Gouvernement allemand 200 millions de marks or par mois.

Sur ces entrefaites, l'Ambassadeur d'Angleterre[9] que j'avais tenu au courant de ma discussion avec le Gouvernement Allemand effectuait une démarche analogue à celle que j'avais faite le 22 Novembre. Il recevait, le 30 Novembre, un mémorandum (Annexe 2[10]) qui reproduit, avec quelques précisions en plus, et quelques insolences en moins, celui qui m'avait été remis le 23. Une distinction très nette y était faite entre les avances, employées à l'identique, et les primes, employées à l'équivalent[.]

Lord D'Abernon ne se tenait pas pour satisfait de ces explications, et répondait, le 1 Décembre, par une courte note (Annexe 3[11]) qui pouvait se résumer ainsi: "oui ou non, l'Allemagne a-t-elle déjà reçu, en vertu de [l'] accord de Spa, et employé, soit en importation de céréales, soit en achats de vivres pour les mineurs, une somme d'environ 2 milliards de marks? Si oui, que le Gouvernement le déclare publiquement."

Le 3 Décembre, toute la presse publiait par ordre un communiqué reproduisant littéralement le mémorandum du 30 Novembre.

Je n'ai pas considéré que le débat fût clos. La Commission des Réparations, saisie par le Département, examinera la question sous l'aspect technique. Elle dira si le Gouvernement allemand pouvait n'affecter aux achats de vivres que la contre-valeur difuciaire des devises reçues en paiement des primes. Elle demandera sans doute au Gouvernement Allemand de fournir, en ce qui concerne les avances, les relevés détaillés auxquels, il est tenu par la convention du 30 Août, et de justifier que les mineurs n'ont pas été frustrés, même de l'équivalent des primes. Si le Gouvernement Allemand répond d'une manière satisfaisante, il prouvera qu'il s'est accusé gratuitement par la voie autorisée de son Ministre des Affaires Etrangères, d'avoir manqué à ses engagements internationaux.

Mais le Docteur Simons avait en même temps reproché aux Alliés d'avoir cherché à reprendre indirectement les avantages qu'ils avaient à Spa consentie à la population et aux mineurs allemands. Or, toutes les rectifications, faites de plus ou moins bonne grâce depuis le discours de Düsseldorf, ont laissé subsister cette imputation. Et c'est contre ce procédé peu loyal que, sans attendre les conclusions de la Commission des Réparations, j'ai cru devoir protester par ma note du 3 Décembre[12].

J'ai remis personnellement cette note, au Docteur Simons et je lui en ai commenté les conclusions, en insistant sur la déplorable impression que l'attitude du Gouvernement allemand dans cette affaire avait causée dans tous les pays alliés et particulièrement en France. Le Ministre s'est faiblement défendu, en invoquant la nécessité politique où il s'était trouvé de justifier le Gouvernement aux yeux des ouvriers, qui l'accusaient de ne pas leur avoir distribué les secours accordés par l'Entente à leur intention. Je lui ai fait observer que le discours de Düsseldorf était bien fait pour créer cette impression, qui n'avait pas été dissipé par les déclarations ultérieures.

J'ai demandé au Docteur Simons que le Gouvernement allemand renonçât, une fois pour toutes, à lier le paiement des avances et des primes avec le remboursement des créances privées. Les deux questions n'avaient aucun rapport, ni en droit, ni en fait. Quand le Gouvernement allemand avait signé le protocole de Spa, il ne pouvait ignorer les obligations que lui imposait l'article 296 du Traité. Et, d'autre part s'il n'avait reçu des Alliés ni avances, ni primes, il n'en aurait pas moins été obligé de payer les soldes créditeurs présentés mensuellement par les offices de compensation.

J'ai d'ailleurs rappelé au Ministère qu'au contraire de l'Office de compensation anglais, l'office français accordait de grandes facilités au Trésor allemand et acceptait notamment de reporter les soldes au mois suivant, les soldes créditeurs de l'Allemagne. J'étais donc très surpris de voir la France et l'Angleterre confondues dans les récriminations allemandes. Le Docteur Simons m'ayant répondu qu'il avait cru prudent de ne pas faire de distinction, je lui ai dit que ce scrupule s'accordait bien mal avec l'habitude que le Gouvernement allemand et ses organes avaient contractée de rejeter sur la France seule la responsabilité de toutes les mesures particulièrement désagréables prises par l'Entente pour l'application du Traité.

Ces représentations s'imposaient d'autant plus, que, dans une interview publiée le matin même par le "Berliner Tageblatt" (Annexe 5[13]), le

Ministre des Finances Wirth avait répété que les exigences des Offices de compensation anglais et français avaient rendu tout à fait illusoires les avantages promis par le protocole de Spa.

Déformés par une culture juridique et une tradition militaire également dépouillées d'idéalisme, les hommes politiques, diplomates et fonctionnaires allemands ne se croient pas tenus à la vérité envers l'adversaire. Le Docteur Simons, plus avisé, reconnaît que dans certains cas la franchise peut avoir ses avantages. Puissent les désagréments que lui aura valus cette controverse le convaincre que, pour être profitable la sincérité doit être une habitude.[14]

---

1 AN, AJ 9 3926. Maschinenschriftliche Kopie, ohne Unterschrift.
2 Walter Simons.
3 Nicht abgedruckt. Zur Vorgeschichte s. oben Dok. 489.
4 Nicht abgedruckt.
5 Vgl. oben Dok. 475 und Dok. 476.
6 Vgl. oben Dok. 489.
7 Vgl. oben Dok. 497.
8 Nicht abgedruckt.
9 Lord D'Abernon. Zu dessen Einschätzung der Finanzlage des Reiches s. seinen Bericht an Curzon vom 4.11.1920, DBFP 1/X, No. 401 S. 551f bzw. unten Dok. 528.
10 Nicht abgedruckt.
11 Nicht abgedruckt.
12 Nicht abgedruckt.
13 Nicht abgedruckt.
14 Zum Fortgang s. unten Dok. 531.

513
M. Dard, Ministre Plénipotentiaire de France à Munich, à M. Leygues, Président du Conseil, Ministre des Affaires Etrangères.

D. n° 176.   Munich, le 6 décembre 1920.[1]

A.s. Arrivé du consul Général britannique M. Seeds.

M. Seeds, conseiller d'Ambassade et chargé des fonctions de Consul Général d'Angleterre à Munich est arrivé de Berlin il y a quelques jours et a pris possession de ses fonctions.[2] M. Seeds est aussitôt venu me voir et nous sommes entrés en rapport de la manière la plus courtoise. Je l'ai revu plusieurs fois depuis son arrivée; c'est un agent des plus distingués qui connaît bien l'Allemagne et possède déjà une sérieuse expérience des affaires.

Le consul d'Angleterre M. Smallbones reste adjoint à M. Seeds comme chargé des Affaires Commerciales. Mais M. Smallbones possède ici de très nombreuses relations politiques. Il a su se créer à Munich de réelles sympathies; il est fort actif et son concours sera sûrement très précieux au nouveau Consul Général. La presse bavaroise a attribué à l'intervention de M. Smallbones près de son Gouvernement la satisfacton donnée aux demandes allemandes à propos des moteurs Diesel.[3] M. Smallbones s'est particulièrement lié avec les milieux socialistes, qui sont unitaires et adversaires du parti populaire bavarois, véritable défenseur du particularisme.

Dès le lendemain de son arrivée, M. Seeds a jugé bon de donner un interview à la *Münchner Zeitung*, journal qui s'occupe particulièrement de politique extérieure. Votre Excellence trouvera ci-joint le texte de cet interview[4], conçue en termes mesurés et corrects et véritablement fait pour plaire aux bavarois dans la mesure du possible. Pour la publication de cet interview M. Seeds s'est servi d'un journaliste qui s'est distingué à mon arrivée par ses attaques rageuses contre moi et depuis par son animosité haineuse contre la France. Ce journaliste est d'ailleurs depuis plusieurs mois l'informateur habituel de M. Smallbones. Le Consulat Général d'Angleterre l'a adopté. Il s'appelle Jurineck et dirige l'agence *Deutsche Telegraphen Information* en même temps qu'il collabore à la *Münchner Argsburger Abendzeitung*[sic!].

A la fin de son interview, M. Seeds a cru devoir exprimer son avis personnel sur la question des Einwohnerwehren. Il s'est prononcé, suivant l'avis du Général Malcolm et de l'Ambassade d'Angleterre à Berlin pour un compromis qui accorderait à la Bavière des unités d'Einwohnerwehren à effectifs limités et décentralisés. En reproduisant cet interview, la "Münchner Zeitung" a fait remarquer que M. Seeds était le premier diplomate de l'Entente qui n'ait pas craint de donner publiquement son avis sur cette question capitale pour les Bavarois.

Au cours de la visite qu'il m'a faite j'ai fait observer à mon collègue qu'il était peut-être un peu risqué d'exprimer publiquement un avis personnel, qui serait sûrement pris pour celui de son Gouvernement, alors que la Commision interalliée n'avait pas encore décidé. J'en ai profité en même temps pour lui dire que mes instructions insistaient de la manière la plus nette sur le caractère interallié de la question des Einwohnerwehren et que je n'étais pas autorisé à la faire envisager au Gouvernement bavarois sous un autre aspect.

Dans le courant de cette conversation avec M. Seeds et dans celles qui l'ont suivi, il m'a été facile de me rendre compte que son principal souci était de trouver un arrangement avec le Gouvernement bavarois qui mit fin au conflit actuel avec Berlin et nous ôtat tout prétexte pour une intervention contre l'Allemagne, telle que l'occupation de la Ruhr.

---

1 Papiers d'Agents, Dard 13 (ohne Folio). Maschinenschriftlicher Durchschlag, ohne Unterschrift.

2   Seeds war am 1.11.1920 offiziell ernannt worden, nachdem die Reichsregierung zuvor ihrerseits mit dem Grafen von Zech-Burkersroda einen eigenen Vertreter für München benannt hatte, s. oben Dok. 422 Anm. 4 bzw. Seeds an Curzon vom 13.10.1920, DBFP 1/X, No. 223 S. 316f.
3   Der Streit um die von der IMKK am 28.9.1920 geforderte Vernichtung deutscher Dieselmotoren (s. oben Dok. 435 Anm. 8) war durch die Entscheidung der Botschafterkonferenz vom 10.11.1920, die Maschinen bis auf weiteres Deutschland zu belassen, beigelegt worden, s. Schultheß' Europäischer Geschichtskalender 36 (1920), II S. 344.
4   Nicht abgedruckt. Vgl. unten Dok. 534.

514
M. Dard, Ministre Plénipotentiaire de France à Munich, à
M. Leygues, Président du Conseil, Ministre des Affaires Etrangères.

D. n° 179.   Munich, le 6 décembre 1920.[1]

A.s. Entrevue du Consul d'Angleterre avec le Général de Ludendorff.

Le Consul d'Angleterre, M. Smallbones a confié à mon collaborateur, M. de La Garenne qu'il avait eu récemment une entrevue avec le Général de Ludendorff qui habite dans l'Isartal à quelques kilomètres de Munich.

Le Général qui a donné à M. Smallbones l'impression d'une pleine vigueur morale et physique, lui a développé ses idées favorites sur la nécessité d'une collaboration de l'Angleterre, de la France et de l'Allemagne contre le bolchevisme. L'inconscience dont fait preuve Ludendorff en ce qui touche les sentiments que la guerre a créés chez les alliés à l'égard de l'Allemagne a particulièrement frappé le consul anglais. Il est toujors aussi ferme dans sa croyance à la possibilité de la mobilisation de forces considérables dans les trois pays pour aller abattre le Gouvernement de Moscou.[2]

Mon Collaborateur a eu d'autre part confirmation de ces propos par M. Rechberg, confident du Général. Selon ce dernier la victoire franco-polonaise devant Varsovie aurait causé une vive joie à Ludendorff. Son rêve est de devenir le Chef d'Etat-Major du Maréchal Foch dans l'expédition entreprise contre Moscou.[3]

Pour prouver sa sincérité il préconise une déclaration solennelle du Gouvernement allemand renonçant *pour toujours* à l'Alsace-Lorraine.

Il jusitifie ses théories par la crainte d'une nouvelle attaque bolchevique, victorieuse cette fois contre la Pologne, et suivie de l'installation du régime soviétique dans l'est et le nord de l'Allemagne. Ayant à leur disposition l'industrie allemande, ayant recours bon gré mal gré à l'expérience des techniciens allemands, indifférents à la misère qui serait le lot des masses la "dictature du prolétariat" serait alors, selon lui, inexpugnable. Il ne doute pas que l'armée française ne soit en mesure de contenir victorieusement l'invasion rouge, mais il nous met en garde contre la contagion qui nous menacerait alors dans les mêmes conditions qui lui ont permis d'infester l'armée allemande après Brest-Litowsk.

Il serait superflu de rechercher ce que ces déclarations, qui sont loin d'être inédites, peuvent contenir de vérité politique et de menaces déguisées.

M. Rechberg s'est livré de nouveau près de mon collaborateur comme il l'avait fait près de moi-même à des invitations répétées en vue de lui faire accepter une entrevue avec Ludendorff.

Malgré l'exemple donné par le consul anglais M. de La Garenne a comme je l'avais fait moi-même repoussé ces offres.

---

1 Papiers d'Agents, Dard 13 (ohne Folio). Maschinenschriftlicher Durchschlag, ohne Unterschrift.
2 Vgl. oben Dok. 474.
3 Vgl. oben Dok. 251.

515
M. de Saint-Quentin, Chargé d'Affaires de France à Berlin, à
M. Leygues, Président du Conseil, Ministre des Affaires Etrangères.

T. n° 2249-2250. Déchiffrement.　　Berlin, le 7 décembre 1920, 23 h 45.
(Reçu: le 8, 8 h 00, 5 h 25.)[1]

Le Commissaire américain[2] a fait hier après-midi au Dr. Simons des représentations touchant les discours ministériels en territoire occupé. Il a déclaré que la démarche ne pouvait pas avoir le caractère d'une protestation officielle, mais qu'il tenait à appeler l'attention du Gouvernement allemand sur le danger de manifestations qui créaient de l'agitation dans la population et (risquaient) d'entraîner de graves complications extérieures.

Le Ministre a répondu que la récente tournée ministérielle avait été décidée après mûre délibération par le Cabinet qui se préoccup(ait) de témoigner aux populations rhénanes, dans l'isolement moral où elles se trouv(aient), l'intérêt du Reich. Le résultat avait d'ailleurs pleinement répondu aux espérances, car tous les renseignements s'accordent à dire que le patriotisme rhénan était maintenant rassuré.

Le docteur Simons a ajouté que le Cabinet n'avait pas encore arrêté les termes de la réponse qui serait faite aux alliés mais que les membres du Gouvernement renonceraient probablement à se rendre en territoire occupé plutôt que de prendre (aucun) engagement de nature à restreindre leur liberté d'action.[3]

En ce qui concerne Eupen et Malmédy le Ministre s'est défendu d'avoir demandé la révision du traité. Prétendant parler en juriste, il a déclaré que le traité avait été violé, puisque le conseil de la Société des Nations s'était substitué au plénum de la société, seul compétent, d'après l'article 34, pour statuer sur l'attribution de ces territoires.[4]

---

1   Télégrammes, Arrivée de Berlin, 1920, 11. Laurent war am 6.12.1920 für zehn Tage nach Paris gereist, s. dessen T. n° 2243 vom 6.12.1920, ebenda.
2   Ellis Loring Dresel. Vgl. auch dessen Bericht vom 7.12.1920, FRUS 1920/II, S. 337f.
3   Vgl. oben Dok. 502. Zum Fortgang s. unten Dok. 522.
4   Vgl. oben Dok. 466 Anm. 3.

516

M. Tirard, Haut-Commissaire de la République Française dans les Provinces du Rhin, à M. Leygues, Président du Conseil, Ministre des Affaires Etrangères.

N° 8263 A.T.R.P.   Paris, le 7 décembre 1920.[1]

Copie.
Objet: Visite de Mr. von Starck le 7/12/1920

Monsieur de Starck, Commissaire d'Empire, m'a rendu visite ce matin dans le désir de m'entretenir des discours prononcés par les Ministres Allemands, tant à la tribune du Reichstag qu'à Cologne et Aix-la-Chapelle.[2]

Il m'avait fait tenir, la veille, une lettre en réponse à la demande d'explication de la Haute-Commission concernant le projet du Gouvernement allemand de donner la plus large publicité aux déclarations ministérielles, sous forme de tracts publiés en langues étrangères.

J'annexe copie de la lettre de M. von Starck[3] à la présente communication.

M. von Starck désirait surtout connaître mon attitude pour le cas où les Ministres d'Empire se présenteraient dans l'avenir, en zone française, pour y rééditer des déclarations politiques analogues à celles de Cologne et d'Aix-la-Chapelle, et savoir si j'irai jusqu'à les faire arrêter.[4]

J'ai répondu à M. von Starck [”]qu'il ne devait conserver aucun doute à ce sujet, car j'estime que la loi est égale pour tous et doit être observée de manière particulièrement stricte par ceux-là dont la charge devrait être de la faire respecter, au moins par leur exemple."

Le Commissaire d'Empire m'a objecté, subtilement, que "La Haute-Commission n'a qualité pour intervenir qu'autant que les discours prononcés atteindraient ses propres membres ou viseraient les Forces d'Occupation, et qu'elle ne saurait interdire les attaques contre les Gouvernements alliés ou contre le Traité de Paix. Dans ce cas, les Gouvernements alliés seuls pourraient agir par la voie diplomatique."

J'ai répondu à M. de Starck que "les populations rhénanes distingueraient difficilement les attaques dirigées, par ses propres Ministres, contre les Gouvernements ou les peuples alliés de celles visant spécialement leurs soldats, et qu'il était à craindre qu'elles ne se trouvent incitées à exercer, sur ceux-ci, les représailles réclamées contre ceux-là.

Or, depuis près de deux ans, grâce à la politique ferme et libérale de la Haute-Commission et ses autorités d'occupation, il n'y a eu, pour ainsi dire, aucune agression, même isolée, dirigée contre les soldats de l'Entente; et j'entends qu'il en soit ainsi à l'avenir.

Je ne pense pas qu'il soit de l'intérêt de l'Allemagne, pas plus que du nôtre, de voir la Rive Gauche du Rhin ensanglantée par des attaques suivies de répressions militaires, que je désire éviter".

Quant aux visites éventuelles des Ministres d'Empire, j'ai fait connaître à M. de Starck que les Ambassadeurs, à Berlin, des Puissances Alliées venaient précisément de remettre au Gouvernement du Reich une note de protestation[5], que je lui communiquerai.

1 AN, AJ 9 3660. Maschinenschriftliche Kopie.
2 Vgl. oben Dok. 475, Dok. 476, Dok. 482, Dok. 483, Dok. 485 sowie Dok. 491.
3 Nicht abgedruckt.
4 Vgl. oben Dok. 502.
5 Vgl. oben Dok. 511.

517
*M. Guéritte, Consul de France à Danzig, à
M. Leygues, Président du Conseil, Ministre des Affaires Etrangères.*

D. n° 64. Danzig, le 7 décembre 1920.[1]

Le Volkstag de Dantzig -
Election des sénateurs et composition du Gouvernement

Dans sa séance de hier, l'Assemblée constituante, faisant usage du droit qui lui est reconnu par l'article 116 de la Constitution, s'est déclarée transformée en "Volkstag", avec des pouvoirs s'étendant jusqu'au 31 Décembre 1923.

Les quatre partis bourgeois s'étaient préalablement mis d'accord à ce sujet et n'ont eu aucune peine à triompher de l'opposition des deux fractions socialistes et des polonais. Les orateurs de l'opposition ont tenu à protester contre la peur de nouvelles élections que manifestaient ainsi les partis bourgeois, et ont fait observer, non sans quelque raison, qu' après la conclusion de la convention entre Dantzig et la Pologne[2] et après la mise en vigueur de la nouvelle constitution de la Ville libre[3], il eût été naturel de procéder à une nouvelle consultation populaire.[4] Mais ce bloc des partis bourgeois est, ainsi que je l'ai déjà fait observer dans de précédentes dépêches, en possession d'une majorité suffisante pour imposer sa volonté dans le parlement dantzicois et les protestations des socialistes et polonais ne pouvaient avoir aucune efficacité.

Il en a été de même dans la deuxième partie de la séance, quand le nouveau Volkstag a procédé à l'élection du "Sénat", c'est-à-dire du Gouvernement de la Ville libre. Ainsi que le sait le Département, le Sénat de Dantzig se compose de deux sortes de sénateurs: les sénateurs-fonctionnaires, chefs des différents départements ministériels, élus pour 12 ans (et qui seront, par la force des choses, les véritables gouvernants de la Ville) et les sénateurs-parlementaires, élus pour une période non déterminée et qui pourront être renversés par un vote défavorable du Volkstag. La liste sur laquelle les quatre partis bourgeois s'étaient mis d'accord a été entièrement élue, les députés des deux fractions socialistes et du groupe polonais ayant, après avoir protesté contre la composition particulièrement réactionnaire et pangermaniste de la liste, quitté la salle en refusant de prendre part à l'élection.

Le Sénat, ou gouvernement de la Ville libre se trouve donc ainsi composé:

Sénateurs - fonctionnaires (ministres):
Président du Sénat: M. Sahm (premier bourgmestre)
Cultes: Dr Strunk
Affaires commerciales: M. Schwartz
Intérieur: M. Schümmer
Travaux publics: Dr Leske
Industries et monopoles d'Etat: M. Noé
Affaires sociales: Dr Frank
(Le portefeuille des Finances a été réservé)[5]

Sénateurs parlementaires:
Ils comprennent 7 députés du parti "deutschnationale"[6]
3 députés du parti du centre[7]
2 députés de l'Union économique (libéraux)[8]
2 députés démocrates.[9]

Le nouveau gouvernement de la Ville libre a donc une tendance nettement réactionnaire, et si l'on considère que la plupart des sénateurs-ministres (élus pour 12 ans) sont en réalité, comme M. Sahm, d'anciens fonctionnaires de l'Etat prussien, - dont je ne méconnais pas, d'ailleurs, les talents administratifs - on voit que le pouvoir exécutif à Dantzig continuera pendant de longues années à être entre les mains d'hommes qui tourneront bien plus volontiers leurs regards du côté de Berlin que du côté de Varsovie. Il est curieux de constater que sur ces vingt-deux sénateurs qui gouverneront la Ville libre de Dantzig, trois ou quatre seulement sont de véritables dantzicois, nés à Dantzig: tous les autres sont, comme M. Sahm, de simples allemands qui se trouvent avoir acquis la nationalité dantzicoise par le seul effet de l'article 105[10] du traité de Versailles[4]: on se demande s'ils n'auront pas trop souvent la tendance de confondre les intérêts réels de Dantzig avec ceux de leur ancienne patrie.

---

1 Dantzig 7, fol. 102-103.
2 Vgl. oben Dok. 454.
3 Vgl. oben Dok. 357 und Dok. 479.
4 Zum Ergebnis der Wahlen vom vergangenen Mai s. oben Dok. 220.
5 Am 8.2.1921 wurde Ernst Volkmann zum Senator für Finanzen bestimmt, s. ZIEHM, Aus meiner politischen Arbeit, S. 53f.
6 Neben Ernst Ziehm und dessen Bruder Franz Ziehm-Ließau stellte die DNVP unter anderem die Senatoren Karow, F. W. Schulze, Pertus, Kette und Förster.
7 Das Zentrum stellte die Senatoren Kurowski, Sawatzki und Karl Fuchs.
8 Die Liberalen stellten die Senatoren Dr. Eschert und Gustav Fuchs.
9 Die Demokraten stellten die Senatoren Krause, Julius Jewelowski.
10 Art. 105 des Versailler Vertrages bestimmte, daß Bewohner der Freien Stadt Danzig vom Inkrafttreten des Friedensvertrages an ipso facto ihre deutsche Staatsangehörigkeit verloren.

518
*M. de Saint-Quentin, Chargé d'Affaires de France à Berlin, à
M. Leygues, Président du Conseil, Ministre des Affaires Etrangères.*

D. n° 741.   Berlin, le 8 décembre 1920.[1]

**Conflit entre le Président du Conseil Prussien
et le Ministre d'Empire du ravitaillement.**

La discussion du budget du Ministère du Ravitaillement, qui a commencé avant-hier au Reichstag, a provoqué, de façon assez inattendue, un conflit entre le Ministre d'Empire, le centriste Hermes, et le Président du Conseil des Ministres de Prusse, le socialiste Braun.[2]

La séance avait débuté par un long discours de M. Hermes. Le Ministre a exposé en détail les mesures prises par lui pour revenir progressivement du système de l'économie contrôlée à celui de la liberté des transactions. Il a dépeint ensuite la situation agricole sous d'assez sombres couleurs. La récolte des céréales serait de 25% moins bonne que celle de l'année dernière, et les agriculteurs n'avaient livré au 1er Décembre que 651.288 tonnes de céréales panifiables contre 1.117.000 l'an dernier. Cette situation obligera l'Allemagne à importer deux millions de tonnes de céréales, ce qui coûtera six milliards de marks. D'autre part, le Trésor public devra, pour maintenir le prix du pain à un niveau abordable, s'imposer un sacrifice de 9 milliards. Si l'Etat n'intervenait pas pour abaisser artificiellement le prix du pain, celui-ci serait susceptible d'atteindre jusqu'à 15 marks la livre, contre 4,50 à l'heure actuelle pour Berlin.

Dans la seconde partie de son exposé, M. Hermes a parlé de la question des engrais artificiels. Il est opposé à toute mesure tendant à en diminuer artificiellement le prix et croit nécessaire d'exporter une certaine partie de la production, seul moyen d'encourager une industrie dans laquelle sont engagés de nombreux capitaux, et dont le développement est essentiel à la prospérité de l'agriculture allemande.

Résumant son programme, le Ministre s'est déclaré partisan d'autoriser dans toute la mesure du possible l'importation des denrées alimentaires, de manière à abaisser le coût de la vie. D'autre part, on doit tout mettre en œuvre pour augmenter l'exportation des matières agricoles que l'Allemagne produit en quantité supérieure à ses besoins, ce qui permettra, au bout de quelques années, de rétablir la balance commerciale, aujourd'hui gravement compromise.[3]

Le Président du Conseil et Ministre de l'agriculture de Prusse, qui représente au Reichstag la circonscription de Düsseldorf, s'est livré à une critique passionnée des déclarations de M. Hermes. Il a surtout fait porter son argumentation sur la question des engrais artificiels, qu'il voudrait voir réserver en totalité à l'agriculture indigène, à laquelle ils sont, à son avis, absolument indispensables. Il juge nécessaire que l'Etat intervienne pour que les agriculteurs puissent se procurer à bas prix les engrais dont ils ont besoin pour féconder leurs terres. Quelques sacrifices consentis pour obtenir ce résultat, permettraient d'économiser les milliards que la politique suivie par le Ministre du Ravitaillement oblige l'Etat à consacrer à acheter des céréales étrangères. M. Braun a conclu que son collègue du Gouvernement d'Emipre faisait le jeu des intérêts agrariens, au détriment de la communauté.

A ces critiques de principe, le député socialiste a joint une vive attaque personnelle contre M. Hermes. Reprenant une vieille affaire de corruption, qui a fait du bruit il y a quelques mois, celle du Conseiller Intime Augustin[4], il a accusé le Ministre du Ravitaillement d'avoir couvert un fonctionnaire coupable de concussion. Il a même été jusqu'à insinuer que le Ministre avait bien pu commettre un faux, pour faire croire qu'il n'avait pas été saisi en temps utile des actes délictueux reprochés à son subordonné.

M. Hermes est alors remonté à la tribune pour présenter sa défense et, passant à l'offensive, s'est efforcé de rejeter les responsabilités encourues sur un fonctionnaire du Ministère prussien du ravitaillement[5], Département dirigé par M. Braun.

Celui-ci, qui, lors de sa première intervention avait parlé comme député, n'aurait pu, aux termes du règlement, reprendre la parole sur la même question. Pour parer à cette difficulté, il a quitté sa place et est allé se mettre au banc réservé aux Ministres prussiens, d'où il est intervenu à nouveau pour reprendre et préciser ses accusations, mais cette fois en qualité de Ministre prussien.

Cet exploit, renouvelé de Maître Jacques[6], a soulevé les protestations des partis gouvernementaux. Le Chancelier[7], auquel on ne peut refuser le sens de l'opportunité parlementaire, a jugé le moment venu d'intervenir en faveur de son collaborateur. Très soutenu au centre et à droite, il a, en quelques mots qui ont porté, critiqué l'attitude prise par M. Braun, et montré l'impossibilité de maintenir l'autorité du Gouvernement, si de pareils conflits entre le Cabinet d'Empire et le premier Ministre du plus important des Etats fédéraux venaient à se reproduire.

La presse commente longuement et non sans passion l'incident qui vient de faire apparaître en pleine lumière l'antagonisme, resté jusqu'ici latent, entre le Cabinet prussien, encore dominé par les socialistes, et le Gouvernement d'Empire, affranchi de leur emprise. Les journaux de droite, en particulier le Lokal Anzeiger, inféodé aux grands industriels, en prennent prétexte pour renouveler leur sarcasmes habituels à l'égard du régime parlementaire.

Toute la presse est d'ailleurs unanime à reconnaître que la coexistence à Berlin d'un Gouvernement Central et d'un Gouvernement prussien pratiquant des politiques différentes, crée une situation contradictoire qui ne saurait se prolonger. Les avis ne diffèrent que sur les moyens de ramener l'unité de vues indispensables. A droite, au centre, et jusque chez les démocrates, on compte sur les prochaines élections du Landtag de Prusse[8] pour éliminer les socialistes du Gouvernement prussien. La presse de gauche, élargissant le débat, montre le Gouvernement du Reich, qui avait jusqu'ici gouverné "sans" les socialistes, tendant maintenant à gouverner "contre" eux. Elle dénonce les compromissions du Cabinet Fehrenbach avec la haute finance et la grande industrie, l'accuse de ne pas tenir les promesses faites en prenant le pouvoir, notamment dans la question de la socialisation et dans celle du Reichsnotopfer, et semble par ces critiques vouloir préluder à une offensive des partis socialistes du Reichstag contre le Gouvernement.

Il n'est pas certain du reste que ce plan aboutisse au résultat cherché. Les Socialistes ont peut-être démasqué trop tôt leurs batteries. Le Cabinet Fehrenbach n'est sans doute pas à l'abri d'une surprise, mais l'extrême-droite, ainsi mise en éveil, et qui est le véritable arbitre de la situation, se portera sans doute au secours du Ministère, si les socialistes dessinent une attaque à fond. Les Nationaux-Allemands ont en effet tout intérêt à maintenir en fonctions le Ministère actuel, dont la faiblesse leur agrée fort, au moins jusqu'aux élections prussiennes, dont ils attendent, non sans motif, un renforcement sérieux de leur influence, dans le Landtag comme dans le pays.

---

1   Allemagne 287, fol. 69r-71v.
2   Zur Vorgeschichte s. oben Dok. 437 und Dok. 442.
3   Zum Problem der Versorgung des Reiches mit ausreichend Brotgetreide s. Protokoll der Kabinettssitzung vom 8.12.1920, AdR, Kabinett Fehrenbach, Dok. 131 S. 337f.
4   Braun machte Hermes den Vorwurf, einen Beamten an leitender Stelle seines Ministeriums eingesetzt zu haben, obwohl er Kenntnis davon gehabt haben mußte, daß dieser bestechlich sei, Einzelheiten zu dieser Affäre s. Protokoll der Kabinettssitzung vom 7.12.1920, AdR, Kabinett Fehrenbach, Dok. 130 P. 8, S. 335.
5   Staatssekretär Eberhard Ramm.
6   Literarische Anspielung an Molière: "Maître Jacques, à la fois cocher et cuisinier d'Harpagon, dans "L'Avare"...; il est resté le type plaisant du factotum, de l'homme chargé simultanément d'emplois divers." Vgl. Grand Larousse, 1968, Bd. 6 S. 297.
7   Konstantin Fehrenbach.
8   Die Wahlen fanden in Preußen am 20.2.1921 statt.

519

M. Tirard, Haut-Commissaire de la République Francaise dans les Provinces du Rhin, à M. Leygues, Président du Conseil, Ministre des Affaires Etrangères.

N° 8274 A.T.R.P.   [Coblence ?], le 8 décembre 1920.[1]

Copie.
Secret.
J'ai signalé à Votre Excellence par ma lettre du 21 Octobre l'élection du Landtag de la Province rhénane[2]. Cette assemblée vient de se réunir le 5 Décembre à Düsseldorf[3].

Le Centre y règne en maître: sur 189 sièges il en occupe 117. Contre lui une coalition de droite allant jusqu'aux démocrates ne pourrait réunir que 47 députés dont 14 ne sont inscrits à aucun parti et la gauche ne se compose que de 50 députés dont 9 indépendants.

Dans la période qui a précédé l'ouverture de la session cette fraction du centre s'est réunis pour fixer sa ligne de conduite et a publié son intention formelle de placer au premier plan la réalisation de l'autonomie de la province rhénane. Elle accepte comme une mesure transitoire, le projet d'autonomie dans le cadre de la Prusse discuté au Landtag prussien, mais elle entend aller plus loin dans la voie du fédéralisme et vise à l'érection de la Rhénanie en Etat autonome dans le cadre de l'Empire. Elle a en outre vivement protesté parce que la constitution prussienne a été votée sans que la loi relative à l'autonomie des provinces ait reçu une forme définitive.[4]

La presse allemande des Territoires occupés donne nettement l'impression que c'est dans cette question que réside le principal intérêt de la réunion du Landtag Provincial. La "Frankfurter Zeitung" souhaite vivement que l'accord puisse se faire sur la base de l'autonomie dans le cadre de la Prusse et invite le gouvernement prussien à briser l'obstruction qui a été faite jusqu'ici par l'administration. Les journaux du parti populaire voient avec une grande inquiétude les tendances du centre qui aspirent à détacher le centre de la Prusse, ils y voient l'amorce de l'effondrement de l'Allemagne.

C'est dans ces conditions que se sont ouverts les débats du Landtag provincial. M. v. Groote, Oberpräsident de la Province, a pris le premier la parole et a prononcé un discours assez terne[5] où se retrouve un écho affaibli des paroles des ministres allemands lors de leur récent voyage en Rhénanie[6]. M. Adenauer, Bourgmestre de Cologne, a été élu président et M. Laiser Vice-Président. Le choix du premier n'est pas particulièrement avantageux en ce qui nous concerne. Si M. Adenauer a été plus ou moins mêlé au mouvement séparatiste dans ses débuts et a cherché ensuite à entrer en relations avec vous, il a toujours fait preuve d'une grande faiblesse de caractère vis-à-vis du pouvoir central et semble beaucoup plus désigné à collaborer avec l'Angleterre qu'avec nous, il paraît cependant susceptible de se rallier, si les événements l'y incitent.[7]

Les séances suivantes n'ont jusqu'ici présenté d'autre intérêt que la nomination d'une commission chargé d'étudier la question de l'autonomie. Quelques doléances ont été présentées au sujet des relations avec le territoire d'Eupen-Malmédy, du régime de la Sarre, du paiement des réquisitions.

Je tiendrai Votre Excellence au courant de la suite des débats. Ils apporteront vraisemblablement au poblème rhénan des éléments tout à fait nouveaux.

---

1 AN, AJ 9 3660. Maschinenschriftliche Kopie, ohne Ortsangabe und ohne Unterschrift.
2 Nicht abgedruckt.
3 Vgl. dazu auch de Saint-Quentins D. n° 740 vom gleichen Tag, AN, AJ 9 3925.
4 Vgl. oben Dok. 408.
5 De Saint-Quentin (vgl. oben Anm. 3) berichtete über die Eröffnungsrede: "Comme on pouvait s'y attendre, le discours d'ouverture [...] ne répondit pas aux préoccupations de la majorité. Le Baron de Groote s'étendit sur les charges qu'un traité de paix impitoyable faisait peser sur toute l'Allemagne, mais tout spécialement sur les pays rhénans; il envoya aux Allemands des cercles d'Eupen et Malmédy un salut fraternel, auquel il ne manqua pas d'associer les Sarrois, qu'il avait la ferme espérance de voir rentrer un jour dans le sein de la mère patrie.

"En ce qui concerne le Traité de Versailles déclara le Président Supérieur, les populations rhénanes ont la ferme conviction qu'il doit être exécuté jusqu'à la limite du possible afin d'éviter de pires malheurs, et nos braves mineurs nous donnent la preuve qu' eux aussi ont compris cette nécessité. Nous devons également observer les prescriptions des autorités alliées dans les territoires occupés, mais nous sommes en droit de

nous étonner que la contrainte soit si dure, si elle n'a pas d'autre objet que l'exécution du Traité de Paix.["]
Le Baron de Groote termina son discours en affirmant que l'occupation ne créait aucune ligne de démarcation avec les autres territoires du Reich, et que les populations rhénanes gardaient conscience de leur commune origine et des liens qui les unissent à une province unique."

6 Vgl. oben Dok. 475, Dok. 476, Dok. 482, Dok. 483, Dok. 485, Dok. 491 sowie Dok. 511.
7 De Saint-Quentin bezeichnete Adenauer in seiner bereits zitierten Depesche (s. oben Anm. 3) als "un partisan convaincu, bien que prudent, du mouvement autonomiste." Er bezog sich dabei auf eine frühere Depesche (n° 674) Laurents vom 7.11.1920, die im Archiv des Quai d'Orsay nicht ermittelt werden konnte. Offenbar handelte es sich um dessen Bericht über den Verlauf seines Treffens mit Adenauer in Berlin vom 6.11.1920, s. dazu die Aufzeichnung des AEG-Direktors Hamspohn vom 8.11.1920, ERDMANN, Adenauer in der Rheinlandpolitik, Dok. 7 S. 293ff.

520
M. Raynaud, Consul de France à Karlsruhe, à
M. Leygues, Président du Conseil, Ministre des Affaires Etrangères.

S. n° Karlsruhe, le 8 décembre 1920.[1]

Copie.
Alsace-Lorraine.

Il ne faudrait pas qu'on s'imaginât en France et chez nos Alliés que les Allemands considèrent la "question d'Alsace-Lorraine["] comme résolue par le retour à la France de ses anciens provinces: ce serait bien mal connaître cette mentalité allemande empoisonnée depuis plus d'un demi-siècle par le venin de la mégalomanie prussienne.[2]

Il est de fait que pour la très grande majorité des Allemands la question d'Alsace-Lorraine qui, à leur dire ne se posait pas avant 1914, est devenue en 1920 plus actuelle que jamais. Pour maintenir, dans le Reich, cette actualité en éveil, on a fondé, le 18 juin dernier, à Munich[3], un Institut scientifique alsacien-lorrain et une bibliothèque d'Alsace-Lorraine. Ces organes sont complétés par la création auprès de chaque Université d'un "Bund" alsacien-lorrain, par l'organisation d'une exposition ambulante de l'art allemand en Alsace qui a déjà passé par Leipzig, Cassel et Munich et qui continuera son périple par Stuttgart, Karlsruhe, Heidelberg et les grands centres d'Allemagne moyenne et du Nord; des calendriers et almanachs populaires vont être publiés; enfin, une chaire spéciale pour l'histoire d'Alsace-Lorraine (dans le genre de celle du professeur Wackernagel, à l'Université de Bâle[4]) sera incessamment créée auprès d'une grande Université du Reich[5]; on organisera en outre dans chacune des Universités et Ecoles Supérieures d'Allemagne des cours d'histoire élémentaire et supérieure du pays alsacien-lorrain.

Cet enseignement - j'allais dire cette propagande - à l'usage principalement de la jeunesse et de l'adolescence des établissements d'instruction, sera doublé par des tournées de conférences destinées, elles, à toucher le grand public. Comme les Allemands possèdent cette qualité inappréciable de passer promptement à la réalisation de tout projet qu'ils jugent utile, ces conférences ont déjà commencé. Il vient d'en être donné une à Karlsruhe, dans la grande salle de l'Ecole Polytechnique, où un certain Dr. Scherer, qui se dit vieil-alsacien et prêtre, a parlé devant un nombreux auditoire qui ne lui a marchandé ni les approbations ni les applaudissements.

Il ne sera pas inutile que je résume à grands traits les points saillants de l'exposé de ce conférencier, servi (j'ai pu en juger moi-même) par un réel talent d'élocution.

Le Dr. Scherer a commencé par se défendre de vouloir, en quoi que ce soit, pousser à une idée de revanche: "Ce que je désire, a-t-il assuré, c'est qu'on sache qu'entre les Vosges et le Rhin il y a une population d'origine allemande qui vit et qui souffre. Que l'Alsace, a-t-il continué, soit un pays foncièrement allemand, c'est un fait que personne ne peut contester; elle a toujours été fondamentalement différente du pays français et si, en 1871, la protestation de Bordeaux[6] s'est produite, elle n'a été que la résultante d'habitudes prises pendant 200 ans de domination française. Après 1871, l'Allemagne a eu le tort de poursuivre à l'égard de l'Alsace une politique de méfiance: on a tenu sa population à l'écart et on a rempli les places et emplois publics d'une foule d'étrangers venus de la Vieille-Allemagne.

En Août 1914, les Alsaciens-Lorrains, tout comme le reste de l'empire, n'ont rêvé que de victoires allemandes. Il a été d'autant plus regrettable de voir, à ce moment, combien ces populations ont été tenues en suspicion par l'autorité militaire, combien de maladresses furent commises par les fonctionnaires impériaux, combien grand fût le tort de ne pas louer le courage des soldats alsaciens comme il méritait qu'il le fût. La conséquence de cette politique à courte vue fût la réception des Français en 1918. Cette réception honteuse restera comme un poids sur tout cœur allemand: elle serait quasi un problème psychologique si on ne savait point avec quel soin ce coup de théâtre fut préparé. On sait, de manière irréfragable, que la France a dépensé 22 millions pour cette préparation... De toute façon, je pense que ceux-là ont raison qui prétendent que la question d'Alsace-Lorraine est moins résolue que jamais. (Vives approbations). En deux années, ces malheureuses populations ont atteint au zénith (Mittagshöhe) de leurs souffrances: les liens de la nature, du sang et de l'histoire et enfin les 47 années d'appartenance à l'empire avaient laissé de profondes traces dans ce peuple. Après une courte période d'enivrement se produit le réveil et l'on prépare à faire front au nouvel ennemi, apparamment plus dangereux que celui dont on était débarrassé; le combat qui se prépare est le combat pour la langue maternelle, pour les mœurs et les coutumes populaires... C'est dans la langue allemande que les Français voient le plus grand ennemi; c'est contre elle contre l'idiome de près de 99% de la population qu'ils usent des plus perfides moyens. Le principal effort se porte contre l'école: le pays a été littéralement inondé de professeurs et d'instituteurs français.

Avec horreur, la population constate qu'on cherche à déchristianiser les écoles et que leur valeur éducative disparaît.

C'est ainsi que les plus graves dangers menacent [les] Alsaciens-Lorrains; devant ces dangers nous ne devons pas ici, rester indifférents; les Allemands doivent continuer à s'intéresser aux habitants et au pays d'entre Rhin et Vosges; la mère doit continuer à veiller sur son enfant..."

Il faut noter que le conférencier a insisté particulièrement sur ce point que ce n'est pas à une guerre de revanche qu'il faut songer, car son résultat serait très probablement d'exposer à d'irréparables ravages tout le territoire alsacien-lorrain. Le sieur Scherer parle de la sorte, puisqu'il se dit "vieil alsacien et prêtre". Mais je suis bien assuré que les gens de l'Orgesch, du Stahlhelm, du Rettet die Ehre ou de l'Heimatdienst ne professent pas d'aussi évangéliques scrupules.

En résumé, tout ce qui se dit et se fait dans nos provinces récupérées est minutieusement suivi en Allemagne. Gardons-nous du moindre faux-pas, car tout est matière ici pour diminuer notre administration et nos hommes publics.

---

1   AN, AJ 9 3929. Maschinenschriftliche Kopie, ohne Unterschrift.
2   Am 20.11.1920 hatten Deutschland und Frankreich im Auswärtigen Amt die Ratifikationsurkunden des Abkommens über elsaß-lothringische Rechtsangelegenheiten vom 5.5.1920, dem zwischen beiden Staaten abgeschlossenen vorläufigen Abkommen zur Regelung der Verkehrs- und Rechtsverhältnisse sowie den Vertrag über die Instandhaltung der Rheinbrücken an der badisch-französischen Grenze vom 1.7.1920 ausgetauscht, s. Schultheß' Europäischer Geschichtskalender 36 (1920) S. 299. Vgl. auch oben Dok. 460.
3   Nähere Einzelheiten zur Geschichte des Instituts konnten in den Akten des Universitätsarchivs München nicht ermittelt werden.
4   Gemeint ist Rudolf Wackernagel.
5   Gemeint ist hier das "Wissenschaftliche Institut des Elsaß-Lothringen im Reich" an der Universität Frankfurt am Main.
6   Im Krieg von 1870/71 war die französische Regierung vor den heranrückenden deutschen Truppen zunächst von Paris nach Tours, später nach Bordeaux ausgewichen. Anläßlich der konstituierenden Sitzung der neugewählten Nationalversammlung verabschiedeten die Abgeordneten am 17.2.1871 in Bordeaux eine Erklärung, in der sie mit Blick auf die deutschen Friedensbedingungen für Elsaß und Lothringen das Recht auf Zugehörigkeit zu Frankreich forderten. Zur Konstituierung der neuen Regierung und den Beratungen hinsichtlich der Annahme der deutschen Friedensbedingungen s. ROTH, La Guerre de 70, S. 468.

521
*M. de Saint-Quentin, Chargé d'Affaires de France à Berlin, à
M. Leygues, Président du Conseil, Ministre des Affaires Etrangères.*

T. n° 2261-2263. Déchiffrement.　　　Berlin, le 10 décembre 1920, 0 h 05.
(Reçu: 5 h 30, 6 h 20, 5 h 30.)[1]

J'ai fait ce matin auprès du secrétaire d'Etat des Affaires Etrangères[2] la démarche prescrite par votre télégramme n° 2436[3].

M. von Haniel m'a dit que le cabinet arrêterait définitivement dans le courant de la journée sa réponse à la communication du conseil supérieure.

Le Gouvernement allemand déclinera la proposition alliée de faire voter les émigrés dans une ou plusieurs localités du territoire occupé. Il alignera (d'une part) les difficultés matérielles de transport et de logement, déjà indiqués par le Dr. Simons à M. Charles Laurent (voir les télégrammes de l'ambassade n° 2234-2236[4]), d'autre part l'impossibilité de consentir à une modification du traité de paix sans consulter le Reichstag. M. von Haniel a déclaré sans préciser si la note ferait état de cet argument, que les allemands de Haute-Silésie ne renonceraient jamais à l'appui moral (que) donnerait à leur cause l'arrivée en masse des émigrés restés fidèles à la grande comme à la petite patrie. Je lui ai fait observer que l'enthousiasme des allemands défierait le nationalisme des Polonais et déchaînerait la guerre civile que les alliés se préoccupaient justement d'éviter.

Le secrétaire m'a répondu (que) le Gouvernement allemand n'ignorait pas ce danger et qu'en remerciant les alliés de leur sollicitude, il proposerait l'ouverture de pourparlers où les représentants des trois puissances occupantes, de l'Allemagne et de la Pologne étudieraient de concert[er] les mesures à prendre en vue d'assurer le calme et la régularité du plébiscite.

Je lui ai objecté, comme l'ambassadeur l'avait déjà fait au Ministre des Affaires Etrangères, que cette conférence empiéterait sans utilité sur les attributions de la Haute-Commission d'Oppeln.

M. von Haniel a mentionné incidemment la possibilité de renforcer le corps d'occupation de Haute-Silésie par des contingents italiens ou des troupes françaises prélevées sur l'armée du Rhin.

Communiqué à Paris et à Oppeln.

1　Télégrammes, Arrivée de Berlin, 1920, 11.
2　Edgar Karl Alfons Haniel von Haimhausen.
3　Nicht abgedruckt.
4　Vgl. oben Dok. 509.

522

*M. de Saint-Quentin, Chargé d'Affaires de France à Berlin, à
M. Leygues, Président du Conseil, Ministre des Affaires Etrangères.*

T. n° 2265. [En Clair.]   Berlin, le 10 décembre 1920, 20 h 15.
(Reçu: 22 h 35.)[1]

Le Gouvernement allemand vient d'adresser à l'Ambassade sous la date du 9 décembre la note dont traduction suit:

"J'ai l'honneur, au nom du Gouvernement allemand, de répondre ce qui suit à la note du 6 de ce mois, [N°] 393 relative aux voyages ministérielles dans les pays rhénans.[2]

Le Gouvernement allemand ne peut pas, d'après les rapports qu'il a reçus du territoire occupé, admettre que le voyage du Chancelier[3] et du Ministre des Affaires Etrangères[4] ait créé du trouble dans la population du pays rhénan. Une telle conséquence serait également entièrement contraire aux impressions personnelles que les ministres ont éprouvées durant leur voyage. Le Gouvernement d'Empire est convaincu tout au contraire que le voyage a contribué notablement à calmer les esprits. La population du pays occupé était tombée, par suite des charges pénibles (Beschwerden) qu'entraîne la présence des troupes et des autorités d'occupation, dans un état d'esprit de grande agitation, et parfois même de désespoir, qui s'est sensiblement amélioré à la suite du voyage.

Mais si les ministres voulaient obtenir ce résultat et montrer à la population que le Gouvernement d'Empire comprenait entièrement leur situation difficile, ils ne pouvaient renoncer à un examen critique (Würdigung) du Traité de Versailles, dont les dispositions sont la cause lointaine de cette situation.

Le Gouvernement allemand ne peut s'inspirer que de son propre jugement dicté par le sentiment de son devoir pour résoudre la question de savoir si et quand il juge nécessaire, pour des raisons de politique étrangère, que des ministres d'empire se rendent compte personnellement de la situation en pays occupé et prennent contact avec la population rhénane. Il ne peut se lier vis-à-vis du Gouvernement français sur aucun engagement touchant le contenu des déclarations à faire sur ce territoire, et doit au contraire se réserver expressément sa liberté d'action dans les limites de son programme qui prévoit l'exécution du Traité de Versailles jusqu'à la limite du possible."[5]

---

1   Télégrammes, Arrivée de Berlin, 1920, 11.
2   Vgl. dazu oben Dok. 511 und Dok. 515. Zum Entschluß der Regierung, den Protest in dieser Form zurückzuweisen, s. Protokoll der Kabinettssitzung vom 7.12.1920, AdR, Kabinett Fehrenbach, Dok. 130 P. 7, S. 334f.

3   Konstantin Fehrenbach.
4   Walter Simons.
5   Zur Reaktion der deutschen Presse vgl. de Saint-Quentins Telegramme n° 2269-2270 sowie 2279-2282 vom 11.12.1920, Télégrammes, Arrivée de Berlin, 1920, 11. Zum Fortgang s. unten Dok. 529.

523
M. de Saint-Quentin, Chargé d'Affaires de France à Berlin, à
M. Leygues, Président du Conseil, Ministre des Affaires Etrangères.

D. n° 745.   Berlin, le 10 décembre 1920.[1]

Situation parlementaire. Une crise ministérielle évitée.

Les bruits de crise ministérielle qui reviennent périodiquement depuis quelques semaines se sont précisés hier et on a pu penser durant quelques heures que le Cabinet allait être mis en minorité sur la question des traitements des fonctionnaires.[2]

La Commission du budget, où les partis du bloc ministériel ont la majorité, s'était, après de longues délibérations, mise d'accord avec le Gouvernement sur un projet de relèvement général des traitements, qui, très compliqué dans le détail, prévoyait notamment une indemnité de cherté de vie égale à la moitié du traitement.

Cette concession avait paru insuffisante à l'association générale des Fonctionnaires qui réclamait que l'indemnité de cherté de vie fût portée au moins à 60%. Si cette revendication minima n'était pas admise, l'association menaçait de recourir à la grève. Certaines catégories de fonctionnaires, les postiers notamment, paraissaient disposés à passer de la menace à l'action. Ceux de la rive droite du Rhin, avaient voté déjà, à une majorité de 90%, le principe de la grève pour le cas où le Gouvernement se montrerait irréductible.

Devant cette poussée de l'opinion, les Socialistes Majoritaires d'une part, les Nationaux Allemands de l'autre, inspirés les uns et les autres par des considérations électorales que l'approche des élections prussiennes[3] rend particulièrement pressantes, avaient décidé de présenter des amendements relevant à 60% du traitement les indemnités de cherté de vie. La motion des Nationaux-Allemands allait toutefois plus loin que celle des Socialistes, puisqu'elle prévoyait ce relèvement pour tous les traitements, tandis que le projet de la gauche ne s'appliquait qu'aux traitements inférieurs à 8.100 marks.

Le Gouvernement toutefois se déclarait catégoriquement opposé aux deux amendements et le Ministre des Finances[4] annonçait que si l'un d'entre eux était voté il se retirerait, ne pouvant endosser la responsabilité d'accroître encore les charges du Trésor, dans la situation financière déjà si compromise de l'Allemagne. La démission de Mr Wirth risquait d'entraîner celle de tout le Cabinet.

Or s'il était douteux que les Socialistes se ralliassent à l'amendement des Nationaux Allemands qui dépassait le leur, il paraissait probable que les Nationaux Allemands ne pourraient faire moins que de voter le texte présenté par les Socialistes, qui n'accordait aux fonctionnaires qu'une partie de ce que l'extrême droite demandait pour eux. Dans cette éventualité l'amendement des Socialistes se trouverait assuré d'être adopté par la coalition des Nationaux-Allemands et de la gauche, et le Gouvernement, ou tout au moins le Ministre des Finances, mis en minorité.

Les Nationaux-Allemands montraient d'ailleurs beaucoup d'intransigeance, assuraient qu'ils voteraient l'amendement des Socialistes, et qu'ils ne renieraient pas leurs engagements envers les fonctionnaires. Les pourparlers engagés entre les partis d'opposition et le Gouvernement pour trouver une base d'entente ayant d'autre part échoué, la presse, celle de droite surtout, envisageait la situation avec pessimisme et présentait la chute du Cabinet comme imminente. Seuls quelques journaux pondérés, comme la Gazette de Voss, pensaient que les choses s'arrangeraient et que l'extrême droite se résoudrait au dernier moment à sacrifier ses préoccupations électorales au désir d'éviter une crise gouvernementale dont elle n'a rien à attendre.

Ces prévisions optimistes ont été vérifiées par l'événement. Au cours de la séance d'hier où les députés étaient fort nombreux, mais qui n'a rien offert de saillant, en dehors de manifestations de mauvaise humeur des petits fonctionnaires et employés de l'Etat qui se pressaient dans les tribunes publiques, le Gouvernement a, sans grande peine, triomphé de ses adversaires. L'amendement des Nationaux-Allemands fut d'abord écarté à une grosse majorité, grâce à l'abstention des Socialistes. On vota ensuite sur la motion de la Gauche. Les Nationaux-Allemands ayant, après quelque hésitation, décidé de ne pas prendre part au vote, le Gouvernement l'a facilement emporté. Après le rejet des divers amendements, le texte de la Commission et du Gouvernement a été adopté contre les voix des Indépendants et des Communistes.

La crise ministérielle a donc été évitée. Le Gouvernement est redevable de ce rejet au sens politique de l'extrême droite qui, tout en saisissant volontiers l'occasion de montrer qu'elle reste l'arbitre de la situation parlementaire, sait parfaitement qu'elle a tout intérêt à laisser subsister le Cabinet actuel au moins jusqu'aux élections prussiennes. D'autre part l'attitude des Socialistes à la séance d'hier montre qu'ils sont moins désireux qu'ils ne le disent de reprendre le pouvoir, puisqu'ils se sont sagement abstenus de prendre parti contre le Gouvernement lors du vote sur l'amendement des Nationaux-Allemands.

Ainsi d'aucun côté on ne paraît tenté de provoquer une crise, et on serait en droit d'en conclure que l'existence du Cabinet Fehrenbach est assurée pour quelques mois encore. Sa faiblesse est telle néanmoins qu'à force de jouer avec le feu les partis d'opposition pourraient bien se trouver un jour en face d'une situation qu'ils n'aurauent ni prévue ni voulue.

---

1   Allemagne 287, fol. 89-91.
2   Seit Mitte des Jahres 1920 hatte sich in der deutschen Beamtenschaft zunehmend Unruhe breitgemacht. Angesichts stetig steigender Preise verschlechterte sich die Lage der Beamten kontinuierlich. Sie verlangten daher eine entscheidende Verbesserung ihrer Besoldung, s. Aufzeichnung über eine Besprechung mit den Finanzministern der Länder vom 11.11.1920, AdR, Kabinett Fehrenbach, Dok. 108 S. 274ff.
3   Die Landtagswahlen fanden in Preußen erst am 20.2.1921 statt.
4   Josef K. Wirth.

524
M. de Vaux, Consul Général de France à Stuttgart, à
M. Leygues, Président du Conseil, Ministre des Affaires Etrangères.

D. n° 33.   Stuttgart, le 10 décembre 1920.[1]

L'opinion würtembergeoise et la France.

Le Département sait, par ma dépêche n° 2[2], avec quelles préventions a été accueillie, ici, ma nomination.

Votre Excellence ne m'en voudra, donc, pas si, en dehors du Ministre-Président[3], qui m'a reçu avec toute la réserve possible, et avec l'entremise d'un interprète chargé de filtrer ses paroles, je n'ai encore pu avoir aucun contact avec les personnalités politiques du Würtemberg[sic!].

En attendant que ces contacts se produisent, et pour en faire naître les occasions, j'ai saisi celle d'un entretien avec un avocat würtembergeois[sic!] d'opinions modérées et qui m'est représenté comme animé d'intentions particulièrement conciliantes. Ses paroles sont l'écho, évidemment mesuré, affaiblie, mais très distinct, de ces mêmes récriminations véhémentes contre les intentions et les actes de la France, que je me suis fait un devoir de transmettre, semaine par semaine, à Votre Excellence, malgré leur fastidieuse monotonie.

"Pourquoi, lui dis-je, trouve-t-on, dans les articles de vos journaux, dans les paroles de vos conférenciers, des excitations quotidiennes contre la France? Ne dirait-on pas qu'une volonté tenace et cachée s'applique à monter contre nous une opinion paisible, jusqu'à l'amener à un état qui pourrait devenir dangereux?"

"Détrompez-vous, me fut-il répondu. L'opinion n'a pas été montée, elle l'est par elle-même, aussi bien ici qu'à Berlin ou qu'en Saxe, où j'ai été, récemment. Il n'y avait, tout d'abord, pas de haine contre vous; cette haine, née au moment où vous avez fait occuper Francfort par vos troupes noires, a été en augmentant et en gagnant toutes les couches de la société. On ne comprend pas que la France veuille déshonorer un pays vaincu en lui donnant, ainsi, des coups de pied. On ne comprend pas davantage que la France continue en quelque sorte de faire la guerre à un pays incapable de revanche pour cinquante ans et qui n'y songe pas. L'Allemagne a vécu ces années de guerre, avec l'espérance, non dans la victoire, mais dans une paix faite de concessions réciproques. Il n'y a pas un Allemand qui puisse considérer le traité de Versailles comme un véritable traité. Le peuple allemand a déposé les armes sur la foi du programme[4] wilsonien, et il a l'impression d'avoir été l'objet d'une formidable tromperie. Ces idées ont pénétré les masses les plus étrangères à la politique et ne peuvent plus être déracinées. La situation de l'Allemagne est absolument sans espoir. Nous payons 33% de nos bénéfices professionnels, il est question d'imposer les habitations d'après le nombre de pièces occupées, les mobiliers au dessus d'une certaine valeur, etc. L'emprunt forcé envisagé en ce moment confisquera le quart de la fortune de chacun pour le convertir en papier d'un Etat déjà en faillite.[5] Nos ouvriers et nos employés ne travaillent plus que huit heures, nos administrations emploient deux fois le nombre d'agents autrefois nécessaires, et n'osent les congédier, par crainte des socialistes. Les Gouvernements de la Saxe[6] et de la ville de Brême[7] viennent, en même temps, de passer aux socialistes. Au moment de la dernière attaque des Russes contre Varsovie, tout était prêt, en Allemagne pour la grève générale et le communisme. Le même danger se renouvellera, si les Russes attaquent à nouveau la Pologne."

Ici, je fis remarquer que les journaux conservateurs allemands manifestaient leur satisfaction de la défaite du général Wrangel.

Sur la détresse financière de l'Allemagne, j'indiquais que le remède pourrait en être trouvé dans la restauration du crédit international de l'Allemagne, quand celle-ci aurait obtenu la garantie financière des gouvernements alliés.

"Oui, me fut-il répondu, mais cette garantie signifierait l'esclavage de l'Allemagne pour cent ans."

J'ai retrouvé le même pessimisme dans les propos qu'a tenus à mon principal collaborateur[8] un ingénieur suisse d'une grande maison d'appareillage électrique de Stuttgart, propos que je crois pouvoir résumer comme suit:

"Les Français auraient tort de ne pas se rendre compte de la gravité de l'état de l'opinion allemande, et, notamment, würtembergeoise, à leur égard. Ils sont de plus en plus détestés. Au moment de l'armistice, le peuple würtembergeois était presque heureux que la guerre fût perdue, parce qu'il comprenait que la victoire eût été le triomphe insolent du militarisme, tandis qu'il attendait de la France victorieuse une aide pour se relever. Or, rien n'est venu. Il a commencé, au contraire, de souffrir et il souffre de plus en plus. Bientôt, même, il ne pourra plus se nourrir ni se vêtir. De là, sa haine grandissante contre la France, qu'il accuse de tous ses maux. Les ouvriers disent que, si une nouvelle guerre vient à éclater avec la France, ils la feront avec joie "au besoin avec leurs poings ou avec des bâtons."

En ce qui concerne les troupes noires, les attentats commis contre les Allemands ne servent que de prétexte à dénoncer l'emploi de ces troupes. Le fond de la question, c'est que les Allemands, se jugeant "le peuple le plus civilisé de la terre, se sentent humiliés devant le monde entier par l'emploi de nègres pour faire chez eux la police."

Par leurs professions, les deux hommes dont j'ai cité les paroles sont à même de fréquenter les classes bourgeoises et les milieux populaires, et d'apporter, ainsi, sur l'opinion de ces classes, des témoignages sincères. Ce n'est pas le lieu de nous demander si les illusions dont on a nourri le peuple allemand étaient légitimes, et si ses colères sont justifiées. Mais il y a, ici, un fait que nous ne devons pas ignorer, un danger que nous devons voir et dont les effets doivent entrer, désormais, dans nos prévisions.

---

1 Allemagne 365, fol. 48r-50v.
2 Nicht abgedruckt.
3 Johannes Hieber.
4 Ursprünglich "traité", später handschriftlich zu "programme" verbessert.
5 Zum "Reichsnotopfer" s. unten Dok. 540 Anm. 4.
6 Zum Ergebnis der Landtagswahlen in Sachsen s. oben Dok. 480.
7 Am 7.12.1920 war in Bremen der Senat, der von Mitgliedern der DVP und der DDP gestellt wurde, zurückgetreten, nachdem die SPD die Haltung des Senats in der Frage der Auflösung der Bremer Stadtwehr nicht mittragen wollte. Nach der bremischen Verfassung konnte ein Drittel der Bürgerschaft in diesem Fall einen Volksentscheid verlangen, der darüber entscheiden mußte, ob der Senat zurücktreten oder eine Neuwahl stattfinden sollte. Bis zum Termin des Volksentscheids, der auf den 9.1.1921 anberaumt wurde, blieb der Senat geschäftsführend im Amt, s. Schultheß' Europäischer Geschichtskalender 36 (1920) S. 312 bzw. S. 304.
8 M. Grandioux.

525

M. Tirard, Haut-Commissaire de la République Française dans les Provinces du Rhin, à M. Leygues, Président du Conseil, Ministre des Affaires Etrangères.

N° < ? >.   [Coblence ?], le 11 décembre 1920.[1]

Je réponds au télégramme de Votre Excellence en date du 9 Décembre[2], expédié par courrier, et me réfère à mes lettres et télégrammes des 17, 20, 22, 26 et 28 Novembre et 7 Décembre[3].

I.- A plusieurs reprises, depuis la mise en vigueur du Traité de Paix, des Ministres Allemands se sont rendus dans les Territoires Occupés, et y ont prononcé des discours politiques. Au mois de Février, Monsieur Hirsch, Président du Conseil Prussien, a pris la parole à Cologne, et en diverses autres villes.[4] Les résultats de sa tournée ont été à l'encontre du but qu'il visait; ses paroles, trop optimistes et trop nettement orientées vers l'unitarisme, ont provoqué, dans les Pays Rhénans, une réaction de mécontentement contre le Gouvernement Central de Berlin. Au mois d'Août, Messieurs Koch et Räumer[5] ont fait, à leur tour, un voyage dans les Pays Rhénans, au cours duquel ils m'ont rendu visite, ainsi qu'au Général Commandant l'Armée du Rhin[6]. L'impression du Général Degoutte et la mienne furent que ces conversations avaient été profitables, et qu'elles devaient amener une détente dans les rapports des Autorités d'Occupation avec les Autorités allemandes, notamment pour la solution des questions ressortissant à l'administration des Biens d'Empire.(a)

Lorsque la presse locale apporta la nouvelle du voyage de Messieurs Fehrenbach et Simons, il n'existait donc pas de motif pour supposer qu'ils viendraient à faire à Cologne des déclarations de nature à troubler l'ordre public. (A l'inverse, mon Collègue britannique[7] avait été informé que des déclarations favorables seraient faites.) Tout l'effort de la propagande prussienne est de représenter aux populations rhénanes l'occupation alliée comme un régime d'oppression, afin de faire taire le désir, qui se fait jour de plus en plus parmi elles, de s'affranchir du pouvoir central de Berlin.

Dans ces circonstances, si avant le discours de MM. Simons et Fehrenbach à Cologne, j'avais proposé à mes Collègues Alliés d'interdire la réunion où ils devaient prendre la parole, ceux-ci auraient, *je viens de m'en assurer*, refusé de voter une pareille décision, et j'aurais été mis en minorité.

II.- En ce qui concerne la question précise posée par le télégramme du 9 décembre de Votre Excellence, j'indique ci-après le développement des faits:

A) Le discours du Dr. von Simons[sic!] à Cologne (zone britannique) a été prononcé à la date du 15 Novembre. Il a été signalé le jour suivant au Haut-Commissaire Britannique par le Délégué Britannique à Cologne[8]. Le Haut-Commissaire Britannique n'en a pas saisi la Haute-Commission.

B) Le Dr. Simons s'est rendu directement de Cologne à Aix-la-Chapelle (zone belge) le lendemain 16 Novembre avec le Chancelier Fehrenbach. C'est à Aix-la-Chapelle qu'ont été prononcées les déclarations relatives à Eupen et à Malmédy. Le Délégué Belge à Aix-la-Chapelle[9] en a référé à Coblence au représentant de Monsieur Rolin-Jaequemyns[10], qui n'en a pas saisi officiellement la Haute-Commission.

C) La Haute-Commission avait déjà convoqué pour le 17 Novembre le Commissaire d'Empire[11] pour lui faire connaître qu'elle n'admettait pas les déclarations antérieures du Dr Koch à la tribune du Reichstag[12], concernant le régime de l'occupation, et adopté le principe d'une note commune de protestation adressée par chaque Haut-Commissaire à son Gouvernement (je me réfère à mes dépêches en date des 15 et 17 Novembre[13]).

D) Dès que j'ai eu connaissance par mes informateurs personnels, des déclarations émises en zones britannique et belge par le Dr von Simons et le chancelier Fehrenbach, j'ai immédiatement notifié à mes collègues, dès le 17, que si les Ministres se rendaient en zone française et y effectuaient des déclarations analogues, je donnais l'ordre de les faire arrêter. Cette décision, confirmée par moi à la Haute-Commission à la date du 18 Novembre n'a d'ailleurs pas eu à entrer en application, les deux Ministres ayant quitté Aix-la-Chapelle le soir même pour rentrer directement à Berlin sans passer en zone française. J'ai également avisé de la décision que j'avais prise M. de Starck, Commissaire d'Empire.

E) Devant la Haute-Commission, mon collègue belge M. Rolin-Jaequemyns ne s'est pas montré favorable à une action directe et a préféré suivre la voie diplomatique. Pour empêcher le discours du chancelier à Aix-la-Chapelle en temps utile il eût fallu sans doute faire intervenir la force militaire belge, au risque de provoquer une émeute. J'ai maintenu mon point de vue en ce qui concerne la zone française.

Il a été décidé, en outre, que les Hauts-Commissaires adresseraient à leurs Gouvernements une proposition commune, qui a entraîné la protestation faite, par la suite, à Berlin.[14]

III.- C'est donc sur l'initiative personnelle du Haut-Commissaire français et à l'occasion de faits intervenus dans les zones anglaise et belge, qu'a été accomplie la démarche interalliée du 6 Décembre. J'ajoute que ma proposition à ce sujet était conçu en termes si nets, que M. l'Ambassadeur de France à Berlin[15] a jugé qu'elle devait être atténuée, et vous a fait connaître qu'il lui paraissait impossible d'interdire l'entrée des Ministres en Territoires Occupés. Monsieur de Margerie vous a fait part du même sentiment.

D'ailleurs, ainsi que vous l'a également signalé M. Charles Laurent, il est *essentiel* que l'action exercée sur les Autorités allemandes, en cette matière, soit *interalliée*, et non Française. Il est à noter que mon Collègue Belge, intéressé directement par des faits intervenus à Aix-la-Chapelle, Q.G. de l'Armée Belge et visant la question d'Eupen et Malmédy, ne s'est pas montré disposé à me soutenir dans mes propositions de mesures immédiates. La H.C.I.T.R. a, par contre, été unanime dans une décision commune signée par les trois Hauts-Commissaires et par le Représentant Américain[16] à demander aux Gouvernements de s'associer à la protestation dont Votre Excellence a pris l'initiative, sur ma proposition, et à laquelle, grâce à l'action rapide et énergique du Département, les Gouvernements de Londres, de Bruxelles et de Washington ont donné leur complet assentiment.

D'autre part, ainsi que je vous en ai rendu compte, par ma lettre du 7 Décembre[17], j'ai notifié à Monsieur de Starck, qu'aucun discours public ne serait plus toléré, en zone française, sans que l'orateur ait pris l'engagement de respecter le Traité de Paix, et de s'abstenir d'attaquer les Alliés.

J'estime donc, en résumé, que, quels que soit l'effet passagère, parmi les populations rhénanes, des discours prononcés par MM. Fehrenbach et Simons, cet effet est moins fâcheux et moins durable que n'aurait été celui d'une intervention préventive de la Haute-Commission, si même j'avais pu obtenir une majorité sur ce point, l'unanimité étant impossible à recueillir. J'estime, d'autre part, que l'inconvenance de ces discours et l'accord unanime des quatre Gouvernements occupants dans la note de protestation remise à Berlin, nous permettent d'interdire formellement le retour de faits semblables, sans encourir, cette fois, aucun reproche d'oppression brutale ni de visées politiques secrètes de la part de l'opinion publique rhénane ni de la part des Alliés.

IV.- En ce qui concerne la question de savoir si, *en droit*, la H.C.I.T.R. aurait pu prévenir les discours précités, nonobstant les considérations et les circonstances de faits ci-dessus, j'estime, ainsi que mes Collègues, consultés par moi, que la H.C.I.T.R. ne pouvait, en droit, interdire préalablement aux Ministres d'Empire l'accès des Territoires Occupés ni le droit de parler en public, les Gouvernements Alliés ayant fait connaître par écrit au Gouvernement allemand, lors de la discussion du Statut de l'Occupation en 1919 (Notes du 29 Juillet et du 14 Octobre 1919)[18] que la circulation serait libre pour les citoyens allemands entre l'Allemagne occupée et l'Allemagne non occupée, ainsi que les réunions publiques.

Il appartient aux Gouvernements Alliés d'examiner si, en présence de l'abus fait par les Ministres de cette liberté et des termes de la réponse allemande à la note du 6 Novembre[19], il convient de revenir sur cet engagement. J'estime que la doctrine contenue dans la note du 6 Décembre doit être maintenue[20]. Il en résultera, désormais, pour la H.C.I.T.R., la possibilité de soumettre les déplacements des Ministres et éventuellement, leurs discours, à un examen préalable.

Il est nécessaire que mes collègues reçoivent de leurs Gouvernements respectifs des instructions conformes à celles de Votre Excellence.

(a) J'ai rendu compte au Département de ces divers déplacements[.]

---

1 AN, AJ 9 3229. Maschinenschriftlicher Durchschlag, ohne Numerierung, ohne Ortsangabe und ohne Unterschrift.
2 Unter Bezug auf die Reise von Fehrenbach und Simons bzw. die gemeinsame Demarche der Alliierten in Berlin (vgl. dazu oben Dok. 511), hatte Leygues unter anderem geschrieben: "Je ne puis comprendre que, dès le premier discours, vous ne soyez pas intervenu pour vous opposer, d'accord avec vos collègues de la Haute-Commission, à la continuation d'une pareille campagne. Les pouvoirs des Alliés dans les territoires occupés leur permettaient d'arrêter dès le début la campagne des Ministres allemands.
Sous aucun prétexte de pareils incidents ne doivent se reproduire.
Je vous prie de m'expliquer les raisons de la tolérance que vous avez observée." T. n° 464 vom 9.12.1920, ebenda.
3 Hier nur zum Teil abgedruckt, s. unter anderem oben Dok. 485, Dok. 491, Dok. 502 und Dok. 516.
4 Vgl. oben Dok. 52 und Dok. 57.
5 Richtig: von Raumer, vgl. oben Dok. 364 und Dok. 373.
6 General Degoutte.
7 Malcolm Arnold Robertson.
8 Major Pigott.
9 Name nicht ermittelt.
10 M. J. M. Cattoir.
11 Karl von Starck.
12 Vgl. oben Dok. 466.
13 Nicht abgedruckt.
14 Vgl. oben Dok. 511.
15 Charles Laurent.
16 Henry Tureman Allen.
17 Vgl. oben Dok. 516.
18 Nicht abgedruckt.
19 Muß wohl richtig heißen: 6 Décembre. Zur deutschen Antwortnote vom 9.12.1920 s. oben Dok. 521.
20 Vgl. den entsprechenden Entwurf einer Note durch Tirard, N° 8284 vom 11.12.1920, AN, AJ 9 3229.

526
M. Guéritte, Consul de France à Danzig, à
M. Leygues, Président du Conseil, Ministre des Affaires Etrangères.

D. n° 66.   Danzig, le 11 décembre 1920.[1]

Premières séances du Volkstag. La déclaration du Gouvernement.

La Diète populaire de Dantzig, ou Volkstag, a commencé sa session régulière. La première séance a été consacrée à la prestation du serment des membres du Gouvernement (Sénateurs).

On a beaucoup remarqué que le nouveau Président du Gouvernement, M. Sahm, en faisant prêter serment aux autres Sénateurs, a constamment employé la formule "la Ville libre et hanséatique" bien que, comme le sait le Département, le mot "hanséatique" ait été supprimé de la Constitution de Dantzig par la Société des nations[sic!]. Pour expliquer cette anomalie, qui avait quelque peu surpris les auditeurs, on a cru devoir publier dans les "Neueste Nachrichten" un communiqué tentant d'expliquer que la formule employée et qui est celle prévue à l'article 28 de la Constitution sera modifiée dans le sens désiré par la Société des nations dès que le Volkstag aura pu discuter et adopter les modifications apportées à Genève au texte de la Constitution.

Au début de la deuxième séance, en l'absence de M. Sahm - parti en hâte à Genève pour exposer le point de vue dantzicois dans la question de la défense militaire de Dantzig par la Pologne -, le Vice Président du Sénat, M. Ziehm, a lu la déclaration du Gouvernement.

Celle-ci rappelle d'abord que la ville libre de Dantzig a été créée par le traité de Versailles "Bien que la séparation d'avec l'Empire allemand ait eu lieu contre la volonté de la population, le Gouvernement est fermement décidé à remplir ses devoirs conformément à la Constitution, et sur la base de la situation créée par le traité de paix"...

Après quelques mots de remerciements adressés à Sir Reginald Tower et au Colonel Strutt, la déclaration continue ainsi: "La constitution de la Ville libre est garantie par la Société des nations; Dantzig est placée sous la protection de celle-ci. Dans cette protection, nous voyons la plus sûre garantie de la liberté de l'indépendance de la Ville libre.

Pour le développement de notre état, des relations amicales avec les Etats voisins sont nécessaires. Avec l'Empire allemand nous sommes liés non seulement par les relations économiques actuelles[2], mais par la communauté du sang, de la langue et de la culture.

Quant à nos rapports avec la Pologne, leur base est fixée par la convention conclue le 15 Novembre 1920 entre les deux Etats[2]. A côté du traité de paix et de la Constitution, nous considérons cette convention comme notre troisième loi constitutionnelle. Nous espérons qu'elle servira à établir des relations de bon voisinage avec la Pologne, avec laquelle des intérêts économiques communs nous rattachent étroitement. Nous avons le ferme dessein d'observer les prescriptions de cette convention...

Une de nos tâches les plus sérieuses sera d'assurer la protection des minorités de langue.

Dans cette heure solennelle, nous déclarons ouvertement et loyalement devant le monde que nous considérons comme notre devoir le plus élevé et sacré de maintenir et de préserver le caractère allemand de la Ville libre".

La déclaration du Gouvernement s'étend ensuite sur les tâches diverses qui l'attendent: élaboration des différentes lois sur la nationalité, le droit des minorités, la représentation du travail, les lois sociales, l'établissement du budget, etc. ...

Et après un appel au travail, à l'économie et à l'ordre, le Gouvernement demande à la population entière de l'aider à remplir ce programme, qui ne pourra être réalisé que par la collaboration de tous.

La déclaration ministérielle a été vivement applaudie par la droite et le centre de l'Assemblée, les passages concernant le caractère allemand de la Ville libre et les liens qui la rattachent à l'Empire allemand étant particulièrement acclamés.

1 Dantzig 7, fol. 121-122.
2 Zur Regelung der Wirtschaftsbeziehungen zwischen Danzig und dem Reich s. die Aufzeichnung von von Stockhammern vom 2.4.1920, ADAP A III, Dok. 97 S. 173f. Zum aktuellen Stand der Beziehungen nach Inkrafttreten des Vertrages zwischen Danzig und Polen, der diese Vereinbarungen nicht berührte, s. eine entsprechende Aufzeichnung des Auswärtigen Amtes vom 17.12.1920, ADAP A IV, Dok. 83 S. 154ff.
3 Zum Abkommen zwischen Danzig und Polen s. oben Dok. 454. Der Vertrag wurde von den Vertretern der Stadt Danzig am 9.11.1920 im Quai d'Orsay unterzeichnet. Die polnische Delegation leistete ihre Unterschrift am 19.11.1920, s. Schultheß' Europäischer Geschichtskalender 36 (1920) S. 333.

527
M. de Saint-Quentin, Chargé d'Affaires de France à Berlin, à
M. Leygues, Président du Conseil, Ministre des Affaires Etrangères.

T. n° 2283-2284. Déchiffrement/En Clair.   Berlin, le 12 décembre 1920,
                                              2 h 00.
                                       (Reçu: 6 h 00, <?>.)[1]

J'adresse, en clair, sous le n° suivant[2], à V. Exc. la traduction de la note qui a (dû) être remise aujourd'hui au Gouvernement anglais par l'Ambassadeur d'Allemagne à Londres[3], et qui contient la réponse du Gouvernement allemand aux propositions relatives au plébiscite de Haute-Silésie.

Voici la réponse allemande relative à la Haute-Silésie[:]

["]Le Gouvernement allemand a soumis à un examen approfondi la proposition relative au plébiscite de Haute-Silésie que le Premier Ministre britannique[4] lui a faite au nom des Gouvernements britannique, français et italien[5], et il a l'honneur de répondre ce qui suit[:]

Le Traité de Paix donne à l'Allemagne un droit à ce qu'il lui soit garanti que, lors du plébiscite de Haute-Silésie, le scrutin ait lieu librement, en dehors de toute pression et secrètement, et que tout traitement différentiel des personnes ayant le droit de vote, selon qu'elles sont domiciliées en Haute-Silésie ou qu'elles résident en dehors de ce territoire, soit écarté de prime abord. Ce droit ne peut être garanti que par la complète unité du scrutin. Le principe de l'unité du scrutin a en effet été strictement appliqué, aussi bien dans l'espace que dans le temps, lors des plébiscites du Sleswig, de la Prusse orientale et de la Prusse occidentale, conformément aux articles 95 et 109 du Traité de Paix[6]. Ces articles sont à cet égard entièrement conformes aux dispositions du paragraphe 4 de l'annexe à l'article 88[7]. La Conférence des Ambassadeurs a en outre reconnu expressément la validité du principe de l'unité du scrutin en rejetant la proposition de faire voter en Prusse orientale dans deux urnes séparées. Il ressort également de la note du 30 Novembre que les Gouvernements britannique, français et italien se rallient aussi à ce point de vue de principe établi par le Traité de Paix et par l'application qui en a été faite antérieurement[.]

Le Gouvernement allemand reconnaît volontiers que la proposition qui lui est faite part de l'intention louable de prévenir les troubles qui pourraient se produire à l'occasion du plébiscite de Haute-Silésie. Il ne peut que constater cette intention avec satisfaction. Il tient compte également de la grande responsabilité que les trois Gouvernements ont endossée assumant la tâche d'assurer un scrutin libre, à l'abri de toute pression et secret, et de protéger la Haute-Silésie confiée à leur garde de tout danger pendant la période de plébiscite. S'inspirant du désir de faciliter aux puissances leur tâche, le Gouvernement allemand est prêt à soumettre le problème soulevé par la note du 30 Novembre à un nouvel examen objectif (sachlich)[.]

Le Gouvernement allemand se permet de faire remarquer à ce sujet que la proposition des puissances se heurterait à de grosses difficultés techniques en ce qui concerne le transport, le logement, etc. Il fait remarquer en outre que d'après le point 6 de la note le résultat du plébiscite ne doit pas être "connu", avant que tous les votes émis par les personnes, soit domiciliées soit originaires, jouissant du droit de vote, n'aient été rassemblées. Il est extrêmement douteux qu'il soit possible dans ces conditions d'exclure complètement tout traitement différentiel des personnes ayant le droit de vote et toute violation du principe du secret du vote[.]

Le Gouvernement allemand croit que c'est par des pourparlers oraux qu'il pourrait le plus rapidement arriver à la possibilité de prendre position sur les questions soulevées dans la note. Il a l'honneur de suggerer en conséquence que des conversations entre représentants des puissances qui ont formulé la proposition et de celle à qui elle est adressée soient organisées aussitôt que possible[.]

Le Gouvernement allemand prie Monsieur le Premier Ministre britannique de vouloir bien transmettre cette suggestion aux Gouvernements français et italien".[8]

---

1 Télégrammes, Arrivée de Berlin, 1920, 11. Zeitpunkt des Eingangs des zweiten Teils des Telegramms in Paris nicht ermittelt.
2 Gemeint ist das Telegramm n° 2284.
3 Friedrich Sthamer.
4 David Lloyd George.
5 Vgl. oben Dok. 509.
6 Art. 95 des Versailler Vertrages bestimmte den Abzug deutscher Truppen und Behörden aus Oberschlesien und die Einsetzung einer interalliierten Kommission zur Verwaltung des Gebietes. Darüber hinaus regelte er die allgemeinen Bedingungen im Hinblick auf die Vorbereitung und Durchführung des Plebiszites. Art. 109 enthielt die entsprechenden Bestimmungen für Schleswig.
7 Annex 4 des Art. 88 regelte die Fristen, innerhalb derer die Abstimmung durchgeführt werden sollte und definierte den Personenkreis derjenigen, die an der Abstimmung teilnehmen sollten.
8 Zum Fortgang s. unten Dok. 536.

528

M. de Saint-Quentin, Chargé d'Affaires de France à Berlin, à
M. Leygues, Président du Conseil, Ministre des Affaires Etrangères.

T. n° 2287-2290. Déchiffrement. Berlin, le 12 décembre 1920, 2 h 00.
(Reçu: 6 h 00, 5 h 45, 5 h 50, 6 h 00.)[1]

Réponse à votre télégramme n° 2443[2].

J'ai fait ce matin, en termes très (nets), la notification prescrite à M. von Simson qui centralise sous la direction immédiate du Ministre[3], les affaires relatives à la conférence de Bruxelles.[4]

M. von Simson m'a répondu que le Gouvernement allemand avait donné[5] notre interprétation à l'invitation assez peu claire qui lui avait été adressée. Mais il a ajouté que la même règle avait été déjà posée lors de la conférence de Spa et que cependant les experts avaient été plusieurs fois convoqués (par les) plénipotentiaires. De même à Bruxelles les conseillers techniques de la délégation allemande (mots passés). M. von Simson m'a d'ailleurs expressément confirmé les intentions prêtées par mon télégramme n° 2276[6] au Gouvernement allemand. Tout en ayant un intérêt capital à voir fixé avant le premier mai 1921 le chiffre de sa dette, le Gouvernement allemand juge dangereux de faire dès le début des offres fermes quant à la (somme) globale ou aux annuitées de l'indemnité, car l'écart entre ses propositions et les chiffres que les alliés seraient actuellement prêts à accepter serait si considérable que rupture menacerait de s'en suivre. Mais il veut, par un exposé loyal de sa situation économique et financière, provoquer les questions des alliés, y répondre sincèrement et créer ainsi une atmosphère de confiance où les points de vue pourront se rapprocher. M. von Simson croit que la conférence, si elle n'échoue pas immédiatement, sera de longue durée et qu'après le premier contact, elle suspendra ses travaux vers Noël pour reprendre après le premier janvier. Ce serait seulement, ai-je cru comprendre, au cours de cette seconde session que la délégation allemande voudrait, au cas ou les délibérations prendraient une tournure favorable, abattre son jeu.

L'Ambassadeur d'Angleterre[7] que j'ai revu avant son départ pour Bruxelles, semble partager les vues allemandes, aussi bien sur la méthode que sur la durée de la conférence. Il croit à la nécessité d'une discussion approfondie sur la situation financière de l'Allemagne qui lui semble très critique, tandis que la situation économique, à son avis, s'améliore progressivement. Il estime qu'à persévérer dans son système financier actuel l'Allemagne court à la banqueroute et que les alliés sont en droit de faire entendre à cet égard d'impérieux conseils.

Tenant à examiner les gages que l'Allemagne pourrait affecter un paiement des réparations, Lord D'Abernon m'a déclaré n'en pas voir de plus avantageux ni de plus faciles à contrôler (qu'une) taxe sur les exportations. Cette suggestion, qu'il affirme n'avoir pas faite aux Allemands, s'inspire évidemment des préoccupations que le "dumping" ou, pour parler franc, m'a-t-il confié, le bon marché de la main d'œuvre allemande cause actuellement à l'industrie anglaise. J'ai indiqué, sans insister, la possibilité de gager les mines. Lord D'Abernon (m'a dit) n'avoir pas envisager cette solution.

---

1   Relations Commerciales, Série B 82, Délibérations Internationales 27, fol. 40-42.
2   Nicht abgedruckt.
3   Walter Simons.
4   Zur Konferenz von Brüssel s. oben Dok. 475 Anm. 6.
5   Muß vermutlich richtig heißen: "trouvé".
6   Nicht abgedruckt.
7   Lord D'Abernon. Zu dessen Rolle bei der Vorbereitung der Konferenz von Brüssel s. Ders., Botschafter der Zeitenwende, Bd. I, S. 105ff.

529
*M. de Saint-Quentin, Chargé d'Affaires de France à Berlin, à
M. Leygues, Président du Conseil, Ministre des Affaires Etrangères.*

T. n° 2293-2295. Déchiffrement. Berlin, le 12 décembre 1920, 21 h 50.
(Reçu: 23 h 40, 23 h 15.)[1]

Suite à mon télégramme n° 2265[2].

(La) réponse allemande à la note alliée sur les voyages ministériels en territoire Rhénan cache, sous des dehors arrogants, un grand embarras. (Pour) opposer aux alliés un refus plus violent, elle leur prête des exigences qu'ils n'avaient pas formulées. La note du 6 décembre[3] ne demandait, en effet, aucun engagement aux ministres allemands, mais les avertissait que si, après avoir pénétré en territoire occupé, ils y prononçaient des discours subversifs les autorités alliées prendraient à leur égard telle mesure que de droit. Le malentendu volontaire donne lieu de croire, (et le) docteur Simons l'a clairement laissé entendre au commissaire américain[4], que les ministres allemands s'abstiendront désormais de venir en territoire occupé.

Dans ces conditions, il semble difficile de répliquer au Gouvernement allemand, comme on y songeait tout d'abord, en reprenant les termes du télégramme n° 2310 du 26 novembre[5] et en déclarant que les "autorités alliées dans les territoires occupés useront, le cas échéant, de tous les droits qui leur sont conférés pour assurer le respect de l'autorité et le maintien de l'ordre." Cette menace, dont la précision avait effrayé l'Ambassadeur d'Angleterre[6] et le Ministre de Belgique[7] quand fut rédigé la note du 6 décembre, risquerait, au contraire, dans la position prise actuellement par le Gouvernement allemand, s'apparaître comme une concession. D'autre part, il est douteux que les (mot passé) britannique et belge, à en croire du moins leurs représentants à Berlin, acceptent d'interdire en principe aux ministres allemands l'accès du territoire occupé. Lord D'Abernon m'a dit qu'il conseillerait à son Gouvernement de ne pas poursuivre une polémique qui risquerait de se prolonger sans laisser le dernier mot aux alliés, ni améliorer leur situation favorable de fait où ils se trouvent. Si cette dernière solution devait prévaloir, il apparaîtrait cependant nécessaire que les (autorités) alliées de Rhénanie se missent d'accord sur la conduite à tenir au cas, d'ailleurs improbable, d'une nouvelle incursion ministérielle, et que Mr von Starck recueillit par diverses (ec)hos, le ferme language que M. Tirard lui a si heureusement fait entendre le 7 décembre.[8]

Communiqué par le courrier à Coblentz[sic!]

---

1 Télégrammes, Arrivée de Berlin, 1920, 11.
2 Vgl. oben Dok. 522.
3 Vgl. oben Dok. 511.
4 Pierrepont B. Noyes. Vgl. oben Dok. 515.
5 Nicht abgedruckt.
6 Lord D'Abernon.
7 Comte Georges della Faille de Leverghem.
8 Vgl. oben Dok. 516.

530
Le Général Nollet, Président de la Commission Militaire Interalliée de Contrôle, à M. Leygues, Président du Conseil, Ministre des Affaires Etrangères.

N° 1252. Berlin, le 12 décembre 1920.[1]

J'ai l'honneur de vous adresser ci-joint une copie de la lettre du 11 Décembre 1920, n° 1251, par laquelle la Commission Militaire Interalliée de Contrôle a répondu à la lettre du 9 décembre, du Ministre des Affaires Etrangères de l'Empire d'Allemagne[2] sur les "Selbstschutzorganisationen"[3].

En raison de son importance, le texte de la lettre n° 1251 vous a été transmis le 11 Décembre par télégramme.

Ce texte a été adopté à l'unanimité par le Conseil de la Commission Militaire Interalliée de Contrôle.

Les délégués de la Belgique[4], de l'Italie[5] et du Japon[6] n'y ont fait aucune objection.

Dans la Délégation Britannique, le Général Morgan a présenté des remarques destinées à renforcer l'argumentation de la lettre - remarques dont il a été tenu compte dans la rédaction définitive ci-jointe. Le Général Bingham n'a fait aucune observation; toutefois, il a marqué nettement une tendance à admettre, pour l'exécution du désarmement des Selbstschutzorganisationen, l'idée de délais dont il n'a d'ailleurs pas précisé l'étendue.

Annexe:

Le Général Nollet,
Président de la Commission Militaire Interalliée de Contrôle,
à M. Simons, Ministre des Affaires Etrangères
de l'Empire Allemand.

N° 1251. Berlin, le 11 décembre 1920.

Excellence,

J'ai l'honneur de vous accuser réception de la lettre du 9 courant n° F. 13581/114237[7], relative à la dissolution et au désarmement des Selbstschutzorganisationen.

Pour les raisons essentielles indiquées plus loin, la Commission Militaire Interalliée de Contrôle ne peut, ni retenir les arguments contenus dans cette lettre, ni en admettre les conclusions.

Le Gouvernement allemand ne se juge pas tenu en droit de dissoudre les Selbstschutzorganisationen. Il déclare à cet effet, que, n'ayant aucun caractère militaire, ni aucun rapport avec la Reichswehr, et ayant uniquement pour but le maintien de l'ordre intérieur, ces organisations ne sont interdites par aucune disposition du Traité de Paix.

Or, les renseignements que la Commission Militaire Interalliée de Contrôle possède sur certaines organisations prouvent qu'elles ont réellement un caractère militaire, et qu'elles sont en liaison étroite avec le Commandement militaire régulier.

Il suffit de s'en rapporter, par exemple, aux termes mêmes des "Satzungen des Landesverbandes der Einwohnerwehren, e.V." - statuts signés du Landeshauptmann Eschrich[sic!] et approuvés par le Landesausschuss le 10 mars 1920; la Landesleitung s'y trouve chargée de la liaison avec le Wehrkreiskommando, et les Kreishauptleute y assurent la liaison avec les Reichswehrbrigaden.

De même, en Prusse Orientale, deux officiers de l'Etat-Major de la première Division d'Infanterie ont dans leurs attributions la liaison avec les organes d'auto-défense, et les besoins de ces organes touchant les questions administratives.

Dans la réalité des faits, les Selbstschutzorganisationen (et, par ce terme, la Commission Militaire Interalliée de Contrôle entend les Grenzwehren, Grenzschütze[sic!], Ortswehren, Stadtwehren, Einwohnerwehren, Orgesch, et toutes autres associations similaires) constituent des formations susceptibles de faciliter une mobilisation.

Elles tombent donc sous le coup de l'article 178 du Traite de Paix[8], et doivent être dissoutes.

Leur conservation après désarmement ne saurait d'ailleurs se justifier par des buts purement intérieurs. Car, démunies de leurs armes, elles ne seront plus en mesure de participer efficacement au maintien de l'ordre.

Le Gouvernement allemand prête, il est vrai, un caractère provisoire aux Selbstschutzorganisationen. Mais la Commission Militaire Interalliée de Contrôle ne peut considérer comme provisoire une Association qui, dès à présent, prévoit des manifestations de son activité pour l'année 1922 et les années suivantes (Einwohnerwehren Bavaroises).

Le Gouvernement allemand demande, par ailleurs, un régime d'exception pour les Selbstschutzoranisationen de Bavière et de Prusse Orientale.

Il convient tout d'abord d'observer que d'autres Etats du Reich, s'estimant aussi peu en sécurité, pourraient réclamer le même régime exceptionnel. Et ce régime étendrait alors d'autant plus aisément à la généralisation, que les pouvoirs laissés aux autorités locales en matière de constitution de Selbstschutzorganisationen sont plus étendus.

Mais les faits eux-mêmes vont à l'encontre des raisons invoquées en faveur de la Bavière et de la Prusse Orientale.

Si le nombre des communistes s'élève, en Bavière, à environ 50.000 - (et tous, parmi eux, ne sont vraisemblablement pas des militants) - les forces régulières s'y montent elles-mêmes à près de 40.000 hommes, d'après les prévisions mêmes du Gouvernement allemand.

En outre, la concentration des éléments considérés comme dangereux pour l'ordre public, loin de rendre plus difficile le rétablissement éventuel de ce dernier, en rend au contraire le maintien plus aisé.

Sans m'arrêter à l'évaluation du nombre des armes que les communistes ont pu trouver en 1919 dans les casernes de Munich, j'ajoute que, suivant les déclarations que vous avez bien voulu me faire le 9 novembre[9], le péril communiste doit être tenu désormais pour dominé dans le Reich.

Quant à la Prusse Orientale, la Commission Militaire Interalliée de Contrôle croit pouvoir s'en rapporter à l'expérience faite au cours de l'été dernier. Elle rappelle seulement que le Gouvernement allemand n'eut pas recours alors aux forces régulières de l'Intérieur de l'Empire, et que, de l'avis même de l'Oberpräsident de la Province[10], un renfort de 3.000 hommes environ fut suffisant pour assurer la sécurité.

Dans ces conditions, un traitement particulier ne s'impose ni pour la Bavière, ni pour la Prusse Orientale, dont les organisations d'auto-défense doivent être dissoutes et désarmées comme celles des autres parties de l'Allemagne.

Par ailleurs, la Commission Militaire Interalliée de Contrôle croit devoir souligner, en regard des obligations et des engagements de l'Allemagne, l'état de choses qui existe aujourd'hui (11 mois après la mise en vigueur du Traité de Paix et 5 mois après la signature du Protocole de Spa):

- le nombre des armes retirées à la population et livrées à la Commission Militaire Interalliée de Contrôle n'approche pas les existants, - et aucune arme provenant des sociétés n'a été livrée encore aux Comités de districts de Koenigsberg, de Hanovre, de Munich et de Stuttgart (pour le Wurtemberg).

La Commission remarque que, pour remédier à cet état de choses, la lettre du 9 décembre 1920 n'offre aucune précision, pas plus dans la question des délais auxquels elle fait allusion, que dans la question essentielle même, où elle n'envisage que des résultats conditionnels.

En confirmant de nouveau les principes de dissolution et de désarmement immédiate posés par application du Traité de Paix et du Protocole de Spa, la Commission Militaire Interalliée de Contrôle insiste une fois de plus pour que les mesures à prévoir par le Gouvernement allemand lui soient communiqués sans retard.

Veuillez agréer, Monsieur le Ministre, les assurances de ma haute considération.[11]

---

1   Allemagne 287, fol. 266-272. Vgl. dazu auch de Saint-Quentins T. n° 2296 vom gleichen Tag, ebenda, fol. 264-265.
2   Walter Simons.
3   Zur deutschen Note vom 9.12.1920 an General Nollet s. Schulthess' Europäischer Geschichtskalender 36 (1920) II, S. 346f.
4   Generalleutnant de Guffroy.
5   General Riccardo Calcagno.
6   General Furuya.
7   Nicht abgedruckt.
8   Art. 178 verbot Deutschland jegliche Vorkehrungen zur Mobilmachung oder zur Vorbereitung einer Mobilmachung. In keinem Fall durften Truppenteile, Verwaltungsbehörden oder Truppenstäbe Stämme für Kriegsformationen besitzen.
9   Muß wohl richtig heißen: "9 décembre".
10 Ernst Siehr.
11 In seinem T. n° 2296 vom gleichen Tag hob de Saint-Quentin hervor, daß diese "note très ferme ... a trouvé un appui sans réserve auprès de toutes les délégations composant la commission de contrôle, même auprès de la délégation britannique. L'Ambassadeur d'Angleterre m'a paru, à vrai dire, beaucoup moins ferme. Il éprouve du bolchevisme une crainte très vive, qui le rend favorable à la Pologne, mais qui lui inspire, en même temps, une grande indulgence pour toutes les organisations allemandes qui se réclament de l'ordre. Il est encouragé dans ces dernières dispositions par le général Malcolm qui exprime à tout venant les opinions prêtées à M. Seeds par la *Münchner Zeitung* du 2 décembre." Allemagne 62, fol. 263-272. Zitat hier fol. 264.

531
*M. de Saint-Quentin, Chargé d'Affaires de France à Berlin, à
M. Leygues, Président du Conseil, Ministre des Affaires Etrangères.*

D. n° 149. Berlin, le 13 décembre 1920.[1]

Copie.
A.s. de l'emploi des avances et primes de Spa.

Pour faire suite à la dépêche de l'Ambassade N° 138 du 5 Décembre[2], j'ai l'honneur d'envoyer, ci-joint, à Votre Excellence copie de la réponse que le Gouvernement allemand vient d'adresser à notre note du 3 Décembre, relative à l'emploi des primes et avances de Spa[3].

Le Ministre des Affaires Etrangères[4] commence par se défendre d'avoir voulu créer l'impression contradictoire que le Gouvernement allemand tenait ses engagements envers les Alliés sans pouvoir assurer à la population et aux mineurs allemands les avantages accordés par les alliés. Il communique, pour se justifier, le texte d'une note officieuse publiée par les journaux du 9 Décembre et d'où il ressort que, grâce aux primes alliées, le crédit mensuel affecté au ravitaillement des mineurs a pu être porté de 35 à 124 millions. C'est la première déclaration satisfaisante à notre point de vue qui ait été faite depuis le discours de Düsseldorf. La Wilhelmstrasse ne s'y serait peut-être pas décidée si les arguments exposés dans notre note du 3 Décembre ne lui étaient pas revenus, de tous côtés, par la voix des organes socialistes et représentants ouvriers, informés par nos soins.

La Wilhelmstrasse persiste, il est vrai, à lier la question des avances et des primes à celle des offices de compensation institués par l'article 297[5]. Elle répète que les soldes remboursés aux Offices anglais et français balancent à peu près les avances et primes, que par suite l'Allemagne n'a pas obtenu l'avantage qu'on lui avait fait espérer à Spa, c'est-à-dire la possibilité d'augmenter ses achats de vivres sans accroître la circulation de papier-monnaie. Elle en conclut que l'accord de Spa, manquant à ses fins, n'a pas apporté d'amélioration "notable" à la situation économique et financière de l'Allemagne.

Ce sophisme, qui forme la seconde partie de la note allemande, trouve sa meilleure imputation dans la première partie.

Entre-temps, le Ministre de Belgique[6] avait, le 7 Décembre, adressé au Gouvernement allemand une protestation contre le préjudice moral causé aux Puissances alliées en général, et à la Belgique en particulier, par les discours du Docteur Simons, prononcée le 14 Novembre à Düsseldorf et le 24 au Reichstag[7]. Votre Excellence voudra bien trouver ci-joint copie de ce document[8]. Le Comte della Faille, ayant voulu fondre la note anglaise et la note française, qui étaient conçues dans un esprit différent, n'a pas réussi à maintenir un lien logique très serré entre ses prémisses et sa conclusion. Celle-ci précise d'ailleurs, de manière très heureuse, la déclaration qui, seule accorderait pleine réparation aux Alliés. Mais on ne peut guère espérer que le Docteur Simons se donne à lui même un démenti formel en reconnaissant que les Puissances alliées n'ont encouru aucune responsabilité dans les déceptions que les accords de Spa ont réservés aux illusions allemandes.

Quant au Chargé d'Affaires d'Italie[9], il a tenu son Gouvernement au courant de la controverse qui se poursuivait entre la Wilhelmstrasse et les Missions alliées, mais il n'a pas encore reçu, et ne recevra probablement pas, l'instruction de s'associer à leurs démarches. M. Guarneri m'a laissé entendre que le Consulta, d'ailleurs gêné dans son action par les retards considérables apportés au paiement des primes italiennes, avait renoncé à protester officiellement contre les discours du Dr. Simons, mais avait obtenu en échange qu'une fois ces primes reçues, le Gouvernement allemand ne les réalisât que progressivement de manière à ménager le change italien.

Annexe:

*M. Simons, Ministre des Affaires Etrangères d'Empire Allemand,
à M. Laurent, Ambassadeur de France à Berlin.*

Berlin, le 10 décembre 1920.

Traduction.
Monsieur l'Ambassadeur,

En réponse à votre lettre du 3 de ce mois N° 390[11] concernant la prime de 5 mark or, mise par les Alliés à la disposition du Gouvernement allemand en vertu du paragraphe 2, de l'accord de Spa du 16 Juillet 1920, j'ai l'honneur de vous faire savoir que les différents commentaires publiés à ce sujet ne tendaient pas, ainsi que le supposait Votre Excellence, à donner l'impression, que le Gouvernement allemand remplissait bien ses obligations à l'égard des Alliés, mais que la population et les mineurs allemands étaient frustrés des avantages consentis par les Alliés. Votre Excellence souligne elle-même qu'une pareille impression résulterait d'une contradiction. L'intention de l'éveiller n'a jamais existée, d'autant moins qu'en troublant les ouvriers mineurs l'Allemagne obtiendrait ce résultat très peu désirable pour elle-même de ralentir le travail des mineurs, qui lui assure les stocks de charbon dont elle a besoin. Afin de rendre la question tout à fait claire pour les mineurs j'ai donné à l'Agence Wolff un nouveau communiqué dont j'ai l'honneur de transmettre ci-joint copie[12].

D'autre part, je suis obligé de maintenir qu'au point de vue de l'économie publique allemande considérée dans son ensemble, les avances en espèces consenties par les Alliés lors de l'accord de Spa n'ont pas permis d'atteindre le résultat recherché; sans compter qu'elles sont payées avec peu de régularité, elles n'ont pas permis à l'Allemagne d'améliorer d'une façon sensible sa situation alimentaire et financière, parce que le Gouvernement allemand a dû verser aux Gouvernements anglais et français des sommes à peu près équivalentes représentant le solde mensuel des comptes de compensation. L'espoir qu'avait fait naître la seconde convention de Spa, de pouvoir acheter plus de vivres sans augmenter encore l'inflation du papier-monnaie, a donc été déçu. Je dois m'élever contre l'interprétation d'après laquelle Votre Excellence attribue à la constatation d'un état de faits l'intention de faire naître l'équivoque et de causer aux Alliés un dommage moral.

Je saisis cette occasion, Monsieur l'Ambassadeur, pour vous renouveler l'assurance de ma très haute considération.

---

1 AN, AJ 9 3926. Maschinenschriftliche Kopie, ohne Unterschrift.
2 Muß vermutlich richtig heißen: 6 Décembre, vgl. oben Dok. 512.
3 Vgl. dazu die unten als Annexe abgedruckte französische Übersetzung der Note.
4 Walter Simons.
5 Muß vermutlich richtig heißen: Art. 296. Art. 297 des Versailler Vertrages regelte die Fragen privaten Eigentums, privater Rechte und privater Interessen im feindlichen Ausland.
6 Georges Comte della Faille de Leverghem.
7 Vgl. oben Dok. 475, Dok. 476 sowie Dok. 493.
8 Nicht abgedruckt.
9 Andrea Guarneri.
10 Guarneri vertrat Italien in Berlin, nachdem De Martino Ende November zum neuen italienischen Botschafter in London ernannt worden war, s. oben Dok. 457.
11 Nicht abgedruckt.
12 Nicht abgedruckt.

532

M. de Saint-Quentin, Chargé d'Affaires de France à Berlin, à
M. Leygues, Président du Conseil, Ministre des Affaires Etrangères.

D. n° 748.   Berlin, le 13 décembre 1920.[1]

Copie.
Protestations allemandes contre la campagne anti-alliée
de la presse nationaliste.

J'ai l'honneur d'adresser ci-inclu à Votre Excellence la traduction <de l'article de la Freiheit que signalait mon télégramme n° 2269-70. La>[2] d'un article de la Freiheit sur la situation dans les provinces rhénanes;

cette situation est envisagée avec une objectivité qui contraste heureusement avec les diatribes aussi passionnées qu'injustes de la plupart des feuilles allemandes. L'auteur laisse entendre sans trop de précautions oratoires qu'après tout la vie est plus facile et plus agréable en territoire occupé que dans le reste de l'Allemagne, que les Allemands les plus patriotes en savent parfaitement apprécier les avantages et il tourne en ridicule les tentatives maladroites des Ministres allemands pour faire croire que les pays rhénans sont un enfer et leurs habitants, des martyrs.

Les Socialistes Indépendants ne sont pas seuls à protester contre le chauvinisme qui domine de plus en plus la presse allemande. Le petit groupe de la Gazette de Voss, avec cette conviction doctrinaire et cette absence d'esprit critique qui caractérise l'Allemand et plus encore le Professeur allemand, poursuit, contre vents et marés, sa chimère d'un rapprochement franco-allemand, prélude d'une vaste entente continentale contre l'Angleterre.

Le Bund "Neues Vaterland" et son chef von Gerlach, malgré le peu d'écho qu'ils trouvent dans l'opinion, n'abandonnent pas la campagne qu'ils mènent opinâtrement depuis deux ans pour convertir l'Allemagne aux idées pacifistes, lui montrer l'absurdité de ses espoirs de revanche, et lui prêcher une politique de désarmement et de conciliation qui peut seule lui ramener quelques sympathies.

Avec une conviction moins vive peut-être, mais avec plus d'indépendance et de talent, Maximilian Harden défend la même thèse. Le vieux polémiste est de plus en plus isolé et son action sur l'opinion est en décroissance. Mais la revue, la "Zukunft", qu'il dirige et qu'il est presque seul à diriger, conserve beaucoup de lecteurs, qui, sans être en communion d'idées avec lui, sont attirés par l'originalité d'esprit de Harden, et la magie de son style, rocailleux, mais puissant.

Dans le dernier numéro de la "Zukunft" il montre, avec une verve batailleuse que l'âge n'affaiblit pas, le danger qu'il y a pour l'Allemagne à jouer perpétuellement avec le feu en provoquant de plus en plus audacieusement les alliés. Comment reprocher à la France notamment de faire preuve d'une défiance exagérée envers tout ce qui vient d'outre-Rhin, quand il ne se passe pas de jour sans qu'un orateur n'escalade la tribune du Reichstag pour réclamer la révision du Traité, quand le Gouvernement laisse passer, sans jamais protester, les pires insolences adressées à l'Entente. Harden analyse les résolutions votées par le Congrès du parti populaire à Nuremberg <,dont l'ambassade a rendu compte à Votre Excellence>[3]. Il n'a pas de peine à montrer que si ces prétentions venaient à se réaliser, l'Allemagne, d'après la défaite serait plus puissante que celle de Guillaume II. Les "soi-disant Démocrates" ne vont guère moins loin. Quant aux Nationaux allemands leur mégalomanie ne connaît pas de limite. La presse de droite, surtout les feuilles illustrées sont remplies à l'égard des alliés de grossièretés qui dépassent de beaucoup celles de la période de guerre. Harden énumère ensuite les outrages et les avanies qui ont subis en quelques mois tant de représentants de l'Entente. Il attire l'attention sur la mode qui s'est introduite depuis quelque temps dans certains milieux bien pensants, inaccessibles au ridicule, de faire part, quand il s'agit d'annoncer la venue au monde d'un garçon, de la ["]naissance d'un futur vengeur de l'honneur allemand". Il établit enfin que l'on ne saurait sans mauvaise foi accuser les alliés d'intransigeance, puisque sur la plupart des questions qui se sont posées depuis la ratification du Traité: extradition des coupables, livraisons de charbon, désarmement de la population, réduction de l'armée, remise de bétail, l'Allemagne a obtenu des concessions totales ou partielles. Après avoir ainsi fait justice des sophismes de la propagande nationaliste, l'ancien Bismarckien converti sur le tard au pacifisme, conclut que l'Allemagne n'a qu'à s'en prendre à elle-même si elle n'a pas su gagner la confiance ni même la pitié de ses anciens adversaires.

Les publicistes courageux qui nagent ainsi contre le courant ne se font eux-mêmes pas beaucoup d'illusions sur la portée de leurs efforts. Il est bon néanmoins que leur voix se fasse entendre <comme nous ne sommes pas sans liaisons avec eux, nous restons maîtres, dans une certaine mesure, de déclencher, sur des points qui nous tiennent particulièrement à cœur, une> action, <qui>[4], trop faible pour excercer sur le cours des événements une influence déterminante, peut cependant servir de frein à une opinion nerveuse et méthodiquement surexcitée."

---

1 Allemagne 38, fol. 58r-61v. Maschinenschriftliche Kopie ohne Unterschrift. Der unvollständig überlieferte Text wurde mit Hilfe des Originals (Fundort: A-Paix 1914-1920 226), das zahlreiche Brandschäden aufweist, ergänzt.
2 Die in spitze Klammern gesetzte Passage wurde gestrichen und durch "d'un article de la Freiheit sur" ersetzt. Das erwähnte Telegramm wurde hier nicht abgedruckt; zu dem Artikel s. Ausgabe "Die Freiheit" vom 16.12.1920.
3 Vgl. oben Dok. 510.
5 Die beiden in spitze Klammern gesetzten Passagen wurden nachträglich gestrichen, wobei die erste Textstelle durch ein "leur" ersetzt wurde.

533
M. Dard, Ministre Plénipotentiaire de France à Munich, à
M. Leygues, Président du Conseil, Ministre des Affaires Etrangères.

D. n° 188.   Munich, le 14 décembre 1920.[1]

A. s. Assemblée Générale du parti démocrate à Nuremberg.

L'Assemblée générale du parti démocrate allemand s'est réunie samedi dernier à Nuremberg où ses délibérations continuent à se poursuivre.

Deux Ministres du Reich, MM. Koch et Geßler, M. Dernburg et le Comte Bernstorff s'y sont rendus dès le premier jour.

Le Président Petersen, dans son discours d'ouverture a fait l'éloge du régime républicain et de la démocratie, et attaqué la politique de socialisation excessive. Ni Monarchie, ni socialisme, telle est sa formule. Entre ces deux extrêmes c'est d'ailleurs le socialisme qui lui paraît le plus dangereux pour la République qu'il ne croit sérieusement menacée ni par les Einwohnerwehre[n], ni par les Monarchistes.

Dans le discours qu'il a prononcé le même jour, M. Koch, Ministre de l'Intérieur du Reich a réclamé la révision du Traité de Versailles et préconisé le rattachement de l'Autriche.

La séance de dimanche a été marquée par le Discours de M. Hamm, Ministre du Commerce bavarois dont Votre Excellence trouvera ci-joint la traduction.[2] M. Hamm, tout en se défendant d'être partisan d'un centralisme excessif, estime que le maintien de la Constitution de Weimar, du moins dans ses grandes lignes est une condition essentielle du relèvement de l'Allemagne. Il n'admet pas que le principe français soit remis en discussion en ce qui concerne l'armée, les affaires étrangères, le recouvrement des impôts et les voies de communication.

Le discours de M. Dirr, Député au Landtag bavarois, dont j'adresse également ci-joint la traduction à Votre Excellence[3] a causé une grande impression.

Les délégués du parti démocrate de Francfort avaient proposé, avant l'ouverture du Congrès de faire proclamer par celui-ci que le régime républicain devait être définitif en Allemagne. Les délégués de Munich n'avaient dès lors pas dissimulé leur répugnance à s'engager dans cette voie.

M. Dirr a éloquemment traduit les sentiments de ces derniers en réclamant pour tout membre du parti démocrate la liberté d'être, à sa guise, monarchiste, ou républicain. C'est en monarchiste qu'il a parlé du respect du aux institutions d'avant-guerre et du peu d'enthousiasme que l'expérience prussienne provoque chez les Bavarois. C'est le seul point d'ailleurs sur lequel apparaît une divergence entre les démocrates bavarois et les autres membres du parti. En parlant contre la politique française, contre le fédéralisme, pour le rattachement de l'Autriche et l'organisation d'un plébiscite dans le Tyrol annexé à l'Italie[4], M. Dirr n'a fait qu'exprimer des idées de la grande majorité des membres de son parti.

L'effet de ces déclarations n'a pas tardé à se faire sentir. Dès dimanche à la séance du matin le Président Petersen déclarait "Personne ne songe à arracher des cœurs allemands ce qui fut leur foi pendant des années. En même temps les Délégués de Francfort retiraient spontanément leur proposition relative à la reconnaissance définitive du régime républicain.

Ce fut une motion émanant des Délégués westphaliens que l'Assemblée vota à l'unanimité, proclamant son attachement à la Constitution de Weimar et réprouvant les agitations d'extrême-droite ou d'extrême-gauche.

Le même jour, en réponse à une interruption rappelant aux Bavarois l'importance de la question de la Ruhr, le Ministre du Commerce bavarois M. Hamm déclarait: "En Bavière nous nous rendons très bien compte des dangers d'une occupation de la Ruhr. Sans l'avoir même examinée, l'Entente a rejeté la note du Dr. Simons relative aux Einwohnerwehre[n][5]. Je répète que nous savons fort bien ce que nous devons au Reich: En Bavière nous nous rangerons toujours derrière le Gouvernement de l'Empire.

En résumé le Parti démocrate allemand a d'une part accentué son opposition au programme de Bamberg et en somme à toute réforme sérieuse dans le sens fédéraliste et d'autre part renoncé à faire prévaloir les principes républicains en présence de l'attachement aux idées monarchistes qui se manifestaient au sein même d'un parti qui ne se recrute pas dans les classes conservatrices.

Ainsi l'un des partis allemands les plus résolument opposés au fédéralisme a ressenti la nécessité de faire une concession aux Bavarois, mais il ne l'a faite que sur le terrain monarchiste.

L'Assemblée générale du Parti démocrate allemand a terminé ses travaux hier soir. Avant sa clôture un vœu a été émis pour demander le maintien de l'enseignement religieux dans les écoles. A l'unanimité une adresse à la Haute-Silésie a été votée dans ses termes: "Le Parti démocrate est convaincu qu'aucun Allemand originaire de la Haute-Silésie ne manquera à son devoir vis-à-vis de l'Empire le jour du Plébiscite". Les dernières paroles prononcées et vivement applaudies furent celles du Professeur Gerland: "La grande conclusion à tirer de ces délibérations est que la Bavière reste allemande".

---

1 Papiers d'Agents, Dard 13 (ohne Folio), Maschinenschriftlicher Durchschlag, ohne Unterschrift.
2 Nicht abgedruckt.
3 Nicht abgedruckt.
4 Vgl. oben Dok. 510 Anm. 2.
5 Vgl. oben Dok. 530.

534
M. de Saint-Quentin, Chargé d'Affaires de France à Berlin, à
M. Leygues, Président du Conseil, Ministre des Affaires Etrangères.

D. n° 753. Berlin, le 15 décembre 1920.[1]

Désarmement de l'Allemagne.

Je remercie Votre Excellence d'avoir bien voulu, par dépêche N° 2062 du 11 Décembre[2], me communiquer copie d'une lettre qu'Elle adressait à notre Ambassadeur à Londres[3] au sujet de la mission récemment accomplie par le général Malcolm en Bavière. J'ai signalé, par mon télégramme N° 2296[4], que le Chef de la Mission militaire britannique répétait d'ailleurs avec une conviction d'auteur les propos attribués à M. Seeds par la "Münchner Zeitung" du 2 Décembre et préconisant le maintien, au moins provisoire, d'Einwohnerwehren réduites.[5]

Cette solution est accueillie avec faveur par l'Ambassadeur d'Angleterre[6]; grand brasseur d'affaires, ayant habité longtemps des pays où tout homme a son prix, Lord D'Abernon ressent une crainte très vive du bolchevisme qu'il considère comme une force mystérieuse échappant aux lois ordinaires de l'argent. Pendant la mission qu'il a remplie en Pologne au cours de l'été dernier, il a mesuré la fragilité de la digue qui protégeait l'Occident contre la vague destructrice. Il a prêté un concours loyal à son collègue français[7] pour soutenir une cause qu'il jugeait désespérée. Mais il doute que le miracle puisse se renouveler. La traversée de la Tchéco-Slovaquie lui a laissé l'impression que le pays se serait déclaré pour le bolchevisme, dès l'instant où la Pologne aurait été définitivement vaincue. Il ne croit pas que l'Allemagne du Nord, la Saxe, la Thuringe puissent résister le jour où de Varsovie et de Prague se resserreraient sur elles les tenailles de la révolution. Aussi toutes les organisations allemandes qui se réclament de l'ordre ont-elles sa sympathie. Et il est plein d'indulgence pour les officiers sans emploi qui cherchent à exploiter l'instinct de conversation sociale au profit d'une réaction militaire. A ceux qui lui dénoncent ce danger il répond que l'Allemagne, ayant livré ses canons et ses mitrailleuses ne sera pas, avant de longues années, en état de faire la guerre.

L'argument s'accorde d'ailleurs assez mal avec la préoccupation très sincère que manifeste Lord D'Abernon d'assurer la surveillance militaire de l'Allemagne après la disparition des Commissions de Contrôle. Dans sa dépêche N° 718 du 29 Novembre[8], Mr. Charles Laurent avait signalé à Votre Excellence que son collègue britannique suggérait d'imposer à l'Allemagne, comme condition de son admission dans la Société des Nations, le maintien d'organisme de contrôle. Lord D'Abernon m'a reparlé ces jours-ci de la question en exprimant le regret qu'on n'eût pas, à Genève, exigé un tel engagement de l'Autriche et de la Bulgarie pour créer un précédent opposable à l'Allemagne.

Cette suggestion ne paraît cependant pas rencontrer l'approbation des Commissions de Contrôle. Le Général Nollet craint, non sans raison, que l'Allemagne se refuse à accepter en permanence un contrôle qu'elle subit si malaisément à titre provisoire. Il fait observer que la surveillance, déjà très difficile à exercer avec de puissants moyens d'action, deviendrait tout à fait illusoire avec un personnel très réduit. Il n'en insiste que plus fortement - et on ne peut que l'en approuver - sur la nécessité de maintenir les Commissions de contrôle, dans leurs prérogatives actuelles jusqu'au complet achèvement de leur mission.

---

1 Allemagne 223, fol. 2-3.
2 Nicht abgedruckt.
3 Comte Auguste de Saint-Aulaire.
4 Nicht abgedruckt. Zur Reise des Generals Malcolm nach Bayern s. oben Dok. 506.
5 Vgl. oben Dok. 513.
6 Lord D'Abernon.
7 Jules Jusserand.
8 Vgl. oben Dok. 503.

535
M. Tirard, Haut-Commissaire de la République Française dans les Provinces du Rhin, à M. Leygues, Président du Conseil, Ministre des Affaires Etrangères.

N° 8385 A.T.R.P.   [Coblence ?], le 15 décembre 1920.[1]

J'ai l'honneur d'appeler l'attention de Votre Excellence sur les renseignements suivants relatifs au congrès du parti communiste, à sa force et à ses tendances, extraits d'un compte-rendu périodique de mon collègue britannique[2].

"Le Congrès communiste tenu en vue de réaliser l'amalgame de la Gauche Indépendante et du parti communiste[3], a été ouvert le samedi 4 Décembre à 10 heures par le député au Reichstag Brass, qui a exposé quelles étaient les conditions préliminaires à remplir en vue de l'organisation d'une fraction allemande unifiée de la 3e Internationale destinée à former un front de combat contre le capitalisme et la politique réformiste des autres partis socialistes. Brass et Pieck furent élus présidents. Le premier discours fut prononcé par le Dr. Levi, qui déclara que l'attitude hostile de l'Angleterre et de la France avait obligé le gouvernement des Soviets à se porter résolument du côté de tous les mouvements révolutionnaires chez les nations hostiles, amplifiant ainsi la tâche et la politique de la 3e internationale. Après Levi, Däumig parla de la nécessité pour l'Allemagne d'une "action prolétarienne" qui serait favorablement influencée par l'immense détresse des classes ouvrières et moyennes.

Clara Zetkin prononça alors un discours énergique et proposa la motion suivante:

"Le Congrès du parti communiste allemand unifié exprime sa solidarité active avec la révolution russe. Sachant que la victoire de la révolution russe doit se compléter en Allemagne, et que de cette victoire dépend étroitement le sort de la révolution mondiale, ce congrès s'engage à venir en aide par tous les moyens dont il dispose, à la Russie des soviets, champion de l'internationale des actes (Internationale der Tat)[.]"

Cette motion a été votée à l'unanimité[.]

Le programme suivant lequel le parti communiste se propose d'agir est connu: la subdivision des districts et des cantons est basée sur des principes économiques et non d'après les divisions électorales; des sections communistes, dirigées par les présidents seront organisées dans les exploitations. L'activité des députés du parti au Reichstag sera gouvernée par la Centrale, qui pourra les obliger à démissionner si elle le juge nécessaire, à quel que moment ce soit.

Les principaux points du programe sont:

extension de la propagande[,]

agitation en faveur de la dictature du prolétariat et de l'action révolutionnaire en masse pour renverser le capitalisme[,]

opposition à toute coopération avec la bourgeoisie[,]

opposition internationale à la ligue des Nations[,]

au bureau International du Travail et à la Fédération syndicale internationale d'Amsterdam.

Plus importants que les discours publiés jusqu'ici et prononcés au Congrès de samedi, sont les renseignements communiqués par Stoecker au dernier congrès de la gauche indépendante, tenu la veille. Passant en revue les progrès faits par le parti depuis le congrès de Halle[4], Stoecker déclare que Hambourg, avec 48.000 membres, Mecklembourg avec 6.000, Hanovre avec près de 9.000 et Cassel avaient considérablement progressé vers la gauche. Les Indépendants de Dantzig ne sont pas encore décidés, mais en Prusse Orientale et occidentale[sic!], en dépit de la perte de la presse, les chances du parti sont grandes, près des deux tiers des électeurs se sont prononcés en faveur de la gauche indépendante. A Berlin et en Saxe, où l'organisation du parti est perdue pour la gauche et bien que les secrétaires du parti soient à quelques exceptions près, demeurés avec la droite, la gauche a recruté environ 50.000 adhérents, ainsi que 6.000 à Magdebourg et 36.000 en Grande Thuringe. On a rencontré de grandes difficultés dans l'Allemagne du sud-ouest, mais on est parvenu néanmoins à recruter 10.000 adhérents en deux ou trois semaines. Le parti a obtenu la majorité en Westphalie (Est)[,] en Bade, en Bavière méridionale et a pris un appui solide en Bavière septentrionale. Une forte lutte se livre dans l'ouest de la Westphalie, mais le parti y fait des progrès et a gagné plus de 23.000 adhérents à Bochum. La région du Rhin inférieur, avec Essen, Remscheid, et Solingen est passé à la gauche; il n'y a eu d'autre opposition que celle de la bureaucratie, demeurée en masse avec la droite, à Düsseldorf et Elberfeld-Barmen.

Sur les 15.000 adhérents de Cologne et de Coblence seul 200 ont fait défaut. En Silésie, les trois quarts des membres de l'ancien parti indépendant ont voté pour la gauche mais le meilleur appui est venu du Wurtemberg malgré Crispien[.]

Stoecker déclara que l'assemblée devant laquelle il parlait, représentait 438.000 adhérents. Si on ajoute à ce chiffre celui des membres du parti communiste, il évalue le nombre total des adhérents du parti communiste unifié à un demi million.

Si l'on tient compte de l'optimisme que trahit les discours de Stoekker, il est probable que l'effectif total du parti communiste unifié est approximativement de 350.000 plutôt qu'un demi million.

Le programme du parti communiste unifié montre qu'il se produit dans ses rangs un changement d'orientation. Bien qu'il ne soit peut-être pas encore très développé, l'augmentation du nombre des adhérents et l'espoir de pouvoir exercer une influence politique considérable ont donné naissance à un sens des réalités politiques qui gagne peu à peu du terrain sur l'idéalisme, l'intolérance et l'esprit destructif.

D'après un chef indépendant de gauche de Cologne, on croit réellement dans beaucoup de milieux communistes à l'imminence d'un coup de force de droite. Dans ce cas, toujours d'après ce chef indépendant, les communistes déclencheraient une grève générale, et éviteraient de recourir à des mesures plus graves.

1° - parce qu'ils n'ont peu d'armes et de munitions[,]

2° - parce qu'ils ne sont pas organisés en vue d'un mouvement armé. Ce n'est qu'à la dernière extrémité que l'on recourait à la résistance armée en tentant de profiter de la supériorité numérique pour se procurer des armes".

---

1 AN, AJ 9 3225. Maschinenschriftlicher Durchschlag, ohne Ortsangabe.
2 Malcolm Arnold Robertson.
3 Vgl. oben Dok. 494 Anm. 5.
4 Vgl. oben Dok. 440 sowie Dok. 441.

536

Le Général Le Rond, Président de la Commission Interalliée de Gouvernement et de Plébiscite de Haute-Silésie, à M. Leygues, Président du Conseil, Ministre des Affaires Etrangères.

T. n° 777-779. Déchiffrement.   Oppeln, le 15 décembre 1920,
4 h 20, 4 h 30, 4 h 00.
(Reçu: 21 h 30, 21 h 15.)[1]

Urgent.
Confidentiel.
Ma correspondance a instruit le Département de l'importance que présenterait l'exécution du plébiscite en deux zones successives, et j'ai signalé à V.E. que cette solution serait infiniment plus favorable à la fois au maintien de l'ordre et aux intérêts polonais, que la solution du vote successif, d'abord des habitants, puis des émigrés.[2]

V.E. a d'ailleurs bien voulu me faire connaître qu'elle estimait comme moi que le vote en deux zones était compatible avec les clauses du traité. Il serait, d'autre part, possible, à condition que l'intervalle entre le vote des deux zones fut suffisant, trois semaines au maximum, de faire écouler le flot des émigrés de la première zone avant l'arrivée des émigrés de la deuxième, ce qui aurait pour conséquence de réduire de près (de) moitié le chiffre des émigrés présents à la fois sur le territoire et permettrait la réduction à 35.000 hommes de l'effectif indispensable qui, dans le cas du vote simultané des émigrés, serait (de) 60.000 hommes.[3]

Cette considération me paraît assez puissante pour que la solution à faire prévaloir à la suite des objections opposées à la fois par les gouvernements de Berlin et de Varsovie à la solution proposée par la note de Londres, soit fondée sur les principes suivants:

1°- Vote en deux (zones), en commençant par la zone est.

2°- Vote simultané (des) habitants et des émigrés dans chaque zone.

3°- Intervalle d'environ trois semaines entre les votes des deux zones, intervalle à fixer par la commission d'Oppeln; aucune objection ne pourrait, dans le cas où cette solution serait adoptée, être formulée contre le dépouillement immédiat du vote de chaque zone.

La réduction des effectifs à fournir par les puissances alliés, qui serait la conséquence d'une telle solution, constitue un argument dont la valeur ne saurait être contestée par aucun de nos alliés.

---

1 Pologne 152, fol. 1-3.
2 Nicht abgedruckt. Vgl. aber auch oben Dok. 459 Anm. 2, Dok. 509, Dok. 521 und Dok. 527.
3 Am Vortag berichtete de Saint-Quentin von einer Havas-Meldung, die den Vorschlag gemeldet hatte, deutschstämmige Oberschlesier ohne Wohnsitz im Abstimmungsge-

biet zwei Wochen später abstimmen zu lassen, s. T. n° 2318 vom 15.12.1920, Télégrammes, Arrivée de Berlin, 1920, 11.

537
M. Laurent, Ambassadeur de France à Berlin, à
M. Leygues, Président du Conseil, Ministre des Affaires Etrangères.

D. n° 755.   Berlin, le 16 décembre 1920.[1]

Les socialistes et la question des Einwohnerwehren.

La politique extérieure du Gouvernement telle qu'elle s'est manifestée dans les dernières notes adressées aux Alliés, et notamment dans celle relative aux Einwohnerwehren[2], n'a pas été sans provoquer une certaine mauvaise humeur dans les rangs socialistes.

Le parti socialiste indépendant a pris l'initiative de déposer une demande d'interpellation sur la manière dont le Gouvernement entend concilier l'attitude adoptée par lui envers l'Entente et qui est susceptible d'entraîner "les conséquences les plus sérieuses et les plus graves", avec les engagements pris à son arrivée au pouvoir. Les interpellateurs marquent, dans le libellé même de leur demande d'interpellation, leur étonnement de ce que le Gouvernement ait cru devoir agir sans consulter le Parlement, ni même la Commission des Affaires Extérieures. Ils réclament en outre la convocation de cette commission pour le cas où l'ordre du jour très chargé du Reichstag ne permettrait pas la discussion de l'interpellation avant les vacances de noël.

Dans la Freiheit de ce matin, le député Breitscheid expose les raisons qui rendent nécessaire un débat d'ensemble sur la politique extérieure du Cabinet. Par sa dernière note sur le désarmement le Gouvernement s'est fait le défenseur de l'organisation Escherich. A s'en fier à ses précédentes déclarations, on était en droit de penser que le point de vue de Munich et celui de Berlin étaient divergents, et que, si le Gouvernement d'Empire avait jusqu'ici hésité à prendre nettement position contre l'Orgesch, c'était dans l'espoir de triompher par la douceur de l'opposition de Mr de Kahr, sans provoquer un conflit dangereux pour l'unité de l'Empire. Mais cette impression était fausse. Depuis la dernière volte-face du Gouvernement de Berlin, on ne peut guère douter, écrit le leader des socialistes Indépendants, que le Président du Conseil bavarois n'ait réussi à imposer ses vues et à entraîner le Cabinet d'Empire dans une voie de nationalisme et de réaction qui risque de mener aux pires conséquences. En tous cas, selon Breitscheid, qu'il y ait eu conversion de Berlin aux vues de Munich, ou que les deux Gouvernements aient été d'accord sous le manteau, on ne saurait plus faire aucune différence entre le Cabinet Fehrenbach et le Cabinet Kahr.

Le député socialiste indique ensuite que l'initiative malheureuse du Gouvernement est susceptible d'influer de la manière la plus regrettable sur le problème des Réparations. Se produisant à la veille de la Conférence de Bruxelles[3] elle risque d'éveiller à juste titre les défiances des Alliés et de rendre toute conciliation impossible sur le terrain économique et financier. Breitscheid cite à l'appui de sa thèse le récent article du Temps qui dit qu'au moment où la France s'efforce de mettre de l'huile dans les rouages, l'Allemagne en jette sur le feu.

Les socialistes indépendants, très favorables au Dr Simons dans les débuts de son Minstère[4], ont conservé pour lui, malgré les désillusions qu'il leur a causées, quelque tendresse de cœur. Aussi Breitscheid affecte-t-il de croire que le Ministre des Affaires Etrangères ne se rend pas un compte exact de la situation et pêche plutôt par laisser-aller que par mauvais vouloir.

L'article de la Freiheit rejette ainsi les fautes de la politique allemande sur les influences capitalistes et nationalistes qui tendent de plus en plus à la dominer. Les milieux industriels et le groupe Stinnes, assure Breitscheid, verraient sans déplaisir un avortement des pourparlers de Bruxelles. La retraite inattendue de deux des délégués allemands, MM. von Siemens[5] et Vögler, qui se seraient refusés à collaborer avec le professeur Bonn, suspect à leurs yeux de tendances démocratiques, serait un nouvel indice des efforts tentés par Stinnes pour s'assurer une influence prédominante sur la politique allemande.

Breitscheid conclut qu'en provoquant un débat au grand jour le parti socialiste indépendant a pris le seul moyen qui s'offrait à lui de permettre au Ministre des Affaires Etrangères de se dégager à temps d'une erreur funeste. Si au contraire Mr Simons s'est trop compromis avec les milieux de droite pour échapper à leur emprise, il reste l'espoir qu'il préférera se retirer que lier son sort à celui des pangermanistes qui, une fois de plus, conduisent l'Allemagne à l'abîme.

D'autres journaux de même nuance que la Freiheit reprennent la thèse de Breitscheid, sans partager ses illusions sur Mr Simons. Commentant la réponse du Président de la Commission Interalliée de Contrôle[6] à la note allemande sur le désarmement, la Chemnitzer Volkszeitung écrit que l'Allemagne est lasse de recueillir des humiliations et de récolter des coups pour les beaux yeux de la Bavière. Le Hamburger Echo croit qu'à s'obstiner à vouloir sauver l'organisation Escherich, le Gouvernement risque de s'engager dans un conflit redoutable avec les Alliés, que des troubles intérieurs viendront sans doute aggraver encore.

Le Vorwärts, plus modéré dans la forme que les organes d'extrême gauche, n'en approuve pas moins formellement l'initiative prise par les socialistes indépendants. Il juge indispensable que le Reichstag, ou tout au moins la commission des affaires extérieures, prenne position tant sur la question du désarmement que sur les problèmes qui seront soulevés à Bruxelles.

L'attitude des diverses fractions socialistes scandalise fort les journaux de droite qui crient à la trahison et accusent leurs adversaires de faire le jeu des Alliées. La presse bavaroise, toujours optimiste, affirme que l'Entente n'a pas dit son dernier mot et qu'on finira par trouver un compromis qui tiendra compte de la nécessité de maintenir l'ordre et des conditions particulières dans lesquelles sont placés les Etats du Sud. A Stuttgart, le ministre de l'Intérieur wurtembergeois[7] déclare qu'on ne saurait faire fonds sur la Reichswehr et que le maintien des organisations de défense sociale existantes s'impose.

Les éléments conservateurs et particularistes ne sont donc pas prêts de désarmer dans la question des Einwohnerwehren. Mais, bien qu'assurés, semble-t-il, de l'appui du cabinet Fehrenbach, ils se heurteront certainement à une forte résistance des partis de gauche, qui se rendent de mieux en mieux compte que l'extension de l'Orgesch livre l'Allemagne à la réaction. Sur ce problème qui touche profondément à la politique intérieure, les esprits sont donc très divisés, et ces divergences ne seront pas sans aider les Alliés, s'ils restent eux-mêmes unis, à faire prévaloir leur volonté.

---

1 Allemagne 318, fol. 227-229. Laurent hatte am 16.12.1920 seine Amtsgeschäfte nach zehntägiger Abwesenheit wieder aufgenommen, vgl. oben Dok. 515 Anm. 1.
2 Vgl. oben Dok. 530.
3 Vgl. oben Dok. 475 Anm. 6.
4 Vgl. oben Dok. 331.
5 Zur Absage von von Siemens s. de Saint-Quentins T. n° 50 RX vom 15.12.1920, Relations Commerciales 1918-1940, Série B 82, Délibérations Internationales 27, fol. 68.
6 Charles Nollet. Vgl. oben Dok. 530.
7 Eugen Graf.

538

*M. Laurent, Ambassadeur de France à Berlin, à
M. Leygues, Président du Conseil, Ministre des Affaires Etrangères.*

T. n° 2331-2332. Déchiffrement.   Berlin, le 18 décembre 1920, 23 h 30.
(Reçu: le 19, 4 h 15, 4 h 10.)[1]

Les négociations économiques germano-polonaises de Berlin qui avaient échoué le mois dernier[2] viennent de reprendre. La délégation polonaise, dirigée par M. Adamski, tient à l'écart le Ministre Szebeko mais utilise les relations étendues que le consul général Rose, fixé depuis longtemps à Berlin, possède dans les milieux allemands.

Les Polonais cherchent notamment à se faire livrer 300 locomotives. Les Allemands demandent que la liquidation de leurs biens en Pologne soit suspendue pendant trois mois en attendant un arrangement à conclure sur la question. On peut prévoir qu'une fois la conversation annoncée, ils feront valoir des exigences de caractère nettement politique analogues à celles qu'ils avaient su imposer à leurs adversaires en 1919.

Les délégués polonais laissent assez maladroitement (jusqu'à présent) voir (l')impatience de conclure où les met la détresse économique de leur pays. Certains ne cachent pas que leur gouvernement n'est retenu (dans la) voie de concessions étendues à l'Allemagne que par la crainte de mécontenter la France. Ils prêtent les mêmes sentiments au Secrétaire général du Ministère des Affaires Etrangères, M. Piltz.

Je serais reconnaissant à Votre Excellence de me faire connaître les indications que notre Ministre à Varsovie[3] pourrait recueillir sur ces tractations.

---

1 Allemagne 518, fol. 101-102.
2 Vgl. oben Dok. 504.
3 Hector André de Panafieu.

539
M. Bruère, Consul Général de France à Cologne et à Mayence,
à M. Leygues, Président du Conseil, Ministre des Affaires Etrangères.

D. n° 54. Mayence, le 18 décembre 1920[1]

A. s. Centre Rhénan et mouvement fédéraliste.

De plus en plus fréquentes manifestations - l'une des dernières s'est produite il y a quelques jours à la Diète Provinciale Rhénane, qui siège à Düsseldorf, - achèvent de marquer l'évolution du Centre Rhénan sous la pression du mouvement fédéraliste.

Il n'est pas sans intérêt de rappeler que ce parti, traditionnellement prépondérant en Rhénanie, y était encore au début de cette année, dans la citadelle de Cologne, le plus ferme appui de la domination prussienne, et si intransigeant que, lorsque'au printemps dernier, un certain nombre de ses membres les plus qualifiés prétendirent y faire reconnaître les revendications rhénanes, ils durent sortir du parti, sous l'anathème de la "Gazette Populaire de Cologne" et constituer le nouveau parti chrétien populaire.[2]

Mais, ici comme naguère en Bavière, le parti d'Erzberger et de Trimborn allait évoluer avec un assez rapide opportunisme.

Il essaya d'abord de donner le change sur l'importance du nouveau parti qui, formé seulement quelques jours avant les élections de Juin, sans presse ni moyens d'organisation et d'action, ne lui enlevait il est vrai qu'un de ses sièges, mais dans la plupart des cercles, surtout paysans, faisait perdre dès lors aux élus centristes de nombreuses voix.

Par une campagne habilement menée, le Centre tenta de jeter la division au sein du nouveau parti et de le retourner contre son inspirateur, le Dr Dorten. Il ne réussit qu'à faire affirmer avec plus d'éclat, dans les réunions autorisées du parti, tenues désormais à Coblence au lieu de Cologne, l'accord officiel de celui-ci avec le mouvement fédéraliste et son chef.

N'ayant pu dissocier, ni entraver le parti chrétien populaire, auquel la presse indépendante que le Dr Dorten réussissait dans le même temps à créer fournissait des moyens de défense et de propagande, les dirigeants berlinois du Centre Rhénan comprirent que céder du terrain était le seul moyen de garder quelque chance de le reprendre ensuite: et sans doute ne furent-ils pas étrangers au revirement qui se produisit à Berlin où l'on commença, dès l'automne dernier, à parler d'une autonomie provinciale, plus ou moins large, pour la Rhénanie. Le Centre se dépensa immédiatement pour cette manœuvre. Elle lui offrait, pouvait-il sembler, une facile surenchère auprès de l'opinion, en lui permettant de se déclarer *en principe* d'accord avec l'idée fédéraliste, tout en rejetant l'indépendance d'Etat à un "plus tard" imprécis et, en même temps, de faire valoir, dans le ralliement actuel à l'autonomie provinciale, un premier acheminement et un bénéfice certain.

Il semble d'ailleurs que le courant, plus fort que la tactique par où l'on prétendait ainsi le détourner, a déjà commencé à la déborder. Dans le Centre lui-même, des voix de plus en plus nombreuses déclarent une immédiate opposition à la Prusse: le Dr Fischer à Cologne, MM. von Guérard et Loenartz à Coblence, le Dr Lauscher au Landtag Prussien même...

De plus en plus, les partisans Rhénans du Centre se rallient à l'intégrale revendication des fédéralistes qui repoussent le dangereux présent de l'autonomie et n'acceptent pas cette prétendue transition, à leur avis trop tardive et au moins inopérante. "Qui est de cœur pour un Etat Rhénan confédéré", - écrivait le 5 Décembre le "Rheinischer Herold" dans un article précisément consacré à l'évolution du Centre, - "ne donnera jamais son assentiment à l'autonomie provinciale".

Serait-il invraisemblable que, d'ici quelques mois, Trimborn criât au fédéralisme plus fort que Dorten?...

Dans la mesure où notre politique allemande peut avoir à tenir compte du mouvement fédéraliste rhénan, il semble que nous devions enregistrer, comme un symptôme probant, cette progressive adhésion des adversaires d'hier devenant les ouvriers de la dizième ou de la onzième heure;

mais qu'il soit prudent de faire moins de fonds sur leur foi - si zélée pût-
elle devenir à la manière de tous les néophytes, - que sur celle des travailleurs de la première heure.

---

1   Allemagne 339, fol. 64-65.
2   Vgl. oben Dok. 52, Dok. 53 und Dok. 238.

540
*M. Laurent, Ambassadeur de France à Berlin, à
M. Leygues, Président du Conseil, Ministre des Affaires Etrangères.*

D. n° 761.   Berlin, le 20 décembre 1920.[1]

Copie.
Communiqué à la sous-direction des Relations Commericales
sous le N° 155.
Ma dépêche N° 701 du 22 Novembre dernier[2] a fait connaître au Département qu'une "Commission d'entente" de 14 membres avait été nommée
pour examiner le projet de socialisation des mines élaboré par Stinnes,
Vögler et Silverberg. La formule des grands industriels ramenait d'ailleurs la socialisation à l'attribution de petites actions aux ouvriers.
   La Commission des quatorze s'est réunie le 2 Décembre à Essen. Le
choix de cette ville, expliqué officiellement par la nécessité de procéder à
des enquêtes sur place, avait fait craindre assez généralement que les délibérations ne fussent pas empreintes de toute l'objectivité désirable. Ces
appréhensions se sont justifiées. La Commission a dû se séparer après
une semaine sans avoir abouti. Le projet Stinnes a été écarté; mais l'accord n'a pas pu s'établir sur aucun des deux projets de socialisation men-
tionnés par la dépêche de l'Ambassade N° 620 du 9 Octobre[3], ni sur une
formule intermédiaire. La Commission s'est ajournée pour quatre semaines, au vif mécontentement des journaux socialistes qui protestent contre cette "farce". Mais tout donne lieu de croire que, dans un mois, la
question n'aura pas fait de progrès, bien au contraire. La majorité du
Reichstag ne semble pas disposée à risquer une réforme plus hardie que
la participation des ouvriers aux bénéfices combinée avec la distribution
des petites actions.
   Les partis socialistes adopteront sans doute une attitude intransigeante, comme l'ont déjà fait les représentants ouvriers à Essen. Mais
leur force au Reichstag paraît très sensiblement moindre qu'il y a trois
mois. Ils étaient alors les maîtres du Gouvernement où ils n'étaient pas
représentés, mais dont ils s'assuraient la docilité, en ponctuant de temps
à autre leur neutralité de démonstrations malveillantes. Ils avaient

réussi plusieurs fois, en menaçant de provoquer une crise ministérielle, à imposer au Cabinet Fehrenbach, leur programe économique. Cédant à la pression, le Ministre des Finances Wirth faisait décider la perception immédiate du "Reichsnotopfer"[4] et le Ministre de l'Economie Publique Scholz se ralliait au principe de la socialisation des mines.

Mais vers la mi-novembre, le Cabinet Fehrenbach a changé de tactique et s'est résolument orienté vers la droite pour suivre le mouvement général qui paraît entraîner la grande majorité de la population. Les discours en pays rhénans ont appliqué ces nouveaux principes à la politique extérieure[5]. En politique intérieure, le Cabinet a renoncé plusieurs fois à la neutralité bienveillante des socialistes majoritaires pour rechercher celle des nationaux-allemands. Comme la droite ne tient pas à assumer l'impopularité du pouvoir pendant la période critique de l'hiver, il jouit ainsi d'une existence médiocre et souvent humiliée, mais du moins assurée.[6]

S'ils veulent exercer une pression énergique sur le Gouvernement les socialistes devront donc chercher leurs moyens d'action en dehors du Parlement et mettre en mouvement les organisations ouvrières. Mais, une fois déclenchée à l'usine, l'agitation gagne vite la rue, où les masses échappent à leurs chefs. Le souvenir de la grève des électriciens[7], qui a si bien servi la cause monarchiste, n'est donc pas pour encourager les socialistes parlementaires à répéter semblable expérience.

Les événements semblent donc donner raison à la politique peu courageuse, mais peut-être habile du Gouvernement qui semble n'avoir, à propos de la socialisation, suivi d'autre tactique que de gagner du temps pour reprendre, dans l'application, toutes les concessions de principe qui lui avaient été imposées.

---

1 Allemagne 542, fol. 59-62. Maschinenschriftliche Kopie, ohne Unterschrift.
2 Vgl. oben Dok. 490.
3 Vgl. oben Dok. 432.
4 Aufgrund der schwierigen Finanzlage des Reiches hatte Wirth im November 1920 dem Reichskabinett einen Entwurf für eine Sondersteuer in Form einer einmaligen großen Vermögensabgabe unterbreitet. Grundlage für dieses "Reichsnotopfer" war das Gesetz zur Abdeckung der Reichsschuld vom 31.12.1919. Obwohl die Regierungsparteien im Kabinett am 3.11.1920 dem Entwurf grundsätzlich zugestimmt hatten, kam es bis zum Jahresende nicht zu einem einheitlichen Beschluß. Zur Diskussion um das " Reichsnotopfer"-Gesetz s. AdR, Kabinett Fehrenbach, Dok. 103 S. 265 bzw. Dok. 130 P. 9, S. 335f. Die DVP stimmte dem Gesetz erst am Nachmittag des 17.12.1920 im Reichstag zu, wodurch eine Regierungskrise in letzter Minute verhindert wurde, s. Laurents T. n° 2336 vom 19.12.1920, Allemagne 287, fol. 118.
5 Vgl. oben Dok. 475 und Dok. 476.
6 Vgl. oben Dok. 507.
7 Vgl. oben Dok. 472 Anm. 4.

541

*M. Laurent, Ambassadeur de France à Berlin, à
M. Leygues, Président du Conseil, Ministre des Affaires Etrangères.*

T. n° 2356. Déchiffrement.			Berlin, le 23 décembre 1920, 20 h 30.
			(Reçu: 23 h 55.)[1]

D'après des renseignements de source sûre, la Commission des Affaires Extérieures du Reichstag s'est occupée lundi dernier des Einwohnerwehren.[2] Les socialistes ont vivement attaqué le Gouvernement, lui reprochant, sur le fond, d'encourager les organisations réactionnaires et, sur la forme, de multiplier les notes maladroites à l'Entente. Le Dr. Simons s'est défendu faiblement et a reconnu que le système (des) notes n'avait pas donné de résultats satisfaisants. Mais il a déclaré que devant l'insistance commisatoire de M. von Kahr et les dangers de tendre encore davantage les relations entre Berlin et Munich, le Gouvernement (du) Reich ne pouvait se dispenser pour donner une satisfaction aux Bavarois, de répliquer à la dernière note du Général Nollet[3] en essayant de continuer la discussion.

---

1 Télégrammes, Arrivée de Berlin, 1920, 11.
2 Am Montag, den 20.12.1920.
3 Vgl. oben Dok. 530.

542

*M. Tirard, Haut-Commissaire de la République Française dans les
Provinces du Rhin, à M. Leygues, Président du Conseil,
Ministre des Affaires Etrangères.*

N° 669/S/A.T.R.P.			Coblence, le 23 décembre 1920.[1]

Copie.
A.s. Discours de M. Stresemann en Territoires Occupés.

Je prie Votre Excellence de bien vouloir trouver ci-joint le résumé d'un discours prononcé le 19 Décembre à Aix-la-Chapelle par Monsieur Stresemann, chef du parti populaire.

Les espoirs, les buts et la ligne de conduite de l'Allemagne réactionnaire y sont exposés avec une modération remarquable qui contraste avec le ton agressif qu'avaient adopté les Ministres Fehrenbach et Simons.[2]

Monsieur Stresemann a développé les mêmes idées le même jour à Cologne dans un discours qu'il a eu quelque peine à prononcer en raison de l'obstruction des socialistes.

Le parti populaire allemand n'a nullement abandonné les anciens projets de la politique pangermaniste: union en une seule nation de tous les peuples de langue allemande. L'Allemagne doit réconquérir sa situation d'avant-guerre et tous les partis doivent taire leurs querelles intérieures pour travailler à la réalisation de ces buts.

Le parti populaire compte:

1°- Sur l'aide financière de l'Amérique et sur l'exploitation de la Russie pour reprendre son cours économique.

2°- Sur la complaisance de l'Angleterre, effrayée par le bolchevisme pour conserver ces armements.

3°- Sur l'amitié de l'Italie.

Seule la France fait actuellement obstacle à ces visées par sa volonté d'affaiblir l'Allemagne. L'Entente à l'amiable n'est pas possible avec elle, mais elle sera obligée de laisser l'Allemagne se reconstituer si elle veut être payée. La solidarité des deux pays est forcée.

Et c'est sans doute pour cela que Monsieur Stresemann ne prend pas parti contre l'exécution du Traité. C'est le motif qui est donné pour empêcher la France de s'opposer aux projets pangermanistes.

Annexe:

Résumé du Discours Prononcé par Stresemann,
Chef de la Fraction du Parti Populaire au Reichstag,
au "Kurhaus" à Aix-la-Chapelle, le Dimanche 19 Décembre 1920

"Les politiciens français, dit l'orateur, continuents l'œuvre politique de Napoléon, lequel déclara un jour à l'île St-Hélène n'avoir commis dans la vie que trois grandes fautes:

Ne pas avoir affaibli assez la Prusse,

Ne pas avoir renforcé la Pologne, et enfin

Ne pas avoir compris la Russie.

Les Français, pour continuer cette politique inspirée par le grand homme, et pour réaliser ce que Napoléon a négligé de réaliser, veulent donner la Haute-Silésie à la Pologne. Par le fait même que la Haute-Silésie irait à la Pologne, la Prusse serait affaiblie et la Pologne renforcée: ce serait là, l'exécution du testament de Napoléon.

La meilleure preuve que les Français font une politique personnelle en Haute-Silésie - politique qui n'est d'ailleurs nullement approuvée par les autres alliés - c'est que 5 Anglais occupant de hautes fonctions ont refusé leur collaboration à cette politique qui tend à donner la Haute-Silésie à la Pologne.³ Le but que poursuit la politique française en Allemagne est de diviser le pays. La France cherche à affaiblir toute l'Allemagne en lui enlevant des régions. Pourtant la politique extérieure de la France poursuit un autre but encore: la France combat le bolchevisme pour opérer un revirement dans l'intérieur de la Russie, afin de conclure alors une nouvelle alliance avec cette dernière.["]

L'orateur aborde alors la question de l'"unité allemande".

"Il faut que le peuple allemand reste uni à tout jamais, car celui qui ferait une politique séparatiste sert les intérêts de la France.

Il déclare également que le nouveau Président des Etats-Unis: Harding[4], s'était déclaré prêt à faire une large propagande en faveur de l'Allemagne, pour obtenir des capitaux qui serviront à la réconstitution de l'Allemagne.

Pendant la guerre, l'Angleterre n'a poursuivi qu'un but principal: celui d'empêcher que l'Allemagne, après la conclusion de la paix, reste son plus grand concurrent. Ce but, l'Angleterre l'a atteint, l'Allemagne ne pourra plus jamais rivaliser avec l'Angleterre.

En France, déclara l'orateur, il y a nombre de politiciens qui savent parfaitement bien que si l'Allemagne périt, la France ne sera pas à même de se relever de ses ruines. La politique des alliés n'est pourtant pas faite pour aider l'Allemagne à se relever, mais si l'Allemagne fait un jour banqueroute, d'autres pays feront également banqueroute avec elle (vifs applaudissements).

Un Anglais a déclaré dernièrement que l'Allemagne formait un vaste rempart contre l'invasion bolcheviste en Europe Occidentale. Cette expression, dit l'orateur, n'est pas très exacte. Il serait préférable de dire: l'Allemagne peut former une vaste digue contre les flots bolchevistes, à condition, toutefois, qu'elle soit forte et que les Alliés ne mettent point d'entraves à son essor industriel, et qu'ils ne l'empêchent pas dans sa reconstitution nationale. Si le bolchevisme reste localisé en Russie, il ne constitue pas un grand danger pour l'Europe entière, mais si un jour il s'étendait en Allemagne, il est à peu près certain que l'Europe entière serait menacée de la ruine.

Les Autrichiens-Allemands se basant sur le principe de la libre disposition des peuples, ont toujours espéré de pouvoir être réunis à l'Allemagne. Il faut que l'Autriche-Allemande se réunisse à l'Allemagne, car ce pays n'est pas à même de se pourvoir en quoi que ce soit par ces propres moyens, il a besoin de l'aide allemande, ainsi que de l'industrie et de l'agriculture allemandes. L'Autriche-Allemande n'a pour ainsi dire pas d'industrie et son agriculture peut être considérés comme nulle, les Italiens se sont toujours déclarés partisans de la réunion de l'Autriche à l'Allemagne; c'est d'ailleurs dans l'intérêt de l'Italie, car alors seulement ce pays aurait une frontière commune avec l'Allemagne, et les questions du Tyrol[5] et de la Carinthie[6] pourraient être réglées à l'amiable entre ces deux pays.["]

L'orateur abordant la question de la perte des colonies que l'Allemagne possédait avant la guerre, déclare qu'il faut absolument que l'Allemagne ait des débouchés pour y écouler le superflu de ses productions:

"Quand les bolchevistes ne régneront plus en Russie, cette dernière deviendra nécessairement un des principaux débouchés pour le commerce allemand.

L'Allemagne a donc grand intérêt à contribuer à la reconstitution de la Russie. Ce dernier pays a grand besoin de l'Allemagne car elle seule est réellement capable, par son commerce et son industrie, de faire de la Russie ce qu'elle fut avant la guerre.

En Allemagne il y a deux grandes réligions - il y a plusieurs partis politiques - mais du Nord au Midi et de l'Est à l'Ouest, on y cause une seule langue - c'est cette langue que tous nous aimons, elle est en même temps le symbole de l'unité allemande. Nous sommes, s'écria l'orateur, un grand peuple et nous le resterons, malgré tous les efforts de nos ennemis pour nous diviser (Vifs applaudissements).

L'amour de la patrie est un grand et noble sentiment, et nous serons dignes de ce sentiment si tous nous comprenons, une fois pour toutes, qu'il faut rester unis à tout prix et contribuer, d'un commun effort, à la reconstitution nationale.

A l'heure actuelle nous ne sommes plus au temps où il n'était pas un pêché mortel contre l'unité allemande de faire une politique du parti. Il faut nous occuper d'autres questions bien plus graves, questions d'où dépend notre avenir. Nous devons tous, l'un comme l'autre, prolétaires comme bourgeois, faire une et unique politique: celle de l'unité nationale. Car c'est la seule qui pourra nous relever de la ruine et c'est également la seule qui est à même de sauver ce qui est encore à sauver.

Quand en Novembre 1918 la révolution éclata, on aurait pu croire, et non sans raison, que l'Allemagne allait être dotée d'un gouvernement à la russe. Il n'en fut rien: un Gouvernement socialiste prit la place de celui de l'ancien régime. Peu à peu le Gouvernement social-démocrate dut céder la place à un Gouvernement purement bourgeois. Qui de nous aurait pu prévoir que cette chose que tout le monde croyait impossible il y a deux ans, allait arriver un jour? Personne n'aurait pu prédire que deux ans après la catastrophe, l'Allemagne aurait été à même d'aplanir tant de difficultés. L'Allemagne se remet peu à peu car elle réagit: le peuple allemand est travailleur, son instinct naturel est le travail et l'ordre. Nous pouvons être fières d'être allemands, et il est de notre devoir d'honorer notre drapeau tout comme les Français et les autres Alliés honorent l'emblème de leur pays.["]

(Ici, l'orateur fait allusion à l'incident de Breslau[7] lors de la destruction de l'Ambassade française: "La France, dit-il, a eu raison de ne pas laisser insulter son tricolore, car moi-même, en un pareil cas, j'aurais défendu notre drapeau".)

"En votant la loi sur l'autonomie de la Haute-Silésie, notre parti s'est simplement laissé inspirer par l'amour de la patrie. Les socialistes se sont opposés à cette loi, mais nous avons avant tout envisagé l'intérêt national.

Notre parti n'est pas adversaire du "Reichsnotopfer" comme le prétendent nos adversaires politiques, car, en somme le Reichsnotopfer ne vise pas seulement les capitalistes et les industriels, mais il vise chacun dont la fortune dépasse 5.000 marks.["][8]

L'orateur, pour terminer son long discours, revient sur "l'unité nationale":

"Avant la guerre nous étions une grande nation, non parce que nous exportions à vil prix, comme le prétendaient nos anciens ennemis, mais principalement parce que l'Allemand est avant tout travailleur, c'est un homme conscient et plein d'initiative. Notre peuple se remettra de ses plaies, j'en ai la ferme conviction. La foi dans notre avenir nous fera travailleur et nous donnera les forces nécessaires pour supporter les lourdres charges que le Traité de Versailles impose à notre malheureux peuple. Il nous faut produire, travailleur toujours et encore, arriver à être ce que nous étions avant la guerre. L'Allemagne reprendra un jour la place qu'elle a occupée dans le monde et à laquelle elle a droit.

Ich glaube an Deutschland wie an Gott", s'écria l'orateur, (Je crois en l'Allemagne comme je crois en Dieu)[.] (Vifs applaudissements plusieurs fois répétées).

---

1 AN, AJ 9 3660. Maschinenschriftliche Kopie, ohne Unterschrift.
2 Vgl. oben Dok. 475, Dok. 476, Dok. 482, Dok. 483 sowie Dok. 485.
3 Vgl. oben Dok. 367 Anm. 3.
4 Warren G. Harding war am 2.11.1920 als Nachfolger Wilsons zum 29. Präsidenten der USA gewählt worden.
5 Vgl. oben Dok. 410 Anm. 2.
6 Vgl. oben Dok. 451 Anm. 4.
7 Vgl. oben Dok. 374, Dok. 377 und Dok. 387.
8 Vgl. oben Dok. 438 Anm. 4.

543
M. Dard, Ministre Plénipotentiaire de France à Munich, à
M. Leygues, Président du Conseil, Ministre des Affaires Etrangères.

D. n° 200. Munich, le 24 décembre 1920.[1]

A.s. Entretien avec le Président bavarois.

Le Président bavarois[2], que je n'avais pas vu depuis quelque temps, m'a fait demander hier de venir le voir. Ce matin, paraît dans les journaux la réponse négative du Gouvernement du Reich à la dernière note du Général Nollet[3] au sujet des organisations d'autoprotection et notamment des Einwohnerwehren bavarois. C'était donc pour nous préparer en quelque sorte à l'envoi de la note allemande, à laquelle il n'a d'ailleurs pas fait allusion, que M. de Kahr a voulu me faire des déclarations.

J'en ai rendu compte succinctement à Votre Excellence par un télégramme n° 301[4]. Je crois ajouter ici quelques détails sur les quatre points essentiels que j'ai indiqués.

M. de Kahr a tenu d'abord à marquer son accord complet avec le Gouvernement du Reich, qu'il a lors de son dernier voyage à Berlin, gagné entièrement à ses vues. Il a souligné, que c'était au Gouvernement du Reich, chargé des affaires extérieures de l'Allemagne à défendre près de l'Entente les intérêts bavarois. Espère-t-il cependant, comme le croit, le Consul Général d'Angleterre[5], que nous lui proposerons directement un compromis, ou il ne voudrait ni demander lui-même, ni concéder au Reich? Rien cette fois dans ses paroles ne l'a au moins indiqué. Parlant de son voyage à Berlin[6], il a cependant fait allusion à l'accueil très courtois, mais "d'une raideur militaire", que lui avait fait le Général Nollet. "Nous autres Bavarois, a-t-il dit, nous ne sommes pas de façon si militaires". Il a ajouté qu'il n'était pas allé voir M. Laurent, comme Lord D'Abernon, pour la raison que le Gouvernement de la République m'ayant accrédité auprès de lui, il ne l'eut pas trouvé convenable.

M. de Kahr a ensuite déclaré que d'après des renseignements précis et récents, il ne pouvait douter d'une attaque prochaine de l'armée des Soviets contre la Pologne. L'armée russe mourait de faim. La guerre était pour elle une nécessité. Seule une révolution pourrait changer le cours des événements. J'ai demandé si ce serait bien en Pologne et non en Roumanie qu'aurait lieu l'attaque. Le Président a répondu sans hésiter que ce serait en Pologne, le désir de prendre leur revanche contre les Polonais étant le mobile le plus fort chez les bolchevistes. Il a ajouté, qu'à son avis, l'armée bolcheviste, victorieuse des Polonais, n'entrerait pas en Allemagne. Elle commencerait par provoquer, peut-être avec l'aide des armes, une révolution qui était toute préparée à Prague, ensuite en Autriche, qui serait une proie facile, puis sans doute en Italie. L'Allemagne étant ainsi encerclé, serait vouée à son tour à la Révolution. La Russie lui offrirait d'ailleurs, aussitôt après l'invasion de la Pologne, le corridor de Dantzig et sans doute aussi la Posnanie.

Les communistes de Berlin, a continué M. de Kahr, sont en relations habituelles avec les soviets. La révolution est déjà combinée à Berlin. Le Gouvernement actuel du Reich est sincèrement conservateur. Il n'y a aucun lieu de douter de la bonne foi de M. Fehrenbach, de M. Simons et de leurs collègues. Si ce Gouvernement était renvoyé par les communistes en violation de la constitution, le Gouvernement bavarois estimerait, comme il me l'avait fait connaître en août dernier, que son devoir lui imposerait d'envoyer à Berlin les troupes de Reichswehr dont il dispose pour y rétablir l'ordre, comme les troupes prussiennes ont naguère rétabli l'ordre à Munich. Dans cette éventualité, les Einwohnerwehren seraient nécessaires au maintien de l'ordre dans la Bavière.

Parlant de la situation où se trouverait l'Europe centrale en proie au bolchevisme, M. de Kahr a dit: "Les Hongrois et nous serions les défenseurs de l'ordre contre le bolchevisme." Ces paroles me font supposer qu' un accord au moins tacite existe entre la Bavière et la Hongrie à la suite des voyages de M. Wutzelhofer et du Dr Heim à Buda-Pesth.[7]

Enfin le Président bavarois qui connaît depuis longtemps les soupçons justifiés que nous inspire la présence de Ludendorff à Munich et ses agissements, m'a déclaré avec beaucoup de force qu'il allait "prier le Général de se tenir tranquille", qu'il n'en avait en Bavière qu'un seul Gouvernement, le sien, et qu'il n'admettait pas que Ludendorff profitat de l'asile qu'on lui donne en Bavière pour travailler à ses conceptions particulières. Je viens d'apprendre, d'autre part et de source sûre, que le Docteur Heim, dont M. de Kahr subit l'influence, avait exigé, presque avec violence, que Ludendorff fut mis en demeure de rester dans la retraite et qu'Escherich lui-même fut désormais plus prudent.

En terminant, M. de Kahr s'est étendu avec complaisance sur les tendances libérales et pacifiques des Bavarois, qui, d'après lui, ont horreur du militarisme. "Ce qu'il nous faut, c'est les deux repos monarchique[s], friedliche Königliche Ruhe". Il a répété deux fois en souriant cette expression, par laquelle il faisait du moins l'aveu de ses sentiments monarchiques. Il a rappelé aussi que la monarchie bavaroise était, contrairement à la prussienne, paternelle, simple et démocratique, que tel était le désir et le caractère du pays. J'ai répondu que l'expression de ces sentiments serait beaucoup plus à sa place dans la presse bavaroise que les attaques violentes et stériles contre la France, attaques qui se reproduisaient chaque jour. "Je viens de recommander le calme à la presse", m'a dit alors le Président.

A la fin de l'entretien, M. de Kahr m'a offert ses vœux "pour moi et pour mon pays", avec beaucoup de cordialité.

---

1   Papiers d'Agents, Dard 13, fol. 183r-184v. Maschinenschriftlicher Durchschlag, ohne Unterschrift.
2   Gustav von Kahr.
3   Zur Antwort von Simons an Nollet vom 22.12.1920, in der er den deutschen Standpunkt wiederholte, daß die Selbstschutzorganisationen keinen militärischen Charakter hätten und damit nicht im Gegensatz zu Art. 178 des Versailler Vertrages stünden bzw. erneut auf die kommunistische Gefahr in Deutschland verwies, s. Schultheß' Europäischer Geschichtskalender 36 (1920) II, S. 347.
4   Nicht abgedruckt.
5   William Seeds.
6   Vgl. oben Dok. 501.
7   Einzelheiten nicht ermittelt.

544

*M. Dard, Ministre Plénipotentiaire de France à Munich, à
M. Leygues, Président du Conseil, Ministre des Affaires Etrangères.*

D. n° 203. Munich, le 25 décembre 1920.[1]

A.s. L'attaque bolcheviste et la Bavière.

Les instructions contenues dans la dépêche de Votre Excellence n° 241 du 11 décembre, confirmant celles de son télégramme n° 106[2], sont claires et précises; je continuerai donc de m'y conformer, tout en m'efforçant de conserver avec le Gouvernement bavarois un contact courtois.

Dans une matière aussi grave, Votre Excellence m'excusera si je prends la liberté de développer deux de mes observations précédentes.

1° Quoiqu'il arrive, l'Allemagne républicaine ou monarchiste, unitaire ou fédéraliste, n'aura pendant de longues années d'autre but que la revanche. Elle cherchera par un Sadowa d'abord, par un Sedan ensuite, à retrouver sa puissance perdue. Sera-t-elle moins belliqueuse sous l'une ou l'autre forme, il est bien difficile de le savoir. Sans doute il paraît préférable qu'elle devienne à la fois républicaine et fédéraliste, ainsi que l'envisage Votre Excellence, mais cela me paraît guère possible. En fait, le fédéralisme bavarois est monarchique et catholique. Favoriser l'idée républicaine en Bavière c'est assurément compromettre le fédéralisme bavarois. Le parti populaire du Dr. Heim, bien que monarchiste, est d'ailleurs sincèrement pacifique, bavarois avant tout. Au contraire, M. Timm, Chef des socialistes majoritaires bavarois et représentant de l'Heimatdienst à Munich, est notre ennemi acharné. Ludendorff et les monarchistes nationalistes au Landtag sont les partisans de la Prusse, qui essaient de s'emparer, dans des vues réactionnaires, et plus tard militaristes en Allemagne, du particularisme bavarois.

On voit ainsi combien cette matière est complexe et que nous ne pouvons guère que nous régler sur les circonstances, en évitant une attitude trop prononcée.

2° En répondant aux observations que je lui avais présentées[3], Votre Excellence dans sa dépêche précitée, n'a pas cru devoir tenir compte d'un argument essentiel dans ma pensée et sur lequel je prends la liberté de revenir. Il s'agit de l'éventualité d'une attaque des bolchevistes russes sur la Pologne et d'une victoire qui amènerait les troupes de Trotzky aux frontières allemandes.

Dans cette hypothèse, qui a été si près de se réaliser l'été dernier, l'Allemagne se trouverait divisée en deux parties. D'une part, les révolutionnaires qui sont déjà les complices des Soviets; d'autre part la masse, actuellement dominante, des conservateurs. Un troisième parti se formerait de tous ceux qui sacrifieraient l'ordre à la revanche et voudraient réaliser sans attendre l'alliance, devenue fatale, de l'Allemagne et de la Russie. Si la Ruhr était occupée ou la Silésie perdue ce troisième parti serait considérablement augmenté. De l'importance qu'il prendra dépend l'orientation de l'Allemagne toute entière dans l'hypothèse prévue. Il ne s'agit plus là d'un débat assez vain sur l'organisation constitutionnelle de l'Allemagne, mais d'un danger redoutable et pressant, auquel il faut parer maintenant.

Nous ne devons donc rien négliger en ce moment pour conserver le contact avec les Allemands anti-bolchevistes et pour leur inspirer quelque confiance. Nous pouvons avoir besoin d'eux en Allemagne même, si la perte des charbonnages pousse un grand nombre d'Allemands à la politique du pire. Les bourgeois et les paysans du parti populaire bavarois sont d'excellents Allemands toujours prêts à nous combattre, quand leur gouvernement les y convit, mais ils ont encore plus de répulsion pour la révolution dont ils viennent d'éprouver l'horreur. Au mois d'août dernier, quand à Prague et à Bucarest on restait aussi inactif qu'à Rome et qu'à Londres, le Gouvernement bavarois s'est déclaré.[4] Il vient de le faire à nouveau. Si les Russes arrivent à Berlin, c'est la Bavière, entraînant l'Allemagne du Sud, qui peut, si paradoxal que cela puisse être, couvrir l'Alsace-Lorraine en défendant la ligne du Main. C'est en vue de cette éventualité, autrement pressante que la révision de la Constitution de Weimar, qu'il importerait donc, tant dans la question des Einwohnerwehre[n], que dans les griefs invoqués pour occuper la Ruhr, de donner à la Bavière l'impression que nous ne l'abandonnerions pas devant les bolchevistes.

---

1 Papiers d'Agents, Dard 13, fol. 186-187. Maschinenschriftlicher Durchschlag, ohne Unterschrift.
2 Nicht abgedruckt.
3 Vgl. oben Dok. 543.
4 Vgl. oben Dok. 352.

545
*M. Laurent, Ambassadeur de France à Berlin, à
M. Leygues, Président du Conseil, Ministre des Affaires Etrangères.*

T. n° 2366-2369. Déchiffrement. Berlin, le 28 décembre 1920, 0 h 40.
(Reçu: 6 h 00, 6 h 45, 6 h 00, 7 h 30.)[1]

J'ai reçu hier soir la visite du Ministre des Affaires Etrangères[2] qu'accompagnait le directeur Goeppert. Contrairement à son habitude, le docteur Simons s'est exprimé en allemand et avec beaucoup de circonlocutions. M. Goeppert, qui lui servait d'interprète et paraît l'inspirateur de sa démarche a plusieurs fois complété et même rectifié, de sa propre autorité, les déclarations de son chef.

Le Ministre m'a dit que le général Nollet[3] venait de lui adresser une note comminatoire reprochant au Gouvernement allemand d'avoir conservé, sous un autre nom, la police militaire et le mettant en mesure de la dissoudre. Le Gouvernement allemand avait conscience d'avoir tenu ses engagements; il ne voulait pas donner de publicité à cet ultimatum injuste, qui soulèverait le sentiment public, sans avoir acquis la certitude que la politique de la Commission militaire de contrôle était bien celle des Gouvernements alliés.

J'ai répondu que la Commission de contrôle était seule compétente pour (traiter) à Berlin une question d'ordre militaire et que si le Gouvernement allemand devait faire appel de la décision qui lui avait été notifiée il avait un recours ouvert devant la conférence des Ambassadeurs.

Le Ministre m'a répliqué qu'une protestation avait été déjà adressée à la conférence[4], mais qu'il désirait insister auprès de moi sur l'importance politique de cette question. Je lui ai dit que, dans ces conditions, je ne me refuserais pas à rendre compte à mon (Gouvernement) (de cette) démarche pourvu qu'elle fût effectuée en même temps auprès des autres représentants alliés.

Le docteur Simons m'a promis d'informer également mes collègues auxquels il n'avait pas songé, m'a-t-il dit, à s'adresser, il avait cru pouvoir s'en dispenser pour un double motif: d'une part, l'opinion allemande ne manque, en fait, pas d'attribuer à la France seule la responsabilité de l'ultimatum signé par un général français; d'autre part, la France était la principale intéressée à ce que la désorganisation de la police ne vint pas, en livrant l'industrie allemande aux désordres dont avait été récemment victime l'industrie italienne, la mettre dans l'impossibilité de travailler pour les réparations.

J'ai réfuté brièvement ces arguments tendancieux jusqu'à la perfidie en affirmant la solidarité des intérêts alliés aussi bien dans la question du désarmement que dans celle des réparations.

Le Ministre a, pour conclure, annoncé l'intention de faire intervenir ses Ambassadeurs auprès des Gouvernements alliés.[5] M. Goeppert est revenu ce matin trouver un de mes collaborateurs sous prétexte de préciser le sens de la communication faite la veille. Il a dit que le Gouvernement allemand impuissant à contenir longtemps la presse[6], désirait connaître le plus tôt possible (la) réponse des Alliés saisis par la triple voie de la conférence des Ambassadeurs, des représentants alliés à Berlin et des représentants allemands à l'étranger. Il a ajouté comme incidemment qu' un échange de vues confiant ne pourrait se produire à Bruxelles, tandis que les commissions de contrôle continueraient à dicter par voie d'ultimatum des conditions inexécutables.

Cette insinuation, qui a, d'ailleurs été relevée comme elle le méritait, me paraît livrer le secret de la démarche énigmatique accomplie par le Ministre des Affaires Etrangères. Les dispositions conciliantes manifestées par M. Bergmann (ont été) vivement critiquées par la presse de droite. On peut supposer que le Dr. Simons, pris à parti par les grands industriels, a dû leur promettre, sinon de revenir brusquement à une attitude intransigeante, du moins de lier les questions politiques aux questions économiques et de marchander son bon vouloir en matière de réparations contre des concessions sur le (désarmement) et les autres points du programme de Düsseldorf.[7]

---

1   Allemagne 63, fol. 182-186.
2   Walter Simons.
3   Vgl. oben Dok. 530.
4   Vgl. oben Dok. 543 Anm. 3.
5   Noch am gleichen Abend informierte Simons daraufhin Lord Kilmarnock über den Inhalt seines Telegramms an die deutschen Botschafter in Rom, Paris und London, s. Lord Kilmarnock an Curzon vom 28.12.1920, DBFP 1/X, No. 343 S. 468f.
6   Am Abend des 28.12.1920 meldete Laurent nach Paris: "L'Agence Wolff publie la note suivante: "La Commission interalliée de contrôle a adressé le 23 décembre au Ministère des Affaires Etrangères une note dans laquelle elle se déclare peu satisfaite de la manière dont a été opérée la réorganisation de la police. Cette réorganisation ayant été faite selon un plan qui a été établi jusque dans les détails d'accord avec la Commission de contrôle, on est obligé d'admettre qu'un malentendu s'est produit. Le ministère des Affaires Etrangères s'emploie à le dissiper.

La presse est unanime à réclamer la publication immédiate de la note de la Commission de Contrôle. Le "Vorwärts" écrit que le peuple allemand a le droit strict d'être tenu au courant du développement d'une question qui menace de conduire à une crise internationale. Il demande que la Commission des Affaires étrangères du Reichstag soit convoquée d'urgence et appelée à donner son avis sur l'ensemble des questions se rapportant au désarmement." T. n° 2381-2382, Télégrammes, Arrivée de Berlin, 1920, 11.

7 Im Gespräch mit Lord Kilmarnock meinte Laurent am folgenden Tag: "German attitude may be manœuvre to cover a change of front when conversations are resumed at Brussels. He [Laurent] hears that though Herr Bergmann was extremely conciliatory some of German experts were much reserved and believes Stinnes is anxious to wreck negociations." Kilmarnock an Curzon vom 28.12.1920, DBFP 1/X No. 344 S. 470.

546
*M. Laurent, Ambassadeur de France à Berlin, à
M. Leygues, Président du Conseil, Ministre des Affaires Etrangères.*

T. n° 2376-2379. Déchiffrement.　　　Berlin, le 28 décembre 1920, 20 h 40.
(Reçu: le 29, 1 h 30, 0 h 30, 1 h 15, le 28 23 h 50.)[1]

Suite à mes télégrammes n°s 2370 et suivant[2].

Les commentaires de presse sur la séance de Vendredi dernier au Palais-Bourbon sont plus rares aujourd'hui. Dans un article intitulé "Le dépit d'un Ministre", le correspondant du "Berliner Tageblatt" à Paris[3] s'efforce de réduire l'intervention de Mr André Lefèvre aux proportions d'un accès de mauvaise humeur sans importance, explicable chez un homme politique qui voit triompher une thèse qu'il n'a cessé de combattre. Quelques violences de langage envers l'Allemagne ne doivent pas, pour regrettables qu'elles soient, faire oublier qu'en adoptant le service de 18 mois la France s'engage, sous une forme à la vérité encore très prudente, dans la voie qui conduit au désarmement.

Le "Vorwärts" donne une note toute contraire. Il constate que le discours de M. André Lefèvre, "qui pourrait avoir été prononcé dans un asile d'aliénés", a recueilli l'approbation d'une grande partie de la chambre des Députés. Le Gouvernement français ne peut pas ne pas tenir compte du (chauvi)nisme (général) qu'a révélé le débat de vendredi. Loin de pouvoir diminuer ses exigences, il devra les aggraver encore. L'Allemagne n'a qu'un moyen d'endormir les susceptibilités de son ombrageuse voisine, c'est d'exécuter consciencieusement et loyalement les obligations du traité, surtout en ce qui concerne le désarmement. L'orage des socialistes majoritaires espère que cette politique finira par prévaloir dans les Conseils du Gouvernement car, conclut-il avec un optimisme qui ne semble guère justifié, "nous avons nous aussi nos nationalistes, mais ils sont heureusement moins influents que ceux de la France."

La "Deutsche Tageszeitung" continue à tenir un langage des plus violents. Il y a deux jours, elle parlait de "La machoire dégoutante de sang (du) général Lefèvre", car les journaux de droite s'obstinent à faire de l'ancien Ministre de la guerre un militaire. Son article d'aujourd'hui est intitulé: "Politique de haine", et accuse la France d'avoir plongé l'Europe dans un bain de sang et de vouloir l'y maintenir à jamais. Il est remarquable toutefois que l'organe nationaliste exprime la conviction que les nécessités économiques qui tendent à rapprocher les deux pays finiront par triompher des haines et des défiances amorcelées par les esprits militaristes qui règnent à Paris.

Les vigoureuses attaques de la presse de gauche contre le Gouvernement allemand, à propos de sa dernière note sur la question des "Einwohnerwehren"[4], et l'article, déjà signalé par M. Dard[5], par lequel le "Bayerischer Kurier" s'efforce de dégager l'organisation Escherich du patronage compromettant de Ludendorff et des monarchistes, sont probablement en partie la répercussion des débats de notre Parlement. Ils indiquent que l'impression produite a été profonde et n'est pas près de s'éffacer.

---

1 Télégrammes, Arrivée de Berlin, 1920, 11.
2 Nicht abgedruckt. Laurent hatte darin über erste Pressestimmen zur Rede des ehemaligen französischen Kriegsministers, André Lefèvre vor der Kammer am 23.12.1920 berichtet. Lefèvre war am 16.12.1920 aus Protest gegen die nach seiner Meinung unzulängliche Politik der Regierung Leygues in der Frage der Entwaffnung Deutschlands zurückgetreten, s. BOISVERT, Relations franco-allemandes en 1920, S. 96.
3 Paul Block.
4 Vgl. oben Dok. 543 Anm. 3.
5 Nicht abgedruckt, s. dazu Laurents T. n° 2387-2389 vom 29. bzw. T. n° 2393-2395 vom 30.12.1920, Allemagne 63, fol. 199-200 bzw. fol. 204-207.

547
M. Neton, Consul Général de France à Hambourg, à
M. Leygues, Président du Conseil, Ministre des Affaires Etrangères.

D. n° 104.   Hambourg, le 30 décembre 1920.[1]

Copie.
Nouvelle Constitution de Hambourg.

Depuis hier, l'Etat de Hambourg est doté d'une Constitution nouvelle. Lorsque, profitant du désarroi général, un conseil d'ouvriers et de soldats, improvisé dans une caserne, prit, par un coup de surprise, possession de l'Hôtel de Ville, au soir du 12 novembre 1918, son premier soin fut de renvoyer les deux grands organismes, le Sénat et la Bürgerschaft (Conseil municipal), qui assureraient la vie administrative et politique de la Cité. Mais quand il eut bien tout détruit, quand il eut fait table rase du passé, il arriva ce qui se produit toujours en pareil cas[:] il fut épouvanté de sa tâche. Il rappela le Sénat d'abord, le Conseil municipal ensuite. Mais bientôt comme tous les pouvoirs faibles, il prit ombrage de la popularité dont jouissait l'assemblée communale. Son autorité se montrait d'autant plus despotique qu'elle était plus contestée. Par un dernier acte d'arbitraire, il installa un nouveau conseil municipal. Celui-ci était composé de 168 membres, élus seulement pour un an avec mandat de "régénérer" la Constitution d'accord avec le Sénat. Ce mandat, borné dans son objet et dans sa durée, est exprié depuis le 1er mars et la Constitution n'a été votée qu'hier. C'est que, dans l'intervalle, tout est à peu près rentré dans l'ordre. Par la force même des choses, le Sénat et le Conseil municipal ont recouvré insensiblement tous leurs pouvoirs. Mais l'idée d'une Constitution nouvelle avait fait du chemin. L'opinion s'y était attachée. Tous les partis la réclamaient. C'est depuis hier un fait accompli.

On peut dire de la Constitution qui régit désormais Hambourg qu'elle ne se contente pas de rajeunir le vieil édifice qui avait résisté aux années; elle le retourne de haut en bas. Elle met au faîte ce qui était jusqu'alors à la base et à la base ce qui était au faîte. Autrement dit, le Conseil municipal qui n'était rien ou peu de chose devient tout et le Sénat qui était tout se voit réduit à n'être rien à son tour ou peu de chose, puisqu'il est dépouillé de la puissance législative au profit du pouvoir rival qui détient ainsi l'autorité suprême.

Le journal démocrate, "Hamburger Fremdenblatt", rappelle à ce propos les longues luttes soutenues dans ce but depuis le XIIIe siècle: "Il n'aura pas fallu, dit-il moins de sept siècles d'efforts, moins de sept siècles d'un combat sans répit pour que le corps municipal obtienne enfin les droits politiques que l'on s'obstinait à lui refuser."

Et à part les inévitables réserves que font les feuilles de droite sur certaines innovations qui leur paraissent comme autant de concessions aux partis de gauche, telles que le droit de vote accordé dès la vingtième année et la représentation des intérêts corporatifs ou encore la limitation à trois ans du mandat du Conseil municipal et le nombre trop élevé des Sénateurs (16 au lieu de 10), on peut dire que la presse hambourgeoise, dans son ensemble, fait le meilleur accueil à la nouvelle loi organique.

Les élections sont fixées au 20 février prochain en même temps que s'ouvrira le scrutin pour la désignation des députés du Schleswig-Holstein-Hambourg au Reichstag.

---

1   AN, AJ 9 3925. Maschinenschriftliche Kopie, ohne Unterschrift.

548
*M. Laurent, Ambassadeur de France à Berlin, à
M. Leygues, Président du Conseil, Ministre des Affaires Etrangères.*

T. n° 2403-2407. Déchiffrement. Berlin, le 31 décembre 1920,
23 h 30, 23 h 20.
(Reçu: le 1 janvier, 12 h 00, 10 h 20.)[1]

Le Gouvernement s'est enfin décidé à faire connaître le texte de la note du Général Nollet sur la police de sûreté.[2] Les journaux de ce matin en publient le texte ainsi que la réponse allemande.[3]

Les feuilles de gauche continuent à attaquer le Gouvernement. La "Freiheit" annonce que le député Ledebour a écrit au Président[4] du Reichstag pour demander, au nom du parti socialiste indépendant, la convocation immédiate du Reichstag. Commentant la réponse allemande, le Journal des Indépendants écrit qu'il est absolument faux que la demande de l'Entente tendant à la dissolution des organisations militaires ou de police contraires au traité ait ému l'opinion politique.

Le "Vorwärts" dans un article (intéressant), dont le courrier de ce soir porte à V.E. la traduction[5], dit que le peuple allemand serait unanime à protester contre toute tentative des alliés pour étendre la zone d'occupation, mais reconnaît que le Gouvernement du Reich a sa large part de responsabilité dans le conflit qui vient d'éclater. Il juge la question de la police de sûreté sujette à discussion, mais avoue que dans celle des Einwohnerwehren tous les torts sont du côté de l'Allemagne. "La situation, conclut l'organe socialiste, est simple. Ou bien nous voulons nous opposer par la force à l'avance des Alliés, ou bien nous nous rendons compte de la folie d'une telle attitude. Dans ce dernier cas, nous ne devons pas persister dans une politique qui ne peut que nous mener à de nouvelles défaites, de nouvelles humiliations, de nouveaux maux."

Le "Vorwärts" émet en terminant l'espoir que, si l'Allemagne fait preuve de bonne volonté en dissolvant sans tarder les Einwohnerwehren, les alliés se laisseront arracher quelques concessions sur la police de sûreté.

Le "Berliner Tageblatt" distingue lui aussi entre la question des Einwohnerwehren et celle de la police de sûreté. En ce qui concerne celle-ci, il estime exagérées les prétentions des alliés et loue le ton "particulièrement résolu" de la réponse allemande. Par contre, la demande de désarmement des gardes civiques paraît justifiée à l'organe démocrate, qui assure que le Gouvernement allemand n'entend pas se dérober à ses obligations. Le "Berliner Tageblatt" espère que le Gouvernement français, de son côté, saura résister aux entraînements d'une chambre nationaliste.

Le "Lokal Anzeiger" juge la situation sérieuse. Il ne s'agit pas d'un malentendu à dissiper. Les "militaristes français" ont leur siège fait et cherchent à acculer le Gouvernement allemand dans une impasse.

Parmi les journaux d'extrême droite, la "Post" se distingue par l'outrance de son langage. Accepter les exigences de l'Entente équivaudrait pour l'Allemagne à un suicide. "Il est temps, écrit-elle, que le Gouvernement comprenne enfin qu'il n'y a rien à attendre de négociations orales avec les représentants de l'Entente à Berlin, qui considèrent la perfidie et le manque de parole comme des ruses de guerre diplomatique et que leurs gouvernements encouragent dans cette voie."

Une note officieuse dément que la délégation des mineurs de la Ruhr ait menacé d'arrêter le ravitaillement en charbon de la Bavière (voir mon télégramme N° 2393 d'hier[6]). Il n'y aurait eu que de simples conversations, sans exigence, du côté ouvrier, ni engagement du (mot passé) officiel. Mais la "Freiheit" refuse d'ajouter foi à ce démenti et maintient que toutes les organisations minières de la Ruhr, y compris les syndicats Hirsch Dunker de nuance démocrate, sont unanimes à exiger impérieusement le désarmement de la Bavière.

---

1 Allemagne 63, fol. 226-230.
2 Nollet hatte am 23.12.1920 das Reich zur Auflösung der Sicherheitspolizei aufgefordert, vgl. unten Dok. 549.
3 Vgl. oben Dok. 543 Anm. 3.
4 Paul Löbe.
5 Nicht abgedruckt.
6 Nicht abgedruckt.

549

*Le Maréchal Foch, Président du Comité Militaire Allié de Versailles,
à M. Raiberti, Ministre de la Guerre.*

[N°] 2076/1.   Paris, le 31 décembre 1920.[1]

J'ai l'honneur de vous adresser ci-joint copie du "Rapport sur l'état d'exécution par l'Allemagne des clauses militaires et aéronautiques du Traité de Paix et du Protocole de Spa à la date du 25 Décembre 1920" établi par le Comité Militaire Allié de Versailles en exécution de la Résolution de la Conférence des Ambassadeurs du 27 Décembre 1920[2].

Annexe:

Rapport
sur l'Etat d'Exécution par l'Allemagne
des Clauses Militaires et Aéronautiques du Traité de Paix
et du Protocole de Spa, et de la Note de Boulogne
à la Date du 25 Décembre.

Par note en date du 27 Décembre[3], la Conférence des Ambassadeurs a demandé au Comité Militaire Allié de Versailles d'établir un rapport général sur l'état d'exécution par l'Allemagne des clauses militaires et aéronautiques du Traité de Paix et du Protocole de Spa.

La réunion du Conseil Suprême à Spa (5 Juillet 1920[4]) précédée par celle de Boulogne (20 Juin 1920[5]) avait entre autres, pour but d'établir, d'une façon précise où en était à cette date, *c'est-à-dire 6 mois après la mise en vigueur du Traité de Paix*, l'exécution par l'Allemagne des clauses militaires et aériennes, de relever celles de ces clauses qui n'étaient pas ou étaient incomplètement exécutées - et de fixer les dates limites auxquelles l'exécution de ces dernières clauses devait être réalisée.

Il suffit donc de rappeler pour mémoire, en les citant simplement, les clauses considérées comme exécutées au moment de la réunion de Spa. Ce sont:

- Livraison des renseignements concernant la fabrication des Explosifs (Art. 172);
- Suppression des Ecoles Militaires (Art. 176);
- Désarmement des fortifications se trouvant dans une zone de 50 Km à l'Est du Rhin (Art. 180) auxquelles on peut ajouter la question du "démantèlement des fortifications allemandes" dont l'exécution se poursuit d'une façon satisfaisante, et sur laquelle il n'y a pas lieu d'insister.

Par contre - en raison même de leur importance - il y a lieu d'examiner une à une les clauses qui n'étaient pas encore exécutées au moment de la Conférence de Spa. Ces clauses sont en effet relatives à:

- la législation militaire allemande et la réduction de l'armée allemande,
- la livraison et la destruction du matériel de guerre allemand,
- la suppression de toutes les organisations créées en Allemagne pour assurer soi-disant le maintien de l'ordre (Sicherheitspolizei, Einwohnerwehren, etc...)[.]

Ces clauses et l'état de leur exécution, tel qu'il ressort des renseignements fournis par les Présidents des Commissions de Contrôle Militaire[6] et aérienne[7], sont examinées ci-contre.

31. Dezember / 25. Dezember 1920

- Clauses Militaires -

I.- Législation Militaire Allemande et Forces Militaires Allemandes

La Note de Boulogne et le Protocole de Spa avaient imposé à l'Allemagne l'obligation:

- de mettre *immédiatement* sa législation en conformité avec les clauses militaires du Traité de Paix,
- d'avoir achévé pour le *1er Janvier 1921*, la réduction des effectifs de l'armée allemande à 100.000 hommes.

a) - Législation allemande -

En ce qui concerne la législation relative au Service Militaire et à l'organisation de l'armée, le Gouvernement allemand a fait voter le 20 Août, une loi[8] visant:

l'abolition du service militaire obligatoire et l'organisation de l'armée allemande sur les bases prévues par le Traité de Paix.

Cette loi présentait de graves lacunes et a donné lieu à de nombreuses protestations de la part de la C.M.I.C.

Pour y remédier, le Gouvernement allemand a déposé un nouveau projet de loi militaire. A son tour, ce projet de loi a donné lieu à certaines observations de la part de la Commission de Contrôle.

En particulier:

- il n'y est pas précisé qu'en dehors du Service dû au Reich, le Service militaire est aboli en ce qui concerne les Etats-Allemands.

- les effectifs de certains services (service des dépôts d'artillerie, service des fortifications, des intendants, des payeurs des corps de troupe, etc...) ne sont pas compris dans l'effectif des 100.000 hommes et semblent devoir s'y ajouter.

- et un article de la loi prévoit même comme faisant partie de la force armée, une série d'organisations militaires dont la nomenclature n'est pas donnée et des *troupes de complément* (Ergänzungstruppen) sur lesquelles il n'est pas donné d'explications précises.

Des observations ont été faites à ce sujet au Gouvernement allemand. Il n'y a pas encore répondu. Il en résulte donc que, actuellement la législation allemande relative aux lois militaires n'est pas encore arrêtée conformément aux clauses du Traité.

b) - Réduction de l'armée allemande à 100.000 hommes.-

Un projet d'organisation relatif à la réduction de l'armée allemande à 100.000 hommes a été établi par le Gouvernement allemand.

La Commission de Contrôle a constaté que des mesures d'exécution en vue d'assurer cette réduction avaient déjà été prises, mais l'examen détaillé de ce projet a donné lieu de sa part à certaines observations auxquelles le Gouvernement allemand n'a pas encore répondu.

Sous réserves de ces observations, il semble que la réduction de l'armée allemande pourra être réalisée pour le 1er Janvier 1920[sic!]. Le Contrôle de cette réduction par la C.M.I.C. commencera dès cette date.

c) - Organes de dissolution de l'ancienne armée allemande.-

Pour effectuer la dissolution de l'ancienne armée allemande, il avait été organisé dans les divers états-majors et corps de troupe de l'ancienne armée des organes de liquidation (Abwickelungsämter et Abwickelungsstellen [sic!]). La C.M.I.C. en avait demandé depuis longtemps la suppression et avait finalement fixé le 1er Janvier 1920 comme date limite de leur suppression.

Le Gouvernement allemand mis en demeure de s'exécuter a bien supprimé dès le 1er Octobre, les organes de liquidation des corps de troupe (Abwickelungsstellen) mais pour les E.M. de corps d'armée, il a simplement substitué à ces organes ce qu'il appelle les "Zweigstelle[n]" et les "Bureaux d'Archives" comprenant par région de corps d'armée plusieurs anciens officiers sous-officiers et quelques fonctionnaires.

L'effectif total de ces nouveaux organes marque certes, une diminution d'un tiers sur l'effectif sur les anciens organes de liquidation des Etats-Majors de Corps d'Armée.

Il n'en est pas moins vrai que l'Allemagne maintient ainsi des organisations interdites par le Traité de Paix.

La C.M.I.C. a protesté contre le maintien des dits organes et elle en poursuit la suppression.

II.- Livraison et Destruction du Matériel de Guerre

Le Protocole de Spa avait rappelé les clauses du Traité de Paix imposant à l'Allemagne l'obligation de "livrer aux Alliés, aux fins de destruction et d'aider à la destruction de toutes les armes et du matériel militaire en excédent sur les quantités autorisées par le Traité"[.]

Livraisons et destruction du matériel se poursuivent normalement, mais ne sont pas encore complètement terminées.

A la date du 11 Novembre, il a été livré:

Canons	30.500	dont	28.100	détruits
Minenwerfer	10.120	"	7.600	"
Mitrailleuses	65.350	"	50.270	"
Armes portatives	2.785.220	"	2.304.820	"

Toutefois, il y a lieu de signaler d'une façon particulière le refus opposé par l'Allemagne de livrer le matériel d'artillerie lourde qui se trouve à Custrin et à Koenigsberg (en excédent de l'armement autorisé pour cette dernière place) malgré la décision de la Conférence des Ambassadeurs qui a refusé d'accorder un armement pour la Place de Custrin et a fixé, sur les propositions de la C.M.I.C. l'armement à autoriser pour Koenigsberg.

En outre il existe:

a) un matériel en excédent provenant de la réduction de l'armée allemande de 200 à 100.000 hommes.

b) un matériel accumulé dans les dépôts des corps de la Reichswehr que le Gouvernement allemand demande l'autorisation de conserver au titre de matériel d'exercice ou de rechange.

Le C.M.I.C. rejette les demandes du Gouvernement allemand fortement exagérées[a] et elle poursuivra la livraison de ces diverses catégories de matériel.

En résumé, bien que la livraison et la destruction du matériel de guerre allemand porte actuellement sur des chiffres très importants, il n'en est pas moins vrai que le désarmement de l'Allemagne est encore loin d'être terminé.

III.- Désarmement de la Population Civile, des Einwohnerwehren et de la Sicherheitspolizei

Le Protocole de Spa avait imposé à l'Allemagne l'obligation de publier une proclamation exigeant la livraison *immédiate* de toutes les armes se trouvant aux mains de la population civile... de procéder immédiatement au désarmement des Einwohnerwehren et de la Sicherheitspolizei.

a) Désarmement de la population civile[b]

Les mesures légales pour assurer le désarmement de la population civile ont été prises au mois d'Août (Loi du 7 Août et règlement d'application du 22 Août[9]) et la livraison des armes a commencé le 16 Septembre.

Il n'a jusqu'à présent été livré à la Commission de Contrôle qu'une faible partie des armes signalées par le Reichscommissaire au désarmement[10] comme ayant été remises par la population civile aux autorités allemandes.

Au point de vue de la C.M.I.C. l'exécution de cette clause est donc seulement commencée.

b) Désarmement des Einwohnerwehren et des Organisations d'autoprotection (Voir N° 2)

Un certain nombre d'armes ont bien été livrées notamment en Prusse mais le Reichscommissaire au désarmement qui doit fixer la date à laquelle les armes des Einwohnerwehren devront être livrées n'a pas encore fait connaître officiellement cette date à la Commission de Contrôle. Bien mieux, le Gouvernement allemand par sa Note du 9 Décembre[11] a avisé la Commission de Contrôle, que les armes des E.W. de l'Allemagne du Nord et du Centre ne pourraient être retirées que pour le 1er Mars 1921 et a opposé par deux fois un refus formel d'opérer le désarmement des E.W. et organisation d'auto-protection de Prusse orientale et de Bavière sous prétexte que la situation ne permettrait pas actuellement cette mesure.

Comme on le voit, le désarmement des E.W. non seulement est à peine commencé dans l'ensemble du Reich, mais le Gouvernement refuse même de faire exécuter ce désarmement en Bavière et en Prusse Orientale.

c) Désarmement de la Sicherheitspolizei:
Le désarmement de la SIPO est en cours, environ deux tiers des armes détenues par elle ont été livrées.[c]

En résumé, si le désarmement de la Sicherheitspolizei est relativement avancé, par contre le désarmement de la population civile est seulement commencé, et celui des E.W. non seulement est à peine entamé, mais est même refusé par le Gouvernement allemand en ce qui concerne la Bavière et la Prusse Orientale.

IV.- Dissolution de la Sicherheitspolizei

La Note de Boulogne du 23 Juin 1920 imposait à l'Allemagne de dissoudre dans un délai de trois mois, c'est-à-dire pour le 22 Septembre 1920, au plus tard, la Sicherheitspolizei.

16 Etats sur 18, que comprend le Reich, ont publié les décrets prescrivant la dissolution de leur S.P. mais jusqu'à présent les résultats du Contrôle n'ont permis de conclure nulle part à la réalisation effective de cette dissolution. Le Président de la C.M.I.C. en a pris note auprès du Gouvernement allemand et a mis celui-ci en demeure de procéder à cette dissolution.

La réponse allemande en date du 26 Décembre, se borne à une protestation, sans indiquer aucune date pour la dissolution de cette police[12].

V.- Dissolution des Einwohnerwehren et Selbstschutzorganisationen

La Note de Boulogne du 22 Juin 1920 mettait en demeure le Gouvernement allemand de supprimer effectivement les formations d'Einwohnerwehren.

Cette mise en demeure est restée jusqu'à présent lettre morte.

Si dans l'Allemagne du Nord et en Saxe, ces organisations ont été officiellement dissoutes, elles s'y sont reconstituées sous d'autres vocables. Bien plus, en Prusse Orientale et en Bavière, non seulement elles subsistent mais elles ont, contrairement à l'article 177[13], des liens avec la Reichswehr. Par deux notes successives le Gouvernement allemand a fait connaître à la C.M.I.C. qui lui était impossible de prononcer actuellement cette suppression et l'a averti qu'il soumettrait la question à l'examen de la Conférence des Ambassadeurs.

Aucune dissolution effective de ces formations d'E.W. et d'auto-protection n'a donc été réalisée, et leur maintien constitue cependant - en dépit des dénégations du Gouvernement allemand - une violation flagrante des articles 177 et 178[14] du Traité de Paix, ainsi que de la Note de Boulogne.

En résumé, et en faisant abstraction des clauses du Traité dont l'exécution est en cours ou de celles dont la C.M.I.C. paraît pouvoir obtenir prochainement l'exécution, on doit constater que le Gouvernement allemand prétend maintenir les organisations dites d'auto-protection ainsi que l'armement d'une partie d'entre elles et n'a pris aucune mesure effective pour dissoudre la Sicherheitspolizei.

Ainsi le Gouvernement allemand est mis en opposition avec une clause essentielle du Traité de Paix, impérativement rappelée par la Note de Boulogne et le Protocole de Spa.

Pour expliquer une pareille attitude on ne saurait admettre le prétexte invoqué par le Gouvernement allemand, les nécessités du maintien d'ordre.

Il suffit en effet de rappeler que le maintien de l'ordre est assuré en Allemagne:

- d'une part par la Reichswehr, qui, en vertu de l'article 160 du Traité de Versailles "est exclusivement destiné au maitien de l'ordre sur le territoire et à la police de la frontière".

- d'autre part, par les forces de police et de gendarmerie dont les effectifs autorisés ont été portés par la Note de Boulogne du 22 Juin de 92.000 à 150.000 pour la police, de 12.000 à 17.000 pour la gendarmerie dans le but d'assurer très largement le maintien de l'ordre.

De ces concessions très importantes, le Gouvernement allemand ne fait plus mention aujourd'hui et ses revendications feraient supposer ces concessions inexistantes.

On doit d'ailleurs remarquer que si, lors de leur création, certaines de ces organisations ont paru répondre à un besoin de sécurité intérieure, par contre on ne peut s'explique[r] que depuis que l'ordre est rétabli en Allemagne le nombre et l'importance de ces organisations se soient constamment développés.

On ne saurait s'expliquer davantage que ces organisations diverses si elles ne répondent qu'à des besoins locaux paraissent centralisées pour toute l'Allemagne par une organisation d'ensemble[d] ni qu'elles soient rattachées à la Reichswehr, comme cela a été effectivement constaté.

Par contre, toutes ces dispositions par les facilités qu'elles apportent à la préparation de la mobilisation de l'ensemble de la population allemande expliquent l'obstination du Gouvernement allemand à les maintenir, en opposition avec le Traité.

Le Gouvernement allemand ne nie pas d'ailleurs dans sa Note du 22 Décembre[15], que les mesures qu'il a prises et dont il demande le maintien n'aient pour effet de faciliter une telle mobilisation.

Il se borne à prétendre que si tel est leur effet, tel n'était pas leur but, et que par suite, elles ne tombent pas sous le coup de l'article 178 du Traité, qui, d'après lui, a simplement interdit les mesures *tendant* à une mobilisation. A ce sujet, il sufffit de noter que l'article 178 du Traité porte:

"Toute mesure de mobilisation ou tendant à une mobilisation est interdite" et que par suite, toute mesure ayant pour effet de préparer la mobilisation est en opposition avec l'esprit comme avec la lettre du Traité.

En conséquence, le C.M.I.C. estime à l'unanimité que le Gouvernement allemand:

- en ne prennant aucune mesure effective pour la dissolution de la Sicherheitspolizei,
- en se refusant à la dissolution des organisations d'auto-protection, et en prétendant justifier leur maintien,
- en se refusant également de procéder au désarmement d'une partie de ces organisations,

s'est mis en opposition avec l'esprit comme avec la lettre du Traité et avec les décisions impératives prises plusieurs fois par les Gouvernements alliés.

Il constate en outre que:

- *en ce qui concerne la dissolution de la Sicherheitspolizei*:

le Général Nollet, Président de la C.M.I.C. a pris acte le 23 Décembre par la Note 1.266 adressée au Gouvernement allemand[16] "de la violation des stipulations du Traité de Paix et de la Note de Boulogne" constituée par la non-exécution de cette dissolution.

- *en ce qui concerne la dissolution des organisations d'auto-protection et le désarmement d'une partie d'entre-elles:*

le Gouvernement allemand par sa lettre du 9 Décembre, adressée au Général Nollet, a notifié aux *Gouvernements alliés*, qu'il ne se jugeait pas tenu en droit à la dissolution des organisations d'auto-protection - qu'en outre il ne pouvait procéder au désarmement de ces organisations existant en Prusse Orientale et en Bavière - qu'en faisant cette communication aux *Gouvernements alliés*, le Gouvernement allemand était "*pleinement conscient de la gravité de sa résolution*".

Par sa lettre du 11 Décembre[17], le Général Nollet a répondu au Gouvernement allemand en le mettant en demeure de lui communiquer sans retard les mesures prises pour la dissolution et le désarmement immédiats des organisations d'auto-protection.

A cette mise en demeure, le Gouvernement allemand a répondu, le 22 Décembre, en s'en rapportant à sa lettre du 9 Décembre, qu'il priait à nouveau le Général Nollet de porter à la connaissance des *Gouvernements alliés*.

Ainsi le Gouvernement allemand a, par ses refus réitérés officiellement manifesté sa volonté de ne pas se conformer aux articles 177 et 178 du Traité.

C.M.A.V. en prend note et en rend compte aux *Gouvernements alliés* en appelant leur attention sur la portée de ces violations.

(a) A titre d'exemple, c'est ainsi que pour les 2 mitrailleuses accordées par le Traité de Paix pour l'armement d'une Compagnie de Pionniers, le Gouvernement allemand demandait: 6 mitrailleuses d'exercice, 80 culasses et 500 tubes de rechange.

(b) Au 1er Décembre, le matériel livré à la Commission de Contrôle provenant des E.W. et du désarmement de la population civile était:

Canons	41
M.W.	47
Mitrailleuses	3.733
Armes portatives	377.043

Par ailleurs le gouvernement allemand a fourni les données suivantes qui n'ont pu être contrôlées par la C.M.I.C.

Armes déclarées comme ayant été remises aux autorités allemandes par la population civile à la date du 31 Octobre 1920:

Armes portatives	1.301.788
Mitrailleuses	9.133

Armes déclarées aux autorités allemandes comme appartenant aux dépôts d'armes des organisations à la date du 30 Novembre 1920:

Armes portatives	801.653
Mitrailleuses	8.404

Ces chiffres ne sont acceptés par la Commission de Contrôle que sous toutes réserves.

(c) Au 1er Décembre, la Sicherheitspolizei avait livré:

500	Canons
530	Minenwerfer
1.530	Mitrailleuses
54.860	Armes portatives, sur environ 75.000 à livrer.

(d) Cette organisation d'ensemble a pour chef Escherich, qui est en même temps le chef des Einwohnerwehren bavaroises.

---

1 Vincennes, 7 N 2610.
2 Foch übersandte Cambon den Bericht mit dem Hinweis, "le C.M.A.V croit devoir signaler que, d'après les rapports du Général Nollet, comme le Général Masterman, le Gouvernement allemand a pris depuis le début de Décembre une attitude de résistance nette à l'exécution de certaines clauses militaires et aériennes essentielles du Traité comme des décisions des Gouvernements alliés et de la Conférence des Ambassadeurs, et qu'il importe que les Gouvernements alliés aient connaissance de ces dispositions clairement manifestées." Vgl. ebenda.
3 Nicht abgedruckt.
4 Zu den Verhandlungen in Spa vom 5.-16.7.1920 s. DBFP 1/VIII Kap. VIII S. 422-648.
5 Zu den Verhandlungen von Boulogne vom 21.-22.6.1920 s. ebenda, Kap. V S. 334-379.

6 Charles Nollet.
7 Edward Alexander Dimsdale Masterman.
8 Vgl. oben Dok. 336, Dok. 344 sowie Dok. 346.
9 Vgl. oben Dok. 372.
10 Wilhelm Peters.
11 Vgl. oben Dok. 530 Anm. 3.
12 Vgl. oben Dok. 545.
13 Art. 177 des Versailler Vertrages untersagte Deutschland, Schulen, Universitäten oder Kriegervereine zu unterhalten, die im weitesten Sinne der militärischen Ausbildung dienen konnten.
14 Art. 178 des Versailler Vertrages untersagte alle Arten der Vorbereitung zur Mobilmachung.
15 Vgl. oben Dok. 543 Anm. 3.
16 Nicht abgedruckt.
17 Vgl. oben Annexe zu Dok. 530.

Anhang

Kurzbiographien

A

Adamski, Józef
(1851-1926) Polnischer Politiker und Prälat; 1918 Mitglied des Obersten Polnischen Volksrates; im Dezember 1920 Leiter einer Wirtschaftsdelegation in Berlin.

Adenauer, Konrad [Z/CDU]
(1876-1967) Politker; 1917-1933 Oberbürgermeister von Köln; 1920 Mitglied, 1921-1933 Präsident des Preußischen Staatsrates; 1920-1933 Mitglied des vorläufigen Reichswirtschaftsrates; 1920 Mitglied der Zentralstelle für die Gliederung des Reiches; Oberbürgermeister von Köln 1945; 1949 Vorsitzender des Parlamentarischen Rates; 1949-1963 Bundeskanzler, 1951-1955 zugleich Bundesaußenminister; 1946 Mitbegründer und Vorsitzender der CDU in der britischen Zone; 1950-1966 Bundesvorsitzender der CDU; 1917-1918 MdPrHH; MdB 1949-1967.

Albert, Heinrich Friedrich
(1874-1960) Beamter und Politiker; Vortragender Rat im Reichsamt des Innern; 1917 Treuhänder für Feindvermögen im Reich; 1918-1919 Präsident des Reichsverwaltungsamtes für freiwerdende Heeresgüter; 1919-1921 Staatssekretär und Chef der Reichskanzlei; 1922-1923 Reichsschatzminister und Minister für Wiederaufbau; 1921-1925 Aufsichtsratsvorsitzender der Vereinigten Werke; Gründer der Vereinigten Industrieunternehmungen A.G.V.

Albert-Thomas s. Thomas

Albrecht, Herzog von Württemberg
(1865-1939) Kronprinz von Württemberg; 1885 Eintritt in die württembergische Armee; 1898 Brigadekommandeur; 1901 Kommandeur der 26. Division; 1906 Kommandierender General des 13. Armeekorps; 1913 Generalinspekteur der 6. Armeeinspektion; 1914 Befehlshaber der 4. Armee vor Ypern; 1918 Generaloberst und Befehlshaber der IV. Armee an der Westfront; präsumptiver Thronfolger, da König Wilhelm II. von Württemberg ohne männlichen Nachfolger ist.

Kurzbiographien

Aldrovandi Marescotti, Luigi, conte di Viano
(1876-1945) Italienischer Diplomat; 1900 Eintritt in den diplomatischen Dienst; Mitarbeiter der Konsulate in Konstantinopel (1900), Sao Paulo (1902), New York (1905), New Orleans (1907), Caracas (1908), Philadelphia (1910), Wien (1913); 1917 in besonderer Mission in Rußland; 1918-1919 Generalsekretär der italienischen Friedensdelegation; 16.1.-18.4.1920 Geschäftsträger in Berlin; Gesandter in Sofia (1920), Kairo (1923); Botschafter in Buenos Aires (1923), Berlin (1926); 1929 zur Disposition gestellt; Vertreter Italiens in der Völkerbundskommission für die Mandschurei (1932), Chaco (1933-1934), Wal-Wal (1935), Montreux und Brüssel (1937); 1939 Senator.

Allen, Henry Tureman
(1859-1930) Amerikanischer Generalmajor; 1882 Ernennung zum Leutnant; 1890-1895 Militärattaché in Rußland und in Deutschland (1897-1898); 1901 Militärgouverneur auf Leyte; 1914-1918 Führer eines Armeekorps in Frankreich; 1919-1923 Oberbefehlshaber der amerikanischen Truppen im Rheinland; 1.6.1920-1923 amerikanischer Beobachter in der HCITR.

Altenberg, Arthur
(? - ?) Politiker in Memel; 1892 Bürgermeister, 1902 Erster Bürgermeister, 1919 Oberbürgermeister von Memel; 1919-1920 Präsident des Landesdirektoriums in Memel.

Anschütz, Gerhard
(1867-1948) Staatsrechtler; Professor in Tübingen, Berlin und Heidelberg; 1920 Mitglied der Zentralstelle für die Gliederung des Reiches; 1932 Vertreter der Preußischen Regierung vor dem Reichsgericht; Verfasser des Kommentars zur Weimarer Verfassung.

Arco-Valley, Anton Graf von
(1897-1945) Bayerischer Leutnant d.R.; Mörder des Bayerischen Ministerpräsidenten Kurt Eisner (1919), zum Tode verurteilt, anschließend zu lebenslänglicher Haft begnadigt; 1924 Haftverschonung; 1927 begnadigt; 1933 erneute Verhaftung wegen eines angeblich gegen Hitler geplanten Attentats.

Arnim, Hans Abraham von
(? -1930) Hauptmann der Reichswehr; im Juli 1920 Kompagnieführer beim zweiten Zwischenfall vor der Französischen Botschaft.

Aron, Alexandre
(? - ?) Französischer Major; Vorsitzender der französischen Kohlenkommission in Essen; Mitarbeiter Loucheurs; 1935 Ingénieur en chef des Ponts-et-Chaussées.

Kurzbiographien

Asquith, Herbert Henry (Earl of Oxford and Asquith) [Liberal]
  (1852-1928) Britischer Politiker; 1892-1895 Innenminister; 1905-1908 Schatzkanzler; 1908-1916 Premierminister; 1886-1918, 1920-1924 MP; 1925-1928 HoL; 1908-1926 Vorsitzender der Liberalen Partei.

Auer, Erhard [SPD]
  (1874-1945) Politiker; 1918-1919 Bayerischer Staatsminister des Innern; Chefredakteur der "Münchener Post"; 1933 vorübergehend in Haft; 1907-1918 MdBayerLT; 1919-1933 MdNV, MdR; 1918-1933 Landesvorsitzender der SPD in Bayern; Vizepräsident des Bayerischen Landtages.

Aufhäuser, Siegfried [SPD/USPD/SPD]
  (1884-1969) Politiker und Gewerkschaftler; 1915-1921 Geschäftsführender Vorsitzender der Arbeitsgemeinschaft für das Allgemeine Angestellten Recht, 1921-1933 Vorsitzender des Allgemeinen freien Angestelltenbundes (AfA-Bund); 1920-1933 Mitglied des vorläufigen Reichswirtschaftsrates; 1933 Emigration über Saarbrücken nach Paris und Prag; 1938 nach London; 1939 in die USA; 1952-1959 Vorsitzender, 1959-1969 Ehrenvorsitzender der Deutschen Angestelltengewerkschaft Berlin; 1921-1933 MdR; 1917-1921 USPD.

August-Wilhelm, Prinz von Hohenzollern (Auwi) [NSDAP]
  (1887-1949) Vierter Sohn Wilhelms II.; 1914-1918 Kriegsteilnehmer; 1918 Landrat des Kreises Neuruppin; 1933-1945 Mitglied des Preußischen Staatsrates; 1932-1933 MdPrLT; 1933-1945 MdR.

Augustin, Ernst
  (? - ?) Verwaltungsbeamter; 1920 Ministerialrat im Reichsernährungsministerium; am 1.10.1920 aufgrund der Annahme von Bestechungsgeldern aus dem Staatsdienst entlassen.

Awalow-Bermondt, Pawel Michailowitsch Fürst
  (1881-1936) Russischer Oberst; 1919 Organisator eines antibolschewistischen Freikorps in Kurland; Befehlshaber der gegenrevolutionären "Russischen Westarmee"; scheitert bei dem Versuch der Eroberung von Riga am Widerstand der Truppen der Litauischen Regierung, die von der britischen Flotte unterstützt werden; Emigration nach Deutschland.

B

Bachem, Carl [Z]
  (1858-1945) Jurist, Schriftsteller und Verleger; Herausgeber der "Kölnischen Volkszeitung"; 1889-1904 MdPrA; 1889-1907 MdR.

Prinz Max von Baden s. Maximilian

Kurzbiographien

Baecker, Paul Wilhelm [DNVP]
(1874-1946) Journalist; 1907 Redakteur, 1917-1924 Chefredakteur der "Deutschen Tageszeitung"; 1920-1933 Mitglied des vorläufigen Reichswirtschaftsrates; 1922-1928 Vorsitzender des Reichsverbandes der deutschen Presse; 1921-1932 MdPrLT; 1924-1928 MdR.

Balfour, Arthur James Earl Balfour of Tarprain [Konservative Partei]
(1848-1930) Britischer Politiker; 1887-1890 Minister für Irland; 1891-1892 Erster Lord des Schatzamtes; 1895-1902 Schatzkanzler; 1902-1907 Premierminister; 1907-1911 Oppositionsführer; 1915-1916 Marineminister; 1916-1919 Außenminister; 1925-1929 Lord President of the Council; Verfasser der Palästina-Deklaration (1917) und 1926 Begründer des Status der Dominions (Commonwealth of Nations); 1874-1922 MP; 1922-1930 HoL.

Baltia, Hermann Baron
(1863-1933) Belgischer General; 1885 Leutnant im 11. Linienregiment; 1890 Eintritt in die Kriegsakademie; 1914 erster Generalstabsoffizier der 1. Kavalleriedivision; 1919 Generalleutnant und zuletzt Kommandeur der 9. Infanterie-Division; 22.10.1919-1925 Gouverneur von Eupen und Malmédy; 1925 verabschiedet.

Bamberger, Franz
(1858-1926) Bankier und Geheimer Kommerzienrat; Chef des Bankhauses Bamberger & Co. in Mainz, nach dessen Übernahme durch die Disconto-Gesellschaft Mitglied des Aufsichtsrates; 1906 Vize-Präsident, 1908 Präsident der Mainzer Handelskammer für Rheinhessen; Mitglied des Vorstandes und des Hauptausschusses des hessischen Industrie- und Handelstages; Mitglied des Reichseisenbahnrates und des Wirtschaftsausschusses für die besetzten Gebiete sowie zahlreicher anderer Institutionen; Mitglied der ersten Kammer des HessLT.

Barrès, Maurice [Républicain Patriote Libéral/Républicain Indépendant]
(1862-1923) Französischer Politiker, Journalist und Schriftsteller; 1884 Begründer der Zeitschrift "Taches d'Encre"; Anti-Dreyfusard, Nationalist und Verfechter des Gedankens der Rückkehr des Elsaß und Lothringens nach Frankreich; 1906 Aufnahme in die Académie Française; 1889-1893, 1906-1923 Abgeordneter.

Barth, Emil [SPD/USPD]
(1879-1941) Politiker; Gewerkschaftsangestellter; 1918 Vorsitzender der Revolutionären Obleute und Mitglied des Rates der Volksbeauftragten; 1921-1924 Sekretär der Betriebsrätezentrale des Allgemeinen Deutschen Gewerkschaftsbundes; 1917-1921 USPD.

Barthélemy, Marie-Joseph
    (? - ?) Französischer General; 1919 Chef des 2e Bureau; 1920 Vorsitzender der Unterkommission für Stärken, Ersatz und militärische Erziehung der IMKK und Vertreter Nollets.
Bassermann, Ernst [NL]
    (1854-1917) Politiker und Jurist; 1880 Rechtsanwalt in Mannheim; 1893-1917 MdR, seit 1898 Fraktionsvorsitzender; 1905-1917 Parteivorsitzender.
Batocki-Friebe, Adolf Tortilowicz von [DNVP]
    (1868-1944) Verwaltungsbeamter und Jurist; 1900 Landrat; 1907-1914 Vorsitzender der Landwirtschaftskammer Ostpreußen; 1914-1916, 1918-1919 Oberpräsident der Provinz Ostpreußen; 1916-1918 Präsident des Kriegsernährungsamtes; 1919 Honorarprofessor in Königsberg; Mitglied des Verwaltungsrates der deutschen Reichsbahngesellschaft; 1920 Mitglied der Zentralstelle für die Gliederung des Reiches.
Baudissin, Theodor Graf von
    (1874-1950) Verwaltungsbeamter; 1902-1919 Landrat in Neustadt (Westpreußen); 1920-1922 Regierungspräsident von Marienwerder, Reichs- und Preußischer Staatskommissar für das westpreußische Abstimmungsgebiet (Marienwerder); 1923-1925 Hauptgeschäftsführer des Reichsverbandes der land- und forstwirtschaftlichen Arbeitgeber; 1925-1933 Direktor der Hauptlandwirtschaftskammer.
Bauer, Gustav Adolf [SPD]
    (1870-1944) Politiker; 1908-1918 stellvertretender Vorsitzender der Generalkommission der Gewerkschaften Deutschlands; 1918-1919 Staatssekretär des Reichsarbeitsamtes; Februar-Juni 1919 Arbeitsminister; 1919-1920 Reichskanzler (zunächst offizieller Titel "Präsident des Reichsministeriums"); 1920 Reichsschatz- und Reichsverkehrsminister; 1921-1922 Reichsschatzminister und Vizekanzler; 1933 vorübergehend in Haft; 1912-1918 MdR; 1919-1925 MdNV, MdR.
Bauer, Max Hermann
    (1869-1929) Oberst; 1888 Eintritt in die Armee; 1905 Mitarbeiter der Festungs-, 1908 der Aufmarsch-, seit Kriegsbeginn der Operationsabteilung im Großen Generalstab; 1915 Chef der Operationsabteilung II in der Obersten Heeresleitung; 1917 Leiter der Kriegsgerätebeschaffung; 1919 verabschiedet; 1920 Beteiligter des Kapp-Lüttwitz-Putsches; Flucht ins Ausland; Organisator der österreichischen Heimwehren; 1928-1929 militärischer Berater der chinesischen Regierung in Shanghai; Vertrauter Ludendorffs.

Bauer, Otto [SPÖ]
(1881-1938) Österreichischer Politiker; 1918 Staatssekretär des Äußeren; 1919-1934 Vorsitzender der SPÖ-Fraktion; Theoretiker des Austromarxismus; Emigration 1934 in die Tschechoslowakei, 1938 nach Frankreich; 1919 MdÖstNV; 1920-1934 MdÖstNR.

Baumont, Maurice Edmond Marie
(1892-1981) Französischer Diplomat und Historiker; November 1918 Mitarbeiter des Pressebüros der Botschaft in Bern; Juli 1919 Mitglied der Mission Haguenin; seit Juni 1920 Mitarbeiter der Reparationskommission in Berlin; 1927 Chef de Service des Völkerbundsekretariats; 1939-1948 Chef du Service de Documentation Economique des Kolonialministeriums; 1941 Professor für Wirtschaftsgeographie am Conservatoire national des Arts et Métiers; 1945 Mitarbeiter der französischen Besatzungsregierung in Baden-Baden; 1948 Conseiller Historique du Ministère des Affaires Etrangères; 1951 Professor für Zeitgeschichte an der Sorbonne; 1963 Conservateur du Musée Condé de Chantilly; Mitglied des Comité d'Histoire de la Deuxième Guerre Mondiale; Mitherausgeber der Akten der Deutschen Auswärtigen Politik und der Documents Diplomatiques Français.

Béarn s. Galard de Béarn

Beaumont, Sir Henry Hammond Dawson
(1867-1949) Britischer Diplomat; 1909 Chargé d'Affaires in Cettigné, 1910 in Athen; 1914 Konsul in Konstantinopel; 1916 Gesandter in Caracas; 1919-1920 Britischer Vertreter bei der Abstimmungskommission in Marienwerder; 1924 Gesandter in Chile.

Beaupoil de Saint-Aulaire, Auguste Felix Comte de
(1866-1954) Französischer Diplomat; 1892 Eintritt in den diplomatischen Dienst; Chargé d'Affaires in Lima (1896), Santiago (1897), Rio de Janeiro (1899); Gesandter in Wien (1909), Marokko (1912), Bukarest (1917), Warschau (Januar 1920); Botschafter in Madrid (1920) und London (1920-1924).

Bebel, August [SPD]
(1840-1913) Politiker und marxistischer Theoretiker; 1869 Mitbegründer und Führer der SPD; 1892-1913 Parteivorsitzender; 1867-1913 MdR; 1881-1891 MdSächsLT.

Becker (-Hessen), Johann Baptist [DVP]
(1869-1951) Politiker und Jurist; 1897 Eintritt ins hessische Finanzministerium; 1916-1918 Hessischer Finanzminister; 1922-1923 Reichswirtschaftsminister; seit 1910 Vorstandsmitglied der Rheinischen Stahlwerke; nach 1933 Versicherungsvertreter in Darmstadt; 1919-1930 MdNV, MdR.

Becque, Henry
  (1837-1899) Französischer Schriftsteller und Dramaturg.
Bell, Johannes [Z]
  (1868-1949) Politiker und Jurist; 1894 Rechtsanwalt in Essen; 1919 Reichskolonialminister; 1919-1920 Reichsverkehrsminister; 1926-1927 Reichsjustizminister und Reichsminister für die besetzten Gebiete; 1904-1918 MdPrA; 1912-1918 MdR; 1919-1920 MdNV, 1924-1933 MdR.
Bencivenga, Roberto
  (1877-1949) Italienischer General, Publizist und Politiker; 1908 Hauptmann und Absolvent der Militärschule; 1910 Lehrer für Taktik an der Kriegsakademie; 1914 Major; 1916 Mitglied des Commando Supremo; 1918-1919 Mitglied der italienischen Militärmission in Berlin; 1919 Brigadegeneral; 1920-1922 Mitglied der Interalliierten Regierungs- und Abstimmungskommission für Oberschlesien in Oppeln; nach Kritik an der Regierung verabschiedet; 1924 Präsident der Federazione della Stampa; 1926 zu 5 Jahren Gefängnis verurteilt; nach der Entlassung schriftstellerische Tätigkeit; 1943 Rückkehr in die Politik; 1944 Stadtkommandant (der Widerstandsbewegung) von Rom; 1924 Abgeordneter.
Benedikt XV. (Giaccomo Marchese della Chiesa)
  (1851-1922) Papst; 1883 Eintritt in den diplomatischen Dienst der Kurie; 1901-1907 Unterstaatssekretär; 1907 Erzbischof von Bologna; 1914 Kardinal; 1914-1922 Papst.
Beneš, Edvard
  (1884-1948) Tschechoslowakischer Politiker; 1909 Dozent für Nationalökonomie in Prag; 1915 Emigration in die Schweiz, später nach Paris; Generalsekretär des Tschechoslowakischen Nationalrates; 1918-1935 Außenminister, 1921-1922 zugleich Ministerpräsident; 1936-1938 Staatspräsident; 1939 Professor in Chicago; 1940 Präsident der tschechoslowakischen Exilregierung in London; 1945 erneut Staatspräsident; 1948 durch kommunistischen Staatsstreich entmachtet.
Bénigni, Jean Paul
  (1872-1943) Französischer Diplomat; 1901 Eintritt in den diplomatischen Dienst; 1905-1916 in Italien, zuletzt Vizekonsul; 1916 in Korfu, 1917 in Lugano, 1919 in Warschau; Konsul in Frankfurt/Main (1919-1924), Sevilla (1925) und Turin (1928-1932), zuletzt Generalkonsul.
Berenberg-Goßler, John von
  (1866-1943) Bankier und Diplomat; 1892-1908 Bankier in Hamburg; 1920-1921 Botschafter in Rom.

Bergen, Diego [Carl Ludwig] van
   (1872-1944) Jurist und Diplomat; 1899 Mitarbeiter der Gesandtschaft in Peking, 1901 in Brüssel, 1905 in Madrid; 1906-1909 beim Vatikan; 1911-1919 wirklicher Legationsrat und Vortragender Rat im Auswärtigen Amt; 1917-1919 Leiter der Politischen Abteilung; 1919 Preußischer Gesandter; 1920-1943 Botschafter beim Vatikan; Ehrenmitglied der Académie Française. [älter]

Berger, Julius
   (1862- ?) Industrieller; 1875 Übernahme der väterlichen Spedition in Zempelburg; 1895 Gründung eines Tiefbauunternehmens in Bromberg; 1905 Umwandlung in eine AG; 1910 Verlegung des Firmensitzes nach Berlin; 1918-1919 Berater des Wiederaufbaureferats der Deutschen Waffenstillstandskommission; Teilnehmer am Prozeß Erzberger-Helfferich.

Bergmann, Carl
   (1874-1935) Jurist, Bankier und Verwaltungsbeamter; 1901 Eintritt, 1911 stellvertretender Direktor der Deutschen Bank; während des Krieges im Auftrag der Reichsregierung in Den Haag; 1919 Ministerialdirektor und Unterstaatssekretär, seit Mai 1920 Staatssekretär im Reichsfinanzministerium; bis 1921 Vorsitzender der deutschen Kriegslastenkommission in Paris; 1921-1935 Mitglied des Direktoriums der Deutschen Bank; Reparationssachverständiger.

Bernhard, Georg [SPD/DDP]
   (1875-1944) Journalist; 1896 Wirtschaftsredakteur der "Welt am Montag", 1898 der "Berliner Zeitung", 1908 in der Verlagsdirektion des Ullstein-Verlages; 1913 Redakteur, 1920-1930 Chefredakteur der "Vossischen Zeitung"; 1928-1930 Vorsitzender des Reichsverbandes der deutschen Presse e.V.; 1930-1933 Geschäftsführer des Reichsverbandes deutscher Waren- und Kaufhäuser; 1920-1928 Mitglied des vorläufigen Reichswirtschaftsrates; 1928-1930 MdR; Vorstandsmitglied der DDP; 1933 Emigration nach Frankreich; 1933-1940 Redakteur des "Pariser Tageblatt" (seit 1936 "Pariser Tageszeitung"); 1940 in Bordeaux interniert; 1941 Flucht in die USA; als Anhänger des revisionistischen Flügels 1906 aus der SPD ausgeschlossen.

Bernstein, Eduard [SPD/USPD/SPD]
   (1850-1932) Politiker, Schriftsteller und sozialistischer Theoretiker; 1881-1890 Redakteur der Zeitung "Sozialdemokrat" in Zürich und London; seit 1888 Mitarbeiter von Friedrich Engels; 1890 Begründer der revisionistischen Richtung in der SPD; 1918-1919 Beigeordneter im Reichsschatzamt; 1902-1906, 1912-1918, 1920-1928 MdR; 1917-1919 USPD.

Bernstorff, Albrecht Graf von
(1890-1945) Diplomat; 1914 Eintritt in den diplomatischen Dienst; 1915-1917 Attaché in Wien; 1918 Legationssekretär; Mai 1920-1921 Vertreter des Auswärtigen Amtes beim Reichskommissar für die besetzten rheinischen Gebiete in Koblenz; 1922-1933 Gesandtschafts- später Botschaftsrat in London; 1933 in den einstweiligen Ruhestand versetzt; 1935 Mitinhaber des Bankhauses A.E. Wassermann in Berlin; 1940 und 1943 verhaftet; 1944 im KZ Ravensbrück; 1945 ermordet.

Bertanzi, Paolo
(1880-1933) Italienischer Diplomat; 1907 Eintritt in den diplomatischen Dienst; Mitarbeiter der Konsulate in Alexandria (1907), Smyrna (1908), Zürich (1910), Cairo (1910), Adana (1911), Cairo (1912), Bagdad (1913), Dakar (1915); anschließend Verwendung im Ministerium; seit 19.2.1920 Konsul in Danzig; 1926 Generalkonsul in Odessa; 1926-1930 im Außenministerium, Mitglied verschiedener Expertenkommissionen; 1930 Generalkonsul in Hamburg.

Berthelot, Marcel
(1888-1981) Französischer Diplomat; 1919-1920 Mitglied der Mission Française à Berlin, 1920-1924 der Mission Economique Française/ Service d'Informations.

Berthelot, Philippe Joseph Louis
(1866-1934) Französischer Diplomat; 1889 Eintritt in den diplomatischen Dienst; 1907 Direktor der Asien-Abteilung; 1914 Mitarbeiter der Direction des Affaires politiques et commerciales; 1918 stellvertretender, 1920 Direktor der Affaires politiques et commerciales; 1.10.1920 bis Dezember 1921 und 1924-1933 Generalsekretär des Quai d'Orsay; 1921 in einen Bankskandal verwickelt und auf Empfehlung eines internen Untersuchungsausschusses des Quai d'Orsay unter Vorsitz Poincarés auf zehn Jahre vom Dienst suspendiert.

Bethmann Hollweg, Theobald von
(1856-1921) Politiker; 1899-1905 Oberpräsident der Provinz Brandenburg; 1905-1907 Preußischer Innenminister; 1907-1909 Vizekanzler und Staatssekretär des Reichsamtes des Innern; 1908-1917 Reichskanzler und Preußischer Ministerpräsident.

Beyerle, Konrad Anton [Z/BVP]
(1872-1933) Jurist und Politiker; 1899 Privatdozent in Freiburg; 1903 Professor für bürgerliches Recht in Breslau, 1906 in Göttingen, 1917 in Bonn, 1918 in München; während des Krieges Mitglied der politischen Abteilung beim Militärgouverneur in Belgien und Referent beim Verwaltungschef in Flandern; 1919-1924 MdNV, MdR.

Bingham, Sir Francis Richard
(1863-1935) Britischer Generalmajor; 1914-1918 verantwortlich für den Munitionsnachschub; 1920 Leiter der britischen Delegation bei der IMKK; 1920-1924 Vorsitzender der Unterkommission für Bewaffnung, Munition und Kriegsmaterial; später Gouverneur der Insel Jersey.

Biniszkiewicz, Józef [SPD/PPS]
(1845[?]-1942) Polnischer Politiker; Vorstandsmitglied der Polnischen Sozialistischen Partei; 1920 Führer der polnischen Arbeiterpartei in Oberschlesien.

Bischoff, Josef
(1872-1948) Major; 1899 Mitglied der Schutztruppe in Deutsch-Ostafrika; Teilnehmer an den Kämpfen in Deutsch-Südwestafrika; 1907 Hauptmann; 1909 Rückkehr nach Deutschland; 1914 Major und Bataillionskommandeur; 1916 Einsatz in der Türkei; 1917 Regimentskommandeur in Galizien; 1918 an der Westfront; 1919 Kommandant der "Eisernen Division" im Baltikum; Vertrauter Kapps; 1920 verabschiedet als Oberstleutnant, lebte anschließend in Wien.

Bismarck, Otto Fürst von [K]
(1815-1898) Politiker; 1851-1859 Vertreter Preußens am Bundestag in Frankfurt; 1859-1862 Gesandter in Sankt Petersburg; 1862 Gesandter in Paris; 1862-1890 Preußischer Ministerpräsident und Außenminister; 1871-1890 Reichskanzler und Leiter der Außenpolitik; 1880-1890 Preußischer Minister für Handel und Gewerbe; Mitbegründer der Konservativen Partei.

Bissing, Moritz Ferdinand Frhr. von
(1844-1917) General der Kavallerie; 1887 persönlicher Adjutant des Preußischen Kronprinzen; 1901 General und Kommandeur des VII. Armeekorps; 1907 verabschiedet; 1914-1917 Generalgouverneur von Belgien; 1915 Generaloberst; leitete eine Politik der Zweiteilung Belgiens in flämische und wallonische Gebiete ein, verantwortlich für Deportationen aus Belgien während des Krieges.

Bitta, Joseph [Z]
(1856-1932) Jurist; 1910-1918 Rechtsanwalt beim Oberlandesgericht Breslau; Februar 1919-1921 Regierungspräsident in Oppeln; seit 1919 zunächst kommissarisch, ab November 1922-1924 Oberpräsident in Oberschlesien; 1910-1918 MdPrA; 1919-1924 MdPrStR; 1919-1922 MdNV, MdR.

Block, Paul
(1862-1934) Journalist, Dramaturg und Schriftsteller; 1889-1899 Dramaturg am Residenz-Theater in Berlin; 1899-1933 Korrespon-

dent am "Berliner Tageblatt", 1911-1920 Leiter des Feuilletons, 1906-1911, 1920-1933 Korrespondent in Paris.

Blos, Wilhelm [SPD]
(1849-1927) Politiker und Publizist; Chefredakteur des "Wahren Jacob"; 1918 Vorsitzender der Regierung des "Freien Volksstaates Württemberg"; 1919-1920 Staatspräsident von Württemberg; 1877-1878, 1881-1887, 1890-1906, 1912-1918 MdR.

Blunck, Andreas [FVP/DDP]
(1871-1933) Politiker und Jurist; Rechtsanwalt in Hamburg; 1920-1921 Reichsjustizminister; 1904-1918 MdHamB; 1912-1918 MdR; 1919-1921 MdNV, MdR.

Boch (-Fremersdorf), Alfred von
(1860-1943) Industrieller und Gutsbesitzer; Ehrenbürgermeister in Rehlingen; 1919 kommissarischer Landrat; 1920 (bis 23.9.) saarländisches Mitglied der Regierungskommission des Völkerbundes, zunächst zuständig für Finanzen, seit April 1920 für Landwirtschaft, Wohlfahrt und Gesundheit; Rücktritt am 6.8.1920 im Zusammenhang mit dem Beamtenkonflikt; Mitglied des Kreistages und des Provinziallandtages in Düsseldorf.

Boden, Friedrich
(1870-1947) Diplomat; Gesandter Braunschweigs (1906-1934), Anhalts (1914-1934) und von Mecklenburg-Strelitz (1923-1934) in Berlin; 1920 Mitglied der Zentralstelle für die Gliederung des Reiches.

Boelcke, Oswald
(1891-1916) Hauptmann; 1914 Feldfliegerabteilung 13 und 62; 1915-1916 Jagdflieger; 1916 Führer der Jagdstaffel 2.

Boelcke, Wilhelm
(1886-1945) Oberleutnant i.G.; 1914 Leutnant im Telegraphen-Bataillion Nr. 5; älterer Bruder von Oswald.

Bonn, Moritz Julius
(1873-1965) Wirtschaftswissenschaftler und Publizist; 1910 außerordentlicher Professor für Nationalökonomie in München; 1914-1917 mehrere Gastprofessuren in den USA; Gründungsrektor und 1. Präsident der Handelshochschule in München; 1919 Mitglied der deutschen Friedensdelegation; Reparationssachverständiger bei den Konferenzen von Spa (1920) und Genua (1922); 1930-1932 Mitglied einer Expertenkommission des Völkerbundes zur Vorbereitung einer Weltwirtschaftskonferenz; 1933 Emigration in die USA und erneute Lehrtätigkeit.

Borchardt, Julian [USPD/KPD]
: (1868-1932) Politiker und Redakteur; Leitartikler der "Deutschen Metallarbeiterzeitung" (Pseudonym: Ibykus); Führer der Internationalen Sozialisten Deutschlands; 1920 von Kapp für einen Regierungseintritt umworben.

Borowski, Albert Franz [SPD]
: (1876-1945) Politiker; 1906-1920 Vorsitzender des Konsumvereins für Königsberg und Umgebung; 1920 Staatsrat in Königsberg; nach dem Kapp-Lüttwitz-Putsch Reichs- und Staatskommissar für Ostpreußen; 1933 entlassen; im Januar 1945 von russischen Truppen ermordet.

Borsig, Ernst von
: (1869-1933) Industrieller; 1894-1933 Mitinhaber der Firma Borsig; 1918-1924 Vorstandsmitglied, bis 1919 Vorsitzender der Zentralarbeitsgemeinschaft der industriellen und gewerblichen Arbeitgeber und Arbeitnehmer Deutschlands; 1919-1932 Präsidiumsmitglied des Reichsverbandes der deutschen Industrie; 1920-1932 Vorsitzender des Gesamtverbandes Deutscher Metallindustrieller und Mitglied des vorläufigen Reichswirtschaftsrates; 1924-1932 Vorsitzender der Vereinigung der deutschen Arbeitgeberverbände.

Borowski, Michal
: (1872-1942) Polnischer Admiral; Absolvent der Marineakademie Kronstadt; Brigadegeneral in der Russischen Marine; 1916 von den Deutschen verhaftet, nach der Auslieferung durch die Deutschen 1918 geflohen; 1918-1919 Verteidiger von Wilno; 1920 polnischer Vertreter in Danzig; 1921 Mitglied der Hafenverwaltung in Danzig; 1924 Konteradmiral; 1927 verabschiedet.

Bothmer, Karl Graf von [BVP; BKP]
: (1881-1947) Publizist; 1914-1917 Hauptschriftleiter der "Münchener Zeitung"; seit 1917 Arbeit für verschiedene Zeitungen, unter anderem "Die Wirklichkeit. Deutsche Zeitung für Ordnung und Recht" und "Auf gut Deutsch"; Befürworter des uneingeschränkten U-Bootkrieges; Mitglied des Alldeutschen Verbandes und der Thule-Gesellschaft; 1918 bis zu seinem Parteiausschluß im September 1920 Mitglied der BVP; 1919-1921 Mitglied der Bayerischen Königspartei.

Botkine (= Botkin) Sergei Dimitriwitsch
: (1869-1945) Russischer Diplomat; bis zur Revolution Angehöriger des Diplomatischen Korps des Zarenreiches; 1919-1930 Vorsitzender der diplomatischen Mission in Berlin und Bevollmächtigter des Roten Kreuzes; 1920 Vertreter Wrangels in Berlin.

Bourtseff (= Burzev) Wladimir L.
(1862-1942) Russischer Publizist und Agitator; 1920 als Agent in Berlin; Chef der rechten Sozialisten; 1921 in Paris.

Bradbury, John Swanwick (Lord Bradbury of Winsford)
(1872-1950) Britischer Diplomat; 1896 Eintritt ins Kolonialamt; 1905 Privatsekretär von Lord Asquith; 1908 Abteilungsleiter, 1913 Sekretär im Schatzamt; 1919-1925 Mitglied der Reparationskommission; 1925 Präsident des Food Council; 1929-1931 Mitglied des Treasury-Committee; 1925 HoL.

Braß, Otto [SPD/USPD/KPD/KAG]
(1875-1950) Politiker und Verleger; Metallarbeiter, später Krankenkassenangestellter; 1915 Verleger der "Bergischen Volksstimme"; 1918-1919 Vorsitzender des Arbeiter und Soldatenrates Remscheid; bis 1933 Leiter einer Verlagsbuchhandlung in Berlin; 1936 Mitbegründer der Widerstandsgruppe "Deutsche Volksfront"; 1938-1945 in Haft; 1945 Mitbegründer des Freien Deutschen Gewerkschaftsbundes; 1917 USPD; 1920 KPD; 1922 KAG; 1919-1924 MdNV, MdR.

Braun, Carl Otto [SPD]
(1872-1955) Politiker; 1900 Geschäftsführer der Königsberger Allgemeinen Ortskrankenkasse; 1919-1921 Preußischer Landwirtschaftsminister; 1920-1921, 1921-1925 und 1925-1933 Preußischer Ministerpräsident; 1919-1933 MdNV, MdR; 1913-1933 MdPrA; 1921-1933 MdPrLT; 1933 Emigration in die Schweiz; seit 1911 Mitglied des Parteivorstandes der SPD.

Brauns, Heinrich [Z]
(1868-1939) Politiker, Theologe und Nationalökonom; 1903-1920 Direktor, 1928 Generaldirektor des Volksvereins für das Katholische Deutschland; 1920-1928 Reichsarbeitsminister; 1931 Vorsitzender der Kommission zur Untersuchung der Weltwirtschaftskrise und ihrer Auswirkungen; 1919-1933 MdNV, MdR.

Breitscheid, Rudolf [SPD/USPD/SPD]
(1874-1944) Politiker und Publizist; 1918-1919 Preußischer Innenminister; 1926-1930 Mitglied der deutschen Völkerbundskommission; 1933 Emigration über die Schweiz nach Frankreich; 1940 Flucht nach Südfrankreich; 1941 gemeinsam mit Rudolf Hilferding verhaftet und an die Gestapo ausgeliefert; 1942-1944 in KZ-Haft, bei einem Luftangriff umgekommen; 1920-1933 MdR; 1917-1920 USPD; 1928-1933 Mitvorsitzender der SPD-Fraktion, seit 1931 im Parteivorstand.

Breunig, Lorenz [USPD/SPD]
(1882-1945) Politiker und Gewerkschaftler; 1918-1919 Mitglied des Arbeiterrates bei der Eisenbahndirektion in Frankfurt; 1920-1933

Sekretär beim Hauptvorstand des Deutschen Eisenbahnerverbandes; 1939-1945 in KZ-Haft, 1945 ermordet; 1920-1924 MdR.

Briand, Aristide [SFIO/parteilos]
(1862-1932) Französischer Jurist, Journalist und Politiker; Mitarbeiter von "L'Humanité"; 1906-1908, 1909-1911 Minister für Kultur und schöne Künste; 1908-1909, 1912-1913, 1914-1915 Justizminister; 1909-1911, 1913 Innenminister; 1909-1911, 1913, 1915-1917, 1921-1922, 1925-1926, 1929 Président du Conseil; 1915-1917, 1921-1922, 1925-1926, 1926-1929, 1929-1932 Außenminister; Verfechter des Gedankens einer deutsch-französischen Verständigung; 1926 Friedensnobelpreis (zusammen mit Joseph Austen Chamberlain und Gustav Stresemann); 1902-1932 Abgeordneter; 1906 aus der SFIO ausgeschlossen.

Brockdorff-Rantzau, Ulrich Graf von
(1869-1928) Diplomat und Politiker; 1894 Eintritt in den diplomatischen Dienst; 1912-1918 Gesandter in Kopenhagen; 1918-1919 Reichsaußenminister; 1919 Führer der deutschen Friedensdelegation in Versailles bis zu seinem Rücktritt am 21.6.1919; 1922-1928 Botschafter in Moskau.

Brouyère, Jules
(1876-1945) Belgischer Hauptmann; 1920 Chef der Kanzlei des belgischen Hohen Kommissars in der HCITR.

Bruère, André Charles Jean-Pol
(1880-1943) Französischer Diplomat; 1906 Eintritt in den diplomatischen Dienst; 1913 Mitarbeiter des Cabinet du Ministre; 1917 Mitarbeiter des Ministeriums für Blockade; 1919 Vertreter des Außenministeriums im Rheinland; Generalkonsul in Köln und Mainz (1919-1922); vom 15.-21. März 1920 vorübergehend Vertreter Frankreichs bei der Reichsregierung in Stuttgart; Konsul in Syrien (1929); Gesandter in Reval (1931), Athen (1936) und Oslo (1937).

Brugère, Charles Henri Raymond
(1885-1966) Französischer Diplomat; 1911 Eintritt in den diplomatischen Dienst; 1912 in Peking, 1916 in Madrid, 1918 in Kopenhagen; 1919-1920 Vertreter des Quai d'Orsay beim Generalkommissar der Republik in Elsaß-Lothringen; Vorsitzender der französischen Delegation für Friedensfragen betreffend Elsaß-Lothringen in Baden-Baden; Konsul in Brüssel (1929), Ottawa (1934), Belgrad (1937); 1942-1944 von der Regierung in Vichy verhaftet; 1944 Botschafter in Brüssel.

Brussilow, Alexej Alexejewitsch
(1853-1926) Russischer General; 1877-1878 Teilnahme am russisch-türkischen Krieg; 1910 Korpskommandant; 1914 Oberbefehlshaber

der 8. Armee; 1916 Oberbefehlshaber der Südwestfront; 1917 Oberster Befehlshaber der russischen Streitkräfte; 1917 Übertritt zur Roten Armee als Inspekteur der Streitkräfte; 1924 verabschiedet.

Bülow, Bernhard Heinrich Fürst von
(1849-1929) Politiker; 1874 Eintritt in den diplomatischen Dienst; 1894 Botschafter in Rom; 1897-1900 Staatssekretär im Auswärtigen Amt; 1900-1909 Reichskanzler und Preußischer Ministerpräsident; 1914-1916 Botschafter in Rom.

Bülow, Friedrich August Otto von
(1868-1936) Verwaltungsbeamter und Jurist; 1917 Regierungspräsident in Bromberg; 1919 stellvertretender Oberpräsident in Posen; Reichs- und Staatskommissar für die abzutretenden Gebiete in Westpreußen und Posen (Marienwerder); 1922-1933 Oberpräsident der Grenzmark Posen-Westpreußen.

C

Cachin, Gilles Marcel [SFIO/SFIC/PCF]
(1869-1958) Französischer Politiker und Journalist; Chefredakteur der Tageszeitung "Socialiste de la Gironde"; 1900-1904 Stadtverordneter in Bordeaux; 1905-1911 Chef der Propagandaabteilung der SFIO; 1912-1914 Stadtverordneter von Paris; 1913 Redakteur, 1918-1958 Direktor der Zeitung "L'Humanité"; 1920 Mitbegründer der französischen kommunistischen Partei; 1924 Mitglied des EKKI; 1941 in deutscher Haft; 1914-1932 Abgeordneter; 1936-1940 Senator; 1944 Abgeordneter der Assemblée consultative constituante, 1945-1946 der 1. und 2. Assemblée Nationale constituante; 1946-1958 Abgeordneter.

Cäcilie von Preußen
(1886-1954) 1906-1918 Kronprinzessin von Preußen; Herzogin zu Mecklenburg.

Cakste, Johann
(1859-1927) Lettischer Politiker; 1922-1927 Staatspräsident.

Calcagno, Riccardo
(1872- ?) Italienischer Brigadegeneral der Artillerie; 1917 italienischer Vertreter im Obersten Kriegsrat der Alliierten; 1920-1925 Leiter der italienischen Delegation bei der IMKK; später Leiter der Artillerieschule in Turin.

Cambon, Jules Martin
(1845-1935) Französischer Verwaltungsbeamter und Diplomat; 1871 Eintritt in den diplomatischen Dienst; 1882 Präfekt (zunächst Nord

ab 1887 Rhône); 1891 Generalgouverneur in Algerien; 1897 Botschafter in Washington, 1902 in Madrid, 1907-1914 in Berlin; 1915-1917 Generalsekretär des Quai d'Orsay; 1920-1922 Präsident der Pariser Botschafterkonferenz; Mitglied der Académie Française.

Cambon, Paul Pierre
(1843-1924) Französischer Verwaltungsbeamter und Diplomat; 1882 Eintritt in den diplomatischen Dienst; 1885 Generalresident in Tunesien; 1896 Botschafter in Madrid, 1890 in Konstantinopel, 1898-1920 in London; Bruder von Jules.

Carr, Edward Halett
(1892-1982) Britischer Diplomat, Historiker und Publizist; 1916 Eintritt in den diplomatischen Dienst; 1919 Teilnehmer der Konferenzen von Paris und Riga; 1920 Assistant Advisor für Völkerbundsangelegenheiten, anschließend bis 1936 Erster Sekretär des Foreign Office; 1939-1940 Director of Foreign Publicity des Informationsministeriums; 1940-1946 Assistant Editor der Times; Professor für internationale Politik in Aberystwyth (1941-1953), Balliol College, Oxford (1953-1955) und Trinity College (Cambridge).

Cattoir, Fernand M.J.M.
(1876-1959) Belgischer Verwaltungsbeamter; 1920-1922 Chefdelegierter und Stellvertreter des Hohen Kommissars Rolin-Jaequemyns in der HCITR.

Cauer, Minna Wilhelmine (geb. Schelle, verw. Latzel)
(1841-1922) Schriftstellerin, Publizistin und Pädagogin; 1888 Gründerin und bis 1919 Leiterin des Vereins "Frauenwohl"; 1889 Mitglied im Vorstand des Kaufmännischen Hilfsvereins für weibliche Angestellte; 1895 Herausgeberin der Zeitschrift "Frauenbewegung"; Führerin des linken Flügels der Frauenbewegung und überzeugte Republikanerin.

Caussy, Fernand
(1881- ?) Französischer Journalist; 1920 Berlin-Korrespondent von "L'Humanité", verläßt Ende 1920 die Zeitung aus Protest gegen deren kommunistische Tendenz; 1926 Korrespondent von "Le Temps" in Berlin.

Celles, Constantin Auguste Jean de
(1863- ?) Französischer Verwaltungsbeamter und Jurist; 1884 Eintritt in das Finanzministerium; 1885-1889 beurlaubt; 1901 Souschef, 1907 Chef de bureau; 1912 Directeur adjoint de la comptabilité publique; 1914 chargé en qualité de Payeur général de la direction du Service de comptabilité de la trésorie et des postes aux armées; 1918 Mitglied der internationalen Waffenstillstandskommission in Spa,

zuständig für die Festsetzung der finanziellen Klauseln; 1923 zur Disposition gestellt.

Chappey,
(? - ?) Französischer Beamter und Bankier; Mitglied der Mission Haguenin in Bern und Berlin; 1920 Beobachter des Internationalen Arbeitsbüros in Genf in Oberschlesien; in den dreißiger Jahren Bankier in Wien.

Chassain de Marcilly, Marie Ernest Henri Aimé
(1867-1942) Französischer Diplomat; 1891 Eintritt in den diplomatischen Dienst; 1891-1893 Vizekonsul in Tunis, 1894 in Fez; 1897 Mitarbeiter der Direction des Consulats; 1899 Mitarbeiter der Direction Politique; 1900 Konsul in Hankau; 1904 Mitarbeiter der Direction Politique; 1912 Leiter der Marokkoabteilung des Quai d'Orsay; 1914-1918 Generalkonsul in Genua; Oktober 1919 - Oktober 1920 Chargé d'Affaires in Berlin; Gesandter in Athen (1921), Den Haag (1924); 1928 Botschafter in Bern; 1933 verabschiedet.

Chastenet, Jacques de Castaing
(1893-1978) Französischer Jurist, Verwaltungsbeamter und Historiker; 1914-1918 Kriegsteilnahme; 1919-1930 Botschaftsattaché und Generalsekretär der Rheinlandkommission; 1931-1942 Direktor von "Le Temps"; 1947 Membre de l'Institut; 1953 Conseiller de l'Union Française; 1956 Mitglied der Académie Française; 1965-1969 Mitglied der Programmkommission der ORTF.

Chatel, Eugène Yves Henri
(1881- ?) Französischer Diplomat und Jurist; 1912 Eintritt in den diplomatischen Dienst; 1912 in Alexandria; 1913 in Basel; 1919 Kanzler des Konsulats in Karlsruhe; 1928 in Bern; Vizekonsul in Berlin (1933) und Mainz (1934-1939).

Chérisey, Jean René Comte de
(1868-1945) Französischer Diplomat; 1891 Eintritt in den diplomatischen Dienst; 1899-1905 in Tanger, zuletzt als Chargé d'Affaires; 1906 Teilnehmer der Algeciras-Konferenz; Konsul in Bern (1906), Cettingé (1907), Sofia (1909); 1914 Mitarbeiter der Sous-Direction Amérique; 1918 Botschaftsrat in Wien; 1920-1921 französischer Vertreter in der Interalliierten Abstimmungskommission in Marienwerder; 1920 französischer Vertreter in der Interalliierten Kommission für Bulgarien; 1925 zur Disposition gestellt, 1928 verabschiedet.

Chevalley, Abel Daniel
(1868-1933) Französischer Diplomat und Anglist; 1893 in Ägypten; 1898-1904 Professor für Anglistik in Paris; 1905 Generalkonsul in Pretoria; 1910 Leiter der Sous-Direction Amérique; Botschafter in Christiana (1914-1920); 1920 Hochkommissar im Kaukasus; ab Juni

1920 französischer Vertreter bei der Interalliierten Abstimmungskommission in Allenstein; 1920-1921 Hochkommissar auf der Krim.

Chinda, Sutemi Graf
(1856-1929) Japanischer Diplomat; 1908 Botschafter in Berlin, 1911 in Washington, 1916 in London; Vertreter Japans auf der Friedenskonferenz in Versailles sowie auf den Konferenzen von Boulogne und Spa (1920).

Chlingensperg auf Berg, Friedrich von
(1860-1944) Verwaltungsbeamter; 1896 Bezirksamtmann in Landau; 1900 Regierungsrat in Speyer; 1909 Rat am Verwaltungsgerichtshof in München; 1916 Regierungsdirektor; nach der Ausweisung von von Winterstein am 5.6.1919 mit der Wahrnehmung der Geschäfte des Regierungspräsidenten in Speyer beauftragt; 1.2.1921 Ernennung zum Regierungspräsidenten; am 23.1.1923 von den französischen Behörden ausgewiesen; 1923-1929 Regierungspräsident von Niederbayern.

Churchill, Sir Winston Leonard Spencer
[Konservativ/Liberal/Konservativ]
(1874-1965) Britischer Politiker und Schriftsteller; 1908-1910 Handelsminister; 1910 Innenminister; 1911-1915 Erster Lord der Admiralität; 1917 Munitionsminister; 1918 Heeres- und Luftwaffenminister; 1921-1922 Kolonialminister; 1924-1929 Schatzkanzler; 1939 Erster Lord der Admiralität; 1940-1945, 1951-1955 Premierminister; 1953 Nobelpreis für Literatur; 1900-1965 MP.

Claudel, Paul Louis Charles
(1868-1955) Französischer Diplomat und Schriftsteller; 1890 Eintritt in den diplomatischen Dienst; 1919 Gesandter in Dänemark; 1919-1920 Mitglied der Internationalen Kommission für Nordschleswig; 1921 Botschafter in Tokio, 1933-1935 in Brüssel.

Clausen, Hans Victor
(1861-1937) Dänischer Historiker; 1919-1920 Sachverständiger für Nordschleswig.

Clausewitz, Carl Philipp Gottfried von
(1780-1831) Preußischer General und Militärtheoretiker; 1792 Eintritt in die Armee; 1808 Mitglied des Kreises der Reformer um Scharnhorst und Gneisenau; 1812-1815 in russischen Diensten; 1815-1818 Stabschef beim Generalkommando in Koblenz; 1818-1830 Verwaltungsdirektor der Kriegsakademie in Berlin; 1831 Chef des Preußischen Generalstabes.

Clemenceau, Georges Benjamin [Parti Radical]
    (1841-1929) Französischer Politiker und Publizist; zunächst Arzt in
    Paris; 1870 Bürgermeister des XVIII. Pariser Arrondissements; 1871
    Mitglied der Nationalversammlung; 1893 als Folge des Panama-
    Skandals Rückzug aus der Politik; Herausgeber der Zeitungen "La
    Justice" (1893) und "L'Aurore" (1897); "L'Homme libre" sowie nach
    dessen Verbot im Ersten Weltkrieg "L'Homme enchaîné"; 1906-1909,
    Président du Conseil und Innenminister; 1917-1920 Président du
    Conseil und Kriegsminister; 1919-1920 Vorsitzender der Pariser
    Friedenskonferenz; 1920 vergebliche Kandidatur für die Präsident-
    schaft und Rückzug aus der Politik; 1876-1893 Abgeordneter; 1902-
    1906 Senator.
Clémentel, Etienne [Parti Radical]
    (1864-1936) Französischer Jurist und Politiker; 1905-1906 Minister
    für die Kolonien; 1906 Landwirtschaftsminister; 1906 Bürgermeister
    von Riom; 1914 Finanzminister; 1916-1920 Handelsminister; 1924-
    1926 Finanzminister; 1900-1919 Abgeordneter.
Cohen-Reuß, Max [SPD]
    (1876-1963) Politiker und Publizist; 1908 Stadtverordneter in Frank-
    furt/M.; 1918 Mitglied des Arbeiter- und Soldatenrates (später des
    Zentralrates) in Berlin; Delegierter des 2. Rätekongresses; 1920-
    1933 Mitglied des vorläufigen Reichswirtschaftsrates, Vorsitzender
    des Finanzpolitischen Ausschusses; Redakteur der "Sozialistischen
    Monatshefte"; 1933 Emigration nach Frankreich; nach 1945 als
    Journalist in Frankreich tätig; 1912-1918 MdR; Befürworter einer
    Verständigung mit Frankreich.
Cohn (-Nordhausen), Oskar [SPD/USPD/SPD]
    (1869-1934) Politiker und Journalist; 1897 Rechtsanwalt in Berlin;
    1918 Unterstaatssekretär im Reichsjustizamt; 1922 Leiter des
    deutsch-russischen Handelsbüros; 1933 Emigration über Palästina
    und Frankreich in die Schweiz; 1912-1918 MdR; 1919-1920 MdNV;
    1917-1922 USPD.
Colby, Bainbridge
    (1869-1950) Amerikanischer Politiker; 22.3.1920 - 3.4.1920 Außen-
    minister.
Conradt, Max [DNVP]
    (1871- ?) Politiker und preußischer Gewerberat; 1913-1918 Bezirks-
    schornsteinfegermeister in Breslau; Vorstandsmitglied des Reichs-
    deutschen Mittelstandsverbandes; Vorsitzender des Mittelstands-
    bundes in Schlesien; Sprecher der DNVP in Preußen; 1913-1918
    MdPrA; 1919-1920 MdPrLV.

Coste, Émile
   (? - ?) Französischer Beamter; Generalinspekteur der Bergwerke; 1920 Vorsitzender der Kohlenkommission in Berlin; Chef der Micum; Freund und Vertrauter von Seydoux.

Couget, Jean Fernand Gaston Robert
   (1866-1950) Französischer Diplomat; 1893 Eintritt in den diplomatischen Dienst; zunächst unter anderem in Teheran und Wien; 1905 in Peking; 1906 in Tokio; Generalkonsul in Beirut (1910), Tanger (1914); Gesandter in Mexiko (1916-1918); 1920 Vertreter Frankreichs bei der Abstimmungskommission in Allenstein; seit Juni 1920-1926 Botschafter in Prag.

Coulondre, Robert
   (1885-1959) Französischer Jurist und Diplomat; 1909 Eintritt in den diplomatischen Dienst; 1920 stellvertretender, 1926-1936 Leiter der Sous-Direction des Affaires commerciales; 1933 stellvertretender Direktor der Direction des Affaires politiques et commerciales; 1936 Botschafter in Moskau; 1938-1939 Botschafter in Berlin; 1939 Chef du Cabinet; 1940 Botschafter in Bern; Teilnehmer an den Konferenzen in Den Haag (1929-1930), London (1931), Lausanne (1932) und Stresa (1932).

Cowan, Sir Walter Henry
   (1871-1956) Britischer Admiral; 1884 Eintritt in die Marine; 1892 Leutnant; 1906 Captain; 1917-1919 Kommodore des 1. leichten Kreuzergeschwaders; 1918 Rear-Admiral; 1919-1920 Befehlshaber des Ostseegeschwaders im Baltikum und in Danzig; 1921 Führer des Schlachtschiffgeschwaders; 1923 Vice-Admiral; 1925-1926 Oberbefehlshaber in Schottland, 1926-1928 in Amerika und Westindien; 1927 Admiral; 1930 verabschiedet.

Cramon, August von
   (1861-1940) Generalleutnant; 1914 Oberst und Chef des Stabes des VIII. Armeekorps; 1916-1918 Generaladjutant des Kaisers und Militärbevollmächtigter bei der österreichisch-ungarischen Heeresleitung; Leiter der Hauptverbindungsstelle der Heeres-Friedenskommission und Gegenspieler Nollets.

Crispien, Artur [SPD/USPD/SPD]
   (1875-1946) Politiker; 1906-1912 Parteisekretär und Mitglied der Exekutive der Sozialistischen Arbeiterinternationale; 1912-1914 Redakteur der "Schwäbischen Tagwacht"; 1918-1919 Innenminister und stellvertretender Württembergischer Ministerpräsident; 1933 Emigration über Österreich in die Schweiz; 1919 MdWürttLT; 1920-1933 MdR; 1917-1922 Mitbegründer und Vorsitzender (mit Hugo Haase) der USPD; 1922-1933 Mitvorsitzender der SPD.

Crusen, Georg
(1867- ?) Jurist und Richter; 1895 Eintritt in das Preußische Justizministerium; 1899 Amtsrichter in Frankfurt/Main; 1900-1914 Oberrichter in Kiautschou, 1915-1919 in Shanghai; 1920 Geheimer Oberjustizrat und Leiter der Abteilung zur Ausführung des Friedensvertrages im Preußischen Justizministerium; 1925 Gerichtspräsident in Danzig.

Cuno, Wilhelm [parteilos]
(1857-1933) Politiker und Reeder; 1907 Mitarbeiter im Reichsschatzamt; 1916 Leiter der Reichsgetreidestelle, später Generalreferent für Kriegswirtschaft; 1917-1922 und 1923-1933 Direktor, seit 1918 Generaldirektor der Hamburg-Amerika-Linie (HAPAG); 1920-1923 Mitglied des vorläufigen Reichswirtschaftsrates; 1922-1923 Reichskanzler; 1921-1923 MdR als Abgeordneter der DVP.

Curzon of Kedleston, George Nathaniel Curzon, Marquess [Konservativ]
(1859-1925) Britischer Politiker; 1891-1892 Unterstaatssekretär für Indien; 1895-1898 Unterstaatssekretär des Auswärtigen; 1898-1905 Vizekönig von Indien; 1915 Lordsiegelbewahrer und Führer des Oberhauses; 1916 Mitglied des Kriegskabinetts; 1919-1925 Außenminister; 1886-1894 MP.

Czernin von und zu Chudenitz, Ottokar Theobald Graf von [Bürgerlich Demokratische Partei]
(1872-1932) Österreichischer Politiker; 1913 Österreichisch-Ungarischer Gesandter in Bukarest; 1916-1918 Außenminister; 1920-1923 Mitglied des Nationalrates der Republik Deutsch-Österreich; 1903-1912 MdBöhmLT; MdÖstHH; enger Vertrauter Erzherzog Franz-Ferdinands.

D

D'Abernon, Edgar Vincent 1st Baron of Esher [Konservativ/Liberal]
(1857-1941) Britischer Diplomat; 1877 Eintritt in die Armee; 1881 Mitarbeiter des britischen Kommissars für die Abtretung türkischen Gebiets an Griechenland; 1882 Demission; Vertreter Großbritanniens, Belgiens und der Niederlande beim Rat des Ottomanischen Reiches; 1883 Wechsel nach Kairo; 1889-1897 Direktor der Ottomanischen Bank in Konstantinopel; 1915 Vorsitzender des Central Control Board; 1920-1926 Botschafter in Berlin; 1920 Sonderdelegierter der britisch-französischen Mission in Polen; Teilnehmer an den Konferenzen von Spa (Juli) und Brüssel (Dezember 1920); 1899-1906 MP; 1914 HoL.

Dabrowski, Józef [PPS]
  (1876-1926) Polnischer Jurist, Politiker, Publizist und Historiker;
  1917 Eintritt in das polnische Hilfskorps; 1918 Mitglied des Generalstabs des Kriegsministeriums; Richter am obersten Militärgericht;
  1920 stellvertretender Außenminister; Verfasser zahlreicher historischer Abhandlungen.

Dabski, Jan [Polnische Bauernpartei]
  (1880-1931) Polnischer Journalist und Politiker; 1919-1921 stellvertretender Außenminister; 1920-1921 Delegationsleiter bei den Friedensverhandlungen mit Rußland in Minsk und Riga; Mitglied des Sejm.

Dallwitz, Johann Frhr. von
  (1855-1919) Verwaltungsbeamter und Jurist; 1886 Landrat in Lüben; 1899 zur Disposition gestellt; 1900 Vortragender Rat im Preußischen Innenministerium; 1902 Staatsminister in Anhalt; 1910 Oberpräsident von Schlesien; 1910 Preußischer Innenminister; 1914-1918 Reichsstatthalter in Elsaß-Lothringen.

Damaschke, Adolf Wilhelm Ferdinand
  (1865-1935) Pädagoge und Politiker; 1896 (zusammen mit Fr. Naumann) Begründer des Nationalsozialen Vereins; nach dessen Scheitern 1903 Gründer des Bundes für Bodenreform; Verfasser zahlreicher Schriften zu Fragen des Grundrechts und der Steuerpolitik; Herausgeber der "Blätter für Bodenreform" und des "Jahrbuch für Bodenreform".

Dannenberg, Georg von
  (1858-1931) Politiker; 1909-1912 MdR; 1919 MdPrLV; 1921 MdPrLT; Separatist in Hannover.

Dard, Émile Laurent Joseph
  (1871-1947) Französischer Diplomat und Historiker; 1896-1897 Administrateur adjoint in Madagaskar; 1898 Eintritt in den diplomatischen Dienst; 1897 Attaché in Den Haag, 1899 beim Vatikan; 1900-1904 Mitarbeiter im Cabinet du Ministre; 1906 Botschaftssekretär in Tokio; Chargé d'Affaires in Belgrad (1911) und Sofia (1912); Erster Botschaftssekretär in Kopenhagen (1915); Chargé d'Affaires in Oslo (1917); Botschaftsrat in Madrid (1918); Gesandter in München (1920-1924); Botschafter Sofia (1924) und Belgrad (1927-1931), danach Vertreter des Fürsten von Monaco beim Vatikan.

Daszyński, Ignacy [PPS]
  (1866-1936) Polnischer Politiker; 1918 Ministerpräsident; 1920 stellvertretender Ministerpräsident; 1928-1930 Sejmmarschall; 1897-

1918 Mitglied des Österreichischen Reichsrates; 1918-1936 Mitglied des Sejm; Vorsitzender des Obersten Rates der PPS und Parteiführer.

Däumig, Ernst Friedrich [SPD/USPD/VKPD/KAG/SPD]
(1866-1922) Politiker und Schriftsteller; 1887-1893 Mitglied der französischen Fremdenlegion; 1893-1898 im deutschen Heeresdienst; 1901 Redakteur, 1911-1916 Mitarbeiter des "Vorwärts"; 1918 Mitglied der Revolutionären Obleute; 1919 Mitglied des Vollzugsrates des Groß-Berliner Arbeiter- und Soldatenrates; 1920-1922 MdR; 1917-1920 USPD; 1920-1921 VKPD (Vorsitzender gemeinsam mit Paul Levi); 1921 Gründer der KAG (mit Paul Levi); 1922 Anschluß der KAG an die USPD und Vereinigung mit der SPD.

David, Eduard [SPD]
(1863-1930) Politiker und Journalist; 1918 Unterstaatssekretär im Auswärtigen Amt; 1919 Präsident der Nationalversammlung; 1919 Reichsinnenminister; 1919-1920 Minister ohne Portefeuille; 1920 Mitglied der Zentralstelle für die Gliederung des Reiches; 1921-1927 Vertreter des Reiches bei der Hessischen Landesregierung; 1896-1908 MdHessLT; 1903-1918 MdR; 1919-1930 MdNV, MdR.

Davis, John William [Demokrat]
(1873- ?) Amerikanischer Jurist und Politiker; 1906 Staatsanwalt; 1913-1918 Generalstaatsanwalt der USA; 1916 Botschafter in der Schweiz; 1918 Mitglied der Kommission für den Austausch von Kriegsgefangenen mit Deutschland in Bern; 1919 Mitglied des Beraterstabes von Wilson in Paris; 1919-1921 juristischer Berater der amerikanischen Delegation bei der HCITR; 1924 Präsidentschaftskandidat.

Dawes, Charles G.
(1865-1951) Amerikanischer Politiker und Diplomat; 1902 Präsident der General Trust Company of Illinois; 1917-1918 Brigadegeneral; 1921-1922 Direktor des Budget-Büros; 1923-1924 Vorsitzender des Sachverständigenkomitees; 1925-1929 Vizepräsident der USA; 1929-1932 Botschafter in London; 1925 Friedensnobelpreis.

Day, Wallace
(1891- ?) Amerikanischer Verwaltungsbeamter; 1917-1918 Mitarbeiter des Handelsministeriums; 1918-1920 stellvertretender amerikanischer Hoher Kommissar im Rheinland; bis 31.5.1920 stellvertretender amerikanischer Beobachter bei der HCITR, zuständig für Arbeit und gestohlene Güter.

Debuchi, Katsuji
(1878-1947) Japanischer Diplomat; 1902 Eintritt in den diplomatischen Dienst; 1914 an der Gesandtschaft in China, 1918 in Washington; seit dem 22.4.1920 japanischer Geschäftsträger in Berlin; 1921-

1923 Teilnehmer an der Konferenz von Washington; 1923 Direktor des Asien-Büros im Außenministerium; 1924-1928 Vizeaußenminister; 1928-1933 Botschafter in Washington; 1936 Ernennung zum Mitglied des Oberhauses; 1947 ins Oberhaus gewählt.

Degoutte, Jean Marie Joseph
(1866-1938) Französischer General; 1918 Kommandeur des 21. Korps der 6. Armee; seit September 1918 der Armeegruppe Flandern; 1919-1924 Oberbefehlshaber der alliierten Truppen im Rheinland und Oberbefehlshaber der französischen Rheinarmee.

Delacroix, Léon [parteilos]
(1867-1929) Belgischer Politiker und Jurist; 1918-1920 Ministerpräsident und Finanzminister; Vorsitzender bei der Konferenz von Spa (1920); seit Dezember 1920 Hauptdelegierter in der Reparationskommission und Vorsitzender des Anleihekomitees.

Delbrück, Clemens von [DNVP]
(1856-1921). Politiker und Verwaltungsbeamter; 1896 Oberbürgermeister von Danzig; 1902 Oberpräsident der Provinz Westpreußen; 1905 Minister für Handel und Gewerbe; 1909-1916 Staatssekretär im Reichsamt des Innern und Vizekanzler; 1914-1916 Vizepräsident des Preußischen Staatsministeriums; Oktober - November 1918 Chef des Geheimen Zivilkabinetts; 1918 Mitbegründer der DNVP; 1896-1902 MdPrHH; 1919-1921 MdNV, MdR.

De Marcilly s. Chassain de Marcilly

De Marinis s. Marinis-Stendardo di Ricigliano

De Martino s. Martino

Denikin, Anton Iwanowitsch
(1872-1947) Russischer General; 1917 Oberbefehlshaber der russischen Westfront; 1918-1920 Oberbefehlshaber der antibolschewistischen Freiwilligenarmee Südrußland; Anfang April 1920 Emigration über England nach Frankreich; 1940 Flucht in die USA.

Derby, Edward George Villiers Stanley, 17th Earl of [Konservativ]
(1865-1948) Britischer Diplomat und Politiker; 1895 Mitarbeiter des Schatzamtes; 1899 Pressezensor in Kapstadt; 1900 Finanzsekretär des War Office; 1903 Generalpostmeister; 1908-1928 Vorsitzender; 1928-1948 Präsident der West Lancashire Territorial Association; 1911 Bürgermeister von Liverpool; 1916-1918, 1922-1924 Kriegsminister; 1918-1920 Botschafter in Paris; 1892-1906 MP; 1908 HoL.

Dernburg, Bernhard Jakob Ludwig [FVP/DDP]
(1865-1937) Bankier und Politiker; 1901-1906 Direktor der Bank für Handel und Industrie; 1907-1910 Staatssekretär des Reichskolonialamtes; 1906-1910 Preußischer Bevollmächtigter beim Bundesrat;

Gründungsmitglied der DDP; 1919 Reichsfinanzminister und Vizekanzler; 1913-1918 MdPrHH; 1919-1930 MdNV, MdR.

Deschanel, Paul Eugène Louis [Union Républicaine]
(1856-1922) Französischer Politiker; 1898-1902, 1912-1920 Präsident der Abgeordnetenkammer; 18.2.-21.9.1920 Staatspräsident; 1885-1920 Abgeordneter; 1921-1922 Senator.

Desticker, Pierre-Henri
(? - ?) Französischer General; Chef des Generalstabes beim Oberbefehlshaber der Alliierten Truppen (Foch); 1918-1919 im Rheinland; Kontaktmann zu Heim.

Deutsch, Felix
(1858-1928) Industrieller; Begründer der deutschen Edison Gesellschaft; 1915 Vorsitzender des Direktoriums, seit dem Tod Rathenaus (1922) Präsident der AEG; Reparationssachverständiger.

Diamand, Hermann [PPS]
(1860-1931) Polnischer Politiker; Ehemaliger Vorsitzender einer polnischen Wirtschaftskommission in Berlin; bis Februar 1920 polnischer Vertreter in Berlin; bis 1918 Abgeordneter im österreichischen Reichsrat; 1919-1930 Mitglied des Sejm.

Dickhut-Harrach, Gustav Friedrich von
(1856-1932) Preußischer General und Militärschriftsteller.

Diez, Carl [Z]
(1877-1969) Landwirt und Politiker; blieb aus Protest der Reichstagssitzung vom 31. März 1933 (Ermächtigungsgesetz) fern, später mehrfach in Haft; 1945 Ministerialdirektor im Badischen Landwirtschaftsministerium; MdR 1912-1918; 1919-1933 MdNV, MdR.

Dirr, Theodor [BBMB]
(1857-1931) Landwirt und Politiker; 1918-1919 Mitglied des Bayerischen Rätekongresses; 1.-17.3.1919 Bayerischer Landwirtschaftsminister; 1899-1918 MdBayerLT; 1919 MdNV; 1919-1931 MdBayerLT; stellvertretender Vorsitzender des Bayerischen Bauernbundes.

Dißmann, Robert [SPD/USPD/SPD]
(1878-1926) Politiker und Gewerkschaftler; 1919-1926 Vorsitzender des Deutschen Metallarbeiter-Verbandes; 1917-1918 MdR; 1920-1926 MdR; 1917-1919 USPD.

Ditmas, Francis Ivon Leslie
(1876-1969) Britischer Hauptmann; Leiter des Kohlen- und Verkehrsreferates der britischen Delegation bei der HCITR; britischer Vertreter in der Kohlenkommission.

Dittmann, Wilhelm Friedrich Carl [SPD/USPD/SPD]
(1874-1954) Politiker; 1894 Mitarbeiter im Holzarbeiterverband; 1909 Chefredakteur der "Bergischen Arbeiterstimme"; 1916 Mitglied der Sozialistischen Arbeitsgemeinschaft; 1918 wegen Beteiligung am Metallarbeiterstreik in Haft; 1918 Mitglied des Rates der Volksbeauftragten; 1933 Emigration über Österreich in die Schweiz; 1912-1918 MdR; 1920-1933 MdR; 1917-1922 Mitbegründer und Vorstandsmitglied der USPD; 1922-1933 Sekretär des Parteivorstandes der SPD.

Dorten, Hans Adam
(1880-1963) Rheinischer Politiker und Jurist; bis 1918 Staatsanwalt am Berliner Landgericht III; im Krieg zuletzt Major; proklamierte am 1.6.1919 die "Rheinische Republik"; gründete am 22.6.1920 die "Rheinische Volksvereinigung"; nach dem erneuten Scheitern der Gründung eines separaten Rheinstaates im Jahre 1923 Emigration nach Frankreich.

Dosse,
(? - ?) Französischer Colonel; 1919-1920 in Riga; im August 1920 zur Botschaft in Berlin abgestellt; Rußlandexperte.

Doynel de Saint-Quentin, René comte
(1883-1961) Französischer Diplomat; 1907 Eintritt in den diplomatischen Dienst; 1907 Attaché in London; 1908 Botschaftssekretär in Konstantinopel; 1919-1920 Mitarbeiter des Generalsekretärs der Friedenskonferenz; 1919 Ernennung zum ersten Botschaftssekretär in Berlin; Generalsekretär in Marokko (1924-1925); Direktor der Afrikaabteilung (1926-1936); Gesandter in Rom (1936), Washington (1938-1940) und Rio de Janeiro (1941-1943).

Dresel, Ellis Loring
(1865-1925) Amerikanischer Diplomat und Jurist; 1915-1917 Botschaftsattaché in Berlin, anschließend in Bern; 1919 Mitglied der amerikanischen Friedensdelegation in Paris; 1919 kommissarischer Geschäftsträger (Commissioner) in Berlin; Unterhändler für den Friedensvertrag mit dem Reich, nach dessen Ratifikation von November 1921 bis April 1922 Geschäftsträger in Berlin; anschließend in Bern und Paris; Direktor der "Special Commission of Study in Germany".

Drews, William (Bill) Arnold
(1870-1938) Verwaltungsbeamter und Jurist; 1902 Landrat in Oschersleben; 1905 Vortragender Rat im Preußischen Innenministerium; 1911-1914 Regierungspräsident in Köslin; 1914-1917 Unterstaatssekretär im Preußischen Innenministerium; 1917-1918 Preußischer Innenminister; 1919-1923 Preußischer Staatskommissar für

die Verwaltungsreform; 1920 Mitglied der Zentralstelle für die Gliederung des Reiches; 1921-1937 Präsident des Preußischen Oberverwaltungsgerichts; seit 1922 Honorarprofessor in Berlin.

Drummond, Sir James Eric 16th Earl of Perth
(1876-1951) Britischer Diplomat; 1900 Eintritt in den diplomatischen Dienst; Privatsekretär der Unterstaatssekretäre Asquith (1912-1915), Grey (1915-1916) und Balfour (1916-1918); 1919-1932 erster Generalsekretär des Völkerbundes; 1933-1939 Botschafter in Rom; 1939-1940 Berater im Informationsministerium; 1939 HoL.

Drygalski, Erich von
(1865-1949) Geograph; 1896-1898 Leiter von zwei Expeditionen nach Grönland; 1899 Professor für Geographie und Geophysik in Berlin, 1906 für Geographie in München; 1920 Mitglied der Zentralstelle für die Gliederung des Reiches; 1934 emeritiert.

Dubois, Louis Joseph Marie
[Républicain Progressiste/Fédération Républicaine]
(1859-1946) Französischer Politiker, Verleger und Gewerkschaftler; 1919-1920 Minister für Handel, Industrie und Post; Mai 1920 bis Oktober 1922 Präsident der Reparationskommission; 1910-1932 Abgeordneter.

Dupont, Charles Joseph
(1863-1935) Französischer Brigadegeneral; 1919-1920 Chef der französischen Militärmission in Berlin und Präsident der Interalliierten Grenzkommission zur Festlegung der deutsch-polnischen Grenze; 1920-1921 Chef der französischen Militärmission in Polen.

Düringer, Adelbert [DVP/DNVP]
(1855-1924) Politiker und Jurist; 1902-1915 Reichsgerichtsrat; 1915-1917 Präsident des Oberlandesgerichts in Karlsruhe; 1917-1918 Badischer Justizminister, stellvertretender Bundesratsbevollmächtigter; 1919-1924 MdNV, MdR.

Durynek, Viktor
(1872-1927) Geistlicher und Politiker; 1901 Oberlehrer in Beuthen; 1924 Geistlicher Rat; 1919 Mitbegründer des "Bund der Oberschlesier" in Beuthen; seit 1919 Schriftleiter des "Oberschlesischen Kurier" und des "Der Bund - Zwiazek" (Presseorgan des BdO).

Dutasta, Paul Eugène
(1873-1925) Französischer Diplomat; 1895 Eintritt in den diplomatischen Dienst; 1900 Gesandtschaftssekretär; 1906 Chef de Cabinet du Personnel im Quai d'Orsay; 1911 Generalkonsul in Warschau; 1918 Botschafter in Bern; 1919 - 5.3.1920 Generalsekretär der Friedenskonferenz in Versailles.

Dyar, Charles B.
(? - ?) Amerikanischer Diplomat; 1919 Mitglied der amerikanischen Friedensdelegation; Presseattaché in Den Haag; im Mai 1919 von Dresel mit der Leitung eines Nachrichtenbüros in Berlin beauftragt; ab 1922 amerikanischer Vizekonsul in Stettin.

Dyckerhoff, Karl
(1869-1938) Industrieller und Kommerzienrat; 1896 Eintritt in die Firma Dyckerhoff & Söhne Cementfabrik; Kriegsteilnahme; 1917 Dezernent im Kriegsministerium; 1920 als Major entlassen; Präsident der Rheinischen Zentralstelle für Lieferungen nach Frankreich und Belgien GmbH; Separatist; 1918-1922 französische Besetzung in seinem Haus; 1923 von den Franzosen ausgewiesen.

Dziembowski, Maximilian von
(1884- ?) Sächsischer Diplomat; 1914 Militärattaché, 1919-1923 Geschäftsträger Sachsens in München.

E

Eberhardt, Magnus von
(1885-1939) Preußischer Generalleutnant; 1890 Mitglied des Großen Generalstabs; 1911 Divisionskommandeur; 1914 Führer des 15. Reservekorps; 1918 Oberbefehlshaber der VII., seit November 1918 der I. Armee; 1919-1920 kommandierender General des VI. Reservekorps und Oberbefehlshaber im Baltikum.

Ebert, Friedrich [SPD]
(1871-1925) Politiker; 1889 Mitarbeiter des Sattlerverbandes; 1893 Lokalredakteur der "Bremer Bürgerzeitung"; 1905-1913 Sekretär der SPD-Parteizentrale in Berlin; 1918 Vorsitzender des Hauptausschusses des Deutschen Reichstages; 9. November 1918 Reichskanzler; 1918-1919 Vorsitzender des Rates der Volksbeauftragten; 1919-1925 Reichspräsident; 1900-1918 MdBremB; 1912-1918 MdR; 1919-1920 MdNV; 1913-1919 Mitvorsitzender der SPD.

Ehrhardt, Hermann
(1881-1971) Korvettenkapitän a.D.; 1899 Eintritt in die Marine; 1914-1918 Kommandant einer Torpedoboot-Flotille; 1919-1921 Freikorpsführer, Gründer und Kommandeur der "Marinebrigade Ehrhardt" (im Auftrag der Reichsregierung 1919 Einsätze gegen die Räteregierung in München, 1920 im Ruhrgebiet, 1921 gegen polnische Freischärler in Oberschlesien); maßgeblich am Kapp-Lüttwitz-Putsch beteiligt; 1920 Flucht nach Bayern, Führer der "Organisation Consul" (O.C.); Mitwirkung an der Ermordung Erzbergers (1921) und Rathenaus (1922); 1922 vorübergehende Flucht nach Ungarn;

1922 verhaftet; 1923 Flucht aus der Untersuchungshaft; 1923 mit dem Ausbau des Grenzschutzes in Bayern beauftragt; 1924-1928 Führer des O.C. Nachfolgers "Bund Wiking"; scheitert 1930-1931 bei dem Versuch einer Zusammenarbeit mit Otto Strasser.

Eichhorn, Robert Emil [SPD/USPD/KPD]
(1863-1925) Politiker und Journalist; 1895 Redakteur der "Sächsischen Arbeiterzeitung", später der "Mannheimer Volksstimme"; 1906 Parteisekretär in Baden; 1908-1917 Leiter des Pressebüros der SPD in Berlin; 1918-1919 Polizeipräsident von Berlin, seine Weigerung zurückzutreten wird zum Auslöser des Spartacus-Aufstandes; 1901-1908 MdBadLT; 1903-1912 MdR; 1919-1925 MdNV, MdR; 1917-1920 USPD; 1920-1925 KPD.

Eisenberger, Georg [BBMB]
(1863-1945) Politiker und Landwirt; Bürgermeister von Ruhpolding; 1896 Mitbegründer des Raiffeisenvereins; 1897-1899 stellvertretender, von 1901-1930 erster Vorsitzender des Bayerischen Bauern- und Mittelstandsbundes (Deutsche Bauernpartei); 1905-1918 MdBayerLT; 1919-1930 MdNV, MdR.

Eisner, Kurt (eigentlich Kosmanowski) [SPD/USPD]
(1867-1919) Journalist, Schriftsteller und Politiker; 1899 Redakteur des "Vorwärts", 1905 der "Fränkischen Tagespost", 1910 der "Münchener Post"; 1918 in Haft; 1918 Vorsitzender des Münchener Arbeiter- und Soldatenrates; 1918-1919 Bayerischer Ministerpräsident; 1917-1919 USPD; 1919 ermordet.

Elbau, Julius [ursprünglich Mandelbaum] [DDP/DStP]
(1881-1965) Journalist; 1903-1914 Lokal- und Chefredakteur der "Kleinen Presse"; 1914-1918 Redakteur des "Kriegsecho" (Ullstein); 1918 Redakteur, 1920 stellvertretender, von 1930-1933 Chefredakteur der "Vossischen Zeitung"; 1938 Emigration in die USA; 1947-1962 Mitarbeiter und Kolumnist der "New Yorker Staatszeitung und Herold".

Epp, Franz Xaver Ritter von [BVP/NSDAP]
(1868-1947) Bayerischer Generalleutnant a.D.; 1901-1902 Teilnehmer am Chinafeldzug; 1904-1906 Kompagniechef in Deutsch-Südwestafrika beim Herero-Aufstand; 1914-1919 Kommandeur des Bayerischen Infanterie-Leibregiments; 1919 Führer des Freikorps Epp; 1919-1921 Brigadekommandeur der Schützenbrigade 21, Einsätze in München (1919), im Ruhrgebiet (1920) und Hamburg (1920); 1921-1923 Infanterieführer, später Generalmajor der 7. Reichswehrdivision; 1933 Bayerischer Ministerpräsident; 1933-1945 Reichskommissar und Reichsstatthalter in Bayern; 1934 NS-Reichsleiter des

Kolonialpolitischen Amtes; 1928-1945 MdR; 1919-1928 BVP; 1928-1945 NSDAP.

Ernst, Eugen Oswald [SPD/SED]
(1864-1954) Schriftsetzer und Politiker; seit 1892 Geschäftsführer der "Vorwärts"- Druckerei; 1905-1917 Mitglied der Kontrollkommission der SPD; 1907-1918 Vorsitzender der SPD-Landeskommission für Preußen; 1918-1919 Preußischer Innenminister; 1919-1920 Berliner Polizeipräsident; Mai-September 1920 Polizeipräsident von Breslau; 1919 MdNV; 1900-1903 und 1917-1920 Mitglied des Parteivorstandes; 1945 SPD; 1946 SED.

Ernst, Josef [SPD/USPD/SPD/FDP]
(1882-1959) Politiker; 1908-1914 Geschäftsführer des Deutschen Metallarbeiter-Verbandes in Hagen; 1918 Volkskommissar in Hagen und Stadtkommandant in Krefeld; 1919 Leiter des Gewerkschaftskartells in Hagen; 1920 Leiter der militärischen Abwehrzentrale des Industriegebietes beim Kapp-Lüttwitz-Putsch; 1933 zunächst im Exil, unter anderem in der Tschechoslowakei; 1935 Rückkehr nach Deutschland; 1948-1952 Bürgermeister von Norderney; 1920-1924 MdR; 1917-1922 USPD.

Erzberger, Matthias [Z]
(1875-1921) Politiker; Volksschullehrer; 1896 Redakteur des "Deutschen Volksblatts" und Mitarbeiter des Volksvereins für das katholische Deutschland in Stuttgart; 1918 Staatssekretär ohne Geschäftsbereich, Mitglied der deutschen Waffenstillstandsdelegation; 1919 Minister ohne Geschäftsbereich; 1919-1920 Reichsfinanzminister und Vizekanzler; 1920 Rücktritt nach dem Prozeß gegen Helfferich; 1921 ermordet; 1903-1918 MdR; 1919-1921 MdNV, MdR; Führer des linken Flügel des Zentrums.

Escherich, Georg
(1870-1941) Bayerischer Oberforstrat und Politiker; 1909 Forstrat; 1913/14 Leiter einer Expedition nach Kamerun; 1915-1918 Chef der Militärforstverwaltung in Bielowicza Puszcza (Polen); 1919 Gründer von Volkswehren in Bayern; Dezember 1919 Landeshauptmann der bayerischen Einwohnerwehren; 1920-1921 Gründer und Reichshauptmann der "Organisation Escherich" (Orgesch); 1921-1931 Vertreter der Bayerischen Staatsforstverwaltung in der Reichsforstwirtschaft; 1929-1933 Leiter des bayerischen Heimatschutzes.

Eschert, Paul [Freie Wirtschaftliche Vereinigung]
(? - ?) Industrieller und Politiker in Danzig; Besitzer einer Likörfabrik; 1920 Parlamentarischer Senator in Danzig, zuständig für Ernährung; 1920 MdVVD, MdDanVT.

Estorff, Ludwig von
  (1859-1943) Preußischer Generalleutnant; 1894-1910 im Schutztruppendienst; 1916 Generalleutnant; 1918-1919 Korps-Kommandeur; 1919 Befehlshaber des Reichswehrgruppenkommandos 3 (Königsberg), Befehlshaber des Wehrkreises I und der Reichswehrdivision 1; nach dem Kapp-Lüttwitz-Putsch entlassen.

F

Faille de Leverghem, Georges comte della
  (1869-1944) Belgischer Diplomat; Mitarbeiter der Botschaften in Berlin und Rom; 1914 Gesandter in Tokio; 13.7.1920-1924 Gesandter in Berlin; 1925-1931 Botschafter in Rom.
Falkenhausen, Friedrich Karl Alexander Cäsar Frhr. von
  (1869-1946) Jurist und Verwaltungsbeamter; 1897 Eintritt in den Preußischen Verwaltungsdienst; 1899 Landrat in Lübben; 1905 Geheimer Oberregierungsrat im Landwirtschaftsministerium; 1914 Regierungspräsident in Potsdam; 1915 Unterstaatssekretär im Landwirtschaftsministerium, seit 1916 auch stellvertretender Leiter des Kriegsernährungsamtes; 1917-1918 Reichskommissar in Litauen und Kurland; 1920 Chef der Reichskanzlei unter Kapp.
Falkenhayn, Erich von
  (1861-1922) Preußischer General; 1880 Eintritt in die Armee; 1887-1891 Kriegsakademie; 1893 Hauptmann im Generalstab; 1893-1896 Instruktionsoffizier in China; 1899 im Generalstab des ostasiatischen Expeditionskorps; 1907-1911 Chef des Generalstabs des XVI. Armeekorps; 1913-1915 Preußischer Kriegsminister; 1914-1916 Chef des Generalstabes des Feldheeres (2. OHL); 1916-1917 Oberbefehlshaber der IX. Armee (Rumänien), 1917-1918 der Heeresgruppe F (Syrien, Mesopotamien); Ende 1918 Führer der X. Armee in Litauen; im Juni 1919 verabschiedet.
Fayolle, Émile
  (1852-1928) Französischer General; 1875 Eintritt in die Armee; 1912 Brigadegeneral; 1914 Kommandeur einer Reservedivision, 1915 eines Armeekorps, 1916 einer Armee; 1917 Kommandeur der für Italien bestimmten Divisionen; 1918 Chef einer Heeresgruppe; 1918-1919 Oberbefehlshaber der französischen Besatzungstruppen in der Pfalz; 1921 Marschall.
Fehrenbach, Konstantin [Z]
  (1852-1926) Politiker und Jurist; 1882 Rechtsanwalt; 1895 Stadtrat in Freiburg; 1907-1909 Präsident der Badischen Ständekammer; 1917-1918 Vorsitzender des Hauptausschusses des Reichstages;

1916-1918 Präsident des Reichstages; 1919-1920 Vizepräsident der Nationalversammlung; 1920-1921 Reichskanzler; 1885-1887, 1901-1913 MdwürttLT; 1903-1918 MdR; 1919-1926 MdNV, MdR; 1923-1926 Fraktionsvorsitzender des Zentrums.

Fergusson, Sir James Andrew
(1871-1942) Britischer Admiral; 1920 Befehlshaber in Danzig.

Foch, Ferdinand
(1851-1929) Französischer Marschall; 1870 Kriegsfreiwilliger, zunächst Artillerieoffizier; 1885 Lehrer, 1907 Chef der Ecole Supérieure de Guerre; 1914 Kommandeur des XX. Armeekorps, dann Oberbefehlshaber der 9. Armee an der Marne; 1916 Oberbefehlshaber an der Somme; 1917-1918 Chef des Armeegeneralstabes und Mitglied des Alliierten Obersten Kriegsrates; 1918-1920 Marschall und Oberbefehlshaber der Alliierten Truppen; 1919 Vorsitzender des Alliierten Obersten Kriegsrates; 1920 Präsident der Alliierten Militärkommission in Versailles; bis 1929 militärischer Berater der Regierung.

Foerster, Friedrich Wilhelm
(1869-1966) Publizist und Pädagoge; 1901 Professor in Zürich, 1912 in Wien, 1914 in München; 1918-1919 Bayerischer Gesandter in Bern; 1920 Verzicht auf das Lehramt; entschiedener Befürworter einer Verständigung mit Polen und Frankreich; 1933 Emigration in die Schweiz, später nach Frankreich; 1940 Flucht über Portugal in die USA; 1963 Rückkehr in die Schweiz.

Foerster, Lothar
(? - ?) Verwaltungsbeamter; Mitarbeiter des Oberpräsidiums in Danzig; Ministerialdirektor beim Reichsfinanzministerium; bis zum 10.1.1920 Regierungspräsident von Danzig und stellvertretender Oberpräsident der Provinz Westpreußen; 1919-1920 Vorsitzender der deutschen Delegation bei der polnisch-deutschen Grenzkommission; 1919 Reichs- und Staatskommissar in Danzig; 1921 kommissarischer Generalkonsul in Danzig.

Förster, Emil [DDP]
(? - ?) Beamter und Politiker in Danzig; Direktor des Zoppoter Postamtes; 1920 Parlamentarischer Senator in Danzig, zuständig für die Postverwaltung; 1920 MdVVD, MdDanVT.

Fracassi, Ratti Mentone Domenico Marquese
(1859-1945) Italienischer Diplomat; 1883 Eintritt in den diplomatischen Dienst; Mitarbeiter der Botschaft in Sankt Petersburg (1883), in Berlin (1884), in Brüssel (1886), in London (1889), in Prag (1891-1894); 1895 mit dem Titel eines Legationssekretärs zur Disposition gestellt; 1920 italienischer Vertreter bei der Abstimmungskommission in Allenstein; seit 1916 Mitglied des Senats.

François-Marsal, Frédéric
 (1874-1958) Französischer Bankier, Politiker und Journalist; 1894 Eintritt in die Ecole militaire de Saint-Cyr; 1900-1904 Mission in Indochina; 1905 Eintritt in eine Bank, deren Direktion er 1912 übernimmt; 1914 mobilisiert; 1915 im Hauptquartier von General Joffre; 1917 Mitglied des Generalstabs von General Castelnau; 1917-1918 Chef du Service des études financières et économiques von Clemenceau; 1919 Administrateur der Banque de l'Union Parisienne; 1920-1921 und 1924 Finanzminister; 9.-14. Juni 1924 Président du Conseil; Mitglied zahlreicher Aufsichtsräte und Präsident von mehreren Interessenverbänden; 1921-1930 Senator.

François-Poncet, André [Union Républicaine]
 (1887-1978) Französischer Diplomat und Pädagoge; nach Kriegsdienst 1917 Mitglied des Büros Haguenin in Bern; 1919 Mitglied der internationalen Wirtschaftsmission in den USA; 1923 Chef der Mission Française in Düsseldorf; 1928-1930 Unterstaatssekretär für Erziehung und Kunst; 1930-1932 Unterstaatssekretär im Ministerrat; 1930-1931 stellvertretender Delegierter beim Völkerbund; 1931 Botschafter in Berlin, 1938 in Rom; 1943-1945 in deutscher Haft; 1948 Deutschlandberater der Regierung; 1949-1953 Hoher Kommissar, 1953-1955 Botschafter in Bonn; 1924-1932 Abgeordneter; seit 1951 Mitglied der Académie Francaise.

Frank, Albert
 (1881- ?) Jurist und Politiker in Danzig; Mitarbeiter der Provinzialverwaltung der Stadt Danzig; 1920-1924 Senator für Justiz und Soziales; 1924-1928 Senator für Justiz.

Frerichs, Wilhelm von
 (? - ?) Diplomat; 1899 als aktiver Leutnant zum Auswärtigen Amt kommandiert; 1914 Kriegsteilnahme; 1915 Legationssekretär in Bern; 1920 Legationsrat an der Vertretung der Reichsregierung in München; 1933 aus dem diplomatischen Dienst entlassen.

Freund, Friedrich Th. W.
 (1861- ?) Jurist und Verwaltungsbeamter; 1882 Eintritt in den preußischen Staatsdienst; 1887 Regierungsassistent in Elsaß-Lothringen, 1888 in Köln, seit 1890 in Koblenz; 1898 Mitarbeiter, 1918 Unterstaatssekretär, 1920-1924 Staatssekretär im Preußischen Innenministerium; 1920 Mitglied der Zentralstelle für die Gliederung des Reiches.

Freyberg, Karl Frhr. von [BVP]
 (1866-1940) Politiker; 1919-1920 Bayerischer Landwirtschaftsminister.

Frick, Edouard
(? - ?) Schweizer Delegierter beim Internationalen Roten Kreuz (CICR); April bis November 1918 Vertreter des Internationalen Roten Kreuzes in Sankt Petersburg; anschließend mit der Betreuung der russischen Kriegsgefangenen beauftragt; 1918 in Paris, 1919 in Warschau; 1919 Beauftrager des CICR für die Kriegsgefangenen in Osteuropa; 1921 Stellvertreter des Flüchtlingskommissars Nansen; 1939 Vertreter des CICR in Frankreich.

Friedeburg, Friedrich von
(1866-1933) Preußischer General; 1883 Eintritt in die Armee; 1911 Oberst und Regimentskommandeur; 1914 Generalmajor und Brigadekommandeur; 1916 Divisionskommandeur; 1918 Chef der 2. Garde-Infanterie-Division beim Grenzschutz Süd (Schlesien); 1919 Oberbefehlshaber des Grenzschutz Süd und Führer des VI. Armeekorps (Breslau); am 14.3.1920 als Gegner des Kapp-Lüttwitz-Putsches zum Rücktritt gezwungen; am 27.3.1920 von der Reichsregierung verabschiedet.

Friedrich II., Wilhelm Ludwig Leopold August
(1857-1928) 1907-1918 Großherzog von Baden; 1897-1902 Kommandierender General des VIII. Armeekorps (Koblenz); 1905 preußischer Generaloberst.

Fries, Philipp [SPD/USPD/SPD]
(1882-1950) Politiker und Gewerkschaftler; 1919 Stadtverordneter in Köln; 1933 in Schutzhaft; 1944 erneut verhaftet; 1920-1924 MdR; 1946-1947 MdNRWLT; 1917-1922 USPD.

Froberger, Joseph [Z]
(1871-1931) Journalist und Theologe; bis 1911 mehrjähriger Afrikaaufenthalt; Mitglied der Missionsgesellschaft der "Weißen Väter", zuletzt Oberer der deutschen Provinz; 1911-1923 außenpolitischer Mitarbeiter der "Kölnischen Volkszeitung"; 1918 Befürworter eines unabhängigen Rheinstaates.

Frölich, August [SPD/SED]
(1877-1966) Politiker; 1906-1918 Geschäftsführer des Deutschen Metallarbeiter-Verbandes in Altenburg; 1920-1924 Thüringischer Ministerpräsident; 1933, 1938 und 1944-1945 in Haft; 1924-1933 MdR; 1946-1952 MdThürLT; Präsident des Landtages.

Frossard, Ludovic Oscar [SFIO/SFIC/PCF/SFIO]
(1889-1946) Französischer Politiker; 1920 Übertritt zur SFIC; 1920-1922 Generalsekretär der Partei; 1921-1923 Sekretär der französischen Sektion der Komintern; 1923 Parteiaustritt; 1935-1936 Arbeitsminister; 1938 Propagandaminister; 1938 und 1940 Minister für

öffentliche Arbeiten; 1940 Informationsminister; 1928-1942 Abgeordneter.

Fry, Basil Homfray
(?-?) Britischer Diplomat; seit dem 19.9.1919 Konsul in Danzig.

Fuchs, Gustav [Freie Wirtschaftliche Vereinigung]
(1857-1929) Verleger und Politiker in Danzig; Gründer und Besitzer der "Danziger Neueste Nachrichten"; 1920 Parlamentarischer Senator in Danzig, zuständig für die Danziger Stadtsparkasse; 1920 Md VVD, MdDanVT.

Fuchs, Johannes [Z]
(1874-1956) Verwaltungsbeamter; 1918-1920 Vortragender Rat im Preußischen Landwirtschaftsministerium; 1920-1922 Regierungspräsident in Trier; 1922 Oberpräsident der Rheinprovinz, von den französischen Behörden 1923 ausgewiesen; 1923 Reichsminister für die besetzten Gebiete; 1923-1933 erneut Oberpräsident der Rheinprovinz.

Fuchs, Karl [Z]
(?-?) Industrieller und Politiker in Danzig; Weingroßhändler; 1920 Parlamentarischer Senator in Danzig; 1920 MdVVD, MdDanVT.

Fuhrmann, David [SPD]
(1866-?) Gewerkschaftler; 1907-1910 Sekretär des Deutschen Metallarbeiter-Verbandes in Saarbrücken, anschließend in Bremen und zuletzt in Mainz; 1917 erneut in Saarbrücken; 1919 Bezirksleiter; 1920 Oberregierungsrat und Leiter des Arbeitsamtes der Regierungskommission im Saargebiet, scheidet 1928 im Range eines Ministerialrates aus dem Dienst.

Furuya, Kiyoshi
(1878-1945) Japanischer Heeresgeneral; 1918-1919 Militärattaché in Rußland; 1919 Oberst; Oktober 1919 Mitglied des Generalstabs; 1920 Leiter der japanischen Delegation bei der IMKK; 1929 Generalleutnant; 1930 Chef der Heeresluftwaffe; 1931 verabschiedet.

G

Gagern, Ernst Frhr. von
(1878-1954) Admiral; 1914 Admiralstabsoffizier auf dem Schlachtschiff "Deutschland"; 1918 Abteilungschef in der Seekriegsleitung; 1920-1925 Chef der Marinestation in der Ostsee; 1924 Vizeadmiral; Vorsitzender der deutschen Marinefriedenskommission.

Gaiffier d'Hestroy, Edmond baron de
(1866-1935) Belgischer Diplomat; 1888 Eintritt in den diplomatischen Dienst; zunächst Attaché in Berlin, 1893 in Madrid, 1894 in Wien, 1902 in Peking, 1906 in Athen; 1906 Generalkonsul in Kairo; 1909 Gesandter in Bukarest; 1912 Directeur des Affaires politiques des Außenministeriums; 1916 Gesandter in Paris; 1919 Mitglied der belgischen Friedensdelegation und der Interalliierten Rheinlandkommission; 1919-1938 Botschafter in Paris.

Galard de Béarn, Louis Elie Joseph Henri
(1874- ?) Französischer Diplomat und Jurist; 1901 Mitarbeiter der Botschaft in Wien, 1903 in Washington, 1905 in Sankt Petersburg; 1907 Mitarbeiter der Direction politique; 1908 zur Disposition gestellt; 1909 in Peking; 1912 Mitarbeiter der Direction politique et commerciale; 1920 Botschaftsrat in Washington, 1921 in Kopenhagen, 1922 in Tokio; 1924 zur Disposition gestellt; 1935 aus dem diplomatischen Dienst ausgeschieden.

Gallasch, Bruno [Rheinisch-Republikanische Volkspartei]
(? - ?) Industrieller; 1919-1920 Leiter des "Zentralbureau für den Wiederaufbau der zerstörten Gebiete GmbH"; Leiter des Zentralbüros der Westdeutschen Steinbruchgesellschaften bei der III. Britischen Armee.

Galli, Bindo
(? - ?) Italienischer Verwaltungsbeamter; 1920-1921 Chef des Justizdepartements bei der Interalliierten Regierungs- und Abstimmungskommission in Oppeln.

Gallwitz, Max von [DNVP]
(1852-1937) General d. Art.; 1870 Eintritt in die Armee; 1885 Hauptmann im Generalstab; 1896 Oberst und Chef der Feldartillerie-Abteilung im Kriegsministerium; 1902 Direktor des Armee-Verwaltungsdepots; 1903 Bundesratsmitglied im Reichstag; 1906 Divisionskommandeur in Köln; 1911-1914 General und Inspekteur der Feldartillerie; 1914 Kommandierender General des Garde-Reservekorps; 1915 Führer einer Armeegruppe im Osten, 1916 der 2. Armee an der Somme, 1917 der 5. Armee vor Verdun; 1918 Oberbefehlshaber der Armeegruppe Gallwitz bzw. der Heeresgruppe Gallwitz; 1920-1924 MdR.

Gambetta, Léon (eigentlich Napoléon) [Parti Radicalsocialiste]
(1838-1882) Französischer Jurist und Politiker; seit 1859 Anwalt; rief am 4.9.1870 die Republik aus; 1870-1871 Innen- und Kriegsminister, Organisator des militärischen Widerstandes in den Provinzen; Leiter der Zeitung "La République Française"; 1876 Vorsitzender des Budgetausschusses; 1879-1881 Präsident der Abgeordnetenkammer;

1881-1882 Ministerpräsident und Außenminister; 1869-1882 Abgeordneter; Führer der äußersten Linken in der Nationalversammlung.

Gandorfer, Carl [BBMB/Deutsche Bauernpartei]
(1875-1932) Politiker; 1918 Mitglied des Bayerischen Arbeiter-, Soldaten- und Bauernrates; seit Februar 1919 Mitglied des Zentralrates der Bayerischen Republik; Führer des Bayerischen Bauernbundes und Vorsitzender des Zentralbauernrates; 1913-1918, 1919-1933 MdBayLT; 1919-1920 MdNV, 1928-1932 MdR.

Gayl, Wilhelm Frhr. von [DNVP]
(1879-1945) Politiker und Verwaltungsbeamter; 1909-1932 Direktor der Ostpreußischen Landgesellschaft; 1916 Chef der Abteilung Politik und Verwaltung im Stab Oberost (Hindenburg/Ludendorff); 1918 Landeshauptmann Litauen in der Militärverwaltung Kowno; 1918 Mitglied des Soldatenrates Kowno; 1919 Vertreter Ostpreußens in Versailles; 1920 Reichs- und Staatskommissar für das Ostpreußische Abstimmungsgebiet (Allenstein); Direktor der Ostpreußischen Siedlungsgesellschaft; 1920-1933 Ostpreußischer Bevollmächtigter und Mitglied des Reichsrates; 1932 Reichsinnenminister; 1920-1933 MdPrStR.

Gehl, Julius [SPD]
(1869- [nach 1939]) Zeitungsverleger; 1912 Parteisekretär der SPD in Westpreußen; 1925 Stellvertretender Senatspräsident; 1919 MdVVDan; 1920-1937 MdDanVT; seit 1923 dessen Präsident; Sprecher der SPD.

Geiß, Anton [SPD]
(1858-1944) Politiker; 1918-1920 Ministerpräsident der Badischen Staatsregierung, 1919-1920 Staatspräsident; seit 1895 MdBadLT.

Génoyer, François Émile
(1877-1946) Französischer Diplomat; 1901 Eintritt in den diplomatischen Dienst; 1903 in New York; 1906 in Neufundland; 1909 in Luxemburg, Neufundland und New Orleans; 1912 in Pretoria und Johannisburg; 1914 Mitarbeiter der Direction des Affaires politiques et commerciales; Konsul in London (1914), Gavelston (1915), New Orleans (1916), New York (1918); Vizekonsul in Bremen (1919), Düsseldorf (1921); Konsul in Lausanne (1931); Generalkonsul in Zürich (1933-1937).

Georg V.
(1865-1936) 1910-1936 König von England; 1911-1936 Kaiser von Indien.

Georg Heinrich s. Kirstein

Gérardin, Édouard Hippolyte Alexandre
(1889-1936) Französischer Diplomat; 1914 Eintritt in den diplomatischen Dienst; 1917 Mitglied der Kommission des Hochkommissars in den USA; 1920 in Den Haag; Vizekonsul in Mainz (1920); Konsul in Danzig (1921), Bangkok (1923), Malaga (1925-1928); 1930 Teilnehmer an der Haager Konferenz; Generalkonsul in Batavia (1930); 1934 mit Sonderauftrag in Marokko.

Gerlach, Hellmuth von [FsVg/DDP/Deutsche Friedensgesellschaft]
(1866-1935) Jurist und Publizist; 1888 Redakteur der Zeitschrift "Das Volk"; 1901 Herausgeber, 1918-1931 Chefredakteur der "Welt am Montag"; Gründer (zusammen mit Friedrich Naumann) des National-Sozialen Vereins; 1908 Herausgeber der "Hessischen Landeszeitung"; 1908 Gründer (mit Breitscheid) der Demokratischen Vereinigung, Mitglied des Bundes Neues Vaterland; 1919 Unterstaatssekretär im Preußischen Innenministerium (Leiter des Polen-Dezernats); 1922-1933 Deutschland-Korrespondent der Carnegie-Stiftung; Mitglied des Internationalen Friedensbüros in Genf und bis 1929 Vorstandsmitglied der deutschen Liga für Menschenrechte; 1932-1933 Chefredakteur der "Weltbühne" (in Vertretung von Carl von Ossietzky); 1933 Emigration nach Frankreich; 1903-1907 MdR; 1921-1922 Mitglied der DDP.

Gerland, Heinrich Ernst Karl Balthasar [DDP]
(1874-1944) Jurist und Politiker; 1906 außerordentlicher, 1910 ordentlicher Professor und Oberlandesgerichtsrat in Jena; 1914-1918 Oberleutnant, später Hauptmann im Großen Hauptquartier; 1920 Rücktritt als Oberlandesgerichtsrat; Mitbegründer und stellvertretender Vorsitzender der DDP; 1924 MdR; 1924 Parteiaustritt; 1939 emeritiert.

Gerstenberger, Liborius [Z/BVP]
(1864-1925) Politiker und Theologe; 1903 Verlagsdirektor und Hauptschriftleiter des "Fränkischen Volksblatt"; 1895-1918 MdBayerLT; 1895-1918 MdR; 1919-1925 MdNV, MdR.

Geßler, Otto [DDP/parteilos]
(1875-1955) Politiker und Jurist; 1905-1910 Gewerberichter in München; 1911-1913 Oberbürgermeister von Regensburg; 1913-1919 Oberbürgermeister von Nürnberg; 1919-1920 Reichsminister für Wiederaufbau; 1920-1928 Reichswehrminister; Vorsitzender des Vereins für das Deutschtum im Ausland; 1944-1945 in Haft; 1950-1952 Präsident des Deutschen Roten Kreuzes; 1920-1924 MdR; 1927 Austritt aus der DDP.

Geyer, Curt [SPD/USPD/KPD/KAG/SPD]
  (1891-1967) Politiker und Journalist; 1918 Vorsitzender des Leipziger Arbeiter- und Soldatenrates; 1918 Fraktionsvorsitzender der USPD beim Berliner Rätekongreß; 1933 Emigration in die Tschechoslowakei, später nach Frankreich; 1939 interniert; Flucht über Lissabon 1941 nach London; 1938-1942 Mitglied des Exilvorstandes der SPD; 1947-1963 Korrespondent der "Süddeutschen Zeitung" in London; 1919-1924 MdNV, MdR; 1917-1920 USPD; 1920-1921 VKPD; 1921 KAG und USPD; 1922 Rückkehr zur SPD.

Geyer, Friedrich [SPD/USPD/KPD/KAG/SPD]
  (1858-1937) Politiker und Fabrikant; 1918-1919 Sächsischer Finanzminister; 1885-1897 MdSächsLT; 1886-1887, 1890-1918 MdR; 1919-1924 MdNV, MdR; 1917-1920 USPD; 1920-1921 VKPD; 1921 KAG und USPD; 1922 SPD; Vater von Curt Geyer.

Giesberts, Johann [Z]
  (1865-1938) Politiker und Gewerkschafter; 1899 Redakteur der "Westdeutschen Arbeiterzeitung"; 1900 Mitbegründer der Internationalen Vereinigung für gesetzlichen Arbeiterschutz; 1917 Mitarbeiter, 1918 Unterstaatssekretär im Reichswirtschaftsministerium; 1919 Delegierter bei den Friedensverhandlungen; 1919-1922 Reichspostminister; Mitglied des Vorstandes des Gesamtverbandes christlicher Gewerkschaften und des christlichen Metallarbeiterverbandes; 1905-1918 MdR; 1919-1933 MdNV, MdR; 1908-1918 MdPrA.

Gilles s. Saint-Gilles

Gilsa, Erich von [DVP]
  (1879-1963) Preußischer Oberst; 1898 Eintritt in die Armee; 1904-1905 Mitglied der Schutztruppe in Deutsch-Südwestafrika; 1912 Hauptmann; 1914-1918 im Generalstab; 1919-1920 Chef des persönlichen Stabes von Noske; 1920 als Oberst verabschiedet; Abteilungsleiter bei der Gute Hoffnungshütte; 1928-1930 MdR.

Giolitti, Giovanni [Liberal]
  (1842-1928) Italienischer Politiker; 1889-1890 Schatzminister; 1901-1903 Innenminister; 1892-1893, 1903-1905, 1906-1909, 1911-1914, 1920-1921 Ministerpräsident; 1882-1928 Abgeordneter.

Goltz, Rüdiger Graf von der
  (1865-1946) Generalmajor; 1885 Eintritt in die Armee; 1911 Abteilungschef im Großen Generalstab; 1914 Kommandeur eines Infanterieregiments; 1916 Generalmajor und Kommandeur der Ostsee-Division; 1918 Kommandeur der 12. Landwehr in Finnland; 1919 Kommandierender General des VI. Reservekorps im Baltikum ("Deutscher General in Finnland"); Besetzte am 22.5.1919 Riga und

Kurland; auf Druck der Entente im Oktober 1919 abberufen; 1925-1933 Vorsitzender der Vereinigten Vaterländischen Verbände und des Reichsverbandes Deutscher Offiziere; 1939 zum Generalleutnant befördert.

Goodyear, Anson Conger
(1877- ?) Amerikanischer Oberst; Kohlenkommissar für Mitteleuropa; 1919 Mitglied einer interalliierten Oberschlesienkommission unter der Leitung von General Dupont.

Göppert, Heinrich
(1867-1937) Jurist und Verwaltungsbeamter; 1895 Eintritt in den Preußischen Justizdienst; 1901 Landrichter in Kiel; 1906 Vortragender Rat im Preußischen Handelsministerium; 1909-1914 Staatskommissar an der Berliner Börse; 1914 Unterstaatssekretär im Handelsministerium; 1917 Unterstaatssekretär im Reichswirtschaftsamt; 1919 Professor der Rechte in Bonn; 1920 Mitglied der Zentralstelle für die Gliederung des Reiches.

Göppert, Otto
(1872-1943) Diplomat und Jurist; 1899 Eintritt in den diplomatischen Dienst; 1910 Vortragender Rat; 12.2.-10.8.1920 Geheimer Legationsrat und Vorsitzender der deutschen Friedensdelegation in Versailles als Nachfolger von von Lersner; 1920 Ministerialdirektor, Leiter der Rechts- und Friedensabteilung des Auswärtigen Amtes; 1921-1922 Gesandter in Helsingfors; 1922-1931 Reichskommissar bei den zur Ausführung des Friedensvertrages gebildeten Schiedsgerichtshöfen.

Gosling, Cecil
(1870-1944) Britischer Diplomat, 1890 Eintritt in den diplomatischen Dienst; 1919-1924 Generalkonsul in Frankfurt am Main.

Gothein, Georg [FsVg/FVP/DDP]
(1857-1940) Politiker und Jurist; 1885-1887 Generalsekretär des Oberschlesischen Berg- und Hüttenmännischen Vereins; 1893 Syndikus der Handelskammer in Breslau; 1919 Reichsminister ohne Geschäftsbereich; April bis Juni 1919 Schatzminister; 1894-1903 Md PrA; 1904-1910 MdSchlePrLT; 1901-1918 MdR; 1919-1924 MdNV, MdR; Mitbegründer der DDP.

Gottschalk, Max
(1889-1976) Belgischer Hauptmann; Juristischer Berater und Referent für soziale Angelegenheiten in der HCITR.

Grabow, Robert [Memelländische Volkspartei]
(1885-1945) Jurist und Politiker; 1918 zweiter, 1919-1930 Oberbürgermeister von Memel; Februar - September 1919 Landesdirektor im

1. Landesdirektorium des Memelgebietes; seit Oktober 1919 Mitglied des Staatsrates; 1920-1924 Vorsitzender des Autonomieverbandes für Memel; 1916-1929 Präsident des Wirtschaftsrates des Memelgebietes; 1930-1935 Oberbürgermeister, 1935-1945 Bürgermeister von Rostock; beging nach der Übergabe der Stadt an die Russen am 2.5.1945 Selbstmord; 1926 MdLitRT.

Grabowski, Friedrich
(? - ?) Journalist; 1918-1919 Leiter der Propagandaabteilung der Garde-Kavallerie-Schützen-Division; Mitarbeiter in der "Nationalen Vereinigung" des Majors Pabst; Vertrauter Wolfgang Kapps; Mitglied der "Organisation Consul".

Grabski, Ladislaus
(1874-1938) Polnischer Politiker; 1914-1918 der Nationaldemokratie nahestehender "Passivist"; 1918 Landwirtschaftsminister; 1919 polnischer Delegierter bei der Friedenskonferenz; 1919-1920 und 1923-1925 Finanzminister; 24.6.-23.7.1920 und 1923-1925 Ministerpräsident; seit 1926 Professor für politische Ökonomie in Warschau; 1905-1912 Abgeordneter der Duma; 1919-1922 Mitglied des Sejm.

Gradnauer, Georg [SPD]
(1866-1946) Politiker und Journalist; 1890 Redakteur der "Sächsischen Arbeiterzeitung"; 1897 Redakteur beim "Vorwärts"; 1906-1918 Hauptschriftleiter der "Dresdner Volkszeitung"; 1918 Mitglied des Arbeiter- und Soldatenrates in Dresden; 1918 Justizminister der sächsischen Revolutionsregierung; 1919-1920 Sächsischer Ministerpräsident, zugleich Innen- und Außenminister; 1921 Reichsinnenminister; 1921-1931 Sächsischer Gesandter und Bevollmächtigter beim Reichsrat; 1933 in Haft, 1944-1945 in KZ-Haft; 1898-1907, 1912-1918 MdR; 1919-1924 MdNV, MdR.

Graefe (-Goldebee), Albrecht von [K/DNVP/DvölFP/NSDAP]
(1868-1933) Politiker und Rittergutsbesitzer; bis 1899 preußischer Offizier, zuletzt Major; 1899-1918 MdMecklenbLT; 1912-1918 MdR; 1919-1928 MdNV, MdR; 1922 Gründer und Führer der Deutschvölkischen Freiheitspartei; 1923 Übertritt zur NSDAP.

Gräf, Eduard [SPD]
(1870-1936) Politiker; 1918-1920 parlamentarischer Unterstaatssekretär im Preußischen Wohlfahrtsministerium; 1920-1932 2. Bürgermeister von Frankfurt; 1919-1921 MdPrLV, MdPrLT.

Graf, Eugen [Z]
(1873-1923) Politiker; Württembergischer Oberpostsekretär; 1919-1920 Württembergischer Ernährungsminister; 1920-1923 Innenminister; 1906-1923 MdWürttLT.

Grandioux, Charles Émile
   (1884-1968) Französischer Diplomat; 1906 Eintritt in den diplomatischen Dienst; 1907 in Bern; 1908 in Brüssel; 1913 in Marokko; 1914 in Christiana; 1920 in Stuttgart, Mitarbeiter von de Vaux; Vizekonsul in Marokko (1923-1935); Konsul in Tripoli (1937-1940).

Graßmann, Peter [ADGB/SPD]
   (1873-1939) Gewerkschaftler; 1908-1919 stellvertretender Vorsitzender des Buchdruckerverbandes; 1919-1933 stellvertretender Vorsitzender des Allgemeinen Deutschen Gewerkschaftsbundes; 1920-1924 Mitvorsitzender der Zentralarbeitsgemeinschaft der industriellen und gewerblichen Arbeitgeber und Arbeitnehmer Deutschlands; Vorstandsmitglied des Internationalen Gewerkschaftsbundes in Amsterdam; 1920-1933 Mitglied des vorläufigen Reichswirtschaftsrates; 1933 in Haft; 1924-1933 MdR.

Gröber, Adolf [Z]
   (1854-1919) Politiker und Jurist; 1880 Staatsanwalt in Rottweil, 1887 in Ravensburg; 1888 Landrichter, 1912 Landgerichtsdirektor in Heilbronn; 1918 Staatssekretär ohne Geschäftsbereich; 1889-1919 MdWürttLT; 1887-1918 MdR; 1919 MdNV; 1895 Begründer und Vorsitzender des Zentrums in Württemberg; 1917-1918 Fraktionsvorsitzender; 1917-1919 Parteivorsitzender.

Groener, Wilhelm
   (1867-1939) Generalleutnant und Politiker; 1886 Eintritt in die württembergische Armee; 1909 Oberst; 1912-1914 Generalmajor und Chef der Eisenbahnabteilung im Großen Generalstab; 1914-1916 Chef des Feldeisenbahnwesens; 1916-1918 Chef des Kriegsamtes im Preußischen Innenministerium; 1918 Stabschef der Heeresgruppe Kiew; 1918-1919 1. Generalquartiermeister in der Obersten Heeresleitung als Nachfolger Erich Ludendorffs; 1919 Befehlshaber der Kommandostelle Kolberg; 1920-1923 Reichsverkehrsminister; 1928-1932 Reichswehrminister; 1931-1932 Reichsinnenminister.

Groote, Rudolf von
   (1858-1922) Verwaltungsbeamter; 1889 Landrat in Rheinbach; 1908 zusätzlich Präsident der Landwirtschaftskammer Bonn; 1918-1922 Oberpräsident der Rheinprovinz, Koblenz; 1920 Reichskommissar für die Übergabe des Saargebietes.

Grosvalds, Friedrich
   (1850-1924) Lettischer Diplomat; 1920-1921 Gesandter in Berlin; 1921-1923 Botschafter in Stockholm, Norwegen und Dänemark.

Grumbach, Salomon [SFIO]
   (1884-1952) Französischer Politiker; Leitender Redakteur der "Frankfurter Volksstimme"; 1908 Korrespondent des "Vorwärts" in

Paris und Journalist von "L'Humanité"; 1914 Korrespondent in der Schweiz; 1919 Vertreter der Sozialisten in Elsaß-Lothringen bei der Konferenz von Bern; Befürworter eines deutsch-französischen Ausgleichs; 1940 mit der "Massilia" nach Nordafrika; 1928-1932, 1936-1942 Abgeordneter.

Grund, Friedrich Wilhelm [NL/DDP]
(1872-1950) Verwaltungsbeamter und Kaufmann; 1905 Regierungsassessor; 1920 Präsident der Handelskammer Breslau; 1913-1918 MdPrA; 1919-1920 MdPrLV; 1920-1924 MdPrLT; 1912-1917 Mitglied des Zentralvorstandes der NL.

Grunelius, Karl Alexander
(1890- ?) Jurist und Diplomat; 1918 nach dem Kriegsdienst ins Auswärtige Amt überstellt; August 1919 Mitarbeiter der Waffenstillstandskommission in Düsseldorf; September 1919 Mitarbeiter der Gesandtschaft in Den Haag, 1920 in Amsterdam; 1920 aus dem Diplomatischen Dienst entlassen.

Guarneri, Andrea Gioacchino
(1879-1946) Italienischer Diplomat; 1907 Eintritt in den diplomatischen Dienst; Mitarbeiter der Gesandtschaft in Brüssel (1907), in Madrid (1911), in Berlin (1911), in London (1915), in Brüssel (1919); 1920 Botschaftsrat in Berlin; 1923 Legationssekretär; 1925 als Legationsrat zur Disposition gestellt.

Guérard, Karl Theodor von [Z]
(1863-1943) Politiker und Jurist; 1886 Preußischer Gerichtsreferendar; 1898 Landrat in Mondschau; 1905 Oberregierungsrat im Oberpräsidium Koblenz; Oberpräsident in Koblenz; 1928-1929 Reichsminister für die besetzten Gebiete; 1928-1929, 1930-1931 Reichsverkehrsminister; 1929-1930 Reichsjustizminister; 1920-1930 MdR; 1927-1928 Fraktionsvorsitzender des Zentrums.

Guéritte, James Fernand Roger
(1878-1965) Französischer Diplomat; 1904 Eintritt in den diplomatischen Dienst; 1919 Vizekonsul, 1920 Konsul in Danzig, 1929 in Mainz, 1934 in Vintimille, 1936-1938 in Karlsruhe.

Guffroy, Georges de
(1868-1944) Belgischer Generalleutnant; 1914-1918 zunächst Bürochef des Belgischen Generalstabs, dann Befehlshaber eines Regiments später Befehlshaber einer Brigade im Westen; ab 1920 Leiter der belgischen Delegation der IMKK.

Guillaume s. Wilhelm

Gutchkoff, Alexander Iwanowitsch [liberal]
    (1862-1936) Russischer Politiker; 1909-1912 Präsident der III.
    Reichsduma; 1917 Kriegs- und Marineminister; nach der Oktoberrevolution Emigration über Deutschland nach Frankreich; Begründer
    der gemäßigt-konstitutionellen Partei der Oktobristen.

H

Haas, Ludwig [FVP/DDP]
    (1875-1930) Politiker und Jurist; Rechtsanwalt in Karlsruhe; 1915-
    1918 Mitarbeiter des Verwaltungschefs beim Generalgouvernement
    Warschau, zuständig für jüdische Angelegenheiten; 1918-1920 Badischer Innenminister; 1919-1920 Badischer Staatsrat; Mitbegründer
    des Reichsbanners Schwarz-Rot-Gold; Hauptvorstandsmitglied des
    Central-Vereins Deutscher Staatsbürger jüdischen Glaubens; 1912-
    1918 MdR; 1919-1930 MdNV, MdR; 1928-1930 Fraktionsvorsitzender der DDP.

Haase, Hugo [SPD/USPD]
    (1863-1919) Politiker und Jurist; 1890 Rechtsanwalt in Königsberg;
    1916 Leiter der Sozialdemokratischen Arbeitsgemeinschaft (Vorläufer der USPD); 1918 Mitvorsitzender des Rates der Volksbeauftragten; 1919 ermordet; 1897-1906, 1912-1918 MdR; 1919 MdNV; 1911-
    1917 Mitvorsitzender der SPD, 1917-1919 der USPD.

Haguenin, François-Émile
    (1872-1924) Französischer Germanist und Diplomat; 1896 Agrégé
    des Lettres; Lehrbeauftragter an der Universität Nancy; 1901-1914
    außerordentlicher Professor an der Humboldt-Universität in Berlin,
    Lehrauftrag für neuere französische Sprache und Literatur am Seminar für orientalische Sprachen; 1908-1914 nebenamtlicher Dozent an
    der Handelshochschule der Korporation der Kaufmannschaft in Berlin; 1915-1919 Leiter eines "Bureau de Presse" an der Botschaft in
    Bern, diente in dieser Zeit der Regierung Briand als Kontaktmann
    nach Deutschland; 1919-1920 Leiter der Mission d'Information en
    vue du Ravitaillement éventuel de l'Allemagne; ab Juni 1920 Leiter
    des Bureau d'Informations de la Commission des Réparations; ab
    28.6.1921 Präsident der ständigen Delegation des Garantiekomitees
    der Reparationskommission in Berlin.

Haig, Sir Douglas
    (1861-1928) Britischer Feldmarschall; 1883 Eintritt in die Armee;
    1891 Hauptmann; 1896 Staff College; 1897 mit Kitchener in Ägypten; 1899 Stabsoffizier im Burenkrieg; 1903-1906 Inspekteur der Kavallerie in Indien; 1904 Generalmajor; 1906 Mitglied des General-

stabs im War Office; 1909-1911 Generalstabschef in Indien; 1910 Generalleutnant; 1911 Kommandeur in Aldershot; 1914 Armeeführer in Flandern; 1915-1918 Oberbefehlshaber der britischen Streitkräfte an der Westfront; 1919 Oberbefehlshaber der Home Forces; 1921 verabschiedet; Vorsitzender von mehreren Veteranenorganisationen.

Haking, Sir Richard Cyril Byrne
(1862-1945) Britischer Generalleutnant; 1881 Eintritt in die Armee; 1889 Captain; 1901 Instrukteur am Staff College; 1906 Colonel; 1911 Kommandeur der 5. Brigade in Aldershot; 1914 Kommandeur der 1. englischen Division, später des XV. Korps; 1915-1918 britischer Vertreter in Frankreich und Italien; 1918-1919 Vorsitzender der britischen Sektion der Ständigen Interalliierten Waffenstillstandskommission; 1919 Chef der britischen Militärmission im Baltikum und in Rußland; 1920-1921 Oberbefehlshaber der alliierten Truppen im Abstimmungsgebiet in Ostpreußen und Danzig; 1921-1923 Hochkommissar des Völkerbundes in Danzig; 1923-1927 Kommandeur der britischen Truppen in Ägypten.

Halfern, Carl von [DVP]
(1873-1937) Verwaltungsbeamter; 1909 Landrat in Ottweiler; 1916-1919 Landrat in Saarbrücken-Land, von Frankreich ausgewiesen; 1920 Geheimer Finanzrat im Preußischen Finanzministerium; 1922 Regierungspräsident in Hildesheim; 1927 in Stettin; 1930-1933 Oberpräsident von Pommern.

Haller von Hallenburg, Józef
(1873-1960) Polnischer General; 1895-1910 österreichischer Offizier; im Ersten Weltkrieg Kommandeur der II. Legionär-Brigade; 1918 Übertritt zum II. polnischen Korps in der Ukraine; 1918-1919 Organisator und Kommandeur der polnischen Verbände in Frankreich; 1920 Armeegeneral; 1920-1921 Chef des Generalstabes; 1921-1926 Inspekteur der Artillerie; 1926-1939 als Gegner Pilsudskis im Ruhestand; 1940-1943 Erziehungsminister der polnischen Exilregierung in London.

Hamm, Eduard [DDP]
(1879-1944) Beamter und Politiker; 1906 Eintritt in das Bayerische Justizministerium, 3. Staatsanwalt am Landgericht München; 1911 im Staatsministerium des Innern; 1916 Vertreter Bayerns bei der Zentraleinkaufsgemeinschaft und Rat am Kriegsernährungsamt; 1918 Legationsrat im bayerischen Ministerium des Äußeren; 1919-1922 Bayerischer Minister für Handel, Industrie und Gewerbe; 1922 Rücktritt aus Protest gegen die Haltung Bayerns gegenüber dem Reich in der Frage des Republikschutzgesetzes; 1922-1923 Staatssekretär in der Reichskanzlei; 1923-1925 Reichswirtschaftsminister;

1924-1933 Geschäftsführendes Präsidialmitglied des Industrie- und Handelstages; 1933 Rechtsanwalt in Berlin und München; 1944 verhaftet, verübt nach einem Verhör Selbstmord; 1920-1924 MdR; 1919-1933 MdbayerLT.

Hamspohn, Johann [DFsP]
(1840-1926) Industrieller; 1860-1862 Lehrer in Frankreich; 1870 Stadtverordneter in Köln, zuständig für das Schulwesen; 1892 Gründer und Direktor der Union Elektricitätsgesellschaft; 1902 nach der Verschmelzung der Firmen Direktor der AEG; Mitglied zahlreicher Aufsichtsräte und Vertrauter Adenauers; 1881-1887 MdR.

Haniel von Haimhausen, Edgar Karl Alfons
(1870-1935) Diplomat und Jurist; 1899 Eintritt in den diplomatischen Dienst; 1900 Attaché in Brüssel, Tanger, Paris, Konstantinopel und Bern; 1902 in Rio de Janeiro, 1906 in Konstantinopel, 1907 in Athen, 1908 in London; 1911 Botschaftsrat und Gesandter in Washington; 1917 Amerika-Referent im Auswärtigen Amt; 1918 Mitglied der Waffenstillstandskommission in Spa; 1919 Vertreter des Reichsaußenministers bei der Nationalversammlung; 1919 Generalsekretär der deutschen Friedensdelegation in Versailles; 1919-1920 Unterstaatssekretär, 1920-1922 Staatssekretär im Auswärtigen Amt; 1922-1931 Vertreter der Reichsregierung in München.

Harden, Maximilian [eigentlich Witkowski, Felix Ernst]
(1861-1927) Publizist, Schauspieler und Schriftsteller; 1889 Mitbegründer der "Freien Bühne"; 1892-1923 Gründer und Herausgeber der Wochenschrift "Die Zukunft"; 1907-1909 Prozesse gegen Fürst Eulenburg-Hertefeld und Moltke; 1922 nach einem Attentat auf ihn, bei dem er schwer verletzt wurde, Emigration in die Schweiz.

Harding, Warren Gamaliel [Republikaner]
(1865-1923) Amerikanischer Politiker; 1915-1920 Senator; 1920-1923 29. Präsident der USA.

Hartmann, Ludo (Ludwig) Moritz [SPÖ]
(1865-1924) Österreichischer Historiker und Diplomat; 1899 Privatdozent, 1918 Professor der Geschichte in Wien; 1918-1921 Gesandter in Berlin; 1919 MdÖstNV; 1920-1924 MdÖstNR; Verfechter eines Anschluß Österreichs an das Reich.

Hatzfeldt-Trachenberg, Hermann Fürst zu [K]
(1848-1933) Verwaltungsbeamter; 1874-1903 Oberpräsident von Schlesien; 1917 Mitarbeiter der politischen Abteilung des Auswärtigen Amtes, zuständig für polnische Angelegenheiten; 1920-1921 deutscher Bevollmächtigter bei der Interalliierten Regierungs- und Abstimmungskommission für Oberschlesien in Oppeln; bis 1930 in der Provinzverwaltung tätig; 1878-1918 MdR; 1878-1918 MdPrHH.

Haußmann, Conrad [FVP/DDP]
: (1857-1922) Politiker und Jurist; 1883 Rechtsanwalt in Stuttgart; 1918 Staatssekretär der Regierung Prinz Max von Baden; 1919-1920 Vorsitzender des Verfassungsausschusses und Vizepräsident der Nationalversammlung; 1889-1918 MdWürttLT; 1890-1918 MdR; 1919-1922 MdNV, MdR; 1919-1921 Parteivorsitzender.

Havenstein, Rudolf E. A.
: (1857-1923) Verwaltungsbeamter und Jurist; 1876 Referendar; 1881 Gerichtsassessor; 1887 Amtsrichter; 1890 Geheimer Finanzrat und Vortragender Rat im Finanzministerium; 1900-1908 Präsident der Preußischen Staatsbank; 1908-1923 Reichsbankpräsident.

Hebel, Benedikt [Z/BVP]
: (1865-1922) Theologe und Politiker; 1899-1906 MdBayerLT; 1903-1918 MdR, 1919-1920 MdNV.

Heckert, Friedrich Carl (Fritz) [SPD/USPD/KPD]
: (1884-1936) Politiker und Gewerkschaftler; 1908-1911 Aufenthalt in der Schweiz; 1916 Mitbegründer der Spartacusgruppe in Chemnitz; 1918 Vorsitzender des Arbeiter- und Soldatenrates in Chemnitz; 1918 Teilnehmer am 1. Reichskongreß der Arbeiter- und Soldatenräte in Berlin; 1921 Mitglied des EKKI; 1923 Sächsischer Wirtschaftsminister; 1933 Emigration nach Moskau; 1924-1933 MdR; 1917 USPD; 1920 Mitbegründer der KPD; 1919-1936 Mitglied der Parteizentrale.

Heilmann, Ernst [SPD]
: (1881-1940) Politiker und Journalist; 1909-1917 Chefredakteur der "Chemnitzer Volksstimme"; 1914 Kriegsfreiwilliger, 1917 schwer verwundet, Redakteur der Zeitschrift "Freies Wort"; Leiter der Zeitschrift "Sozialistische Parteikorrespondenz"; 1918 Mitbegründer des Reichsbundes der Kriegsbeschädigten; 1933-1940 KZ-Haft; 1940 ermordet; 1928-1933 MdR; 1919-1933 MdPrLV, MdPrLT; seit 1921 Fraktionsvorsitzender.

Heim, Georg [Z/BVP]
: (1865-1938) Politiker; 1896 Realschullehrer; 1898 Gründer der Landwirtschaftlichen Zentralgenossenschaft des Christlichen Bauernvereins und bis 1925 Präsident der Bayerischen Landesbauernkammer; 1914-1918 Sachverständiger für Ernährungsfragen in Bayern und im Reich; 1919 Gründer der BVP; 1920-1922 Mitglied des vorläufigen Reichswirtschaftsrates; 1897-1911 MdBayerLT; 1897-1912 MdR; 1919-1924 MdNV, MdR.

Heine, Wolfgang [SPD]
(1861-1944) Politiker und Jurist; 1889 Rechtsanwalt in Berlin; 1918 Vorsitzender des Staatsrates für Anhalt; 1918-1919 Preußischer Justizminister; 1919-1920 Preußischer Innenminister; 1923-1925 Mitglied des Staatsgerichtshofes zum Schutze der Republik; 1933 Emigration in die Schweiz; 1898-1918 MdR; 1919-1920 MdNV; Vertreter des Revisionismus in der SPD.

Heinrich, Prinz von Preußen
(1862-1929) Großadmiral; 1914-1918 Oberbefehlsbaber der Ostseestreitkräfte; jüngerer Bruder von Wilhelm II.

Heinze, Rudolf Karl [NL/DVP]
(1865-1928) Politiker und Jurist; 1906 Landgerichtsdirektor in Dresden; 1914 Reichsgerichtsrat; 1916 Unterstaatssekretär im Osmanischen Justizministerium in Konstantinopel; 1918 Sächsischer Justizminister; 1920-1921 Reichsjustizminister und Vizekanzler; 1922-1923 Reichsjustizminister; 1923 Reichskommissar für Sachsen; 1907-1912 MdR; 1915-1916 MdSächsLT; 1919-1928 MdNV, MdR; Fraktionsvorsitzender der DVP.

Held, Heinrich [Z/BVP]
(1868-1938) Politiker und Publizist; 1899-1914 Chefredakteur, seit 1906 Miteigentümer des "Regensburger Morgenblatts" und des "Regensburger Anzeigers"; 1909 Mitglied des Landeseisenbahnrates; 1917 Mitglied des Strombeirates; 1919 Mitglied des deutschen Verkehrsbeirates für die Post; 1924-1933 Bayerischer Ministerpräsident sowie Außen- und Handelsminister (1927-1928); 1907-1933 MdBayerLT; 1914-1918 Vorsitzender des bayerischen Zentrums; 1919 Mitbegründer, 1919-1933 Vorsitzender der BVP; 1933 vorübergehende Emigration in die Schweiz.

Helfferich, Karl [DNVP]
(1872-1924) Nationalökonom und Politiker; 1899 Privatdozent in Berlin; 1901 Referent für wirtschaftliche Angelegenheiten in der Kolonialabteilung des Auswärtigen Amtes; 1906 Direktor der Anatolischen und Bagdad-Eisenbahn in Konstantinopel; 1908-1915 Direktor der Deutschen Bank; 1910-1915 Mitglied des Zentralausschusses der Reichsbank; 1915-1916 Staatssekretär des Reichsschatzamtes; 1915 Preußischer Staatsminister; 1916-1917 Staatssekretär im Reichsamt des Innern und Vizekanzler; 1918 Vertreter des Reiches bei der Sowjetregierung in Moskau; 1920-1924 MdR; 1919 Vorsitzender der DNVP.

Helphand, Alexander (Pseudonym Parvus) [SPD]
(1867-1924) Publizist; 1905 Teilnahme an der russischen Revolution in Sankt Petersburg; 1906 Flucht aus der Verbannung nach Sibirien

über Deutschland nach Konstantinopel; Wechsel vom linken zum rechten Flügel der SPD; 1915-1924 Herausgeber der "Glocke"; bereitet seit 1916 von Kopenhagen aus mit deutscher Billigung die Rückkehr Lenins nach Rußland vor; nach dem Ersten Weltkrieg zunächst in der Schweiz, später in Berlin; Herausgeber der Zeitschrift "Wiederaufbau".

Hemmer, Heinrich
(1886-1942) Verwaltungsbeamter; 1909-1914 im höheren Schuldienst in Elsaß-Lothringen; 1914-1918 Kriegsdienst; 1918 Generalreferent (für Elsaß-Lothringen) bei der deutschen Waffenstillstandskommission; 1919 Geheimer Regierungsrat und Vortragender Rat im Reichsfinanzministerium; 1921-1922 Staatssekretär und Chef der Reichskanzlei; enger Mitarbeiter Erzbergers.

Henke, Alfred [SPD/USPD/SPD]
(1868-1946) Politiker und Journalist; 1900-1917 Redakteur der "Bremer Bürgerzeitung"; 1918 Vorsitzender des Bremer Arbeiter- und Soldatenrates; 1919 Mitglied des Rates der Volksbeauftragten in der Bremer Räterepublik; 1930-1933 Stadtrat in Berlin-Tegel; 1906-1918, 1919-1922 MdBremB; 1912-1918 MdR; 1919-1932 MdNV, MdR; 1917-1922 USPD.

Herbertson, James John William
(1883-1974) Britischer Captain; Mitglied der HCITR, Abwehroffizier der britischen Delegation.

Herbette, Jean
(1878-1960) Französischer Journalist und Diplomat; 1907-1924 Chefredakteur von "Le Temps"; 1924 Botschafter in Moskau, 1931-1937 in Madrid.

Herbette, Maurice Lucien Georges
(1871-1929) Französischer Diplomat; 1889 Eintritt in den diplomatischen Dienst; 1889-1892 und 1894-1896 in Berlin; 1907 Cabinet du Ministre; 1911 Chef du Cabinet et du Personnel; 1917 Directeur des Affaires administratives et techniques; 1922-1929 Botschafter in Brüssel.

Hergt, Oskar [DNVP]
(1869-1967) Politiker und Jurist; 1890 im preußischen Justizdienst; 1904-1914 Geheimer Finanzrat (später Oberfinanzrat) im Preußischen Finanzministerium; 1915 Regierungspräsident in Liegnitz, 1916-1917 in Oppeln; 1917-1918 Preußischer Finanzminister; 1927-1928 Reichsjustizminister und Vizekanzler; 1920-1933 MdR; 1919-1923 MdPrLV, MdPrLT; 1918-1924 Mitbegründer und Vorsitzender der DNVP.

Hermant, Max
  (1892- ?) Französischer Verwaltungsbeamter und Hochschullehrer; 1919 Generalsekretär der CITR, 1920 der HCITR; 1935 Mitglied der Ehrenlegion; Wirtschaftsexperte.
Hermes, Andreas [Z/CDU]
  (1878-1964) Politiker und Agrarwissenschaftler; 1911-1914 Direktor am Internationalen Landwirtschaftsinstitut in Rom; 1919 Ministerialdirektor im Reichswirtschaftsministerium; 1920-1922 Reichsminister für Ernährung und Landwirtschaft; 1922-1923 Reichsfinanzminister; 1920-1933 Mitglied des vorläufigen Reichswirtschaftsrates; Mitglied des Wirtschaftsbeirates des Völkerbundes; 1928-1933 Präsident der Vereinigung der deutschen Bauernvereine; 1930-1933 Präsident des Reichsverbandes der deutschen Landwirtschaftlichen Genossenschaften Raiffeisen; 1933-1934 in Haft; 1936-1939 Wirtschaftsberater in Kolumbien; 1944-1945 in Haft; 1945 Mitbegründer und Vorsitzender der Ost-CDU, von den sowjetischen Besatzungsbehörden zum Ausscheiden gezwungen; 1948-1954 Präsident des Deutschen Bauernverbandes; 1948-1961 Leiter des Deutschen Raiffeisenverbandes; 1924-1928 MdPrLT; 1928-1933 MdR; 1947-1949 MdWR.
Herold, Carl [Z]
  (1848-1930) Politiker und Landwirt; 1884 Vorstandsmitglied des Westfälischen Bauernvereins; 1889-1918 MdPrA; 1898-1918 MdR; 1919-1930 MdPrLV, MdPrLT; 1919-1930 MdNV, MdR; 1900-1928 Fraktionsvorsitzender im Preußischen Abgeordnetenhaus bzw. im Preußischen Landtag; 1928 Ehrenvorsitzender des Zentrums.
Hesnard, Oswald
  (1877-1936) Französischer Germanist und Diplomat; 1903 Lehrer in Angers und Bordeaux, 1909 in Paris; 1914-1917 Kriegsdienst als Übersetzer; 1917 Mitarbeiter des Pressebüros der Botschaft in Bern; 1919-1920 Mitarbeiter Haguenins, zunächst als dessen Beobachter in München und Weimar; 1920-1932 inoffizieller Vertreter Frankreichs in Berlin, seit 1920 mit dem Titel eines Presseattachés der Botschaft; seit 1924 Mittelsmann zwischen Briand und Stresemann (unter anderem Teilnehmer am Treffen von Thoiry 1926), Teilnehmer an zahlreichen Konferenzen; 1931 Direktor des Maison académique française in Berlin; 1932-1936 Rektor der Universität von Grenoble.
Hessen, Josef Wladimirowitsch [Demokrat]
  (1866-1943) Russischer Jurist, Journalist und Politiker; 1885 verhaftet und für 3 Jahre verbannt; 1894 Sekretär des Staatsanwaltes im Tula-Distrikt; 1896 Mitarbeiter des Justizministeriums in Sankt Petersburg; 1903 Rücktritt; 1898 Begründer und bis 1917 Herausgeber

der Rechtszeitschrift "Pravo"; 1905 Mitbegründer der Demokratischen Partei; 1907 Mitherausgeber der Zeitung "Rech" (1918 verboten); 1919 Emigration nach Finnland, 1920 nach Berlin; 1921-1931 Herausgeber der Zeitung "Rul"; in Zusammenarbeit mit Ullstein Aufbau des russischen Verlages "Slovo"; 1936 Emigration nach Paris, 1942 nach New York; 1907 Mitglied der II. Duma.

Hieber, Johannes [DDP]
(1862-1951) Politiker und Pädagoge; 1910-1918 Regierungsdirektor in Stuttgart, Vorstand des evangelischen Oberschulrates; 1919 Württembergischer Kultusminister; 1920-1924 Württembergischer Staatspräsident; 1898-1910, 1921-1924 MdR; 1900-1910, 1913-1918 und 1919-1932 MdWürttLT; 1919-1920 MdWürttLV.

Hilferding, Rudolf [SPD/USPD/SPD]
(1877-1941) Politiker, Arzt und Journalist; 1904 Herausgeber der "Gesellschaft"; 1906 Lehrer für Nationalökonomie an der sozialdemokratischen Parteihochschule in Berlin; 1907 Redakteur des "Vorwärts"; 1918-1922 Chefredakter der "Freiheit"; 1918-1919 Mitglied der Sozialisierungskommission des Rats der Volksbeauftragten; 1921-1928 Mitglied des vorläufigen Reichswirtschaftsrates; 1923, 1928-1929 Reichsfinanzminister; 1933 Emigration über Dänemark in die Schweiz; 1937 nach Frankreich; 1940 Flucht nach Südfrankreich; 1941 gemeinsam mit Rudolf Breitscheid verhaftet und an die Gestapo ausgeliefert; vermutlich Selbstmord im Gefängnis La Santé in Paris; 1924-1933 MdR; 1917-1922 USPD; 1925 (mit Karl Kautsky) Entwurf des Heidelberger Programms; 1924-1933 Mitglied des Parteivorstandes der SPD.

Hilger, Ewald
(1859-1934) Industrieller; 1893 Bergrat in Saarbrücken; 1894 Leiter der Berginspektion Gerhard in Luisenthal; 1896-1900 Vorsitzender der Bergwerksdirektion in Hindenburg (Oberschlesien); 1900 Geheimer Bergrat und Leiter der Bergwerksdirektion in Saarbrücken; 1905-1923 Generaldirektor der Vereinigten König- und Laurahütte AG zu Berlin; 1906-1922 Vorsitzender der östlichen Gruppe des Vereins Deutscher Eisen- und Stahlindustrieller; 1920-1933 Mitglied des vorläufigen Reichswirtschaftsrates; Präsidialmitglied des Reichsverbandes der Deutschen Industrie, seit 1928 Vorsitzender der Fachgruppe Bergbau; 1919 Mitglied der deutschen Friedensdelegation.

Hilpert, Hans [DNVP/Bayerische Mittelpartei]
(1878-1946) Politiker und Pädagoge; Mitbegründer und Vorsitzender der Bayerischen (Monarchistischen) Mittelpartei; 1919-1931 MdBayerLT.

Hindenburg, Paul von Beneckendorff und von
(1847-1934) Preußischer Generalfeldmarschall; 1866 Eintritt in die Preußische Armee; 1870/71 Kriegsteilnehmer (Leutnant); 1878 im Generalstabsdienst; 1889 Chef der Infanterieabteilung im Kriegsministerium; 1893 Regimentskommandeur; 1896 Chef des Stabes des VIII. Armeekorps; 1903 Kommandierender General des IV. Armeekorps; 1905 General der Infanterie; 1911 verabschiedet; 1914 Oberbefehlshaber der VIII. und IX. Armee; November 1914 Oberbefehlshaber Ost; 1916-1919 Chef der Obersten Heeresleitung; 1925-1934 Reichspräsident.

Hirsch, Julius
(1882-1961) Wirtschaftswissenschaftler und Verwaltungsbeamter; 1917 Professor für Privatwirtschaftslehre in Köln; 1916 Kriegsernährungsamt; 1919 Abteilungsleiter im Reichsernährungsministerium; 1919-1923 Staatssekretär im Reichswirtschaftsministerium; 1925 Professor für Betriebswirtschaftslehre in Berlin; 1933 Emigration nach Dänemark; seit 1941 Lehrtätigkeit an der New York School for Social Research.

Hirsch, Paul [SPD]
(1868-1940) Politiker und Jurist; 1900 Stadtverordneter in Charlottenburg; 1918-1920 Preußischer Ministerpräsident; 1920-1921 parlamentarischer Staatssekretär im Ministerium für Volkswohlfahrt; 1921-1925 stellvertretender Bürgermeister von Berlin-Charlottenburg; 1925-1933 Bürgermeister von Dortmund; 1908-1918 MdPrA; 1921-1933 MdPrLT.

Hirschfeld, Oltwig von
(1900- ?) Preußischer Fähnrich und Student; verübt 1920 ein Revolverattentat auf Erzberger.

Hoeber, Karl [Z]
(1867-1942) Pädagoge, Journalist und Schriftsteller; 1905-1907 Direktor am kaiserlichen Lehrerseminar in Metz; 1907 Redakteur, 1914-1933 Chefredakteur der "Kölnischen Volkszeitung"; führendes Mitglied des Rheinischen Zentrums.

Hoetzsch, Otto [K/DNVP/Konservative Volkspartei]
(1876-1946) Politiker und Historiker; 1906 Professor in Posen, seit 1920 in Berlin; 1935 zwangsemeritiert; 1919-1921 MdPrLV; 1920-1930 MdR; 1918-1930 DNVP.

Hoffmann, Adolph [SPD/VKPD/KPD/KAG/USPD/SPD]
(1858-1930) Politiker und Verleger; seit 1880 Redakteur an verschiedenen Zeitungen; 1903-1920 Buchhändler und Verleger; 1918-1919 Preußischer Kultusminister; 1908-1918 MdPrA; 1919-1920 MdPrLV;

1920-1928 MdPrLT; 1904-1907, 1920-1924 MdR; 1917-1920 USPD; 1920 VKPD; 1920-1922 KPD; 1922 KAG; 1922 SPD.

Hoffmann, Johannes [SPD]
(1867-1930) Politiker und Pädagoge; 1887-1908 Volksschullehrer; 1918-1919 Bayerischer Kultusminister; 1919-1920 Bayerischer Ministerpräsident, Außen- und Kultusminister; 1920 Mitglied der Zentralstelle für die Gliederung des Reiches; 1908-1918 MdBayerLT; 1912-1918 MdR; 1919-1920 MdBayerLT; 1919-1930 MdNV, MdR.

Hoffmann, Max
(1869-1927) Generalmajor; 1888 Eintritt in die preußische Armee; 1904-1907 Teilnehmer auf japanischer Seite am russisch-japanischen Krieg; 1914 Oberstleutnant und 1. Generalstabsoffizier der 8. Armee im Osten; 1916-1918 Chef des Generalstabes Ober-Ost; 1917-1918 Vertreter der Obersten Heeresleitung bei den Verhandlungen von Brest-Litowsk; 1919-1920 Kommandeur der 10. Infanterie-Brigade; nach dem Kapp-Lüttwitz-Putsch entlassen; übt später in verschiedenen Schriften scharfe Kritik an Ludendorff.

Hofmann, Hermann [Z/BVP/Z]
(1880-1941) Politiker; 1933 in Haft; 1919-1920 MdBayerLT; 1919-1933 MdNV, MdR.

Hohmann, Georg [DDP]
(1880-1970) Politiker und Arzt; Professor für Orthopädie; stellvertretender Vorsitzender der bayerischen DDP.

Hollmann, Anton Heinrich [SPD]
(1876-1936) Agrarwissenschaftler; Geschäftsführer des Landwirtschaftlichen Vereins Rheinland und Preußen; Landwirtschaftssachverständiger beim deutschen Konsulat in Kopenhagen, 1906 in Sankt Petersburg; 1913-1922 Professor für landwirtschaftliche Betriebslehre in Berlin; 1921 Begründer des Instituts für ausländische Landwirtschaft in Berlin; 1934 Zwangsemeritierung und Schließung des Instituts; Spezialist in russischen Fragen.

Holmsen, Iwan Alexejewitsch
(? - ?) Russischer General; 1906 militärischer Agent in Konstantinopel; 1913 Kommandeur der 53. Brigade, anschließend einer Division; 1915 Kommandeur der XX. Armée für die Materialbeschaffung; Nominierung als Repräsentant von General Denikin und Wrangel in Berlin; 1920 Chef der weißrussischen Delegation für Angelegenheiten der russischen Kriegsgefangenen in Berlin.

Hölz, Max [USPD/KPD/KAPD]
(1889-1933) Agitator und Revolutionär; 1920 Gründung einer "Roten Armee" im Vogtland; 1921 Führer im Mitteldeutschen Aufstand;

1921 zu lebenslänglicher Haft verurteilt, 1928 amnestiert; 1929 Übersiedlung nach Moskau; 1918 USPD; 1919 KPD; 1920 KAPD.

Horthy, Miklós (Nicolaus Horthy von Nagybánya)
(1868-1957) Ungarischer Politiker; 1918 Konteradmiral und Oberbefehlshaber der österreichisch-ungarischen Flotte; 1919 Ungarischer Kriegsminister; 1920-1944 Reichsverweser; 1946 Emigration nach Portugal.

Hué, Otto [SPD]
(1868-1922) Gewerkschaftler und Journalist; 1894-1905 Redakteur der "Berg- und Hüttenarbeiterzeitung" in Bochum; Führendes Mitglied des freigewerkschaftlichen Bergarbeiterverbandes; 1919 Reichskommissar für das Rheinisch-Westfälische Industriegebiet; 1920 Delegierter bei der Konferenz von Spa; 1920-1921 Mitglied des vorläufigen Reichswirtschaftsrates; 1913-1918 MdPrA; 1903-1912 MdR; 1919-1922 MdNV, MdR.

Hymans, Paul [Liberal]
(1865-1941) Belgischer Politiker und Historiker; 1914 Professor in Brüssel; 1914 Staatsminister; 1915-1916 Gesandter in London; 1916 Minister ohne Portefeuille; 1917 Direktor des Außenhandelsministeriums; 1918 Außenminister; 1920 Rücktritt; 1920-1925 Belgischer Vertreter beim Völkerbund; 1924-1925, 1927-1934, 1934-1935 Außenminister; 1926-1927 Justizminister; Teilnehmer an zahlreichen internationalen Konferenzen; 1900-1940 Abgeordneter.

I

Imbusch, Heinrich [Z]
(1878-1945) Politiker und Gewerkschaftler; 1897 Mitglied, 1913 Vorstandsmitglied, 1919-1933 Vorsitzender des Gewerkvereins christlicher Bergarbeiter Deutschlands; 1929-1933 Vorsitzender des ADGB; 1920-1923 Mitglied des vorläufigen Reichswirtschaftsrates; Mitglied und stellvertretender Vorsitzender des Reichskohlenrates; Aufsichtsratsmitglied des Reichskohlenverbandes und des Rheinisch-Westfälischen Kohlesyndikates; 1920 Sachverständiger bei der Konferenz von Spa; 1933 Flucht ins Saargebiet; 1935 Emigration nach Luxemburg; 1940 Flucht über Frankreich nach Belgien; 1941 nach Ausweisung der Familie aus Luxemburg Rückkehr nach Deutschland; 1942-1945 in der Illegalität in Essen; 1919-1933 MdNV, MdR.

Isaac, Auguste Paul Louis [Républicain libéral]
(1849-1938) Französischer Politiker; 1870 Kriegsteilnehmer; 1875 Präsident der Société d'économie mixte et d'économie sociale; 1895 stellvertretender, 1899-1911 Präsident der Handelskammer von

Lyon; 1920-1921 Minister für Handel und Industrie; Aufsichtsratsmitglied unter anderem der Compagnie du Canal de Suez, der Filiale der Banque de France in Lyon und des Crédit Lyonnais; Präsident der Caisse d'Epargne du Rhône; 1919-1924 Abgeordneter.

Isenburg, Leopold Fürst von
  (1866-1956) Großherzog von Hessen; Separatist.

J

Jacobsohn, Siegfried
  (1881-1926) Journalist; 1901-1904 Theaterkritiker der "Welt am Montag"; 1905-1926 Gründer und Herausgeber der "Schaubühne", seit 1918 der "Weltbühne" (nach seinem Tode von Carl von Ossietzky übernommen).

Jacquin de Margerie, François Marie Pierre
  (1861-1942) Französischer Diplomat; 1883 Eintritt in den diplomatischen Dienst; 1883-1887 Botschaftssekretär in Kopenhagen, Konstantinopel, Washington und Madrid; Botschafter in Siam und China (1887-1889); 1912-1919 Directeur des Affaires politiques et commerciales; 1919 Botschafter in Brüssel, 1922-1931 in Berlin.

Jaenicke, Wolfgang [DDP/DStP]
  (1881-1968) Jurist und Politiker; 1910 Stadtrat in Potsdam; 1913-1918 Bürgermeister von Elbing; 1918 Oberbürgermeister in Zeitz; 1919-1926 Reichs- und Staatskommissar für die Überleitung der an Polen abzutretenden Gebiete Süd-Posens und Mittelschlesiens bei Durchführung des Friedensvertrages; 1920 Regierungskommissar für den Ausnahmezustand über die Gesamtprovinz Schlesien; 1920 Regierungspräsident in Breslau, 1930 in Potsdam; 1933 in den Ruhestand versetzt; 1926-1933 Herausgeber der Zeitschrift "Der deutsche Volkswirt"; Berater für Verwaltungsreformen in China; 1945-1950 Staatssekretär für das Flüchtlingswesen in Bayern; 1952-1954 Botschafter in Pakistan; 1954-1957 Botschafter beim Vatikan; 1930-1932 MdR.

Jaequemyns s. Rolin-Jaequemyns

Jagow, Traugott von
  (1865-1941) Verwaltungsbeamter und Jurist; 1895 Landrat in West-Prignitz; 1906 Oberregierungsrat in Potsdam; 1909-1916 Polizeipräsident von Berlin; 1916-1918 Regierungspräsident von Breslau; 1920 Preußischer Innenminister der Regierung Kapp; vom Reichsgericht wegen Hochverrat zu Festungshaft verurteilt; 1925 begnadigt.

Jarres, Karl [NL/DVP]
  (1874-1951) Politiker; 1901 Eintritt in die Kommunalverwaltung; 1910 Oberbürgermeister von Remscheid; 1914-1923, 1925-1933 Oberbürgermeister von Duisburg; 1923-1925 Reichsinnenminister und Vizekanzler; 1925 Kandidat des Rechtsblocks für das Amt des Reichspräsidenten; nach 1945 Aufsichtsratsvorsitzender der Klöckner-Werke; während der Ruhrbesetzung von den Franzosen ausgewiesen; 1914-1918 MdPrHH.

Jaurès, Jean [Union Républicaine/Parti Socialiste Français/SFIO]
  (1859-1914) Französischer Politiker, Philosoph und Pazifist; 1883-1885, 1889-1890 maître de conférences für Philosophie in Toulouse; 1898 Chefredakteur der Tageszeitung "La Petite République"; 1901 Vorsitzender (mit Briand) der "Parti Socialiste Français" gegen Guesde und Vaillant ("Parti Socialiste de France"); 1904 Gründer der Zeitung "L'Humanité"; 1905 Gründer der SFIO; am Vorabend des Ersten Weltkrieges ermordet; 1924 im Panthéon beigesetzt; 1885-1889, 1893-1898 und 1902-1914 Abgeordneter.

Jewelowski, Julius [DDP]
  (? - ?) Industrieller und Politiker in Danzig; Inhaber eines Holzgeschäftes; 1920 Parlamentarischer Senator für Danzig, zuständig für Handelsfragen; Mitglied der Delegation bei den Verhandlungen mit Polen (Warschauer Abkommen); Verfechter einer Politik des Ausgleichs mit Polen; 1933 Emigration nach England; 1920 MdVVD, MdDanVT.

Joachim Albrecht Prinz von Hohenzollern
  (1890-1920) Sechster Sohn Kaiser Wilhelms II.; 1920 nach Zwischenfall mit französischen Offizieren im Hotel Adlon in Berlin verhaftet und wegen Beleidigung zu einer Geldstrafe verurteilt; beging wenig später Selbstmord.

Jouhaux, Léon [SFIO/SFIC/PCF]
  (1879-1954) Französischer Gewerkschaftler; 1909-1948 Generalsekretär der CGT; seit 1919 stellvertretender Vorsitzender des Internationalen Gewerkschaftsbundes; 1941-1943 in Frankreich, 1943-1945 in Deutschland in Haft; 1947 Gründer der Gewerkschaft Force Ouvrière, 1948-1954 Erster Vorsitzender; 1947 Vorsitzender des Wirtschaftsrates; 1949 Vorsitzender des internationalen Rates der Europäischen Bewegung; 1951 Friedensnobelpreis.

Juchacz, Marie (geb. Gohlke) [SPD]
  (1879-1956) Politikerin und Schriftstellerin; 1911 Delegierte auf der Reichsfrauenkonferenz in Jena; 1917 Leiterin des sozialdemokratischen Frauenbüros in Köln; 1919 Gründerin und Vorsitzende des

Hauptausschusses der deutschen Arbeiterwohlfahrt; 1933 Emigration ins Saarland, 1935 nach Frankreich; 1940 Flucht über Südfrankreich in die USA; 1949 Rückkehr nach Deutschland, Tätigkeit in der Arbeiterwohlfahrt; 1919-1933 MdNV, MdR; 1917-1933 Mitglied des Parteivorstandes.

Jusserand, Jules Jean Adrien Antoine
(1855-1932) Französischer Diplomat; 1876 Eintritt in den diplomatischen Dienst; 1887 in London; 1890 stellvertretender Direktor der Politischen Abteilung; Gesandter in Kopenhagen (1898); Botschafter in Washington (1902-1925); 1920 Sonderdelegierter der britisch-französischen Mission in Polen; Membre de l'Institut.

K

Kahl, Wilhelm [NL/DVP]
(1849-1932) Jurist und Politiker; 1876 Privatdozent in München; 1879 Professor für evangelisches Kirchenrecht, Staatsrecht und Strafrecht in Rostock, 1883 in Erlangen, 1888 in Bonn, 1895 in Berlin; 1891 Mitglied der Generalsynode; 1900-1908 Mitherausgeber der "Deutsch-Evangelischen Blätter"; 1911 Mitglied (später Vorsitzender) der Strafrechtskommission im Reichsjustizamt; Vorsitzender des Rechtsausschusses des Reichstages; 1919-1932 MdNV, MdR; 1919 Mitbegründer, 1919-1932 Vorstandsmitglied der DVP.

Kahr, Gustav Ritter von [BVP]
(1862-1934) Jurist und Politiker; 1890 Eintritt in den bayerischen Staatsdienst; 1895 im Bayerischen Innenministerium; 1917-1918, 1921-1923 Regierungspräsident von Oberbayern; 1918-1919 Demobilmachungskommissar und Mitbegründer der Einwohnerwehr; 1920-1921 Bayerischer Ministerpräsident sowie Außen- und Innenminister; 1923 Generalstaatskommissar von Bayern; 1924-1927 Präsident des Bayerischen Oberverwaltungsgerichtshofes; 1934 im Zuge des "Röhm-Putsches" verhaftet und ermordet.

Kapp, Wolfgang [K/Deutsche Vaterlandspartei/DNVP]
(1858-1922) Verwaltungsbeamter und Politiker; 1891 Landrat in Guben; 1900-1906 Vortragender Rat im Preußischen Landwirtschaftsministerium; 1906-1916, 1917-1920 Generallandschaftsdirektor von Ostpreußen; 1917 Mitbegründer der Vaterlandspartei (mit Alfred von Tirpitz); 1919 Propagierung einer "Nationalen Vereinigung"; 1920 Führer des Kapp-Lüttwitz-Putsches; 1920 Flucht nach Schweden; 1922 Rückkehr nach Deutschland, vor Eröffnung des Prozesses gestorben; 1918 MdR.

Kardorff, Siegfried von [FK/DNVP/DVP]
(1873-1945) Jurist und Politiker; 1904 Hilfsarbeiter im Preußischen Landwirtschaftsministerium; 1908-1910 Landrat des Kreises Lissa (Posen); 1909-1918 MdPrA; 1919 MdPrLV; 1921-1924 MdPrLT; 1920-1932 MdR; 1928-1932 stellvertretender Reichstagspräsident; 1918 Mitbegründer der DNVP; 1920-1933 DVP.

Karow, Gustav [DNVP]
(? -1925) Politiker in Danzig; Oberbürgermeister; 1920 Parlamentarischer Senator in Danzig; Vertreter des Handwerks; 1920 MdVVD, MdDanVT.

Kastert, Bertram [Z]
(1868-1935) Theologe und Politiker; Oberpfarrer in Köln; 1919-1920 MdPrLV; Vorsitzender des Zentrums in Köln; Separatist.

Kastler, Jules
(1867- ?) Französischer Jurist und Richter; Vizepräsident des Gerichts des Département Seine; 1920-1922 Präsident des Gerichtshofs in Oppeln; 1935-1938 Conseiller à la Cour de Cassation.

Kautsky, Karl [SPD/USPD/SPD]
(1854-1938) Sozialistischer Theoretiker, Politiker und Publizist; 1875 Mitglied der Wiener Sozialdemokratie; 1880 in Zürich; 1881 in London; 1883-1917 Gründer und Redakteur der Wochenschrift "Die Neue Zeit"; 1885-1890 Mitarbeiter von Friedrich Engels in London; 1891 Hauptverfasser des Erfurter Programms; 1918 Unterstaatssekretär im Auswärtigen Amt; 1918 Mitglied der Gutachterkommission für Sozialisierungsfragen; 1917-1922 USPD; Maßgeblicher Theoretiker der Partei, 1925 Verfasser des Heidelberger Programms (mit Rudolf Hilferding); 1924-1938 in Wien; 1938 Emigration nach Amsterdam.

Kemal Pascha (Atatürk), Mustafa
(1881-1938) Türkischer General und Politiker; 1908/09 Teilnehmer an der jungtürkischen Revolution; 1914-1918 Heerführer; 1919 Organisator des Widerstandes gegen die Griechen; 1920 Vorsitzender der Großen Nationalversammlung und Inhaber der Vollzugsgewalt, vertreibt 1921/22 die Griechen aus Kleinasien und beseitigt 1922 das Sultanat; 1923-1938 Präsident der Türkei, schafft im Rahmen der Reformierung und Modernisierung des Landes 1924 das Kalifat ab.

Kemnitz, Hans Arthur von [DVP/DNVP]
(1870-1955) Diplomat, Jurist und Politiker; 1901 Eintritt in den diplomatischen Dienst; 1902 Attaché der Preußischen Gesandtschaft beim Heiligen Stuhl; 1903 Legationssekretär im Auswärtigen Amt; 1904 in Konstantinopel, 1905 in Lissabon, 1906 in Peking; 1908 in

der Reichskanzlei; 1910-1913 Botschaftsrat in Madrid; 1913-1918 im Auswärtigen Amt; 1917 Hilfsarbeiter des Vertreters des Reichsleiters beim Oberkommando Ost; 1918 Gesandter und Vertreter des Auswärtigen Amtes bei der Militärverwaltung der Baltischen Lande in Riga; 1920-1928 MdR; 1924 Wechsel von der DVP zur DNVP.

Kerchove de Denterghem, André comte de
(1885- ?) Belgischer Diplomat; 1908 Mitarbeiter in Tokio; 1909 des Außenministeriums; 1912 in London und Berlin; 1914 in Bukarest; 1915 in Den Haag; 1919 in London; Delegierter beim Comité permanent du Conseil Suprême Economique; Geschäftsträger seit dem 12.1., ab 21.6.1920 Gesandtschaftsrat in Berlin; 1921 von König Albert auf 8 Jahre zum Gouverneur von Ostflandern ernannt; 1929-1932 Senator; 1931 Gesandter in Berlin; 1936 Botschafter in Paris.

Kessel, Mortimer von
(1893- ?) Oberleutnant; 1914 Kriegsfreiwilliger; 1915 Leutnant; 1919 Übermittler des Befehls zur Erschießung der Gefangenen an von Marloh; 1920 in die Reichswehr übernommen; 1939 Oberst; 1939-1943 Abteilungschef im Heerespersonalamt; 1942 Generalmajor; 1942 Generalleutnant; 1945 General der Panzertruppen.

Kette, [DNVP]
(? - ?) Verwaltungsbeamter und Politiker in Danzig; Oberregierungsrat; Leiter der Raiffeisen-Unternehmungen und der Landwirtschaftlichen Großhandelsgesellschaft in Danzig; 1920 Parlamentarischer Senator in Danzig; 1920 MdVVD, MdDanVT.

Keynes, John Maynard, Baron Keynes of Tilton [Liberal]
(1883-1946) Britischer Nationalökonom; 1920-1946 Professor in Cambridge; 1919 Delegationsführer des britischen Schatzamtes in Versailles; Gegner hoher Reparationsforderungen an Deutschland; im Gefolge der Weltwirtschaftskrise 1936 Begründer einer eigenen Richtung der Nationalökonomie (Keynsianismus); Teilnehmer der Konferenzen von Bretton Woods (1944) und Savannah (1946).

Kilmarnock, Victor Alexander Sereld Hay, Lord
(1876-1928) Britischer Diplomat; 1900 Eintritt in den diplomatischen Dienst; 1918-1919 Gesandtschaftssekretär in Kopenhagen; 10.1.- 2.7.1920 Geschäftsträger, dann Gesandtschaftsrat in Berlin; Dezember 1921-1926 Hoher Kommissar bei der HCITR.

Kirdorf, Emil [DNVP/NSDAP]
(1847-1938) Industrieller; Gründer der Gelsenkirchener Bergwerks AG und des Rheinisch-Westfälischen Kohlensyndikats; 1920-1924 Geschäftsführender Vorsitzender der Siemens-Rheinelbe-Schuckert-Union; Mitglied des Alldeutschen Verbandes und Gegner der Republik, trat 1919 der DNVP bei; wechselte 1927 nach seiner ersten Be-

gegnung mit Hitler zur NSDAP und wurde zu einem ihrer wichtigsten Fürsprecher, obwohl er der Partei zwischen 1928 und 1934 nicht mehr angehörte.

Kirstein, Georg Heinrich
(1858-1921) Theologe; 1880 Priesterweihe; 1890 Pfarrer in Gau-Algesheim/Rheinhessen; 1902 Berufung ins Mainzer Domkapitel; 1903 Wahl zum Bischof von Mainz; 1904 Bischofsweihe.

Klembowski (= Klembovskij), Ladislaus Napoleonowitsch
(1860-1921) Russischer General; 1905 Regimentskommandeur im russisch-japanischen Krieg; 1914 Kommandeur des 16. Armeekorps; 1916 Stabschef an der russischen Südwestfront; 1916-1917 stellvertretender Stabschef der Streitkräfte; Mai - September 1917 Oberbefehlshaber der Nordfront; nach der Revolution Mitglied der Historischen Kommission zur Erforschung des Ersten Weltkriegs; Mitglied des Oberkommandos; 1921 des Verrats beschuldigt und hingerichtet.

Kluck, Alexander von
(1846-1934) Generaloberst; 1865 Eintritt in die Armee; 1881 Kompanieführer an der Offiziersschule Jülich; 1896 Kommandeur des Landwehr-Bezirks I Berlin; 1906 kommandierender General des 5., 1907 des 1. Armeekorps; 1913 Generalinspekteur der 8. Armeeinspektion; 1914-1915 Oberbefehlshaber der I. Armee in der Marneschlacht; 1916 verabschiedet.

Knilling, Eugen Ritter von [BVP]
(1865-1927) Politiker; 1899 Eintritt in den bayerischen Verwaltungsdienst; 1902 Mitarbeiter des Kultusministeriums; 1908 Ministerialrat und Referent für Kirchen- und Universitätsangelegenheiten; 1912-1918 Bayerischer Kultusminister; 1922-1924 Bayerischer Ministerpräsident; Präsident des Bayerischen Staatsschuldenamtes; 1920-1927 MdBayerLT.

Koch, (ab 1925: Koch-Weser) Erich [DDP/DStP]
(1875-1944) Politiker und Jurist; 1901-1909 Bürgermeister von Delmenhorst; 1909-1913 Stadtdirektor in Bremerhaven; 1913-1919 Oberbürgermeister von Kassel; Vorstandsmitglied des Deutschen und Preußischen Städtetages; 1919-1921 Reichsinnenminister; 1928-1929 Reichsjustizminister; 1933 Emigration nach Brasilien; 1901-1909 MdOldLT; 1909-1913 MdBremB; 1913-1918 MdPrHH; 1919-1930 MdNV, MdR; 1924-1930 Fraktionsvorsitzender der DDP.

Koenen, Wilhelm [SPD/USPD/KPD/SED]
(1886-1963) Politiker; 1911 Redakteur des "Volksblatts" in Halle; 1918-1919 Kommissar der Arbeiter- und Soldatenräte des Bezirks Halle-Merseburg; 1917 Wechsel zur USPD, 1919-1920 Mitglied des Vorstands, 1920-1924, 1929-1933 Mitglied des Zentralkomitees der

KPD; 1921 stellvertretender Vorsitzender des 3. Weltkongresses der Komintern in Moskau; 1926-1932 Mitglied des Preußischen Staatsrates und Stadtverordneter in Berlin; 1933 Emigration über das Saargebiet nach Frankreich; 1935 Leiter der kommunistischen Emigration in der Tschechoslowakei; 1938 Emigration nach Großbritannien; 1940-1942 Internierung auf der Isle of Man; 1944 Mitarbeiter des Soldatensenders Calais; 1945 Rückkehr nach Deutschland; 1946 Leiter der Landesorganisation der KPD in Sachsen, 1946-1949 der SED; 1946-1963 Mitglied des ZK der SED; 1919-1932 MdNV, MdR; 1932-1933 MdPrLT; 1946-1950 MdSächsLT.

Koltchak (= Koltschak), Alexander Wassiljewitsch
(1873-1920) Russischer Admiral; 1916-1917 Befehlshaber der Schwarzmeerflotte; 1918 Errichtung einer antibolschewistischen Front in Sibirien; selbsternannter Reichsverweser und Chef der Regierung in Omsk; 1920 von der Roten Armee besiegt, zum Tode verurteilt und hingerichtet.

König, Max August [SPD]
(1868-1941) Politiker; 1891 Mitbegründer des Deutschen Metallarbeiter-Verbandes; 1906 Bezirksarbeitersekretär, 1917-1919 Stadtrat in Dortmund; 1919 Kommissarischer Verwalter des Regierungsbezirks Arnsberg, 1920 Regierungspräsident in Arnsberg; 1933 entlassen; 1918-1919 Mitglied des Zentralrates der Deutschen Republik; 1912-1918 MdR; 1919-1928 MdNV, MdR.

Königbauer, Heinrich [Z/BVP]
(1876-1929) Politiker; Mitbegründer und stellvertretender Vorsitzender des Christlichen Holzarbeiterverbandes; Sekretär der katholischen Arbeitervereine; Direktor des Landesamtes für Arbeitsvermittlung in München; 1907-1927 MdBayerLT; 1920-1929 Landtagspräsident.

Königs, Otto [USPD]
(? - ?) Metallarbeiter und Politiker; am 8.11.1918 gemeinsam mit Wilhelm Sollmann zum Vorsitzenden des Ausschusses für Verpflegung und Unterkunft des Arbeiter- und Soldatenrates Köln gewählt; Ortsvorsitzender der USPD in Köln.

Kopp, Viktor Abramowitsch
(1880-1930) Sowjetischer Diplomat; 1918 Mitglied der sowjetischen Vertretung in Berlin; 1920-1921 Leiter der Fürsorgestelle für Kriegs- und Zivilgefangene in Berlin; 1921-1922 Leiter der vorläufigen Vertretung der Sowjetregierung in Berlin; später Gesandter in Stockholm; Mitglied des Kollegiums des Außenkommissariates.

Korell, Adolf [FVP/DDP/DStP]
(1872-1941) Theologe und Politiker; seit 1895 im evangelischen Pfarrdienst; 1911 Pfarrer in Niederingelheim; 1923 aus Hessen durch die HCITR ausgewiesen; 1928-1931 Hessischer Minister für Arbeit und Wirtschaft; 1911-1918, 1927-1930 MdHessLT; 1920-1928 MdR.

Korfanty, (Albert) Wojciech [Christlich demokratische Partei Polens]
(1873-1939) Polnischer Politiker und Publizist; 1905 Druckereibesitzer und Herausgeber der Zeiung "Polack" in Kattowitz; Führer der polnischen Bewegung in Oberschlesien; 1918-1919 polnischer Minister ohne Geschäftsbereich; 1920 Führer in den Oberschlesischen Aufständen; 1920-1921 Abstimmungskommissar in Oberschlesien; 1923 Vize-Ministerpräsident; 1930 als Gegner Pilsudskis in Brest verhaftet; 1935 Emigration; 1939 Rückkehr nach Polen; 1903-1912, 1918 MdR; 1904-1918 MdPrA; 1919 Mitglied der polnische Konstituante; 1922-1930 des Sejm; 1930-1935 des Schlesischen LT; bis 1918 Führer der Polnischen Fraktion im Reichstag und Preußischen Abgeordnetenhaus.

Köster, Adolf [SPD]
(1883-1930) Schriftsteller, Diplomat und Politiker; 1912 Privatdozent für Philosophie und Literaturgeschichte in München; 1914-1918 Kriegsberichterstatter an der Westfront; 1918-1919 Referent in der Reichskanzlei; 23.4.1919-10.4.1920 Staatskommissar im Abstimmungsgebiet Nordschleswig und Preußischer Gesandter in Hamburg; 1920 Reichskommissar in Schleswig-Holstein; 1920 Reichsaußenminister; 1921-1922 Reichsinnenminister; 1923-1928 Gesandter in Riga; 1928-1930 Gesandter in Belgrad; 1921-1924 MdR.

Krassin, Leonid Borissowitsch
(1870-1926) Sowjetischer Politiker und Wirtschaftsfachmann; Technischer Leiter von Industriebetrieben in Moskau; 1917-1919 Volkskommissar für Innen- und Außenhandel, 1919-1920 für Verkehr, 1924 für Außenhandel.

Krause, [DDP, Danzig]
(? - ?) Politiker in Danzig; 1920 Parlamentarischer Senator in Danzig; 1920 MdVVD, MdDanVT.

Kriwocheine (= Krivoshein), **Alexander V.**
(1857-1921) Russischer Jurist und Staatsmann; Mitarbeiter des Innenministeriums, zuständig für Agrarfragen; 1905 stellvertretender Leiter des Landwirtschaftsministeriums; 1907 stellvertretender Finanzminister; 1908 Landwirtschaftsminister; 1915 Rücktritt aus gesundheitlichen Gründen; nimmt 1918 als Leiter der Rechten Mitte Verbindung mit den Deutschen auf; schließt sich Denikin an und

wird 1920 Mitglied der Regierung Wrangel; Flucht nach Paris, anschließend nach Berlin.

Krudewig, Johannes
(1877-1937) Kunsthistoriker, Archivar und Politiker; Sekretär der Rheinischen Volksvereinigung.

Krupp von Bohlen und Halbach, Gustav
(1870-1950) Industrieller und Diplomat; Preußischer Legationsrat, scheidet 1906 nach Heirat mit Bertha Krupp aus dem diplomatischen Dienst aus; 1910 Vorsitzender des Aufsichtsrates der Friedrich Krupp AG; Präsident des Aufsichtsrates der Bank für Deutsche Industrieobligationen; 1931-1943 Vorsitzender des Reichsverbandes der Deutschen Industrie; 1943 infolge schwerer Erkrankung Verzicht auf alle seine Ämter; 1909-1918 MdPrHH.

Kubacz, Franciszek [Polnische Partei Danzig]
(1868-1933) Polnischer Arzt und Politiker; 1919 Präsident des polnischen Volksrates in Zopot; 1920 Mitglied des Staatsrates in Danzig; 1920-1927 MdVVDan, MdDanVT.

Kuenzer, Hermann [Liberale Vereinigung]
(1872-1946) Badischer Jurist und Verwaltungsbeamter; Staatsanwalt; 1914-1918 Offizier, zuletzt Regimentskommandeur; 1919 Oberst und Kommandeur des badischen Gendarmeriekorps; 1920-1929 Reichskommissar für die Überwachung der Öffentlichen Ordnung; 1924-1929 zugleich Ministerialdirektor und Leiter des politischen Büros des Reichsinnenministers; 1929 im einstweiligen Ruhestand; 1939-1945 Kriegsgerichtsrat beim Oberkriegsgericht in Berlin; 1945-1946 Mitglied des Berliner Magistrats; Sympathisant der DVP.

Kuhnt, [SPD]
(? - ?) Verwaltungsbeamter; 1919 Ziviler Hochkommissar in Oberschlesien; 1920 Mitglied des Zentralrats für den Bezirk Oppeln.

Kun, Béla [Kommunist]
(1886-1939 ?) Ungarischer Politiker; 1916-1918 in russischer Kriegsgefangenschaft; 1918 Gründer der ungarischen KP; März 1919 Proklamation der Räterepublik Ungarn, Volkskommissar für Auswärtiges; August 1919 Flucht nach Österreich, 1920 in Stettin verhaftet und nach Moskau abgeschoben; Tätigkeit im EKKI; 1935 verhaftet und ermordet; 1958 rehabilitiert.

Künstler, Franz [SPD/USPD/SPD]
(1888-1942) Politiker; 1918 Mitglied des 1. Rätekongresses; 1919-1922 Sekretär des Deutschen Metallarbeiter-Verbandes; 1933-1934 in KZ-Haft; 1938 in Haft; 1920-1924, 1924-1933 MdR; 1918-1922

USPD; 1922-1924 Mitglied des SPD-Parteivorstandes; 1924-1933 Vorsitzender der Berliner SPD.

Kurowski, Bruno [Z]
(? -[1945 ?])) Jurist und Politiker in Danzig; 1920 Parlamentarischer Senator in Danzig; österreichischer Generalkonsul in Danzig; von den Nationalsozialisten verhaftet; 1920 MdVVD, MdDanVT.

L

La Garenne s. Marette de Lagarenne

Landsberg, Otto [SPD]
(1869-1957) Politiker und Jurist; 1895 Rechtsanwalt in Magdeburg; 1918-1919 Mitglied des Rates der Volksbeauftragten; 1919 Reichsjustizminister; 1920-1924 Botschafter in Brüssel; seit 1924 Tätigkeit als Anwalt in Berlin; 1933 Emigration über die Tschechoslowakei, die Schweiz und Belgien nach Holland; 1912-1918 MdR; 1919-1920 MdNV; 1924-1933 MdR; Rechtsexperte der Partei, befürwortete die Verlegung der Nationalversammlung nach Weimar.

Laroche, Jules
(1872-1961) Französischer Diplomat; 1897 Eintritt in den diplomatischen Dienst; 1898 in Rom; 1913 Mitarbeiter der Direction des Affaires politiques et commerciales; 1914 Chef de Bureau der Sous-Direction Amérique; 1918-1920 Chef de Bureau der Sous-Direction Europe; 1920 stellvertretender, 1924-1925 Directeur de la Direction des Affaires politiques et commerciales; Botschafter in Warschau (1925) und Brüssel (1935-1937).

Lasteyrie du Saillant, Charles Comte de
(1877-1936) Französischer Jurist, Beamter und Politiker; 1918-1919 Payeur général; 1922-1924 Finanzminister; 1919 Abgeordneter.

Latacz, Ewald [Z ?/KVP]
(1866- ?) Jurist und Politiker; Rechtsanwalt in Kattowitz; 1914-1918 Leiter des Amtes für Kriegswirtschaft beim Landrat in Rybnik; 1918 Vorsitzender des Arbeiter- und Soldatenrates im Kreis Rybnik; Vorsitzender der oberschlesischen Unabhängigkeitspartei; 1919 Mitbegründer und Führer des "Bundes der Oberschlesier" in Beuthen; 1919-1921 Befürworter eines neutralen "Oberschlesischen Staates", um den Anschluß an Polen zu verhindern.

Laufenberg, Heinrich [Z/SPD/USPD/KPD/KAPD]
(1872-1932) Politiker; 1904 Redakteur der "Düsseldorfer Volkszeitung"; 1912 Ausschluß aus der SPD; 1918-1919 Vorsitzender des Hamburger Arbeiter- und Soldatenrates; Mitbegründer der Hambur-

ger Linksradikalen, 1920 als Nationalbolschewist ausgeschlossen; 1919-1920 KPD.

Laurent, Charles-François
(1856-1939) Französischer Finanzbeamter und Diplomat; 1878 Eintritt in den Verwaltungsdienst; 1884-1886 Wirtschaftsmission in Tonking; 1888-1889 und 1893 Kabinettschef des Finanzministers; 1895-1897, 1898 Generaldirektor des öffentlichen Rechnungswesens; 1898 und 1905-1907 Generalsekretär des Finanzministeriums; 1907 Präsident des Rechnungshofes (Cour des Comptes); 1908 Finanzberater der Türkischen Regierung; seit 1910 Administrateur der Compagnie du Canal de Suez und der Compagnie des Chemins de fer de Paris à Orléans; seit 1911 Präsident der Banque des Pays du Nord; 1919 Direktor des Crédit National; Präsident der Union des Industries Métallurgiques et Minières et de la Construction Mécanique, Métallique et Electrique; Präsident der Association Centrale pour la reprise de l'activité industrielle dans les régions libérées; Präsident des Comptoir Central d'achats industriels pour les régions libérées; Administrateur der Association Nationale d'Expansion économique; 1920-1922 Botschafter in Berlin.

Lauscher, Albert [Z]
(1872-1944) Politiker und Theologe; 1917 Professor für Kirchengeschichte in Bonn; 1928 Päpstlicher Hausprälat; 1934 vorzeitig pensioniert; 1919-1933 MdPrLV, MdPrLT; 1920-1924 MdR; kulturpolitischer Sprecher, seit 1932 Fraktionsvorsitzender im Landtag.

Laverrenz, Wilhelm [DNVP/CDU]
(1879-1955) Politiker; 1910-1914 Leiter des Eisenbahnwesens in Togo; 1927 Direktor im Reichsbahn-Zentralamt; 1933 Ministerialdirektor im preußischen Ministerium für Wirtschaft und Arbeit; 1934 entlassen; 1938 in Haft; 1919-1933 MdNV, MdR; 1950-1953 MdBerA.

Law, Andrew Bonar [Konservativ/Unionist]
(1858-1923) Britischer Politiker; 1910-1915 Partei- und Fraktionsführer; 1915-1916 Kolonialminister; 1916-1919 Schatzkanzler; 1922-1923 Premierminister; 1900-1923 MP.

Ledebour, Georg [SPD/USPD/KPD/SAP]
(1850-1947) Politiker und Journalist; 1918 Vertreter der Revolutionären Obleute; 1919 einer der Führer des Januaraufstandes; 1933 Emigration in die Schweiz; 1900-1918 MdR; 1920-1924 MdR; 1917 Mitbegründer und bis 1923 Mitvorsitzender der USPD; 1924-1932 Sozialistischer Bund; 1931-1933 SAP.

Lefèvre, André Joseph
[Socialistes Républicains/Gauche Républicaine Démocratique]
(1869-1929) Französischer Ingenieur und Politiker; 1893 Redakteur bei "La Petite République"; 1907-1908 Präsident des Pariser Stadtrates; 1910-1911 Unterstaatssekretär im Finanzministerium; 1914-1918 Experte für die Sprengstoffentwicklung; 1920 Kriegsminister; 1910-1924 Abgeordneter; 1919-1920, 1921-1924 Vizepräsident der Kammer.

Legien, Carl [ADGB/SPD]
(1861-1920) Gewerkschaftler; 1890-1918 Vorsitzender der Generalkommission der Gewerkschaften, 1919 des ADGB; 1913-1919 Vorsitzender des Internationalen Gewerkschaftsbundes; 1918 Gründer (zusammen mit Hugo Stinnes) der Zentralen Arbeitsgemeinschaft der industriellen und gewerblichen Arbeitgeber- und Arbeitnehmerverbände Deutschlands (Stinnes-Legien-Abkommen); 1893-1898, 1903-1918 MdR; 1919-1920 MdNV, MdR.

Leicht, Johann [Z/BVP]
(1868-1940) Prälat und Politiker; 1899 Domprediger, seit 1915 Domkapitular in Bamberg; 1922-1933 Dekan des Erzbistums Bamberg; 1933 in Schutzhaft; 1913-1918 MdR; 1919-1933 MdNV, MdR; 1920-1933 Fraktionsvorsitzender der BVP.

Lembke, Paul
(? -1939) Politiker; 1904-1928 Oberbürgermeister von Mülheim/Ruhr.

Lenbach, Franz von
(1836-1904) Maler; 1858-1859 in Rom; 1863-1866 Lehrer an der Kunsthochschule Weimar.

Lenin, Wladimir Iljitsch [eigentlich Uljanow]
(1870-1924) Russischer Theoretiker, Politiker und Revolutionär; 1893 Rechtsanwalt in Sankt Petersburg; 1897-1900 Verbannung nach Sibirien; 1900-1905 Emigration nach London, München, Genf; 1903 Gründer und Führer der Bolschewiki; 1905 Rückkehr nach Rußland; 1907-1917 erneute Emigration (Genf, Paris, Krakau, Bern, Zürich); 1917 Rückkehr mit deutscher Hilfe nach Rußland; politischer Führer der Oktoberrevolution; 1917-1924 Vorsitzender des Rates der Volkskommissare; 1919 Begründer der 3. Internationale; 1921 Befürworter eines neuen Wirtschaftskurses (NEP).

Leoprechting, Hubert Frhr. von
(1897-1940) Bayerischer Journalist; im Juli 1922 in einem Prozeß des Hochverrats angeklagt, in den der französische Gesandte Émile Dard verwickelt wird.

Le Rond, Henri Louis Édouard
 (1864-1933) Französischer General; 1915 Oberst; 1917 Brigadegeneral; 1919 Divisionsgeneral; 1920-1921 Vorsitzender der Interalliierten Regierungs- und Abstimmungskommission für Oberschlesien in Oppeln.

Lersner, Kurt Frhr. von [DVP/Nationalliberale Vereinigung]
 (1883-1954) Politiker und Jurist; 1907-1910 Botschaftsattaché in Paris; 1910 Gesandtschaftsattaché in Brüssel; 1911-1913 Botschaftssekretär in Paris; 1913-1914 Botschaftssekretär in Washington; 1916-1918 Vertreter des Auswärtigen Amtes im Großen Hauptquartier; 1918-1919 Vertreter des Auswärtigen Amtes bei den Waffenstillstandsverhandlungen in Spa; 1919 Regierungskommissar, ab Juli 1919 bis Februar 1920 Präsident der Deutschen Friedensdelegation in Versailles, Rücktritt aus Protest gegen die geforderte Auslieferung deutscher Kriegsverbrecher; 1932-1933 Vertreter der Reichsregierung in München; 1920-1924 MdR.

Leske, Otto
 (? - ?) Politiker in Danzig; Stadtrat; 1920-1928 Senator für öffentliche Arbeiten; später Stadtbaurat in Dresden; 1920 MdVVD, MdDan VT.

Le Trocquer, Yves [Union Républicaine et Nationale]
 (1877-1938) Französischer Politiker und Ingenieur; 1910 Technischer Direktor im Ministerium für Öffentliche Arbeiten, Erziehungs- und Marineministerium; 1915 Leiter des Amtes für die Überwachung der Schiffahrtswege; 1919 Unterstaatssekretär im Marineministerium, 1919-1920 im Ministerium für Bewirtschaftung; 1920-1924 Minister für Öffentliche Arbeiten; 1919-1930 Abgeordneter; 1919 Mitglied der republikanischen Linken; 1925 Mitbegründer der unabhängigen Linken; 1929-1938 Senator und Präsident des deutsch-französischen Interparlamentarischen Komitees in Paris.

Lettow-Vorbeck, Paul von [DNVP/Konservative Volkspartei]
 (1870-1964) Preußischer Generalmajor und Politiker; 1888 Eintritt in die Armee; 1900-1901 Mitglied des ostasiatischen Expeditionskorps; 1904 Hauptmann; 1913-1918 Kommandeur der Schutztruppe in Deutsch-Ostafrika; 1919-1920 Kommandeur der Reichswehrbrigade 9 (Schwerin); nach dem Kapp-Lüttwitz-Putsch verabschiedet; 1928-1930 MdR.

Levi, Paul [KPD/KAG/USPD/SPD]
 (1883-1930) Politiker; 1916-1919 Mitglied des Spartacusbundes; 1916-1918 Aufenthalt in der Schweiz; 1920-1930 MdR; 1919-1921 Mitbegründer und Vorsitzender der KPD; 1921 Parteiausschluß, Gründer der KAG; 1922 USPD; 1922-1930 SPD.

Levien, Max [KPD]
(1885-1937) Politiker; 1905 Teilnehmer an der russischen Revolution; 1906 Flucht in die Schweiz, Begegnung mit Lenin; 1914-1918 Kriegsteilnahme; 1918-1919 Mitglied des Zentralrates und des Vollzugsrates der Münchner Räterepublik; 1919 Flucht nach Österreich, 1921 nach Moskau; Mitbegründer der Münchner Spartacusgruppe.

Lewald, Theodor
(1860-1947) Verwaltungsbeamter und Jurist; 1881 Mitarbeiter des Oberpräsidiums in Potsdam, 1891 im Reichsamt des Innern; 1897 Vortragender Rat, 1910 Ministerialdirektor, 1917-1918 Unterstaatssekretär; 1919 Staatssekretär im Reichsinnenministerium; 1921 Bevollmächtigter für die oberschlesischen Verhandlungen mit Polen; 1925-1927 Bevollmächtigter für die deutsch-polnischen Handelsvertragsverhandlungen; 1920 Gründer der Deutschen Hochschule für Leibesübungen; 1925 Mitglied des Olympischen Komitees; 1932-1936 Präsident des Organisationskomitees für die Spiele von Berlin; Gründer und Vorsitzender der Alexander-von-Humboldt-Stiftung; Vorsitzender der Historischen Kommission für das Reichsarchiv.

Leygues, Georges Jean Claude [Union Républicaine]
(1858-1933) Französischer Politiker; 1894-1895, 1898-1902 Unterrichtsminister; 1895 Innenminister; 1906 Minister für die Kolonien; 1917-1920 Marineminister; 1920-1921 Ministerpräsident und Außenminister; 1925-1930, 1932-1933 Marineminister; 1930-1931 Innenminister; 1885-1933 Abgeordneter.

Liebknecht, Karl [SPD/Spartacus/KPD]
(1871-1919) Politiker und Jurist; 1899 Rechtsanwalt in Berlin; 1907 wegen Hochverrats in Festungshaft; 1914 Gegner der Bewilligung von Kriegskrediten; 1915 mit Rosa Luxemburg Gründer und Führer des Spartacusbundes; 1917 Parteiausschluß aus der SPD, verhaftet und zu vier Jahren Festung verurteilt; 1918 Amnestie; 9. November 1918 Hissung der roten Fahne auf dem Berliner Schloß und Proklamation der "Freien Sozialistischen Republik Deutschland"; 1919 mit Rosa Luxemburg Führer des Spartacus-Aufstandes, verhaftet und ermordet; 1909-1916 MdPrA; 1912-1917 MdR.

Lillers, Édmond Marquis de
(1881-1941) Französischer Wissenschaftler und Politiker; 1919 Délégué Supérieur der HCITR in Wiesbaden; 1920 Verbindungsoffizier bei der Britischen Armee in Köln; später Präsident des Roten Kreuzes in Frankreich; 1938 Mitglied der Académie des Sciences morales et politiques.

Lippmann, Julius [FsVg/FVP/DDP]
  (1864-1934) Politiker und Jurist; Rechtsanwalt in Stettin; 1919-1930 Oberpräsident der Provinz Pommern; 1908-1918 MdPrA; 1919-1920 MdNV; stellvertretender Vorsitzender der FsVg und FVP.
Litwin, Paul
  (1867- ?) Industrieller; seit 1917 Leiter der Deutschen Ausfuhrgesellschaft und Generaldirektor der Deutschen Evaporator AG.
Litwinow, Maxim Maximowitsch (eigentlich Max Wallach-Finkelstein)
  (1876-1951) Sowjetischer Politiker; 1898 Mitglied der russischen sozialistischen Partei; nach Verhaftung 1902 Flucht ins Exil nach England; 1917-1919 Sowjetischer Vertreter in London; 1921 stellvertretender Volkskommissar des Äußeren; 1930-1939 Volkskommissar für Auswärtiges; 1941 Botschafter in Washington und Kuba; 1943 stellvertretender Volkskommissar für Auswärtige Angelegenheiten.
Lloyd George, David Earl of Dwyfor [Liberal]
  (1863-1945) Britischer Jurist und Politiker; 1905-1908 Handelsminister; 1908-1915 Schatzkanzler; 1915-1916 zunächst Munitions-, später Kriegsminister; 1916-1922 Premierminister; 1890-1945 MP; Führer der Liberalen.
Löbe, Paul [SPD]
  (1875-1967) Politiker und Journalist; 1900-1920 Chefredakteur der "Volkswacht" in Breslau; 1918/19 Mitglied des Breslauer Volksrates; Vizepräsident der Nationalversammlung; 1924-1932 Präsident des Reichstages; 1921-1933 Preußischer Staatsrat; 1933 und 1944/45 in Haft; 1915-1920 MdSchlesPrLT; 1919-1933 MdNV, MdR; 1948-1949 Mitglied des Parlamentarischen Rates; 1949-1953 MdB und Alterspräsident; 1933 Mitglied des Parteivorstandes der SPD.
Loenartz, Friedrich [Z]
  (1887-1929) Jurist und Politiker; 1917-1919 Referent beim Preußischen Staatskommissar für Volksernährung; 1919-1927 Landrat von Bitburg; 1921-1929 MdPrLT.
Loewenfeld, Wilhelm Friedrich (Wilfried) von
  (1879-1946) Korvettenkapitän; 1914-1918 Erster Offizier auf dem Schlachtschiff "Prinz Heinrich", später im Admiralstab; 1919-1920 Korvettenkapitän und Kommandeur der 3. Marinebrigade (Loewenfeldt); 1921 Kommandant des Kreuzers "Berlin"; 1924 Chef des Stabes der Marinestation der Ostsee; 1928 Befehlshaber der Seestreitkräfte Ostsee; im Oktober 1928 als Konteradmiral verabschiedet.

Löffler, Heinrich [SPD]
(1879-1949) Politiker; 1918-1920 Stadtrat in Kattowitz; 1920-1933 Vorstandsmitglied des Reichskohlenrates; 1936 wegen Hochverrats zu 7 Jahren Haft verurteilt; 1919-1924 MdNV, MdR.

Longuet, Jean Frédéric Laurent [SFIO]
(1876-1938) Französischer Politiker, Schriftsteller und Journalist; Mitbegründer der Zeitschrift "Mouvement Socialiste"; Mitarbeiter von "La Petite République"; 1904 Mitbegründer und außenpolitischer Redakteur der "L'Humanité"; 1920 Begründer von "Le Populaire"; 1929-1938 Conseiller général de la Seine; 1914-1919, 1932-1936 Abgeordneter; Führer der Sozialisten.

Losowski, Arnold [alias Schwarz] (Drisdo, Salomon Abramowitsch)
(1878-1952) Sowjetischer Gewerkschaftsführer; 1909 Emigration; 1917 Rückkehr, Sekretär der Textilgewerkschaften; 1921-1937 Generalsekretär der kommunistischen Gewerkschaftsinternationale; 1944 Direktor im Informationsbüro; 1949 verhaftet; 1956 rehabilitiert.

Loucheur, Louis Albert Joseph [Parti Radical]
(1872-1931) Französischer Industrieller und Politiker; 1899 Mitbegründer der Baufirma Giros et Loucheur; 1916 Unterstaatssekretär für Rüstung; 1917 Rüstungsminister; 1917-1920 Wiederaufbauminister; 1921-1922 Minister für die befreiten Gebiete; Reparationssachverständiger; 1924 und 1926 Minister für Handel und Industrie; 1925 Finanzminister; 1928-1931 Arbeitsminister; 1930-1931 Wirtschafts- und Handelsminister; 1919-1931 Abgeordneter.

Lozowski s. Losowski

Ludendorff, Erich Friedrich Wilhelm [NF/NSDAP]
(1864-1937) Preußischer General; 1881 Eintritt in die Preußische Armee; 1908-1912 Chef der Aufmarschabteilung im Großen Generalstab; 1913 Regimentskommandeur; 1914 Chef des Generalstabs der VIII. Armee; November 1914 Quartiermeister beim Oberbefehlshaber Ost; 1916-1918 Erster Generalquartiermeister; 1918-1919 Exil in Schweden; Teilnehmer am Kapp-Lüttwitz-Putsch (1920) und Hitler-Putsch (1923); 1925 Präsidentschaftskandidat der NSDAP; 1925-1933 Führer des Tannenberg-Bundes; 1924-1928 MdR.

Ludwig III.
(1845-1921) 1912 Regent, 1913-1918 König von Bayern; 1918-1921 Emigration nach Ungarn.

Luise von Baden
(1838-1923) Großherzogin von Baden; Tochter Kaiser Wilhelms I.

Lüttwitz, Walther Frhr. von
(1859-1942) Generalleutnant der Infanterie; 1878 Eintritt in die Armee; 1894 Hauptmann im Generalstab; 1895-1898 im Generalstab in Straßburg; 1898-1900 Major im Großen Generalstab in Berlin; 1902-1904 Bataillionskommandeur; 1904 Chef des Generalstabes des XIV. Armeekorps; 1907 Oberst und Regimentskommandeur; 1911 Generalmajor und Brigadekommandeur; 1912 Oberquartiermeister im Großen Generalstab; 1914 Chef der IV. Armee; 1915 Führer des X. Armeekorps; 1916 Chef des Generalstabes der Heeresgruppe Kronprinz, kommandierender General des III. Armeekorps; 1918 Oberkommandierender in den Marken; Frühjahr 1919 Befehlshaber des Generalkommandos Lüttwitz; 1919-1920 Oberbefehlshaber des Reichswehrgruppenkommandos I (Berlin); 1920 militärischer Organisator des Kapp-Lüttwitz-Putsches; 1920-1925 im Exil, Rückkehr nach Amnestie.

Lützow, Hans Frhr. von
(1876-1940) Preußischer Major; 1919-1920 Freikorpsführer, im März 1919 in Berlin, im April in Braunschweig, April - Juli in München; im März - April 1920 in Remscheid.

Luther, Hans
(1879-1962) Politiker; 1913 Geschäftsführer des Preußischen, später des Deutschen Städtetages; 1918-1922 Oberbürgermeister von Essen; 1920-1925 Mitglied des vorläufigen Reichswirtschaftsrates; 1922-1923 Reichsminister für Ernährung und Landwirtschaft; 1923-1925 Reichsfinanzminister; 1925-1926 Reichskanzler; 1926-1930 Vorsitzender des Bundes zur Erneuerung des Reiches; 1930-1933 Reichsbankpräsident; 1933-1937 Botschafter in Washington; seit 1953 Leiter des Sachverständigenausschusses zur Gliederung der Länder in der Bundesrepublik; stand der DVP nahe.

Lutz, Adolf Frhr. von
(1868-1952) Verwaltungsbeamter; 1914 Ministerialrat; 1915-1917 Mitarbeiter der deutschen Zivilverwaltung in Belgien; 1920-1933 Ministerialdirektor im Bayerischen Ministerium des Äußeren; 1920 enger Mitarbeiter Gustav von Kahrs.

Luxemburg, Rosa [SPD/Spartacus/KPD]
(1870-1919) Politikerin, Publizistin und sozialistische Theoretikerin; 1889-1895 Studium der Nationalökonomie in Zürich; 1896-1897 in Frankreich; 1898 Übersiedlung von Polen nach Deutschland und Eintritt in die SPD; 1905 Teilnahme an der russischen Revolution; 1907-1914 Dozentin an der Parteihochschule in Berlin; 1915 und 1916-1918 in Haft; 1918 (mit Karl Liebknecht) Begründerin der "Roten Fahne"; 1919 gemeinsam mit Karl Liebknecht Führerin des

Spartacus-Aufstandes, nach dessen Scheitern verhaftet und ermordet; Mitbegründerin des Spartacusbundes und der KPD.

M

MacDonald, James Ramsay [Labour]
(1866-1937) Britischer Politiker; 1900 Mitbegründer, 1911-1914 Führer der Labour-Party; Gegner des britischen Kriegseintritts und des Versailler Vertrages, verliert daraufhin den Parteivorsitz und sein Mandat; 1924 erneut Parteiführer; 1924 und 1929, 1931-1935 Premierminister; 1924 Außenminister; 1935-1937 Lordpräsident des Geheimen Rates; 1906-1918, 1922-1937 MP.

Maercker, Georg L.
(1865-1924) Generalmajor; 1888 Beamter der ostafrikanischen Pflanzergesellschaft; 1889 Eintritt in die Schutztruppe Südwestafrika; 1891-1894 Kriegsakademie; 1893 Kommando nach Kleinasien; 1895 im Großen Generalstab; 1898-1900 Kommando nach Kiautschou; 1902-1904 Kompagniechef in Tilsit; 1904 Generalstabsoffizier in Südwestafrika; 1907 beim Oberkommando der Schutztruppen in Berlin; 1908-1910 Kommandeur in Südwestafrika; 1913-1915 Kommandant von Borkum; 1916-1917 Brigadekommandeur und Generalmajor; 1918-1919 Begründer und Führer des Freiwilligen Landesjägerkorps; Februar-August 1919 beauftragt mit dem Schutz der Nationalversammlung in Weimar; 1919-1920 Befehlshaber im Wehrkreis IV (Dresden); 1920 verabschiedet.

Majone, Giovanni Cesare
(1876- ?) Italienischer Diplomat; 1899 Eintritt in den diplomatischen Dienst; Mitarbeiter des Konsulats in Kairo (1899), Saloniki (1901), Konstantinopel (1903), Nizza (1905), Cannes (1907) und Philadelphia (1911); 1914-1917 Mitarbeiter des Kommissariats für Emigration; 1917 Generalkonsul in Moskau; 1918-1919 in besonderer Mission in Odessa; 1919 Mitarbeiter der Generaldirektion der Politischen Abteilung des Außenministeriums; 1920 in besonderer Mission im Transkaukasus; 14. September 1920-1923 Generalkonsul in München; 1923 Gesandter in Helsingfors, seit November 1923 in Warschau.

Malcolm, Sir Neill
(1869-1953) Britischer General; 1899-1902 Teilnehmer am Burenkrieg; 1919-1921 Leiter der britischen Militärmission in Berlin, anfangs mit der Rückführung der alliierten Kriegsgefangenen beauftragt; 1924 verabschiedet; 1936-1938 Hochkommissar für eine deutsche Flüchtlingsorganisation.

Maltzan, Adolf Georg Otto (Ago) von, Frhr. zu Wartenberg und Penzlin
   (1877-1927) Diplomat; 1906 Eintritt in den diplomatischen Dienst;
   1906-1914 unter anderem in Rio de Janeiro, Oslo, Berlin und Sankt
   Petersburg; 1918 Legationssekretär in Den Haag; 1918-1919 Mitarbeiter der Friedensabteilung des Auswärtigen Amtes; 1919 Geschäftsträger in Estland und Livland; 1920 Vortragender Rat und
   Leiter des Rußland-Referats; 1921 Ministerialdirektor und Leiter der
   Ost-Abteilung; 1922-1924 Staatssekretär; 1925-1927 Botschafter in
   Washington.

Malzahn, Heinrich [SPD/USPD/KPD/KAG]
   (1884-1957) Politiker; 1919 Mitglied des Vollzugsrates der Arbeiter- und Soldatenräte in Berlin; 1933 als Jugendleiter entlassen; 1940 in
   Haft; 1920-1924 MdR; 1917-1922 USPD.

Mangin, Charles Marie Emmanuel
   (1866-1925) Französischer General; seit 1899 im Kolonialdienst;
   1907-1912 in Nordafrika; 1914 Brigadegeneral, Kommandeur der
   Fremdenlegion und Kolonialtruppen an der Westfront; erobert in der
   Schlacht von Verdun 1916 die Sperrforts von Douaumont und Vaux
   zurück; Kommandeur der VI. Armée; 1918-1919 Oberbefehlshaber
   der französischen Besatzungstruppen im Rheinland; 1920 Mitglied
   der französischen Militärmission in Südrußland; Generalinspekteur
   der Kolonialtruppen und Mitglied des Obersten Kriegsrates.

Marceau, François-Séverin Desgraviers
   (1769-1796) Französischer General; 1785 Eintritt in die Armee; 1789
   Teilnehmer am Sturm auf die Bastille; 1792 Hauptmann; 1793
   Oberstleutnant; 1794 Teilnehmer an der Besetzung von Koblenz;
   1796 Tod bei der Schlacht von Altenkirchen.

Marcilly s. Chassain de Marcilly

Marette de Lagarenne, Georges Charles Marie Ghislaine
   (1884-1933) Französischer Diplomat; 1910 Eintritt in den diplomatischen Dienst; 1911 in Madrid, 1912 in London, 1913 in Kairo, 1917 in
   London, 1919 in Prag; Dezember 1920-1922 Gesandtschaftsrat in
   München, 1922 in Lissabon, 1923 in Berlin, 1925-1928 in London,
   1932 in Stockholm und Helsingfors.

Maretzky, Oskar
   [DVP/Nationalliberale Vereinigung/Hospitant der DNVP/NSDAP]
   (1881-?) Politiker und Jurist; 1912 Stadtsyndikus, seit 1918 Bürgermeister von Berlin-Lichtenberg; 1933 Staatskommissar für Berlin;
   1934/35 Bürgermeister in Berlin; 1919-1924 MdNV, MdR; 1924-1928
   MdPrLT; 1924 Mitbegründer der Nationalliberalen Vereinigung.

Margerie s. Jacquin de Margerie

Marinis-Stendardo di Ricigliano, Alberto, nobile de
(1868- ?) Italienischer General; 1920-1922 Mitglied der Interalliierten Regierungs- und Abstimmungskommission für Oberschlesien in Oppeln; Vertreter Italiens beim Völkerbund; 1923 Senator.

Marling, Sir Charles
(1862-1933) Britischer Diplomat; 1888 Mitarbeiter der Botschaft in Athen, 1904 in Madrid, 1905 in Athen; 1906 Konsul in Teheran, 1909 in Konstantinopel, 1910 in Teheran; 1916 Generalkonsul in Persien; 1919 Gesandter in Dänemark; 1919-1920 Vorsitzender der Internationalen Kommission für Nordschleswig; 1921-1926 Botschafter in Den Haag.

Marloh, Otto
(1893- ?) Oberstleutnant; ließ 1919 als Mitglied der Garde-Kavallerie-Schützen-Division mehrere verhaftete Angehörige der Marinedivision auf mündlichen Befehl hin erschießen, wurde im Dezember 1919 von einem Militärgericht freigesprochen.

Martel, Damien J.A.C. Comte de
(? - ?) Französischer Diplomat; Französischer Hochkommissar für Südrußland; seit August 1920 offizieller französischer Vertreter bei der Regierung Wrangel.

Martino, Giacomo, nobile de
(1868-1957) Italienischer Diplomat; 1891 Eintritt in den Diplomatischen Dienst; Mitarbeiter der Botschaft in Berlin (1892), in Konstantinopel (1895), in Kairo (1897), in Bern (1901), in Berlin (1906); 1907 Generalkonsul in Kairo; 1911 Chargé d'Affaires in Konstantinopel; 1913-1919 Generalsekretär des italienischen Außenministeriums; 1919 Mitglied der italienischen Friedensdelegation in Versailles; 21.4.1920 Geschäftsträger, von Juni bis zum 25.11.1920 Botschafter in Berlin; 1922 Botschafter in London, 1925 in Washington; 1928 Senator.

Martow, L. (eigentlich Juri Ossipowitsch) [Menschewik]
(1873-1923) Russischer Politiker; zusammen mit Lenin Organisator der Vereinigung zum Kampf für die Befreiung der Arbeiterklasse; 1896 nach Sibirien verbannt; 1903 Auseinandersetzung mit Lenin, 1905-1907 Führer der Menschewiki; Emigration in die Schweiz; 1917 Rückkehr nach Rußland, Führer der weißen Gegenrevolution; 1920 Emigration nach Berlin, Herausgeber der Zeitschrift "Sotzialistitscheski Westnik".

Marumo, Naotoshi
(1863- ?) Japanischer Diplomat; 1893 Eintritt in den Diplomatischen Dienst; 1897-1902 in China; 1910 Botschaftssekretär in Rom; 1916-1917 Geschäftsträger der Botschaft Sankt Petersburg, nach der Re-

volution Mitglied der Alliierten Mission in Archangelsk; 1920-1921 Mitglied der Kommission zur Beaufsichtigung der Durchführung des Versailler Friedensvertrages; 1920 japanischer Vertreter bei der Interalliierten Abstimmungskommission in Allenstein; 1921 in den Ruhestand versetzt.

Massigli, René de
(1888-1988) Französischer Diplomat; 1919 Eintritt in den diplomatischen Dienst; 1919 Mitarbeiter des Pressebüros in Bern; 1920 Generalsekretär der Pariser Botschafterkonferenz; 1922-1923 Generalsekretär der Konferenz von Lausanne; 1928 Leiter der Völkerbundabteilung des Quai d'Orsay; 1933-1937 stellvertretender, 1937-1938 Direktor der Affaires politiques et commerciales; Botschafter in Ankara (1938-1940); 1943-1944 Kommissar für Auswärtige Angelegenheiten der Londoner Exil-Regierung; Botschafter in London (1944-1945); 1955-1956 Generalsekretär des Quai d'Orsay.

Masterman, Edward Alexander Dimsdale
(1880-1957) Britischer Brigadegeneral; 1918 Chef des Luftwaffendepartements der Marine; 1918 Wechsel zur Royal Air Force; 1919-1922 Vorsitzender der Interalliierten Luftüberwachungskommission; 1922-1927 Kommandeur der Group N° 7 und N° 10 der RAF.

Matzies, Fritz [SDPM]
(1887-1957) Gewerkschaftler und Politiker in Memel; 1920 Mitglied des Landesdirektoriums, Vertreter der Arbeiterschaft; 1920 Direktor der Landesversicherungsanstalt und Dezernent für Sozialversicherung und Arbeiterrecht in Memel; 1925-1935 Vorsitzender der Sozialdemokratischen Partei des Memelgebietes.

Maximilian Alexander Friedrich Wilhelm, Prinz von Baden
(1867-1929) Politiker; 1903-1907 Oberstleutnant und Kommandeur des 1. badischen Leibdragonerregiments Nr. 20; 1907-1911 Kommandeur der XXVIII. Kavalleriebrigade; Präsident der 1. Badischen Kammer; 4.10.-9.11.1918 Reichskanzler und Preußischer Ministerpräsident; 1907-1918 Badischer Thronfolger.

Mayer (-Kaufbeuren), Wilhelm Friedrich [Z/BVP]
(1874-1923) Politiker und Industrieller; 1914-1918 Vorsitzender des Reichstagsausschusses für Handel und Gewerbe; 1919 Vorsitzender des Ausschusses der Nationalversammlung für Volkswirtschaft; 1919-1920 Reichsschatzminister; 1920-1923 Geschäftsträger, seit August 1920 Botschafter in Paris; 1907-1918 MdR; 1919-1923 MdNV, MdR; 1920 MdBayerLT.

Mayrisch, Émile
(1862-1928) Luxemburgischer Industrieller; 1885 Generalsekretär, 1887 Direktor der Stahlwerke Dudelange; 1911 Gründer und Gene-

raldirektor der Aciéries Réunies de Burbach, Eich et Dudelange (Arbed); Teilnehmer an der Konferenz von Genua (1922); Befürworter eines deutsch-französischen Ausgleichs.

Meerfeld, Johannes [SPD]
(1871-1956) Politiker und Journalist; 1894 Mitarbeiter, 1906 Chefredakteur der "Rheinischen Zeitung"; 1920-1933 Beigeordneter der Stadt Köln; 1933 aus allen Ämtern entlassen; 1933 nach kurzer Haft Flucht in die Schweiz; 1934 Rückkehr nach Deutschland; 1944 erneut in Haft; 1917-1918 MdR; 1919-1924 MdNV, MdR; 1917-1933 MdPrStR.

Meinberg, Adolf [KPD]
(1893-1955) Kaufmann und Journalist; Redakteur beim "General-Anzeiger für Dortmund"; im März 1920 Vorsitzender des Aktionsausschusses in Dortmund; nach der Niederschlagung des Aufstandes verurteilt, im August 1920 amnestiert; 1921 nach der Märzaktion zu drei Jahren Zuchthaus verurteilt; 1922 erneut amnestiert; 1933 und 1940 jeweils in Haft; nach 1945 Mitbegründer der Europa-Union; 1922 aus der Partei ausgeschlossen.

Meinecke, Friedrich
(1862-1954) Historiker; 1901 Professor für Geschichte in Straßburg, 1906 in Freiburg, 1914 in Berlin; 1929 emeritiert; 1896-1935 Herausgeber der Historischen Zeitschrift; 1948 Mitbegründer und erster Rektor der Freien Universität in Berlin; 1920 Mitglied der Zentralstelle für die Gliederung des Reiches.

Meinel, Wilhelm Karl Ritter von
(1865-1927) Politiker und Jurist; seit 1895 im Bayerischen Staatsministerium und Ministerium des Königlichen Hauses; 1911 Vorstand der Abteilung für Industrie, Handel und Gewerbe; 1919 Vertreter des Reichswirtschaftsministeriums bei den Verhandlungen in Versailles; 1919 Staatsrat im Bayerischen Handelsministerium; 1920 Vertreter Bayerns in der deutschen Delegation in Spa; 1922-1927 Bayerischer Handelsminister; Sympathisant der DNVP.

Meißner, Otto Leberecht Eduard
(1880-1953) Verwaltungsbeamter und Jurist; 1911 Regierungsrat in Straßburg; 1918-1919 deutscher Geschäftsträger in der Ukraine; 1.4.1920 Ministerialdirektor und Leiter im Büro des Reichspräsidenten; 1923 Staatssekretär; 1934-1945 Chef der Präsidial-Kanzlei; 1937 Ernennung zum Staatsminister ohne Sitz im Kabinett.

Melchior, Carl Joseph
(1871-1933) Bankier; 1902-1933 Syndikus, 1917 Teilhaber des Bankhauses Warburg, Melchior & Co.; 1918-1919 Leiter des Finanzausschusses der deutschen Waffenstillstandskommission; 1919-1920 Be-

rater der Friedensdelegation in Versailles; 1925 Mitglied des Finanzkomitees des Völkerbundes; Sachverständiger des Reiches bei den Dawes-Verhandlungen (1929), der Konferenzen von London und Basel (1931) sowie Lausanne (1932); 1930-1933 Mitglied des Aufsichtsrates bei der Bank für Internationalen Zahlungsausgleich; 1933 Mitbegründer des Zentralausschusses für Hilfe und Aufbau bei der Reichsvertretung der deutschen Juden in Berlin.

Méline, Felix-Jules [Parti Républicain]
(1838-1925) Französischer Politiker und Jurist; 1883-1885 und 1915-1916 Minister für Landwirtschaft; 1920 Präsident der Internationalen Agrarkonferenz in Paris; 1872 Mitglied der Nationalversammlung; 1876-1903 Abgeordneter; 1903-1925 Senator.

Mende, Clara (geb. Völker) [DVP]
(1869- ?) Politikerin und Pädagogin; Schriftleiterin der Zeitschrift "Die Frau in der Politik"; Vorsitzende des Deutschen Frauenausschusses zur Bekämpfung der Kriegsschuldlüge; 1929 Referentin für Hauswirtschaft im Reichswirtschaftsministerium; 1919-1928 MdNV, MdR.

Mercier, Philipp
(1872-1936) Schweizer Jurist und Diplomat; 1917-1919 Gesandter in Berlin, zugleich auch akkreditiert in Stockholm.

Merkel, Hermann Josef [SPD/USPD/SPD]
(1878-1938) Politiker und Gewerkschaftler; 1913-1919 Redakteur in Solingen; 1919 von den britischen Behörden verhaftet und zu 4 Monaten Gefängnis verurteilt; 1920-1931 Kommunalpolitiker in Solingen; 1920-1924 MdR.

Metz, Adalbert François Alexandre de
(1867-1946) Französischer General; 1917 Oberst; 1918-1919 Leiter des 5. Büros (Kontrolle der Zivilverwaltung und der Rechtsprechung) in der Pfalz (Speyer); 1919-1924 im Range eines Délégué Supérieur der HCITR in der Pfalz; 1920 General; 1924 Wechsel ins Kriegsministerium; 1927 zur Disposition gestellt.

Meyer, Eduard
(1855-1930) Historiker; Professor für Alte Geschichte in Leipzig, 1885 in Breslau, 1889 in Halle, 1902-1923 Berlin; 1919/1920 Rektor der Universität; Befürworter des Flottenbaus und des uneingeschränkten U-Bootkrieges; Mitglied der Notgemeinschaft der deutschen Wissenschaft.

Mielecki, Andrei
(1864-1920) Polnischer Arzt und Politiker; 1908 Mitbegründer der polnischen Ärztevereinigung in Schlesien; 1909 Gründer und Mitbe-

sitzer der Schlesischen Exportgesellschaft; 1919 Mitglied des Gemeinderates in Kattowitz; bei den Unruhen vom 17.8.1920 in Kattowitz ermordet.

Milhaud, Besaleël Albert [Parti Radical]
(1871- ?) Französischer Journalist, Schriftsteller und Politiker; 1894 Professor für Geschichte; Chefredakteur von "Le Rappel" und anderer Zeitschriften; 1914-1915 Chef de Cabinet des Handelsministers Thomson; 1920-1921 Chef du Service des Œuvres français à l'étranger; 1926 Unterstaatssekretär im Außenministerium; 1924-1928 Abgeordneter.

Millerand, Alexandre
[Parti Radical/Parti Socialiste Français/Union républicaine, nationale et sociale/Union républicaine nationale]
(1859-1943) Französischer Jurist, Journalist und Politiker; 1892-1898 Chefredakteur von "La Petite République", 1898 Chefredakteur von "La Lanterne" als Nachfolger Briands; 1899-1902 Handelsminister; 1909-1910 Postminister und Minister für Öffentliche Arbeiten; 1912-1913, 1914-1915 Kriegsminister; 1919-1920 Generalkommissar für Elsaß-Lothringen; 1920 Ministerpräsident, Außenminister und Vorsitzender der Friedenskonferenz; 1920-1924 Präsident der Republik; 1885-1920 Abgeordneter; 1925-1944 Senator und Oppositionsführer; 1904 aus der Sozialistischen Partei ausgeschlossen; 1924 Gründer und Führer der Union républicaine nationale.

Mirbach-Harff, Wilhelm Graf von
(1871-1918)) Diplomat; 1908 Botschaftsrat in Sankt-Petersburg; 1911 Vortragender Rat im Auswärtigen Amt; 1915 Gesandter in Athen; 1917 im Stab der Militärverwaltung in Rumänien; 1917-1918 Leiter einer gemischten Kommission in Sankt Petersburg; 1918 Gesandter in Moskau, am 6.7.1918 ermordet.

Mistral, Paul Antoine François [SFIO]
(1872-1932) Französischer Politiker und Publizist; 1900 Gründer und bis 1910 Chefredakteur der Tageszeitung "Le Droit du Peuple"; Mitarbeiter von "L'Humanité", "L'Avenir" und "Le Populaire"; 1919-1932 Bürgermeister von Grenoble; 1910-1932 Abgeordneter.

Miyake, Shôtarô
(1887-1949) Japanischer Justizbeamter; 1913 Richter am Distriktgericht Tokio; 1919 Eintritt in das Justizministerium; 1919-1921 Mitglied der Kommission zur Beaufsichtigung der Durchführung des Versailler Vertrages; 1920-1921 Mitglied der japanischen Völkerbunddelegation; Chef des Justizdepartements in Marienwerder; 1922 in der Mandschurei und China; 1924 Abteilungsleiter im Justizministerium; 1925-1926 Mitglied der Kommission für exterritoriale Ge-

biete Chinas; 1927 Sektionschef am Berufungsgericht Nagoya; 1929 Richter am Reichsgericht; 1934 Oberster Richter am Distriktgericht, 1935 am Strafgericht Tokio; 1937 Sektionschef am Reichsgericht; 1940 Vizejustizminister; 1945 Oberster Richter am Berufungsgericht Osaka; 1945 in den Ruhestand versetzt und Mitglied des Oberhauses; am 30.7.1945 von den Besatzungsbehörden von der Ausübung öffentlicher Ämter ausgeschlossen.

Modigliani, Guiseppe [Sozialist]
(1872-1947) Italienischer Politiker; Mitbegründer der sozialistischen Partei; 1922 Emigration über Österreich nach Frankreich, 1940 in die Schweiz; 1945 Rückkehr; Präsident der Sozialistischen Arbeiterpartei.

Moesle, Stefan
(1874-1951) Verwaltungsbeamter und Jurist; 1901-1907 im höheren württembergischen Verwaltungsdienst; 1907-1911 Mitarbeiter im Reichsversicherungsamt; 1911-1919 Mitarbeiter des Reichsschatzamtes; 1919 Direktor im Reichsschatzamt; 9. Juli 1919 Unterstaatssekretär, 1920 Staatssekretär im Reichsfinanzministerium; 1925-1933 Generaldirektor der oberschlesischen Feuersozietät; 1930-1933 Vertreter der Provinz Oberschlesien im Reichsrat.

Möhl, Arnold Ritter von
(1867-1944) Bayerischer General der Infanterie; 1884 Eintritt in die Armee; 1901 Hauptmann im Generalstab; 1911 Oberstleutnant im Stab des II. Armeekorps; 1913 Direktor der Kriegsakademie München; 1915 Generalmajor und Chef des Generalstabes des I. Bayerischen Armeekorps; 1917 Kommandeur der 16. Bayerischen Infanterie-Division; 1918 Oberbefehlshaber im Gruppenkommando 4; 1919 Befehlshaber der bayerischen Einheiten gegen die Räterepublik, dann Bayerischer Landeskommandant; 1920-1922 Oberbefehlshaber des Wehrkreiskommandos VII; 1922-1924 Befehlshaber beim Reichswehrgruppenkommando 2 (Kassel).

Moisson Baron de Vaux, Gaston Albert Joseph Marie
(1875-1953) Französischer Diplomat; 1901 Eintritt in den diplomatischen Dienst; 1903 in Berlin, 1905 in Athen, 1910 in Mexiko; Chargé d'Affaires in Lima (1912), Stockholm (1913), Christiana (1918), Konstantinopel (1919); Generalkonsul in Stuttgart (1920), Warschau (1923); Gesandter in Tirana (1926), Helsingfors (1929-1935); 1935 in Sondermission in Ägypten.

Moltke, Hans-Adolf Graf von
(1884-1943) Diplomat; 1913 Eintritt in den diplomatischen Dienst, Attaché an der Gesandtschaft in Athen (1913), Konstantinopel (1914); 1919 Legationsrat und Preußischer Geschäftsträger in Stutt-

gart; 1920 Vertreter des Auswärtigen Amtes bei dem deutschen Bevollmächtigten für den Abstimmungsbezirk Oberschlesien in Oppeln; 1922 Mitglied der gemischten Kommission für Oberschlesien; 1924 kommissarischer Botschaftsrat in Konstantinopel; 1928 Vortragender Legationsrat in Berlin; 1931 Direktor der Ostabteilung des Auswärtigen Amts und Gesandter; 1934 Botschafter in Warschau, 1943 in Madrid.

Moltke, Helmuth Karl Bernhard Graf von (d. Ä.) [Konservativ]
(1800-1891) Preußischer Generalfeldmarschall; 1819 Leutnant in dänischen, seit 1822 in preußischen Diensten; 1832 im Großen Generalstab; 1835-1839 Ausbilder und Berater der Armee des Osmanischen Reiches; 1849-1855 Chef des Generalstabs des 4. Armeekorps, Adjudant des späteren Kaisers Friedrich III.; 1857-1888 Chef des Großen Generalstabes; 1867-1891 MdR.

Morgan, John Hartman
(1876-1955) Britischer Jurist und Brigadegeneral; 1904-1905 Mitarbeiter des "Manchester Guardian"; Mitarbeiter des Innenministeriums; 1914 chargierter Hauptmann und Chef der Nachrichtenabteilung der Britischen Armee in Frankreich; 1918 stellvertretender Vorsitzender des britischen Untersuchungsausschusses für Kriegsverbrechen; 1919 Mitglied der Alliierten Kriegsgefangenenkommission in Versailles; 1919 Brigadegeneral und Mitglied der IMKK; 1923 offiziell verabschiedet, aber weiterhin als juristischer Berater der IMKK und der britischen Krone tätig; 1923-1941 Professor für Verfassungsrecht am University College London; 1947-1949 Berater der amerikanischen Anklagebehörde in Nürnberg.

Morize, Jean Frédéric René Louis
(1886-1966) Französischer Verwaltungsbeamter und Diplomat; 1917-1919 Mitarbeiter des Pressebüros in Bern; 1920 Generalsekretär der Regierungskommission des Völkerbundes für das Saargebiet, zuständig für Finanzen und wirtschaftliche Angelegenheiten; 1926-1935 Mitglied der Regierungskommission; 1935 französischer Vertreter in der griechischen Finanzkommission; 1936 in Sondermission in Marokko.

Morland, Sir Thomas Lethbridge Napier
(1865-1925) Britischer Generalleutnant; seit dem 3. März 1920 Oberbefehlshaber der britischen Truppen im Rheinland.

Moser von Filseck, Carl
(1869-1949) Diplomat; 1897 Eintritt in das württembergische Außenministerium; 1905 Verwalter der Gesandtschaft in Berlin; 1906-1933 Württembergischer Gesandter in München, Karlsruhe und Darmstadt.

Moses, Julius [SPD/USPD/SPD]
(1868-1942) Politiker und Arzt; Mitglied des Parteivorstandes der SPD; 1933 in Haft; 1938 Berufsverbot (Jude); 1942 erneut verhaftet und im KZ Theresienstadt gestorben; 1920-1932 MdR; 1917-1922 USPD.

Motta, Guiseppe [Konservativ]
(1871-1940) Schweizer Politiker; 1920-1940 Leiter des Politischen Departements; 1915, 1920, 1927, 1932 und 1937 Bundespräsident; 1911-1940 MdSB.

Müller, Adolf [SPD]
(1865-1943) Diplomat; 1891 Leiter des "Depeschenbüros Herold" in Berlin; Hauptschriftleiter der "Münchner Post"; 1919-1933 Gesandter in Bern; 1899-1918 MdBayerLT.

Müller, August [SPD/DDP]
(1873-1946) Politiker; 1896 Gewerkschaftssekretär; 1898 und 1904-1917 Redakteur der "Volksstimme" in Magdeburg; 1899 wegen Majestätsbeleidigung 2 Jahre Gefängnis, anschließend Studium der Nationalökonomie, Finanzwissenschaft und öffentliches Recht in Zürich; 1909 Vorstandsmitglied im Zentralverband deutscher Konsumvereine; 1916-1918 Mitarbeiter, seit 1917 Unterstaatssekretär im Kriegsernährungsamt; 1918 Unterstaatssekretär, 1919 Staatssekretär im Reichswirtschaftsamt; 1920-1933 Mitglied des vorläufigen Reichswirtschaftsrates; 1925 Wechsel zur DDP; Professor für Genossenschaftswesen, Wirtschafts- und Sozialpolitik.

Müller (-Meiningen), Heinrich Ernst [DFsP/FVP/DDP]
(1866-1944) Politiker und Jurist; 1894 Eintritt in den bayerischen Justizdienst; 1898 Amtsrichter in Fürth; 1903 Landgerichtsrat in Aschaffenburg; 1911 Oberlandesgerichtsrat in München; 1919-1920 Bayerischer Justizminister; 1920 stellvertretender Bayerischer Ministerpräsident; Rat am Bayerischen Obersten Landesgericht; 1898-1918 MdR; 1919-1924 MdBayerLT; 1906-1910 Fraktionsvorsitzender der FVP.

Müller (-Franken), Hermann [SPD]
(1876-1931) Politiker; 1899 Redakteur der "Görlitzer Volkszeitung"; 1918-1919 Mitglied des Vollzugsrates der Arbeiter- und Soldatenräte in Berlin; 1919-1920 Reichsaußenminister; 1920, 1928-1930 Reichskanzler; 1916-1918 MdR; 1919-1931 MdNV, MdR; 1906-1931 Mitglied des Parteivorstands; 1919-1927 Partei- und Fraktionsvorsitzender.

Müller, Karl [Rheinisches Zentrum]
(? - ?) Politiker; Syndikus; Präsident des "Freirheinlandes", 1919 umbenannt in "Hauptausschuss für die Errichtung eines rheinischen Gliedstaates"; 1921-1922 Generalsekretär der Landwirtschaftskammer im Rheinland; Separatist.

Müller, Karl von [DNVP]
(1873-1923) Fregattenkapitän; 1908 Korvettenkapitän; 1913 Kommandant des Kreuzers "Emden"; 1914 Fregattenkapitän; führte 1914 im Indischen Ozean Kaperkrieg; 1914 in britischer Kriegsgefangenschaft; Januar 1918 in Holland interniert; September 1918 Abteilungschef im Allgemeinen Marinedepartement; 1919 verabschiedet.

Müller, Richard [USPD/KPD]
(1880-1943) Politiker und Redakteur; 1916, 1917 und 1918 Organisator der Berliner Streikbewegung; 1918-1919 Organisator der Revolutionären Obleute; Vorsitzender des Vollzugsrates der Arbeiter- und Soldatenräte in Berlin; 1919-1920 Redakteur der "Deutschen Metallarbeiter Zeitung"; 1920-1922 Leiter der roten Betriebsrätezentrale und Mitarbeiter der Gewerkschaftsabteilung in der KPD-Zentrale; 1922 aus der KPD ausgeschlossen.

Mutius, Gerhard von
(1872-1934) Diplomat und Jurist; 1903 Eintritt in den diplomatischen Dienst; Mitarbeiter der Botschaft in Paris (1903), Sankt Petersburg (1904), in der Reichskanzlei (1905), Peking (1907), Paris (1909), Konstantinopel (1911), Sankt Petersburg (1914); 1914 im Großen Hauptquartier; 1915 Leiter der Politischen Abteilung beim Generalgouverneur in Warschau; 1918 Gesandter in Christiana; August 1920-1921 Vorsitzender der deutschen Friedensdelegation in Paris; 1923 Gesandter in Kopenhagen, 1926 in Bukarest; 1931 zur Disposition gestellt.

N

Nastopka, Stasys
(1881-1938) Litauischer Brigadegeneral; 1920 Kommandeur der Ersten Litauischen Infanteriedivision; geriet 1921 in polnische Kriegsgefangenschaft; 1924 in den Ruhestand versetzt.

Naumann, Victor
(1865-1927) Jurist, Journalist und Publizist; während des Krieges im Auftrag des Ministerpräsidenten Graf Härtling mit vertraulichen Missionen betraut; 1919 Ministerialdirektor und Leiter der Nach-

richtenabteilung des Auswärtigen Amtes; Gegner einer Annahme des Versailler Vertrages.

Nemitz, Anna (geb. Voigt) [SPD/USPD/SPD]
(1873-1962) Politikerin; 1919-1920 Stadtverordnete in Charlottenburg; 1920-1933 MdR; 1946-1954 MdBerA; Mitglied des Parteivorstandes.

Neton, Elie Albéric
(1869-1965) Französischer Verwaltungsbeamter und Diplomat; 1893 Mitarbeiter des Kolonialministeriums; 1895 Mitarbeiter des Innenministeriums; 1898 Eintritt in den diplomatischen Dienst; 1902 Mission nach Indochina, 1909 nach Südamerika; 1912 in Düsseldorf und Stuttgart, 1914 in Athen, 1915 in Mailand, 1916 in Madrid; 1919 Generalkonsul in Hamburg, 1924 in Neapel; 1926 Gesandter in Port-au-Prince, 1928-1929 in Bogota.

Nicolai, Georg Friedrich
(1874- ?) Arzt und Soziologe; 1907 Privatdozent, 1919 Professor für Physiologie in Berlin; 1931 Professor für Soziologie in Rosario, Argentinien; Pazifist.

Niessel, Henri Albert
(1866-1955) Französischer General; 1918-1919 Mitglied der Interalliierten Waffenstillstandskommission; 1919-1920 Vorsitzender der Interallierten Baltikumkommission.

Nikolaus II., Alexandrowitsch
(1868-1918) 1894-1917 Russischer Zar; übernahm 1915 persönlich den Oberbefehl über die russischen Streitkräfte; Abdankung und Internierung nach der Februarrevolution 1917; 1918 mit seiner Familie ermordet.

Nitti, Francesco Saverio [liberal]
(1868-1953) Italienischer Politiker; 1911-1914 Wirtschafts-, 1917-1919 Schatzminister; 1919-1920 Ministerpräsident und Innenminister; 1924 Emigration nach Paris; 1943-1945 in deutscher Haft; 1948 Senator auf Lebenszeit; 1904-1924 Abgeordneter; 1945 Mitbegründer der Unione Democratica Nazionale.

Noé, Ludwig
(1871- ?) Politiker in Danzig; Generaldirektor der Danziger Werft; 1920-1924 Senator für die Staatsbetriebe; 1920 MdVVD, MdDanVT.

Nollet, Charles
(1865-1941) Französischer General; 1892 Hauptmann; 1898 Absolvent der Ecole de Guerre; 1903 Chef einer Schwadron; 1908 Oberstleutnant; 1911 Oberst; 1914 Militärischer Befehlshaber des Senats; 1914-1918 Brigade-, später Divisionsgeneral; 1919-1924 Vorsitzen-

der der IMKK; 1921 Mitglied des Obersten Kriegsrates; 1924-1925 Kriegsminister; 1930 verabschiedet.

Nortz, Eduard [DVP]
(1868-1939) Verwaltungsbeamter und Jurist; 1920 Bayerischer Landeskommissar für die Entwaffnung; 1921 Polizeipräsident in München; 1923 Generalstaatsanwalt am Verwaltungsgerichtshof München; 1926 Senatspräsident in München; 1933 in den Ruhestand versetzt.

Noske, Gustav [SPD]
(1868-1946) Politiker; 1902-1918 Chefredakteur der "Chemnitzer Volksstimme"; 1918 Gouverneur von Kiel; 1918-1919 Mitglied des Rates der Volksbeauftragten; 1919-1920 Reichswehrminister; 1920-1933 Oberpräsident von Hannover; 1944-1945 in Haft; 1906-1918 MdR; 1919-1920 MdNV.

Nostitz-Drzewiecki, Hans Gottfried von
(1863-1958) Sächsischer Diplomat und Jurist; 1905 Amtshauptmann in Pirna; 1916-1918 Sächsischer Gesandter in Berlin; 1920-1928 Präsident des Kompetenzgerichtshofs und des Oberverwaltungsgerichts Dresden; 1923-1933 Vorsitzender der Gesellschaft für soziale Reform.

Noulens, Joseph Jean-Baptiste Eliacin [Radical Socialiste]
(1864-1944) Französischer Politiker und Diplomat; 1910-1911 Unterstaatssekretär im Kriegsministerium; 1913-1914 Kriegsminister; 1914 Finanzminister; Botschafter in Petrograd (1917); 1919-1920 Landwirtschaftsminister; 1921 Vertreter Frankreichs und Leiter der Interalliierten Waffenstillstandskommission in Posen; 1902-1904 Abgeordneter; 1920-1924 Senator.

Noyes, Pierrepont B.
(1870-1959) Amerikanischer Industrieller und Diplomat; Präsident der Oneida Ltd. Silberwarenfabrik; während des Krieges in den USA verantwortlich für die Treibstoffbewirtschaftung; 1919-1920 Rheinlandkommissar; bis 31.5.1920 inoffizieller amerikanischer Vertreter in der HCITR.

Nuschke, Otto [FsVg/DDP/DStP/CDU-Ost]
(1883-1957) Politiker und Journalist; 1902 Redakteur, 1903 Chefredakteur der "Hessischen Landeszeitung"; 1910-1915 Parlamentsberichterstatter für das "Berliner Tageblatt"; 1916-1933 Chefredakteur der "Berliner Volkszeitung"; Mitbegründer und Mitglied des Parteivorstandes der DDP; 1930-1933 Reichsgeschäftsführer der Deutschen Staatspartei; 1933 Berufsverbot; 1933 und 1936 in Haft; 1945 Mitbegründer und Vorsitzender der CDU in der Sowjetzone; 1947 Wegbereiter der Gleichschaltung der Partei; 1949 stellvertretender

Ministerpräsident der DDR und Leiter des Amtes für Kirchenfragen; 1950 Mitglied des Präsidiums der Nationalen Front; 1919-1920 MdNV; 1921-1933 MdPrLT; 1946-1948 MdL in Sachsen-Anhalt; 1946-1952 MdLBrand; 1949-1957 MdVK.

O

Oberndorff, Alfred Graf von
 (1870-1963) Jurist und Diplomat; 1897 Eintritt in den diplomatischen Dienst; 1899 Mitarbeiter der Botschaft in Madrid, 1905 in Brüssel; 1907 Botschaftsrat in Madrid, 1910 in Wien; Gesandter in Christiana (1912-1914), Sofia (1916-1918); 1918 Mitglied der Waffenstillstandskommission; Gesandter in Warschau (April 1920 - Februar 1921); 1933 verabschiedet.

Odry,
 (? - ?) Französischer General; 1920-1921 Oberkommissar der Alliierten Hauptmächte für das Memelgebiet.

Oeser, Rudolf [FsVP/FVP/DDP]
 (1858-1926) Politiker und Journalist; 1897 Redakteur der "Frankfurter Zeitung"; 1917 Chefredakteur der "Ostsee-Zeitung"; 1919-1921 Preußischer Arbeitsminister; 1921-1922 Landeshauptmann der Provinz Sachsen; 1922-1923 Reichsinnenminister; 1923-1924 Reichsverkehrsminister; 1924-1926 Generaldirektor der Deutschen Reichsbahn; 1902-1908, 1913-1918 MdPrA; 1907-1912 MdR; 1919-1924 MdPrLV, MdPrLT.

Ogier, Jean Baptiste Émile
 (1862-1932) Französischer Politiker; 1882 Mitarbeiter des Innenministeriums; 1901 Chef des Verwaltungsdienstes; 1905 Staatsrat; 1907 Direktor des Rechnungswesens; 1911 Generalsekretär des Innenministeriums; 1919 Präfekt der Provinz Meuse; 1920-1921 Minister für die befreiten Gebiete.

O'Grady, Sir James [Labour]
 (1866-1934) Britischer Politiker; 1919-1920 Bevollmächtigter für die Verhandlungen mit RSFSR über den Gefangenenaustausch in Kopenhagen; 1906, 1918-1924 MP.

Ollmert, Karl [Z/NSDAP]
 (1874-1965) Politiker und Redakteur; 1906-1909 Bezirksleiter des Gewerkvereins christlicher Bergarbeiter Deutschlands in Hamborn, 1909-1912 im Saarrevier; 1912 Redaktionsmitglied bei der "Saarpost"; 1917 Stadtverordneter in Saarbrücken; 1920 von den französischen Behörden aus dem Saarland ausgewiesen; 1917-1918 MdPrA; 1919-1920 MdPrLV; 1919-1920 MdNV.

Oppen, Matthias von
(1873-1924) Verwaltungsbeamter; Präsident des Kriegsernährungsamtes; 1917-1924 Regierungspräsident von Allenstein.

Orlando, Vittorio Emanuele [liberal]
(1860-1952) Italienischer Jurist und Politiker; 1885-1931 Professor für Verfassungsrecht in Modena, Messina, Palermo und Rom; 1903-1905 Erziehungsminister; 1907-1909 und 1914-1916 Justizminister; 1917-1919 Ministerpräsident; unterstützte zunächst den Faschismus, wandte sich 1925 jedoch ab; beriet König Viktor Emanuel III. 1943 beim Sturz Mussolinis; 1946 Präsident der Konstituante; 1885-1927 Abgeordneter; 1948 Senator auf Lebenszeit.

Öttinghaus, Walter [SPD/KPD]
(1883-1950) Politiker und Gewerkschaftler; 1910 Mitarbeiter des Deutschen Metallarbeiter-Verbandes; 1933 Emigration über Holland nach Frankreich; 1940 interniert; 1941 Emigration nach Mexiko; 1948 Rückkehr nach Deutschland; 1920-1924 und 1930-1933 MdR; 1931 Wechsel zur KPD; 1936 aus der KPD ausgeschlossen.

Ottley, L. E.
(? -1921) Britischer Major; 1920-1921 Kreiskontrolleur in Beuthen-Land der Interalliierten Regierungs- und Abstimmungskommission in Oberschlesien.

P

Paasche, Hans
(1881-1920) Kapitänleutnant; 1899 Eintritt in die Marine, seit 1909 in den Ranglisten nicht mehr nachweisbar (zuletzt Oberleutnant z. S.); 1912-1916 Führer des Vortrupp-Bundes; bei Kriegsende wegen pazifistischer Agitation in Haft; 1918-1919 Soldatenvertreter im Berliner Vollzugsrat; 1920 ermordet.

Pabst, Waldemar
(1880-1970) Major; 1900 Eintritt in die Armee; 1918-1919 Hauptmann und 1. Generalstabsoffizier der Garde-Kavallerie-Schützen-Division, verantwortlich für die Ermordung von Rosa Luxemburg und Karl Liebknecht; 1919 verabschiedet; Führer der "Nationalen Vereinigung"; 1920 Vertrauter Kapps, nach dem Putsch Flucht nach Tirol; 1921 Stabsleiter der Heimwehr in Österreich; 1930 Geschäftsführer der Rheinmetall AG; 1931-1933 Geschäftsführender Vorsitzender der Gesellschaft zum Studium des Faschismus; 1943-1945 im Exil in der Schweiz.

Pacelli, Eugenio
(1876-1958) Titularerzbischof von Sardes; 1901 Eintritt in das päpstliche Staatssekretariat; 1914 Sekretär für außerordentliche kirchliche Angelegenheiten in der Kurie; 1917-1925 Nuntius für Bayern, 1920-1929 für das Reich; 1929 Kardinal; 1930-1939 Kardinalstaatssekretär; 1939-1958 Papst Pius XII.

Pachnicke, Hermann [FsVg/FVP/DDP]
(1857-1935) Politiker und Nationalökonom; 1890 Dozent an der Humboldt-Universität in Berlin; Mitbegründer des Bauernvereins Nord-Ost; 1920 Vorsitzender der Gesellschaft für Volksbildung; Mitglied der Gesellschaft zur Erforschung der Kriegsursachen; 1907-1918 MdPrA; Fraktionsvorsitzender; 1893 Wechsel zur FVP; 1890-1918 MdR; 1919-1924 MdNV, MdR.

Paléologue, Maurice
(1859-1949) Französischer Diplomat, Jurist und Schriftsteller; 1880 Eintritt in den diplomatischen Dienst; 1883 in Tanger, 1885 in Rom, 1885-1886 in China; 1892 Sous-Chef du Cabinet du Ministre; 1894 Mitarbeiter der Direction politique, 1901 Sous-Directeur adjoint; 1905 Directeur du Cabinet de Théophile Delcassé; 1907 Gesandter in Sofia; 1912 Directeur des Affaires politiques et commerciales; 1914-1917 Botschafter in Sankt Petersburg; Januar - September 1920 Generalsekretär des Quai d'Orsay.

Panafieu, Hector-André de
(1865-1949) Französischer Diplomat; 1883 Eintritt in den diplomatischen Dienst; 1912-1914 Gesandter in Sofia; 1920 Hochkommissar in Sofia; 1920-1925 Botschafter in Warschau.

Parvus-Helphand s. Helphand

Payer, Friedrich von [FVP/DDP]
(1847-1931) Politiker und Jurist; 1871-1913 Rechtsanwalt in Stuttgart; 1917-1918 Stellvertreter des Reichskanzlers; 1877-1878, 1880-1887, 1890-1917 MdR; 1919-1920 MdNV; Fraktionsvorsitzender der DDP; 1894-1912 MdWürttLT, seit 1895 Kammerpräsident.

Percival, Harold Franz Passawer
(1876-1946) Britischer Oberstleutnant; 1918-1919 Mitglied der britischen Militärmission in Deutschland; 1919-1921 Mitglied der Interalliierten Regierungs- und Abstimmungskommission für Oberschlesien in Oppeln; 1929 verabschiedet.

Peretti de la Rocca, Emmanuel Marie Joseph de
(1870-1958) Französischer Diplomat; 1893 Eintritt in den diplomatischen Dienst; Chargé d'Affaires in Rio de Janeiro (1901-1902), in Santiago de Chile (1904), in Mexico (1906-1907); Botschaftssekretär

in Washington (1910-1914); 1914 Direktor der Sous-Direction Afrique; Direktor der Affaires politiques et commerciales (1920-1924); 1924 Botschafter in Madrid, 1929-1931 in Brüssel.

Pertus, Otto [DNVP]

(? - ?) Industrieller und Politiker in Danzig; Direktor der Danziger Waggonfabrik; 1924 Parlamentarischer Senator in Danzig; 1920 Md VVD, MdDanVT.

Pétain, Henri Philippe

(1856-1951) Französischer Marschall und Politiker; 1875 Eintritt in den Militärdienst; 1883 Leutnant; 1888-1890 Ecole de Guerre und Ernennung zum Hauptmann; 1914 Kommandeur der 4. Infanteriebrigade; 1915 General; 1916-1917 Verteidiger Verduns; 1917-1918 Oberbefehlshaber des französischen Heeres; 1920-1931 Vizepräsident des Obersten Kriegsrates; 1922-1931 Generalinspekteur der Armee; 1934 Kriegsminister; 1935 Staatsminister; 1939-1940 Botschafter in Madrid; 1940 Staatsminister und stellvertretenderRegierungschef; 1940-1944 Chef de l'Etat; 1945 zum Tode verurteilt, von De Gaulle jedoch zu lebenslanger Haft begnadigt.

Peters, Wilhelm

(1876-1933) Verwaltungsbeamter und Jurist; 1917-1919 stellvertretender Preußischer Staatskommissar für Volksernährung; 1919 Unterstaatssekretär im Reichsernährungsministerium, Preußischer Staatskommissar für Volksernährung; 1920-1921 Reichskommissar für die Entwaffnung der Zivilbevölkerung.

Petersen, Carl Wilhelm [FVP/DDP/DStP]

(1868-1933) Politiker und Jurist; 1894 Rechtsanwalt in Hamburg; 1919-1924 Vorsitzender des Parlamentarischen Untersuchungsausschusses für die Schuldfragen des Weltkrieges; 1920 Kandidat für das Amt des Reichspräsidenten; 1924-1933 Präsident des Hamburgischen Senats; 1924-1930 und 1931-1933 Erster Bürgermeister, 1930 Zweiter Bürgermeister von Hamburg; 1899-1918, 1921-1924 und 1928 MdHamB; 1919-1924 MdNV, MdR; 1919-1933 Parteivorsitzender, 1919-1924 Fraktionsvorsitzender der DDP.

Petisné, Gabriel

(? - ?) Französischer Beamter; 1920 Zivilkommissar, ab 1.5.1921 Oberkommissar der Alliierten Hauptmächte für das Memelgebiet als Nachfolger Odrys; 1921-1923 Präsident des memelländischen Staatsrates.

Petit, Jules Virgile Eugène

(1871- ?) Französischer Jurist und Verwaltungsbeamter; 1894-1895 Mitarbeiter des Kolonialministeriums; 1899 Chef du bureau des Handelsministers, 1914-1915 des Kriegsministers; 1915-1916 Mitarbeiter des 5ᵉ Bureau des Armeegeneralstabs; 1916-1918 Mitarbeiter des Rüstungsministeriums und in offizieller Sondermission in Rußland; 1919-1920 Directeur du Cabinet du Commissaire Général de la République in Straßburg; 1920 Directeur du Cabinet des Außenministers; 1921-1928 Maître des Requêtes au Conseil d'Etat und Secrétaire Général du Cabinet du Président du Conseil.

Pfannkuch, Wilhelm [SPD]
(1841-1923) Politiker und Gewerkschaftler; 1868 Mitarbeiter des Holzarbeiterverbandes; Mitbegründer der Generalkommission der Freien Gewerkschaften; 1884-1887, 1898-1907, 1912-1918 MdR; 1919-1920 MdNV; 1893-1923 Mitglied des Parteivorstandes der SPD; Alterspräsident der Nationalversammlung.

Pfeiffer, Maximilian [Z]
(1875-1926) Literaturwissenschaftler, Politiker und Diplomat; Bibliothekar in Bamberg (1910) und München (1912); 1918-1920 Mitglied des Reichsausschusses; 1922-1926 Gesandter in Wien; 1907-1918 MdR; 1919-1920 MdNV; Schriftführer; 1920-1924 MdR; 1918-1920 erster Generalsekretär des Zentrums.

Philipp, Ernst [SPD]
(1864- ?) Gewerkschaftler und Politiker; Eisendreher; 1919 bis Mai 1920 Oberpräsident der Provinz Schlesien in Breslau; 1924-1933 Tarifschlichter für den Bezirk Schlesien.

Pichon, Stephen Jean Marie [Parti Radical]
(1857-1933) Französischer Diplomat und Politiker; 1894 Eintritt in den diplomatischen Dienst; 1894 Gesandter in Port-au-Prince und Santo-Domingo; 1895 in Rio de Janeiro, 1898 in Peking; 1901-1906 Generalresident in Tunis; 1906-1911, 1913, 1917-1920 Außenminister; 1885-1893 Abgeordneter; 1906-1924 Senator.

Pieck, Wilhelm [SPD/KPD]
(1876-1960) Politiker; 1914-1919 Mitglied der Spartacusgruppe; 1917 Kriegsdienstverweigerung und Flucht nach Amsterdam; 1919 maßgeblich beteiligt am Spartacusaufstand; 1919 Mitbegründer der KPD; 1924-1933 Mitglied des ZK der KPD; 1928-1933 Mitglied des EKKI, 1931 Mitglied des Sekretariats und Präsidiums; 1931-1933 Mitglied des Preußischen Staatsrates; 1933 Emigration über die Tschechoslowakei nach Paris; 1935-1946 Parteivorsitzender der KPD; 1938 Übersiedlung nach Moskau; 1943 Mitbegründer des Nationalkomitees Freies Deutschland; 1945 Rückkehr nach Berlin; 1946-1960 Vorsitzender der SED; 1949-1960 Präsident der DDR; 1905-1910 MdBremB; 1921-1928 MdPrLT; 1932-1933 Fraktionsvorsitzender; 1930-1933 MdPrStR; 1928-1933 MdR; 1946 MdLBran.

Pigott, Julian Ito
(1882-1965) Britischer Major; 1919-1924 Bezirksdelegierter der HCITR in Köln.

Pilsudski, Józef Clemens [PPS]
(1867-1935) Polnischer Marschall und Politiker; 1887-1892 wegen angeblichem Attentatsversuch auf Zar Alexander III. nach Sibirien verbannt; 1893 führendes Mitglied der Polnischen Sozialistischen Partei; 1894-1900 Redakteur des "Robotnik"; 1900 Flucht nach London; 1902-1907 in Galizien und Kongreßpolen; 1908-1914 Organisator geheimer Kampfverbände; Führer der Befreiungsorganisation "Strzelec"; 1914-1916 Befehlshaber der 1. Brigade der polnischen Legion an der Seite Österreich-Ungarns; 1916 Mitglied des Staatsrates des Königreichs Polen; 1917-1918 in deutscher Haft; 1918-1922 Staatschef; bis 1923 Chef des Generalstabes; 1926 Staatsstreich und eigentlicher Lenker des Staates; 1926-1928, 1930 Premierminister; 1926-1935 Verteidigungsminister und Generalinspekteur der Streitkräfte.

Piltz, Erasmus
(1851-1929) Polnischer Politiker; 1914-1918 Mitglied des polnischen Nationalkomitees in Paris; 1919-1923 Botschafter in Belgrad und Prag; 1920 Generalsekretär der politischen Abteilung des Außenministeriums; Führer der Nationaldemokraten und Vertreter eines Ausgleichs zwischen Polen und Rußland.

Planta, Florian Adolph Alfred von
(1857-1922) Schweizer Diplomat; 1913-1914 Präsident des Bundesrates; 1914-1918 Botschafter in Rom; 1919-1922 Botschafter [Gesandter] in Berlin; Abgeordneter.

Pleß, Hans Heinrich XV., Fürst von
(1861-1938) Industrieller und Oberst; 1887-1891 als preußischer Legationssekretär im diplomatischen Dienst; 1907 Übernahme der Leitung der Fürstlich Pleßschen Bergwerksdirektion in Kattowitz; Befürworter eines Oberschlesischen Freistaates.

Plucinski, Leon
(1875-1935) Polnischer Großgrundbesitzer und Diplomat; 1919 stellvertretender Minister für die ehemaligen preußischen Gebiete; 1920-1924 Generalkommissar in Danzig. 1922-1930 Abgeordneter des Sejm, zuletzt Vizepräsident.

Pohlmann, Alexander [FVP/DDP]
(1865-1952) Politiker; 1903-1920 Oberbürgermeister von Kattowitz; 1920-1930 Regierungspräsident in Magdeburg; 1915-1918 MdPrA; 1919-1922 MdNV, MdR.

Poincaré, Raymond Nicolas Landry [Républicain libéral]
 (1860-1934) Französischer Politiker; Advokat; 1893, 1895 Unterrichtsminister; 1894, 1906 Finanzminister; 1912-1913 Ministerpräsident und Außenminister; 1913-1920 Staatspräsident; Februar - 18. Mai 1920 Vorsitzender der Reparationskommission; 1922-1924 Ministerpräsident und Außenminister; 1926-1929 Ministerpräsident, bis 1928 zugleich Finanzminister; 1887-1903 Abgeordneter; 1903-1913, 1920-1934 Senator; Mitglied der Académie Française.

Ponsot, Henri
 (1877- ?) Französischer Diplomat; 1905 Konsul in Bangkok; 1913 Chargé de Mission in Berlin; 1915 Generalkonsul in Montreal; 1920-1921 Chef des Außendepartements der Interalliierten Regierungs- und Abstimmungskommission in Oppeln und Vertreter Le Ronds; 1921 Mitarbeiter des Generalresidenten in Tunis; 1924 Directeur des Affaires de Levant; 1926 Hochkommissar in Syrien und Lybien; 1933 Generalresident in Marokko; 1936-1939 Botschafter in Ankara; 1947-1952 Präsident der Flüchtlingskommission.

Posadowsky-Wehner, Arthur Graf von, Frhr. von Postelwitz [DNVP]
 (1845-1932) Verwaltungsbeamter und Jurist; 1873 Landrat in Wongrowitz, 1877 in Kröben; 1885 Direktor der provinzialständischen Verwaltung; 1889 Landeshauptmann der Provinz Posen; 1897 Staatssekretär des Reichsschatzamtes; 1897-1907 Vizekanzler, Staatssekretär des Innern und Preußischer Staatsminister ohne Geschäftsbereich; 1882-1885 MdPrA; 1907-1918 MdPrHH, Staatsrat; 1912-1918 MdR; 1919-1920 MdNV; 1928-1932 MdPrLT.

Preger, Konrad Ritter von
 (1867-1933) Jurist und Diplomat; 1903 Regierungsrat im Bayerischen Kultusministerium; 1914 Ministerialdirektor; 1914-1916 Generalstaatsanwalt am Bayerischen Verwaltungsgerichtshof; 1916 Mitarbeiter der Zivilverwaltung des Generalgouvernements Warschau; 1919-1932 Gesandter Bayerns in Berlin und Bevollmächtigter Minister beim Reich; 1920 Mitglied der Zentralstelle für die Gliederung des Reiches.

Preuß, Hugo [FVP/DDP]
 (1860-1925) Politiker und Staatsrechtler; 1906 Professor in Berlin; 1918-1919 Staatssekretär und Reichsinnenminister; 1920 Mitglied der Zentralstelle für die Gliederung des Reiches; Verfasser des Entwurfs zur Weimarer Verfassung; 1919-1925 MdPrLV, MdPrLT; Mitbegründer der DDP.

Preysing (-Lichtenegg-Moos), Konrad Graf von
 (1880-1950) Bischof; zunächst im bayerischen Staatsdienst; Legationssekretär am italienischen Hof in Rom; 1908 Studium der Theolo-

gie; 1912 Sekretär; 1928 Domkapitular in München; 1932 Bischof von Eichstätt, 1935 von Berlin; 1946 Kardinal.

Prince, Albert
(1883-1934) Französischer Jurist und Verwaltungsbeamter; Vertreter der französischen Staatsanwaltschaft; 1920 Staatsanwalt in Oppeln, 1922 in Troyes.

R

Radek (Sobelson), Karl Bernhardowitsch
(Deckname: Römer, Konstantin) [SPD/KPR/KPdSU]
(1885-1939 [?]) Sowjetischer Politiker und Publizist; 1904 mit Lenin in der Schweiz; 1905 Teilnehmer an der russischen Revolution; seit 1907 in Deutschland, Tätigkeit als Redakteur für verschiedene Zeitungen; 1913 Parteiausschluß; 1915 Aufenthalt in der Schweiz; 1917 Mitglied des ZK der Bolschewiki in Petrograd; 1918-1919 Chef der Nachrichtenagentur "Rosta" in Berlin, 1919 verhaftet und nach 9 Monaten abgeschoben; 1919-1924 Mitglied des ZK der KPR/KPdSU; 1923 erneut in Deutschland; 1924-1927 Direktor der Sun-Jat-Sen-Universität Moskau; 1924 aller Parteiämter enthoben, 1927 Parteiausschluß (Trotzkist), 1929 Wiederaufnahme; 1929-1936 Redakteur der "Iswestia"; 1936 verhaftet, 1937 zu 10 Jahren Haft verurteilt; Deutschlandexperte seiner Partei.

Rahn, Wilhelm [SPD/KPD]
(? - ?) Kaufmann und Politiker in Danzig; 1920 MdVVD, MdDanVT; Vereinigte Sozialdemokratische Partei, seit 1921 KPD; Sprecher der USPD.

Raiberti, Baron Flaminius [Parti Radical]
(1862-1929) Französischer Politiker; 16.12.1920-1921 Kriegsminister; 1922-1924 Marineminister; 1890-1922 Abgeordneter; 1922-1929 Senator.

Ramm, Eberhard [DVP]
(1861- ?) Verwaltungsbeamter; 1884-1890 Güterdirektor in Württemberg; 1890-1900 Professor an der Landwirtschaftlichen Hochschule in Bonn; 1900 Eintritt in das Preußische Landwirtschaftsministerium, 1918-1927 Staatssekretär; während des Krieges Begründer der Rohmaterialstelle und der landwirtschaftlichen Betriebsstelle für Kriegswirtschaft und Versorgung der deutschen Truppen; Vorstandsmitglied zahlreicher Gesellschaften und Agrarorganisationen.

Rappard, William E.
(1883-1958) Schweizer Historiker und Diplomat; 1913 Professor für Wirtschafts- und Finanzgeschichte an der Universität Genf; 1917-

1919 in diplomatischer Mission in den USA; Teilnehmer an den Friedensverhandlungen in Paris und London; 1919-1920 Generalsekretär der Liga der Rotkreuzgesellschaften; 1920-1925 Direktor der Sektion der Mandate des Völkerbundes; 1925-1929 Mitglied der ständigen Mandatkommission; 1928-1955 Direktor des Institut universitaire de hautes études internationales in Genf.

Rathenau, Walther
(1867-1922) Industrieller, Schriftsteller und Politiker; 1899 Mitglied des Vorstandes, seit 1915 Vorstandsvorsitzender der AEG; 1902-1907 Geschäftsinhaber der Berliner Handelsgesellschaft; 1914-1915 Leiter der Kriegsrohstoffabteilung im Preußischen Kriegsministerium; 1920 Mitglied der Sozialisierungskommission; 1921 Wiederaufbauminister; 1922 Reichsaußenminister; Mitglied zahlreicher Aufsichtsräte; am 24.6.1922 von Angehörigen der OC ermordet.

Rault, Victor
(1857-1930) Französischer Staatsrat; Präfekt des Rhône-Departements; Conseiller d'Etat; 1920-1926 Präsident der Regierungskommission des Völkerbundes für das Saargebiet, zuständig für Äußeres, Inneres, Handel, Industrie, Bergbau und Polizei.

Raumer, Hans von [DVP]
(1870-1965) Jurist, Industrieller und Politiker; 1899 Regierungsassessor, 1905 Landrat im Kreis Wittlage; 1911 Tätigkeit in der Privatindustrie; 1915 Direktor des Bundes der Elektrizitätsversorgungs-Unternehmungen Deutschlands; 1916-1918 Referent im Reichsschatzamt; 1918-1933 Gründer und Geschäftsführer des Zentralverbandes der deutschen Elektrotechnischen Industrie; 1919-1924 Mitbegründer und Zentralvorstandsmitglied der Zentralarbeitsgemeinschaft der industriellen und gewerblichen Arbeitgeber und Arbeitnehmer Deutschlands; Mitglied des Reichsverbandes der deutschen Industrie sowie des Beirats für Reichselektrizitätswirtschaft; Reichsbevollmächtigter für die Außenhandelsstelle der Elektrotechnik; Mitglied der Internationalen Handelskammer in Paris; 1920-1921 Reichsschatzminister; 1923 Reichswirtschaftsminister; 1933 Entlassung aus allen Ämtern; 1920-1930 MdR.

Raynaud, Louis François Maximin
(1871-1953) Französischer Diplomat; 1894 Eintritt in den diplomatischen Dienst; Konsul in Rotterdam (1919) und Karlsruhe (1919); Generalkonsul in Mainz und Köln (1924), Athen (1925) und Warschau (1927-1931).

Rechberg, Arnold
(1879-1947) Industrieller und Publizist; 1904 in Paris; im Ersten Weltkrieg Hauptmann und Adjutant des Kronprinzen; entschiedener

Gegner des Bolschewismus und Befürworter eines dauerhaften Ausgleichs zwischen Deutschland, Frankreich und England; erreicht 1929 eine Unterredung mit Poincaré.

Redlich, Alexander
(? - ?) Journalist; 1918-1920 stellvertretender Chefredakteur der "Vossischen Zeitung"; 1923 Begründer der "Ullstein Nachrichtendienst GmbH"; seit Dezember 1923 Leiter des Nachrichtenbüros in Wien.

Reichert, Jakob Wilhelm [DNVP/Konservative Volkspartei]
(1885-1948) Politiker; 1912 Hauptgeschäftsführer des Vereins Deutscher Eisen- und Stahlindustrieller; 1914-1920 Vertrauensmann und Leiter der Zentralstelle der Ausfuhrbewilligungen für Eisen- und Stahlerzeugnisse; 1920-1924 Reichsbevollmächtigter der Außenhandelsstelle für Eisen- und Stahlerzeugnisse; Hauptgeschäftsführer der Wirtschaftsgruppe Eisenschaffende Industrie; 1920-1930 MdR.

Reinhard, Wilhelm [DNVP]
(? - ?) Theologe und Politiker in Danzig; 1920-1921 Vorsitzender der Verfassunggebenden Versammlung der Freien Stadt Danzig; 1921 Generalsuperintendent der Provinz Pommern; 1907-1918 MdPrHH; 1920 MdVVD, MdDanVT.

Reinhardt, Walther
(1872-1930) Oberst; 1892 Eintritt in die Armee; 1901 Oberleutnant im Großen Generalstab; 1907-1909 Kompagniechef in Ludwigsburg; 1912-1915 erster Generalstabsoffizier des XIII. (württembergischen) Armeekorps; 1915 Chef des Stabes des XIII., 1916 des XVII. Armeekorps; Kommandeur des 118. Infanterieregiments, Chef des Stabes der XI. Armee; 1917 Chef des Stabes der 7. Armee; 1918 Direktor des Demobilmachungsdepartements im Preußischen Kriegsministerium; Januar 1919 Preußischer Kriegsminister, Oktober 1919 Chef der Heeresleitung; Rücktritt nach dem Kapp-Lüttwitz-Putsch; 1920-1925 Befehlshaber im Wehrkreis V; 1925-1927 General d. Inf. und Oberbefehlshaber des Gruppenkommandos 2 (Kassel).

Remmele, Hermann [SPD/USPD/KPD]
(1880-1939 ?) Politiker und Journalist; 1910 Redakteur der Mannheimer "Volksstimme"; 1917 Gründungsmitglied der USPD; 1918 Führer des Arbeiter- und Soldatenrates in Mannheim; 1920 Wechsel zur KPD; 1920 vorübergehend verhaftet; 1920-1933 Mitglied des ZK, 1924-1933 des Politbüros der KPD; 1925-1933 Mitglied des EKKI-Präsidiums; seit 1925 Chefredakteur der "Roten Fahne"; 1933 Emigration nach Moskau; 1937 verhaftet; 1920-1933 MdR; Hauptvertreter des "ultralinken" Kurses ab 1929.

Renaudel, Pierre Narcisse [SFIO]
   (1871-1935) Französischer Politiker und Journalist; 1906 Mitarbeiter, 1915-1918 Direktor der "L'Humanité"; 1914-1919, 1924-1935 Abgeordneter.

Rennie, Sir Ernest Amelius
   (1868-1935) Britischer Diplomat; 1893 Mitarbeiter der Botschaft in Wien, 1897 in Teheran, 1905 in Washington, 1908 in Lissabon; 1908 Konsul in Teheran; 1910 in Madrid; 1913 Botschafter in Peru; 1919-1920 Präsident der Abstimmungskommission in Allenstein; 1921-1930 Botschafter in Helsinki.

Renoult, David [SFIO/SFIC/PCF]
   (1888-1958) Französischer Politiker und Journalist; 1908-1914 Redakteur und Parlamentsberichterstatter der "L'Humanité"; 1914-1918 Kriegsteilnahme; 1920 Mitglied des Parteivorstandes der SFIO und Befürworter eines Anschluß an die 3. Internationale (aber auch des Ausgleichs); 1920 Teilnehmer am USPD-Kongreß in Halle, 1922 bei der 1. EKKI-Tagung in Moskau; 1922 Herausgeber der Zeitung "L'Internationale"; Kritiker des Kurses der Führung der SFIC; politischer Redakteur des "L'Enchaîné du Nord"; 1935 Mitglied des Conseil Municipal de Montreuil; 1939-1944 in Haft; 1944 Bürgermeister von Montreuil; 1945-1950 Mitglied des Zentralkomitees des PCF.

Reventlow, Ernst Graf zu [DvölFP/NF/NSDAP]
   (1869-1943) Kapitänleutnant a.D. und Publizist; 1888 Eintritt in die Marine; schied 1899 aus und ging nach Mittelamerika; 1909-1920 Mitarbeiter der "Deutschen Tageszeitung"; Mitglied des Alldeutschen Verbandes; Herausgeber der Wochenschrift "Deutscher Sozialismus"; 1920 Herausgeber der Zeitschrift "Der Reichswart"; 1923 Mitbegründer der Deutsch-Völkischen Freiheitspartei, später der Nationalsozialistischen Freiheitspartei, 1927 Mitglied der NSDAP; 1924-1943 MdR.

Richter, Johann Sophian Christian [Z]
   (1875-1951) Politiker; 1896 Eintritt in den Zolldienst; 1918 Steuerinspektor in Landau; 1912-1918 MdR; 1919-1920 MdNV; 1920 MdBayerLT.

Richter, Max
   (1856-1921) Verwaltungsbeamter und Jurist; 1891 im Reichsamt des Innern; 1905-1909 Unterstaatssekretär im Preußischen Handelsministerium; 1909-1917 Staatssekretär im Reichsamt des Innern; 1917-1921 Aufsichtsratsvorsitzender des Kalisyndikats.

Richter, Wilhelm [SPD]
   (1881-1976) Politiker; 1900 Sekretär des Deutschen Metallarbeiter Verbandes; 1911 Stadtverordneter in Charlottenburg; 1918 Leiter des dortigen Polizeipräsidiums; 6.- 9.1.1919 stellvertretender, seit April 1920 Polizeipräsident von Berlin; 1925 verabschiedet.

Richthofen, Hartmann Oswald Heinrich Ferdinand Frhr. von [NL/DDP]
   (1878-1953) Diplomat und Jurist; 1902 Eintritt in den diplomatischen Dienst; Attaché bei der Preußischen Gesandtschaft beim Vatikan (1902); Geschäftsträger in Kairo (1903-1904); Legationssekretär und Geschäftsträger in Kopenhagen (1905); Sekretär in Sankt Petersburg (1906), in Teheran (1907), in Washington (1908-1909), in Mexiko (1910-1911); 1912-1914 Geschäftsführer des Hansa-Bundes für Handel, Gewerbe und Industrie; 1917-1918 Abteilungschef im Waffen- und Munitionsbeschaffungsamt des Kriegsministeriums; 1912-1918 MdR; 1915-1918 MdPrA; 1919-1920 MdNV; 1924-1928 MdR; 1919-1921 MdPrLV; 1919 MdMecklenburgVV.

Rießer, Jakob [NL/DVP]
   (1853-1932) Bankier und Politiker; 1880 Rechtsanwalt in Frankfurt/M.; 1888-1906 Vorstandsmitglied der Bank für Handel und Industrie; 1901-1932 Gründer und Vorsitzender des Centralverbandes des Deutschen Bank- und Bankiergewerbes; Herausgeber der Zeitschrift "Bank-Archiv"; 1909-1920 Gründer und Vorsitzender des Hansa-Bundes; 1921-1928 Vizepräsident des Reichstages; 1916-1918 MdR; 1919-1928 MdNV, MdR; 1903-1932 Mitglied des Zentralvorstandes der Nationalliberalen und der DVP.

Riezler, Kurt
   (1882-1955) Verwaltungsbeamter und Schriftsteller; 1906 Mitarbeiter des Auswärtigen Amtes, 1910 Legationsrat; 1908-1917 Privatsekretär und enger Berater Bethmann Hollwegs; 1915 Vortragender Rat in der Reichskanzlei; 1917-1918 Botschaftsrat in Stockholm und Moskau; 1919 Referent in der Politischen Abteilung des Auswärtigen Amtes; im April 1919 ständiger Vertreter des Reiches bei der Bayerischen Regierung in Bamberg; 1919-1920 Gesandter und Leiter des Büros des Reichspräsidenten; 1928-1934 Vorsitzender des Kuratoriums der Universität Frankfurt/Main; 1938 Emigration in die USA, Lehrtätigkeit an der New School for Social Research in New York bis 1952; 1954 Rückkehr nach Europa.

Robertson, Sir Malcolm Arnold
   (1877-1951) Britischer Diplomat; 1903 Sekretär an der Botschaft in Berlin, 1905 in Peking, 1907 in Madrid, 1910-1911 in Bukarest, 1915 in Washington, 1918 in Den Haag; 1919 stellvertretender, ab 5.10. 1920-1921 Hoher Kommissar bei der HCITR und Nachfolger von

Stuart; im März 1920 vorübergehend britischer Vertreter bei der Reichsregierung in Stuttgart; 1921 Generalkonsul in Tanger; 1925 Gesandter in Rio de Janeiro; 1927-1930 Botschafter in Buenos Aires; Chairman des British Council; MP.

Robertson, Sir William R.
(1860-1933) Britischer Feldmarschall; 1877 Eintritt in die Armee; seit 1888 in Indien, Sprachstudien, Intelligence-Mitarbeiter; 1896 Staff College, anschließend Stabsoffizier im War Office; 1899-1900 Teilnahme am Burenkrieg; 1900 Major im War Office; 1907 Stellvertretender Generalquartiermeister in Aldershot; 1910 Kommandeur des Staff College; 1913 Direktor (Military Training) im War Office; 1915 Chef des Generalstabes, gerät in Gegensatz zu Lloyd George; 1918 Chef des Eastern Command in London; 1918 Kommandeur der Home Forces; 1919 - 3.3.1920 Oberbefehlshaber der britischen Streitkräfte im Rheinland; 1920 Feldmarschall; 1921 verabschiedet.

Roddie, William Stewart
(1878-1961) Britischer Oberstleutnant; 1914-1918 Kriegsteilnehmer; 1918 Mitarbeiter des Schatzamtes; 1919-1925 Mitglied der IMKK, Adjutant von Bingham.

Roedern, Siegfried Graf von
(1870-1953) Verwaltungsbeamter und Jurist; 1905 Landrat in Niederbarnim; 1911 Oberpräsident in Potsdam; 1914 Staatssekretär für Elsaß-Lothringen; 1916-1918 Staatssekretär des Reichsschatzamtes; 1917 Preußischer Staatsminister; 1920 Mitglied der Zentralstelle für die Gliederung des Reiches; 1923 Vorsitzender des Verbandes Deutscher Reeder; 1930 Vorsitzender des Bundes zur Erneuerung des Reiches; 1932-1933 Reichskommissar für Schiffahrt.

Roesicke, Gustav [K/DNVP]
(1856-1924) Politiker und Landwirt; 1886-1889 Gerichtsassessor in Halle; seit 1889 Landwirt und Rittergutsbesitzer; Vorstandsmitglied der Landwirtschaftskammer für Brandenburg; 1919-1924 Mitglied des vorläufigen Reichswirtschaftsrates; 1893-1924 Vorstandsmitglied, später Generalsekretär des Bundes der Landwirte; 1920-1924 Mitglied im Reichslandbund; 1898-1903, 1907-1912, 1914-1918 MdR; 1919-1924 MdNV, MdR; 1913-1918 MdPrA; 1919-1920 MdPrLV.

Rolin-Jaequemyns, Edouard Baron [Liberal]
(1863-1936) Belgischer Jurist und Verwaltungsbeamter; 1890-1904 Chefredakteur der "Revue de Droit international de Législation comparée"; 1899 Delegierter bei der Haager Konferenz; Oberster Richter des unabhängigen Kongo bis zu dessen Annexion durch Belgien, danach Mitglied des Kolonialrates; 1919 Generalsekretär der belgischen Friedensdelegation; 1919-1925 Hoher Kommissar in der

HCITR; 1920 Generalsekretär der Konferenz von Spa; 1925-1926 Innenminister; 1928-1930 Mitglied des Ständigen Schiedsgerichtshofes.

Romanowski, Iwan Pawlowitsch
(1877-1920) Russischer General; 1916 Generalquartiermeister der 16. Armee; 1917 Stabschef der 8. Armee; 1917 Generalquartiermeister im Stab des Oberbefehlshabers; 1917 verhaftet; Flucht in das Don-Gebiet und Aufbau einer Freiwilligenarmee; 1919-1920 Generalstabschef Denikins; am 23.3.1920 in der russischen Botschaft in Konstantinopel ermordet.

Ronde, Dr.
(? - ?) Finanzrat; Direktor der Reichsvermögensverwaltung für die Pfalz in Landau; Vorsitzender des Beamtenbundes Landau; Provinzialdirektor; am 5.6.1920 von den französischen Behörden ausgewiesen; 1921 Oberregierungsrat in Berlin.

Rose, Karol
(1863-1940) Polnischer Politiker und Publizist; 1892-1902 Geschäftsmann in Warschau; 1918-1924 erster Generalkonsul in Berlin.

Rosen, Friedrich von
(1865-1935) Diplomat und Orientalist; 1887 Dozent am Seminar für Orientalistik in Berlin; 1890 Eintritt in den diplomatischen Dienst, zunächst in Beirut und Teheran; 1898 Konsul in Bagdad, 1899 in Jerusalem; 1901 Vortragender Rat und Leiter der Orientabteilung des Auswärtigen Amtes; 1904 Gesandter in Abessinien, 1905 in Tanger, 1908 in Bukarest, 1912 in Lissabon, 1916 in Den Haag, 1920 in Madrid; 1921 Reichsaußenminister.

Rosenberg, Frederic Hans von
(1874-1937) Diplomat und Jurist; 1903 Eintritt in den diplomatischen Dienst; 1905 Vizekonsul in Antwerpen; 1906 Hilfsarbeiter, später Vortragender Rat und Leiter der Politischen Abteilung im Auswärtigen Amt; 1917-1918 Vertreter des Auswärtigen Amtes bei den Verhandlungen von Brest-Litowsk; 1920 Gesandter in Wien, 1922 in Kopenhagen; 1922-1923 Reichsaußenminister; 1924 Botschafter in Stockholm, 1933-1935 in Ankara.

Rosenfeld, Kurt [USPD/SPD/SAP]
(1877-1943) Politiker und Jurist; 1910-1920 Stadtverordneter in Berlin; 1918-1919 Preußischer Justizminister; 1933 Flucht über Prag nach Paris; 1934 Emigration in die USA; 1919-1920 MdPrLV; 1920-1932 MdR; 1921-1922 Vorstandsmitglied der USPD; 1931 Mitvorsitzender der SAP.

Roussel, Gaston, Georges, François
(1884- ?) Französischer Verwaltungsbeamter; 1902 Mitarbeiter der Préfecture de la Haute Saône; 1914 Mitarbeiter des Arbeits-, 1916 des Finanz-, 1917 des Außen-; 1918 des Kriegsministeriums; 1918-1920 Mitarbeit des Ministeriums für Wiederaufbau; 1920 Chef du Service juridique français der HCITR; 1922 Mitarbeiter, 1924 Direktor der Sozialfürsorge.

Roussellier, Amédée Henri Théodore
(1879-1960) Französischer Jurist und Verwaltungsbeamter; 1906 Mitarbeiter des Conseil d'Etat; 1913 Sous-Chef du Cabinet des Marineministers; 1913 Chef du Cabinet des Unterstaatssekretärs im Kriegsministerium; 1917 Chef du Cabinet des Kolonialministers; 1918 Maître de Requêtes au Conseil d'Etat; 1918-1927 Mitarbeiter der Rheinlandkommission; 1920-1927 Stellvertreter Tirards als Hoher Kommissar; 1934 Conseiller d'Etat; Mitglied zahlreicher Organisationen für Tourismus, Handel und Kohlebergbau; 1945 Präsident des Obersten Gerichtshofes von Monaco; 1950 Mitglied des Obersten Schiedsgerichtshofes.

Runge, Paul [SPD]
(1877-1948) Maler und Gewerkschaftler; 1905-1910 Parteisekretär in Bochum, 1911-1919 in Köln; 1918 Mitvorsitzender des Arbeiter- und Soldatenrates in Köln; 1919-1922 Polizeipräsident von Köln, 1922-1926 in Halle; 1926-1932 Landrat des Kreises Quedlinburg; 1933 sechs Monate in Haft; 1919-1920 MdPrLV.

Rupprecht
(1869-1955) Kronprinz von Bayern; 1914 Oberbefehlshaber der 6. Armee; 1916 Generalfeldmarschall und Oberbefehlshaber einer Heeresgruppe an der Westfront; verzichtete 1918 nicht auf den Thron und beteiligte sich an monarchistischen Bestrebungen in Bayern.

Ruquoy,
(1861-1937) Belgischer General; ab Juni 1920 Oberbefehlshaber der belgischen Truppen im Rheinland.

Ryan, Rupert Sumner
(1884-1952) Britischer Oberstleutnant; Mitglied der HCITR in Köln, seit dem 5.10.1920 stellvertretender Hoher Kommissar.

Rydlewski, Celestyn [Nationaldemokrat]
(1875-1935) Polnischer Arzt und Publizist; 1917 deutscher Militärarzt; 1919 Abgeordneter des Posener Zentralen Volksrates zur Pariser Friedenskonferenz; 1919-1920 Vorsitzender der polnischen Delegation bei den Grenzverhandlungen in Danzig; 1939 von der Gestapo verhaftet, 1940 ermordet.

S

Sabath, Gustav [SPD]
(1863-1952) Gewerkschaftler und Politiker; 1902-1928 Mitglied des Bezirksvorstandes des Allgemeinen Deutschen Gewerkschaftsbundes, 1920-1928 Sekretär des Ortsausschusses Berlin; 1923-1932 MdPrLT.

Sahm, Heinrich
(1877-1939) Politiker und Diplomat; 1906-1912 Stadtrat in Magdeburg; 1912-1918 Bürgermeister von Bochum; 1915-1918 Kommunalreferent bei der deutschen Zivilverwaltung in Warschau; 1919 Oberbürgermeister, ab März 1920 Vorsitzender des Staatsrates von Danzig; 1920-1931 Senatspräsident; 1931-1935 Oberbürgermeister von Berlin; 1936-1939 Gesandter in Oslo; 1920 MdVVD, MdDanVT.

Saillard, Antoine Marie Eugène
[Entente républicaine démocratique et libérale]
(1864-1929) Französischer Jurist und Politiker; Anwalt in Besançon; 1920 als Sonderbeauftragter des Quai d'Orsay in Berlin; 1919-1924 Abgeordneter; Agrar- und Steuerexperte.

Saint-André, (eigentlich André Jeanbon)
(1749-1813) Französischer Kleriker und Politiker; 1789 Deputierter des Département Lot im Nationalkonvent; Mitglied der Montagnards; 1793 Mitglied des Wohlfahrtsausschusses; 1793-1794 verantwortlich für die Reorganisation von Armee und Marine; 1795 verhaftet, jedoch nach wenigen Monaten begnadigt; 1796 Konsul in Algier, 1798 in Smyrna; 1798-1801 in türkischer Geiselhaft; 1801 Freilassung und Ernennung zum Präfekten von Mont-Tonnère und von drei Provinzen im Rheinland (1802).

Saint-Aulaire s. Beaupoil de Saint-Aulaire

Saint-Gilles, Duguesclin Bertrand François Anne Marie Joseph
(1889-1949) Französischer Diplomat; 1918 Eintritt in den diplomatischen Dienst (Service du chiffre); 1919 in Den Haag; 1919 bis Februar 1920 Mitarbeiter Haguenins in Berlin (Questions économiques et des achats industriels); 1920 in Bern; November 1920-1921 erneut in Berlin; danach bis 1938 Mitarbeiter der Administration des Quai d'Orsay.

Saint-Quentin s. Doynel de Saint-Quentin

Salvioni,
(1871- ?) Italienischer Oberst; 1920-1921 Oberbefehlshaber der italienischen Truppen in Oberschlesien.

Samalens, Henri Aristide Clément Gabriel
(1871-1937) Französischer Diplomat; 1892 Eintritt in den diplomatischen Dienst; 1895 in Santiago, 1900 in Rotterdam, 1902 in Zürich, 1904 in Kopenhagen, 1907 in Wien, 1911 in Costa-Rica, 1913 in Buenos Aires; Vizekonsul in Sankt Gallen (1918); 1920 Konsul in Düsseldorf, ab 10.8.1920 in Leipzig und Dresden; 1926 Inspecteur des Postes Diplomatiques; 1931 verabschiedet; zuletzt französischer Landvogt in Andorra.

Sänger, Alwin [SPD]
(1881-1929) Beamter und Jurist; 1917-1918 abkommandiert zur militärischen Stelle des Auswärtigen Amtes; 1.8.- 1.11.1918 Staatsrat; 1919-1920 Staatssekretär im Bayerischen Unterrichtsministerium; 1918-1924 MdBayerLT; 1924-1930 MdR.

Sapieha, Eustachy Kajetan Ladislaus Fürst
(1881-1963) Polnischer Politiker; 1920-1921 Außenminister; 1939 Emigration nach Frankreich, später nach London.

Sartiges, Anne Marie Louis de
(1883- ?) Französischer Diplomat; 1910 Eintritt in den diplomatischen Dienst; 1910 in Sankt Petersburg, 1912 in Washington; August 1920 Commissaire de la République im Baltikum in Kovno; 1921 Botschaftssekretär in Bukarest; 1923 Mitarbeiter der Direction politique et commerciale; 1924 Botschaftsrat in Washington; 1930 Mitarbeiter der Sous-Direction des relations commerciales; 1933-1940 Gesandter in Santiago.

Sawatzki, Anton [Z]
(1873-1934) Theologe und Politiker in Danzig; Prälat; 1920-1933 Parlamentarischer Senator in Danzig; 1911 MdPrA; 1920 MdVVD, MdDanVT.

Schacht, Hjalmar Horace Greely [DDP/parteilos]
(1877-1970) Bankier und Politiker; 1903-1915 stellvertretender Direktor der Dresdner Bank; 1916-1923 Inhaber der Nationalbank (ab 1923 Darmstädter und Nationalbank); 1924 Teilnahme an der Dawes-Konferenz; 1929-1930 Leiter der deutschen Delegation bei den Verhandlungen um den Young-Plan; 1923-1930, 1933-1939 Reichsbankpräsident; 1934-1937 Reichswirtschaftsminister; 1944 verhaftet; 1945 erneut verhaftet, 1946 im Nürnberger Prozeß freigesprochen; 1946-1948 von deutschen Behörden verhaftet; 1918-1926 Mitbegründer und Mitglied der DDP.

Scheidemann, Philipp [SPD]
(1865-1939) Politiker; 1895 Redakteur in Gießen; seit 1900 Leiter der sozialdemokratischen Presse in Nürnberg, Offenbach und Kassel;

1912, 1918 Vizepräsident des Reichstages; Befürworter eines Verständigungsfriedens; 1918 Staatssekretär ohne Portefeuille; 9.11. 1918 Proklamation der Deutschen Republik vom Balkon des Reichstages; 1918-1919 Mitglied im Rat der Volksbeauftragten; 1919 Reichsministerpräsident; 1919-1925 Oberbürgermeister von Kassel; 1933 Emigration über Salzburg nach Prag, 1934 nach Kopenhagen; 1903-1918 MdR; 1919-1933 MdNV, MdR; 1911-1918 Fraktionsvorsitzender; 1911-1920 Mitglied des Parteivorstandes.

Schiele, Georg-Wilhelm [Deutsche Vaterlandspartei/DNVP]
(1868-1932) Arzt, Schriftsteller, Verleger und Politiker; 1917 Hauptgeschäftsführer der Vaterlandspartei; 1919-1920 Mitglied der Nationalen Vereinigung; 1920 von Kapp als Wirtschaftsminister vorgesehen; Verfasser mehrerer Bücher über Volkswirtschaft; 1930-1932 MdR.

Schiemann, Theodor [K]
(1847-1921) Archivar, Historiker und Publizist; 1883-1887 Stadtarchivar in Reval; 1892-1920 Professor für Osteuropäische Geschichte in Berlin; 1893-1914 außenpolitischer Mitarbeiter der "Kreuzzeitung"; 1918 Kurator der Universität Dorpat.

Schiffer, Eugen [NL/DDP/LDPD]
(1860-1954) Politiker und Jurist; 1880 Eintritt in den Justizdienst; 1900 Landrat, 1910 Oberverwaltungsgerichtsrat in Magdeburg; 1916 Leiter der Rechtsabteilung im Kriegsamt des Preußischen Kriegsministeriums; 1917 Unterstaatssekretär, 1918-1919 Staatssekretär im Reichsschatzamt; 1919 Reichsfinanzminister und Vizepräsident; 1919-1920 Reichsjustizminister und Vizekanzler; 1921 Reichsjustizminister; 1921-1922 Reichskommissar bei den Genfer Verhandlungen mit Polen in der Oberschlesienfrage; 1922-1923 deutscher Vertreter beim Internationalen Gerichtshof in Den Haag; Gründer und Präsident der Verwaltungsakademie in Berlin; 1925-1933 Anwalt und Rechtsberater; 1946-1948 Leiter der Zentralverwaltung der Justiz in der SBZ; 1948 Wechsel in die Bundesrepublik; 1912-1917 MdR; 1919-1924 MdNV, MdR; 1903-1918 MdPrA; 1921-1933 MdPrLT; Mitbegründer und Fraktionsvorsitzender der DDP; 1924 Parteiaustritt.

Schippel, Max [SPD]
(1859-1928) Journalist und Schriftsteller; Mitarbeiter der Handelskammer Dresden; 1889 Herausgeber der "Berliner Arbeiter-Bibliothek"; 1894-1895 Redakteur des "Sozialdemokrat"; 1919-1928 Leiter der sächsischen Landesstelle für Gemeinwirtschaft; Mitarbeiter der "Sozialistischen Monatshefte"; 1923-1928 Professor für Staatswis-

senschaft in Dresden; 1890-1905 MdR; Vertreter des rechten Flügels der Partei.

Schirmer (-Franken), Carl [Z/BVP]
(1864-1942) Gewerkschaftler, Journalist und Politiker; 1896-1897 Sekretär der Katholischen Arbeitervereine; 1900 Mitbegründer der Christlichen Gewerkschaften und des Bayerischen Postverbandes; Redakteur der "Neuen Bayerischen Zeitung" und der "Bayerischen Post"; 1899-1907 MdBayerLT; 1907-1918 MdR; 1919-1928 MdNV, MdR.

Schlesinger, Moritz
(1886-1974) Diplomat; 1918 stellvertretender, ab 1921-1922 Leiter der Reichszentralstelle für Kriegs- und Zivilgefangene; seit 1919 Sachverständiger des Auswärtigen Amtes für Sowjetische Angelegenheiten, Verhandlungspartner Victor Kopps; 1923 Mitglied der Delegation für die Verhandlungen zur Ausgestaltung des Rapallo-Abkommens; 1923 Ernennung zum Generalkonsul und Anstellung im Rahmen eines Privatdienstvertrages als Rußlandexperte des Auswärtigen Amtes; 1931 Ministerialdirektor; 1933 entlassen, Emigration über Paris in die USA.

Schlicke, Alexander [SPD]
(1863-1940) Gewerkschaftler; 1891 Sekretär, 1895-1919 Vorsitzender des Deutschen Metallarbeiter-Verbandes; 1919 Württembergischer Arbeitsminister; 1919-1920 Reichsarbeitsminister; 1919-1928 Direktor des Berliner Zweigamtes des Internationalen Arbeitsbüros in Genf; 1919-1930 MdNV, MdR.

Schlittenbauer, Sebastian [Z/BVP]
(1874-1936) Politiker; 1898 Generalsekretär der Christlichen Bauernvereine; 1916-1920 Direktor der landwirtschaftlichen Zentralgenossenschaft Regensburg; 1933 in Schutzhaft; 1912-1918, 1919-1933 MdBayerLT; 1930-1932 MdR; enger Vertrauter Georg Heims.

Schmettow, Richard Graf von
(1865-1940) Generalleutnant; 1913 Generalmajor; Abteilungschef in der Versorgungsabteilung, Direktor des Versorgungs- und Justizdepartements im Kriegsministerium; übernimmt am 14. März 1920 anstelle von Friedrich von Friedeburg die Führung des Generalkommandos des VI. Armeekorps (Breslau).

Schmidt (-Berlin), Robert [SPD]
(1864-1943) Politiker; 1893 Redakteur des "Vorwärts"; 1903 Sekretär des Zentralarbeitersekretariats Berlin; 1911 Mitglied der Generalkommission der Gewerkschaften Deutschlands; 1918 Unterstaatssekretär im Reichsernährungsamt; 1919 Reichsernährungsminister;

1919-1920, 1921-1922, 1929-1930 Reichswirtschaftsminister; 1923 Wiederaufbauminister und Vizekanzler; 1893-1898, 1903-1918 MdR; 1919-1930 MdNV, MdR.

Schmidt-Elskop, Arthur
(1875-1952) Jurist und Diplomat; 1905 Eintritt in den diplomatischen Dienst; Vizekonsul in Buenos Aires (1907), in Asuncion (1909), in Buenos Aires (1910), in Rom (1911); 1912 Legationsrat im Auswärtigen Amt; 1918 Wirklicher Legationsrat und Vortragender Rat; 1919 Geheimer Legationsrat und Dirigent der Presseabteilung; 1923 Gesandter in Montevideo; 1932 in Rio de Janeiro; 1937 in den einstweiligen, 1940 in Ruhestand versetzt.

Schneider (-Berlin), Gustav Wilhelm [DDP/DStP]
(1877-1935) Politiker und Gewerkschaftler; 1900 Mitarbeiter, 1912-1920 Direktor im Verband Deutscher Handlungsgehilfen; 1920-1933 Vorsitzender des Gewerkschaftsbundes der Angestellten, stellvertretender Vorsitzender des Gewerkschaftsringes deutscher Arbeiter-, Angestellten- und Beamtenverbände; 1921-1925 Mitglied des vorläufigen Reichswirtschaftsrates; 1925 Präsident des internationalen Bundes neutraler Angestelltenorganisationen; 1928-1935 Mitglied des Vorstandes des Bundes neutraler Gewerkschaften; 1919-1920 MdNV, 1924-1932 MdR.

Schnitzler [alias Handtke], Karl
(? - ?) Journalist und Zahnarzt; 1918-1919 Mitarbeiter der Pressestelle des Korps Lüttwitz, später in der "Nationalen Vereinigung" des Majors Pabst tätig; enger Vertrauter Kapps; Verfasser eines Aktionsplans, der bei seiner Verhaftung in die Hände der Regierung geriet und zum Kernstück der Anklage wurde.

Scholz, Ernst [DVP]
(1874-1932) Politiker; 1901 Eintritt in die Kommunalverwaltung; 1912 Oberbürgermeister von Kassel; 1913-1920 Oberbürgermeister von Charlottenburg; 1911-1921 Vorstandsmitglied des Deutschen und 1912-1921 des Preußischen Städtetages; 1920-1921 Reichswirtschaftsminister; 1920 Mitglied des vorläufigen Reichswirtschaftsrates; 1922-1932 Vorsitzender des Reichsbundes der höheren Beamten; 1912-1918 MdPrHH; 1921-1932 MdR; 1929-1932 Fraktions- und Parteivorsitzender.

Schreiber, Georg [Z]
(1882-1963) Theologe und Politiker; 1917 Professor für Kirchengeschichte in Münster; 1933 vorübergehende Flucht ins Ausland; 1935 Versetzung als Professor nach Braunsberg/Ostpreußen, 1936 emeritiert; 1945 Professor in Münster; Mitglied der Historischen Reichskommission; Senator der Kaiser-Wilhelm-Gesellschaft; Vorstands-

mitglied der Görres-Gesellschaft; Mitglied des Verwaltungsrates des Germanischen Museums in Nürnberg, des Deutschen Museums in München, des Römisch-Germanischen Zentralmuseums in Mainz; 1920-1933 MdR.

Schücking, Adrian Walter [DDP]
(1875-1935) Völkerrechtler, Jurist und Publizist; 1899 Privatdozent in Göttingen, 1900 Professor in Breslau, 1903 in Marburg, 1921 in Berlin, 1926 in Kiel, dort zugleich Leiter des Instituts für Internationales Recht; 1918 Vorsitzender der Kommission zur Prüfung der völkerrechtlichen Beschwerden über die Behandlung der Kriegsgefangenen in Deutschland; 1919 Mitglied der Friedensdelegation in Versailles; 1923 Mitglied, 1930-1935 Richter am ständigen internationalen Gerichtshof im Haag; 1924-1928 Vorsitzender des Parlamentarischen Untersuchungsausschusses für die Schuldfragen des Weltkrieges; Herausgeber der deutschen Dokumente zum Kriegsausbruch; 1933 als Professor in Kiel beurlaubt; 1919-1928 MdNV, MdR.

Schulze, F. W. [DNVP]
(? - ?) Professor und Politiker in Danzig; Professor an der Technischen Hochschule Danzig; 1920 Parlamentarischer Senator in Danzig; 1920 MdVVD, MdDanVT.

Schümmer, Wilhelm [Z]
(1882-1930) Politiker in Danzig; Sekretär bei den katholischen Gewerkschaften; 1920-1924 Innensenator in Danzig; 1919-1920 kummuliertes MdNV; 1920 MdVVD, MdDanVT.

Schwartz, Hubert
(1883- ?) Politiker in Danzig; 1920-1924 Senator für kommunale Angelegenheiten; 1924-1928 Senator für Soziale Fürsorge; nach 1945 Bürgermeister von Soest; 1920 MdVVD, MdDanVT.

Seeckt, Hans von [DVP]
(1866-1936) Generalmajor; 1885 Eintritt in die Armee; seit 1899 im Großen Generalstab; 1913-1915 Oberstleutnant und Stabschef des III. Armeekorps; 1915 Stabschef der II. Armee (Gorlice-Tarnow); 1916-1917 Stabschef der österreichisch-ungarischen Heeresgruppe Erzherzog Karl; 1917 Generalstabschef des Türkischen Heers; Januar 1919 Chef des Stabes beim Armeeoberkommando Grenzschutz Nord; April 1919 Leiter der militärischen Vertretung der deutschen Friedensdelegation in Versailles; Juli 1919 Chef der "Abwicklungsstelle" des Großen Generalstabes; 1.10.1919 Chef des Truppenamtes; 1920-1926 Chef der Heeresleitung; leitete 1923 die Niederschlagung der Aufstände in München, Thüringen und Sachsen; 1926 Entlassung als Generaloberst; 1934-1935 Militärberater in China; 1930-1932 MdR.

Seeds, William
(1882-1973) Britischer Diplomat; 1904 Eintritt in den diplomatischen Dienst; 1919-1920 britischer Beauftragter in Berlin; vom 4.-21.10 1920 Vertreter des Chargé d'Affaires; 1.11.1920-1923 Generalkonsul in München; 1923 in Bogota, 1925 in Caracas, 1926 in Durazzo; 1928-1930 Hoher Kommissar im Rheinland; 1930-1939 Gesandter in Brasilien, 1939-1940 in Moskau.

Seitz, Karl [SPÖ]
(1869-1950) Österreichischer Politiker; 1918 Präsident der Provisorischen, 1919-1920 der Konstituierenden Österreichischen Nationalversammlung und Staatsoberhaupt; 1923-1934 Bürgermeister von Wien; Parteivorsitzender der SPÖ; 1944-1945 im KZ Ravensbrück; 1901-1918 Abgeordneter des Reichsrates; seit 1907 Fraktionsführer.

Semenoff (= Semënov), Grigori Michailowitsch
(1860-1946) Russischer Generalleutnant; 1917-1920 Kriegsberichterstatter; 1919 Generalleutnant.

Severing, Carl [SPD]
(1875-1952) Politiker und Journalist; 1902 Gewerkschaftssekretär in Bielefeld; 1912 Redakteur der Bielefelder "Volkswacht"; 1918 Mitbegründer des Bielefelder Volks- und Soldatenrates; 1919-1920 Reichs- und Staatskommissar für Westfalen; 1920-1921, 1921-1926, 1930-1932 Preußischer Innenminister; 1928-1930 Reichsinnenminister; 1933 vorübergehend in Haft; 1946-1948 Chefredakteur der "Freien Presse" in Bielefeld; 1907-1911 MdR; 1919-1933 MdNV, MdR; 1921-1933 MdPrLT; 1947-1950 MdNRWLT.

Seydoux, Charles Louis Auguste Jacques
(1870-1929) Französischer Diplomat; 1894 Eintritt in den diplomatischen Dienst; 1894 in Den Haag; 1895 in London; 1898 Mitarbeiter der Direction politique; 1899 in Athen; 1900 Direction politique; 1901 Botschaftssekretär in Berlin; 1905 Direction politique; 1912 Unterabteilungsleiter der Marokko-Abteilung; 1914 Mitarbeiter der Sous-Direction Asie; 1917 Mitarbeiter des Blockade-Ministeriums; 1918 Koordinator der alliierten Blockade gegen Deutschland; Teilnehmer an den Konferenzen von Spa (1920), London (1921), Cannes und Genua (1922); 1920 Alliierter Vorsitzender bei den deutsch-polnischen Verhandlungen in Paris; 1924 stellvertretender Direktor der Affaires politiques et commerciales; 1926 verabschiedet.

Sforza, Carlo, conte [Liberal]
(1872-1952) Italienischer Politiker; 1919-1920 Unterstaatssekretär im Außenministerium; 1920-1921 Außenminister; 1921-1922 Botschafter in Paris; 1926-1943 Emigration nach Brüssel; 1944 Mitglied

der Regierung; 1946 Mitglied der Konstituante; 1947-1951 Außenminister; 1919-1926, 1948-1952 Senator.

Siehr, Ernst [FVP/DDP]
(1869-1945) Rechtsanwalt und Politiker; 1920-1932 Oberpräsident der Provinz Ostpreußen; 1912-1918, MdR; 1919-1921 MdNV, MdR.

Siemens, Carl Friedrich von [DDP]
(1872-1941) Industrieller; 1899 Eintritt in das Unternehmen, 1912-1919 Vorstandsvorsitzender, 1919-1941 Aufsichtsratsvorsitzender der Siemens & Halske AG; 1919-1924 Mitbegründer und Mitglied der Zentralarbeitsgemeinschaft der industriellen und gewerblichen Arbeitgeber und Arbeitnehmer Deutschlands; 1921 Mitglied, seit 1923 Präsident des vorläufigen Reichswirtschaftsrates; 1924 Vorsitzender des Verwaltungsrates der Reichsbahn; 1923 stellvertretender Vorsitzender des Reichsverbandes der deutschen Industrie; 1927 Leiter der deutschen Delegation bei der Weltwirtschaftskonferenz in Genf; 1920-1924 MdR.

Silverberg, Paul [DVP]
(1876-1959) Jurist und Industrieller; 1903-1933 Generaldirektor des seit 1908 unter dem Namen Rheinische Aktiengesellschaft für Braunkohlenbergbau und Brikettfabrikation bestehenden Konzerns Rheinbraun, seit 1926 Vorsitzender des Aufsichtsrates; 1920 Mitglied im Reichskohlenrat; 1919-1933 Mitglied im Reichsverband der Deutschen Industrie; 1926-1933 Mitglied der "Ruhrlade"; 1933 Emigration in die Schweiz; entschiedener Gegner der sozialpolitischen Errungenschaften der Revolution von 1918/19.

Simons, Walter [Parteilos]
(1861-1937) Richter und Politiker; 1905 Oberlandesgerichtsrat in Kiel; 1907 im Reichsjustizamt; 1911-1918 Geheimer Legationsrat und Justiziar bei der Rechtsabteilung des Auswärtigen Amtes; 1918 Ministerialdirektor in der Reichskanzlei; 1918-1919 Leiter der Rechtsabteilung des Auswärtigen Amtes; 1919 Mitglied der Friedensdelegation in Versailles, Rücktritt aus Protest gegen die Friedensbedingungen; 1919-1920 geschäftsführender Präsident des Reichsverbandes der deutschen Industrie; 1920-1921 Reichsaußenminister; 1922-1928 Präsident des Reichsgerichts und des Staatsgerichtshofes; 1925 interimistische Wahrnehmung der Amtsgeschäfte des Reichspräsidenten nach dem Tod Eberts; 1928 Professor für Völkerrecht in Leipzig.

Simson, Ernst Bernhard von
(1876-1941) Jurist, Diplomat und Industrieller; 1904 Hilfsarbeiter im Reichsjustizamt; 1908 Landrichter in Düsseldorf; 1911 Vortragender Rat im Reichsjustizamt; 1918 Ministerialdirigent im Reichs-

wirtschaftsamt; 1919 Ministerialdirektor im Auswärtigen Amt und Leiter der Friedensabteilung; 1920-1921 Leiter der Abteilung II des Auswärtigen Amtes; 1921-1922 Staatssekretär für wirtschaftliche Angelegenheiten; 1922 Mitglied des Aufsichtsrates der AG für Anilinfabriken AGFA, 1926-1938 des Verwaltungs- und Aufsichtsrates der IG-Farbenindustrie AG; Mitglied des Präsidiums und Vorsitzender der Handelspolitischen Kommission des Reichsverbandes der Industrie; 1938 Emigration nach Großbritannien.

Sinowjew, Grigori Jewsejewitsch (Radomyslski) [KPdSU]
(1883-1936) Sowjetischer Politiker; enger Mitarbeiter Lenins in der Emigration; 1917 Vorsitzender des Petrograder Sowjets; 1919-1926 Mitglied des Politbüros und Generalsekretär des EKKI; 1923-1925 zusammen mit Kamenew und Stalin Parteiführer ("Troika"); 1925 mit Trotzki und Kamenew Bildung der "Vereinigten Opposition" gegen Stalin; 1927 aus der KPdSU ausgeschlossen; 1935 Verurteilung zu zehn Jahren Gefängnis, 1936 im 1. Moskauer Schauprozeß zum Tode verurteilt und hingerichtet.

Sinzheimer, Hugo [Nationalsoziale Partei/DV/SPD]
(1875-1945) Politiker und Jurist; 1903 Rechtsanwalt in Frankfurt/M.; 1914 Wechsel zur SPD; 1917-1933 Rechtsberater des Deutschen Metallarbeiter-Verbandes; 1920-1933 Mitbegründer und Dozent an der Akademie der Arbeit in Frankfurt/M.; 1929-1933 Mitarbeiter der "Neuen Blätter für den Sozialismus"; 1933 in Haft; 1933 Flucht über das Saargebiet in die Niederlande; 1934 Hochschullehrer in Amsterdam und Leyden; 1940-1945 in KZ-Haft; 1919-1920 MdNV; Mitglied des Verfassungsausschusses.

Smallbones, Robert Townsend
(1884-1976) Britischer Diplomat; 1920 Konsul in München.

Smeets, Josef [USPD/Rheinisch-Republikanische Volkspartei]
(1893-1925) Politiker und Publizist; 1918 Mitglied des Arbeiter- und Soldatenrates in Köln; Herausgeber der "Rheinischen Republik"; 1919 Gründer und Vorsitzender der Rheinisch-Republikanischen Volkspartei; 1922-1923 führender Separatist; 1923 bei einem Anschlag schwer verwundet; 1923 Emigration nach Metz.

Smith, Truman
(1893-1970) Amerikanischer Major; 1916 Eintritt in die Armee; 1917-1918 Hauptmann der 3. US-Division an der Westfront; 1919-1920 Stabsoffizier im Büro für zivile Angelegenheiten der US-Armee in Koblenz; 1920-1923 Militärischer Beobachter bei der amerikanischen Mission in Berlin; 1923-1924 stellvertretender Militärattaché der Botschaft in Berlin; Besuch der Infanterie Schule in Fort Benning, Georgia (1924-1927), der General Staff School in Fort Leaven-

worth, Kansas (1927-1928) und des Army War College in Washington, D.C. (1932-1933); 1928-1932 Lehrtätigkeit in Fort Benning/Georgia; 1935-1939 Militärattaché in Berlin.

Solf, Wilhelm Heinrich
(1862-1936) Diplomat und Orientalist; 1894 Eintritt in die Kolonialabteilung des Auswärtigen Amtes; 1898 Bezirksrichter in Daresalam; 1890 Gouverneur der Samoa-Inseln; 1911-1919 Staatssekretär und Leiter des Reichskolonialamtes; 1918 Staatssekretär im Auswärtigen Amt; 1920-1928 Geschäftsträger, seit 1921 Botschafter in Tokio; 1929-1934 Vorsitzender des Verwaltungsrates des Deutschen Auslandsdienstes in Stuttgart.

Sollmann, Wilhelm [SPD]
(1881-1951) Politiker und Journalist; 1911 Redakteur, 1912 politischer Ressortleiter, 1920 Chefredakteur der "Rheinischen Zeitung"; 1918-1919 Mitglied des Arbeiter- und Soldatenrates in Köln; 1919-1920 Mitglied der deutschen Friedensdelegation in Versailles; 1923 Reichsinnenminister; 1933 in Haft; 1933 Flucht über Luxemburg ins Saargebiet; 1937 Emigration über England in die USA; 1937 Dozent in Wallingford/Pennsylvania; 1919-1933 MdNV, MdR; 1915-1933 Vorsitzender der SPD in Köln.

Spahn, Peter [Z]
(1846-1925) Jurist und Politiker; 1874 Amtsrichter in Marienburg; 1892 Oberlandesgerichtsrat in Berlin; 1898 Reichsgerichtsrat in Leipzig; 1905 Oberlandesgerichtspräsident in Kiel, seit 1910 in Frankfurt/Oder; 1917-1918 Preußischer Justizminister; 1882-1908 MdPrA; 1918 MdPrHH; 1919 MdPrLV; 1884-1917 MdR; 1919-1925 MdNV, MdR; Fraktionsvorsitzender der Zentrums 1912-1917.

Stampfer, Friedrich [SPD]
(1874-1957) Journalist und Politiker; 1900 Wiener Korrespondent, 1914-1916 Redakteur der "Leipziger Volkszeitung"; 1902 Herausgeber einer täglichen Korrespondenz für die sozialdemokratische Presse; 1916-1919, 1920-1933 Chefredakteur des "Vorwärts"; 1920-1933 MdR; 1925-1940 Mitglied des Parteivorstandes; 1933 Emigration nach Prag, mit Curt Geyer Herausgeber des "Neuen Vorwärts"; 1938 in Paris; 1940 Flucht nach New York; Mitbegründer der German Labour Delegation in the USA; 1948 Rückkehr nach Deutschland, bis 1955 Lehrauftrag an der Akademie der Arbeit in Frankfurt/M.; seit 1931 Befürworter eines Zusammengehens von SPD und KPD.

Starck, Karl von
(1867-1937) Verwaltungsbeamter und Jurist; 1917-1919 Regierungspräsident von Köln; 1919-1921 Reichs- und Preußischer Staatskom-

missar für die besetzten rheinischen Gebiete; auf französischen Druck abberufen.

Steeg, Jules Joseph Théodore [Parti Radical]
(1868-1950) Französischer Jurist und Politiker; 1905 Anwalt in Paris; 1911-1912, 1913, 1917 Minister für Bildung und Schöne Künste; 1912-1913, 1917, 1920-1921 Innenminister; 1925 und 1930 Justizminister; 1930-1931 Président du Conseil und Kolonialminister; 1938 Kolonialminister; 1938 Staatsminister; 1904-1914 Abgeordneter; 1914-1944 Senator.

Stegerwald, Adam [Z]
(1874-1945) Gewerkschaftler und Politiker; 1899-1903 Gründer und Vorsitzender des Zentralverbandes Christlicher Holzarbeiter; 1902-1929 Generalsekretär der Christlichen Gewerkschaften; 1908-1918 Internationaler Sekretär der Christlichen Arbeiterorganisationen; 1919-1929 Vorsitzender des Deutschen Gewerkschaftsbundes; 1919-1921 Preußischer Minister für Volkswohlfahrt; 1921 Preußischer Ministerpräsident; 1929-1930 Reichsverkehrsminister; 1930-1932 Reichsarbeitsminister; 1944 verhaftet; 1945 Regierungspräsident von Mainfranken; 1945 Mitbegründer der CDU; 1917-1918 MdPr HH; 1919-1921 MdPrLV; 1919-1933 MdNV, MdR; 1929 Fraktionsvorsitzender.

Stein, Ludwig (eigentlich Elieser)
(1859-1930) Schweizer Journalist; seit 1886 Dozent für Philosophie in Zürich; 1911-1924 Professor in Berlin; Redakteur der "Vossischen Zeitung" und der "B.Z. am Mittag" (Pseudonym: Diplomaticus); Chefredakteur von "Nord und Süd"; Präsident der Mittwochsgesellschaft.

Stevers, Ernst
(1878-1945) Fregattenkapitän; Mitglied der Marinebrigade Ehrhardt; 1941 designierter Hafenkommandant von Kronstadt; 1941-1943 Hafenkommandant von Tromsö; 1943 Navigationsschule Kulmsee; 1944 verabschiedet.

Sthamer, Friedrich
(1856-1931) Jurist, Verwaltungsbeamter und Diplomat; Rechtsanwalt in Hamburg; 1915-1916 Leiter der Zivilverwaltung in Antwerpen; 1916-1917 Reichskommissar für Übergangswirtschaft; 1920 Erster Bürgermeister von Hamburg und Präsident des Hamburger Senats; seit Februar 1920 Geschäftsträger, von August 1920-1930 Botschafter in London; 1900-1918 MdHamB; 1904-1919 MdHamS.

Stier-Somlo, Fritz [DDP]
(1873-1932) Jurist und Staatsrechtler; 1904 Professor für öffentliches Recht in Bonn, seit 1912 in Köln.

Stinnes, Hugo [DVP]
(1870-1924) Industrieller; 1902-1924 Aufsichtsratsvorsitzender der Deutsch-Luxemburgischen Bergwerks- und Hütten AG sowie des Rheinisch-Westfälischen Elektrizitätswerks; 1918 Vertreter des Demobilmachungsamtes bei den Waffenstillstandsverhandlungen in Spa; 1918 Mitbegründer der Zentralarbeitsgemeinschaft der industriellen und gewerblichen Arbeitgeber und Arbeitnehmer Deutschlands (Stinnes-Legien-Abkommen); 1920-1924 Mitglied des vorläufigen Reichswirtschaftsrates; 1920 Übernahme der Siemens-Rheinelbe-Schuckert-Union; Sachverständiger bei zahlreichen internationalen Konferenzen; Befürworter einer wirtschaftlichen Zusammenarbeit zwischen Deutschland und Frankreich; 1920-1924 MdR.

Stockhammern, Franz von [Z]
(1873-1930) Diplomat und Jurist; 1907 Mitarbeiter im Bayerischen Außenministerium, Kabinettschef der Ministerpräsidenten Podewils und Hertling; 1914-1917 Mitarbeiter der bayerischen Gesandtschaften in Bern und Rom; 1917-1919 Mitarbeiter des Auswärtigen Amtes; 1919 Generalkommissar, Ministerialdirektor im Reichsfinanzministerium.

Stoecker, Walter [SPD/USPD/KPD]
(1891-1939) Politiker; 1918 Mitglied des Aktionsausschusses des Arbeiter- und Soldatenrates in Köln; 1919 Stadtverordneter in Elberfeld; 1917 Wechsel zur USPD; 1919-1920 Mitglied und Sekretär der USPD-Zentrale, 1920-1932 der KPD-Zentrale, Führer der "Mittelgruppe"; 1933-1939 in KZ-Haft; 1919-1921 MdPrLV; 1920-1932 MdR; 1924-1929 Fraktionsvorsitzender der KPD.

Stone, David Lamme
(1876- ?) Amerikanischer Oberst; 1898 Absolvent der Militärakademie; 1898 in Kuba; 1899-1903 auf den Philippinen; 1918-1919 in Frankreich, zuletzt Mitglied des Stabes der amerikanischen Besatzungsarmee; 1919-1920 stellvertretender amerikanischer Beobachter in der HCITR und Vertreter der US-Armee in Koblenz; 1923 Rückkehr in die USA; 1923-1925 Mitglied des Generalstabs; 1925-1926 Kommandeur der 6. Infanterie-Brigade; 1926-1930 Chef der Reserveorganisation; 1931 Professor für Militärtaktik an der University of Illinois; 1932 Kommandeur der 88. Division in Minnesota, 1933 der 3. Division in Fort Lewis, Washington; 1935 stellvertretender Direktor des Panamakanal-Departments; 1936 verabschiedet als Generalmajor.

Strasburger, Henryk
(1887-1951) Polnischer Nationalökonom und Diplomat; 1918-1923 Unterstaatssekretär bzw. Minister für Industrie und Handel; 1920-

1921 Mitglied der Friedensdelegation in Riga; 1924-1932 Generalkommissar in Danzig und 1932-1939 rechter Oppositionspolitiker; 1939-1944 Finanzminister und Minister für die Verbindung mit dem Nahen Osten.

Strecker, Reinhard [DDP]
(1876-1951) Politiker; 1919-1921 Hessischer Minister für Bildungswesen.

Stresemann, Gustav [NL/DVP]
(1878-1929) Politiker und Nationalökonom; 1902-1918 Syndikus des Verbandes Sächsischer Industrieller; 1911-1916 Präsidialmitglied des Hansa-Bundes für Handel, Gewerbe und Industrie; 1911-1918 stellvertretender Präsident des Bundes der Industriellen; 1918 Gründer der DVP; 1919-1929 Parteivorsitzender; 1923 Reichskanzler; 1923-1929 Reichsaußenminister; 1926 Friedensnobelpreis (mit Aristide Briand und Joseph Austen Chamberlain); 1907-1912, 1914-1918 MdR; 1919-1929 MdNV, MdR; 1917-1918 Fraktionsvorsitzender der Nationalliberalen, 1920-1923 der DVP.

Ströbel, Heinrich [SPD/USPD/SPD/SAP]
(1869-1944) Politiker, Journalist und Schriftsteller; 1900 Redakteur, von 1906-1916 leitender Redakteur beim "Vorwärts"; 1918-1919 Mitglied des Preußischen Staatsministeriums; Mitherausgeber der Zeitschrift "Der Klassenkampf"; Mitarbeiter bei der "Welt am Sonntag" und der "Weltbühne"; 1917 Wechsel zur USPD; 1920 aus der USPD ausgeschlossen, Rückkehr zur SPD; 1931 Wechsel zur SAP; 1933 Emigration in die Schweiz; 1908-1918 MdPrA; 1924-1932 MdR.

Strunk, Hermann
(1882-1933) Politiker in Danzig; Stadtschulrat in Danzig; 1920-1930 Senator für Wissenschaft, Kunst und Volksbildung; 1920 MdVVD, MdDanVT.

Strutt, Edward Lisle
(1874-1948) Britischer Oberstleutnant; bereitete 1918 im Auftrag des britischen Königs den Grenzübertritt von König Karl von Ungarn ins Exil in die Schweiz vor; 1920 stellvertretender, ab September bis Dezember 1920 de facto Hoher Kommissar des Völkerbundes in Danzig.

Stuart, Sir Harold Arthur
(1860-1923) Britischer Diplomat; 1916-1918 Mitarbeiter des Ernährungsministeriums; 1919-1920 Hoher Kommissar in der CITR und der HCITR; 1921-1922 Mitglied der Interalliierten Regierungs- und Abstimmungskommission für Oberschlesien in Oppeln.

Stücklen, Daniel [SPD]
(1869-1945) Politiker; 1891-1893 Mitglied der Parteileitung der ungarischen Sozialdemokratie; Mitbegründer des Deutschen Metallarbeiter-Verbandes; 1919 Vorsitzender der Reichszentralstelle für Kriegs- und Zivilgefangene, Reichskommissar für Zivilgefangene und Flüchtlinge, 1933 entlassen; 1903-1918 MdR; 1919-1932 MdNV, MdR.

Stülpnagel, Joachim von
(1880-1968) Preußischer General; 1914-1918 im Generalstabsdienst; 1918-1919 Major und Erster Generalstabsoffizier der Operationsabteilung in der Obersten Heeresleitung; 1919 Abteilungschef im Reichswehrministerium, Verfasser einer Liste alliierter Kriegsverbrecher; 1926 Oberst und Kommandeur des Infanterieregiments 17; 1927-1929 Chef des Heerespersonalamtes; 1929 Generalleutnant, Kommandeur der 3. Division und Befehlshaber des Wehrkreises III; 1932 aus dem aktiven Dienst ausgeschieden; Geschäftsführer der "Berliner Börsenzeitung".

Stumm, Wilhelm August Baron von
(1869-1935) Jurist, Offizier und Diplomat; bis 1894 Militärdienst, dann Wechsel in den diplomatischen Dienst; Tätigkeiten in London, Washington, Paris, Wien, Sankt Petersburg, Madrid; 1908 Vortragender Rat im Auswärtigen Amt; 1911 Direktor der Politischen Abteilung; 1916-1918 Unterstaatssekretär; 1918 verabschiedet als Wirklicher Geheimer Rat; Mitglied des Aufsichtsrates des Essener Bergwerksvereins König Wilhelm und der Dynamit Nobel AG.

Stutz, Ernst
(1868-1940) Geheimer Oberbergrat; 1897 Bergassessor; 1904-1911 Leiter der Bergwerksdirektion in Zabrze (Hindenburg); 1917-1934 Reichskohlenkommissar; seit 1919 Vorsitzender des Reichskohlenverbandes sowie des Reichskohlenrates; 1934-1936 Reichsbeauftragter der Überwachungsstelle für Kohle und Salz.

Südekum, Albert Oskar Wilhelm [SPD]
(1871-1944) Politiker und Publizist; 1895 Redakteur des "Vorwärts", 1896 der "Leipziger Volkszeitung", 1898 der "Fränkischen Tagespost"; 1900-1903 Chefredakteur der "Sächsischen Arbeiterzeitung"; 1901 Herausgeber der Zeitschrift "Kommunale Praxis", 1908-1931 des "Kommunalen Jahrbuchs"; 1918-1920 Preußischer Finanzminister; 1921-1925 Staatskommissar für die Neuordnung des Unterelbegebietes; 1926 Begründer des Deutschen Zündholzsyndikats; 1900-1918 MdR.

Szebeko, Ignacy
   (1859-1937) Polnischer Jurist und Diplomat; 1887-1909 Anwalt in Warschau; Mitglied des Polnischen Nationalkomitees in Paris; 9.3. 1920-1921 Geschäftsträger in Berlin; 1909-1917 Mitglied der russischen Duma; 1922-1927 Mitglied des Sejm.

Szembek, Jan Graf
   (1881-1945) Polnischer Diplomat; vor dem Ersten Weltkrieg im diplomatischen Dienst Österreich-Ungarns; 1919-1924 zunächst Gesandtschaftsrat, dann Gesandter in Budapest, 1925 in Brüssel, 1927 in Bukarest; Vorsitzender der polnischen Delegation bei den deutschpolnischen Grenzverhandlungen; 1932-1939 Unterstaatssekretär und stellvertretender Außenminister; 1939 Emigration nach Portugal.

T

Tardieu, André [Républicains de gauche/Radicalsocialiste]
   (1876-1945) Französischer Politiker und Journalist; 1899-1902 Sekretär des Ministerpräsidenten Waldeck-Rousseau; 1902-1914 außenpolitischer Redakteur von "Le Temps"; 1917 Hochkommissar in den USA; 1918-1919 Generalkommissar für französisch-amerikanische Kriegsangelegenheiten; 1919 Mitglied der französischen Delegation in Versailles; 1919-1920 Minister für die befreiten Gebiete; 1921 Chefredakteur des "Echo National"; 1926-1928 Minister für öffentliche Arbeiten; 1928-1930 Innenminister; 1929-1930, 1932 Ministerpräsident; 1931-1932 Landwirtschaftsminister; 1932 Kriegsminister; 1932 Außenminister; 1934 Staatsminister; 1914-1924, 1926-1936 Abgeordneter; 1923 Führer der Radikalsozialisten, gründet 1932 das Centre Républicain; 1914-1924, 1926-1936 Abgeordneter.

Taube, Michael Alexandrowitsch Baron
   (1869- ?) Russischer Jurist und Politiker; 1899-1911 Professor in Sankt Petersburg und stellvertretender, ab 1906 Direktor der Justiz- und Wirtschaftsabteilung des Russischen Außenministeriums; 1909 Mitglied des Ständigen Rates des Außenministeriums; 1912 stellvertretender Minister für Bildung; 1915 Senator; 1917 Mitglied des Kronrates; 1917 Flucht ins Ausland; Lehrtätigkeit in Upsala, Berlin, Paris, Den Haag und Münster; 1919-1921 Mitglied des Ständigen Gerichtshofes in Den Haag.

Tchitchérine s. Tschitscherin

Terver, Ernest Georges
   (1877-1943) Französischer Diplomat; 1901 Eintritt in den diplomatischen Dienst; 1905 in Belgrad, 1906 in Lüttich, 1907 in Sevillia; Vi-

zekonsul in Basel (1910-1912), Mazagran (1913); 1916 Mitarbeiter der Direction des Affaires politiques et commerciales; Konsul in Rhodos (1917-1918), Breslau (1919), Berlin (1924), Kattowitz (1926), Tripoli (1928), Saloniki (1931) und Quito (1931-1937).

Thomas, Albert [SFIO]
(1876-1932) Französischer Politiker; Mitarbeiter der "L'Humanité"; 1905 Gründer der "Revue syndicaliste"; 1909 Chefredakteur der "Revue socialiste"; 1914 Unterstaatssekretär, 1916-1917 Minister für Rüstung; Teilnehmer an den Versailler Friedensverhandlungen; 1920-1932 Direktor des Internationalen Arbeitsbüros in Genf; 1910-1921 Abgeordneter.

Thyssen, August
((1842-1926) Industrieller; gründete 1871 zunächst die Thyssen & Co. KG, 1890 die August Thyssen Hütte AG, aus der sich später der Thyssen-Konzern entwickelte; nach seinem Tod ging der Konzern in den Vereinigten Stahlwerken auf.

Tiedje, Johannes
(? - ?) Verwaltungsbeamter und Diplomat; Ministerialrat im Reichsministerium des Innern; 1918 als Sachverständiger für Schleswig in den Auswärtigen Dienst übernommen; 1920 Berater der deutschen Friedensdelegation in Paris; 1919-1921 Organisationsleiter der Deutschen Liga für den Völkerbund; danach Rückkehr zum Reichsinnenministerium.

Timm, Johann Heinrich Friedrich [SPD]
(1866-1945) Politiker; 1918-1919 Bayerischer Justizminister; 1920 Geschäftsführer der Reichszentrale für Heimatdienst in Bayern; 1905-1918; 1919-1933 MdBayerLT, zeitweise Fraktionsvorsitzender der SPD.

Tirard, Paul
(1879-1945) Französischer Verwaltungsbeamter; 1903 Mitarbeiter, 1910 Berichterstatter (maître des requêtes) am Conseil d'Etat; 1913-1914 Generalsekretär des Generals Lyautey in Marokko; 1914 mobilisiert; 1915-1916 Verwalter der befreiten Gebiete im Elsaß; 1916-1917 in besonderer Mission in Rußland; 1918-1919 Contrôleur général de l'Administration des Territoires Occupés; 1919-1931 Hoher Kommissar im besetzten Rheinland; 1920-1925 Präsident der Interalliierten Rheinlandkommission.

Tirpitz, Alfred von [Deutsche Vaterlandspartei/DNVP]
(1849-1930) Großadmiral a.D.; 1865 Eintritt in die Preußische Marine; 1885 Inspekteur des Torpedowesens; Kommandant der Panzerschiffe "Preußen" (1889) und "Württemberg" (1890); Chef des Stabes der Ostseestation; 1893 Chef des Stabes des Oberkommandos der Ma-

rine; 1896 Chef des Ostasiengeschwaders; 1897-1916 Staatssekretär des Reichsmarineamtes; 1917-1918 Mitbegründer der Deutschen Vaterlandspartei (mit Wolfgang Kapp); 1924-1928 MdR.

Tower, Sir Reginald
(1860-1939) Britischer Diplomat; 1885 Eintritt in den diplomatischen Dienst; 1894 Mitarbeiter der Botschaft in Berlin; 1896 in Washington, 1900 in Peking; 1901 Generalkonsul in Siam; 1903-1906 Ministerresident in Stuttgart und München; 1906 Gesandter in Mexiko, 1911-1919 in Buenos Aires; 1919-1920 Völkerbundskommissar in Danzig; trat im November 1920 aufgrund des französischen Widerstands gegen seine Amtsführung zurück.

Traub, Gottfried [FsVP/Deutsche Vaterlandspartei/DNVP]
(1869-1956) Politiker und Theologe; 1901 Pfarrer in Dortmund; 1913-1918 Direktor des Protestantenbundes, Dortmund; 1920 Beteiligung am Kapp-Lüttwitz-Putsch (vorgesehen als Reichskultusminister); 1920 vorübergehende Flucht nach Österreich; 1914-1939 Herausgeber der "Eisernen Blätter" sowie 1921-1935 der "München-Augsburger Abendzeitung"; 1913-1917 MdPrA; 1919-1920 MdNV, MdR; Mitbegründer und Vorstandsmitglied der Deutschen Vaterlandspartei bzw. der DNVP.

Tremmel, Peter [Z]
(1874-1941) Gewerkschaftler und Politiker; 1905 Gewerkschaftssekretär; 1908 stellvertretender, seit 1912 Vorsitzender des Zentralverbandes der Christlichen Fabrik- und Transportarbeiter Deutschlands; 1919-1933 MdNV, MdR.

Trendelenburg, Ernst
(1882-1945) Verwaltungsbeamter, Jurist und Politiker; 1908 Mitarbeiter im Reichsjustizamt, später im Reichsamt des Innern, seit 1917 im Reichswirtschaftsamt; 1912-1919 Generalsekretär der Kaiser-Wilhelm-Gesellschaft zur Förderung der Wissenschaften; 1919-1922 Reichskommissar für Ein- und Ausfuhrbewilligung; 1923-1932 Staatssekretär im Reichswirtschaftsministerium; 1930-1931 und 1932 stellvertretender Reichswirtschaftsminister; 1932-1933 Untergeneralsekretär beim Völkerbund; 1933-1934 Aufsichtsratsvorsitzender der Viag; beging 1945 Selbstmord.

Treutler, Carl Georg von
(1858-1933) Offizier und Diplomat; 1878 Eintritt in die Armee; 1892 Gesandtschaft in Brüssel; 1893 zum Auswärtigen Amt kommandiert; Geschäftsträger in Kopenhagen, Hamburg und Tokio; 1899 Legationssekretär in Bern; 1901 Gesandter in Rio de Janeiro, 1907 in Christiana; 1910 Botschafter in Tokio; 1911 und 1914-1916 Vertreter des Reichskanzlers und des Auswärtigen Amtes am Kaiserlichen Hof;

1916-1918 Gesandter in München; 1920-1923 Vorsitzender der deutschen Delegation bei der Kommission zur Festsetzung der deutsch-polnischen Grenzen; 1925-1930 Generalkonsul in Kattowitz; 1931-1933 Ministerialdirektor und Botschafter im Auswärtigen Amt.

Trimborn, Karl [Z]
(1854-1921) Politiker und Jurist; 1882 Rechtsanwalt in Köln; 1890-1921 stellvertretender, seit 1915 Vorsitzender des Volksvereins für das Katholische Deutschland; 1914-1917 Mitarbeiter der deutschen Zivilverwaltung in Belgien; 1918 Staatssekretär im Reichsamt des Innern; 1896-1912 MdR; 1896-1918 MdPrA; 1919-1921 MdNV, MdR; 1920-1921 Parteivorsitzender des Zentrums.

Trotha, Adolf von
(1868-1940) Konteradmiral; 1886 Eintritt in die Marine; 1900 Generalstabsoffizier im China-Feldzug; 1902 Abteilungsleiter im Marinekabinett; 1911-1916 Kommandant des Schlachtschiffs "Kaiser"; 1916-1918 Chef des Stabes der Hochseeflotte; 1918-1919 Chef des Marinepersonalamtes; 1919-1920 Chef der Admiralität im Reichswehrministerium, nach dem Kapp-Lüttwitz-Putsch verabschiedet; Führer des "Deutsch-Nationalen-Jugendbundes", 1930 der "Deutschen Freischar", 1930-1933 der "Freischar junger Nation", zuletzt des von der NSDAP aufgelösten "Großdeutschen Bundes"; 1934 Führer des Reichsbundes für deutsche Seegeltung.

Trotzki, Leo Dawidowitsch (eigentlich Bronstein, Leib) [KPdSU]
(1879-1940) Russischer Revolutionär und Politiker; 1897 Gründer des Südrussischen Arbeiterbundes; 1898 verhaftet und nach Sibirien verbannt; 1902 Flucht ins Ausland; 1905 Sprecher der Menschewiki im Petersburger Sowjet; 1907-1917 Tätigkeit als Journalist in Wien, Zürich, Paris und den USA; 1917 Mitglied des ZK und des Politbüros der Bolschewiki, Vorsitzender des Militärrevolutionären Komitees und Organisator der Oktoberrevolution; 1917-1918 Volkskommissar des Äußeren; 1918-1924 Volkskommissar für Krieg und Marine, Gründer der Roten Armee; nach dem Tod Lenins (1924) von Stalin aus allen Regierungs- und Parteiämtern entfernt (1925-1927); 1928 verbannt, 1929 exiliert; 1938 Gründer der 4. Internationale; 1940 in Mexiko vermutlich von einem GPU-Agenten ermordet.

Tschitscherin, Georgi Wassiljewitsch [KPdSU]
(1872-1936) Sowjetischer Politiker und Diplomat; 1890 Eintritt in den diplomatischen Dienst; 1904 Emigration nach England und Anschluß an die russische Sozialdemokratie; 1907 Sekretär des ausländischen Zentralbüros der Partei; 1917 in London verhaftet; 1918 ausgetauscht gegen den britischen Botschafter, Buchanan, und Rückkehr; 1918-1930 Volkskommissar für Auswärtige Angelegenheiten.

Turati, Filippo [Sozialist]
  (1857-1932) Politiker; 1892 Mitbegründer der Sozialistischen Partei, Führer des reformistischen Flügels; 1915 Gegner eines Kriegseintritts Italiens; 1922 Gründer der Sozialistischen Einheitspartei; Gegner eines Anschluß an die 3. Internationale.

U

Uexküll-Gyldenbrandt, Baron Alexis Emil Woldemar
  (1879-1941) Balte; Russischer Diplomat; 1909-1913 Botschaftssekretär in Wien; 1913-1914 Botschaftsattaché in Rom, 1914-1915 in Paris; Informant der deutschen Abwehr zur Lage in Rußland und im Osten.

Ulrich, Carl [SPD]
  (1853-1933) Politiker; 1919-1928 Hessischer Staatspräsident; 1885-1918 Mitglied der 2. Ständekammer in Hessen; 1890-1903, 1907-1918 MdR; 1919-1930 MdNV, MdR; 1919 MdHessVVK.

Urwick, Sir Thomas Hunter
  (1865-1939) Britischer Verwaltungsbeamter; 1919 Leiter der Wirtschaftsabteilung der britischen Rheinlandkommission; Mitglied des Service des Restitutions et Réparations en Nature der Reparationskommission.

V

Vaux s. Moisson Baron de Vaux

Vogelstein, Theodor Max [DDP]
  (1880-1957) Nationalökonom und Bankier; 1903-1908 Tätigkeit in den USA und England; 1910 Privatdozent für Nationalökonomie in München; 1914-1918 Vorstandsmitglied der Kriegsmetall AG; Mitinhaber des Berliner Bankhauses C. Kretschmar; Mitglied des vorläufigen Reichswirtschaftsrates; 1919 Mitglied der Sozialisierungskommission und des Vereins für Sozialpolitik; 1938 Emigration nach Frankreich; Mitbegründer der DDP.

Vögler, Albert [DVP/NSDAP]
  (1877-1945) Industrieller; 1906-1912 Direktor der Union A.G. für Eisen- und Stahlindustrie; 1915-1926 Direktor der Deutsch-Luxemburgischen Bergwerks- und Hütten A.G.; 1925-1945 Gründer und Generaldirektor der Vereinigten Stahlwerke AG; Vorsitzender des Vereins der Deutschen Eisenhüttenleute; Mitglied des Hauptvorstandes des Vereins Deutscher Eisen- und Stahlindustrieller; 1918-1924 Mitglied des Zentralvorstandes der Zentralarbeitsgemeinschaft

der industriellen und gewerblichen Arbeitgeber und Arbeitnehmer Deutschlands; 1920-1924 Mitglied und stellvertretender Vorsitzender des vorläufigen Reichswirtschaftsrates; 1929 Sachverständiger für die Konferenz über den Young-Plan; 1944 Generalbevollmächtigter für die Kriegsproduktion des Ruhrgebietes; beging 1945 Selbstmord; 1919-1924, 1933-1945 MdNV, MdR; 1918 Mitbegründer der DVP.

Vohmann, Robert
(? - ?) Verwaltungsbeamter; 1912 Polizeirat und Leiter des städtischen Polizeiamtes in Mainz; 1919-1933 Polizeidirektor.

Volkmann, Ernst
(1881-1959) Politiker in Danzig; Geheimer Finanzrat und Ministerialrat im Preußischen Finanzministerium; 1921-1928 Senator für Finanzen in Danzig; danach Lehrbeauftragter an der Danziger Technischen Hochschule; nach 1945 Lehrbeauftragter in Hamburg.

Vries, H. de
(1876- ?) Belgischer Hauptmann; Mitglied der HCITR.

W

Wackernagel, Rudolf
(1855-1925) Schweizer Archivar und Historiker; 1877-1917 Leiter des Kantonarchivs Basel; 1917-1918 Professor für Mittlere und Neuere Geschichte an der Universität Basel; Begründer und Mitherausgeber zahlreicher wissenschaftlicher Publikationen; Verfasser einer Geschichte von Elsaß-Lothringen.

Wagner, Theodor [SPD]
(1872-1934) Gewerkschaftler; seit 1897 Mitglied des Verbandes der Bergarbeiter Deutschlands; 1907 Redakteur der "Bergarbeiterzeitung"; 1920 Mitglied der Sozialisierungskommission; 1921 Mitarbeiter der Volkswirtschaftlichen Abteilung des Verbandes der Bergarbeiter; 1927 hauptberuflich in der hessisch-thüringischen Knappschaft.

Wallace, Hugh Campbell
(1863-1931) Amerikanischer Diplomat; 1919-1921 Botschafter in Paris.

Wangenheim, Conrad Frhr. von [K/Bund der Landwirte]
(1849-1926) Politiker und Jurist; Mitbegründer, ab 1898-1921 Vorsitzender des Bundes der Landwirte; Vorsitzender der Landwirtschaftskammer der Preußischen Provinz Pommern; 1920 beteiligt

am Kapp-Lüttwitz-Putsch, vorgesehen als Landwirtschaftsminister; 1898-1905 MdR; 1899-1903 MdPrA.

Warburg, Max Moritz [DVP]
(1867-1946) Bankier; Inhaber der Bankhauses Warburg & Co.; 1914-1918 Mitbegründer des Reichseinkaufs zur Beschaffung von Nahrungsmitteln; während des Krieges mehrfach im Auftrag des Kriegsernährungsamtes und des Auswärtigen Amtes in diplomatischer Mission im Ausland; 1918 finanzpolitischer Berater des Reichskanzlers; 1919-1920 Mitglied der Deutschen Finanzdelegation in Versailles; 1920 Mitglied der Zentralstelle für die Gliederung des Reiches; 1919-1925 Mitglied des Zentralausschusses, 1924-1933 des Generalrates der Reichsbank; 1933-1938 Leitung der Palästina-Treuhand GmbH; 1938 Liquidierung des Bankhauses und Emigration nach New York; 1941-1946 Vorsitzender des Vorstandes der American Federation of Jews from Central Europe; 1903-1918 MdHamB.

Watanabe, Hiroshi
(1874-1962) Japanischer General; 1904 Mitglied des Generalstabes; 1911-1912 Oberstleutnant und Assistent des Militärattachés in Paris; 1918 Abteilungsleiter im Generalstab; 1919 Generalmajor und japanischer Vertreter in der IMKK; August 1920-1922 Militärattaché in Paris; 1924 Bürochef im Generalstab; 1926 Generalleutnant und Divisionskommandeur; 1929 Versetzung in den Ruhestand.

Watter, Oskar Frhr. von
(1861-1939) Württembergischer Generalleutnant; 1879 Eintritt in die Armee; 1906 Oberst und Kommandeur des Grenadierregimentes Nr. 119; 1909 Generalmajor und Kommandeur der 56. Brigade; 1912 Generalleutnant und Kommandeur der 36. Division; 1917 Generalleutnant; 1918 Kommandeur eines Armeekorps; 1919-1920 Befehlshaber des Wehrkreises VI (Münster); 1920 Oberstleutnant und Chef des Generalstabes im II. Armeekorps; im Juli 1920 verabschiedet.

Waugh, Richard Deans
(? - ?) Kanadischer Politiker; Bürgermeister von Winnipeg; 1920-1923 Mitglied der Regierungskommission des Völkerbundes für das Saargebiet, zuständig für Finanz- und Forstwesen sowie Versorgungsfragen.

Weber, Max [DDP]
(1864-1920) Nationalökonom und Soziologe; 1894 Professor für Nationalökonomie in Freiburg i. Br., 1897 in Heidelberg; scheidet 1903 aus Krankheitsgründen aus dem Staatsdienst aus; während des Krieges Gegner eines Annexionsfriedens; Befürworter einer Reform der Reichsverfassung im Sinne einer parlamentarischen Monarchie; 1918 Annahme eines Lehrauftrages in Wien; 1919 Mitglied des Vor-

bereitenden Verfassungsausschusses und Berufung in die Deutsche Friedensdelegation; nach der Rückkehr aus Versailles Annahme eines Lehrauftrages in München.

Wedel, Erhard Graf von
(1879- ?) Diplomat und Jurist; 1910 Eintritt in den diplomatischen Dienst; Mitarbeiter der Botschaft in Paris (1911), in Sofia (1913), in Kopenhagen (1915); 1920-1921 Legationsrat bei der deutschen Friedensdelegation in Paris; 1922 Generalkonsul in Memel; 1924 zur Disposition gestellt; 1934 Rückkehr in das Auswärtige Amt; 1934-1936 Gesandter in Asuncion; 1937 in den Ruhestand versetzt.

Wegmann, Paul [SPD/USPD/KPD/KAG]
(1889-1945) Politiker; 1917 Wechsel zur USPD; Mitglied der Revolutionären Obleute; 1918-1919 Mitglied des Vollzugsrates für Groß-Berlin; 1920 Wechsel zur KPD; seit 1922 parteilos; nach 1933 wiederholt in Haft; 1945 im KZ gestorben; 1922-1924 MdR.

Wels, Otto [SPD]
(1873-1939) Politiker; 1907 Parteisekretär der SPD für Brandenburg; 1918-1919 Mitglied des Berliner Arbeiter- und Soldatenrates, Stadtkommandant von Berlin; 1913-1933 Mitglied des Parteivorstandes; 1919-1933 (bis 1931 mit Hermann Müller) Vorsitzender der SPD; 1933 Emigration über Saarbrücken nach Prag; Gründer (zusammen mit Friedrich Stampfer und Erich Ollenhauer) der SOPADE; 1938 Flucht über Kopenhagen nach Paris; 1912-1918 MdR; 1919-1933 MdNV, MdR.

Wermuth, Adolf
(1855-1927) Verwaltungsbeamter und Jurist; 1882 Regierungsassessor; 1883 Mitarbeiter des Reichsamtes des Innern; 1904 Unterstaatssekretär; Reichskommissar für die Weltausstellungen in Melbourne (1888-1889) und Chicago (1892-1893); 1909-1912 Staatssekretär im Reichsschatzamt; 1912-1920 Oberbürgermeister von Berlin.

Westarp, Kuno Friedrich Victor Graf von [K/DNVP/VkonP]
(1864-1945) Politiker und Jurist; 1893 Landrat im Bomst, 1900 in Randow; 1902 Hilfsarbeiter im Reichsamt des Innern; 1903 Polizeidirektor, dann Polizeipräsident in Berlin-Schöneberg; 1908-1919 Oberverwaltungsgerichtsrat; 1945 von russischen Truppen verhaftet; 1918 Mitbegründer der DNVP; 1908-1918 MdR; seit 1913 Fraktionsvorsitzender; 1920-1932 MdR; 1925-1929 Fraktions-, 1926-1928 Parteivorsitzender der DNVP; 1930 Gründer der Volkskonservativen Partei.

Weygand, Maxime Louis (auch Maxime, dit de Nimal)
(1867-1965) Französischer General; 1885 Eintritt in die Armee; 1896 Leutnant; 1902-1907 Instrukteur in Saumur; 1914-1920 Chef des

Stabes von Marschall Foch; 1920 Berater des polnischen Generalstabes im Polnisch-Sowjetischen Krieg; 1923-1924 Hochkommissar für Syrien und Libanon; Mitglied des Obersten Kriegsrates; 1925-1930 Direktor des Centre des hautes études militaires; 1930 Chef des Generalstabes; 1931-1935 Generalinspekteur der Armee; 1935 Abschied; 1939 Kommandeur in Nordafrika; 1940 Oberbefehlshaber der Truppen und Verteidigungsminister (Mai - September); 1940-1941 Generaldelegierter Pétains in Nordafrika; 1942-1945 in deutscher Haft; 1948 vom Vorwurf der Kollaboration freigesprochen.

Wiedfeldt, Otto
(1871-1926) Industrieller und Verwaltungsbeamter; 1908-1910, 1914-1918 Vortragender Rat im Reichsamt des Innern; 1910-1913 Ministerialdirektor im Japanischen Eisenbahnministerium; März 1918 Wirtschaftlicher Leiter der Deutschen Ukraine-Delegation in Kiew; 1918-1922, 1924-1926 Mitglied des Direktoriums der Friedrich Krupp AG; 1919-1920 Sachverständiger in Versailles und Spa; 1920 Mitglied der Zentralstelle für die Gliederung des Reiches; 1922-1924 Botschafter in Washington.

Wild von Hohenborn, Adolf [DNVP]
(1860-1925) General der Infanterie; 1878 Eintritt in die Armee; 1901 Regimentskommandeur; 1903 Abteilungschef im Großen Generalstab; 1906 Chef des Generalstabes des XIII. (württembergischen) Armeekorps; 1913 Generalmajor und Kommandeur der 3. Garde-Infanteriebrigade (Berlin); 1913-1914 Direktor des Allgemeinen Kriegsdepartements im Preußischen Kriegsministerium; 1914-1915 Generalquartiermeister West; 1915-1916 Preußischer Kriegsminister; 1916-1918 Kommandierender General des XVI. Armeekorps.

Wilhelm I.
(1797-1888) 1858 Regent, 1861-1888 König von Preußen; seit 1871 Deutscher Kaiser.

Wilhelm II.,
(1859-1941) Deutscher Kaiser und König von Preußen (1888-1918); 1918-1941 im Exil in Doorn, Holland.

Wilhelm (eigentlich Friedrich Wilhelm), Prinz von Hohenzollern
(1882-1951) Ältester Sohn Wilhelms II.; 1882-1918 Deutscher und Preußischer Kronprinz; 1911 Kommandeur des 1. Leibhusaren-Regiments in Danzig; 1913 im Großen Generalstab; 1914-1916 Führer der 5. Armee; 1916-1918 General der Infanterie und Oberbefehlshaber der Heeresgruppe "Kronprinz"; 1918 Exil in Holland; 1923 Rückkehr nach Deutschland.

Williger, Gustav
  (1856-1937) Industrieller; 1889-1931 Generaldirektor der Kattowitzer A.G. für Bergbau und Eisenhüttenbetrieb; 1898 Vorsitzender in der Kohlenkonvention; 1904 Vorsitzender des Berg- und Hüttenmännischen Vereins in Kattowitz; 1906-1922 Präsident der Industrie- und Handelskammer Oppeln; 1918 Geheimer Bergrat; 1918 Gründer der "Freien Vereinigung zum Schutze Oberschlesiens".

Wilson, Sir Henry Hughes [Konservativ]
  (1864-1922) Britischer Feldmarschall; 1882 Eintritt in die Armee; 1892 Staff College; 1893 Hauptmann; 1897 Major; 1899-1901 Teilnehmer am Burenkrieg; 1903 Mitarbeiter des Generalstabs im War Office; 1907 Brigadegeneral und Chef des Staff College; 1910 Direktor der Operationsabteilung des War Office; 1915 Chef des IV. Armeekorps; 1917 Chef des Eastern Command in London; 1917 General und britischer Vertreter im Obersten Kriegsrat der Alliierten; 1919 Feldmarschall; 1920 Teilnehmer an der Konferenz von Spa; 1922 verabschiedet; 1922 MP.

Wilson, Thomas Woodrow [Demokrat]
  (1856-1924) Amerikanischer Politiker; 1885 Professor für Nationalökonomie am Bryn Mawr College in Pennsylvania, 1888 an der Wesleyano University in Middletown, Connecticut, 1890-1910 Professor für Rechtswissenschaft und Nationalökonomie an der Princeton University, 1902-1910 zugleich deren Präsident; 1910-1913 Gouverneur von New Jersey; 1913-1921 28. Präsident der USA; 8.1.1918 Proklamation der 14 Punkte für einen Friedensschluß; Vater des Völkerbund-Gedankens; 1920 Friedensnobelpreis.

Windhorst, Ludwig [Z]
  (1812-1891) Politiker und Jurist; 1851-1853, 1862-1865 Justizminister in Hannover; 1866-1867 Kronoberanwalt in Celle; 1890 Mitbegründer des Volksvereins für das Katholische Deutschland; 1849-1866 Mitglied der 2. Kammer in Hannover; 1867-1891 MdR; seit 1874 ohne formelles Amt Führer des Zentrums.

Winnig, August [SPD/VkonsP/NSDAP]
  (1878-1956) Politiker, Gewerkschaftler und Schriftsteller; 1913-1920 stellvertretender Vorsitzender des Bauarbeiterverbandes; 1918 Generalbevollmächtigter des Reiches für die Baltischen Lande; 1919 Reichs- und Staatskommissar für den Osten; 1919-1920 zugleich Oberpräsident der Provinz Ostpreußen; 1920 nach dem Kapp-Lüttwitz-Putsch entlassen und aus der SPD und der Gewerkschaft ausgeschlossen; 1920-1921 Herausgeber der Wochenschrift "Der Morgen"; 1923-1933 Mitarbeiter der "Berliner Börsenzeitung"; Engagement für die Alte Sozialdemokratische Partei um Ernst Niekisch (1927-

1928), die Volkskonservativen (1930) und die NSDAP (1931-1934); 1913-1918 MdHamB; 1919-1920 MdNV.

Winterstein, Theodor von
(1861-1945) Jurist und Verwaltungsbeamter; 1899 Bezirksamtmann in Roding; 1902 Regierungsrat in Speyer; 1905 Eintritt in das Bayerische Kultusministerium; 1909 Ministerialrat im Bayerischen Innenministerium; 1918-1919 Regierungspräsident in Speyer und Bayerischer Staatskommissar für die Pfalz; am 31.5.1919 von den Franzosen ausgewiesen; 1921-1927 Regierungspräsident der Oberpfalz und von Regensburg.

Wirbel,
(? - ?) General; 1919 - 1.3.1920 Oberster Militärverwalter des Saargebietes, danach Oberbefehlshaber der Besatzungstruppen; berief bis zum Eintreffen der Interalliierten Kommission am 14.2.1920 eine vorläufige Kommission mit beratendem Charakter ein.

Wirth, Josef Karl [Z/Bund der Deutschen/Gesamtdeutsche Volkspartei]
(1879-1956) Politiker; 1908 Gymnasiallehrer, 1911 Stadtverordneter in Freiburg; Kriegsteilnehmer; 1918 Badischer Finanzminister; 1920 Reichsfinanzminister; 1921-1922 Reichskanzler; 1929-1930 Minister für die besetzten Gebiete; 1930-1931 Reichsinnenminister; 1933 Emigration über Österreich in die Schweiz; 1948 Rückkehr nach Deutschland; erfolgloses Engagement in der Politik (Bund der Deutschen, Gesamtdeutsche Volkspartei); 1955 Verleihung des Stalinpreises; 1913-1918 MdBadLT; 1914-1918 MdR; 1919-1933 MdNV, MdR; 1919-1920 MdBadLV; 1918 bis März 1920 Führer des Linken Flügels der Zentrumspartei; Verfechter der Erfüllungspolitik.

Wissell, Rudolf C. [SPD]
(1869-1962) Politiker und Gewerkschaftler; 1908-1919 Leiter des Zentralsekretariats der Generalkommission und der Sozialpolitischen Abteilung der Gewerkschaften; 1918-1919 Mitglied des 2. Rates der Volksbeauftragten, zuständig für Sozialpolitik; 1919 Reichswirtschaftsminister; 1920-1933 Vorstandsmitglied des Allgemeinen Deutschen Gewerkschaftsbundes; 1924 Schlichter in Brandenburg; 1928-1930 Reichsarbeitsminister; 1933 vorübergehend in Haft; nach 1945 wieder gewerkschaftlich tätig; 1905-1908 MdLübB; 1918 MdR; 1919-1933 MdNV, MdR.

Witos, Wincenty [PSL/SL]
(1874-1945) Polnischer Landwirt und Politiker; 1913 Gründer und Führer der Bauernpartei "Piast"; 1920-1921, 1923 und 1926 Ministerpräsident; 1930 in Haft; 1931 Gründer der Vereinigten Volkspartei (SL); 1932-1939 in der Tschechoslowakei im Exil; 1945 stellvertretender Vorsitzender des Landesnationalrates; 1908-1918 Mitglied

des Galizischen Landtages bzw. im Österreichischen Parlament; 1918-1932 Mitglied des Sejm.

Wolff, Theodor [DDP]
(1868-1943) Journalist und Schriftsteller; 1894-1907 Korrespondent des "Berliner Tageblatt" in Paris; 1906-1933 Chefredakteur; 1918 Mitbegründer der DDP, 1926 Parteiaustritt; 1933 Emigration nach Frankreich; 1943 von italienischen Truppen in Nizza verhaftet und an die Gestapo ausgeliefert.

Wrangel, Pjotr Nikolajewitsch Baron von
(1877-1928) Russischer General; im Ersten Weltkrieg Befehlshaber einer Kosakendivision; 1917-1920 Führer einer Armeeabteilung, seit April 1920 als Nachfolger Denikins Oberbefehlshaber der antibolschewistischen Freiwilligenarmee in Südrußland und Chef der weißrussischen Regierung; im November 1920 Flucht nach Konstantinopel; Führer russischer Emigrantengruppen; Präsident des russischen Roten Kreuzes.

Wulle, Reinhold [DNVP/DvölFP]
(1882-1950) Politiker und Publizist; 1908 Schriftleiter beim "Deutschen Blatt"; 1909 bei den "Dresdner Nachrichten"; 1913 Leitartikler der "Allgemeinen Zeitung", Chemnitz; 1914-1918 Chefredakteur und Herausgeber der "Rheinisch-Westfälischen Zeitung"; 1918-1921 Chefredakteur der "Deutschen Zeitung"; 1921 Herausgeber des "Deutschen Tageblatt", 1929 der "Deutschen Nachrichten"; 1922 Mitbegründer der Deutschvölkischen Freiheitspartei; seit 1925 in Gegnerschaft zu Hitler; 1933 Rückzug aus der Politik und Versuch der Gründung einer monarchistischen Sammelbewegung; 1938-1942 in KZ-Haft; 1945 Mitbegründer der Deutschen Aufbaupartei; 1920-1924 MdR; 1924-1928 MdPrLT.

Wurm, Emanuel [SPD/USPD]
(1857-1920) Politiker; 1918 Staatssekretär des Reichsernährungsamtes; 1890-1906, 1912-1918 MdR; 1919-1920 MdNV.

Wutzelhofer, Johannes [Bayernbund]
(1871-1939) Politiker; 1907 Genossenschaftsdirektor in Straubing; 1919 Staatskommissar für Ernährungswesen; 1920-1924 Bayerischer Landwirtschaftsminister.

Z

Zapf, Albert [DVP]
(1870-1940) Jurist und Politiker; 1895 Eintritt in den bayerischen Verwaltungsdienst; 1898 Mitarbeiter im Bayerischen Innenministerium; 1900-1918 Rechtsanwalt; 1919 Sachverständiger bei der Deut-

schen Friedensdelegation in Versailles; Aufsichtsratsvorsitzender der Süddeutschen Zucker AG; Vorstandsmitglied des Vereins der Deutschen Angestellten; 1920-1930, 1932 MdR; stellvertretender Fraktionsvorsitzender der DVP.

Zech-Burkersroda, Ernst Lothar Julius Graf von
(1885-1945) Jurist und Diplomat; 1909 Eintritt in den diplomatischen Dienst; Attaché in Rom und Paris; 1913 Legationssekretär in Wien; 1914 Geschäftsträger in Cetinje; 1914-1917 Adjutant des Reichskanzlers im Großen Hauptquartier; 1917 Legationsrat, ab 1918 Preußischer Gesandter und seit 1921 Vertreter der Reichsregierung in München; 1922 Gesandter in Helsingfors; 1925 Dirigent im Auswärtigen Amt; 1928-1940 Gesandter in Den Haag.

Zehnhoff, Hugo am [Z]
(1855-1930) Politiker und Jurist; 1882 Rechtsanwalt in Köln; 1899-1908 Geheimer Justizrat in Düsseldorf; 1919-1927 Preußischer Justizminister; 1899-1918 MdR; 1899-1908 MdPrA; 1919 MdPrLV; 1921-1928 MdPrLT.

Zeligowski, Lucjan
(1865-1947) Polnischer General; bis 1917 Oberst in der russischen Armee; 1918 Organisator der polnischen Kubanbrigade; Anhänger Pilsudskis; besetzte 1920 mit der 2. Division das Wilna-Gebiet, Gründung des sogenannten "Mittel-Litauen"; 1925-1926 Kriegsminister; 1930-1939 Mitglied des Sejm; 1940-1945 Mitglied des Exil-Parlaments; 1946 Rückkehr nach Warschau.

Zetkin, Clara (geb. Eißner) [SPD/USPD/KPD]
(1857-1933) Politikerin; 1882-1891 Aufenthalt in der Schweiz und Paris; 1891-1917 Redakteur der Zeitschrift "Die Gleichheit"; 1907 Sekretär der Internationalen Sozialistischen Frauenbewegung; 1915 Organisatorin der internationalen sozialistischen Frauenkonferenz gegen den Krieg in Bern; 1916 Mitbegründerin der Spartacus-Gruppe; 1917 USPD; 1920 KPD, Mitglied des ZK; 1921-1933 Mitglied des EKKI; 1933 Emigration in die UdSSR; 1919-1920 MdWürtt LV; 1920-1933 MdR.

Ziegler, Anna (geb. Strauß) [SPD/USPD]
(1882-1942) Politikerin; 1915 USPD; 1920-1924 MdR.

Ziehm, Ernst [DNVP]
(1867-1962) Jurist und Politiker in Danzig; 1899 Eintritt in die Provinzialverwaltung in Danzig; 1900 Amtsrichter; 1905 Regierungsrat in Oppeln; 1914 Verwaltungsgerichtsdirektor, 1922 Präsident des Oberverwaltungsgerichts in Danzig; 1920-1924 stellvertretender Senatspräsident; 1931-1933 Senatspräsident; 1920 MdVVD, MdDan VT.

Ziehm-Ließau, Franz [DNVP]
   (? - ?) Gutsbesitzer und Politiker in Danzig; 1920 Parlamentarischer Senator in Danzig; Vertreter der Landwirtschaft; Bruder von Ernst Ziehm; 1920 MdVVD, MdDanVT.

Zietz, Luise (geb. Körner) [SPD/USPD]
   (1865-1922) Politikerin; 1900-1922 Vorsitzende der sozialdemokratischen Frauenkonferenzen; 1908 Parteisekretär der SPD; 1911 Organisatorin des 1. Internationalen Frauentags; 1919-1922 MdNV, MdR; 1909-1917 (als erste Frau) Vorstandsmitglied der SPD, 1917-1922 der USPD.

Zinoviev, s. Sinowjew

Zint, Hans [SPD]
   (1882-1945) Jurist und Politiker in Danzig; Amtsrichter, Landgerichtsrat; 1930 Landesgerichtspräsident in Stettin, 1932 in Breslau; 1933 auf eigenen Wunsch entlassen; 1920 Vorsitzender des Danziger Verfassungsausschusses; 1920 MdVVD, MdDanVT.

Zubeil, Friedrich [SPD/USPD/SPD]
   (1848-1926) Politiker; 1883-1886 Vorsitzender des Klavierarbeiterverbandes; 1887-1890 Bevollmächtigter des Holzarbeiterverbandes; 1893-1899, 1918 MdR; 1919-1926 MdNV, MdR; 1917-1922 USPD.

Zweigert, Arthur
   (1850-1923) Jurist und Verwaltungsbeamter; 1873 Eintritt in den preußischen Justizdienst; 1886 Staatsanwalt; 1894 Oberlandesgerichtsrat in Celle; 1895 Hilfsarbeiter bei der Reichsanwaltschaft in Leipzig; 1897 Reichsanwalt; 1907-1921 Oberreichsanwalt beim Reichsgericht in Leipzig.

Französische Beobachter und Delegierte im Reich

Französische Militärmission
in Berlin (bis Januar 1920)   General Dupont

Mission Économique Française
en Allemagne (bis März bzw. Juni 1920)   M. Émile Haguenin

Botschaft in Berlin:

Chargé d'Affaires   M. Chassain de Marcilly
Botschafter   M. Charles Laurent
1. Sekretär   M. Doynel de Saint-Quentin

Konsulate:

Berlin   M. Prévost
Bremen   M. Génoyer
Breslau   M. Terver
Danzig   M. Guéritte
Düsseldorf   M. Samalens
Frankfurt/Main   M. Bénigni
Hamburg   M. Neton
Karlsruhe   M. Raynaud
Königsberg   M. Guérin
Leipzig   N.N. (M. Samalens)
Mainz und Köln   M. Bruère
Stuttgart   M. Moisson Baron de Vaux

Gesandtschaft in Bayern

München   M. Émile Dard
Konsulat: M. Durieux

Haute Commission Interalliée
des Territoires Rhénane (HCITR)   M. Paul Tirard
Generalsekretär   M. Max Hermant

Oberbefehlshaber der
Französischen Truppen im Rheinland   General Degoutte

Französische Vertreter in den Abstimmungskommissionen:

Allenstein   M. Couget,
                                         M. Chevalley (ab Juni 1920)
Marienwerder   Comte de Chérisey
Nord-Schleswig   M. Claudel
Oberschlesien   General Le Rond

sowie die französischen Vertreter

in Danzig   M. Guéritte (Konsul)
im Memelgebiet   General Odry
im Saargebiet   M. Rault

Interalliierte Militär-Kontrollkommission General Nollet

Interalliierte Kommission zur Festlegung
der deutsch-polnischen Grenze   General Dupont

Délégations Françaises
- à la Commission centrale du Rhin
- à la Commission des Réparations
- à l'Administration des Mines de la Sarre

Französische Regierungen

	17.11.1917-18.1.1920	19.1.-23.9.1920	24.9.1920-10.1.1921
Ministerpräsident	Georges Clemenceau	Alexandre Millerand	Georges Leygues
Äußeres	Stéphen Pichon	Alexandre Millerand	Georges Leygues
Inneres	Jules Pams	Théodore Steeg	Théodore Steeg
Justiz	Buis Nail	Gustave L'Hopitau	Gustave L'Hopitau
Finanzen	Louis Lucien Klotz	Frédéric François-Marsal	Frédéric François-Marsal
Krieg	Georges Clemenceau	André Lefèvre	André Lefèvre
Marine	Georges Leygues	Adolphe Landry	Adolphe Landry
Unterricht	Louis Lafferre (bis 27.11.1919) dann Léon Bérard	André Honnorat	André Honnorat
Öffentl. Arbeiten	Albert Claveille (bis 27.11.1917) dann zunächst Pierre Colliard dann Paul Jourdain	Yves Le Trocquer	Yves Le Trocquer
Handel und soziale Fürsorge	Étienne Clémentel (bis 27.11.1919) dann Louis Dubois	Auguste Isaac	Auguste Isaac
Arbeit		Jules Breton, Paul Jourdan	Paul Jourdan

Französische Regierungen

	17.11.1917-18.1.1920	19.1.-23.9.1920	24.9.1920-10.1.1921
Ministerpräsident	Georges Clemenceau	Alexandre Millerand	Georges Leygues
Volkswohlfahrt		Jules Breton	Jules Breton
Kolonien	Henry Simon	Gaston Doumergue	Gaston Doumergue
Ackerbau	Victor Boret (bis 19.7.1919) dann Joseph Noulens	Henri Ricard	Henri Ricard
Post	Étienne Clémentel (bis 27.11.1919) dann Louis Dubois		
Rüstung	Louis Loucheur		
Lebensmittel	Victor Boret (bis 19.7.1919) dann Joseph Noulens		
Blockade u. bes. Gebiete	Célestin Jonnart		
Industrieller Wiederaufbau	Louis Loucheur	aufgelöst	
Pensionen		(neu:) André Maginot	André Maginot
Befreite Gebiete		Jean Ogier	Jean Ogier

Reichsregierungen

	21.6.1919-27.3.1920	27.3.1920-25.6.1920	25.6.1920-4.5.1921
Reichskanzler	G. Bauer	H. Müller	K. Fehrenbach
Vizekanzler	M. Erzberger seit 2.10.1919: E. Schiffer	E. Koch	R. Heinze
Außenminister	H. Müller	H. Müller seit 10.4.1920: R. Köster	W. Simons
Innenminister	E. David seit 5.10.1919: E. Koch	E. Koch	E. Koch
Finanzminister	bis 11.3.1920: M. Erzberger danach unbesetzt	J. Wirth	J. Wirth
Wirtschaftsminister	R. Wissell seit 15.7.1919: R. Schmidt	R. Schmidt	E. Scholz
Justizminister	seit 2.10.1919: E. Schiffer	A. Blunck	R. Heinze
Wehrminister	G. Noske seit 27.3.1920: E. Schiffer	O. Geßler	O. Geßler
Schatzminister	W. Mayer seit 19.1.1920 unbesetzt	G. Bauer	H. v. Raumer

Reichsregierungen

	21.6.1919-27.3.1920	27.3.1920-25.6.1920	25.6.1920-4.5.1921
Reichskanzler	G. Bauer	H. Müller	K. Fehrenbach
Ernährungsminister	R. Schmidt seit 15.9.1919 vereinigt mit dem Wirtschaftminister	A. Hermes	A. Hermes
Postminister	J. Giesberts	J. Giesberts	J. Giesberts
Arbeitsminister	A. Schlicke	A. Schlicke	H. Brauns
Verkehrsminister	J. Bell	J. Bell seit 1.5.1920: G. Bauer	W. Groener
Wiederaufbauminister	O. Geßler seit 25.10.1919		
Besetzte Gebiete			
Ohne Portefeuille	E. David seit 5.10.1919	E. David	

Wechselkurse

Mark - Dollar

Tag	1919	1920	Tag	1919	1920
3. Januar	8,02	49,10	1. Juli	13,70	37,90
11. Januar	8,35	51,20	11. Juli	15,--	38,--
21. Januar	8,29	65,20	21. Juli	14,90	39,10
1. Februar	8,57	91,--	1. August	17,50	42,50
11. Februar	8,73	101,--	11. August	17,60	46,30
21. Februar	9,43	95,--	21. August	22,--	51,60
1. März	10,10	100,--	1. September	21,20	49,70
11. März	10,45	69,--	11. September	25,50	54,50
21. März	10,11	81,--	21. September	25,--	63,50
1. April	11,26	72,--	1. Oktober	23,80	61,60
11. April	12,97	53,50	11. Oktober	26,20	65,80
21. April	13,60	60,10	21. Oktober	28,--	70,40
1. Mai	12,30	57,30	1. November	31,10	77,50
11. Mai	13,50	49,50	11. November	35,30	87,--
21. Mai	14,05	41,80	21. November	46,30	73,80
1. Juni	13,30	39,30	1. Dezember	42,20	69,30
11. Juni	14,60	39,10	11. Dezember	50,--	73,10
21. Juni	12,90	33,30	21. Dezember	48,90	72,20

Quelle: Statistisches Handbuch des deutschen Reiches 1921

Wechselkurse

1920	F	£	$	1920	F	£	$
1. Nov.	488,--	266,95	77,37	1. Dez.	421,05	242,--	69,18
2. Nov.	501,95	274,45	79,90	2. Dez.	420,55	243,75	69,43
3. Nov.	489,50	269,70	77,29	3. Dez.	428,30	243,29	69,33
4. Nov.	494,50	272,70	79,92	4. Dez.	426,55	247,75	71,42
5. Nov.	489,50	277,70	81,17	6. Dez.	442,05	257,70	75,42
6. Nov.	493,--	279,20	81,92	7. Dez.	442,05	262,20	75,17
8. Nov.	501,95	288,70	86,785	8. Dez.	437,05	254,70	74,34
9. Nov.	497,50	290,20	87,66	9. Dez.	437,05	256,20	74,42
10. Nov.	499,50	286,70	85,16	10. Dez.	438,55	255,45	74,17
11. Nov.	501,95	295,70	86,91	11. Dez.	433,55	252,70	73,04
12. Nov.	499,50	294,70	87,53	13. Dez.	433,55	256,20	74,29
13. Nov.	491,--	285,70	84,67	14. Dez.	435,55	260,20	75,29
15. Nov.	485,50	283,45	83,91	15. Dez.	433,05	257,45	73,92
16. Nov.	447,05	257,20	76,17	16. Dez.	436,09	257,07	73,67
18. Nov.	439,55	242,50	69,305	17. Dez.	435,55	252,95	74,42
19. Nov.	449,55	257,70	74,17	18. Dez.	438,05	254,20	72,42
20. Nov.	447,05	255,70	73,67	20. Dez.	433,55	257,70	73,67
22. Nov.	409,55	236,75	67,18	21. Dez.	428,05	254,20	72,17
23. Nov.	417,05	239,75	68,93	22. Dez.	425,55	253,70	74,92
24. Nov.	422,05	239,75	68,43	23. Dez.	426,05	254,70	72,34
25. Nov.	434,55	252,25	72,04	28. Dez.	427,30	256,95	73,42
26. Nov.	424,55	244,--	70,17	29. Dez.	427,30	257,95	73,92
27. Nov.	421,55	240,50	69,18	30. Dez.	431,05	257,20	72,92
29. Nov.	420,55	241,--	68,80	31. Dez.	432,55	257,70	73,29
30. Nov.	425,05	245,75	70,67				

Quelle: Papiers d'Agents (Charles Laurent)

Abkürzungsverzeichnis

Abt.	Abteilung
a.D.	außer Dienst
ADAP	Akten zur Deutschen Auswärtigen Politik
ADGB	Allgemeiner Deutscher Gewerkschaftsbund
AdR	Akten der Reichskanzlei
A.F.A./ AfA-Bund	Arbeitsgemeinschaft freier Angestelltenverbände
AfS	Archiv für Sozialgeschichte
AN	Archives Nationales Paris
AP	Archives Privés
Art.	Artikel
A.T.R.C.	Administration des Territoires Rhénans Politique
A.T.R.P.	Administration des Territoires Rhénans Commerciale
BA	Bundesarchiv Koblenz
BA-MA	Bundesarchiv-Militärarchiv Freiburg
B.B.	Bayerischer Bauernbund
BBMB	Bayerischer Bauern- und Mittelstandsbund
BdO	Bund der Oberschlesier
BKP	Bayerische Königspartei
Bri.	Brigade
BVP	Bayerische Volkspartei
CDU	Christlich Demokratische Union
CEH	Central European History
CGT	Confédération générale du Travail
CICR	Comité International de la Croix Rouge
C.I.T.R.	Commission Interalliée des Territoires Rhénanes
C.M.A.V.	Comité Militaire Allié de Versailles
C.M.I.C.	Commission Militaire Interalliée de Contrôle
C.R.	Commission des Réparations
D.	Depesche
d. Ä.	der Ältere
d. Art	der Artillerie
DAZ	Deutsche Allgemeine Zeitung
DBB	Deutscher Beamtenbund
DBFP	Documents on British Foreign Policy

DBP	Deutsche Bauernpartei
DDB	Documents Diplomatiques Belges
DDF	Documents Diplomatiques Français
DDP	Deutsche Demokratische Partei
DDS	Documents Diplomatiques Suisses
DFP	Deutsche Fortschrittspartei
DFsP	Deutschfreisinnige Partei
DGB	Deutscher Gewerkschaftsbund
DHP	Deutsch-Hannoversche Partei
d.Inf	der Infanterie
DMV	Deutscher Metallarbeiter-Verband
DNVP	Deutschnationale Volkspartei
Dok.	Dokument
d.R.	der Reserve
DStP	Staatspartei
DV	Demokratische Vereinigung
DvölFP	Deutschvölkische Freiheitspartei
DVP	Deutsche Volkspartei
EKKI, EK	Exekutivkomitee der Kommunistischen Internationale
E.M.	Etat-Major
E.M.G.	Etat-Major Général
E.W.	Einwohnerwehr(en)
e.V.	eingetragener Verein
Ex.	Exemple
FDGB	Freier Deutscher Gewerkschaftsbund
FHS	French Historical Studies
FK	Freikonservative Partei
FO	Force Ouvrière
FRUS	Foreign Relations of the United States
FsVg	Freisinnige Vereinigung
FsVP	Freisinnige Volkspartei
FVP	Fortschrittliche Volkspartei
geb.	geborene
GG	Geschichte und Gesellschaft
HCITR	Haute Commission Interalliée des Territoires Rhénanes
hg./hrsg.	herausgegeben
Hg.	Herausgeber
HoL	House of Lords
HZ	Historische Zeitschrift
IK	Internationale Kommission
IMKK	Interalliierte Militär-Kontrollkommission
JCEA	Journal of Central European Affairs
JCH	Journal of Contemporary History

JMH	Journal of Modern History
K	Deutsch-Konservative Partei
KAG	Kommunistische Arbeitsgemeinschaft
KAPD	Kommunistische Arbeiterpartei Deutschlands
Komintern	Kommunistische Internationale
KP	Kommunistische Partei
KPD	Kommunistische Partei Deutschlands
KVP	Katholische Volkspartei (Oberschlesien)
MAE	Archives du Ministère des Affaires Etrangères Paris
MAE Nantes	Archives du Ministère des Affaires Etrangères, Dépot de Nantes
MdB	Mitglied des Bundestages
MdBadLT	Mitglied des Badischen Landtages
MdBadLV	Mitglied der Badischen Landesversammlung
MdBayerLT	Mitglied des Bayerischen Landtages
MdBerA	Mitglied des Berliner Abgeordnetenhauses
MdBöhmLT	Mitglied des Böhmischen Landtages
MdBremB	Mitglied der Bremischen Bürgerschaft
MdDanVT	Mitglied des Danziger Volkstages
MdHamB	Mitglied der Hamburger Bürgerschaft
MdHamS	Mitglied des Hamburger Senats
MdHessVVK	Mitglied der Hessischen Verfassunggebenden Volkskammer
MdHessLT	Mitglied des Hessischen Landtages
MdL	Mitglied des Landtages
MdLBran	Mitglied des Landtages von Brandenburg
MdLitRT	Mitglied des Litauischen Reichstages;
MdLübB	Mitglied der Lübecker Bürgerschaft
MdMecklenbLT	Mitglied des Mecklenburgischen Landtages
MdÖstNV	Mitglied der Österreichischen Nationalversammlung
MdÖstHH	Mitglied des Österreichischen Herrenhauses
MdÖstNR	Mitglied des Österreichischen Nationalrates
MdOldLT	Mitglied des Oldenburgischen Landtages
MdNRWLT	Mitglied des Nordrheinwestfälischen Landtages
MdNV	Mitglied der Nationalversammlung
MdPR	Mitglied des Parlamentarischen Rates
MdPrA	Mitglied des Preußischen Abgeordnetenhauses
MdPrHH	Mitglied des Preußischen Herrenhauses
MdPrLT	Mitglied des Preußischen Landtages
MdPrLV	Mitglied der Verfassunggebenden Preußischen Landesversammlung
MdPrStR	Mitglied des Preußischen Staatsrates
MdR	Mitglied des Reichstages

MdSächsLT	Mitglied des Sächsischen Landtages
MdSchlePrLT	Mitglied des Schlesischen Provinziallandtages
MdSB	Mitglied des Schweizerischen Bundesrates
MdThürLT	Mitglied des Thüringischen Landtages
MdVK	Mitglied der Volkskammer der Deutschen Demokratischen Republik
MdVVDan	Mitglied der Verfassunggebenden Versammlung in Danzig
MdWR	Mitglied des Wirtschaftsrates
MdWürttLT	Mitglied des Württembergischen Landtages
MdWürttLV	Mitglied der Verfassungebenden Württembergischen Landesversammlung
MGM	Militärgeschichtliche Mitteilungen
MICUM	Mission interallié de contrôle des usines et des mines
MP	Member of Parliament
NF	Nationalsozialistische Freiheitspartei
NL	Nationalliberale Partei
No.	Number
N°, n°	Nummer (des Berichtes, des Telegrammes)
NSDAP	Nationalsozialistische Deutsche Arbeiterpartei
O.C.	Organisation Consul
OHL	Oberste Heeresleitung
o.J.	ohne Jahr
o.O.	ohne Ort
Orgesch	Organisation Escherich
PA	Politisches Archiv des Auswärtigen Amtes Bonn
PCF	Parti Communiste Français
PdA	Papiers d'Agents
p.ex.	par exemple
PRO	Public Record Office London
PPS	Polnische Sozialistische Partei
PPSDGiS	Polnische Sozialistische Partei, deutsche Gruppe in Schlesien
PSL	Polnische Volkspartei
r	recto
r, v	recto-verso
RDI	Reichsverband der Deutschen Industrie
RH	Révue Historique
RHD	Revue d'Histoire Diplomatique
RI	Relations Internationales
RMHC	Revue d'Histoire Moderne et Contemporaine
RSFSR	Rossijskaja Sovetskaja Federativnaja Socialistic-eskaja Respublika

Abkürzungsverzeichnis 1381

RT	Reichstag
RW	Reichsweht
s.	siehe
S.	Seite
SAP	Sozialistische Arbeiterpartei Deutschlands
SDN	Société des Nations
S.E.	Son Excellence
s.d.	sans date
SED	Sozialistische Einheitspartei Deutschlands
SFIC	Section Française de l'Internationale communiste
SFIO	Section Française de l'Internationale Ouvrière
s.h.	sans heure
SHAT	Service Historique de l'Armée de terre Vincennes
SIPO, SP	Sicherheitspolizei
SL	Volkspartei (Polen)
s. n.	sans numéro
SOPADE	Sozialdemokratische Partei Deutschlands (Exil)
SPD	Sozialdemokratische Partei Deutschlands
SPDN	Sozialdemokratische Partei des Memelgebiets
S.R.	Service de Renseignements
T.	Telegramm
Teno	Technische Nothilfe
T.O.	Territoires Occupés
T.S.F.	Transmission sans fil (Funk)
u.a.	unter anderem
u.A.	und Andere
USPD	Unabhängige Sozialdemokratische Partei Deutschlands
v.	verso
VfZG	Vierteljahrshefte für Zeitgeschichte
V.E., V. Exec.	Votre Excellence
vgl., Vgl.	vergleiche, Vergleiche
VkonP	Volkskonservative Partei
VKPD	Vereinigte Kommunistische Partei Deutschlands
WTB	Wolff's Telegraphen-Bureau
Z	Zentrum
ZAG	Zentralarbeitsgemeinschaft der industriellen und gewerblichen Arbeitgeber Deutschlands
ZG	Zentralarbeitsgemeinschaft der industriellen und gewerblichen Arbeitgeber- und Arbeitnehmerverbände Deutschlands
ZK	Zentralkommitee
z. S.	zur See

Auswahlbibliographie

Archivbestände, Übersichten

Les Archives Nationales. Etat Général des Fonds, publié sous la direction de Jean FAVIER. Tome II: 1789-1940, sous la direction de Rémy MATHIEU, Paris 1978.

French Foreign Policy 1918-1945. A Guide to Research and Research Materials, compiled and edited by Robert J. YOUNG, Wilmington/Delaware 1981.

German Foreign Policy 1918-1945. A Guide to Research and Research Materials, compiled and edited by Christoph M. KIMMICH, Wilmington/Delaware 1981.

HARTMANN, Peter Claus, Pariser Archive, Bibliotheken und Dokumentationszentren zur Geschichte des 19. und 20. Jahrhunderts, Paris 1976 (Dokumentation Westeuropa, 1).

Inventar von Quellen zur deutschen Geschichte in Pariser Archiven und Bibliotheken, bearbeitet von einer Arbeitsgruppe unter Leitung von Georg SCHNATH, hrsg. von Wolfgang Hans STEIN, Koblenz 1986 (Veröffentlichungen der Landesarchivverwaltung Rheinland-Pfalz, 39).

KENT, George O. (Ed.), A Catalog of Files and Microfilms of the German Foreign Ministry Archives, 1867-1920, Oxford 1959.

KENT, George O. (Ed.), A Catalog of Files and Microfilms of the German Foreign Ministry Archives, 1920-1945, Bd. 1 und 2, Stanford, California 1962 und 1964.

MARTENS, Stefan, Saisir l'avenir et garder le passé. Die Pariser Archive, ihre Bestände und deren Schicksal, in: HZ 247 (1988) S. 357-368.

Ministère des Relations Extérieures. Les Archives du Ministère des Relations Extérieures depuis ses origines. Histoire et guide suivis d'une étude des sources de l'histoire des affaires étrangères dans les dépôts parisiens et départementaux, 2 Bde., Paris 1984-1985.

Ministère des Affaires Etrangères. Etat Général des Inventaires des Archives Diplomatiques, Paris 1987.

Quellenwerke, Editionen

Akten der Reichskanzlei. Weimarer Republik, hrsg. von Karl Dietrich ERDMANN und Hans BOOMS.
- Das Kabinett Bauer: 21. Juni 1919 bis 27. März 1920, bearb. von Anton GOLECKI, Boppard 1980.
- Das Kabinett Müller I: 27. März bis 21. Juni 1920, bearbeitet von Martin VOGT, Boppard 1971.
- Das Kabinett Fehrenbach: 25. Juni 1920 bis 4. Mai 1921, bearbeitet von Peter WULF, Boppard 1972.

Akten zur Deutschen Auswärtigen Politik 1918-1945. Aus dem Archiv des Auswärtigen Amtes, Serie A: 1918-1925, Bd. I - IV, Göttingen 1982-1986.

BENZ, Wolfgang (Hg.), Politik in Bayern 1919-1933. Berichte des württembergischen Gesandten Carl Moser von Filseck, Stuttgart 1971.

Commission Nationale pour la Publication de Documents Diplomatiques Suisses (Ed.), Documents 1848-1945, Bd. 7 (1918-1920), 2 Bde. Bern 1979 und 1984, Bd. 8 (1920-1924), Bern 1988.

Deutscher Geschichtskalender. Sachlich geordnete Zusammenstellung der wichtigsten Vorgänge im In- und Ausland; begründet von Karl WIPPERMANN, hrsg. von Friedrich PURLITZ, Leipzig 1920.

Documents Diplomatiques Belges, 1920-1940, Bd. 1: 1920-1925, Brüssel 1964.

Documents on British Foreign Policy 1919-1939, ed. by E.L. WOODWARD and Rohan BUTLER, First Series, London 1948ff.

Gespräche mit Rathenau, hrsg. von Ernst SCHULIN, München 1980.

HORKENBACH, Cuno, Das Deutsche Reich von 1918 bis heute, Berlin 1930.

Imperial War Museum. The Occupation of the Rhineland 1918-1929. Facsimile Edition with Introduction by G. M. BAYLISS, London 1987.

MANTOUX, Paul, Les délibérations du Conseil des Quatre, 2 Bde., Paris 1955.

MOMMSEN, Wilhelm, Deutsche Parteiprogramme, München 1960.

OPITZ, Alfred, ADLGASSER, Franz (Hg.), Der Zerfall der europäischen Mitte. Staatenrevolution im Donauraum. Berichte der Sächsischen Gesandtschaft in Wien 1917-1919, Graz 1990 (Quellen zur Geschichte des 19. und 20. Jahrhundert, 5).

Papers Relating to the Foreign Relations of the United States, 1919, The

Peace Conference, ed. by the Department of State, 13 Bde., Washington 1942-1947.

Papers Relating to the Foreign Relations of the United States, 1920, ed. by the Department of State, Washington 1935ff.

Schultheß' Europäischer Geschichtskalender, Bd. 36 (1920), Berlin 1921.

Quellen zur Geschichte des Parlamentarismus und der Politischen Parteien.

1. Reihe:
- Band 1: Der Interfraktionelle Ausschuß 1917-1918, bearbeitet von Erich MATTHIAS und Rudolf MORSEY, 2 Bde., Düsseldorf 1959.
- Band 6: Die Regierung der Volksbeauftragten, 1918/19, eingeleitet von Erich MATTHIAS, bearbeitet von Susanne MILLER unter Mitwirkung von Heinrich POTTHOFF, Düsseldorf 1969.
- Band 9: Der Hauptausschuß des Deutschen Reichstages 1915-1918, eingeleitet von Reinhard SCHIFFERS, bearbeitet von Reinhard SCHIFFERS und Manfred KOCH in Verbindung mit Hans BOLDT, 4 Bde., Düsseldorf 1983.
- Band 10: Die Regierung Eisner 1918/19. Ministerratsprotokolle und Dokumente, eingeleitet und bearbeitet von Franz J. BAUER unter Verwendung der Vorarbeiten von Dieter ALBRECHT, Düsseldorf 1987.

2. Reihe:
- Band 2: Zwischen Revolution und Kapp-Putsch. Militär und Innenpolitik 1918-1920, bearbeitet von Heinz HÜRTEN, Düsseldorf 1977.
- Band 3: Die Anfänge der Ära Seeckt. Militär und Innenpolitik 1918-1920, bearbeitet von Heinz HÜRTEN, Düsseldorf 1979.

3. Reihe:
- Band 7: Die SPD-Fraktion in der Nationalversammlung 1919-1920, eingeleitet von Heinrich POTTHOFF, bearbeitet von Heinrich POTTHOFF und Hermann WEBER, Düsseldorf 1986.

Verhandlungen des Reichstages. Stenographische Berichte und Anlagen, Berlin 1920-1921.

Verhandlungen der Verfassunggebenden Deutschen Nationalversammlung. Stenographische Berichte und Anlagen, Berlin 1920.

Der Waffenstillstand 1918-1919. Das Dokumenten-Material der Waffenstillstands-Verhandlungen von Compiègne, Spa, Trier und Brüssel. Notenwechsel, Verhandlungsprotokolle, Verträge, Gesamttätigkeitsbericht, hrsg. von Edmund MARHEFKA, 3 Bde., Berlin 1928.

WAMBAUGH, Sarah, Plebiszites since the World War, 2 Bde., Washington 1933.

Das Werk des Untersuchungsausschusses der Verfassunggebenden Deutschen Nationalversammlung und des Deutschen Reichstages 1919-1928. 4. Reihe: Die Ursachen des Deutschen Zusammenbruchs im Jahre 1918, 2. Abt. Band 6, Berlin 1928.

Ursachen und Folgen. Vom deutschen Zusammenbruch 1918 und 1945 bis zur staatlichen Neuordnung Deutschlands in der Gegenwart. Eine Urkunden- und Dokumentensammlung zur Zeitgeschichte, hrsg. und bearbeitet von Herbert MICHAELIS und Ernst SCHRAEPLER unter Mitwirkung von Günter SCHEEL, Bd. 4: Die Weimarer Republik. Vertragserfüllung und innere Bedrohung 1919-1922, Berlin o. J.

Biographische Nachschlagewerke

Annuaire Diplomatique et consulaire de la République française. Nouvelle Série, Bd. XXXIV, Paris 1921.

BENZ, Wolfgang, GRAML, Hermann (Hg.), Biographisches Lexikon zur Weimarer Republik, München 1988.

Biographisches Handbuch für das Preußische Abgeordnetenhaus 1867-1918, bearbeitet von Bernhard MANN unter Mitarbeit von Martin DOERRY, Cornelia RAUH und Thomas KÜHNE, Düsseldorf 1988 (Handbücher zur Geschichte des Parlamentarismus und der Politischen Parteien, 3).

BALLING, Mads Ole, Von Reval bis Bukarest. Statistisch-Biographisches Handbuch der Parlamentarier der deutschen Minderheiten in Ostmittel- und Südosteuropa 1919-1945. Estland, Lettland, Litauen, Polen, Tschechoslowakei, Jugoslawien, Rumänien, Slowakei, Karpaten-Ukraine, Kroatien, 2 Bde., Kopenhagen 1991.

Dictionnaire des Ministres de 1789 à 1989, sous la direction de Benoît YVERT, Paris 1990.

Dictionnaire des Parlementaires Français (1889-1940). Notes biographiques sur les Ministres, Députés et Sénateurs français de 1889 à 1940, 8 Bde., Paris 1960-1977.

MdR. Die Reichstagsabgeordneten der Weimarer Republik in der Zeit des Nationalsozialismus. Politische Verfolgung und Ausbürgerung 1933-1945. Eine biographische Dokumentation, hrsg. und eingeleitet von Martin SCHUMACHER, Düsseldorf 1991 (Veröffentlichungen der Kommission für die Geschichte der Parteien und des Parlamentarismus in Deutschland).

Sekundärliteratur

ALDCROFT, Derek H., Die zwanziger Jahre. Von Versailles zur Wall Street, München 1978 (Geschichte der Weltwirtschaft im 20. Jahrhundert, 3).

ARTAUD, Denise, La question des dettes interalliées et la reconstruction de l'Europe (1917-1929), 2 Bde., Lille 1978.

BARIÉTY, Jacques, Les relations franco-allemandes après la première guerre mondiale. 10 novembre 1918 - 10 janvier 1925, de l'exécution à la négotiation, Paris 1977.

BARIÉTY, Jacques, L'"'accord révisionniste" franco-hongrois de 1920. Histoire d'un mythe, in: Pierre AYÇOBERRY, Jean-Paul BLED, Istvan HUNYADI (Ed.), Les conséquences des Traités de Paix de 1919-1920 en Europe Centrale et Sud-Orientale, Strasbourg 1987, S. 75-83.

BARIÉTY, Jacques, Sicherheitsfrage und europäisches Gleichgewicht. Betrachtungen über die französische Deutschlandpolitik 1919-1927, in: Die deutsche Frage im 19. und 20. Jahrhundert. Referate und Diskussionsbeiträge eines Augsburger Symposions, hrsg. von Josef BECKER und Andreas HILLGRUBER unter Mitarbeit von Walther L. BERNECKER, Herbert MÜLLER, Reiner POMMERIN, Klaus Peter PREM und Peter SOBCZYK, München 1983, S. 319-345.

BARIÉTY, Jacques, La Haute Commission Interalliée des Territoires Rhénans, in: Problèmes de la Rhénanie 1919-1930 - Die Rheinfrage nach dem Ersten Weltkrieg. Actes du Colloque d'Otzenhausen 14 - 16 octobre 1974, Metz 1975.

BECKER, Jean-Jacques, BERSTEIN, Serge, Victoire et frustrations 1914-1929, Paris 1990 (Nouvelle Histoire de la France Contemporaine, 12).

BENNETT, Geoffrey, Cowan's War. The Story of British Naval Operations in the Baltic 1918-1920, London 1964.

BENZ, Wolfgang, Süddeutschland in der Weimarer Republik. Ein Beitrag zur deutschen Innenpolitik 1918-1933, Berlin 1970 (Beiträge zu einer historischen Strukturanalyse Bayerns im Industriezeitalter, 4).

BISCHOF, E., Separatismus 1918-1924. Hans Adam Dortens Rheinstaatsbestrebungen, Bern 1969.

BOISVERT, Jean-Jacques, Les relations franco-allemandes en 1920, Montreal 1977.

BOURNAZEL, Renata, Rapallo. Naissance d'un mythe. La politique de la peur dans la France du Bloc national, Paris 1974.

BRAD, Yves Alexandre, Millerand et la présidence de la République, in: Cahiers de Droit, T. 3 (1984) S. 21-57.

BRINKLEY, George A., The Volonteer Army and Allied Intervention in South Russia 1917-1921, Notre Dame / Indiana 1965.

CAMPBELL, F. Gregory, The Struggle for Upper Silesia 1919-1922, in: JMH (1970) S. 361-385.

CARSTEN, Francis L., Britain & the Weimar Republic: The British Documents, London 1984.

CARSTEN, Francis L., Revolution in Mitteleuropa 1918-1919, Köln 1973.

CARSTEN, Francis L., The Reichswehr and Politics 1918-1933, Berkeley, Los Angeles, London 1966.

DOCKRILL, Michael L., GOOLD, J. Douglas, Peace without Promise. Britain and the Peace Conference 1919-1923, London 1981.

DOEPGEN, Heinz, Die Abtretung des Gebietes von Eupen-Malmédy an Belgien im Jahre 1920, Bonn 1966 (Rheinisches Archiv, 60).

DOHRMANN, Bernd, Die englische Europapolitik in der Wirtschaftskrise 1921-1923. Zur Interdependenz von Wirtschafts- und Außenpolitik, München, Wien 1980.

DOSSE, Günter, Die separatistische Bewegung in Oberschlesien nach dem Ersten Weltkrieg (1918-1922), Wiesbaden 1987 (Studien der Forschungsstelle Ostmitteleuropa an der Universität Dortmund, 2).

DUPEUX, Louis, "Nationalbolschewismus" 1918-1933: Kommunistische Strategie und konservative Dynamik, München 1985.

ELIASBERG, Georg, Der Ruhrkrieg 1920. Zum Problem der Organisation und Spontaneität in einem Massenaufstand und zur Dimension der Weimarer Krise, in: AfS 10 (1970) S. 291-377.

ERDMANN, Karl Dietrich, Adenauer in der Rheinlandpolitik nach dem Ersten Weltkrieg, Stuttgart 1966.

FELIX, David, Walther Rathenau and the Weimar Republic. The Politics of Reparations, Baltimore, London 1971.

FENSKE, Hans, Konservatismus und Rechtsradikalismus in Bayern nach 1918, Bad Homburg, Berlin, Zürich 1969.

FERNER, Wolfgang, Das Deuxième Bureau der französischen Armee. Subsidiäres Überwachungsorgan der Reichswehr 1919-1923, Frankfurt/Main, Bern 1982 (Europäische Hochschulschriften III, Geschichte und ihre Hilfswissenschaften, 177).

FINK, Carole, The Genoa Conference. European Diplomacy, 1921-1922, Chapel Hill / North Carolina 1984.

FISCHER, Fritz, Griff nach der Weltmacht. Die Kriegszielpolitik des kai-

serlichen Deutschland 1914-1918, Kronberg 1977.
GIRAULT, René, Emprunts russes et investissements français en Russie, 1887-1914, Paris 1973.
GIRAULT, René, FRANK, Robert, Turbulente Europe et nouveaux mondes. Histoire des relations internationales contemporaines, Bd. 2: 1914-1941, Paris 1988 (Collection Relations Internationales Contemporaines).
GOLDBACH, Marie-Luise, Karl Radek und die deutsch-sowjetischen Beziehungen 1918-1923, Bonn 1973.
GRUPP, Peter, Deutsche Außenpolitik im Schatten von Versailles 1918-1920, Paderborn 1988.
HAGSPIEL, Hermann, Verständigung zwischen Deutschland und Frankreich? Die deutsch-französische Außenpolitik der zwanziger Jahre im innenpolitischen Kräftefeld beider Länder, Bonn 1987 (Pariser Historische Studien, 24).
HATKE, Brigitte, Hugo Stinnes und die drei deutsch-belgischen Gesellschaften von 1916. Der Versuch der wirtschaftlichen Durchdringung Belgiens im Ersten Weltkrieg durch die Industrie-, Boden- und Verkehrsgesellschaft 1916 m.b.H., Stuttgart 1991 (Beihefte der Zeitschrift für Unternehmensgeschichte, 56).
HEHN, Jürgen von, RIMSCHA, Hans von, WEISS, Hellmuth (Hg.), Von den baltischen Provinzen zu den baltischen Staaten. Beiträge zur Entstehungsgeschichte der Republiken Estland und Lettland 1918-1920, Marburg 1977.
HEIDEKING, Jürgen, Areopag der Diplomaten. Die Pariser Botschafterkonferenz der alliierten Hauptmächte und die Probleme der europäischen Politik 1920-1931, Husum 1979 (Historische Studien, 436).
HEINEMANN, Ulrich, Die verdrängte Niederlage. Politische Öffentlichkeit und Kriegsschuldfrage in der Weimarer Republik, Göttingen 1983.
HENTIG, Hans von, Der Friedensschluß. Geist und Technik einer verlorenen Kunst, München 1965.
HOGENHUIS-SELIVERSTOFF, Anne, Les relations franco-soviétiques 1917-1924, Paris 1981 (Publications de la Sorbonne, 17).
HOLTFRERICH, Carl-Ludwig, Die deutsche Inflation, 1914-1923. Ursachen und Folgen in internationaler Perspektive, Berlin, New York 1980.
HUBER, Ernst Rudolf, Deutsche Verfassungsgeschichte seit 1789, Bd. IV: Struktur und Krise des Kaiserreichs, Stuttgart 1969,

Bd. V: Weltkrieg, Revolution und Reichserneuerung 1914-1919, Stuttgart 1978, Bd. VI: Die Weimarer Reichsverfassung, Stuttgart 1981.

HÜTTENBERGER, Peter, Methoden und Ziele der französischen Besatzungspolitik nach dem Ersten Weltkrieg in der Pfalz, in: Blätter für Deutsche Landesgeschichte 108 (1972) S. 105-121.

JARDIN, Pierre, La politique rhénane de Paul Tirard (1920-1923), in: Revue d'Allemagne XXI (1989) S. 208-216.

JARDIN, Pierre, L'occupation française en Rhénanie, 1918-1919. Fayolle et l'idée palatine, in: RHMC 33 (1986) S. 402-456.

KIMMICH, Christoph M., The Free City. Danzig and German Foreign Policy, 1919-1934, New Haven/Connecticut, London 1968.

KITCHEN, Martin, Europe between the Wars. A political history, London, New York 1988.

KNIPPING, Franz, Deutschland, Frankreich und das Ende der Locarno-Ära 1928-1931. Studien zur internationalen Politik in der Anfangsphase der Weltwirtschaftskrise, München 1987.

KOLB, Eberhard, Die Weimarer Republik, München 1984 (Oldenbourg Grundriß der Geschichte, 16).

KÖHLER, Henning, Adenauer und die rheinische Politik. Der erste Anlauf, 1918-1924, Wiesbaden 1986.

KÖHLER, Henning, Novemberrevolution und Frankreich. Die französische Deutschlandpolitik 1918-1919, Düsseldorf 1980.

KÖHLER, Henning, Autonomiebewegung oder Separatismus? Die Politik der "Kölnischen Volkszeitung" 1918/1919, Berlin 1974 (Studien zur europäischen Geschichte, 10).

KRIEGEL, Annie, La grève des cheminots 1920, Paris 1988.

KRÜGER, Peter, Die Außenpolitik der Republik von Weimar, Darmstadt 1985.

KRÜGER, Peter, La politique extérieure allemande et les relations franco-polonaises (1918-1932) in: RHD 95 (1981) S. 264-294.

KRÜGER, Peter, Die Reparationen und das Scheitern einer deutschen Verständigungspolitik auf der Pariser Friedenskonferenz im Jahre 1919, in: HZ 221 (1975) S. 326-372.

KRUMMACHER, Friedrich A., LANGE, Helmut, Krieg und Frieden. Geschichte der deutsch-sowjetischen Beziehungen. Von Brest-Litowsk zum Unternehmen Barbarossa, München, Esslingen 1970.

LINKE, Horst Günther, Deutsch-sowjetische Beziehungen bis Rapallo,

Köln 1972 (Abhandlungen des Bundesinstituts für ostwissenschaftliche und internationale Studien, 22).

MAIER, Charles S., Recasting Bourgeois Europe: Stabilization in France, Germany und Italy in the Decade after World War I, Princeton / New Jersey 1975.

MAIER, Charles S., Coal and Economic Power in the Weimar Republic: The Effects of the Coal Crisis of 1920, in: Hans MOMMSEN, Dietmar PETZINA, Bernd WEISBROD (Hg.), Industrielles System und Politische Entwicklung in der Weimarer Republik, Bd. 2, Kronberg 1977, S. 530-542.

MAXELON, Michael-Olaf, Stresemann und Frankreich 1914-1929. Deutsche Politik der Ost-West-Balance, Düsseldorf 1972.

MAYER, Arno J., Politics and Diplomacy of Peacemaking. Containment and Counterrevolution at Versailles, 1918-1919, New York 1967.

MAYER, Karl J., Die Weimarer Republik und das Problem der Sicherheit in den deutsch-französischen Beziehungen, 1918-1925, Frankfurt/Main, Bern, New York, Paris 1990 (Europäische Hochschulschriften III, Geschichte und ihre Hilfswissenschaften, 440).

MAYEUR, Jean-Marie, La vie politique sous la Troisième République 1870-1940, Paris 1984.

McDOUGALL, Walter A., France's Rhineland Diplomacy, 1919-1924. The last bid for a balance of power in Europe, Princeton / New Jersey 1978.

MIQUEL, Pierre, La paix de Versailles et l'opinion publique française, Paris 1972.

MILLER, David Hunter, The Drafting of the Convenant, 2 Bde., New York 1928.

MITCHELL, Allan, Revolution in Bavaria 1918-1919 - The Eisner Regime and the Soviet Republic, Princeton / New Jersey 1965.

MÖLLER, Horst, Parlamentarismus in Preußen 1919-1932, Düsseldorf 1985 (Handbuch der Geschichte des Deutschen Parlamentarismus).

MÖLLER, Horst, Weimar. Die unvollendete Demokratie, München 1985 (Deutsche Geschichte der neuesten Zeit).

MOUTON, Marie-Renée, Société des Nations et réconstruction financière de l'Europe: la conférence de Bruxelles (24 septembre - 8 octobre 1920), in: RI 39 (1984) S. 309-331.

NELSON, Keith, Victors Divided. America and the Allies in Germany, 1918-1923, Berkeley, Los Angeles, London 1975.

ORDE, Anne, British Policy and European Reconstruction after the First

World War, Cambridge 1990.

ORDE, Anne, France and Hungary in 1920: Revisionism and Railways, in: JCH 15 (1980) S. 475-492.

ORDE, Anne, Great Britain and International Security 1920-1926, London 1978.

PROST, Antoine, Die Demobilmachung, der Staat und die Kriegsteilnehmer in Frankreich, in: GG 9 (1983) S. 178-194.

RAFFO, Peter, The Anglo-American Preliminary Negociations for a League of Nations, in: JCH 9 (1974) S. 153-176.

RECKER, Marie-Luise, England und der Donauraum, 1919-1929. Probleme einer europäischen Nachkriegsordnung, Stuttgart 1976.

REIMER, Klaus, Rheinlandfrage und Rheinlandbewegung (1918-1933). Ein Beitrag zur Geschichte der Regionalistischen Bestrebungen in Deutschland, Frankfurt/Main, Bern, Las Vegas 1979.

RENOUVIN, Pierre, L'Armistice de Rethondes. 11 novembre 1918, Paris 1968 (Trente journées qui ont fait la France).

RHODE, Gotthold, Polen von der Wiederherstellung der Unabhängigkeit bis zur Ära der Volksrepublik 1918-1970, in: Theodor SCHIEDER (Hg.), Handbuch der Europäischen Geschichte, Band 7/II, Stuttgart 1979.

ROSENFELD, Günter, Sowjetrußland und Deutschland 1917-1922, Berlin² 1983.

ROTH, François, La guerre de 70, Paris 1990.

ROTHWELL, V. H., British War Aims and Peace Diplomacy 1914-1918, Oxford 1971.

SALEWSKI, Michael, Entwaffnung und Militärkontrolle in Deutschland 1919-1927, München 1966.

SAUVY, Alfred, Histoire économique de la France entre les deux guerres, Paris 1965.

SCHIEDER, Theodor (Hg.), Handbuch der Europäischen Geschichte, Bd. 7/II, Europa im Zeitalter der Weltmächte, Stuttgart 1979.

SCHULZ, Gerhard, Zwischen Demokratie und Diktatur. Verfassungspolitik und Reichsreform in der Weimarer Republik. Bd. 1: Die Periode der Konsolidierung und der Revision des Bismarckschen Reichsaufbaus 1919-1930, Berlin² 1987.

SCHULZE, Hagen, Der Oststaatplan 1919, in: VfZG 18 (1970) S. 123-163.

SCHWABE, Klaus, Deutsche Revolution und Wilson-Frieden. Die amerikanische und deutsche Friedensstrategie zwischen Ideologie und Machtpolitik 1918/1919, Düsseldorf 1971.

SCHWENGLER, Walter, Völkerrecht, Versailler Vertrag und Auslieferungsfrage. Die Strafverfolgung wegen Kriegsverbrechen als Problem des Friedensschlusses 1919/20, Stuttgart 1982.

SOUTOU, Georges-Henri, L'or et le sang. Les buts de guerre économiques de la Première Guerre mondiale, Paris 1989.

SOUTOU, Georges-Henri, La France et les marches de l'est 1914-1919, in: RH 102(1978) S. 341-388.

SOUTOU, Georges-Henri, L'impérialisme du pauvre: la politique économique du gouvernement français en Europe centrale et orientale de 1918 à 1929. Essai d'interprétation, in: RI 7 (1976) S. 219-239.

SOUTOU, Georges-Henri, Die deutschen Reparationen und das Seydoux-Projekt 1920/21, in: VfZG 23 (1975) S. 237-270.

SOUTOU, Georges-Henri, Problèmes concernant le rétablissement des relations économiques franco-allemandes après la première guerre mondiale, in: Francia 8 (1974) S. 580-596.

SOUTOU, Georges-Henri, Les mines de Silésie et la rivalité franco-allemande, 1920-1923. Arme économique ou bonne affaire? in: RI 1 (1974) S. 135-154.

SOUTOU, Georges-Henri, La politique économique de la France en Pologne (1920-1924), in: RH 251 (1974) S. 85-116.

STAMM, Christoph, Lloyd George zwischen Innen- und Außenpolitik. Die britische Deutschlandpolitik 1921/22, Köln 1977.

SÜSS, Martin, Rheinhessen unter französischer Besatzung. Vom Waffenstillstand im November 1918 bis zum Ende der Separatistenunruhen im Februar 1924, Wiesbaden, Stuttgart 1988 (Geschichtliche Landeskunde, 31).

THOSS, Bruno, Der Ludendorff-Kreis 1919-1923. München als Zentrum der mitteleuropäischen Gegenrevolution zwischen Revolution und Hitler-Putsch, München 1978.

TRACHTENBERG, Marc, Reparation in World Politics: France and the European Economic Diplomacy, 1916-1923, New York 1980.

TRACHTENBERG, Marc, "A new economic order": Étienne Clémentel and French economic diplomacy during the first world war, in: FHS 10 (1977) S. 315-341.

VOLKMANN, Hans-Erich, Die russische Emigration in Deutschland 1919-1929, Würzburg 1966.

WANDYCZ, Piotr S., France and her Eastern Allies 1919-1925. French-Czechoslovak-Polish Relations from the Parice Peace Conference to Locarno, Minneapolis 1962.

WANDYCZ, Piotr S., General Weygand and the Battle of Warsaw, in: JCEA 19 (1960) S. 357-365.
WEILL-RYNAL, Étienne, Les réparations allemandes et la France, 3 Bde., Paris o. J. [1938-1947].
WILLIAMSON, David G., The British in Germany 1918-1930. The Reluctant Occupiers, New York, Oxford 1991.
WINKLER, Heinrich-August, Von der Revolution zur Stabilisierung. Arbeiter und Arbeiterbewegung in der Weimarer Republik 1918-1924, Berlin, Bonn 1984.
ZENNER, Maria, Parteien und Politik im Saargebiet unter dem Völkerbundregime 1920-1935, Saarbrücken 1966.
ZIMMERMANN, Ludwig, Frankreichs Ruhrpolitik von Versailles bis zum Dawesplan, Göttingen, Zürich, Frankfurt/Main 1971.

Biographien

AUFFRAY, Bernard, Pierre de Margerie (1861-1942) et la vie diplomatique de son temps, Paris 1976.
BARIÉTY, Jacques, Un artisan méconnu des relations franco-allemandes: Le professeur Oswald Hesnard 1877-1937, in: Media in Francia. Recueil de Mélanges offert à Karl Ferdinand Werner à l'occasion de son 65e anniversaire par ses amis et collègues français, Paris 1989, S. 1-18.
BARRE, Jean-Luc, Le Seigneur-Chat. Philippe Berthelot 1866-1934, Paris 1988.
BILLARD, Thierry, Paul Deschanel (1855-1922), Paris 1991.
CARLS, Stephen Douglas, Louis Loucheur: A French Technocrat in Government, 1916-1920, Ph.D. Minnesota 1982.
DERFLER, Leslie, Alexandre Millerand: The Socialist Years, The Hague 1977.
DESTREMAU, Bernhard, Weygand, Paris 1989.
DOSS, Kurt, Reichsminister Adolf Köster, 1883-1930. Ein Leben für die Weimarer Republik, Düsseldorf 1978.
DUROSELLE, Jean-Baptiste, Clemenceau, Paris 1988.
EPSTEIN, Klaus, Matthias Erzberger und das Dilemma der deutschen Demokratie, Frankfurt, Berlin, Wien 1976.
FARRAR, Marjorie M., Principled Pragmatist. The political career of Alexandre Millerand, Oxford, New York 1991.

FARRAR, Marjorie M., Victorious Nationalism beleaguered: Alexandre Millerand as French Premier in 1920, in: Proceedings of the American Philosophical Society 126 (1982) S. 481-519.

GRÜNDER, Horst, Walter Simons als Staatsmann, Jurist und Kirchenpolitiker, Neustadt an der Aisch 1975 (Bergische Forschungen 13).

HENNIG, Diethard, Johannes Hoffmann. Sozialdemokrat und bayerischer Ministerpräsident, München, London, New York, Paris 1990 (Schriftenreihe der Georg-von-Vollmar Akademie, 3).

KAISER, Angela, Lord D'Abernon und die englische Deutschlandpolitik 1920-1926, Frankfurt/M., Bern, New York, Paris 1989 (Europäische Hochschulschriften, Reihe 3: Geschichte und ihre Hilfswissenschaften, 362).

MESSEMER, Annette, André François-Poncet und Deutschland. Die Jahre zwischen den Kriegen, in: VfZ 39 (1991) S. 505-534.

MIQUEl, Pierre, Poincaré, Paris² 1984.

MÜHLEISEN, Horst, Kurt Freiherr von Lersner. Diplomat im Umbruch der Zeiten, Göttingen, Zürich 1987.

PERSIL, Raoul, Alexandre Millerand 1859-1943, Paris 1949.

RABENAU, Friedrich von, Von Seeckt. Aus seinem Leben 1918-1936, Leipzig 1940.

RAKENIUS, Gerhard W., Wilhelm Groener als Erster Generalquartiermeister. Die Politik der Obersten Heeresleitung 1918/19, Boppard 1977.

RENNER, Hermann, Georg Heim, der Bauerndoktor. Lebensbild eines "ungekrönten Königs", München 1960.

SCHULZE, Hagen, Otto Braun oder Preußens demokratische Sendung. Eine Biographie, Frankfurt/Main, Berlin, Wien 1977.

SIEBERT, Ferdinand, Aristide Briand 1862-1932. Ein Staatsmann zwischen Frankreich und Europa, Zürich, Stuttgart 1973.

WETTE, Wolfram, Gustav Noske. Eine politische Biographie, Düsseldorf 1987.

WULF, Peter, Hugo Stinnes. Wirtschaft und Politik 1918-1924, Stuttgart 1979 (Kieler Historische Studien, 28).

Zeitgenössische Literatur, Selbstzeugnisse

ALLEN, Henry T., Mein Rheinlandtagebuch, Berlin 1923.
BAINVILLE, Jacques, Les conséquences politiques de la Paix, Paris 1920.
BERGMANN, Carl, Der Weg der Reparationen. Von Versailles über den Dawesplan zum Ziel, Frankfurt/M. 1926.
CLEMENCEAU, Georges, Grandeurs et misères d'une victoire, Paris 1930.
D'ABERNON, Viscount, Botschafter der Zeitenwende. Memoiren, 3 Bde., Leipzig 1929ff.
D'ABERNON, Viscountess, Red Cross and Berlin Embassy 1915-1926. Extracts from the Diaries of Viscountess D'Abernon, London 1946.
DORTEN, Hans Adam, La tragédie rhénane, Paris 1945.
HILGER, Gustav, Wir und der Kreml. Deutsch-sowjetische Beziehungen 1918-1941. Erinnerungen eines deutschen Diplomaten, Berlin 1956.
KÖSTER, Adolf, Der Kampf um Schleswig, Berlin 1921.
LAROCHE, Jules, Au Quai d'Orsay avec Briand et Poincaré 1913-1926, Paris 1957.
MILLERAND, Alexandre, Mes Souvenirs 1859-1941. Contribution à l'histoire de la Troisième République, Versailles, le 22 avril 1941 (unveröffentlichtes Manuskript im Besitz von Mme. Millerand, Sèvres).
MILLERAND, Alexandre, Le retour de l'Alsace-Lorraine à la France, Paris 1923.
MORGAN, J. H., Assize of Arms. The Disarmament of Germany and her Rearmament (1919-1939), New York 1946.
NOLLET, Claude Marie, Une expérience de désarmement - cinq ans de contrôle militaire en Allemagne, Paris 1932.
OEHME, Walter, Die Weimarer Nationalversammlung 1919. Erinnerungen, Berlin 1962.
POINCARÉ, Raymond, A la recherche de la paix 1919. Préface de Pierre Renouvin, notes de Jacques BARIÉTY et Pierre MIQUEL, Paris 1974.
RODDIE, Stuart, Peace Patrol, London 1933.
SAHM, Heinrich, Erinnerungen aus meinen Danziger Jahren 1919-1930, Marburg 1958 (Wissenschaftliche Beiträge zur Geschichte und Landeskunde Ost-Mitteleuropas, 34).
SAINT-AULAIRE, Auguste Felix Comte de, Confession d'un vieux diplomate, Paris 1953.
SEVERING, Carl, 1919/1920 im Wetter- und Watterwinkel. Aufzeich-

nungen und Erinnerungen, Bielefeld 1927.
SEYDOUX, Jacques, De Versailles au plan Young, Paris 1932.
TREUBERG, Hetta Gräfin, Zwischen Politik und Diplomatie, Straßburg 1921.
WRANGEL, Pjotr N., Always with Honour, New York 1957.
ZIEHM, Ernst, Aus meiner politischen Arbeit in Danzig 1914-1939, Marburg 1956 (Wissenschaftliche Beiträge zur Geschichte und Landeskunde Ost-Mitteleuropas, 25).

Personenregister

Die Seitenzahlen beziehen sich auf Text und Anmerkungen. Nicht in das Register aufgenommen wurden die Namen der Autoren der im Text und in den Anmerkungen zitierten wissenschaftlichen Literatur.

Adamski, Józef 201, 1208, 1209
Adenauer, Konrad 99, 133, 134, 177, 219, 353, 460, 461, 838, 839, 842, 1105, 1121, 1122, 1169, 1170
Albert, Heinrich Friedrich 53, 660, 731, 732, 748, 1078, 1122
Albrecht, Herzog von Württemberg 561, 562
Aldrovandi Marescotti, Luigi, conte di Viano 185, 330, 331, 429, 430, 431, 432, 442, 443, 477, 482, 491, 576
Alexandroff (= Alexandrovskij) 286
Allen, Henry Tureman 236, 252, 253, 376, 379, 595, 596, 755, 878, 1112, 1182, 1183
Altenberg, Arthur 371, 374
Altmeyer, 315
Anschütz, Gerhard 1121, 1122
Ansen, 1024
Arco-Valley, Anton Graf von 281
Arnim, Hans Abraham von 776, 777, 911, 914, 921
Aron, Alexandre 718, 719
Asquith, Herbert Henry (Earl of Oxford and Asquith) 400
Auer, Erhard 1007, 1146
Aufhäuser, Siegfried 1117, 1118
August-Wilhelm, Prinz von Hohenzollern 664
Augustin, Ernst 1166

Awalow-Bermondt, Pawel Michailowitsch Fürst 990, 991, 1002, 1005
Bachem, Carl 305
Baecker, Paul Wilhelm 1040
Balfour, Arthur James Earl Balfour of Tarprain 360
Baltia, Hermann Baron 964
Bamberger, Franz 884
Barrès, Maurice 218, 343, 345, 623, 935
Barth, Emil 369
Barthélemy, Marie-Joseph 476, 477, 481, 482
Bassermann, Ernst 311
Batocki-Friebe, Adolf Tortilowicz von 1121, 1122
Baudissin, Theodor Graf von 449
Bauer, Gustav Adolf 32, 46, 64, 65, 66, 72, 73, 155, 171, 183, 184, 185, 186, 187, 224, 269, 273, 275, 291, 301, 314, 337, 338, 343, 359, 360, 369, 370, 388, 389, 424, 425, 433, 434, 437, 440, 442, 451, 455, 456, 463, 464, 497, 504, 522, 526, 569, 575, 577, 579, 672, 825, 878, 879, 953, 975, 1012
Bauer, Max Hermann 590, 637, 664
Bauer, Otto 688
Bauernstein, 584
Baumann, 315

Personenregister

Baumont, Maurice Edmond Marie 5, 53, 54, 55
Béarn, s. Galard de Béarn
Beaumont, Sir Henry Hammond Dawson 395, 413, 449, 597, 599
Beaupoil de Saint-Aulaire, Auguste Felix Comte de 67, 122, 145, 1201, 1202
Bebel, August 1037
Becker (-Hessen), Johann Baptist 700, 701, 732
Becque, Henry 747
Bell, Johannes 672, 959, 1069, 1116
Benedikt XV. (Giaccomo Marchese della Chiesa) 723, 724, 746, 747
Beneš, Edvard 128
Bénigni, Jean Paul 506, 607
Bennett, 401
Berenberg-Goßler, John von 1153, 1223
Bergen, Diego 978
Berger, Julius 364, 365
Bergès, Louis 18
Bergmann, Carl 68, 109, 143, 144, 145, 260, 1223, 1224
Bernhard, Georg 1028, 1109
Bernstein, Eduard 207, 429, 441, 444, 457, 672, 683, 688, 788, 989
Bernstorff, Albrecht Graf von 454, 640, 749, 750, 1199
Berthelot, Marcel 54, 55, 570, 718, 720, 1134
Berthelot, Philippe Joseph Louis 37, 49, 50, 51, 79, 91, 93, 128, 129, 245, 246, 534, 761, 764
Bertram, 537
Bethmann Hollweg, Theobald von 38, 174, 384, 413, 422, 635, 822
Beyerle, Konrad Anton 532, 693
Binder, Moritz 1063, 1064

Bineau, Colonel 248
Bingham, Sir Francis Richard 1190
Biniszkiewicz, Józef 908
Bischoff, Josef 516, 664
Bismarck, Otto Fürst von 63, 291, 412, 495, 553, 797, 822, 902, 951, 1036, 1043, 1096, 1150, 1198
Bissing, Moritz Ferdinand Frhr. von 688
Bitta, Joseph 355
Blanchard, Colonel 287, 288, 294, 882, 886, 888
Bleier, Pastor 200, 301
Block, Paul 1224, 1225
Blos, Wilhelm 267, 269
Blunck, Andreas 182, 528, 531, 556, 557, 617, 619
Boch (-Fremersdorf), Alfred von 651, 658
Boden, Friedrich 1121, 1122
Boecker, Willy 749
Boelcke, Oswald 302, 303
Boelcke, Wilhelm 302
Bon, van 667
Bonn, Moritz Julius 660, 714, 1121, 1122, 1207
Borchardt, Julian 455
Borowski, Michal 327
Borsig, Ernst von 712, 846
Bothmer, Karl Graf von 92, 153, 158, 229, 230, 255, 256, 257, 258, 478, 524, 534, 616, 783, 784
Botkin, Sergei Dmitriwitsch 990
Bourtseff, Wladimir L. 1002
Bradbury, Sir John Swanwick 143, 144
Braß, Otto 206, 222, 500, 528, 557, 952, 1202
Braun, Carl Otto 205, 208, 451, 463, 672, 942, 943, 945, 959,

Personenregister

1007, 1023, 1027, 1165, 1166, 1167, 1168
Brauns, Heinrich 433, 999, 1113
Breitscheid, Rudolf 190, 200, 239, 273, 301, 319, 429, 440, 457, 664, 672, 682, 688, 689, 732, 789, 805, 806, 817, 827, 950, 952, 953, 954, 973, 1034, 1035, 1074, 1090, 1116, 1131, 1133, 1134, 1206, 1207
Breunig, Lorenz 672
Briand, Aristide 29, 52, 148, 149
Brockdorff-Rantzau, Ulrich Graf von 106, 415, 454, 578, 635, 640, 700, 701, 913, 914
Bronzen von Schillendorf, 256
Brouyère, Jules 248
Bruère, André Charles Jean-Pol 54, 60, 72, 88, 97, 98, 161, 162, 186, 202, 222, 232, 241, 433, 434, 437, 459, 460, 466, 468, 502, 570, 585, 591, 593, 607, 608, 641, 672, 1209, 1210
Brussilow, Alexej Alexejewitsch 582, 641, 698
Brussow, 510
Bülow, Bernhard Heinrich Fürst von 412, 576, 635, 725
Bürkner, Robert Alexander 509
Cachin, Gilles Marcel 954
Cäcilie von Preußen 985
Cakste, Johann 989, 991
Calcagno, Riccardo 746, 1190, 1193
Calthrop, Claude 248, 251
Cambon, Jules Martin 91, 101, 194, 195, 371, 387, 388, 665
Cambon, Paul Pierre 79, 97, 122, 735, 1236
Carr, Edward Halett 1049, 1050
Carsten-Nielsen, 866
Castelnau, Commandant 173, 1126, 1128, 1129
Cattoir, Fernand M.J.M. 248, 250, 488, 489, 1181, 1182, 1183
Cauer, Minna Wilhelmine 200, 301
Caussy, Fernand 432, 1034
Celles, Constantin Auguste Jean de 1061, 1062, 1063, 1064
Chappey, Capitaine 922
Charley, 843, 844
Chassain de Marcilly, Marie Ernest Henri Aimé 10, 21, 47, 48, 49, 50, 51, 52, 53, 54, 56, 57, 58, 59, 60, 63, 64, 65, 66, 69, 70, 71, 73, 74, 75, 76, 78, 82, 83, 86, 89, 91, 95, 96, 97, 101, 102, 104, 106, 107, 108, 109, 113, 120, 152, 153, 154, 155, 156, 157, 158, 160, 161, 162, 163, 166, 169, 171, 172, 173, 174, 175, 177, 178, 179, 180, 181, 182, 183, 184, 185, 186, 187, 190, 191, 192, 193, 196, 197, 201, 202, 203, 204, 205, 206, 207, 208, 209, 210, 211, 214, 215, 217, 220, 221, 222, 223, 224, 225, 226, 227, 228, 229, 230, 231, 234, 237, 238, 239, 240, 245, 246, 258, 259, 260, 274, 284, 285, 287, 290, 292, 294, 295, 296, 299, 300, 302, 309, 312, 313, 314, 315, 322, 324, 325, 326, 328, 330, 331, 332, 333, 337, 338, 342, 351, 354, 356, 357, 358, 359, 360, 362, 364, 366, 368, 369, 377, 379, 381, 382, 384, 388, 390, 400, 401, 405, 413, 414, 416, 417, 418, 419, 421, 424, 425, 426, 427, 429, 430, 431, 432, 435, 436, 438, 439, 441, 442, 443, 445, 450, 451, 454, 455, 458, 459, 463, 464, 468, 470, 471, 472, 473, 474, 475, 476, 477,

479, 480, 481, 482, 484, 485,
486, 487, 490, 491, 492, 496,
497, 498, 501, 503, 504, 505,
513, 516, 517, 518, 519, 520,
523, 524, 527, 528, 530, 531,
537, 538, 540, 541, 546, 548,
552, 556, 557, 561, 564, 565,
570, 575, 576, 579, 589, 590,
593, 604, 605, 606, 607, 608,
612, 613, 614, 615, 616, 619,
626, 627, 629, 633, 638, 641,
643, 661, 662, 667, 668, 669,
671, 673, 675, 678, 682, 683,
684, 687, 691, 692, 693, 694,
696, 697, 700, 701, 708, 709,
710, 711, 714, 716, 718, 720,
723, 724, 725, 741, 744, 745,
747, 748, 749, 750, 756, 757,
758, 759, 760, 764, 765, 766,
767, 768, 770, 775, 776, 778,
788, 791, 798, 799, 800, 801,
803, 804, 806, 808, 809, 812,
813, 814, 815, 816, 817, 823,
824, 825, 826, 827, 828, 832,
833, 834, 835, 838, 842, 844,
854, 856, 857, 860, 866, 867,
880, 881, 883, 884, 982
Chastenet, Jacques de Castaing
  248, 251
Chérisey, Jean René Comte de
  193, 194, 245, 246, 393, 394,
  395, 411, 412, 413, 445, 557,
  559, 597, 598, 727, 728, 729,
  785, 786, 787
Chevalley, Abel Daniel 151, 152,
  246, 702, 703, 713, 714, 771,
  772, 773
Cheysson, Pierre 143
Chlingensperg auf Berg, Friedrich
  von 944, 945
Christian, Prinz von Hessen 561
Churchill, Sir Winston Leonard
  Spencer 115, 814

Claudel, Paul Louis Charles 148,
  228, 245, 246, 341
Clausen, Hans Victor 662
Clausewitz, Carl Philipp Gottfried
  von 1132
Clemenceau, Georges Benjamin
  16, 36, 39, 40, 41, 45, 47, 49, 50,
  56, 91, 127, 130, 146, 147, 217,
  229, 246, 247, 249, 254, 353,
  1007
Clémentel, Etienne 38
Cochet, Colonel 706
Cohen-Reuß, Max 961, 1007,
  1008
Cohn (-Nordhausen), Oskar 186,
  273, 436, 457, 521
Colby, Bainbridge 80, 126, 920
Conradt, Max 959
Coste, Émile 1008, 1009, 1010,
  1067, 1091
Couget, Jean Fernand Gaston
  Robert 151, 245, 246, 387, 401,
  402, 534, 535, 536, 703
Coulondre, Robert 21, 151
Cowan, Sir Walter Henry 690
Cramon, August von 332, 333, 423
Crispien, Artur 234, 457, 458, 471,
  482, 483, 672, 682, 741, 769,
  897, 916, 952, 973, 1204
Crusen, Georg 617
Cuno, Wilhelm 463
Curzon of Kedleston, George Nathaniel Curzon, Marquess 52,
  53, 65, 72, 73, 75, 77, 78, 79, 91,
  93, 97, 100, 108, 119, 122, 141,
  165, 252, 268, 285, 324, 328,
  331, 340, 351, 354, 362, 388,
  395, 402, 410, 432, 434, 449,
  477, 515, 537, 565, 614, 707,
  735, 798, 835, 868, 883, 920,
  958, 960, 991, 1008, 1050,
  1069, 1112, 1136, 1139, 1152,
  1155, 1158, 1160, 1223, 1224

Personenregister.

Czernin, von und zu Chudenitz, Ottokar Theobald Graf von 259, 260
D'Abernon, Edgar Vincent 1st Baron of Esher 100, 108, 112, 113, 117, 134, 143, 144, 145, 146, 155, 165, 173, 189, 213, 727, 733, 734, 735, 736, 835, 991, 1008, 1055, 1067, 1068, 1069, 1084, 1085, 1125, 1126, 1135, 1136, 1137, 1139, 1140, 1145, 1152, 1154, 1155, 1156, 1158, 1188, 1189, 1190, 1201, 1202, 1218
Dabrowski, Józef 996, 997
Dabski, Jan 996
Dallwitz, Johann Frhr. von 845, 848
Damaschke, Adolf 634, 672
Dannenberg, Georg von 229, 256, 258, 1016, 1019
Dard, Emile Laurent Joseph 13, 17, 22, 76, 90, 93, 94, 95, 96, 97, 98, 105, 114, 136, 137, 138, 139, 140, 141, 142, 159, 160, 165, 168, 169, 170, 172, 177, 178, 179, 192, 193, 199, 227, 478, 534, 564, 565, 726, 727, 780, 781, 782, 784, 796, 797, 798, 799, 805, 806, 811, 821, 822, 848, 849, 850, 854, 859, 879, 880, 889, 900, 901, 902, 903, 904, 905, 923, 924, 932, 933, 934, 955, 956, 957, 958, 967, 968, 971, 972, 982, 983, 984, 1000, 1034, 1075, 1076, 1077, 1078, 1079, 1085, 1091, 1122, 1123, 1124, 1142, 1143, 1144, 1145, 1146, 1158, 1160, 1161, 1198, 1199, 1218, 1219, 1220, 1221, 1222, 1225
Daszynski, Ignacy 996
Däumig, Ernst Friedrich 186, 234, 273, 421, 436, 440, 457, 458, 482, 483, 484, 672, 769, 897, 952, 972, 1035, 1118, 1203
David, Eduard 161, 587, 609, 672, 1121, 1122
Davis, John William 248
Dawson, William 690, 691
Day, Wallace 248
Degoutte, Jean Marie Joseph 97, 158, 177, 178, 218, 219, 222, 230, 250, 251, 252, 253, 289, 376, 379, 477, 488, 490, 491, 502, 554, 555, 556, 597, 601, 752, 753, 754, 783, 784, 878, 932, 1180, 1183
Delacroix, Léon 144, 145, 935
Delbrück, Clemens von 672
De Marcilly s. Chassain de Marcilly
De Marinis, s. Marinis-Stendardo di Ricigliano
De Martino, s. Martino
Denikin, Anton Iwanowitsch 126, 582, 991
Derby, Edward George Villiers Stanley, 17th Earl of 77, 78, 79, 112, 119, 122, 330, 480, 787, 1050
Dernburg, Bernhard Jakob Ludwig 216, 672, 693, 793, 960, 978, 1066, 1074, 1106, 1199
Deschanel, Paul Eugène Louis 41, 43, 78, 124, 125, 128, 490, 491, 726, 727
Desticker, Pierre-Henri 91, 933, 934
Deutsch, Felix 53, 82, 607, 608
Diamand, Hermann 201, 333, 334, 996
Dickhut-Harrach, Gustav Friedrich von 315
Diebitsch, von 510
Diez, Carl 532

1404   *Personenregister*

Digue, Capitaine 744, 745
Dirr, Theodor 276, 277, 797, 1199
Dißmann, Robert 1117, 1118
Ditmas, Francis Ivon Leslie 248, 707, 1068
Dittmann, Wilhelm Friedrich Carl 369, 457, 672, 769, 897, 916, 973
Dorten, Hans Adam 62, 92, 97, 113, 114, 136, 158, 192, 229, 230, 254, 255, 256, 257, 258, 303, 304, 307, 308, 349, 350, 351, 352, 353, 375, 478, 534, 596, 672, 749, 783, 784, 799, 807, 811, 819, 867, 868, 934, 1016, 1017, 1209, 1210
Dosse, 119, 989, 990
Doynel de Saint-Quentin, René comte 88, 97, 108, 156, 158, 161, 164, 173, 176, 179, 182, 189, 190, 196, 199, 200, 201, 202, 208, 209, 213, 216, 223, 226, 230, 232, 236, 237, 239, 241, 458, 556, 557, 560, 561, 562, 563, 566, 570, 574, 575, 576, 579, 580, 582, 583, 585, 586, 587, 588, 599, 607, 608, 628, 629, 981, 984, 985, 986, 987, 988, 989, 992, 993, 994, 996, 999, 1001, 1005, 1007, 1155, 1161, 1165, 1169, 1170, 1173, 1174, 1175, 1185, 1187, 1188, 1189, 1193, 1194, 1196, 1201, 1205, 1208
Dresel, Ellis Loring 67, 74, 154, 155, 173, 185, 213, 312, 313, 330, 331, 429, 430, 431, 432, 443, 477, 488, 490, 491, 777, 1085, 1135, 1154, 1155, 1161, 1162
Drews, William Arnold 1018, 1121, 1122
Drummond, Sir James Eric 16th

Earl of Perth 227, 647, 1106
Drygalski, Erich von 1121, 1122
Dubois, Louis Joseph Marie 132, 133, 144
Dugout, A. J. 161, 164, 177, 239, 315, 345, 525, 666, 667, 820, 930, 931, 1044, 1045, 1046, 1047, 1048, 1049
Dumont, Colonel 707
Dupont, Charles Joseph 120, 166, 201, 245, 296, 565, 600, 926, 927, 928, 929
Düringer, Adelbert 825
Durynek, Viktor 1031
Dutasta, Paul Eugène 49, 152, 246, 258, 260, 261, 262, 263, 264
Dyar, Charles B. 44
Dziembowski, Maximilian von 821, 823
Eberhardt, Magnus von 537
Ebert, Friedrich 31, 34, 35, 72, 73, 106, 107, 108, 110, 117, 165, 191, 195, 206, 207, 233, 236, 237, 260, 261, 262, 302, 318, 369, 400, 401, 404, 405, 418, 423, 425, 428, 435, 437, 452, 453, 465, 490, 491, 526, 549, 553, 569, 577, 578, 581, 614, 634, 635, 661, 673, 674, 682, 683, 684, 692, 710, 711, 716, 723, 724, 726, 727, 731, 733, 734, 735, 741, 748, 891, 984, 985, 1042, 1096, 1121
Ehrhardt, Hermann 183, 425, 439, 496, 498, 501, 517, 522, 528, 537, 566, 590, 591, 664
Eichhorn, Robert Emil 672
Eisenberger, Georg 276, 277
Eisner, Kurt 275, 281, 301, 782, 1143, 1146
Elbau, Julius 299
Epp, Franz Xaver Ritter von 516,

550
Ernst, Eugen Oswald 921
Ernst, Josef 222, 474, 500, 921
Erzberger, Matthias 30, 32, 46, 53, 64, 152, 154, 173, 174, 255, 259, 260, 268, 270, 271, 272, 273, 276, 278, 279, 293, 294, 297, 298, 301, 304, 305, 308, 309, 310, 311, 312, 317, 331, 339, 351, 352, 366, 375, 384, 385, 403, 404, 405, 561, 562, 568, 577, 578, 660, 669, 672, 674, 678, 692, 745, 890, 960, 974, 994, 995, 1023, 1037, 1041, 1085, 1114, 1209,
Escherich, Georg 170, 679, 849, 850, 854, 859, 879, 880, 889, 904, 905, 1075, 1076, 1085, 1131, 1143, 1146, 1191, 1206, 1207, 1219, 1225, 1236
Eschert, Paul 1165
Estorff, Ludwig von 426, 509
Faille de Leverghem, Georges comte della 213, 1125, 1126, 1135, 1136, 1154, 1155, 1189, 1190, 1194, 1196
Falkenhausen, Friedrich Karl Alexander Cäsar Frhr. von 418
Falkenhayn, Erich von 507
Favre, 866
Fayolle, Émile 597
Fehrenbach, Konstantin 88, 89, 95, 106, 107, 109, 112, 114, 120, 143, 153, 157, 159, 190, 207, 208, 212, 213, 220, 236, 238, 264, 419, 438, 528, 532, 578, 634, 672, 692, 693, 696, 697, 700, 701, 708, 709, 715, 716, 717, 718, 725, 731, 735, 736, 737, 738, 744, 745, 789, 790, 807, 808, 823, 912, 961, 963, 964, 975, 983, 984, 994,
1000, 1001, 1008, 1038, 1039, 1040, 1077, 1081, 1083, 1088, 1091, 1110, 1111, 1112, 1114, 1116, 1137, 1141, 1147, 1167, 1168, 1174, 1175, 1177, 1180, 1181, 1182, 1183, 1206, 1208, 1212, 1213, 1214, 1219
Fergusson, Sir James Andrew 1050
Fischer, Dr. 1210
Flint, Addison 248
Flugge, von 947
Foch, Ferdinand 16, 30, 32, 37, 39, 45, 60, 77, 146, 173, 223, 252, 333, 377, 409, 423, 502, 514, 519, 627, 752, 753, 788, 804, 838, 841, 842, 877, 992, 1006, 1007, 1090, 1160, 1228, 1236
Foerster, Friedrich Wilhelm 98, 237, 565, 578, 933, 1024, 1025
Foerster, Lothar 600, 601, 690, 691, 927, 928, 929, 1092, 1093
Förster, Emil 1165
Fournière s. La Fournière
Fracassi, Ratti Mentone Domenico Marquese 387, 388, 536
François-Marsal, Frédéric 132
François-Poncet, André 21, 45
Frank, Albert 1164
Freiberg, Colonel 990
Frerichs, Wilhelm von 137, 1078
Freund, Friedrich Th. W. 1121, 1122
Freyberg, Karl Frhr. von 279, 427
Frick, Edouard 193, 295, 296
Friedeburg, Friedrich von 288, 423
Friedrich II., König von Preußen 260, 527, 582, 1096
Friedrich II., Wilhelm Ludwig Leopold August 282, 283, 284, 985, 986
Fries, Philipp 581, 1133

Fromann, 749
Frossard, Ludovic Oscar 954
Fry, Basil Homfray 690, 691
Fuchs, Gustav 1165
Fuchs, Johannes 625
Fuchs, Karl 1165
Fuhrmann, David 647
Furuya, Kiyoshi 1190, 1193
Gadenitch, 300
Gagern, Ernst Frhr. von 333, 334
Gaiffier d'Hestroy, Edmond baron de 75, 79, 1135, 1136
Gaillet-Billoteau, 55
Galard de Béarn, Louis Elie Joseph Henri 126
Gallasch, Bruno 707, 708
Galli, Bindo 617, 619
Gallwitz, Max von 817, 1040
Gambetta, Léon 1037
Gandorfer, Carl 276
Gayl, Wilhelm Frhr. von 119, 151, 388, 702
Gehl, Julius 1092, 1093
Geiß, Anton 282
Gelin, Colonel 750
Gemel, Colonel 579
Georg V. 733, 734
Gérardin, Édouard Hippolyte Alexandre 161, 603
Gerlach, Hellmuth von 200, 301, 319, 382, 383, 455, 458, 664, 1025, 1197
Gerland, Heinrich Ernst Karl Balthasar 1200
Gerstenberger, Liborius 277
Gerth, 510
Geßler, Otto 46, 47, 68, 114, 162, 190, 206, 210, 211, 259, 260, 307, 309, 335, 361, 385, 433, 459, 485, 496, 498, 499, 516, 517, 528, 556, 557, 561, 569, 615, 619, 626, 642, 661, 672, 673, 696, 700, 701, 709, 739,
748, 767, 775, 777, 818, 828, 830, 911, 961, 1033, 1051, 1052, 1199
Geyer, Curt 186, 264, 436, 952, 954
Geyer, Friedrich 952, 954
Giesberts, Johann 206, 262, 433, 451, 519, 528, 532, 568, 672, 673, 693, 700, 701, 708, 709, 960, 961, 994
Gilles s. Saint-Gilles
Gilsa, Erich von 414
Giolitti, Giovanni 748, 920, 935
Goltz, Rüdiger Graf von der 507, 991
Göppert, Heinrich 1121, 1122
Göppert, Otto 68, 78, 101, 124, 170, 189, 481, 554, 607, 608, 1136, 1222, 1223
Gordon, Adolf von 403
Gosling, Cecil 506
Gothein, Georg 672
Gottschalk, Max 248
Grabow, Robert 371, 374
Grabowski, Friedrich 413, 414
Grabski, Ladislaus 115, 202, 756
Gradnauer, Georg 672
Graefe (-Goldbee), Albrecht von 1040, 1041, 1043
Gräf, Eduard 463, 464
Graf, Eugen 1208
Graff, Commandant 482, 517, 519, 520, 857
Grandioux, Charles Émile 1178, 1179
Graßmann, Peter 1118
Gratier, Comte 355, 882, 886, 887
Graudenz, J. 506
Greve, Max 1024
Gröber, Adolf 276
Groener, Wilhelm 72, 73, 236, 431, 434, 635, 700, 701, 710, 960, 961, 985

Personenregister 1407

Groote, Rudolf von 651, 1169, 1170
Grosvalds, Friedrich 989
Grumbach, Salomon 1034, 1035
Grund, Friedrich Wilhelm 959
Grunelius, Karl Alexander 45, 46
Guarneri, Andrea Gioacchino 746, 1195, 1196
Guérard, Karl Theodor von 1210
Guéritte, James Fernand Roger 118, 166, 167, 168, 409, 506, 515, 611, 690, 758, 767, 843, 844, 858, 913, 1049, 1092, 1163, 1164, 1184
Guffroy, Georges de 1190, 1193
Gutchkoff, Alexander Iwanowitsch 225, 300
Haas, Ludwig 282, 284, 672, 817, 1090
Haase, Hugo 35, 301, 302, 369
Haguenin, François - Emile 9, 10, 17, 19, 21, 22, 24, 44, 45, 46, 47, 48, 49, 50, 51, 52, 53, 54, 55, 58, 59, 63, 68, 72, 82, 84, 89, 90, 91, 96, 130, 131, 134, 152, 153, 154, 158, 162, 163, 174, 184, 190, 200, 204, 209, 214, 215, 224, 225, 233, 234, 236, 237, 240, 245, 246, 253, 258, 260, 261, 262, 263, 264, 269, 271, 274, 285, 286, 287, 292, 296, 297, 299, 300, 302, 312, 313, 319, 322, 324, 331, 364, 369, 384, 385, 386, 387, 388, 401, 403, 420, 421, 482, 485, 532, 533, 534, 538, 540, 567, 568, 569, 570, 575, 607, 634, 640, 659, 660, 663, 674, 678, 685, 693, 714, 715, 716, 718, 720, 761, 762, 763, 764, 866, 867, 998
Haig, Sir Douglas 675
Haking, Sir Richard Cyril Byrne 690, 843, 844, 1092, 1093
Halfern, Carl von 314, 625
Haller von Hallenburg, József 893
Hamm, Eduard 1199, 1200
Hamspohn, Johann 99, 100, 1170
Haniel von Haimhausen, Edgar Karl Alfons 63, 86, 119, 187, 220, 221, 222, 223, 237, 238, 284, 290, 291, 333, 334, 337, 338, 422, 439, 463, 470, 476, 477, 480, 481, 482, 490, 491, 579, 660, 747, 761, 777, 834, 877, 1088, 1106, 1115, 1116, 1173
Harden, Maximilian 1197, 1198
Harding, Warren Gamaliel 135, 1215, 1217
Hartmann, Ludo (Ludwig) Moritz 200, 987, 988
Hatzfeldt-Trachenberg, Hermann Fürst zu 617, 871
Haußmann, Conrad 672, 808
Hauteclocque, Lieutenant 326, 327, 328
Havenstein, Rudolf E. A. 1148
Hebel, Benedikt 280
Hecker, 306
Heckert, Friedrich Carl 672
Hedermann, 849
Heilmann, Ernst 1007, 1012
Heim, Georg 91, 92, 93, 95, 96, 97, 98, 136, 138, 139, 140, 158, 159, 160, 169, 170, 178, 230, 240, 255, 259, 270, 271, 272, 275, 276, 277, 278, 279, 280, 292, 306, 307, 351, 458, 477, 478, 525, 533, 538, 539, 540, 541, 542, 561, 564, 565, 659, 672, 679, 686, 693, 698, 699, 783, 784, 805, 850, 859, 879, 889, 901, 904, 924, 932, 933, 934, 958, 983, 984, 1016, 1075,

1076, 1077, 1078, 1079, 1091,
1142, 1219, 1220
Heine, Wolfgang 217, 273, 314,
315, 323, 393, 451, 465, 1148
Heinrich, Prinz von Preußen 1042
Heinze, Rudolf Karl 206, 207, 532,
682, 683, 684, 693, 696, 700,
701, 709, 809, 825, 826, 964,
1000, 1022, 1023, 1025, 1090
Held, Heinrich 274, 278, 693
Helfferich, Karl 64, 152, 174, 259,
260, 273, 293, 294, 310, 311,
317, 403, 404, 405, 669, 672,
732, 737, 742, 789, 1023, 1037,
1040, 1041, 1064, 1074, 1133
Helphand, Alexander (Pseudonym
Parvus) 569
Hemmer, Heinrich 403
Henke, Alfred 264, 553, 554, 741
Herbertson, James John William
257
Herbette, Jean 1132, 1134, 1135
Herbette, Maurice Lucien Georges
99, 112
Hergt, Oskar 672, 808, 809, 825,
1040, 1042
Héring, Colonel 502
Hermant, Max 162, 231, 248, 395,
420, 593
Hermes, Andreas 190, 208, 463,
700, 701, 709, 725, 736, 737,
961, 969, 1012, 1013, 1022,
1023, 1165, 1166, 1168
Herold, Carl 346
Hesnard, Oswald 52, 54, 55, 260,
1088, 1134
Hessen, Josef Wladimirowitsch
368
Hieber, Johannes 1177, 1179
Hilferding, Rudolf 440, 444, 457,
458, 897, 961, 973, 1020, 1034,
1035, 1118
Hilger, Ewald 792, 793

Hilpert, Hans 797
Hindenburg, Paul von Beneckendorff und von 35, 186, 236,
237, 317, 411, 412, 418, 434,
439, 527, 577, 579, 634, 804,
984, 985, 986, 1025, 1037,
1040, 1042
Hirsch, Julius 82, 607, 828
Hirsch, Paul 211, 307, 311, 312,
335, 337, 348, 349, 350, 356,
358, 359, 377, 390, 392, 393,
1180
Hirschfeld, Oltwig von 64, 294,
302, 310, 311
Hoche, Louis Lazare 753
Hoeber, Karl 305, 346, 348, 349
Hoetzsch, Otto 672, 789, 806, 807,
808, 809
Hoffmann, Adolph 952, 972
Hoffmann, Johannes 90, 93, 96,
153, 185, 423, 672, 817, 826,
969, 970, 1121, 1122
Hoffmann, Max 184, 418, 814, 815,
838, 840, 846, 976, 978, 1086
Hofmann, Hermann 280
Hohmann, Georg 277
Hollander, 1062
Hollmann, Anton Heinrich 770,
989
Holmsen, Iwan Alexejewitsch 990
Holtum, A. van 737, 738
Hölz, Max 485, 486, 527
Honen, von 702
Honig, 371, 374
Horstkohl, 550
Horthy, Miklós (Nicolaus Horthy
von Nagybánya) 534, 664, 688
Hubrick, Pastor 315
Hué, Otto 214, 486, 501, 718, 719,
720, 961, 1110
Hunt, I. L. 595, 596
Hymans, Paul 73, 75, 79
Imbusch, Heinrich 791

Isaac, Auguste Paul Louis 608
Isenburg, Leopold Fürst von 932, 933, 934, 1016, 1019
Jacobsohn, Siegfried 635
Jacquin de Margerie, François Marie Pierre de 21, 1182
Jaenicke, Wolfgang 1056, 1057
Jaequemyns, s. Rolin-Jaequemyns
Jagow, Traugott von 418, 422
Jarres, Karl 472, 473
Jaurès, Jean 806
Jewelowski, Julius 1165
Joachim Albrecht, Prinz von Hohenzollern 70, 425, 426
Jouhaux, Léon 1020, 1132
Juchacz, Marie 672, 673
Jurineck, 1159
Jusserand, Jules Jean Adrien Antoine 47, 976, 1201, 1202
Kahl, Wilhelm 672
Kahr, Gustav Ritter von 93, 95, 96, 97, 98, 137, 138, 139, 140, 141, 158, 159, 160, 169, 170, 172, 178, 237, 423, 458, 533, 538, 539, 540, 561, 562, 564, 570, 638, 641, 642, 659, 692, 780, 781, 782, 796, 797, 799, 822, 823, 839, 848, 849, 850, 854, 859, 860, 862, 863, 864, 865, 879, 880, 900, 901, 904, 905, 923, 924, 934, 955, 956, 957, 958, 967, 968, 982, 983, 984, 1024, 1025, 1075, 1076, 1077, 1078, 1079, 1080, 1082, 1083, 1084, 1085, 1091, 1099, 1114, 1124, 1136, 1137, 1144, 1145, 1146, 1206, 1213, 1218, 1219, 1220
Kaiser, 545
Kapp, Wolfgang 53, 54, 55, 72, 74, 75, 76, 93, 96, 105, 152, 153, 179, 182, 183, 184, 185, 186, 204, 205, 210, 211, 220, 223, 224, 228, 233, 236, 413, 416, 417, 421, 422, 423, 424, 427, 428, 429, 430, 431, 433, 434, 435, 436, 437, 439, 442, 450, 451, 455, 456, 457, 471, 495, 498, 508, 509, 516, 522, 523, 528, 530, 531, 537, 546, 556, 565, 568, 569, 590, 621, 625, 626, 634, 636, 637, 642, 664, 682, 694, 779, 815, 821, 825, 994, 1007, 1025, 1041, 1042, 1043, 1123
Kardorff, Siegfried von 672, 817
Karow, Gustav 1165
Kastert, Bertram 304, 305, 306, 307, 347, 350, 351, 749
Kastler, Jules 695
Kautsky, Karl 154, 273, 317, 324, 325, 367, 429, 444, 457, 897, 954, 961
Kemal Pascha (Atatürk), Mustafa 87
Kemnitz, Hans Arthur von 672
Kerchove de Denterghem, André Comte de 73, 75, 155, 178, 185, 285, 313, 330, 331, 442, 443, 482, 613
Kessel, Mortimer von 340
Kette, 1165
Keynes, John Maynard, Baron Keynes of Tilton 102, 1041
Kilmarnock, Victor Alexander Sereld Hay, Lord 52, 53, 59, 60, 65, 66, 73, 74, 75, 78, 91, 107, 154, 178, 185, 187, 190, 204, 221, 285, 296, 312, 313, 324, 330, 331, 339, 340, 362, 429, 430, 431, 432, 434, 442, 443, 445, 470, 477, 480, 482, 491, 504, 523, 524, 530, 531, 557, 613, 614, 638, 662, 735, 736, 777, 815, 834, 835, 920, 1085, 1223, 1224

Kirdorf, Emil 83
Kirstein, Georg Heinrich 1018, 1019
Kleibömer, 1056, 1057
Klembowski (= Klembowskij), Ladislaus Napoleonowitsch 582
Kluck, Alexander von 299
Knilling, Eugen Ritter von 797
Koch (-Weser), Erich 61, 67, 114, 162, 169, 187, 212, 219, 261, 262, 452, 453, 459, 498, 503, 538, 614, 660, 672, 673, 700, 701, 709, 877, 878, 879, 891, 892, 961, 975, 1017, 1027, 1070, 1071, 1100, 1102, 1111, 1116, 1137, 1180, 1181, 1199
Koenen, Wilhelm 972
Koltschak, Alexander Wassiljewitsch 582, 991, 1020
König, Max August 501
Königbauer, Heinrich 1114
Konigs (= Königs, Otto) 466
Kopp, Viktor Abramowitsch 44, 58, 225, 366, 368, 369, 381, 382, 764, 823, 949, 950, 954, 976, 977, 990, 1098
Korell, Adolf 1070, 1116, 1133
Korfanty, Wojciech 853, 894, 910, 1151
Köster, Adolf 53, 156, 163, 174, 189, 201, 546, 547, 548, 549, 552, 553, 556, 557, 575, 576, 605, 606, 607, 614, 615, 640, 660, 667, 668
Krassin, Leonid Borissowitsch 116
Krause, 1165
Krivochein, Alexander V. 991
Krudewig, Johannes 304, 308
Krupp von Bohlen und Halbach, Gustav 846, 976, 978
Kubacz, Franciszek 913
Kuenzer, Hermann 120

Kuhnt, 355, 887, 888
Kun, Béla 127, 802, 803, 805
Künstler, Franz 973
Kunze, 310
Kurowski, Bruno 1165
Laiser, 1169
Lambert, Jacques 650, 651
Lambsdorff, Georg Franz Wilhelm Graf von 194, 371, 372, 373, 374
Landsberg, Otto 369, 569
Langlois, Colonel 508, 513
Laroche, Capitaine 371, 374, 570
Laroche, Jules 49, 51, 93, 94, 95, 140, 237, 245, 246, 260, 534, 761, 764
Latacz, Ewald 680, 1031
Laufenberg, Heinrich 573, 804, 1037
Laurent, Charles-François 10, 14, 17, 21, 23, 48, 52, 55, 59, 89, 91, 92, 98, 99, 100, 101, 102, 103, 104, 105, 106, 107, 108, 113, 114, 117, 118, 119, 121, 124, 125, 129, 130, 131, 133, 134, 136, 139, 141, 148, 153, 156, 157, 164, 165, 168, 170, 172, 173, 174, 175, 176, 177, 178, 179, 180, 182, 188, 189, 190, 191, 193, 195, 197, 198, 199, 201, 203, 208, 212, 213, 215, 216, 217, 225, 226, 228, 231, 232, 233, 235, 236, 237, 238, 239, 241, 426, 720, 721, 726, 727, 730, 731, 732, 733, 734, 735, 736, 738, 739, 741, 743, 745, 746, 747, 749, 750, 769, 775, 778, 783, 790, 803, 834, 835, 879, 890, 891, 892, 893, 894, 897, 898, 899, 900, 911, 912, 914, 915, 916, 917, 919, 920, 921, 922, 923, 934, 935, 937, 938, 939, 949, 950, 951,

Personenregister 1411

952, 956, 957, 958, 960, 961,
962, 963, 964, 965, 968, 969,
972, 974, 976, 979, 980, 982,
1008, 1011, 1014, 1020, 1021,
1022, 1023, 1024, 1026, 1027,
1030, 1032, 1034, 1035, 1038,
1040, 1051, 1053, 1054, 1060,
1061, 1063, 1064, 1065, 1066,
1067, 1068, 1069, 1074, 1082,
1083, 1084, 1085, 1086, 1088,
1089, 1090, 1091, 1093, 1095,
1097, 1098, 1099, 1105, 1106,
1107, 1108, 1112, 1113, 1114,
1117, 1125, 1126, 1131, 1134,
1135, 1136, 1137, 1138, 1139,
1140, 1147, 1149, 1150, 1151,
1152, 1154, 1155, 1156, 1157,
1159, 1170, 1173, 1174, 1181,
1182, 1183, 1195, 1196, 1201,
1206, 1208, 1209, 1211, 1213,
1218, 1222, 1223, 1224, 1227
Lauscher, Albert 1105, 1148, 1210
Laverrenz, Wilhelm 895
Law, Andrew Bonar 583
Lebat, 1108
Ledebour, Georg 457, 458, 672,
788, 805, 806, 817, 952, 1227
Lefèvre, André Joseph 78, 145,
164, 204, 1061, 1062, 1063,
1064, 1224, 1225
Legien, Carl 73, 187, 440, 443,
444, 456, 464, 471, 483, 532,
684, 694, 1020, 1117
Legrand, 60
Leicht, Johann 280
Lembke, Paul 486
Lenbach, Franz von 63, 291
Lenin, Wladimir Iljitsch 126, 567,
760, 811, 897, 970
Leoprechting, Hubert Frhr. von
142
Le Rond, Henri Louis Edouard 70,
121, 196, 197, 198, 199, 203,
245, 246, 287, 288, 355, 438,
537, 540, 541, 580, 617, 618,
679, 681, 694, 851, 852, 853,
871, 872, 873, 874, 885, 888,
906, 908, 909, 910, 911, 922,
925, 934, 1031, 1032, 1059,
1205
Lersner, Kurt Frhr. von 65, 155,
216, 252, 321, 322, 328, 329,
331, 338, 672, 790, 1036, 1074,
1089, 1090, 1153
Leske, Otto 1164
Le Trocquer, Yves 336, 337
Lettow - Vorbeck, Paul von 237,
426, 427, 537, 634, 1024, 1025,
1041
Levi, Paul 471, 952, 1035, 1203
Levien, Max 1143
Lewald, Theodor 307, 309, 335,
337, 992, 1064
Lewandovsky, Dr. 387
Leydet, 248
Leygues, Georges Jean Claude 14,
17, 125, 133, 134, 139, 140,
142, 143, 145, 146, 147, 148,
153, 157, 159, 160, 164, 165,
167, 168, 170, 171, 172, 173,
174, 176, 178, 180, 182, 188,
189, 192, 193, 195, 198, 199,
200, 201, 208, 209, 212, 213,
214, 215, 216, 217, 219, 226,
227, 228, 230, 231, 232, 233,
235, 236, 237, 239, 240, 241,
968, 969, 971, 972, 974, 976,
979, 981, 982, 984, 986, 987,
988, 992, 993, 994, 996, 999,
1000, 1001, 1002, 1005, 1007,
1008, 1011, 1014, 1015, 1020,
1021, 1022, 1023, 1024, 1026,
1027, 1030, 1032, 1034, 1035,
1036, 1038, 1040, 1049, 1051,
1053, 1054, 1055, 1057, 1060,
1061, 1064, 1065, 1066, 1067,

1069, 1072, 1074, 1075, 1076,
1077, 1078, 1079, 1080, 1082,
1083, 1084, 1085, 1086, 1088,
1089, 1091, 1092, 1093, 1095,
1096, 1097, 1098, 1099, 1100,
1102, 1103, 1105, 1106, 1107,
1108, 1109, 1111, 1112, 1113,
1114, 1117, 1120, 1122, 1124,
1125, 1131, 1134, 1135, 1136,
1139, 1140, 1142, 1144, 1145,
1147, 1151, 1152, 1154, 1155,
1158, 1159, 1160, 1161, 1162,
1163, 1165, 1168, 1169, 1170,
1173, 1174, 1175, 1177, 1180,
1182, 1183, 1184, 1185, 1187,
1189, 1190, 1194, 1196, 1197,
1198, 1199, 1201, 1202, 1205,
1206, 1208, 1209, 1211, 1213,
1218, 1220, 1221, 1222, 1224,
1225, 1227
Liebknecht, Karl 31, 301, 303,
340, 455
Lillers, Edmond Marquis de 229,
303, 304
Lindner, 564
Lippmann, Julius 672
Litwin, Paul 239, 574
Litwinow, Maxim Maximowitsch
322
Lizer, Hauptmann 286
Lloyd George, David Earl of
Dwyfor 37, 39, 40, 41, 66, 69,
79, 81, 86, 87, 91, 100, 110,
111, 115, 116, 123, 141, 147,
389, 560, 583, 586, 613, 679,
743, 748, 749, 764, 790, 798,
807, 918, 920, 935, 990, 1007,
1068, 1087, 1088, 1144, 1152,
1186, 1187
Löbe, Paul 457, 1227, 1228
Loenartz, Friedrich 1210
Loewenfeld, Wilhelm Friedrich
von 498
Löffler, Heinrich 1110
Lon, Baron von 646
Longuet, Jean Frédéric Laurent
897, 954, 1020, 1034
Losowski, Arnold 1020, 1021,
1034, 1083
Loucheur, Louis Albert Joseph 47,
48, 57, 130, 259, 343, 345, 604,
992, 1087
Louis-Philippe 763
Ludendorff, Erich Friedrich Wilhelm 135, 141, 146, 165, 184,
186, 202, 225, 226, 227, 256,
317, 418, 424, 425, 426, 431,
439, 508, 522, 577, 582, 590,
591, 641, 675, 698, 804, 814,
815, 838, 839, 840, 841, 842,
846, 970, 1025, 1026, 1037,
1041, 1075, 1076, 1083, 1085,
1086, 1123, 1128, 1133, 1143,
1146, 1160, 1161, 1219, 1221,
1225
Ludwig III., König von Bayern 274
Ludwig XIV. 981
Luise, Großherzogin von Baden
283, 284
Lüttwitz, Walther Frhr. von 53,
54, 55, 72, 74, 75, 76, 93, 96,
105, 152, 153, 179, 182, 183,
184, 186, 204, 205, 210, 211,
220, 223, 224, 228, 233, 236,
414, 416, 417, 419, 420, 421,
422, 424, 431, 433, 435, 436,
439, 442, 444, 450, 455, 456,
495, 514, 516, 522, 537, 546,
569, 577, 582, 664, 682, 825,
857
Lützow, Hans Frhr. von 619
Luther, Hans 461, 462, 486
Luther, Martin 316, 1041
Lutz, Adolf Frhr. von 850
Luxemburg, Rosa 31, 455
MacDonald, James Ramsay 897

Personenregister 1413

Maercker, Georg L. 423, 424, 426, 428, 430, 433, 434
Majone, Giovanni Cesare 859, 865
Malcolm, Sir Neill 44, 53, 170, 295, 296, 331, 431, 432, 450, 480, 523, 530, 663, 680, 739, 814, 838, 1085, 1139, 1145, 1146, 1159, 1193, 1201, 1202
× Malleterre, General 1062
Maltzan, Adolf Georg Otto (Ago) von, Frhr. zu Wartenberg und Penzlin 119, 225, 319, 320, 321, 368, 824, 949, 951, 976, 977, 990, 1098
Malzahn, Heinrich 952
Mangin, Charles Marie Emmanuel 597, 775
Marceau, François-Séverin Desgraviers 753
× Marchetti-Selvaggiani, Francesco 971
Marcilly, s. Chassain de Marcilly
Marette de Lagarenne, Georges Charles Marie Ghislaine 1160, 1161
Maretzky, Oskar 693, 975
Marinis-Stendardo di Ricigliano, Alberto, nobile de 355, 618, 619, 874
Marling, Sir Charles 342
Marloh, Otto 340
Martel, Damien J.A.C. Comte de 991
Martino, Giacomo, nobile de 107, 182, 189, 560, 575, 576, 613, 949, 951, 1053, 1054, 1055, 1196
Martow, L. 235, 1020
Marumo, Naotoshi 387, 388, 536
Marx, Karl 1110
Massigli, René de 17, 45, 49, 50, 52, 1049, 1050
Mastermann, Edward Alexander Dimsdale 70, 1229, 1236
Matzies, Fritz 876, 877
Maximilian Alexander Friedrich Wilhelm, Prinz von Baden 154, 324, 941
Mayer, Josefine 271
Mayer (- Kaufbeuren), Wilhelm Friedrich 52, 53, 67, 75, 77, 78, 79, 83, 84, 86, 89, 99, 100, 101, 112, 130, 134, 148, 155, 163, 237, 269, 270, 271, 272, 275, 280, 290, 328, 329, 331, 332, 400, 401, 438, 474, 479, 481, 593, 613, 672, 685, 686, 693, 694, 741, 914, 915, 981, 1041, 1043, 1052, 1135, 1137, 1223
Mayrisch, Émile 231, 395
Meerfeld, Johannes 548
Meinberg, Adolf 465
Meinecke, Friedrich 1121, 1122
Meinel, Wilhelm Karl Ritter von 564, 782
Meißner, Otto Leberecht Eduard 614
Melchior, Carl Joseph 109, 143, 733, 961
Méline, Felix-Jules 867
Mende, Clara 1153
Mercier, Philipp 46
Merkel, Hermann Josef 916
Metz, Adalbert François Alexandre de 253, 543, 545
Meyer, Eduard 310, 324
× Meyer, Willy 193, 1023, 1024
× Michels, General 251, 253, 376, 379
Mielecki, Dr. 882, 886, 907
Milhaud, Besaleël Albert 570
Millerand, Alexandre 14, 17, 41, 42, 43, 47, 49, 50, 51, 52, 53, 54, 58, 59, 64, 65, 66, 67, 68, 69, 75, 76, 77, 78, 79, 80, 81, 82, 83, 86, 87, 88, 89, 92, 93, 94, 95, 97, 98,

99, 100, 101, 102, 103, 104, 105, 106, 108, 109, 110, 111, 112, 114, 115, 116, 117, 118, 121, 123, 124, 125, 126, 127, 128, 129, 130, 131, 132, 133, 135, 136, 137, 138, 140, 141, 142, 143, 144, 145, 146, 147, 148, 151, 152, 153, 154, 155, 156, 157, 158, 159, 160, 161, 162, 163, 164, 165, 166, 167, 169, 171, 172, 173, 174, 175, 176, 177, 178, 179, 180, 181, 182, 183, 184, 185, 186, 187, 188, 189, 190, 191, 192, 193, 194, 195, 196, 197, 198, 201, 202, 203, 204, 205, 206, 207, 208, 209, 210, 211, 212, 214, 215, 217, 218, 219, 220, 221, 222, 223, 224, 225, 226, 227, 228, 229, 230, 231, 232, 233, 234, 235, 236, 237, 238, 239, 240, 241, 284, 285, 287, 289, 290, 292, 294, 295, 296, 299, 300, 309, 312, 314, 315, 321, 324, 325, 326, 328, 329, 330, 331, 332, 333, 334, 335, 336, 337, 338, 341, 342, 343, 344, 351, 353, 355, 356, 357, 358, 359, 360, 362, 364, 366, 369, 371, 374, 379, 381, 382, 384, 386, 387, 388, 390, 393, 400, 401, 405, 409, 411, 412, 413, 414, 416, 417, 418, 419, 421, 424, 425, 426, 427, 429, 430, 431, 433, 434, 435, 436, 437, 438, 439, 441, 442, 443, 445, 450, 452, 454, 455, 458, 459, 460, 462, 463, 464, 468, 469, 470, 472, 473, 474, 475, 476, 478, 479, 480, 481, 484, 485, 486, 487, 488, 490, 491, 492, 493, 496, 497, 498, 499, 502, 503, 504, 505, 506, 513, 515, 516, 517, 518, 519, 520, 524, 527, 528, 529, 530, 531, 534, 535, 537, 538, 540, 541, 542, 546, 548, 549, 552, 556, 557, 560, 561, 562, 565, 566, 570, 571, 572, 573, 574, 575, 576, 579, 580, 581, 582, 584, 585, 586, 587, 588, 589, 590, 591, 592, 593, 595, 597, 599, 600, 601, 603, 604, 605, 606, 607, 608, 610, 611, 612, 613, 614, 615, 617, 619, 620, 626, 627, 629, 633, 636, 638, 641, 643, 644, 656, 659, 661, 662, 666, 667, 668, 669, 671, 673, 675, 679, 682, 683, 684, 685, 687, 690, 691, 692, 693, 694, 696, 697, 698, 700, 701, 702, 703, 708, 709, 710, 711, 713, 716, 718, 720, 722, 723, 724, 725, 726, 727, 728, 730, 731, 732, 733, 734, 735, 736, 739, 740, 741, 743, 744, 745, 747, 748, 749, 751, 752, 753, 754, 756, 757, 758, 759, 760, 765, 766, 767, 768, 769, 771, 774, 775, 778, 780, 781, 783, 784, 785, 788, 790, 791, 793, 796, 798, 800, 801, 803, 804, 806, 807, 808, 809, 812, 813, 815, 816, 817, 818, 820, 821, 822, 823, 825, 826, 827, 828, 830, 831, 832, 833, 835, 838, 839, 843, 844, 848, 849, 850, 851, 852, 853, 854, 856, 857, 858, 859, 860, 866, 867, 868, 869, 871, 873, 874, 877, 878, 879, 880, 881, 883, 885, 889, 890, 891, 894, 897, 898, 899, 900, 902, 903, 904, 905, 906, 909, 911, 913, 914, 915, 916, 917, 920, 922, 923, 924, 925, 926, 932, 934, 935, 936, 938, 939, 940,

Personenregister 1415

942, 945, 948, 949, 951, 952,
954, 955, 957, 958, 960, 961,
962, 963, 964, 965, 967, 968,
969, 981, 982, 1044, 1049,
1052, 1075, 1078, 1144
Mirbach-Harff, Wilhelm Graf von
117, 801, 803, 823, 918
Mistral, Paul Antoine François
432
Modigliani, Guiseppe 897
Moesle, Stefan 405, 532, 660, 714,
715, 960
Möhl, Arnold Ritter von 423, 659,
664, 841, 905
Moisson Baron De Vaux, Gaston
Albert Joseph Marie 240,
1177, 1178, 1179
Molière, Jean Baptiste 1168
Moltke, Hans-Adolf Graf von 203,
355, 871, 872
Moltke (d. Ä.), Helmuth Karl
Bernhard Graf von 916
Moos, Ferdinand 972
Moreigne, Colonel 638
Morgan, John Hartman 1190
Moser von Filseck, Carl 821, 823
Moses, Julius 973
Motta, Guiseppe 1097
Müller, 978
Müller, Adolf 454
Müller, August 684, 770, 989
Müller (-Meiningen), Heinrich
Ernst 427
Müller (-Franken), Hermann 32,
53, 63, 66, 76, 77, 78, 87, 88,
155, 156, 158, 186, 201, 205,
206, 221, 222, 238, 284, 286,
290, 291, 320, 328, 329, 330,
337, 338, 362, 363, 367, 368,
369, 415, 416, 433, 434, 435,
437, 438, 456, 463, 464, 468,
469, 470, 471, 472, 473, 481,
482, 490, 491, 494, 503, 504,

513, 514, 515, 516, 517, 518,
519, 522, 523, 524, 526, 527,
549, 553, 554, 556, 557, 559,
560, 569, 575, 576, 586, 587,
599, 600, 614, 615, 640, 641,
642, 659, 669, 672, 673, 674,
682, 694, 741, 808, 825, 953,
974, 1005, 1033, 1104, 1105
Müller, Karl 303, 307, 308, 315
Müller, Karl von 1040
Müller, Richard 457, 458, 1118
Mulzcinek, 749
Münch, Prof. 836, 837
Mutius, Gerhard von 124
Nackländer, 749
Napoléon I. Bonaparte
135, 302, 847, 981, 1214
Nastopka, Stasys 1003, 1004
Naumann, Victor 299, 565, 659,
839
Nemitz, Anna 973
Neton, Elie Albéric 71, 153, 164,
180, 234, 423, 427, 494, 495,
496, 573, 718, 803, 1027, 1036,
1225
Neuhaus, 310
Nicolai, Georg Friedrich 200, 301,
382, 383, 455
Nicolaus II., Zar von Rußland 38
Niessel, Henri Albert 383, 744
Nitti, Francesco Saverio 91, 560,
575, 576, 599, 600, 748, 1055
Noé, Ludwig 1164
Nollet, Charles 15, 34, 49, 71, 82,
88, 96, 139, 145, 153, 170, 171,
172, 173, 184, 204, 221, 226,
231, 245, 246, 332, 333, 388,
389, 422, 423, 476, 482, 498,
503, 508, 519, 522, 524, 525,
607, 636, 637, 638, 642, 662,
777, 778, 826, 838, 840, 842,
856, 914, 1075, 1078, 1080,
1081, 1082, 1083, 1122, 1130,

1136, 1137, 1144, 1146, 1190,
1191, 1192, 1193, 1202, 1207,
1208, 1213, 1218, 1220, 1222,
1226, 1229, 1233, 1235, 1236,
1237
Nortz, Eduard 956, 1078, 1124
Noske, Gustav 46, 53, 72, 73, 154,
155, 171, 186, 187, 233, 234,
253, 261, 262, 273, 297, 298,
301, 311, 312, 317, 318, 329,
331, 332, 338, 339, 340, 360,
362, 370, 383, 388, 389, 414,
418, 428, 435, 439, 451, 455,
456, 458, 464, 532, 534, 569,
661, 664, 672, 1143
Nostitz-Drzewiecki, Hans Gottfried von 696
Noyes, Pierrepont B. 62, 63, 67, 78,
236, 248, 251, 252, 376, 379,
488, 489, 596, 597, 755, 1189,
1190
Nuschke, Otto 200, 301, 672
Nutt, Colonel 680
Oberndorff, Alfred Graf von 1141
Odry, General 194, 195, 371, 372,
373, 665, 874, 875, 876, 877
Oehmen, Dr. 819
Oeser, Rudolf 262, 422, 426, 559
Ogier, Jean Baptiste Emile 132,
336, 337, 592, 593
O'Grady, Sir James 322
Ollmert, Karl 959, 960
Oppen, Matthias von 387
Orlando, Vittorio Emanuele 38
Osolin-Krause, Austra 44, 989,
991
Öttinghaus, Walter 222, 500
Ottley, L. E. 197, 679, 680, 681
Paasche, Hans 619, 626, 627
Pabst, Waldemar 413, 414, 664
Pacelli, Eugenio 107, 173, 192,
193, 238, 723, 724, 746, 821,
823, 924, 971, 972, 1000, 1001,
1084, 1085
Pachnicke, Hermann 672
Paléologue, Maurice 38, 42, 43, 49,
51, 52, 75, 77, 92, 93, 101, 119,
126, 127, 128, 129, 147, 163,
468, 492, 534, 565, 570, 685
Panafieu, Hector-André de 515,
627, 628, 976, 1209
Parvus-Helphand s. Helphand,
Alexander
Pavia, Angelo 535, 597, 599
Payer, Friedrich von 518, 519
Payot, Jean Charles Marie 251
Percival, Harold Franz Passawer
197, 355, 580, 618, 619, 681,
874, 883, 888
Peretti de la Rocca, Emmanuel
Marie Joseph de 51, 1144
Pertus, Otto 1165
Pétain, Henri Philippe 752
Peters, Wilhelm 137, 172, 854,
891, 904, 905, 924, 956, 957,
967, 968, 1051, 1074, 1077,
1078, 1124, 1232, 1237
Petersen, Carl Wilhelm 578, 634,
672, 693, 975, 1199
Pétion de Chaponneau, 749
Petisné, Gabriel 875, 877
Petit, Jules Virgile Eugène 162,
385, 386
Pfannkuch, Wilhelm 1005
Pfeiffer, Maximilian 280
Philipp, Ernst 426, 427
Pichon, Stephen Jean Marie Philipp Felix 36, 41, 45, 47, 49, 50,
56, 57, 58, 59, 60, 102, 233,
234, 246, 253, 260, 261, 262,
263, 264
Pieck, Wilhelm 1202
Pigott, Julian Ito 1181, 1183
Pilsudski, Józef Clemens 115, 119,
582, 583, 627, 628, 756, 976,
996, 997

Piltz, Erasmus 1209
Planta, Florian Adolph Alfred von 47, 48, 55, 107, 723, 724, 746
Pleß, Hans Heinrich XV., Fürst von 680
Plucinski, Leon 690, 691, 1092, 1093
Pohlmann, Alexander 1029
Poincaré, Raymond Nicolas Landry 37, 39, 41, 42, 45, 51, 52, 87, 112, 144, 146, 147, 148, 587, 918, 1006
Posadowsky-Wehner, Arthur Graf von, Frhr. von Postelwitz 421, 423, 428
Preger, Konrad Ritter von 746, 747, 822, 823, 1121, 1122
Preuß, Hugo 61, 937, 1121, 1122, 1150
Preysing (- Lichtenegg - Moos), Konrad Graf von 746
Prince, Albert 695
Radek, Karl Bernhardowitsch 44, 58, 286, 287, 367, 368, 486, 976, 977, 1002
Rahn, Wilhelm 1092, 1093
Raiberti, Baron Flaminius 173, 1228
Ramm, Eberhard 1168
Rappard, William E. 45
Rathenau, Walther 53, 110, 247, 319, 421, 764, 792, 793, 809, 961, 976, 978, 1006, 1012, 1109, 1110
Raube, Arthur 1092, 1093
Rault, Victor 22, 70, 227, 405, 407, 409, 647, 650, 651, 652, 654, 655, 656, 658
Raumer, Hans von 176, 212, 709, 713, 878, 879, 920, 992, 993, 999, 1000, 1064, 1065, 1110, 1180, 1183

Raynaud, Louis François Maximin 171, 1170, 1171, 1172
Rechberg, Arnold 170, 226, 227, 638, 642, 838, 839, 840, 842, 1085, 1086, 1146, 1160, 1161
Redlich, Alexander 299, 361, 742, 759
Regnault, 1061
Reichert, Jakob Wilhelm 1132, 1133
Reinhard, Wilhelm 690, 1092
Reinhardt, Walther 566
Reisert, 278
Remmele, Hermann 1147
Renaudel, Pierre Narcisse 547, 954
Rennie, Sir Ernest Amelius 151, 387, 388, 402, 535, 537, 702, 703, 773, 787
Renoult, David 1034
Reventlow, Ernst Graf zu 253, 423, 742, 760
Richelieu, Armand-Jean du Plessis Duc de 981
Richter, Johann Sophian Christian 280
Richter, Max 310
Richter, Wilhelm 537, 538
Richthofen, Hartmann Oswald Heinrich Ferdinand Frhr. von 672, 678
Riesert s. Reisert
Rießer, Jakob 742
Riezler, Kurt 1042
Ritter, 97
Ritter, 707
Robertson, Sir Malcolm Arnold 72, 78, 181, 187, 248, 250, 434, 437, 452, 453, 480, 488, 489, 490, 501, 703, 704, 705, 707, 960, 1105, 1112, 1180, 1183, 1202, 1204

Robertson, Sir William R. 376, 379
Roboul, Colonel 1062
Röchling, Robert 339, 340
Röcker, Rudolf 200, 301
Roddie, William Stewart 675
Roedern, Siegfried Graf von 709, 1122
Roesicke, Gustav 672, 673
Rolin-Jaequemyns, Edouard Baron 62, 160, 247, 248, 376, 379, 488, 489, 490, 501, 504, 721, 722, 1112, 1181
Romanowski, Iwan Pawlowitsch 991
Romney, Major 1085, 1086
Ronde, Dr. 544
Rose, Karol 1208
Rosen, Friedrich von 454
Rosenberg, Dr. 646
Rosenberg, Frederic Hans von 701, 893
Rosenfeld, Kurt 817, 973
Rössling, Lore 153, 845, 846, 847, 848
Roussel, Gaston 248
Roussellier, Amédée Henri Théodore 232, 248, 250, 610, 751
Routoff, 286
Rudolph, Hermann 792
Runge, Paul 306
Rupprecht, Kronprinz von Bayern 255, 274, 561
Ryan, Rupert Sumner 257, 842, 1112, 1139
Rydlewski, Celestyn 927
Sabath, Gustav 1117
Sahm, Heinrich 506, 507, 844, 913, 928, 929, 1049, 1164, 1165, 1184
Saillard, Antoine Marie Eugène 866

Saint-André (= André Jeanbon) 753
Saint-Aulaire, s. Beaupoil de Saint-Aulaire
Saint-Gilles, Duguesclin Bertrand François Anne Marie Joseph 260
Saint-Quentin, s. Doynel de Saint-Quentin
Salvioni, Filippo 887
Samalens, Henri Aristide Clément Gabriel 220, 223, 437, 462, 504, 584
Sänger, Alwin 427
Sapieha, Eustachy Kajetan Ladislaus Fürst 996, 1141
Sartiges, Anne Marie Louis de 1004
Sawatzki, Anton 1165
Schacht, Hjalmar Horace Greely 239, 574
Scheffer-Boradel, Frhr. von 1040, 1043
Scheidemann, Philipp 32, 33, 157, 317, 318, 332, 369, 497, 522, 532, 534, 547, 569, 570, 672, 678, 975, 1005, 1007, 1051, 1052
Scherer, Dr. 171, 1171, 1172
Schiele, Georg-Wilhelm 422
Schiemann, Theodor 855
Schiffer, Eugen 74, 186, 417, 426, 433, 438, 441, 442, 443, 444, 450, 672, 673, 693, 742, 789, 825, 826
Schippel, Max 712
Schirmer (-Franken), Carl 277
Schlesinger, Moritz 286, 287, 663, 990, 991
Schlicke, Alexander 672
Schmettow, Richard Graf von 423, 426

Schmidt (-Berlin), Robert 672, 1011, 1012, 1022
Schmidt-Elskop, Arthur 53, 607
Schmitt, 894
Schneider (-Berlin), Gustav Wilhelm 264
Schnitzler [alias Hantke], Karl 413
Scholz, Ernst 190, 709, 725, 766, 778, 969, 999, 1000, 1017, 1111, 1141, 1153, 1212
Schreiber, Georg 1132
Schreiner, 989
Schubert, Friedrich Wilhelm 119
Schücking, Adrian Walter 672, 817
Schulze, F. W. 1165
Schümmer, Wilhelm 1164
Schwartz, Hubert 1164
Seeckt, Hans von 110, 114, 157, 190, 211, 437, 440, 441, 569, 661, 739, 748, 777, 806, 828, 911, 917, 985, 1051, 1127, 1130
Seeds, William 141, 170, 1158, 1159, 1160, 1193, 1201, 1218, 1220
Seitz, Karl 200, 987
Semenoff (= Semënov), Grigori Michailowitsch 990
Severing, Carl 76, 120, 121, 221, 223, 231, 241, 472, 474, 481, 501, 505, 521, 546, 550, 672, 757, 893, 914, 915, 920, 921
Seydoux, Charles Louis Auguste Jacques 57, 82, 83, 124, 131, 132, 133, 143, 145, 593, 607
Sforza, Carlo, conte 790, 949
Shortis, 248
Siehr, Ernst 510, 513, 1192, 1193
Siemens, Carl Friedrich von 578, 579, 672, 961, 1207, 1208
Sigismund II. August, König von Polen 582

Silverberg, Paul 1109, 1110, 1111, 1211
Simons, Walter 100, 106, 107, 109, 110, 112, 113, 114, 117, 118, 121, 122, 124, 125, 130, 131, 133, 134, 139, 143, 156, 157, 170, 172, 174, 175, 177, 178, 182, 189, 190, 191, 192, 199, 202, 203, 207, 212, 213, 214, 215, 216, 217, 225, 226, 241, 696, 700, 701, 710, 725, 726, 727, 730, 732, 733, 737, 738, 749, 759, 764, 766, 767, 778, 782, 783, 788, 789, 790, 792, 793, 794, 796, 798, 799, 800, 801, 802, 803, 804, 805, 806, 807, 808, 809, 810, 811, 812, 813, 814, 816, 819, 820, 822, 823, 824, 832, 833, 834, 835, 840, 846, 848, 849, 868, 877, 889, 890, 898, 899, 900, 901, 911, 912, 914, 915, 917, 918, 919, 920, 921, 924, 937, 938, 949, 950, 951, 958, 968, 969, 979, 980, 986, 987, 990, 991, 996, 997, 998, 1017, 1026, 1027, 1032, 1033, 1052, 1053, 1054, 1055, 1060, 1064, 1066, 1067, 1069, 1070, 1072, 1074, 1075, 1077, 1078, 1080, 1081, 1082, 1083, 1084, 1085, 1086, 1087, 1088, 1090, 1097, 1098, 1100, 1101, 1106, 1107, 1108, 1111, 1112, 1114, 1115, 1116, 1125, 1126, 1133, 1134, 1136, 1137, 1151, 1152, 1153, 1154, 1155, 1156, 1157, 1158, 1161, 1162, 1173, 1174, 1175, 1180, 1181, 1182, 1183, 1187, 1188, 1189, 1190, 1191, 1192, 1193, 1194, 1195, 1196, 1200, 1207, 1213, 1219, 1220, 1222, 1223
Simson, Ernst Bernhard von 112,

189, 215, 314, 537, 660, 868,
874, 919, 998, 1135, 1187, 1188
Sinowjew, Grigori Jewsejewitsch
235, 1002, 1020, 1021, 1034,
1081, 1083, 1094
Sinzheimer, Hugo 457
Sklarz, Georg 317, 318
Sklarz, Heinrich 317, 318
Sklarz, Leon 317, 318
Smallbones, Robert Townsend 93,
138, 141, 165, 199, 783, 784,
798, 854, 859, 865, 889, 905,
924, 957, 958, 984, 1146, 1158,
1159, 1160
Smeets, Josef 303, 306, 307, 308,
465, 1015
Smith, Truman 595, 596
Solf, Wilhelm Heinrich 216, 1032,
1033, 1034
Sollmann, Wilhelm 466, 1116
Sommer, 1002
Spahn, Peter 346, 384, 672, 789,
806
Stampfer, Friedrich 239, 672, 674,
687, 688, 789, 805
Stapff, Colonel 507
Starck, Karl von 181, 213, 250,
252, 266, 269, 378, 452, 453,
571, 573, 587, 602, 603, 625,
706, 707, 751, 820, 946, 949,
1100, 1112, 1137, 1162, 1163,
1181, 1182, 1183, 1189
Steeg, Jules Joseph Théodore 42
Stegerwald, Adam 307, 309, 337,
346, 700, 701, 994, 1113, 1148
Stein, Ludwig 82, 574, 575, 607,
777
Stevers, Ernst 626
Sthamer, Friedrich 236, 389, 634,
1185, 1187, 1223
Stier-Somlo, Fritz 227, 357
Stinnes, Hugo 57, 83, 84, 85, 86,
109, 110, 111, 133, 214, 215,

239, 659, 672, 676, 688, 689,
718, 719, 759, 766, 778, 788,
789, 790, 791, 792, 793, 794,
798, 803, 805, 806, 809, 846,
869, 890, 930, 931, 976, 977,
1018, 1025, 1026, 1036, 1045,
1046, 1056, 1109, 1110, 1111,
1207, 1211, 1224
Stockhammern, Franz von 725,
1185 — Karl Edler
Stoecker, Walter 769, 897, 952,
972, 1203, 1204
Stoll, Commandant 702
Stone, David Lamme 755
Strasburger, Henryk 1140, 1141
Strecker, Reinhard 382
Stresemann, Gustav 29, 89, 214,
311, 532, 672, 673, 674, 760,
788, 789, 808, 810, 974, 975,
1036, 1152, 1213, 1214, 1215,
1216, 1217
Ströbel, Heinrich 457
Strunk, Hermann 1164
Strutt, Edward Lisle 844, 1092,
1093, 1184
Stuart, Sir Harold Arthur 62, 153,
181, 218, 248, 251, 257, 268,
351, 352, 354, 376, 379, 452,
460, 462, 488, 500, 501, 572,
644, 703, 704, 706, 707, 868
Stücklen, Daniel 672
Stülpnagel, Joachim von 1041
Stumm, Wilhelm August Baron
von 976, 979
Stutz, Ernst 827, 828
Südekum, Albert Oskar Wilhelm
307, 337, 349
Sydow, von 326
Szebeko, Ignacy 158, 201, 202, 562,
563, 564, 583, 627, 628, 756,
801, 814, 976, 979, 996, 997,
1140, 1141, 1208, 1209
Szembek, Jan Graf 927

Personenregister

Tardieu, André 87, 112, 604
Taube, Michael Alexandrowitsch Baron 990
Terver, Ernest Georges 198, 893, 920, 921, 1055, 1057, 1058, 1059
Thieme, Paul 1024
Thomas, Albert 922
Thomas, Colonel 288
Thyssen, August 83, 310, 311, 869, 930, 1018
Tiedje, Johannes 662
Timm, Johann Heinrich Friedrich 1220
Tirard, Paul 14, 15, 18, 49, 60, 61, 62, 63, 78, 79, 96, 97, 108, 113, 133, 135, 136, 153, 157, 158, 159, 160, 161, 162, 164, 177, 178, 179, 181, 182, 187, 188, 195, 200, 204, 209, 212, 213, 214, 217, 218, 219, 220, 222, 223, 224, 229, 230, 232, 233, 235, 236, 239, 245, 246, 247, 248, 249, 251, 252, 254, 268, 281, 289, 303, 315, 334, 335, 336, 343, 344, 351, 352, 354, 364, 365, 374, 376, 377, 378, 379, 395, 420, 452, 453, 458, 460, 464, 477, 478, 488, 489, 490, 493, 499, 501, 504, 524, 529, 542, 545, 549, 554, 555, 556, 561, 562, 571, 572, 573, 579, 580, 581, 591, 592, 593, 595, 601, 602, 603, 607, 611, 615, 616, 620, 633, 644, 666, 667, 668, 698, 699, 703, 704, 705, 718, 720, 721, 740, 741, 749, 750, 751, 752, 753, 754, 774, 780, 783, 784, 818, 820, 830, 831, 832, 867, 868, 869, 870, 877, 878, 879, 883, 884, 891, 892, 915, 930, 932, 933, 936, 937, 938, 939, 940, 941, 942, 945, 946, 947, 948, 951, 954, 969, 972, 994, 1015, 1018, 1019, 1044, 1049, 1065, 1072, 1074, 1091, 1100, 1101, 1102, 1103, 1104, 1105, 1111, 1112, 1120, 1122, 1137, 1150, 1162, 1163, 1168, 1169, 1170, 1180, 1181, 1182, 1183, 1189, 1202, 1213
Tirpitz, Alfred von 310, 413, 422
Tower, Sir Reginald 70, 118, 166, 167, 327, 328, 409, 410, 411, 506, 507, 511, 513, 515, 600, 601, 690, 691, 843, 844, 858, 913, 928, 929, 1049, 1184
Traub, Gottfried 422, 1041
Tremmel, Peter 280, 281
Trendelenburg, Ernst 82, 607
Treutler, Carl Georg von 822, 823, 927
Trimborn, Karl 207, 241, 292, 305, 306, 308, 345, 346, 347, 351, 518, 519, 521, 672, 673, 683, 684, 691, 692, 694, 696, 994, 995, 1017, 1051, 1209, 1210
Trotha, Adolf von 187, 339, 451, 626
Trotzki, Leo Dawidowitsch 582, 900, 970, 1020, 1221
Tschitscherin, Georgi Wassiljewitsch 811, 823
Turati, Filippo 897
Uexküll-Gyldenbrandt, Baron Alexis Emil Woldemar 226, 1001, 1002, 1003, 1004
Ulrich, Carl 233, 268, 524, 587, 588, 774, 775
Urwick, Sir Thomas Hunter 248, 345
Valcke, General 476
Vaux, s. Moisson Baron de Vaux
Vermeulen, 248
Vogel, 917

Vogelstein, Theodor Max 961
Vögler, Albert 693, 1109, 1110, 1111, 1207, 1211
Vohmann, Robert 572
Voisin, 248, 705
Volkmann, Ernst 1165
Vries, H. de 749
Wackernagel, Rudolf 1170, 1172
Wagner, Major 507
Wagner, Theodor 1109, 1110
Wallace, Hugh Campbell 80
Wangenheim, Conrad Frhr. von 316
Warburg, Max Moritz 733, 1068, 1121, 1122
Warschawski, 764
Watter, Oskar Frhr. von 206, 220, 221, 451, 470, 471, 472, 474, 481, 501, 528, 550, 551, 584
Waugh, Richard Deans 653
Weber, Max 61
Wedel, Erhard Graf von 47
Wegmann, Paul 952, 1118
Wels, Otto 230, 672, 1005, 1006, 1008, 1131, 1132, 1133, 1134
Wermuth, Adolf 236, 634, 635
Westarp, Kuno Friedrich Victor Graf von 157, 324, 672, 985, 1040, 1041, 1042, 1051, 1052, 1053, 1074, 1148
Weygand, Maxime Louis 146, 907
Wickmann, 55
Wiedfeldt, Otto 83, 696, 700, 701, 709, 1121, 1122
Wild von Hohenborn, Adolf 1040
Wilhelm, 260
Wilhelm I., Deutscher Kaiser 283, 412, 916
Wilhelm II., Deutscher Kaiser 58, 65, 154, 179, 283, 284, 291, 296, 298, 301, 315, 316, 317, 323, 324, 412, 426, 497, 1042, 1066, 1143, 1197

Wilhelm (= Friedrich Wilhelm), Kronprinz 838
Williger, Gustav 680
Wilson, Sir Henry Hughes 77, 788
Wilson, Thomas Woodrow 33, 37, 39, 40, 41, 91, 135, 597, 1003, 1040, 1041, 1052, 1056, 1178, 1217
Windhorst, Ludwig 278
Winnig, August 422, 508, 509
Winterstein, Theodor von 543, 545, 944, 945
Wirbel, General 409, 652, 659
Wirth, Josef Karl 88, 175, 176, 190, 208, 272, 280, 463, 532, 589, 672, 673, 693, 700, 701, 708, 709, 725, 732, 733, 737, 738, 835, 836, 837, 960, 961, 964, 965, 966, 969, 974, 993, 995, 1022, 1039, 1040, 1102, 1105, 1107, 1108, 1125, 1126, 1158, 1175, 1176, 1177, 1212
Wissell, Rudolf C. 961, 1011, 1012
Witos, Wincenty 996, 997
Wolff, Theodor 253, 553, 576, 747, 766, 779
Wrangel, Pjotr Nikolajewitsch Baron von 126, 129, 855, 856, 906, 918, 989, 990, 991, 997, 1001, 1098, 1134, 1178
Wulle, Reinhold 672
Wurm, Emanuel 273, 457
Wutzelhofer, Johannes 1219
Zacherl, (Elsa?) 305
Zapf, Albert 1133, 1153
Zech-Burkersroda, Ernst Lothar Julius Graf von 159, 782, 821, 822, 823, 983, 984, 1160
Zehnhoff, Hugo am 517
Zeligowski, Lucjan 1050
Zetkin, Clara 672, 737, 808, 833, 952, 1203
Ziegler, Anna 959

Ziehm, Ernst 1165, 1184
Ziehm-Ließau, Franz 1165
Zinoviev s. Sinowjew
Zietz, Luise 672, 952, 973
Zubeil, Friedrich 672
Zweigert, Arthur 155, 342, 343, 379

Sachregister

Aachen
  (s. auch Rheinland) 212, 214,
  398, 462, 615, 847, 1016, 1097,
  1098, 1111, 1112, 1115, 1137,
  1138, 1162, 1181, 1182, 1213,
  1214
Aaland-Inseln 1002
Abessinien 1024
Abrüstung
  (s. auch Alliierte, Einwohnerwehren, Entwaffnung, Friedensvertrag, IMKK. Reichswehr, Schiffahrt) 43, 77, 145,
  146, 171, 173
Abstimmungskommissionen
  (s. auch Allenstein, Danzig,
  Eupen und Malmédy, Marienwerder, Oberschlesien, Schleswig) 13, 43, 49, 69, 120, 121,
  151, 152, 193, 194, 196, 197,
  326, 414
Abwicklungsämter 1231
Achtstundentag - Arbeitszeiten
  34, 224, 299, 322, 369, 370,
  718, 719, 779, 789, 796
"Acht-Uhr-Abendblatt" 356, 670,
  765, 766, 934
Adlershof 456, 856
AEG 607, 608, 770
Ahlen 550
"Alarm" 495
Allenstein
  (s. auch Abstimmungskommissionen, Danzig, Einwohnerwehr, Marienwerder, Polen,
  Polnisch-Sowjetischer Krieg)
  13, 22, 117, 120, 151, 152, 167,
  245, 355, 512, 717, 1186

- Arbeit der Abstimmungskommission 387, 388, 401, 402,
  446, 534, 535, 536, 537, 702,
  703, 772, 773
- Vorbereitung des Plebiszits
  702, 703, 713, 714, 772, 785
- Ergebnis des Plebiszits 758,
  767, 771, 772, 773, 853, 1056
- Sicherheitspolizei 510, 535,
  536, 537, 713
- Zwischenfälle 787
"Allgäuer Zeitung" 277, 281
Allgemeine Wehrpflicht
  s. Reichswehr
Allgemeiner Deutscher Gewerkschaftsbund (ADGB)
  s. Gewerkschaften
"Allgemeines Handelsblatt" 163,
  667
Alliierte
  (s. auch Auslieferungsfrage,
  Friedensvertrag von Versailles) 32, 34, 90, 110, 118, 184,
  262, 273, 317
- Beziehungen zwischen den Al-
  lianzpartnern 37, 38, 39, 40,
  56, 57, 69, 80, 88, 90, 111, 116,
  129, 130, 146, 147, 189, 191,
  514, 903, 1144
- Beziehungen zwischen den Alliierten Vertretern in Berlin
  73, 91, 101, 102, 107, 129, 154,
  155, 185, 190, 213, 221, 285,
  295, 312, 313, 330, 331, 429,
  431, 432, 442, 443, 477, 480,
  482, 504, 523, 524, 530, 547,
  563, 613, 735, 736, 777, 1135,
  1138, 1154, 1161, 1163, 1189,

1190, 1195, 1202, 1222, 1223
- Intervention in Polen 115, 116, 117, 118, 119, 800, 813, 814, 823, 824, 996
- Intervention in Rußland 58, 129, 225, 226, 302, 320, 675, 838, 839, 840, 841, 842, 990, 1085, 1086, 1098, 1160, 1161
- Militärkomitee in Versailles 1228, 1229, 1236
- Verhandlungen mit Rußland 16, 226, 813, 814, 816

Altenburg 492
Alzey 944
"Amaroc News" 236, 754
Amnestie 157, 182, 204, 309, 428, 517
- Gesetz 556, 557, 815, 816, 825, 826

Amsterdam 1020, 1119
Amt für den Wiederaufbau der zerstörten Gebiete 591, 980, 981
Anhalt 699, 700, 887
Anleihen
   s. Deutsches Reich, Finanzpolitik, Finanz- und Währungspolitik
"Anschluß"
   s. Deutsches Reich, Österreich
Antibolschewistische Liga 846, 862
Apotheken in Deutschland 1012
Arabien 1024
"Der Arbeiter" 279
Arbeiterbewegung
   (s. auch Betriebsräte, Deutsches Reich, Gewerkschaften, Internationale, Kapp-Lüttwitz-Putsch, Ruhraufstand) 179, 180, 185, 205, 322, 451, 550, 779, 780
Arbeitsgemeinschaften 154, 711, 712, 713, 762

Arbeitslosigkeit
- in Deutschland 239, 246, 323, 1008, 1009, 1010, 1011, 1019, 1047, 1056

Archivkommission
- Deutschland 5, 6, 7
- Frankreich 6, 7, 8

Archivlage und Archivbestände 5, 6, 7, 10, 11, 12, 13, 14, 15, 16, 17, 22
Armenien 126, 920
Aschaffenburg
   (s. auch Maingau) 280, 603
Athen 1024
Attentate
   (s. auch Prozeß Helfferich-Erzberger)
- Erzberger 64, 173, 174, 294, 301, 309, 310, 311, 312, 317, 745
- Haase 35, 302

Aufstände
- Paris (1848) 484

Auslieferungsfrage
   (s. auch BVP, DDP, DNVP, DVP, Großbritannien, Justiz, Nationalversammlung, Reichsgericht, SPD, USPD, Zentrum) 43, 71, 80, 81, 154, 155, 233, 237, 253, 273, 274, 284, 291, 292, 297, 298, 310, 312, 319, 324, 325, 338, 366, 382, 464, 768, 1198
- Auslieferung von Wilhelm II. 296, 298, 315, 316, 324, 325, 1143
- Auslieferungsliste 342, 343, 575
- Gemeinsame Note der Alliierten 63, 64, 312, 319, 321, 322, 330, 331, 337, 338, 379, 380
- Rücktritt von von Lersner 65,

155, 216, 252, 321, 322, 328, 329
- Verzicht auf die Auslieferung 65, 66, 67, 69, 360, 361, 362, 363

Außenhandelsstellen
 (s. auch Deutsches Reich, Handelsverkehr - "Loch im Westen", Rheinlandkommission) 517, 518, 591, 592, 593

Autonomiebewegungen
 (s. auch Föderalismus - Unitarismus, Oberschlesien, Separatismus) 90, 97, 105
- in Baden 233, 281, 283
- in Bayern 62, 91, 92, 96, 97, 98, 136, 138, 139, 140, 230, 232, 255, 256, 257, 259, 272, 346, 374, 375, 477, 478, 524, 525, 533, 534, 538, 783, 784, 1148
- in Hannover 62, 256, 257, 258, 270, 289
- in Oberschlesien 62, 136, 198, 270, 1018, 1019, 1027, 1030
- in Ostpreußen 62, 415, 416
- in der Pfalz 97, 256, 270
- im Rheinland 62, 92, 136, 219, 254, 255, 256, 257, 258, 270, 283, 289, 374, 954, 955, 1018, 1105, 1150, 1168, 1169, 1170
- Kontakte zu Frankreich 91, 92, 229, 289, 290, 477, 478

Avignon 1024

Baden
 (s. auch Autonomiebewegungen, Rheinlandkommission, Süddeutschland) 94, 157, 261, 280, 825
- Allgemeine politische Lage 281, 282, 283, 284, 419, 423
- und Bayern 821, 850
- und der Einheitsstaat 267, 281, 936
- und die Entwaffnung 782
- und Frankreich 282, 283, 284
- und die Pläne für einen Südstaat 774, 775, 1014
- und Preußen 282, 283
- Regierungsbildung 282
- Verfassung 282
- Wahlen (1920) 698, 699

Baden-Baden 979, 1060

Bad Homburg v.d.H.
 (s. auch Maingau) 469, 607

"Badische Presse" 774

Badischer Landtag
- Wahlen (1919) 282, 284

Bagdad 1070

Baku 1002

Balkan 981

Baltikum
 (s. auch Estland, Freikorps, Lettland, Litauen, Memel, Polen, Rußland) 34, 157, 202, 300, 309, 383, 509, 519, 626, 641, 744, 745, 762, 839, 989, 990, 991, 1005

Banken
 (s. auch Nationalbank) 428
- in Danzig 262
- in Oberschlesien 262
- im Ruhrgebiet 475

Barendt 600, 601

Barmen 486

Basel 1170, 1172

"Baseler Nationalzeitung" 890

BASF 1103

Bauern 208, 239, 266, 274, 278, 293, 561, 620, 621, 629, 630, 631, 632, 633, 942, 943, 944, 945, 1018, 1022, 1023, 1091

Bauernbund
- Gotha 633

Bauernverbände 179, 633, 994, 1077
- Bayerischer Bauernbund 276,

277, 668, 671, 698, 699, 932
- Bund der Landwirte 944, 945
- Christlicher Bauernverein 275, 276
- Freie Bauernschaft 543, 943
- Landwirtschaftskammer in Pommern 316
- Rheinischer Bauernverband 942, 943

Bayerische Mittelpartei 698, 699, 797

"Bayerische Staatszeitung" 503, 782

Bayerische Volkspartei (BVP) (s. auch Bayern, Separatismus, Zentrum) 33, 92, 96, 97, 98, 138, 139, 153, 158, 159, 177, 271, 541, 542, 932, 1077
- und das Amnestiegesetz 815
- und die Auslieferungsfrage 296, 297, 360
- Beteiligung an der Regierung 677, 961
- und der Einheitsstaat 957, 958, 1014, 1016
- und die Entwaffnung 833, 854, 1077
- und die Landtagswahlen 699
- Parteitag in Bamberg (September 1920) 138, 139, 178, 932, 934, 957, 958, 983, 984, 1014, 1033, 1079, 1091, 1099, 1142, 1143, 1200
- Parteitag in München (Januar 1920) 272, 278
- Parteitag in Nürnberg (Dezember 1918) 275
- und die Regierungskrise in Berlin 692, 693
- und die Reichstagswahlen 668, 669, 671, 672, 673
- und die Wirtschaftspolitik 944
- und das Zentrum 62, 177, 240, 241, 259, 267, 271, 272, 274, 275, 276, 277, 278, 279, 280, 281, 289, 292, 293, 296, 351, 542, 692, 994, 1014, 1015, 1017, 1018, 1091

"Bayerischer Kurier" 278, 279, 854, 1225

Bayerischer Landtag 159, 178, 255, 269, 274, 276, 277, 781, 957, 1077, 1114, 1199, 1221
- Sitzungen 796, 797, 798, 983, 1078, 1079, 1082
- Wahlen 98, 230, 281, 477, 478, 564, 565, 698

Bayern (s. auch Bauernverbände, BVP, Einwohnerwehren, Entwaffnung, Französische Vertretungen, Pfalz, Rheinlandkommission, Zentrum) 35, 90, 94, 95, 97, 107, 204, 261, 521
- Allgemeine innenpolitische Lage 163, 209, 275, 276, 277, 278, 279, 280, 419, 423, 427, 458, 533, 538, 539, 543, 544, 561, 562, 610, 620, 637, 659, 660, 679, 849, 850, 860, 861, 967, 1076, 1082, 1083, 1091, 1123, 1126, 1143, 1219
- Belagerungszustand 206
- Regierung Hoffmann 90, 93, 96, 185, 423, 427, 969, 970
- Regierung von Kahr 95, 96, 97, 137, 138, 158, 159, 160, 178, 179, 458, 561, 692, 693, 781, 955, 956, 957, 968, 1078, 1079, 1220
- Ausweisung von Ausländern 562, 563
- und Birkenfeld 939, 940
- und Frankreich 91, 92, 96, 97, 135, 137, 138, 139, 140, 141, 142, 158, 159, 160, 161, 169,

Sachregister

170, 177, 232, 524, 525, 533, 538, 539, 540, 541, 542, 543, 564, 659, 660, 746, 747, 781, 796, 797, 798, 848, 849, 850, 859, 860, 933, 955, 956, 957, 958, 967, 982, 983, 984, 1075, 1076, 1077, 1078, 1091, 1143, 1218, 1219, 1220
- und Großbritannien 534, 638, 1159, 1218
- und Italien 534
- und Österreich 958
- und die Pfalz 621
- und Polen 797, 861, 862
- und Preußen 93, 94, 159, 255, 266, 274, 276, 277, 423, 477, 533, 538, 539, 540, 821, 822, 823, 848, 901, 936, 1018, 1076, 1077, 1080, 1143, 1199, 1221
- und das Reich 90, 92, 94, 95, 96, 135, 136, 137, 139, 153, 158, 159, 160, 170, 172, 177, 255, 270, 271, 274, 289, 503, 504, 538, 539, 541, 542, 561, 562, 563, 620, 641, 642, 659, 692, 693, 782, 796, 797, 798, 799, 822, 825, 839, 848, 849, 850, 879, 880, 900, 924, 933, 957, 967, 968, 983, 984, 1000, 1015, 1017, 1019, 1025, 1026, 1077, 1078, 1079, 1080, 1081, 1082, 1083, 1091, 1114, 1123, 1137, 1142, 1143, 1146, 1160, 1206, 1213, 1218
- und das Rheinland 603, 1091
- und Rußland 841, 846
- und der Vatikan 971, 972
- Wirtschaftliche Lage 97, 158, 159, 246, 323, 538, 539, 540, 603, 629, 1228
- Wirtschaftspolitik 276, 983

Bayreuth 905

Beamte - Verwaltung
  (s. auch Allenstein, Danzig, Marienwerder, Memel, Oberschlesien, Saar) 217, 283, 960, 1022, 1023
- in Allenstein 388, 536, 772
- in Danzig 328, 507
- in Marienwerder 394, 728
- in Memel 372, 373
- in Oberschlesien 196, 287, 540, 541, 617, 618, 694, 695, 1056, 1057
- im Rheinland 250, 335, 452, 554, 572, 623, 624, 720, 877, 1019, 1071
- im Ruhrgebiet 821
- im Saargebiet 647, 648, 650, 651, 899
- Erhöhung der Bezüge 209, 609, 960, 965, 1175, 1176, 1177
- Politische Einstellung 210, 265, 266, 316, 441, 476, 636

Befreiungskriege 846

Belgien
  (s. auch Alliierte, Konferenzen) 73, 75, 85, 121, 688, 847, 981
- und Bayern 178, 797, 1143
- und die Besetzung des Maingaus 489, 490, 502
- und Deutschland 78, 155, 160, 212, 213, 524, 1065, 1135, 1136, 1154, 1189, 1194, 1195
- und Eupen und Malmédy 174, 212, 548, 549, 963, 964, 1069, 1070, 1071, 1072, 1112, 1137, 1154, 1155
- und Frankreich 78, 155, 160, 330, 935, 1135, 1136, 1143, 1154, 1189
- und das Rheinland 230, 703, 704, 705, 706, 707, 721, 1073, 1101, 1112, 1181, 1182

Belgrad 1039 Bergarbeiter s. Gewerkschaften
Berlin
  (s. auch Kapp-Lüttwitz-Putsch) 247, 258, 259, 260, 261, 263, 272, 299, 300, 310, 315, 323, 383, 399, 413, 416, 423, 431, 432, 433, 436, 437, 441, 451, 455, 456, 475, 476, 482, 484, 498, 501, 522, 531, 538, 557, 559, 593, 607, 608, 620, 659, 661, 663, 664, 679, 680, 688, 745, 747, 828, 833, 838, 842, 848, 850, 852, 856, 859, 868, 870, 891, 893, 894, 896, 899, 902, 905, 906, 924, 952, 953, 958, 971, 973, 976, 990, 996, 1044, 1048, 1049, 1061, 1062, 1063, 1086, 1117, 1118, 1119, 1120, 1137, 1165, 1177, 1206, 1219
- Arbeitslosigkeit 1009, 1048
"Berliner Börsenkurier" 701, 742, 743
"Berliner Tageblatt" 156, 191, 200, 253, 261, 262, 263, 264, 280, 311, 325, 356, 362, 368, 380, 384, 463, 479, 484, 497, 505, 530, 553, 560, 575, 587, 590, 600, 626, 662, 669, 670, 673, 682, 697, 739, 747, 765, 766, 793, 823, 824, 854, 890, 935, 949, 963, 987, 989, 1025, 1032, 1090, 1157, 1224, 1227
"Berliner Volkszeitung" 154, 301, 324, 367, 479, 498, 591, 670, 673, 697, 855, 935
Bern 565, 919, 976
Besetzung, Besatzungskosten
  s. Rheinland
Besetzung des Ruhrgebiets
  s. Entwaffnung, Ruhraufstand,
Besetzung der Städte des
  Maingaus s. Hessen, Maingau
Bethmann Bank 257
Betriebsräte
  (s. auch Nationalversammlung, Zwischenfälle) 187, 429, 852, 1118, 1119, 1120
- Kongreß in Berlin 1120
Betriebsrätezentrale 1117, 1119
Beuthen 196, 197, 246, 247, 541, 619, 679, 680, 681, 881, 887
Bezirkswirtschaftsräte 239, 930, 931
Bielefelder Abkommen
  s. Ruhraufstand
Birkenfeld
  (s. auch Reichsverfassung) 195, 254, 258, 596, 938, 939, 940
Blieskastel 652
Blockade des Reiches
  (s. auch Deutsches Reich, Frankreich, Handelsverkehr -"Loch im Westen", Lebensmittellieferungen, Rheinlandkommission) 34, 45, 82, 529
Bochum 299, 322, 718, 719, 1204
Böhmen s. Tschechoslowakei
"Bolschewistische Bedrohung"
  (s. auch Kommunistische Bewegung in Deutschland, Militarismus in Deutschland, Putschgefahr, Reichswehr, Restauration, Ruhraufstand) 37, 38, 93, 94, 115, 116, 136, 138, 159, 169, 184, 187, 202, 203, 226, 255, 318, 327, 368, 415, 433, 551, 553, 567, 582, 607, 641, 659, 675, 762, 782, 814, 838, 840, 841, 842, 846, 847, 848, 857, 860, 861, 862, 863, 864, 865, 956, 1076, 1160, 1161, 1219, 1221

Bonn
(s. auch Rheinland, Rheinlandkommission) 217, 376, 579, 622, 623, 750, 951
Boppard
(s. auch Autonomie, Föderalismus - Unitarismus, Separatismus) 1016
Bordeaux 1171, 1172
"Börsenzeitung" 587
Botschafterkonferenz
s. Friedenskonferenz
Bottrop 504
Brahe 927
Brandenburg 619, 631, 661, 711
Braunschweig 262, 482, 940, 1024
- Landtagswahlen 606, 607, 633, 635
Bremen 70, 299
- Wahlen 699, 700, 1178, 1179
Breslau
(s. auch Oberschlesien, Zwischenfälle) 184, 197, 419, 422, 880, 881, 899, 922, 934, 959, 1055, 1056
"Breslauer Morgenzeitung" 198, 934
- Verbot 934
Brest-Litowsk 119, 583, 801, 805, 840, 1161
Brigaden s. Freikorps
Britische diplomatische Vertretungen in Deutschland
(s. auch Abstimmungskommissionen, Memel, Rheinlandkommission, Rheinschiffahrt, Saar)
- Botschaft in Berlin 52, 53, 107, 165, 1068
- Generalkonsulat in München 93, 141, 165, 170, 199, 784, 798, 889, 905, 958, 1143, 1144, 1158, 1159, 1160, 1161

- Vertreter bei der Reichsregierung in Stuttgart 187, 434, 452
Bromberg 448, 511
Brüssel
(s. auch Blockade des Reiches, Konferenzen) 45, 681, 704, 1182, 1188
Budapest 637, 802, 1219
Buer 550
Bukarest 638, 805, 964, 1221
Bulgarien 1202
Bund der Oberschlesier 680, 1031
"Bund Neues Vaterland"
(s. auch Pazifismus) 455, 1197
Buttow 632
"B.Z. am Mittag" 742
Charlottenburg 709
Chemnitz 425, 426, 484
"Chemnitzer Volkszeitung" 1207
"Chicago Tribune" 363
Chiemsee 957
Christlich Soziale Partei Österreichs 1078
"Christlicher Herold" 646
"Coblenzer Zeitung" 305, 954
Coburg 939, 940
Cosel 541
Crédit Lyonnais 846
"Daily Express" 834
"Daily Herald" 1086
"Daily Mail" 339
"Dammert" 202, 800
Dänemark
(s. auch Schleswig) 228, 229, 325, 326, 341, 342, 356, 415, 662, 663
Dange 875
Danzig
(s. auch Allenstein, Grenzen, Marienwerder, Polen, Polnisch-Sowjetischer Krieg, Ostpreußen) 22, 43, 70, 117, 118, 165,

166, 167, 262, 413, 448, 512, 558, 598, 875, 926, 977, 1219
- Allgemeine Lage 326, 327, 328, 409, 410, 509, 739, 843, 844
    - Erklärung zum Freistaat 167, 601, 844, 858, 913, 914, 1092, 1093, 1184
    - Hafen 327, 844
    - Haltung des Hohen Kommissars 328, 506, 507, 515, 690, 843, 844, 858, 913, 1049, 1050, 1184
    - Sicherheitsdienst 507
- und Allenstein 758
- und Marienwerder 449, 559, 758
- und Oberschlesien 758
- und Polen 166, 167, 194, 327, 328, 410, 506, 507, 515, 600, 601, 843, 876, 877, 1049, 1050, 1092, 1093, 1163, 1184, 1185
- Senat 1164, 1165, 1184
- Verfassung 913, 914, 1164, 1184
- Verfassunggebende Versammlung 166, 167, 690, 691, 767, 858, 1092, 1163
- Volkstag 167, 168, 1163, 1164, 1165, 1184, 1185
- Wahlen 611, 612, 633, 1163, 1164
- Wirtschaftliche Lage 410, 411, 515, 1049, 1050, 1185

"Danziger Neueste Nachrichten" 843, 1184

"Danziger Zeitung" 767

Darmstadt
    (s. auch Maingau) 469, 488, 489, 493, 500, 524, 554, 586, 588, 603, 607, 932

Darmstädter Nationalbank 574

"Darmstädter Zeitung" 774

"Démocratie Nouvelle" 617

Detmold 939

Deutsch-Eylau 394, 447, 448, 511, 558, 559, 786

Deutsch-Hannoversche Partei 671, 673

"Deutsche Allgemeine Tageszeitung" 87, 359

"Deutsche Allgemeine Zeitung" 86, 164, 214, 253, 299, 357, 369, 392, 415, 479, 580, 583, 600, 662, 671, 757, 981, 982, 1097, 1156

Deutsche Demokratische Partei (DDP) 277, 301, 417, 1043
- in Anhalt 700
- in Baden 282, 284
- in Bayern 699, 797, 1199, 1200
- in Braunschweig 633, 634, 645
- in Bremen 700, 1179
- in Danzig 611, 612, 633, 1163, 1164, 1165
- in Gotha 633
- in Hessen 623, 1199
- in Oldenburg 699
- in der Pfalz 568, 620, 622, 1104
- in Preußen 265, 323, 959, 1095, 1199
- im Rheinland 622, 1104, 1168
- in Sachsen 1093, 1094, 1095
- in Süddeutschland 624, 1099
- in Westfalen 1199
- in Württemberg 699
- und die Allgemeine Wehrpflicht 817
- und die Auslieferungsfrage 296, 297, 360
- Beteiligung an der Regierung 31, 32, 33, 76, 88, 98, 106, 205,

206, 207, 454, 520, 566, 606, 607, 673, 676, 677, 678, 682, 691, 693, 696, 697, 700, 708, 709, 807, 808, 951
- Eventueller Rückzug aus der Regierung 155, 331, 614, 615
- und das Betriebsrätegesetz 264, 273
- und Elsaß-Lothringen 1070
- und die Entwaffnung 742, 817, 1199
- und Eupen und Malmédy 1070
- und Frankreich 1066, 1090, 1199
- und Großbritannien 1066
- und der Kapp-Lüttwitz-Putsch 421, 429, 518, 825
- und die Konferenz von Spa 789, 807
- und die Neuordnung des Reiches 61, 937, 1200
- und Oberschlesien 959, 1030, 1066, 1200
- Parteitag in Nürnberg (Dezember 1920) 168, 1198, 1199, 1200
- Parteitag in Regensburg (Oktober 1920) 1033, 1034
- Parteitag in Ulm (September 1920) 975
- und die Reichstagswahlen 568, 615, 616, 638, 639, 645, 668, 669, 670, 671, 672, 673
- und die Revision des Friedensvertrages 687, 1066, 1074, 1199
- und das Rheinland 1090
- und das Saargebiet 959
- und die Sozialisierungen 232, 568, 962, 963, 1109, 1199
- Verhältnis zur DVP 532, 568, 581, 693, 696, 697, 700, 708, 709, 975, 1089

- Verhältnis zur SPD 646, 708, 709, 975, 1199
- Verhältnis zur USPD 436, 682
- und die Wahl des Reichspräsidenten 577, 578, 1025
- und die wirtschaftliche Lage des Reiches 1066, 1133

Deutsche Diplomatische Vertretungen im Ausland
- Friedensdelegation in Versailles 65, 68, 78, 100, 155, 321, 322, 415, 481, 482, 607, 700, 740, 1089
- Gesandtschaft in Paris 52, 67, 75, 77, 78, 83, 84, 87, 89, 95, 100, 101, 112, 130, 134, 155, 163, 237, 269, 270, 271, 280, 290, 328, 329, 331, 400, 401, 438, 479, 481, 613, 672, 685, 686, 914, 915, 981, 982, 1052
- Gesandtschaft beim Vatikan 723

"Deutsche Tageszeitung" 253, 262, 309, 310, 311, 316, 326, 421, 590, 613, 670, 691, 742, 760, 761, 767, 778, 975, 990, 1040, 1224, 1225

Deutsche Volkspartei (DVP) 33, 86, 321
- in Anhalt 700
- in Bayern 659, 699
- in Bremen 700, 1179
- in Danzig 611, 612, 633
- in Gotha 633
- in Hamburg 1036, 1037
- in Oldenburg 699
- in der Pfalz 543, 545, 568, 620, 621, 622, 625, 645, 698, 1104
- im Rheinland 622, 1104, 1168
- in Sachsen 1093, 1094, 1095
- in Süddeutschland 624

- und die Allgemeine Wehrpflicht 817
- und die Außenpolitik des Reiches 1214, 1215, 1216, 1217
- und die Beteiligung an einer Regierung 88, 89, 106, 206, 207, 208, 425, 532, 673, 674, 675, 676, 677, 678, 682, 683, 684, 691, 693, 696, 697, 700, 708, 709, 736
    - und die Regierung Fehrenbach 738, 760, 788, 802, 807, 808, 810, 890, 964, 1152, 1212, 1213, 1214, 1215, 1216, 1217
- und die Entwaffnung 742, 817
- und Frankreich 1214, 1215, 1217
- und Großbritannien 1214, 1215
- Haltung zur Verfassung und Monarchie 207, 321, 324, 545, 693, 696, 697, 700, 732, 1152
- und Italien 1214, 1215
- und der Kapp-Lüttwitz-Putsch 424, 425, 429
- und die Konferenz von Spa 789, 790, 807, 808, 810
- und Oberschlesien 1028, 1030, 1154, 1214, 1215, 1217
- und Österreich 1215
- Parteitag in Erfurt 1033
- Parteitag in Nürnberg (Dezember 1920) 168, 1152, 1153
- Parteitag in Weimar 999, 1000
- und die Reichstagswahlen 567, 581, 638, 639, 645, 668, 669, 670, 671, 672, 673
- und die Revision des Friedensvertrages 687, 1089, 1090, 1133, 1152, 1153, 1197, 1214, 1217
- und Rußland 1214, 1215, 1216
- und die Sozialisierungen 962, 999, 1000, 1109, 1212
- und die USA 1214, 1215
- Verhältnis zur DNVP 670, 737, 975, 1025, 1094
- Verhältnis zur SPD 684, 974, 1217
- Verhältnis zum Zentrum 733
- und die Wahl des Reichspräsidenten 1025
- und die Wirtschaftspolitik 711, 712, 713, 944, 1036, 1212, 1217

"Deutsche Zeitung" 279, 361, 366, 591, 626, 662, 669, 672, 697, 742, 802, 845

Deutscher Städtetag 323

Deutsches Reich
(s. auch Auslieferungsfrage, Deutsche Diplomatische Vertretungen, Einwohnerwehr, Entwaffnung, Gewerkschaften, Handelsverkehr - "Loch im Westen, Inflation, Kapp-Lüttwitz-Putsch, Kohle, Konferenz von Spa, Maingau, Paris, Parteien, Reichstag, Ruhraufstand)
- Allgemeine innenpolitische Lage 31, 32, 33, 34, 35, 83, 88, 89, 105, 152, 153, 169, 177, 179, 180, 183, 184, 185, 186, 209, 271, 272, 273, 274, 317, 318, 322, 323, 324, 419, 421, 422, 426, 427, 431, 432, 433, 434, 435, 437, 439, 440, 444, 450, 451, 455, 456, 457, 458, 520, 521, 522, 523, 524, 525, 526, 527, 532, 533, 534, 538, 636, 637, 638, 644, 645, 646, 663, 664, 678, 698, 699, 700, 717, 758, 779, 803, 804, 844, 845, 869, 870, 890, 972, 973, 974, 975, 1036, 1037, 1038, 1051, 1052, 1055, 1056, 1057, 1081,

1083, 1084, 1093, 1094, 1095, 1100, 1101, 1102, 1103, 1113, 1116, 1126, 1130, 1150, 1157, 1178, 1179
- Ausnahmezustand - Belagerungszustand 60, 206, 233, 260, 261, 263, 272, 273, 377, 437, 440, 538, 614, 623
- Regierung Bauer 32, 35, 69, 72, 73, 74, 155, 183, 184, 269, 273, 275, 292, 293, 311, 312, 369, 428, 430, 433, 456, 825, 1012
- Regierung Fehrenbach 88, 89, 106, 107, 109, 110, 112, 114, 121, 153, 190, 207, 208, 691, 692, 693, 696, 697, 700, 701, 708, 709, 715, 716, 717, 718, 809, 810, 811, 812, 901, 1147
- Regierung Müller 76, 87, 88, 156, 205, 463, 468, 548, 549, 553, 599, 600, 606, 669, 825
- Regierung Scheidemann 32, 332
- Regierung der Volksbeauftragten 31, 32, 33, 34, 72
- Regierungsbildung - Regierungskrise (s. auch Kapp-Lüttwitz-Putsch, Streiks und Unruhen) 73, 74, 76, 88, 89, 106, 153, 154, 155, 183, 184, 185, 186, 187, 191, 205, 206, 207, 208, 209, 273, 274, 275, 384, 404, 405, 425, 426, 427, 428, 437, 440, 450, 451, 454, 463, 464, 520, 521, 606, 614, 615, 645, 669, 670, 671, 673, 674, 675, 676, 677, 678, 679, 682, 683, 684, 691, 692, 693, 694, 696, 697, 700, 701, 708, 709, 766, 767, 778, 779, 960, 961, 964, 974, 975, 1147,
1175, 1176, 1177, 1212
- Außenpolitik 80, 110, 111, 112, 114, 121, 143, 152, 153, 156, 157, 189, 385, 434, 546, 547, 548, 560, 570, 599, 605, 639, 640, 716, 717, 718, 725, 738, 768, 769, 798, 799, 801, 802, 803, 808, 809, 810, 811, 812, 823, 824, 833, 834, 835, 917, 918, 919, 920, 986, 987, 1038, 1039, 1040, 1044, 1045, 1053, 1054, 1086, 1087, 1088, 1089, 1106, 1107, 1114, 1115, 1116, 1134, 1154, 1223
- Danzig 413, 913, 1049, 1050, 1053, 1165, 1185
- Konferenz von San Remo 80, 189, 560, 575, 576, 605, 624
- Konferenz von Spa 80, 81, 82, 83, 84, 85, 87, 88, 106, 109, 110, 111, 112, 114, 121, 122, 123, 131, 134, 135, 136, 137, 143, 145, 146, 147, 156, 163, 165, 190, 191, 192, 196, 560, 575, 576, 586, 605, 660, 671, 674, 714, 715, 717, 718, 725, 726, 732, 736, 737, 738, 747, 748, 759, 761, 765, 766, 767, 768, 769, 778, 779, 780, 788, 792, 793, 798, 799, 804, 805, 806, 807, 808, 809, 810, 811, 812, 827, 828, 835, 846, 862, 869, 870, 986, 998, 1038, 1053
- Polnisch-Sowjetischer Krieg 117, 118, 120, 121, 122, 128, 202, 203, 582, 583, 627, 628, 790, 800, 801, 823, 826, 827, 832, 833, 835, 838, 846, 854, 855, 917, 986, 1038
- Revision des Friedensvertrages 32, 33, 233, 494, 495, 804, 1032, 1033, 1044, 1055,

1056, 1089, 1090, 1115
- Rheinland   212, 334, 335, 336, 378, 420, 571, 572, 573, 587, 666, 667, 705, 706, 707, 830, 831, 832, 867, 868, 878, 890, 891, 930, 931, 946, 947, 1071, 1086, 1087, 1088, 1089, 1100, 1101, 1102, 1115, 1116, 1154, 1161, 1162, 1163, 1174, 1175, 1180, 1181, 1182, 1183, 1189, 1197
- Wiederaufnahme diplomatischer Beziehungen   43, 44, 101, 106, 237, 238, 290, 291, 332, 723, 724, 726, 727, 730, 731, 733, 734, 735, 981, 982
- und Belgien   549, 688, 839, 1065, 1087, 1088, 1097, 1098, 1112, 1154, 1194
- Wirtschaftsbeziehungen 759, 1098
- und Frankreich   29, 30, 45, 46, 83, 113, 114, 121, 122, 124, 125, 130, 143, 144, 148, 156, 162, 163, 164, 175, 212, 226, 269, 270, 290, 359, 385, 400, 401, 485, 492, 494, 525, 526, 527, 547, 549, 560, 587, 599, 600, 606, 607, 608, 644, 667, 668, 685, 686, 731, 732, 739, 775, 776, 777, 778, 798, 803, 804, 809, 823, 832, 834, 838, 839, 847, 855, 893, 895, 899, 900, 901, 911, 912, 914, 915, 918, 919, 920, 921, 935, 937, 938, 950, 951, 952, 958, 959, 960, 968, 969, 979, 980, 981, 982, 986, 987, 1020, 1026, 1027, 1036, 1038, 1044, 1045, 1046, 1047, 1048, 1049, 1052, 1053, 1054, 1055, 1056, 1057, 1060, 1064, 1065, 1077, 1080, 1081, 1082, 1085, 1086, 1087, 1088, 1098, 1104, 1105, 1107, 1108, 1112, 1115, 1125, 1126, 1133, 1134, 1154, 1155, 1156, 1157, 1158, 1171, 1172, 1173, 1174, 1175, 1177, 1178, 1179, 1187, 1188, 1194, 1195, 1196, 1197
- Gesandtschaft in München   22, 95, 114, 178, 179, 192, 726, 727, 730, 781, 796, 797, 798, 799, 805, 807, 811, 901, 955, 957
- Wirtschaftsbeziehungen   47, 68, 82, 83, 84, 85, 100, 109, 110, 131, 132, 133, 134, 163, 164, 181, 205, 215, 239, 240, 259, 260, 365, 459, 460, 469, 517, 518, 541, 574, 604, 659, 660, 667, 668, 685, 686, 687, 688, 689, 705, 706, 707, 708, 715, 716, 719, 731, 740, 741, 751, 759, 823, 839, 866, 867, 945, 946, 947, 948, 949, 968, 969, 979, 980, 981, 998, 1026, 1027, 1046, 1047, 1133
- und Großbritannien   111, 122, 130, 144, 148, 156, 162, 165, 189, 388, 389, 484, 494, 504, 560, 605, 733, 734, 735, 739, 798, 807, 834, 838, 847, 895, 950, 958, 1053, 1054, 1077, 1085, 1086, 1087, 1108, 1154, 1156, 1185, 1187, 1197, 1223
- Wirtschaftsbeziehungen 759, 823
- und Italien   131, 148, 156, 484, 574, 575, 599, 600, 823, 978, 1053, 1054, 1055, 1153, 1223
- Wirtschaftsbeziehungen 574, 575, 759, 823, 1223
- und die Länder s. die einzelnen Länder
- und Lettland   989, 1003
- und Litauen   989

- und Oberschlesien 120, 121, 122, 148, 871, 872, 873, 874, 880, 881, 890, 894, 895, 896, 897, 914, 918, 919, 922, 923, 1027, 1028, 1029, 1030, 1031, 1032, 1039, 1053, 1058, 1095, 1096, 1141, 1151, 1152, 1173, 1186, 1187
- und Österreich 34, 91, 92, 138, 199, 200, 226, 279, 291, 610, 730, 803, 816, 862, 889, 890, 901, 920, 987, 988, 1075, 1153
- und Polen 117, 118, 136, 166, 167, 202, 203, 582, 583, 760, 761, 790, 794, 802, 810, 811, 813, 814, 821, 855, 894, 895, 918, 929, 976, 977, 978, 996, 997, 1038, 1053, 1140, 1141
    - Wirtschaftsbeziehungen 201, 552, 553, 1140, 1141, 1208, 1209
- und Rumänien 920
- und Rußland 115, 117, 118, 119, 121, 122, 156, 192, 202, 203, 225, 226, 227, 228, 255, 319, 320, 321, 322, 366, 367, 368, 582, 583, 758, 759, 760, 761, 790, 801, 802, 803, 805, 806, 808, 810, 811, 813, 814, 816, 821, 823, 824, 835, 838, 839, 840, 841, 842, 845, 846, 847, 849, 855, 872, 900, 917, 918, 920, 949, 950, 951, 976, 977, 978, 986, 987, 988, 989, 990, 991, 997, 1001, 1002, 1005, 1021, 1038, 1056, 1081, 1083, 1085, 1086
    - Wirtschaftsbeziehungen 225, 226, 285, 286, 320, 367, 368, 369, 370, 381, 382, 770, 839, 949, 950, 978, 979, 989, 1056
- und die Tschechoslowakei 920
- und Ungarn 802, 816, 920
- und die USA 133, 494, 824, 1045, 1064, 1161, 1162
- und der Vatikan 971, 972, 978, 1000, 1001
- Finanzpolitik - Haushaltslage 88, 131, 143, 144, 165, 175, 176, 208, 215, 247, 256, 257, 323, 377, 547, 589, 608, 609, 717, 726, 835, 836, 837, 919, 960, 961, 965, 966, 992, 993, 998, 1009, 1012, 1039, 1046, 1064, 1065, 1066, 1067, 1068, 1074, 1075, 1107, 1108, 1125, 1126, 1131, 1132, 1133, 1134, 1135, 1157, 1158, 1165, 1166, 1167, 1168, 1175, 1176, 1178, 1188, 1194, 1212
    - Devisenmangel 131, 143, 216, 1107, 1108, 1155, 1156
    - Steuerreform 64, 256, 257, 259, 294, 609, 670, 717, 965, 974, 995, 1047, 1048
- Wirtschaftliche und soziale Lage 34, 45, 82, 83, 102, 110, 111, 112, 143, 164, 165, 214, 233, 239, 247, 320, 321, 322, 323, 369, 621, 625, 629, 630, 631, 632, 633, 726, 736, 919, 1008, 1009, 1010, 1011, 1031, 1038, 1046, 1047, 1048, 1049, 1055, 1056, 1068, 1084, 1113, 1125, 1126, 1155, 1156, 1157, 1165, 1166, 1167, 1168, 1175, 1176, 1178, 1188, 1194, 1223
- Wirtschaftspolitik 184, 190, 191, 239, 369, 370, 396, 397, 398, 399, 463, 473, 474, 705, 706, 707, 711, 712, 713, 717, 827, 828, 930, 931, 942, 946, 947, 961, 962, 963, 999, 1000, 1001, 1012, 1022, 1023, 1027, 1031, 1046, 1108, 1109, 1110, 1111, 1165, 1166, 1167, 1168,

1211, 1212
- Landwirtschaft-Agrarpolitik 184, 208, 239, 240, 274, 417, 629, 630, 631, 632, 633, 736, 866, 867, 942, 943, 944, 945, 1010, 1022, 1023, 1051, 1103, 1165, 1166, 1167, 1168
- Wirtschaftlicher Wiederaufbau 47, 111, 112, 131, 162, 208, 717, 718, 732, 759, 1113, 1133

Deutschnationale Volkspartei (DNVP) 33, 321, 417
- in Anhalt 700
- in Baden 282, 284
- in Bayern 699, 1040
- in Braunschweig 633, 634, 645
- in Bremen 700
- in Danzig 166, 611, 612, 633, 634, 690, 1163, 1164, 1165
- in Gotha 633, 634
- in Hamburg 1036
- in Oldenburg 699
- in Preußen 959, 1040, 1148, 1167
- im Rheinland 622, 1168
- in Sachsen 228, 1093, 1094, 1095
- und die Allgemeine Wehrpflicht 817
- und das Amnestiegesetz 815, 825
- und der Belagerungszustand 614, 615
- und die Beteiligung an der Regierung 106, 207, 212, 428, 675, 678, 691, 696
  - und die Regierung Fehrenbach 738, 765, 803, 806, 807, 808, 809, 810, 811, 1041, 1051, 1052, 1053, 1134, 1147, 1167, 1175, 1176
- und die Entwaffnung 742, 833, 1040
- und die Finanzpolitik des Reiches 1065, 1133, 1176
- und der Föderalismus 1040
- und Frankreich 807, 1052, 1065, 1132
- und Großbritannien 1132
- und der Kapp-Lüttwitz-Putsch 424, 425, 825
- und die Konferenz von Spa 192, 696, 765, 789, 790, 807, 810
- und Oberschlesien 895, 959, 1028, 1030, 1040, 1052, 1097
- Parteitag in Hannover 168, 1036, 1038, 1040, 1041, 1042, 1043
- und die Reichstagswahlen 567, 638, 639, 645, 668, 669, 671, 672, 673
- und die Revision des Friedensvertrages 1040, 1041, 1052, 1053, 1056, 1065, 1074, 1131, 1132, 1133, 1197
- und Rußland 807, 811
- Verhältnis zur politischen Linken 737, 1052
- Verhältnis zur SPD 1040, 1042, 1047
- und die Wahl des Reichspräsidenten 1025, 1042
- und die Wirtschafts- und Sozialpolitik 1042, 1052, 1175, 1176

"Die Zukunft" 1197, 1198
Dieburg s. Maingau
Dieselmotoren s. Entwaffnung
Dirschau 448, 511, 558, 559, 600
Döberitz 414, 416, 417, 441, 498, 517, 566, 644, 830, 856
"Dolchstoß"- Legende 35
Don 991

Dorpat 1002
Dortmund 465, 475
Dresden
(s. auch Französische diplomatische Vertretungen, Kapp-Lüttwitz-Putsch) 175, 184, 185, 433, 589, 973, 1095
- Ausweichen der Reichsregierung 417, 419, 422, 425, 426
Duisburg
(s. auch Ruhraufstand) 466, 472, 475, 476, 482, 484, 485, 550
Düngemittelproduktion 1023, 1166, 1167, 1168
Düsseldorf
(s. auch Rheinland, Ruhraufstand) 212, 220, 221, 223, 272, 398, 462, 463, 484, 500, 505, 584, 585, 588, 870, 1016, 1086, 1087, 1088, 1106, 1115, 1125, 1126, 1133, 1134, 1155, 1156, 1157, 1166, 1168, 1194, 1204, 1209, 1223
"Düsseldorfer Zeitung" 584
"Echo de Paris" 935
"Echo du Rhin" 572
Einheitsstaat
(s. auch Autonomiebewegungen, Föderalismus - Unitarismus, Preußen, Reichsverfassung, Separatismus) 265, 266, 267, 268, 269, 278, 306, 308, 374, 461, 936, 1149, 1150
Einwohnerwehren
(s. auch Abrüstung, Entwaffnung, Freikorps, IMKK, Reichswehr) 71, 88, 105, 146, 169, 170, 171, 172, 173, 383, 456, 498, 499, 503, 546, 563, 743, 856, 857, 1084, 1127, 1191, 1206, 1227, 1229, 1232, 1234, 1236

- Heimatwehren 850, 854
- Organisation Escherich 849, 850, 851, 854, 861, 879, 880, 889, 900, 904, 905, 967, 1051, 1075, 1076, 1083, 1084, 1128, 1131, 1172, 1191, 1206, 1207, 1208, 1219, 1225, 1236
- Selbstschutzorganisationen 1190, 1191, 1192, 1193, 1220, 1232, 1233, 1235, 1236
 - in Allenstein 151, 401, 402, 536, 537
 - in Bayern 96, 135, 136, 137, 139, 140, 141, 158, 159, 160, 169, 172, 503, 504, 533, 539, 638, 642, 663, 679, 742, 780, 781, 782, 797, 822, 848, 849, 854, 859, 859, 860, 861, 862, 863, 864, 865, 879, 880, 904, 905, 923, 924, 933, 967, 968, 982, 983, 984, 1025, 1068, 1075, 1076, 1077, 1078, 1080, 1081, 1082, 1083, 1084, 1085, 1099, 1122, 1123, 1124, 1136, 1137, 1143, 1145, 1146, 1192, 1201, 1219, 1233, 1234, 1235, 1236
 - in Marienwerder 445, 446
 - in Norddeutschland 1233
 - in Pommern 383, 626, 1235
 - in Ostpreußen 383, 510, 1191, 1192, 1232, 1233, 1235
 - in Sachsen 1233
Eisenbahnverkehr
(s. auch Polen, Streiks und Unruhen, Zwischenfälle) 233, 450, 603, 827
- im "Korridor" 193, 194, 195, 201, 328, 410, 413, 447, 448, 552, 553, 554, 598, 714, 737, 785, 929
- nach Danzig 929
- in Oberschlesien 885

- nach Polen 203, 511, 552, 554, 559, 823, 824, 826, 827, 833, 839, 853, 877, 885, 886, 888, 899, 906, 929
- im Rheinland 249, 262
- im Saarland 654, 655, 659

Eisenbahnwerkstätten 234, 299, 322

Eisen- und Stahlproduktion 397, 398, 399
- Preispolitik 399

Elbe 573, 838, 842, 1123

Elberfeld 262, 471, 474, 1204

Elbing 446

Elektrizität s. Stromversorgung

Elsaß und Lothringen 38, 39, 41, 42, 70, 171, 269, 270, 271, 342, 359, 398, 399, 406, 468, 473, 623, 624, 656, 705, 839, 845, 847, 1035, 1040, 1060, 1070, 1087, 1096, 1160, 1170, 1171, 1172, 1221

Entente s. Alliierte

Entschädigungen - Enteignungen 966

Entwaffnung Deutschlands (s. auch Abrüstung, Allgemeine Wehrpflicht, Einwohnerwehren, IMKK) 96, 117, 171, 172, 173, 189, 205, 429, 499, 526, 619, 644, 757, 760, 765, 817, 818, 888, 970, 1010, 1047, 1153, 1198, 1208
- Ablieferung von Kriegsmaterial 966, 1007, 1008, 1051, 1053, 1074, 1084, 1104, 1128, 1129, 1130, 1159, 1160, 1228, 1229, 1232, 1233, 1234, 1236
- Entwaffnungsgesetz 203, 812, 813, 828, 829, 830, 832, 833, 890, 891
- Haltung Bayerns 848, 849, 850, 859, 860, 861, 862, 863, 864, 865, 889, 900, 904, 905, 923, 924, 934, 956, 957, 958, 982, 983, 984, 1075, 1076, 1077, 1078, 1080, 1081, 1082, 1083, 1084, 1091, 1136, 1142, 1143, 1206, 1213, 1218, 1219, 1220
- Haltung Frankreichs 67, 69, 72, 80, 88, 110, 135, 136, 138, 139, 145, 146, 151, 171, 172, 173, 191, 194, 388, 389, 605, 739, 741, 747, 748, 879, 880, 904, 956, 967, 968, 982, 983, 984, 1068, 1082, 1083, 1084, 1122, 1123, 1124, 1139, 1142, 1143, 1144, 1145, 1146, 1159, 1190, 1201, 1202, 1221, 1222, 1224, 1225, 1227, 1228
- Haltung Großbritanniens 110, 135, 141, 145, 146, 173, 389, 638, 739, 741, 748, 749, 859, 889, 904, 1068, 1084, 1085, 1086, 1087, 1139, 1143, 1144, 1145, 1146, 1159, 1190, 1193, 1201, 1202
- Haltung Italiens 1190
- Haltung Japans 1190
- Haltung der Reichsregierung 503, 504, 525, 741, 742, 743, 748, 749, 759, 768, 769, 788, 789, 790, 848, 849, 850, 891, 967, 968, 1025, 1038, 1077, 1078, 1080, 1081, 1082, 1083, 1084, 1085, 1086, 1087, 1091, 1127, 1130, 1136, 1142, 1192, 1193, 1200, 1202, 1206, 1207, 1213, 1218, 1222, 1223, 1225, 1227, 1228, 1232, 1233, 1234, 1235, 1236
- Haltung der USA 1085
- Sanktionen - Besetzung des Ruhrgebiets 110, 112, 137, 139, 159, 170, 191, 219, 223, 224, 749, 764, 765, 769, 779,

788, 792, 793, 794, 808, 809, 821, 823, 869, 950, 953, 1072, 1073, 1077, 1091, 1115, 1124, 1133, 1144, 1200, 1221
- Ultimatum vom 8.7.1920 741, 742, 743, 747, 748, 788, 1083
- 200.000-Mann 211, 551, 626, 661

Erzgebirge 688
Eschweiler 398
Essen
  (s. auch Ruhraufstand) 180, 262, 272, 333, 369, 427, 461, 474, 475, 482, 486, 590, 719, 1113, 1114, 1204, 1211
Estland 300, 381, 1004
- und Rußland 382, 1003
Eupen und Malmédy
  (s. auch Abstimmungskommissionen, Rheinland) 69, 174, 212, 548, 549, 963, 964, 1053, 1054, 1069, 1070, 1071, 1072, 1097, 1098, 1112, 1137, 1154, 1162, 1169, 1182
"Evening News" 814
Export - Import s. Außenhandelsstellen, Handelsverkehr
Fahnen s. Trophäen, Zwischenfälle
Finanz- und Währungspolitik
  (s. auch Konferenzen, Reparationen) 36, 38, 40, 86, 131, 149, 298, 721
- Finanzhilfen für das Reich 452, 453, 764, 1064, 1107, 1108, 1125, 1126
- Schuldenregulierung 735, 739, 865, 1087, 1107, 1108, 1125, 1126, 1135, 1136, 1187, 1188
- Zahlungsabkommen von Spa 111, 112, 123, 130, 143, 144, 145, 191, 192, 214, 215, 216, 739, 769, 998, 1107, 1125, 1134, 1155, 1156, 1157, 1158, 1194, 1195, 1196
- Zahlungsunfähigkeit des Reiches 998, 1107, 1125, 1126, 1135, 1136

Finanzrat s. Preußen
Finnland 126, 920, 1002
Fischerei s. Industrie in Deutschland
Flensburg 229, 262, 325, 326, 414, 415
Flotte s. Schiffahrt
Föderalismus - Unitarismus
  (s. auch Autonomiebewegungen, Bayern, BVP, Einheitsstaat, Preußen, Reichsverfassung, Rheinland, Separatismus, Zentrum) 90, 91, 92, 94, 96, 97, 98, 105, 136, 138, 139, 140, 153, 158, 159, 168, 169, 176, 177, 178, 195, 230, 233, 241, 254, 259, 264, 270, 271, 279, 280, 281, 283, 293, 305, 308, 345, 346, 347, 348, 349, 350, 717, 1122, 1149, 1150
- in Anhalt 289
- in Baden 233, 281, 283, 698, 901
- in Bayern 561, 692, 693, 699, 862, 900, 901, 932, 933, 934, 983, 984, 1016, 1017, 1079, 1142, 1220
- in Hannover 699, 932, 1016
- in Hessen 62, 233, 901, 932, 1016
- in der Pfalz 461, 616, 621, 698, 901, 1016
- im Rheinland 461, 616, 699, 819, 901, 932, 1015, 1016, 1017, 1018, 1019, 1149, 1209, 1210, 1211
- in Sachsen 901

- in Sachsen-Coburg 289
- in Schleswig-Holstein 932
- in Süddeutschland 1099
- in Württemberg 62, 232, 233, 698, 901
- Haltung Frankreichs zum Föderalismus 90, 91, 92, 93, 94, 95, 97, 98, 105, 136, 137, 138, 139, 140, 141, 142, 177, 195, 230, 289, 453, 533, 822, 900, 901, 902, 903, 1018, 1019, 1142, 1143, 1144
- Haltung Großbritanniens 453, 783, 798, 889, 905, 958, 1145, 1146, 1158, 1159, 1160, 1161

"Foreign Affairs" 963

Frankfurt/Main
 (s. auch Maingau) 113, 184, 272, 299, 419, 469, 488, 489, 493, 497, 498, 500, 502, 505, 506, 524, 525, 526, 527, 547, 554, 586, 588, 591, 599, 607, 624, 668, 781, 819, 902, 1071, 1128, 1150, 1172, 1199

"Frankfurter Zeitung" 275, 277, 582, 608, 609, 668, 783, 1017, 1032, 1169

Frankreich
 (s. auch Auslieferungsfrage, Französische Vertretungen in Deutschland, Handelsverkehr - "Loch im Westen", Maingau, Mission Haguenin, Rheinlandkommission, Ruhraufstand)
- Allgemeine innenpolitische Lage 36, 41, 42, 78, 83, 113, 130, 143, 1034, 1035
  - Ausnahmezustand 41
  - "Bloc national" 42, 43, 68, 87, 125, 148, 685
  - "Cartel des Gauches" 125
  - Konflikt Clemenceau - Poincaré - Foch 37, 39, 41
- Kritik an der Politik Millerands 87, 111, 112, 113, 114, 123, 125, 130, 131, 143, 145, 146, 147, 148, 164
- Präsidentenwahl 41, 43, 125, 146, 968
- Regierung Briand 148, 149
- Regierung Clemenceau 36, 37, 38, 40, 41, 47, 50, 51, 56, 246
- Regierung Leygues 125, 138, 145, 146, 147, 148, 164, 969, 982, 1225
- Regierung Millerand 41, 42, 43, 47, 50, 51, 59, 68, 81, 82, 109, 163, 951
- Regierung Poincaré 52
- Rolle und Stellung des Präsidenten 39, 78, 125, 145, 147, 490, 577
- Rücktritt von Deschanel 124, 125, 128, 968, 969
- Senat 608, 1224
- Wahlen zur Abgeordnetenkammer 42, 43
- Außenpolitik allgemein 37, 41, 42, 88, 145, 762, 763, 764
- und die Auslieferung s. Auslieferungsfrage
- und der Kapp-Lüttwitz-Putsch 74, 75, 419, 420, 424, 429, 431, 432, 438, 442
- und die Konferenz von Spa 80, 81, 82, 83, 86, 87, 88, 104, 108, 109, 110, 111, 112, 113, 114, 115, 116, 117, 121, 123, 126, 130, 131, 132, 135, 136, 137, 139, 143, 145, 146, 147, 190, 191, 192, 560, 604, 613, 726, 741, 747, 748, 762, 834
- und Oberschlesien 541, 679, 680, 681, 695, 885, 888, 895, 901, 922, 923, 982, 1058,

1059, 1151, 1152, 1173, 1186, 1205
- und der Polnisch-sowjetische Krieg   115, 116, 117, 119, 123, 126, 128, 129, 135, 136, 202, 203, 627, 628, 698, 823, 824, 826, 827, 834, 839, 840, 841, 842, 847, 853, 885
- und das Rheinland   40, 61, 63, 68, 160, 162, 181, 211, 217, 254, 288, 315, 323, 334, 335, 336, 337, 351, 352, 353, 354, 464, 473, 474, 529, 571, 572, 573, 588, 591, 592, 593, 599, 616, 623, 668, 688, 703, 704, 720, 721, 722, 780, 903, 951, 952, 1071, 1072, 1090, 1100, 1101, 1102, 1138, 1169, 1170, 1189
- und der Ruhraufstand   77, 78, 466, 470, 476, 477, 479, 481, 579
- und die Saar   625, 655, 656, 657, 658, 659
- und die Sicherheitsfrage   37, 39, 40, 41, 60, 66, 77, 81, 135, 145, 146, 217, 343
- und Südosteuropa   57, 58, 92, 93, 104, 126, 127, 128, 129, 131, 147, 149, 533, 879, 981
- und Bayern   90, 91, 92, 93, 94, 95, 96, 97, 98, 114, 135, 137, 138, 139, 140, 141, 142, 153, 158, 159, 160, 169, 170, 177, 178, 179, 209, 285, 468, 538, 539, 540, 563, 564, 565, 570, 616, 668, 746, 747, 762, 763, 780, 781, 782, 822, 848, 849, 850, 879, 880, 889, 900, 901, 904, 905, 923, 924, 932, 933, 934, 956, 957, 982, 983, 984, 1075, 1077, 1122, 1123, 1124, 1142, 1143, 1144, 1218, 1219, 1220, 1221, 1222
- Weisungen für Dard   93, 94, 95, 96, 97, 98, 139, 140, 141, 142, 1144, 1220
- und Belgien   75, 78, 121, 489, 490, 935, 1073, 1135, 1189
- und Deutschland   29, 30, 34, 35, 36, 38, 39, 40, 45, 46, 48, 49, 50, 51, 52, 53, 54, 55, 59, 60, 61, 63, 65, 66, 67, 71, 72, 73, 74, 75, 76, 77, 78, 79, 80, 81, 82, 83, 85, 86, 87, 88, 89, 92, 93, 94, 108, 109, 110, 111, 112, 113, 116, 121, 123, 124, 125, 130, 131, 132, 133, 140, 141, 143, 144, 145, 146, 147, 148, 162, 163, 164, 175, 184, 186, 213, 215, 217, 290, 385, 400, 431, 438, 467, 468, 469, 524, 606, 607, 608, 667, 668, 678, 685, 686, 689, 731, 732, 735, 762, 763, 764, 834, 898, 899, 900, 901, 902, 903, 911, 912, 914, 915, 920, 921, 937, 938, 968, 969, 979, 981, 982, 1007, 1023, 1024, 1026, 1027, 1032, 1033, 1038, 1060, 1080, 1081, 1082, 1083, 1084, 1090, 1098, 1100, 1101, 1102, 1107, 1108, 1112, 1125, 1126, 1135, 1144, 1155, 1156, 1157, 1158, 1173, 1178, 1187, 1188, 1195, 1196, 1222, 1224
- Wiederaufnahme diplomatischer Beziehungen mit dem Reich   43, 45, 47, 48, 49, 50, 56, 57, 58, 59, 60, 63, 90, 91, 92, 93, 94, 95, 99, 100, 101, 102, 106, 107, 108, 237, 238, 284, 285, 290, 291, 332, 724, 726, 727, 730, 731, 732, 745, 746, 747, 780, 781, 782

- Weisungen für Chassain de Marcilly 56, 57, 58, 59, 104
- Weisungen für Laurent 101, 102, 103, 104, 105, 108, 109, 720, 721
- Wirtschaftliche Beziehungen zu Deutschland 56, 57, 68, 69, 75, 76, 82, 83, 84, 85, 89, 90, 96, 99, 100, 102, 103, 104, 108, 109, 110, 111, 124, 130, 131, 132, 133, 134, 163, 180, 181, 215, 238, 239, 240, 259, 260, 386, 459, 460, 469, 517, 518, 529, 530, 591, 592, 593, 606, 667, 668, 721, 722, 731, 732, 740, 741, 751, 830, 831, 832, 883, 884, 945, 946, 947, 948, 949, 968, 969, 979, 980, 981, 1026, 1027, 1157
  - Seydoux-Plan 131, 132, 133, 145
- und Großbritannien 37, 38, 39, 40, 56, 57, 60, 65, 68, 69, 73, 77, 78, 79, 80, 81, 86, 87, 88, 90, 93, 100, 101, 102, 108, 109, 111, 112, 116, 121, 122, 123, 124, 125, 126, 128, 129, 132, 140, 141, 144, 145, 146, 147, 148, 149, 165, 166, 167, 170, 190, 385, 386, 452, 453, 480, 505, 506, 523, 524, 564, 613, 735, 736, 762, 855, 924, 981, 1026, 1067, 1068, 1069, 1072, 1135, 1144, 1045, 1146, 1158, 1159, 1188, 1189, 1193, 1201, 1224
- und Italien 107, 121
- und Jugoslawien 762
- und Lettland 989
- und Litauen 1004, 1050
- und Österreich 610, 688, 762, 988, 1142
- und Polen 115, 116, 118, 119, 129, 135, 136, 149, 197, 198, 202, 203, 627, 628, 762, 800, 826, 847, 976, 979, 996, 1004, 1209
- und Rumänien 839
- und Rußland 38, 58, 104, 149, 226, 386, 763, 814, 834, 903, 971, 979, 990, 991, 1002, 1221
  - und die Regierung Wrangel 854, 855, 856, 906, 990, 991, 997, 1002, 1098
- und die Tschechoslowakei 762
- und Ungarn 127, 128, 129, 149, 688, 762, 839
- und die USA 37, 38, 39, 40, 57, 66, 67, 68, 78, 126, 1135
- und der Vatikan 610, 746, 747, 971, 972, 1172
- Wirtschaftliche Lage 66, 67, 123, 143, 145, 146, 149, 238, 239
  - Kriegsschulden 36, 38, 40, 143, 144, 145, 149
- Wirtschaftspolitik 37, 38, 45, 93, 123, 127
  - Wiederaufbau der zerstörten Gebiete 36, 47, 162, 163, 214, 239, 259, 260, 291, 365, 366, 385, 386, 459, 460, 604, 660, 668, 719, 804, 839, 980, 1133

Französische diplomatische Vertretungen in Deutschland (s. auch Abstimmungskommissionen, Memel, Rheinlandkommission, Rheinschiffahrt, Saar, Zwischenfälle)
- Botschaft in Berlin 9, 10, 11, 12, 14, 16, 17, 21, 23, 24, 48, 55, 59, 89, 99, 101, 105, 106, 107, 108, 117, 133, 237, 245, 423, 724, 726, 727, 730, 731, 732, 735, 736, 743, 745, 746, 747, 915, 969, 972, 1053, 1057, 1138,

Sachregister 1445

1208
- Chargé d'Affaires 10, 21, 48, 49, 50, 52, 53, 54, 56, 57, 58, 59, 60, 63, 65, 74, 83, 91, 96, 97, 237, 238, 284, 290, 291, 540, 557, 575, 924, 982
- Gesandtschaft in München 9, 13, 14, 22, 76, 90, 91, 92, 93, 94, 95, 96, 97, 98, 105, 108, 114, 136, 137, 138, 139, 140, 141, 142, 146, 153, 159, 160, 178, 179, 192, 245, 246, 285, 354, 534, 564, 565, 726, 730, 731, 747, 780, 781, 782, 796, 797, 798, 805, 807, 811, 821, 822, 859, 901, 955, 957, 958, 983, 984, 1122, 1124, 1142, 1143, 1144, 1145, 1146, 1220
- Konsulate 9, 11, 13, 16, 22, 54, 71, 72, 88, 95, 96, 97, 98, 468, 496, 529, 591, 893, 1027, 1177
- Legation in Dresden 90, 91, 178, 245, 246, 285, 354, 565
- Mission économique s. Mission Haguenin
- Mission Militaire de Recherche des Disparus en Allemagne 326, 327
- Vertreter bei der Reichsregierung in Stuttgart 53, 54, 186, 187, 433, 434, 438, 459, 468

Freie Pfalz s. Separatismus
Freie Wirtschaftliche Vereinigung (Danzig) 611, 612, 1163, 1164, 1165
"Freiheit" 200, 239, 263, 273, 356, 362, 367, 383, 414, 415, 418, 444, 472, 479, 483, 497, 498, 516, 537, 560, 671, 688, 689, 691, 742, 765, 793, 803, 805, 814, 845, 855, 897, 898, 973, 1020, 1025, 1110, 1119, 1196, 1198, 1206, 1207, 1227

Freikorps
 (s. auch Baltikum, Reichswehr, Ruhraufstand) 260, 626
- Auflösung 210, 619, 626
- Brigade Ehrhardt 414, 416, 417, 441, 442, 425, 439, 496, 498, 501, 517, 522, 528, 566, 590
- Brigade Epp 516, 550
- Brigade Löwenfeld 498, 522
- Einsatz im Ruhrgebiet 76, 77, 78, 501, 504, 516, 517, 550, 551, 552
- Freikorps Lützow 619
- in Ostpreußen 510, 512, 513

Freimaurer 404, 405
Freirheinland s. Separatismus
Friaul 823
Friedensgesellschaft 382
Friedens- bzw. Botschafterkonferenz in Paris 67, 68, 77, 79, 103, 104, 151, 167, 221, 330, 335, 338, 476, 535, 704, 771, 772, 773, 785, 858, 874, 929, 1049, 1050, 1058, 1228, 1229, 1232, 1234

Friedensvertrag
- von Saint Germain 850
- von Trianon 127, 987
  - Revision 127
- von Versailles (s. auch Auslieferungsfrage, Grenzen, Kolonien, Österreich, Plebiszite, Reparationen, Ruhraufstand) 30, 31, 32, 57, 58, 66, 75, 80, 89, 130, 180, 840, 846, 996, 1178, 1182
- Ausführung - Einhaltung 65, 66, 67, 68, 69, 75, 77, 79, 80, 82, 84, 87, 88, 101, 104, 106, 109, 110, 111, 127, 132, 139, 145, 146, 147, 163, 171, 176, 180, 191, 205, 208, 219,

253, 255, 270, 284, 291, 310, 313, 319, 324, 363, 400, 468, 469, 494, 526, 527, 547, 608, 609, 643, 657, 731, 732, 763, 780, 798, 823, 835, 900, 902, 903, 917, 941, 969, 970, 1005, 1038, 1039, 1052, 1074, 1132, 1151, 1174, 1194
- Bestimmungen   43, 77, 81, 91, 136, 139, 167, 201, 227, 229, 233, 266, 284, 291, 299, 313, 332, 356, 357, 362, 399, 447, 488, 489, 490, 513, 514, 535, 552, 558, 559, 562, 563, 573, 574, 600, 601, 643, 648, 649, 651, 654, 679, 680, 681, 728, 749, 758, 772, 773, 787, 800, 824, 850, 857, 858, 871, 872, 873, 874, 913, 914, 922, 923, 924, 926, 927, 929, 938, 939, 940, 956, 960, 980, 982, 997, 1033, 1053, 1054, 1058, 1060, 1061, 1066, 1067, 1069, 1072, 1073, 1074, 1106, 1108, 1129, 1130, 1140, 1144, 1155, 1156, 1157, 1165, 1184, 1186, 1187, 1191, 1193, 1195, 1219, 1228, 1229, 1230, 1231, 1233, 1234, 1235, 1236, 1237
- Britisch - Amerikanischer Garantievertrag   41, 66, 67, 81, 135
- Inkrafttreten   29, 43, 44, 69, 249, 251, 252, 343, 344, 1193, 1229
- Ratifizierung   34, 81, 106, 252, 276, 310
- Revision   89, 102, 118, 130, 162, 163, 167, 168, 172, 180, 196, 198, 203, 216, 385, 400, 508, 512, 513, 547, 551, 570, 583, 587, 608, 659, 660, 687, 688, 689, 766, 835, 839, 843,

852, 855, 875, 1006, 1032, 1033, 1036, 1040, 1041, 1081, 1089, 1090, 1162, 1174, 1197
- Sanktionen   110, 112, 137, 139, 554
- Schlußprotokoll   514, 515
- Unterzeichnung   32, 48, 106, 547, 986, 995, 1033, 1069, 1198
- Verhandlungen in Paris und Versailles   37, 39, 40, 44, 45, 50, 51, 90, 91, 108, 489, 778, 913, 914
- 14-Punkte Programm Wilsons   33, 1041, 1052, 1056, 1066
- Wirtschaftliche Klauseln   39, 57, 85, 343, 344, 345, 406, 529, 530, 666, 667, 721, 722, 759, 830, 831, 832, 1041, 1072, 1108

Friedrichshagen 456
Friedrichsruh 1036
Galizien 381
Gasindustrie s. Industrie in Deutschland
"Gazzetta del Popolo"   156, 189, 599, 605
Gedenk-, Jahres- und Feiertage in Deutschland 179
- 27. Januar   301, 315, 316, 317, 318, 323, 324
- 1. Mai   566, 624, 647
- Tag von Sedan   916, 917, 957
Gelsenkirchen 398
Genf
   (s. auch 2. Internationale, Konferenzen, Völkerbund)   1013, 1097, 1106, 1184, 1201
Genua 59
Georgien 954
"Germania"   275, 280, 311, 384, 542, 553, 554, 560, 590, 670,

975, 995, 1014, 1028
Getreidepreise in Deutschland 631, 736, 1165, 1166
Gewerkschaften
(s. auch Achtstundentag, Arbeitsgemeinschaften, Bauernverbände, Ruhraufstand, SPD, Sozialisierungen, Streiks und Unruhen) 73, 83, 85, 154, 179, 180, 246, 301, 322, 942, 1020
- Allgemeiner Deutscher Gewerkschaftsbund (ADGB) 73, 440, 471, 483, 1113, 1117, 1118, 1119
- Allgemeiner Freier Angestelltenbund (AFA - Bund) 1117
- Bergarbeitergewerkschaft 718, 719, 720, 1110, 1228
- Christliche Gewerkschaften 276, 277, 279, 322, 451, 475, 669, 791, 994, 1113, 1114
- Deutscher Metallarbeiter-Verband 450, 1117
- Eisenbahnergewerkschaft 322, 888
- Gesamtverband Deutscher Angestellten-Gewerkschaften 471
- Gewerkschaft der Flußschiffer 792
- Hirsch-Dunkersche Gewerkvereine 1228
- Nationalverband Deutscher Gewerkschaften ("Gelbe") 713, 1020
- und die Arbeitsbedingungen 214, 369, 370, 371
- und die Arbeitsgemeinschaften 712, 713
- und die Besetzung des Maingaus 491, 492, 497, 498, 532

- und die Beteiligung an der Regierung 205, 445, 450, 456, 497
- und der Generalstreik im März 1920 187, 220, 479
- und die 3. Internationale 952, 1117, 1118, 1119, 1120
- Kongreß der Christlichen Gewerkschaften in Essen 180
- und die Reichswehr 210, 644
- und der Ruhraufstand 222, 471, 472, 473, 476, 491, 532
- Vereinbarung vom 20.3.1920 440, 441, 443, 445, 456, 457, 458, 476, 483
- Verhältnis zur Regierung 497, 532
- Verhältnis zur SPD s. SPD
Gleiwitz 294, 541, 881, 885, 906
Gotha
- Landtagswahlen 209, 633
Grafenwöhr 905
Graudenz 446
Grenzen, Grenzziehung
(s. auch Abstimmungskommissionen, Danzig, Elsaß und Lothringen, Eupen und Malmédy, Handelsverkehr - "Loch im Westen", Memel, Österreich, Plebiszite) 716
- Nordgrenze 357, 662, 663
- Ostgrenzen 117, 119, 120, 166, 201, 245, 246, 327, 410, 558, 598, 600, 601, 758, 759, 838, 841, 844, 913, 926, 927, 928, 929
- Rheingrenze 38, 39, 60, 135, 343, 354, 1171
Grenzwehren s. Selbstschutzorganisationen
"Grès" 891
Griechenland 1024

Großbritannien
  (s. auch Britische diplomatische Vertretungen in Deutschland) 36, 37
  - Außenpolitik allgemein 37
  - und Allenstein 387, 401, 402, 535, 537, 702, 703
  - und die Auslieferungsfrage 65, 66, 69, 81, 154, 155, 312, 313, 330, 331, 339, 340, 360, 361, 362, 363
  - und Bayern 90, 91, 96, 97, 141, 170, 178, 285, 453, 565, 638, 660, 783, 784, 798, 889, 905, 924, 958, 1091, 1137, 1143, 1144, 1145, 1146, 1158, 1159, 1160, 1201, 1202
  - und die Besetzung des Maingaus 78, 79, 80, 488, 489, 490, 491, 505, 506, 514, 586, 588, 589
  - und Danzig 327, 409, 410, 411, 413, 506, 507, 515, 843, 1049, 1050, 1092, 1093
  - und Eupen und Malmédy 963
  - Fontainebleau - Memorandum 37
  - und der Kapp-Lüttwitz-Putsch 74, 75, 204, 431, 436, 442, 443, 450
  - und die Konferenz von Spa 80, 81, 86, 87, 88, 108, 109, 110, 111, 112, 115, 116, 117, 121, 122, 123, 126, 130, 143, 145, 146, 147, 190, 191, 192, 560, 613, 735, 736, 748, 749, 790
  - und Marienwerder 413, 597
  - und Oberschlesien 120, 121, 197, 580, 618, 679, 680, 681, 874, 882, 883, 888, 1058, 1059, 1151, 1152, 1186
  - und der Polnisch-Sowjetische Krieg 583, 814, 834, 996
  - und das Rheinland 77, 79, 181, 257, 258, 351, 352, 353, 354, 375, 452, 453, 703, 704, 705, 706, 707, 868, 1101, 1169, 1180, 1181, 1182
  - und der Ruhraufstand 221, 470, 477, 480, 482, 500, 501, 504
  - und Deutschland 69, 72, 73, 74, 75, 80, 86, 87, 91, 100, 103, 108, 111, 112, 122, 123, 130, 131, 141, 147, 148, 161, 165, 167, 171, 187, 189, 204, 213, 400, 431, 436, 442, 452, 453, 523, 530, 531, 560, 699, 733, 734, 735, 764, 814, 815, 834, 835, 919, 920, 958, 988, 1053, 1054, 1067, 1068, 1069, 1085, 1086, 1092, 1108, 1135, 1136, 1139, 1140, 1154, 1156, 1189
  - Informelle Beziehungen zu Deutschland 44, 53, 295, 296, 352
  - Wiederaufnahme diplomatischer Beziehungen 48, 60, 91, 97, 100, 106, 107, 285, 296, 733, 734, 735
  - und Estland 1003
  - und Frankreich 40, 69, 73, 76, 77, 79, 80, 81, 86, 87, 88, 91, 97, 100, 107, 108, 111, 116, 121, 122, 123, 129, 140, 161, 165, 167, 170, 226, 480, 488, 489, 490, 523, 530, 531, 560, 565, 613, 735, 777, 855, 924, 1026, 1067, 1068, 1069, 1077, 1091, 1108, 1135, 1136, 1045, 1146, 1154, 1158, 1159, 1189
  - und Italien 920, 1055
  - und Polen 115, 116, 135, 166,

197, 381, 413, 814, 996
- und Rußland 116, 226, 320, 322, 814, 824, 834, 854, 855, 920, 990, 1098
Großdeutsche Volkspartei 1078
Hagen 472, 474, 500, 502
Halle
(s. auch USPD) 180, 566, 567, 749, 952
Haltern 465, 475
Hamborn 262, 272, 550
Hamburg 180, 262, 423, 427, 463, 538, 1003, 1068
- Allgemeine politische Lage 494, 495, 496, 573, 574, 718, 803, 804, 870, 1036, 1037, 1038
  - Verhängung des Belagerungszustandes 234, 573
- Arbeitslosigkeit 1009
- Bürgerschaft 1225, 1226
- und Frankreich 494, 495, 496, 1027, 1031, 1036
- Senat 234, 495, 573, 1225, 1226
- Verfassungsdebatte 180, 1225, 1226
"Hamburger Echo" 494, 1207
"Hamburger Fremdenblatt" 494, 1226
"Hamburger Nachrichten" 495, 1036
"Hamburger Neueste Nachrichten" 1031
"Hamburgischer Correspondent" 494
Hamm 475, 485, 550
Hanau
(s. auch Maingau) 469, 493, 607
Handelskammern 591, 959
Handelsmarine s. Schiffahrt
Handelsverkehr - "Loch im Westen" 68, 69, 81, 82, 83, 104, 109, 163, 180, 181, 182, 194,

217, 343, 344, 345, 378, 386, 405, 406, 408, 449, 473, 474, 517, 518, 529, 530, 591, 592, 593, 606, 607, 656, 659, 666, 667, 703, 704, 705, 706, 707, 708, 721, 722, 740, 741, 751, 752, 830, 831, 832, 883, 884, 945, 946, 947, 948, 949, 1012, 1013, 1046, 1060, 1073, 1101
Handwerkskammern 591
Hannover
(s. auch Autonomiebewegungen, Rheinlandkommission, Separatismus 936, 940, 985, 1040
Harburg 973
Hasenheide 261
Hasslach 543
"Havas" 54, 108, 139, 419, 570, 1075, 1205
Heidelberg 233, 269, 1099, 1170
Heimatdienst 1104, 1105, 1221
Heimatschutz 657
Heimatwehren s. Einwohnerwehren
Hennigsdorf 456, 856
Hessen
(s. auch Autonomiebewegungen, Rheinlandkommission, Separatismus) 94, 161, 233, 423, 571
- Allgemeine politische Lage 587, 623
- Bauernverbände 944
- und der Einheitsstaat 268, 774, 936
- und Frankreich 775
- und die Gründung eines Südstaates 774, 775, 1014
- Verhältnis zum Reich 587, 588
Hessische Rechtspartei 932
Heydekrug 876
Hilfsbund - Elsaß-Lothringen 845

Hochseeflotte s. Reichsmarine, Schiffahrt
Höchst 915, 916, 940, 1103
Hoerde 550
Hof 427
Hohenstein s. Zwischenfälle
Hohenzollern-Monarchie
  (s. auch Restauration) 105, 168, 1144
- Abdankung des Kaisers 61
Holland s. Niederlande
Holstein-Partei 932
Homburg 647, 652
"Honte Noire" s. Rheinlandkommission
"Il Tempo" 997
Independant Labour Party 953
Indien 699, 1002
Industrie in Deutschland
  (s. auch Gewerkschaften, Handelsverkehr - "Loch im Westen", Sozialisierungen) 132, 269, 270, 485, 717
  - Chemische Industrie 56
  - Elektroindustrie 1009, 1010, 1011, 1147, 1212
  - Fischerei 1012
  - Gasindustrie 795, 827
  - Metallindustrie 1009, 1010, 1011
  - Textilindustrie 1009, 1010, 1011
- Haltung der Industrie
  - zu Bayern 659
  - zum Betriebsrätegesetz 272, 397
  - zu Frankreich 47, 56, 82, 83, 84, 85, 86, 89, 99, 100, 102, 109, 110, 111, 112, 133, 148, 163, 190, 214, 231, 239, 365, 366, 395, 396, 397, 398, 399, 574, 575, 604, 606, 659, 686, 733, 803, 810, 811, 1026, 1027, 1044, 1045, 1046, 1047, 1048, 1049, 1068, 1208
  - zur innenpolitischen Lage 154, 266, 421, 527, 846, 847
  - zum Kapp-Lüttwitz-Putsch 463
  - zur Konferenz von Spa 586, 660, 714, 715, 716, 762, 765, 766, 767, 778, 788, 790, 791, 792, 793, 794, 798, 805, 806, 810, 811, 869
  - zu Oberschlesien 133, 134, 262, 580, 1031
  - zu Polen 1141
  - zu den Reparationen 1207, 1223
  - zum Rheinland 591, 592, 593, 604, 666, 667, 720, 884, 930, 931, 1018
  - zum Ruhraufstand 580
  - zu Rußland 226, 286, 368, 369, 770, 949, 950, 976, 977, 978, 979, 989
  - zum Saarland 657
  - zu den USA 1045
  - und die Wahl des Reichspräsidenten 1025, 1026
  - zur Wirtschaftspolitik des Reiches 239, 718, 719, 930, 931
Industrie in Frankreich 84, 85, 89, 99, 100, 123, 126, 604
- Schneider Creusot 270
Inflation
  (s. auch Deutsches Reich, Handelsverkehr - "Loch im Westen")
  - in Deutschland 52, 55, 56, 69, 230, 323, 324, 364, 405, 406, 430, 570, 631, 656, 660, 717, 736, 820, 837, 853, 892, 966, 1012, 1047, 1048, 1049, 1058, 1126, 1165, 1166, 1175

- Geldmenge
  - in Frankreich 66, 361
  - in Großbritannien 361
  - im Reich 216, 608, 609, 1194
Innsbruck 850
Interalliierte Baltikumkommission 744, 745
Interalliierte Kommission für die Rückführung der Kriegsgefangenen 295, 296, 990
Interalliierte Militärkontrollkommission (IMKK) (s. auch Abrüstung, Besatzungskosten, Einwohnerwehren, Entwaffnung, Friedensvertrag) 15, 22, 34, 43, 49, 69, 145, 189, 225, 334, 388, 400, 508, 522, 675, 710, 746, 757, 838, 866, 989, 1008, 1127, 1128, 1136, 1230, 1231, 1232, 1233, 1234, 1235, 1236, 1237
  - Auflösung 1068, 1129, 1130, 1139, 1140, 1201, 1202
  - Noten der IMKK 71, 88, 96, 139, 145, 172, 173, 497, 498, 503, 504, 1078, 1082, 1122, 1190, 1191, 1192, 1193, 1207, 1218, 1220, 1222, 1223, 1224, 1227, 1230, 1233, 1235
  - Sitzungen der IMKK 171, 332, 333, 385, 636
  - Verhältnis zur Botschaft 245, 856
- und die Einwohnerwehren 71, 88, 96, 139, 170, 172, 173, 497, 498, 499, 503, 525, 642, 743, 1075, 1136, 1232, 1233
- und der Kapp-Lüttwitz-Putsch 184, 422, 423, 430
- und der Ruhraufstand 77, 78, 221, 476, 481, 482, 517, 519, 520, 857
- und die Sicherheitspolizei 231, 743, 757, 1128, 1129, 1222, 1223, 1227, 1229, 1232, 1233, 1234, 1235
- Zwischenfälle 70, 385, 389, 778, 1131
Interalliierte Rheinlandkommission s. Rheinlandkommission
Internationale
  (s. auch Gewerkschaften, KPD, SFIC, SFIO, SPD, USPD) 551, 1034
- 2. Internationale 432, 1013, 1020
- 3. Internationale - Komintern 235, 616, 769, 770, 893, 897, 898, 915, 916, 941, 952, 972, 973, 1020, 1021, 1034, 1035, 1081, 1083, 1094, 1117, 1118, 1119, 1120, 1202, 1203
- Plan der Gründung einer 4. Internationale 953
Internationaler Gewerkschaftsbund 1113, 1119
Internationaler Landwirtschaftsverband 866, 867
Internationales Arbeitsbüro, Genf 203, 922, 923, 1113
Internationales Rotes Kreuz
  (s. auch Kriegsgefangene) 295, 990
Interventionskrieg in Rußland s. Alliierte
Isartal 1160
Italien 80, 97, 120, 158, 189, 917
  - Regierungswechsel 599, 600
  - Außenpolitik allgemein 38, 823, 920
  - und Allenstein 535, 536
  - und Bayern 797, 798, 859
  - und die Besetzung des Maingaus 491, 514

- und Marienwerder 597, 786, 787
- und Oberschlesien 618, 679, 874, 882, 887, 1058, 1059, 1173, 1186
  - Reise von Dorten 477, 478, 564
- und die Reparationen 935
- und der Ruhraufstand 477, 482
- Tirol-Frage 182, 1199
- und Deutschland 122, 131, 148, 156, 182, 431, 524, 560, 574, 575, 576, 599, 613, 748, 790, 823, 919, 920, 949, 988, 1053, 1054, 1055, 1153, 1195
  - Wiederaufnahme diplomatischer Beziehungen 107, 746
- und Frankreich 121, 560, 823
- und Großbritannien 920, 1054
- und Rußland 920, 949

Japan 536
"Journal des Débats" 586
Judentum 327, 328, 404, 405, 563, 887, 1041, 1042, 1043, 1154
Jugoslawien 128, 1039
Justiz
   (s. auch Amnestie, Kapp-Lüttwitz-Putsch, Marienwerder, Oberschlesien, Prozeß Erzberger-Helfferich, Reichsgericht, Ruhraufstand) 182, 204, 339, 556, 557, 612, 613, 614, 694, 695, 744, 745, 812, 819, 985, 1022, 1023, 1143
Jütland 341
Kaiserslautern 269, 543, 545, 615, 969
Kamen 485
Kanäle - Wasserwege
- Elbekanal 792
- Kaiser-Wilhelm-Kanal 118, 119
- Rheinkanäle 792

Kapp-Lüttwitz-Putsch
   (s. auch Frankreich, Gewerkschaften, Großbritannien, Justiz, SPD, USPD) 23, 53, 54, 55, 76, 81, 93, 96, 105, 152, 153, 183, 184, 185, 186, 187, 211, 223, 234, 421, 426, 436, 450, 471, 495, 498, 508, 509, 514, 516, 542, 547, 565, 568, 569, 577, 621, 625, 626, 634, 637, 642, 664, 682, 694, 712, 779, 821, 856, 994, 1007, 1041, 1042, 1043, 1123
- Abzug der Truppen aus Berlin 435, 438, 439, 441, 442, 444, 856
- Beginn des Putsches 53, 72, 73, 204, 413, 414, 416, 417
- Regierungsbildung 417, 418, 422, 424, 425, 427, 428, 430, 433, 826
- Scheitern 74, 428, 432, 434, 451, 469, 523
- Verfolgung der Führer des Putsches 182, 183, 428, 439, 441, 522, 528, 531, 537, 538, 556, 590, 591, 815, 825, 826

Karlsruhe 171, 282, 1014, 1170, 1171, 1270
Kärnten 1039, 1216
Karthaus 927
Kassel 423, 427, 532, 534, 774, 1016, 1170
Katholizismus s. Baden, Bayern, BVP, Rheinland, Süddeutschland, Württemberg, Zentrum
Kattowitz
   (s. auch Oberschlesien, Polen) 120, 196, 262, 287, 288, 294, 852, 881, 882, 886, 887, 896, 907, 908, 910, 922, 925, 1029
Kaufbeuren 272

Kehl
  (s. auch Rheinbrücken, Rheinland, Rheinlandkommission) 217, 249, 565, 624, 1060
Kiel 427, 857
Kiew
  (s. auch Polnisch - Sowjetischer Krieg) 115, 202, 582, 583, 761
Kirche s. Judentum, Katholizismus, Vatikan
Klagenfurt 1039
Kleine Entente 128
Klingenthal 527
Knapsack 940
Koblenz
  (s. auch Rheinlandkommission) 247, 420, 452, 587, 592, 607, 625, 751, 819, 820, 824, 879, 947, 1181, 1190, 1204, 1210
Kohle
  (s. auch Gewerkschaften, Handelsverkehr - "Loch im Westen", Konferenzen, Oberschlesien, Reichskohlenrat, Reparationen, Reparationskommission, Ruhrgebiet)
- Deutsche Lieferungen 40, 79, 81, 85, 86, 100, 103, 110, 111, 120, 121, 123, 191, 214, 217, 231, 336, 337, 359, 364, 369, 378, 396, 397, 398, 399, 400, 552, 599, 648, 707, 719, 739, 759, 768, 769, 794, 795, 807, 823, 827, 828, 931, 980, 1038, 1073, 1104, 1116, 1133, 1198
- Ersatz durch Braunkohle 791, 792, 793, 794, 795, 827
- Französische Kohlelieferungen an Bayern 97, 159, 539, 1091
- Internationale Kohlekrise 67, 68, 103, 111, 123, 823
- Kohleabkommen von Spa 111, 112, 122, 123, 130, 136, 143, 156, 191, 192, 214, 215, 216, 747, 748, 759, 764, 765, 766, 767, 768, 769, 788, 789, 791, 792, 793, 794, 795, 796, 798, 807, 809, 827, 828, 869, 899, 982, 1010, 1038, 1116, 1125, 1133, 1155, 1156, 1157, 1158, 1194, 1195, 1196
- Kohleförderung 214, 369, 370, 371, 396, 397, 398, 399, 461, 462, 465, 580, 589, 599, 717, 718, 719, 720, 791, 794, 795, 828, 925, 931, 1010, 1012, 1058, 1068, 1073, 1228
- Kohleversorgung des Reiches 233, 246, 247, 543, 603, 707, 718, 791, 980, 1011, 1012, 1067, 1068, 1091, 1102, 1126
- Lieferprämie 216, 769
- Note Millerands vom 8.2.1920 67, 68, 79, 81, 363, 365, 369, 371
Kolberg 316
Köln 177, 212, 214, 303, 305, 306, 307, 335, 336, 348, 353, 357, 375, 458, 460, 462, 466, 480, 581, 592, 615, 616, 681, 704, 707, 740, 751, 775, 819, 838, 842, 942, 944, 948, 954, 974, 1015, 1016, 1019, 1070, 1086, 1087, 1088, 1100, 1103, 1111, 1112, 1115, 1116, 1133, 1134, 1137, 1138, 1162, 1169, 1180, 1181, 1204, 1209, 1214
"Kölner Tageblatt" 306, 783
"Kölnische Volkszeitung" 305, 347, 350, 1105, 1209
"Kölnische Zeitung" 303, 347, 349, 350, 783, 1100, 1104
Kolonien
  (s. auch Friedensvertrag) 188,

363, 1056, 1105, 1106, 1107, 1153, 1216
Komintern s. Internationale
Kommunalverbände 944
Kommunistische Bewegung in Deutschland (s. auch KPD, Putschgefahr, Ruhraufstand, Streiks und Unruhen, USPD) 31, 33, 73, 75, 76, 77, 152, 187, 188, 253, 258, 260, 318, 323, 495, 537, 566, 567, 904, 1081, 1094, 1103, 1117, 1118, 1143, 1219
Kommunistische Partei Deutschlands (KPD) 33, 152, 179, 234, 455, 456, 457, 458, 737
- in Bayern 699, 1076
- in Bremen 700
- in der Pfalz 543
- im Rheinland 940, 941, 1102
- in Sachsen 1093, 1094, 1095
- in Württemberg 699
- und die Entwaffnung 833
- und Frankreich 1035, 1202
- und die Gewerkschaften 1117, 1118, 1119, 1120
- und Großbritannien 1202
- und die 3. Internationale 916, 1021, 1022, 1117, 1118, 1119, 1120
- und der Kapp-Lüttwitz-Putsch 439, 440, 451, 455, 456, 856
- und die Konferenz von Spa 732, 808
- und Oberschlesien 852, 853, 1097
- Parteitag in Berlin (Dezember) 1202, 1203, 1204
- und die Reichstagswahlen 639, 668, 669, 671
- und der Ruhraufstand 462, 465, 471, 472, 475, 484, 550
- und Rußland 855, 1203

- und die USPD 253, 258, 260, 263, 273, 319, 322, 1021, 1119, 1120, 1202, 1203
Konferenzen und Gespräche (s. auch Friedensvertrag, Türkei)
- Boulogne (Juni 1920) 86, 100, 106, 144, 1229, 1230, 1233, 1234, 1235, 1236
- Boulogne (Juli 1920) 123
- Brüssel (Juli 1920) 86
- Brüssel (September 1920) 131, 215, 919, 920, 938, 981, 1088
- Brüssel (Dezember 1920) 111, 121, 134, 143, 144, 145, 147, 189, 1026, 1087, 1088, 1187, 1188, 1207, 1208, 1223, 1224
- Genf (geplante Sachverständigenkonferenz) 111, 121, 122, 124, 215, 795, 919, 920, 935, 937, 968, 981, 982
- Hythe (Mai 1920) 86, 87, 763
- Hythe (August 1920) 123
- London (August 1920) 226, 813, 814, 816
- San Remo (April 1920) 79, 80, 86, 115, 189, 524, 560, 575, 576, 605, 624, 625, 763
- Spa (Juli 1920) 80, 81, 82, 83, 84, 86, 87, 88, 104, 106, 108, 109, 110, 111, 112, 113, 115, 116, 117, 121, 122, 123, 126, 130, 131, 132, 134, 135, 136, 137, 139, 143, 145, 146, 147, 156, 163, 165, 190, 191, 192, 196, 202, 560, 575, 576, 580, 589, 604, 609, 613, 726, 739, 763, 817, 859, 919, 938, 970, 982, 1072, 1193, 1229, 1230, 1231, 1232, 1236
Kongresse
(s. auch Internationale, Konferenzen, unter den verschiede-

nen Parteien die Parteitage)
- Internationaler Bergarbeiterkongreß 719, 1110
Königsberg 388, 415, 508, 510, 513, 521, 522, 559, 627, 1131, 1231, 1232
Konitz 559, 785, 927
Konkordat s. Vatikan
Konstantinopel 99, 108, 735
"Konstanzer Nachrichten" 324
Kopenhagen 320, 322, 326, 382, 663
Köpenick 456
"Korrespondenz der Reichslande" 845
"Korrespondenz des Allgemeinen Deutschen Gewerkschaftsbundes" 694
Kosaken 991
Kovno 511, 989, 1004
Kredite s. Finanz- und Währungspolitik
Krefeld 262, 615, 749, 750, 940
Kreuz 877
Kreuznach
    (s. auch Rheinland, Rheinlandkommission) 217, 624, 1103
"Kreuzzeitung" 316, 361, 367, 549, 582, 672, 697, 793, 855, 935, 985, 1030, 1031
Kriege
- von 1815
    1063, 1064
- von 1870/71
    29, 30, 38, 179, 260, 364, 781, 917, 1007, 1061, 1062, 1171, 1172
- Weltkrieg 1914-1918
    29, 89, 90, 100, 135, 274, 291, 310, 318, 404, 656, 660, 1061, 1062, 1171
- Friedensbemühungen
    723, 1041

Kriegsgefangene
- Austausch 320, 322, 990
- Deutsche Kriegsgefangene 34, 193, 284, 320, 366, 368, 543, 724, 1023, 1024
- Französische Kriegsgefangene 129
- Russische Kriegsgefangene - Internierte 119, 193, 295, 321, 322, 873, 990, 1004, 1010, 1095
Kriegsschuldfrage 216, 1041, 1056
- Untersuchungsausschuß 35, 660, 661
Kriegswirtschaft 737
Krim 129, 839, 1098
Krupp 1129, 1130
Kuban 991
Kulturkampf 676, 1043
Küstrin 511, 877, 1231, 1232
Landau 543, 544, 951
Landbund (Oldenburg) 699
Länder
    (s. auch Baden, Bayern, Hessen, Föderalismus - Unitarismus, Nord- und Süddeutschland, Pfalz, Reichsverfassung, Württemberg)
- Haltung zur Entwaffnung 169
- Konflikt Länder - Reich 90, 91, 94, 95, 136, 153, 161, 176, 184, 232, 717
- Landtagswahlen 153
Landwirtschaft s. Bauern, Deutsches Reich
Landwirtschaftskammern 943
Lauenburg 926, 927
Laurahütte 887
"Le Matin" 505
"Le Temps" 477, 530, 667, 688, 701, 935, 957, 1207
"L'Humanité" 1034
"L'Œuvre" 617, 1132

Lebensmittel
- Abkommen von Brüssel (1919) 453
- Lieferungen an Deutschland (s. auch Blockade) 214, 216, 233, 262, 442, 443, 452, 534, 737, 764, 769, 807, 837, 1125, 1134
- Lieferungen an Rußland 320
- Lieferungen aus Polen 552
- Versorgungskrise - Versorgungslage im Reich 246, 323, 370, 406, 410, 441, 461, 572, 603, 608, 620, 631, 632, 717, 719, 736, 737, 759, 769, 779, 791, 794, 821, 869, 885, 942, 943, 992, 1012, 1013, 1022, 1048, 1049, 1102, 1126, 1155, 1156, 1194

Leipzig
(s. auch Justiz, Reichsgericht) 262, 425, 426, 446, 952, 973, 1170

"Leipziger Volkszeitung" 898
Lemberg 996
Lettland 300, 383, 989, 1003
- informelle Beziehungen zu Deutschland 44, 989
- und Frankreich 1003
- und die USA 1003

Libau 876
Lichterfelde 591
Liga für den Völkerbund 963
Linz 850
Lippe 939
Litauen 58, 202, 300, 383, 511, 512, 513, 582, 628, 756, 876, 989, 1003, 1004, 1050

Löhne und Gehälter
(s. auch Streiks und Unruhen) 262, 736, 965, 1175, 1176, 1177

"Lokal-Anzeiger" 191, 280, 361, 427, 505, 587, 662, 670, 691, 693, 732, 742, 749, 759, 766, 855, 1025, 1167, 1228

London
(s. auch Konferenzen) 1054, 1055, 1068, 1146, 1182, 1185, 1221, 1223

Loslau 887
Lothringen s. Elsaß
Lublinitz 541
Lüdinghausen 475
Ludwigshafen 542, 544, 545, 615, 915, 940

Luftfahrt
(s. auch Entwaffnung, IMKK) 743, 1070, 1129, 1130

Luftfahrtindustrie 1129
Lustgarten 894
Luxemburg 398, 399, 473, 934
Luzern 918, 920
Lyck 511, 513
Maas 940
Magdeburg 179, 184, 419, 566, 870, 1110

Main 841, 936, 1221
Maingau
(s. auch Frankreich, Großbritannien, Italien, Kapp-Lüttwitz-Putsch, Rheinland, Ruhraufstand) 217, 234
- Androhung der Besetzung 77, 78, 205, 221, 222, 469, 470, 481, 482, 490, 491
- Angebote der Reichsregierung 77, 78, 220, 481, 482
- Besetzung 55, 72, 78, 79, 80, 88, 111, 147, 156, 158, 160, 161, 205, 488, 489, 490, 491, 492, 493, 500, 502, 505, 506, 525, 526, 527, 532, 554, 586, 588, 589, 624, 792, 1178

- Deutsche Proteste 497, 498, 514, 515, 524, 528, 586, 588, 589, 599, 644
- Räumung 83, 161, 163, 526, 527, 547, 602, 603, 606, 607

Mainz
  (s. auch Separatismus) 230, 303, 376, 488, 572, 587, 588, 750, 784, 820, 892, 938, 951, 1018, 1063

Mährisch-Ostrau 680

Mannheim 542, 545, 775, 916, 952, 1091

Marburg 824

Marienburg 394, 412, 448, 558, 758, 877

Marienwerder
  (s. auch Abstimmungskommissionen, Allenstein, Danzig, Polen, Polnisch- Sowjetischer Krieg) 13, 22, 117, 120, 167, 193, 194, 245, 355, 511, 512
- Allgemeine politische Lage 393, 394, 395, 411, 412
- Arbeit der Abstimmungskommission 445, 446, 447, 448, 449, 535, 536, 597, 598
  - Durchführung des Plebiszits 393, 394, 395, 411, 412, 557, 597, 598, 717, 727, 728, 729, 786, 1186
  - Ergebnis und Folgen des Plebiszits 758, 767, 785, 786, 787, 853, 1056
- Finanzielle und wirtschaftliche Lage 448, 449
- Sicherheitswehr 394, 510, 511

Masuren 511, 535, 771

Mecklenburg 513
- Landtagswahlen 606, 607

Mecklenburg-Schwerin 426, 566

Memel 13, 22, 43, 69, 70, 194, 195, 509, 1004

- Allgemeine politische Lage 372, 373, 511, 512, 513, 665, 666, 874, 875, 876, 877, 1004
- Besatzungstruppen 665, 875, 876
- Installation der Regierungskommission 371, 372, 373, 374
- Maßnahmen der Kommission 665, 666, 876
- Verhältnis zum Reich 665
- Zwischenfälle 875, 876, 877

Merzig 652

Metz 271, 1035, 1062

Meuse s. Maas

Mexiko 672

Militarismus in Deutschland
  (s. auch Auslieferungsfrage, Einwohnerwehren, Entwaffnung, Freikorps, IMKK, Kapp-Lüttwitz-Putsch, Reichswehr) 35, 141, 146, 165, 170, 184, 186, 202, 383, 508, 509, 510, 522, 526, 527, 659, 675, 679, 804, 840, 841, 842, 1025, 1085, 1086, 1160, 1161, 1178, 1179, 1219, 1221, 1237
- Liga der Frontkämpfer 615, 619
- Offiziersvereine 383, 916, 1023, 1024
- "Republikanischer Führerbund" 383
- Stahlhelm 1172
- Wehrverbände 383

Militärkontrolle s. Interalliierte Militärkontrollkommission

Mission Haguenin 9, 10, 18, 19, 21, 22, 24, 47, 52, 63, 72, 82, 84, 90, 209
- Auflösung 24, 53, 54, 55, 152, 659, 719, 761, 762
- Deutschlandpolitische Vorstellungen 45, 46, 48, 50, 52, 53,

55, 68, 89, 90, 133, 134, 152, 162, 163, 385, 386, 387, 420, 678, 679, 761, 762
- Informationsbüro in Bern 45, 46, 49, 570
- Kontakte zur Industrie 53, 84, 285, 286, 385, 575
- Kontakte zur Landwirtschaft 866, 867
- Kontakte zu Lüttwitz 184
- Kontakte zur Regierung in Bayern 96, 533, 538, 540, 570
- Kontakte zur Regierung in Berlin 46, 47, 52, 53, 54, 312, 313, 385, 388, 400, 485, 660, 685, 686, 714, 715, 716, 718, 997
  - Werben um wirtschaftliche Zusammenarbeit 47, 82, 163
- Kontakte zur Regierung in Paris 48, 49, 50, 51, 52, 53, 420, 421, 761, 762, 763, 764
- Kontakte zur USPD 46, 234, 385, 455, 456, 457, 458, 533
- Kontakte zum Zentrum 46, 532, 533
- Umwandlung in eine "Mission Economique" 10, 55, 152, 260, 532, 567, 634, 640, 659, 663, 685, 714, 719, 761, 762
- Verhältnis zur Botschaft 10, 24, 49, 50, 51, 52, 54, 59, 152, 245, 259, 274, 281, 285, 287, 292, 296, 297, 299, 302, 313, 365, 385, 400, 401, 455, 538, 540, 575, 629, 634, 638, 640, 718, 720
- Vorgeschichte 44, 45

Moabit 857
Montjoie 548
"Morgenpost" 670
Mosel 819
Moskau 485, 486, 521, 583, 616, 756, 764, 770, 801, 803, 816, 824, 897, 915, 916, 918, 941, 950, 952, 970, 973, 989, 990, 1004, 1021, 1035, 1094, 1119, 1160
Mülhausen 1035
Mülheim
   (s. auch Ruhraufstand) 305, 427, 474, 475, 482, 486, 584
"Mülheimer Volkszeitung" 304, 307
München 269, 329, 419, 427, 543, 563, 603, 610, 621, 663, 747, 805, 811, 825, 846, 850, 863, 905, 934, 957, 958, 967, 971, 985, 1000, 1025, 1062, 1083, 1084, 1085, 1086, 1123, 1131, 1137, 1144, 1145, 1146, 1158, 1160, 1170, 1192, 1199, 1206, 1219
"Münchener Post" 279
"Münchner Augsburger Abend-Zeitung" 797, 955, 956, 1079, 1159
"Münchner Neueste Nachrichten" 257, 277, 691, 781, 797, 1079
"Münchner Zeitung" 1159, 1193, 1201
Mundenheim 543
Münster
   (s. auch Ruhraufstand) 262, 465, 505, 517, 528, 584, 590, 626
Myslowitz 887
Nachrichtenagenturen
   s. den jeweiligen Namen
Nachrichtendienste, Spionage
   (s. auch Reichswehr) 15, 749, 750
Naher Osten 38, 50
Naila 427
Nancy 565
Nationalbolschewismus 118, 153,

224, 844, 845, 846, 847, 848, 849, 859, 861, 863, 868, 870, 941, 953, 958, 994, 1143
Nationalversammlung
(s. auch Reichstag, Reichsverfassung) 9, 45, 46, 52, 91, 185, 275, 276, 278, 279, 280, 403, 440, 445, 456, 557, 562, 567, 568, 578, 672, 692, 994, 1122
- Allgemeine Wehrpflicht 643
- Auflösung 417, 614, 615
- und die Auslieferungsfrage 292, 296, 297
- und der Belagerungszustand 614, 615
- und die Besetzung des Maingaus 205, 514, 518, 528
- und das Betriebsrätegesetz 60, 233, 234, 253, 258, 259, 260, 262, 264, 271, 273, 397
- und Eupen und Malmédy 174, 548, 549
- und der Friedensvertrag 33, 276
- und der Kapp-Lüttwitz-Putsch 419, 425, 435, 437, 518
- und Polen 201, 552, 553
- und die Regierungserklärung 206, 468, 470
- und der Ruhraufstand 206, 471, 513, 514, 515, 518, 519, 522, 527, 528
- und die Steuer- und Finanzpolitik 64, 259, 272, 294
- Verfassungsdiskussion s. Reichsverfassung
- Vorwürfe gegen Außenminister Köster 548, 549, 553
- und die Wahl des Reichspräsidenten 577, 634, 635
- Wahlen (1919) 31, 34, 645, 668, 671

"Neue Berliner Tageszeitung" 262

"Neue Freie Presse" 226, 816, 822
"Neue Welt" 300
Neufahrwasser 690
Neugliederung des Reiches s. Reichsverfassung
Neukölln 300, 857
Neunkirchen 654
Neustadt 926
Neutrale Zone s. Rheinland
Niederlande 97, 158, 399, 465
- Kreditabkommen mit Deutschland 589
- Reise von Dorten 477
- Verweigerung der Auslieferung von Wilhelm II. 65, 298, 299, 325
Niemen 511
Nogat 928, 929
"Norddeutsche Zeitung" 560
Norddeutschland 539, 642, 698, 901, 933, 936, 957, 1001, 1123, 1143, 1160, 1170, 1201
Nord-Schleswig s. Schleswig
"Nouvelle Revue Française" 691
Nürnberg 419, 427, 563, 956
Oberhausen 475
Oberschlesien
(s. auch Autonomiebewegungen, Beamte, Friedensvertrag von Versailles, Grenzen, Konferenzen, Oppeln, Polen, Polnisch-Sowjetischer Krieg, Zwischenfälle) 9, 13, 22, 117, 177, 204, 245, 663, 894, 926, 1019
- Abstimmungskommission 287, 355, 360, 446, 580, 679, 852, 853, 925, 926, 934, 1173, 1205
- Abzug der deutschen Truppen 69, 196, 287, 294, 383
- Allgemeine Lage - Stimmung in der Bevölkerung 120, 196, 197, 198, 287, 288, 617, 618, 619, 695, 851, 852, 873, 880,

881, 894, 895, 896, 897, 906, 907, 908, 909, 910, 911, 922, 925, 926, 1055, 1056, 1057, 1058, 1059
- Alliierte Truppen 287, 881, 882, 886, 887, 907, 908, 1059, 1173, 1205
- Aufstände, Unruhen
 (s. auch Zwischenfälle) 34, 70, 120, 121, 122, 123, 136, 196, 197, 198, 246, 294, 355, 540, 541, 580, 874, 881, 882, 883, 885, 886, 887, 888, 893, 906, 907, 908, 909, 910, 911, 914, 925, 926, 1057, 1059, 1186
- Autonomiepläne 1018, 1019, 1027, 1028, 1029, 1030, 1031, 1032, 1039, 1059, 1095, 1096, 1097, 1104, 1151, 1152
- Entwaffnung der Zivilbevölkerung 287, 288, 896, 1057
- Jurisdiktion 197, 617, 694, 695
- Kohleförderung, Gruben 38, 112, 120, 121, 148, 198, 360, 370, 480, 482, 485, 580, 618, 680, 769, 793, 795, 852, 899, 922, 923, 925, 982, 1010, 1057, 1058, 1068
- Neutralität im Polnisch-Sowjetischen Krieg 120, 203, 871, 872, 873, 874, 881, 885, 886, 906
- Sicherheitspolizei 196, 288, 887, 888, 895, 908, 909, 925, 1056
- Verhältnis zwischen den Mitgliedern der Kommission 679, 680, 681, 909
- Vorbereitung des Plebiszits 136, 196, 197, 198, 199, 728, 851, 853, 873, 880, 881, 896, 1041, 1058, 1059, 1096, 1151, 1152, 1173, 1186, 1187, 1205

- Wirtschaftliche Lage 679, 680, 852, 925, 926, 1031, 1057, 1058
- Zugehörigkeit zu Preußen 901, 1018, 1028, 1031, 1059
- Zugehörigkeit zum Reich 120, 821, 872, 873, 894, 895, 896, 897, 936, 959, 1058, 1059, 1096

"Oberschlesischer Wanderer" 886
Occalitz 926
Odessa 583, 990
Oer-Erkenschwick 475
Oldenburg 258, 699, 938, 939, 940
Opladen 940
Oppau 1103
Oppeln
 (s. auch Abstimmungskommissionen, Oberschlesien) 196, 247, 541, 617, 680, 694, 1031, 1152
Organisation Escherich
 s. Einwohnerwehren
Ortelsburg 401
Ortswehren
 s. Selbstschutzorganisationen
Osnabrück 423
Ostafrika 1025
Österreich
 (s. auch Italien, Tirol) 34, 38, 57, 91, 92, 120, 126, 127, 138, 199, 200, 226, 279, 291, 339, 562, 563, 610, 664, 730, 803, 816, 847, 854, 862, 889, 902, 903, 953, 958, 987, 988, 1128, 1142, 1153, 1199, 1201, 1216
- Wahlen 1075, 1078, 1142
Ostpreußen
 (s. auch Allenstein, Autnomiebewegungen, Danzig, Eisenbahnverkehr, Grenzen, Marienwerder, Polen, Polnisch-Sowjetischer Krieg, Rußland) 69, 70, 119, 151, 163, 388, 598, 690, 714, 771, 772, 929, 1004,

1186
- Politische Situation 153, 204, 383, 411, 412, 422, 426, 508, 509, 512, 607, 627, 637, 875
- Sonderstellung 512, 513
- Truppenkonzentrationen 136, 508, 509, 510, 511, 512, 513, 521, 606, 607, 663
- Wirtschaftliche Lage 415, 416, 629, 630, 631, 632, 633, 942

Ostsee 926, 927

"Oststaat"-Pläne
 (s. auch Oberschlesien) 62, 202

Paderborn 615, 619

Pangermanismus 283, 310, 360, 382, 383, 421, 637, 641, 845, 846, 847, 848, 870, 1098, 1207

Paris
 (s. auch Aufstände) 805, 851, 858, 867, 902, 906, 915, 929, 935, 969, 1063, 1122, 1124, 1146, 1223
- deutsch-französische Wirtschaftsgespräche im Juni 1920 83, 84, 109, 163, 180, 529, 604, 606, 607, 608, 715, 716
- Plan einer Reise von Dorten 97, 158, 478
- Plan einer Reise von Heim 98
- Plan einer Reise von Schacht und Litwin 239
- Stinnes-Reise 84, 109
- Treffen Dard - De Marcilly 97, 540, 564, 565
- Verhandlungen zwischen Danzig und Polen 1049, 1050

"Parlamentarische Correspondenz der Zentrumspartei" 259, 403, 975

Parteien
 (s. auch BVP, DDP, DNVP, DVP, KPD, SPD, USPD, Zentrum) 31, 98, 206, 209, 210, 236, 323, 421, 640, 669, 670, 671, 718

Partikularismus s. Autonomiebestrebungen, Separatismus

Pazifismus 200, 300, 301, 302, 310, 382, 383, 455, 456, 619, 620, 626, 627, 664, 1023, 1024, 1025, 1197

Persien 699, 1002

Pfalz
 (s. auch Autonomiebewegungen, Bayern, Föderalismus - Unitarismus, Rheinland, Separatismus, Zentrum) 97, 200, 217, 269, 280, 969
- Allgemeine politische Lage - Stimmung der Bevölkerung 268, 542, 543, 544, 545, 601, 602, 603, 620, 621, 622, 624, 916, 1102, 1103, 1104, 1105
- und Frankreich 542, 543, 544, 545
- Freie Pfalz s. Separatismus
- Landtagswahlen (1920) 568, 620
- und Preußen 621, 625
- und das Saargebiet 647, 648
- Wirtschaftliche Lage 543, 620, 621, 622, 943, 944

Pfälzer Verein 944

"Pfälzische Presse" 543

"Phosphor" 985

Pirmasens 545

Plauen 484, 485, 486, 527

Plebiszite s. Allenstein, Eupen und Malmédy, Marienwerder, Schleswig, Oberschlesien, Oppeln

Pless 887

Pogegen 666

Polen
 (s. auch Allenstein, Danzig, Eisenbahnverkehr, Grenzen,

Konferenzen, Marienwerder, Memel, Oberschlesien, Ostpreußen, Polnisch-Sowjetischer Krieg, Rußland) 146, 151, 193, 194, 196, 225, 295, 300, 485, 562, 563, 920, 1218
- Allgemeine politische Lage 627, 874, 885
- und Allenstein 387, 388, 401, 535, 536, 702, 703, 714, 758, 767, 771, 772, 773
- und Danzig 166, 167, 327, 328, 448, 506, 507, 515, 558, 559, 598, 600, 601, 611, 612, 858, 913, 914, 928, 929, 1049, 1050, 1163, 1184, 1185
- und Deutschland 57, 58, 104, 120, 166, 201, 552, 553, 554, 737, 756, 996, 997, 1140, 1141, 1209
  - Informelle Beziehungen zu Deutschland 333, 552
  - Möglichkeit eines deutschen Angriffs 511, 512, 513, 607, 627, 628, 641, 760, 813, 814
  - Schließung der Grenze nach Deutschland 552, 737
- und Frankreich 57, 58, 92, 120, 136, 197, 756, 976, 977, 979
- und Großbritannien 909
- und Litauen 989, 1003, 1004, 1050
- und Marienwerder 394, 395, 411, 412, 413, 445, 447, 448, 449, 557, 558, 559, 597, 598, 727, 728, 729, 758, 767, 785, 786, 787
- und Oberschlesien 287, 288, 618, 851, 852, 853, 882, 883, 887, 895, 896, 906, 907, 908, 909, 910, 922, 926, 953, 1028, 1029, 1030, 1031, 1058, 1173
- und Österreich 987

- und Rußland 381, 582, 583, 627, 628, 756, 790, 976, 977, 979
- Wirtschaftspolitik 853
- Wirtschaftsverhandlungen mit Deutschland 201

Polizei
(s. auch Sicherheitspolizei) 1127, 1129
- Verfassungstreue 210, 476

Polnisch-Sowjetischer Krieg 115, 116, 117, 119, 121, 122, 123, 126, 128, 129, 135, 136, 164, 197, 202, 203, 226, 381, 580, 582, 583, 627, 641, 665, 698, 729, 756, 760, 761, 813, 814, 823, 824, 826, 832, 833, 838, 839, 840, 843, 844, 846, 851, 853, 871, 872, 873, 874, 876, 877, 880, 885, 893, 906, 907, 941, 953, 954, 970, 986, 987, 988, 996, 1095, 1143, 1160, 1178, 1201, 1221

Poltawa 582

Pommern 167, 204, 519, 637, 661
- Allgemeine politische Lage 316, 513, 516, 528, 566
- Lage in der Landwirtschaft 629, 630, 631, 632, 633
- Plan eines Plebiszites 767
- Truppenkonzentrationen 383, 516, 522, 619, 626, 627, 663, 664, 742

Posen 412, 413, 849

"Post" 310, 503, 549, 670, 742, 765, 949, 1228

Post-, Telefon- und Telegrafenwesen 372, 394, 554, 1153

Potsdam 383, 417, 664, 672, 916, 1051, 1062, 1063

Prag 1201, 1221

"Pravda" 1002

Preise s. Inflation

Presse in Baden 284
Presse in Bayern 276, 277, 616, 781, 955, 984, 1075, 1146, 1159, 1208
Presse in Deutschland
  (s. jeweils auch unter den einzelnen Namen) 22
- und die Alliierten 309
- und die Auslieferungsfrage 313, 342, 343, 361, 362, 363
- und die außenpolitische Lage des Reiches 226, 802, 1040, 1054, 1114, 1155
- und Bayern 276
- und die Besetzung des Maingaus 161, 524
- und Danzig 410, 509, 1093
- und die Entsendung von Dard nach München 179, 781, 955, 984
- und die Entwafffnung 231, 818, 1075, 1146, 1208, 1223, 1224
- und die Ernennung von Laurent 101
- und Erzberger 312, 384
- und Eupen und Malmédy 174, 549, 1155
- und die Finanzlage des Reiches 966, 1088
- und die Flucht von Ehrhardt 183, 590, 591
- und Frankreich 921, 952, 1027
- und die Gefahr eines Putsches von rechts 204
- und die "Honte noire" 601, 602
- und der Kapp-Lüttwitz-Putsch 204, 856, 857
- und die Konferenz von San Remo 560, 585
- und die Konferenz von Spa 190, 191, 560, 587, 739, 765, 766, 778, 779, 780, 793, 1010
- und Memel 509
- und Noske 155
- und Oberschlesien 196, 197, 198, 580, 886, 934, 935, 1027, 1028, 1056, 1152
- und Österreich 988
- und Polen 508
- und der Polnisch-Sowjetische Krieg 582, 583, 802, 875
- und Publikationsverbote 272
- und die Regierung Leygues 125, 164
- und die Regierungsbildung in Berlin 701, 710
- und die Regierungserklärung 718, 802
- und die Reichstagswahlen 210, 323, 581, 626
- und die Reorganisation der Reichswehr 210, 496, 626, 828
- und die Revision des Friedensvertrages 1033, 1155, 1197, 1198, 1223
- und das Rheinland 200, 229, 334, 335, 353, 377, 720, 892, 992, 1088, 1089, 1155, 1175
- und die Ruhr 204, 221, 466, 474, 479, 491, 500, 501, 556, 585, 612, 613, 820
- und Rußland 225, 382, 1021, 1178
- und Schleswig 228, 229, 325, 326, 356, 414, 415, 662
- und der Separatismus 266, 272
- und Streiks und Unruhen 272, 566, 718, 856
- und die Verfassung 276, 1110
- und die Wahl des Reichspräsidenten 418, 985
- und die wirtschaftliche Lage 323, 1022, 1110, 1176
Presse in Frankreich
- und Deutschland 834, 1177, 1178

- und Großbritannien 453
- Kampagne gegen Millerand 78, 112
- und Oberschlesien 617, 618
- und das Rheinland 623

Preußen
  (s. auch Allenstein, Autonomiebewegungen, Bayern, Birkenfeld, Danzig, Föderalismus - Unitarismus, Grenzen, Marienwerder, Ostpreußen, Reichsverfassung, Rheinland, Ruhraufstand, Schleswig, Separatismus, SPD, Zentrum) 105, 120, 135, 157, 159, 195, 202, 511, 711, 902
  - Landesversammlung 179, 198, 203, 217, 268, 271, 278, 307, 314, 315, 323, 348, 374, 390, 391, 393, 415, 958, 959, 960, 1015, 1104, 1148, 1149, 1150, 1151
  - Provinziallandtage 1149, 1168
  - Regierung Braun 205, 208, 463
  - Regierung Hirsch 211
  - Staatsrat 1149
- Allgemeine politische Lage 265, 383, 546, 1126
- Arbeitslosigkeit 1009
- und Bayern s. Bayern
- und Birkenfeld 938, 939, 940
- und Danzig 928
- und der Einheitsstaat 265, 266, 267, 268, 269, 281, 283, 374, 936, 937, 1015, 1018, 1019, 1029, 1030, 1031, 1032, 1104, 1113, 1148, 1149, 1150, 1168, 1169
- und die Entwaffnung 503
- und Frankreich 268, 467, 468, 1142
- und Marienwerder 448, 727, 785
- und Oberschlesien 893, 901, 958, 959, 960, 1018, 1027, 1028, 1029, 1030, 1031, 1032, 1150
- und Ostpreußen 415, 416
- und die Reform der Polizei 231, 1127
- und das Rheinland 335, 336, 337, 348, 349, 350, 351, 358, 359, 377, 479, 616, 942, 943, 1016, 1017, 1018, 1019, 1168, 1169, 1180
- und die Ruhr 479, 546
- und das Saargebiet 650, 651, 652, 958, 959, 960
- und Schleswig 356, 415, 416
- und der Separatismus 61, 62, 176, 177, 266, 304, 477
- Verfassungsdiskussion 136, 203, 204, 265, 266, 267, 268, 271, 374, 390, 391, 392, 393, 901, 902, 936, 937, 1028, 1029, 1030, 1148, 1149, 1150, 1151, 1168, 1169
- Verhältnis zum Reich 1148, 1149, 1150, 1151, 1167, 1168
- Wahlen 427, 1040, 1094, 1095, 1167, 1168, 1175, 1177
- Wirtschaftspolitik 942, 943, 1023, 1165, 1166, 1167, 1168

Propaganda
  (s. auch Mission Haguenin, Presse in Deutschland, Rheinlandkommission) 219, 240
- Deutsche Propaganda im Rheinland 877, 878, 891, 931, 941, 1104
- Französische Propaganda in Deutschland 570, 880
- Französische Propaganda im Rheinland 572, 573, 891

Sachregister 1465

- Monarchistische Propaganda 315, 316, 317
Prozeß Helfferich-Erzberger
    (s. auch Skandale - Affären) 64, 152, 174, 259, 260, 273, 293, 294, 310, 311, 312, 317, 384, 403, 404, 405, 1023
Puss 876
Putschgefahr in Deutschland
    (s. auch Justiz, Kapp-Lüttwitz-Putsch, Militarismus, Revolution, Streiks und Unruhen) 179, 204, 205, 546, 661, 686
- von Links 224, 433, 434, 435, 436, 437, 442, 443, 450, 452, 521, 567, 615, 644, 838, 840, 841, 842, 849, 850, 856, 859, 1143, 1219
- von Rechts 35, 508, 509, 516, 519, 521, 522, 530, 531, 566, 615, 644, 663, 664, 967
Ragnit 666
Rätebewegung in Deutschland 35, 90, 136, 275, 276, 815, 860, 863, 983, 1080
Ratibor 246, 541, 885
Reaktion in Deutschland s. Beamte, DNVP, Hohenzollern, Militarismus in Deutschland, Reichswehr, Restauration
Regensburg 902
"Reichsanzeiger" 593, 790
Reichsbahn 364, 428, 589, 960, 1014
- Defizit 609, 717, 837, 960, 966, 993
Reichsbank 1147
"Reichsbote" 311, 670
Reichsgericht in Leipzig
    (s. auch Alliierte, Auslieferungsfrage, Justiz) 66, 155, 342, 379, 380, 381, 446, 522, 528, 556

Reichskanzlei 63, 64, 71, 106, 291
Reichskohlenrat 215, 762, 827, 828, 962
Reichskommissar
- für Allenstein 702
- für die Besetzten Rheinischen Gebiete 250, 252, 266, 452, 571, 587, 602, 603, 625, 706, 751, 775, 938, 1137, 1138, 1162, 1163, 1181, 1182, 1189
- für Danzig 600, 601
- für Ein- und Ausfuhrbewilligungen 607, 608
- für die Entwaffnung der Zivilbevölkerung 812, 813, 854, 891, 956, 967, 968, 1051, 1074, 1077, 1078, 1232
- für Kohle 827, 828
- für Memel 371, 372, 373, 374
- für Oberschlesien 617, 618
- für das Saargebiet 651
Reichsmarine
    (s. auch Entwaffnung, IMKK, Reichswehr, Schifffahrt) 211, 626, 743, 1010, 1129
"Reichsnotopfer" 176, 256, 257, 258, 836, 966, 1147, 1167, 1179, 1211, 1212, 1217
Reichspost 262, 960, 1014, 1175
- Defizit 323, 589, 609, 717, 836, 837, 960, 966, 993
Reichspräsident 400, 401, 614, 673, 682, 710, 723, 724, 726, 733, 734, 891, 1096
- Kandidaten 236, 237, 317, 418, 577, 579, 634, 635, 984, 985, 986, 1024, 1025, 1026
- Wahl 184, 236, 237, 417, 418, 428, 549, 576, 577, 578, 579, 634, 635, 716, 984, 985, 986, 1024, 1042
Reichsrat 176, 198, 259, 390, 609, 741, 742, 743, 747, 826, 992,

993, 1095
Reichsreform s. Reichsverfassung
Reichstag
(s. auch Amnestie, Betriebsräte, Nationalversammlung, Sozialisierungen, Zentralstelle für die Gliederung des Reiches, Zwischenfälle) 277, 280, 673, 674, 825, 890, 902, 952, 964, 969, 986, 1022, 1099, 1203, 1226
- Auswärtiger Ausschuß 121, 156, 170, 190, 192, 198, 199, 732, 788, 789, 790, 912, 917, 918, 919, 920, 987, 989, 1027, 1030, 1151, 1206, 1207, 1213, 1224
- Hauptausschuß des Reichstages 32
- Haushaltsausschuß 172, 176, 1064, 1065, 1066, 1067, 1074, 1075, 1175
- Interfraktioneller Ausschuß 32
- und die allgemeine innenpolitische Lage 1147
- und die Allgemeine Wehrpflicht 817, 818, 1230
- und die Außenpolitik des Reiches 157, 182, 798, 799, 801, 802, 803, 806, 807, 808, 809, 810, 811, 812, 813, 833, 834, 1038, 1039, 1040, 1042, 1051, 1052, 1053, 1054, 1100, 1125, 1153, 1194, 1206
- und die Entwaffnung 135, 143, 170, 172, 203, 741, 742, 743, 812, 813, 822, 832, 833, 1077, 1128, 1208
- und Eupen und Malmédy 174, 1069, 1070, 1071, 1072, 1194
- und die Haushaltslage 176, 216, 815, 878, 965, 966, 1102, 1105, 1112, 1125, 1126, 1131, 1132, 1133, 1134, 1135, 1165, 1166, 1167, 1168
- und die Konferenz von Spa 114, 135, 156, 192, 737, 741, 742, 743, 778, 788, 789, 790, 798, 799, 804, 805, 806, 807, 808, 809
- und Oberschlesien 198, 199, 1028, 1029, 1030, 1095, 1096, 1097, 1104, 1173
- und Polen 208, 802, 810, 811, 813
- und der Polnisch-Sowjetische Krieg 117, 810, 811, 813, 832, 833
- und die Regierungserklärung 208, 716, 717, 718, 732, 736, 737
- und die Revision des Friedensvertrages 1089, 1090, 1197
- und das Rheinland 174, 878, 1015, 1071, 1116, 1132, 1137, 1138, 1181
- und der Ruhraufstand 183
- und Rußland 117, 118, 119, 121, 122, 225, 801, 802, 803, 805, 806, 810, 811, 813
- und die Sozialisierung 962, 999, 1001, 1108, 1211
- Wahlen 76, 83, 87, 88, 97, 98, 152, 158, 177, 184, 190, 195, 204, 206, 209, 210, 217, 234, 236, 323, 334, 374, 427, 457, 491, 519, 520, 532, 545, 562, 565, 566, 567, 568, 569, 570, 581, 612, 613, 615, 616, 623, 624, 634, 636, 637, 638, 639, 640, 645, 664, 668, 669, 670, 671, 672, 673, 675, 687, 698, 699, 700, 866, 969, 994, 1052,

1093, 1094
- und die wirtschaftliche Lage 1156

Reichstreuhandgesellschaft 1128

Reichsverband der Deutschen Industrie (s. auch Industrie in Deutschland) 106, 950

Reichsverfassung
(s. auch Autonomiebewegungen, Bayern, Föderalismus - Unitarismus, Nationalversammlung, Preußen, Reichspräsident, Reichstag, Rheinland, Separatismus, Süddeutschland)
4, 171, 184, 260, 282, 357, 541, 712, 730, 731, 837, 914, 915, 1077, 1109, 1143, 1199, 1200, 1221
- Annahme der Verfassung 34, 270, 275, 276, 280
- Neugliederung des Reiches 61, 62, 90, 92, 96, 98, 138, 176, 177, 195, 232, 265, 266, 267, 268, 269, 271, 289, 293, 345, 346, 347, 348, 350, 534, 775, 902, 936, 937, 938, 939, 940, 954, 955, 957, 958, 1015, 1028, 1029, 1096, 1097, 1120, 1121, 1122, 1149, 1150

Reichswehr
(s. auch Abrüstung, Einwohnerwehren, Interalliierte Militärkontrollkommission, Kapp-Lüttwitz-Putsch, Konferenzen, Militarismus in Deutschland, Ruhraufstand, Zwischenfälle)
89, 113, 121, 157, 204, 749, 767, 856, 917, 1001
- Allgemeine Wehrpflicht 171, 172, 643, 743, 817, 818, 1230

- und die Auslieferungsfrage 155, 297, 298, 312, 313, 329, 331, 332, 338, 339
- und der Ausnahmezustand 260, 261, 437, 440
- und Bayern 659, 660, 663, 664, 1143, 1219
- und die Entwaffnung 110, 135, 171, 190, 192, 211, 383, 619, 642, 739, 742, 748, 749, 817, 818, 828, 856, 857, 905, 983, 1010, 1047, 1056, 1191, 1233, 1234
- und Frankreich 775, 776, 777, 778, 911, 912, 1001
- und der Kapp-Lüttwitz-Putsch 72, 74, 414, 417, 418, 419, 424, 431, 432, 433, 434, 437, 857
- Reaktionäre Tendenzen 210, 265, 316, 338, 339, 340, 383, 414, 419, 420, 424, 428, 434, 439, 492, 496, 498, 499, 522, 537, 538, 566, 626, 636, 763, 764, 798, 799, 805, 806, 1051, 1077
- Reorganisation der Reichswehr 210, 211, 338, 339, 340, 441, 450, 451, 496, 497, 498, 499, 516, 528, 566, 619, 626, 642, 643, 661, 662, 710, 711, 717, 788, 828, 829, 830, 1127, 1130, 1230, 1231
- und der Ruhraufstand 76, 78, 80, 88, 161, 206, 465, 466, 470, 471, 472, 475, 480, 481, 485, 486, 500, 501, 502, 504, 505, 514, 516, 517, 520, 527, 549, 550, 551, 584, 585
- Verhältnis Militär - Politik 35, 46, 72, 73, 74, 75, 105, 114, 161, 163, 184, 185, 186, 204,

309, 383, 428, 432, 437, 496, 497, 499, 522, 525, 526, 527, 549, 550, 551, 569, 619, 626, 636, 637, 661, 662, 799, 1130
Reichswirtschaftsrat (s. auch Sozialisierungen) 214, 293, 428, 762, 930
- Gründung 238, 293, 593, 594, 595, 683
- und die Konferenz von Spa 791, 792, 793, 794, 795, 796, 810
- Sozialisierungskommission 231, 232, 961, 962, 963, 999, 1000, 1109, 1110, 1111, 1211, 1212
Remscheid 474, 475, 588, 1204
Reparationen
(s. auch Deutsches Reich, Finanz- und Währungspolitik, Friedensvertrag von Versailles, Großbritannien, Kohle) 106, 108, 123, 135, 141, 143, 144, 145, 146, 212, 213, 214, 215, 216, 219, 560, 739, 979, 986, 998, 1067, 1072
- Haltung Deutschlands 68, 81, 85, 86, 111, 214, 363, 364, 466, 469, 1053, 1100, 1125, 1132, 1137, 1138, 1187, 1188, 1207, 1223
- Haltung Frankreichs 36, 84, 106, 108, 109, 111, 123, 135, 141, 143, 144, 145, 146, 469, 837, 968, 969, 979, 1107, 1108, 1125, 1187, 1188
- Haltung Großbritanniens 80, 81, 86, 87, 100, 108, 110, 111, 112, 122, 123, 143, 144, 145, 147, 148, 935, 1053, 1054, 1067, 1072, 1108, 1188
- Höhe der Reparationen 34, 43, 67, 68, 80, 81, 86, 87, 88, 98,
111, 131, 586, 721, 919, 920, 980, 1100, 1133
- Sachleistungen 1013, 1053, 1056, 1074, 1079, 1104, 1113, 1169, 1198, 1209
- Sanktionen s. auch Entwaffnung 1072
Reparationskommission 187, 250, 1041, 1156, 1157
- Berliner Büro 10, 13, 18, 19, 54, 55, 68, 69, 761, 762, 997
- Deutsche Delegation 109, 215, 935, 1122, 1223
- Deutsche Zahlungen 1107, 1108
- Französische Delegation 109, 132, 133, 144, 1107
  - Rücktritt von Poincaré als Vorsitzender 87, 112
- und die Höhe der Reparationen 122, 124, 144, 400, 401, 768, 935, 937, 938, 998, 1087
- und die Kohlefrage 102, 718, 759
Restauration
(s. auch Autonomiebewegungen, Bayern, Föderalismus - Unitarismus, Frankreich, Hohenzollern, Süddeutschland)
- in Bayern 94, 95, 255, 274, 561, 610, 611, 637, 967, 1219
- im Reich 153, 179, 255, 296, 298, 315, 316, 317, 318, 321, 323, 324, 425, 527, 577, 636, 637, 638, 693, 1025, 1036, 1040, 1052, 1076, 1143, 1144
Restitutionen
(s. auch Trophäen) 666, 667, 980, 1056
"Reuter" 419
Reval 382, 1003
Revision des Versailler Vertrages s. Friedensvertrag, Parteien

Revolution
- in Bayern 35, 90, 274, 275, 281, 782, 860
- in Deutschland (1918) 33, 34, 35, 61, 90, 91, 209, 261, 263, 282, 291, 298, 302, 317, 318, 338, 367, 374, 497, 815, 845, 860, 1042, 1043, 1051, 1118, 1152, 1216
- in Frankreich (1830) 847
- in Hamburg (1919) 1225
- in Rußland (1917) 36, 58, 75, 979, 1203

Rhein 283, 603, 838, 841, 862, 970, 1017, 1064, 1070, 1073, 1087, 1115, 1123, 1151, 1171, 1172, 1229
- Hochwasser 253, 272, 337, 572

Rheinbrücken 217, 1060, 1172

Rheinbund 862

Rheinhessen
   (s. auch Hessen, Maingau, Rheinland, Rheinlandkommission) 217, 587, 623, 624

"Rheinische Korrespondenz" 304

"Rheinische Republik" 303, 305, 306, 308, 315, 465, 1015

Rheinische Republik
   (s. auch Autonomiebewegungen, Rheinland, Separatismus) 255, 256, 258, 306, 374, 596, 624

Rheinische Republikanische Volkspartei 308, 465

"Rheinische Volksstimme" 994

Rheinische Volksvereinigung 153, 177, 229, 303, 304, 305, 306, 307, 308, 349, 350, 646, 699, 819, 932, 1016, 1209, 1210

"Rheinische Warte" 304

"Rheinische Zeitung" 1104

Rheinische Zentralstelle
   (s. auch Deutsches Reich, Handelsverkehr - "Loch im Westen", Rheinlandkommission) 181, 666, 667, 707, 708, 931

"Rheinischer Herold" 304, 305, 1016, 1210

Rheinland
   (s. auch Autonomiebewegungen, Industrie, Maingau, Preußen, Rheinlandkommission, Ruhraufstand, Separatismus) 8, 67, 118, 177, 200, 217, 218, 219
- Allgemeine politische Lage 209, 217, 219, 230, 268, 374, 375, 376, 377, 378, 460, 461, 462, 554, 555, 556, 581, 584, 585, 615, 616, 623, 624, 625, 626, 818, 819, 820, 850, 867, 868, 915, 1071, 1102, 1103, 1104, 1105, 1182, 1196, 1197, 1198, 1210
  - während des Waffenstillstands 595, 596, 597
- Dauer der Besatzung 212
- Dorten-Affäre s. Zwischenfälle
- Entmilitarisierte Zone (s. auch Maingau, Ruhraufstand) 55, 76, 77, 78, 481, 492, 498, 520
- und Frankreich 622, 623, 951, 952, 1104, 1105, 1182
- Französische Firmen im Rheinland 181, 703, 704, 705, 706, 830, 831, 833, 883, 884, 947, 948
- Französische Handelskammer im Rheinland 883, 884
- Katholizismus 972
- Kommunistische Bewegung 188, 222, 915, 916, 940, 941, 1103
- Presselandschaft 572, 915, 1180
- Provinziallandtag 219, 1148,

1168, 1169, 1170, 1209
- Reisen deutscher Minister 143, 211, 212, 213, 214, 307, 335, 337, 348, 349, 358, 359, 360, 369, 377, 602, 877, 878, 879, 891, 892, 943, 1017, 1084, 1086, 1087, 1088, 1097, 1098, 1100, 1101, 1102, 1106, 1111, 1112, 1114, 1115, 1116, 1133, 1134, 1137, 1138, 1154, 1155, 1161, 1162, 1163, 1169, 1173, 1174, 1180, 1181, 1182, 1183, 1189, 1212
- Reise von Millerand 164, 938, 951, 952
- Versorgungslage 572, 820, 992, 1102, 1169
- Wirtschaftliche Lage 163, 591, 593, 820, 930, 931, 942, 943, 944, 945, 1102, 1169, 1197
- Zugehörigkeit zu Preußen 61, 92, 177, 266, 267, 306, 307, 335, 347, 348, 349, 350, 358, 359, 616, 622, 623, 754, 939, 1016, 1017, 1018, 1019, 1105, 1170, 1210
- Zugehörigkeit zum Reich 460, 461, 593, 616, 850, 892, 936, 1016, 1017, 1018, 1019, 1073, 1074, 1170

Rheinlandbund s. Separatismus
Rheinlandkommission (HCITR)
 (s. auch Autonomiebewegungen, Baden, Bayern, Handelsverkehr - "Loch im Westen", Hannover, Hessen, Maingau, Pfalz, Separatismus, Württemberg) 9, 13, 14, 15, 49, 97, 136, 561
- Besatzungskosten 143, 176, 336, 364, 543, 555, 753, 878, 966, 992, 993, 1039, 1046, 1064, 1065, 1070, 1087, 1090, 1100, 1101, 1102, 1132, 1133, 1137, 1138, 1153
- Besatzungspolitik (s. auch Deutsches Reich, Frankreich) 212, 217, 218, 219, 335, 352, 353, 354, 374, 375, 376, 420, 554, 555, 571, 591, 592, 593, 720, 721, 722, 752, 753, 754, 877, 1007, 1046, 1071, 1072, 1073, 1086, 1087, 1112, 1115, 1132, 1133, 1138, 1163, 1180, 1181, 1182, 1183
- Einsetzung der HCITR 60, 217, 247, 248, 249, 250, 251, 252
- Inspektionsreisen Tirards 200, 601, 602, 603
- Kontakte zur Rheinlandbewegung 229, 230, 288, 289, 290, 352, 375, 749, 750, 867, 868
- Verhältnis zu Autonomiebewegungen und Separatismus 61, 62, 96, 113, 177, 217, 254, 255, 256, 257, 258, 288, 289, 290, 375, 534, 749, 750, 783, 784
- Verhältnis zur Botschaft 245, 1181, 1182
- Verhältnis zur USPD 222, 323, 499, 500, 501, 528, 557, 820
- Verhältnis zur Zivilbevölkerung, "Honte noire" 63, 187, 200, 217, 218, 219, 543, 544, 555, 578, 599, 601, 602, 614, 615, 659, 660, 661, 668, 687, 753, 804, 878, 1039, 1056, 1071, 1132, 1153, 1178, 1179
- Verhältnis zwischen den Mitgliedern der HCITR 62, 63, 78, 79, 160, 181, 213, 217, 251, 252, 352, 354, 376, 452,

Sachregister

453, 488, 489, 490, 500, 501, 572, 595, 596, 597, 601, 703, 704, 705, 706, 707, 721, 754, 755, 868, 877, 1073, 1112, 1180, 1181, 1182
- Besatzungsstatut und Erlasse der HCITR 212, 213, 249, 250, 251, 252, 334, 376, 377, 452, 473, 596, 597, 1132
- Besatzungstruppen - Unterbringung 250, 251, 376, 452, 543, 544, 554, 555, 601, 752, 753, 878, 992, 1046, 1071, 1087, 1101, 1105, 1112, 1163, 1180
- und die Besetzung des Maingaus 488, 489, 490, 602
- "Commission Mixte d'Arbitrage" 132, 181, 182, 740, 741, 751, 752, 830, 831, 832, 883, 884, 945, 946, 947, 948, 949
- Flüchtlinge aus dem Ruhrgebiet 222, 500, 613
- Kulturpolitik 63, 217, 218, 219, 375, 376, 555, 571, 572, 593, 720, 721, 891, 892
- und die Pfalz 601, 602, 603
- und die Reisen deutscher Minister ins Rheinland 212, 213, 1100, 1112, 1137, 1138, 1154, 1155, 1161, 1162, 1163, 1174, 1175, 1180, 1181, 1182, 1183, 1189
- Rheinlandabkommen (s. auch Friedensvertrag) 249, 515, 703, 704, 705, 706, 707, 708, 939, 940, 946, 1101, 1182, 1183
- Weisungsbefugnis der HCITR 378, 1071, 1162, 1163, 1181, 1182, 1183
- Wirtschaftspolitik im Rheinland 217, 218, 219, 343, 344, 345, 377, 378, 473, 474, 529, 555, 591, 592, 593, 607, 666, 667, 720, 775, 830, 831, 832, 1101

Rhein-Main-Donau-Kanal 1099
Rhein-Neckar-Donau-Kanal 1099
Rheinschiffahrt 13
Riesenburg 394
Riga 989
Rockenhausen 544
Rohstoffmangel in Deutschland 318, 321, 589
Rom 574, 723, 746, 971, 1153, 1221, 1223
Rosenberg 394
Rosenheim 272, 276, 277
Roßberg 246
"Rote Fahne" 273, 495, 761, 793, 845, 855, 898, 953, 972
- Verbot 234, 263
Ruhr 838, 841, 1151
Ruhraufstand 87, 152, 153, 156, 158, 160, 205, 217, 220, 221, 222, 223, 476, 496
- Amnestie 183, 204, 517, 556, 557, 815, 825, 826
- Belagerungszustand 206
- Bielefelder Abkommen 76, 220, 221, 451, 462, 471, 472, 479, 520, 550, 556, 557, 567, 570, 584, 644, 815
- Erklärung der SPD, USPD und der Gewerkschaften 492, 493
- Kriegs- und Militärgerichte 183, 516, 556, 612, 613
- "Rote Armee" 76, 77, 220, 221, 222, 223, 451, 463, 474, 475, 485, 486, 487, 496, 501, 521, 550, 579, 585, 856
- Truppeneinsatz 76, 77, 78, 79, 80, 156, 161, 169, 204, 206, 220, 221, 222, 223, 469, 470, 471, 472, 473, 477, 479, 480, 481, 486, 487, 490, 497, 500, 501, 502, 504, 505, 514, 516, 520,

527, 528, 584, 585, 790, 820, 821, 857, 863
- Truppenabzug 546, 588
- Verhandlungen in Münster 221, 479, 481, 505, 550
- Verlauf der Kämpfe 72, 73, 79, 80, 451, 464, 465, 466, 469, 472, 474, 475, 480, 484, 485, 486, 490, 516, 532, 550, 551, 905
- Verurteilung der Teilnehmer am Aufstand 182, 183, 531, 556, 590, 591, 612, 613
- Vollzugsräte 550
- Zentralrat in Essen 479, 484, 487

Ruhrgebiet
(s. auch Friedensvertrag von Versailles, Kohle, Ruhraufstand) 359, 360, 579
- Allgemeine Lage 299, 322, 369, 437, 462, 464, 465, 466, 480, 599, 820, 850
- Bedeutung 214
- Kohlegruben, Kohleförderung 769, 821, 869, 1010, 1073
- Stimmung der Bevölkerung 224, 234, 299, 462, 464, 820, 821, 850, 868, 869, 870
- Verhältnis zu Preußen 464
- Wirtschaftliche Lage 461, 462, 791, 792, 821, 930

Rumänien 128, 225, 300, 638, 1002, 1218

Rußland (RSFSR)
(s. auch Alliierte, Kriegsgefangene, Polen, Polnisch-Sowjetischer Krieg) 93, 94, 104, 115, 301, 302, 485, 870, 1034
- und Deutschland 44, 58, 93, 94, 104, 117, 119, 156, 164, 192, 285, 286, 287, 320, 321, 366, 367, 368, 369, 381, 382, 627, 628, 758, 759, 801, 803, 816, 897, 986
- Angebliche Geheimabsprachen 224, 226, 285, 286, 758, 759, 849, 875, 918, 949, 976, 977, 978, 979, 1002
- Militärische Zusammenarbeit 319, 511, 628, 641, 840, 977, 1056
- Wirtschaftliche Zusammenarbeit 320, 321, 366, 367, 368, 381, 382, 420, 764, 770, 949, 950, 977
- und Frankreich 36, 38, 104, 116, 816, 954
- und Großbritannien 115, 116, 816
- und Oberschlesien 851, 852, 893, 906, 907
- und Polen 115, 117, 119, 202, 225, 381, 637, 875, 903, 941, 977, 1002, 1004
- Friedensverhandlungen mit Polen 225
- Gefahr eines russischen Angriffs auf Polen 287, 300, 319, 320, 381, 511, 1134, 1160, 1178, 1218, 1219, 1221
- Politische Lage 1001, 1002, 1003, 1004, 1005, 1020, 1094
- Wirtschaftliche Lage 1002

Rußland ("Weiße")
- Emigranten in Deutschland 58, 225, 368, 990
- Regierung Wrangel 126, 129, 906, 918, 989, 990, 991, 1001, 1098, 1134, 1135, 1178

Rüstungsindustrie in Deutschland 1129

Rybnik 881, 887, 925

Saar
(s. auch Frankreich, Handelsverkehr - "Loch im Westen") 9, 13, 227, 314, 359, 807, 1153,

1169
- Allgemeine politische Lage
198, 227, 405, 406, 407, 408,
409, 647, 648, 649, 650, 651,
652, 653, 654, 655, 656, 657,
658, 659
  - Ausweisungen und Übernahme deutscher Beamter 314,
650, 651, 658, 959
  - Bauernverbände 944
  - Jurisdiktion 652
  - Regierungskommission des Völkerbundes 22, 43, 70,
227, 358, 405, 406, 407, 408,
409, 647, 648, 649, 650, 651,
652, 653, 654, 655, 656, 657,
658, 659
  - Stimmung der Bevölkerung
649, 650, 656, 657
- und Bayern 652
- und Frankreich 407, 408, 409,
648, 655, 656, 657, 658, 659
- und das Reich 357, 358, 408,
409, 650, 651
- Wahlen 650
- Wirtschaftliche Lage 405, 406,
473, 647, 648, 649, 653
  - Einführung des Franc 648,
649, 656
  - Kohlegruben 13, 38, 364,
398, 399, 406, 408, 647, 648,
649, 650, 658, 659, 1153
  - Wohnungsbau 654
Saarbrücken 314, 647, 649, 652,
654, 656
"Saarbrücker Zeitung" 658
Saarburg 625
Saarlouis 407, 652, 654
Saarverein 657
Sachsen
  (s. auch Französische diplomatische Vertretungen) 682, 857
- Allgemeine politische Lage

160, 179, 206, 222, 419, 423,
424, 425, 439, 1126, 1201
- Arbeitslosigkeit 1009
- und Bayern 821
- und der Einheitsstaat 259, 267
- und Frankreich 91, 94, 261,
285, 1177, 1178
- Haushalt 323
- Lage in der Landwirtschaft
629, 630, 631, 632, 633
- Landtagswahl 228, 1088,
1093, 1094, 1095, 1178, 1179
- Unruhen und Aufstände 484,
485, 486, 487, 527, 566, 833,
863
Saloniki 1024
Salzburg 850
Sankt Ingbert 652
Sankt Petersburg 770
Sanktionen s. Entwaffnung, Reparationen
Sankt Wendel 652
San Remo s. Konferenzen
Scapa Flow 1007, 1008
Schementau 448
Schiffahrt
- Handelsmarine 364, 513, 966,
1010, 1014, 1056, 1066, 1153
- Hochseeflotte 573, 574, 1007,
1008
Schlesien
  (s. auch Abstimmungskommissionen, Oberschlesien) 426,
519, 522, 615, 627
- Lage in der Landwirtschaft
629, 630
Schleswig
  (s. auch Abstimmungskommissionen) 9, 13, 22, 69, 228, 229,
325, 326, 728, 839, 936, 1186,
1226
- Abstimmung in der 1. Zone
341, 342, 356

- Abstimmung in der 2. Zone 414, 415, 416, 772, 1056
- Lage in der Landwirtschaft 630, 631, 632, 633

Schlobitten 511
Schlochau 927
Schneidemühl
(s. auch Zwischenfälle) 559, 877
Schöneck 600
Schoppinitz 887
Schuldenregulierung
s. Finanz- und Währungspolitik, Konferenzen
Schulwesen 194, 692
Schweiz 97, 158, 283, 746, 781, 847, 917, 918, 953, 1017, 1080, 1097
- Botschaft in Berlin 45, 46, 47, 55, 107, 724
- Reise von Dorten 477, 478
- Reise von Simons 890, 917, 918, 1017, 1080

Schwerin 573
Section Française dans l'Internationale Communiste (SFIC) 1035
Section Française dans l'Internationale Ouvrière (SFIO)
(s. auch Internationale, SPD, USPD) 235, 547, 805, 806, 953, 954, 1020, 1034, 1035
Sedan 179, 807, 916, 917, 957, 1062
Selbstschutzorganisationen
s. Einwohnerwehren
Separatismus
(s. auch Autonomiebewegungen, Bayern, Föderalismus - Unitarismus, Rheinische Republikanische Volkspartei, Rheinische Volksvereinigung, Rheinland) 9, 105, 140, 176, 177, 178, 229, 230, 375
- in Baden 40, 62, 281, 283, 698
- in Bayern 40, 62, 91, 92, 230, 255, 256, 257, 266, 267, 351, 477, 478, 533, 534, 538, 539, 698, 699, 783, 784, 850, 1114, 1142
- in Hannover 62, 256, 257, 258, 266, 267, 351, 698, 1028
- in Hessen 62, 113, 254, 353, 623
- in Oberschlesien 62, 136, 198
- in der Pfalz 256, 267, 315, 353, 1015
- im Rheinland 40, 92, 136, 177, 178, 217, 219, 229, 230, 254, 255, 256, 257, 258, 266, 267, 303, 315, 347, 351, 358, 623, 784, 819, 954, 955, 1015, 1028, 1103, 1104, 1150
- und Bayern 92, 307, 308
- Freirheinland 303
- Rheinlandbund 303, 306, 307
- Treffen in Boppard 177, 229, 303, 304, 305, 306, 307, 308, 347, 349, 351, 1016
- in Württemberg 40, 62
- und Frankreich 62, 63, 91, 92, 113, 217, 229, 230, 254, 255, 256, 257, 258, 304, 315, 749, 750, 933, 1018, 1019, 1142, 1144

Serbien 291, 339, 1039
Service Historique de l'Armée 1061, 1062
Sibirien 302, 366, 1020
Sicherheitspolizei
(s. auch Allenstein, Danzig, Einwohnerwehr, Entwaffnung, IMKK, Konferenzen, Marien-

werder, Oberschlesien, Preußen, Ruhraufstand) 110, 223, 231, 465, 492, 510, 546, 584, 585, 742, 743, 757, 789, 849, 1127, 1222, 1223, 1227, 1229, 1232, 1233, 1234, 1235
"Simplizissimus" 578
Skandale - Affären
  (s. auch Prozeß Helfferich-Erzberger)
- Czernin 259, 260
- Röchling 339
- Sklarz 317, 318
Skandinavien 660
Solingen 915, 916, 940, 1204
Somalia 1024
Sönderborg 341
Sozialdemokratische Partei Deutschlands (SPD)
  (s. auch Betriebsräte, DDP, Gewerkschaften, Kapp-Lüttwitz-Putsch, Reichswehr, Ruhraufstand, Skandale - Affären, Streiks und Unruhen, Zentrum) 89, 98, 152, 456, 646, 664, 718, 1043
- in Anhalt 700
- in Baden 282, 284
- in Bayern 267, 279, 699, 781, 797, 969, 970, 971, 983, 1007, 1076, 1146, 1147, 1159
- in Braunschweig 633, 634, 645
- in Bremen 700, 1179
- in Danzig 611, 612, 633, 1092, 1163, 1164, 1165
- in Gotha 633
- in Hamburg 494, 495, 1037
- in Hessen 623
- in Oberschlesien 922, 1056
- in Oldenburg 699
- in der Pfalz 268, 568, 620, 621, 622, 625, 916, 1103

- in Preußen 176, 205, 265, 315, 316, 323, 456, 457, 463, 464, 959, 1148, 1165, 1166, 1167, 1168
- im Rheinland 622, 915, 1103, 1168
- im Ruhrgebiet 869
- im Saarland 647
- in Sachsen 1093, 1094, 1095
- in Süddeutschland 624
- in Württemberg 6992
- und die Allgemeine Wehrpflicht 817
- und das Amnestiegesetz 815, 825
- und die Auslieferungsfrage 297, 312, 313, 360
- und der Belagerungszustand 260, 261, 614, 615
- und die Besetzung des Maingaus 491, 492, 497
- und die Beteiligung an der Regierung 31, 32, 33, 205, 206, 207, 208, 209, 210, 384, 454, 456, 457, 463, 464, 482, 483, 520, 526, 547, 566, 606, 607, 673, 674, 676, 677, 678, 682, 683, 684, 691, 693, 694, 696, 697, 709, 903, 960, 975
- und die Regierung Fehrenbach 736, 807, 808, 810, 890, 951, 964, 969, 974, 975, 984, 1001, 1006, 1007, 1008, 1051, 1147, 1167, 1175, 1176, 121
- und der Rückzug aus der Regierungsverantwortung 88, 98, 207, 674, 696, 697, 708, 709
- und das Betriebsrätegesetz 273, 439
- und der Einheitsstaat 1007, 1017, 1030, 1149, 1150, 1159
- und die Entwaffnung 170, 383,

742, 970, 1077, 1206, 1207, 1208, 1213, 1224
- und die Finanzpolitik des Reiches 960, 1012, 1013, 1131, 1175
- und Frankreich 687, 688, 689, 797, 1006, 1007, 1131, 1132, 1134, 1224
- und die Gefahr von Rechts 522, 523, 1051
- und der Generalstreik 523
- und die Gewerkschaften 73, 74, 440, 443, 450, 475, 476, 491, 492, 497, 498, 718, 719, 1118, 1119, 1120
- und die Haushaltslage des Reiches 815, 816, 1133
- und die 2. Internationale 1013
- und die 3. Internationale 915, 916, 953, 1117
- und der Kapp-Lüttwitz-Putsch 184, 185, 186, 187, 417, 418, 420, 421, 423, 439, 456, 518
- und die Konferenz von Spa 586, 696, 697, 732, 788, 789, 790, 806, 807, 808, 810, 969, 970
- und Oberschlesien 203, 1030
- Parteitag in Kassel 230, 231, 964, 1005, 1006, 1007, 1008, 1011, 1012, 1013
- und Polen 970
- und die Rechte 317, 969, 970, 1089
- und die Reichstagswahlen 567, 615, 616, 638, 639, 640, 645, 668, 669, 670, 671, 672, 673
- und die Reichswehr 72, 73, 338, 339, 340, 383, 428, 439, 450, 451, 456, 475, 476, 532, 805, 1051
- und die Reparationen 1006, 1013
- und die Revision des Friedensvertrages 1131
- und der Ruhraufstand 220, 222, 462, 466, 471, 472, 475, 476, 482, 484, 491, 519, 547
- und Rußland 970, 1006
- und die Sozialisierungen 232, 441, 569, 962, 964, 970, 974, 1001, 1006, 1012, 1051, 1109, 1211
- Vereinigung mit der USPD 188
- Verhältnis zur BVP 691, 1159
- Verhältnis zur DDP 532, 646, 961, 969
- Verhältnis zur DNVP 646, 684, 737
- Verhältnis zur DVP 674, 676, 677, 684, 969, 974, 975, 1006
- Verhältnis zur KPD 1005
- Verhältnis zur USPD 73, 74, 205, 206, 207, 209, 210, 263, 266, 315, 432, 436, 456, 471, 482, 483, 492, 519, 520, 566, 569, 620, 673, 674, 676, 677, 678, 682, 870, 898, 953, 970, 974, 1005, 1006, 1118
- Verhältnis zum Zentrum 293, 310, 532, 674, 677, 697, 961, 1022, 1023
- und die Wahl des Reichspräsidenten 237, 577, 578, 634, 635, 1025
- und die Wirtschaftspolitik des Reiches 1011, 1012, 1013, 1165, 1166, 1167, 1168, 1175, 1176

Sozialisierungen
(s. auch Reichswirtschaftsrat) 209, 231, 232, 277, 570, 717, 718, 762, 794, 795, 796, 961, 962, 963, 974, 1012, 1023, 1147, 1167, 1212
- Gesetzesvorbereitung 999,

1000, 1108, 1109, 1110, 1111
- Haltung der Alliierten 1046
- Haltung der Gewerkschaften 441, 445, 961, 962, 963, 1110, 1111
- Haltung der Industrie 396, 397, 398, 399, 1012, 1109, 1110, 1111, 1211
- Haltung der Parteien s. die einzelnen Parteien

"Sozialistische Korrespondenz" 361, 367
"Sozialistische Monatshefte" 712
Sozialistische Partei Österreichs 1078
Spandau 441, 857
Spartacus-Aufstand 33, 287, 303, 338, 455
Spartacus-Bund 455
"Sperrfrist"
   (s. auch Reichsverfassung) 266, 308, 346, 347, 348, 349, 350, 774
Sprachen - Sprachenproblem
   (s. auch Rheinlandkommission) 194, 375, 376, 1171, 1172, 1185
- Französisch-Unterricht 571, 892
Spree 894
Stadtwehren s. Selbstschutzorganisationen
Stahlhelm s. Militarismus in Deutschland
Starkenburg 775
Steuereinnahmen, Steueraufkommen s. Deutsches Reich, Finanzpolitik
Stettin 427, 770, 802, 803
Stockholm 989
Straßburg 94, 97, 1035, 1060
Streiks und Unruhen
   (s. auch Eisenbahnen, Hamburg, Kapp-Lüttwitz-Putsch, Oberschlesien, Ruhraufstand) 322, 519, 644
- Besetzung von Leipzig durch Reichswehrtruppen 262
- Generalstreik vom März 1920 73, 74, 184, 185, 186, 187, 234, 417, 421, 425, 426, 428, 430, 431, 433, 435, 437, 439, 445, 450, 456, 472, 479, 483, 711, 856
- Januar-Streiks 233, 234, 246, 247, 251, 253, 258, 262, 272, 273, 369
- Streik der Beamten in Oberschlesien 617, 618, 619
- Streik der Drucker 483
- Streik der Elektrizitätswerke 1212
- Streikgefahr im Dezember 1175
- Streikwelle im November 1920 1084, 1147
Stromversorgung und -verbrauch
   (s. auch Elektroindustrie) 262, 795, 827, 828
Stuhm 394, 558, 727, 785
Stuttgart
   (s. auch Kapp-Lüttwitz-Putsch) 184, 185, 186, 187, 382, 434, 1170, 1178, 1208
- Ausweichen der Reichsregierung 419, 425, 426, 428, 429, 430, 433, 436, 568, 570, 577
- Rede Erzbergers vom Januar 1920 272, 278, 280, 281
"Süddeutsche Monatshefte" 276
Süddeutschland
   (s. auch Autonomiebewegungen, Baden, Bayern, Föderalismus - Unitarismus, Hessen, Preußen, Separatismus, Württemberg) 40, 90, 94, 95, 96,

153, 232, 233, 435, 453, 670, 933, 957, 1025
- Allgemeine politische Lage 232, 610, 611, 637
- Plan der Gründung eines "Südstaates" 233, 458, 774, 901
- Südstaatenkonferenzen 233, 1014, 1015, 1099
- Verhältnis zu Frankreich 232, 240, 466, 467, 468, 534, 610, 792, 1091, 1144
- Verhältnis zu Preußen 232, 354, 467
- Verhältnis zum Reich 466, 467, 539, 542, 1208
- Wirtschaftliche Lage 233

Sutow 927
Suwalki 756
"Tägliche Rundschau" 326, 549, 683, 958, 991, 999, 1028, 1094
Tarnowitz 887
Taucha 877
Technische Nothilfe 429, 757
"Telegraphen Information" 1159
Telegraphenverkehr s. Reichspost
Teschen 128, 756, 885, 888, 906
Thüringen 348, 849, 857, 933, 1201
- Belagerungszustand - Unruhen 206, 484, 496, 567, 615
- und der Einheitsstaat 267

Tilsit 666
Tirol
(s. auch Österreich) 182, 850, 1054, 1055, 1128, 1152, 1153, 1199, 1216
Tokio 216, 1032, 1033
Toul 1062
Tours 1035
Trier
(s. auch Rheinland, Rheinlandkommission) 217, 335, 625, 650, 651, 867, 930, 942, 1016

Trophäen
(s. auch Restitutionen) 236, 259, 260, 1061, 1062, 1063, 1064
Tschechoslowakei 104, 128, 202, 853, 1201
- Abkommen mit Polen 756
- und Österreich 987
- Sudetendeutsche 637, 1152

Tondern 356
Tonking 99
Tugendbund 1128, 1131
Tula 1002
Turin 599, 605
Türkei
(s. auch Konferenz von San Remo) 87, 99, 1002
- Meerengen 38, 51, 80

Tybnik 887
Ukraine 319, 381, 583, 627, 628, 638, 918, 991
Unabhängige Sozialdemokratische Partei (USPD)
(s. auch Kapp-Lüttwitz-Putsch, Ruhraufstand, Streiks und Unruhen) 152, 153, 204, 234, 235, 456
- in Anhalt 700
- in Baden 267, 973, 1204
- in Bayern 267, 699, 1204
- in Braunschweig 633, 634, 645
- in Bremen 700
- in Danzig 166, 611, 612, 633, 690, 858, 1092, 1163, 1164, 1165, 1203
- in Gotha 633
- in Hamburg 495, 1037, 1203
- in Hannover 1203
- in Kassel 1203
- in Magdeburg 1203
- in Mecklenburg-Schwerin

566, 1203
- in Oberschlesien 922, 1204
- in Oldenburg 699
- in der Pfalz 268, 568, 620, 625, 1103
- in Preußen 314, 315, 959, 1148, 1203
- im Rheinland 581, 622, 820, 1103, 1168, 1204
- in Sachsen 228, 973, 1093, 1094, 1095, 1203
- in Schleswig-Holstein 973
- in Süddeutschland 624, 1203
- in Thüringen 567, 973, 1203
- in Westfalen 973, 1204
- in Württemberg 267, 699, 973, 1204
- und die Allgemeine Wehrpflicht 817
- und das Amnestiegesetz 815, 825
- und die Auslieferungsfrage 297, 312, 360
- und der Belagerungszustand 614, 615
- und die Besetzung des Maingaus 497, 498
- Beteiligung an der Regierung 33, 73, 74, 205, 206, 207, 209, 210, 319, 425, 428, 429, 454, 457, 458, 482, 483, 484, 639, 673, 676, 677, 678, 682
  - und die Regierung Fehrenbach 736, 738, 805, 806, 807, 808, 810, 811, 951, 964, 974, 1134, 1207, 1212
  - Versuch einer Regierungsbildung 186, 187, 206, 436
- und das Betriebsrätegesetz 258, 260, 263, 264, 428, 444, 852
- und der Einheitsstaat 306, 308
- und die Entwaffnung 170, 172, 741, 742, 833, 1074, 1206, 1207, 1208
- und Eupen und Malmédy 548, 549
- und Frankreich 46, 234, 445, 487, 491, 499, 500, 501, 521, 533, 688, 689, 805, 953, 1034, 1035, 1133, 1197
- und die Gefahr von Rechts 521, 522, 663, 664
- und der Generalstreik 234, 429, 431, 435, 444, 445, 457, 458, 482, 483, 484, 636
- und die Gewerkschaften 443, 444, 458, 482, 483, 484, 497, 498, 1117, 1118, 1119, 1120
- und die Haushaltslage des Reiches 815, 816, 1133
- und die 3. Internationale 225, 235, 769, 770, 897, 898, 916, 952, 953, 954, 972, 973, 1020, 1021, 1022, 1103, 1117, 1118, 1119, 1120, 1202, 1203, 1204
- und der Kapp-Lüttwitz-Putsch 184, 185, 187, 234, 418, 420, 429, 431, 435, 439, 457, 458, 482, 483, 636
- und die Konferenz von Spa 732, 788, 789, 790, 805, 810, 959
- und Oberschlesien 959
- Parteitag in Berlin s. KPD
- Parteitag in Halle (1920) 180, 219, 235, 916, 952, 964, 972, 973, 974, 975, 1020, 1021, 1034, 1035, 1094, 1103, 1117, 1118, 1203
- Parteitag in Leipzig (1919) 457, 458
- und der Pazifismus 301, 302
- und Polen 959
- und die Reichstagswahlen 615, 616, 638, 639, 645, 668,

669, 670, 671, 672, 673
- und die Reichswehr 444, 487, 491, 500, 516, 521, 789, 805
- und die Reparationen 1207
- und die Revision des Friedensvertrages 1074, 1075, 1090, 1133
- und das Rheinland 217, 500, 501, 1197
- und der Ruhraufstand 160, 206, 220, 222, 234, 471, 472, 483, 484, 487, 491, 497, 499, 500, 501, 516, 528, 547, 557, 579, 580, 636
- und Rußland 226, 811, 950, 953
- und die Sozialisierungen 964, 1211
- Verhältnis zur KPD 234, 258, 260, 263, 273, 322, 436, 870, 1021, 1119, 1120, 1202, 1203, 1204
- Verhältnis zur SPD 188, 209, 210, 315, 432, 435, 436, 450, 482, 483, 484, 491, 497, 498, 567, 638, 645, 676, 678, 688, 697, 870, 1075, 1117
- Wachsender Einfluß 152, 153, 266, 440, 454, 457, 458, 567, 607, 620, 636, 645, 676
- und die Wahl des Reichspräsidenten 577, 578

Ungarn 92, 126, 1219
- Allgemeine innenpolitische Lage 637
- und Bayern 664
- und Deutschland 803
- und Großbritannien 127
- und Frankreich 127, 128, 129, 533
- und Österreich 816, 987
- Sturz der Regierung Béla Kun 127

"United Press America" 506
Universitäten in Deutschland (s. auch Rheinlandkommission) 310, 324, 1056, 1170, 1171, 1172, 1237
Vatikan 92, 173, 610
- und Deutschland 1084
- und Frankreich 746, 747, 972
- Konkordatsverhandlungen 192, 193, 971, 972, 1000, 1001
- Wiederaufnahme Diplomatischer Beziehungen mit dem Reich 107, 238, 723, 724
Verein Deutscher Eisen und Stahlindustrieller 399
Verein Industriewohl 931
Vereinigte Staaten (USA) (s. auch Frankreich, Rheinlandkommission, Friedensvertrag von Versailles) 36, 37, 477
- Außenpolitik allgemein 37, 135, 920
  - und die Besetzung des Maingaus 489, 491, 506
  - und der Friedensvertrag 81, 252, 755
  - und das Rheinland 63, 217, 230, 236, 251, 252, 595, 596, 597, 754, 755, 818, 819, 820, 878, 1182
- und der Ruhraufstand 482
- und Bayern 660
- und Deutschland 74, 81, 133, 213, 312, 382, 431, 436, 443, 950, 981, 1135, 1136, 1161, 1162
  - Informelle Beziehungen zu Deutschland 44, 67, 330, 489, 490
- und Estland 1003
- und Frankreich 40, 126, 777, 1135, 1136
- und Lettland 1003

- und Rußland 920, 1003
- Kriegseintritt (1917) 36, 672
- Wahl von Präsident Harding 135, 1215, 1217

Vereinswesen in Deutschland 848, 851, 1130

Verkehr
(s. auch Danzig, Eisenbahn, Polen, Polnisch-Sowjetischer Krieg, Rheinland) 247, 337

Verwaltung s. Allenstein, Beamte, Danzig, Elsaß und Lothringen, Eupen und Malmédy, Marienwerder, Polizei, Rheinland, Saar

Versailles
(s. auch Friedensvertrag) 902

Versicherungsangestellte 247, 253, 272

Versicherungsgesellschaften 247

Versorgungskrise im Reich
s. Kohle, Lebensmittel

Vilna s. Wilna

Vogesen 1171, 1172

Völkerbund
(s. auch Abstimmungskommissionen, Danzig, Eupen und Malmédy, Kolonien, Saar) 37, 131, 135, 174, 188, 212, 354, 357, 514, 558, 559, 598, 657, 658, 834, 835, 913, 922, 923, 938, 963, 964, 988, 998, 1013, 1031, 1053, 1066, 1070, 1072, 1097, 1105, 1106, 1115, 1130, 1139, 1140, 1154, 1184, 1201, 1203

Volkszählung (1919) 728

"Volkszeitung" 495, 672, 1028

Vollzugsräte
(s. auch Gewerkschaften, Ruhraufstand, Zentralrat) 1117, 1118

Vorarlberg 850, 854

"Vorwärts" 156, 163, 225, 239, 357, 358, 361, 366, 414, 418, 463, 472, 474, 475, 479, 505, 522, 534, 537, 539, 546, 547, 560, 587, 591, 604, 662, 669, 670, 672, 674, 682, 687, 688, 689, 691, 693, 697, 701, 716, 742, 761, 765, 766, 789, 805, 941, 961, 974, 988, 1021, 1025, 1029, 1032, 1084, 1093, 1094, 1110, 1134, 1207, 1224, 1227

"Vossische Zeitung" 175, 247, 339, 362, 421, 497, 560, 561, 568, 574, 575, 619, 626, 662, 683, 693, 742, 759, 766, 777, 793, 833, 836, 837, 935, 959, 1025, 1028, 1029, 1032, 1098, 1176, 1197

"Wacht im Westen" 584

Waffenhandel 574

Waffenstillstand 1918 22, 30, 36, 64, 81, 250, 284, 338, 378, 525, 529, 541, 595, 597, 839, 946, 1007, 1178

Waffenstillstandskommission 992

Wahlrecht 34

Waldbröl-Hermesdorf 550, 551

Walsum
(s. auch Ruhraufstand) 485

Wärmewirtschaft 795

Warschau 115, 119, 126, 413, 447, 448, 511, 582, 627, 628, 761, 785, 814, 840, 843, 855, 874, 885, 900, 906, 907, 920, 928, 977, 978, 996, 1028, 1143, 1160, 1165, 1178, 1201, 1205, 1209

Washington 672, 1135, 1182

Wasserwirtschaft 795

Weichsel 511, 558, 598, 787, 928, 929

Weimar 246, 1000

Weissensee 856

Welfen 256, 280, 668, 669, 932
"Welt am Montag" 277, 382, 455, 1025
"Weltbühne" 302, 635
Weltkrieg s. Kriege
Werl 475
Wesel
(s. auch Ruhraufstand) 222, 465, 485, 502
Westfalen
(s. auch Ruhraufstand) 439, 451, 461, 462, 550, 615, 779, 869, 930, 1028
Wien 47, 199, 688, 764, 889, 958
Wiesbaden
(s. auch Autonomiebewegungen, Restitution, Rheinlandkommission, Separatismus, Zwischenfälle) 97, 113, 217, 303, 335, 374, 375, 478, 596, 623, 666, 667, 703, 799, 819, 868, 951, 980, 981
Wilhelmshafen 211, 492
Wilna 756, 851, 853, 1003, 1050
Wohnungsbau - Wohnungsmangel (s. auch Rheinlandkommission) 369, 396, 544, 555, 759, 791, 792, 795, 878, 992
"Wolff's Telegraphen - Bureau" 180, 185, 186, 197, 221, 261, 329, 339, 358, 363, 369, 413, 427, 428, 430, 433, 436, 441, 472, 473, 476, 531, 579, 587, 599, 605, 643, 748, 758, 765, 768, 778, 832, 833, 845, 880, 881, 893, 894, 896, 921, 934, 992, 1000, 1027, 1030, 1042, 1054, 1089, 1195, 1223
Worms 940, 951
Wühleben 927
Württemberg
(s. auch Autonomiebewegungen, Rheinlandkommission, Separatismus) 94, 240, 261, 267, 419, 423, 425, 566, 638
- Allgemeine innenpolitische Lage 561, 562, 1177, 1178, 1179
- und Bayern 821, 850
- und der Einheitsstaat 936
- und die Entwaffnung 782, 983, 1208
- und Frankreich 1177, 1178, 1179
- und die Gründung eines Südstaates 774, 775, 1014
- Landtagswahlen 699
Württembergische Bürgerpartei 699
Württembergischer Bauern- und Weingärtnerbund 699
Würzburg 269, 539, 902, 967
Zabrze 852
Zarnowitz 927
Zeitfreiwillige
(s. auch Einwohnerwehren, Freikorps, Reichswehr) 663, 664, 905
Zentralarbeitsgemeinschaft der industriellen und gewerblichen Arbeitgeber und Arbeitnehmer Deutschlands 713
Zentralbüro für den Wiederaufbau der Zerstörten Gebiete GmbH 707, 708
Zentralgenossenschaftsrat
s. Preußen
Zentralisierung s. Autonomiebewegungen, Einheitsstaat, Föderalismus, Preußen, Reichsverfassung
Zentralrat der Vollzugsräte
(s. auch Ruhraufstand, Streiks und Unruhen) 1117, 1118, 1119
Zentralstelle für die Gliederung

des Reiches (s. auch Reichsverfassung) 195, 955, 1015, 1019, 1120, 1121, 1122
Zentrum
 (s. auch Autonomiebewegungen, BVP, Föderalismus - Unitarismus, Rheinland, Separatismus) 271, 384, 403, 404, 494, 562, 994, 995, 1043
 - in Baden 282, 284, 698, 1014, 1019
 - in Bremen 700
 - in Danzig 611, 612, 1163, 1164, 1165
 - in Hamburg 1037
 - in Hessen 1014, 1019
 - in Oldenburg 699
 - in der Pfalz 568, 620, 621, 622, 625, 645, 1016, 1017, 1019, 1104
 - in Preußen 265, 305, 959, 1019, 1148, 1210
 - in Sachsen 1095
 - in Schlesien 994
 - in Süddeutschland 624
 - in Württemberg 562, 698, 699, 1014, 1019
- und die Auslieferungsfrage 297, 360
- und Bayern 345, 932, 1014
- und der Belagerungszustand 614
- Beteiligung an der Regierung 31, 32, 33, 76, 88, 98, 106, 205, 206, 207, 208, 209, 241, 428, 454, 606, 607, 645, 646, 673, 674, 676, 677, 678, 682, 683, 684, 691, 692, 693, 696, 700, 708, 709, 733, 806, 807, 810, 890, 951, 960, 994, 995, 1014, 1022, 1023
 - und der Einheitsstaat 303, 304, 305, 306, 307, 308, 345, 347, 354, 561, 562, 954, 1014, 1051, 1168, 1209, 1210, 1211
- und die Finanzpolitik des Reiches 960, 1014
- und Hessen 623
- und der Kapp-Lüttwitz-Putsch 421, 518, 519
- und die Konferenz von Spa 789, 790, 806, 807, 810
- Parteitag in Berlin (Januar 1920) 177, 240, 272, 276, 277, 278, 280, 292, 293, 305, 306, 345, 347, 349
- und Preußen 270, 345, 346, 1104, 1165, 1166, 1167, 1168
- und die Reichstagswahlen 568, 616, 638, 639, 645, 668, 669, 670, 671, 672, 673
- und die Revision des Friedensvertrages 687, 1113
- und das Rheinland 62, 176, 177, 195, 209, 240, 241, 266, 303, 304, 305, 306, 347, 348, 349, 350, 542, 561, 616, 622, 646, 671, 954, 994, 1017, 1018, 1019, 1104, 1148, 1168, 1169, 1209, 1210, 1211
- und der Ruhraufstand 519
- und das Saargebiet 959
- und die Sozialisierungen 568, 962, 963
- Verhältnis zur BVP s. BVP
- Verhältnis zur DDP 696, 697
- Verhältnis zur DNVP 737
- Verhältnis zur DVP 673, 676, 696, 697, 708, 733, 890, 975
- Verhältnis zur SPD 292, 293, 310, 532, 566, 568, 639, 975, 994, 995, 1022, 1023, 1113
- und die Wahl des Reichspräsidenten 577, 578, 634, 1025
- und die Wirtschaftspolitik des Reiches 961, 1014, 1113, 1114,

1165, 1166, 1167, 1168
Zeughaus in Berlin 260, 1062, 1063, 1064
Zirkus Busch 315
Zittau 833
Zollfragen
(s. auch Frankreich, Handelsverkehr - "Loch im Westen", Rheinland, Rheinlandkommission) 109, 163, 180, 181, 182, 217, 751, 752, 945, 946, 947, 1073
Zossen 441
Zukowken 927
Zürich 98
Zwangswirtschaft s. Deutsches Reich
Zweibrücken 652
Zwischenfälle
(s. auch Allenstein, Eisenbahnverkehr, IMKK, Oberschlesien, Rheinland) 70, 71
- Adlon 70, 425, 426, 745
- Baltikum 157, 309, 744, 745
- Bela Kun 802, 803, 805
- Dorten-Affäre 113, 192, 230, 799, 807, 811, 819, 820, 867, 868
- Fahnenzwischenfall in Berlin 113, 121, 122, 156, 175, 192, 241, 763, 764, 775, 776, 777, 778, 798, 799, 805, 806, 807, 811, 832, 834, 835, 898, 899, 911, 912, 914, 915, 920, 921
- Französisches Konsulat, Breslau 121, 122, 124, 241, 880, 893, 898, 899, 900, 911, 912, 914, 915, 918, 920, 921, 922, 1052, 1055, 1057, 1217
- Hohenstein 506
- Holtum 737, 738
- Schneidemühl 195
- "Wimbledon"- Affäre 118, 119

- Zwischenfall vor dem Reichstag vom Januar 1920 60, 152, 233, 234, 258, 260, 261, 262, 263, 264, 272, 273, 301, 314, 315, 323, 340

Gesamtinhaltsverzeichnis

VORWORT — 5

1 Vorgeschichte — 5
2 Die Periode der Zwanziger Jahre — 8
3 Bestandsübersicht — 16

EDITIONSGRUNDSÄTZE — 21

1 Auswahl der Dokumente — 21
2 Anordnung und Textgestaltung der Dokumente — 24
3 Kommentar — 26

EINLEITUNG — 29

Frankreich und das Deutsche Reich im Jahre 1920

1 Das Deutsche Reich und die Versailler Friedensordnung
Innenpolitischer Wandel und außenpolitische Bedrohung — 31

2 Frankreich am Ende des großen Krieges
"Victoire et frustrations" — 36

3 Vom Krieg zum Frieden
Die Wiederaufnahme diplomatischer Beziehungen — 43

- Die Mission Haguenin — 44
- Der Wechsel von Émile Haguenin zu Chassain de Marcilly — 48

4   Der diplomatische Auftrag
    Frankreichs Idee von den künftigen Beziehungen zum Reich   56

5   Die politische Realität
    Anspruch und Wirklichkeit geregelter Beziehungen   59

6   Wochen der Krise
    Kapp-Lüttwitz-Putsch, Ruhrkampf und die Besetzung des Maingaues   72

7   Versuch eines neuen Anfangs
    Frankreich und Deutschland am Vorabend der Konferenz von Spa   81

8   Eine Mission "particulièrement délicate"
    Die Rolle des Gesandten Émile Dard in München   90

9   Charles Laurent
    Frankreichs neuer Botschafter in Berlin   99

10 Der Sommer 1920
    Über Spa auf dem Weg zurück nach Versailles?   106

11 Deutschland zwischen West und Ost
    Der polnisch-russische Krieg   115

12 La "Mesentente Cordiale"
    Frankreich, England und die Frage
    der künftigen Vorherrschaft in Europa   123

13 Frankreich, Bayern und das Reich
    Die Auflösung der Einwohnerwehren   135

14 Frankreich und Deutschland im Jahre 1920
    Eine Bilanz   143

VERZEICHNIS DER DOKUMENTE

	151
Allenstein	151
Allgemeine Innenpolitische Lage in Deutschland	152
Arbeitsgemeinschaften	154
Auslieferungsfrage	154
Außenpolitik Deutschlands	156
Baden	157
Baltikum	157
Bayern	158
Besetzung der Städte des Maingaus	160
Beziehungen zwischen Deutschland und Frankreich	162
Beziehungen zwischen Deutschland und Großbritannien	165
Danzig	166
Deutsche Demokratische Partei (DDP)	168
Deutsch-Nationale Volkspartei (DNVP)	168
Deutsche Volkspartei (DVP)	168
Einwohnerwehren	169
Elsaß-Lothringen	171
Entwaffnung	171
Erzberger	173
Eupen und Malmédy	174
Fahnenzwischenfall	175
Finanzen - Inflation	175
Föderalismus - Unitarismus	176
Französische Legation in München und Dresden	178
Gedenk- und Feiertage	179
Gewerkschaften	179
Hamburg	180
Handelsverkehr - "Loch im Westen"	180
Italien	182
Justiz	182
Kapp-Lüttwitz-Putsch	183
Kolonien	188
Kommunistische Bewegung in Deutschland	188
Konferenz von Brüssel	189
Konferenz von San Remo	189
Konferenz von Spa	190
Konkordatsverhandlungen	192
Kriegsgefangene	193
Marienwerder	193
Memelgebiet	194
Neugliederung des Reiches	195
Oberschlesien	196

Österreich 199
Pazifismus 200
Pfalz 200
Polen 201
Polnisch-Sowjetischer Krieg 202
Preußen 203
Putschgefahr 204
Regierungsbildung - Regierungskrise 205
Reichstagswahlen 209
Reichswehr 210
Reisen deutscher Minister ins Rheinland 211
Reparationen 214
Revision des Versailler Vertrages 216
Rheinbrücken 217
Rheinland 217
Ruhraufstand 220
Ruhrgebiet 224
Rußland 224
Saar 227
Sachsen 228
Schleswig 228
Separatismus 229
Sozialdemokratische Partei Deutschlands (SPD) 230
Sicherheitspolizei 231
Sozialisierung der Minen 231
Süddeutschland 232
Streiks und Unruhen 233
Unabhängige Sozialdemokratische Partei
   Deutschlands (USPD) 234
Trophäen 236
Vereinigte Staaten von Amerika 236
Wahl des Reichspräsidenten 236
Wiederaufnahme der diplomatischen Beziehungen 237
Wirtschaftliche Lage Deutschlands 238
Wirtschaftsbeziehungen zwischen Deutschland
   und Frankreich 239
Württemberg 240
Zentrumspartei 240
Zwischenfall von Breslau 241

Gesamtinhaltsverzeichnis 1489

DOKUMENTE 243

KURZBIOGRAPHIEN 1239

FRANZÖSISCHE BEOBACHTER 1369
    UND DELEGIERTE IM REICH

FRANZÖSISCHE REGIERUNGEN 1371

REICHSREGIERUNGEN 1373

WECHSELKURSE 1375

ABKÜRZUNGSVERZEICHNIS 1377

AUSWAHLBIBLIOGRAPHIE 1383

PERSONENREGISTER 1399

SACHREGISTER 1425

GESAMTINHALTSVERZEICHNIS 1485